CoCon VERLAG

Monica Kingreen

Jüdisches Landleben

in Windecken, Ostheim und Heldenbergen

CoCon Verlag

Hanau 1994

Herausgegeben von der Stadt Nidderau

Zur Autorin:

Monica Kingreen wurde am 10. Januar 1952 in Lüdenscheid geboren. Sie studierte Pädagogik und Geschichte in Bonn und Dortmund. Die Diplompädagogin ist als Lehrerin tätig und befaßt sich seit 1983 mit Lokalforschungen zur deutsch-jüdischen Geschichte.

Die Deutsche Bibliothek - CIP-Einheitsaufnahme

Kingreen, Monica:
Jüdisches Landleben in Windecken, Ostheim und Heldenbergen / Monica Kingreen. Hrsg. von der Stadt Nidderau. - Hanau : CoCon-Verl., 1994
ISBN 3-928100-23-8

In den Türkischen Gärten 13
D-63450 Hanau
Tel: 06181/17700
Fax: 06181/181333
Druck: Druckkollektiv Gießen

ISBN 3-928100-23-8

„Die Namen nationalsozialistischer Heerführer und Ideologen sind im Gedächtnis geblieben. Die Juden aber, Kinder und Erwachsene... gingen ins Kollektiv der Opfer ein: ermordet, vertrieben, verschollen.
... es eine Beleidigung ohne Beispiel ist, von den Juden als ... einer geschlossenen Gruppe zu sprechen und über den Millionen die Einzelnen, die Sänger, Debattierer, Käuze, Ehrenmänner und Ganoven zu vergessen.
Ein Jude unter Tausenden. Noch einmal: Statt uns auf die Benennung der gesichtslosen Millionen zu beschränken, die ermordet worden sind, sollten wir endlich die Einzelnen ins Blickfeld rücken, die Juden waren und auf Deutschland vertrauten, auf den Paragraphen 109 der Verfassung von Weimar, der die Gleichheit aller Menschen beschwor...
Ehre den Juden - jedem einzelnen!"

Walter Jens

„Es ist schwieriger, der Namenlosen zu gedenken als der Berühmten.“ Walter Benjamin

„Ein Mensch ist erst tot, wenn auch die Erinnerung an ihn gestorben ist.“ (aus dem Talmud)

Ich widme dieses Buch

ALFRED ROTHSCHILD aus Heldenbergen,
der im Alter von 5 Jahren mit seiner Familie von Heldenbergen in das „Generalgouvernement“ - vermutlich Auschwitz - verschleppt und dort ermordet wurde, und allen ermordeten Heldenberger jüdischen Menschen.

KURT LEVI aus Ostheim,
der im Alter von 13 Jahren aus Ostheim mit seiner Familie in ein Konzentrationslager im Osten - vermutlich Majdanek - verschleppt und später ermordet wurde, und allen ermordeten Ostheimer jüdischen Menschen.

ERNST REICHENBERG aus Windecken,
der im Alter von 22 Jahren von Frankfurt aus mit seiner Familie nach Theresienstadt und von dort nach Auschwitz verschleppt und dort ermordet wurde, und allen ermordeten Windecker jüdischen Menschen.

Auch widme ich dieses Buch
meinen Kindern HALINA und MILAN
mit dem tiefen Wunsch, daß sie ihr Leben in Frieden und Freiheit weiterleben dürfen.

Monica Kingreen

Die sich des Vergangenen nicht erinnern, sind dazu verurteilt, es noch einmal zu erleben. (George de Santayana 1863-1952)

Vorwort des Herausgebers

Als Bürgermeister der Stadt Nidderau freue ich mich ganz besonders über das Erscheinen des Buches "Jüdisches Landleben in Windecken, Ostheim und Heldenbergen". Die Autorin, Frau Monica Kingreen, hat in jahrelanger intensiver Kleinarbeit recherchiert und unzählige Briefe, Bilder und Dokumente ausgewertet. Es ist ihr gelungen, eine lebendige Vorstellung jüdischen Lebens in unserer Nidderauer Region zu vermitteln. Damit wurde zugleich eine über unsere Region hinausweisende Bearbeitung der Zeitgeschichte geleistet.

Mit dem Jahr 1985 - 40 Jahre nach dem Ende des 2. Weltkrieges - begann die Stadt Nidderau, sich mit der Geschichte der jüdischen Gemeinden in ihren Ortsteilen, den zerstörten Synagogen, der Vernichtung der jüdischen Gemeinden und der Ermordung ihrer jüdischen Bürger zu beschäftigen. So ließ die Stadt im Jahr 1985 auf Wunsch ihrer politischen Gremien an den Stätten der in den Novemberpogromen von 1938 zerstörten Synagogen von Windecken und Heldenbergen Gedenktafeln im Rahmen einer würdigen Gedenkstunde enthüllen.

Aus Anlaß der 50. Wiederkehr der Novemberpogrome lud die Stadt unter Mitarbeit von Frau Kingreen im Namen des Magistrats und der Stadtverordnetenversammlung im Juni 1988 die in aller Welt verstreut lebenden ehemaligen jüdischen Bürger ein.

Bei dem Empfang zu Ehren der eingeladenen Gäste sagte unser verstorbener Bürgermeister Salzmann in der überfüllten Schloßberghalle am 20. Juni 1988: "...Wir wissen alle, was auch als Schatten zwischen uns steht. Das Schicksal all derer, die heute nicht mehr hier sein können. Es gibt keine Möglichkeit der Rechtfertigung. Es sind keine Worte der Entschuldigung zu finden für all das, was damals in den Jahren 1933 bis zum Kriegsende mit und an den jüdischen Bürgern durch unser Volk geschehen ist. Die Novemberpogrome von 1938 und die unzähligen Morde in den Konzentrationslagern. Zu lange wurde nach 1945 über die Ereignisse dieser Zeit geschwiegen... Unsere Schuld ist groß...".

Diese Tage führten zu bewegenden Begegnungen und ergreifenden Momenten des Wiedersehens. Viele Bürger suchten die Begegnung mit den Gästen. Bürgermeister Salzmann bezeichnete diese Woche in seinem Rückblick "als eindruckvollste Tage seiner 30jährigen Amtszeit". Diese "Woche der Begegnung" - so war die Einladungswoche überschrieben - wurde zu einem der bedeutendsten Ereignisse in der Geschichte unserer Stadt.

Die Ansprache zur Gedenkstunde - 50 Jahre nach den Novemberpogromen - im November 1988 hielt die damalige Vizepräsidentin des Deutschen Bundestages, Frau Annemarie Renger. Wie viele Nidderauer Bürger betrachtete sie mit großem Interesse die Ausstellung über "Die jüdischen Familien von Heldenbergen, Windecken und Ostheim" von Monica Kingren und "Jüdisches Brauchtum" von Frank Eisermann. Die frühere Judengasse Windeckens bekam ihren von den Nazis entfernten Namen "Synagogenstraße" zurück. Musikalische und kulturelle Veranstaltungen schlossen dieses Jahr des Erinnerns ab.

In der Gedenkstätte Yad Vashem in Israel ist das "Tal des Gedenkens" zur Erinnerung an die zerstörten jüdischen Gemeinden Europas. Darunter sind auch die Namen der beiden jüdischen Gemeinden Windecken und Heldenbergen. Die Stadt Nidderau hat diesem Ort des Gedenkens zur Erinnerung an die zerstörten Gemeinden unserer Stadt mit unterstützt.

In der Stadt Nidderau ist es im Laufe der Jahre ein wichtiges von der Bevölkerung getragenes Anliegen geworden, sich mit der deutsch-jüdischen Vergangenheit zu beschäftigen.

Im November 1993 eröffnete ich die Ausstellung "Die Gegenwart von Auschwitz". Alle Aktivitäten führten im Laufe der Jahre zu einer intensiven Beschäftigung mit der Vergangenheit und führten zu einer Identifikation mit der eigenen Geschichte. Es war daher für die Stadt selbstverständlich, die Arbeit von Frau Kingreen durch die Herausgabe dieses Buches zu unterstützen. So freue ich mich besonders, daß dieses Buch im November 1994 der Öffentlichkeit vorgestellt werden kann.

Das vorliegende Buch "Jüdisches Landleben" stellt die Geschichte der jüdischen Gemeinden in Heldenbergen, Windecken und Ostheim von den Anfängen bis zur Vernichtung dar. Frau Kingreen ging auf die Suche nach den Spuren der Menschen und Familien, die bis zur Vernichtung ihrer Lebensexistens hier lebten, wohnten und arbeiteten. Sie folgte den Spuren der Geflüchteten und Entkommenen, und sie folgte den Spuren der Menschen nach, deren Namen als Nummern in den Konzentrationslagern verloren gingen.

Das Buch vermittelt wichtige Kenntnisse über das Leben jüdischer Menschen. Die zahlreichen Fotos, die Frau Kingreen hat finden können, führen uns die Menschen, die einst hier gelebt haben, vor Augen und machen uns betroffen.

Ältere Mitbürger können in den vielen Fotos Erinnerungen zurückrufen und vieles über die früheren jüdischen Nachbarn und Freunde erfahren. Für jüngere, besonders auch für Neubürger, ist das Buch eine interessante Lektüre über das Leben jüdischer Familien in unserer Region.

"Das Vergessenwollen verlängert das Exil, das Geheimnis der Versöhnung heißt Erinnerung." Diese jüdische Weisheit möge alle auffordern, das Buch "Jüdisches Landleben" zu lesen.

Im November 1994

Bürgermeister
der Stadt Nidderau

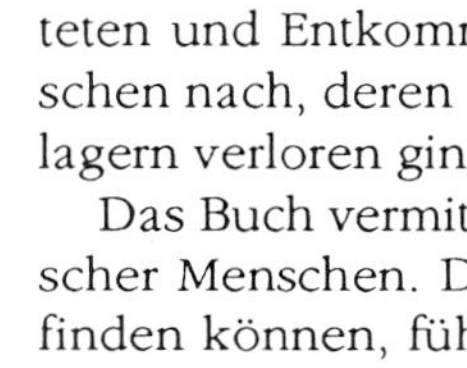

Otfried Betz

"Woche der Begegnung" - Einladung früherer jüdischer Bürger durch die Stadt Nidderau im Juni 1988

Gäste aus Ostheim
Stehend von links: Bürgermeister Salzmann, Monica Kingreen, Inge Katzmann-Wolf, Siegmund Lichtenstein, Berthold Lichtenstein, Lilo Rappaport-Levi, Eliezer Benimezki, Stadtrat Weider, Frank Eisermann,
Sitzend von links: Leo Katzmann, Willi Katz, Lotte Katz, Max Adler

Gäste aus Windecken
Sitzend von links: Ilse und Manfred Bergen-Reichenberg, Ernst Östereich, Rita Adler-Reichenberg,
vorne stehend von links: Les Bergen, Herr Marohn, Bürgermeister Salzmann, davor die Kinder Halina Kingreen und Lea Bergen, Jane Bergen, Grete Glick-Müller, Heidi Neumeyer, Hilde Löwenthal-Levi, Stadtrat Helmut Weider ,
hinten stehend von links: Hannah Sommer, Erich Sommer, Stanley Glick, Frank Eisermann, Monica Kingreen

Gäste aus Heldenbergen
Sitzend von links: Emil Haas, Grete Haas, Theo Rothschild,
hinter der Bank stehend von links: Frau Grünewald, Kurt Grünewald, Lotti Rothschild, Lilli Stern-Eckstein, Margot Stern, Monica Kingreen,
hintere Reihe stehend von links: Bürgermeister Salzmann, Ilse Rothschild, Herbert Rothschild, Hilde Burton-Scheuer, David Burton, Ernst Eckstein

Inhaltsverzeichnis

Zur Entstehung des Buches

Jüdisches Leben gab es in Windecken, Ostheim und Heldenbergen über viele Jahrhunderte bis zur gewaltsamen Auslöschung durch die Nationalsozialisten. Nach 1945 ist von denjenigen, die ins Ausland geflohen waren, niemand zurückgekehrt, eine jüdische Gemeinde gründete sich nicht wieder.

Für mehr als 650 Jahre ist in Windecken das Leben jüdischer Familien nachzuweisen: von der Stadterhebung im Jahre 1288 bis zum Oktober 1941, als die letzte jüdische Windeckerin nach Frankfurt zog. Bis zum Beginn des 17. Jahrhunderts war Windecken das Zentrum der hanauischen Juden gewesen.

Für das der Stadt Windecken benachbarte Dorf Ostheim sind Juden im 16. Jahrhundert, dann wieder im 18. Jahrhundert und von 1869 an nachgewiesen. Die in Ostheim lebenden jüdischen Familien gehörten zur Windecker Jüdischen Gemeinde. Im Mai 1942 wurde die letzte jüdische Familie Ostheims in ein Vernichtungslager deportiert und ermordet.

Aus dem Jahre 1500 stammt der erste Hinweis auf einen Juden in Heldenbergen. Das Dorf Heldenbergen hatte zu Beginn unseres Jahrhunderts die stärkste jüdische Landgemeinde im Kreise Friedberg. Diese wurde mit der gewaltsamen Verschleppung ihrer letzten Mitglieder im September 1942 auf immer vernichtet. Heldenbergen hatte eine völlig andere politische Entwicklung als die benachbarten Ortschaften Windecken und Ostheim. Es war einer der zwölf Orte im Freigericht Kaichen, der seit Ende des 15. Jahrhunderts zur Reichsburg Friedberg und ab 1806 zum Großherzogtum Hessen gehört hatte.

Das Buch geht den heute noch auffindbaren Spuren jüdischen Lebens in diesen drei Orten nach. Da sich die historische Entwicklung dieser Orte deutlich unterscheidet, gliedert sich das Buch entsprechend in die drei Teile: Jüdisches Landleben in Windecken, in Ostheim und in Heldenbergen.

Die Darstellung ist chronologisch, aber auch thematisch gegliedert von den Anfängen bis zur Zerstörung und Vernichtung der Gemeinde. Neben dem historischen Teil steht jeweils ein weiterer Hauptteil über die Schicksalswege der jüdischen Familien des Ortes, die in diesem Jahrhundert dort gelebt haben.

Dabei muß sich der Leser immer wieder vor Augen führen, daß es sich bei den schriftlichen Quellen, auf denen die Darstellung beruht, um die Perspektive der nichtjüdischen Umwelt handelt. Zeugnisse aus dem innerjüdischen Gemeindeleben beziehungsweise aus deren Überlieferung sind nicht mehr vorhanden, da sowohl das Archiv der Jüdischen Gemeinde Windecken als auch das Archiv der Jüdischen Gemeinde Heldenbergen im November 1938 zerstört worden sind.

In der allgemeinen Erinnerung der Orte Windecken, Ostheim und Heldenbergen waren die jüdischen Familien nach ihrer Vertreibung nicht mehr präsent, denn nichts erinnerte mehr über viele Jahrzehnte an sie. Sie waren nach 1945 aus dem Gedächtnis der Orte, die ihnen einst Heimat waren, gelöscht worden vom "allgemeinen Verdrängen und Vergessen". In einzelnen Familien gab es an jüdische Nachbarn und Freunde, Klassenkameraden oder Vereinskollegen Erinnerungen, die gepflegt und auch an nachgeborene Kinder weitergegeben wurden.

Ein Ort aber im Gedächtnis der Stadt oder des Dorfes wurde nicht gefunden.

Lediglich in den Tagen vor Sylvester beim Einkauf der Knaller, die heute noch "Juddeförz" heißen, schimmert ein kräftiger Hauch dieses jahrzehntelangen, nicht reflektierten "Nicht-Gedächtnisses" durch. Oder auch auf dem Fußballplatz mit der Beschimpfung "Juddegässer" oder bei den Auseinandersetzungen um die versuchte Rückbenennung der ehemaligen Windecker Judengasse.

Das Buch beabsichtigt, einen Anstoß zu geben, damit sich bei dem Einzelnen, aber auch insgesamt ein "Ort des Gedächtnisses" der jüdischen Vergangenheit von Windecken, Ostheim und Heldenbergen bilden oder vertiefen kann. Schon das Bekanntwerden der Arbeit an diesem Buch hat in den vergangenen Jahren einige Bewegung, die des öfteren widersprüchlich zu sein scheint, in diese Richtung hervorgebracht, wie im Spiegel der Zeitungsüberschriften zu ersehen ist. Positiver Höhepunkt dabei war unumstritten die "Woche der Begegnung", die Einladung der früheren jüdischen Bürger durch die Stadt Nidderau im Juni 1988.

So ist das Buch nicht nur Geschichtsbuch, sondern auch Gedenkbuch und soll dazu beitragen, den einst in diesen Orten lebenden jüdischen Menschen und der von ihnen gestalteten Geschichte "einen Ort in unserem Gedächtnis" zu geben, insbesondere aber auch den Ermordeten wieder Gesicht und Namen zu geben.

Es könnte auf diese Weise mehr sein "als ein Zeichen, daß wir nicht ganz vergessen sind", wie mir Recha Wolf, die 1937 aus Windecken geflohen war, als ihre Hoffnung zu diesem Buch aus New York schrieb.

Das Buch entstand im wesentlichen in den Jahren 1983 bis 1990. Zuerst beabsichtigte ich, lediglich über das Leben der Juden in Windecken vor und während der Nazizeit zu schreiben, doch bald nach Beginn der Arbeiten erfuhr ich, daß auch die jüdischen Familien aus Ostheim zur Jüdischen Gemeinde Windecken gehört hatten.

Ende des Jahres 1985, als nach interessanten kontroversen Diskussionen von der Stadt Nidderau die Gedenktafeln am früheren Platz der Synagoge in Windecken und in Heldenbergen eingeweiht wurden, faßte ich mit Bernd Salzmann den Entschluß, auch an die jüdischen Familien Heldenbergens und die Geschichte ihrer Gemeinde zu erinnern. Bei der Enthüllung der Gedenktafel

Ehemalige Bürger aus Windecken (b. Frankfurt a/M) gesucht

Ich moechte ein Buch über das Leben der Juden in Windecken bei Frankfurt und Hanau schreiben. Kann mir jemand mit Erinnerungen und Hinweisen helfen?
Wer kennt Wilhelm Katz aus Ostheim bei Windecken?

MONICA KINGREEN
Am Hang 62B
6368 BAD VILBEL
WEST GERMANY

Anzeige in den Israel-Nachrichten vom 27. Februar 1984

wurden von Herrn Stadtrat Helmut Weider die Namen und das Alter der ermordeten Menschen aus Heldenbergen, die durch das Bundesarchiv in Koblenz bekannt waren, verlesen. Das waren 61 Namen (nun sind mehr als 100 Namen zusammengetragen), darunter von zahlreichen Kindern. Das jüngste war der kleine Alfred Rothschild, der im Alter von 5 Jahren mit seiner gesamten Familie aus Heldenbergen verschleppt und später ermordet worden war. Auch meine Tochter Halina war, als ich diesen Namen hörte, gerade fünf Jahre alt. Innerlich sah ich so den kleinen Alfred vor mir und entschloß mich, daß er und seine Familie und alle jüdischen Menschen, die in Heldenbergen gelebt hatten, nicht vergessen werden dürften. Glücklicherweise wußte ich bei meinem Entschluß nicht, wieviele jüdische Familien in Heldenbergen gelebt hatten, es waren im Gegensatz zu Windecken und Ostheim sehr viele, zeitweise hatten sie 17% der Bevölkerung ausgemacht. Damit ich überhaupt einen Überblick gewinnen konnte, wo welche Familie gewohnt hatte, wie die Berufs- und Familienverhältnisse waren, wo auf der Welt ich Hinweise auf Spuren von Familienangehörigen suchen konnte, war mir Herr Georg Franz sen. aus Heldenbergen, der noch "aus dem letzten Jahrhundert stammt", wie er gerne betont, eine große Hilfe. Er schrieb alle seine Kenntnisse und Erinnerungen zu den jüdischen Familien Heldenbergens auf. Wo er nicht mehr weiter wußte, beschaffte er sich in Heldenbergen weitere Informationen. Ohne ihn hätte ich diesen Überblick nur schwer gewinnen können. Auch hat mir seine Hilfe und Freude immer wieder Mut gemacht, weiterzuarbeiten. Für alles danke ich sehr.

Ein Jahr, nachdem ich mit meinen Forschungen zur Geschichte der Jüdischen Gemeinde Windecken begonnen hatte, lernte ich im November 1984 Bernd Salzmann aus Windecken kennen. Wir beschlossen zusammenzuarbeiten. In dieser Zeit führten wir zahlreiche intensive Gespräche mit den Bewohnern der drei Orte, auch vielerlei kleine Gespräche bei Begegnungen auf der Straße. Dafür gilt allen Gesprächspartnern großer Dank für ihre Unterstützung. Leider sind schon einige der Gesprächspartner verstorben.

Ende 1985 beschlossen Bernd Salzmann und ich, daß wir nun auch mit den jüdischen Bürgern, die früher hier gelebt hatten, Gespräche führen müßten. Inzwischen hatte ich auch viele Adressen aus aller Welt herausfinden können, zahlreiche Briefe hatte ich geschrieben und auch erhalten, aber das persönliche Gespräch fehlte bzw. war nur vereinzelt bei Besuchen aus dem Ausland möglich gewesen.

So planten wir eine Interviewreise in die USA, wo die meisten der von mir ausfindig gemachten ehemaligen Windecker, Ostheimer und Heldenberger lebten. Zum Jahreswechsel 1985/86 fuhren wir für 14 Tage nach New York, San Francisco, Columbus/Ohio und Charlotte/North Carolina und sprachen über gute und schlechte Zeiten in der alten und auch neuen Heimat.

Aus beruflichen Gründen hat Bernd Salzmann die Zusammenarbeit zum Ende des Jahres 1986 beendet. Für die Zusammenarbeit danke ich herzlich.

1988, bei der Einladung der früheren jüdischen Bürger durch die Stadt Nidderau, konnten weitere Interviews geführt werden.

Mehrere der Gesprächspartner sind leider inzwischen verstorben.

Diesen intensiven Begegnungen und Gesprächen ist es zu verdanken, daß so vielerlei persönliche Erlebnisse zusammengetragen werden konnten. Für alle Gesprächspartner waren diese Gespräche nicht leicht, sie rissen alte schmerzliche Gefühle auf, ließen die Erinnerungen an so viele liebe Menschen, die brutal ermordet worden waren, wieder lebendig werden. Allen Gesprächspartnern gilt mein tiefer Dank für ihre Bereitschaft und Unterstützung dieser Arbeit. In diesen Dank sind auch diejenigen eingeschlossen, deren Hinweise und Erinnerungen ich in einem oft regen Briefwechsel erhielt. Durch diese Kontakte erhielt ich zahlreiche Fotos und Dokumente.

Das Buch enthält zahlreiche Fotos. Dabei könnte fast jedes Bild eine eigene Geschichte erzählen, wie es von Heldenbergen oder Windecken oder Ostheim vor Jahrzehnten den Weg nach Israel oder Brasilien oder Amerika oder England oder Argentinien gefunden hat und dann nach vielen Jahren wieder den Weg zurück an den Ort, wo es einmal aufgenommen worden ist. Es war für mich von ganz besonderem Interesse, Fotos zu finden von den Menschen, die früher hier gelebt haben, die dann verfolgt, vertrieben oder ermordet wurden. Von sehr vielen habe ich Fotos finden können, nur von dem kleinen Alfred Rothschild trotz intensiver Bemühungen nicht. Es lebt aber in meinem Herzen und veranlaßte mich, dieses Buch auch über die Heldenberger Juden zu schreiben.

Ich danke allen Menschen, die mir die oft einzigen Bilder ihrer Liebsten, die nicht mehr leben, vertrauensvoll übergeben haben. Werner Brodt und Robert Bastian stellten mir freundlicherweise Fotos aus ihren Sammlungen zu Nidderau zur Verfügung.

Der Stadt Nidderau danke ich dafür, daß sie einen größeren Teil der Materialkosten für meine umfangreichen Recherchen übernommen hat. Sie gibt das Buch heraus und finanziert den Druck, dafür danke ich allen politisch Verantwortlichen, die an dieser Entscheidung nach vielerlei Kontroversen mitgewirkt haben und auch denen, die diese Entscheidung an anderer Stelle unterstützt haben.

Zahlreiche Fotos erhielt ich auch von Privatpersonen in Heldenbergen, Ostheim und Windecken, ihnen danke ich sehr herzlich.

Besonderer Dank gilt Herrn Schneider und später Herrn Flach von der Entschädigungsbehörde beim Regierungspräsidenten in Darmstadt für ihre stets unterstützende Haltung während der Entstehung dieses Buches.

Danken möchte ich auch für die immer freundliche Hilfe im Hessischen Hauptstaatsarchiv Wiesbaden und im Hessischen Staatsarchiv Darmstadt. Frau Dr. Löwenstein vom Hessischen Staatsarchiv in Marburg danke ich für ihre freundliche Unterstützung.

Viele Ämter, Stadtarchive, Standesämter habe ich um Hilfe gebeten, die Antworten waren überwiegend unterstützend und halfen mir weiter.

Joachim Schulmerich, Cocon Verlag Hanau, hat mit viel Mühe zur vorliegenden Gestaltung beigetragen, dafür danke ich herzlich.

Zum Schluß möchte ich mich von ganzem Herzen bei meinem Mann und unseren Kindern bedanken, daß sie so lange Jahre unterstützend ertragen haben, daß ich an diesem Buch gearbeitet habe.

Im September 1994 Monica Kingreen

„Erinnerungsarbeit" - mühevolle Auseinandersetzung mit der Vergangenheit im Spiegel von Zeitungsüberschriften aus den Jahren 1985 - 1994 in Nidderau

Keine Berücksichtigung finden in diesem Buch die aktuellen Ereignisse der letzten 10 Jahre in Nidderau, die durch die Recherchen zur jüdischen Vergangenheit zum Teil ausgelöst und initiiert wurden und so auch schon zu Koordinaten für den „Ort in unserem Gedächtnis" werden konnten. Einen kleinen Eindruck dieser mühevollen „Erinnerungsarbeit" geben die zusammengestellten Zeitungsüberschriften.

Jüdischen Friedhof in Windecken mit Informationstafel versehen. Nidderauer Anzeiger 25.4.1985

„Werden uns auf jeden Fall wehren." Braugasse in Windecken soll in Judengasse umbenannt werden. Antrag von SPD und Grünen sorgt für Aufregung. Von Rüdiger Arendt. Frankfurter Rundschau (= FR) Main-Kinzig 24.5.1985

Der Ortsbeirat einmütig: Es bleibt bei „Braugasse" Auch für Umbenennung in „Synagogenstraße" keine Mehrheit. Hanauer Anzeiger 25.6.1985

Die Bezeichnung „Judengasse" ist verpönt. Im hessischen Windecken wollen Bürger diesen Straßennamen nicht hören. Von Adolf Diamant. Israel Nachrichten 11.7.1985/Allgemeine Jüdische Wochenzeitung 6.9.1985

„Juddegässer"- zum Widerstand bereit. 8. Mai und die Folgen. Von Johannes Winter. taz 2.7.1985

Blamabel für die Sozialdemokraten. Nidderauer SPD mußte ihren Antrag zum Gedenken an jüdische Mitbürger wieder zurückziehen. Von Helmut-Henning Schimpfermann. Hanauer Anzeiger 1.6.1985

Suche nach Kompromissen. Thema „Judengasse" bewegt weiter die politischen Gemüter. Hanauer Anzeiger 12.6.1985

Name der Braugasse sollte Salli-Reichenberg-Straße sein. Nidderauer Jusos. Nidderauer Anzeiger 13.6.1985

SPD beugt sich dem Widerstand. Keine Straßenumbenennung in Windecken. Heftige Debatten im Parlament. FR Main-Kinzig 29.6.1985

Schlußstrich unter Thema „Judengasse". Nidderauer Stadtparlament lehnt Umbenennnung der Braugasse mehrheitlich ab. Hanauer Anzeiger 28.6.1985

Archivalien belegen einen „permanenten Kriegszustand". Zur Geschichte der Juden in Windecken. Von Rolf Hohmann. Nidderauer Anzeiger 11.7.1985

Erinnerung an israelitische Bürger ist inzwischen kaum noch vorhanden. Jüdische Gemeinde Heldenbergen. Von Rolf Hohmann. Nidderauer Anzeiger 27.7.1985

Zwei Thorarollen wurden gerettet. Emilie Schön erinnert sich. Nidderauer Anzeiger 8.8.1985

Gedenktafeln erinnern an die alten jüdischen Stätten. Enthüllung in Nidderau am Volkstrauertag. Vorher findet eine Feierstunde in der Schloßberghalle in Windecken statt. FR Main-Kinzig 30.10.1985

Gedenken an das Leid der Juden. Im feierlichen Akt werden zwei Tafeln in Nidderau angebracht. FR Main-Kinzig 16.11.1985

„Erinnerungen sind in den Köpfen eingenarbt." Nidderau gedachte in der Windecker Schloßberghalle der Judenvertreibung im Dritten Reich. 120 Gäste. Im Anschluß an die Feier Gedenktafeln enthüllt. Von Rüdiger Arendt. FR Main-Kinzig 19.11.1985

Das Grauen ist nicht fortzuschaffen. Gedenkstunde und Kranzniederlegung der Stadt Nidderau für jüdische Opfer des Nationalsozialismus. Hanauer Anzeiger 18.11.1985

Trauer um Juden von Nidderau. Gedenktafeln an ehemaligen Synagogen. Frankfurter Nachrichten 21.11.1985

Reuter: Den Toten zur Ehre und den Lebenden zur Mahnung. Kranzniederlegung auf dem jüdischen Friedhof in Nidderau-Windecken aus Anlaß des Jahrestages der „Reichskristallnacht". FR Main-Kinzig 12.11.1986

Wiedersehen nach fünfzig Jahren. Freude und Tränen. Der Nidderauer 16.3.1987

Stadt lädt Juden in alte Heimat ein. Nachforschungen als Grundlage für Geste der Versöhnung/Veranstaltungsreihe. Von Jürgen Ahäuser. FR Main-Kinzig 31.12.1987

Zeit zwischen 1933 und 1945 angemessen vertreten. Stadt gibt Gedichtsband zum Jahresjubiläum heraus. Auf 170 Seiten lebensnahe Lokalgeschichte/ Dreißig Windecker Bürger berichten. Von Jürgen Ahäuser. FR Main-Kinzig 17.2.1988

Streit um Einladung für „wohlhabende" Juden. Geste wird in der Bevölkerung „kontrovers" diskutiert. Dazu Kommentar: **Ins Licht stellen.** Jürgen Ahäuser. FR Main-Kinzig 25.5.1988

Zweifel an dem Archivar. Streit um Juden.Zum Rücktritt aufgefordert. FR Main-Kinzig 6.6.1988

Erinnern als Basis zur Versöhnung. Stadt Nidderau lädt ehemalige jüdische Mitbürger ein.Woche der Begegnung. Von Jürgen Ahäuser. FR Main-Kinzig 16.4.1988

Die Vergessenen wieder ins Nidderauer Bewußtsein gerückt. Ohne die Windecker Lehrerin Monica Kingreen wäre „Woche der Begegnung" nicht möglich gewesen.Viel Feinfühligkeit. Von Jürgen Ahäuser. FR Main-Kinzig 18.6.1988

Die Schatten der Toten werden gegenwärtig sein. Gespräche im Mittelpunkt der „Woche der Begegnung" mit ehemaligen jüdischen Mitbürgern. FR Main-Kinzig 16.6.1988

Ein Abend, der allen Mut macht. Mit großer Anteilnahme folgten die Nidderauer dem Empfang von 18 ehemaligen jüdischen Mitbürgern. Von Rüdiger Arendt. FR Main-Kinzig 22.6.1988

Gedenken beim Kadisch. Gestern Kranzniederlegungen in Heldenbergen und Windecken. Hanauer Anzeiger 22.6.1988

„Kennst Du mich denn nicht?" Begegnungsnachmittage mit den jüdischen Gästen in allen Stadtteilen. Hanauer Anzeiger 25.6.1988

„Wir haben uns auf einmal gefühlt, als seien wir keine Menschen mehr." Hilde Burton und Erich Sommer mußten vor 50 Jahren aus Nidderau fliehen, nur weil sie Juden waren. Zwiespältige Gefühle beim Wiedersehen.Von Jürgen Ahäuser. FR Main-Kinzig 25.6.1988

„Wir waren ja alle dabei." Ein Versuch zur Vergangenheitsbewältigung nach fünfzig Jahren. Hanauer Anzeiger 27.6.1988

„Wie können Menschen solches Leid zufügen?" Betroffenheit bei den jungen Zuhörern war zu spüren.Von Jürgen Ahäuser. FR Main-Kinzig 24.6.1988

Sie fahren „mit leichtem Herzen". Ehemalige jüdische Mitbürger Nidderaus im Gespräch mit Bertha-von Suttner-Schülern. Hanauer Anzeiger 24.6.1988

„Ich bin wiedergeboren worden." Beim Abschied von den ehemaligen jüdischen Bürgern der Stadt Nidderau flossen noch einmal die Tränen. Die „Woche der Begegnung" ging am Sonntag zu Ende. Praktizierte Aussöhnung. Von Jürgen Ahäuser. FR Main-Kinzig 27.6.1988

„Warum seid ihr bloß jetzt so nett zu uns?" Achtzehn ehemalige jüdische Bürger von Windecken kehrten für wenige Tage in die Heimat zurück. Von Jürgen Ahäuser. Allgemeine Jüdische Wochenzeitung 30.9.1988 (identisch mit Artikel am 2.7.1988 in der Frankfurter Rundschau-Hessen: Einer sagte nur: Ich bin wiedergeboren.)

Die Skepsis verwandelte sich in Dankbarkeit. Gäste der „Woche der Begegnung" drückten in vielen Briefen ihre Zufriedenheit aus. FR Main-Kinzig 21.10.1988

Versöhnt hat er sich, vergessen kann er jedoch niemals. Der Sport rettete Willi Katz im Dritten Reich letzten Endes das Leben. Nach 40 Jahren war er erstmals wieder in Nidderau. Von Jürgen Ahäuser. FR Main-Kinzig 23.7.1988

Synagoge aus Pappmaché. Dörfliche Begegnung nach 50 Jahren. Von Johannes Winter. taz 24.8.1988

Alle sind froh über die neuen Brücken. Monate nach der Woche der Begegnung kommen noch Dankesgrüße aus USA. FR Main-Kinzig 25.2.1989

Rundfunksendung HR I (60 Minuten) 12.11.1989 **„Kennst Du mich nicht mehr?"** 18 jüdische Bürger von Windecken, Ostheim und Heldenbergen kehren für einige Tage zurück. Von Karin König

Werben um Verständnis. Wird die Braugasse in Synagogenstraße umbenannt? Antrag der Grünen. Von Jürgen Ahäuser. FR Main-Kinzig 14.9.1988

„Ein Werk des Vergessens". Im Hintergrund: Judenviertel in Windecken. FR Main-Kinzig 14.9.1988

„Die Juden sin' doch all hinnerum zur Synagoge gange" Die FR befragte Braugassenbewohner zum Grünen-Antrag, die Straße umzubenennen. Weniger Vorbehalte als vor drei Jahren. FR Main-Kinzig 16.9.1988

Anlieger halten sich bedeckt. Offenbar wenig Interesse an Umbenennung der Braugasse. FR Main-Kinzig 18.9.1988

Aktion für Synagogenstraße. Mit Unterschriften soll Überzeugungsarbeit geleistet werden. FR Main-Kinzig 20.9.1988

Diskussion um Straßennamen. Windecker Ortsbeirat beschäftigte sich mit „Synagogenstraße". Hanauer Anzeiger 22.9.1988

Ortsbeirat empfiehlt Umbenennung. Mit vier gegen eine Stimme für Synagogenstraße. Sitzung mit viel Medienrummel. Von Jürgen Ahäuser. Mit Kommentar: **Sieg der Argumente.** FR Main-Kinzig 28.9.1988

„Braugassenbewohner wehrt Euch" stand auf dem Flugblatt. An manchen Stellen blieben bei der Diskussion über die Straßenumbenennung Würde und Anstand auf der Strecke. FR Main-Kinzig 28.9.1988

Nicht bloß Schall und Rauch. Pfarrer nimmt Stellung. FR Main-Kinzig 24.9.1988

Streit um die Judengasse in Nidderau. Hessenschau - HR-Fernsehen. Von Holger Weinert. 27.9.1988

Ein „Synagogenplatz" ist erneut in der Diskussion. Bürgermeister Salzmann nimmt dazu keine Stellung. Kommentar dazu: **Düsterer Geistesblitz.** Von Jürgen Ahäuser FR Main-Kinzig 13.10.1988

Endgültiges Votum für „Synagogenstraße". Nidderaus Stadtverordnete entschlossen sich mehrheitlich zur Umbenennung der Braugasse. Hanauer Anzeiger 31.10.1988

Gedenken an Pogrom soll keine Pflichtübung sein. Vorträge, Ausstellung, jüdische Lieder in Nidderau. Von Frank Wenzel. FR Main-Kinzig 8.9.1988

Begreifen wird man es nie können. Eindrucksvolle Ausstellung über das Leben der Juden in Nidderau. „Vergessen ist wie ein nochmaliges Töten." Von Jürgen Ahäuser. FR Main-Kinzig 7.11.1988

Vergangenheitsbewältigung in Windecken. Von Holger Weinert. Hessenschau HR-Fernsehen 9.11.1988

„Last der Geschichte bleibt bestehen." Gedenkveranstaltung zum Pogrom vom 9. November 1938 in Nidderau. Annemarie Renger sprach. Hanauer Anzeiger 10.11.1988

Die Lebenslust liegt dicht bei der Melancholie. Die Klesmorin Oif Simches gewährten musikalische Einblicke in jiddische Traditionen. Von Jürgen Ahäuser. FR Main-Kinzig 7.10.1988

Wie ein Maler das jüdische Leben sah. 50 Jahre nach der Reichskristallnacht: Nidderau setzt Kulturreihe fort. Vortrag über Moritz Oppenheim. FR Main-Kinzig11.10.1988

Auf viele Fragen weiß auch er keine Antworten. Valentin Senger las in Windecken aus seinen Büchern. Mit Interview: **„Ich empfinde anders als andere Juden"** Von Astrid Ludwig. FR Main-Kinzig24.10.1988

„Auch Gewalt kann Nächstenliebe sein." Der jüdische Professor Pinchas Lapide setzte sich mit der Bergpredigt auseinander. Von Jürgen Ahäuser. FR Main-Kinzig2.12.1988

Geschichte der Juden in Nidderau. Kursus der Kreisvolkshochschule mit mehreren Rundgängen. FR Main-Kinzig 6.9.1989

Die Hauptperson kam nicht zu Wort. SPD überging im Ausschuß Heimatforscherin Kingreen. CDU und Grüne zogen aus. Von Ulrich Gehring. FR Main-Kinzig 21.9.1989

„Dumpfe Drohungen" des SPD-Fraktionschefs. Heinz Appel und sein Verhältnis zum Kingreen-Buch. Von Ulrich Gehring. FR Main-Kinzig 10.10.1989

Autorin in der Offensive. Monica Kingreen verlangt von SPD-Fraktionschef Appel eine Entschuldigung. Hanauer Anzeiger 18.1.1990

Grabstein reißt Julius Aber aus der Anonymität. Heimatforscherin: „Vergessen ist wie ein nochmaliges Töten". Von Ulrich Gehring. FR Main-Kinzig 21.9.1990

Schwerpunkt jüdische Geschichte. Monica Kingreen und Frank Eisermann beim Heldenberger Geschichtsverein. Hanauer Anzeiger 25.3.1991

Mit Herschel Grynszpan in einer Klasse. Der aus Windecken vertriebene Jude Erich Sommer erinnert sich. Buch und Film. FR Main-Kinzig 31.3.1992. Ebenfalls in Israel-Nachrichten 24.7.1992

Vor 50 Jahren begann für 22 Juden die Reise in den Tod. Monica Kingreen gedachte der Opfer. FR Main-Kinzig 18.9.1992

Davidstern aus Kerzen als Mahnung. Hanauer Anzeiger 11.11.1992

Jiddische Volksmusik im Bürgerhaus Ostheim. Nidderauer Anzeiger 12.11.1992

Dunkle Kapitel bleiben nicht außen vor. Das neueröffnete Windecker Heimatmuseum lädt die Besucher zu einem Rundgang durch die Geschichte ein. Von Rüdiger Arendt. FR Main-Kinzig 1.6.1993

Buch über Juden wird erscheinen. Schwierige Verhandlungen im Ausschuß bringen positives Ergebnis für Autorin Monica Kingreen. Hanauer Anzeiger 19.6.1993

Zwei sehr unterschiedliche Schicksale. Straßen in Heldenbergen werden an jüdische Persönlichkeiten erinnern. Von Ulrich Gehring. FR Main-Kinzig 4.8.1993

Auch Windecken wird in Yad Vashem verewigt. Holocaust-Gedenkstätte läßt Namen in Steintafel eingravieren. Hanauer Anzeiger 5.8.1993

Nicht die Augen vor der Vergangenheit verschließen. Gedenkfeier zur Pogromnacht 1938: Gleichzeitig Ausstellung mit alten Fotos und Texten von Auschwitz-Opfern und Überlebenden. Nidderau trat Förderverein für Fritz-Bauer-Institut bei. Von Ulrich Gehring. FR Main-Kinzig 11.11.1993

Den Opfern Gesichter und Namen zurückgeben. Heimatforscherin Kingreen liest heute aus ihrem Buch „Jüdisches Landleben". Von Ulrich Gehring. FR Main-Kinzig 21.1.1994

Das kurze Leben von vier Heldenberger Kindern. Kingreen beschreibt Schicksal jüdischer Minderjähriger. Von Ulrich Gehring. FR Main-Kinzig 19.3.1994

Jüdisches Landleben in Windecken

In einer etwa um 850 n. Chr. geschriebenen Schenkungsurkunde an das Kloster Fulda wird erstmals Tezelenheim erwähnt, sicher eine nur wenige Bauernhöfe zählende und zum Königsgut Ostheim gehörende Ansiedlung an der Nidderfurt im Verlauf eines nord-südlich führenden Handelsweges.

Im Jahre 1262 kam die Ansiedlung in den Besitz der Herren von Hanau, als Bischof Berthold von Bamberg die Güter des Stifts Ostheim und Tezelenheim Graf Reinhard I. zu Lehen gab. Dieser erbaute unmittelbar danach auf der die Furt beherrschenden Höhe über der Nidder eine Burg. Er nannte sie Wonnecke und dieser Name ging bald auf den in ihrem Schutz liegenden Ort über, aus dem später Wunecke, Wunekin, Wynecken und schließlich Windecken wurde.

Am 5. August 1288 bewilligte Rudolf von Habsburg der Residenz der Herren von Hanau auf Bitten des bei Hof einflußreichen Grafen Ulrich I. die Stadtrechte, verbunden mit der Marktgerechtigkeit. Dadurch begünstigt erlebte der Ort, den bald eine bis zu zwölf Meter hohe Ringmauer und drei Tortürme schützten, einen beträchtlichen Aufschwung.

Bis zum Jahre 1436 residierten die Herren von Hanau auf ihrer Burg Windecken und verlegten dann ihren Wohnsitz nach Hanau. In den folgenden Jahrhunderten war Windecken Hauptort des gleichnamigen Amtes, dem die umliegenden Dörfer Eichen, Marköbel, Niederdorfelden, Ostheim und zeitweise Erbstadt angehörten. Hier hatte der gräfliche Keller seinen Sitz, und er nahm im Amtshof die Abgaben für die Hanauer Grafen entgegen. Bis Ende des 19. Jahrhunderts waren für die zumeist bäuerliche Bevölkerung der Orte im Norden der Grafschaft die beiden Jahrmärkte zu Pfingsten und im Herbst sowie die Wochenmärkte von großer Bedeutung.

Die nun in Hanau residierenden Grafen kehrten mit ihren Familien oft auf ihre Burg Wonnecken zurück und hielten sich hier auch für längere Zeit auf.

An der Spitze der Stadtverwaltung stand in alten Zeiten der vom Grafen ernannte Schultheiß, der auch den Vorsitz im Stadtgericht führte. Im Jahre 1502 richtete Graf Reinhard in Windecken ein Landgericht ein. Die regelmäßig stattfindenden Märkte begünstigten das Entstehen zahlreicher kleinerer Handwerksbetriebe, die sich zu Zünften zusammenschlossen.

Um die Mitte des 19. Jahrhunderts gaben immer mehr Handwerker und Kleinbauern ihr Gewerbe auf und verdingten sich in den aufstrebenden Industriestädten des Rhein-Main-Gebietes als Arbeiter. Für diese Pendler, die nur an Wochenenden nach Hause zurückkehrten, brachte die Eröffnung der Bahnstrecke Hanau-Windecken im Jahre 1879 große Erleichterung.

Nach dem um 1850 weitgehend vollendeten Abbruch der Ringmauer und der Tore hatte sich die Stadt nur unbedeutend ausgedehnt. Der entscheidende Wandel vollzog sich erst nach dem Zweiten Weltkrieg.[0)]

Windecker Juden im 13. und 14. Jahrhundert

Erste Hinweise

Unter den Juden Windeckens hatte sich über Generationen lang die Überlieferung erhalten, daß die jüdische Gemeinde Windecken das gleiche Alter wie die zu Worms (Gründung um das Jahr 1000) habe.[1)]

Die jüdische Gemeinde Windeckens war die älteste und größte Gemeinde im Hanauischen. Mit der Stadterhebung Windeckens im Jahre 1288 ist anzunehmen, daß auch Juden sich in der Stadt Windecken ansiedelten, da die Verleihung der Stadtrechte aus wirtschaftlichen Gründen zumeist mit der Erlaubnis, "Juden zu halten" verbunden war.[2)]

Windecken war bis zum Jahre 1436 Sitz der Herrschaft der Herren von Hanau, so daß sich wohl daraus erklärt, daß sich dort die Hauptsynagoge mit der größten jüdischen Gemeinde im Hanauischen entwickelte.[3)]

Im Jahre 1586 führten die hanauischen Juden an, daß sie "seit über dreihundert Jahren in der Grafschaft Hanau ansässig (seien) und ihre besondere Synagoge oder Schule in Windecken" haben.[4)]

In einer Schrift aus dem Jahr 1788 über die Juden in der Reichsstadt Friedberg heißt es: "Die Friedberger, Windecker und Wormser Juden sind ohne Zweifel die ältesten im Reiche"[5)]

Im Jahre 1310 wurden die Windecker Juden, die zu den hanauischen Juden gehörten, von Heinrich VII. an Ulrich von Hanau verpfändet.[6)] Die in Windecken, Hanau, Babenhausen und Steinau wohnenden Juden wurden für 600 Pfund Heller verpfändet, weil Ulrich dem König Johann von Böhmen mit 20 Rittern Dienste zu leisten versprochen hatte.[7)]

Die Juden waren von Kaiser Friedrich II. seit dem Jahre 1236 unter kaiserlichen Schutz gestellt, das bedeutete Schutz auf Landstraßen und Wegen, Bewegungsfreiheit, Aufenthaltsfreiheit, Befreiung von Sonderzöllen an Fürsten und Städte. Andererseits erklärte der Kaiser die Juden zu seinen Kammerknechten, "servi camerae", das heißt zu seinem Privateigentum, über das er wie über Forst und Vieh nach Gutdünken verfügen konnte. Sie waren damit nicht in das allgemeine Landrecht eingeschlossen und benötigten besonderen Schutz gegen besondere Bezahlung.[8)]

Diese Kammerknechtschaft wurde von den ständig sich in Geldnot befindenden deutschen Königen als eine vorzügliche Einnahmequelle angesehen. Als ein Eigentum des Reichs verlieh und verschenkte das Reichsoberhaupt die Juden und die Einkünfte, die von ihnen zu erzielen waren.[9)]

Die Verpfändungen der Juden von Windecken wurden nie eingelöst, so wurden sie Reichslehen und blieben bis ins 18. Jahrhundert Leibeigene der Herrschaft Hanau, konnten jedoch gegen ein Abzugsgeld ihren Aufenthalt verändern.[10)]

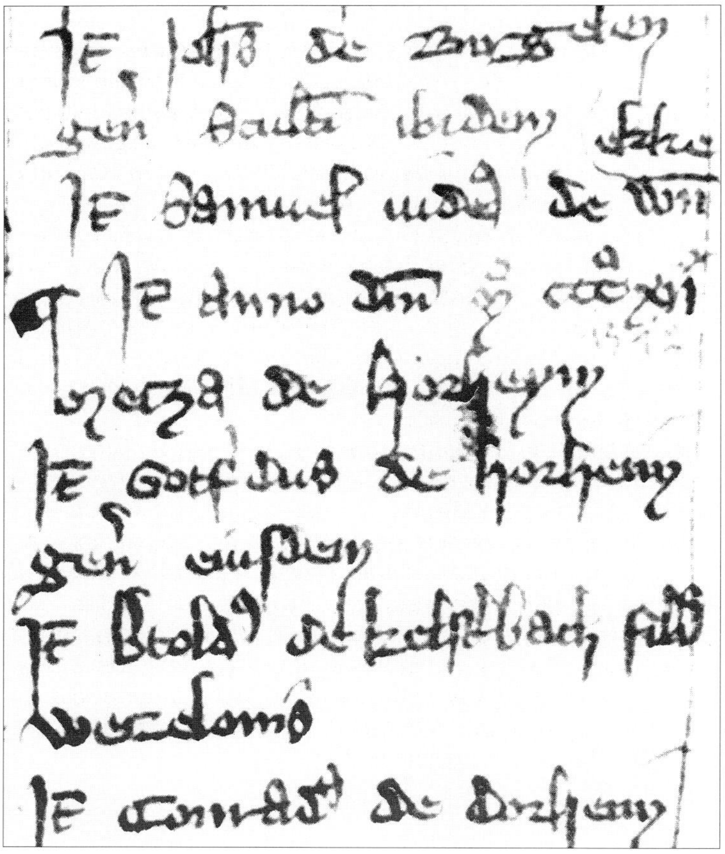

Aus dem Jahre 1311 liegt der erste schriftliche Hinweis auf einen Juden aus Windecken vor. "Samuel iudeus de Wunekke" (aufgeführt in der 3. Zeile von oben) ist gemeinsam mit christlichen Namen im Frankfurter Bürgerbuch von 1311 zu lesen.

Windecker Juden im Frankfurter Bürgerbuch

Aus dem Jahre 1311 ist belegt, daß ein Samuel aus Windecken, "iudeus de Wunekke", in Frankfurt als Bürger aufgenommen wurde.[11)] Die Aufnahmebedingungen für Bürger in Frankfurt waren in der ersten Hälfte des 14. Jahrhunderts für Juden und Christen gleich.[12)]

In den Gerichtsbüchern der Stadt Frankfurt werden im 14. Jahrhundert Juden aus Windecken bei Darlehensgeschäften erwähnt. Die dort genannten Juden hatten als Geldverleiher in dieser Zeit vornehmlich mit dem niederen Adel zu tun wie Heinrich von Eichen, Konrad von Büches, Winther von Rohrbach, Erwin von Rohrbach, R.Wederold von Linden, R. Johann

In den Gerichtsbüchern der Stadt Frankfurt werden im 14. Jahrhundert Juden aus Windecken bei Darlehensgeschäften erwähnt:

1336 - 1361:	"Abraham Barten, judeus de Wonecken"[13)]
1340:	"Hanne, legitima (die Frau von) Abraham de Wonnekin" [14)]
1341 -1342:	"Bertholdus, judeus de Wuneckin".[15)] Er ist identisch mit Ber von Wonneckin.[16)] Dieser schließt ein Darlehensgeschäft ab, bei dem rechtsgeschichtlich interessant ist, daß sich der Edelknecht Erwin von Rohrbach gegenüber dem Juden vergeiselt, das heißt, sich zu Geiselhaft verpflichtet.[17)]
1347:	"Liberman, judeus de Wunecke"[18)]
1373 - 1375:	"Isaac von Wonnecken" (auch "Isaac Rodichin von Wunneck" genannt) hat bei dem Frankfurter Judenarzt Jacob ein Darlehen aufgenommen und dafür Pfänder gesetzt.[19)]
1377:	"Mose - auch Morsel und Morele genannt - von Wonecken"[20)]
1382:	Seligmann[21)]

von Büches und Herdan von Büches.[22] Dies war typisch für das 14. Jahrhundert und galt auch für die Frankfurter Juden, von denen sich etwa "Anne zu Wonnecken"[23] oder "Johann de Wonekin"[24] oder "R. Johann de Ostheim"[25] Gelder liehen.

Für das Jahr 1300 nimmt der Historiker Zimmermann an für die drei Orte im Hanauischen, in denen zu dieser Zeit Juden ansässig waren: Windecken, Hanau und Steinau insgesamt 5 - 7 Familien, im Jahre 1400 dann etwa 10 - 12 Familien.[26]

Die wirtschaftliche Lage der Juden im 14. Jahrhundert war so, daß die jüdische Bevölkerung nicht zu den Begüterten zu zählen war. In der Herrschaft Hanau hatten Juden nicht den geringsten Einfluß auf die finanzielle Entwicklung der Landeshoheit. Es sind auch keine Fälle bekannt, daß Herren und Grafen von Hanau zu Schuldnern ihrer Juden geworden sind.[27]

Bis zum Jahre 1349 wurden die Juden noch als Bürger bezeichnet, auch waren sie den anderen Einwohnern gleichgestellt.[28] Für die Verfolgungen der Juden im Hanauischen in der Mitte des 14. Jahrhunderts vermutet Zimmermann vor allem wirtschaftliche Elemente als treibende Kraft.[29]

Die "Judenschläger"

Über das Leben der Juden in Windecken während des 14. Jahrhunderts ist wenig bekannt. Der Graf von Hanau Ulrich II. schien seinen Schutzbefohlenen nicht sehr gewogen gewesen zu sein, denn die Stadt Frankfurt sah sich im Jahre 1337 veranlaßt, Kaiser Ludwig zu bitten, daß er dem Herren von Hanau ... befehle, die "Judenschläger" in seinem Gebiet nicht zu dulden.[30]

Im Jahr 1336 hatten sich verarmte Bauern, Raubritter und wanderndes Raubgesindel unter Führung des "Königs der Armleder" zusammengefunden. Sie trugen ein Stück Leder um den Arm und gaben sich den Namen "Judenschläger". In allen Städten, durch die sie kamen, erschlugen sie die Juden und machten ihre Beute. So rotteten sie viele jüdische Gemeinden aus.[31]

Der Kaiser kam der Bitte nach und schrieb der Stadt Frankfurt am 17. August 1337, daß er "dem von Hanaw ... vast und ernstlichen geschriben, das si die iuden schirmen und nicht gestatten, daz si ieman beswar weder an lib noch an gut, und das sio dheienen iudenslaher in iren gerichten und gebieten beliben lazzen, si weren in daz und greiffen si an."[32] Der Kaiser hatte in dieser Angelegenheit auch an den Erzbischof von Mainz "geschriben und gebeten, daz er die iuden schirm"[33] Die Armleder-Bande erfuhr wohl von den Vorkehrungsmaßnahmen, die hanauischen Juden blieben verschont.

Verfolgung zur Zeit der Pest

Vier Jahre - von 1348 bis 1352 - wütete die Pest in Europa und raffte jeden dritten Menschen dahin. An der Pest gab man den Juden die Schuld, sie wurden verdächtigt, die Brunnen vergiftet zu haben.[34]

Zur Zeit des Schwarzen Todes - wie die Pest auch genannt wurde - wurden die Juden im Jahre 1349 aus Windecken vertrieben und zum Teil erschlagen.[35] Der hanauische Archivar Bernhard bemerkte um 1750 zu den Verfolgungen des Jahres 1349: "Diejenigen Juden, welche dem Feuer und dem tötenden Schwert entgingen, mußten sich in Höhlen und Klüften verbergen, um nicht täglich neuen drohenden Gefahren ausgesetzt zu sein ...".[36]

Als weiteren äußeren Anlaß zur Verfolgung der Juden nennt der Historiker Zimmermann die "Fabel vom Archivbrand".[37] "Der Herr von Hanau glaubte auch noch einen anderen Grund für die Verfolgung seiner Juden zu haben, schob er ihnen doch die Ursache jenes Brandunglückes zu, bei welchem ein Teil der wichtigsten seiner Privilegienbriefe vernichtet worden war."[38] 1351 wurden ihm von König Karl IV. diejenigen Urkunden, welche "von den vorgangen iuden furbrant sein", neu ausgestellt.[39]

"Im Jahre 1351 belehnt König Karl (den) Ulrich von Hanau, der vor ihm erschienen ist und berichtet hat, daß ihm die Juden seine Urkunden verbrannt haben, mit den schon von Ulrichs Eltern zu Lehen getragenen Juden in Friedberg, Hanau, Babenhausen, Windecken, Steinau, Assenheim, Münzenberg und Nidda."[40] "... mit allen ierlichen cynsen, erungen und gemeinlich mit allen nuczen, die sie von in gehaben gehaben mochten...".[41] Dieses Judenregal wurde für Windecken (unter anderem) von den Königen Ruprecht, Sigmund, Friedrich III. Maximilian I. bestätigt.[42] Der Nutzen aus der Belehnung mit den Juden war erheblich. Es war ein sehr wichtiges Recht, Juden halten zu dürfen, wegen seiner Einträglichkeit in willkürlicher Gelderpressung. Die Juden wurden wie Hühner betrachtet, die man zu dem Zweck hielt, daß sie goldene Eier legten, wie Kaiser Maximilian I. gesagt haben soll.[43]

Nach der großen Verfolgung von 1349 verschlechterte sich die Lage der Juden immer mehr. Sie wurden von nun an "als eine tief unter allen anderen stehende Klasse angesehen, die willenlos allen Befehlen gehorchen mußte."[44]

Nach der Vertreibung 1349

Im Jahre 1353 wird eine eigene Gasse für die Juden erwähnt, sie wurde - so vermutet der Windecker Pfarrer Henß in seiner Schrift über die Geschichte Windeckens - den Juden mit der Errichtung der Stadtmauer Windeckens - um 1300 - zugewiesen. Ob zu dieser Zeit schon wieder Juden in Windecken lebten, kann nicht nachgewiesen werden.[45]

Erst in den Jahren 1411, 1412 und 1418 ist die Ansässigkeit von Juden in Windecken wieder sicher belegt.[46] Folgende Juden von Windecken, die in anderen Ortschaften lebten, sind, falls sie vorher in Windecken wohnten, vielleicht der Windecker Judenschaft von vor 1350 zuzurechnen: Isaac 1373, Morsel 1376 und Seligman 1382 in Frankfurt, Jossel (1381 - 1387) in Speyer und Symelin im Mainzer Erzstift 1387.[47]

Nach dem Jahre 1350 könnten in Windecken gewohnt haben: Jacob von Windecken, der 1408 Bürger in Gelnhausen wurde, ebenfalls R. Moses Windecken, der als Moisse von Windecken 1389 in Köln aufgenommen wurde und für den der nachmalige Kölner Rabbiner Süßkind seine jährlichen Steuern an die Stadt in Höhe von 6 fl. zahlte. Vor 1404 zog er wieder aus Köln fort. Am Anfang des 15. Jahrhunderts lebte er in der Stadt oder in der Gegend von Treviso, wo er einer Jeschiwa (jüdische Gelehrtenschule - d. V.) vorstand und 1411 starb. R. Moses gehörte zu dem Kreis jüdischer Gelehrter im Rheinland, die sich mit esoterisch mystischen Traditionen befaßten.[48]

Das Leben der Windecker Juden als Schutzjuden (15. - 19. Jh.)

Der Status als Schutzjude

Die Existenzberechtigung von Juden in Windecken war abhängig von zeitlich beschränkten Verträgen, den sogenannten "Schutz- und Schirmbriefen".

Im Jahre 1412 zahlten die Windecker Juden "für den zu Martini auf vier Jahre gewährten Schutz: Symon aus Oppenheim - 6 fl., Falcke Nuwenstein, Jacob aus Assenheim, Meyer und Vadten - je 5 fl., Joselin Wonnecker, jetzt zu Marköbel, Josep aus Lindheim und Salmon - je 4 fl."[1)]

1429 schwörten die "Windecker Judenbürger Morse aus Kolitzheim (Kolsheim), Salmon aus Eltville, Salmon-Bentes Sohn, Natan-Slusemans Sohn aus Oppenheim und Lewe -Morses Sohn" auf die Herren von Hanau und erkannten die Hanauer Gerichtshoheit an.[2)]

Auch im Jahre 1446 bezeichneten die Grafen von Hanau die Juden gelegentlich als "Judenbürger".[3)]

Später kam dann für die unter dem Schutz der Herren stehenden Juden die "häßliche"[4)] Bezeichnung "Schutzjude" auf, die es bis ins 19. Jahrhundert geben sollte.

Im Jahre 1489 und später wurde der Schutz auf drei Jahre gewährt, verbunden mit bestimmten Auflagen des Grafen: "Irrungen mit den hanauischen Untertanen sind nur vor hanauischen Gerichten auszutragen. Es ist den Juden untersagt, sich ohne Wissen des Grafen anderweitig zu verdingen oder fremden Schutz zu suchen."[5)] Weiterhin war die Aufnahme in den Schutz nach Windecken mit dem Recht verbunden, sich in der Judengasse niederzulassen.

Im Jahre 1566 verweigerten einige Juden die Einlösung ihrer Schutzbriefe, da "ihnen das Schutzgeld von 8 fl. anderer Belastungen wegen zu hoch schien ... Sie wenden sich an die Gräfin Helene zu Hanau und erklären, daß sie, da sie 'sehr arm seindt' und Stadt und Herrschaft noch weitere Abgaben zahlen müssen, die neuerdings geforderte hohe Bede von 8 fl. nicht aufbringen können. Sie bitten um eine Herabsetzung der Schutzgelder oder um eine Stundung der Zahlung bis zu einer endgültigen Entscheidung der hanauischen Vormünder."[6)]

In einer weiteren Urkunde des Jahres 1566 heißt es von den hanauischen Räten und Befehlshabern, daß die Windecker Juden der Herrschaft nur wenig zahlen, da sie "mherentheils arme Schelmen" sind.[7)]

Die Grafen blieben jedoch bei der Erhöhung des Schutzgeldes. Die Behauptung der Juden, daß sie "mheretheyl vast arm und ethwas ansehentlichs zu erlegen nicht vermöglich", wurde von den Räten bestätigt. "Graf Johann ist der Ansicht, daß Juden, die nicht zahlen wollen oder können, abziehen sollen, da es von größerem Nutzen ist, auf das Judenschutzgeld zu verzichten, als die Juden 'ferner zu hegen'." Daraufhin wurden die Juden aufgefordert zu zahlen oder die Grafschaft zu verlassen.[8)]

Aus Angaben einer Aufstellung des 18. Jahrhunderts über die Abgaben der hanauischen Juden 1569 - 1738 ist zu erfahren: "Den Juden in der Grafschaft Hanau wird der Schutz immer nur auf drei Jahre erteilt, wobei das Jahr zu Martini beginnt und endet. Den Reversen (Schutzbriefen - d.V.) der Landjuden zufolge beträgt das Schutzgeld nach 1569 8 fl."[9)]

1513 wurden für den aufgenommenen Juden Liebermann zwei Bürgen genannt, die sich verpflichteten, bei Verstoß gegen die Schutzbestimmungen 100 fl. zu zahlen.[10)]

1585 beklagten sich zwei Windecker Juden beim Grafen, daß sie wegen ihres fehlenden Schutzes von Einwohnern zu Ostheim beleidigt und wie Vogelfreie behandelt worden seien.[11)]

Einzugsgeld

Mit der Aufnahme in den Schutz war ein sogenanntes "Einzugsgeld" zu zahlen. In einer Urkunde 1570 über die Aufnahme in den Schutz nach Windecken ist ausdrücklich festgehalten, daß "der Keller zu Windecken ein Einzugsgeld von 8 Talern erhält".[12)] Ein Einzugsgeld von 20 Talern ist 1571 genannt,[13)] 1572 15 Taler Einzugsgeld.[14)] 1573 wurde bei einer Aufnahme in den Schutz 40 fl. als Einzugsgeld festgesetzt,[15)] im selben Jahr bei einer anderen Person 10 Taler.[16)] Das Einzugsgeld lag unterschiedlich hoch und wurde je nach finanziellen Möglichkeiten des aufgenommenen Juden festgelegt.

Abzugsgeld

Für den Abzug eines Juden aus Windecken nach dem Ablauf der drei Jahre, für die er Schutz hatte, mußte ein sogenanntes "Abzugsgeld" bezahlt werden. 1510 heißt es dazu: "Soll das Schutzverhältnis nach drei Jahren beendet werden, soll der, der es aufkündigt, es der anderen Seite vier Wochen vorher mitteilen."[17)] Zur Vorbereitung ihres Abzuges aus Windecken baten einzelne Windecker Juden bei den hanauischen Räten und Befehlshaber um Hilfe beim Eintreiben ihrer Außenstände.[18)] Ein Abzugsbrief mit der Erlaubnis zum Abzug wurde ausgestellt, auch konnte dort das Wohlverhalten des Juden bestätigt werden.[19)] Ein "abschiesbuch der juden" erwähnt eine Urkunde aus dem Jahre 1572, in das die Juden bei Verlassen der Grafschaft Hanau eingetragen wurden.[20)]

1575 wurden allgemeine Abzugsbedingungen festgelegt, daß der Abschied, der mit Wissen der Obrigkeit genommen wurde, straffrei sei. Der abziehende Jude mußte geloben, "'an eines ge-

Die wirtschaftliche Lage der Juden

Nachdem die Juden in den großen Städten weitgehend aus dem Binnen- und Fernhandel vertrieben waren und dieses Handelsmonopol nicht mehr inne hatten, wurden sie immer weiter außerhalb der ständischen Gesellschaft gedrängt: Die Handwerkszünfte nahmen keine Juden auf, ebenso war es in den Kaufmannsgilden so, daß jüdische Kaufleute keine christlichen Geschäftspartner mehr fanden und sich auf den Gebrauchtwarenhandel verlegen mußten. Dann durften die Juden keinen Grund mehr erwerben und konnten so auch nicht mehr Bauern oder Winzer sein. So blieben ihnen am Ende nur Berufe, die außerhalb der streng gegliederten Gesellschaftsordnung standen: Hausiererei und Geldverleih. Der kleine Mann hausierte, weil er kein Geld zu verleihen hatte, der Besitzende gab Kredite und lebte davon.[21)]

"Wie wenig bei der. .. hanauischen Judenschaft im allgemeinen von Reichtum die Rede sein konnte, zeigen indessen besser als alles andere die Listen der Türkensteuererhebungen und die an einigen Stellen überlieferten Waren- und Hausratsinventare. Danach dürfte die überwiegende Zahl der Juden ein eher ärmliches Leben geführt haben, das sich von dem der umwohnenden christlichen Bevölkerung nur in der durch das zeitlich begrenzte Aufenthalts - und Wohnrecht noch vermehrten Unsicherheit der Existenz unterschied."[22)]

Über die Windecker Juden heißt es 1586: "Die meisten sind so arm, daß man sie noch nicht einmal pfänden kann."[23)]

schwornen jüdischen aidts stadt' hanauische Untertanen, an die er noch Forderungen hat, weder vor das Rottweiler noch vor ein anderes auswärtiges Gericht laden zu lassen, sondern etwaige Ansprüche nur vor den hanauischen Gerichten geltend zu machen, wo ihm zu seinem Recht verholfen werden soll."[20] Das kaiserliche Gericht in Rottweil hatte eine Zuständigkeit für das ganze Reichsgebiet und griff vor allem in überregionale Streitigkeiten ein.

Aber auch die Schutzbriefe boten den Juden nicht immer Sicherheit: um 1500 wurden die Juden aus zahlreichen Territorien vertrieben. Dagegen hatten die Juden vor dem Kaiser geklagt. So untersagte Kaiser Maximilian im Jahre 1516 unter anderen den Grafen von Hanau die Teilnahme an dem zu Beratungen über die Vertreibung der Juden am 10. Februar nach Frankfurt einberufenen Tag und ermahnt sie, die Juden bei den ihnen in den Schutzbriefen zugesicherten Rechten und Freiheiten zu belassen.[21] Die Vertreter der Grafen von Hanau hatten sich auf einer die Vertreibung vorbereitenden Versammlung (aus nicht überlieferten Gründen) gegen die Vertreibung ausgesprochen.[26]

"judenfron", Abgaben und Steuern

Für die Juden in Windecken sind die folgenden Steuern, Abgaben und Frondienste belegt:

Goldener Opferpfennig

Zu den regelmäßigen Steuern an das Reich gehörte die zuerst 1342 von Ludwig dem Bayern eingeführte Weihnachtsabgabe an den obersten Schirmherrn, der Goldene Opferpfennig, den jeder jüdische Einwohner über 12 Jahre im Betrage von einem Gulden zu zahlen hatte. Im Jahre 1464 wurde den Juden der Grafschaft Hanau und damit auch den Windecker Juden gegen eine Abfindungssumme die Steuer des Opferpfennigs erlassen.

Kaiser Karl V. hob 1532 alle früheren Zahlungsbefreiungen für den Goldenen Opferpfennig auf und ein kaiserliches Mandat "ergeht an alle Juden im Reiche, die gleich ob männlich oder weiblich, jung oder alt, Knecht oder Magd ... den Opferpfennig in Höhe eines rheinischen Goldguldens pro Kopf zahlen sollen." Die Juden Windeckens wurden vorgeladen und mußten sich wegen der Zahlung des Opferpfennigs begleichen.[27]

Dritter Judenpfennig

Dem Reich zahlten im Jahre 1418 zwei Juden zu Windecken 23 fl. als Beitrag zu dem in diesem Jahr vielerorts erhobenen Dritten Pfennig.[28]

1464 wurde den Windecker Juden die Zahlung, der sogenannte "dritte Pfennig" oder die Kronsteuer, gegen Abfindung erlassen. Damit gemeint war die Zahlung des dritten Teils des Vermögens, um den König bei seiner Krönung zu ehren und um "ihr Leben zu lösen". Diese Sondersteuer hieß auch "die Ehrung und der dritte Teil."[29] Über die Höhe der Kronsteuer liegt für 1438 ein Vorschlag vor über die Höhe des "dritten Judenpfennigs" für die hanauischen Juden in Höhe von 500 Gulden.[30]

Die kaiserlichen Steuern fielen im 16. Jahrhundert nach und nach fort, während die Landesherrschaft ihre Steuerforderungen vermehrte, so auch die Schutzgelder und Einzugs- und Abzugsgelder. Über die vielen außerordentlichen Kriegssteuern, zu denen man die Juden im 15. Jahrhundert mit großer Härte heranzog, ist im Hinblick auf die hanauischen und damit Windecker Juden nichts bekannt.[31]

Die Türkensteuer der Windecker Juden

Über die zu hoch angesetzte Türkensteuer - es waren 140 Gulden angesetzt -, beschwerten sich die Windecker Juden im Jahre 1544. Sie baten bei "Zahlung eines Türkensteuerbetrages von 140 fl. ... ihnen einen Teil der Summe zu erlassen, da sie nur noch zu viert sind und ein bei der ersten Schatzung - 1539[32] - noch in Windecken lebender 'dampferer, schwerer Vogel', der weit über die Hälfte der Abgaben bezahlt hat, abgezogen ist." Die Bitte wurde allerdings abgeschlagen.[33]

1569, am 26. August, beklagten sich die Juden zu Windecken, die "dem hanauischen Kämmerer ... das dritte Ziel der Türkensteuer bezahlt haben, bei der Kanzlei Hanau, daß der Kämmerer gleichzeitig auch das vierte Ziel gefordert und auf ihre Einwände nur eine Frist bis zum 2. September gewährt hat. Die Juden erklären, daß sie, da viele von ihnen zwischen fünf und sieben Kindern haben, eigentlich ohnehin nur den halben Steuersatz aufbringen können und bitten, ihnen die Zahlung des letzten Ziels auf ein Jahr zu stunden und ihnen außerdem eine Ermäßigung zu gewähren ... Räte und Befehlshaber entscheiden darauf, daß das vierte Steuerziel erst am 22. Februar 1570, dann aber ohne jede Ermäßigung zu erheben ist. Bei der Zahlung sollen die reichen Juden die armen unterstützen ..."[34]

Im Jahre 1599 baten die anläßlich einer Türkensteuererhebung "mit Kopf- und Vermögenssteuer veranlagten Juden der Grafschaft Hanau (also auch die Windecker Juden) ... Graf Philipp Ludwig, ihnen die Kopfsteuer zu erlassen, da die hanauischen Juden noch nie zu einer solchen Schatzung herangezogen wurden und auch in Frankfurt keine derartige Steuer erhoben wird. Die Vermögenssteuer wollen sie bezahlen, dabei aber nicht höher als die Christen besteuert werden, da ihre bei der Veranlagung mitberechneten Außenstände unsicher und häufig nicht

Klage der Windecker Juden 1569 über Belästigungen durch hanauische Untertanen

"...als der Windecker Totengräber am Vortag mit Frau und Sohn nach Frankfurt gehen wollte, um Farben und anderes einzukaufen, haben ihn Burschen von Bergen, die beim Ackern waren, überfallen und die Frau so zu Boden geschlagen, daß sie nach Bergen gebracht und vom Scherer für 4 Schilling verbunden werden mußte. Die Juden haben den Überfall ... angezeigt und die Täter, soweit sie nicht bereits entlaufen waren, durch den Büttel feststellen lassen. Dann sind sie weiter nach Frankfurt gezogen, wo sie die verletzte Frau zurücklassen mußten, so daß man zur Zeit nicht weiß "ob sie lebendig oder thodt ist" ist. Die Juden berufen sich auf ihren Schutz und bitten, die Belästigungen in den genannten Orten abzustellen und insbesondere den Schultheißen zu Bergen, der auf mehrfache Beschwerden keine Abhilfe geschaffen hat, anzuweisen, die am Überfall Beteiligten festzustellen und für eine Entschädigung der verwundeten Frau zu sorgen.
Am 7. September überschickt der Schultheiß zu Bergen die Liste der Täter. Es handelt sich um einen Knecht, der mit dem Pflugklöppel nach dem Juden geworfen, aber die Frau, die in den Wurf gelaufen ist, getroffen hat. Ein weiterer Knecht ist flüchtig. Der Knecht des Zentgrafen ist nur hinzugelaufen, um die anderen abzuhalten. Im übrigen versichert der Schultheiß, daß er seinen Amtsuntertanen stets befohlen hat, die Windecker Juden unbehelligt zu lassen, "aber wie ich bericht bin worden, haben es die juden daß mherer theil an sie pracht".
Am 8. September wird der Schultheiß angewiesen, die genannten Knechte bei ihrer Rückkehr ein bis zwei Tage in Haft zu nehmen und ihren Lohn zu pfänden, damit die Jüdin entschädigt werden kann. Außerdem soll er in seinem Amt verkünden, daß man die Juden unbehindert ziehen lassen soll."[35]

eintreibbar sind, und sie 'ohne das mit andern grossen beschwerungen, alß dem jharlichen habern und dan vielen frohndiensten' belastet sind." [31]

Hosengeld
Im Jahre 1429 ist urkundlich belegt die Erhebung des "hoßen gelt" bei Juden und auch Christen in Windecken. Dabei handelt es sich wohl tatsächlich um Hosengeld und nicht, wie von dem Historiker Zimmermann vermutet, um Hussitengeld.[37] Näheres ist über dieses Hosengeld und seine Verwendung nicht bekannt.

Schlafgeld
Das Schlafgeld mußte für die vorübergehende Beherbergung von Juden von außerhalb der Grafschaft nach einer Bestimmung von 1509 bezahlt werden an die Herrschaft. Es soll zwei Heller betragen haben, Befreiung trat nur ein, wenn der Jude "von seiner Gnaden oder Amteswegen" hierher befohlen war. 1509 vermerkte die Kanzlei Hanau, es sollte "bei einem tag zu Windecken ... über das Schlafgeld der Juden ... geredet werden."[38]

1557 war eine Verordnung angekündigt, nach der jeder fremde Jude, der in der Grafschaft Hanau übernachtete, dafür 9 Pfennige bezahlen mußte.[39] 1777 berichtete das Amt Windecken über einen fremden Judenburschen wegen "Entrichtung des Schlafgeldes zu Windecken".[40]

Geleitzoll
1571 mußte ein Frankfurter Jude für das Geleit nach Windecken für vier Tage 6 Schilling Geleit zahlen, um sich in Windecken um die Außenstände seiner Pflegekinder kümmern zu können. Es erfolgte ein Eintrag in das "Geleitsbuch".[41]

Soziale Situation der Juden

Die sozialen Auswirkungen der wirtschaftlichen Situation faßte Leo Sievers in seinem Buch: "Die Juden in Deutschland" so zusammen:
"Die soziale Situation der Juden sah jetzt so aus: Der Kaiser finanzierte seinen Etat zu einem erheblichen Teil aus den Abgaben, die sie (die Juden) ihm als Kammerknechte zu entrichten hatten. Fürsten, Bischöfe und Äbte, Kaufleute und Großgrundbesitzer machten mit ihnen Geldgeschäfte. Die niedere Geistlichkeit wetterte gegen die Juden und nannte sie "Wucherer". Bauern und Kleinbürger versetzten Pfänder bei ihnen, um dringende Anschaffungen machen oder Steuern und alle möglichen anderen Abgaben zahlen zu können. So gerieten sie in immer tiefere Abhängigkeit von den Geldverleihern, und da das Juden waren, sahen sie in den Juden die Wurzeln allen Übels. Der einfache Mensch, der durchweg Analphabet war und alles, was er überhaupt wußte, ausschließlich von seinem Pfarrer vermittelt bekam, speicherte dumpfen Haß gegen diese Juden in sich auf, von denen immer wieder gesagt wurde, sie hätten den Herren Jesus Christus ans Kreuz geschlagen und seien deswegen für alle Zeiten verdammt. Es war so leicht, Emotionen zu wecken. Sobald sie auch nur die geringste Legitimation von ihrer weltlichen und geistlichen Obrigkeit bekamen, fielen die Leute über die Juden her und plünderten sie aus, um sich schadlos zu halten. Einen Gläubiger samt seinen Erben zu erschlagen, war immer noch die billigste Möglichkeit, die Schulden loszuwerden, und der Obrigkeit war es oft nicht unangenehm, den Groll über Mißwirtschaft und Ausbeutung auf die Juden ableiten zu können."[53]

Schatzung der hanauischen Juden
Alle im Hanauischen lebenden Juden waren "zum 28. Juli 1563 nach Windecken geladen und dort aufgefordert worden, der Herrschaft Hanau binnen sechs Wochen 1 000 fl. zur Begleichung der durch die Erhebung von Reichs- und Türkensteuern entstandenen Schulden zu bezahlen...".[42] Die Juden baten um eine Ermäßigung mit der Erklärung, daß sie "vor etwa fünf Jahren mit großer Mühe 200 fl. zur Schatzung aufgebracht haben ... Kann die Abgabe nicht ganz erlassen werden, sind die Juden zur Zahlung von 350 fl. bereit, 'dan, wiß got, der almechtige, uns hochbeschwerlichen zu bekomen sein werden'.... Die Bitte der Juden, ihnen an der geforderten Zahlung von 600 fl. einen Nachlaß von 200 fl. zu gewähren, wird abgelehnt, doch erhalten sie auf Fürsprache von Gräfin Helene zwei Jahre Zeit, um die noch ausstehenden 200 fl. zu bezahlen."[43]

"Judenfron" - Frondienste der Windecker Juden
Die Juden von Windecken wurden zu den verschiedensten Frondiensten herangezogen. Die Einteilung der Frondienste hatte der Schulklopper, ein Angestellter der jüdischen Gemeinde (siehe Kapitel über ihn), vorzunehmen.[44]
1563 wird von den Juden gesprochen, die dem Grafen von Hanau zu Windecken "zu zinß, dinst und bedt sitzen".[45]
Im selben Jahr heißt es, daß "Graf Philipp in Ansehung, daß vor allem die Windecker Juden 'gantz hoch mit taeglicher fron mit außrichtungen unserer selbst personen oder durch botten, auch anderer beschwerden beladen seint', von den Juden immer nur dann eine Steuer erhoben (hat), wenn auch Christen geschatzt wurden".[46]
1569 "beschweren sich die Windecker Juden ..., daß sie jedesmal, wenn sie... zum Fronen nach Bergen, Hochstadt, Bischofsheim, Kilianstädten oder Köbel müssen, von den Bauern und ihren Buben 'angefochten, geschlagen oder gejagt werden'...".[47]
1584 bat der alte Jude Koscher darum, nach der Auflösung seines Haushaltes bei entsprechender Schutzgeldzahlung in Windecken bleiben zu dürfen, "sofern er mit der 'judenfron' verschont wird".[48]
In einem Gesuch um Wiederaufnahme in den Schutz nach Windecken betonte 1586 der Windecker Jude Jacob Teufel, daß "er Fron- und Schutzgeld sowie Dienste und Lasten stets ebenso getragen hat wie andere Juden auch ...".[49]
1592 wurden die in den Dörfern sitzenden Juden angewiesen, daß sie die sehr im Abnehmen begriffene Windecker Judenschaft künftig hinsichtlich der Judenpost und bei den sonstigen gemeinen Lasten zu unterstützen haben.[50]
In einer Urkunde 1599 gaben die Juden der Grafschaft Hanau im Zusammenhang mit einer Türkensteuererhebung an, mit "andern grossen beschwerungen, alß dem jharlichen habern und dan vielen frohndiensten" belastet zu sein.[51]
Von den einzelnen Frondiensten, die von den Windecker Juden zu leisten waren, sind "Heulegen" und "Gänsemästen" bekannt:

Das Heulegen
Die Juden zu Windecken mußten für die Herrschaft Heu legen, damit war das Wenden des herrschaftlichen Heus gemeint. 1568 beschwerten sich die Windecker Juden über den Frondienst des Heulegens und wollten davon entbunden sein, ließen es auch einige Jahre für Zahlung von drei Gulden von anderen legen, und obwohl der Keller berichtete, daß die Juden" zu solchem handel" sehr ungeschickt seien, so verfügte die Herrschaft doch, "daß es billig bei dem alten Herkommen des Heulegens durch die Juden verbleiben solle".[52]

Gänsemast in der Windecker Judengasse

Gänse aufziehen und mästen gehörte auch zu den Diensten der Windecker Juden für die Grafen von Hanau. Eine Urkunde von 1576 besagt: "Der Küchenschreiber zu Hanau, dem Weisung zugekommen ist, 'das die juden etliche gense mästen sollen', schickt dem Keller zu Windecken drei Gänse und kündigt für den folgenden Tag die Sendung von drei weiteren Tieren an. Die Windecker Juden sollen die Gänse nicht schlecht 'habern', sondern ihnen, 'wie sie wissen', Kuchen machen und sie stopfen, damit sie so feist wie möglich werden. Falls sie ein Mittel kennen, die Leber zu vergrößern, sollen sie es gebrauchen, denn Graf Philipp Ludwig, der auf seiner Italienreise besonders schwere Mastgänse mit drei Pfund weniger einer Unze gesehen hat, wünscht solche jetzt auch zu haben."[54)]

Anläßlich der Heimführung des verstorbenen Grafen Philipp Ludwig von Hanau hatte man den Juden 1584 etliche Gänse zum Füttern in ihre Gasse gebracht, dafür wurde ihnen die Abgabe von 7 1/2 Achtel Hafer erlassen.[55)]

Die Zahlung von Gänsegeld durch die Juden ist 1586 erwähnt.[51)]

An den Pfarrer von Windecken war von den Juden jährlich eine halbe Gans zu entrichten. 1835, als die Windecker Judenschaft im Rahmen der beginnenden Gleichberechtigung diese Abgabe verweigerte, schrieb der evangelische Pfarrer in einer Beschwerde an den Landrat in Hanau, daß diese Abgabe in allen umliegenden Gemeinden erfolge, und er nicht wisse, auf welche Urkunde sich diese Abgabe ergründe.[56)]

1835 ist der "Gänßehändler" Hertz Isaak und 1841 der "Gänßehändler" Löb Isaac Guggenheimer erwähnt.[57a)]

Jüdische Frau mit "Judenzeichen" 16. Jahrhundert

Abgabe von Wehrtüchern

Für die Stadt Windecken hatten die Juden "Wehrtücher" zu liefern. Damit war wohl das Tuch für die Kleidung der Schützen gemeint. Juden durften sich am Wehrdienst der Windecker Bürger nicht beteiligen.

1580 berichtete die Stadt Windecken, daß die Juden im Jahr zuvor etliche Wehrtücher für die Herrschaft liefern mußten, deshalb wurde die Zinserhöhung für die Judenhäuser um ein Jahr ausgesetzt.[53)]

Weinungsgeld

Bei dem von den Juden Windeckens zu zahlenden Weinungsgeld handelt es sich um eine Steuer für den Wein.

Seit 1509 war es den Juden zu Windecken erlaubt, Wein "hinder sich", das heißt vorrätig zu kaufen und ihn an Christen und Juden zu verkaufen.[54)] Dieses Weinungsgeld war immer wieder Anlaß zu Auseinandersetzungen:
1595 beklagten sich die Windecker Juden, daß "ihnen der Keller das bisher gezahlte Weinungsgeld von 3 fl. pro Fuder auf 6 fl. erhöhen will. Sie verweisen darauf, daß sie früher nur von dem zum Hausgebrauch verwandten Wein 6 fl. pro Fuder gezahlt haben, den überschüssigen Wein aber frei und unversteuert verkaufen konnten. Später haben sie dann unterschiedslos 3 fl. von jedem Fuder bezahlt. Sie bitten, es dabei bleiben zu lassen, da sie in der Regel gezwungen sind, von ihren ohnehin unsicheren Schuldnern Wein statt Geld zu nehmen und die neue Abgabe sie unbillig beschweren würde."[60)]

Sonstige Abgaben der Windecker Juden

Als Naturalabgabe mußten die Juden Pergament abliefern.[61)]
Rauchgeld und Badgeld sowie eine Abgabe von 20 Achteln Hafer - der sogenannte Bedehafer - waren von den Windecker Juden im Jahre 1586 zu zahlen. 1577 wird die Zahlung eines "Gottespfennig" erwähnt, auch von "Weinkauf" ist die Rede.[62)] Die Steuern für die Juden vermehrten sich ständig, im 16. und 17. Jahrhundert finden wir recht "sonderbare" Judensteuern wie Federlappengeld - die Federlappen waren für die Jagdverwaltung -, Federkielgeld für die Gänsekiele der Kanzlei, Reitkleppergeld von jährlich 100 Gulden für den Landbereiter.[63)]

1833 wollten die Juden von Windecken "auf ihrem Pfingstfest" (Schawuot) zwei Tage Tanzmusik in des "Wirths Haus" halten und hatten dafür die an die Herrschaft zu entrichtende Abgabe entrichtet. Sie bedurften auch einer polizeilichen Erlaubnis.[64)]

Heranziehung zu Kriegslasten 1689

"Was die Judenschaft zu Windecken bei der Französisch-Brandenburgischen Völkern sonsten dem Römermonat (eine Steuer) beizutragen schuldig ist" - so lautet die Bezeichnung einer Akte im Stadtarchiv Nidderau.[65)]
Da die Judengemeinde von Windecken sich weigerte, diese Abgaben zu zahlen, bestimmte die Behörde, daß die Juden von "ihren Häusern und Gütern zu deren jeweiligen Kriegsanlagen ihr Kontingent mit beitragen, aber mit dem angesetzten Kopfgeld verschont werden, wonach sich der Oberschultheiß zu Windecken zu richten hat."[66)]

Gewerbesteuer 1774

1774 sollte die Gewerbesteuer der Juden verdoppelt werden. Darüber beschwerte sich die Judenschaft zu Windecken, sie habe bisher 12 Batzen Gewerbegeld an die Stadt Windecken bezahlt. Nun habe die Stadt Windecken diesen Betrag verdoppelt, wogegen sich die Judengemeinde wehre. Die Gemeinde Windecken maße sich an, daß sie dies mit "militärischer Execution" verfügen werde. Die Judengemeinde beschwert sich, daß sie sehr in Not geraten sei durch den letzten Krieg und die darauf erfolgte, noch anhaltende nahrungslose Zeit der Gemeinde.[67)]

Die "Judenzeichen"

Das Konzil von 1215 unter Papst Innocenz III. verordnete, daß alle Juden eine Tracht zu tragen hätten, die sie sichtbar von den Christen unterscheide, damit der "verfluchte Verkehr zwischen ihnen und Christen durch Irrtum" verhindert werde.[68]

Die Juden in Windecken waren gezwungen, eine solche Kleidung zu tragen, die sie schon bei Anblick von weitem von den Christen unterscheiden sollte. Auf ihrem Mantel mußten sie einen gelben Ring aus Stoff tragen. Das "Gebotdes Tragens der gelben Ringe und 'Zeichen auf den Achseln'" wurde mehrfach "erneuert, mit scharfer Strafandrohung gegen die Ungehorsamen".[69]

1452 verkündete der geistliche Vikar zu Mainz die von Erzbischof Dietrich am 13. November 1451 unter Berufung auf das Konzil von Basel und die Provinzialstatuten seines Vorgängers, des Erzbischofs Peter, beschlossene Ordnung über das Tragen von Judenzeichen. Danach sollten die jüdischen Männer in Gegenwart von Christen und zur Unterscheidung von denselben an ihren Kleidern offen auf der Brust einen Ring aus safrangelben Fäden tragen, die Frauen aber zwei blaue Streifen (due rige blavii coloris) am Obergewand. Zuwiderhandelnden wurde mit dem Ausschluß aus der Synagoge gedroht.[70]

1474 beklagte man sich in Mainz "über die zu beobachtende Ausbreitung der 'perfidorum iudeorum' (treulosen/verräterischen Juden), die sich nicht an die Verordnungen halten und Zeichen und Kleider nicht tragen, die sie von den Christen unterscheiden sollen."[71] Daraufhin beglichen sich unter anderem die Juden von Windecken mit Graf Berthold. "Sie haben versprochen, künftig die Judenzeichen den Mainzer Gesetzen und Provinzialstatuten gemäß zu tragen und sind dafür von allen dieserhalben gegen sie erhobenen Forderungen freigesprochen worden".[72]

In den Jahren 1549 und 1564 wurde das Gebot des Tragens der gelben Ringe und "Zeichen auf den Achseln" erneuert, mit scharfer Strafandrohung bei Nichtbefolgung.[73]

Im Jahre 1580 wurde dem Keller und Schultheiß zu Windecken befohlen, dafür zu sorgen, daß die "in der Grafschaft lebenden Juden 'ihre gelben Ringzeichen auf den Röcken offentlich tragen', damit man sie von heimlich eingeschlichenen, fremden Juden unterscheiden kann. Wird ein hanauischer Jude ohne den Ring angetroffen, hat er der Herrrschaft 1 fl. Buße und dem, der ihn angezeigt hat, 1 Schreckenberger zu geben. Gegen diese Verordnung protestieren die Juden. Sie erklären, daß sie sich zwar des Zeichens nicht schämen, aber befürchten, daß sie, so kenntlich gemacht, von Einheimischen oder Auswärtigen, die bezecht oder sonst den Juden feindlich sind, angegriffen werden und Gefahr für Leib und Leben, Unglück und Mord zu befürchten ist. Es ist auch vorauszusehen, daß mißgünstige Nachbarn die Gelegenheit ergreifen werden, um die Juden, die 'in hosen und wammes' zu einem Nachbarn über die Gasse gehen, ohne das Zeichen zu tragen, anzuzeigen und dabei auch das jüngste Kind nicht ungeplagt lassen. In großen Städten, wo viele stattliche Juden zusammenkommen, um Handel zu treiben, ist das Tragen des Zeichens einsichtig, in der Grafschaft Hanau jedoch gänzlich unnötig, da die Juden in ihrer Armut dort nur geringe 'hinderung' (Hantierung) treiben und in ihren schlechten Kleidern den Untertanen bekannt genug sind. Falls es den Räten nicht möglich ist, die Verordnung aufzuheben, bitten die Juden um eine einstweilige Aussetzung des Vollzugs, damit sie ihr Gesuch, ihnen das Tragen der Zeichen zu erlassen, den Vormündern vorlegen können. Diese Bitte wird abgeschlagen."[74]

Einige Monate später hatten die Räte etliche Punkte aus den Verordnungen der hanauischen Vormünder überarbeitet. Unter Artikel 35 hieß es unter anderem: "in judensachen wirdt dem abschiedt nachgangen und tragen die juden gelbe zeychen, undt ist eyn unterscheydt zu halten, soviel die Franckfurter juden anlangt derzeydt des erlangten privilegien wegen".[75]

1603 und 1616 wurde die Pflicht zum Tragen der Judenabzeichen erneuert.[76]

Ein Pfarrer berichtete im Jahre 1725 zu diesem Thema: "Dieses Jahr haben auf Befehl unseres ... Grafen zu Hanau die Juden männlichen und weiblichen Geschlechts, Jung und Alt, im Hanauischen gelbe Ringel auf den Achseln tragen müssen, bey Straf Fünff Gulden. Dieses ist anfänglich der Judenschaft sehr hart vorkommen, sollen meinem Herren auch viel Geld gebotten haben, sie dergleichen zu überheben, hat aber nichts geholfen sondern die Ringel tragen müssen, damit man sie von denen Christen unterscheiden könte".[77]

Erst die Hanauische Judencapitulation im Jahre 1738 verzichtete in § 8 ausdrücklich - allerdings nur de facto - auf das Tragen der Judenzeichen.

Windecker Juden im Geldhandel und anderen Berufen

Durch ihre gesellschaftliche Situation standen den Juden auch in Windecken nur wenige Berufe offen. Im wesentlichen waren ihre Erwerbsmöglichkeiten auf das Pfandleihgeschäft, den Gebrauchtwarenhandel sowie den Viehhandel beschränkt.

Bedingt durch die rituelle Zubereitung des Fleisches für Juden gab es auch jüdische Metzger. Vereinzelt tauchen auch andere Berufe auf.

Schon zu Beginn des 15. Jahrhunderts gaben die Juden zu Windecken "Darlehen an Einwohner Windeckens und sehr vieler Ortschaften der näheren und weiteren Umgebung, wobei sie sich durch Schuldbriefe und Pfänder, darunter immobile, sicher-

Jüdischer Mann in der üblichen Tracht und dem "Judenzeichen", einem Kreis auf der Schulter - 14. Jh.

ten. Auch mainzische Untertanen gehörten offenbar zu ihren Schuldnern."[78)]

Auf das unter den Juden weitverbreitete Geldgeschäft bezogen sich auch die Bedingungen zur Aufnahme in den Schutz nach Windecken. So heißt es im Jahre 1500 bei der Aufnahme des Juden Selligmann mit seiner Frau und dem Gesinde: "Es ist ihm bei Strafe untersagt, von den hanauischen Untertanen Wucher zu nehmen, doch darf er auf Pfänder leihen, die man treiben oder tragen kann und dabei vom Gulden pro Woche 1 Frankfurter Heller Zins nehmen."[79)] Mit Wucher war das Geldleihgeschäft gemeint. Der angegebene Zinssatz betrug 25 Prozent, wobei die häufige Uneintreibbarkeit von Forderungen als Risiko mitberechnet werden mußte.

1524 heißt es in einem Schutzbrief: "Es ist untersagt, hanauischen Untertanen auf liegende Güter, Verschreibungen, Harnisch oder Wehr zu leihen. Leihen sie auf sonstige Fahrhabe, 'darin kein gefallens haben', sollen sie von den Untertanen pro Woche nicht mehr als einen Frankfurter Heller Zinsen vom Gulden nehmen."[80)]

1565 heißt es ergänzend im Schutzbrief des Juden Gottschalck zu Windecken: "Das Beleihen von ... Monstranzen, Kelchen, Kirchenkleinodien und blutigen Gewändern ist untersagt. Beträgt eine ohne Pfand ausgeliehene Summe 5 fl. oder mehr, soll dies der Kanzlei in Hanau angezeigt und Schuldner, Schuldsumme und das Datum der Ausleihe in das Judenschuldbuch eingetragen werden. Bei betrügerischen Kontrakten oder Zinseszinsforderungen droht neben der Bestrafung der Verlust aller Ansprüche an den Schuldner."[81)]

Die Herren von Hanau waren bemüht, das Zinsgeschäft zu kontrollieren, indem sie im Jahre 1566 eine Verordnung gegen das Leihen und Borgen erließen: "Mit Rücksicht auf die Verschuldung der hanauischen Untertanen bei den Juden ... zumal die Juden ohnehin ein 'vorteilhafftigs, gena(ch)suchig, listig volck', untersagen die hanauischen Vormünder den Untertanen der Grafschaft bei Strafe und Verlust von Hab und Gut, bei fremden oder inländischen Juden etwas aufzunehmen oder zu leihen oder gar Verschreibungen darüber auszustellen. Benötigt jemand so dringend Geld, daß er gezwungen ist, es bei einem Juden zu leihen, soll er das dem zuständigen Amtmann anzeigen ... damit die Schuldverschreibung ... ins Judenbuch eingetragen wird ... Die Schulden sind spätestens nach einem Jahr zurückzuzahlen, oder ... nochmals ... eingetragen werden. Ohne Geleit ist den Juden das Wandern oder Umherziehen in der Grafschaft untersagt...".[82)]

1566 beschwerten sich die hanauischen Juden, daß "schon Kleinbeträge von 1 oder 1 1/2 fl., die sie an die Untertanen ausleihen oder auf dem Kerbholz vermerken, bei der Kanzlei in Hanau angezeigt werden sollen." Darauf entschieden die Räte, daß die Anzeigepflicht erst ab 5 fl. beginnen solle.[83)]

1569 beklagten sich die Juden zu Windecken, daß "ihnen untersagt wurde, den Bauern mehr als 5 fl. ohne amtliche Eintragung zu leihen. Da die Bauern nicht bereit sind, sich die amtliche Erlaubnis in Hanau zu holen, leihen sie sich das Geld anderwärts und zum Teil zu weit höheren Zinsen, als sie die Windecker Juden nehmen. Die Juden bitten darum, ihnen den freien Geldverleih wieder zu gestatten. Räte und Befehlshaber entschieden, daß Keller und Amtmann zu Windecken ein besonderes Schuldbuch für die Winder Amtsuntertanen einrichten sollen, damit diese ihre Judenschulden in Windecken eintragen lassen können."[84)]

1580 wurde der in den Schutzbriefen für Windecker Juden festgelegte Höchstzinssatz auf 6 Kreuzer pro Jahr und Gulden gesenkt.[85)]

1581 hielten die Räte fest, daß "den hanauischen Untertanen bei Strafe und Verlust von Leib und Gut das Geldleihen bei den Juden untersagt ist."[86)]

1582 wurde auf eine Eingabe der Juden der Grafschaft Hanau hin festgesetzt, daß der früher erlaubte höhere Zinssatz von 1 Binger Heller pro Woche und Gulden rückwirkend zum November letzten Jahres an verboten ist. Erlaubt ist nur noch ein Zinssatz von 6 Kreuzern pro Jahr und Gulden. Die Juden sollen binnen 8 Tagen Verzeichnisse ihrer Schuldner vorlegen. Auf Bitten der Juden wurde die Bestrafung für amtlich nicht gemeldete und eingetragene Leihgeschäfte vorerst ausgesetzt.[87)]

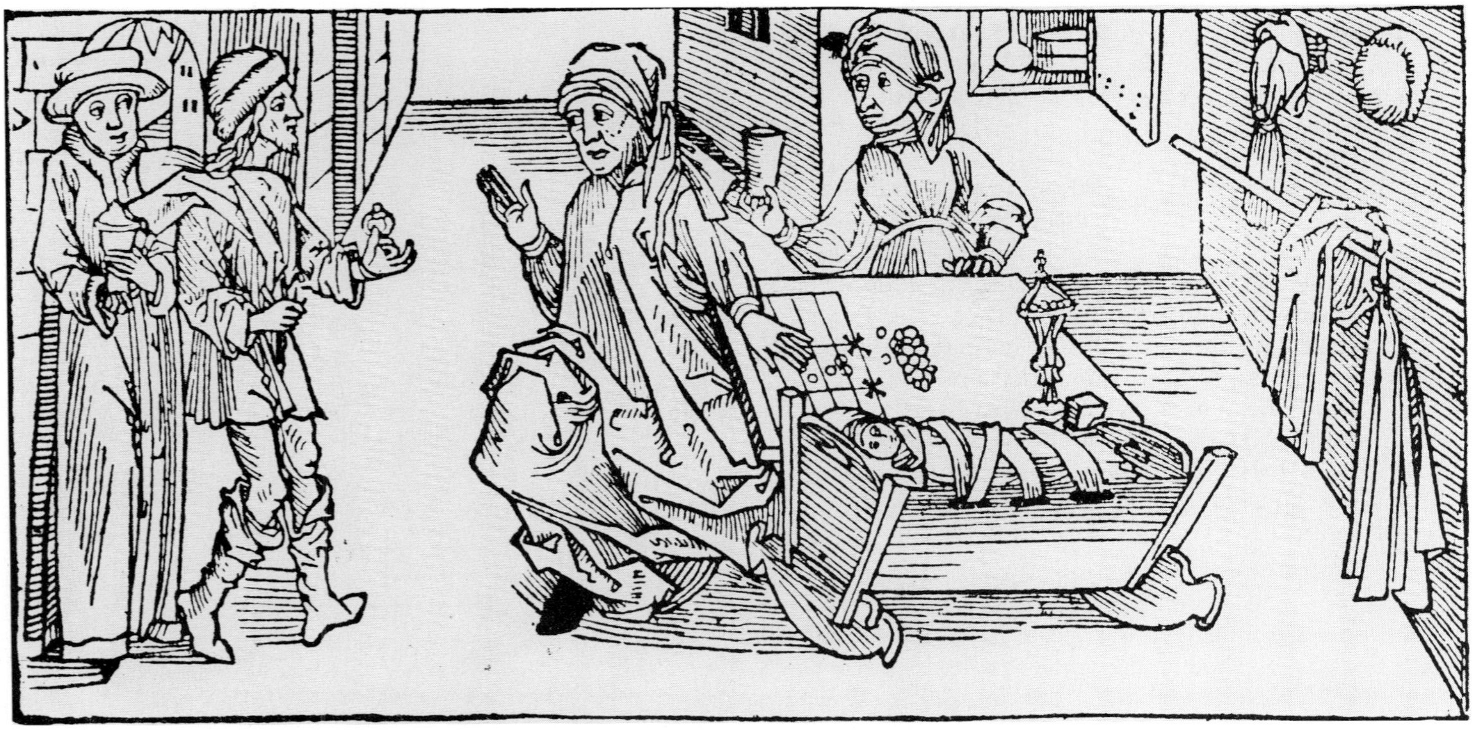

Ein Bauer und ein Städter kommen mit Leihpfändern zu einem jüdischen Geldverleiher und dessen Familie. Um 1480

Schuldverzeichnisse der Windecker Juden aus dem Jahre 1588

Die Anzahl der Schuldner der Windecker Juden, die in den verschiedenen Dörfer der Ämter Bücherthal und Windecken lebten, sind nach einem Schuldverzeichnis von 1588 bekannt.[88] Aus diesem Schuldnerverzeichnis der Windecker Juden wird deutlich, wie wichtig die Juden als Entleiher von kleineren Beträgen für die "kleinen Leute" in den Dörfern waren.[89]

Joseph von Windecken
hatte Schuldner:
6 in Hochstadt
4 in Wachenbuchen
39 in Mittelbuchen
42 in Kilianstädten
5 in Oberdorfelden
20 in Roßdorf
2 in Bruchköbel
3 in Niederissigheim
5 in Oberissigheim
2 in Rüdigheim
2 in Butterstädterhof
32 in Windecken
38 in Ostheim
3 in Eichen
1 in Niederdorfelden
4 in Marköbel

Löw zu Windecken
hatte Schuldner
30 in Windecken
38 in Ostheim
2 in Eichen
4 in Marköbel
46 in Kilianstädten
29 in Roßdorf
3 in Hochstadt
5 in Oberdorfelden
4 in Niederissigheim
1 in Oberissigheim
2 in Rüdigheim

Michel zu Windecken
hatte Schuldner:
19 in Ostheim
11 in Windecken
1 in Eichen
1 in Niederdorfelden
9 in Roßdorf
3 in Bruchköbel
1 in Wachenbuchen
1 in Mittelbuchen

Mosches Kinder zu Windecken
hatte Schuldner:
10 in Ostheim
7 in Kilianstädten

Simon zu Windecken
hatte Schuldner:
16 in Niederrodenbach
6 in Niederissigheim
3 in Roßdorf
3 in Oberissigheim
4 in Ostheim
3 in Eichen

Koppel von Windecken
hatte Schuldner:
8 in Ostheim

Salomon zu Windecken
hatte Schuldner:
34 in Windecken
55 in Ostheim
1 in Eichen
8 in Kilianstädten
20 in Roßdorf
17 in Rüdigheim
6 in Niederissigheim
12 in Bruchköbel
2 in Wachenbuchen
2 in Mittelbuchen
2 in Niederrodenbach

Süßmann zu Windecken
hatte Schuldner
28 in Windecken
18 in Ostheim
1 in Eichen
21 in Roßdorf
11 in Kilianstädten
2 in Hochstadt
8 in Mittelbuchen
1 in Oberdorfelden
1 in Niederissigheim
1 in Rüdigheim

"Am 17. Juli 1582 legen die Windecker Juden ein Verzeichnis vor, demzufolge folgende Forderungen bestehen: Joseph - 1692 fl., Lew - 1540 fl., Salmon - 1420 fl., Sußman - 720 fl., die Kinder des verstorbenen Lewe - 193 fl., die beiden Juden von Marköbel - 1445 fl. Beigefügt sind Einzelbelege der Schuldner von Koscher und seinem Schwiegersohn aus Marköbel, Joseph und seiner Tochter Bele, Sußman, Mosche, Schimon, Bele Schwarzfärbern, Lewes Witwe, Leos Kindern, Michal und der Jüdin Schumlon."[90]

1583 ersuchten die Juden der Grafschaft Hanau "um Aufhebung der in den neuen Schutzbriefen getroffenen Verordnung, wonach sie Beträge von 5 fl. an aufwärts nur mit amtlicher Genehmigung ausleihen dürfen. Sie bitten, es bei der alten Regelung, wonach erst Summen über 5 fl. anzeigepflichtig waren, bleiben zu lassen und geben zu bedenken, wie oft sie sonst die Räte um Genehmigung bemühen müßten. Ferner fordern sie zum Ausgleich für den neuen niedrigeren Zinssatz die versprochene verstärkte Unterstützung bei der Eintreibung ihrer Außenstände, damit sie ihrerseits ihren Verpflichtungen nachkommen und vor allem die von der Regierung geforderten 300 fl. zahlen können."[91]

1592 wurden die Juden aus der Grafschaft Hanau ausgetrieben, es ist nicht bekannt, ob ihnen vorher alle Schulden von den zahlreichen Schuldnern in der Grafschaft bezahlt wurden.

In den Akten des 15. und 16. Jahrhunderts, die zu den Windecker Juden vorhanden sind, geht es häufig um Außenstände der Juden, die sie mit gerichtlicher Hilfe eintreiben müssen, um zu ihrem Recht zu kommen. So besagt eine Urkunde vom 4. Dezember 1572: "Die Kanzlei Hanau befiehlt Putz Cunz von Bruchköbel unter Androhung von Turmstrafe, dem Juden Joseph zu Windecken 24 fl., die laut Vertrag in zwei Raten zu Bartholomäi und im Herbst 1572 hätten bezahlt werden sollen, sowie eine Strafe von 2 fl. wegen Nichterscheinens vor Gericht bis Weihnachten zu bezahlen."[91a]

Vor allem die kleinen Leute in der Grafschaft Hanau tätigten ihre Geldgeschäfte bei den jüdischen Geldverleihern der Grafschaft Hanau, meist recht geringe Beträge wurden entliehen. Die Landjuden waren sozusagen das Bankgewerbe für die kleinen Leute der damaligen Zeit, das sich die gräflichen Herren entsprechend entgelten ließen und so eine zusätzliche Einnahmequelle zur Verfügung hatten.
"Die wirklichen großen Leihgeschäfte tätigten in der Grafschaft Hanau also nicht die Juden, sondern christliche Leihgeber sowie Juden aus Frankfurt oder Friedberg. Bei Frankfurter oder Friedberger Juden, nicht bei hanauischen, liehen im Bedarfsfall auch

Ein jüdischer Geldverleiher an seinem Rechentisch. Um 1530

Juden in anderen Berufen

Wenn Juden nicht mit dem Geldgeschäft befaßt waren, so wurde in den von Nichtjuden verfaßten Urkunden gesprochen von "nährt sich von seiner Hände Arbeit".[95)]
1524 wurden die Juden Secklin und David in den Schutz nach Windecken aufgenommen mit der Auflage, daß "sie keinen Wucher treiben, sondern sich von ihrem Handwerk nähren, kaufen und verkaufen wie andere Windecker Bürger."[96)]
1525 sind Secklin und sein Sohn erwähnt, die das Goldschmiedehandwerk betreiben wollten.[97)]
1572 wird die Windecker Jüdin Bele erwähnt, die sich mit "saueren arbeit" vom Schwarzfärbern nährt.[98)]
Ein Färber mit Namen David lebte um 1566 in Windecken.
1573 wird ein "Roßtäuscher" Meyer genannt, der nach Windecken zog.[99)]
1581 ließ sich der jüdische Arzt, Lautenist und "bethstauber" Mosche in Windecken nieder. Er muß ein recht vielseitiger Mensch gewesen sein als Arzt, Lautenspieler und auch noch Bettenreiniger.[100)]
Ebenfalls wird ein jüdischer Arzt Hirtz (Hertzt) Nephtali, der bereits "etzliche patienten curiert und noch zum theil in der cur" hat, nach Windecken aufgenommen.[101)]
1599 wurde in Windecken der Jude Abraham aufgenommen, "der sich als Arzt und Sohn eines berühmten Arztes ausgibt".[101a)] Der jüdische Glasmacher Samuel beabsichtigte 1572 nach Windecken zu kommen, da "man ihn in Windecken zum Fenstermachen sowie zum "bethfegen und - machen" gut gebrauchen kann."[102)]
Der Maler Uriel ließ sich um 1600 in Windecken nieder.[103)]
1500 wird der Jude Ysaias - ein Haubenmacher - in Windecken genannt.[104)]
Als Diener der jüdischen Gemeinde gab es noch den Beruf des Schulklopfers, des Totengräbers, Lehrers und Schächters.
Als sogenannter Hofjude des Landgrafs in Hanau betätigte sich um das Jahr 1800 auch ein Jude aus Windecken. Joseph Samuel von Windecken war Heereslieferant ohne besonderes Patent, er lieferte Pferde "für das hochlöbliche Regiment von Kospoth" zu Hanau.[105)]

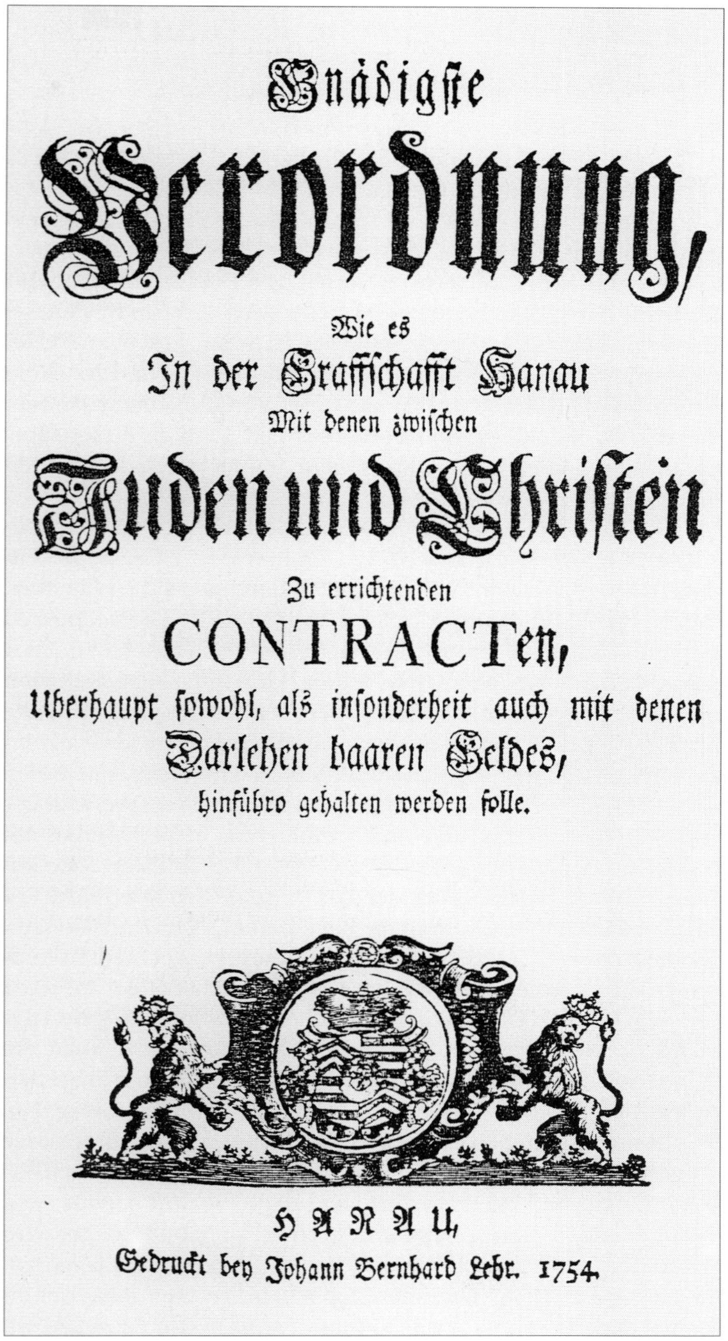
Gnädigste
Verordnung,
Wie es
In der Graffschafft Hanau
Mit denen zwischen
Juden und Christen
Zu errichtenden
CONTRACTen,
Uberhaupt sowohl, als insonderheit auch mit denen
Darlehen baaren Geldes,
hinführo gehalten werden solle.

HANAU,
Gedruckt bey Johann Bernhard Lehr. 1754.

die Hanauer Grafen, ebenso wie andere Herrschaften in der Wetterau".[92)]

Auch wenn bei den Juden das Geldgeschäft weit verbreitet war, so kann daraus nicht der umgekehrte Schluß gezogen werden, daß der Geldhandel ausschließlich in jüdischer Hand lag. So zeigte eine Untersuchung über die Gläubiger des Dorfes Roßdorf, einem Nachbarort von Windecken und Ostheim, daß "zumindest im 16. Jahrhundert die Zahl christlicher Gläubiger die der jüdischen bei weitem überwog."[93)]

Im Jahre 1754 wurde eine "Gnädigste Verordnung, Wie es In der Graffschaft Hanau Mit denen zwischen Juden und Christen Zu errichtenden Contracten Überhaupt sowohl, als insonderheit auch mit denen Darlehen baaren Geldes hinführo gehalten werden solle" erlassen als Ergänzung zur Judencapitulation von 1738. Hier wurden die Bedingungen des Geldgeschäftes genau festgelegt.[94)]

Im Jahre 1601 lieh sich die Stadt Windecken zur "Einkaufung von Wein" in Frankfurt bei den Erben des Abraham Juden zum Roten Löwen 200 Gulden mit der Auflage, bis zur Ablösung des Betrages "wöchentlich von einem Gulden einen Binger Heller" zu geben.[106)] Nach Ermahnung zahlt die Stadt Windecken die im Jahre 1659 entliehenen 200 Gulden mit 75 Gulden für Zinsen zurück.[107)]

Frauen im Geldhandel

Auch jüdische Frauen waren im Pfandleihgeschäft tätig.
So ließ der Erzbischof zu Mainz 1477 alle in Windecken wohnenden Juden - gleich welchen Geschlechtes - im Zusammenhang des Geldhandels nach Mainz laden "utriusque sexus iudeis in Wonneken commorantes".[108)]
Namentlich wird die Windecker Jüdin Gudin im Jahre 1572 genannt.[109)]
In den Jahren 1831 - 1859 sind bei der "Errichtung von Hypotheken" die jüdischen Frauen Dietz und Grete Heß genannt.[110)]

Versuche, die jüdische Konkurrenz auszuschalten

Die meisten Windecker Juden waren Händler.

So konnte der Jude Seckle zu Windecken 1541 angeben, daß er seit seinen "kindttagen" 57 Jahre in Windecken lebe und "sein Lebtag lang ehrlich vom Kaufen und Verkaufen" gelebt und "kein gesuch genommen" habe.[111)]

Die Absicht der Windecker Bürger, die Konkurenz der Windecker Juden möglichst auszuschalten, wird deutlich in vielerlei Beschwerden der Windecker Bürger über die Juden. Auf dem Wochenmarkt in Windecken, im Handel allgemein und vor allem bei den Metzgern möchte man die Juden zurückgedrängt wissen. Die Beschwerden besonders über das Verhalten der Juden wurden in stereotypen, über Jahrhunderte immer wiederkehrenden Formulierungen vorgebracht.[112)]

Über die Konkurrenz der Juden auf dem Windecker Wochenmarkt beschwerten sich 1536 die Krämer und Bürger zu Windecken. Sie beklagten sich, daß die "'juden hie on alle pillichkeit den wochemarkt mit irem kauffen und verkauffen verschmelren und zunichtigen.' Obwohl dies weder in Reichs- noch anderen Städten erlaubt ist und auch in Windecken untersagt war, halten die Juden ihren Kram öffentlich unter den Christen feil. Statt wie andernwärts üblich in ihrer 'beschlossene gassen' in den Häusern zu bleiben, gehen sie den Marktleuten entgegen, um einen vorteilhaften Vorkauf zu erlangen, oder erscheinen heimlich vor den Ständen der Christen und werben ihnen die Kunden ab, indem sie die Waren ein oder zwei Pfennige billiger oder auf Borg anbieten. Kann später der Käufer seine Schulden oder auf Borg nicht bezahlen, bedrängen sie ihn mit Zinsen und Wucher. Da die Krämer im Gegensatz zu den Juden von der Stadt besteuert werden, können sie die Nahrungsmittel nicht billiger anbieten und den Markt künftig nicht mehr beliefern, wenn den Juden der Handel nicht untersagt wird. Ärgerlich ist auch, daß man die Windecker überall als 'judenkremer' beschimpft, weil man den Juden 'den furstand vor anderen, fremden kremern zulest'. Die Windecker bitten, den Juden den Handel nur noch in ihrer Gasse zu gestatten.

Nach einem hinhaltenden Bescheid des Oberamtmannes, wonach die Juden zunächst 'by irrer kremerey pleiben' sollen, wird ihnen der Markthandel offenbar untersagt, denn sie klagen am 16. November 1536, daß ihnen der Windecker Amtmann befohlen hat, ihre 'geringschetzige kramerey' , die sie und ihre Vorfahren seit unvordenklichen Zeiten zu Windecken getrieben haben, einzustellen. Sie erklären, eine solche Behinderung für 'nyhe mehr gehoret' und berufen sich darauf, daß etliche von ihnen 'gutte verschribung' besitzen und vorweisen können. Übrigens ist den Juden auf dem Windecker Markt 'ein sonderer ort unthen an den kramern' angewiesen, den sie bei Bedarf stets freiwillig fremden Krämern einräumen. Sie mindern den Markt nicht, sondern beleben ihn, da sie Waren anbieten, die die christlichen Krämer nicht haben oder die sie zwei oder drei Meilen entfernt holen. Unabhängig vom Marktrecht in Reichs- und anderen Städten haben die Windecker Juden seit alten Zeiten und gestützt auf eine Verordnung des verstorbenen Grafen von Hanau das Recht, ihre Waren auf dem Markt anzubieten. Alle Versuche der Windecker Krämer, die sie früher und 'sonderlich zu bewerschen uffruer' gemacht haben, sind gescheitert. Die Juden bestreiten, daß sie den Marktleuten entgegengehen, um den Vorkauf zu suchen und berufen sich auf das Zeugnis der Marktmeister.

Ebenso bestreiten sie die Abwerbung von Kunden und deren Beschwerung durch Wucher, da ihnen doch 'kein weiter gesuch zu nemen gestattet wird', sie hätten denn zuvor ein Unterpfand. Was die Steuern angeht, so halten die Juden keine Nahrungsmittel feil, können mithin deshalb auch nicht besteuert werden. Daß man die Windecker Judenkrämer schilt, wird wohl ohne 'unser verursachen gescheen, wir kune derhalb kein antwort geben, wir versten auch solche wort nit, sie musten sie uns deutlicher darthon'. Die Juden bitten, sie bei der hergebrachten Ordnung zu lassen."[113)]

Auch war es den Juden verboten, eine Ware anzufassen und durch ihre "unreyne hende" gehen zu lassen, ehe sie mit dem Verkäufer handelseinig waren. Dies geht aus einer Urkunde von 1578 hervor.[114)]

Die Krämer, Rot- und Weißgerber und Metzger zu Windecken, Hochstadt und Hanau klagten 1592 vor Räten und Befehlshabern zu Hanau, daß "die Juden stets darauf bedacht sind, die Untertanen zu beschweren und das Handwerk, vor allem aber Rotgerber, Barbiere, Metzger und Krämer zu schädigen. Trotz der Hoffnung, daß ihnen dies untersagt werden würde, handeln sie weiter mit Vieh, Häuten, Leder und Kramwaren und bieten ihre Ware nicht nur öffentlich feil, sondern bringen sie auch den Leuten ins Haus. Selbst wenn diese bereits mit anderen in Kaufverhandlungen stehen, bereden sie sie 'mit iren giftigen schmeichelworten', daß sie glauben, an der 'judenwahr, wie boß und teuwe die auch schon ist', einen großen Vorteil zu haben.

Da die Juden 'alß mußige leut, die sonst uff nichts als uff spitzfundt' bedacht sind, der Herrschaft nicht mehr als ihr Schutzgeld geben, während andere Untertanen ihr Tag und Nacht mit Leib und Gut zu dienen schuldig und gewärtig sind, bitten die Supplikanten, den Juden den Handel mit lebendem Vieh, Leder und Kramwaren zu untersagen und sie anzuweisen, bei ihren 'ires

"Judenfähnlein" auf dem Windecker Markt

1563 wurde für den Windecker Markt aufgrund von Beschwerden über die Juden beschlossen, daß nach dem Aufstecken des Marktfähnleins die Juden eine Stunde lang weder kaufen noch verkaufen dürfen.[115)]

Die gleiche Regelung galt in Hanau.

Im Jahre 1577 waren dann Juden in Windecken auf dem Marktplatz erst "nach den Christen zum Kauf zugelassen, und damit es deshalb keinen Streit gab, sollte nach altem Brauch 'das fenlein aufgesteckt werden', sobald die Christen gekauft haben."[116)]

1607 klagte Rabbi David Theodorus zu Prag "als Vertreter der gemeinen Judenschaft" beim Grafen von Hanau-Münzenberg wegen der auf dem Wochenmarkt zu Hanau aushängenden Fähnlein mit dem Judenring sowie wegen des zwischen der Messezeiten geforderten Geleitgeldes.[117)]

Die Judenverordnung von 1738 schrieb noch vor, daß die Juden auf dem Markt erst nach aufgesteckter Judenfahne kaufen dürfen.[118)]

1765 beschwerte sich die Judenschaft in Hanau über die Judenfahne, sie war versehen mit dem Porträt eines mit Mantelkragen und dem übrigen Ornat versehenen Juden, der "bei einer Fischfrau die zum Kauf feilen Fische abhandelt".[118a)] Die Regierung Hanau befahl daraufhin, diese Fahne abzuschaffen.[119)]

Im Jahre 1605 wurde es den Windecker Juden verboten, auszuschenken oder zu zapfen. Auch sollen sie ihre Schafe und Hammel einhegen und nicht wild weiden lassen.[120)]

wesens gemeßigen händeln' zu bleiben, damit nicht Christen durch Juden, die weder Gott noch die Welt achten, geschädigt werden."[135)]

1593 berichteten "die Krämer aus Windecken und dem Amt Büchertal Räten und Befehlhabern zu Hanau unter Berufung auf die ihnen auf eine frühere Beschwerde über die 'heillose juden' erteilte Antwort, daß sich die Juden im Umkreis nicht mit dem Woll- und Leintuchhandel begnügen wollen, nachdem ihnen dieser ebenso wie den Christen gestattet worden ist. Sie handeln und hausieren vielmehr auch mit Waren wie Butter und sonstigen Lebensmitteln, die sie durch ihre Leute aufkommen lassen, und, soweit sie sie nicht selbst brauchen, nach Frankfurt weiterverkaufen. Die Besucher der Märkte von Windecken und Hanau können das bezeugen. Die Krämer sind der Meinung, daß die, die den Herrn und Erlöser leugnen, nicht besser gehalten werden sollen als die Christen und bitten mit dem Bemerken, daß die Juden dem Lande mehr schaden als nützen, darum, sie auszuweisen, sich an die frühere Ordnung zu halten und sich auf den Tuchhandel zu beschränken.
Darauf wird den Beamten zu Hanau und Windecken befohlen, dafür zu sorgen, daß den Juden der Vorkauf bei Nahrungsmitteln und deren Weiterverkauf an andere Orte untersagt wird.
Am 22. November wiederholen die Krämer ihre Klage und erklären, daß die Juden mehr denn je hausieren und einige sich sogar zum Zweck des Lebensmittelhandels eigens Knechte und Mägde halten, die für sie auf die Dörfer laufen und den Leuten die Waren abschwatzen. Diese tragen sie später ihresgleichen zu und machen dabei ihren Wucher. Da Waren und Nahrungsmittel auf diese Weise verteuert werden, bitten die Krämer, stärker als bisher auf die Einhaltung der alten Ordnung zu achten."[136]

Um die Konkurenz durch die Juden noch weiter auszuschalten, beschwerte sich die Stadt Windecken in den Jahren 1576 - 1580 über die ständig steigende Zahl der Juden, die Anlaß zu täglichen Klagen gäben. "Bürgermeister und Schöffen klagen, daß 'des unzieffers der juden' von Tag zu Tag mehr wird. Wo vor kurzem noch zwei waren, sind jetzt vier und wo vierzig gewesen sind, findet man jetzt siebzig oder achtzig ...
Den größten Schaden aber haben Stadt und Amt davon, daß die Juden vor den Wochenmärkten Gänse, Hühner, Eier, Butter, Obst, Frucht und anderes 'umb anderhalb geld, das es schwerlich eins werd ist', aufkaufen. Sie erwarten die Händler bereits auf halben Weg oder am Tor, ziehen sie in ihre Häuser und überbieten die anderen Käufer. Dabei lassen sie alles durch ihre 'unreynen hende' gehen, gleich ob sie es dann kaufen oder nicht, während ihnen doch früher verboten war, eine Ware anzugreifen, ehe sie mit dem Verkäufer handelseinig waren. Die im Lande und auf den Märkten aufgekauften Waren schaffen die Juden nach Frankfurt und verkaufen sie dort an ihresgleichen ...
Zum Spott und Hohn der christlichen Religion laufen sonntags unter der Predigt vor der Kirche und auf dem Kirchhof mutwillige Juden hin und her. All dies veranlasse die Stadt Windecken zu der Bitte, 'deß untrewen schedlichen volks der judden nit so viel zu unß kommen' zu lassen".[137)] (Noch 250 Jahre später treffen wir ziemlich ähnliche Vorwürfe gegen die Heldenberger Juden in einem Schreiben des Bürgermeisters an -siehe Teil3)

Aus dem Jahr 1796 liegt eine Beschwerde der christlichen Schuhmacher und Loher vor, daß die jüdischen Schuster sich in die Geschäfte mischen und den Handwerkern und Untertanen "das Brot aus dem Maul nehmen". Die Juden brächten auch von den armen Leuten die Frucht an sich und veräußerten sie dann mit großem Wucher.[138)]

Das Würfelfordern und anderer "Spott" mit den Juden

Eine den Juden auferlegte diskriminierende Abgabe war das sogenannte Würfelfordern,[139)] das im Hanauischen bis zum 18. Jahrhundert zu finden war. Jeder, der einem Juden begegnete, konnte einen Pasch - das sind drei Würfe - verlangen. Der Jude mußte immer solche Würfel bei sich haben und hergeben. Bei der Verweigerung der Würfel mußte er mit bösen Folgen rechnen. Die Würfelabgabe wurde sogar eine vom Staate geforderte Pflicht, denn der Erzbischof zu Mainz erließ im Jahre 1384 "die besondere Gnade", drei Jahre keine Würfel an den Zollstätten des Erzstiftes zu Wasser und zu Land geben zu müssen.[140)]

1570 gab es in Ostheim einen jüdischen Würfelmacher mit Namen David.[141)]

Die Juden von Windecken beklagten sich 1569: "Vor allem in Bergen verlangen der Schmied und andere stets Würfel, und selbst wenn sie ihnen gutwillig gegeben werden, 'döffen sie unß doch darzu schlagen und jagen'."[142)]

Dabei "dürfte die Dämonisierung des Würfels eine Rolle gespielt haben. Die Vorstellung von der Ablösung des Würfels, den die Juden bei der Verteilung der Kleider Christi benutzt hätten, vergegenständlichte die im Volk beharrlich sich haltende Vorstellung von der dauernden Schuld der Juden am Tod Christi."[143)]

1509 sollte bei einem Tag zu Windecken über die "Abstellung des Mutwillens gegen die Juden an den Toren" gesprochen werden.[143a)]

Am 12. Juni 1570 klagen die Juden der Grafschaft Hanau vor Räten und Befehlshabern, daß sie, "da die Gegend wenig Nahrung bietet, gezwungen sind, zum Unterhalt ihrer Familien mit ihren geringen Waren über Land zu ziehen, dabei aber von Einwohnern des Amtes Bücherthal, mehr noch in Bergen und den umliegenden Flecken übel geplagt, 'geworfen, gezucket und ganz honisch angeruffen werden'. Kommt keine Abhilfe, wird es wohl bald auch zu Tätlichkeiten und Handgreiflichkeiten kommen, wie sie sich vereinzelt bereits ereignet haben. Beschweren sich die Juden bei den Schultheißen, so lachen diese, vorab der zu Bergen, nur über ihre Klage und unterbinden das Treiben nicht. Die Juden erklären, daß ihnen eine solche Behandlung in fremden Herrschaften 'nit wiederfahren thut'."[144)]

Ratsprotokollbuch Juli 1720

" ... daß wegen des tabacks Handels unter der Wagen es allerhand Unordnungen zu geben pflege, indem die hießige Juden denen frembden Fuhrleuthen allerhand bösen taback verhandelten, wodurch die Fuhrleuthe abgeschrecket und die Handelsschafft einen bösen Nahmen bekomme" ... "Wegen Einführung des fremden tabacks wurde inzwischen dem Wagenmeister begfohlen, daß wann die Juden an frembde Fuhrleute dergleichen boß Guth so allhier nicht gewachsen, verhandeln sollten, er in den Wagenzettel jederzeit schreiben solle, daß der Taback kein Windeckere Guth sey."[145)]

ebenfalls aus dem Ratsprotokollbuch vom 7. Oktober 1720:
"Wegen des Tabakhandels und des von den Juden darbey gebrauchenden Unterschleiffs (Unterschlagung - d. V.) soll bey nechsten Rathstag gesprochen und ein Mittel ausgesonnen werden, damit die Bürger bey dem Kauf nicht zurückgesetzt werden möchten."[146)]

Metzger und "Judenmetzger" - Auseinandersetzungen in Windecken

Die jüdischen Metzger nahmen aufgrund der rituellen jüdischen Speisegesetze immer eine Sonderstellung ein und waren aus diesen Gründen immer zum Metzgerhandwerk zugelassen. Den christlichen Metzgern waren die jüdischen Metzger oft verhaßte Konkurrenz, die es galt, mit allen möglichen Behauptungen einzuschränken. Aber zur Erlangung wirtschaftlicher Vorteile kooperierten die christlichen Metzger auch mit den jüdischen Metzgern.

In den Jahren 1481 und 1498 ist von den Windecker christlichen Metzgern die Rede, "die den Juden Fleisch geben" unter Hinzuziehung eines Schächters aus der jüdischen Gemeinde in Windecken.[121)]

1577 heißt es: "Hinsichtlich des Viehs, das die Juden in ihren Häusern 'zu scheischen und abzuthun pflegen', bleibt es bei dem Kanzleibescheid, daß zum eigenen Bedarf geschächtet und das Hinterteil den Christen verkauft werden darf, ein darüber hinausgehender Fleischverkauf an Christen oder Juden zu Frankfurt aber mit Turmhaft zu ahnden ist."[122)]

Im Jahre 1578 "beschweren sich die Metzger zu Windecken beim Oberamtmann in Hanau über die Windecker Juden, weil diese sich nicht an das vor einigen Jahren ergangene gräfliche Gebot halten und selbst schlachten. Zwar zahlen sie den Metzgern jährlich 1 fl., damit diese für sie schlachten, und werden ausreichend mit Fleisch beliefert, kaufen aber trotzdem überall Vieh auf, lassen es auf dem lande 'ums halbtheil' mästen, schlachten es dort oder in ihren Häusern, bringen das Fleisch mit 'karnvoll in die stadt' und verkaufen es unter der Hand, wobei die Stadt um das Wiegegeld kommt. Zudem geben die Juden den Leuten das Fleisch auf Borg, 'damit sie hinder sie kommen'.

Die Räte stellen fest, daß das Schlachtverbot den Viehhandel der Juden und damit verbundene etwaige Fleischverteuerungen unterbinden sollte. Kaufen jedoch die Juden weiterhin Vieh auf, können die Metzger von der Verpflichtung, für sie zu schlachten, entbunden werden. Allerdings entfällt dann auch die Zahlung der 30 fl., die die Juden von den Metzgern bisher dafür bekommen haben, daß ihr Vorsänger bei ihnen das zum Verkauf in die Frankfurter Judengasse bestimmte Vieh und Fleisch geschächtet und besehen hat.

Am 29. Dezember (1578) wenden sich die Metzger erneut an die Kanzlei und bitten um Aufhebung eines Verbots, das ihnen den Fleischverkauf an die Frankfurter Juden untersagt, da sie ihre Ware in Windecken nicht absetzen können und ihnen das Fleisch 'oftmals verderben thut'.

Während Räte und Befehlshaber auf den angeforderten Bericht des Windecker Kellers warten, stellen sie fest, daß die Juden dafür, daß sie den Metzgern das Vieh schächten, 'den besten darm und zween fuß' als Entgelt erhalten und das Fleisch an die Juden zu Frankfurt und Windecken, das Vorderteil aber auf den Dörfern verkaufen.

Als der Windecker Keller am 3. Januar 1579 berichtet, daß die Metzger lediglich von einem allen Untertanen auf herrschaftliche Weisung verkündeten Verbot jeglichen Verkaufs nach Frankfurt betroffen sind, beschließen die Räte, daß die Metzger künftig von diesem Verbot ausgenommen sein sollen."[123)]

1580 beschwerten sich Keller, Schultheiß, samt Bürgermeister zu Windecken und Ostheim: 'wieder die Juden von Windecken des Viehs halber, so sie den Bürgern zum Mästen verleihen'. Sie stellen 'eine jüdische Unsitte' der jüdischen Metzger dar, daß diese Kälber und Rinder kaufen, diese dann an die Bürger und Nachbarn zu Windecken und Ostheim verleihen, die das Vieh mästen müssen. Die Christen beschweren sich, daß durch dieses Vieh die ganzen Weiden abgegrast würden und verbieten das Verleihen des Viehs durch die Juden. Da diese Unsitte auch in anderen Orten abgeschafft worden sei, bitte man dies auch in Windecken zu erwirken. Der Rat verlangt, daß es den Juden verboten werden soll, das Vieh 'so unter die Christen verstecken und mästen lassen'.[124)]

1582 berichteten Keller und Schultheiß zu Windecken dem Oberamtmann zu Hanau, daß "die Leute sich beschweren, weil die Metzger viel Vieh, 'das bey uns und ghen Franckfurt mehererteils kompt' durch die Juden schächten lassen und das von den geschächteten Rindern, Kälbern und Hämmeln übrig bleibende Fleisch mit dem normal geschlachteten Fleisch vermischen, obwohl 'oft leute gefunden werden, wilche ein abscheuen haben ob dem fleisch, so von juden geschecht worden'.

Keller und Schultheiß erbitten daher die Erlaubnis zur Einrichtung einer 'sonderlichen banck under der schirn oder auserhalb', auf der die Metzger das geschächtete Fleisch gesondert zum Kauf anbieten können, wie dies andernorts auch geschieht.

Daraufhin werden die Metzger am 3. Februar angewiesen, das geschächtete Fleisch bei Strafe von 10 fl. zu kennzeichnen oder getrennt vom übrigen Fleisch anzubieten."[125)]

1592 beschwerten sich die Metzger von Windecken und bitten, den Juden den Handel mit lebendem Vieh zu untersagen.[126)]

Zu den Jahren 1602 - 1603 liegen Akten zu Auseinandersetzungen zwischen der Metzgerzunft zu Windecken und den Windecker Juden vor. Danach "wirft die Stadt Windecken den jüdischen Schlächtern vor, daß sie ihr Fleisch nicht allein in Windecken zur Schirn bringen, sondern die Kernstücke nach Hanau schaffen. Die jüdische Gemeinde beschwert sich, daß die jüdischen Schlächter nicht in die Zunft aufgenommen werden. Da sie unter dem Schutz der Herrschaft Hanau stünden, wäre es auch ihr Recht, in anderen Orten ihr Vieh zu vertreiben. Im August 1603 senden sämtliche Juden zu Windecken ein Schreiben mit dem obigen Inhalt an den Amtskeller zu Hanau.[127)]

Aus dem Jahre 1602 liegt eine Klage der Metzgermeister und der ganzen Metzgerzunft zu Windecken vor, dort werden die Motive ihrer Schreiber recht deutlich.

Die christlichen Metzger klagen, daß die jüdischen Metzger sich in ihre Geschäfte mengen und sie in Notlage brächten. Die Metzgerzunft bittet die vorgesetzte Behörde, die Juden anzuweisen, sich an die althergebrachten Bräuche zu halten. Es soll den Juden erlaubt werden, wie bisher um die 30 Jahre in Windecken Fleisch zu schlachten oder zu "schechten", aber nicht in und außerhalb von Windecken zu verkaufen, sondern nur innerhalb ihrer Judenschaft. Wenn solches geschehe, sollen sie jederzeit bestraft werden. Dies sei des christlichen Handwerks zuwider. Die jüdischen Metzger würden das Fleisch billiger abgeben und so die christlichen Metzger ausschalten. Diese würden mit Weib und Kindern in Not geraten. Außerdem sei es nicht recht, daß die Juden den Christen "geschechtes gesuddel" verkaufen.[128)] Die Juden würden auch mit den Wirtsleuten ins Geschäft kommen. Gleichergestalt ist es auch mit der Unschlicht (Talg für Kerzen) und dem Lichte, da in etlichen Wochen nicht ein einziges Licht zu bekommen sei

1603 liegt ein Bericht der Metzgerzunft zu Windecken vor: Zwischen den jüdischen und christlichen Metzgern herrscht Streit. Die Juden werden angehalten, sich den christlichen Metzgern anzupassen. Man solle darauf achten, daß zwischen Juden und Christen keine Gleichheit zu halten ist und die Juden sich nicht in die Geschäfte der Christen einzumischen haben. Da die Juden in der Judengasse unter dem Schutz und Schirm der Stadt Windecken stehen, müßten sie sich an die Gesetze halten. Den Juden soll das Metzgern unter sich gestattet werden, das Fleisch sollen sie unter sich verkaufen.[129]
In der 1603 erneut wegen der Teuerung ausgefertigten "Fleischkaufordnung" werden die Juden lediglich an einer Stelle erwähnt: Es soll achtgegeben werden, daß sowohl die fremden und auch die Stadtmetzger und die Juden kein krankes Fleisch in die Stadt bringen.[130]
Die Hanauische Judenordnung von 1603 betont erneut ausdrücklich, daß Juden die nichtkoscheren Teile von geschächtetem Vieh verkaufen dürfen, allerdings nicht außerhalb der Grafschaft.[131]
1615 forderte die Metzgerzunft zu Windecken die jüdischen Metzger von Windecken auf, ihr Fleisch nicht in auswärtigen Orten, sondern in Windecken zu verkaufen. Die Zunft bezeichnet die Juden als aufgeblasene und halsstarrige Menschen, die die arme Christenheit zurücksetzen und nicht parieren. Sie monieren, daß die Juden den christlichen Sonntag nicht halten und auf den Flecken außerhalb der Herrschaft ihre Waren verkaufen. Die Christen beschweren sich, daß die Juden ihr Geschäft kaputt machen, da sie an Sonntagen, hohen Festtagen und Sabbat ihr Fleisch in den Gassen anbieten.
Die Zunft bittet den Amtmann zu Hanau, den jüdischen Metzgern das Handwerk zu legen, da die armen Christen darunter leiden müßten. Sie fordern vor allem ein Verbot von Verkäufen an Sonntagen und ein Verbot des Verkaufs in den Gassen.
Die Stadt Windecken stellt deshalb eine neue Metzgerordnung auf.[132]
1655 nahm der Graf Friedrich Casimir Stellung zu den Auseinandersetzungen zwischen jüdischen und christlichen Metzgern: "Wir selbst haben uns der Sache genauer erkundigt und befunden, daß der Juden Thun in diesem gemeiner Stadt und Landung nit allein nit entgegen, sondern beförderlich und nützlich sei".[133]

Aus dem Jahre 1808 liegt über die "Judenmetzger" Windeckens ein Bericht eines Landkommissär vor, der das Amt Windecken im Auftrag der kurhessischen Regierung bereiste. Die Bemerkungen erinnern an die schon mehre Jahrhunderte vorher geäußerten Vorwürfe gegen die Juden:
"In Windecken ... habe ich viele in Verfall gerathene Polizey-Gegenstände gefunden ... Ein Ort wie Windecken müßte an sich und in Hinsicht der Nachbarschaft (Einwohnerzahl) einen Metzger haben, hierzu will sich aber keiner verstehen, indem die daseyenden Juden das Schlachten allein an sich gezogen, das Rinder- und Kuh- vor Ochsenfleisch verkaufen und es denen Leuten nicht allein aufschwatzen, sondern in denen Häusern auf Puf liegenlassen, bis sie eine tüchtge Zeche verfressen, wo sie klagend bey Amt einkommen und sich auf ihren Schutz berufen. Diesem vorzubeugen, habe ich denen Juden bekannt gemacht, daß derjenige, so ein Stück ohne eingelöstes Schatzungszeichen schlachtet in 10 fl. Strafe fällt, wie auch mit der Hälfte, der überführt werden kann, daß er einem Unterhanen das Fleisch aufgeschwätzt oder gar im Haus liegen läßt...".[134]

Schächten und Zubereitung des Fleisches nach den jüdischen religionsgesetzlichen Bestimmungen. Kupferstich 1734

Windecker Juden vor Gericht

Jüdisches Recht vor dem Rabbiner

Die Rechtsprechung zwischen den Juden untereinander stand einem Rabbiner zu, der als Hochmeister vom Grafen angenommen werden mußte für einen Zeitraum von drei Jahren. Er hatte das Recht, sich in Windecken oder Friedberg niederzulassen.[147)] 1451 wurde Abraham von Lichtenfels Hochmeister, 1509 Liepmann, Sohn des Hirtz zu Friedberg, 1511 Abraham von Friedberg. 1511 sollte der Hochmeister "Rechtstage und Verhandlungen mit der Judenschaft zu Windecken oder Gelnhausen anberaumen und führen."[148)] Windecken war also ein möglicher Sitz des Rabbinatsgerichts.

1546 bei einem Streit zwischen dem Windecker Juden Salmon und der Judenschaft zu Windecken heißt es :
"Da es sich um Fragen der jüdischen Ordnung handelte, ist der Fall 'durch bit Meister Lazarus für judischlich recht' gewiesen worden, und die Frankfurter Rabbinen haben zu Salmons Gunsten entschieden."[149)] "Wenn Meier (ein anderer Windecker Jude) sich ungerecht behandelt glaubt, so soll darüber vor dem Rabbi oder den Juden zu Friedberg verhandelt werden ... die Windecker Judenschaft hat sich erneut an die Frankfurter Rabbiner gewandt".[150)]

Erst mit dem Beginn des 17. Jh. war Hanau Sitz eines Rabbiners.

"Geistliches Gericht" beim Bischofs zu Mainz f

Bis in die Mitte des 16. Jahrhunderts unterstanden die Juden der Gerichtsbarkeit der Kirche in allen Vergehen, "in denen ein Moment der Sünde zu finden war" namentlich Ehebruch, Bigamie, Tötung eines Menschen, Raub, Diebstahl, Betrug, Meineid, Wucher und ähnliches. Dieses geistliche Gericht war für die Windecker Juden beim Erzbischof zu Mainz.[151)]

So maßte im Jahre 1477 der Vicarius generalis in spiritualibus und Prokurator Fisci des Erzbischofs Adolf von Mainz sich das Recht an, die Geldgeschäfte der Windecker Juden zu kontrollieren und diese zu bestrafen.[152)] Die zu Windecken lebenden Juden "utriusque sexus iudeis in Wonneken commorantes" wurden nach Mainz vorgeladen, um "sie von der Provinzialordnung zu unterrichten und sie bei Strafe der Exkommunikation und des Ausschlusses aus der Synagoge sowie einer an den Fiskus zu zahlenden Buße von 2000 rheinischen Goldgulden aufzufordern, ihre Vermögensverhältnisse und Geldgeschäfte offenzulegen. Gleichzeitig werden die Schuldner der Juden aufgefordert, ihre Verpflichtungen anzugeben."[153)]

1481 erklärte der Fiskal des Erzbischofes zu Mainz, daß Liebertrud, Jude zu Windecken, zu Unrecht des Verhältnisses mit einer Christin beschuldigt wurde.[154)]

Windecker Juden vor den Gerichten der Herrschaft Hanau

Für weitere wichtige Angelegenheiten hatten die Juden das sogenannte Evokationsrecht (das Recht zur Anrufung - d. V.) an den Herren, dessen sachlicher Besitz sie waren und unter dessen Schutz sie standen. Für die Windecker Juden waren dies die Grafen von Hanau. Klagen der hanauischen Juden gegen christliche Untertanen der Herrschaft Hanau durften nur vor den Gerichten der Herrschaft vorgebracht werden.[155)] Es war verboten, die Juden vor die heimlichen oder Femegerichte zu bringen.[156)] Diese Gerichtshoheit der Grafen von Hanau war durch Kaiser Maximilian II. im Jahre 1570 nach Urkunden von Kaiser Sigismund aus dem Jahre 1434 und Kaiser Maximilian I. aus dem Jahre 1494 erneut verliehen worden.[157)]

Die von der Herrschaft den Juden zuerkannte Strafe war mitunter von großer Härte. So bekennen der Jude Salomon, "Bürger" zu Windecken und seine Frau Hanna, im Jahre 1446 von dem Grafen Reinhard II. von Hanau um etlicher Brüche und Frevel wegen ins Gefängnis geworfen und dann wieder entlassen zu sein, wofür sie ihm ihren Hafervorrat zu Windecken und einen Hof mit Haus und Scheuern übergeben und 1 200 Gulden zu zahlen versprechen, auch Urfehde schwören.[158)] Der Hanauer Historiker Zimmermann überlegte dazu, "ob Graf Reinhard einen Christen in ebenso harter Weise gestraft hätte? Es ist mir ein ähnliches Beispiel einer so harten Strafe aus dem Hanauischen nicht bekannt geworden."[159)] Da die Juden in der Herrschaft Hanau Reichslehen waren, brauchte Graf Reinhard von der Strafsumme nichts an den König abzugeben.[160)]

Schuldklagen gegen Juden durften nur vor der Kanzlei Hanau verhandelt werden.

Vor Gericht mußten Juden einen besonderen Eid auf die Zehn Gebote der hebräischen Bibel schwören. Holzstich 1509

Der im 17. Jahrhundert von den Windecker Juden zu leistende Eid

Der von den Juden zu leistende Eid mußte unter ganz besonderen Umständen vor sich gehen, die besonders demütigend für die Juden waren. So mußten sie an manchen Orten während des Eides auf der frischen Haut einer Sau stehen, die in den letzten vierzehn Tagen geworfen hatte. Dazu war bekannt, daß den Juden das Schwein als besonders unreines Tier galt.[160)] Dabei mußten die Juden auf die Zehn Gebote schwören.
1446 heißt es über zwei Windecker Juden: "Sie schwören Urfehde mit einem "rechten gestabten jutdischen eydt uff die tzehen gebode in Moyses buche ..., als dan eyn igliche judtde von recht geburt zu sweren" "[161)]
Aus dem Jahre 1494 ist aus einem Hanauer Stadtgerichtsprotokoll der Wortlaut der Eidformel für Juden zu dieser Zeit erhalten: "Daß das wahre (wahr) und gerecht sy, daß helfe Dir der got, der hymel und erden, berge und thale, laub und gras geschaffen hat, als helff dir der got, der da macht die heilige Ee (Ehe = Gesetz, der Bund), schreib die mit syner rechten hant in die steynern tafel uff dem berge Synay und gab die hern Moyses, allem Israheschem folck zutrost. Obdu anrecht swerest, das dan din grießs (dein abgestorbener Leib) nümmer kome,da du gedenckest hien zu komen in den baren (Schoß) hern Abrahams, die fünff büchern Moyses on alles geverde."[162)] Dieser besonders demütigende Eid wurde im Hanauischen 1823 abgeschafft.

Im Windecker Stadtarchiv ist ein Formular "Juden Eydts, wie sie schweren müßen jugta ord. Cam. Imp. part. is art 86" erhalten, aus der Regierungsszeit des Grafen Casimir von Hanau 1647 - 1685.[163)]

Dabei handelt es sich um genaue Anweisung, wie einem Juden, dem ein Eid auferlegt ist, dieser Eid abzunehmen ist.
Der in den Anweisungen wichtigste Gegenstand ist ein Buch mit den Zehn Geboten. "Ehe er den Eydt thut, soll er zuvor vor augen undt hendten haben ein buch, darinnen die Gebotte Gottes, die dem Mosi auf dem Berg Sinaj von Gott geschrieben, gegeben seindt,...".
Nachdem also der Jude seine Augen und Hände auf die Gebote Gottes gerichtet hat, soll der Jude mit den folgenden Worten "beschwert" werden: "Jud, ich beschwere dich bey dem einigen lebendigen mächtigen Gott, Schöpfers Himmels und des erdtreichs undt aller Dinge undt bey seinem Dorah undt Gesetz, das Er gab seinem Knecht Mosi auf dem Berg Sinaj, das du wollest waar sagen undt versichern, ob diß gegen wertig buch seye daß buch darauf ein Jud einen Christen oder einen Juden einen rechten gebührlichen Eydt thun undt vollführen möge undt soll."
Nachdem der Jude also bestätigt hat, "daß es daßelbe buch sey", so soll der Christ, der den Eid fordert, ihm die nachfolgende Frage und "Vermahnung" vorlesen: "Jud, ich verkünde dir wahrhafftiglich, daß wir Christen ahnbeten den einzigen allmächtigen undt lebendigen Gott, der Himmel, Erdten undt alle Dinge erschaffen hatt undt daß wir außer halb deßen keinen andteren Gott haben, ehren, ahnbethen; Alß sage ich dir darumb, undt auß der ursach, das du nicht meinest, du wehrest entschuldiget vor Gott eines falschen Eydtes, in dem du wehnen und halten mögest, daß wir Christen eines unrechten Glaubens wehren, undt frembde Götter ahnbethen, als doch nicht ist, undt darumb, sintemal doch die Haubt Leuthe des Volckes Ißrael schuldig geweßen sind zu halten, da sie so geschworen hatten den Männern von Giffon, die doch dienten den fremden Göttern".
Diese Ausführungen über die Verwandtschaft des Gottes der Juden mit dem Gott der Christen dient dazu, den Juden zu einer Verbindlichkeit seines Eides zu bringen: "vielmehr bist du schuldig uns Christen, als denen die da ahnbethen einen lebendigen undzt allmächtigen Gott, zu beschweren undt anzuhalten einen wahrhafftigen undt unbetriglichen Eydt. Darumb Jud frage ich Dich, ob du das glaubest, das einer schändet und lästert den allmächtigen Gott, in dem er so schweret einen falschen Eydt.
So sprech der Jud: Ja."
Weiter noch fragt der Christ den Juden: "Jud, ich frage dich ferner, ob du auch so wohl bedachten muth, undt ohne alle Arglist und betriglichkeit den einigen wahren Gott wollest ahnrufen zu einem Zeugen dser wahrheit, daß du in dieser sach darumb dir ein Eydt auferlegt ist, keinerley Unwahrheit, faalsch oder betrüglich reden noch gebrauchen wollest in einiger weiß, so spreche der Jud: Ja."
"So dies alles geschehen ist, so soll der Jud seine rechte Handt bis an den Knorren (Ellenbogen) legen in das vorgemeldete Buch, undt nemblich auf Worth undt Gebott Gottes, welche Worth undt Gebott in Hebräisch alßo lauten:
Loihsa etsehen , etdonoj etocha Laschaff, kito ienaqqve adonoj etascher ihsa etechen Laschaff.
Das ist zu teutsch: Nicht erhebe den Namen des Herren deines Gottes unnützlich, denn nicht wird unschuldig oder ungestrafft laßen der Herr, den, der da erhebet seinen Namen unnützlich."
Nach diesen langen vorbereitenden Ausführungen kommt es dann erst noch zu einer Anrufung Gottes zur Hilfe bei dem abzulegenden Eid sowie der Verfluchungen bei Meineid. Der Jude soll dem Christen "diese Worte nachsprechen oder auf vorsagen bejahen": "Adonoj Ewiger Gott, ein Herr über alle metachim ein ewiger einiger Gott, mein vatter, der du uns die heilige Dorah gegeben hast, ich rufe dich und deinen heylogen Namen etdonoj undt deine Allmächtigkeit ahn,das du mihr hilfest bestettigen meinen Eydt, den ich itzo thun soll, undt wo ich unrecht oder betriglich schweren wrdte, so sey ich beraubt aller gnaden des Ewigen Gottes, undt mihr werde auferleget alle die Strafe und Flüche, die Gott den Verfluchten auferlegt hatt, undt mein Leib undt Seele habe auch nicht mehr einigen theil ahn der Versprechung die uns Gott gethan hatt, undt ich soll auch nicht mehr einigen theil haben ahm Messias nach ahm versprochenen Erdtreich des heiligen seeligen Landtes.
Ich verspreche auch undt bezeuge, das bey dem Ewigen Gott etonoj, das ich will begehren, bitten oder aufnehmen einige erklärung, auflegung, abrechnung oder Vergebung von keinem Juden noch anderen Menschen, wo ich mit diesem meinen Eydt, so ich itzo thun werdte, einigen Menschen betrige. Amen".
Jetzt erst kommt es zu der Ablegung der eigentlichen Eidesformel des Juden vor Gericht, die er dem Christen nachsprechen muß: "Nachdem ich itzo in dem fall wie mihr angezeiget, und fürgehalten wordten, zu kundschfft ahngezogen undt fürgestellt, so schwere ich hiermit gegenwertiglich, das ich umb ohngewegte sachen, so vielmehr darumb kundt undt wißend ist, die lautere wahrheit ahnzeigen undt außagen, gahr kein gefehrd darin brauchen undt das nicht unterlaßen will, von keinerley Freundschafft, Feindtschafft noch anderer sachen wegen, darmit die gerechtigkeit gefördert werdten möge, alß mir Gott hrlffe, der Himmel undt Erdten geschaffen hatt, der Gott etdonoj auch, die ehr, die Gottgebot undt sie gab Mosi auf dem Berg Sinaj in zweyen steinern Taafeln undt aller Jüdischkeit zum Trost, undt ob ich unrecht schwere, so müßen undt sollen mihr nicht helffen die fünf Bücher hl.Mosis undt ob ich unrecht schwere, falsch undt betriglich brauchen, so muß ich eweglich Haram verflucht sein, undt meine Seele nimmermehr kommen in Abrahams Seram undt mich übergebe undt verzehre das feuer, das Sodoma undt Gomorra überging, undt alle Flüche, die an der Dorah geschrieben stehen, undt daß mir auch der wahre Gott, der Laub undt Gras und alle Ding erschaffen hatt nimmermehr zu Hülff undt zu statten komme, in einigen meinen sachen undt nöthen, undt als recht ich geschworen habe, als muß mir helffen der Gott etdonoj, Abrahams. Isaacs und Jacobs bey heiligen Josua."

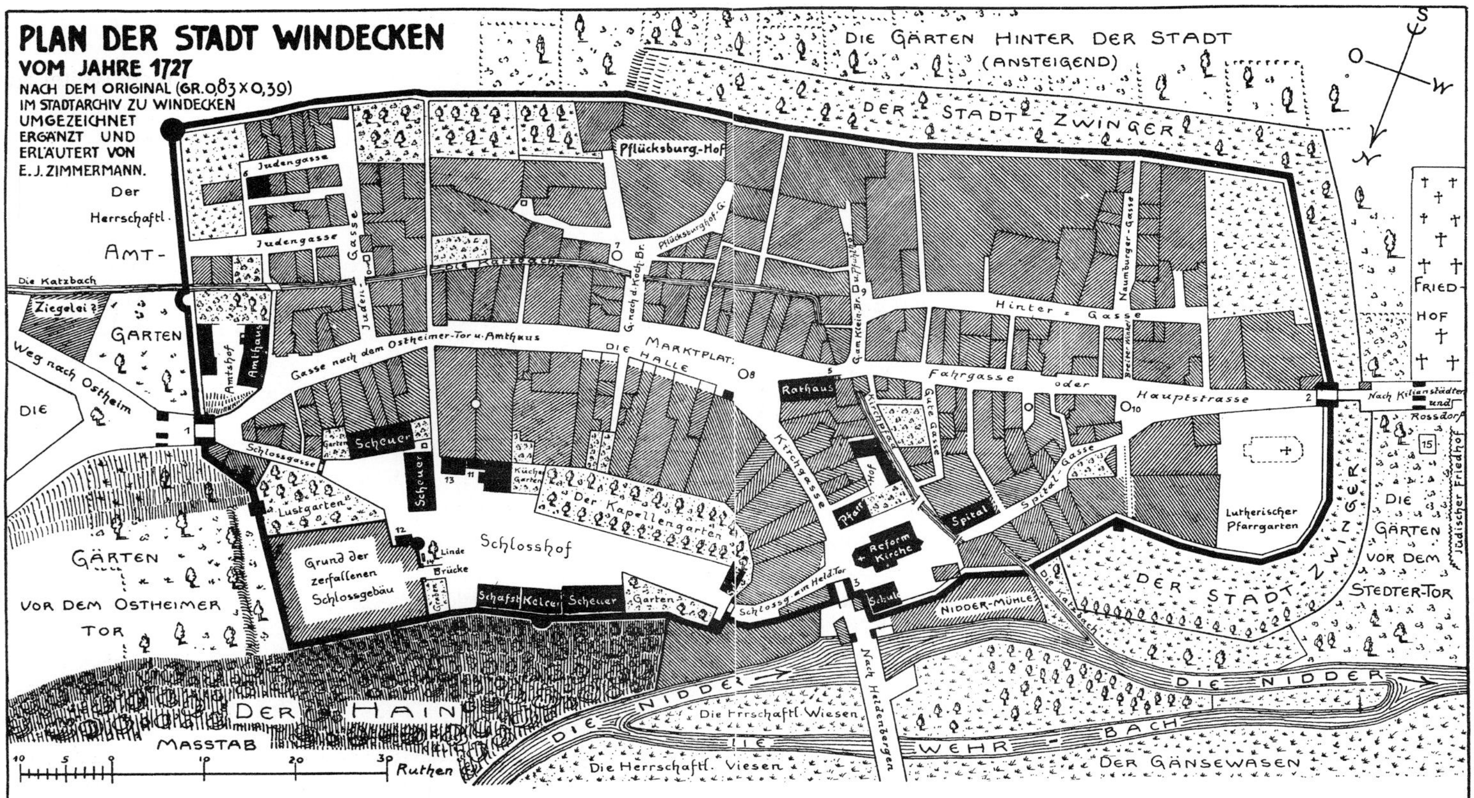

Zeichenerklärung

1. **Ostheimertor** } abgebrochen 1827.
2. **„Städertor"** }
3. **Heldenbergertor** }
4. **Wachthaus.**
5. **Brücke am Rathaus** über die Katzbach oder „Katzenbach".
6. **Synagoge** (?), erwähnt 1481 (vgl. S. 518).
7. **Kochbrunnen.**
8. **Marktbrunnen.**
9. **Kleiner Brunnen.**
10. **Neuer Brunnen.**
11. **Schafstall** } im Schloßhof.
12. **desgl.** }
13. **Fruchthaus** } Schloß heute
14. **Brunnen** bei der Linde } Amtsgericht.
15. **Platz des zweiten Gießhauses** der Bach'schen Glockengießerei, bestand von ungefähr 1750 bis 1888. Das andere kleinere Gießhaus befand sich im Garten des Bach'schen Besitztumes, im „Pflücksburger Hof".

Die uralte Linde im Schloßhof ist 1904 umgestürzt.

Die lutherische Kirche wurde 1720 erbaut und 1834 abgebrochen.

Der Amtshof hat die Jahreszahl 1586 über dem Torbogen, sowie die Initialen P L A (ein Paul Ludwig aus Assenheim [?] war damals Hanauischer Keller) neben einem Wappenschild, das ein Lamm zeigt, daher das Haus auch später „das Lämmchen" genannt wurde.

Der Pflücksburger Hof ging im Jahre 1703 aus dem Besitz des Müllers Stoffel für 1348 Gulden in den Besitz des Hanauischen Oberstallmeisters Wilh. Karl von Pflücksburg über. Später finden wir den Hof im Besitz der Glockengießerfamilie Bach, welche, nach Aufgabe der Glockengießerei, 1892 von Windecken fortzog.

Der Stadtzwinger wird auch „Schießgraben" genannt, weil die Stadtschützen früher hier ihre Schießübungen abhielten.

(Weitere Erläuterungen zum Plan von Windecken :-: siehe Berichtigungen und Nachträge II.) :-:

ERNST J. ZIMMERMANN 1912

"Plan der Stadt Windecken vom Jahre 1727" - Rekonstruktion 1912. Im Südosten befand sich das jüdische Ghetto, die Judengasse.

Judengasse in Windecken - das Ghetto der Juden

Lage und erste Erwähnung der Judengasse

Heute noch gut erkennbar in den Straßenzügen Synagogenstraße und dem Beginn der Ostheimer Straße 1 - 1 6 befand sich über Jahrhunderte das Ghetto für die Windecker Juden im Südosten der Stadt Windecken. Im Süden war "die Judengasse" von der Stadtmauer begrenzt, ebenfalls im Osten, die Katzbach bildete nach Norden die Begrenzung. Das Ghetto war durch ein Tor abzuschließen, um die jüdische Bevölkerung von der christlichen Bevölkerung Windeckens abzusondern.

Der 1912 nach Unterlagen aus dem Jahre 1727 gezeichnete Stadtplan Windeckens läßt das regelmäßig im Rechteck angelegte jüdische Ghetto gut erkennen. Nach diesem Plan des Historikers Zimmermann begann die Judengasse am heutigen Eck Friedrich-Ebert Straße/Ostheimer Straße. An dem Eingang zum Ghetto befand sich auch das Tor, um das jüdische Ghetto abzuschließen, das "Tor vor der Judengasse". Die Katzbach, die heute unter der Kanalgasse entlangfließt, war in der Judengasse von einer Brücke überspannt. Deutlich ist auch der Judenturm am südöstlichen Eck der Stadtmauer zu erkennen, ebenso der Brunnen an der Katzbach innerhalb des Ghettos.

Bis zum Durchbruch der Stadtmauer an der Judengasse im Jahre 1898 - am Haus der Ostheimer Straße 15 - war "die Judengasse" als äußerlich geschlossenes Viertel völlig erhalten.

Die Judengasse umfaßte die Gassen und die Häusert Ostheimer Straße 1- 15 und Synagogenstraße 1- 18.

Im Jahre 1353 ist für die Stadt Windecken erstmals eine Judengasse erwähnt.[1)] Da um diese Zeit keine Juden in Windecken lebten - sie waren zur Zeit der Pest vertrieben worden -, ist anzunehmen, daß die Bezeichnung Judengasse aus der Zeit vor dem Schwarzen Tod stammt.[2)]

Der Windecker Pfarrer Henß nimmt in seiner Festschrift zum 650jährigen Jubiläum der Stadterhebung an, daß den Juden diese Gasse zur Zeit des Baues der Stadtmauer - um das Jahr 1300 - zugewiesen wurde.[3)] Die Windecker Juden selbst gaben im Jahre 1550 an, daß ihnen "die Vorfahren der Grafen von Hanau 'ein beschlossen geßlein zu Windecken sampt desselbigen gantzen begriff und ledigen pletzen, gantz von anderen abgesundert, darin unverhindert von meniglich zu whonen, ingeben und um ein gepurlichen Zins verliehen' haben ..."[4)]

Leben in der Judengasse

Durch eine Urkunde aus dem Jahre 1550 erfahren wir etwas vom Leben in der Judengasse:

"Die Juden von Windecken haben seinerzeit auch den freien Platz an der Synagoge für einen besonderen Zins erhalten und, da sie ihn dringend brauchen, bis jetzt unangefochten nutzen können, obgleich viele Windecker Bürger diesen Platz pachten wollten ... Da es jetzt heißt, daß der Platz an einen Windecker Bürger vergeben worden ist, bitten die Juden Graf Philipp, ihnen den Platz nicht zu entziehen, denn wenn er ihnen versperrt werden sollte, können sie 'nit in noch aus der gassen faren, noch uns, die sunst kein hofe oder garten haben, daselbst mit unser hanthierung, wandel und wesen erhalten'. Sie weisen darauf hin, daß es auch andernorts üblich ist, den Juden freie Plätze an der Synagoge 'als notige stuck' anzuweisen. Auch haben ihnen, die sie ohnehin höher und mehr mit Abgaben und Fron belastet sind als andere, die hanauischen Vormünder zugesichert, sie bei ihren alten Rechten zu lassen. Sie erklären sich bereit, falls erforderlich, einen höheren Zins für den Platz zu bezahlen."[5)]

1495 ist von Nägeln für die Ställe in der Judengasse sowie zweitägigen Maurerarbeiten an den Ställen, die an den Judenhäusern stehen, die Rede.[6)] Es ist anzunehmen, daß diese Ställe mit der den Windecker Juden als Frondienst auferlegten Gänsemast zu tun hatten.

Im Jahre 1713 bat die Stadt Windecken die Behörde in Hanau, die Juden in Windecken aufzufordern, das Gänsemästen einzustellen, da großer Gestank sei und bei den Gänsen Krankheiten auftreten würden. Die Gänse seien alle in der Judengasse auf kleinem Platz zusammengepfercht, besonders schlimm sei es im Sommer. Daraufhin teilte die jüdische Gemeinde mit, daß die Juden bedauerten, daß bei der Gänsemast eine Krankheit aufgetreten sei. Sie gaben an, daß sich in Windecken die meisten Juden befänden, die nur geringste Handlungen treiben könnten und so durch das Gänsemästen ihre einzige Nahrung fänden und dadurch auch die herrschaftlichen Schuldigkeiten zu entrichten in der Lage seien. Den Juden wurde in Zukunft erlaubt, etwa nur noch die Hälfte der Gänse zu mästen.[7)]

1724 ist in der "Instruktion von der Stadtwachtmeistern zu Windecken" zu lesen: "Bei Ausführung des jüdischen Gänßfleischers als welches gemeinlich abens und morgens auch wohl in der Nacht geschickt, hat Ere mit den Pfördnern am Stadtthor fleißig acht zu haben, damit die Juden nicht anders als Gänßfleisch ausführen mögen."[8)]

1720 wurde "dem Juden Michel bedeutet, sich nicht weiter zu unterstehen an seinem hauß längst der Katzenbach Mist und Ohmrath zu legen, so derselbe auch zu thun versprach" - so ein Eintrag im Ratsprotokollbuch von Windecken.[9)]

Die Judengasse als Ghetto

Mit dem Schutzbrief erlangten die Juden das Recht zum Aufenthalt in Windecken, wo sie in der Judengasse leben mußten.

So bekundete Graf Reinhard von Hanau im Jahre 1505, daß "er dem Juden Loser nebst Frau und Gesinde auf drei Jahre Schutz und Freiheiten wie den anderen dort in der Judengasse lebenden Juden gewährt hat...".[10)]

1510 wurde dem Juden Jeckel erlaubt, "in dem vordersten Haus in der Judengasse zu Windecken, in dem vorher Meyrer von Friedberg saß, zu wohnen."[11)] Jeckel hatte sich bereit erklärt, zwei Gulden Hauszins mehr zu zahlen als vorher der "schwartz Meyer" gegeben hatte.[12)] 1510 wurde auch Jeckels Schwiegersohn mit Frau und Kindern erlaubt, "im vordersten Haus der Judengasse zu wohnen".[13)]

1524 wurde der Jude Meyer, genannt der Dick, auf drei Jahre in Windecken aufgenommen, verbunden mit dem Wohnrecht in der Judengasse.[14)]

Die Judengasse in Windecken war ein Ghetto, das ausschließlich für Juden bestimmt war und der strengen Absonderung der Juden von den Christen diente. Das von den Juden bewohnte Viertel mußte mit einer Mauer oder einem Graben gegen das Wohngebiet der Christen abgegrenzt sein.[15)]

In den Akten werden für diese zwangsweise Absonderung der Juden auf der einen Seite religiöse Motive und auf der anderen Seite wirtschaftliche Motive deutlich.

Stadt unterhält die Judengasse

Die "öffentlichen" Einrichtungen des Ghettos Judengasse unterhielt die Stadt Windecken, wofür die Juden für die von ihnen bewohnten Häuser noch eine Sondersteuer zu zahlen hatten. In einem Ratsprotokoll der Stadt Windecken aus dem Jahre 1675/76 wird Bezug genommen auf einen "uralten Vergleich zwischen hiesiger Stadt und Judenschaft, ... da gedachte Stadt in der Judengasse jederzeit die Stadtmauern an dem durchführenden Bach samt Brücke und Brunnen erhalten und... renovieren lassen".[16)]

1509 wurde in den Stadtrechnungen abgerechnet: "ein Winkel in der Judengasse fegen" 8 Heller.[17)]

Die Judenpforte - Tor an der Judengasse

Erste Hinweise auf die Judenpforte, ein Tor und Schloß als Eingang zum Ghetto in Windecken - sind in den Bürgermeisterrechnungen der Stadt Windecken aus den Jahren 1493 -1520[18)] zu finden:

- Steindeckerarbeiten für die Judenpforte (1493/94)
- 'glas zu machen' an die Pforte (1498 - 1499)
- neue Riegel sowie Schlüssel und Schloß am Tor vor der Judengasse zu flicken - 5 Schilling (1506 - 1507)
- ein Schlüssel für das Schloß an der Judengasse (1509 - 1510)

1498 wurden "Häuser auf der Stadtseite", von denen "die zwei neuen Häuser vorn, wo man zur Pforte hineingeht", genannt.[19)]

1546 wurde der Jude Mosche an der Pforte "an der porten" erwähnt.[20)]

1768 wurde die Judengasse von den Windecker Juden als eine nicht mit Toren verschlossene, aber doch besondere Gasse beschrieben.[21)]

Judengasse war auch von Christen bewohnt

Aus dem Jahre 1596, zur Zeit der Vertreibung der Juden, liegt ein Schuldbrief vor für eine der Stadt Windecken abkaufte "Judenbehausung in der Judengasse", gelegen zwischen zwei christlichen Besitzern.[22)]

1768 kaufte der Schutzjude Jecof Marum von einem Christen für 100 Florin dessen "in der Judengasse stehende Behausung".[23)]

1773 schrieben die Juden von Windecken: "Wir haben bekanntlich ... zu Windecken eine ... besondere Gasse von Alters her inne, darinnen zwar auch ein paar Christen, aber weil wir gegen dieselben Abtrieb haben, nur durch unsere Vergünstigung wegen abgenommener Anzahl in unserer Gemeinde wohnen".[24)]

Zehn Jahre später ist entsprechend in einem Reisebericht zu lesen: "Dieses alte Städtchen hat ohngefehr 170 Bürger und acht kontributionsfähige Juden, die ihre eigene Gasse haben, worinn aber auch jetzt schon viele Christen wohnen."[25)]

Blick von Osten in den südlichen Teil der früheren Judengasse, heute Synagogenstraße, wie schon in den Jahren 1925 - 1935, dann bis 1988 Braugasse (Postkarte um 1950)

Blick von Norden in den westlichen Teil der früheren Judengasse, heute Synagogenstraße (Postkarte um 1950)

Oben: Blick von Westen in den nördlichen Teil der früheren Judengasse, heute Ostheimer Straße. Bis 1988 endete die Straße an der Stadtmauer, deren Rest auf der linken Seite durch den herausstehenden Giebel zu sehen ist (um 1930).
Unten: Die Judengasse als geschlossenes Viertel lag im Südosten der Altstadt von Windecken. Bis zum Durchbruch der Stadtmauer (rechts im Bild) 1898 an der Ostheimer Straße war das Viertel als äußerlich geschlossenes Viertel erhalten und ist auch heute noch deutlich zu erkennen. Blick von Osten in den nördlichen Teil der Judengasse, heute Ostheimer Straße. Rechts im Bild die Stadtmauer, die das jüdische Ghetto früher nach Osten begrenzte (um 1950).

Mauern an der Katzbach als Abgrenzung des Ghettos nach Norden

Neben dieser Judenpforte muß sich eine Mauer als Abgrenzung des Ghettos befunden haben. 1498 wurde ein Haus in der Judengasse beschrieben: "Auf der Seite der Stadtmauer... zunächst am dicken Turm... das vierte Haus auf der Treppe zur Mauer zu 'Als man hineingeht' ...".[26)]

Im Jahre 1509/10 wurden zwei Häuser in der Judengasse beschrieben als "das zunächst zur Pforte gelegene Haus an der Mauer" und "Haus gegen die Mauer zu, zunächst am Tor gelegen".[27)]

"Judenbrücke"

1834 hieß es in einer Rechnung des Zimmermeisters für die Stadt Windecken "die Judenbrück repariert 48 Kreuzer".[29)]
Damit war die Brücke über die Katzebach.
"Brückelsche" heißt übrigens heute noch bei älteren Windeckern wegen seiner früheren Lage an der Katzebach das Haus Ostheimer Straße 1.

Erzwungener Aufenthalt in der Judengasse

Bei einer Beschwerde der Windecker Bürger aus dem Jahre 1536 über die Juden auf dem Wochenmarkt wurde angeführt, daß die Juden nicht wie andernwärts üblich in ihrer "beschlossenen gassen" in den Häusern bleiben. Die Beschwerdeführer baten, den Juden ihren Handel nur noch in ihrer Gasse zu gestatten.[30)]

Bürgermeister und Schöffen zu Windecken beschwerten sich 1576: "... Die wie der Augenschein noch zeigt, ehemals abzuschließende Judengasse, die ein von der Stadt beauftragter Bürger während der Predigten und bei kirchlichen Handlungen sowie an Sonn- und Feiertagen sperren konnte, ist derzeit geöffnet, und auch außerhalb der Gasse wohnen Juden, die den Bürgern damit die Mieten verteuern. Selbst wenn man die Gasse sperren wollte, so haben sich die Juden inzwischen eigene Ausgänge in die Stadt gebrochen ...".[31)]

1577 heißt es mit Bezug auf die in der Grafschaft Hanau gültige Judenordnung: "Danach ist es den Juden bei Strafe von 5 Batzen oder - in schweren Fällen - Turmhaft untersagt, an Sonntagen ihr Haus zu verlassen. Allerdings können sie früh von 6 - 7 Uhr und spät von 3 - 4 Uhr Brot, Fleisch, Salz und was sie sonst zur Leibesnotdurft brauchen, bei den Christen kaufen. Es ist ihnen jedoch nicht gestattet, an ihrem Wohnort oder außerhalb desselben mit Christen zu handeln, abzurechnen, zu spielen, unnützes Geschwätz zu führen oder sich überhaupt bei Christen finden zu lassen. An anderen christlichen Feiertagen können die Juden zwar ausgehen, sollen aber während der Predigt in ihren Häusern bleiben ... Am 12. Juli (1577) beklagen sich die Juden der Grafschaft über das sonntägliche Ausgehverbot, das ihnen nur zwei Stunden erlaubt, ihre Häuser zu verlassen. Sie erklären sich bereit, bis nach der Predigt zu Hause zu bleiben und danach keinerlei Hantierungen zu treiben, bitten aber um Lockerung der Bestimmungen, damit sie nicht 'wie arme gefangene müssen einsitzen' ...der Oberamtmann gibt Anweisung, das Sonntagsausgehverbot soweit zu lockern, daß die Juden einander in ihren Häusern besuchen können, doch bleibt ihnen das Spazieren auf den Gassen und jegliches Hantieren verboten."[32)]

Auch noch zweihundert Jahre später im 18. Jahrhundert bemühten sich die Juden um mehr Bewegungsfreiheit in der Judengasse und außerhalb an Sonntagen und christlichen Feiertagen: Im Jahre 1768 wandte sich die jüdische Gemeinde Windecken an das Amt nach Hanau, da der Amtmann von Windecken den Juden angedroht hatte, nach aller Strenge zu bestrafen, wenn sie an den Sonn- und Feiertagen sich gegenseitig besuchten, weiter am Brunnen in der Judengasse Wasser holten und auch vor der Kirche über Feld gingen. Diese "niemand störende unschuldige Handlung" sollte nicht gestattet werden. In dem Schreiben heißt es weiter: "Nun bescheiden wir uns von selbst, daß vor uns unter den Kirchen in der Stadt herumzugehen nicht schicklich ist, wir haben bekanntlich aber zu Windecken eine nicht mit Toren verschlossene, doch besondere Gasse von Alters her inne."
Die Behörde erlaubte den Juden daraufhin:
1. Vor und während der Kirche aus dem Brunnen in ihrer Gasse Wasser zu holen.
2. Vor und während des Gottesdienstes in ihrer Gasse zueinander zu gehen, hingegen
3. nicht während dem Öffentlichen Gottesdienst, sondern nur vor oder nach demselben über Feld, mithin zu den Toren aus- und einzugehen.[33)]

Auch 1720 führte die Judenschaft zu Windecken die Beschwerde, daß die viele fremde Betteljuden, die sich sonntags zu Windecken aufhielten, schon sonntags ganz früh fortgelassen würden, während die übrigen in Windecken wohnenden Juden erst nach den gehaltenen zwei Predigten aus der Stadt gehen dürften, früher aus der Stadt gelassen werden als die ansässigen Schutzjuden.[34)]

Aus ihrer familiären Erinnerung wußte Recha Wolf (* 1901) zu berichten: "Vom Windecker Ghetto weiß ich nur, daß alle Juden in der Judengasse wohnten und bei Sonnenuntergang nicht außerhalb sein durften. Das wurde mit der Revolution 1848 aufgehoben. Mit all diesen Übeln muß das jüdische Leben rege gewesen sein, denn es waren ungefähr 40 Familien in Windecken."[35)]

Der Schulklopfer

Der Schulklopfer war ein Bediensteter der jüdischen Gemeinde. Seine Aufgabe war es, die Leute "zur Schule zu kloppen", ihnen also Bescheid zu sagen, wann die Zeit des Gottesdienstes in der Synagoge war. Die Gebetszeiten der Juden sind abhängig vom Tageslauf und ändern sich folglich. So klopfte der Schulklopper mit seinem länglichen Holzhammer, dem Schulklöppel, täglich zweimal an die Tür oder die Fenster der Häuser der Juden in der Judengasse. Am Samstag aber, wenn nicht geklopft werden durfte wegen der Schabbatruhe, so rief er in der Judengasse laut: "Zur Schule!".
So war der Schulklopfer oft bei Nichtjuden der bekannteste Mann aus der jüdischen Gemeinde. Das Amt des Schulkloppers starb im letzten Jahrhundert langsam aus, und die Gebetszeiten wurden am schwarzen Brett der Gemeinde oder in größeren Orten in der Tageszeitung veröffentlicht. Der Schulklopper hatte in den früheren Zeiten auch zu schächten, das bedeutet, die rituelle Schlachtung nach jüdischen Gesetzesvorschriften durchzuführen.[36)]

Im folgenden sind die Hinweise auf die Windecker Schulklopper zusammengestellt.

1481 "bekundet Graf Philipp von Hanau, daß er seinem Juden Gomphen vor langer Zeit erlaubt hat, den Metzgern zu Windecken, die den Juden Fleisch geben, zur Hand zu gehen, sofern sie ihn anfordern. Auch soll man ihn nach Wunsch als "schulekiopper" gebrauchen, selbst wenn ein anderer Schulklopfer nach Windecken kommt".[37)] Dem Schulklopfer wird hier das Recht zu schächten bestätigt.

Die nächste urkundliche Erwähnung eines Schulklopfers in Windecken findet sich im Jahre 1483. Aus der Urkunde geht hervor, daß Salman, der Schulklopper zu Windecken, sehr arm und von der Steuer befreit war.[38)]

1498 bekundete "Graf Philipp zu Hanau ... , daß es den Metzgern zu Windecken, 'die dan den iüden fleisch geben', freisteht, wahlweise den Juden Saüeln wie zuvor den Juden Gompe (zum Schlachten) hinzuzuziehen oder den 'schuleklopper'. Dies soll auch gelten, wenn ein neuer Schulklopper nach Windecken kommen sollte."[39)] Auch in dieser Urkunde wird der Schulklopper im Zusammenhang mit Fleisch genannt. Beide Male griff der Graf in die innerjüdische Verwaltung ein, indem er den Schulklopfer privilegierte und Bestimmungen über die Schächter traf.[40)]

Das "Klophauß"

Über das Haus des Schulklopfers, das sogenannte "Klophauß", ließen sich folgende Hinweise in den Akten finden:

In den Akten der Stadt Windecken befindet sich eine Urkunde aus dem Jahre 1498. Dort sind "Schultheiß und Bürgermeister mit den Juden übereingekommen, der neuen judenschule halber und auf das Klophauß dahier stößt in der Judengasse gelegen ...(daß) die Juden jährlich aus der benannten Schule der Stadt ein Gulden Zinsen reichen und geben sollen und dafür Schulhaus und auch das Klophauß im wesentlichen ohne Schaden der Stadt halten und handhaben sollen."[41)]

Diesem Beschluß entsprechend wurde 1502 bei den Einnahmen der Stadt Windecken Zins von dem Haus des Schulklopfers und von der neuen Judenschule verbucht: "Die Judenschule und das anschließende Klophauß geben je 1/2 fl. Maibede."[42)]

In den städtischen Abrechnungen für die Jahre 1511/12 und auch 1512/13 ist zu lesen: "geben die Juden jährlich zu Michaelis ... von der Judenschule und dem haus des Schulklopfers 1 Florin".[43)]

Ebenfalls einen Gulden Zinseinnahmen von der Judenschule und dem Haus des Schulklopfers aus der Judengasse an die Stadt Windecken wurden in den Abrechnungen 1512/13 verbucht. 1499 ist die Bezeichnung "schugleppersß" genannt.[43a)] Dazu sind noch 3 Schilling Maibede angegeben.[44)]

1547 wird der Judenschaft zu Windecken befohlen, wieder einen Schulklopper zu bestallen.[45)]

1563 wurde der Schulklepper mit seiner Frau und vier Kindern erwähnt.[46)] Er hielt sich bis 1575 in Windecken auf und verlieh auch Gelder.[47)]

1566 wird der Schulklopfer Joseph erwähnt.[48)] Dieser Schulklopfer Joseph wurde 1567 aufgefordert, seinen Schutzbrief binnen acht Tagen abzuholen und zu bezahlen oder die Grafschaft Hanau zu verlassen. Der Schulklopfer machte seine Armut geltend und erklärte, als Diener der jüdischen Gemeinde die 8 Florin Schutzgeld nicht aufbringen zu können. Er wurde, da er eine eigene Wohnung unterhalten könne, aufgefordert, sich binnen acht Tagen zu entscheiden.[49)]

1569 ist die Rede vom "gewesenen Windecker Schulklopper Isaac".[50)]

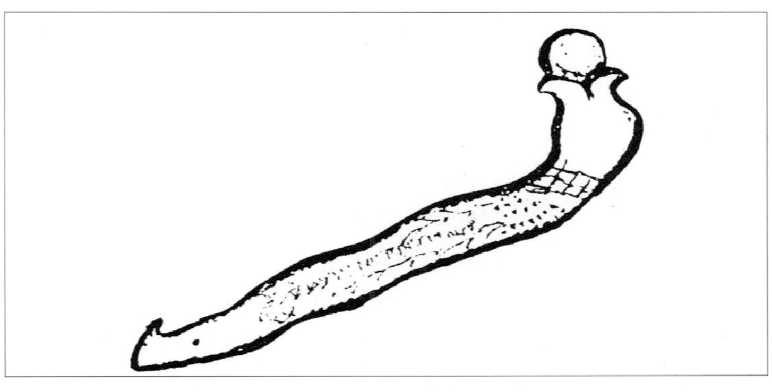

Mit einem solchen Schulklöppel klopfte der Schulklopfer an die Türen oder Fenster der jüdischen Familien, um sie zum Gottesdienst zur Synagoge zu rufen.

1569 wird berichtet, daß Totengräber und Schulklopper seit vierzehn Jahren abgabenfrei gewesen sind.[51)]

1570 wird wieder Gottschalk als Schulklopfer erwähnt.[52)]

1575 wird der Jude Jacob für drei Jahre in den Schutz nach Windecken aufgenommen, sein Schutzbrief wird ihm allerdings nicht zugestellt, da er zu arm ist, ihn zu bezahlen. Die Windecker Juden, die ihren Schulklöpper nach Belieben entlassen können, haben bei der Kanzlei 1 Taler für Jacob hinterlegt.[53)]

1581 wird der Schulklopfer Abraham erwähnt, der ebenso wie der Totengräber von den Juden nach Belieben entlassen werden kann.[54)]

1583 heißt es in einem Verzeichnis der erneuerten Schutzbriefe für Windecker Juden: "Der schulklepper und thodtengreber seind gar arme, nhemen khein schirmbrief, dan die jüden mögen sie beurlauben, wan sie wollen".[55)]

1584 wurde der Schulklopfer zu Windecken wegen ungebührlicher Rede und Widersetzlichkeit bestraft. Der Keller zu Windecken hatte ihm "zwei nach Erbstadt und Ostheim zu befördernde Briefe mit amtlichen Mitteilungen in die Judengasse geschickt. Der Schulklopfer jedoch hatte dem Botenjungen Schläge angedroht und gesagte, er wollte, der Teufel hole den Keller und seine Briefe. Der erzürnte Keller hat ihn darauf in den Turm sperren lassen.

'Der schelm whar also voll, das er von seinem leib nit wußte, dan die juden halten itzo ire fastnacht'. Davon abgesehen ist aber 'kein heiloser bössewicht under allen juden hier des mauls halben als dieser'. Einem mit Aufträgen des Schultheißen zu ihm geschickten Stadtknecht hat er gesagt, er wolle ihm 'ufs maul scheissen' und ähnlich ist er einem ehrlichen alten Mann begegnet, der Schulden bei ihm einfordern wollte. Nur auf Bitten der anderen Juden hat der Schultheiß davon abgesehen, ihn deswegen in Haft zu nehmen. Der Keller will solche Nachsicht nicht üben, denn würde einem solchen Juden nachgegeben, 'wer wolte hier dhiener sein oder pleiben'. Da der Schulklopfer mangels eigenen Vermögens keine Buße zahlen kann, erbieten sich Koscher und Joseph. .. ihn mit 3 Reichstalern aus der Haft zu lösen,worauf der Keller angewiesen wird, den Schulklopfer nach beschworener Urfehde freizulassen."[56)]

1586 "erklären die Juden (zu Windecken), daß ihr Schulklopfer, der weder leiht noch handelt, sondern die Kinder unterrichtet und ausschließlich von dem lebt, was die Gemeinde ihm gibt, stets abgabenfrei war, da er neben dem Schuldienst den Juden die der Herrschaft zu leistenden Frondienste 'umbheissen thut'. Sie bitten, es bei dieser Regelung zu lassen und ihn von den 4 fl. Schutzgeld, die der Kelller neuerdings verlangt, zu befreien ...

Er betont jedoch, daß ihm die Windecker Juden, als sie ihn vor zehn Jahren in seinem damaligen Wohnort Werden als Schulklopfer angeworben haben, Abgabenfreiheit zugesichert haben. Nur unter dieser Voraussetzung hat er den Dienst für das geringe Entgeld von 6 Schilling übernommen. Er ersucht daher darum, die Gemeinde anzuhalten, das Schutzgeld für ihn zu bezahlen...".[57)]

Aus allen bekannten Urkunden über Schulklopfer in Windecken im 16. Jahrhundert geht hervor, daß er innerhalb der jüdischen Gemeinde als auch außerhalb der Gemeinde eine besondere Stellung hatte. Er wurde von der jüdischen Gemeinde bezahlt, konnte aber jederzeit von dieser entlassen werden. Der Schulklopper lebte in ärmlichen Verhältnissen. Vom Schutzgeld war er befreit, bzw. es wurde für ihn ermäßigt oder von den anderen Juden übernommen. Er lebte in einem besonderen Haus, dem Klophuß, nahe der Synagoge. (Dieses war mehr oder weniger abgabenfrei. Dieses könnte möglicherweise der Grund sein, warum das Haus vor der Synagoge - heute Synagogenstraße 15 - auf dem im Anfang dieses Jahrhunderts nach Angaben von

1727 rekonstruierten Stadtplans dunkel eingezeichnet ist, so wie andere öffentliche Gebäude. Die in der Festschrift Windecken geäußerte Annahme, dies sei das Wohnhaus der Rabbiner von Windecken gewesen, ist falsch,[58] ebenso ohne Beleg ist die neu erstellte Erläuterung zum Stadtplan Windeckens im Heimatmuseum, in dem dieses Haus als Rabbinerhaus ausgewiesen ist.)

Zu den Aufgaben des Schulkloppers gehörten sowohl das Schächten als auch die religiöse Erziehung der Kinder. Von der Herrschaft wurde er als Verteiler der Fronarbeiten eingesetzt, vom Windecker Keller zu Botengängen.

Eine modifizierte Form des "Schulklopfens" wurde 1836 im Vertrag der jüdischen Gemeinde für den Lehrer Samuel Neumark festgelegt. Der Lehrer wurde verpflichtet, "das Synagogegehen wie bisher üblich nur um zwei passende Orte in der Judengasse bekannt zu geben."[59]

Zu den Häusern der Judengasse

Bau neuer Judenhäuser in der Judengasse im 15. Jht.

Mit dem Bau neuer Häuser begann die Stadt Windecken im Jahre 1493. In den Stadtrechnungen 1493 und 1494 wurden dazu abgerechnet:[64]

"'als man das nuwe juddenhuß verdingt zu ziimmern'	7 t.
28 Maß Wein bei der Bauhebe des neuen Judenhauses	21 Sch. 7 h.
Zehrung der Zimmerleute und Beisassen, ohne das ihnen zusätzlich gereichte Essen, als sie das neue Haus aufschlagen	2 fl. 10 t.
Nägel für das Judenhaus	11 t. 2 h.
Wein und Brot für die Fronwagen aus dem Freigericht, die das Holz zum neuen Judenhaus bringen	1 fl. 11 t. 2 h.
Zahlungen an die Werkleute für Einbauten im neuen Judenhaus	7 fl. 4 t.
für das Richten dieses Hauses	2 Pfd.
für 47 Tagwerk an dem Haus	7 1/2 fl. 4 t.
das neue Judenhaus und die Badestube 'zu cleyben, zu sticken und estrich zu schlagen'	14 fl. 1 t.
den Zimmerleuten für das Zimmern des neuen Judenhauses	16 fl.
das neue Judenhaus zu untermauern	
163 kleine Kacheln für das neue Judenhaus	1 1/2 fl. 2 h.
die Schornsteine in den neuen Judenhäusern zu 'hencken'	2 t."[62a]

Abkürzungen: fl. - Florin, t. - Tournosen, h. - Heller
Pfd. - Pfund, Sch. -Schilling

Die beiden neuen Häuser wurden 1498 in ihrer Lage näher bezeichnet: "Von den Häusern auf der Stadtseite, an der oben die Judenschule steht, geben die zwei neuen Häuser vorn, wo man zur Pforte hineingeht...".[60]

Lage der Häuser in der Judengasse

Auch die anderen Häuser der Judengasse wurden in dieser Urkunde von 1498 in ihrer Lage näher bezeichnet:

"... Das dritte Haus auf dieser Seite zwischen den beiden neuen Häusern ... Auf der Seite zur Stadtmauer zahlt das Haus gegenüber der Schule zunächst am dicken Turm...das nächste haus... Das dritte Haus ... Das nächste Haus auf der Treppe zur Mauer zu 'als man hineingeht'. .. Die Judenschule und das anschließende Klophauß..."[61]

In Akten der Jahre 1576 - 1580 ist zu erfahren: "Bürgermeister und Schöffen zu Windecken, denen der Keller mitgeteilt hatte, daß auf einem leeren Platz in der Judengasse ein Haus für zwei Juden gebaut werden soll, wenden sich an den Grafen zu Hanau und geben zu bedenken, daß an dieser Stelle Stadtmauer und Türme baufällig sind. Sie müßten ausgebessert werden, ehe das Judenhaus gebaut wird, da man sonst 'weder inwendig noch außwendig' an die Mauer herankommt und keinen Platz zum Bauen hat."[62]

Häuser der Judengasse als städtisches Eigentum der Stadt Windecken

Den Juden war der Besitz an Grund und Boden grundsätzlich verboten, die Häuser, in denen sie wohnten, befanden sich im Besitz der Stadt Windecken. Die Juden mußten einen jährlichen Mietzins zahlen, dafür war die Stadt Windecken für den Unterhalt der Häuser verantwortlich.

In den Abrechnungen der Stadt Windecken zu den die Juden und ihre Häuser betreffenden Einnahmen und Ausgaben finden sich vielerlei Eintragungen in den Bürgermeisterrechnungen. Dort ist für die Jahre 1493 - 1520 unter anderem zu lesen:

- Zehrung des Bürgermeisters und seines Begleiters, als sie Ziegel für die Judenhäuser in Hanau holen
- für den in Hanau getätigten Kauf von Ziegeln, Kalk und Backsteinen für die Judenhäuser
- Stroh zum 'cleiben' in der Judengasse
- dem Schlosser für Schlösser, Scheller, Falleisen und anderes in den alten Judenhäusern
- 'die alten juddenstoben zu binden und zu wißen' - 'offen zu placken' in der Judengasse
- 'zu cleiben an den juddenschornstein'
- Giebel und Haus des Hirtz zu kleiben
- für Arbeiten an Stiegen, Türen, Fenstern, 'heymlicheit und ander gemach'
- 'zwo hußdore ... dem judden Gleßern gehenckt'
- 21 Fenster in der Judengasse gemacht
- Nägel für Schornstein und Treppen in der Judengasse
- 300 Kacheln 'zu den jüdenoffen'
- drei 'clein offenche'
- Leim für die Judengasse
- dem Strohdecker für 11 Tage Arbeit in der Judengasse
- zwei neue Fenster mit 'gockfenstern in Secklins haus, eines in der Stube, das andere in der Ern'
- vier Fenster in Lebes Haus, 'hatt sich das husch gesatzt und ime die alten finster zurbrochen'."[63]

Jeder der jüdischen Hausbewohner in der Judengasse zahlte in diesen Jahren der Herrschaft Hanau jährlich einen bestimmten Betrag, die Maibede: Secklin und Meyer Helbergen 1 Turnosen "in abschlage der dryhe gulden", der kleine Mosche gab davon ebenfalls "in abschlage" dieser Summe der Herrschaft eine Maibede von 5 Schilling, Judenschule und Schulklopferhaus gaben an Maibede 3 Schilling, bei Liebermann, Meyer Petterweil, Lebe und Jeckel betrug die Maibede je 7 Schilling.[65]

Mietzins für die Häuser in der Judengasse im Jahr 1511/1512

Zu dem von den Juden zu Michaelis (29. September) zu zahlenden Mietpreis für die Häuser in der Judengasse finden sich in den Abrechnungen der Stadt Windecken dieser Jahre folgende Hinweise:

"Zinseinnahmen aus der Judengasse:
- zwei neue Häuser, die gegen die Stadt zu liegen und derzeit von secklin und Meyer Helbergen bewohnt werden geben je 3 Florin
- vom dritten Häuschen auf derselben Seite zahlt der kleine Mosche 1 1/2 Florin
- Judenschule und Schulklopferhaus zahlen der Stadt 1 Florin
- von dem Haus gegen die Mauer zu, zunächst am Tor gelegen, zahlt Liebermann der Stadt 2 Florin
- Meyer Petterweil zahlt von dem nebenan liegenden haus 2 Florin 7 Schilling
- von dem neuen Stall an seinem haus soll Petterweil ab Michaelis zahlen 9 Schilling
- das dritte Haus auf dieser Seite besitzt Lebe, er zahlt 1 1/2 Florin
- das zunächst zur Pforte gelegene haus an der mauer bewohnt Jeckel, er zahlt 3 Florin 9 Schilling, zusätzlich bezahlt Jeckel von seinem haus einen Mehrbetrag von 2 Florin."[74)]

So belief sich die Gesamteinnahme der Stadt Windecken für das Abrechnungsjahr 1512/1513 aus 9 Häusern in der Judengasse auf insgesamt 21 1/2 Florin und 3 Schilling.[75)]

Klagen über die Juden und Klagen der Juden zu den Häusern in der Judengasse

Die Pflicht der Stadt Windecken als Eigentümerin der Häuser in der Judengasse gab immer wieder Anlaß zu Klagen über die Höhe der Reparaturkosten, aber noch in stärkerem Maß über das angeblich schlechte Benehmen der Juden sowie über die Konkurrenz der Juden auf dem Wohnungsmarkt. In den Akten ist zu lesen:

Im Zeitraum 1576 - 1580 klagten Bürgermeister und Schöffen zu Windecken unter anderem über die "Judenhäuser" der Stadt Windecken: "Die Stadt muß die acht Judenhäuser, von denen sie nur 24 Florin 15 Schilling erhält, in Bau und Besserung halten, während die Juden, die die von ihnen beherbergten fremden Juden wohl kaum umsonst aufnehmen, allein den Nutzen aus dieser Untervermietung ziehen. Dabei mußten im laufenden Jahr 100 Florin für Reparaturen aufgewandt werden, weil die Juden alles verwüsten und keiner auch nur einen Nagel einschlägt."[66]

In Akten von 1575 - 1579 heißt es in einem Bericht der Stadt Windecken: "Da 'die juden ein suddelicht, unachtsam und unreinlicht volg' sind und 'one underlaß viel in den hausen verfeulen und zerbrechen', hat die Stadt Windecken, wie ihre Rechnungen ausweisen, mehr Schaden als Nutzen. Während die jährlichen Einnahmen bei einem Mietzins von 3 bis 4 Florin pro Haus zwischen 28 und 28 1/2 Florin liegen, kosten die Reparaturen Jahr für Jahr zwischen 40 und 50 Florin. Zudem haben die Juden so zugenommen, daß sie bereits außerhalb der Judengasse zwei oder drei Häuser unter den christlichen Bürgern bewohnen und diesen damit die Wohnungen verknappen ... ".[67)]

Im Dezember 1579 klagten die Windecker Juden "vor dem Oberamtmann zu Hanau, daß die Stadt ihnen ihre ohnehin sehr hohen Mieten erhöht hat, nachdem an den Judenhäusern erstmals seit Jahren wieder Reparaturen vorgenommen und dabei einzelne der sehr kleinen Häuser noch geteilt worden sind. Die Juden bitten, die Stadt Windecken zur Rücknahme der Mieterhöhungen zu veranlassen."[68)]

1580 berichtete die Stadt Windecken "dem Oberamtmann zu Hanau, daß der Stadt im vergangenen Jahr gestattet worden ist, den von den Judenhäusern fallenden Hauszins zu steigern, da der bisherige Zins die ständigen Bau- und Reparaturkosten in der Judengasse nicht deckte und die Stadt von den Häusern statt Nutzen nur Schaden hatte. So ist bei den Häusern, von denen bisher 2 oder 3 fl. gegeben wurden, 'das noch kein burger also in der Stadt bekommen kan' je nach Art der Behausung der Zins um 1 1/2 bis 2 fl. erhöht worden. Weil aber die Juden im vergangenen Jahr etliche Wehrtücher für die Herrschaft liefern mußten, wurde die Zinserhöhung auf Befehl des Oberamtmannes um ein Jahr ausgesetzt.
Jetzt weigern sich die Juden, mehr zu zahlen und wollen die Ankunft des Oberamtmanns und dessen Anordnung abwarten, bieten aber an, vorläufig 10 fl. von den insgesamt 18 fl., um die der Zins gesteigert wurde, zu entrichten ... Die Räte beschließen jedoch, daß die Stadt sich in diesem Falle selbst mit den Juden einigen soll."[69)]

1586 beschwerten sich die Juden, daß "an den städtischen Mietshäusern keine Reparaturen vorgenommen werden, so daß sie 'nicht drucken darin sitzen können' ... die Hausmiete ist vor einigen Jahren erhöht worden... Zum Bericht aufgefordert antworten Schultheiß und Schöffen zu Windecken ... Was die Judenhäuser angeht, so würde die Miete nicht reichen, wollte man alles, was die Juden verunreinigen und verwüsten, ausbessern. Die baufälligen Dächer sollen aber noch vor dem Winter repariert werden ...".[70)]

1586 "befiehlt der Oberamtmann zu Hanau Wirten und Juden, künftig zerbrochene Öfen, Fenster und anderes selbst zu reparieren ...".[71)]

Ausnahme: Einzelne Juden dürfen Hausbesitzer werden

Obwohl den Juden grundsätzlich der Besitz von Häusern und auch an Grund und Boden untersagt war, gab es doch mit Genehmigung der Grafen von Hanau Ausnahmen von dieser Regelung. Dazu berichten die Akten folgendes:

Im Jahre 1563 wurde von einem Erwerb einer "Behausung " in der Judengasse berichtet. "Der verstorbene Graf Philipp von Hanau seinerzeit zugestimmt hat, daß Mardache die beiden Häuser von Samuel und Frometh zu Neustadt an der Saale kaufte, obwohl es sonst nicht üblich ist, daß Juden eigene Häuser haben."[72)]

1571 beklagten sich Schultheiß, Bürgermeister und Schöffen zu Windecken bei der Kanzlei in Hanau, daß "die Windecker Juden seit Jahren hier und da unter der Bürgerschaft wohnen und nicht mehr wie früher ausschließlich in der Judengasse, wo sie von den städtischen Häusern den gebührenden Zins zahlen mußten. Starb ein Jude oder zog einer fort, lag es bei der Stadt, sein Haus weiterzuvergeben, jetzt aber beanspruchen die Juden Erbrecht an den Häusern, überlassen sie ohne Wissen der Stadt anderen Juden oder unterstehen sich Juden, die mit städtischer Genehmiging seit langem dort wohnen zu vertreiben ...".[73)]

Bei der Vergabe eines Hauses in der Judengasse im Jahre 1572/73 nach dem Tode der Bewohnerin baten der Schultheiß und Bürgermeister von Windecken in Hanau darum, die Ansprüche eines zugereisten Juden, der sich als einen Verwandten der Verstorbenen ausgebe, abzuweisen, da man nicht dulden wolle, daß aus dem Wohnrecht der Juden in den städtischen Häusern eine "Erbgerechtigkeit" werde. Später bescheinigte die Stadt al-

Inventar des Hauses des Juden Mosche zu Windecken im Jahre 1532

Einen Eindruck vom Innenleben eines Hauses in der Judengasse erhalten wir durch eine Inventarliste des Hauses des Windecker Juden Mosche, das im Jahre 1532 im Beisein von Amtmann und Schultheiß angefertigt worden ist.[83)]

"Im Beisein von Amtmann und Schultheiß ist das folgende Inventar von den Häusern der Windecker Juden Mosche und Heiumb angefertigt worden.

In Mosches Haus fand sich:
In der Stube: Ein Schuldbuch, in dem Schuldner von Büdesheim, Dorfelden, Eichen, Heldenbergen, Karben, Kilianstädten, Ostheim, Rendel und Windecken mit insgesamt 163 fl. verzeichnet waren, für die die hinterlegten Pfänder zum Teil verfallen waren; 'item 20 maßkand, en 4 1/2 pfund geacht; 6 1/2-maßkand; 5 eichtmeskand (Eichmaßkanne); item 5 groß zein (Metallstäbe), en von 5 pfund geacht; 5 zinblatten; 7 zilich schusseln, 2 geschlagen; 8 messen becken, klein und groß; 6 messen gißkand; 5 messen leuchter von 2 rorn; 6 klein messen leuchter; 1 zinflesch von 5 pfund; 6 pfund zinen deller und schusselgen; 1 schanck mit ein gisfas und becken, dorin allerley gerümpel; item 2 disch, dorin allerley seydenwergk; und anders, so zu newen dint; 1 setzpet mit eim pfulh und kussen; 2 zilich laden mit hembden und collern; 1 lauten; 2 judenlampel.

Im ern:
Item 7 ziemlich gel kessel, klein und groß; 3 ziemlicher kessel; 4 klein und groß groppen (weite, eiserne Kochtöpfe); 4 durchseihen; 2 drinckgelten (Trinkgefäße); 3 schepffer; 1 messen diegel; 8 pfan, klein und groß; ein grossen schanck, dorin 2 dotzet schlaphuben, war und cramwergk, 4 gulden werd; 3 keß.

In der Kuchen:
2 Eymer; 2 haln (Schalen); dopffen und kuchenwergk.

Keller:
Item 1 fuder weins ungeverlich.

In der alten stuben:
Item 14 maßkand; 8 halbmeskand; 2 alter grosßer maskan mit gensschmaltz;
1 grossen zindeller; 17 gewonlich zin zum disch; 1 gißfas; 1 ser groß zein;
1 scherbecken, gel; etlich schafsbatzen; 1 disch; 1 duch vol weißgered; 3 keß.

Zu berg in einer camer:
Item 14 stock zinkand, klein und groß; 2 spanbet (Gurtbett) mit irer reidschaft; 1 drw, nichs darin; 2 kisten vol pfand.

Uf der bun underm dag:
6 achtel korns; 2 achtel weiß; 1 spanbet mit eim federbed und etlich leingered, handzwegel und anders, etc.

In einer andern camer:
2 bed mit irer reidschaft; 1 lad darfur mit hembdern und kollern; 1 kist, dorin
1 stuck beltz; 6 par leiducher ungeverlich; item 1 kist, dorin 3 schawben,
2 frawmentel; 1 stubig (Packmaß) vol niderlensch duch; 1 kistlein, dorin item
2 brustducher, 1 gulden werd, item 2 harlock, eins gulden werd, item 2 selbern kedgen, 3 gulden werd, item 4 bengen für 14 gulden geacht, item 1 groß zin; ein drue, dorin item 1 rock, 2 gefuttert schuben, 1 beltz, 1 sockeney; ein ladgen, dorin silbergeschir, item 2 silbern becker, 3 marg, 2 klein selbern bechern mit decklein, 1 marg halten, 1 selbern kenchen, 1 marg; 1 selbern becherchin mit 7 selbern loffeln, 1 marg, item 13 selbern loffel, 1 marg geacht, 1 selbern degend, 7 lot, 1 degend mit selber, 4 gulden werd, 1 par messer mit selber, 1 gulden, item 5 sametgurtel mit senkkeln, einer 1 gulden werd, der funft 3 gulden werd, 2 gurtel mit selbern spangen, 6 gulden werd, 1 gurtel, 1/2 gulden werd, mit weissen senckeln; ein klein ladlin, dorin 5 ring gulden, 6 gulden werd, ein beutel mit perlin knopfen, 1/2 gulden werd, 2 gurtel, einer 1 gulden werd, 1 par messer, 1/2 gulden werd; item 1 laden mit kramwergk, 4 gulden werd; item ein schrein mit perlenkron, 6 gulden werd ungeverlich; item 3o gulden in eim wetzger (Felleisen); item 1/2 centner [?] zinwerg in ein stubgen, 6 gulden werd; item 12 stuck goldkron und gulden; 6 par leiducher in eim sack; 10 dischducher ungeverlich; 3 reine dischducher, 1 eins gulden werden oder weniger."

lerdings, keine Bedenken mehr gegen die Übernahme zu haben.[76)]

1587 beklagten Schultheiß und Schöffen des Stadt- und Landgerichts Hanau und Windecken im Rahmen einer breit angelegten Klage über die Juden folgendes: "... Da den Windecker Juden die dortigen Judenhäuser nicht genügen, haben sie Bürgerhäuser gekauft oder beliehen und verdrängen damit arme Bürger zu Windecken...".[77)]

Im Jahre 1600 bat der Jude Abraham, "der seit einem dreiviertel Jahr in Windecken lebt und für seine Wohnung 'schwerlich zinsen' muß, Räte und Befehlshaber um Erlaubnis, ein Haus an der Judengasse, das auch bisher von einem Juden bewohnt war, kaufen zu dürfen ...".[78)] Der Windecker Keller hatte Bedenken, weil "fur dießer zeit bei unserer gnädigen herrschaft bedenckens furgefallen, den juden heußer an sich zu kauffen zu verstatten".[79)]

Juden wird Hausbesitz in der Judengasse erlaubt

Mit der Judenordnung von 1603 war es den Juden von Windecken gestattet, Häuser in der Judengasse zu erwerben.

Nach der Judencapitulation von 1738 hatte der jüdische Verkäufer eines Hauses 1/2 Gulden für Währschaftssteuer zu bezahlen.[80)]

Aus dem Jahre 1768 liegt die Kaufbestätigung des Schutzjuden Jecof Marum vor, der eine Behausung in der Judengasse für 100 Florin angekauft hatte.[81)]

Im Jahre 1795 wurde auf folgendes hingewiesen: "Da es eine uralte Gerechtsame der hiesigen Stadt ist, daß die Juden in einer abgesonderten Gasse wohnen", soll die Stadt Sorge tragen, daß Juden dort Häuser und Bauplätze kaufen können. Die Juden seien keine Marktgenossen, dürfen also nicht in christlichen Gebieten Häuser haben.[82)]

Im Jahre 1796 wollte der Schutzjude Joseph Schmuhl das Haus des Amtsschultheißen Heilmann kaufen. Die Stadt Windecken aber wollte dieses nicht zulassen, weil Schmuhl Jude sei und das Haus mit dem "Schweiß und dem Blut" der Christen gebaut sei. Außerdem wollte man nicht, daß "der Jude sich bereichere"; auch sollte das Abtriebsrecht nicht gewährt werden. Nachdem sich Schmuhl an den Landgrafen gewandt hatte, wurde ihm erlaubt, das Haus zu kaufen.[84)]

Die Namen und die Häuser der jüdischen Familie in der Judengasse im Jahr 1822

Aus dem Jahre 1822 existiert ein "Verzeichnis sämtlicher in Windecken lebender Israeliten", aufgestellt vom Baumeister der jüdischen Gemeinde Windecken Jacob Schloss. Dort listete er für alle Häuser der Judengasse deren Bewohner auf.
Im Jahr 1822 lebten alle Windecker Juden innerhalb der jüdischen Ghettos, der Judengasse. Nur wenige Jahre später setzte der Prozeß der Auflösung des Ghettos ein.[90)]

Judengasse 59 (Ostheimer Straße 3)
Jacob Schloß, Ehefrau Freudle, Sohn Arnold, Magd Sara
Judengasse 60 (Ostheimer Straße 5 - abgebrochen)
Witwe Joseph Sannel, Jüdle 1 Sohn
Judengasse 61 (Ostheimer Straße 9)
Simon Herz, Frau Biele, 3 Söhne, 3 Töchter
Judengasse 62 (Ostheimer Straße 11)
Witwe Maron Jacob, 1 Sohn, 2 Töchter
Judengasse 65 (Ostheimer Straße 12)
Lob Rothschield, 2 Söhne, 2 Töchter, 1 Magd
Judengasse 66 (Ostheimer Straße 10)
David Schloß, 3 Söhne, 1 Tochter
Judengasse 67 (Ostheimer Straße 8)
Wolf Hess, Frau Scheine, 2 Söhne, 1 Tochter
Joseph Hess, Frau Mänckla, 3 Söhne, 1 Magd
Judengasse 69 (Synagogenstraße 9)
Löser Oppenheimer, Frau Lea, 4 Söhne, 1 Tochter, Michael Urschel - 1 Magd
Judengasse 70 (Synagogenstraße 11)
Moses Schloß, Frau Schöngen, 2 Söhne, 3 Töchter, 1 Magd
Löser Schloß, Frau Jendle,1 Tochter
Judengasse 71 (Synagogenstraße 13)
Scholem Westheimer, 2 Söhne, 3 Töchter
Judengasse 73 (Synagogenstraße 17)
Maier Kallmann - Vorsinger aus Prag, Frau Bräune, 1 Sohn, 2 Töchter, Baßist Sänger Isaac Levi
Judengasse 74 (Synagogenstraße 18)
Leile David, alleinstehend
Judengasse 75 (Synagogenstraße 16)
Gerson Hess, 1 Sohn, 2 Töchter
Jacob Moses, Frau Gitta, 1 Sohn, 3 Töchter
Judengasse 76 (Synagogenstraße 14)
Witwe Israel Katz, 1 Sohn
Judengasse 78 (Synagogenstraße 10)
Isaac Gukenheimer, Frau Hendle, 1 Sohn, 1 Tochter und 1 Findling
Judengasse 81 (Synagogenstraße 7)
Witwe Süßkind Stern, 1 Sohn und Braut
Judengasse 84 (Synagogenstraße 4)
Bezahlell Levi, Frau Bestge, 2 Söhne, 2 Töchter
Judengasse 85 (Synagogenstraße 3 - abgebrochen)
Joseph Wolf, 1 Sohn, 1 Tochter
Witwe Raphael Wolf, 3 Söhne, 2 Töchter
Judengasse 86 (Synagogenstraße 2)
Herst Faist, Frau Michla, 1 Pflegekind, 1 Kostfrau
Judengasse 87 (Ostheimer Straße 6)
Löser Stern, Frau Lea
Sohn, 4 Töchter. 3 Brüder Hamburger
Judengasse 89 (Ostheimer Straße 4)
Löb Herz, Frau Bunle, Schwester Fromet

In einer Befragung 1842 über die Besitzverhältnisse der Windecker Juden lautete die Antwort: "Außer den Häusern und Hofraiten besitzen die hiesigen Juden seit 1816 wenig oder gar kein Grundeigentum." 1842 werden 24 Häuser in jüdischem Besitz genannt, für das Jahr 1816 23 Häuser.[85)]

Judenbrunnen und Judenturm

Innerhalb des jüdischen Ghettos - der Judengasse - befand sich ein Brunnen, der sogenannte Judenbrunnen. Auf dem rekonstruierten Stadtplan von 1727 ist der Judenbrunnen deutlich zu erkennen. Der Standort des Brunnens befand sich im heutigen Hof des Hauses Ostheimer Straße 6, eine Abdeckplatte weist auf den Platz des früheren Judenbrunnens hin.

In Klagen der Stadt Windecken über die Juden in den Jahren 1576 - 1580 ist auch der Brunnen in der Judengasse erwähnt: "Trotz des in der Gasse vorhandenen und zum Waschen und Kochen ausreichenden Brunnens benutzen die Juden 'aus sonderlichem trotz und muthwillen' den 'außerborn' genannten besten Brunnen der Stadt und mißbrauchen ihn, um ihre 'unreyne geschyrre' darin zu säubern, was doch selbst den christlichen Bürgern untersagt ist. Dabei ist den Juden seit alters verboten, aus diesem Brunnen zu schöpfen und allenfalls erlaubt, Wasser aus dem Über- und Ablauf zu entnehmen."[86)]

Im Ratsprotokoll der Stadt Windecken aus den Jahren 1675 und 1676 findet sich ein Hinweis auf einen "uralten Vergleich zwischen hiesiger Stadt und Judenschaft, (daß) die Stadt in der Judengasse jederzeit den Brunnen erhalte und ihn renovieren lasse."[87)]

Dagegen war im Jahre 1714 im Ratsprotokollbuch der Stadt Windecken tadelnd vermerkt, daß ein Mitglied des Rates nicht nur zu Ostern "mit denen jüdischen Mägdlein getantzet" sondern auch mit den Juden öffentlich Kegel spielte und dabei zu viel trank.[91)]

1758 beschwerte sich die Judenschaft zu Windecken wegen der dem Stockknecht anvertrauten Aufsicht über ihren Brunnen. Der Stockknecht solle nicht allein über ihren Brunnen, sondern auch in anderen sie angehenden Dingen Aufsicht führen. Die Judengemeinde bittet den Amtmann, den Stockknecht zu mahnen, daß er seine Pflicht erfüllt, andernfalls ein anderer eingestellt werden solle.[88)]

1768 beschwerten sich die Windecker Juden, weil ihnen u. a. verboten werden sollte, an Sonn- und Feiertagen Wasser "im Brunnen in unserer Gasse" zu holen. Daraufhin erlaubt die Behörde in Hanau den Juden, vor und während der Kirche aus dem Brunnen in ihrer Gasse Wasser zu holen.[89)]

1808 bereiste ein Landkommissär im Auftrag der kurhessischen Regierung auch Windecken. Neben schlechtem Bier bemängelte er auch den Zustand des Judenbrunnens in seinem Bericht: "Den sogenannten Juden-Brunnen, der das einzige und beste Wasser auf weit und breit hat, aber trotz dem in ewiger Zeit nicht gereiniget und ohne alle Aufsicht war, so daß ich selbsten wegen der allzugroßen Malproperte nicht daraus getrunken habe, indem aus Faulheit und Frevelmuth die Leute und besonders die daran grenzenden Juden darinnen sich, wenn auch heimlich, waschen und mit ihren schmutzigen Geräten Gefäßen beim Wasserholen hineinfahren: sogar hat man tode Katzen darinnen gefunden. Dieses abzuändern habe ich befohlen, nicht allein sogleich den Brunnen zu reinigen, sondern auch suchen, ihn zu erhöhen, damit zum Ablaufen Röhren angebracht werden können, und aldann ein neues Gitter darüber gemacht wird so enger, wenn die Erhöhung des Brunnens nicht angehen will, welches die Zeit lehren wird, Pumpen anzulegen."[92)]

"Mein Urgroßvater Jacob Stern, der im Jahre 1810 geboren

wurde und 1867 starb, war der erste Jude in Windecken, dem es erlaubt war, von dem Gemeindebrunnen am Marktplatz zu trinken, bis zu dieser Zeit mußten alle Juden von dem Brunnen (Quelle) in der Judengasse trinken", so erinnerte sich Manfred Reichenberg an die Erzählungen in seiner Familie.[93)]

In den Jahren 1822 - 1823 beschäftigte sich das Kreisbauamt mit dem sogenannten Judenbrunnen.

"Auf einem kleinen freien Platze mitten in der Stadt Windecken, unweit des Marktplatzes, ist eine starke Quelle, der Judenbrunnen genannt, welche das beste Wasser dort enthalten soll. Die Quelle ist offen, durch eine Brustmauer gesichert. Die Quelle befindet sich in einer Vertiefung und ist dadurch der Einführung von Unrat ausgesetzt, wiewohl sie von der umgebenden Nachbarschaft sehr fleißig benutzt wird. Der Stadtrat wünscht, daß dieser Brunnen mit einer angemessenen Umgebung versehen und gegen Verunreinigung gesichert würde."[94)]

Bereits im Jahre 1817 waren Kostenvoranschläge "über den Brunnen, welcher in der Judengasse dahier ist und das beste Trinkwasser in der Stadt hat", eingeholt worden. Danach waren folgende Arbeiten am Judenbrunnen vorgesehen:

"Der Brunnen soll wegen Unreinlichkeit um die 4 Tritt, welche man anjetzo herabgehen muß, um das Wasser zu schöpfen, aufgemauert, mit einem Kanal versehen und ein Kanal zum Abfluß des überflüssigen Wassers in den etwa 20 Schritte davon entfernten Katzbach gezogen werden. Weiter soll an dem Brunnen wegen der Reinlichkeit ein Stück mit Platten belegt werden. Auch soll die Mauer um den Brunnen herum verbreitert und verputzt werden. An dem Kanal neben dem Brunnen (die Katzbach) soll auf der einen Seite ein Stück Mauer, welches zusammengefallen ist, wieder neu aufgemauert werden. Weiterhin sollen dem Brunen, weil er stark gebraucht wird, zwei hölzerne Pumpen mit hölzernem Druckwerk eingestellt werden. Eiserne Ringe sollen an die Pumpen und zwei eiserne Stangen zum Zug in die zwei Pumpen.

Der Brunnen ist 6 Fuß in den 4 Ecken breit. Über steinerne Schalen soll ein Rahmen von Eichenholz durchbrochen gemacht werden, damit man auch mit unsauberem Gefäß hineinfahren kann. Dieser Rahmen müßte 12 Zoll breit und 8 Zoll hoch sein.

Anzeige in der Windecker Zeitung 1910

Auch sollen auf beiden Seiten an dem Brunnen zwei Bänke, jede 12 Fuß lang zum Kraut- und Salatwaschen angebracht werden."[95)]

Mit dem Bau der Wasserleitung 1910 in Windecken[96)] verlor der Judenbrunnen seine Bedeutung. In dem harten Winter 1928 allerdings erinnerten sich die Windecker wieder an ihn, da alle Wasserleitungen eingefroren waren. Eimerweise wurde das Wasser aus der Quelle, die ehemals den Judenbrunnen speiste, herausgezogen.[97)] Der Brunnen war bis nach 1945 in Benutzung.

Der Judenturm in der Judengasse

Die Windecker Stadtmauer wurde durch vier Türme unterbrochen, einer dieser Türme stand am Ende der Judengasse.

1498 heißt es in einer Urkunde über ein Haus in der Judengasse "zunächst am dicken Turm" gelegen.[98)]

1506/07 sind für das Aushauen von Schießlöchern im Turm in der Judengasse 9 Turnosen Ausgaben verzeichnet.[99)]

Der Turm in der Judengasse diente im 18. und 19. Jahrhundert als Gefängnis. Er enthielt ein Gefängnis als Kellergeschoß und darüber einen herkömmlichen Gefängnisraum. Darüber war die Wohnung des Gefangenenwärters.[100)] 1831 wurde an der Stelle des Turmes in der Judengasse in den Fluchtlinien der Stadtmauer ein Gefängnis errichtet.[101)] Die Zellentüren sind noch im ebenerdigen Kelleregeschosse des Hauses Ostheimer Straße 14 am Parkplatz an der Stadtmauer zu sehen.

Die Auflösung des Ghettos

Mit dem Prozeß der schrittweisen Gleichberechtigung gewannen die Juden im Verlauf des 19. Jahrhunderts das Recht auf Freizügigkeit. So löste sich das Ghetto in der Judengasse allmählich auf.

Aber auch zu dieser Zeit fürchteten die Windecker Bürger die mögliche Konkurrenz der Juden und versuchten, sie mit allerlei Begründungen zurückzudrängen, wie die folgenden Beispiele zeigen:

1829 beabsichtigte der jüdische Kaufmann Samuel Schloß, ein Haus von dem Schlossermeister Georg Dahl in Windecken zu kaufen. Mit diesem Gesuch beschäftigte sich auch der Stadtrat. Nachdem allerlei Einwände dagegen vorgebracht waren, kam der Stadtrat in seiner Stellungnahme zum Hauptmotiv der Ablehnung dieses Vorhabens, nämlich Angst vor der Konkurrenz der Juden. Der Stadtrat schrieb: "Der Hauptgrund, warum Samuel Schloß das Dahlische Haus an sich bringen will und weshalb er kein Mittel unversucht läßt, um sein Ziel zu erreichen, liegt hauptsächlich darin, daß er ... ein Spezereigeschäft zu etablieren gedenkt, das in dem Haus, worin er bisher gewohnt hat, seiner Lage wegen nicht geschehen kann. Wenn er zu dem Dahlischen Hause gelangte, so würde er denjenigen christlichen Einwohnern dahier, die dies Geschäft bereits schon seit einer langen Zeit von Jahren betrieben haben, großen Abbruch tun, ja sie vielleicht unglücklich machen. Ein Jud nimmt wie bekannt, alles an Zahlung statt, was ein Christ sehr selten tut. In dieser Beziehung würde Schloß über kurz oder lang die Kunden der bisherigen Krämer dahier an sich gezogen haben ...".[102)]

Auch Lazarus Jakob Oppenheimer stellt 1829 ein Gesuch zum Ankauf eines Hauses samt Scheune für seinen ältesten Sohn Aron Lazarus Oppenheimer außerhalb der Judengasse. Der Stadtrat von Windecken erwiderte, daß er diesem Gesuch nicht zustimmen könne, da Oppenheimer jederzeit in der Lage gewesen wäre, auf dem freien Platz neben seinem Haus eine Scheuer zu errichten. (Zur Begründung des Gesuches hatte Oppenheimer angegeben, keine Scheuer zu besitzen). Der Stadtrat stellte fest, der Kauf des Waltherschen Hauses sei ein Deckmantel für eine andere Absicht.[103)]

Die kurfürstliche Regierung in Hanau erlaubte übrigens den Kauf beider Häuser unter der Bedingung, daß das Haus vom Eigentümer bewohnt und in den nächsten zehn Jahren nicht verkauft werde.

1835, bei den gewälttätigen Ausschreitungen gegen die Windecker Juden, ist ein jüdischer Kaufmann am Marktplatz erwähnt.[104)]

Der Bericht des Landrates aus dem selben Jahre vermittelte allerdings ein anderes Bild: "Die meisten Juden wohnen nicht in der Judengasse, sondern haben sich vor und in der Stadt andere Häuser gekauft. Deswegen sind viele Häuser in der Judengasse an christliche Bürger übergegangen und werden von diesen bewohnt."[105)]

Im Jahre 1898 erfolgte der Durchbruch der Stadtmauer in Höhe des Hauses Ostheimer Straße 17. Damit war die Abgeschlossenheit des ehemaligen jüdischen Viertels in Windecken nicht mehr gegeben.

1903 wurde "die Katzebach" übermauert und war nicht mehr zu sehen.[106)]

Um 1900 lebten noch vier jüdische Familien in der Judengasse: die Familie Willi Müller - heute Ostheimer Straße 1, die Familie Sichel im Haus der heute abgebrochenen Ostheimer Straße 5, die Familie Sommer im Haus der heutigen Synagogenstraße 2 und die Familie des Lehreres Sally Katz im Gemeindehaus neben der Synagoge, Synagogenstraße 17. Sichels wanderten 1902 nach Amerika aus, die Familie Katz ging 1905 nach Babenhausen, Sommers bezogen 1927 ihr neuerbautes Haus Freiligrathring 1 und die Witwe Sophie Müller zog mit Tochter Recha 1938 nach Frankfurt.

1925 verlor die Judengasse, das ehemalige Ghetto für die Juden, ihren Namen: der hintere (südliche) Teil und auch der westliche Teil der Judengasse erhielten den Namen Synagogenstraße, der vordere, nördliche Teil wurde in Ostheimer Straße umbenannt.[107)]

Geschäftsanzeige vom Jahr 1926 mit der Adresse Synagogenstraße

1935 wurde die Synagogenstraße von den Nationalsozialisten in Braugasse umbenannt.

Erst im November 1988 - 50 Jahre nach der Zerstörung der Synagoge in dieser Straße - bekam die Gasse ihren früheren Namen "Synagogenstraße" zurück. 1985 hatte ein Antrag im Stadtparlament Nidderau, dieser Gasse ihren jahrhundertealten Namen "Judengasse" wiederzugeben, nach großen Auseinandersetzungen keine Mehrheit gefunden.

Die versuchte "Abschaffung der Juden" 1585 - 1592 und der Streit um die Wiedereröffnung der Synagoge

Zum Ende des 16. Jahrhunderts wurden die Juden der Grafschaft Hanau und damit auch die Windecker Juden wieder das Opfer einer großen Verfolgung. Neben den wirtschaftlichen Gründen als treibende Kraft der Verfolgung, wie auch schon 1349, trat diesmal noch die religiöse Verfolgung durch christliche Glaubensvorstellungen hinzu. Im Zusammenhang mit der "zweiten Reformation", der Einführung des reformierten Bekenntnisses, waren in dieser Zeit zahlreiche Territorialherren bemüht, die Juden aus ihren Territorien zu vertreiben.[0)]

Die Armut der ländlichen Bevölkerung und ihr ständiger Geldmangel hatte sie in weitgehende Abhängigkeit von jüdischen Gläubigern gebracht. In der Mitte des 16. Jahrhunderts waren die Bewohner ganzer Ortschaften des Amtsgerichts Windecken und Bücherthal in das Judenschuldbuch eingetragen.

So wurde den Juden die Schuld an der schlechten wirtschaftlichen Lage gegeben.

Hinzu kam, daß die christlichen Kaufleute mit allen Mitteln versuchten, die Konkurrenz, die ihnen durch jüdische Händler erwachsen konnte, zurückzudrängen.

Immer häufiger gewannen antijüdische christliche Fanatiker Einfluß.

Die "Abschaffung der Juden"

Im Hanauischen war die Seele dieser judenfeindlichen Bewegung ab 1580 einer der vier Vormünder des unmündigen Grafen von Hanau, Graf Johann der Ältere von Nassau, der im Übereifer seines starken protestantischen Glaubens zu einem abergläubisch fanatischen Judenhasser geworden war. Er drang auf gänzliche Abschaffung der Juden in der Grafschaft Hanau, unterstützt von Graf Ludwig von Sayn-Wittgenstein, während die anderen beiden Mitvormünder, die beiden Grafen von Hanau-Lichtenberg Philipp der Ältere und Philipp der Jüngere, sich diesen Vertreibungsabsichten lange Zeit widersetzten.[1)]

Im folgenden wird nun der Verlauf dieser Auseinandersetzungen über die versuchte Ausweisung der Juden aus der Grafschaft Hanau, die "Abschaffung der Juden" in den Jahren 1585 - 1592 nach den Akten dargestellt:[2)]

"Am 12. Oktober 1585 bitten die Windecker Juden Räte und Befehlshaber zu Hanau um die Erneuerung ihrer abgelaufenen Schutzbriefe...

Die Räte beschließen am 14. Oktober (1585) im Hinblick auf eine bereits ergangene, die Abschaffung der Juden betreffende Anordnung, ihre Antwort zurückzuhalten, bis die Abgesandten der hanauischen Vormünder eintreffen.

Am 5. April 1586 wenden sich die von den Räten an die Vormünder verwiesenen hanauischen Juden, die gehalten sind, alle drei Jahre ihre Schutzbriefe verlängern zu lassen, mit einer entsprechenden Bitte an (Graf Philipp d. Ä. von Hanau-Lichtenberg). Da offenbar keine Antwort erfolgt, entschließen sich Räte und Oberamtmann ihrerseits am 9. Mai zu einem Bericht an die Vormünder, behalten sich aber eine Bestrafung aller Juden vor, die es versäumt haben, dem Erlaß vom 7. Juli 1582 entsprechend um Verlängerung ihres Schutzes nachzusuchen und ihre Schuldforderungen ordnungsgemäß eintragen zu lassen.

Am 13. Juni (1586) wird den Grafen Philipp d. Ä. und Philipp d. J. von Hanau-Lichtenberg eine neue Supplik der Hanauer Juden zugestellt, in der diese versichern, daß sie sich seit dem vergangenen Winter um Verlängerung ihres Schutzes bemühen. Sie erklären, daß sie sich stets an die ihnen vor etwa vier Jahren schriftlich mitgeteilte Judenordnung gehalten haben. Sollten einzelne doch dagegen verstoßen haben, wäre es unbillig, dies die ganze Judenschaft entgelten zu lassen, die seit über dreihundert Jahren in der Grafschaft Hanau ansässig ist und ihre besondere Synagoge oder Schule in Windecken hat. Da die Verweigerung erneuten Schutzes nach Aussage der Räte offenbar auf einen Entschluß des Grafen Johann von Nassau zurückgeht, bitten die Juden die Grafen von Hanau-Lichtenberg um Hilfe und beteuern, daß sie nicht nur die alte Ordnung halten, sondern gegebenenfalls auch neue Auflagen hinnehmen wollen.

Am 15. Juni (1586) fordern die Grafen einen Bericht von Oberamtmann und Räten an. Sie sind bereit, einer Ausweisung der Juden zuzustimmen, wenn ernste Gründe dafür vorliegen, wollen die Juden aber nicht allein ihres Glaubens wegen vertrieben wissen, da der Judenschutz ein kaiserliches Lehen der Grafen von Hanau ist. Sollten die Vertriebenen sich in den der Grafschaft benachbarten Gebieten niederlassen, kann das auf die hanauischen Untertanen eher schädlich als nützlich wirken, da die Juden dann der landesherrlichen Kontrolle entzogen sind. Eine zumindest vorläufige Erneuerung ihrer Schutzbriefe ist daher anzuraten.

Dieses Schreiben teilen die Räte Graf Johann von Nassau am 19. Juli abschriftlich mit und bitten um eine Darlegung seiner Gründe für die Ausweisung, beteuern aber, daß sie anhand der Protokolle und Ratsabschiede durchaus in der Lage sind, den von den beiden Grafen geforderten Bericht zu erstatten. In einem Postskript empfehlen sie, den Juden, die sich wohl kaum auf einen Schlag aus der Grafschaft vertreiben lassen werden, zunächst kurz befristete Schutzbriefe auszustellen und sie darauf hinzuweisen, daß nach deren Ablauf nur noch diejenigen geduldet werden sollen, die sich an die 1577 erlassene Polizeiordnung halten. Das dürfte die meisten zum freiwilligen Abzug veranlassen, da diese Ordnung den Juden zu beschwerlich ist.

Am gleichen Tage mahnen die Grafen von Hanau-Lichtenberg den Bericht der Räte an und geben Anweisung, daß die Juden vorerst so behandelt werden sollen, als besäßen sie den Schutz noch, da sie sich beklagt haben, daß ihnen wegen fehlender Schutzbriefe 'seithero allerhandt onfug begegnet'.

Von Graf Johannes Plänen unterrichtet, teilt Ludwig von Sayn-Wittgenstein diesem am 27. Juli (1586) mit, daß er es für ein 'sehr nützlich werck' hielte, gelänge es, die Juden aus Hanau auszuweisen.

Allerdings befürchtete er, daß diese sich unter Berufung auf ihre über dreihundertjährige Ansässigkeit sowie auf ihre Schule und Synagoge um Hilfe an den Kaiser wenden werden, wie es die Juden zu Worms und anderwärts getan haben. Auch von den Grafen von Hanau-Lichtenberg ist nicht zu erwarten, daß sie dem Verzicht auf ein kaiserliches Lehen zustimmen. Zu der von ihnen verlangten Begründung für die Ausweisung kann Graf Ludwig keine Argumente beisteuern, empfiehlt aber, sich in Heidelberg zu erkundigen, was seinerzeit Kurfürst Friedrich bewogen hat, die Juden aus der Pfalz zu vertreiben.

..... Ein offenbar im gleichen Zusammenhang eingeholtes theologisches Gutachten erklärt unter Hinweis auf das 4. Buch Moses Kapitel 9 Vers 14 - 15, die Zerstörung von Tempel und Synagogen durch Kaiser Titus, die Offenbarung des Johannes und den 1. Thessaloniker Brief Kapitel 2 Vers 15 - 17, daß es dem Willen Gottes zuwiderläuft, wenn eine christliche Obrigkeit die Juden und ihre Synagogen duldet.

Am 29. Juli (1586) unterrichtet der hanauische Oberamtmann Keller und Schultheiß zu Windecken davon, daß sich zwei Windecker Juden bei Graf Philipp d. J. von Hanau-Lichtenberg beklagt haben, daß sie wegen des fehlenden Schutzes von Einwohnern zu Ostheim beleidigt und wie Vogelfreie behandelt worden sind. Er fordert einen Bericht über den ihm bislang unbekannten Vorfall und Angaben, wer die Juden beleidigt hat und gibt Weisung, den ihnen noch immer nicht entzogenen Schutz künftig zu respektieren.

Am 18. August teilt Johann von Nassau den Räten mit, daß sie ihn offenbar mißverstanden haben. Zwar hat er den Juden, trotz ihrer Versuche, ihn mit Geschenken zu beeinflussen, die Verlängerung ihrer Schutzbriefe versagt, damit aber keineswegs den Befehl zur Ausweisung gegeben. Allenfalls hätten die Beamten den Eindruck gewinnen können, daß es ihm am liebsten wäre, wenn sich in der Grafschaft keine Juden aufhielten. Schließlich bringen die Juden 'wenig frommen und nutzen und zwar anderst nichts, dan das verderben und aussaugen der armen unterthanen'. Da helfen auch keine noch so gut gemeinten Ordnungen. Keine christliche Obrigkeit kann sie auf die Dauer dulden, und 'insonderheit offentliche gottslesterung' gestatten. Man sagt, daß, weil die Juden in der Herrrschaft Hanau 'also gehegt undt gepflanzt worden', seit Menschengedenken kein hanauischer Graf mehr ein rechtes Alter erreicht und dies so lange so bleiben wird, wie die Juden in der Grafschaft sind. Aus all diesen Gründen wäre es, auch wenn die Juden kaiserliches Lehen sind, zu wünschen, wenn die Grafschaft von 'solchem unziffer und dem dahero folgenden ubel undt vielfaltigem unrath' befreit würde. Graf Johann weiß sich in diesem Bestreben mit Graf Ludwig von Sayn-Wittgenstein einig und erhofft die Zustimmung der Grafen von Hanau-Lichtenberg.

.... Graf Johann ... seine Erklärungen vom 18. August (1586) noch einmal aufgreift, die Juden als 'des landts pest und oftmahls auch verräther' bezeichnet und darauf verweist, daß in der Offenbarung Johannis Kapitel 2 Vers 9 die Synagogen als Schule des Teufels bezeichnet werden. (Luther-Übersetzung: "... die Lästerung von denen, die das sagen, sie sind Juden und sind's nicht, sondern sind des Satans Schule.")

... Am 15. Januar 1587 teilen die beiden Grafen von Hanau-Lichtenberg mit, daß eine Ausweisung der Juden erst erfolgen kann, wenn ihnen angemessene Fristen zur Beitreibung ihrer Außenstände gesetzt worden sind. Zu diesem Zweck sollen erst einmal die bestehenden Forderungen festgelegt werden. Ein Verschweigen von Schuldforderungen ist mit Verlust derselben und gebührenden Strafen zu ahnden. Gleichzeitig sind die christlichen Untertanen unter Eid über ihre Judenschulden zu vernehmen.

Von dieser Anordnung wird Graf Johann am 31. Januar (1587) durch die Räte informiert, der sich in seiner Antwort vom 6. Februar (1587) mit den angeordneten Maßnahmen einverstanden erklärt und zufrieden zeigt, daß die Grafen von Hanau-Lichtenberg eine Ausweisung nicht prinzipiell ablehnen.

Offenbar von den Ausweisungsplänen unterrichtet, wenden sich am 20. April Schultheiß und Schöffen des Stadt- und Landgerichts Hanau und Windecken an Befehlshaber und Räte. Sie klagen, daß man zwar früher zu Windecken mehrere, zu Hanau aber nur einen Juden geduldet hat, jetzt aber sich die Juden an vielen Orten angesiedelt haben und in Hochstadt, Kesselstadt, Rumpenheim, Marköbel, Ostheim und Ortenberg leben. Da den Windecker Juden die dortigen Judenhäuser nicht genügen, haben sie Bürgerhäuser gekauft oder beliehen und verdrängen arme Bürger damit. Zu Unrecht behaupten sie denn, den hanauischen Untertanen nützlich zu sein und sie vor den hohen Zinsforderungen fremder Juden bewahren zu wollen. In Wahrheit sind sie, die Christus lästern, allen Christen 'spinnenfeindt', verfluchen sie täglich und ersinnen 'vielerley finantzen ja plus quam mille dolos 'wie sie die Christen betrügen, uber das seyl werfen und inen das bluet aus dem laib, ja auch das marck auß den beinen saugen mochten'. Mit Lust und Freude bringen sie einen Christen mit Weib und Kind an den Bettelstab und zwingen ihn, außer Landes zu gehen. Wer unter den Juden so viel Vermögen hat, daß er auf Wucher leihen oder eine Hantierung treiben kann, tut dies erst, wenn bei dem gemeinen Mann die Not am höchsten ist und kein anderer Geldgeber mehr helfen will. Um dann überhaupt etwas zu bekommen, muß der Arme ein Geschenk von Frucht, Butter, Eiern, Käse oder anderem geben oder versprechen. Bei Auszahlung des Hauptgeldes werden die Zinsen sogleich abgezogen, gleichwohl aber am Jahresende noch einmal gefordert. Meist warten die Gläubiger aber gar nicht so lange. Da keine andere Arbeit sie hindert, liegen sie dem armen Mann täglich und stündlich mit ihren Forderungen im Haus, sobald Gott ihm zu Wein, Frucht oder Vieh verholfen hat, und geben keine Ruhe, bis sie von der ausgedroschenen Frucht und den gekelterten Trauben ihren Teil bekommen haben. So werden sie stets früher bezahlt als die herrschaftlichen Beamten.

Wird ein Rind geschlachtet, ruhen sie nicht eher, als bis sie vom Metzger zumindest die Haut bekommen haben, ja sie kaufen die Häute noch lebender Rinder zum Nachteil der Handwerker oft schon Wochen vor dem Schlachten. Dabei zahlen sie, obgleich sie teuer verkaufen, kaum den halben Preis, und beklagt sich jemand, drohen sie mit Aufkündigung des Kredits. Statt der zulässigen Zinsen erlangen sie mit ihren Praktiken oft den doppelten Zinssatz. Sind sie selbst nicht liquide, borgen sie bei Frankfurter Juden, um ihre Geschäfte weiter betreiben zu können. Sie kaufen Frucht, Wein, Rindshäute, Bock- und Hammelfelle, Weinstein und anderes und verkaufen erst, wenn sich der höchste Preis erzielen läßt, an Fremde und nur dann an hanauische Untertanen, wenn diese das Doppelte zahlen. So schaden sie den Lohgerbern, Schuhmachern, Sattlern, Weißgerbern und Bäckern, besonders aber, des Hafers wegen, den Gastwirten.

Im Frühjahr kaufen sie magere Rinder, geben sie den armen Leuten bis Martini zur Mast und verlangen dann beim Schlachten beide Vorderviertel, Unschlitt und Haut und lassen dem armen Mann nur das Hinterteil. Dabei belasten sie die Gemeindeweiden über Gebühr. Auch beleihen sie eine Kuh mit 5 - 6 fl. und verlangen dafür 1 Taler und die Butter. Stirbt ein solches Masttier, muß es der arme Mann bezahlen.

Arme Juden, die kein Geld verleihen können, übernehmen Waren von Frankfurter Juden und verhandeln sie auf dem Lande. Dabei betrügen sie und borgen solange, bis der Arme große Summen schuldig ist. Wollen sie dann bezahlt sein, treiben sie ihre Schuldner zu den jüdischen Geldverleihern und damit ins Elend.

Die hanauischen Juden, denen man den Unterhalt für ihren Hausstand wohl gönnen möchte, denken nicht daran sich damit zu begnügen. Sie kaufen überall auf, was sie nur bekommen können und erhandeln Essen, Speisen und Waren bereits vor Öffnung der Märkte, was früher verboten war. Dabei reißen sie auf offenem Markt schwangeren Frauen und Kranken die Waren aus der Hand und kaufen so teuer, daß die Armen nicht dagegen bieten können.

Ähnlich verfahren sie bei den Metzgern. Haben sie ein gutes Stück Mastvieh, lassen die Juden es bei ihnen schächten (schechen) und verkaufen es an die Frankfurter Juden. Den Christen bleibt nur übrig, was 'nit koscher gefelt'.

Die Befreiung der Juden von Diensten und Lasten beschwert die übrigen Bürger. Zwar zahlen sie eine geringere Steuer, doch muß man ihnen Brennholz geben, das sie früher bei Fremden zu kaufen hatten. Außerdem ziehen sie fremde Juden herbei, die weder der Herrschaft noch der Gemeinde etwas geben.
Müssen die christlichen Untertanen herrschaftlichen Frondienst leisten, spotten die Juden darüber und gehen ihrer 'schinderey' nach.
Sie halten sich nicht an die Anweisung, am Sabbat und Sonntag in ihren Häusern zu bleiben, sondern putzen sich am Sabbat und gehen den Christen zum Trotz spazieren. Auch bereden sie christliche Frauen, ihnen die Arbeit zu tun und das Feuer anzuzünden. Dafür gehen sie dann zum Ärger der Christen ihren Geschäften nach.
Ist jemand einem Frankfurter Juden verschuldet, so bereden ihn die hanauischen Juden mit glatten Worten, mit ihnen nach Frankfurt zu gehen, und verraten ihn dort an seine Gläubiger, so daß er verhaftet wird und zahlen muß.
Bei alle dem sind die Juden auch noch 'receptatores furum'. Die Diebe ließen ihr Treiben bleiben, wüßten sie die Beute nicht bei den Juden unterzubringen, die man deswegen den Dieben gleich bestrafen sollte.
Mit all ihrem Tun und Handeln pressen die Juden den hanauischen Untertanen vielfältig wieder ab, was sie der Herrrschaft an Schutzgeld zahlen müssen.
Schultheiß und Schöffen bitten, die Juden auszuweisen oder ihnen zumindest ihre den Christen verderblichen Geschäfte zu untersagen.

Diese Supplik bestärkt Graf Johann in seinem Vorhaben. Er empfiehlt daher, den Beschluß der Vormünder (zur Schuldenerfassung) ins Werk zu setzen, und ist der Meinung, daß die Juden, wenn sie merken, daß man ihre Geschäfte überprüft, nicht erst auf die Ausweisung warten, sondern selbst abziehen werden.

Anfang 1588 beschwert sich Graf Johann bei Statthalter und Räten darüber, daß die Juden noch immer in der Grafschaft sind und sich rühmen, 'das sie ihre sachen deromaßen untterbawet haben, das man sie dero orths nicht balt werde außheben'. Er fordert, unverzüglich die von den Vormündern verlangten Maßnahmen zu ergreifen.

Die Grafen von Hanau-Lichtenberg erklären sich noch einmal mit der Vertreibung einverstanden, sofern ihre am 18. Januar 1587 geäußerten Bedenken berücksichtigt werden.

Am 23. April 1588 bitten die hanauischen Juden Räte und Befehlshaber wieder um Erneuerung ihrer Schutzbriefe. Zwar genießen sie auch ohne dieselben, wie sie bestätigen, Schutz und Schirm in der Grafschaft, doch werden sie wegen der gefährlichen Kriegszeiten jetzt allenthalben angehalten und nach den Briefen gefragt.

Am 23. September (1588) werden die Amtleute der Grafschaft Hanau angewiesen, auf die Entfernung der Juden zu dringen und aus diesem Grunde ihre Außenstände bei den Christen festzustellen. Sie haben zu prüfen, ob die angezeigten Forderungen der Reichsordnung und den hanauischen Verordnungen entsprechend zustandegekommen sind und ob der Zinssatz 5 % nicht übersteigt. Gegebenenfalls haben sie den Juden bei der Eintreibung ihres Geldes zu helfen. Ist dies geschehen, sollen sie der Kanzlei Bericht erstatten.

Am 26. September (1588) gibt ein nassauischer Rat Graf Johann zu bedenken, daß der von ihm und Graf Ludwig geäußerte Wunsch, die Synagoge in Windecken abzuschaffen, zu einer Klage der Juden, die sich auf ihnen vor undenklichen Zeiten erteilte kaiserliche Privilegien berufen, beim Hof - und Kammergericht führen könnte. Während der Dauer eines solchen Prozesses wäre man aber gehindert, die Juden aus der Grafschaft auszuweisen. Es ist daher besser, ihnen zunächst Gelegenheit zum Vergleich mit ihren Schuldnern zu geben, ihnen dann die Ausweisung anzukündigen und zu hoffen, daß sie ohne Klage zu erheben freiwillig abziehen. Sind sie erst außer Landes, kann auch die Synagoge geschlossen und ein eventueller Prozeß in Ruhe abgewartet werden.

In den nächsten Wochen werden die Judenschulden von den hanauischen Beamten erfaßt...

Am 30. Dezember (1588) können Räte und Befehlshaber Graf Johann mitteilen, daß die Schuldenerfassung[2a)] demnächst abgeschlossen sein wird... .

Am 25. Januar (1589) bestätigen die Grafen von Hanau-Lichtenberg den Empfang der Schuldenverzeichnisse, aus denen sich ergibt, daß sich die Außenstände der Juden in der Grafschaft Hanau auf etwa 11 000 fl. belaufen. Sie fordern Angaben über die Höhe der Zinszahlungen und eventuelle Verstöße der Juden gegen die getroffenen Vereinbarungen, damit bei den weiteren Verhandlungen mit den Mitvormündern auch über etwaige Strafen gesprochen werden kann.

In einem Schreiben des nassauischen Rates Dr. Andreas Christianus vom 12. April (1589) wird festgestellt, daß die hanauischen Untertanen den Juden in der Grafschaft 10 679 fl. 3 Schilling 3 Denar schulden, nicht eingerechnet die Verpflichtungen gegenüber Frankfurter Juden. Kann diese Summe bis Pfingsten (1589) aufgebracht werden, besteht Hoffnung, daß die Juden freiwillig abziehen, zumal sie sich schon nach neuen Bleiben umtun. ....

Am 26. Mai 1589 beklagen sich die hanauischen Juden, daß die als äußerster Zahlungstermin gesetzten Pfingsttage verstrichen sind, ohne daß man sie bezahlt hat, und bitten die säumigen Schuldner anzumahmen, da sich sonst die wohlhabenden unter ihnen darauf herausreden, daß die armen ja auch noch nicht gezahlt hätten. Sie verweisen darauf, daß sie seit Abschluß der Schuldenerfassung keine Zinsen mehr berechnen dürfen und überdies ihre Forderungen gerade der kurzen Zahlungsfrist wegen mindern mußten.

Offenbar bleibt das Gesuch nicht ganz wirkungslos, denn in der Folge werden verschiedene Schuldner vor den Oberamtmann geladen und zur Zahlung verpflichtet.

Trotzdem sind die Juden am 21. Juli (1589) genötigt, ihr Gesuch zu wiederholen. Sie bitten, von den Zahlungskräftigen zumindest wieder Zinsen fordern zu dürfen.

Daraufhin wird dem Keller zu Windecken am 22. August von den Räten mitgeteilt, daß allen Schultheißen des Bücherthals befohlen worden ist 'bei einer leutenden glocken', im Namen der Herrschaft alle Judenschuldner zur Zahlung aufzufordern. Wenn nötig, haben die Schultheißen den Juden Amtshilfe zu leisten und die Schuldner zu pfänden. Da nach Meinung des Oberamtmanns im Amt Windecken 'des nachlauffens weniger nicht als auch anderstwo sein wurdt' und die Juden wohl auch dort nicht zu ihrem Geld kommen, sollen die Amtsschultheißen ebenso vorgehen wie im Bücherthal.

Am 9. Oktober (1589) erinnern Schultheiß und Schöffen des Landgerichtes Windecken und Hanau an ihre Eingabe wegen der Abschaffung der Juden, auf die sie seit Erfassung der Judenschulden vergeblich gehofft haben. Stattdessen sind die Juden in ihren Geschäften kühner als vorher geworden. Sie wiederholen daher ihre Bitte, 'damit doch die ehre Gottes bey uns durch sie die heyloßen juden nit so gar verlestert undt den armen underthanen ihr blutt undt schweis zu ihrem höchsten verderben nit außgesogen werde'.

Am 11. Oktober (1589) berichten die hanauischen Räte den

Grafen von Hanau-Lichtenberg, daß diese Bittschrift Graf Johann von Nassau und Graf Ludwig von Sayn-Wittgenstein übergeben wurde, und ersuchen ihrerseits darum, ihnen möglichst bald den Ausweisungsbescheid zuzustellen. Weigern sich die Juden, vor Abwicklung all ihrer Schuldgeschäfte zu gehen, sollte man ihre Synagoge in Windecken schließen, in der sie doch nur Christus lästern. Außerdem müßte man ihnen befehlen, an einem bestimmten Tag den christlichen Gottesdienst aufzusuchen. Wenn ihnen dann auch noch der Wucher untersagt wird, ziehen sie sicher ab.

Am 14. Oktober (1589) verlangt Graf Philipp der Jüngere einen genauen Bericht über die den Juden bei der Erfassung ihrer Forderungen nachgewiesenen Gesetzesübertretungen und Ordnungswidrigkeiten.

Darauf müssen die hanauischen Räte am 18. Oktober bekennen, daß den Juden seit der ersten Schuldenerfassung 1584 keine Ordnungswidrigkeiten mehr nachzuweisen waren, meinen aber, daß die Beamten seinerzeit die Forderungen nicht genau geprüft hätten. Aus diesem Grunde sind 1588 an einzelnen Forderungen auch Abstriche gemacht worden, über die sich die Juden sehr beklagen.

Am 19. November (1589) erklären die beiden Grafen von Hanau-Lichtenberg, daß sie sich nicht für befugt halten, den schwerwiegenden Verzicht auf das Reichslehen während der Minderjährigkeit ihrer Mündel auszusprechen und die Juden auszuweisen. Sie schlagen vor, ihnen den Aufenthalt vorerst nur noch in bestimmten Orten, etwa Hanau oder Windecken zu gestatten und sie aus den übrigen samt ihren gottlosen Synagogen zu entfernen.

Am 24. November schicken die Räte Graf Philipp d. J. eine Klage der Städte Hanau und Windecken gegen die Juden, die den nach Buchsweiler abgereisten Grafen in Babenhausen nicht mehr erreicht hat. ...

Anfang Januar 1590 schickt ein nassauischer Rat Graf Johann die Konzepte verschiedener an die hanauischen Beamten abzusendender Schreiben und schlägt vor, diese Gelegenheit zu einer Erinnerung an die gewünschte Ausweisung der Juden zu nutzen. Die hanauischen Untertanen sollen veranlaßt werden, sich mit einer Supplik an die Grafen von Hanau-Lichtenberg zu wenden. Außerdem befürwortet er die von den hanauischen Räten am 11. Oktober (1589) gemachten Vorschläge, die den Juden die Grafschaft verleiden sollen.

Auch Graf Ludwig von Sayn-Wittgenstein empfiehlt Graf Johann am 6. Januar (1589), es doch zunächst einmal mit der Schließung der Synagoge zu versuchen, damit ein Anfang gemacht wird.

Zwei Tage später teilt Graf Johann den hanauischen Räten mit, daß er mit den Vorschlägen der Grafen von Hanau-Lichtenberg einverstanden ist, wonach die Juden nur noch in Windecken und Hanau geduldet werden und ihre Synagogen allenthalben abgeschafft werden sollen. Er hofft, daß der künftige Graf von Hanau-Münzenberg später die von ihm und Graf Ludwig allein nicht durchzusetzende Ausweisung der Juden veranlassen wird.

Am 24. September 1591 können die hanauischen Räte den Schultheißen und Kellern der Grafschaft dann aber doch mitteilen, daß sich die Vormünder aufgrund vielfältiger Klagen der Untertanen geeinigt haben, die Juden wegen Gotteslästerung und Wucher auszuweisen. Sie befehlen den Beamten, den Juden bei der Eintreibung ihrer Außenstände behilflich zu sein.

Am 4. März 1592 bitten die Juden zu Windecken, Marköbel und Hochstadt um die Erlaubnis, in der Grafschaft bleiben zu dürfen, da kein hanauischer Untertan Klage gegen sie führen kann und sie sich stets an die gesetzte Ordnung gehalten haben. Sie haben all ihre Geldgeschäfte registrieren lassen und nehmen geringere Zinsen als die Christen. Sie erklären, daß sie zusammen ohnehin nur neun oder zehn und seit altersher in der Grafschaft ansässig sind.

Da das Gesuch abgeschlagen und der Abzugstermin auf Ostern 1592 festgesetzt wird, bitten die Juden am 5. März, ihnen wenigstens bis zum 24. Juni oder zumindest bis Pfingsten Aufschub zu gewähren, damit sie ihre Forderungen eintreiben können und nicht bei dem unbeständigen Winterwetter mit Weib und Kindern davonmüssen."[3)]

Hiermit brechen die Akten ab. Es läßt sich nirgends feststellen, wieviele Juden Windecken verlassen mußten. Lediglich am Ende des Jahres 1592 gibt es eine Eintragung über "die sehr im Abnehmen begriffene Windecker Judenschaft".[4)]

1594 waren Juden wieder in den Schutz des Grafen von Hanau aufgenommen.[5)] 1597 lebten in Windecken 6 jüdische Familien mit 31 Personen.[6)] Vier Familien davon lebten auch schon vor der Ausweisung in Windecken, so daß die nicht vollständig erfolgte Ausweisung der Juden von Windecken deutlich ist.

So endete erst einmal der viele Jahre dauernde Kampf der Herrschaft Hanau gegen ihre jüdischen Untertanen.

Für die Windecker Juden gab es noch ein Nachspiel in ihrem mühsamen Kampf um die Wiedereröffnung ihrer Synagoge zu Windecken.

Auseinandersetzungen um die Wiedereröffnung der Synagoge

Die Synagoge zu Windecken wurde im Februar 1590 geschlossen. In einer Akte vom 16. Febraur 1590 heißt es:

"Auf Bitten der Juden zu Windecken weist der Oberamtmann zu Hanau den Windecker Kelller an, die in der von den Juden bislang benutzten, jetzt geschlossenen 'schul' zurückgebliebenen Bücher herauszugeben. Dabei soll er ihnen noch einmal den kürzlich ergangenen Befehl einschärfen und jeden Fall von Widergesetzlichkeit melden."[8)]

Nachdem im Jahre 1594 - also vier Jahre nach der Schließung der Synagoge zu Windecken - wieder Juden in den Schutz der Grafschaft Hanau aufgenommen waren, versuchten diese, die Wiedereröffnung der Synagoge zu Windecken zu erreichen.

Um die Wiedereröffnung der Synagoge gab es lange Auseinandersetzungen, die sich länger als neun Jahre hinzogen. Den Verlauf dieser Auseinandersetzungen zeigen die überlieferten Akten:[7)]

"Am 25. Oktober 1594 berichten die Juden der Grafschaft Hanau Räten und Befehlshabern, daß Graf Philipp Ludwig sie wieder in Schutz und Schirm genommen hat und bitten, in der Hoffnung, daß vor seiner Abreise auch Weisungen zur Wiedereröffnung der Schule zu Windecken ergangen sind, ihnen die Nutzung derselben zu gestatten, damit sie nicht mit großen Kosten fremde Schulen aufsuchen müssen, sondern wie die Frankfurter und Friedberger Juden ihre eigene gebrauchen können.

Offenbar bleibt diese Bitte erfolglos, denn (der Oberamtmann) unterrichtet Graf Philipp Ludwig später davon, daß die Juden in dieser Angelegenheit keine Ruhe geben und die Beamten beschuldigen, eigenmächtig auf Schließung der Synagoge zu beharren. Er empfiehlt, ihnen das Beten in Privathäusern zu gestatten, bis eine Entscheidung der Vormundschaftsregierung über die weitere Nutzung der Synagoge vorliegt. Sollte die endgültige Schließung befohlen werden, kann man den Juden zugleich mit der entsprechenden Mitteilung auch die Erlaubnis zum Beten in den Häusern entziehen, 'uff welchen fal sie dan auch nicht bleiben werden, wie wol zu erachten'.

Am 18. August 1597 (3 Jahre später - d.V.) wenden sich die Windecker Juden an Graf Philipp Ludwig und verteidigen sich gegen den Vorwurf, mit ihren täglichen Gebeten in der Synagoge Christus zu lästern. Da diese unbegründete Behauptung, wie sie glauben, die Wiedereröffnung ihrer seit unvordenklichen Zeiten bestehenden Windecker Synagoge verhindert, geben sie zu bedenken, daß all ihre Bücher im römischen Reich in der ganzen Christenheit gedruckt vorliegen und ihr Talmud in Basel und Venedig veröffentlicht worden ist, was Obrigkeit und Gelehrte sicher verhindert hätten, würde darin Christus gelästert. Sie erinnern daran, daß Kaiser und Könige seit Hunderten von Jahren an vielen Orten den Bau von Synagogen und das 'exercitium jüdischer Religion darinnen' gestattet haben und die Erlaubnis dazu auf dem letzten Reichstag zu Augsburg erneuert wurde. So haben auch die Prager Juden mit kaiserlicher Genehmigung vor einem Jahr eine große, stattliche Synagoge für viele tausend Gulden errichtet, obwohl dort bereits drei vorhanden und in Gebrauch sind.

Am 14. Oktober und 17. November 1597 wiederholen die Juden ihr Gesuch und bitten dabei in der zweiten Supplik für den Fall der Ablehnung um die Erlaubnis, sich in einem Privathaus zum Gebet versammeln zu dürfen. Sie versprechen, dabei auch für das Wohlergehen des Grafen und seiner Familie zu beten und ihre bisherigen Abgaben sowie die Maibede von 30 Schilling zu zahlen.

Darauf fordert der Graf bei seinen Räten eine Stellungnahme und die Vorlage theologischer Gutachten an, damit eine Entscheidung getroffen werden kann.

In einer neuerlichen Supplik vom 23. August 1598 berufen sich die Juden auf ihr von Kaiser Karl V. gewährtes und vom regierenden Kaiser bestätigtes Recht, 'daß wier unßere schulen und synagogen, wie und ahn welchem orthen wier dieselbe hergebracht, haben undt erhalten mögen'. Daher war die von der Vormundschaftsregierung vor etlichen Jahren beschlossene Schließung der seit undenklichen Jahren bestehenden Schule zu Windecken, in der die Juden stets ihre 'caeremonien unverhindert' ausgeübt haben, widerrechtlich, ist aber von den Juden bislang ohne Berufung auf ihre Privilegien hingenommen worden. Kürzlich aber hat Graf Philipp Ludwig etliche fremde Juden aufgenommen, damit sie zusammen mit den bereits in der Grafschaft ansässigen Juden den Untertanen bei den herrschenden teuren Zeiten mit ihrem Geldverleih 'umb leidlichs ziemlichs interesse, wie bei frembten und außländischen juden nit beschicht', helfen. Deshalb bitten die Juden, ihnen den Gebrauch ihrer 'sehr alten schulen zu Windecken' wieder zu gestatten. Wie Leute, die ihre Sprache verstehen und Auskunft über ihre Gebote geben können, bestätigen werden, ist der von Mißgünstigen und Neidern erhobene Vorwurf, daß sich die Gebote der Juden gegen Christus richten, unbegründet. Vielmehr wird zu bestimmten Zeiten auch für den Grafen und die Obrigkeit gebetet. Die Juden versprechen, sich bei Ausübung der Zeremonien still zu verhalten und keinen Anlaß zu Klagen zu geben.

Am 11. Dezember 1598 bitten die Juden, sich bis zur Erteilung eines endgültigen Bescheids zum Beten in einem Privathaus versammeln zu dürfen. Am 21. Dezember (1589) weist Graf Philipp Ludwig den Keller zu Windecken an, den Juden zu gestatten 'in einem privathauße und ohne sonder geschrey und gelauff' zusammenzukommen, bis mit den vormaligen Vormündern eine Einigung über die weitere Duldung der Juden in der Grafschaft erzielt worden ist. Für die erteilte Erlaubnis sollen die Juden der Kanzlei ... ein paar Gulden oder Taler zahlen.

Am 17. Februar 1600 empfiehlt ein kurpfälzischer Rat Graf Philipp Ludwig, den Juden die Wiedereröffnung ihrer 'schuel' zu Windecken mit der Auflage zu gestatten, daß wöchentlich oder monatlich dazu qualifizierte Theologen mit den Rabbinern und Kabbalisten über Christus und Messias disputieren sollen. Er gibt zu bedenken, daß, wenn die Wiedereröffnung verweigert wird, die Frankfurter Juden, gestützt auf ihre Privilegien, einen Prozeß beginnen könnten.

Im Nachgang zu seinem Schreiben überschickt derselbe Rat Graf Philipp Ludwig am 20. Februar (1600) die seinerzeit nicht zur Hand gewesenen Judenbeilagen und empfiehlt noch einmal, den Juden die erhoffte Duldung zu gewähren. Indem man sie von Zeit zu Zeit über ihren Glaubensirrtum aufklärt, kann man anderen Obrigkeiten ein Beispiel geben, die 'dis arme volck als das unvernunftige viehe handeln und gehen laßen' obwohl 'durch Christum virgam judae und dessen apostolen allen juden mit dareichung ihres bluts erkanntnuß des wahren Gottes zu hauß getragen, deßen wir sie wiederumb dankbarlich genießen laßen und sie wiederumb lehren und underweissen solten, wie dan Victor von Carben, ein getauffter jude, vor vielen jaren sehr erbarmlich klaget'.

Als am 14. Mai (1600) über die Aufnahme weiterer Juden beraten wird, schlagen einige Hanauer Räte die Duldung der Windecker Synagoge vor. Da die Meinungen darüber jedoch auseinandergehen, wird beschlossen, zuvor theologische Gutachten aus Basel, Heidelberg und Genf einzuholen.

Am 14. Juli (1600) bitten die Windecker Juden um die Erlaubnis, ihr in den Jahren der Schließung baufällig gewordenes Schulhaus wieder in Stand setzen zu dürfen. Dabei wird vermerkt, daß ein Jude aus den Niederlanden, der 12 000 Fl. mitgebracht hat, seine Hilfe anbietet."[9)]

Die Windecker Juden hatten sich für die Juden der Grafschaft Hanau nach der Weigerung des Hanauer Grafen, die Öffnung der Windecker Synagoge zu gestatten, an den Kaiser Rudolf in Prag gewandt mit der Bitte, daß dieser auf den Grafen Philipp Ludwig einwirke, die ihnen von Kaiser Karl V. im Jahre 1544 und von Kaiser Rudolf II. im Jahre 1576 bestätigten Privilegien zu beachten. Diese Bitte traf am 18. März 1603 am kaiserlichen Hof in Prag ein.[10)]

Der Kaiser entsprach dieser Bitte und richtete am 25. März 1603 in Prag an den Grafen Philipp Ludwig ein Schreiben des Inhalts, "die in den Städten und Flecken Hanaus wohnhaften Juden bitten, daß die Synagoge, die unter dem Vormunde des damals regierenden Fürsten gesperrt wurde, wieder geöffnet werde. In der Voraussetzung, daß der Fürst dieser Bitte willfahren werde, weist der Kaiser darauf hin, daß den Juden nach dem Privilegium Kaiser Karl V., das er selbst bestätigt hat, gestattet sei, Synagogen zu errichten. 'Begehren deshalb an Dich hiemit in Gnaden Du wolltest Dich gegen mehr gemeldete Judenschaft in Betreff der possessierung der angezogenen ihren Schulen und Synagoge und anders halben also willfährig erzeigen, damit sie obberührte ihre Privilegien und begnadigungen ohne Eintrag haben'."[11)]

"Am 3. 5. 1603 gestattete Philipp Ludwig schließlich den Wiederaufbau der Synagoge nach altem Zustand und gab entsprechende Weisung an den Keller in Windecken. Anlaß zu diesem Entschluß war offensichtlich ein - wie es in seiner Verfügung heißt - 'heut dato inkommenes Schreiben' Kaiser Rudolfs II."[12)]

Die Erlaubnis zur Wiedereröffnung der Synagoge wurde den Windecker Juden am 15. Dezember 1603 erteilt.[13)]

Bitte der Hanauischen Juden an den Kaiser um Bestätigung ihrer Synagogen zu Hanau und zu Windecken

Im Jahre 1607 wandten sich die hanauischen Juden unter Vermittlung des Rabbiners David Theodorus in Prag an den dort residierenden Kaiser, "wegen Confirmatione unserer Synagogen zu Hanau und zu Windecken". Die "Hanauische Judischheit" bat den Kaiser darum, diese "Schulen (Synagogen - d.V.) auf uns und unsere Nachkommen allergnädigst zu konfirmieren, damit wir arme elende Leut eine bleibende Stelle und unser Leben samt unseren armen Weib und Kindern so lang Gott will in Fried und Ruh zubringen mögen."[14)]

Aus Prag erging am 17. Dezember 1607 ein Schreiben an den Grafen von Hanau, in dem ihm mitgeteilt wird, daß den Juden Bescheid gegeben wurde, da der Kaiser die Juden zu Lehen trage, so werde ihnen die erlaubte Synagoge gestattet, wozu es keiner neuerlichen kaiserlichen Bestätigung "confirmation" bedarf. Die Bewilligung wird den Juden auf die vorgeschriebene Weise gestattet, "daß nämlich darin gegen den christlichen Glauben nichts verhandelt oder gelesen werde, wie sie solches auch bei geschworenem jüdischen Eid zugesagt und zu leisten schuldig sein."[15)]

Am 9. Januar 1608 wandte sich die "Judenheit zu Hanau" mit "Flehen und Bitten pro Confirmatiuone dero Synagogen in Hanau und Windecken" an die kaiserliche Majestät.[16)]

Mit der Vorlage der Zustimmung des Grafen Philipp Ludwig zur Bestätigung der Privilegien am 17. Januar 1608 wurde die kaiserliche Bestätigung ihrer Synagogen für die hanauischen Juden beschlossen[17)] und diese Bestätigung gegen eine Taxe von 200 Goldgulden am 19. August 1608 ausgestellt.[18)]

In dem 1874 in der Hanauer Zeitung abgedruckten Wortlaut dieser kaiserlichen Bestätigung heißt es: "...das uns die gemeine Jüdischafft zu Hannaw ... aine Schuel daselbst, von neuem erbaut und unns, damit Sy so vil ruehiger und sicherer angeregte Schuel gebrauchten möchten ... obgemelter Jüdischaft ihre newerbaute Schuel zu Hanaw, Confirmirt und bestettigt.[19)] Die Synagoge zu Windecken ist nicht - wie in der Bitte der Hanauischen Judenschaft - mit Namen genannt, könnte aber gemeint sein mit "aine schuel daselbst".

Die Pergamenturkunde mit der kaiserliche Bestätigung der Synagogen in Windecken und Hanau wurde im Archiv der jüdischen Gemeinde Hanau bis zu dessen Zerstörung 1938 aufbewahrt.[20)]

Die Synagoge von Hanau wurde im Jahre 1608 erbaut und war dann weitere dreihundertachtzig Jahre das Gotteshaus der Hanauer Juden, bis die Synagoge 1938 im November gewaltsam zerstört wurde.

Die Windecker Synagoge blieb seit ihrer Wiedereröffnung im Jahre 1603 noch dreihundertfünfunddreißig Jahre bis zu ihrer gewaltsamen Zerstörung im November 1938 das Gotteshaus der Windecker Juden.

Der religiöse Kampf gegen die Juden

Religiöse Hetze gegen die Juden

Die Juden in Windecken waren der ständigen Verunglimpfung und Verächtlichmachung der christlichen Geistlichen ausgesetzt. Dieses klingt in den Beschwerden gegen die Juden immer wieder durch:

"...damit nicht Christen durch Juden, die weder Gott noch die Welt achten, geschädigt werden",[1] heißt es 1592. An anderer Stelle 1593 heißt es über die Juden, "die die den Herren und Erlöser leugnen"[2] "In Wahrheit sind sie (die Juden), die Christus lästern, allen 'Christen spinnenfeindt', verfluchen sie täglich ..."[3] aus dem Jahr 1587. Im selben Jahr ist dieser Ausspruch des Kellers von Windecken zu lesen: "... der christliche Glaube lehre nicht, daß man den ärgsten Feinden Christi bei ihrem abgöttischen Wesen behilflich zu sein hätte."[4] Im Jahre 1598 heißt es zu Schultheiß und Schöffen des Landgerichts Hanau und Windecken: "Sie wiederholen daher ihre Bitte, 'damit doch die ehre Gottes bey uns durch sie die heyloßen juden nit so gar verlestert'".[5]

Das Sonntagsausgehverbot

Ein besonderes Feld der Auseinandersetzung war die Sonntagsruhe der Christen, die die Juden durch ihren Anblick nicht stören durften.

Im Jahre 1577 wurde zu diesem Verbot "die in der Grafschaft Hanau gültige Judenordnung in Erinnerung gerufen. Danach ist den Juden bei Strafe von 5 Batzen oder - in schweren Fällen - Turmhaft untersagt, an Sonntagen ihr Haus zu verlassen. Allerdings können sie früh von 6 - 7 und spät von 3 - 4 Uhr Brot, Fleisch, Salz und was sie sonst zur Leibesnotdurft brauchen, bei den Christen kaufen. Es ist ihnen jedoch nicht gestattet, an ihrem Wohnort oder außerhalb desselben mit Christen zu handeln, abzurechnen, zu spielen, unnützes Geschwätz zu führen oder sich überhaupt bei Christen finden zu lassen. An anderen christlichen Feiertagen können die Juden zwar ausgehen, sollen aber während der Predigtzeiten in ihren Häusern bleiben."[6]

Darauf reagierten die Juden:

Am 12. Juli (1577) beklagen sich die Juden der Grafschaft über das sonntägliche Ausgehverbot, das ihnen nur zwei Stunden erlaubt, ihre Häuser zu verlassen. Sie erklären sich bereit, bis nach der Predigt zu Hause zu bleiben, bitten aber um eine Lockerung der Bestimmung, damit sie nicht 'wie arme gefangene müssen einsitzen'."[7]

Zu diesem Verbot für die Juden gab es auch Beschwerden der Stadt Windecken wie diese hier aus der Zeit 1576 - 1580:

"Zum Hohn und Spott der christlichen Religion laufen sonntags unter der Predigt vor der Kirche und auf dem Kirchhof mutwillige Juden hin und her."[8]

1615 verkündet die Kanzlei der Grafschaft Hanau eine Sonntagsordnung, daß sich die Juden der Grafschaft sonntags der Handarbeit enthalten sollen.[9]

Die Judenordnung von 1616 legte fest, daß die Juden nicht mehr nur an Sonn- und Feiertagen die Judengasse nicht verlassen durften, sondern auch nicht während der Wochenpredigen.[10]

Diese Vorschriften bestanden bis in das 19. Jahrhundert hinein und gaben den Juden immer wieder Anlaß zur Beschwerde über die Einschränkungen durch das sonntägliche Ausgehverbot.

Noch 1852 beschwerte sich der Pfarrer zu Rüdigheim beim Windecker Bürgermeister über die beiden Windecker Juden Anselm und Aron Oppenheimer wegen "Schändung des Sabbaths". Jeden Sonntagmorgen während des Frühgottesdienstes kämen die beiden Händler zum Pachthof des Herrn Toußaint. Seien die Geschäfte besorgt, ginge es nach dem Gottesdienst wieder ab. Der Pfarrer beschwerte sich, daß die Geschäfte während des Gottesdienstes abgewickelt würden. Der Windecker Bürgermeister schrieb zurück, daß beide Juden verwarnt wurden.[11]

Verbot der Schabbes-Goje

Da es den Juden aufgrund ihrer religiösen Gesetze verboten ist, am Schabbes - dem heiligen Ruhetag - Feuer anzuzünden, gibt es in jedem jüdischen Haushalt die sogenannte Schabbes-Goje, eine Nicht-Jüdin, die das Licht und das Feuer anzündet.

1577 beklagten sich die Juden der Grafschaft Hanau: "... 'ist es dem jüdischen glauben zum höchsten beschwerlich', daß die Pfarrer versuchen, arme Christen abzuhalten, den Juden an ihren Feiertagen zur Hand zu gehen, obwohl sie das doch der Bezahlung wegen gerne tun."[12]

1587 "beschweren sich die Windecker Juden in Hanau, daß der Keller seit drei Wochen allen Bürgern bei Strafe untersagt, den Juden, denen ihr Gesetz verbietet, an Feiertagen Feuer und Licht anzuzünden, diese Dienste wie bisher zu leisten. ... Die Juden berufen sich auf ihren Schutz und erklären, daß es doch dem christlichen Glauben nicht zuwider sein kann, anderen zu helfen... Auf Anfragen berichtet der Keller den hanauischen Räten dazu am 10. August (1587), daß der Schultheiß und er tatsächlich den Bürgern untersagt haben, den Juden am Sabbath zur Hand zu gehen, wozu sie 'furnemlich bewegt hat Gottes wort', wie es der Pfarrer vielfach von der Kanzel verkündet hat. Zudem gibt es heillose Leute, die es nicht bei den Handreichungen belassen, sondern mit den Juden 'freßen, sauffen, tanzen undt spielen' und, wenn kein Spielmann da ist, doch auf einer 'pfanden zu raßlen pflegen'. Übertretern des Verbots ist lediglich der Entzug von Wasser und Weide in Aussicht gestellt, keineswegs aber mit der Verweisung aus der Stadt gedroht worden, die nur die Herrschaft selbst verfügen kann.

Der Keller meint, es werde den Juden nicht nachteilig sein, Licht und Feuer am Sabbath selbst zu unterhalten, und der christliche Glaube lehre nicht, daß man den ärgsten Feinden Christi bei ihrem abgöttischen Wesen behilflich zu sein hätte.

Als er krank und deswegen zu Hause war, hat er von der Oberstube der Kellerei aus, von wo man in die Judengasse sieht, selbst beobachtet, daß man am diesjährigen Johannistag, der auf einen Sabbat fiel, Christen den eigenen Festtag mißachtet, die Predigt versäumt und den Juden gedient haben. Der Entfernung wegen konnte er allerdings auch keinen so erkennen, daß er namhaft zu machen wäre. Er bittet, es bei seinen Verboten zu lassen und den Juden 'kein luft' zu geben...".[13]

Der Kirchenrüger

In diesem Zusammenhang wurde auch "das schöne Institut der Kirchenrüger"[14] geschaffen. Was ein solcher Kirchenrüger alles dem Presbyterium in Windecken meldete, geht aus einem Aktenstück der Pfarrei Windecken aus dem Ende des 17. Jahrhunderts hervor. Der Historiker Zimmermann kommentiert dazu, "es zeigt sogleich die Bildungsstufe des Angebers."[15]

"...'den 15. April dem Zimmermann Caspar Reuel sein frau

unter Sonntags morgen pretig über die gaß gegangen. Eben Sonntags den 15. April unter der morgen predig dem Eyßen Judt seine maagd zum zweyten mahl in der Juden gaß herum gelaufen in deme sie gesprochen, ich hätte ihr nichts zu befehlen. Eben diesen Sonntag unter der morgen predig der Sylvestern berkarlin ihr zweyter Sohn andres genannt durch die juden gaß gelaufen komen und hinten zu des Isacc franzen hauß hinein gelaufen, bekenne.' (Name des Angebers folgt.)
Wenn die Juden sich nicht der Aufsicht des Presbyteriums und dem Rechte der Kirchenrüger, ihre Häuser am Sonntag zu besuchen, fügen wollten, so rief man die weltliche Obrigkeit zum Schutze der Kirchenordnung an. Doch die Amtleute waren oft ungehalten über die ständigen Plackereien und gingen nicht immer gegen die Juden vor. Wiederholt finden sich in den Presbyterial-Protokollen Randglossen wie: 'Ach es mangelt, Gott erbarms, an der Execution!' oder: 'Bei der Kanzlei ist langweilig Ding, es geht darin nichts fort!' und dergleichen mehr."[16)]

Bekehrungsversuch an den Juden 1601

Im Zusammenhang mit der Auseinandersetzung um die Wiedereröffnung der Synagoge gab ein kurpfälzischer Rat im Februar 1600 an den Grafen von Hanau die Empfehlung, die Wiedereröffnung der Synagoge mit der Auflage zu gestatten, daß "wöchentlich oder monatlich dazu qualifizierte Theologen mit den Rabbinern und Kabbalisten über Christus und Messias disputieren sollen".[17)]

Das reformierte Konsistorium riet in diesem Zusammenhang 1601 dazu, ein Gutachten des Engländers Hugh Brougthon einzuholen.[18)] Hugh Brougthon (1549-1612) war ein vorzüglicher Kenner der hebräischen Sprache und der jüdischen Religion und genoß deshalb in verschiedenen europäischen Staaten Anerkennung bei Christen und Juden.[19)]

Auf Befehl des Hanauer Grafen Philipp Ludwig II. wurde im Jahre 1601 eine Zwangsdisputation durchgeführt, die der Bekehrung der Windecker Juden dienen sollte. Aus dem Bericht von Johann Adam Bernhard aus dem Jahre 1750 ist von diesem Religionsgespräch zwischen Pfarrern und Rabbinern folgendes bekannt:
"Der erste Schritt, den Graf Philipp Ludwig II., nachdem er zur Regierung gelangt war, zur Verbesserung seines Landes unternahm, war, daß er sich bemühte, den Juden Neigung zur christlichen Religion beizubringen, welche sich auf Sicherheit des Eigentums, auf Liebe gegen sich selbst und gegen seine Nebenmenschen gründete. Hugo Broughton, ein durch seine Schriften und hebräische Sprachkunde bekannter Engländer, hielt sich zu der Zeit bei dem Grafen auf, der ihn dazu erwählte, dieses Bekehrungsgeschäft auszuführen. Zugleich ließ der Graf den Prediger zu Dorheim, Johann Wild, den Georgicus Fabricius zu Windecken und Georg Schedel zu Bruchköbel als die geschicktesten Theologen im Lande berufen.
Auch die Juden zu Windecken wurden eingeladen, bei der angesetzten Zusammenkunft zu erscheinen und ihnen dabei an die Hand gegeben, noch zwei oder drei der besten Rabbiner von Frankfurt mitzubringen. Die Unterredung sollte im Dezember und zwar ganz in der Stille, ohne daß man viel Geschrei davon machte, vor sich gehen.
Das Gespräch wurde auch wirklich am 8. Dezember 1601 in Gegenwart des Grafen mit einer zweckmäßigen Feierlichkeit eröffnet und der Anfang mit einer Rede und mit feierlichem Vortrag der Hauptpräposition gemacht, wobei man den Text zu Grunde legte: 'Des Weibes Same wird der Schlange den Kopf zertreten.'

Indessen blieb das alles nur ein frommer Wunsch, da sich die Juden nicht (zum Christentum) bekehren lassen wollten, sondern bei ihrer Erklärung nach der Vorschrift des Abarbanels beharrten. (Don Isak ben Juda Abarbanel * in Lissabon 1437, + in Venedig 1509) war einer der bedeutensten Juden Spaniens, der, wie fast alle seine Glaubensgenossen, die Landesverweisung der Bekehrung zum christlichen Glauben vorzog.)
Man war zuletzt der weiseren Meinung, den Juden ihre Religion zu lassen und dafür ihre äußerliche politische Verfassung umzuschaffen."[20)]

Prediger hetzten gegen die Juden

Im Jahre 1627 wandten sich die hanauischen Juden an die Juden von Wien; diese führten beim Kaiser Ferdinand II. Klage darüber, daß man den Juden dort verbiete, sonntags auszugehen etc. und zwar, wie es in dem Bittgesuch heißt, verursacht durch die dortigen Prediger, die in all ihren öffentlichen Sermonen und Predigen gegen die Juden so vergiftet seien, daß sie keinen Abscheu hegen zu verkünden, daß die Kriegsereignisse göttliche Strafe sind, weil die Juden zu Hanau und auch an anderen Orten des Reiches geduldet werden.[21)]

Kaiser Ferdinand II. wandte sich daraufhin am 13. Juli 1627 an den Grafen Philipp Moritz zu Hanau und teilte ihm mit, daß sich die Judenschaft seines Gebietes heftig beklage, weil ihr ihre Gassen an Sonn- und Feiertagen derart versperrt würden, daß sich kein Jude der Gefahr aussetzen könne, diese zu verlassen und daß allerhand gefährliche Reden von den genannten Personen gegen sie ausgesprengt werden. Weiterhin erteilte der Kaiser den Befehl, daß der Graf uneingeschränkt verfüge, daß die in

Im Jahr 1601 fand auf Anordnung des Grafen Philipp Ludwig II. von Hanau ein Religionsgespräch statt, um die Windecker Juden zum Christentum zu bekehren. Holzschnitt 1483

Spott bei den Juden über den Sohn eines getauften Juden in Windecken

1546 wird in einer Urkunde erwähnt, wie Spott gegen einen Juden in Windecken getrieben wurde, dessen Vater sich angeblich hatte taufen lassen. Das Symbol des Spottes sind Glocken, wie die Christen sie haben.
Der Jude Salmon beschwerte sich u.a.: "Die Juden haben in ihren Häusern Glocken angebracht und, wo immer Salmon aus- oder eingegangen ist, geläutet und "Heylmann" gesungen, als sollte sein Vater, der Heylmann hieß, "sich getaufet haben und lig under der Christen glocken". [28)]
Die Folge dieser Beschwerde war, daß die Windecker Judenschaft wegen des zu "schande und schmahe" des christlichen Glaubens erfolgten Läutens und Singens zu einer Strafe von 400 fl. verurteilt wurde.[28a)]

Windecker Juden versteckten Sohn eines getauften Juden

Aus dem Jahre 1605 ist folgender Vorfall überliefert: Der getaufte Jude Christian Gerson (1567 - 1622) fand nach fünfjähriger Suche seinen Sohn in der Judengasse in Windecken. Seine Frau hatte sich nicht taufen lassen wollen, den gemeinsamen Sohn hatte sie bei Verwandten in der Windecker Judengasse versteckt, um seine Taufe zu verhindern. Mit Hilfe des Grafen Philipp Ludwig konnte der jüdische Konvertit Christian Gerson seinen Sohn zurückbekommen.[29)]

seinem Gebiet wohnhafte Judenschaft gegen ihre Privilegien nicht beschwert und keine Gelegenheit zur Aufwiegelung des gemeinen Volkes - wie zahlreich an anderen Orten geschehen - gegeben - werde bei diesen ohnehin gefährlichen Zeiten...[22)]

So nahm Kaiser Ferdinand II. mit klaren Worten Stellung gegen die Prediger, die Judenhetzen organisierten, und trat für die Rechte der Juden ein.[23)]

Von Zimmermann ist weiter zu erfahren: Es ist "zutreffend, daß die Hanauer Prediger gegen die Juden eiferten, nicht bloß 1627, sondern auch später; in der ersten Hälfte des 17. Jahrhunderts forderten sie fast unausgesetzt, besonders aber in der Osterzeit, die Juden zur Bekehrung auf, ohne viel bei ihnen zu erreichen."[24)]

Taufen

Einzelne Bekehrungen zur Christenheit wurden bei der allgemeinen Erfolglosigkeit dieser Versuche besonders hervorgehoben. Die sehr seltenen Taufen von Juden wurden deshalb mit umso größerem Aufwand zelebriert.

Taufe einer Jüdin in Windecken im Jahre 1556
Im Jahre 1556 fand in Windecken die Taufe einer Jüdin statt. Ihr Name oder näheres zu ihrer Person sind nicht bekannt, lediglich ihr neuer christlicher Name "Helena", "der gewesenen Jüdin", wird genannt.
In der Urkunde heißt es:
"Diese nachbezeichneten Personen sollen uf Montag, den 4. November 1556 das Judenmaidlein neben und mit der durchlauchtigten hochgeborenen Fürstin und Frauen 'Helena' geb. Pfalzgräfin bei Rhein, Herzogin zu Bayern, Grafen zu Hanau und Frauen zu Münzenberg meine geliebte Frau zur Christenheit und Tauff bringen
Item Dorfelden
Keller Jörg und seine Hausfrau
Der Cämmerer und seine Hausfrau, Cuntz Gasperger
Meister Philipp der Schneider und seine Hausfrau
Der Küchenmeister und seine Hausfrau
Reitz Steindecker seligen Witwe, samt ihrer Tochter Bastian Grubers Frau
Die Spechtin, Caspar Mauß seine Hausfrau,
Meister Hans der Schneider und seine Hausfrau
Summa: 17 Personen."

Weiter enthält die Urkunde ein "Verzeichnis der Goten (Paten) für Helena, der gewesenen Jüdin" mit insgesamt 68 Personennamen.

Über den Verlauf der Taufzeremonie wurde berichtet: "Am vorgenannten Montag, den 4. November 1556 sind diese jetztgenannten Personen mit meiner geliebten Frau, auch den edlen und ehrenfesten Engelbert Halbern, Oberamtmann, Dorothea von Oberkirch, seiner Hausfrauen, desgleichen Amtmann, Schultheiß, Bürgermeister und Rats zu Windecken erstlichen im Schloß und dann miteinander in der Kirche erschienen und das Judenmaidlein zum christlichen Glauben und Taufe solomiter (aufs Feierlichste) und herrliche Hilfe bringen und confirmieren. Auch einen christlichen Namen = Helena geben und taufen lassen. Gott der Allmächtige will das zur Pflanzung und Mehrung der Christenheit und bevor zu Lob und Ehr und Preiß seines göttlichen Namens in einen rechtschaffenden Glauben und wahrer Liebe gegen Gott und den nächsten hier zeitlich in diesem Jammerthal und nachdem bei ihm in seinem göttlichen Reich mit allen Auserwählten und Christgläubigen einiglich erhalten. Amen."[25)]

Taufe einer Jüdin in Windecken im Jahre 1718
Von einer weiteren Taufe eines jüdischen Mädchens berichtet der Historiker Zimmermann:
"Die am 8. November 1718 zu Windecken stattgefundene Taufe eines fünfzehnjährigen jüdisches Mädchens 'zu Sickstoll im Oberland geboren' gestaltete sich sogar, durch die Teilnahme des gräflichen Hofs zu einer imposanten Feier. Die neue Christin, welche '33 Wochen im Catechismo und Christentum informieret' wurde, erhielt die Namen Johanna Friederika Charlotta Christina Windeckerin. Taufzeugen waren: Graf Johann Reinhard von Hanau, Gräfin Dorothea Friederika von Hanau, geb.Prinzessin von Preußen, Gräfin Witwe Charlotta Wilhelmina von Hanau, geb. Prinzessin von Sachsen, Erbprinzessin Charlotta Christina Magdalena Johanna von Hessen-Darmstadt, geb.Gräfin von Hanau, Gräfin Franziska Albertins von Hanau, Graf Philipp Karl von Erbach und Breuberg und Freiherr Johann Georg Seiffert von Edelheim."[26)]

Rettung einer jüdischen Familie durch die Taufe
Die Kirchenbücher des Freigerichts berichten, daß am 8. September 1745 eine fünfköpfige jüdische Familie zum katholischen Glauben übertrat und den Familiennamen Siegfried annahm. Die Familie war erst Tage zuvor aus Windecken geflüchtet. Warum die Familie aus Windecken flüchten mußte, ist nicht bekannt, aber es ist anzunehmen, daß sie die Taufe als letzten Ausweg in ihrer Situation sah.[27)]

Johannes Pfefferkorn und die Konfiskation hebräischer Schriften im Auftrag des Kaisers im Jahre 1509 und die Windecker jüdische Gemeinde

Die Windecker Juden spielten eine besondere Rolle im Zusammenhang der religiösen Verfolgung durch Johannes Pfefferkorn.

Zu Beginn des 16. Jahrhunderts waren alle jüdischen Gemeinden großen religiösen Verfolgungen und Unsicherheiten ausgesetzt:

Im Jahre 1509 erließ Kaiser Maximilian eine Verfügung, deren Ziel die Vernichtung des gesamten jüdischen Schrifttums war. Man sah in der Vernichtung aller jüdischen Lehrbücher, deren Inhalt niemand der Nicht-Juden genau kannte, den endgültigen Triumph der göttlichen Wahrheit der Kirche. Dies war ein schwerer Schlag für die Juden, für die die Lehr- und Gebetbücher eine so wichtige Bedeutung haben, daß sie auch "das Volk des Buches" genannt werden. In der Verfügung hieß es: "...Wir Maximilian entbieten allen Juden, die in des Reiches Städten, Märkten und Gemeinden wohnen: Wir sind glaubwürdig unterrichtet worden, daß ihr in euren Synagogen und Bibliotheken etliche unbegründete und unnütze Bücher habt, die unseren Heiligen Christlichen Glauben schmähen und verspotten... Wir haben daher... Johannes Pfefferkorn ...beauftragt, alle eure Bücher zu prüfen."[30]

Johannes Pfefferkorn war ein zum Christentum übergetretener Jude, der nur geringe Kenntnisse der hebräischen Sprache und des Talmuds hatte. Er wurde zum Todfeind seiner alten Glaubensgenossen. Seine "Prüfungen" begann Pfefferkorn im Herbst 1509 in Frankfurt, deren Ziel die Wegnahme der Bücher, "die Mutter aller ihrer (der Juden) Bosheiten". Pfefferkorn konfiszierte alle in der Synagoge befindlichen Bücher - 168 an der Zahl. Der Mainzer Erzbischof konnte dieses Treiben gegen die Juden vorläufig unterbrechen. In ihrer Verzweiflung schickte die jüdische Gemeinde Frankfurt einen Boten "durch ganz Deutschland in alle Landschaften, damit sie zum bestimmten Tage, Mitte Cheschwan (29. Oktober 1509) zu uns kämen, zu berathen, was zu thun sei...".[31]

Auch die jüdische Gemeinde Windecken erreichte die Aufforderung zur gemeinsamen Beratung wegen Johannes Pfefferkorn mit folgendem Wortlaut:

"Gott, bei dem wohnt das Licht, führe uns aus der Finsternis zum Licht, jetzt, da uns heimsucht Not und Strafgericht; ja heute ist nicht der Tag zu einem Festbericht. Ach und Weh über den Einbruch und das Klagegeschrei, das in unsere Burgen gekommen! Nachdem der abtrünnige Pfefferkorn gekommen und eigenhändig die Abschrift eines Schreibens von unserem Herren, dem Kaiser überbracht hat, daß er uns alle Gebet- und Andachtbücher, Fest- und Bußgebete und alle auf die mündliche Lehre bezüglichen Schriften wegnehme dürfe, so daß nur noch die fünf Bücher der Lehre, die Propheten und die Hagiographen, welche das schriftliche Gesetz bilden, bleiben sollen... Uns so thaten sie hier in Frankfurt, am Freitag, dem Rüsttage zum Hüttenfeste, und nahmen uns die erwähnten Bücher in der Synagoge fort und noch ist seine Hand ausgestreckt, die in unseren Häusern befindlichen Schriften desselben Inhalts an sich zu nehmen.

Offenbar ist es die Absicht des Abtrünnigen (Pfefferkorn), uns in schlechten Ruf zu bringen, indem er behauptet, er hätte in jenen Büchern Stellen gegen ihre (der Christen) religiösen Lehren und gegen ihren Glauben gefunden. Wir aber wollen einstehen für unser Leben, denn es ist zu befürchten, daß er vor unserem Herren, dem Kaiser, die Vollmacht haben möchte, Hand anzulegen, auch an unser Leben, und das wäre ein Dekret von unerhörter Härte und Grausamkeit. Indem ich diese Zeilen unter Tränen niederschreibe, kann ich den Sachverhalt nicht, wie er ist, darlegen, sondern nur den hunderdsten Teil desselben, wie euch der Bote berichten wird. Darum haben wir eben diesen zum Überbringer unseres Schreibens bestimmt, damit ihr eilig und eifrig uns zur Seite steht, denn schon dringen die Wasser uns ans Leben.

So sendet denn eurerseits zu uns nach Frankfurt kluge und verständige Männer, einen jeden mit Vollmacht versehen von seiner Gemeinde... Dann wollen wir gemeinsam beraten... und beschließen, kräftig gegen seine böse Absicht einzuschreiten, und Gott wird unsere Hilfe sein. Bleibet nicht fern, sondern bereitet euch vor, hier... bei uns zu sein...".[32]

Der Tagungstermin wurde auf den 6. November 1509 verschoben. Zu dieser Zeit fand die Tagung in Frankfurt statt, doch nicht in der erwarteten Größenordnung: von den etwa 30 eingeladenen Judenschaften waren nur wenige Judenschaften anwesend,[33] darunter Worms, Gelnhausen, Friedberg und Windecken. Die jüdische Gemeinde Windecken war also in dieser wichtigen Stunde der Bedrohung zu einer gemeinsamen Abwehr der Juden vertreten.

Mit dem Nichtgelingen dieser Tagung wurde eine historische Chance einer gemeinsamen einheitlichen Reaktionen aller Juden im Reich vertan. Nach diesem Mißerfolg[34] schrieb die jüdische Gemeinde Frankfurt an einige abwesende Gemeinden einen langen Brief. Daraus einige Auszüge: "...Sehet! Unsere Hand ist ermüdet und unsere Kraft erlahmt bei den Versuchen, die Gesamtheit immer wieder in dieser Angelegenheit, die der ganzen Glaubensgemeinschaft ein schweres Joch auflegt, zu verwarnen. Denn niemand hat es sich schwerer zu Herzen genommen. Gebe Gott, daß wir es nicht mehr nötig haben und wir nicht mehr gezwungen seien, jemanden zu Hilfe zu rufen... und wir diesmal allein den Löwen, der ganz Israel bedrohte, verscheucht haben... Denn was die Nachbargemeinden in der Nähe und Ferne angeht (also auch Windecken - d. V.) ... so haben sie, als sie bemerkten, daß Ihr Euch zurückzoget... erklärt, daß sie nicht mehr vermöchten als Ihr ...

... da die Stunde so sehr drängte und es Zeit war, für Gott zu wirken, waren wir genötigt, für eine baldige Zusammenkunft der Gemeinden Vorkehrungen zu treffen und es unterliegt keinem Zweifel, daß, wenn diese stattgefunden hätte, die Beschuldigungen widerlegt und eine Menge von Verbesserungen getroffen worden wären ... durch Euer Fernbleiben konnte einer nicht zum anderen kommen, ein jeder tut, was ihm allein recht dünkt, und baut für sich einen besonderen Altar. Möge Gott 'das Krumme wieder gerade machen'.....

Der Hüter Israels hüte unseren Überrest, auf daß man von keinem Feinde höre und kein Einbruch und kein Klagegeschrei in unseren Straßen sei...".[35]

Im Mai 1510 erließ der Kaiser ein Mandat, der Frankfurter Rat werde angewiesen, den Juden sämtliche beschlagnahmten Bücher zurückzugeben.[36]

Die Hanauer Grafen und die Juden im 17. und 18. Jahrhundert

Die Judenordnung von 1603

Bei Aufnahme in den Schutz der Grafschaft mußten die Juden "bey ihrem jüdischen eydt angeloben und zu gott dem allmächtigen schwören, daß sie unsern Seeligmacher und erlosßer jesum Christum, noch sonsten unsere Christliche Religion und Bücher des neuen Testaments, weder in ihren zusammenkünften, noch sonsten allein in ihren privat Haußern, in reden, lesen, gesängen, gebeten schmähen oder lästern, so dann keine andere Bücher als Mosis und der Propheten, samt ihren gemeinen gebeten, so zu dem ende wir durchstehen laßen wollen, in ihren versammlungen gebrauchen, auch zu hauß keine bücher, darinn einige lästerung zu finden, bey sich wißen sollen noch wollen, ohne arglist, da auch eine oder noch wörter in demselben sich befinden, so in eim mißverstand, als wann sie etw lästerung in sich tragen solten,gezogen werden könnten, sollen dieselbe Wörter durchstrichen oder außgethan werden."[1] Im Anschluß folgten in 22 Punkten die Pflichten der Juden:

Pflichten:
1. Leistung des oben beschriebenen jüdischen Eides.
2. Bei Aufnahme in den Schutz soll der Abschiedsbrief des vorigen Wohnortes vorgelegt werden, aus dem das Wohlverhalten abzulesen ist. Bei dem jüdischem Eid muß der Jude sein Vermögen anzeigen.
3. Die Juden und ihre Erben sollen der Grafschaft Hanau "getreu, hold, gehorsam und gewertig" sein geloben.
4. Sie sollen sich an die verschiedenen Rechte halten.
5. Die Juden sollen sich auf unseren hohen Festtagen und an den Sonntagen und anderen Feiertagen, besonders an den Osterfeiertagen in ihren Gassen halten und unseren Unteranen kein Ärgernis geben, vielweniger an denselben Tagen keinerlei Arbeiten tun
6. "bey dem einfältigen mann sollen sich die Juden alles disputierens, oder von religions sachen zu reden und einigen Christenmenschen zu ihrer superstition zu ziehen, durchaus sich enthalten."
7. "Und darum... sollen ihnen keine Christen oder Christinnen zu stettigen Hauß dienen, oder dienstbotten, wie auch am sabbath oder festtagen in ihren versammlungen keinen Hanauischen unterthanen die lichter und amplen anzuzünden und zu putzen, oder dergleichen dienst thun zu gebrauchen, vergönnt seyn."
8. Damit die Juden "darum desterbaß von dem einfältigen mann mögen erkannt und gemieden werden, soll ein iedweder Judt oder Jüdin, iung oder alt, an ihren mäntlen einen gelben ring tragen."
9. In Strafsachen sollen die Juden den gewöhnlichen Gerichten unterstellt sein, in bürgerlichen Rechtsfällen unter Juden können sie zunächst die Entscheidung des Rabbiners einholen, welches jedoch die Beschreitung des Rechtsweges nicht ausschließt. Kultus und Ritus betreffende Streitfragen entscheidet der Rabbiner, der auch die Befugnis hat, den ungehorsamen Teil in den Bann zu tun.
10. Ehescheidung ist nicht gestattet.
11. Juden müssen Zuzugsgeld zahlen.
12. Juden können frei abziehen, müssen Abzugsgeld zahlen.
13. Juden, die bauen, sollen 10 Gulden Schutzgeld zahlen.
14. Grund und Bodenzins für Häuser muß gezahlt werden.
15. Juden müssen Geld zur Schatzung geben.
16. Juden müssen der Stadt jährlich 20 Gulden geben für jedes Haus, damit die Bürgerschaft "den Juden in kriegs, feuers und andere noth mitleidentlich beyspringen, sie schützen und schirmen sollen".
17. An jedem Neujahrstag sollen die Juden in der Kanzlei zu Hanau 6 Reichstaler abgeben.
18. Alle drei Jahre müssen die Juden ihre Schutzbriefe erneuern.
19. Weil die Juden "auch fast aller beschwerungen frey und deren andere unsern unterthanen unterworfen, sollen ... sie ... sich um eine genannte Summe gelds mit uns vergleichen".
20. "Ihre gassen, pforten und mauren sollen sie ohn unser beschwernuß allein zu halten."
21. "damit auch in feuersnoth sie mit aller bereitschaft gefaßt seyn mögen, so sollen und wollen iedweder Jud zu steueren inzug drey ledern eymer, zween den stätten und einen in ihre gaße machen zu laßen verbunden seyn".
22. "wenn ein brand außgehen würde, sollen und wollen sie nicht in ihren häußern bleiben, sondern den Bürgern und anderen treulich und fleißig beholfen seyn, ohne unterschied der tag und sabbaths."

Das waren die festgelegten Pflichten der Juden, nun folgen in 15 Punkten ihre Rechte, damit "die hauptstück ihre ceremonien und religion betrefend ungeändert bleiben, die Juden also würcklich und in der that nachsetzen, soll ihnen ferner in gnaden folgendermaßen begegnet werden."

Rechte:
1. "Wir wollen die Juden auch für aller unbilligen gewalt gleich anderen unseren bürgern und unterthanen schützen, schirmen und verteidigen."
2. Zum anderen wollen wir ihnen allerlei billige, aufrichtige und im Heiligen Reich verbotene Hantierungen und Handwerk zu treiben, ebenso zu kaufen und zu verkaufen, erlauben und zulassen.
3. Der Handel mit Seidenwaren und Wollgewändern wird erlaubt.
4. Der Handel mit Gold, Silber, Perlen und Edelgestein ist erlaubt.
5. Handel mit neuen und alten Kleidern ist erlaubt.
6. Der Handel mit Pferden, Rind und anderem Vieh, groß oder klein, steht frei, desgleichen mit Häuten zu handeln, zu tauschen, zu kaufen und zu verkaufen.
7. "geben wir den Juden dieße freyheit, daß sie mit wein und allerley früchten... handeln, kaufen und verkaufen." Auch Lebensmittelhandel ist erlaubt.
8. Juden dürfen nach ihren Gesetzen schlachten und die nicht koscheren Teile verkaufen, allerdings nicht außerhalb der Grafschaft.

9. - 13. Es wird den Juden gestattet, Geld auszuleihen, doch dürfen sie nicht über 12 % Zinsen nehmen, Darlehen über 10 Gulden müssen in der Kanzlei eingetragen werden, die Zinsen sind jährlich zu entrichten, das Kapital in drei Jahren zurückzuzahlen.

14. "wollen wir den Juden eine zusammenkunft, allda sie ihr gebet in einer stuben nach erforderung ihres gesetzes oder wo es am füglichsten wäre, zu thun, zu laßen, also daß sie an einem besonderen orth ihre feyertage und begrabnuß zu halten, wie auch nicht weniger ein kaltbad haben mögen,desgleichen ihn auch freystehen soll, ihre söhne nach sechs tagen zu beschneiden, Rabbiner und schulmeister auß der Judenschaft anzunehmen, die iugend nach ihrem gesetz lehren zu laßen und zu dem ende ein schulbehaußung darzu ihnen und ihren erben zu gebrauchen hiermit erofnet und erlaubet haben."

"so geschehen den 28ten monats Decembr. im iar als man zehlt nach der geburt unsers einigen erloßers 1603."[2]

Die Judenordnung von 1603

Graf Philipp Ludwig der II. von Hanau-Münzenberg erließ im Dezember 1603 eine Ordnung, in der die Rechte und Pflichten der Juden geregelt waren.
Diese "Judenstättigkeit" war für die Juden in vielen Beziehungen günstig, obwohl keine wesentlich veränderten Verhältnisse geschaffen wurden, auch ihre gesellschaftliche Stellung blieb die gleiche wie früher.
Im Rahmen seiner neuen Politik den Juden gegenüber versuchte der Graf, viele wohlhabende Juden in die Stadt Hanau zu ziehen. Er war daran interessiert, daß "Juden durch ihr Kapital, ihre Konkurrenz und ihre weit verzweigten Handelskontakte die inländische Wirtschaft belebten und den Export förderten. Sein Bestreben ging auch dahin, die Einnahmen für die territoriale Finanzverwaltung nutzbar, das heißt berechenbar zu machen, was bei einzelnen persönlichen Schutzbriefen schwieriger war."[3]

Er war der erste der Hanauer Grafen, der systematisch daran ging, für die Juden in seinem Gebiet solche Lebensbedingungen zu schaffen und ihre Existenz rechtlich so zu untermauern, daß sie sich sicher fühlen konnten und nicht der bloßen Willkür ausgesetzt waren.[4]

In Hanau wies der Graf in seiner Judenordnung den Juden so wie in Windecken eine eigene Gasse zu und gestattete alle notwendigen religiösen Einrichtungen wie Synagoge, Friedhof, Mikwe, Beschneider, Religionslehrer und einen Rabbiner. So verlor Windecken als Hauptort der hanauischen Judenschaft seine Mittelpunktsfunktion, die es mehr als dreihundert Jahre für das jüdische Leben im Hanauischen hatte. Auch die Windecker Synagoge hatte mit dieser Judenordnung nur noch regionale Bedeutung.

Schutz des Rabbiners Mannus 1603

Im Herbst 1603 hatten sich anläßlich der Herbstmesse alle Rabbiner und die Gemeindeoberen versammelt und hatten versucht, "eine Art organisatorischer Verbindung der deutschen Judenheit herbeizuführen."[5] Die Versammelten setzten eine umfangreiche Urkunde ihrer Beschlüsse auf. Diese Versammlung und ihre Beschlüsse erregten in ihrer Zeit erheblichen Anstoß, "eine Rabbinerverschwörung" wurde von kaiserlicher Seite befürchtet, eine "quasi staatliche Organisation der Juden".[6] Eine kaiserliche Kommission aus geistlichen und weltlichen Räten des Kurfürsten von Köln und des Kurfürsten von Mainz wurde nach einer Denunzination im Juni 1606 eingerichtet, die gegen sämtliche jüdischen Gemeinden und ihre beteiligten Vertreter ermittelte wegen des Vorwurfs von Verschwörung und Majestätsbeleidigung.[7] Man hatte geplant, alle Juden vor diese kaiserliche Kommission zu laden, um Aussagen zu dieser Frankfurter Rabbinerversammlung von 1603 zu erhalten. Die Vernehmungen waren sehr ausführlich, "eine bedrohliche Situation wurde dadurch unterstrichen, daß man ein allgemeines Schweigeverbot auferlegte".[8] Die meisten Obrigkeiten gestatteten ihren Juden das Erscheinen, die Räte von Friedberg und Frankfurt hatten sogar Rechtsbeistände für ihre Juden mitgegeben.[9]

Graf Philipp Ludwig von Hanau verschleppte die Antwort auf die Vorladungen seiner Juden vor die kaiserliche Kommission, er ließ seine Juden nicht ausreisen und wies die Boten der Kommission "mit sonderbarem spott ganz schimpflich" ab.[10] Der Graf nahm sich der Hanauischen Juden entschlossen und tatkräftig an. Weit davon entfernt, ihre Gefangennahme durchzuführen oder zu erlauben, verbot er den Juden in seinem Gebiet, den Vorladungen der kaiserlichen Kommissare Folge zu leisten, da er deren Prozeßtätigkeit als Eingriff in seine Souveränität betrachtete.[11]

In dieser für die Juden bedrohten Situation schützte der Graf von Hanau besonders auch den in Windecken lebenden Rabbiner Mannus.
Dieser hatte, als er die Beschlüsse der Rabbinerversammlung unterzeichnete, in Hamm gelebt, und war "Obrister im westvälischen Creiß gewesen"[12], später lebte er in Windecken.

Durch den Bericht von Johann Adam Bernhard aus dem Jahre 1750 ist zu erfahren: "Am 27. Januar 1607 erhielt der Windecker Rabbiner Mannus von den Kurfürsten zu Mainz und zu Köln, die als kaiserliche Kommissare ernannt waren, eine Vorladung in die Stadt Bonn. Der Rabbiner konnte und wollte nichts in dieser Angelegenheit ohne Vorwissen seines Grafen und dessen Regierung tun und begehrte deshalb den Rat des Grafen. Rabbiner Mannus wies allerdings darauf hin, daß er keine Scheu trüge, so wie sonst auch an dem bestimmtem Ort zu erscheinen und seine Verantwortung zu tragen. Der Graf schrieb deswegen an beide Kurfürsten und 'suchte sie wegen seiner kayserlichen Privilegien auf andere Gedancken zu bringen' mit dem Versprechen, wo man über den Rabbi Mannus oder sonst einer seiner Schutzjuden insbesondere eine Klage hätte, wollte er den schärfsten Prozeß mit ihnen vornehmen, um die Wahrheit herauszufinden, und in diesem Falle dem Kaiser selbst anzuzeigen. Der Kurfürst zu Mainz antwortete, daß er den Brief an die subdelegierten Räte in Bonn gäbe.
Die Subdelegierten zu Bonn vergaßen indeß die hanauischen Juden nicht, sie schickten vielmehr die zweite Vorladung an den Rabbi Mannus und gaben ihm einen harten Verweis, daß er auf die erste Einladung zu Bonn nicht erschienen, sondern 'contumaciter' ausgeblieben sei. Sie melden, daß in dieser Sache der bestellte kaiserliche Fiscal deswegen einen Antrag auf Reichsverbannung des Rabbiners Mannus gestellt habe. Sie wollten ihn aber zum Überfluß noch einmal perentorie zitieren, in eigener Person am Donnerstag den 15. Mart. in der Stadt Mainz auf der Domherrenstube zu erscheinen. Bei seinem beharrlichen Ungehorsam aber erklärten sie den Rabbiner ipso facto in die Reichsacht.
Allein der Graf mit seiner Regierung hielt es auch diesmal nicht für ratsam, den Juden zu stellen. Sie wandten sich nochmals an die Kurfürsten zu Mainz und Köln, denen sie zu verstehen gaben, der Graf wäre dabei dem Kaiser selbst vorstellig zu werden."[13]

Diese Reaktionen irritierten die Kommission, und sie zögerte, mit dem Bann gegen die ausbleibenden Juden vorzugehen.[14] Der Prozeß verschleppte sich bis zum Frühjahr 1608 und die Kommission "versickerte" endgültig.[15]

Zuflucht beim Fettmilchaufstand

Schon im Mai 1612 schlugen die schon seit langem in Frankfurt schwelenden sozialen Spannungen zwischen Patriziern und Zünften in offene Aufstände um. Wortführer des Aufstandes war Vinzenz Fettmilch. Zwei Jahre zogen sich die Auseinandersetzungen zwischen dem Rat der Stadt Frankfurt und den Zünften hin, sie waren zunehmend von Ausschreitungen gegen die Juden Frankfurts begleitet.

Im August 1914 überfielen Angehörige der Frankfurter Bürgerschaft die Judengasse in Frankfurt mit dem Ruf: "Plündert die Judengasse!" Die jüdischen Männer verteidigten die Judengasse mehrere Stunden lang und errichteten hinter den Toren Barrikaden aus Fässern, Bänken und Steinen, die Frauen und Kinder flohen auf den Friedhof. Nach einem mehrstündigen Kampf überlisteten die Angreifer die Juden und drangen in die Judengasse ein. Während alle Juden auf den Friedhof flohen, wurde

Zuflucht der Familie Schnapper in Windecken, deren Nachfahre die Stammutter der Rothschild-Dynastie wurde

Auch die ursprüglich aus Windecken stammende Familie Schnapper fand vermutlich während des Fettmilchaufstandes Zuflucht in Windecken.
Das Stammbuch der Frankfurter Juden von 1907 dazu: "Bei der Vertreibung der Juden aus Frankfurt 1614 scheint die Familie (Schnapper) mit der ihrem Stamme eigenen Anhänglichkeit und Klugheit ihren alten Wohnsitz in Windecken wieder aufgesucht zu haben."[23] In der Frankfurter Judengasse ist die Familie Schnapper erst ab 1700 wieder nachweisbar.
Die Familie Schnapper wurde in der Judengasse Frankfurt "Winnig" und "Winig" genannt,[24] dieser Name war die "Verketzerung"[25] des früheren Herkunftsortes Windecken der Familie Schnapper. "Wineg" wird an anderer Stelle auch als eine altjiddische Form des Ortsnamen Windecken erklärt.[26]
Der im Jahre 1530 genannte "Slom (Salomon) von Winneck um Spiegel" war der Sohn des "dicken Meier von Winneck".[27]
Eine der Nachkommen dieser Familie Schnapper war Guttle Schnapper, die 1753 geboren, 1770 den Münzhändler und Wechsler Mayer Amschel Rothschild heiratete. Sie wurde die "Stammutter der Rothschilds", die Mitbegründer und Teilhaber des internationalen Bankgeschäftes.[28] "Guttle Schnapper war eine einfache, bescheidene und sehr häusliche Frau, die ihrem Gatten in glücklicher Ehe 10 Kinder schenkte, fünf Söhne und fünf Töchter. Haushalt und Erziehung dieser zehn Kinder füllten ihr Leben aus, sie hat Zeit ihres Daseins niemals die Frankfurter Judengasse verlassen und blieb bis zu ihrem Tode in dem Haus wohnen, in dem sie den Aufstieg ihrer Familie erlebte."[29]
Sie starb 1849 im hohen Alter von 95 Jahren, ihr Grab befindet sich auf dem jüdischen Friedhof in der Rat-Beil-Straße (Block 3, Reihe 8 im Familiengrab Schnapper) in Frankfurt.

Guttle Rothschild (1753 - 1849), die Stammutter der Rothschild-Dynastie. Sie stammte aus der Familie Schnapper, die ursprünglich aus Windecken kam und dort auch während des Fettmilchaufstands 1614 in Frankfurt vorübergehend Zuflucht fand.

die Gasse geplündert, alles Hab und Gut mitgenommen oder zerstört. Als die Ausschreitungen in die Stadt Frankfurt überzugreifen drohten, wurde die Plünderung der Gasse nach 13 Stunden durch bewaffnete Bürger beendet. Alle 1380 jüdischen Personen mußten am folgenden Tag Frankfurt verlassen und zogen in umliegende Ortschaften wie Höchst, Offenbach und Hanau.[16]

Johann Adam Bernhard berichtet 1758 aus hanauischer Sicht:[17]
Schon 1613, als das Unwetter gegen die Juden schon heraufzog, hatte die Hanauische Judenschaft für etwa 50 jüdische Familien aus Frankfurt um Aufnahme in der Stadt (Hanau) und dem Land Hanau gebeten. Dieses Gesuch wurde aber abgeschlagen. Die Juden wiederholten ihr Gesuch und bekamen die gleiche Antwort. Als die Unruhe in Frankfurt vollends außbrach, wagten es die hießigen Juden nochmals, 'für ihre beschnittenen Brüder' um einen zeitlich begrenzten Aufenthalt zu bitten. Sie erhielten die Erlaubnis für einige Tage, weiter aber nicht. Mit mehreren Eingaben brachten es die hanauischen Juden endlich so weit, daß verschiedene aus Frankfurt ausgetriebene Familien die Aufnahme in den Schutz bekamen. Da sich dabei aber zu viele andere mit einschlichen und die Juden sich sehr häuften, wurde denen, die nicht wirklich aufgenommen waren, am 28. September 1614 auferlegt, den Wanderstab weiter fortzusetzen. Am 30. September wurde dies schriftlich bekannt gegeben: 'Von denen auß Franckfurt unversehns vertribenen Juden, welchen die Hoch- und Wolgeborne unsere gnädige herrschaft zu Hanau Münzenberg damals auf etliche wenige wochen im land sich aufzuhalten auß gnaden vergönnet, (sollen) sich biß zu eingang der nechstkünftigen Ostermeeß in der grafschaft, iedoch allein zur herberg, ohne einigen handel, gewerb oder partirung, auf- und in allem eingezogen und geleidlich zu verhalten.'[18] Windecken hatte 60 Menschen, die aus Frankfurt vertrieben worden waren, aufgenommen.[19]

Der Sturm auf die Judengasse hatte zu einem entschiedenen Eingreifen des Kaisers geführt. Im September 1914 wurde über Vinzenz Fettmilch die Reichsacht verhängt, der Aufstand brach zusammen. Im Frühjahr 1616 wurde er nach einem langen Prozeß mit anderen Aufständischen öffentlich hingerichtet.[20] Im Februar 1616 wurden die zwei Jahre zuvor gewaltsam vertriebenen Juden unter kaiserlichem Schutz wieder nach Frankfurt zurückgeführt. Um ähnliche Übergriffe für die Zukunft zu vermeiden, ließ der Kaiser an den drei Toren der Frankfurter Judengasse Schilder mit dem kaiserlichen Wappen und der Inschrift 'Kaiserliche Majestät und des Heiligen Reiches Schutz' anbringen.[21]

Schwur der Juden auf den Hanauer Grafen 1713

Als im Jahre 1713 der Graf zu Hanau, Johann Reinhard, seine Regierung antrat, fand für alle Bürger und Untertanen der Stadt und des Amtes Windecken eine feierliche Huldigungszeremonie statt. Nach diesem "Huldigungs-Acta" hatten die "Juden untherm Rathauß an einer langen Tafel ebenfalls geschworen".[30]

Die "Hanauische Judencapitualation" von 1738

Die von Graf Philipp Ludwig II. 1603 erlassene Judenordnung war Grundlage für alle seine Nachfolger.

Allerdings schränkten nachfolgende Judenordnungen, erlassen bzw. bestätigt in den Jahren 1616, 1622, 1632 und 1645, die Juden in wirtschaftlicher und sozialer Hinsicht deutlich ein.[22]

1736 starben die Grafen zu Hanau aus und die Grafschaft Hanau-Münzenberg fiel an Hessen-Kassel. Aber auch weiterhin trugen die Herrscher des Hauses Hessen-Kassel beim Erlaß neuer Judenkapitulationen für das Hanauer Gebiet den früheren für die Juden relativ günstigen Sonderbestimmungen für die Grafschaft Hanau Rechnung.[31)]

Landgraf Wilhelm von Hessen-Kassel verkündete am 20. September 1738 die "Hanauische Judenkapitulation".[32)] Einige wesentliche Punkte werden unten dargestellt, um einen Eindruck von den die Lebenssituation der Juden in Windecken zu dieser Zeit bestimmenden Rechtsgrundlagen zu bekommen.

Die Judenkapitulation blieb im Hanauer Gebiet bis zum 12. September 1796 unverändert in Kraft. Zu diesem Tag wurden die Gesetze und Verordnungen für Juden, die im Hessen-Kasseler Gebiet gültig und wesentlicher ungünstiger waren als die Hanauer Gesetze, auch im Hanauer Fürstentum eingeführt, jedoch nahm Landgraf Wilhelm IX. für das Hanauer Gebiet einige besonders ungünstige Bestimmungen des Hessen-Kasseler Judenrechts ausdrücklich für die Juden des Hanauer Gebietes aus.[33)]

Rechtsgrundlagen jüdischer Existenz in Windecken nach der "Hanauischen Judencapitulation" von 1734

Die Judenkapitulation von 1734[34)] gewährte den Juden der Grafschaft das Recht der freien Religionsausübung (§ 35). Es wurde ihnen ausdrücklich zugestanden, daß sie in ihrer Synagoge beten, einen Rabbiner und andere Kultusbeamte halten dürften und daß sie den jüdischen rituellen Vorschriften auch in ihren äußeren Formen wie Benutzung eines rituellen Kaltbades und der Beschneidung nachkommen konnten.
Artikel 36 sicherte ihnen Schutz und Verteidigung zu.

Niederlassungsrecht

Wie die Rechtslage der Juden im allgemeinen im Hanauer Gebiet, waren auch die Grundzüge des Niederlassungsrechtes großzügiger als anderswo zu dieser Zeit.
In Windecken konnten sich die in den Schutz aufgenommenen nur in der Windecker Judengasse niederlassen mit Zahlung eines Einzugsgeldes.

Persönliche Beschränkungen der Juden

"Das Ringel-Tragen" wurde bis auf weiters erlassen. (§ 8)
Das Halten christlicher Hausdiener mit Ausnahme der Schabbesfrau war verboten. (§ 7)
Den Juden war bei Androhung von Strafe untersagt, mit dem "einfältigen Mann" über Religion zu reden oder ihn zu bekehren zu versuchen. (§ 6)

Hanauische Juden-CAPITULATION, DE ANNO MDCCXXXVIII.
Von GOttes Gnaden, Wir WILHELM, Landgraf zu Hessen, Fürst zu Hersfeld, Graf zu Catzenellnbogen, Dietz, Ziegenhayn, Nidda, Schaumburg und Hanau rc. rc.

1738 wurden die Rechte und Pflichten der Juden in der "Hanauischen Judencapitulation" festgelegt.

Der alte Streit um die Störung der Sonntagsruhe fand für Windecken seinen Niederschlag in der Judencapitulation:
§ 5 erlegte den Juden der Stadt Windecken auf, an Sonntagen und hohen Fest- und Feiertagen in der Judengasse bis zur Beendigung der Predigt bleiben zu müssen. Ausnahmen waren nur zugelassen, wenn Arzt, Hebamme oder Medizin benötigt wurden oder Briefe bestellt werden mußten, ebenso wenn ein Brand ausgebrochen war oder behördliche Hilfe wegen eines Verbrechens in Anspruch genommen werden mußte. Für die Messen wurden Ausnahmen möglich.
Den Juden kam man auch insofern entgegen, daß man ihnen erlaubte, die Betteljuden, die sich "gemeynlich um den Freitag" vor Beginn der Schabbat einfinden, nicht bis Montag halten zu müssen. Die Betteljuden konnten am Sonntag nach der letzten Predigt zum Thor hinausgelassen werden. (§ 5)
Auf dem Markt durften Juden erst nach der Hissung der Judenfahne einkaufen. (§ 29)
Es war Juden verboten, Christen in den Kauf zu fallen oder den Vorkauf zu üben. Auf dem Markt eingehandelte Lebensmittel konnten sie nicht für den Wiederverkauf verwenden und die Verbringung der Lebensmittel über die Landesgrenzen war ihnen versagt. Strafen von 5 bis 10 Gulden droht dieser Artikel für entsprechende Vergehen an. (§ 29)
Nach einer Sonderverordnung von 1744 wurde das heiratsfähige Alter für männliche Juden auf 25 Jahre und für Jüdinnen auf 20 Jahre festgesetzt.[35)]

Schutzgeld und sonstige Abgaben

Einzugs- oder Aufnahmegeld

"Fremde" - nicht unter dem Schutz der Herrschaft stehende jüdische Eheleute - hatten je 20 Reichstaler bei der Aufnahme in den Schutz zu entrichten. Verheiratete sich ein "Fremder" mit einem Einheimischen, so mußte nur dieser 20 Reichstaler Aufnahmegeld bezahlen. Heirateten Einheimische untereinander, so waren 20 Gulden zu zahlen. (§ 1)
Falls ein noch nicht im Schutz stehender minderjähriger Jude starb, so mußten bei seinem Begräbnis 20 Gulden als "Aufnahmegeld" bezahlt werden. (§ 1)

Das Schutzgeld

Das Schutzgeld betrug jährlich 20 Gulden und mußte von dem Haushaltsvorstand bezahlt werden. Wer allerdings in Windecken in der Judengasse ein neues Haus baute, brauchte zeitlebens nur 12 Gulden zu zahlen. (§ 14)

Schatzung

Jeder Jude war verpflichtet, zum Zwecke der Schatzung, das heißt als Grundlage für Sonderabgaben, die sich nach Vermögen und Einkommen richteten, alle drei Jahre eine Vermögens- und Einkommenerklärung abzugeben. Davon konnten die Juden sich gegen 25 Gulden zu 60 Kreuzern freikaufen. (§ 15)

Der Bodenzins
Für die Häuser in der Judengasse Windecken mußte Bodenzins bezahlt werden. Da für Grund und Boden in der Judengasse selbst nichts bezahlt wurde, stellte der Bodenzins eine Art Erbpachtvergütung dar. Der Zins betrug pro Rute der Grundfläche jährlich einen Gulden, für Hof und Garten hinter den Häusern einen Ortsgulden pro Rute. (§ 13)

Das Abzugsgeld
Wenn der Jude den Schutz aufgeben und den Ort seiner Niederlassung verlassen wollte, so mußte er den "zehnten Pfennig" vom Erlös seiner Werte als Steuer abführen, um den Abschiedsbrief zu erhalten. (§ 12)

Das Federlappengeld
Jedes jüdische Ehepaar hatte jährlich 2 Taler zu bezahlen und eine Anzahl "tauglicher Federkiele" zu liefern. (§ 19)

Währschaftssteuer
Beim Verkauf eines Hauses hatte der jüdische Verkäufer 1/2 Gulden für Währschaftssteuer zu entrichten. (§ 23)

Begräbnissteuer
Für das Begräbnis von Erwachsenen war 1 Reichstaler, für das von Kindern 1/2 zu entrichten. (§ 24)

Berufs- und Handelsbeschränkungen
Es war den Juden des Hanauer Gebietes erlaubt, alle Geschäfte zu betreiben, "die ihnen nicht im H. Reich verboten sind". Das bezieht sich auch auf alle Handelsgeschäfte. Das Halten von offenen Läden war ihnen verboten. Ferner sollte das "Vorlauffen und Vorkauffen bei großer Straff" verboten sein. (§ 25)
Der öffentliche Warenhandel ist den Juden während der Sonntagsruhe an Sonn- und Feiertagen bis zur Beendigung der Predigt bei einer Strafe von 10 Reichstalern verboten. (§ 5)
In der Judengasse durfte kein Gold und Silber eingeschmolzen werden. (§ 26)
Beim Kleiderhandel mußten neue Kleider in Hanau hergestellt sein, während für alte Kleider keine Verkaufsbeschränkung bestand. (§ 27)

Viehhandel
Für den Handel mit Vieh bestanden folgende Einschränkungen für die Juden:
Es sollte kein Vorlauf beim Einkauf derselben stattfinden.
Übervorteilung und die Forderung von Übermaßen mußte unterbleiben.
Im Viehhof stand den Christen anderthalb Stunden das Vorkaufsrecht zu. Übertretungen dieser Vorschriften wurden mit 10 Gulden Strafe belegt. (§ 28)

Weinhandel
Außerhalb der Judengasse sollte kein maßweiser Verkauf von Wein stattfinden. Das Einführen von "Koscherwein" unterlag der vorherigen Genehmigung. (§ 29) 1754 wurde eine Verordnung erlassen, daß in Gegenden, in denen Weinanbau getrieben wird, keine Juden aufgenommen werden.[36)]

Der Verkauf von "trefenem" Fleisch
Der Verkauf von nichtkoscherem Fleisch wurde folgenden Beschränkungen unterworfen:
In der Regel sollte der Verkauf nur in der Judengasse stattfinden.
Außerhalb der Judengasse sollte der Verkauf des Fleisches nur an den wöchentlichen Markttagen und in den "alten gewöhnlichen Metzigen" stattfinden. Derjenige Jude, dem die Erlaubnis zum "Schächten" erteilt wurde, mußte als Sonderabgabe jährlich 20 Pfund "Unschlicht" für Kerzen an den Hof abliefern.
Die Juden mußten das Fleisch an Christen um 2 Pfennig per Pfund billiger verkaufen als die christlichen Metzger. (§ 30)

Geld- und Zinsgeschäfte
Besondere Aufmerksamkeit widmen die Judenkapitulation vom 20. September 1738 und die 1754 erlassene "Contracten-Ordnung zwischen Juden und Christen"[37)] den Beschränkungen, denen Juden in Geldwechsel- und Geld- und Zinsgeschäften unterliegen sollten.

Beschränkungen im Grundbesitz
Den Juden in der Grafschaft Hanau war seit dem 14. Jahrhundert der Erwerb von Grundbesitz außerhalb der Judengasse verwehrt. Mit Ausnahmeerlaubnis des Grafen konnte es einzelnen Juden erlaubt werden, ein Haus außerhalb des Ghettos zu erwerben.

Sonderbestimmungen des Zivil- und Zivilprozeßrechts
Rabbinatsgerichte waren mit entsprechender Genehmigung des Hofgerichtspräsidenten zuständig für folgende Fälle:
1. Zivilsachen mit Streitwert bis 2 Gulden
2. Streitigkeiten bürgerlicher Art "Jud contra Jud" ohne Wertgrenze, jedoch unter Ausschluß von Ehescheidungen
3. Gewisse Streitigkeiten strafrechtlicher Art unter Juden, von den dort verhängten Strafen mußten 2/3 an die Herrschaft gegeben werden.
4. Streitigkeiten religiöser Art:
Die Rabbinatsgerichte konnten in solchen Fällen Bußen bis 20 Reichstaler auferlegen und auch den Bann aussprechen. Durch diese Strafen durfte keinesfalls der Übertritt zum christlichen Glauben verwehrt werden. (§ 9)

Strafrechtliche Sonderbestimmungen
Für die Verfolgung von Verbrechen und Vergehen von Christen und Juden waren im allgemeinen die ordentlichen Gerichte zuständig.
Darüber hinaus gab es nun noch als solche definierte Straftatbestände, die nur von Juden zu begehen waren. So war unter Strafe gestellt der Jude, der sich folgende Handlung zuschulden kommen ließ:
1. Wer Bücher im Besitz hält, die Lästerungen gegen die christliche Religion enthalten. (§ 1)
2. Wer gegen die Sonntagsruhe verstößt. Strafen: 1 Reichstaler und im Wiederholungsfall 2 Reichstaler. (§ 5)
3. Wer Bekehrungsversuche unternimmt, wird mit 10 Reichstalern bestraft. (§ 6)
4. Wer gegen das Verbot, christliche Dienstboten zu halten, verstößt, wird mit 20 Gulden bestraft. (§ 7)
5. Die Rabbiner und Gemeindevorsteher, die die Steuererklärungen zwecks Schatzung vom Hebräischen ins Deutsche übertragen, werden mit 100 Reichstalern bestraft, wenn sie dieser Verpflichtung nicht pflichtgemäß nachkommen. (§15)
6. Die gleiche Strafe wird für die Verletzung gewisser Bauvorschriften in der Judengasse in Windecken und Hanau angedroht. (§ 20)
7. Die Verletzung der Verpflichtung zur Zahlung der Währschaftssteuer wird mit einer Strafe von 10 Gulden belegt. (§ 23)
8. Das Vorlaufen und Vorkaufen wird "bey großer Straff" verboten. (§ 25)
9. Übervorteilung im Vieh- und Häutehandel wird mit 10 Gulden Strafe belegt. (§ 28)
10. Gewisse Vergehen bei Einkäufen auf öffentlichen Märkten werden mit Strafen von "5 bis 10 Gulden oder auch höher" belegt. (§ 29)
Außerdem sind für zwei allgemein strafbare Deliktsgruppen besonders schwere Strafen angedroht, wenn der Täter Jude ist:
1. Die Juden, "welche andere zur Dieberey und Stehlen reitzen und anführen, (sollen) nach den beschriebenen gemeinen Rechten, absonderlich exemplarisch gestraft werden." (§ 33)
2. Eine ähnliche Vorschrift enthält § 1 der Kontraktenordnung von 1754 für Wucher.
Auch ist hiernach Wucher von Amts wegen zu verfolgen, selbst wenn die Parteien untereinander sich schon verständigt haben sollten.

Der lange Weg zur Gleichberechtigung im 19. Jahrhundert

Unter französischer Herrschaft

Der Sieg der Französischen Revolution 1791 brachte mit ihren Idealen Freiheit, Gleichheit, Brüderlichkeit eine neue Betrachtungsweise der sozialen und rechtlichen Stellung der Juden. Diese Ideale mußten auf die Juden angewendet werden, sollten sie nicht ihren Sinn verlieren. Während die französischen Juden die sofortige und uneingeschränkte Gleichstellung mit den übrigen Staatsbürgern zuerkannt wurde, zögerten die Regierungen in Deutschland, die Lage der Juden zu verbessern.[1)]

Nicht die Dekrete der Pariser Nationalversammlung, nicht das Verständnis christlicher Aufklärer, sondern erst die Besetzung durch die Truppen Napoleons brachte den Juden in den deutschen Staaten die bürgerliche Gleichstellung - allerdings nur vorläufig, wie der weitere Verlauf der Geschichte zeigen sollte.[2)]

Im November 1806 rückten die Soldaten Napoleons in das 1803 zum Fürstentum erhobene Hanauer Gebiet ein. "... die Israeliten berechtigte die Umgestaltung der Zustände in französischem Geiste zu guten Erwartungen, da sie auch im Hanauischen unter dem Druck veralteter Einrichtungen und Belästigungen lebten, und sie waren es daher auch, welche sich zuerst der neuen Ordnung der Dinge mit Wohlgefallen zuwendeten."[3)] Das Niederreißen der Absperrungen an der Judengasse in Hanau im Jahre 1806 durch die Franzosen deutete in symbolischer Form die bürgerliche Gleichberechtigung an.[4)]

Ob sich in der Windecker Judengasse ähnliches ereignete, ist nicht bekannt.

Als 1807 durch den Frieden von Tilsit das Königreich Westfalen neu errichtet war, wurde ihm das Hanauer Gebiet als sogenanntes "pays reserveé" eingegliedert. Ab Mai 1810 gehörte das Fürstentum Hanau zum neugegründeten Großherzogtum Frankfurt und erhielt die Bezeichnung "Departement Hanau".[5)] Seine Verfassung war nach französischem Vorbild ausgerichtet: Beseitigung aller Standesprivilegien, Freiheit der Religion, Gleichheit vor dem Gesetz und Einführung des "Code Napoleon", der französischen Gerichtsverfassung und der Ministerialverfassung mit Ressorts.[6)]

Entsprechend wurde am 16. August 1810 im Organisationspatent des Großherzogtums Frankfurt die völlige Gleichberechtigung, die Gleichheit vor dem Gesetz sowie die gleichen Rechte für alle festgelegt.[7)] Somit gab es keinerlei rechtliche Unterschiede mehr.

Tatsächlich aber bestanden die Unterschiede fort, da dieses Organisationspatent nur ein Programm war und nicht schon durch seinen Erlaß die Gleichheit herstellte. Diese sollte erst nach der finanziellen Ablösung aller Lasten der Juden eintreten. Die Frankfurter Juden lösten sich mit der 20fachen Summe ihrer jährlichen Schutzgelder ab. Dies war den hanauischen Juden aufgrund ihrer finanziellen Verhältnisse nicht möglich. Sie erhielten folglich nicht die gleichen bürgerlichen Rechte und Befugnisse wie die christlichen Bürger und waren gezwungen, in ihrem Status als Schutzjuden zu verharren.[8)]

Am 26. September 1811 erschien das Gesetz, nach welchem die Israeliten Familiennamen nach freier Wahl annehmen mußten.[9)] Bis dahin hatten die Söhne ihrem eigenen Namen nur noch den Namen des Vaters beigesetzt, so wie im Hebräischen, wo es dann heißt Jehudah ben (Sohn des) Jaakov.

Die Auseinandersetzungen um die Emanzipation der Juden war durch die französische Revolution in den deutschen Staaten in Bewegung gesetzt worden. Auch wenn noch viele Hindernisse der endgültigen Gleichstellung der Juden im Wege standen, so war sie nur noch zu verzögern, aber nicht mehr zu verhindern. Auch nicht, als 1813 mit dem Sieg über Napoleon die Restauration einsetzte.

Rückkehr in das Kurfürstentum Hessen (1813 - 1866)

Nach dem Sieg über die französischen Truppen kehrte Kurfürst Wilhelm I. am 21. November 1813 an die Macht zurück und verkündete, den alten Rechtszustand vom 1. November 1806 wiederherzustellen. Dadurch wurden alle Juden wieder zu Schutzjuden und mußten Schutzgeld bezahlen. Die den Juden unter der französischen Besatzung eingeräumten Rechte wurden ihnen am 12. Dezember 1813 entzogen.[10)]

Dem Kurfürsten war aber bewußt, daß die Judenfrage durch die Wiederherstellung des alten Zustandes nicht gelöst war. Deshalb forderte er die Regierung im Juni 1814 auf, die Frage zu beantworten: "Wie können die Juden bessere Menschen und nützliche Mitglieder des Staates werden?" Die Regierung antwortete: "Die drückende Verfassung, in der die Juden noch gegenwärtig in den meisten Staaten leben, ist ein Überbleibsel der unpolitischen und unmenschlichen Vorurteile der finstersten Jahrhunderte. Die Religion der Juden enthält keine anderen Religionsverwandten widersprechende Grundsätze, ihre Gesetze stimmen als göttliche Gebote mit den Geboten der Gerechtigkeit und Menschenliebe überein. Diese Unglücklichen, die kein Vaterland haben, deren Tätigkeit allenthalben beschränkt ist, die nirgends ihre Talente frei ausüben können, an deren Tugend nicht geglaubt wird, für die es fast keine Ehre gibt. Allein die Meinung, das Handeln der Juden sei eine notwendige Folge ihres Charakters, ruht auf einer unrichtigen Logik, die politische Herabwürdigung derselben hat erst ihre sittliche bewirkt, und nun wechselt man die Wirkung mit der Ursache und führt Übel, welche die bisherige fehlerhafte Politik hervorgebracht hat, zur Rechtfertigung derselben an. Muß der Verachtete nicht verächtlich, der Unterdrückte nicht ungerecht werden? Enthält die Ehre nicht den Keim zu allem Guten? Kann der der Tugend huldigen, dem alle Welt sie abspricht? Kann der ein guter Mensch und ein guter Bürger sein, den der Staat nur insoweit duldet, als er Abgaben gibt, der sein bloßes Dasein erkaufen muß, dem auf der einen Seite Geld alles, und alles übrige nichts ist, und der zugleich auf der anderen Seite nur durch Vergehungen zu dem Gelde gelangen kann, das er zur Stillung des Hungers für sich, sein Weib und sein Kind bedarf?
Sind wir es nun, die diesem Volke einen Geist einhauchen, dessen sie gegenwärtig angeklagt werden, so ist es die Einschränkung ihrer Gewerbefreiheit, ihrer Tätigkeit, nach welcher sie vom Ackerbau, von Zünften, von der Verteidigung des Vaterlandes ausgeschlossen, nur allein vom Handel, welcher mehr als irgend eine Beschäftigung des Hintergehens anreizt, sich zu ernähren gezwungen werden, so ist diese Verfassung die wahre Quelle ihrer Verdorbenheit, so ist es auf der anderen Seite ebensosehr Pflicht der Regierungen, den Unterdrückten nicht mehr weiter die Folgen der Unterdrückung zur Last zu legen, als auf der anderen Seite leicht die Mittel aufzufinden, die Juden zu besseren Menschen und zu nützlichen Bürgern zu bilden."[11)]

In diesem Gutachten der Regierung ist deutlich der Geist der Aufklärung, der in den Juden gleichwertige Menschen sieht, zu spüren.

Am 14. Mai 1816 wurde in Kassel eine Verordnung erlassen, nach der im Prinzip den Juden des Kurfürstentums das Bürgerrecht eingeräumt wurde. Für die Erteilung des Staatsbürgerrechtes zahlten alle Juden Kurhessens eine Entschädigungssumme von 75 000 Talern zu vier Raten. Diese Verordnung hatte allerdings für das Fürstentum Hanau keine Gültigkeit, da dort noch die alten Judenordnungen in Kraft waren.
Dieser Ausnahmezustand verursachte im Gebiet Hanau, sicher auch unter der Judenschaft zu Windecken, starke Empörung, hatten sie doch die geforderte Geldsumme mitbezahlt und mußten nun noch immer weiter die Schutzgelder und Abgaben zahlen. Damit waren die Juden weiter auf den Handel beschränkt, Grundbesitz und folglich Ackerbau sowie das Halten offener Läden waren ihnen verboten und der Zugang zu den verschiedenen Handwerken verschlossen, da nach der Zunftordnung das Bürgerrecht für den Erwerb des Meisterrechtes Voraussetzung war. Dieses Hindernis wurde erst 1822 beseitigt. Alle anderen Versuche aber, den Juden in der Provinz Hanau die bürgerlichen Rechte entsprechend der Verordnung vom 14. Mai 1816 zu verschaffen, scheiterten.[12)]

Das Umfeld der Ereignisse der französischen Julirevolution brachte im Jahre 1830 wieder Bewegung in die Frage um Selbstbestimmung des Volkes und damit auch die Gleichstellung der Juden, Israeliten nannte man sie jetzt.

Der Kurfürst von Kurhessen übergab dem Volk im Januar 1831 eine Verfassung, um damit "ein neues Band der Liebe, der Anhänglichkeit und Treue zwischen Fürst und Volk zu knüpfen".[13)]
Der Entwurf für § 29 dieser Verfassung lautete:
"Die Verschiedenartigkeit des Glaubensbekenntnisses hat auf die bürgerlichen und staatsbürgerlichen Rechte keinen Einfluß."
Wäre dieser Vorschlag so in die Verfassung aufgenommen worden, wäre damit die unbedingte Gleichstellung der Israeliten mit den Christen ausgesprochen. Aber die Einfügung des Wortes "christlich" vor dem Wort "Bekenntnis" machte alle Hoffnungen der Juden auf Gleichstellung zunichte. Allerdings wurde in § 29 der Verfassung angekündigt, daß "die besonderen Rechte der Israeliten gleichförmig für alle Gebietsteile durch ein Gesetz geordnet werden."[14)]

"Klagruf der Israeliten in Kurhessen und Appellation an den Zeitgeist, abgedrungen durch Entziehung der allgemeinen Menschenrechte"[15)]

"...Kurhessen ...wird sich in Kürze einer Verfassung erfreuen...In allen ihren Theielen hat man den aufgeklärten und freisinnigen Ideen der Gegenwart gehuldigt......
In einem Punkte nur ist man diesen ...philosophischen Grundsätzen untreu geworden... sollen die Bekenner einer Religion ausgeschlossen werden, die der Erde Urzeiten angehörend, gewiß und unbestreitbar zum Wohle der Menschheit am Sinai verkündet ward. die zuerst den Glauben an einen Gott festhielt und in deren Schooß ja auch der Christen Heiland zum Daseyn gelangte. Mit anderen Worten, die 25 000 Juden Kurhessens sollen....der Vortheile der neuen Verfassung nicht theilhaftig werden. Vergebens also predigte Christus Liebe und Duldung, vergebens war sein letztes Wort: Herr vergib ihnen, wie ich es thue. Nach achtzehn hundert langen Jahren verfolgen die Bekenner des Christenthums nach wie vor mit Unduldsamkeit und Druck Israels Nachkömmlinge. Denn wahrlich, dem feinfühlenden, aufgeklärten Juden des 19ten Jahrhunderts schmerzt und drückt auch die kleinste Entziehung eines allgemein anerkannten Menschenrechtes...
den Klagruf, der im eigenen Hause ertönt, die wehklagende Stimme der, von dem civilisierten Volke unterdrückten Juden, die in Eurer Mitte wohnen, wollt Ihr nicht beachten, und vergebens erschallen lassen!...
..möchte unser Klagruf ins Innerste der Herzen dringen, und nach achtzehn hundert langen Jahren auch uns endlich die Palme gesetzlicher Freiheit, gleich unsern christlichen Mitbrüdern, winken! Dann, o dann sind unsere heißesten Wünsche erfüllt, und Glut und Blut opfern wir dann freudig dem Lande hin, das uns als Kinder, dem Volke, das uns als Brüder aufgenommen...."

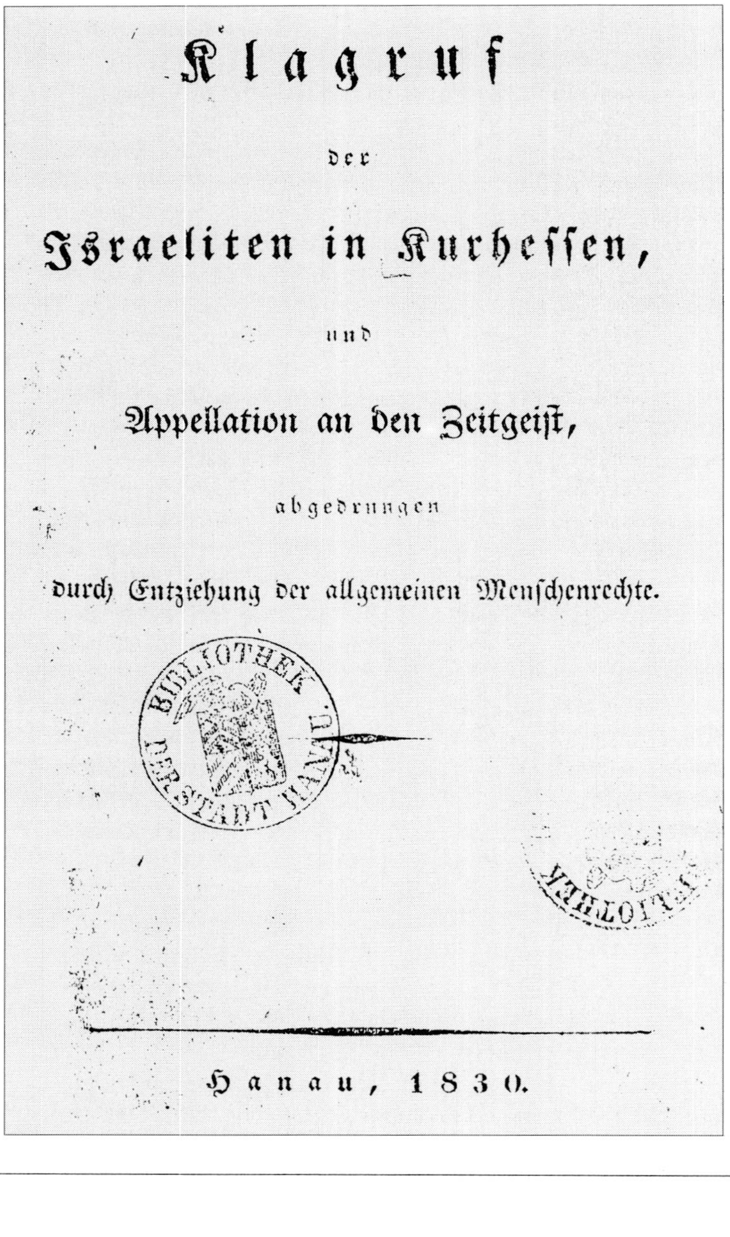
Klagruf
der
Israeliten in Kurhessen,
und
Appellation an den Zeitgeist,
abgedrungen
durch Entziehung der allgemeinen Menschenrechte.

Hanau, 1830.

Dieser "Klagruf der Israeliten" erschien 1830 in Hanau

"Einige Worte über die auch seit der Verfassung unglücklichen Verhältnisse der Isrealiten in der Provinz Hanau"

Einige Worte
über die
auch seit der Verfassung
unglücklichen
Verhältnisse der Israeliten
in der Provinz Hanau.
Von
Dr. Loebenstern.
Hanau,
bei Friedrich König.
1831.

1831 erschien eine Schrift mit dem Titel: "Einige Worte über die auch seit der Verfassung unglücklichen Verhältnisse der Israeliten in der Provinz Hanau", geschrieben in Hanau von Dr. Loebenstern, worin er sich über das besonders bittere Los der Israeliten in der Provinz Hanau beklagt:

"... Unter der ungeheueren Last doppelter ja dreifacher Abgaben seufzend, aller politischen Rechte, ja selbst des Rechts, Grundeigentum zu erwerben, beraubt, mußten sie, auf den Handel beschränkt, durch diesen ihr Dasein zu fristen versuchen, und nur durch die kräftige und mutige Bekämpfung einer Reihe von Plackereien und Mühseligkeiten war er einem Teile von ihnen gelungen, sich bürgerlichen Gewerken widmen zu können. Die Folgen dieser ... Behandlung waren ... (daß) fast volle zwei Drittel von ihnen in tiefe Armut verfielen ... Alle israelitischen Gemeinden (haben) außer dem Schutzgelde usw. ihrer einzelnen Mitglieder, unter den verschiedensten Titeln als Federkiel-, Reitklepper-, Neujahrsgeld usw. noch beträchtliche Abgaben an den Fiskus zu entrichten ... Zu groß sind auch die Ungerechtigkeiten, denen die Israeliten der Provinz Hanau bisher gesetzlich unterworfen waren ... Eiliges Hinwegräumen jener rechtlosen Verhältnisse ist daher dringende Pflicht und die Ausführung leicht genug ... Lange genug sind die Israeliten im Druck gehalten worden, und auch der nur provisorisch fortbestehende Druck schmerzt und ist Verletzung heiligster Menschenrechte ... Am wünschenswertesten wäre es indessen, wenn das in § 29 verheißene Gesetz ... ungesäumt zur Diskussion käme, und die Rechte der Israeliten auf dauerhaften Grundlagen geordnet würden. Ganz geordnet sind sie aber erst dann, wenn von BESONDEREN Rechten der Israeliten nicht mehr die Rede sein wird, und nur EIN RECHT für alle besteht... Sollte es aber in der Tat notwendig erscheinen, die Israeliten, welche nach so vielen Jahrhunderten gewiß auch Deutsche an Sitten und Denkungsweise geworden sind, fortwährend nach besonderen Gesetzen zu regieren? Die bejahende Meinung kann sich... zuletzt nur auf die Verschiedenartigkeit der Kirche, des Zeremoniels, und endlich auf die große Abweichung im - - - - - Küchenzettel stützen! Wir Israeliten aber betrachten uns trotz dieser wesentlichen (?) Verschiedenheiten, als Deutsche; unser Wünschen, unser Streben, unser politischer Glaube ist innig verkettet mit dem unserer christlich-hessischen Brüder, von denen wir deshalb auch vertrauensvoll eine brüderliche Aufnahme in die große Familie der Deutschen erwarten. Möchte doch endlich in unserem aufgeklärten Zeitalter, wo alles so eifrig Freiheit des WORTS und GLEICHHEIT DES RECHTS zu erringen strebt, diese Freiheit und Gleichheit nicht durch den Glauben bedingt bleiben!"[16)]

Das Gesetz von 1833 - ein Meilenstein auf dem Wege zur Gleichberechtigung

Nach mehrfachen Verzögerungen wurde das "Gesetz vom 29. Oktober 1833 zur gleichförmigen Ordnung der besonderen Verhältnisse der Israeliten " verkündet.[17)]

Danach konnten die "Staatsangehörigen israelitischen Glaubens ... gleiche Rechte.." (§ 1) erhalten. Allerdings gab es dazu recht klare Einschränkungen und Ausnahmen. § 6 verkündete: "Von der ... Gleichstellung in den Rechten und Pflichten sind allein ausgeschlossen diejenigen israelitischen Untertanen, welche den Nothandel als Haupterwerb betreiben, so lange, bis sie durch ein Zeugnis ... dargetan haben, daß sie seit Jahresfrist ein anderes bürgerliches Geschäft oder Gewerbe mit Ausschließung des Nothandels getrieben haben." Den sogenannten Nothandel erläutert das Gesetz näher: "Zu diesem Handel wird gerechnet: die Viehmaklerei, wohin auch diejenige Gattung von geringem Viehhandel gehört, wenn jemand im einzelnen an einem Orte ein Stück Vieh aufkauft, um es gleich wieder an einem anderen zu verkaufen; der Leihhandel, wenn jemand sich mit Ausleihung des Geldes im Kleinen auf Faustpfänder oder Handschriften allein oder neben anderen Zweigen des Nothhandels beschäftigt; der Trödel- und Hausierhandel." Für Juden, die "auf andere

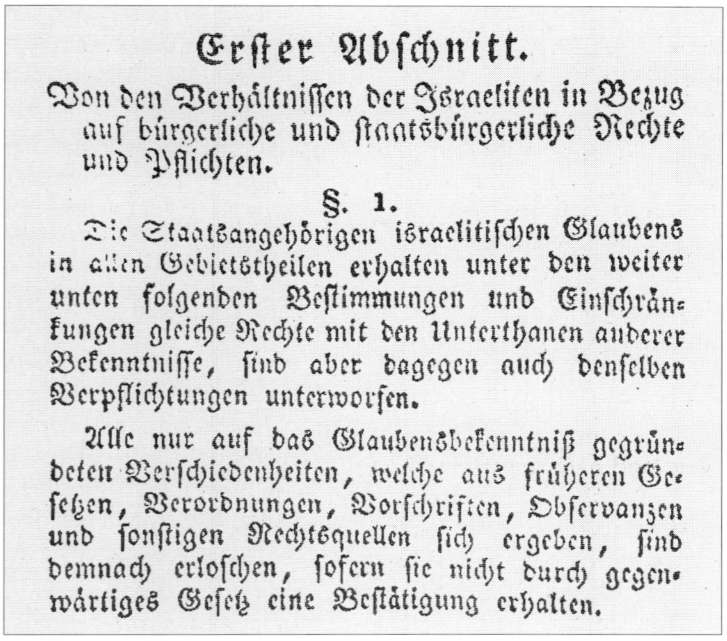

Erster Abschnitt.

Von den Verhältnissen der Israeliten in Bezug auf bürgerliche und staatsbürgerliche Rechte und Pflichten.

§. 1.

Die Staatsangehörigen israelitischen Glaubens in allen Gebietstheilen erhalten unter den weiter unten folgenden Bestimmungen und Einschränkungen gleiche Rechte mit den Unterthanen anderer Bekenntnisse, sind aber dagegen auch denselben Verpflichtungen unterworfen.

Alle nur auf das Glaubensbekenntniß gegründeten Verschiedenheiten, welche aus früheren Gesetzen, Verordnungen, Vorschriften, Observanzen und sonstigen Rechtsquellen sich ergeben, sind demnach erloschen, sofern sie nicht durch gegenwärtiges Gesetz eine Bestätigung erhalten.

1833 wurde das Gesetz "zur gleichförmigen Ordnung der besonderen Verhältnisse der Israeliten" verkündet. Danach war es unter bestimmten wirtschaftlichen Bedingungen für Juden möglich, gleiche Rechte wie Christen zu erlangen.

Dankadresse der Israeliten
Bericht in der Hanauer Zeitung am 21.11.1833

"Die Israeliten der Provinz Hanau haben eben so wie ihre Glaubensbrüder in den anderen Provinzen einige Deputierte nach Kassel gesendet, um seiner Hoheit dem Kurprinzen für die Publikation des Gesetzes über die Rechtsverhältnisse der Israeliten folgende Dankadresse zu überreichen: ...so öffnet jetzt Friedrich Wilhelm im Einklange mit den edlen Vertretern seines biederen Volkes den Jahrtausende lang so tief gebeugten Bekenner der mosaischen Religion, die ihnen bisher beschlossenen Pforten des Bürgertums, und verbannt mit dem Machtwort Seines weisen Gesetzes das blasse Heer der Vorurtheile, welche auch jede Verbesserung des politischen Zustandes der Israeliten als dem Staate verderblich zu verkümmern suchten... Unsere Wünsche sind nun erfüllt, unsere schönsten Hoffnungen zur Wirklichkeit geworden; wir haben ein Vaterland, dem wir treu anhängen, wir haben einen Fürsten, der uns gleich allen seinen Unterthanen liebet und schützet; wir haben ein Gesetz das, so uns alle gleich milde regieret, und wir bewohnen ein Land, dessen Volk nun unser Brudervolk geworden..."[26)]

Weise ihren Unterhalt zu erwerben außer stande sind", kann eine Erlaubnis zum Nothandel gegeben werde. Der Erwerb des Ortsbürgerrechtes ist aber dadurch ausgeschlossen.

Streit um die Aufnahme von Juden in die Bürgerschaft

Die neu entstandenen Möglichkeiten, auch Ortsbürger von Windecken werden zu können, nutzten die Juden und stellten Gesuche um Aufnahme in die Bürgerschaft. Die Stadt Windecken setzte alles daran, diese Aufnahme von Juden als Windecker Bürgern zu verhindern. Folgende Fälle sind überliefert:

Baruch Speier
1833 stellte Baruch Speier aus Staden, später Heldenbergen, einen Antrag auf Bürgeraufnahme:[18)] "...ich bin willens die älteste Tochter des Religionslehrers Mayer Kallmann zu Windecken zu ehelichen und mich in Windecken niederzulassen. Ich treibe gegenwärtig einen Handel mit Tuchwaren und beabsichtige den denselben auch in der folge zu betreiben...". Da Baruch Speier zu diesem Zeitpunkt nicht volljährig war, konnte der Stadtrat den Antrag nicht ablehnen.
Zu einem späteren Zeitpunkt schreibt er:
"Hochlöblicher Stadtrath! Da ich nun meine Volljährigkeit erreicht, und das gesetzliche Vermögen besitze und mich auf einen unbescholtenen Rufs rühmen darf, so wiederhole ich meine vorige untertänige Bitte, mich in die Bürgerschaft in Windecken aufzunehmen, mit dem nochmaligen Versprechen, daß ich an keinen bürgerlichen Nutzen Ansprüche mache (damit war insbesondere das Bürgerholz gemeint - d. V.), mich allen sonstigen Gesetzen füge und gewiß dem hochl. Stadtrath Zutrauen entsprechen werde. Mit der Hoffnung meine unterthänig Bitte hierfür zu leisten zeichnet sich hochachtungsvoll Baruch Speier". Diesen Antrag lehnte der Windecker Stadtrat ab mit der Begründung, daß der Tuchhandel in Windecken überbelegt sei und außerdem Mangel an Wohnungen herrsche.
Baruch Speier ließ Widerspruch dagegen einlegen, die Ablehnung sei unbegründet, da nur ein Tuchhändler in Windecken wohne, die Wohnungsnot halte er für ganz und gar ungenügend. Das Vermögen wurde erneut ausgewiesen und der gute Ruf betont.
An das Kreisamt berichtete der Stadtrat in dieser Angelegenheit, daß 7 Juden den Tuchhandel betrieben und diese es schon sehr schwer haben, sich zu ernähren. Auch herrsche eine solche Wohnungsnot, daß die jüdische Familie Müller gegen die Hospital-Statuten in das Hospital in Windecken aufgenommen werden mußte. Auch die Windecker Juden hätten gegen die Aufnahme des Baruch Speier protestiert.[19)]
Baruch Speier lebte mit seiner Ehefrau in Heldenbergen, wo von 1836-1852 sechs Kinder geboren wurden, sein Spitzname lautete in Heldenbergen "de Boasch".

Lazarus Oppenheim
Das Kreisamt Hanau berichtete am 10. Januar 1834: "Es erschien der israelitische Handelsmann Lazarus Oppenheim von Windecken und stellte vor, er habe die Absicht in die Windecker Bürgerschaft einzutreten und an den bürgerlichen Sitzungen gleich anderen Bürgern der Stadt teilzunehmen.
Auf den Vorwurf des Stadtrates Windecken, er treibe 'Nothandel', behauptet Oppenheim, dies entspreche nicht der Wahrheit, denn man könne seinen Handel mit Pferden, Ochsen und Kühen nicht zum Nothandel rechnen, weil er das Vieh im Großen zu 10 - 20 Stück ankaufe und damit nicht hausieren gehe, sondern erst dann die Pferde oder das Rindvieh abliefere, wenn solches in seinem Hause verkauft worden sei."[20)]
Das Protokoll der kurfürstlichen Regierung zu Hanau vermerkte: "Dem Lazarus Oppenheim wird die Genehmigung erteilt, Bürger der Stadt Windecken zu werden, da er den Nothandel nicht als Hauptgewerbe betreibe."[21)]

Aron Oppenheim
Drei Wochen später erschien Aron Oppenheim von Windecken. "Er macht Anspruch auf die Teilnahme an den bürgerlichen Nutzungen in der Stadt Windecken gleich anderen Bürgern. Er habe dies sein Begehren dem Stadtrathe zu erkennen gegeben, aber kein Gehör gefunden.

Er sei kein Nothändler, handle zwar mit Vieh, nämlich mit Pferden, Kühen und Ochsen, allein nicht so, daß er sich darauf beschränke, ein Stück Vieh an einem Orte zu kaufen und gleich wieder an einem anderen zu verkaufen."[22)] Nachdem Aron Oppenheim nachgewiesen hatte, daß er keinen Nothandel betrieb, wurde er am 12. Juni 1834 Bürger der Stadt Windecken.[23)]

Jakob Levi
Jakob Levi aus Windecken bat im Jahre 1834 um die Aufnahme in die Bürgerschaft. Er war der Überzeugung, daß er unmittelbar nach seiner Aufnahme in die Windecker Bürgerschaft den Bürgernutzen, nämlich das Holz aus dem Windecker Markwald, bekommen könnte. Dagegen wehrte sich der Stadtrat mit der Begründung, daß der Wald Eigentum der Bürger sei und Jakob Levi keinen Anspruch habe. Außerdem bezahle jeder Bürger einen Beitrag zur Stadtkasse.[24)]

Löser Stern
Der Stadtrat von Windecken berichtete am 18. 3. 1834, daß "der Schutzjude Löser Stern von Windecken erschien und zu vernehmen gab: Er sei willens, sich in die Bürgerscghaft daselbst aufnehmen zu lassen. Sein Vermögen bestehe außer dem, was er in seinem Geschäft stecken habe, in einem ganzen und einem halben Haus, welches einen Wert von etwa 1500 fl. habe."
Am 30. 6. 1834 wurde Löser Stern in die Bürgerschaft von Windecken aufgenommen.[25)]

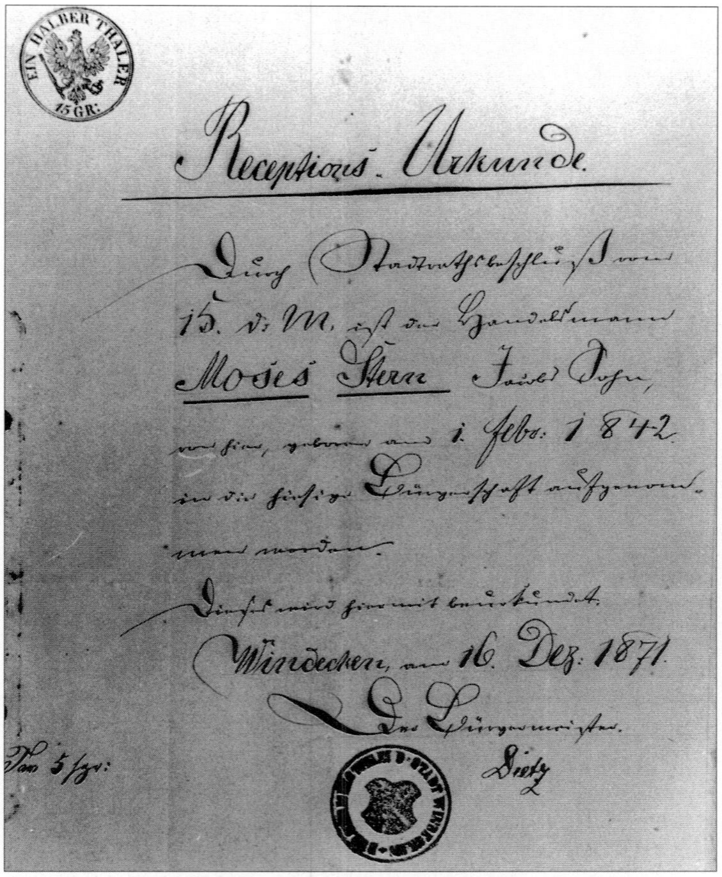

Seit 1833 konnten Juden in die Windecker Bürgerschaft aufgenommen werden. In dieser Rezeptionsurkunde beurkundet der Windecker Bürgermeister Dietz 1871 "Durch Stadtratsbeschluß vom 15. d. M. ist der Handelsmann Moses Stern, Jacobs Sohn, von hier, geboren am 1. Februar 1842 in die hiesige Bürgerschaft aufgenommen worden."

Amschel Löwenthal

Amschel Löwenthal hatte bereits im Jahre 1834 den Antrag auf Aufnahme in die Ortsbürgerschaft Windecken gestellt. 1836 wurde dieser Antrag abgelehnt mit der Begründung, daß er nicht über die vorgeschriebenen 200 Reichstaler jährliches Einkommen verfüge, außerdem sein Haus verschuldet sei und er strafbaren Nothandel betreibe.[27] Nach einiger Zeit bemühte er sich erneut: Im Jahr 1838 stellte Amschel Löwenthal von Windecken ein weiteres Gesuch zur Aufnahme in die Bürgerschaft. Die Stadt Windecken lehnte eine Aufnahme in die Bürgerschaft ab, da sie der Ansicht war, daß Amschel Löwenthal Nothandel betreibe, daß er also an einem Ort ein Stück Rindvieh kaufe, um es gleich wieder an einem anderen Orte zu verkaufen. Außerdem könne er das geforderte Vermögen von 900 florin nicht nachweisen.[28]

Jakob Stern

1835 lehnte die Stadt Windecken den Antrag des Jakob Stern aus Windecken auf Aufnahme zum Bürger ab, da dieser kein Vermögen von 6000 Florin nachweisen konnte. Stern hatte außerdem in Haft gesessen wegen Meineids und Zeugenbestechung. Er hatte eine Strafe "mit dem Verlust des Rechts zum Tragen der Nationalkokarde". Vor seiner Straftat war er Bürger gewesen, danach aber waren ihm die Bürgerrechte aberkannt worden.[29]

Joseph Levi

1839 erschien Joseph Levi von Windecken und stellte vor: Er habe zwar eine Conzession zum Handhandel, indessen solchen seit zwei Jahren nicht betriebe, sondern sich mit dem Handel von Kupfer- und Gußwaren sowie Honig und Wachs ernähre. Er besitze nämlich ein eigenes Wohnhaus und unterhalte in demselben eine Niederlage von obigen Gegenständen und setze auch dergleichen in den naheliegenden Gemeinden ab. Trotzdem der Bürgermeister Lind von Windecken ihm die Bescheinigung wegen nachweislich nicht betriebenem Nothandels verweigern wollte, bekam Joseph Levi am 19. 6.1840 die gewünschte Bescheinigung.[30]

Löb Isaac Guggenheimer

1841 beschwerte sich der Löb Isaac Guggenheimer zu Windecken bei der kurfürstlichen Regierung in Hanau wegen verweigerter Aufnahme in die Bürgerschaft zu Windecken. Der von Hanau angeforderte Bericht des Windecker Bürgermeisters ist erhalten:

"An Kurfürstliche Regierung!
Nach Absatz 2 des § 6 des Gesetzes vom 29ten Oktober 1833 die gleichförmige Ordnung der Israeliten betreffend, sind diejenigen Israeliten vom Bürgerrechte ausgeschlossen, welche Viehhandel treiben, 'wozu auch diejenige Gattung von geringem Viehhandel gehört'. Die Gänße gehören unstreitig zum geringen Vieh und der Supplicant lediglich mit Gänßen Handel treibt, so hat ihn der hießige Stadtrath auf sein mündliches Gesuch eröffnet, daß er nach obiger Gesetzesstelle nicht Bürger werden könne. Daß der Supplicant dahier ein eigenes Wohnhaus besitzt ist wahr."[31]

Jakob Kaufmann

In den Jahren 1840 bis 1842 bemühte sich Jacob Kaufmann aus Windecken immer wieder um die Aufnahme als Ortsbürger:[32]
"Seit 20 Jahren lebe ich als Schutzjude in Windecken und habe mich stets als rechtlicher Mann zu ernähren gesucht...".
Die Stadt Windecken lehnt dies immer wieder ab, weil Kaufmann entgegen seinen Angaben die vorgeschriebenen 200 Reichstaler nicht verdiene. Dies ginge aus seiner Steuererklärung hervor, Kaufmann mache unwahre Angaben, zum Beispiel, daß er ein Haus habe, dieses aber gehöre seinen Kindern. Er sei meineidig, warf die Stadt ihm vor, außerdem betreibe er Nothandel. Er hatte auch Einkünfte aus dem Spezereihandel seiner Frau angegeben. So erklärte er 1840:
"..er betreibe den Pferdehandel in der Weise, daß er im Frühjahr und alle vier Wochen auf die Märkte reise und 2-3 auch vier und fünf Pferde kaufe, je nachdem solche bei ihm bestellt worden, außerdem kaufe und verkaufe er das ganze Jahr hindurch Pferde und stehe sein Stall, drin 5 Pferde stehen könnten, nie leer. Er besitze außerdem zwei Böden, den einen auf dem Haus, den anderen auf dem Stall und könne er sechs Karren Heu und zwei Fuder Stroh unterbringen. Er besitze von seiner Ehefrau ein halbes Wohnhaus und die andere Hälfte desselben sei seinen Kindern geschenkt worden, wovon er Nutznießer sei, indem er auch die Zinsen von dem auf dem ganzen Hause ruhenden Kapital von 223 fl. zahle. An Vermögen besitze er 1000fl., wovon er aber 500 fl. im Pferdehandel stecken habe. .."[33]
Nachdem er im Jahre 1846 eine "treue Übersetzung des in hebräischen Lettern geführten Handelsbuchs des Jacob Kaufmann dahier" mit den Unterschriften des Lehrers der jüdischen Gemeinde Samuel Neumark und der beiden Gemeindeältesten vorlegen konnte, die in den vorhergegangenen eineinhalb Jahren einen Gewinn von den verkauften Pferden von 802 fl. auswies, vorgelegt hatte, wurde Jacob Kaufmann im Februar 1846 endlich in die Bürgerschaft Windeckens aufgenommen.[34]

Aus allen angeführten Akten wird deutlich, daß sich besonders der Stadtrat und Bürgermeister von Windecken schwer taten, sich auf die neue gesetzliche Situation der Gleichstellung der Juden mit den Bürgern der Stadt Windecken einzustellen und im

Windecker Juden verweigerten dem Pfarrer die jährliche Abgabe einer halben Gans

Aufgrund der neuen Gesetzeslage verweigerten die Windecker Juden dem evangelische Pfarrer in Windecken die üblich gewesene jährliche Abgabe von einer halben Gans oder 45 Kreuzern. Der jüdische Gemeindeälteste war im September 1835 der Ansicht, daß diese Abgaben nach dem § 4 des Gesetzes vom 29. 10. 1833 zur gleichförmigen Ordnung der besonderen Verhältnisse der Israeliten aufgehoben seien.
In diesem §4 heißt es : ".. Alle Abgaben und Leistungen, welche die Israeliten als solche, vermöge des vormaligen Hörigkeits- und Schutzverhältnisses zu entrichten hatten, werden, soweit sie noch bestanden haben ... aufgehoben, mögen sie an den Staat, Gemeinden, Staatsbehörden, auch Staats- und Kirchendiener oder Privatpersonen entrichtet worden sein ...".[39]
Der Pfarrer Osius nahm die Weigerung der Judenschaft nicht hin und wandte sich an den Landrat in Hanau: "... so glaube ich nicht, daß diese (von der Judenschaft früher geleistete und seit 1833 verweigerte Abgabe von einer halben Gans oder 45 Kreuzern zu den nach § 4 aufgehobenen..Abgaben) dazu gehören, sondern auf einem anderen überall stattfindenden Grunde beruht, indem in der ganzen Provinz Hanau, wo Juden wohnen, eine ähnliche Abgabe an die Pfarreien stattfindet. Welches der Grund der Abgabe sei, vermag ich als Mangel aller Urkunden darüber nicht anzugeben ... ich darf erwarten, daß kurfürstliches Konsistorium ... seine Besoldungsempfänger in den ungestörten Besitz ihrer Einkünfte jeder Art sichern werde."
Nach mehrfachem Schreiben des Pfarrers Osius, die Abgabe auch für die vergangenen Jahre zu erfüllen, teilte ihm das Konsistorium zu Hanau mit, daß die Forderung der Pfarrämter von einer halben Gans von den Juden auf einem früheren Hörigkeitsverhältnis und Schutzverhältnis beruhe und daß für die Zukunft diese Abgabe wegfalle.[40]

Juden verweigerten die Zahlung von Steuern auf Häuser in der Judengasse, in denen sie nicht mehr wohnen

Ebenso verweigerte die Windecker Judenschaft aufgrund der neuen Gesetzeslage die Zahlung der seit alters her festgelegten Steuer auf die Häuser in der Judengasse, die die Stadt Windecken und auch der Landrat forderten, obwohl die meisten Juden nicht in der Judengasse wohnten. Die Grundvereinbarung dieser früheren Zahlungen wurde gesucht und ein entsprechender Hinweis im Ratsprotokollbuch der Stadt Windecken von 1675 gefunden. Im November 1835 verklagten in diesem Zusammenhang die Israeliten Süßkind Stern und Amschel Löwenthal die Stadt Windecken. Über den Ausgang dieser Klage ist nichts bekannt.[41)]

Geiste der Aufklärung die neuen Bürger in die Bürgerschaft aufzunehmen. Ein Teil der Juden Windeckens wartete aber nicht auf den nötigen Bewußtseinswandel der Windecker Stadtväter, sondern versuchte sich auf dem Rechtswege die ihnen zustehenden, aber vom Windecker Stadtrat verwehrten Rechte als Bürger Windeckens zu bekommen, was ihnen auch häufig zugestanden wurde.

Auch um andere Rechte, die ihnen nach dem neuen Gesetz zustanden, mußten die Windecker Juden erst kämpfen (siehe Kasten oben).

Im Kampf der Windecker Juden um ihre Gleichberechtigung als Bürger Windeckens spielte die Auseinandersetzung um das "Bürgerholz" ein herausragende Rolle. 1835 kam es deshalb zu einem Pogrom in der Windecker Judengasse (siehe S. 67).

Zum Prozeß der Gleichberechtigung

Mit dem Gesetz von 1833 hatten die kurhessischen Staatsangehörigen israelitischen Glaubens die gleichen Rechte wie die Staatsangehörigen anderer Bekenntnisse erhalten.

In vielen Fällen stand die Gleichberechtigung der kurhessischen Juden allerdings nur auf dem Papier. So blieb den Juden zum Beispiel beim Militär eine Beförderung gänzlich versagt. Auch der Lehrstuhl einer Universität konnte nicht von einem jüdischen Professor besetzt werden. Bis zum Jahre 1852 gab es noch keinen jüdischen Richter.

Im Zuge der Revolution von 1848 gewährte der Kurfürst am 11. März 1848 "vollständige Religions- und Gewissensfreiheit". Das Jahr 1848 brachte die völlige Gleichstellung aller Staatsbürger. Kurhessen gab jetzt allen Juden, auch den sogenannten Nothändlern, die vollen staatsbürgerlichen Rechte, "insbesondere die Fähigkeit zu öffentlichen Ämtern und zum Erwerb des Ortsbürgerrechtes sowie Wahlfähigkeit und Wählbarkeit in Hinsicht auf die Landtage".[35)]

Nach dem Scheitern der Revolution wurden 1849 den Juden in Kurhessen ihre Rechte wieder abgesprochen und sie selbst 1852 unter ein besonderes Recht gestellt, was wiederum die Nothändler ausschloß. Es gab also wieder zwei Klassen von Juden, die vom Staat unterschiedlich behandelt wurden. In Kurhessen blieb den Juden die völlige Gleichstellung versagt.[36)]

Erst mit der Einverleibung Kurhessens durch Preußen im Jahre 1866 wurde die bürgerliche Gleichstellung der Juden verwirklicht, und zwar durch ein Gesetz des Norddeutschen Bundes vom 3. Juli 1869, das "alle noch bestehenden, aus der Verschiedenheit des religiösen Bekenntnisses hergeleiteten Beschränkungen der bürgerlichen und staatsbürgerlichen Rechte" aufhob.[37)]

Zusammenfassend kann der Prozeß der Gleichberechtigung der Juden so dargestellt werden:
"Die Judengesetzgebung ging von der Auffassung aus, daß die Juden von den christlichen Staatsbürgern verschieden seien und sozusagen eine andere Nation und somit Staat im Staate bildeten. Dieser Zustand konnte nach Auffassung der Regierung nur durch den Staat und eine Gesetzgebung geändert werden, die die Erziehung der Juden zu vollwertigen Staatsbürgern förderte.
Überblickt man den komplizierten Prozeß der rechtlichen Gleichstellung seit dem Ende des 18. Jahrhunderts in seiner Gesamtheit, so wird folgende Entwicklung erkennbar:
Intellektuelle und Beamte forderten aus der Überzeugung heraus, daß liberale Verfassungsgrundsätze auch den Juden nicht vorzuenthalten seien, deren Gleichstellung. Diese wurden jedoch an wirtschaftliche Vorbedingungen geknüpft, bedingt durch das Mißtrauen dem jüdischen Geschäftssinn gegenüber.
Die Trennung von Staat und Religion wurde in dieser Zeit vollzogen. Dies half den Juden, ihre bürgerliche Gleichstellung zu erhalten, da die Religion kein Hinderungsgrund mehr sein durfte.
Die Identifizierung der Juden mit ihrem jeweiligen Staat wurde dadurch gefördert. Ebenfalls wird deutlich, daß der Prozeß der Gleichberechtigung aufs Engste mit dem wirtschaftlichen Aufstieg des Bürgertums und dem Erstarken des Liberalismus verbunden ist.
Die rechtliche Gleichstellung war aber nur die eine Seite der Judenemanzipation. Die soziale Integration und die gesellschaftliche Gleichberechtigung mußten parallel dazu vollzogen werden."[38)]

1835 - Der Kampf der Israeliten um das Bürgerholz

In den Auseinandersetzungen um den Erwerb der bürgerlichen Rechte der Juden im 19. Jahrhundert spielte in Windecken die Auseinandersezung um das Bürgerholz eine herausragende Rolle. Länger als zwanzig Jahre zogen sich die Auseinandersetzungen über die Frage hin, ob die Juden als Bürger Windeckens auch ein Anrecht auf das Holz aus dem Windecker Bürgerwald haben. Der Höhepunkt war im Jahre 1835 mit dem gewaltsamen Überfall auf die Häuser der jüdischen Familien in der Windecker Judengasse erreicht. Der Verlauf der gesamten Auseinandersetzung wird ausführlich dargestellt.[0)]

Der Windecker Stadtwald

Schon im Jahre 1313 war der "Markwald" vom Hanauer Herren Ulrich im Tausch erworben worden. Er wurde gemeinsam verwaltet und genutzt von den "Markgenossen" aus Windecken und Ostheim. Holz war als Wärmequelle und auch zum Hausbau lebensnotwendig.[1)]

Die Bürger von Windecken hatten auf Lebenszeit ein Recht auf eine jährliche Holzzuteilung aus dem Windecker Bürgerwald, bestehend aus: 1/2 Klafter Buchenholz und einen 1/4 Klafter Birkenholz mit dem abfallenden Reisig.[2)] Hauerlohn und Abfuhr hatte der Nutzungsberechtigte zu zahlen.

Auch Bauholz stand jedem Bürger beim Neubau eines Hauses zu und zwar: Die hauptsächlichsten 16 Bauholzstücke und das Streckholz, bei Reparaturen aber nur eine entsprechende Beisteuer, alles gegen eine Taxe von 4 Krz. pro Kubikfuß.

Beginn der Auseinandersetzungen 1830

Nachdem so im März 1830 Kaufmann Höxter entgegen dem Willen der Stadt Windecken durch kurfürstlichen Beschluß als Bürger in Windecken aufgenommen war, forderte er sein Bürgerholz, das jedem Bürger Windeckens zustand. Die Stadt Windecken zahlte darauf am 3. 12. 1831 das Bürgergeld an Kaufmann Höxter zurück mit der Begründung: "Die Stadt hat hierbei nur Vorteil, denn wenn sie das ihm als Bürger gebührende Holz nur von 2 Jahren verkauft, so hat sie die 40 florin schon gewonnen und er muß alsdann gleich jedem anderen Schutzjuden jährlich 2 florin, 45 Kronen Stadtgeld in die hiesige Stadtkasse bezahlen." Die Gemeinde weigerte sich, dem Kaufmann Höxter das Holz vom verflossenen Jahr 1829 zu entrichten.[3)]

Frühere Hinweise auf Juden und Holz

Schon mindestens 250 Jahre vor der Auseinandersetzung im Jahre 1835 gab es immer wieder wegen der Holzes, das die Juden zum Leben benötigten, Unstimmigkeiten. Folgende Hinweise waren in den Akten zu finden:

1575 hieß es von seiten der Stadt Windecken:

"Auch kaufen sie (die Juden) zum Nachteil der Windecker Bürger Holz auf den Wochenmärkten, obwohl ihnen der Holzkauf seit alters verboten ist."[5)]

Im Ratsprotokoll der Stadt Windecken aus dem Jahre 1714 ist zu lesen von einer Klage der Judenschaft gegen die Stadt Windecken "wegen des praetendirten Brennholtzes". Dazu bestand beim Amt in Hanau die Vorstellung, daß den Windecker Juden das Holz aus dem Kalkofen zum Kauf angeboten werden solle.[6)]

Im Jahre 1735 hatten sich die Windecker Juden beschwert wegen "des nöthigen Brennholtzes". Es wurde daraufhin vorläufig festgesetzt, "wegen des Wäldgens, der Kalkofen genandt und des von der Stadt Windecken zum verkauff darinnen aufgemachten brennholtzes", daß den Windecker Juden, wenn sie das bezahlen, was Fremde bezahlen, auch der Kauf gestattet wird.[7)]

1834 erneuter Anspruch der jüdischen Bürger auf das Recht des Bürgerholzes

Als im Jahre 1834 mehrere Windecker Juden auch Ortsbürger von Windecken geworden waren, erhoben sie folgerichtig auch Anspruch auf die Rechte dieser Bürgerschaft in Windecken und dazu gehörte das Loosholz aus dem Windecker Bürgerwald.

Im November 1834 stellten mehrere jüdische Bürger Windeckens ein Gesuch an die Regierung in Hanau:

"Kurfürstliche Regierung!

Die Israeliten und Bürger Jos. Wolf Heß, S. Wolf Heß, Löser Stern, Jacob Stern, Kaufmann Höchster, Jacob Levi, David Samuel Schloß, Jacob Lazarus Oppenheim und Aron Oppenheim aus Windecken überreichen in Betreff der Verabfolgung der Bürgerlichen Nutzungen unterthänige Vorstellung mit inhaltlicher Bitte. Wir haben uns vor einiger Zeit in die Zahl der Bürger zu Windecken aufnehmen lassen, und uns, wie sich von selbst versteht, bereit gefunden, an allen mit dem Bürgerrecht verbindlichen Lasten zu partizipieren. Die ganz einfache Folge davon ist dann ohne Zweifel die, daß man uns auch an allen bürgerlichen Rechten und Nutzungen theil nehmen läßt.

Hiernach verlangten wir von dem Windecker Stadtrath uns so gut wie jedem anderen Bürger ein Loos auf das aus dem Gemeindewald jährlich zu vertheilende Holz zu verabreichen, was aber hartnäckig verweigert wird. Wir suchten dem gedachten Stadtrath unsere rechtlichen Ansprüche beispielsweise begreiflich dadurch zu machen, daß da jeder Ausländer, sobald derselbe nach Windecken receciert (aufgenommen) worden ist, dasjenige, was wir jetzt begehren, ohne allen Anstand gegeben werde, und man folglich bei uns keine Ausnahme machen dürfe. Allein alle Vorstellungen sind vergeblich, und das Kreisamt dahier verweiset uns an eine hochpreisliche regierung und wir erlauben und daher Hochdiesselbige untertänig zu bitten gnädig zu verfügen, daß uns an allen bürgerlichen Rechnungen und Nutzungen theil zu geben sei."[4)]

Die Regierung in Hanau reagierte auf das Schreiben, indem sie den Windecker Stadtrat aufforderte, innerhalb von acht Tagen über die bisherige Praxis der Aufnahme Fremder in die Bürgerschaft von Windecken mit den damit verbundenen Lasten und Nutzen zu berichten.

Der Stadtrat antwortete dann am 1. 12. 1834 folgendes:

"Eingeborene hat der Stadtrat nur mit Zustimmung von wenigstens 2/3 der hiesigen Bürger in hiesige Bürgerschaft aufgenommen. Diese haben auch nur dann an dem bürgerlichen Nutzungen partizipiert, wenn die Bürgerschaft dafür gestimmt hat... Kurfürstliche Regierung hat indessen in neuester Zeit, ohne Berücksichtigung des Widerspruches des Stadtrates mehrere hierher aufgenommen und diesen ist, auf ihr vielfältiges Ansuchen und auf Zureden des Stadtrates von der Bürgerschaft gleich den anderen Bürgern ein Bürgerloosholz verwilligt worden. Für die Folge soll indessen bei dem Mangel an Holz im Bürgerwald weder aufgenommen werdenden Auswärtigen noch Ausländern das Bürgerloosholz verwilligt werden... Sowohl der Ausländer, als der Inländer und der Ortsangehörige müssen, wenn sie in die

Bürgerschaft aufgenommen werden, Einzugsgeld und... 5 fl. Bürgergeld bezahlen. Von den aufgenommenen Israeliten ist dieses Bürgergeld nicht begehrt worden. Sie sind unter dem ausdrücklichen Vorbehalt aufgenommen, daß sie vom bürgerlichen Nutzen ausgeschlossen sind."[8)]

Die Regierung teilte am 18. Januar 1835 mit, daß die jüdischen Bürger dieses Einzugsgeld zu zahlen bereit seien, wenn sie am bürgerlichen Nutzen teilhaben würden.

Darauf antwortete der Stadtrat am 24.Januar 1835 :

"... Der Markwald ist übrigens nicht der Stadt, sondern den hiesigen Bürgern, wie dies der hiesige Stadtrath auf das Gesuch des Jacob Stern berichtet hat. Es haben daraus noch nie Juden Holz bekommen, sie haben dazu kein Recht, und sie können demnach auch für die Folge keines daraus erhalten.

Wenn ein Einzelner einen Wald als Eigentum besitzt, kann dann irgendeine Behörde ermächtigt sein zu verordnen, daß daraus ein anderer, der daran durchaus keinen Teil und Recht hat, Holz empfangen soll. Wir meinen dies nicht, und da das Verhältnis des hiesigen Bürgerwaldes ganz dasselbe ist, so glauben wir auch mit Bestimmtheit voraussetzen zu dürfen, daß keine Behörde bestimmen kann, daß die hiesigen Juden aus dem, den Bürgern gehörigen Wald Holz erhalten sollen. In größter Verehrung beharret... der Stadtrath."[9)]

Die Regierung wies nun den Stadtrat Windecken an: "Dem Stadtrat wird ... eröffnet, daß diejenigen Israeliten dortselbst, welche bereits das Ortsbürgerrecht erlangt haben, gegen Bezahlung des Einzugsgeldes ... (zu welcher Einzahlung sie sich selbst bereit erklärt haben) alsbald in Bezug der sämtlichen Gemeindenutzungen, insonderheit aber auch das Loosholz gesetzt werden müssen...".

Der Windecker Stadtrat gab aber am 16. Februar 1835 dem Beschluß der kurfürstlichen Regierung nicht nach, sondern wollte erreichen, daß die Regierung ihren Beschluß aufhebt, andernfalls beabsichtige die Stadt Windecken vor Gericht zu ziehen:

"... Die hiesigen Israeliten haben noch nie aus hiesigem Bürgerwald Holz erhalten wie wir schon vielfältig vorgeführt haben, und sie sind auch von dem hiesigen Stadtrat unter der ausdrücklichen Bedingung aufgenommen, daß sie von jedem bürgerlichen Nutzen ausgeschlossen sind...".[10)]

Davon ließ sich die Regierung in Hanau nicht einschüchtern und ordnete am 9. März 1835 folgendes an:

"Dem Stadtrat zu Windecken ist auf seine grundlose Demonstration zu eröffnen, daß, da die Israeliten, welche im Gefolge des Gesetzes vom 29. Oktober 1833 zu Bürgern in Windecken aufgenommen sind, in alle Rechte, welche den übrigen dasigen Bürgern zustehen, auch der Anspruch auf Beziehung des Bürgerloosholzes unzweifelhaft gehört, dieses letztere denselben unweigerlich gleich wie jeden anderen christlichen Bürgern zu überweisen sei ... Es ist daher dem Bürgermeister zu Windecken aufzugeben, den dasigen israelitischen Bürgern, an dem vollen Gemeindenutzen und namentlich auch am Bezug des Bürgerloosholzes zur Verfallzeit bei einer Strafe von 2 Reichstaler ohne weitere Widerrede partiziperen zu lassen. Das Kreisamt ... hat hiernach an den Bürgermeister von Windecken das Weitere zu verfügen und die nachsuchenden israelitischen Bürger davon in Kenntnis zu setzen...".[11)]

Auf diese Anordnung antwortete der Windecker Bürgermeister:

"Auf den hohen Regierungsbeschluß vom 9ten d. M. werden die hiesigen Israeliten aller Wahrscheinlichkeit nach bei Kf. Kreisamte vortragen, daß sie noch immer kein Bürgerloosholz erhalten hätten. Damit ich nicht der in die angedrohte Strafe von 2 Reichstalern verfalle, so will ich zum voraus gehorsam anzeigen, daß bekanntlich ich so wenig als der Stadtrath denselben das Holz ohne weiteres geben kann. Es muß vielmehr am Holzschreibetag von der Forstbehörde verzeichnet und dann deren Abgabe vom Forstamte erst genehmigt werden. So lange die Genehmigung also nicht erfolgt ist, kann und darf kein Holz aus dem Walde abgegeben werden, es kann demnach auch bis zu deren Eingang keine Strafe gegen mich erkannt werden.
Schließlich bemerke ich sodann, daß der Wald, aus dem die Israeliten das Bürgerholz erhalten sollen, von Herrn Ulrich von Hanau laut Schenkungsurkunde von 1313 den damaligen hiesigen Bürgern und deren Nachkommen geschenkt worden ist. Außer Zweifel ist, daß die Juden von jenen keine Nachkommen sind und die hiesigen Bürger sind daher der Meinung, daß sie in Folge der Schenkungsurkunde kein Recht auf Holz daran haben. Sie glauben daher auch, daß niemand ein Recht zustehe zu verfügen, daß die Juden daraus Holz erhalten sollen. Die Bürgerschaft ist aus diesem Grunde keineswegs gesonnen, dem Regierungsbeschluß... Folge zu leisten, ist sie vielmehr Willens, dagegen den Weg des Rechtens einzuschlagen."[12)]

Am 31. März 1835 schrieb das Kreisamt an den Stadtrat von Windecken:

"Erschien der israelitische Bürger Jakob Süßkind Stern von Windecken, und gab zu vernehmen, der Stadtrath verweigere sich fortwährend, ihnen den bürgerlichen Nutzen zukommen zu lassen.
Am 19. d. M. hätte der Stadtrat die städtischen Wiesen, welche bisher an den Meistbietenden verpachtet gewesen sein, unter die Bürger zur Benutzung auf eine bestimmte Zeit ertheilt, ohne jedoch die israelitischen Bürger daran theilnehmen zu lassen, ja der Stadtrath habe anstatt wie sonst bei dergleichen Gelegenheiten gebräuchlich gewesen, die Bürgerschaft dazu durch die Glocke zusammenzurufen, diesselben in der Weise vorgeladen, daß er jeden einzelnen Bürger durch den Polizeisergeanten bestellen lassen, jedoch mit Ausschluß der Israeliten.
Das Holz hätten die israelitischen Bürger gleichfalls noch nicht erhalten und würden auch solches sobald nicht bekommen, wenn nicht der Stadtrat mit der größten Strenge dazu angehalten würde. Gestern Nachmittag hätten die Ratsmitglieder beschlossen, ihnen, den israelitischen Bürgern, den Bürgernutzen nicht zu geben, und deshalb bei Gericht Klage zu erheben.
Er wolle daher um geeignete Verfügung bitten, daß sie endlich einmal den ihnen als Bürger zustehenden Nutzen empfangen, und von dem Stadtrat nicht länger hingehalten würden."[13)]

Das Kreisamt forderte binnen drei Tagen eine Antwort auf die Vorwürfe der jüdischen Bürger.

In seinem Antwortschreiben berichtete der Stadtrat, daß von der schon lange gepflogenen Praxis auch diesmal nicht abgewichen worden sei. Außerdem könne die Stadt ihre Wiesen verpachten, an wen sie wolle. Was den Nutzen aus dem Bürgerwald für die jüdischen Bürger angehe, so sei der Stadtrat mit einer Klage bei dem Kurfürstlichen Ministerium des Inneren in Kassel eingekommen und werde dessen Bescheid abwarten. Außerdem weist der Stadtrat noch daraufhin, daß man dem Jakob Süßkind Stern kein Gehör schenken solle, da dieser wegen falschen Eides angeklagt sei.[14)]

Ausschreitungen am 22. April 1835

Über den weiteren Verlauf der Ereignisse berichtete die Hanauer Zeitung am 26. April 1835:

"Windecken 23. April 1835
Gestern und in der verflossenen Nacht haben wir unruhige und betrübende Auftritte hier erlebt.
Sieben israelitische Einwohner von hier, welche in Folge des Gesetzes über die Emancipation der Juden im vorigen Jahre als

hiesige Ortsbürger recipiert worden waren, hatten verlangt, nunmehr auch Theil am bürgerlichen Gemeinde-Nutzen, so wie solcher jedem anderen neu aufgenommenen Ortsbürger eingeräumt wird, nehmen zu dürfen. Der hiesige Stadtrath war aber keineswegs gewillet, diesem Begehren zu entsprechen, namentlich weigerte er sich, sie am sogenannten Bürgerloosholz Theil nehmen zu lassen, obgleich jeder Ortsbürger davon 1/2 Klafter erhält. Die israelitischen Ortsbürger wendeten sich beschwerend an die Kurfürstliche Regierung in Hanau und diese wies den hiesigen Stadtrath bei Strafe an, den Reclamaten das ihnen gleich wie allen anderen Ortsbürgern gebührende Loosholz zu verhandreichen. Mit dieser Entscheidung war aber so wenig der Stadtrath als die hiesigen christlichen Bürger zufrieden; man beschloß vielmehr, sich ihrer durch Betretung des Rechtsweges zu entledigen zu suchen. Als nun aber inmittelst die Forstbehörde der Verfügung der kurfürstlichen Regierung gemäß Anstalt machte, den israelitischen Ortsbürgern ihr Bürgerholz anzuweisen und gestern Morgen dahier verlautete, daß dieses gerade eben im Walde geschehen solle, da versammelten sich gestern Mittag ein großer Teil der hiesigen Bürgerschaft, auf wessen Veranstaltung ist noch nicht klar, auf dem Markte und zog in den Wald hinaus, um die Juden und deren Holzhauer gewältätig daraus zu verjagen. Glücklicherweise trafen sie aber draußen weder die Juden noch deren Holzhauer, diese waren nämlich, weil die Forstbehörde ausgeblieben war, schon früher nach Hause zurückgekehrt. Die hiesigen Bürger kamen daher ebenwohl, ohne daß es zu den besorgten Gewalttätigkeiten gekommen wäre, wieder zurück.

Die Aufregung gegen die Israeliten war indessen einmal da und machte sich denn auch bald auf eine recht rohe Weise kund. Schon nach 9 Uhr abends wurden einem am Markt wohnenden Juden einige Steine in die Fenster geworfen, auch fehlte es nicht an mancherlei Drohungen gegen die übrigen.

Um Mitternacht aber endlich, als die geängstigten Juden schon längst in den Betten lagen und auch sonst niemand an eine Ruhestörung mehr dachte, da rückten mit einem Male auf ein gegebenes Zeichen ganze Rotten mit Äxten bewaffneter Frevler vor die Häuser der hiesigen Juden und schlugen mittelst ihrer Äxte an 16 Judenhäusern alle erreichbaren Fenster, Fensterläden, auch 4 Haustüren ein.

Man denke sich den Schrecken und die Todesangst der armen Juden, welche für ihr Leben um so mehr besorgt sein zu müssen glaubten, als acht Tage vorher schon Drohbriefe gefunden waren, wonach eine Rotte von 48 Leuten es auf die Hälse von sämtlichen Juden abgesehen haben wollte.

Glücklicherweise begnügten sich die verschworenen mit der Zertrümmerung der Fenster, Türen und Fensterläden der Juden, und zogen, nachdem lautlos, wie sie gekommen waren, ihr Werk vollendet hatten, wieder ab.

Gleich darauf erschienen denn auch die städtischen Autoritäten und stellten eine Beaugenscheinung des Schlachtfeldes an. Die sofort eingeleitete Untersuchung dieser bedauerlichen Exzesse, wird hoffentlich die Schuldigen ans Licht ziehen, damit sie der verdienten Strafe nicht entgehen."

Soweit der Bericht der Hanauer Zeitung vom April 1835.

Nach dem Pogrom

Am Tag nach den Ausschreitungen erschienen am 23. 4. 1835 in Hanau "in betreff eines in der verflossenen Nacht zu Windecken vorgefallenen Exzesses an Wohnungen dasiger Israeliten"[15] Aron Oppenheimer, Jakob Levi und Löser Stern von Windecken und zeigten an:

"Gestern habe dem israelitische Ortsbeistand von Windecken das Bürgerlosholz im Walde angewiesen werden sollen ... Mittags gegen ein Uhr habe sich die Bürgerschaft in der Stadt auf dem Marktplatz gesammelt und sei in großer Zahl gegen 150 und mehr Menschen in Begleitung von vielen Kindern und unter Anführung von Stadtratsmitglied Johannes Westphal, Peter Major und Caspar Schmidt, desgleichen mehrere Mitglieder des Bürgerausschusses in den Stadtwald gezogen. Der Förster sei zur Holzanweisung im Walde nicht eingetroffen und es habe sich die Versammlung nach einiger Zeit aus dem Wald zurückbegeben, sei in einem förmlichen Aufzuge, die Kinder voraus, durch Ostheim gezogen und sei wieder in Windecken unter dem Geschrei: 'Holz! Holz!' eingerückt.

Um neun Uhr abends seien dem Israeliten Kaufmann Höxter zwei Steine vor den Fensterladen geworfen worden, und bald wurde in demselben Hause Aron Oppenheimer ein Stein durch das Fenster in die Stube geworfen.

Um 12 Uhr nachts sei ein großer Haufen Menschen, wohl 80 oder mehr, in die Judengasse gekommen und habe mit großem Tumult sämtliche Judenhäuser mit Ausnahme einiger weniger durch Einschlagen der Fenster und Türen beschädigt. Dieser Tumult habe wenigstens eine dreiviertel Stunde gedauert, bis endlich auf das Geschrei um Hilfe der Bürgermeister mit etlichen Mann Bürgergarde ankommen sei und die Tumultanten sich entfernt hatten.

Sie (die Juden - d. V.) baten namens der Judenschaft um Schutz gegen diese oder ähnliche Mißhandlungen und bemerkten, daß sämtliche christlichen Einwohner von Windecken wegen der Teilnahme der Israeliten an dem Losholz gegen diese verbittert seien und ihnen der Schutz durch die Bürgergarde zweifelhaft erschien. Aron Oppenheimer sagt aus, er habe erfahren, die Bürgerschaft hätte sich versammelt und wolle des Nachts den Juden die Fenster einschlagen."[16]

In Gegenwart des Hanauer Polizeidirektors wurden einen Tag nach den Exzessen die "Judenhäuser in Augenschein genommen und der angerichtete Schaden ... aufgenommen. In Abwesenheit des Bürgermeisters wurde die Bürgergarde aufgefordert ... jeden Abend von 8 bis 5 Uhr morgens mit 1/3 der Mannschaft Wache zu beziehen". Weiterhin wurde angeordnet, "die zur Anfertigung der Holzlose bestimmten Holzhauer durch die Bürgergarde schützen zu lassen". Daraufhin versprachen "die Offiziere der Bürgergarde Schmalz, Bach und Hinkel... für Ordnung zu sorgen".[17]

Ebenfalls am Tag nach den Ausschreitungen bat "die jüdische Gemeinde .., die groben Exzesse zu erforschen und dem Gericht anzuzeigen". Der Bürgermeister von Windecken Dietz erschien am folgenden Tag in Hanau und "sagte auf Vorbehalt, wer die Exzesse in der vorletzten Nacht veranlaßt und wer daran teilgenommen habe, weiß ich bis jetzt noch nicht, habe auch keine besonderen Verdachtsgründe".[18]

Einige Tage später war das Landgericht mit der Untersuchung der Exzesse beauftragt.[19]

12 Tage nach diesen brutalen Ausschreitungen der Windecker Bürger gegen alle Juden Windeckens - das Bürgerholz gefordert hatten ja nur die jüdischen Ortsbürger Windeckens - wandte sich der Windecker Stadtrat an die kurfürstliche Regierung in Hanau: "Der Stadtrat Windecken bittet gehorsamst, hochgeneigtest zu genehmigen, daß die angeordneten Bürgergardenwachen wieder eingestellt werden dürfen. Der Herr Regierungsrat Hupfeld und der Herr Landrat Cöster zu Hanau haben infolge des Vorfalls gegen die hiesigen Juden angeordnet, daß bis zu anderweiter Verfügung durch die Bürgergarde jede Nacht Wache getan und patroulliert werden soll. Es ist dies bisher streng geschehen. Es ist dies indessen sehr beschwerlich für die Bürgergarde, besonders zu der jetzigen Jahreszeit, wo jeder wichtige Arbeiten im Felde zu verrichten hat.

Es ist durchaus nicht zu befürchten, daß hier wieder Unordnungen vorkommen, und wir bitten deshalb hiermit gehorsamst, hochgeneigtest zu genehmigen, daß die angeordneten Wachen von jetzt an wieder eingestellt werden dürfen.
An dem Tage, wo der Revierförster das Holz anreißen wird und so lange bis es gemacht ist, wird unsererseits die nötige Anordnung getroffen werden, daß den Holzmachern durch hinlängliche Mannschaft von der Bürgergarde der erforderliche Schutz (gegeben) werde."[20)]

Das Oberlandesgericht entschied am 27. April 1835 auf die Anfang April eingebrachte Klage des Windecker Stadtrates:

"Das Argument des Stadtrathes, die Regierung mische sich widerrechtlich in innere Angelegenheiten der Stadt Windecken und seiner christlichen Bürger ein, wurde verworfen. Damit war die Anordnung der Regierung voll in Kraft, nach der den jüdischen Bürgern sofort ein Los auf das geschlagene Holz im Bürgerwald zugestanden werden müsse. Bei Zuwiderhandlung drohte eine Strafe von 50 Reichstalern."[21)]

Um gegen dieses Urteil zu "remonstrieren", teilte der Bürgermeister der Stadt Windecken am 29. April - also eine Woche nach den Ausschreitungen - dem Rechtsanwalt mit: "... erwidere ich ergebenst, daß der Stadtrath das größte Vertrauen in Sie setzt und daß er es Ihnen überläßt, in der begonnenen Beschwerdesache das vorzunehmen, was Ihnen am geeignesten scheint, der Stadtrath und die Bürgerschaft genehmigt es zum voraus. Wenden Sie nur ab, daß kein Holz für die Israeliten gemacht wird...".[22)]

Aus einem Schreiben vom Mai 1835 geht hervor, daß der Windecker Gemeindeausschuß in dieser Angelegenheit plant, den Stadtrat zu belangen und eine Klage gegen ihn anzustellen.[23)]

Weiter liegt noch ein Gerichtsurteil vor aus dem Jahre 1835, in dem nochmals die Berechtigung der jüdischen Bürger auf das Bürgerholz bestätigt wird.[24)]

Für den 7. Mai 1835 war die Holzzuteilung aus dem Windecker Wald für die Juden geplant.

Entwicklung nach dem Jahre 1835

"Zwei Jahre später im Juni 1837 teilte das Kreisamt zu Hanau in 'Untersuchungssachen wegen der am 22. und 23. April 1835 zu Windecken vorgefallenen Ruhestörungen' mit, daß 'Bürgermeister Dietz und der Polizeisergeant Vollbrecht wegen vorsätzlicher Pflichtverletzung ihres Dienstes zur Strafe entlassen sind'."[25)]

In einem Schreiben des Windecker Bürgermeisters vom 12. September 1839 heißt es, daß "die hiesigen Israeliten bisher am bürgerlichen Nutzen nicht partizipierten". Auch mehr als vier Jahre nach den schweren Auseinandersetzungen von 1835 hatten die jüdischen Ortsbürger Windeckens noch kein Bürgerholz aus dem Windecker Bürgerwald erhalten.

Aus dem Jahre 1839 ist eine Liste erhalten derjenigen Israeliten, die einen Antrag auf Nutzholz gestellt hatten, der aber von der Stadt Windecken abgelehnt worden war, da sie weder Bürger noch Beisaßen waren:[26)]

David Samuel Schloß (verstorben)
Löb Herz Windecker rel.
Die gemeine Judenschaft für ihren Vorsänger
Isaac Michael Guggenheimer
Jacob Samuel Schloß
Simon Herz Windecker rel.
Josef Wolf, Schlechter
Marum Jacobs Witwe
Moses Samuel Schloß
Rapfael Wolfs rel.
Herz David Fürst rel.
Israel Katz rel.
Jacob Moses Kaufmann
Amschel Löb
Michel Orschel
Jessel Levi

1846 schrieb der Bürgermeister von Windecken an die kurfürstliche Regierung, daß er erst ein Jahr im Amt sei und die hiesigen Israeliten bisher nicht am bürgerlichen Nutzen partizipierten und er keine Erfahrung habe wegen des gewonnenen Prozesses der Windecker Israeliten um das geforderte Nutzungsrecht.[27)]

Im Dezember 1841 führte der Lehrer der jüdischen Gemeinde Samuel Neumark wegen der Verweigerung des bürgerlichen Nutzens Beschwerde. Er erwähnte dabei, daß er schon vier Jahre Beisaß in Windecken sei und er seinen Verpflichtungen nachgekommen sei. Die Stadt Windecken verwies auf das nicht gezahlte Einkaufsgeld von 250 fl. Lehrer Neumark möchte die gleichen Rechte wie der christliche Lehrer haben. So habe dieser die 250 fl. nicht zu bezahlen brauchen.[28)]

1843 hatte der Pferdehändler Kaufmann Höxter, der sich 1830 nach Windecken verheiratet hatte, die Stadt Windecken verklagt "wegen der Teilnahme an bürgerlichem Nutzen". Das Justizamt sprach ihm diese im April 1843 zu und wies die Stadt Windecken zurecht: "Wird, nachdem der Ausschuß der verklagten Stadt den abgeschlossenen Vergleich in der Hauptsache genehmigt hat, derselbe dahin gerichtlich bestätigt, daß Kläger vom Jahre 1844 am städtischen Nutzen, namentlich den jährlichen Holznutzungen Theil nimmt, und für die Vergangenheit auf solchen verzichtet, dagegen ... vom Jahre 1844 an alle bürgerlichen Lasten gleich den übrigen Bürgern trägt und die verklagte Stadt auf etwaige Gegenansprüche wegen Nichtleistung derselben in der vergangenen Zeit verzichtet, dieselbe auch dem Kläger sämtliche Kosten zu erstatten hat."[29)]

Durch dieses Urteil fühlten sich wenige Monate später die Kinder des drei Jahre zuvor verstorbenen Löser Süßkind Stern ermutigt, dessen Anspruch auf das Bürgerholz mit dem folgenden Schreiben an den Windecker Stadtrat einzufordern:

"Der Vater unserer Mündlinge, resp. Vater Löser Süßkind Stern dahier, ist ...am 27. Dezember 1839 gestorben. Derselbe ist seit dem Jahre 1834 Bürger dahier gewesen und hat von dieser Zeit an bis zum Tage seines Todes den ihm rechtmäßig zustehenden bürgerlichen Nutzen nicht erhalten. Wir halten uns daher als Kinder und Erben desselben berechtigt, dessen Rechte in Anspruch zu nehmen und verlangen daher, das unserem Vater zustehende Holz von den Jahren
1834: 1/2 Klafter Buchenscheitholz nebst Zapfreis und Erdstecken , 1/4 Kl. Birkenknüppel u. Zapfreis, ein Schock Stammreis
1835: 1/2 Klafter gemischt Buchenscheitholz u. Knüppel, nebst Endstecken und Zapfreis, 1/4 Kl. Birkenknüppel und Zapfreis
1836: 1/2 Klafter gemischtes Buchenscheitholz mit Knüppel, Erdstöcken u. Zapfreis, 1/4 Klafter Eichenknüppel und 1/4 Kl. Birkenknüppel beides mit Zapfreis
1837: 5/8 Klafter Buchenscheitholz mit Knüppel, Endstöcke und Zapfreis, 1/4 Kl. Birken, Erlen mit Zapfreis
1838: 1/4 Kl. Buchenscheitholz, Knüppel, Erdstöcke u. Zapfreis, 1/4 Klafter Buchenknüppel und 1/4 Kl. Birkenknüppel beides mit Zapfreis, 1/4 Schock Stammreis
1839 wie 1837
wie es ein jeder hiesiger Bürger erhalten hat. Der Gewährung unserer Bitte baldigst entgegen sehend.... achtungsvoll die Kinder des Löser Stern: Karolina Neumark geb. Stern, Jacol L. Stern, ...Stern. Philipp M. Kallmann und Marum Müller als Vormünder der minderjährigen Bernhart u. Janche Stern."[30)]

Am 31. März 1848 teilte das Justizamt mit, daß die bisher wegen entzogenen Gemeindenutzens gegen die Stadt klagenden aufgetretenen israelitischen Einwohner von Windecken, namentlich: Aron Oppenheimer, Anselm Oppenheim, Löser Jacob Oppenheim, Samuel Heß, Abraham Heß, Simon Heß, Josef Levi Witwe,

Jacob Levi, Isaak Rotschild, Michael Orschel, Joseff Wolff ab 1852 die Nutzungsrechte bekommen.[31)]

Am selben Tag wurde ein Vertrag abgeschlossen zwischen "den hiesigen Israeliten ... und der Stadt Windecken, ... wonach die Israeliten von Windecken für sich und ihre Nachkommen auf die Teilnahme an den bürgerlichen Nutzungen aus dem hiesigen Stadtwald, der Markwald genannt wird, für alle Zeit verzichtet haben ...".[32)] Weiter ist zu erfahren, daß vor dem Abschluß dieses Vertrages im März 1848 "die Israeliten von Windecken... in dem Genusse des Gemeindenutzens sich befanden ...".[33)] Unter welchen näheren Umständen, welchem Druck auf die Juden dieser Vertrag zustande kommen konnte, ist nicht bekannt.

Wohl im engen Zusammenhang mit den weiteren allgemeinen poltischen Entwicklungen hatten die Windecker Juden zu einem nicht bekannten Zeitpunkt nach April 1848 und vor Januar 1852 Klage gegen den Windecker Stadtrat wegen der entzogenen Teilnahme am Gemeindenutzen geführt.

Am 16. Januar 1852 wurde die Entscheidung des Windecker Justizamtes allen Klägern - Handelsmann Bär Westheimer, Kammerjäger Jacob Süßkind Stern, Jacob Kaufmann, Handelsmann Anselm Oppenheim, Joseph Wolff, Samuel Adler, Amschel Löwenthal, Sannel Herzberger - gegen eine Gebühr von einem Taler zugestellt:

"Endbescheid in Sachen des ... (Name) zu Windecken, Klägers gegen die Stadt Windecken, Verklagte wegen Teilnahme am Gemeindenutzen, wird es bei dem abgeschlossenen Vergleiche:

§ 1: Der zwischen den hiesigen Israeliten einer- und der Stadt Windecken andererseits unter dem 31ten März 1848 vor dem Justizamte hierselbst abgeschlossene Vertrag, wonach die Israeliten von Windecken für sich und ihre Nachkommen auf die Teilnahme an den bürgerlichen Nutzungen aus dem hiesigen Stadtwald, der Markwald genannt, für allezeit verzichtet haben, wird überall hierdurch aufgehoben, und es treten die Israeliten in derhalben in der Weise wie vor dem Abschluß jenes Vertrages in dem Genusse des Gemeindenutzens sich befanden, wieder in denselben ein, jedoch unter folgenden Modificationen.

§ 2: Die bisher wegen entzogenen Gemeindenutzens gegen die Stadt klagend aufgetretenen israelitischen Einwohner, namentlich: Aron Oppenheim, Anselm Oppenheim, Löser Jacob Oppenheim, Samuel Heß, Abraham Heß, Simon Heß, Josef Levi Witwe, Jacob Levi, Isaak Rothschild, Michael Orschel, Joseph Wolff, treten erst zu Michaeli 1854 wieder in Genuß der Nutzungen, und verzichten bis dahin auf die seit Abschluß jenes in § 1 erwähnten Vertrages ihnen entzogenen.

§3: dagegen erhalten nachstehend ärmere hiesige Israelititen, nämlich: Samuel Herzberger, Samuel Adler, Anselm Löbenthal, Bär Westheimer, Jacob Kaufmann, Jacob Stern das jedem Bürger ertragende Bürgerholz von dem Tage des gerichtlichen Beschlusses dieses Vergleiches an wieder nach wie vor.

§ 4: Sämtliche Israeliten sind jedoch gehalten, von dem Tage, wo sie in den Bezug des Bürgerholzes treten, auch diejenigen Lasten wieder zu übernehmen, die jeder andere Ortsbürger deßhalb zu tragen hat.

§ 5: Jeder der prozeßführenden Theile trägt die seinerseits entstandenen Prozeßkosten.
Windecken, am 16. Januar 1852
gez. Schenck zu Schweinsberg"[33)]

Im April 1852 hatte der "Bürger und Handelsmann Bär Westheimer zu Windecken gegen die Stadt Windecken verklagt wegen Teilnahme am gemeinen Nutzen". Näheres ist nicht bekannt.[34)]

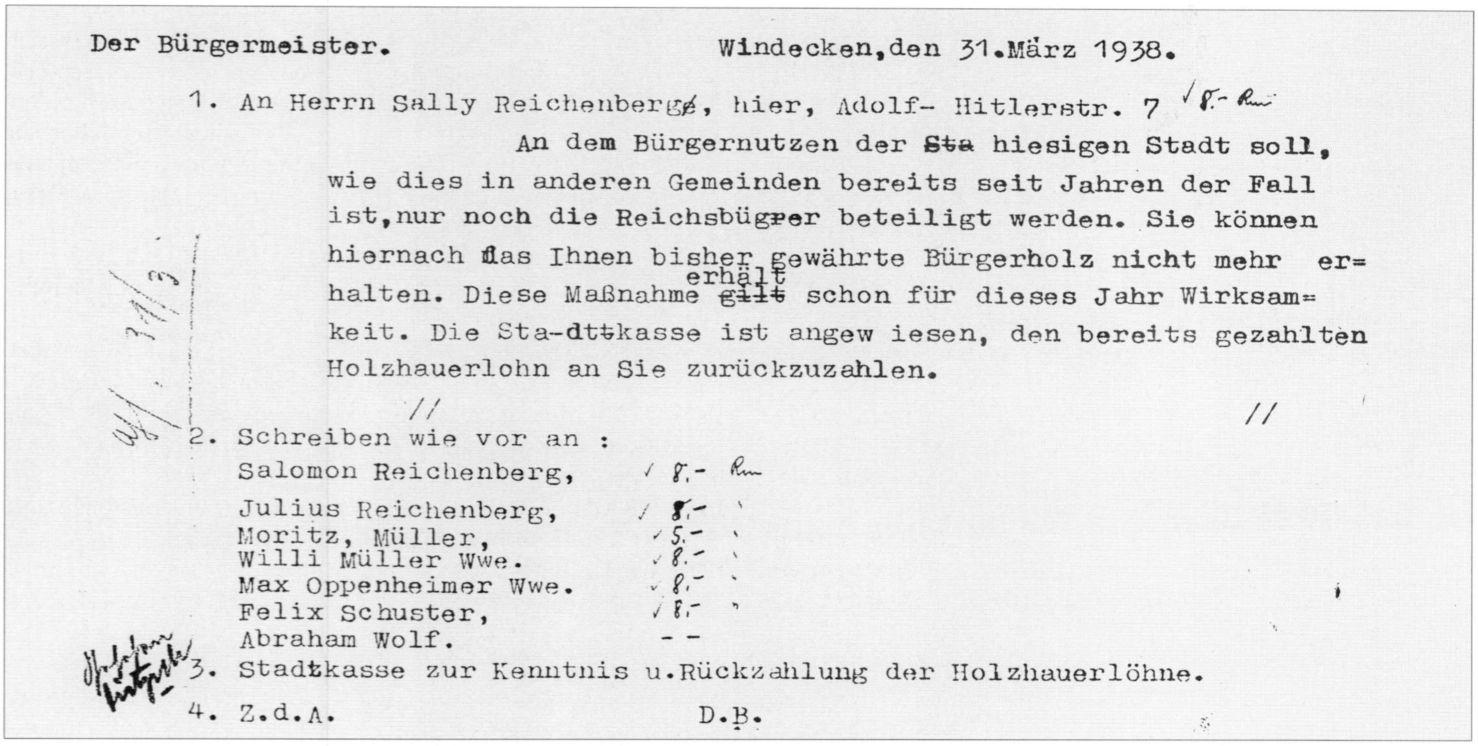
Der Bürgermeister. Windecken, den 31. März 1938.

1. An Herrn Sally Reichenberg, hier, Adolf- Hitlerstr. 7 √ 8.-
An dem Bürgernutzen der ~~Sta~~ hiesigen Stadt soll, wie dies in anderen Gemeinden bereits seit Jahren der Fall ist, nur noch die Reichsbügrer beteiligt werden. Sie können hiernach das Ihnen bisher gewährte Bürgerholz nicht mehr erhalten. Diese Maßnahme erhält ~~gilt~~ schon für dieses Jahr Wirksamkeit. Die Sta-dtkasse ist angew iesen, den bereits gezahlten Holzhauerlohn an Sie zurückzuzahlen.

2. Schreiben wie vor an :
Salomon Reichenberg, √ 8.-
Julius Reichenberg, √ 8.-
Moritz, Müller, √ 5.-
Willi Müller Wwe. √ 8.-
Max Oppenheimer Wwe. √ 8.-
Felix Schuster, √ 8.-
Abraham Wolf. - -

3. Stadtkasse zur Kenntnis u. Rückzahlung der Holzhauerlöhne.

4. Z.d.A. D.B.

Ausschluß der Juden vom Bürgernutzen 1938. Erst in der Nazizeit mit der Entrechtung der Juden ging es abermals um die Juden und das Bürgerholz: Für das Jahr 1938 entzog die Stadt Windecken den jüdischen Bewohnern Windeckens das 100 Jahre zuvor erkämpfte Bürgerholz. Dieses Schreiben vom 31. März 1938[35)] ging an acht jüdische Familien Windeckens.

Vom Landrat in Hanau erging an den Bürgermeister am 23.2.1940: Bescheid. Auf den Antrag des Bürgermeisters in Windecken vom 9. Februar des Jahres wird zu seiner Entschließung vom 8. Februar des Jahres betreffend Ausschluß von Juden von den Nutzungen am Gemeindegliedervermögen (Bürgernutzen) gemäß § 5 der ersten Verordnung zum Reichsbürgergesetz vom 14. November 1935 (Nürnberger Gesetze- d. V.) ... die aufsichtsbehördliche Genehmigung erteilt."[36)]

Zu dieser Zeit lebten noch fünf jüdische Personen in Windecken.

Die jüdische Gemeinde Windecken

Die Synagoge von Windecken

Zum Alter der Synagoge

Die Windecker Juden waren immer stolz auf ihre Synagoge gewesen, weil sie eine der ältesten von Deutschland sein sollte.[1)] Diesen Stolz gab auch schon ein Reisebericht über Windecken aus dem Jahre 1783 wieder: "Ihre Synagoge soll nächst der zu Metz die allerälteste in Deutschland seyn".[2)] Auch der Hanauer Historiker Zimmermann berichtet von der "Überlieferung", die sich unter den Juden Windeckens erhalten habe, daß ihre Gemeinde gleiches Alter wie die zu Worms, eine der ältesten jüdischen Gemeinden Deutschlands, habe.[3)]

So berichtete David Sommer auch seinem 1921 geborenen Sohn Erich, daß die Synagoge in Windecken 800 Jahre alt sei.[3a)]

"Besondere Synagoge und Schule in Windecken"[3b)]

Länger als 300 Jahre hatte die Synagoge zu Windecken zentrale Bedeutung für die Juden in der Grafschaft Hanau. Dies steht in Zusammenhang damit, daß Windecken bis zum Jahre 1463 der Sitz der Herren von Hanau war, dieser wurde dann nach Hanau verlegt.

So wurde im Jahre 1586 von den hanauischen Juden darauf hingewiesen, daß die Judenschaft "seit über dreihundert Jahren in der Grafschaft Hanau ansässig sei und sie ihre besondere Synagoge und Schule" in Windecken hat[3c)] und "die hanauischen Juden auch "von römischen Kaisern und Königen damit begabt worden sein".[3d)]

1587 sprachen diee Windecker Juden von den "seit unvordenklichen Zeiten bestehenden Synagoge",[3e)] ebenso im Jahre 1598 von der "sehr alten Schulen zu Windecken".[3f)]

Erste Erwähnungen

Die erste Erwähnung einer Synagoge zu Windecken ist zu finden in einer Urkunde des Jahres 1429, in der von dem Juden Josep die Rede ist, "der damals und noch etliche Zeit später in der Judenschule zu Windecken wohnte".[4)] Da die Juden ihre Syn-

Die Synagoge von Windecken mit dem angebauten Gemeindehaus ist auf diesen beiden alten Ansichtskarten von Windecken gut zu erkennen: Beide Postkarten sind aufgenommen in Höhe des heutigen Freiligrathrings und zeigen die Lage der Synagoge in der Ortsansicht mit dem Schloß und der evangelischen Kirche.

Die Synagoge ist etwa in der Bildmitte zu erkennen. Der Giebel der Synagoge ist zur Stadtmauer gewandt.

Die Synagoge und das angebaute Fachwerkgemeindehaus sind im rechten vorderen Teil der Postkarte zu sehen.

Die Größe der jüdischen Gemeinde Windecken

Im folgenden sind alle zahlenmäßigen Angaben aus verschiedensten Quellen, die deshalb nicht immer genau vergleichbar sind, über die jüdischen Bewohner Windeckens zusammengestellt, zeitlich geordnet geben sie ein Bild von der Größe der jüdischen Gemeinde Windecken über mehr als 600 Jahre:

1288	Stadterhebung Windeckens, vermutlich erste Niederlassung von Juden
1429	5 - 7 Haushaltungen[14)]
1544	4 jüdische Haushaltungen[15)]
1563	12 Familien = 59 Personen und 17 auswärtige Juden[15a)]
1566	11 Familen[15b)]
1581	20 Juden[16)]
1588	8 jüdische Haushaltungen[17)]
1591	6 jüdische Haushaltungen[18)]
1592/1593	heißt es "die sehr im Abnehmen begriffene Windecker Judenschaft"[18a)] (im Zuge der Austreibungspolitik
Zwischen 1576 - 1580	heißt es in einer Beschwerde der Stadt: "die ständig wechselnde Zahl der Juden"[18b)]
1597	31 Juden[19)] bei 165 Familien = 800 Personen[20)]
1597	4 Familien sind an anderer Stelle verzeichnet[21)]
1602	12 Familien sind in diesem Jahr nach Windecken gezogen.[22)]
1607	23 Familien[23)]
1616	30 Familien[24)]
1632	28 jüdische Haushaltungen[25)] bei 165 Familien = 800 Personen[26)]
1707	26 jüdische Familien bei 155 Familien[28)]
1754 - 1789	Juden bei 872 Einwohnern Windeckens[29)]
1766 - 1714	Schutzjuden (= Haushaltsvorstände)[30)]
1783	8 kontributionspflichtige Juden bei 170 Bürgern[31)]
1827	112 Juden[32)]
1830	4 steuerpflichtige jüdische Haushaltsvorstände[33)]
1834	116 Juden gegenüber 1306 Protestanten und 2 Katholiken[34)]
1835	116 Juden[35)]
1842	128 Juden bei 1535 Einwohnern[36)]
1850	192 Juden[37)]
1852	28 oder 35 Familien[38)]
1855	27 steuerpflichtige Juden (=Haushaltsvorstand)[39)]
1866	196 Juden bei 16 jüdischen Familien, wobei die jüdischen Bewohner Erbstadts mitgezählt sind[40)]
1875	14 jüdische Haushaltungen[41)]
1890	60 Seelen bei 13 jüdischen Familien[42)]
1897	51 Seelen in 13 jüdischen Familien bei 1600 Einwohnern[43)]
1903	51 Seelen bei 13 jüdischen Haushalten - bei 1624 Einwohnern[44)]
1904	55 Juden unter 1657 Einwohnern[45)]
1905	55 Juden bei 1624 Einwohnern[46)] - Ostheim mit 23 Juden
1907	8 Juden bei 1657 Einwohnern, 22 Steuerzahler, davon 9 aus Ostheim[47)]
1909	48 Juden - 1657 Einwohner Ostheim 23 Seelen - 9 Steuerzahler[48)]
1911	54 Juden bei 1735 Einwohner 21 Steuerzahler davon 8 aus Ostheim[49)]
1913	51 Juden bei 1724 Einwohnern[50)]
1924/25	47 Juden bei 1800 Einwohnern[51)]
1929	47 Juden[52)]
1932/1933	41 Juden bei 2000 Einwohnern[53)]
Juni 1933	44 Juden[54)]
1936	etwa 20 Juden in 7 Familien[55)]
Nov. 1938	12 Juden[56)]
17. Mai 1939	6 Juden[57)]
Dez. 1941	Abmeldung der letzten jüdischen Bewohnerin Hilda Oppenheimer nach Frankfurt

Abwanderung aus Windecken nach 1850

Den Höchststand an Mitgliedern hatte die jüdische Gemeinde Windecken um 1850 erreicht mit etwa 13 % Bevölkerungsanteil zu einem Zeitpunkt, als die Juden mit großen Schritten der völligen Emanzipation entgegengingen. Dies veranlaßte viele Juden, von den sehr kleinen Orten zum Beispiel in ein Städtchen wie Windecken zu ziehen. Diese Bewegung setzte sich dann aber von Windecken auch fort durch Abwanderung in die umliegende Großstädte wie Frankfurt und Offenbach. Vor allem die wirtschaftlich erfolgreichen Juden zogen ab, aber auch die jungen Juden, die dann in den größeren Städten ihre Familien gründeten.

1875 "zählt die Gemeinde noch 14 Haushaltungen, von denen nur zwei einigermaßen bemittelt sind".[58)]

1884 gab die jüdische Gemeinde an, daß sie "durch Wegzug der wohlhabenden Gemeindemitglieder sich erheblich vermindert (hat) und die wenigen noch anwesenden Mitglieder nur gering bemittelt sind."[59)]

Von 1850 bis 1900 hatte sich die Gemeinde auf ein Viertel ihrer Mitglieder verringert. Bis 1933 nahm die Gemeinde dann nur um 10 Prozent ab.

Die Situation der Gemeinde Windecken von 1936 liest sich so: "Die ehemals recht wohlhabende Gemeinde ist arm geworden. Noch schwerer aber als Armut und in der Zeit begründete, darum kaum zu behebende Erwerbsschwierigkeit drücken die Sorgen um Ausbildung der Kinder und Vorbereitung der Auswanderung."[60)]

1941 lebten noch drei Juden in Windecken, die dann bis Ende 1941 in die Großstadt Frankfurt gezogen waren, von wo sie gewaltsam verschleppt wurden.

Nach mehr als 600 Jahren jüdischen Lebens konnte sich Windecken in der Sprache des Unmenschen "judenrein" nennen.

agoge mit "Schul" bezeichnen, ist bei den Christen auch die Bezeichnung Judenschule für die Synagoge zu finden.

1493/94 sind in den Rechnungen der Stadt Windecken Ausgaben verbucht für Judenhäuser, Badestube und Schule.[5)]

1497/98 sind Einnahmen verzeichnet "uß der judenschule zu zinsse". Auch ein Ofen war in der Judenschule zu machen.[6)]

Die "neue Judenschule" aus dem Jahre 1498

In einer Urkunde vom November 1498 heißt es in einer Vereinbarung zwischen Schultheiß und Bürgermeister und den Juden von Windecken "wegen des neuen Schulhauses".[7)]

1498/99 verzeichnen die Bürgermeisterrechnungen der Stadt Windecken Einnahmen von der neuen Judenschule in Höhe von

1 Florin, auch 1500/01 sind Zinseinnahmen für "die nuwe juddenschule" aufgeführt. 1502/03 ist Zins von der neuen Judenschule und dem Haus des Schulklopfers als Einnahme verzeichnet.[8)]

Abriß der alten Judenschule 1512

Zu dieser Zeit wurde erstmals neben der neuen Schule von der alten Judenschule gesprochen, für die ein "malensloß", "daß bycksel darinne und somit zu besließen" mit 5 Hellern unter allgemeinen Ausgaben verrechnet wurde.[9)]

In der Urkunde von 1498 hieß es: "Die Stadt kann die alte Judenschule nach bestem Vermögen verleihen oder 'inne nothen anstellen'."[10)]

Im Sommer 1512 wird Zimmermannsarbeit verrechnet "zu helffen, die alt juddenschule nidderzulegen". 1513 werden einem Maurer aus Kilianstädten "zu undermwren die alt juddenschwle, die schwren daran ist im verdingt worden" 10 Turnosen gezahlt. Es wird dann in den Abrechnungen von 1511-1513 nur noch von der Judenschule geschrieben.[11)] Über den Standort der alten Judenschule gibt es keinen Hinweis.

Windecken.

Uraltes Städtchen von 2000 Seelen. Schon 1284 erhielt es Stadtrecht. Wahrscheinlich besteht schon seit jener Zeit eine kleine Gemeinde dort, denn die Verleihung von Stadtrechten war damals aus wirtschaftlichen Gründen meist mit der Erlaubnis, „Juden zu halten" verbunden. 1351 belehnt Karl IV. den Herrn Ullrich von Hanau u. a. mit den Juden aus „Wunecken", und 1353 gibt es in Windecken schon eine Judengasse, 1464 werden die Juden von Windecken wiederum Gegenstand eines Streites zwischen dem Grafen von Hanau und dem Mainzer Erzbischof Albrecht von Hohenzollern. 1509 zeigt die schon damals alte Gemeinde mehr Mut und Entschlossenheit als manche grössere, indem sie als eine von im Ganzen 4 Gemeinden — noch Friedberg, Gelnhausen und Worms — den Gemeindetag in Frankfurt beschickt, um Abwehrmassnahmen gegen Johannes Pfefferkorns Verleumdungen zu beschliessen. Die meisten eingeladenen Gemeinden blieben aus allerhand Besorgnissen und Ängsten fort. — Höchststand der Gemeinde wohl 1834. Da zählt sie 116 Seelen gegenüber 1306 Protestanten und 2 Katholiken. 70 Jahre später sind 55 Juden unter 1657 Einwohnern, heute unter fast 2000 noch etwa 20 (7 Familien). Die ehemals recht wohlhabende Gemeinde ist arm geworden. Noch schwerer aber als Armut und in der Zeit begründete, darum kaum zu behebende Erwerbsschwierigkeit drücken die Sorgen um Ausbildung der Kinder und Vorbereitung der Auswanderung. Dringender wird in den Kleingemeinden des flachen Landes der Ruf nach durchgreifender Hilfe; denn überall bietet sich das gleiche Bild. — Die stattliche Synagoge, wohl eine der ältesten Deutschlands, an der Braugasse, der schon 1353 erwähnten Judengasse, die erst 1920 Synagogengasse genannt wird und 1933 ihren heutigen Namen erhielt. Die Judengasse bildete ungefähr ein Quadrat, dessen eine Seite von der Festungsmauer (Rest noch sichtbar) abgeschlossen wurde. Die einstigen Judenhäuser der drei anderen Seiten, sehr stattliche und meistens ausgezeichnet erhaltene Fachwerkbauten, umgeben die Synagoge, die natürlich mehrfach, aber immer auf den alten Fundamenten erneuert worden ist. Vor etwa 300 Jahren wurde ihr ein Fachwerkbau, wohl als Gemeindehaus und Beamtenwohnung angegliedert. Vielleicht 100 Jahre später schloss sich ein Schulhaus an. Zwischen diesem und der Synagoge, mit beiden baulich fest verbunden, liegt das schon lange unbenutzte rituelle Quellbad. Die ganze Anlage in ihrer verhältnismässigen Unberührtheit ruft nach dem Maler und em Photographen. Die Gemeinde Windecken hält in der hohen, ellen, wohlgepflegten Synagoge noch allsabbatlich Gottesdienst, n dem, wie an dem alten Friedhof von Windecken, auch die)stheimer Juden, jetzt noch 2 Familien, teilhaben. Windecken ehört zum Bezirksrabbinat Hanau. Auskünfte durch die Herren Reichenberg und David Sommer. — Windecken hat einen chönen alten Markt, an dem es das Rathaus, einen Renaissanceau aus rotem Sandstein mit schönem, das Wappen der Herrschaft Hanau tragenden Erker zu bewundern gibt. Gleichfalls aus dem 15. Jahrhundert stammt die bemerkenswerte protestantische Kirche.

In dem Reiseführer "Jüdische Wanderungen" erschien 1938 diese Beschreibung von Windecken.

Siegel der jüdischen Gemeinde. Der Magen David, der Davidsstern, wird umrahmt von der Schrift ISRAELITISCHE GEMEINDE WINDECKEN (um 1850)

1546 wird auch "die schul" erwähnt[12)], auch 1547 heißt es "die schuel".[13)]

Freier Platz an der Synagoge

1550 heißt es: "Die Juden von Windecken, denen die Vorfahren des Grafen Philipp von Hanau 'ein beschlossen geßlein zu Windecken sampt desselbigen gantzen begriff und ledigen pletzen, gantz von andern abgesundert, darin unverhindert von meniglich zu whonen, ingeben und um ein gepurlichen zins verliehen haben'[61)] haben seinerzeit auch den freien Platz an der Synagoge für einen besonderen Zins erhalten und, da sie ihn dringend brauchen, bis jetzt unangefochten nutzen können, obgleich viele Windecker Bürger diesen Platz pachten wollten. Da es jetzt aber heißt, daß der Platz an einen Windecker Bürger vergeben worden ist, bitten die Juden Graf Philipp, ihnen den Platz nicht zu entziehen, denn wenn er ihnen versperrt werden sollte, können sie 'nit in noch aus der gassen faren, noch uns, die sunst kein hofe oder garten haben, daselbst mit unser hanthierung, wandel und wesen erhalten'. Sie weisen darauf hin, daß es auch andernorts üblich ist, den Juden freie Plätze an der Synagoge 'als notige stuck' anzuweisen. Auch haben ihnen, die sie ohnehin höher und mehr mit Abgaben und Fron belastet sind als andere, die hanauischen Vormünder zugesichert, sie bei ihren alten Rechten zu belassen. Sie erklären sich bereit, falls erforderlich, einen höheren Zins für den Platz zu bezahlen."[62)]

Den freien Platz vor der Synagoge nannten die Windecker Kinder noch in diesem Jahrhundert den "Juddeplacken". Er war beliebter Spielplatz in der Judengasse. In Friedberg ist der Name "Juddenplacken" als Straßenbezeichnung erhalten. Interessant ist, daß dieser Platz vor der Synagoge Windecken auch in der heutigen Bebauung der methodistischen Kirche freigelassen wurde.

Schließung der Synagoge 1590 - 1603

Im Zusammenhang mit der beabsichtigten Vertreibung der Juden aus der Grafschaft Hanau wurde die Windecker Synagoge im Jahre 1590 auf Befehl der Herrschaft in Hanau geschlossen. Die " gottlose synagoge", in der die Juden angeblich doch nur Christus lästerten, blieb dreizehn Jahre auf Befehl der Herrschaft in Hanau geschlossen. Auf Intervention des Kaisers erfolgte im Jahre 1603 die Wiedereröffnung der Synagoge (siehe S. 49). Die

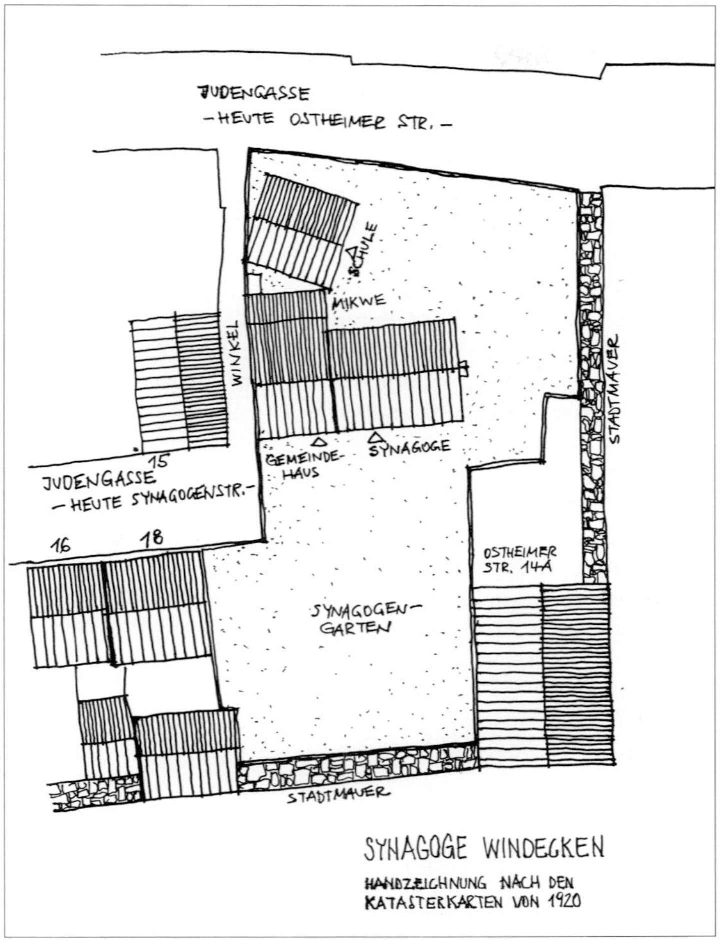

Lage der Synagoge mit dem Gemeindehaus, dem rituellen Bad, der jüdischen Schule und dem Synagogengarten in der Judengasse, im Süden und Osten von der Stadtmauer begrenzt. Handzeichnung nach den Katasterkarten von 1920

Synagoge war in den Jahren ihrer Schließung Jahren baufällig geworden und mußte repariert werden.[62a]
Wenige Jahre nach der Wiedereröffnung der Synagoge im Jahre 1603 verlor die Synagoge zu Windecken ihre zentrale Stellung in der Grafschaft Hanau, da entsprechend der Judenordnung von 1603 auch in Hanau der Bau einer Synagoge erlaubt worden war, die 1608 eingeweiht wurde. Hanau entwickelte sich mit steigendem wirtschaftlichem Aufschwung zum neuen Mittelpunkt jüdischen Lebens im Bereich der Grafschaft Hanau.
Die Synagoge von Windecken hatte so für die dann folgenden mehr als dreihundert Jahre (bis zur ihrer Zerstörung durch die Nationalsozialisten im Jahre 1938) wesentlich noch lokale Bedeutung für die Windecker Juden selbst und die Juden der umliegenden Dörfer.

Lage der Synagoge
Der Stadtplan von 1727 zeigt die Synagoge im jüdischen Viertel an der östlichen Stadtmauer gelegen und an drei Seiten von dem Synagogengarten umgeben.
Der gesamte Synagogenkomplex mit Synagoge, angrenzendem Gemeindehaus mit der Mikwe, dem rituellen Bad, und der jüdischen Schule befand sich weitgehend dort, wo heute die Christuskirche der evangelisch-methodistischen Gemeinde (Synagogenstraße 22) steht, nahm aber insgesamt mehr Raum ein. Die Adresse der Synagoge lautete Judengasse 73, dann Synagogenstraße 19 und Braugasse 19.

Innenraum der Synagoge
Den rechteckigen Innenraum von etwa 9,50 m mal 8,40 m betraten die Männer durch einen Vorraum, in dem sich die Garderobe und ein Waschbecken befanden, in dem vor dem Gottesdienst die Hände zu waschen waren.[63] Der Raum war bis Schulterhöhe mit Holz verkleidet, fünf Seitenleuchten an jeder Seite beleuchteten den Innenraum. An jeder Seite befanden sich sechs Holzbänke. Die hintere Reihe hatte auch in der Mitte noch eine Bank. Hier hatte jedes Gemeindemitglied seinen festen Platz, den ein Namensschild markierte. Vor den Bänken, an der Rückwand der davorliegenden Bankreihe befanden sich pultartige Fächer für die Gebetbücher, den Gebetsschal und die Gebetsriemen. Die Synagoge hatte 66 Männergebetsplätze. Neben den Bänken bedeckten zwei lange wertvolle Läufer den Steinfußboden aus Sandsteinplatten.

Blick auf die Windecker Synagoge (2. Gebäude von links) um die Jahrhundertwende. Die Stadtmauer im Vordergrund steht heute nur noch zum Teil und ist von einem Parkplatz umgeben. Im Bildrand rechts ist das heute noch vorhandene Stück der Stadtmauer mit Wehrgang am Haus Ostheimer Straße 15 zu sehen. Dort erfolgte im Jahre 1898 der Durchbruch der Stadtmauer.

Der Thoraschrein
Vorne nach Osten, in der Richtung Jerusalems, befand sich der Thoraschrein - Aron Hakodesch -, in diesem befanden sich in einer nach außen gebauten Nische die Thorarollen. Der Schrein wurde durch ein Gitter verschlossen, über das ein reich bestickter großer Samtvorhang - Parochet - hing. Dieser war befestigt an einem kleinen Samtüberhang oberhalb des Schreins. Drei halbrund in den Raum hineinragende Treppen aus Sandstein, belegt mit einem kostbaren alten Orientteppich, führten zum Aron Hakodesch. Der eigentliche Schrein war von einem hohen Säulenaufbau, einem aus Holz geschnitzten Aufbau umgeben, mit den beiden Tafeln der Zehn Gebote als Bekrönung. Der gesamte Thoraschrein war schon einige hundert Jahre alt. Links und rechts des Thoraschreins befand sich ein Leuchter. Der Stolz einer jeden jüdischen Gemeinde ist die Anzahl ihrer Thorarollen. Die jüdische Gemeinde Windecken hatte 12 sehr alte Thorarollen und 6 neuere. Dazu besaß sie vier antike Thorakronen aus schwerem Silber. Dazu gehörten 8 Paar antike Thoraaufsätze mit Schellen, ebenfalls aus Silber mit reicher Filigranarbeit verziert. 12 Thoraschilder, alle aus Silber und reich verziert, ebenfalls sehr alt und wertvoll, gehörten ebenfalls zur reichhaltigen Ausstattung für die Thorarollen. Die Thorarollen waren mit den Thoramänteln bedeckt, die aus Samt und goldbestickt waren, davon gab es in der Windecker Synagoge 30 alte Thoramäntel und 12 neuere. Vor dem Schrein und den zu ihm führenden Stufen hing das ewige Licht - Ner Tamid -, eine aus Messing gefertigte Lampe zur Erinnerung an das ewige Licht im Tempel an einer Kette von der Decke herunter. Vor den Stufen des Aron Hakodesch leitete der Kantor den Gottesdienst.

Der Almemor
In der Mitte des Synagogenraumes befand sich auf einem viereckigen Podium der Almemor. Darauf stand das Vorlesepult, zu dem man eine Treppenstufe hinaufsteigen mußte. Umrandet war der Almemor mit einer hölzernen Brüstung, die an den beiden Eingangsseiten geöffnet war. An jeder Ecke befand sich ein Leuchter. Auf der westlichen Seite dieser Estrade befand sich eine Bank, die auch Kultgegenstände enthielt wie Silberkronen und Schellen für die Thorarollen, auch das Priesterwaschbecken mit Kanne aus Silber hatte hier seinen Platz.

Zum Thoraschrein gerichtet stand das Vorlesepult, bedeckt mit einer zum Vorhang des Thoraschreins passenden Samtdecke mit Goldstickerei. Von diesen Samtvorhängen und Decken-Garnituren gab es in der Windecker Synagoge 10 , von denen einige noch aus dem Mittelalter stammten. Auf diesem Pult fand der Höhepunkt des jüdischen Gottesdienstes statt: die Lesung aus der Thorarolle. Zu dieser Lesung wurden die einzelnen Gemeindemitglieder aufgerufen, die Thora wurde enthüllt. Gelesen wurde mit Hilfe des Jad, eines Lesefingers, dies waren wertvolle Kultgegenstände, oft aus Silber gefertigt. Davon besaß die Gemeinde 15 Stück, die allesamt aus alter Zeit stammten.

Über dem Almemor im Zentrum der Synagoge hing ein vielflammiger, sehr alter Kronleuchter, der auf elektrisches Licht umgearbeitet war. Zwei weitere auch sehr alte Hängeleuchter sorgten für die Beleuchtung. Im hinteren Teil hing eine achtbuchtige Schabbatlampe. Zum Chanukkafest stand vorne rechts neben dem Thoraschrein der große und alte Chanukkaleuchter aus Messing.
An der nördlichen Seite befanden sich etwa in der Mitte zwei Schränke mit verglasten Türen, in denen Kultgegenstände für besondere Feiertage aufbewahrt wurden: So besaß die Gemeinde zwei Trauhimmel für Hochzeiten aus den frühen Zeiten, die mit reicher Goldstickerei verziert waren, ebenfalls drei mehrere hundert Jahre alte Schofarhörner, ein Widderhorn, das zum jüdischen Neujahrsfest geblasen wurde. Ebenfalls zwei Etrogbüchsen aus Silber für den Gebrauch beim Laubhüttenfest.
Der gesamte Synagogenraum war hoch oben mit einer trapezförmigen Holzdecke überspannt, die blau angestrichen war mit gelben Sternen darauf und so an den Sternenhimmel erinnerte.

Frauenempore
Die Frauen der jüdischen Gemeinde Windecken nahmen von der dem Thoraschrein gegenüberliegenden Westseite am Gottesdienst in zuhörender Weise und in Einzelgebeten teil. Die Frauen erreichten die Frauenempore über den Eingang des Gemeindehauses über eine nach rechts heraufführende Holztreppe, an deren Ende sie von einem Treppenvorplatz rechter Hand in die Frauenabteilung der Synagoge eintraten. Dort befanden sich durch einen Mittelgang getrennt an jeder Seite drei Reihen Holzbänke, insgesamt gab es 34 Frauenplätze. Zwei kleine Rundbogenfenster auf der Südseite gaben Licht.

1854 wurden neue Sitze für die Frauenempore angefertigt. In der Schreinerrechnung heißt es: "Sechs neue Stühle in der Frauenschule angefertigt, drei Stühle sind 11 3/4 Fuß lang und drei 8 1/2 Fuß lang. Der erste Stuhl steht gleich dem Fußboden, der zweite erhebt sich über den ersten, der dritte über den zweiten Stand. Die drei anderen auf der entgegengesetzten Seite sind ebenso eingerichtet. Da wo sich die Stühle erheben, ist ein Lager von Eichenholz. Zwei Bänke sind ohne Rückwände, vier Bänke mit Rückwände. An den ersten Sitz ist die Bücherbank an der Wand angebracht."[64]

Auch an der Brüstung der Westempore der Frauen waren 1854 Arbeiten auszuführen gewesen: "Das alte Gegitter ist herausgenommen und zwei Pfosten herausgeschnitten und die 24 Fuß lange Brüstung 1 1/2 Fuß heruntergesetzt. Die stehenbleibenden Pfosten und Brüstung mit Futter und Verkleidung gemacht."[65]
Durch die Erniedrigung der Brüstung der Frauenempore um fast einen halben Meter hatten die Frauen einen freieren Blick in den Innenraum.
Die Frauen besuchten üblicherweise nur an den hohen Feiertagen den Gottesdienst, einige ältere Frauen auch zum Schabbat.

Das Archiv der jüdischen Gemeinde
Unter der Frauenempore, die unten im Synagogenraum durch Säulen gestützt war, befand sich das Archiv der Gemeinde. Dieses enthielt weit ins Mittelalter zurückgehende in Leder gebundene Folianten, Urkunden, Gebetbücher und Dokumente wie Privilegien, Geleitbriefe, Schutzbriefe, Dokumente der Ge-

Gebet für den Kurfürsten

Im Dezember 1847 erging eine Anordnung betreffend des erwarteteten Todes des Kurfürsten. Diese sollte am Sabbat nach dem Tode verkündet werden. Weiter sollte das Gebet für die Landesherrschaft in der Synagoge entsprechend abgeändert werden.[65a]

Stempel der jüdischen Gemeinde 1928

Blick von Süden auf die Synagoge (rechts) und das angrenzende Gemeindehaus (links) der jüdischen Gemeinde Windecken. Im oberen Bild sind Synagoge und Gemeindehaus am unteren Bildrand rechts zu sehen. Vor der Synagoge befand sich ein freier Platz, der "Judenplacken".
Die Männer betraten die Synagoge durch den Eingang des Synagogengebäudes. Die Frauen benutzten den Eingang des Gemeindehauses (links), um dort über eine Treppe auf die Frauenempore in der Synagoge zu gelangen. Hinter den beiden kleinen Synagogenfenstern über dem Eingang zum Synagogengebäude lag die Frauenempore. Im hinteren Bereich des Erdgeschosses der Gemeindehauses befand sich die Mikwe - das rituelle Bad. Bis zum Neubau eines eigenen Schulgebäudes hinter dem Gemeindehaus im Jahre 1853 hatte sich im Gemeindehaus auch der Schulsaal der Israelitischen Volksschule Windeckens befunden. Das Gemeindehaus war bis zum Jahre 1907 von dem Kantor/Lehrer der jüdischen Gemeinde bewohnt. Im Hintergrund ist das Windecker Schloß zu sehen. Die Rekonstruktionszeichnung von Frank Schmidt war im November 1985 das Titelblatt des "Windecker Kirchenboten".

Blick auf die Ostseite der Synagoge mit den hohen Fenstern und der Rosette im Giebel - März 1938. Ganz links im Bild ist das Stück der Stadtmauer zu sehen, das heute von einem Parkplatz umgeben ist. Die Rekonstruktionszeichnung von Frank Schmidt war im November 1984 das Titelblatt des "Windecker Kirchenboten".
Ebenso war sie Titelblatt der Einladung der Stadt Nidderau anläßlich des Gedenkens an die Zerstörung der Synagogen in Windecken und Heldenbergen im November 1985.

Ein einziges Bild ist erhalten von Menschen, die vor der Windecker Synagoge stehen. Es wurde im Frühling 1938 von Hertha Katz aufgenommen und zeigt links den Gemeindeältesten Salli Reichenberg, daneben den Metzger Moritz Levi aus Ostheim, der sich zu seinem Sohn Kurt beugt. In schwarzem Anzug und Festtagshut sehen wir den Kantor der Gemeinde, den Schuhmacher Samuel Katz aus Ostheim, der neben dem Kolonialwarenhändler aus Ostheim Siegmund Lichtenstein steht. Außer Siegmund Lichtenstein wurden alle Personen im Konzentrationslager ermordet. Rechts im Hintergrund ist der Thoraschrein von außen zu erkennen.

Im Einband eines alten Gerichtsprotokollbuches der Stadt Windecken fand 1985 der Leiter des Nidderauer Stadtarchivs Rolf Hohmann einen beidseitig mit hebräischen Buchstaben beschriebenen Pergamentstreifen in der Größe von 30 x 9 cm.[77a] Konfiszierte hebräische Dokumente wurden in früheren Jahrhunderten häufig auseinandergetrennt und wiederverwendet, weil Pergament und andere Materialien zur Buchherstellung sehr teuer waren. Bei dem in Windecken als Einband verwendeten Pergamentstreifens handelt es sich um Fragmente eines handgeschriebenen Kommentars zum 1. Buch Könige, Kap. 22 und auf der Rückseite zum 2. Buch Könige, Kap.2-4. Die Fragmente sind in der "aschkenasisch" genannten Schreibweise des 12. oder 13. Jahrhunderts verfaßt, wie sie bei deutschen oder französischen Juden benutzt wurde. Der Kommentar ist verfaßt von Rabbi Salomon ben Isaak, genannt Raschi von Troyes. Raschi (1040 -1105) war der bedeutendste Kommentator der hebräischen Bibel im Mittelalter.[77b] Außer dem Fundort dieses Pergamentstreifens in Windecken läßt sich kein direkter Zusammenhang zum Archiv der jüdischen Gemeinde Windeckens, das zahlreiche mittelalterliche Schriften beherbergte, herstellen.

meindeverwaltung aus den Anfängen der Gemeinde, die Personenregister, die der Lehrer der Gemeinde zu führen hatte, das Memorbuch und die Statuten der Beerdigungsbrüdergesellschaften. Auch antike Erstausgaben und Handschriften befanden sich dort.

Die Windecker Synagoge war wie ein "Museum des hessischen Judentums"

Der Kenner des hessischen Judentums Ephraim Ginsberg[66] beurteilte die Windecker Synagoge so: "Die Synagoge Windecken ist mir von vielen Besuchen und Erklärungen in guter Erinnerung. Diese Synagoge war historisch besonders wertvoll. Sie verfügte über einen großen Schatz antiker Kultgeräte. Der gesamte Thora-Schmuck, der Thora-Schrein, Vorhänge, die Kultdecken und die sonstigen Gegenstände aus Edelmetall dürften hunderte von Jahren alt gewesen sein. Das trifft auch auf den größten Teil der Thorarollen zu. Der verewigte Lehrer Horwitz[67] aus Kassel, ein bedeutender Kenner der hessischen jüdischen Gemeinden und der Genealogie ihrer Mitglieder, sagte, daß die Synagoge in Windecken mit ihrer gesamten Einrichtung ein Museum des hessischen Judentums sei und das Spezifische der hessischen Synagogen darstelle."[68]

1937 heißt es in einem Buch: "Die Gemeinde Windecken hält in der hohen, hellen, wohlgepflegten Synagoge noch allsabbatlich Gottesdienst." Vorher wurde die "stattliche" Synagoge beschrieben mit Gemeindehaus und Schulhaus und Mikwe in der ehemaligen Judengasse. Dann heißt es: "Die ganze Anlage in ihrer verhältnismäßigen Unberührtheit ruft nach dem Maler und Photographen."[69] Aber diese kamen leider nicht, sondern die Nazis aus Windecken kamen und zerstörten im November 1938 die Synagoge mit den sie umliegenden Bauten der jüdischen Gemeinde Windecken.

Die Mikwe - das jüdische Ritualbad

Das rituelle Reinigungsbad war wichtiger Bestandteil der Einrichtungen einer jüdischen Gemeinde. Das rituelle Tauchbad dient der Aufhebung von Unreinheiten. Sie ist nicht nur für Frauen, sondern war auch für Männer bestimmt. Man taucht auch Kultgegenstände vor dem ersten Gebrauch in das Wasser[70] Religiöse jüdische Frauen besuchen die Mikwe vor der Hochzeit, nach der Geburt eines Kindes und überdies allmonatlich nach der Blutung. Das rituelle Reinigungsmittel ist lebendiges Wasser (Quell- oder Regenwasser), also kein stehendes Wasser. Über die Windecker Mikwe gibt es nur wenige vereinzelte Hinweise.

Der erste findet sich in den Stadtrechnungen von Windecken der Jahre 1493/1494, wo eine Badestube erwähnt wird: Kosten für die Badestube "zu deyben, zu sticken und estrich zu schlagen" wurden 1493 verrechnet.[71]

1587 wird "Badegeld" erwähnt.[72]

1589 wurde den Juden von Windecken von der hanauischen Herrschaft nicht nur ihre Synagoge geschlossen, sondern auch das "Kaltbad", das rituelle Bad.[73]

1603 wurde die Synagoge nach Erlaubnis des Grafen Philipp Ludwig II. aufgrund der Intervention des Kaisers Rudolf II. wiedereröffnet.[74] Mit dem kaiserlichen Hinweis auf "Schulen, Synagogen und anders halben" dürfte für die Windecker Juden auch die Erlaubnis zur Wiederbenutzung der Mikwe verbunden gewesen sein.[75]

1829 erscheint der Hinweis, daß das "gemeine Bad anders gebaut werden sollte."[76] Weiter führte der Gemeindeälteste der jüdischen Gemeinde an, er habe "die Einführung des Weiberbades unter Leitung des Kreisamtes ausgeführt."[77] Möglicherweise ist in dieser Zeit der eingeschossige Anbau mit zwei Fenstern an die nördliche Seite des Gemeindehauses erfolgt, der in den

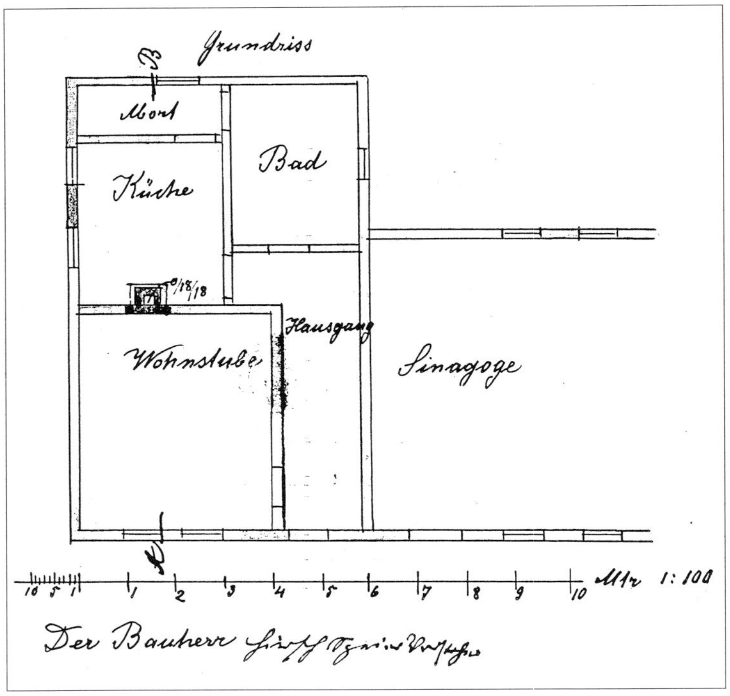

Im Erdgeschoß des Gemeindehauses der jüdischen Gemeinde befand sich das rituelle Bad, die Mikwe. Grundrißzeichnung 1907

späteren Jahren erwähnt ist.

1838 bestand der Plan der Gemeindeältesten, die untere Wohnung des Gemeindehauses neben der Synagoge einer Familie zu geben, die die Besorgung des Frauenbades versähe, da in diesem Gebäude auch das Frauenbad liegt. Dagegen wandte sich der Lehrer Samuel Neumark und erklärte sich bereit, die Versorgung des Frauenbades zu übernehmen. Sein 1834 abgeschlossener Vertrag mit der israelitischen Gemeinde enthielt die folgenden Bestimmungen: "Die Gefälle (Benutzerkosten - d. V.) bezieht der Lehrer und bekommt von einer Frau, wenn sie kalt geht, 12 Kronen und wenn sie warm geht, 18 Kronen. Die dazu nöthige Frau mußte er auf seine Kosten besorgen".[78] Wenn sie "kalt geht", bedeutete das, daß die Frau nur das rituelle Bad nahm, dies wurde auch das kalte Bad genannt. Diesem Untertauchen sollte in der Regel eine körperliche Reinigung entweder zu Hause oder in der auch zur Mikwe gehörenden Wascheinrichtung, dem sogenannten warmen Bad, erfolgen, bei dem es sich aber nicht um eine rituelle Reinigung, sondern nur um eine hygienische Reinigung handelte. Die rituelle Reinigung war nur durch das Untertauchen in der Mikwe gegeben.

In der Grundrißzeichnung aus dem Jahr 1852 ist die Mikwe eingezeichnet in runder, ringförmiger Form mit etwa vier hineinführenden Stufen. Das Tauchbecken weist einen Durchmesser von gut einem Meter auf. Das Becken - so erinnerten sich spätere christliche Bewohner des Gemeindehauses - war etwa ein bis zwei Meter tief, Stufen und Ummauerung waren aus rotem Sandstein.[79]

1874 werden Einkünfte des Lehrers aus dem Frauenbad erwähnt.[80]

Auch noch in den Abrechnungen der Gemeinde Windecken des Jahres 1904 sind 150 Mark als Ausgaben für das Frauenbad angegeben, während in den folgenden Jahren keine Beträge unter diesem Punkt aufgeführt sind.[81]

Aus dem Jahre 1907 liegt eine Grundrißzeichnung des Erdgeschoßes der "Lehrerwohnung Anwesen No 73" vor, auf der das Bad bezeichnet ist, im Vergleich zu der Zeichnung des Jahres 1852 ist zu diesem Zeitpunkt eine Toilette mit Zugang sowohl zum Bad als auch zur Küche eingezeichnet.[82]

Im Brandversicherungskataster 1914 war für das Gemeindehaus eingetragen: "Nebenbau-Badestube 700 Neubauwert, 400 gemeiner Wert." Ebenfalls darunter, für die Toilett: "Anbau an B. mit 120 RM Neubauwert und 100 gemeiner Wert"[83]
1937 heißt es "zwischen dem Schulhaus und der Synagoge, mit beiden baulich fest verbunden, liegt das schon lange unbenutzte Quellbad."[84]
In Gesprächen erinnerte man sich nur daran, daß jüdische Frauen in die Mikwe nach Hanau fuhren. Das Tauchbecken war mit Holzbohlen abgedeckt und wurde nicht mehr benutzt. Ich konnte kein Mitglied der früheren jüdischen Gemeinde finden, das sich in irgendeiner Form an eine Benutzung der Mikwe erinnerte. Nach der Zerstörung des Gemeindehauses und der angrenzenden Badestube im November 1938 wurde die Mikwe zugefüllt bis auf die Höhe des Betonfundamentes für den 1943 dort angelegten Löschteich.

Die israelitische Schule

Jüdische Lehrer und Vorsinger in Windecken

Die Ausbildung der jüdischen Kinder in der hebräischen Sprache und der hebräischen Bibel wurde von jeher als eine wichtige Aufgabe innerhalb einer jeden jüdischen Gemeinde angesehen. Auf den Unterricht der jüdischen Kinder in Windecken sind bis zum Beginn des 19. Jahrhunderts folgende Hinweise zu finden. Dabei sind auch die Vorsänger der jüdischen Gemeinde mitberücksichtigt, weil beide Aufgaben häufig von derselben Person wahrgenommen wurden:
1572 ist die Rede von dem Juden Hirtz Reynbach, der "ausserwerts, do die jüden kinder haben, dieselbigen leiret".[85]
1578 wird erwähnt, daß bisher der Vorsänger das zum Verkauf in der Frankfurter Judengasse vorgesehene Fleisch geschächtet und besehen hat.[86]
1586 heißt es über den Schulklopper, daß er "die Kinder unterrichtet". Dies wird als sein "Schuldienst" bezeichnet.[87]
1600 wird von dem Juden Moische berichtet, der einige Zeit in Windecken gelebt hat und dorthin zurückkehren will, damit "seine Kinder zur schul angehalten werden möchten".[88]
1609 wird ein Schulmeister Beifuß erwähnt, der sich mit der Windecker Judenschaft wegen eines zu Laubhüttenfest gebrauchten Meerapfels streitet. Dabei hatte der Schulmeister Beifuß auch bei dem "Rabbi allhier" um Hilfe nachgesucht.[89]
1609 -1612 wird ein Vorsänger Benedikt erwähnt.[90]
1622 wird in einem Verzeichnis der "Judenschulmeister" Hidmann genannt.[91]
1812 wird Simon Ballin als Schulmeister zu Windecken genannt.[92]
1822 lebte der Vorsänger Maier Kallmann mit seiner Frau und drei Kindern im Haus No. 73 der Judengasse. Er stammte aus Prag, wo er 1785 geboren war. Ebenfalls im Hause lebte der "Baßistsänger" Isaac Levi (* 1758). Maier Kallmann führte von 1825 - 1835 die Personenstandsregister der jüdischen Gemeinde Windecken, bis Lehrer Neumark dieses Amt übernahm. Im Alter von 72 Jahren starb er 1857 in Windecken.[93]

Lehrer Samuel Neumark wirkte von 1835 - 1880

Fast ein halbes Jahrhundert lang wirkte der Samuel Neumark in der jüdischen Gemeinde Windecken als Lehrer, Kantor und Schächter.

Der Lehrer Samuel Neumark wurde um 1808 in Vollmerz/Kreis Schlüchtern geboren. Schon sein Vater Heium war Lehrer gewesen. Seine Ausbildung als Lehrer hatte er in Gelnhausen erhalten. Bis 1835 war er in Wächtersbach als Vorsänger, Religionslehrer und Schächter tätig. Dann wurde er einstimmig von der jüdischen Gemeinde Windecken zum Vorsänger und Religionslehrer angenommen, die Wahl erfolgte am 15.8.1835 mit Vorbehalt höherer Genehmigung, so daß er von Dezember 1835 an provisorisch bestätigt und zum 30. März 1837 definitiv bestellt wurde[94] mit einem Gehalt von 200 fl. nebst einer Dienstwohnung. Lehrer Neumark erklärte sich auch bereit, die Besorgung des Frauenbades zu übernehmen.

Im Juni 1838 beanstandete der Religionslehrer Samuel Neumark den Zustand des Wohnhauses. Seit zwanzig Jahren halte die Gemeinde ihre Versammlungen in der Schulstube, die gleichzeitig die Wohnstube des Lehrers sei.[95]

Samuel Neumark kam als 27jähriger Mann nach Windecken und erzog dann hier 45 Jahre lang die jüdischen Schüler .

Er heiratete 1838 Karoline Stern. Sie starb 1845 wenige Wochen nach der Geburt ihres vierten Kindes im Alter von 26 Jahren.

Lehrer Neumark heiratete im Jahr darauf Jette Lichtenstein aus Waldorf. Nach der Hochzeit wurde Lehrer Neumark aufgefordert, sein Einzugsgeld für seine "ausländische" Frau zu bezahlen. Er weigert sich mit der Begründung, daß dies seine zweite Ehe sei und er bereits für seine erste Ehefrau Einzugsgeld bezahlt habe.[96] Das Ehepaar hatte sechs Kinder.

Nach dem Tode der ersten Ehefrau und dem Tod von fünf seiner Kinder erlebte Lehrer Neumark auch noch den Tod seiner 2. Ehefrau Jette Neumark, die im Alter von 59 Jahren 1876 starb.

Die Tochter Dina Neumark wurde im Alter von 94 Jahren in das Konzentrationslager Theresienstadt verschleppt.

Bis ins hohe Alter unterrichtete Lehrer Neumark. In dem letzten Visitationsbericht des Provinzialrabbiners aus dem Jahre 1880 heißt es über ihn: "Der Lehrer unterrichtet trotz seines vorgerückten Alters mit lebhaftem Eifer und vielem Fleiß und sein richtiges methodisches Vorgehen bewährt sich besonders beim Unterricht in der Religionslehre und biblischen Geschichte, in welchen die Fortschritte der Kinder als sehr gut bezeichnet werden können."[97] Am 13.10.1880 im Alter von 72 Jahren starb Lehrer Neumark in Windecken.

Vertrag der jüdischen Gemeinde für den Lehrer Samuel Neumark

Am 1. 12. 1836 erhielt Lehrer Neumark von der jüdischen Gemeinde Windecken einen Anstellungsvertrag mit den folgenden Bedingungen:

"1. Als Vorsänger und Religionslehrer, ohne Ausnahme zu welchen Jahren die Eltern ihre Kinder zum Unterricht in die Schule schicken, bekommt er nebst Heizung der Unterrichtsstube in dem Gemeindehaus auf seine Kosten zu stellen, eine jährliche Besoldung von 150 Gulden nebst freier Wohnung im Gemeindehaus und die vom Ältesten aufgeschlagene monatliche Besoldung zu erheben schuldig.
2. Desgleichen des Abends und des Morgens, das Synagogengehen wie bisher üblich nur um zwei passende Orte in der Judengasse bekannt zu machen.
3. Wie auch jeden Freitag, wenn das Eischen (Eintopf für Schabbat - d. V.) in den Backofen zu bringen ist und das Zu- und Aufschließen zu besorgen wöchentlich 8 fl. 40 kr.
4. Für Besorgung der Synagogenlichter nebst übrigen Gemeindedienst bekommt er jährlich 3 fl.
5. Die Gefälle des Frauenbades bezieht der Lehrer und bekommt von einer Frau, wenn sie kalt geht, 12 kr. und warm 18 kr. Die dazu gehörige Frau ist auf seine Kosten zu besorgen.
6. Für einen Malchusche, Echodjochid und Smechim bezachim (Gebete und Lieder zu besonderen Anlässen - d. V.) von ein jedes 15 kr.
7. Für einen gefundenen Schreibfehler in der Thora 10 kr.
8. Der Erlös des zweiten Hagbohn (eine Spende, wenn man zur Thora aufgerufen wird - d. V.) gehört dem Vorsänger.
9. Von Madnasjad (besonderes Gebet an bestimmten Feiertagen - d. V.) bekommt er von einem jeden der confirmirt ist 6 kr. und wer vom Neujahrsfest bis zum Versöhnungstag zur Thora gefordert wird, hat ihm ebenfalls 6 Kr. zu geben."[107]

Das israelitische Gemeindehaus - vor 1853 auch als Schulhaus genutzt

Das Gemeindehaus der jüdischen Gemeinde Windecken grenzte unmittelbar an die Synagoge in westlicher Richtung, es war ein Fachwerkbau. Es hatte die Adresse Judengasse 73, dann Synagogenstraße 17 und ab 1935 Braugasse 17.

Möglicherweise handelt es sich auch um das schon 1498 erwähnte Schulklopperhaus. Die Errichtung des Gemeindehauses nahm die jüdische Gemeinde Windecken selbst wohl um das Jahr 1600 an, wie aus einem Text im Jahre 1937 hervorgeht.[99] Das Gemeindehaus war 70 Meter lang in der Achse der Judengasse und 10 Meter in der Tiefe. Die Westseite grenzte an einen schmalen Winkel, der den Südteil der Judengasse mit dem nördlichen Straßenzug der Judengasse verband.

Im Jahre 1820 sah sich die jüdische Gemeinde Windecken genötigt, zu Reparatur und Herstellung der Gebäude - "hiesige Synagoge und Gemeindehaus" - ein Kapital von 500 fl. aufzunehmen. Als Begründung wurde angeführt, daß dem "Judenschulhaus dahier schon lange der Einsturz gedroht" habe und bereits im vorigen Jahr, da es nicht zu reparieren war, abgerissen und dann wieder aufgebaut worden sei.[100] Die Kosten für die Errichtung dieses Schulhauses beliefen sich auf 1 600 fl.[101]

Die israelitische Schule Windecken

War der Unterricht der jüdischen Kinder bislang die Angelegenheit der jüdischen Gemeinde selbst gewesen, so wurde mit dem Gesetz 1823, auch im Zusammenhang mit der Einführung der Schulpflicht für die christlichen Kinder, der Schulbesuch der jüdischen Kinder geregelt. Die "Verordnung vom 30. Dezember 1823 die gemeinheitlichen Verhältnisse der Israeliten betreffend"[102] führt dazu aus:

"§ 12 Die jüdischen Glaubensgenossen sind verbunden, ihre Kinder in die öffentlichen Schulen ihres Wohnortes zu schicken. Es steht jedoch den Juden eines Ortes oder mehrerer benachbarten Orte frei, eine eigene öffentliche und mit geprüften Lehrern gehörig zu besetzende Schule unter der Aufsicht des Vorsteheramtes sowie des Kreisrathes und unter der Leitung der Regierung, mit der Genehmigung Unseres Ministeriums des Inneren einzurichten...".[103]

Über die Aufgaben in der Schule heißt es in § 13:

"Die israelitischen Religionslehrer haben in dem Unterrichte der Jugend und der Erwachsenen ALLGEMEINE MENSCHENLIEBE, UNTERWÜRFIGKEIT UNTER DIE OBRIGKEIT, FÜGUNG IN DIE BÜRGERLICHE ORDNUNG UND LIEBE ZU DEM LANDE, IN WELCHEM SIE GEBOREN SIND ODER IHREN LEBENSUNTERHALT UND SCHUTZ FINDEN, nach eigener Angabe und richtiger Auslegung ihrer wesentlichen Religionsvorschriften zu lehren."[104]

Die Pflicht zum Schulbesuch wurde 1833 festgelegt. "Die Schulpflichtigkeit der israelitischen Kinder beginnt mit dem siebenten Jahre und dauert bis zur Vollendung des vierzehnten Jahres."[105]

Die jüdische Gemeinde Windecken hatte sich nach der Verordnung von 1823 entschlossen, für ihre Kinder eine eigene selbständige Israelitische Schule zu führen. Diese blieb untrennbar über 45 Jahre mit dem Lehrer Samuel Neumark verbunden.

Die Akten geben einige Eindrücke zum Alltag der israelitischen Schule:

"Unterrichtsstube" im israelitischen Gemeindehaus bis 1853

Im Erdgeschoß des an die Synagoge angebauten Gemeindehauses befand sich die "Unterrichtsstube" der jüdischen Kinder Windeckens. Sie war gleichzeitig die Wohnstube des Lehrers und diente auch - so wurde 1838 angegeben - schon 20 Jahre lang als Versammlungsraum der Gemeinde.[106]

Diesen Zustand wollten die Gemeindeältesten 1838 ändern und überlegten, die Lehrerwohnung aus dem Gemeindehaus herauszunehmen. Im Dachraum sollte eine Krankenstube hergerichtet werden, die obere Etage sollte als Gemeinderaum und Schulstube dienen. Im unteren Stock sollte eine Familie wohnen, die auch das dort ebenfalls liegende Frauenbad besorgen sollte.

Diesen Überlegungen machte allerdings der Lehrer Neumark ein Ende, indem er sich weigerte, seine auf eigene Kosten reparierte Wohnung im Gemeindehaus zu verlassen mit dem Hinweis, "allein da das Gemeindehaus von jeher ausschließlich die Wohnung des Lehrers war, er also ein uraltes Recht darauf hat, so wurde dieses Vorhaben von gedachter Behörde zurückgewiesen ... ".[108]

Das Schulzimmer zur Unterrichtung der jüdischen Kinder befand sich im vorderen (vom Eingang aus gesehen) Teil des Erdgeschosses des an die Synagoge angebauten Gemeindehauses. Im hinteren Teil befand sich das Frauenbad und eine Küche.

Das Schulgeld für den Besuch der Israelitischen Schule betrug im Jahre 1837 pro Kind 4 Gulden bei 1 Kind, 3 Gulden bei 2 Kindern, bei 3 und mehr schulpflichtigen Kindern 2 Gulden 30 Kreuzer.[109]

1845 beschwerte sich Lehrer Neumark über gewisse Zustände: "Seit dem Bestehen der hiesigen israelitischen Schule habe ich mit dem eine Schule so störenden Umstand zu kämpfen, nämlich, daß bei derselben kein Abtritt für die Schüler ist. Die Kinder sind dadurch genötigt, wenn ihnen während der Schule das Bedürfnis ankommt, entweder in den Winkeln herumzukriechen oder nach Hause zu laufen. Da dieses nicht allein der Schuldisziplin sehr hinderlich ist, sondern auch die Nachbarschaft sich über die Verunreinigung der Straße und ihrer Höfe beklagt und mit polizeilicher Hilfe droht, so habe ich den Gemeindeältesten schon

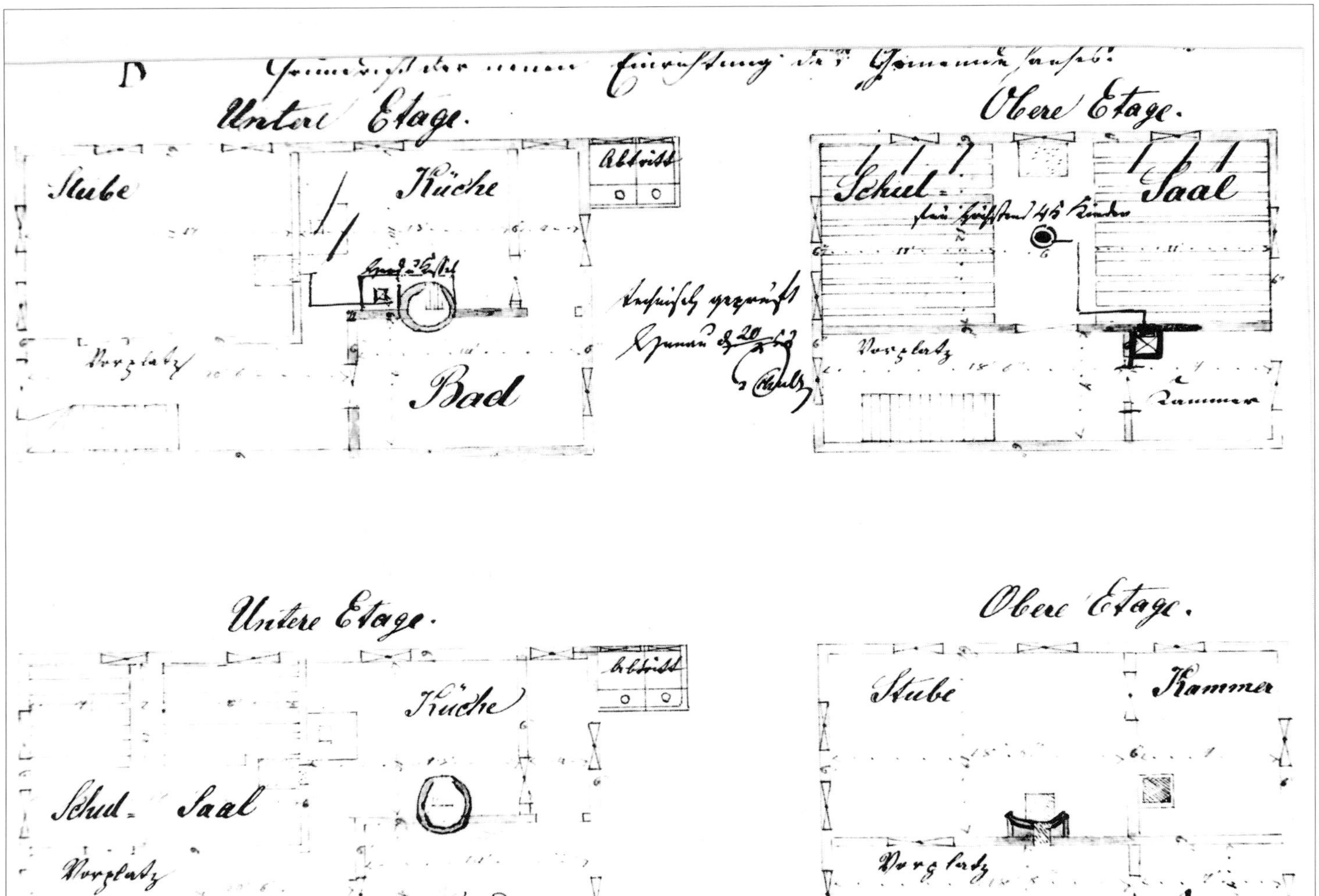

1852. Gegenüberstellung der Grundrisse der alten und der geplanten Einrichtung des Gemeindehauses. Die geplante Umlegung des Schulsaales vom Erdgeschoß des Gemeindehauses in die obere Etage kam nie zur Ausführung, stattdessen wurde ein neues Schulhaus gebaut. Das Gemeindehaus blieb weiterhin Lehrerwohnung und Mikwe.

mehrmals ersucht, in dem vor dem Schulhaus gelegenen Synagogengarten, welchen ich in Pacht habe, einen oder zwei Abtritte herrichten zu lassen." [110)]

1846 heißt es: "Die Gemeindeältesten haben zwei Abtritte hinter dem Schulhause gebaut", diese sind auch in der Grundrißzeichnung (siehe S. 82) zu erkennen und waren vom Winkel aus zugänglich.[111)]

Die Gemeindeältesten beklagten sich 1853 darüber, daß die vielen eigenen Kinder des Lehrer Neumark während des Unterrichts für Unruhe sorgten. Der evangelische Pfarrer Schneider ging dieser Klage in seiner Funktion als Schulinspektor nach und überprüfte die israelitische Schule. Er glaubte nach der Besichtigung allerdings, daß die Anschuldigungen gegen den Lehrer übertrieben seien.[112)]

1852 wurde die Schulstube im Gemeindehaus für die Anzahl der Schulkinder zu klein, und so überlegte der Gemeindevorstand Änderungen: Das Gemeindehaus solle so umgestaltet werden, daß der Schulsaal in die obere Etage verlegt und die sich dort befindliche Stube und eine Kammer des Lehrer Neumark in die untere Etage verlegt werden sollte. Eine Grundrißskizze dieses Änderungsvorschlages von Februar 1852 ist erhalten geblieben.

Gegen diesen Vorschlag wehrte sich der Lehrer Neumark, da "das ganze Gemeindehaus, welches einschließlich des gegenwärtigen Schulzimmers aus 2 Stuben und zwei Kämmerchen besteht, fast notdürftig Raum für mich und meine acht Personen starke Familie"[113)] biete. Das Israelitische Vorsteheramt in Hanau teilte diese Bedenken und ordnete einen Schulneubau an, wogegen die Gemeindeältesten der Israelitischen Gemeinde Windecken Beschwerde einlegten - allerdings erfolglos.[114)]

Neues Schulhaus für die Israelitische Schule hinter der Synagoge -1853

Lehrer Neumark hatte 1852 um die Erstellung eines neuen Schulhauses als Anbau an die alte Schule gebeten, da die Anzahl der Schulkinder von 37 im Jahre 1854 auf 55 Schulkinder ansteigen werde. Als Platz für das neuzubauende Schullokal schlug Lehrer Neumark "den freien Platz hinter der Synagoge oder an die Stadtmauer neben der Synagoge"[115)] vor.

Da die jüdische Gemeinde Windecken im Augenblick sehr wohlhabend sei, schlug das Vorsteheramt in Hanau vor, daß die Gemeinde die Kosten des Neubaus selber trage. Am 9. Dezember 1853 berichtet der israelitische Gemeindeälteste, daß das neuerbaute Schulhaus bereits seit dem 30. November 1853 fertig sei und man nur noch auf die Genehmigung der Baubehörde warte.[116)] Als Standort der Schule hatte man sich entschieden für den Platz nördlich der Synagoge (an der heutigen Ostheimer Straße - d. V.) gelegen. Das Schulhaus wurde in massiver Ziegelbauweise errichtet mit den Grundmaßen 7 Meter mal 6,5 Meter.

Das Schulgebäude betraten die Schüler über drei Treppenstufen aus Sandstein vom nördlichen Teil der Judengasse, später Ostheimer Straße, aus. Neben der Eingangstür befand sich zu jeder Seite ein etwas höheres Fenster mit Halbbogen. Das Schulzimmer, das die Kinder unmittelbar betraten, hatte links und rechts vom Mittelgang je vier Holzbänke für drei Schülerplätze. Von der Ostseite fiel Licht durch zwei höhere Halbbogenfenster. Im Mittelgang befand sich der Ofen. Am Ende des Mittelganges stand erhöht das Lehrerpult, hinter dem eine Wandtafel befestigt war. Der Schulraum enthielt einen Schulschrank und eine Vitrine mit Büchermaterial. Die Anschrift lautete später Ostheimer Straße 14.

Die schlechte Bezahlung des Lehrer Neumarks ist auch noch 14 Jahre nach den Ausführungen des Provinzialrabbiners von 1857 aktenkundig.

Aus dem Jahre 1874 liegt ein Gesuch des Lehrer Neumark vor um Aufbesserung seiner Bezüge, wozu mehrere Gemeindemitglieder ausführten:
"Dem Lehrer Neumark stehen zu:
1. Freie Wohnung mit 2 heizbaren Zimmern, 2 kleine Zimmer, Küche, Laden und Keller. Das Haus wird von dem Lehrer allein bewohnt.
2. Ein Hausgarten
3. 142 Taler festes bares Gehalt
4. Nebeneinkommen vom Abschlachten des Viehs, vom Frauenbad, von Hochzeiten, Feiertagen zusammen 80 Taler. Somit bezieht der Lehrer 222 Taler bar, bei freier Wohnung. Die christlichen Elementarlehrer erhalten 330 Taler. So verweigert die jüdische Gemeinde dem Lehrer jegliche Gehaltsaufbesserung."[117)]

Visitationsbericht des Provinzialrabbiners Felsenstein über die israelitische Schule 1857

1857 besuchte der Provinzialrabbiner Felsenstein die Israelitische Schule zu Windecken, über die er folgendes berichtete:
"Zur Synagogengemeinde Windecken gehört der 1 Stunde von Windecken entfernte Ort Erbstadt, und der Sitz der Schule und die Wohnung des Lehreres sind zu Windecken.
Die Schule ist eine vollständige Volksschule und wird von 20 Knaben und 22 Mädchen sämtlich aus Windecken besucht und sind dieselben in drei Klassen abgeteilt.
Das Schulzimmer ist erst kürzlich von der Gemeinde neben der Lehrerwohnung neu erbaut worden und entspricht in jeder Beziehung vollkommen seinem Zwecke. Es ist das Schönste unter allen israelitischen Schullocalen der hiesigen Provinz. Die Heizung geschieht auf Kosten der Gemeinde. Die nötigen Mobiliar und nöthigen Lehrapparate sind vorhanden. Der Lehrer Samuel Neumark... erhält 200 fl. jährliche Besoldung nebst freier Wohnung und versieht hierfür auch den Vorsängerdienst. Außer dem Schächterdienst treibt er kein Nebengeschäft. Er ist verheiratet und hat 8 Kinder.
Wöchentlich werden dreißig Unterrichtsstunden erteilt. Schulversäumnisse kommen selten vor. Dienstbeflissenheit und Lebenswandel des Lehrers sind gut. Während seiner vieljährigen Dienstzeit hat sich seine praktische Befähigung zum Unterricht bedeutend erweitert. Er ist mit dem Lehrstoff vertrauter geworden und hat sich eine recht faßliche Methode angeeignet. Besonders gut und zweckmäßig verteilt er seine Unterrichtszeit, was bei anderen Lehrern sehr häufig vermißt wird. Auch in der hebräischen Grammatik zeigt er den Schülern eine ziemliche Erfahrenheit. Die Bildungsstufe und Fortschritte der Kinder können in der Religionslehre und biblischen Geschichte sowie im Übersetzen der Bibel als gut und im Übersetzen der hebräischen Gebete als sehr gut bezeichnet werden. Zu der Schulzucht habe ich keine Mängel wahrgenommen.
Die geringe Besoldung des Lehres steht außer allem Verhältnis zu dem bekanntlich sehr gutem Vermögensstande der Gemeinde. Eine Erhöhung des Gehalts wäre sehr wünschenswert, allein auf gütlichem Wege ist die Gemeinde nicht dazu zu bewegen. Der Lehrer ist nicht beliebt. Er erhält wohl als armer Familienvater von vielen Gemeindegliedern freiwillig Geschenke, aber in dieser Abhängigkeit will man ihn erhalten. Ob unter diesen Umständen Gehalt gegen den Willen der Gemeinde erhöht werden könne, muß ich hohem Ermessen überlassen."[117a)]

1875 liegt eine wiederholte Forderung des Lehrer Neumarks nach Erhöhung seines Gehaltes vor. Die Ablehnung durch den Gemeindeältesten erfolgte wegen der geringen Schülerzahl.[118)]

Im Interesse seiner Schüler beschwerte sich Lehrer Neumark 1862 über Zustände vor seinem Schulhaus: "Seit einigen Jahren wird der freie Platz vor und neben meinem Schulhaus, welcher eigentlich der Spielraum meiner Schüler ist, von vielen Einwohnern hiesiger Stadt zum Holzplatze benutzt, so daß er förmlich wie ein Holzmagazin aussieht. Hierdurch sind nicht allein meine Schüler in ihrem Spielraum beschränkt und bei sehr möglichen Einstürzen eines 12 bis 15 Fuß hohen Holzstoßes in Lebensgefahr gesetzt, sondern auch durch das vom Herbst bis zum Frühjahr beständigen Anfahren, Spalten und Sägen des Holzes in ihrer Aufmerksamkeit vom Unterricht abgelenkt werden und ich in meinem Unterricht gestört bin. Ich bitte um Beseitigung des Zustandes."[119)] Dieser Bitte kam der Bürgermeister nach einigen Tagen nach.[120)]

Über die einzelnen Schüler der Israelitischen Schule Windecken ist einiges zu erfahren aus einem Buch, das seit 1880 zum Archiv der Windecker Volksschule gehörte, der "Grundliste der israelitischen Schule Windecken".[121)] Diese Grundliste führte Lehrer Samuel Neumark im Zeitraum von 42 Jahren in den Jahren 1838 bis 1880 für seine 144 Schüler. In dieses dicke Buch trug er jedes halbe Jahr die "Fortschritte" seiner Schüler ein. Die vorgedruckten Spalten dieses Buches waren für eine christliche Schule gedacht, folglich mußte Lehrer Neumark einige Änderungen vornehmen: So strich er "Katechismuslehre" durch und schrieb "Religion" darüber. "Besuch der Sonntagsschule seit .." ließ er frei, Die Spalte Bemerkungen nutzte er zur Bewertung von "Bibel und Gebote, Übersetzungen (aus dem Hebräischen - d. V.)". Die Spalten Biblische Geschichte, Lesen, Rechnen a. Kopfrechnen b. Zifferrechnen, Schreiben a. Schönschreiben b. Rechtschreiben sowie Sprachlehre, Schriftlicher Gedankenausdruck, Anschauungsunterricht, Weltkunde und Gesang konnte er so belassen. Die "Fortschritte" seiner Schüler bewertete er mit gut, ziemlich gut, ziemlich und schlecht.[122)]

Die Anzahl der Schüler, die von Lehrer Neumark in der Israelitischen Schule zu Windecken unterrichtet wurden, veränderten

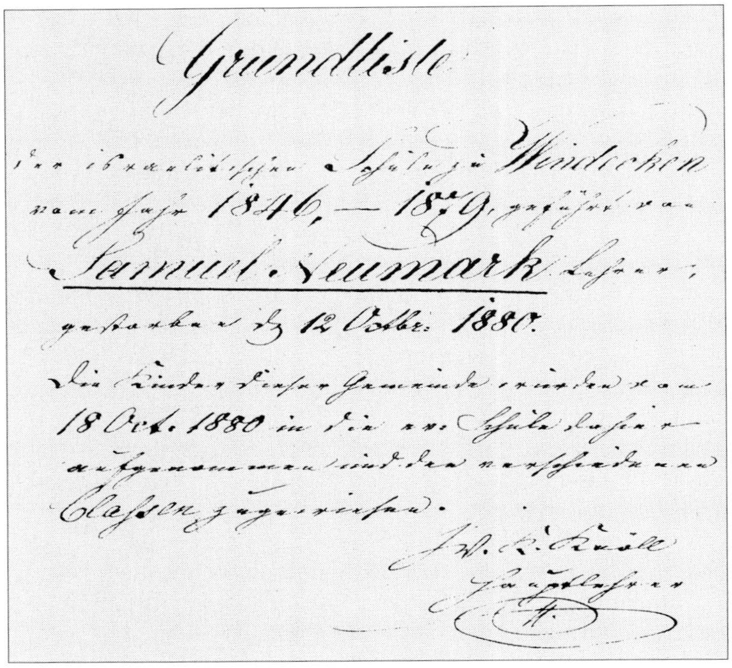
Grundliste

der israelitischen Schule zu Windecken vom Jahr 1846 – 1879, geführt von Samuel Neumark Lehrer; gestorben den 12 Octbr. 1880.

Die Kinder dieser Gemeinde wurden vom 18 Oct. 1880 in die ev. Schule dahier aufgenommen und den entsprechenden Classen zugewiesen.

Deckblatt des dicken Schulbuchs des Lehrers der israelischen Schule, in das er halbjährlich die "Fortschritte" seiner Schüler eintrug. Die Beschriftung lautet: "Grundliste der israelitischen Schule zu Windecken vom Jahr 1846 - 1879, geführt von Samuel Neumark, Lehrer" und erfolgt nach seinem Tode im Oktober 1880.

sich vor allem mit der Abwanderung der Juden in die größeren Städte stark. Folgende Schülerzahlen gehen aus den Akten hervor:

1852 - 45 Kinder
1854 - 55 Kinder
1872 - 10 Kinder
1873 - 6 Kinder
1874 - 6 Kinder
1875 - 7 Kinder
1880 13 Kinder - 8 Knaben und 5 Mädchen in drei Klassen[123)]

Blick auf das Schulhaus der jüdischen Gemeinde Windecken (rechts), links davon ist die Synagoge zu sehen - März 1938. Ganz links im Bild das Stück Stadtmauer, an dem sich heute ein Parkplatz befindet.

Bericht über die Religionsschule Windecken von Provinzialrabbiner Koref 1885

"Die Religionsschule zu Windecken nebst Ostheim unter dem Lehrer L.Wertheimer... (der) gute Lehrfähigkeit und entsprechenden Eifer (hat). Die Zahl der Kinder in Windecken beträgt 5 Knaben und 6 Mädchen, die in Ostheim zwei Knaben und drei Mädchen, zusammen 16 Kinder. Fleiß und Strebsamkeit der Kinder sind in der Schule gut, aber der häusliche Fleiß fehlt gänzlich.

Das Pensum

a. Religion:

Nach dem Lehrbuch von Büdinger §§ 1 - 77. Es wurde das 3. Gebot und 9. Gebot eingehend geprüft, wie auch die Festtage. Die Antworten über das 3. und 9. Gebot waren eben hinreichend und die Kinder entwickelten wenig Verständnis. Die Antworten über die Festtage waren ebenfalls nur mittelmäßig.

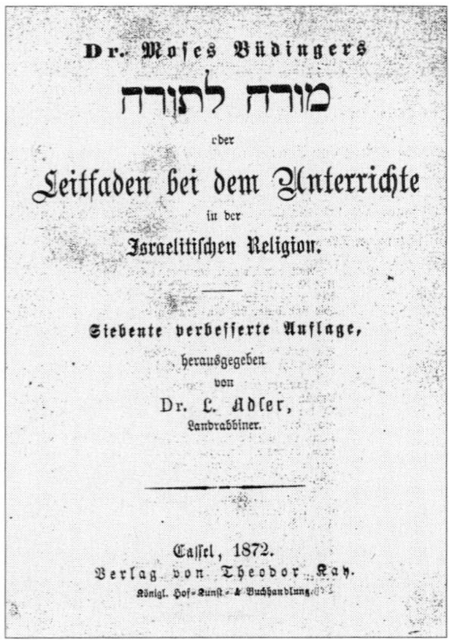
Dr. Moses Büdingers
מורה לתורה
oder
Leitfaden bei dem Unterrichte
in der
Israelitischen Religion.
Siebente verbesserte Auflage,
herausgegeben
von
Dr. L. Adler,
Landrabbiner.
Cassel, 1872.
Verlag von Theodor Kay.
Königl. Hof-Kunst- & Buchhandlung.

b. biblische Geschichte:

Abteilung I: bis zur Teilung des Reiches

Abteilung II: bis zum Auszug aus Ägypten. Es wurde in der Oberabteilung die Geschichte Sauls und Davids, in der Unterabteilung die der Erzväter und Josephs geprüft. Die Antworten waren ziemlich befriedigend.

c. Hebräisch lesen: Es wurde gut gelesen.

d. Gebet übersetzen:

Abteilung I: das Gebetbuch von Anfang bis Lekodande.

Abteilung II: verschiedene passende Verse aus den täglichen Gebeten. Die abgefragten Stücke wurden befriedigend übersetzt.

e. Pentateuch:

Genesis Kapitel 1 - 18, die gewählten Stücke wurden ziemlich befriedigend übersetzt. Disciplin war gut."[132]

Das Ende der israelitischen Schule

Bis zu seinem letzten Lebenstag unterrichtete Lehrer Neumark noch 13 Schüler in drei Klassen. Die Schule wurde zu dieser Zeit als vollständige Volksschule bezeichnet.[124] Am 13. Oktober 1880 starb Lehrer Neumark. Da es für ihn keinen Nachfolger gab, konnte die israelitische Schule nicht weitergeführt werden. Es wurde wie folgt entschieden: "Die Kinder dieser Gemeinde wurden vom 18. Oct.1880 in die ev. Schule dahier aufgenommen und den verschiedenen Klassen zugewiesen. Knöll Hauptlehrer."[125]
Mit dem Tode des Lehrer Neumark erlosch auch die eigenständige Israelitische Schule in Windecken. Für die 13 Schüler wurde in der evangelischen Schule Windecken eine eigene "Grundliste der israelitischen Kinder zu Windecken"[126] angelegt, in der noch bis 1895 die neueingeschulten jüdischen Kinder getrennt von den christlichen aufgeführt wurden.
Die jüdische Gemeinde Windecken hat seit 1880 nur noch eine Religionsschule .

Die israelitische Religionsschule zu Windecken ab 1880

Das Schulgebäude der ehemaligen Israelitischen Schule wurde nach 1880 von der jüdischen Gemeinde als Religionsschule genutzt bis etwa Mitte der dreißiger Jahre.
Im Jahre 1928 beschloß die jüdische Gemeinde, ihr Grundstück entlang der Ostheimer Straße mit einem Lattenzaun, gestrichen in silbergrauer Farbe, zu begrenzen. Der Zaun sollte mit Sockel anderthalb Meter hoch sein und sollte sechs Pfeiler mit einem großen und einem kleinen Tor haben. Im Jahre 1930 sollte diese Einfriedung errichtet werden.[127]
Im Winter wurde das Schulhaus auch als Synagoge genutzt, da für den Gottesdienst dort leichter zu heizen war.

Anzahl der jüdischen Schüler

Die Religionsschule wurde von den jüdischen Kindern Windeckens und Ostheims besucht. Die Zahl der Kinder betrug bis zum Beginn des Ersten Weltkrieges zwischen 10 und 16, im Jahre 1925 waren noch 8 Kinder registriert.

Lehrer Wertheimer aus Heldenbergen (siehe auch S. 320)

Nach dem Tode des langjährigen Lehrers Samuel Neumark 1880 übernahm aus der benachbarten jüdischen Gemeinde Heldenbergen deren Lehrer Leopold Wertheimer den Religionsunterricht in Windecken.

1892 wurde vom Religionsunterricht als Wanderunterricht gesprochen. Dies bedeutete, daß die jüdischen Kinder von Windecken und Ostheim zum Religionsunterricht nach Heldenbergen zum Lehrer Wertheimer wandern mußten.[128]

Lehrer Wertheimer unterrichtete bis 1901, als die jüdische Gemeinde Windecken den Lehrer Sally Katz einstellte. Auch nach dem Weggang des Lehrers Katz 1907 unterrichtete Lehrer Wertheimer die jüdischen Kinder von Windecken und Ostheim wieder im sogenannten Wanderunterricht bis zum Jahre 1911.[129] Somit unterrichtete Lehrer Wertheimer etwa fünfundzwanzig Jahre lang im Nebenamt die Kinder der jüdischen Gemeinde Windecken.

Lehrer Sally Katz

Erst ab 1901 fand wieder Religionsunterricht für die jüdischen Kinder Windeckens und Ostheims durch einen Lehrer, den die Gemeinde Windecken angestellt hatte, statt.

Von 1901 bis 1907 war Sally Katz Lehrer, Vorsänger und auch Schächter der jüdischen Gemeinde Windecken. Er wurde am 20.7.1864 in Guxhagen bei Kassel geboren. Nach dem Besuch des Lehrerseminars in Köln und einer ersten Anstellung ab 1884 in Vilbel kam er nach Windecken.[130] Ein Bild zeigt ihn mit seinem langen Schächtmesser beim Schächten im Hofe des Metzger Anselm Katz in Ostheim. (S. 238)
Im Adreßverzeichnis von Windecken wurde Sally Katz genannt unter Schule als "israelitischer Lehrer Katz" nach den Lehrern der evangelischen Schule, aber noch vor der Handarbeitslehrerin.[131]

An den Religionsunterricht erinnerte sich die 93jährige Mathilde Katz, die 1890 in Ostheim geboren war: "Jeden Sonntag mußten wir nach Windecken in die Religionsschule gehen. Um zwei Uhr fing es an und um 5 Uhr konnten wir wieder heimgehen. Zuerst war unser Lehrer der Lehrer Wertheimer. Er kam von Heldenbergen zu uns in die Schule neben der Synagoge in Windecken. Lehrer Wertheimer war ein guter Lehrer. Der Rabbiner kam manchmal, um uns in der Schule zu sehen. Hebräisch kann ich nur das wenige, was wir in der Schule gelernt haben. Alles, was ich noch auf Hebräisch schreiben kann, ist mein Name. Aber ich erinnere mich noch, wie der Bruder von Mathilde Wolf, der hinter mir saß, meinen langen Haarzopf in sein Tintenfaß steckte.
Danach kam der Lehrer Katz. Er wohnte mit seiner Familie im

Haus neben der Synagoge in Windecken. Ich sehe ihn noch genau vor mir. Lehrer Katz saß vorne auf dem Pult, er hatte keine Schuhe an, sondern trug Schlappen. Er war irgendwie schlampig. Jeden Sonntag mußten wir in die jüdische Schule nach Windecken. Manchmal allerdings konnten wir auch gleich wieder gehen, weil der Lehrer Katz gar nicht gekommen war."[133)]

1902 meldete Sally Katz ein Gewerbe als "Feuerversicherungsagent" an, 1905 ein "Manufakturwarengeschäft auf Musterkollektion gegen vorherige Bestellung".[134)]

1902 bat der Lehrer Sally Katz den Landrat um Reparatur seiner Wohnung im Israelitischen Gemeindehaus, da das Haus nicht unterkellert sei, sei das Wohnzimmer kalt und zeige feuchte Stellen, das Haus sei völlig verwahrlost.[135)]

Sally Katz lebte in Windecken mit seiner zweiten Frau Hedwig (geborene Goldschmidt * 26.11. 1874 in Sterbfritz), den zwei Kindern Jenny (* 1896 in Vilbel) und Max (* 1896 in Vilbel) aus erster Ehe und drei in Windecken geborenen Kindern Lucia (* 1902), Arnold (* 1905) und Sophie (* 1906).

Der evangelische Pfarrer von Windecken Henß wandte sich 1904 an den Landrat "in privatim", um dem Lehrer Katz "einen Erfolg seiner Bemühungen um Erlangung der Pensionsberechtigung" zu wünschen. Lehrer Katz "habe ich stets als einen sehr anständigen und achtenswerten Mann gefunden... Das Einkommen des Lehrer Katz beträgt 600 Mark, als Schächter verdient er noch ungefähr 800 Mark." Bei dem Anliegen des Lehrer Katz ist "ein Teil der Israeliten dafür, ein Teil dagegen". Ob die Hilfe des Pfarrer Henß für den Lehrer Katz wirksam war, ist nicht bekannt.[136)]

Gegen den Lehrer Katz brachten die Gemeindeältesten 1905 einige massive Beschwerden vor: Die jüdische Gemeinde vermisse den notwendigen Aushang eines Unterrichtsplanes im Schullokal. Er habe ohne Wissen der Gemeinde Windecken den Religionsunterricht in Marköbel übernommen. Den Unterricht in Windecken habe er versäumt und handle außerdem in Manufakturwaren. Am 7. August 1905 habe der Lehrer Katz gegen den Willen der Gemeinde die Thorarolle aus hiesiger Synagoge entfernen und nach Ostheim bringen lassen. Lehrer Katz habe ständig gegen die mosaischen Vorschriften gehandelt. Der jüdische Gemeindevorstand forderte deshalb die Absetzung des Lehrers Katz. Alle vorgebrachten Beschwerden gegen den Lehrer Katz wurden von dem Vorsteheramt der Israeliten in Hanau abgelehnt. Ursache des Streits sei nicht nur der Lehrer, sondern der Gemeindeälteste, der in Katz einen Konkurrenten wegen seiner Schächterei sehe.

Obwohl Regierungspräsident und Vorsteheramt sich für den Lehrer Katz entschieden, schied dieser freiwillig Ende März 1907 aus seinem Amt und verließ Windecken.[137)]

Sally Katz wurde dann Lehrer der jüdischen Gemeinde Babenhausen, die er 28 Jahre lang bis 1935 hoch anerkannt führte. Er starb im Dezember 1939 in Frankfurt, seine Witwe Hedwig Katz konnte noch nach Amerika fliehen, wo sie 1943 starb.[138)] Die Tochter Lucia Katz konnte aus Deutschland fliehen. Sie starb 1938 in Haifa. Arnold Katz wurde als Arno Katz ein bekannter Fotograf im Sandweg 28 in Frankfurt. Nach Haft in Buchenwald 1938 wanderte er 1939 aus, wo er in Washington Heights, New York, wieder als Fotograf tätig war. 1985 freute er sich über den Besuch aus seiner Geburtsstadt Windecken. Er starb 1988. Sophie Katz (verheiratete Frank) konnte wohl auch auswandern.[139)]

Das Lehrerwohnhaus neben der Synagoge wurde nach dem Weggang der Familie Katz von der christlichen Familie Bretthauer bewohnt, der später die Familie Vollbrecht folgte, die auch Hausmeisterpflichten in der Synagoge übernommen hatte.

Links: Der Religionslehrer Sally Katz um 1905. Er brachte den jüdischen Schülern die hebräische Sprache und Bibelkunde bei In der Synagoge war er der Vorsänger, er war auch Schochet (Schächter) der jüdischen Gemeinde. Rechts: Die Familie des Lehrers Sally Katz um 1907. Von links: Lucia, Max, Hedwig, Arnold und Sophie Katz

Lehrer J. Neumark

1909 ist ein Vertrag mit einem Lehrer Neumark erwähnt.[140] Er unterrichtete im Jahre 1911 10 Kinder in der Religionsschule.[141] 1912 verpflichtete sich die jüdische Gemeinde, dem Schächter ein festes Einkommen von 700 Mark zu garantieren, bei Nichteinnahme mußte der Fehlbetrag aus der Gemeindekasse beglichen werden.[142]
1909 dankten Elias Sommer und Frau in einer Dankesanzeige in der Windecker Zeitung[143] "dem Herrn Lehrer Neumark für die erhebende Ansprache" anläßlich ihrer Silberhochzeit.

Lehrer Eschwege

1913 wird ein Vertrag mit Lehrer Eschwege erwähnt.[144] Josef Eschwege war als Kantor Lehrer und Schächter bei der jüdischen Gemeinde Windecken beschäftigt. In der Religionsschule hatte er 7 Kinder zu unterrichten.[145]

Weitere Lehrer

"Dann kam ein Lehrer Goldring aus Hanau zweimal in der Woche nach Windecken, um uns Kinder zu unterrichten. Er war auch Schächter für Geflügel", erinnert sich der 1906 geborene Wilhelm Katz.
Für die Jahre 1924/25 ist als "Schochet" der Lehrer Marcus aus Assenheim angegeben. Der Religionsunterricht fand für 8 Kinder als Wanderunterricht bei Lehrer Sulzbach in Hanau statt.[146]
1931/32 sind 8 Kinder angegeben für den Religionsunterricht, bei einem Unterrichtsetat von 400 RM für das Jahr 1930.[147]
Nach Angaben von Erich Sommer (* 1921) soll dann Lehrer Jakob Höxter, der von 1926 - 1933 Lehrer der jüdischen Gemeinde Heldenbergen war, den Religionsunterricht für die Windecker jüdischen Kinder gehalten haben, dann ein Lehrer Sulzbach aus Hanau, dann Lehrer Stern und später Lehrer Sonnenberg aus Wachenbuchen. Der Unterricht fand einmal wöchentlich statt.

Das 1853 von der jüdischen Gemeinde Windecken erbaute Schulgebäude wurde 1938 während des Novemberpogroms von Windecker Nazis zerstört, die Grundmauern am folgenden Tage abgerissen.

Judenbaumeister und Gemeindeälteste

Die Baumeister der jüdischen Gemeinde hatten weitreichende Kompetenzen innerhalb der Gemeinde und auch nach außen als Vertreter der Gemeinde vor allem gegenüber der Obrigkeit. Folgende Hinweise auf die Baumeister der jüdischen Gemeinde Windecken waren zu finden:

Im Jahre 1586 ist die Rede über "die beiden Baumeister".[148] 1587 sind "die Baumeister oder Gemeiner, wie die Juden sie nennen", erwähnt.[149]

Beschwerde der Baumeister über die Gemeinde Windecken

1711 beschwerten sich der Rabbiner und der Baumeister zu Hanau und der Baumeister zu Windecken bei der Behörde über die jüdischen Einwohner Windeckens wegen "capitulationswidrigen Betragens": Die Judenschaft sei untereinander uneinig, auch in ihrer Synagoge hätten sie dem Vorsteher schlechten Gehorsam erwiesen. Sie seien halsstarrig und hielten nicht die Zehn Gebote.

Der jüdische Baumeister zu Windecken bat um Hilfe und notfalls Bestrafung. Daraufhin wurden die Juden angewiesen, sich der Kapitulation gemäß nach den jüdischen "Ceremonien" und der Ordnung zu betragen oder widrigenfalls gewärtig zu sein, daß man die Übertretenden wegweisen werde. Und auch in diesem Fall, da ohnedies die Juden in Windecken zuviel seien, ein solches zu bewerkstelligen sei.[150]

Streit um die Judenbaumeisterwahl 1793

Im Jahre 1793 kam es in Windecken bei der alle drei Jahre stattfindenden Wahl des Baumeisters zu Streitigkeiten, weil, so wird berichtet, die Judenschaft zu Windecken sehr schwach sei und nur aus wenigen Familien bestehe. Weiter wird in Hanau berichtet: "Bei der Baumeisterwahl will jede Familie ihre Angehörigen unterbringen ohne zu berücksichtigen, daß sie nicht einmal das Schutzgeld zahlen können. Durch solch untaugliche Baumeister wird der Zweck verfehlt. Unter den Juden ist Zank und Streit entstanden, auch Unordnung in der Synagoge. Es soll eine Verordnung erlassen werden, daß der Judenbaumeister von den Juden des Amtes Windecken gewählt wird.
Der Bürgermeister von Windecken berichtet, daß die Judengemeinde Windecken ihre Baumeister alle drei Jahrre durch die Mehrheit der Stimmen aus ihrer Mitte im Beisein des Fürstlichen Amtes gewählt habe. Bisher sei alles ordentlich verlaufen. Jetzt seien Ordnungswidrigkeiten aufgetreten. Der Jude David Samuel sei wegen ihm zur Last gelegten eigenmächtigen Handelns zu 5 Gulden Strafe verurteilt. Nun soll eine andere Wahl stattfinden."[151]

Die Gemeindeältesten nach dem Gesetz von 1823

Die Verordnung vom 30. Dezember 1823, die gemeinheitlichen Verhältnisse der Israeliten betreffend, legte in § 4 fest: "Jede Synagogengemeinde hat, nach ihrem Umfange, mehrere Älteste. Sie werden von dem Kreisvorsteher dem Kreisrathe bezeichnet, und von diesem, nachdem er sich von seiner Tüchtigkeit überzeugt haben wird, dem landesherrlichen Kommissar für die judenschaftlichen Angelegenheiten der Provinz vorgeschlagen, welcher, wenn er nichts dawider zu erinnern findet, deren Bestellung durch das Vorsteheramt veranlaßt, und dem Kreisrathe die Bestellungsurkunde übersendet. Dieser hat darauf die Ältesten zu verpflichten, und deren Bestellung der Gemeinde bekannt zu machen."[152]

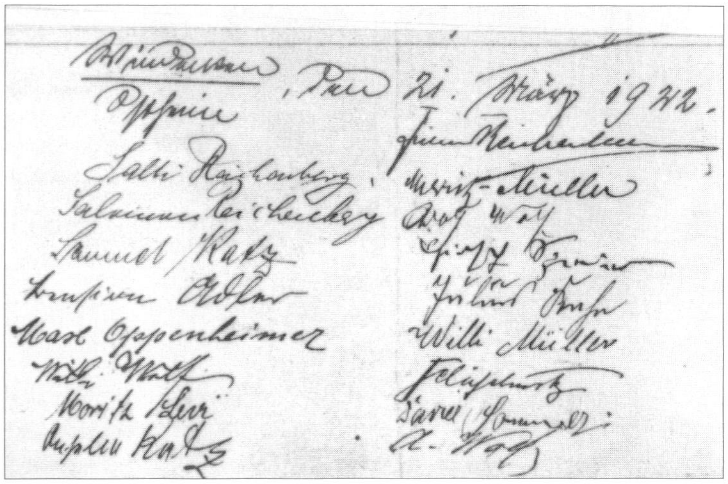

Unterschriften der männlichen Mitglieder der Gemeinde 1922 beim Verkauf eines Teils des Synagogengartens: Salli Reichenberg, Salomon Reichenberg, Samuel Katz, Benzion Adler, Max Oppenheimer, Willi Wolf, Moritz Levi, Anselm Katz, Julius Reichenberg, Moritz Müller, Adolf Speier, Julius Kahn, Willi Müller, Felix Schuster, David Sommer, A(braham) Wolf

Im folgenden wollen wir noch den Auszug einer jüdischen Gemeindeordnung aus dem Jahre 1823 geben, wie sie damals in dem Gemeindeverband unter dem Vorsteheramt Hanau üblich waren. Zu jenem Gemeindeverband gehörten damals Hanau, Bockenheim, Nauheim, Windecken, Bergen, Groß-Krotzenburg und Langendiebach. Die Gemeindeordnung lautet:

§ 1.

Die jüdischen Hausväter eines Ortes bilden dann eine Gemeinde, wenn ihre Anzahl sich auf wenigsten 10 erstreckt.

§ 2.

Jede Gemeinde hat, wenn sie aus 40 und mehr Hausvätern besteht drei, wenn aus weniger als 40 jedoch überall zwei, wenn aus 20 und weniger einen Vorsteher.

§ 3.

Jede Gemeinde hat einen Rechnungsführer, es bleibt jedoch dem Ermessen des Vorsteheramtes überlassen, in den größeren Gemeinden mehrere zu ernennen.

§ 4.

Das Amt des Vorstehers währt 5 Jahre und das des Rechnungsführers 3 Jahre.

§ 5.

Jede Gemeinde wählt die doppelte Anzahl Personen aus ihrer Mitte durch Stimmenmehrheit, aus denen das judenschaftliche Vorsteheramt der Provinz die Vorsteher und den Rechnungsführer ernennt. Mitwählen und gewählt werden können nur diejenigen, welche durch ein Zeugnis des Rechnungsführers sich ausweisen, daß sie aus einem früheren als dem laufenden Jahre an die Gemeindekasse nichts mehr schuldig sind. Die Wahl geschieht unter Leitung des Kreisamts, welches das darüber aufgenommene Protokoll dem Vorsteheramt mitteilt. Die ernannten Vorsteher und Rechnungsführer werden von dem Kreisamt in Pflichten genommen.

§ 6.

Dem Gemeindevorsteher liegt es ob:

a) der an sie ergehenden Beschlüsse vorgesetzler Behörden, insbesondere des Vorsteheramtes der Provinz schuldigen Gehorsam zu leisten, alle erfordert werdenden Berichte mit möglichster Umsicht zu erstatten und zweckmäßige Vorschläge zur Beförderung des Gemeindewohls selbst aus freien Stücken an das Vorsteheramt gelangen zu lassen;
b) für Aufrechterhaltung der Ordnung und guter Sitte in der Synagoge und Gemeindestube zu sorgen, zu welchem Ende sie die Befugnis haben mit Geldstrafen bis zu einem Taler gegen Widerspenstige einzugreifen;
c) die Aufsicht auf sämtliches der Gemeinde gehörige mit Einschluß des mit dem Stiftungsvermögen zu führen;
d) den Kontributionsfuß neu aufgenommener Gemeindeglieder vor der Hand noch nach der bisher bestandenen Observanz gewissenhaft zu regulieren;
e) drei Monate vor Ablauf eines jeden Jahres haben sie eine Übersicht (Budget) der für die Dauer des folgenden Jahres erforderlichen Ausgaben an das Vorsteheramt der Provinz einzusenden, und nach Maßgabe der von daher erteilten Ermächtigung deren Betrag zu repartieren. Die Repartitionslisten werden dem Rechnungsführer zugestellt, um demselben als Heberegister zu dienen. In diesem Budget bilden die Ausgaben für die Armen eine Rubrik;
f) alle erforderlichen und im Budget genehmigten Ausgaben, weisen sie dem Rechnungsführer schriftlich an;
g) die Rechnung des Rechnungsführers haben sie jährlich sich ablegen zu lassen und nach deren gehöriger Feststellung an das Vorsteheramt der Provinz zur Revision und Erteilung der Decharge einzusenden.
h) sie führen die Aufsicht über die Dienstführung amtlicher Gemeindediener, nehmen solche an und entlassen solche, jedoch bedarf die Annahme der Bestätigung und die Entlassung der Genehmigung des Vorsteheramtes.

§ 7.

Der Rechnungsführer hat:

a) sämtliche Einkünfte der Gemeinde zu erheben, die Beiträge der Gemeindeglieder hat er nach den vom Vorstand ihm zu behändigenden Repartitionsliste monatlich an einem bestimmten Tage und Orte gegen Quittung in Empfang zu nehmen. Säumige Gemeindeglieder hat er nach Verlauf von 14 Tagen zu erinnern, nach fruchtlosem Ablauf von weiteren 14 Tagen aber die gesetzlichen Zwangsmittel zu erwirken. Er haftet für die genaue Gehabung dieser Vorschrift und zwar mehreren solidarisch.

Aus den Einkünften hat er

b) die von dem Vorstand auf ihn angewiesenen Zahlungen zu bestreiten und demnächst solche mit den Anweisungen, resp. Quittungen zu belegen. Auch Almosen bezahlt er nur auf Anweisung der Vorsteher, jedoch bedarf er keiner Quittung der Armen.
c) jährlich übergibt derselbe über Einnahmen und Ausgaben, sowie nach einem aufzustellenden Formular eine Rechnung dem Vorstand, welcher solche abhört und hierauf an das Vorsteheramt zur Revision und Erteilung der Dechargen einsendet.
d) in Gemeinden unter 20 Mitgliedern versieht er in Verhinderungsfällen dessen Funktionen mit Ausnahme der Zahlungs-Überweisungen, welche alsdann von den zwei ältesten Gemeindeglieder ausgestellt werden müssen.

§ 8.

Den Vorstehern und Rechnungsführern liegt es zugleich ob, durch ihre Handlungsweise und Benehmen der übrigen Gemeinde mit einem guten Beispiel voranzugehen. Sie haben mit allem Eifer dahin zu wirken, alle etwaigen, eine feindliche Sonderung der jüdischen von den christlichen Einwohnern verratenden Gewohnheiten und Gebräuche abzustellen, und aus allen Kräften beizutragen, die eine Verbesserung des bisherigen Zustandes der Juden bezweckenden höheren Anordnungen gegen herrschende Vorurteile auszuführen.

§ 9.

Die Ämter der Vorsteher und Rechnungsführer sind mit keiner Belohnung verknüpft. Jedoch haben diejenigen, welche solche Ehrenämter begleiten, bei öffentlichen Gelegenheiten die gebräuchlichen Vorzüge anzusprechen.

§ 10.

Sämtliche der Gemeinde gehörigen Bücher und sonstige Literalien sind genau zu verzeichnen und bei dem jedesmaligen ältesten Vorsteher aufzubewahren.

§ 11.

Alle Bücher, Protokolle, Verzeichnisse usw, welche die Gemeinde betreffen, müssen bei einem Reichstaler Strafe in deutscher Sprache und mit deutschen Lettern geführt werden.

§ 12.

Das Vorsteheramt kann, wo es solches nötig findet, ein Mitglied beauftragen, den Gemeindehaushalt an Ort und Stelle zu untersuchen.

Gemeindeordnung von 1823, wie sie auch für die jüdische Gemeinde galt. Besonders interessant sind die Bestimmungen des § 8.

Die Gemeindeordnung von 1823

Die entsprechend erlassene Gemeindeordnung aus dem Jahre 1823, die auch für die jüdische Gemeinde Windecken galt, gab die Aufgaben der Gemeindevorsteher, wie die Ältesten nun genannt werden, genau an.[153)]

Besonders sei hier auf den § 8 hingewiesen, der den Gemeindevorstehern und Rechnungsführern vorgab: "Sie haben mit allem Eifer dahin zu wirken, alle etwaigen, eine feindliche Sonderung der jüdischen von den christlichen Einwohnern verratenden Gewohnheiten und Gebräuche abzustellen..."

An der Spitze der Religionsgemeinde stand also der Vorstand, der die Verwaltung, das Kassenwesen und die Religionspflichten vertrat. Seine Wahl fand durch einfachen Mehrheitsbeschluß der männlichen Gemeindemitglieder statt. Der Vorstand setzte sich

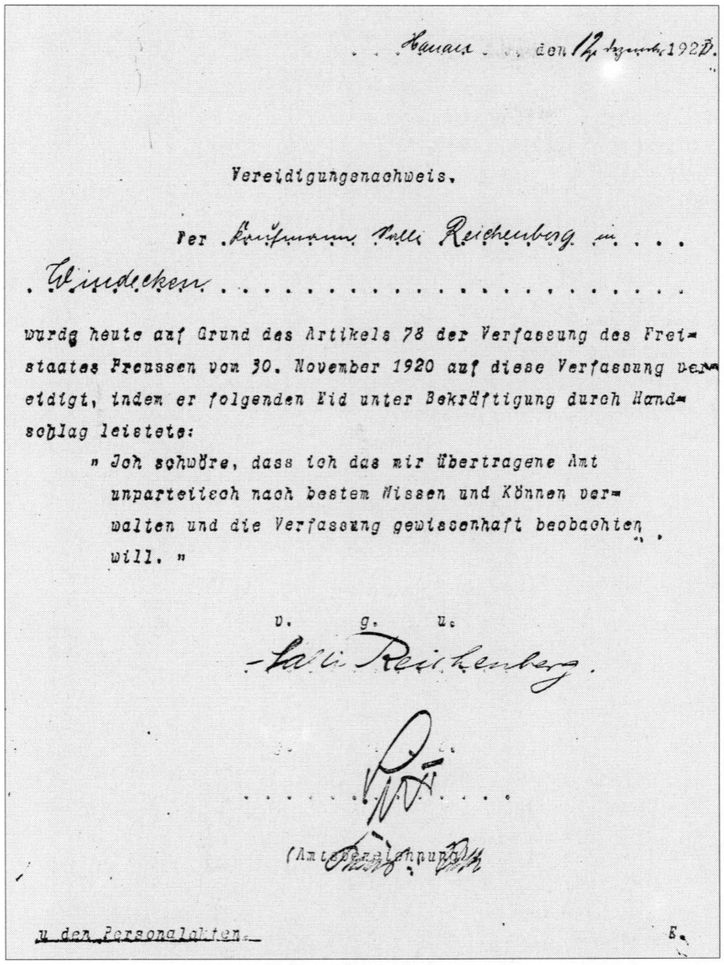
Hanau, den 12. [illegible] 1922.

Vereidigungsnachweis.

Der Kaufmann Salli Reichenberg in Windecken wurde heute auf Grund des Artikels 78 der Verfassung des Freistaates Preussen vom 30. November 1920 auf diese Verfassung vereidigt, indem er folgenden Eid unter Bekräftigung durch Handschlag leistete:

„Ich schwöre, dass ich das mir übertragene Amt unparteiisch nach bestem Wissen und Können verwalten und die Verfassung gewissenhaft beobachten will."

v. g. u.

Salli Reichenberg.

(Amtsbezeichnung)

z. den Personalakten.

Salli Reichenberg wurde 1922 für sein Amt als Gemeindeältester auf die Verfassung des Freistaates Preußen vereidigt.

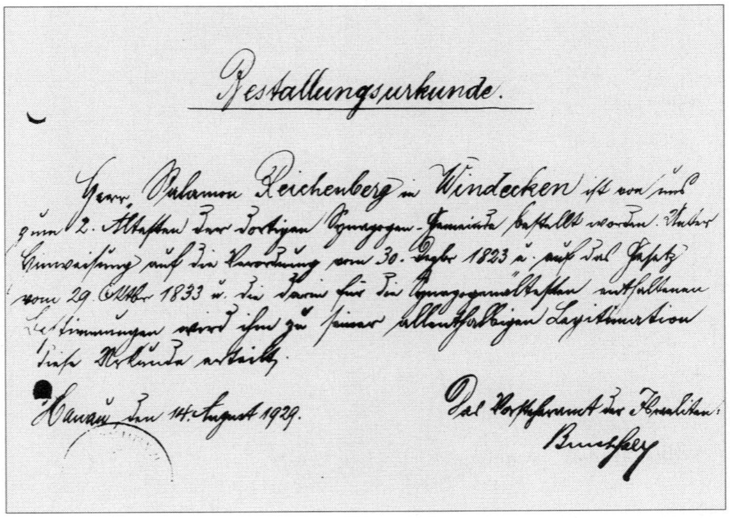
Bestallungsurkunde.

Herr Salomon Reichenberg in Windecken ist von uns zum 2. Ältesten der dortigen Synagogen-Gemeinde bestellt worden. Unter Hinweisung auf die Verordnung vom 30. Dezbr 1823 u. auf das Gesetz vom 29. Oktbr 1833 u. die darin für die Synagogenältesten enthaltenen Bestimmungen wird ihm zu seiner allenfallsigen Legitimation diese Urkunde erteilt.

Hanau, den 14. August 1929.

Das Vorsteheramt der Israeliten.

1929 wurde Salomon Reichenberg als Synagogenältester vom Vorsteheramt der Israeliten zu Hanau in seinem Amt bestätigt.

aus zwei Gemeindemitgliedern zusammen, die sich die Arbeit teilten. Voraussetzung für eine solche Wahl war, daß der Betreffende ein angesehenes, allgemein geachtetes, rechtlich denkendes und über dem Durchschnitt stehendes Gemeindemitglied war. Im übrigen hatte der Vorstand der Gemeinde nach außen, also gegenüber den anderen jüdischen Gemeinden, gegenüber den christlichen Gemeindebehörden, gegenüber der vorgesetzten religiösen Körperschaft, dem Vorsteheramt des Kreises und gegenüber den offiziellen Staatsbehörden in rechtlicher Natur zu vertreten.[154)]

Gemeindeälteste der Gemeinde:[152a)]

1824 - 1838	Jakob Samuel Schloß (+ 1838), auch als Jacob Süß genannt
1838 - 1852	Aron Oppenheim
1838 - 1852	Samuel Heß
1853	Anselm Oppenheim
1853 - 1871	Philipp Kallmann
1866- 1898	Abraham Heß
1874	Herz Levi
1898 -1919	Hirsch Speier
1906 -1923	Raphael Wolf
1919 -1925	Jacob Levi
1923 -1941	Salli Reichenberg

Filialgemeinden und auswärtige Mitglieder

Zur jüdischen Gemeinde Windecken gehörten auch Juden, die nicht in Windecken selbst lebten. Dazu fanden sich folgende Hinweise:

Eichen
Einen einzigen Hinweis gibt es Ende des 17. Jahrhunderts auf einen Juden mit Namen Rothschild in Eichen. An ihn waren Lehensgüter aus dem Geißelschen Lehensgut gegeben worden.[155)]

Roßdorf
1776 kam Süßkind Löser, der bis dahin in Himbach gelebt hatte, im Alter von 31 Jahren nach Roßdorf, wo er dafür sorgen sollte, daß im Ort jederzeit frisches Fleisch zu beziehen war. 1806 gab Löser an, daß er als Jude zur Windecker Gemeinde gehöre und den Weg zum Gottesdienst im Alter von 71 Jahren zu beschwerlich finde. Ende 1806 erhielt er die Erlaubnis zum Umzug nach Windecken.[156)]

Erbstadt
In Erbstadt waren im Jahre 1800 Juden ansässig.[157a)]
Eine Sprinz Müller aus Erbstadt, die etwa 1800 geboren war, taucht in den Personenstandsregistern der Heldenberger Juden auf, als sie 1832 als Witwe von Löw Stern, mit dem sie in Windecken gelebt hatte, den Simon Gerson in Heldenbergen heiratete.[159)] In den Personenstandsregistern, die die jüdische Gemeinde Windecken ab 1824 zu führen hatte, sind auch die jüdischen Bewohner Erbstadts mit Geburten, Eheschließungen und Sterbeeintrag zu finden:
Der Metzger Mendel Müller und seine Ehefrau Jentche geborene Fürst lebten mit ihren Kindern in Erbstadt. Der Sohn Samuel starb dort im Alter von 12 Jahren 1830. Ein anderer Sohn, Marum

Heldenbergen

1805 heißt es in einer Akte, daß die Juden von Heldenbergen die Synagoge zu Windecken "in Ermangelung" einer eigenen besuchten. Der Gemeindevorstand der jüdischen Gemeinde Heldenbergen bat: "Wir möchten mit Windecken als eine Gemeinde anzusehen sein, indem unsere Toten nach Windecken begraben werden".[158)]

Mit dem Bild "Der Segen des Rabbi" setzte der aus Hanau stammende berühmte Maler Moritz Daniel Oppenheim (1800-1882) dem Rabbiner Moses Tuviah Sondheim ein ewiges Andenken. In dem vom Rabbi gesegneten Knaben soll der Maler sich selbst als Kind gemalt haben.[158a)]

Rabbiner zuständig für die Windecker Juden

Die Windecker Juden hatten zu keiner Zeit einen eigenen Rabbiner, auch wenn die nichtjüdische Umwelt den Kantor der Gemeinde oft so bezeichnetete. Windecken ist lediglich in den Jahren 1451und 1509[158b)] als möglicher Sitz des Rabbinatsgerichts genannt.

Bis zum Beginn des 17. Jahrhunderts gehörten die hanauischen Juden zum Sprengel des Rabbiners in Friedberg.[158c)] So war auch für die innerjüdische Rechtsprechung in der Grafschaft Hanau nach einem Hinweis aus dem Jahre 1568 der Friedberger Rabbiner zuständig.[158d)] Im Jahre 1546 fand allerdings eine Auseinandersetzung zwischen dem Windecker Juden Salomon und der Judenschaft zu Windecken statt, in deren Verlauf die Rabbiner in Frankfurt in ihrer juristischen Kompetenz eine Rolle spieleten.[158e)]

Die Judenordnung von 1603 gewährte den Juden der Grafschaft Hanau das Recht, "einen Rabbiner ...auß der Judenschaft anzunehmen",[158f)] der erste offiziell bestätigte Rabbiner in Hanau wirkte dort ab 1609.[158g)] 1921 veröffentlichte Dr. Leopolod Löwenstein auf der Grundlage des Memorbuches (Gedächtnisbuches) der jüdischen Gemeinde Hanau das Buch "Das Rabbinat in Hanau".[158h)] Dort sind Leben und Wirken der Hanauer Rabbiner, die auch für die Windecker Juden zuständig waren, beschrieben.

Durch Dekret der kurfürstlichen Regierung in Kassel vom 24.10.1798 wurde der schon seit 1795 als Rabbiner zu Hanau wirkende Rabbi Moses Tuviah Sondheim als Landrabbiner der damaligen Grafschaft Hanau eingesetzt. Rabbi Sontheim war ein Mann, "der als Stern erster Größe erglänzt und durch seine Strahlen helles Licht verbreitet".[158i)]

Im Oktober 1824 wurde er zum Provinzialrabbiner ernannt. Nach 35jähriger Tätigkeit als Rabbiner für die hanauischen Juden starb er 1830.

Sein Nachfolger wurde der orthodoxe Rabbiner Felsenstein (geb. 17.11.1806), der bis zu seinem Tode 1882 47 Jahre als Provinzialrabbiner wirkte.

Ihm folgte 1884 Rabbiner Dr. Koref (* 15.7.1833 in Prag), er war bis zu seinem Tode 16 Jahre Provinzialrabbiner von Hanau. Auch er gehörte der modernen, gesetzestreuen orthodoxen Richtung des Judentums an. Er starb im Februar 1900. Seine Witwe wurde 1942 in das Ghetto Theresienstadt verschleppt, wo sie wenige Tage danach in ihrem 89. Lebensjahr starb.[158j)]

Von 1901 bis 1920 amtierte als Provinzialrabbiner Dr. Salomon Bamberger (* 10.7.1869 in Frankfurt). Auch sein Rabbinatsbezirk erstreckte sich über 32 Gemeinden in den Bezirken Hanau, Gelnhausen und Schlüchtern. Wilhelm Katz (* 1906 in Ostheim) erinnerte sich:" Der Rabbiner Bamberger kam immer nur dann, wenn es einen besonderen Anlaß gab, zum Beispiel kam er zu einer Beerdigung oder zu einer Beschneidung oder zu einer Hochzeit. Später wurde man in Hanau getraut, aber früher kam der Rabbiner auch zu Trauungen in die Synagoge nach Windecken. Aber es war nicht immer leicht, wenn der Rabbiner kam: der größte Teil der jüdischen Familien war zwar religiös, aber nicht dementsprechend, daß der Rabbiner überall gegessen hätte."[158k)]

Mit 51 Jahren starb Rabbiner Dr. Bamberger während eines Gottesdienstes in der Hanauer Synagoge. Die eindrucksvolle Beerdigung des Provinzialrabbiners war das letzte große Ereignis der jüdischen Welt in und um Hanau. Nur etwas mehr als zwanzig Jahre später sollte der letzte Provinzialrabbiner Hanaus von der Rampe in Auschwitz in die Gaskammern verschleppt werden.

Die Witwe des Provinzialrabbiners Bamberger floh in die Niederlande, von wo sie in den Osten deportiert und ermordet wurde.[158l)]

Dr. Hirsch Gradenwitz (* 13.9.1876 in Rawitsch/Posen) wurde 1921 der neue Provinzialrabbiner von Hanau, er sollte auch der letzte sein. Nach einer Ausbildung am Hildesheimer'schen Rabbinerseminar in Berlin wurde er Rabbiner in Tarnowitz. Wenn Rabbiner Gradenwitz in Windecken war, so kehrte er auch immer im Hause des Metropolitan Henss ein.[158m)] Auch Rabbiner Gradenwitz gehörte der orthodoxen Richtung des Judentums an. Noch wenige Tage vor der Schändung und Zerstörung der Hanauer Synagoge im November 1938 hielt Rabbiner Dr. Gradenwitz dort seinen letzten Gottesdienst. In den Pogromtagen flüchtete er nach Frankfurt zu einem holländischen Freund. Er und seine Frau flohen gemeinsam mit einem Sohn nach Holland. Dort wurden sie in das Lager Westerbork verschleppt und von dort nach Auschwitz.

1994 besuchte die Tochter des letzten Rabbiners - Sophie Marum - Windecken und Hanau.

Provinzialrabbiner Dr. Salomon Bamberger - 1910

Provinzialrabbiner Dr. Hirsch Gradenwitz um 1930

Müller, wurde 1833 mit seiner Verlobten Mina Neuhaus aus Heldenbergen in den Schutz nach Windecken aufgenommen, wo er im selben Jahr heiratete.
1843 wandte sich "der 69jährige Beisass Mendel Müller von Erbstadt" an das Kreisamt zu Hanau mit der Bitte um Steuererlaß, "da er zu schwach ist, um seinen Lebensunterhalt zu verdienen und seine Frau seit fünf Jahren bettlägerig ist".[160]
Mendel Müller starb 1846 im Alter von 72 Jahren, seine Frau Jentche war 1844 im Alter von 70 Jahren gestorben.
Der Sohn David Müller heiratete 1831 im Alter von 26 Jahren Ester Strauß aus Wachenbuchen. Er war von Beruf Fruchthändler. Auch nach seiner Heirat lebte er in Erbstadt, wo zwischen 1833 und 1852 die neun Kinder des Ehepaares David Müller geboren wurden.
1857 heißt es:"Zur Synagogengemeinde Windecken gehört der 1 Stunde von Windecken entfernt liegende Ort Erbstadt".[161] 1866 sind für Windecken mit Erbstadt zusammen 196 jüdische Seelen bei 16 Familien angegeben.[162]
Bis wann Juden in Erbstadt lebten, ist nicht bekannt.

Ostheim
1869 tauchen erstmals in den Personenstandsregistern auch Einträge von Juden, die in Ostheim lebten, auf. Ostheim ist bis zur Auflösung der jüdischen Gemeinde Windecken dieser als Filialgemeinde angeschlossen, so im Jahre 1905 mit 23 Juden. (Näheres siehe S. 236)

Jüdische Vereinigungen

Kassenbuch des Wohltätigkeitsvereins - Chewra de Gemiluth Chasodim
Im Oktober 1938 nahm Salomon Reichenberg bei seiner Auswanderung nach Amerika ein kleines Heftchen mit sich, das aus dem Besitz seiner Familie stammte, er selber war der Rechnungsführer der jüdischen Gemeinde gewesen und dieses Amt war schon seit einigen Generationen in der Familie.[164]

Dieses Heftchen wurde 1824 angelegt. Alle neun Seiten des kleinen Heftchens waren in deutscher Sprache abgefaßt, allerdings mit hebräischen Lettern geschrieben, sogenanntes Jüdischdeutsch. Entsprechend ist der Aufbau des Heftes von rechts nach links. Das Titelblatt vermerkt in den großen Druckbuchstaben folgendes: "Dieses Pinkas (Notizbuch) gehört der Chewra de Gemiluth Chasodim (Wohltätigkeitsverein) der Heiligen Gemeinde WINDECKEN."
Darunter:
"Vom Wochenabschnitt Bar-midbar des Jahres (5)584 bis zum Wochenabschnitt Bar-midbar (in der Wüste Beginn des 4. Buch Mose) (5)585 nach der kleinen Zeitrechnung."
Die Schreibschrift im unteren Bereich beinhaltet folgendes:
Dieses Buch enthält bestimmte und unbestimmte Einnahmen und Ausgaben und auch Verknas (Strafe) und Schnoter-Geld (Spenden), wo die Verwaltung darüber haben Leib bar Eisik und Jokev Segal Donnerstag, 29. Ijar (5)584 (= 27. Mai 1824).
Auf den folgenden sechs Seiten folgen unter je einem Namen angeordnet Hinweise auf bestimmte Zahlungen, die an bestimmten Feiertagen fällig waren. Die Namen lauten: Natanael Sch., Natanael Gerson, Joku Segal, Beer, Ahron, Anschel v. Sch.
Nach der durchscheinenden Schrift auf einigen Seiten zu urteilen, scheinen einige Seiten zu fehlen: so vorne zwei Seiten, ebenso in der Mitte und hinten. Folgende Namen der Mitglieder sind im Zusammenhang mit Einnahmen und Ausgaben auf den beiden letzten Seiten aufgeführt: Leib bar Eisig, Joku Segal, Itzig, Natanael, Kallmann bar Shimon, Natanael Sch., Süßkind, Amschel, Beer, Ahron, drei Namen sind nicht zu entziffern.[165]

Rechnungen der jüdischen Gemeinde für die Jahre 1853-1871 verbuchten "Zinsen von einem Burschen- und Männerstift".[163]

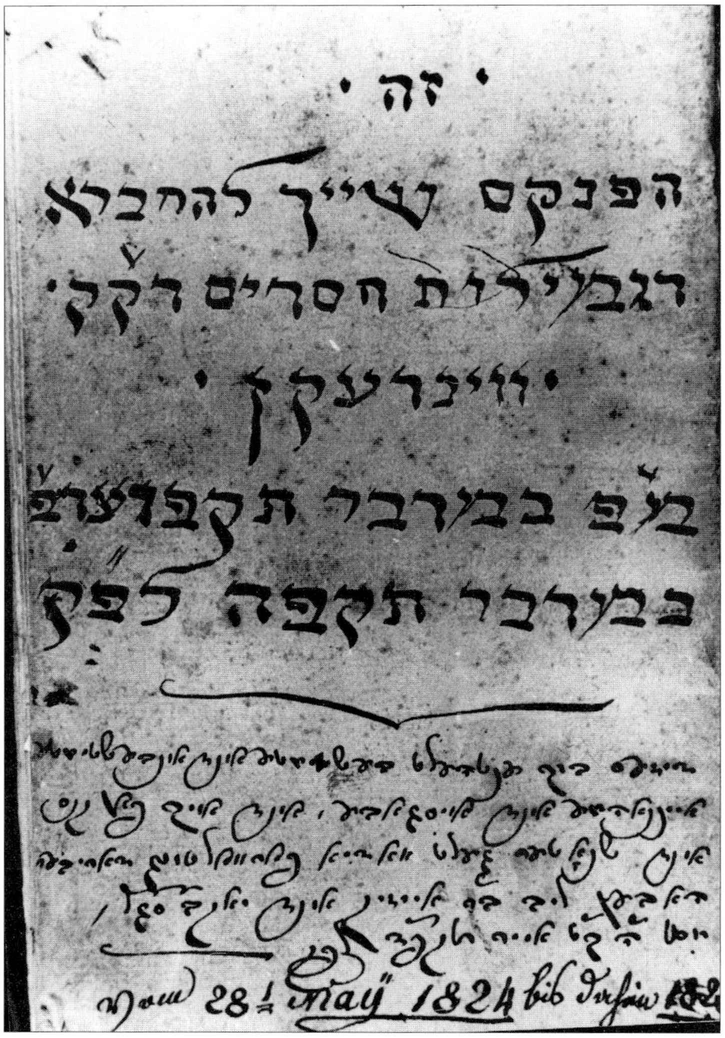

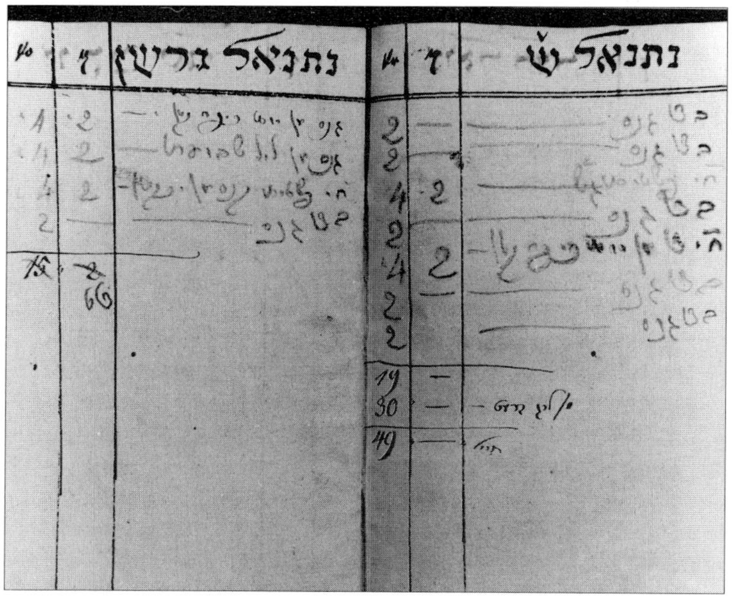

In großen Buchstaben ist zu lesen (von rechts nach links): "Dieses Pinkas (Notizbuch) gehört der Chewera de Gemiluth (Wohltätigkeitsverein) der heiligen Gemeinde Windecken." 1824 wurde dieses Kassenbuch des Wohltätigkeitsvereins der jüdischen Gemeinde Windecken angelegt. Es ist in "Jüdisch-deutsch" geschrieben, d.h. deutsch in hebräischen Buchstaben.

Private Betstunden

Aus einer Akte des Kreisbaumeisters von 1830 ist zu erfahren: "In Windecken wird bei Simon Herzbergers Witwe und Joseph Heß jeden Abend Bestunde gehalten. Diejenigen, in deren Wohnungen die Betstunde gehalten werden, zahlen immer geringere Pacht, welche mit den übrigen Einlagegeldern für Arme und Kranke verwendet wird."
Diese Betstunden widersprachen allerdings der Verordnung von 1823, nach der unter Androhung von Strafe, Gottesdienst nur in der Synagoge stattfinden durfte. Allerdings erging kein Verbot für die in Windecken gehaltenen Bestunden.[169)]

Jüdische Krankenkasse

Die jüdische Krankenkasse als Hilfe für die Kranken in der Gemeinde gehörte zu der Selbstorganisation der jüdischen Gemeinde. Als Vorstand sind genannt:

1890 -1901:	H(erz) Levi, M(oses) Stern, A.(braham) Müller
1903	R(aphael) Wolf, M(oses) Stern, W(illi) Müller
1905	R(aphael) Wolf
1907	Raphael Wolf
1911-1913	Raphael Wolf, Julius Kahn, S(alli) Reichenberg
1924/25	Raphael Wolf, Julius Kahn, S.Reichenberg

Diese Einrichtung wurde ab 1907 als "Israelitische Krankenstiftung" bezeichnet.[166)]

Israelitischer Frauenverein

1902 wurde in Windecken ein Israelitischer Frauenverein gegründet.[167)] Abraham Wolf ist als Vorstand genannt. In den Jahren von 1907 bis 1924 war Ida Wolf die Vorsitzende. Mit ihrem Tode im Jahre 1926 war vermutlich auch die Existenz des Israelitischen Frauenvereins beendet.

Mohel aus Windecken

Im Jahre 1821 findet sich in dem Registereintrag der Geburt eines jüdischen Jungen der Hinweis auf Samell Wolff aus Windecken als Beschneider für die rituell vorzunehmende Beschneidung am 7. Lebenstag.[168)]

Der jüdische Friedhof

Der jüdische Friedhof in Windecken hat eine viele Jahrhunderte lange Geschichte, vor 500 Jahre wurde er angelegt, 1938 entweiht und zerstört und in den fünfziger Jahren wieder so angelegt, wie er heute an der Einmündung der Eugen-Kaiser-Straße in die Bundesstraße gegenüber dem evangelischen Gemeindehaus zu sehen ist.
Der Blick zurück auf die Vergangenheit des Friedhofes, beginnt mit der Zeit vor Anlage dieses Friedhofes.

Beerdigung der Windecker Juden in Frankfurt

Bis zum Jahre 1497 beerdigten die Juden von Windecken ihre Toten auf dem jüdischen Friedhof in Frankfurt in der heutigen Battonstraße.

1424 lag ein (erneuerter) Beschluß des Rates der Stadt Frankfurt vor, den Juden in den benachbarten Ortschaften - also auch in Windecken - zu gestatten, ihre Verstorbenen auf dem Frankfurter Friedhof gegen eine einmalige Zahlung und unter Feststellung einer nach dem Alter sich richtenden Gebühr zu bestatten. Diese betrug für einen Verheirateten 1 Gulden, für einen Unverheirateten einen Gulden und für ein Kind unter 13 Jahren einen 1/2 Gulden, bis 4 Wochen alte Säuglinge waren gebührenfrei. Außerdem zahlten die Windecker Juden für die Benutzung des Friedhofes 3 fl. kollektive Steuern von 1493 ab jährlich.[171)]

"In den Jahren 1438 - 1444 sind im Frankfurter Rat starke judenfeindliche Tendenzen zu erkennen. Auch das Begräbnisrecht der umwohnenden Juden wurde erneut in Frage gestellt... Ein weiterer Schritt war eine drastische Erhöhung der Bestattungsgebühren für auswärtige Juden im Herbst 1482... Die bisherige Staffelung fiel weg... jedes Begräbnis 3 Gulden... Die Gebührenerhöhung kam für die ärmeren Juden auf dem Lande einem Verbot gleich. So ist die Klage der hanauischen Juden zu verstehen. Sie sprechen von Absage und Verbot. So spricht der Graf von Hanau die Gebührenfrage nicht deutlich an, bittet nur, es bei Gewohnheitsrecht zu belassen."[172)] In der erwähnten Klage schrieb Graf Philipp der Jüngere von Hanau am 29. September 1482 an den Rat der Stadt Frankfurt: "Unseren fruntlichen gruß zuvor Ersamen besundern guten frunde. Unsere Jüdescheit, die

Auf dem jüdischen Friedhof in der Battonstraße in Frankfurt wurden bis zum Jahre 1497 die verstorbenen Windecker Juden beerdigt, erst dann wurde die Anlage eines eigenen Totenhofes in Windecken gestattet.

Totengräber

Zum jüdischen Friedhof in Windecken gehörte ein Totengräber. Dieser hatte als Angestellter der jüdischen Gemeinde eine besondere Stellung inne, wie die folgenden Hinweise aus den Akten zeigen:

1497 ist in der Gestattungsurkunde für die Anlage des Friedhofes die Rede von einem Judentotengräberhaus auf dem Friedhof, für das der Graf das Holz stellt und das die Juden bauen und unterhalten sollen.[180]

1505 bekundete Graf Reinhard von Hanau, daß er dem Juden Loser das Totengräberamt in Windecken anvertraut habe. Loser soll dafür von dem ihm zukommenden Gefällen (Einnahmen - d. V.) die gebührenden Abgaben zahlen. Neben seiner Bezahlung soll ihm das Haus sowie das Gras und anderes auf dem Judenkirchhof gehören.[181]

1525 wird der Totengräber Rufens erwähnt, der in Windecken "für sein Totengräberamt die Behausung und das Gras auf dem Friedhof hat".[182]

1546 wird der Totengräber Jacob erwähnt.[183]

1563 ist der Totengräber mit seiner Frau und zwei Kindern erwähnt.[184]

1569 am 11. Juni "bittet der durch Fürsprache seines Frankfurter Vetters Joseph in Windecken als Totengräber aufgenommene Jude David, der bislang, 'wie an allen ortten, da gemeine judenschafft beyeinander ist, breuchlich', von allen Abgaben befreit war, Gräfin Helene von Hanau, ihm die neuerdings vom Windecker Keller geforderten 8 Florin Schutzgeld zu erlassen, da er durch eine solche Zahlung in äußerste Not geraten würde.
Darauf wird in der Hanauer Kanzlei entschieden, daß David künftig 4 Florin zahlen oder Windecken verlassen soll.
Am 2. August verweist David Färber (Ferber) nochmals auf seine bisherige Abgabenfreiheit. Zahlen mußte er nur bei Beerdigungen der innerhalb und außerhalb der Grafschaft Hanau verstorbenen Juden und zwar 'wan ein alter gestorben 1 fl. und ein junger ein halben gulden'. Solche Begräbnisse vermerkte er zusammen mit dem Windecker Pförtner auf einer Kerbe und leistete danach die jährliche Zahlung. Da er keine Hantierung treibt, sondern von dem lebt, 'waß ich mit meiner grossen und sauren arbeit verdienen mueß', bittet er, ihm auch die 4 fl. zu erlassen.
Nachdem der Keller zu Windecken auf Anfragen berichtet hat, daß Totengräber und Schulklopfer zu seiner und seines Bruders Amtszeit, also seit nunmehr 14 Jahren, abgabenfrei gewesen sind, wird Davids Schutzgeld am 3. August auf 2 fl. herabgesetzt."[185]

1569 berichteten die Windecker Juden in einer Beschwerde: "Als der Windecker Totengräber am Vortag mit Frau und Sohn nach Frankfurt gehen wollte, um Farben und anderes einzukaufen, haben ihn Burschen von Bergen, die beim Ackern waren, überfallen und die Frau so zu Boden geschlagen, daß sie nach Bergen gebracht und vom Scherer für 4 Schilling verbunden werden mußte."[186]

1569: "Die hanauischen Vormünder bekunden, daß sie den Juden David Färber zu Windecken nebst Frau, Kindern und Gesinde gegen eine ab 1570 jährlich zu zahlende Bede von 8 fl. auf drei Jahre in Windecken aufgenommen haben." Der Schutzbrief trug einen "Dorsalvermerk, wonach die anderen (Windecker) Juden für David 'umb gotts willen' 1/2 Taler für den Revers gezahlt haben, dieser ihn aber nicht abgeholt, sondern erklärt hat, 'er bedürffe sein nit'."[187]

1581 wird zu Windecken erwähnt, daß der Totengräber ebenso wie der Schulklopfer von den Juden nach Belieben entlassen werden kann.[188]

1583 heißt es dazu: "Der schulklepper und thodtengräber seind gar arme, nhemen khein schirmbrief, dan die jüden mögen sie beurlauben, wan sie wollen".[189]

1586 stellte der Keller dar: "Die Juden stellen Totengräber und Schulklopfer ein, die sie nicht bezahlen können."[190]

1597 nach dem Tode des Schwarzfärbers Aron, der das Totengräberamt inne hatte, ist es dessen Schwiegersohn Nathan mit Zustimmung der Obrigkeit von der Windecker Judenschaft übertragen worden.[191] Er wird auch als Schächter genannt.[192]

under uns gesessin sei und die uns von des heilligen Richs wegen zuversprechen und zuverteydingen zu steet, die haben uns laßin anbrengen, wie daz ire ine daz Juddesche begrebnieß, sie und irre vorfaren vor langen jaren bij uch gehabt han, abegesaget und furter zu habin verbotten habt, wir nit unbillich befremden darin habin. Bidden wir uch fruntlichin, ire wollent der bemelten unser Judescheit, die uns zu steen, daz begrebneß wie von alter herekomen und gewest ist, gonnen und gestaden, sie des nit zuverwijsen und uch umb unser bete willen gonstlichin darin bewijsen; daz wollen wir in allem guden umb uch beschulden und wir begern des uwer beschriebin antwort...".[173]

Aber der Rat der Stadt Frankfurt wies die Erhebung der geforderten Gebühren für die Beerdigungen auf dem Frankfurter Friedhof an. Zwei Monate später wiederholte der Graf seine Bitte und hielt dem Frankfurter Rat vor, "das ire ine das judesche begrebnez, das sii (die Juden der Grafschaft Hanau) bii uch zu habin vermeynen und ire fordern judden, in unserm lande wonhafftig gewest siin, geruglichin gehabt han, zu entwenden und abezustellen...".[174]

Aber der Rat blieb bei seinem Beschluß. 1483 bat der hanauische Amtmann beim Bürgermeister zu Frankfurt für den verstorbenen Juden Salomon "Schulkloppel zu Wonnecken" von einer Erhöhung der Beerdigungskosten in Frankfurt absehen zu wollen und den bisherigen Betrag von 2 Gulden anstatt jetzt 3 Gulden zahlen zu dürfen. Zur Begründung wurde angeführt, daß besagter Jude sehr arm sei. Der Amtmann bat im Namen seines Herren, des Grafen von Hanau, um gnädiges Gehör.[175]
Zur weiteren Entwicklung:

"Man hatte sich mit der Gebührenerhöhung abgefunden... Es kam dann auch, wie es kommen mußte. Bei einem Großfeuer in Nieder-Rodenbach (Grafschaft Hanau) im April 1493 kamen sieben Juden ums Leben. Graf Philipp von Hanau wendet sich in bewegten Worten an die Stadt (Frankfurt); er bittet, sich in diesem Falle großzügig zu erweisen, weist darauf hin, daß seine Juden zugleich auch ihre Habe eingebüßt haben... Es sieht nicht so aus, als ob der Frankfurter Rat entgegengekommen wäre... Eine Jüdin, die drei Angehörige, die Opfer des Brandes waren, nach Frankfurt gebracht hatte, war daselbst von der Judenschaft wegen der Gebührenerhöhungen gepfändet worden. Die Angelegenheit zog sich hin... Der Graf zieht die Konsequenzen." [176]

Aus dieser Zeit, als die Windecker Juden in Frankfurt beerdigt wurden, ist nur ein Grabstein eines Windecker Juden bekannt auf dem Frankfurter Friedhof: Jakow Hesse von Windecken, der am 10. Oktober 1486 gestorben war.[177]

Auf dem jüdischen Friedhof in Frankfurt in der Battonstraße, der bis zum Jahre 1828 benutzt wurde, sind noch 47 aus Windecken stammende Juden namentlich bekannt, die dort beerdigt wurden.[178]

Die Windecker Juden erhalten ihren eigenen Friedhof
Im Jahre 1497[179)] gestattete Graf Philipp von Hanau der Windecker Judenschaft die Anlage eines eigenen Begräbnisplatzes in Windecken.

"19. Oktober 1497. Der Mainzer Kanonikus und Vikar Wolf von Bicken bekundet, daß Graf (Philipp) von Hanau der Windecker Judenschaft, die in Ermangelung eines eigenen Friedhofes ihre Toten mit großen Kosten in Frankfurt bestatten mußte, die Anlage eines Begräbnisplatzes in der Windecker Terminei gestattet hat. Auf Ansuchen der Juden hat der Vikar eine Ladung an alle ergehen lassen, die dagegen Einspruch ergeben wollten. Da daraufhin niemand erschienen ist, erklärt er gegenüber dem von den Juden entsandten Prokurator die Einrichtung des Friedhofes für rechtens."[193)]

Wenige Wochen später am 4.November 1497 ist urkundlich festgehalten: "Philipp Graf von Hanau bekundet, daß er mit Billigung des Mainzer Vikars Wolf von Bicken der Judenschaft gestattet hat, ihre 'doden corper' in der Windecker Terminei zu begraben und ihr dazu einen Garten vor dem 'Steder Thore' neben dem 'Rhaitshoffe', dem Schafhof gelegen, angewiesen hat, 'stost an den graben, da der wegk neben zu der bach zu geht'.[194)] Er wird diesen Platz einfrieden lassen und das Holz zu einem kleinen 'judendodengrebershuß' stellen, das die Juden errichten und in Bau und Besserung halten sollen. Gras, Gehölz, Obst und Wasser auf dem Platz sollen die Juden zum eigenen Bedarf nutzen."[195)]

Der Graf sichert den Juden zu, daß er und seine Erben, den Flecken, da der Judenfriedhof entstehen soll nicht "zürnen", d.h. der Gemeinde erhalten werde.[196)]

"Dafür haben sie jährlich zu Martini für die Bestattungen, es seien wenig oder viel, 3 fl. zu entrichten. Für Tote über dreizehn Jahren, die aus anderen Orten zum Friedhof gebracht werden, ist eine Abgabe von je einem Gulden zu bezahlen, für jüngere je 1/2 florin. Für Säuglinge, die keine vier Wochen alt geworden sind, ist die Bestattung umsonst, sofern die Angehörigen bereit sind, das Alter des Kindes zu beschwören. Graf Philipp sichert dafür den zur Beerdigung gebrachten Toten 'unßer trostunge und sicherheit' zu".[196a)]

Der Windecker Friedhof als Zentralfriedhof der Herrschaft Hanau
Der Friedhof zu Windecken war von Anfang an auch für die übrigen Juden der Grafschaft Hanau gedacht. Dies zeigt die vom Grafen beigefügte Gebührenordnung.[197)]
In Hanau wurde erst mehr als hundert Jahre später (1603/ 1608) ein Friedhof angelegt.[198)]
Die Juden von Bockenheim wurden bis zum Jahre 1714 in Windecken beerdigt, ebenso wurden die Juden von Bergen bis zur Anlage ihres eigenen Friedhofes in Windecken beerdigt.[201)]
Die Juden von Marköbel wurden bis 1824 auf dem Windecker Friedhof bestattet.
Auch die Juden von Heldenbergen begruben ihre Toten bis zur Anlage eines eigenen Friedhofs auf dem jüdischen Friedhof in Windecken. Die Juden von Ostheim wurden immer in Windecken beerdigt.

"Sonstiges zum Judenkirchhof"
1573 wurden zwei bei Steinau ermordete Juden, die dort schon "gar elendtlich begraben" waren, exhumiert und in Windecken beerdigt, worum die Juden von Fulda, nachdem ihnen die Überführung nach Fulda verboten worden war, gebeten hatten.[202)]

1586 pfändete der Keller zu Windecken die Judenbaumeister (die Gemeindeältesten) wegen etlicher verstorbener fremder Juden und des Friedhofgeldes.[203)]

Unterhalt des "Judenkirchhofes"
Die Unterhaltspflicht des jüdischen Friedhofes lag mindestens nachweisbar in den Jahren 1515 - 1518 bei der Stadt Windecken. Die Rechnungen weisen aus:
- Ausgaben für das Feilen einer Säge für jemanden, der beim Judenkirchhof Arbeiten verrichtet
- Schmiedearbeiten für den "Newe Schlag" um den "jüdenkirchoff" zu befrieden
- ein Schloß abzubrechen am Schlag beim Judenkirchhof, es auszubessern und neu anzuschlagen.[204)]

1586 beschwerten sich die Juden von Windecken, daß ihr "kirchoff"... "für dessen Einfriedung die Stadt zu sorgen hat, unbefriedet offen steht... Dabei müssen sie vom Friedhof jährlich 7 fl. und die bei Begräbnissen fremder Juden fälligen Abgaben zahlen... Zum Bericht aufgefordert, antworten Schultheiß und Schöffen zu Windecken..., daß sich die Stadt durch die Verpflichtung, den Zaun um den Judenkirchhof zu unterhalten, stets beschwert gefühlt hat, zumal die Juden vom Gras und Obst, das auf dem Friedhof und dem angrenzenden Graben wächst, jährlich 3 1/2 Florin einnehmen durch Verpachtung an einen Windecker Bürger. Bekommt die Stadt Gras und Obst, ist sie bereit, den Zaun zu unterhalten. Übrigens ist auf eine entsprechende Beschwerde der Juden bereits im vergangenen Jahr entschieden worden, daß die Unterhaltspflicht bei ihnen liegt."[205)]
"Auf eine Beschwerde der Juden wegen des Friedhofzauns berufen sich Schultheiß und Gericht zu Windecken gegenüber Räten und Befehlshabern am 1.Mai 1587 auf einen Bescheid des Oberamtmanns vom 10. Februar 1586[206)], wonach die Juden den Zaun selbst zu unterhalten haben. Sie erklären, daß die Juden Obst und Gras vom Friedhof bereits einem Windecker Bürger verpachtet haben, der dafür den Zaun in Stand halten will. Den Zaun will sie nur reparieren, wenn sie dafür Gras und Obst bekommt."[207)]

Zustand des Totenhofes
1824 berichtete der Baumeister der Juden zu Windecken, daß sich die jüdische Gemeinde Windecken "genötigt gesehen hat, da der Totenhof dem Christlichen Totenhof gegenüber an der Straße ohne Mauer und Tor war - eine gewisse Vorsorge für die jüdischen Gräber zu treffen. Eine starke Mauer zu dem nach jüdischen Gesetzen angelegten Gräbern sollte Schutz bieten. Diese Mauer und Tor dazu haben schwere Kosten gebracht. Die Mauer ist bisher öfters beschädigt, das Tor verschlagen und sogar einmal gestohlen worden".[208)]

1828 wurde der Gemeindeälteste noch deutlicher hinsichtlich der Reparaturkosten für "die schon öfter notwendig gewesene Wiederherstellung des von den christlichen Einwohnern in Windecken mutwillig beschädigten Totenhoftores". Weiter hat die jüdische Gemeinde, "um den Totenhof nicht jedem preiszugeben, in neuerer Zeit mit großem Kostenaufwand eine Mauer aufstellen lassen".[209)]

1872 wandte sich der Gemeindeälteste Abraham Heß an das Königliche Landratsamt wegen des jüdischen Totenhofes, der an einer Seite an der Hauptstraße mit einer Mauer umgeben und im übrigen mit einem Heckenzaun und Pfählen eingefriedet ist. Der Gendarm Fehr habe den angrenzenden Garten und Heß beschwerte sich, daß durch die Lücken Schweine, Hühner und anderes Vieh ein -und ausmarschieren. Auch Schulkinder spielen auf dem Totenhof. Abraham Heß bat um Maßnahmen.[210)]

1906/1907 stellte die jüdische Gemeinde Windecken einen Antrag auf Errichtung einer Friedhofsmauer "neben dem sogenannten Bleichberg".[211)] Diese Mauer begrenzte später die westliche Seite des Friedhofes ähnlich im Aussehen zur Mauer des heutigen städtischen Friedhofes.

Blick auf den im Jahre 1497 angelegten jüdischen Friedhof, links von der Straße. Der christliche Friedhof lag gegenüber - Foto um 1930.

Auseinandersetzung mit den Juden von Marköbel, die 1824 einen eigenen Totenhof anlegen wollten

1824 beschlossen die Juden zu Marköbel, einen eigenen Friedhof in Marköbel anzulegen. Die Verordnung vom 30. Dezember 1823, die gemeinheitlichen Verhältnisse der Israeliten betreffend, gab ihnen in § 21 dazu die Möglichkeit. Die Gemeindeältesten von Marköbel gaben in dieser Angelegenheit an: "Die Judenschaft zu Marköbel habe bisher ihre Toten auf dem Totenhof der Windecker Judenschaft begraben müssen. Daß dies nicht nur höchst beschwerlich, sondern auch kostspielig war, und da nach der damals bestehenden Verordnung jeder Tote drei Tage liegen bleiben mußte, ehe er begraben werden durfte. So wolle im Sommer bei warmen Tagen niemand sich dazu verstehen, die Leiche anderthalb Stunden Wegs weit nach Windecken zu fahren, des Gestanks und der zu befürchtenden Krankheiten halber. Die Judenschaft habe sich daher entschlossen, einen eigenen Totenhof anzulegen... und bittet um Genehmigung."[212)]

Gegen dieses Vorhaben wandte sich die jüdische Gemeinde Windecken ganz entschieden und wies auf folgendes hin: "Seit unbedenklichen Zeiten hat die Judenschaft Marköbel mit der Judengemeinde Windecken einen gemeinschaftlichen Totenhof vor dem Kilianstädter Tor zu Windecken und ist verbunden zu dem jährlich an die Landesherrschaft... zu zahlenden 9 Florin Zinsen und mehrere dergleichen Abgaben und zu seiner Unterhaltung (habe) ein jeder Jude für sich und seine Familie einen Beitrag zu leisten. Man habe zwar nichts gegen einen Friedhof in Marköbel, aber die ausfallenden Gelder des Grundbetrages müssen weitergezahlt werden."[213)]

Die Windecker Juden konnten sich mit dieser Argumentation vor dem Kreisamt in Hanau nicht durchsetzen und mußten deshalb nach zähem Ringen auf die Gelder, die die Marköbeler Juden gezahlt hatten, verzichten.[214)]

Aus den Einwendungen der Windecker Juden erfahren wir noch mehr über die Leistungen für den Friedhof: "Die Windecker Israeliten müssen Beiträge zur Bestreitung der Unterhaltskosten, die der Friedhof erfordert, decken, außerdem müssen Landankäufe zum Zweck der Erweiterung des Totenhofes verwendet werden. Auch Reparaturkosten werden von diesen Beiträgen bestritten. Auch die Grundabgabe von jährlich 9 florin für den Landesherren, die der Rentnerei Windecken zu zahlen sind, werden davon bestritten. So überwiegen die Ausgaben die Einnahmen völlig.

Juden von außerhalb müssen als Gegenleistung für das Recht auf Beerdigung auf dem der Judenschaft zu Windecken gehörenden Friedhof ein 'Einkaufsgeld' entrichten, das nach Maßgabe des Vermögens des Anmeldenden, jedoch nur über 10 - 12 Florin erhoben wird. Dieses Einkaufsgeld wird nur von Schutzjuden und zwar von Verheirateten für deren Person und Familie verlangt, trifft also nur das männliche Geschlecht. Von den vorherigen Schutzjuden bestehe eine jährliche Beitragsabgabe in Höhe von 1 Florin 12 Groschen."[215)]

Begräbnisgelder

1852/3 wurden Begräbnisgelder entrichtet für Erwachsene 2,30 Gulden, für Kinder über 3 Jahre 1 1/2 Gulden und darunter 1 Gulden.[216)]

1854 verbuchte die jüdische Gemeinde in ihren Abrechnungen: "von Philipp bach Zins vom Totenhof pro 1853 18.30 fl."[217)]

Bereits im Zinsbuch der Stadt Windecken von 1715 war von der gemeinen Judenschaft "gartenzins von ihrem Kirchhoff am staedter Thor" eingetragen.[218)]

Erweiterungen des jüdischen Friedhofes

Das ursprünglich zugewiesene Gelände für den Friedhof wurde im Laufe der Jahrhunderte zu klein, somit wurden Erweiterungen notwendig. Einige Erweiterungen des Friedhofes sind bekannt:

1715 wird im Zinsbuch der Stadt Windecken an Zinsen von der gemeinen Judenschaft zu Windecken vermerkt: "Von einem Scheuerplatz vorm Städter Tor von Johann Gäußer herrührend neben den Schaffgarten, so zu ihrem Kirchhoff gekaufft - 3 alb."[219]

1824 berichtete der Baumeister der Windecker Juden, daß es vor einiger Zeit nötig gewesen war, um den Totenhof zu vergrößern, mit einem ansehnlichen Kapital ein Stück Land anzukaufen.[220]

1828 heißt es, daß die Beiträge der Israeliten "insbesondere zu neuen Landankäufen zum Zweck der Erweiterung des Totenhofes verwendet wurden... gegenwärtig die Judenschaft den Ankauf eines Stückes Land von der Witwe Bach in Windecken zu dem fraglichen Endzwecke projektiert und darauf auch wirklich schon 5o florin geboten hat."[221]

1835 wird "ein zum Todtenhof angekauftes Stück Land" erwähnt.[225]

1884 wurde bei der Anlage des Grundbuches zu Windecken auf die Judenschaft zu Windecken die Größe des "Totenhof beim Städtherthor" 2983 qm als Grundstücksfläcke eingetragen.[223]

Schwierigkeiten um die Erweiterung des Friedhofes 1884

In den Jahren 1884 - 1886 bemühte sich die jüdische Gemeinde, vertreten durch ihren Gemeindeältesten Abraham Heß, intensiv um eine Möglichkeit, den Friedhof zu erweitern. Ein Schreiben vom Ministerium in Berlin vom 5. 7. 1884 teilte mit, daß der Antrag auf Enteignung eines Grundstückes nicht genügend motiviert erscheine und die Gründe des öffentlichen Wohls nicht ersichtlich seien. Daraufhin nahm ein Teil der Mitglieder das eingereichte Gesuch auf Enteignung eines Grundstückes zur Erweiterung des Friedhofes zurück. Der Gemeindeälteste gab an: "Die Kosten der Anlegung eines neuen Friedhofes kann die israelitische Gemeinde nicht aufbringen, da dieselbe durch Wegzug der wohlhabenden Gemeindemitglieder sich erheblich vermindert hat und die wenigen, noch anwesenden Mitglieder, nur gering bemittelt sind. Die Erweiterung des bestehenden Totenhofes wäre aber nur durch Ankauf anderer Grundstücke in dem nach dem Nidderfluß abfallenden Terrain möglich, dies erscheint aber wegen des öfter eintretenden Hochwassers bedenklich."[224]
Als Beleg zu seinen Äußerungen mußte Abraham Heß das Vermögen der israelitischen Gemeinde Windecken darlegen, das 900 Mark bar betrug.[225]

Das Grundstück, auf das die israelitische Gemeinde zur dringenden Erweiterung ihres Begräbnisplatzes angewiesen war, lag vollständig umschlossen von dem Totenhof, so daß der Eigentümer, um auf das Feld zu gelangen, die auf dem Totenhof sich befindlichen Gräber überschreiten mußte. Die Lage dieses Grundstücks ist auf dem nebenstehenden Plan von 1907 zu erkennen. Zum Erwerb dieses Grundstückes hatte die jüdische Gemeinde schon einen sehr hohen Preis geboten, der weit über dem im Ort üblichen lag. Am 31. Oktober 1886 kaufte die israelitische Gemeinde zu Windecken den lang erwünschten Acker in Größe von 461 qm im Grundbuch zu Windecken eingetragen unter der Bezeichnung Windecken E 38 für einen Preis von 725 Mark. Dieser Ankauf verschlang fast das gesamte Barvermögen der israelitischen Gemeinde. Der Kaufvertrag[226] war unterschrieben von:

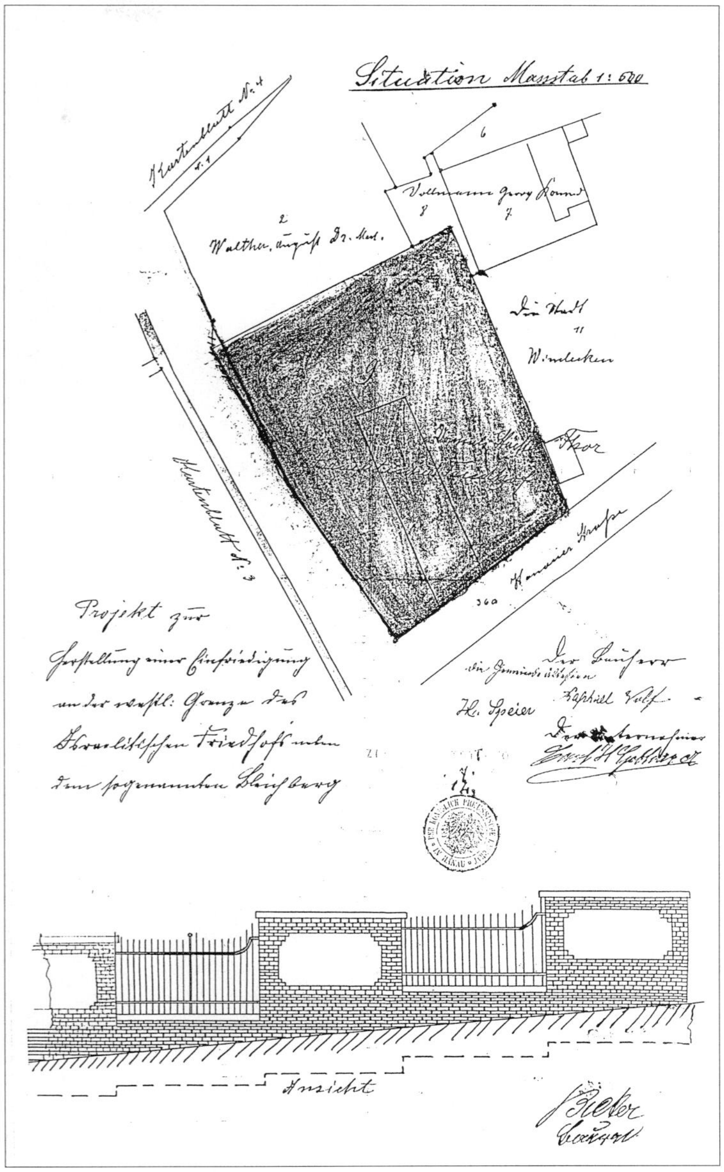

1907 wurde die Umfassungsmauer an der westlichen Seite des jüdischen Friedhofs neben dem "Bleichberg" (heute B45) gebaut.

Abraham Müller	Elias Sommer
Hirsch Speier	Josef Wolf
S.Strauß	Raphael Wolf mit Handzeichen
Moses Stern	Herz Levi
Salomon Sichel	S.Kaufmann
Marum Müller	Josef Löb Reichenberg

Aussehen des Friedhofes bis zum Jahre 1938

Bis zum November 1938 war der jüdische Friedhof ein Platz der Ruhe für die Toten. Ein im Jahre 1931 aufgenommenes Luftbild zeigt die Lage des jüdischen Friedhofes: gegenüber vom christlichen Friedhof - heute befindet sich dort das evangelische Gemeindehaus - am Ortsausgang Richtung Kilianstädten "vor dem Städther Thor" wie es 1497 hieß. Auch ist die Nidder sichtbar, zu der hin der Friedhof leicht abfallend liegt. Auf dem Bild sind etwa 70 Grabsteine zu erkennen. In den Jahren 1825 - 1935, also ein Zeitraum von 110 Jahren, sind nachweisbar 200 Juden aus Windecken und Ostheim auf dem Friedhof beerdigt.[228]

Ein Großteil der Grabsteine, meist aus Sandstein gefertigt, war in der Erde versunken. So war der Boden des Friedhofes im Laufe der Zeit hügelig geworden. Unterhalb der Mauer lag das Gelände recht hoch. Einige Bäume wuchsen auf dem Friedhof. Das Gras auf dem Friedhof war an einen angrenzenden Nachbarn verpachtet.

Bei der Beerdigung von Max Oppenheimer Ende 1935 gingen noch mehrere Christen mit zur Beerdigung. Bei der vorletzten Beerdigung im August 1935, als der Kaufmann Julius Kahn aus der Glockenstraße 6 im Alter von 70 Jahren starb, kam es zu massiven Einschüchterungen durch die SA Windecken, die die Teilnahme an der Berdigung eines Juden größtenteils verhinderte. Im April 1937 wurde Willi Müller als letzter Mensch auf diesem Friedhof beerdigt, der vierhundert und vierzig Jahre lang den Juden als Begräbnisstätte gedient hatte.

Heute existiert nur noch das Bild eines einzigen Grabsteines: Der Grabstein des 1926 verstorbenen Metzgers Willi Wolf. Nachbarn von Emma und Recha Wolf nahmen das Bild zur Erinnerung auf, als diese 1937 aus Windecken nach Amerika flüchteten.

Grabstein des 1926 verstorbenen Metzgers Willi Wolf

Die Zerstörung des Windecker Friedhofes 1938

Vermutlich im November 1938, als in Windecken die Synagoge, das Gemeindehaus der jüdischen Gemeinde und die jüdische Schule von Windeckern zerstört wurden, ist auch der jüdische Friedhof geschändet und entweiht worden. Grabsteine wurden umgeschmissen und zerstört. Heute ist in Windecken niemand in der Lage, genaue Angaben zum Zeitpunkt und Umfang der Zerstörung zu machen.

Der Gemeindeälteste der jüdischen Gemeinde Windecken Salli Reichenberg schrieb im Juli 1939 seinem Sohn Ludwig: "Der Synagogenplatz und Friedhof werden in Kürze in den Besitz der Stadt übergehen. Ob vorher die etwa 40 Grabsteine wieder aufgerichtet werden bezweifle ich."[229)] Ebenfalls aus einem Brief von ihm vom März 1939 ist zu erfahren: "Diese Woche wird die eiserne Einfriedung des Friedhofes zum Verschrotten übergeben."[230]

Als ein Lastwagen in den dreißiger Jahren bei einem Unfall die Friedhofsmauer durchbrach und sich auf dem jüdischen Friedhof überschlug, wurden Fotos gemacht. An der Seite sind einige Grabsteine und Fundamente von Grabsteinen zu sehen. Im Hintergrund sind gut erkennbar die steinernen Mauern im Wechsel mit schmiedeeisernen Gittern, während links im Vordergrund die noch heute erhaltene Bruchsteinmauer zu sehen ist.

Beerdigte Windecker Juden auf dem Windecker Friedhof 1825 - 1937

Die Aufzeichnungen der jüdischen Gemeinde selbst über ihre Toten stehen nicht zur Verfügung. Aber seit 1824 waren die Gemeindeältesten entsprechend der Verordnung vom 30.12.1823 verpflichtet, sogenannte Synagogenbücher in deutscher Sprache zu führen, in dem alle Geburten, Trauungen und Sterbefälle der Gemeinde vermerkt werden mußten. In den Sterberegistern wurden auch die Toten der jüdischen Gemeinde Windecken aus Erbstadt und Ostheim aufgezeichnet.[231] Das Synagogenbuch der Windecker Gemeinde wurde vermutlich im November 1938 beschlagnahmt und beim Reichssippenamt in Berlin auf Mikrofilm verfilmt, diese Filmrolle wurde nach 1945 dem Hessischen Hauptstaatsarchiv in Wiesbaden angeboten. So sind die Namen der Toten seit 1825 bekannt.[232]

30. 8.1825	Ferdinand Windecker, 93 Jahre
20.11.1825	Löb Hertz, 85 Jahre
20. 2.1826	Libmann Mendel, 56 Jahre
24. 3.1826	Elias Samuel Heß, 2 Monate
1. 4.1826	Beile, 16 Tage
18.12.1826	Bär Rotschildt, 9 Jahre
9. 3.1827	Bezabel Levi, 74 Jahre
24. 7.1827	Hertz Fürste, 53 Jahre
9. 9.1827	Jendel Schloß, 49 Jahre
6.12.1827	Simon Hertz, 64 Jahre
20. 8.1828	Mendle, Josef Schmuls Witwe, 51 Jahre
5. 1.1829	Baruch Levi, 7 Wochen
8. 1.1830	Lößer Samuel Schloß,
15. 1.1830	Samuel Müller aus Erbstadt, Mendles Müllers Sohn
26. 8. 1830	Isaak Wolf Heß, 44 Jahre
14.10.1830	Hendle Gugenheimer, 74 Jahre
17. 1.1831	Süßkind Orschel, 10 Tage
9. 5.1831	Moses Schloß, 59 Jahre
29. 8.1831	David Herzberger, 25 Jahre
14. 1.1832	Bele, Israel Cahns Witwe, 60 Jahre
8. 2.1832	Sara Stern, 6 Jahre
29. 3.1832	Wolf Heß, 82 Jahre
19. 6.1832	Edel Westheimer, 65 Jahre
9.10.1832	Bettchen Höxter, 9 Wochen
20. 7.1833	Bettche Höxter, 5 Wochen
6. 8.1834	Leile David, 78 Jahre
27.12.1834	Jakob Rotschild, 19 Jahre
6. 8.1835	Betche, Bezabel Levis Witwe, 75 Jahre
3. 9.1835	Sophie Löser, 39 Jahre
28.11.1835	David Schloß, 69Jahre
21. 3.1836	Regine Stern, 24 Jahre
11. 4.1836	Binges Cahn, 23 Jahre
19. 8.1837	Lazarus Heß, 12 Tage
16.10.1837	Joseph Heß, 57 Jahre
23.10.1837	Mehla, Hertz Fürsten Witwe, 62 Jahre
3. 1.1838	Elise Oppenheimer, 1 Monat
30.11.1838	Jakob Schloß, 79 Jahre
16. 8.1839	Bettchen Levi, 12 Tage
26. 6.1839	Merle Gotthelf von Kaichen, Witwe, 65 Jahre
12.11.1839	Schönche, Moses Schloß Witwe, 50 Jahre
27.12.1839	Löser Stern, 59 Jahre
12. 2.1840	Hertz Kaufmann, 9 Jahre
26. 9.1840	Hannchen Heß, 2 Jahre
1.11.1840	Hanchen Adler, 32 Jahre
6. 8.1840	Helene Westheimer, 30 Jahre
22. 3.1841	Jettche Orschel, 40 Jahre
16. 2.1842	Bettche Heß, 24 Jahre
12. 3.1842	Mina Heß, 62 Jahre
30. 5.1842	Mina Müller, 34 Jahre
11. 8.1842	Levi Kallmann, 1 Jahr
26. 9.1842	Löb Gugenheimer, 45 Jahre
5. 8.1843	Wolf Heß, 10 Jahre
13.11.1843	Bela Herzberger, 81 Jahre
6. 5.1844	Jakob Müller, 4 Jahre
4.10.1844	Zibora Stern, 4 Jahre
19.10.1844	Malchen Simon, 40 Jahre
24.12.1844	Jentche Müller zu Erbstadt, 70 Jahre
9. 1.1845	Süßkind Kahn, 62 Jahre
2. 3.1845	Elise kallmann, 28 Jahre
5. 4.1845	Löser Stern, 3/4 Jahr
5. 4.1845	Karoline Neumark, 26 Jahre
27. 4.1845	Karoline Neumark, 8 Wochen
7. 3.1846	Röschen Schloß, 19 Jahre
22. 5.1846	Joseph Heß, 14 Wochen
9. 9.1846	Emanuel Levi, 11 Monate
10.10.1846	Mendel Müller in Erbstadt, 72 Jahre
3. 3.1847	Löser Heß, 7 Monate
8. 4.1847	Michel Orschel, 18 Jahre
6. 5.1847	Emanuel Müller, 7 Wochen
7. 1.1848	Jette Löwenthal, 69 Jahre
19. 3.1848	Abraham Oppenheimer, 3 Jahre
19. 5.1849	Bule Fürst, 88 Jahre
28. 5. 1849	Isaak Höxter, 18 Jahre
22. 9.1849	Klärchen Heß, 10 Wochen
17.10.1849	Jakob Neumark, 7 Wochen
15. 1.1850	Julius Oppenheimer, 2 Jahre
15. 3.1850	Joseph Levi, 52 Jahre
3. 9.1850	Lea Oppenheimer, 70 Jahre
31.12.1850	Auguste Höxter, 6 Monate
8. 2.1851	Joseph Wolf, 88 Jahre
23. 4.1851	Isaak Guckenheim, 86 Jahre
9.11.1851	Jakob Süßkind Stern, (Kammerjäger) 69 Jahre
6. 6.1853	Samuel Heß, 10 Monate
11. 8.1853	Lippmann Orschel, 15 Jahre
7. 1.1854	Markus Hamburger, 76 Jahre
19. 6.1854	Gretchen Kaufmann, 61 Jahre
1.11.1854	Löser Oppenheimer, 84 Jahre
12. 5.1855	Julius Höxter, 20 Jahre
19. 6.1855	Moses Samuel Heß, 57 Jahre
13. 1.1856	Karoline Orschel, 2 Jahre
17. 1.1856	Hannchen Oppenheimer, 4 Jahre
17. 1.1856	Pauline Oppenheimer, 2 Jahre
22. 1.1856	Karoline, Bär Westheimers Ehefrau, 36 Jahre
7. 2.1856	Theodor Oppenheimer, 1 Jahr
18. 3.1856	Julius Müller, 1 Jahr
22. 3.1856	Raphael Wolf, 56 Jahre
23. 5.1856	Lina Neumark, 15 Jahre
28. 5.1856	Emma Neumark, 7 Wochen
7. 1.1857	Löb Rotschilt, 79 Jahre
6. 4.1857	Karoline, Ehefrau des Hertz Isaak, 56 Jahre
11. 4.1857	Malchen Orschel, 4 Tage
11 . 7.1857	Herz Isaak, 72 Jahre
23.10.1857	Maier Kallmann, 72 Jahre
30. 1.1858	Chein Stern, 68 Jahre
17. 3.1858	Simon Heß, 49 Jahre
25. 4.1858	Karl Kallmann, 6 Jahre
4. 5.1863	71 Jahre
9.11.1864	Fanni Rotschildt, 25 Jahre
15.12.1864	Fanni Rotschilt, 7Wochen
16.12.1864	Kallmann Herzberger, 67 Jahre
19. 3.1865	Michael Orschel,72 Jahre
20. 3.1866	Ester, Witwe Löb Rotschild, 83 Jahre
1. 6.1866	Malchen Kaufmann, 54 Jahre
17.11.1866	Salomon Herzberger, 81 Jahre
27. 1.1867	Jakob Stern, 57 Jahre
3. 2.1867	Schönle, Raphael Wolfs Witwe, 80 Jahre
9. 7.1867	Sophie Levi, 8 Monate
20. 9.1867	Joseph Wolf, 52 Jahre
27.10.1867	Fanni Heß, 48 Jahre
12. 7.1868	Hermann Levi, 6 Monate
31. 8.1868	Löb Heß, 53 Jahre
27.12.1868	Bettche Strauß, 32 Jahre
14. 5.1869	Kathinke Kaufmann zu Ostheim, 1 Jahr
14. 6.1869	Bezabel Levi, 43 Jahre
27. 1.1870	Gretchen Rotschild, 67 Jahre
19.10.1870	Johanna Neumark, 18 Jahre
4. 5.1871	Regine, Löb Sondheimers Witwe, 67 Jahre
2. 8.1871	Jakob Levi, 68 Jahre

10. 8.1871	Samuel Heß, 76 Jahre
21.10.1871	Bär Westheimer, 70 Jahre
28.10.1871	Regine, Ehefrau des Samuel Adler, 60 Jahre
21.11.1871	Jette, Witwe des Eisenhändlers Jakob Levi, 58 Jahre
26.11.1873	Jettche, Ehefrau des Abraham Heß, 46 Jahre
18. 8.1874	Samuel Herzberger, 74 Jahre
30. 5.1875	Bettchen Stern, 67 Jahre
28. 3.1876	Simon Heß, 58 Jahre
14. 8. 1876	Moritz Levi, 11 Monate
8.10.1876	Jette Neumark, 59 Jahre
12. 2.1877	Bernhard Levi, 2 Jahre
25. 3.1878	Bettchen Müller, 28 Jahre
19. 5.1878	Louis Stern, 1 Jahr
29. 5.1878	Samuel Levi, 1 Jahr
30.12.1887	Johanna Kaufmann, 1/2 Jahr aus Ostheim
16. 2.1880	Hermann Speier, 1/2 Jahr
27. 5.1880	Paula Kaufmann, 3 Jahre aus Ostheim
13.10.1880	Samuel Neumark, Lehrer 72 Jahre
20.10.1880	Betti Sichel, 3 Jahre
23.10.1880	Elias Heß, 67 Jahre

Hier enden die Eintragungen der jüdischen Gemeinde.

Aus den Sterberegistern der Stadt Windecken und der Gemeinde Ostheim gehen nach dieser Zeit die folgenden Sterbefälle hervor:

Windecken:

20. 1. 1881	Gustav Herzberg, 1/4 Jahr
19. 1.1882	Betti Speier, 28 Jahre
11.11.1882	Bertha Reichenberg, 38 Jahre
15. 6.1883	Willi Heß, 30 Jahre
7.11.1873	Simon Strauß, 52 Jahre
8. 8.1885	Carl Levi, 9 Monate
11. 8.1886	Malchen, Witwe des Sannel Herzberger, 87 Jahre
20. 5.1888	Marum Müller, geboren in Erbstadt, 80 Jahre
6. 7.1888	Epharaim Wolf, 75 Jahre
14. 8.1888	Ida Speier, 7 Monate
15. 5.1889	Regine, Witwe des Raphael Wolf, 73 Jahre
2. 4.1895	Jakob Stern, 21 Jahre
24.10.1895	Fanny, Witwe des Joseph Wolf, 73 Jahre
4. 5.1897	Sannel Wolf, 75 Jahre
2. 7.1897	Herz Levi, 59 Jahre
10.10.1898	Abraham Heß, 76 Jahre
17.12.1899	Rebekka, Ehefrau des Abraham Müller, 66 Jahre
4.12.1900	Abraham Müller, 66 Jahre
3. 5.1903	Babette Lindheimer, 80 Jahre
22. 2.1904	Gretchen, Witwe des Simon Strauß, 67 Jahre
27. 9.1909	Moritz Stern, 34 Jahre
12. 2.1911	Moses Stern, 69 Jahre
23.11.1914	Bettchen Grünebaum, 87 Jahre
2. 1.1914	Emma Levi in Frankfurt
16. 3.1917	Elias Sommer, 57 Jahre
13. 8.1919	Karolina Sommer, 65 Jahre
19. 3.1920	Toni Speier, 25 Jahre
7.10.1923	Emanuel Reichenberg, 73 Jahre
16. 7.1924	Thekla Levi, 42 Jahre
11. 4.1926	Ida Wolf, 61 Jahre
7.12.1926	Willi Wolf, 65 Jahre
23. 8.1928	Therese Stern, 79 Jahre
24. 9.1928	Hirsch Speier, 82 Jahre
3. 7.1932	Raphael Wolf, 79 Jahre
26. 4.1933	Amalie Speier, 73 Jahre
29.12.1933	Max Oppenheimer, 48 Jahre, starb in Frankfurt
31. 3.1937	Willi Müller, 74 Jahre, starb in Frankfurt

aus Ostheim:

24. 4.1887	Julius Kaufmann, 11 Jahre
10.10.1890	Betty Reis, 1 Monat
24. 3.1891	Samuel Kaufmann, 53 Jahre
10.11.1897	Malchen Adler, 60 Jahre
28.12.1898	Assor Adler, 64 Jahre
9. 7.1911	Mathäus Katz,80 Jahre
16. 3.1912	Julius Wolf ,13 Jahre
5. 6.1915	Lina Katz, 54 Jahre
17.11.1917	Josef Löb Reichenberg, 68 Jahre
5. 6.1918	Josef Reichenberg, 34 Jahr starb in Hanau
1. 8.1920	Helene Kaufmann, 79 Jahre
23. 3.1925	Lucie Freudenberger, 16 Tage
23. 5.1925	Paula Freudenberger geb. Katz, 24 J. starb in Hanau
4. 8.1928	Bertha Reichenberg, 82 J. starb in Schlitz

Diese Blatt zeigt, welchen Tagen des christlichen Kalenders in den Jahren 1920 - 1944 der Sterbetag des Vaters "20. Elul" und der Sterbetag der Mutter "7. Chewan" entsprachen.

Verbot von Beerdigungen 1939

Am 22. Mai 1939 erging ein Schreiben des Landrates zu Hanau u.a. an den Bürgermeister in Windecken: "Betrifft Judenfriedhöfe. Nach vorangegangener Besichtigung der jüdischen Friedhöfe im Kreis bestimme ich, daß in Zukunft Bestattungen von Juden nur noch auf dem alten jüdischen Friedhof in Langenselbold stattfinden dürfen."[231a)]

Diesem Beerdigungsverbot folgte im Januar 1941 die landespolizeiliche Schließung. Dieses wurde wenige Tage später auch dem Vorsitzenden der jüdischen Gemeinde Windecken Salli Reichenberg, Adolf-Hitler-Straße 7, mitgeteilt.[232a)]

Verkauf des Friedhofes an die Stadt Windecken 1940

Salli Reichenberg als Vorsitzender der jüdischen Gemeinde Windecken hatte die schwere Aufgabe, das Gelände des zerstörten jüdischen Friedhofes, das nun schon 443 Jahre lang im Besitz der jüdischen Gemeinde Windecken war, unter Druck und unter Preis zu verkaufen. Im Kaufvertrag über den Grundbesitz der jüdischen Gemeinde vom 15. April 1940 heißt es zum Friedhof:

"..erschienen heute

1.der Bürgermeister Philipp Muth als Vertreter der Stadt Windecken

2. der Kaufmann Salli Reichenberg als Vertreter der jüdischen Kultusvereinigung Synagogengemeinde Windecken (früher Judenschaft)

§ 1 Die Kultusvereinigung Synagogengemeinde Windecken verkauft an die Stadt Windecken den ihr gehörigen, in der Gemarkung Windecken gelegenen... im Grundbuch von Windecken... Kartenblatt 6 Parzelle 9 jüdischer Totenhof an der Adolf Hitler Straße 34,44 ar (3444 qm) gross zu 0,10 RM pro Quadratmeter = 344,40 RM

§ 2 Der Kaufpreis wird am Tage der Auflassung von der Stadtkasse Windecken an die Reichsvertretung der Juden in Deutschland, Berlin Charlottenburg 2, Kantstraße 158 zu treuen Händen für die Synagogengemeinde Windecken gezahlt."[233)]

Der Landrat erteilte die zu diesem Verkauf "nach § 8 der Verordnung über den Einsatz des jüdischen Vermögens vom 3.12.1938 erforderliche Genehmigung mit folgender Auflage: Der Kaufpreis darf nicht unmittelbar an die Verkäuferin ausgezahlt werden, sondern ist auf ein Sperrkonto der Verkäuferin bei einer Devisenbank einzuzahlen, über das diese nur mit Genehmigung der zuständigen Devisenstelle verfügen darf. Zugleich mit der Einzahlung hat die Erwerberin die zuständige Devisenstelle in Frankfurt Goethestraße 9 davon in Kenntnis zu setzen, bei welcher Devisenbank die Einzahlung erfolgt ist. Anträge auf Freigabe des Kaufgeldes sind an die genannte Devisenstelle zu richten."[234)] Allerdings hatte die Windecker Stadtkasse zu dieser Zeit schon an die von der Gestapo kontrollierte Organisation der Reichsvereinigung der Juden überwiesen.[235)]

"... früherer Judenfriedhof als eine Stätte der Verwüstung" - "Aufräumung" des Friedhofes im Jahre 1942

Nach dem Verkauf an die Stadt Windecken blieb der zerstörte Friedhof noch so liegen, bis im Februar 1943 Windecken einen neuen Bürgermeister bekam. "Wir spielten mit den Juddeköpp", so erzählte ein damaliger Schüler der dem geschändeten jüdischen Friedhof gegenüberliegenden Adolf-Hitler-Schule.

In seinem Tätigkeitsbericht 1942/43 führte der Bürgermeister Strack aus: "Bei dem Eingang in die Stadt von Hanau aus, sah man den früheren Judenfriedhof als eine Stätte der Verwüstung. Sämtliche Grabsteine lagen um und kreuz und quer umher. Hier fand eine Aufräumung statt."[236)]

Im August 1942 wurden die verbliebenen Steine an einen Steinmetz in Bruchköbel für 100 RM verkauft, der sie vermutlich zu anderen Grabsteinen umarbeitete. In diesem Tätigkeitsbericht heißt es weiter, daß im Jahre 1942 im Windecker Rathaus "die verschmutzte und verfallene Wendeltreppe... hergerichtet (wurde zu einem) Rathausaufgang, (der) einen freundlichen und sauberen Eindruck" mache.[237)]

Von diesen Treppenstufen berichtete nach einem Besuch seiner früheren Heimat Windecken im Jahre 1950 Max Sommer völlig entsetzt seinen Verwandten, daß Grabsteine von jüdischen Gräbern als Treppenstufen im Rathaus verarbeitet worden seien.[238)] Auch sollen weitere Grabsteine des entweihten jüdischen Friedhofes von Windecker Privatleuten als Baumaterial geholt worden sein.

440 Jahre lang diente dieser Friedhof als Begräbnisstätte der Windecker Juden, in früheren Jahren bestatteten hier auch die Juden von Hanau, Bergen, Bockenheim, Marköbel und Heldenbergen ihre Toten. 1938 wurde der Friedhof entweiht, geschändet und zerstört. Die Steine wurden verkauft, in den fünfziger Jahren wurde der Friedhof "wieder hergestellt". Foto 1930

Aus dem Kreise Hanau

* Windecken. (Eröffnung des NSV.-Kindergartens) Am Sonntag wurde von der Kreisamtsleitung der NSV. der hiesige neuerrichtete Kindergarten seiner Bestimmung übergeben. Er ist auf dem Gelände des früheren Judenfriedhofs inmitten schöner Anlagen erstanden und bietet für unsere Kleinsten gemütliche und schön hergerichtete Spiel- und Aufenthaltsräume. Bei schönem Wetter ist Gelegenheit geboten, sich in den schönen Anlagen im Freien zu tummeln.

1943 wurde ein Kindergarten "auf dem Gelände des früheren Judenfriedhofs eröffnet". Hanauer Anzeiger 2.7.1943

Kindergarten auf dem früheren "Judenfriedhof" - 1943

Nach der "Aufräumung" des Friedhofs, so berichtete der Bürgermeister Strack weiter, wurde "der Platz der NSV (Nationalsozialistische Volkswohlfahrt) zur Verfügung gestellt. Es ist eine schöne gärtnerische Anlage entstanden und ein N.S.V.-Kinderheim ist zur Zeit im Bau."[239] Er schloß mit den Worten: "Die Bevölkerung habe ich für mich gewonnen."[240]

Der Hanauer Anzeiger konnte am 2. Juli 1943 die Eröffnung des NSV-Kindergartens "auf dem Gelände des früheren Judenfriedhofs" melden.[241]

Baracken für Bombenflüchtlinge aus Hanau 1945

Nach dem Bombenangriff auf Hanau im März 1945 wurde der Kindergarten aufgelöst. In das etwa 20 Meter lange Gebäude des Kindergartens wurden drei ausgebombte Familien aus Hanau einquartiert. Bis weit in die fünfziger Jahre blieb dies so.

Als die in Amerika lebenden Windecker Juden von dem Zustand und der Bebauung ihres Friedhofes erfuhren, waren sie entsetzt, da eine Bebauung eines Friedhofes nach den jüdischen Religionsvorstellungen unmöglich ist. So entwickelte sich eine langwierige Auseinandersetzung, an deren Ende der Friedhof annähernd so hergestellt wurde, allerdings ohne Grabsteine, wie er sich heute in der Eugen-Kaiser-Straße an der Einmündung in die Bundesstraße 45 befindet.

"Wiederherstellung" des jüdischen Friedhofes - der schwierige Weg zur "Beseitigung des Schandflecks"

Nach dem Kriege mußten entsprechend dem Gesetz Nr. 59 der amerikanischen Militärregierung, dem Rückerstattungsgesetz, auch die Grundstücke der früheren jüdischen Gemeinde Windecken rückerstattet werden und zwar an die Jewish Restitution Successor Organisation, die IRSO.

Die Stadt Windecken wandte sich im Januar und Februar 1949 an die jüdische Nachfolgeorganisation, um ihre Absicht, die Grundstücke des früheren Besitzes der jüdischen Gemeinde Windecken zu kaufen, kundzutun.

Die Stadt Windecken bekam mit einem Vergleich vom 21.7.1950 die ehemals jüdischen Grundstücke, die sie schon 1940 mit Druck und unter Preis gekauft hatte, in ihren Besitz, da die IRSO auf die Eintragung der Rückerstattung verzichtete. Nach diesem Vergleich verpflichtete sich die Stadt Windecken, "den Friedhof der früheren israelitischen Synagogengemeinde dauernd aufrecht zu erhalten...".[242]

1951 hatte Siegfried Speier, der 1885 in Windecken geboren war, erfahren, daß die Gräber seiner Eltern nicht mehr auf dem Friedhof von Windecken vorhanden waren. Bei einem Besuch 1952 stellte er schockiert fest, in welchem Zustand sich der frühere jüdische Friedhof von Windecken befand. Er wandte sich an den Landesverband der jüdischen Gemeinden, um nähere Auskünfte zu erhalten. Von besonderem Interesse war nun auch die Frage, "ob die auf dem jüdischen Friedhof Beerdigten in dem neuen 'Ehrenfriedhof' irgendwie erscheinen."[243]

Darauf antwortete die Stadt Windecken: "Es ist beabsichtigt, in dem neuen Ehrenfriedhof, der durch die Stadt Windecken nunmehr angelegt worden ist, etwa in einer Gedenkplatte die Namen der auf dem Friedhof Beerdigten festzuhalten. Erhebungen zur Feststellung dieser Namen sind bereits im Gang."[244] Aus den Randvermerken dieses Schreibens geht im übrigen hervor, daß mit dem Schreiben Anweisung gegeben wurde, "anhand der Sterberegister festzustellen, welche Juden hier verstorben sind."[245]

Siegfried Speier aus New York reichten diese vagen Versprechungen nicht. Ende des Jahres 1952 führte er eine Beschwerde über den High Commissioner der Amerikaner in dieser Angelegenheit. In New York hatte er viele Unterredungen mit den früheren Windecker und Ostheimer Juden, die nach Amerika flüchten konnten. Im Namen von 11 namentlich genannten Mitgliedern der früheren jüdischen Gemeinde gab er an, daß "es von herausragender Bedeutung" sei, daß die Ruhestätte ihrer Toten wieder hergestellt werde. Dabei störten insbesondere die auf dem Friedhof errichtete Baracke und der Einbruch in die Friedhofsmauer. Die abhandenen gekommenen Grabsteine schmerzten sehr.[246]

Die Stadt Windecken stand dieser Beschwerde mit völligem Unverständnis gegenüber und in Unkenntnis der jüdischen Bestimmungen über die ewige Ruhe der Toten antwortete sie: "An der Stelle, wo heute die Baracke ist, (waren) weniger Gräber... die schon sehr alt waren und für welche die Belegungsfrist nach den für Friedhöfe geltenden Bestimmungen längst abgelaufen war."[247] Die Angaben von Siegfried Speier wurden angezweifelt, da er "doch seit seiner Schulentlassung die meiste Zeit außerhalb Windeckens verbracht hat und über die Verhältnisse hier gar nicht mehr im Bilde ist." Weiter heißt es dann: "Wir weisen darauf hin, daß derartige Machenschaften (welches Wort! - d. V.) dem Gedanken der Verständigung, der von uns immer wieder gepredigt und gepflegt wird, erheblich Abbruch getan wird."[248]

Dieses Wort "Machenschaften" verdrehte nun Ursache und Wirkung. "Gemacht" war doch die Zerstörung und Schändung des Friedhofes und nicht die Beschwerde zur Wiederherstellung der Ruhe für die Toten. Die gesamten Akten über Jahre lassen erstaunlicherweise gar kein Unrechtsgefühl zu der Tatsache erkennen, daß der jüdische Friedhof zerstört worden war! Den

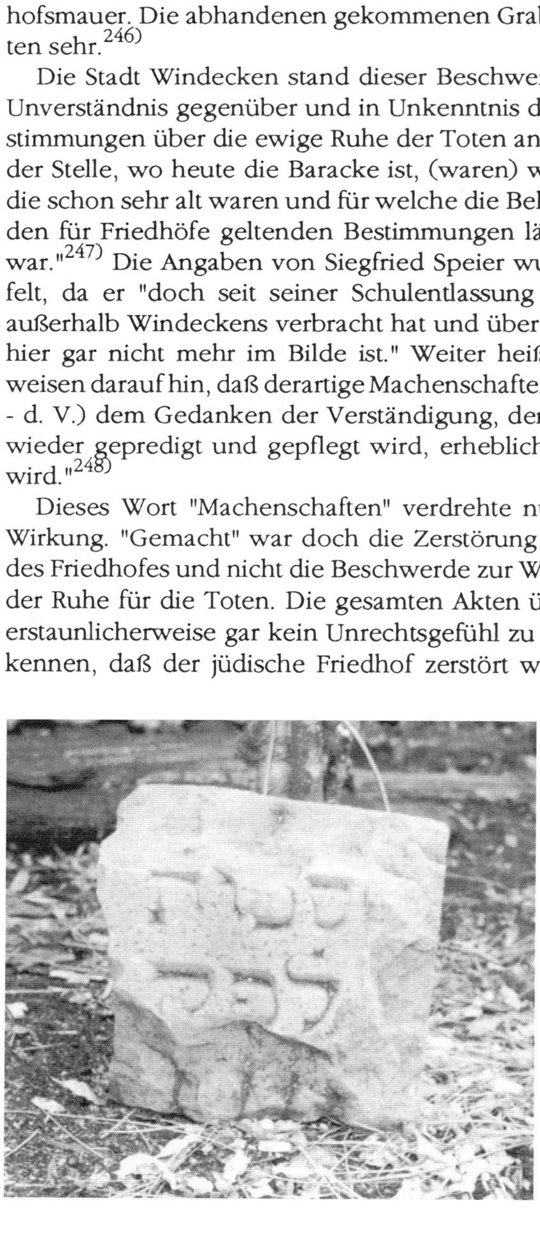

Das Bruchstück eines Grabsteines, gefunden als Teil einer Gartenmauer, nahe dem früheren Platz der Synagoge

verletzten religiösen Gefühlen der Juden über die brutale Schändung und Entweihung der Ruhe ihrer Toten entgegnete der Bürgermeister wie folgt: "Auch fast die Hälfte des evangelischen Friedhofes (wurde) unter dem Hitlerregime seiner Bestimmung entzogen... wir wollen... darauf hinweisen, daß auch die religiösen Gefühle der evangelischen Bevölkerung in unserem Städtchen... verletzt worden sind."[249)] Trotz der angeblich verletzten religiösen Gefühle sah die evangelische Kirche keinen Hinderungsgrund darin, diesen Friedhof nach 1945 dann völlig abzuräumen und dort ihr Gemeindehaus zu errichten.

Von 1952 - 54 kam es zwischen der IRSO und der Stadt Windecken zu harten Auseinandersetzungen, die dazu führten, daß in einem Prozeß am 2.3.1954 der Friedhof von der Stadt Windecken an die IRSO zurückerstattet werden mußte, weil kein Ehrenmal errichtet wurde, die Belegung mit Gräbern falsch angegeben war und die Baracke noch stand.[250)]

Hilferuf an den Bundestagsabgeordneten Jakob Altmaier

In dieser Situation wandte sich der Bürgermeister Reul an den Bundestagsabgeordneten Jakob Altmaier, von dem er sich Verständnis und Hilfe erhoffte in dieser verfahrenen Situation um den früheren jüdischen Friedhof. "Die Beseitigung der Baracken (ist) bei der Wohnungsnot ein Ding der Unmöglichkeit", teilte er dem Bundestagsabgeordneten mit und bat ihn, an die IRSO zu schreiben, "und einmal die Schwierigkeiten aufzuzeichnen, mit denen heute noch die kleineren Gemeinden und Verwaltungen zu kämpfen haben".[251)] Jakob Altmaier schrieb aber nicht, wie in Windecken erwartet, an die IRSO, sondern stellte in klaren, eindeutigen Worten die Aufgabe der Stadt Windecken in ihrer Verantwortung der Geschichte gegenüber dar:

"Zur Sache selbst muß ich offen und ehrlich sagen: sie ist sehr peinlich.

1. ist es mir unverständlich, warum jemand ohne Ermächtigung einen Friedhof verkauft. Daß der in Amerika lebende frühere Windecker Einwohner dagegen protestiert und die "IRSO" gezwungen hat, den Verkauf rückgängig zu machen, ist sehr verständlich. Ich hätte es auch getan.

2. es war einer der großen Schandstreiche der Nazis, Friedhöfe zu zerstören und selbst den Toten die Ruhe nicht zu gönnen. Daß sie dann in zartsinniger Weise ausgerechnet einen Kindergarten auf dem Todesacker errichtet haben, und dann noch Wohnungen, spricht für sich selbst. Das ist ja das, was den deutschen Namen in der Welt so verächtlich und verhaßt gemacht hat. Seit dem Ende der Naziherrschaft bemühen wir uns und vor allem unsere Partei unablässig, diese Schandtaten vergessen zu machen und den guten deutschen Namen wiederherzustellen. Der Zustand und die Wiederherstellung der zerstörten Friedhöfe spielt dabei eine große Rolle. Die zivilisierte Menschheit, ganz gleich, welcher Nation oder Konfession, kann es nicht fassen, daß ein Regime systematisch selbst die Ruheplätze der Toten zerstört und verwüstet hat, und ihre Wiederherstellung ist im Ausland als Gradmesser gewertet für die Verhältnisse in Deutschland und für die deutsche Demokratie.

3. So sehr ich die Zwangs- und Notlage der Stadt Windecken verstehe... sehe ich nur die Möglichkeit einer angemessenen Fristverlängerung für die Räumung und Beseitigung der Baracken.

4. Ich selbst würde es als eine Ehrenpflicht halten, den Schandfleck für Windecken, Baracken auf einem Friedhof zu errichten, den Euch die Nazis hinterlassen haben, so bald wie möglich zu beseitigen, koste es, was es wolle. Es würde der Stadt Windecken nur zur Ehre gereichen, diesen Rest des Nazitums auszutilgen. Ich bin überzeugt, der in Amerika wohnende ehemalige Windecker, dessen Eltern dort begraben liegen, wird für Euch zeugen, statt sich an amerikanische Behörden oder Besatzungsbehörden zu wenden, was er sicher getan hat und wozu ihm auch das Recht zusteht.

Ich bin also gerne bereit, wegen einer Fristverlängerung mit den betreffenden Herren zu reden... Wie es auch sei, von der Räumung des jüdischen Friedhofes kann Euch niemand befreien...

Jakob Altmaier".[252)]

Am 9. November 1986 sprach der Bundestagsabgeordnete Bernd Reuter (links) im Rahmen einer Gedenkstunde zur "Kristallnacht 1938". Besonderer Gast aus Israel war Willi Katz (rechts), aus Ostheim gebürtig, mit seiner Frau Lotte.
Im Hintergrund der Gedenkstein, den die Stadt Windecken 1957 aufstellen ließ "Zum Gedenken der Toten der jüdischen Gemeinden Windecken und Ostheim".

Abriß des "Schandflecks der Nazis.."

Erst im Juni 1955 kam es zu einem Vergleich, in dem sich die Stadt Windecken verpflichtete, die auf dem Friedhofsgrundstück errichtete Baracke bis spätestens 1.7.1956 räumen, die Baracke abreißen und das Gelände einebnen zu lassen. Endlich konnte am 15.1.1957 Siegfried Speier von der Stadt Windecken mitgeteilt werden, daß mit dem Abbruch der Baracke begonnen war und das Staatsbauamt in Hanau gebeten ist, "für die Schließung der Öffnungen und die Anbringung der Tore Sorge zu tragen." [253)]

Wegen Kanalisation kein Ehrenmal

Zu der schon Jahre zuvor angekündigten Gedenktafel heißt es im Brief weiter: "Die Errichtung der Ehrentafel war noch nicht möglich, weil die Mittel hierzu noch nicht vorhanden sind... Es fällt der hiesigen Stadt, die mit Kosten für die Herstellung von Kanalisation und Straßen äußerst stark belastet ist, sehr schwer, Mittel für das Ehrenmal bereit zu stellen."

Die folgende Anfrage wurde in keiner Weise als peinlich empfunden: "In der hiesigen Stadtverordnetenversammlung wurde bereits angeregt, sich doch mit Ihnen in Verbindung zu setzen und Sie um einen evtl. Zuschuß zur Bestreitung der Kosten zu bitten. Wir sind fest entschlossen, alles zu tun, daß der Friedhof wieder würdevoll hergerichtet wird...". [254)]

Der "wiederhergestellte" jüdische Friedhof heute

1957 stellte die Stadt Windecken auf dem "wiederhergestellten" Friedhof einen Stein auf mit den Worten "Zum Gedenken der Toten der jüdischen Gemeinden Windecken und Ostheim" mit einem Davidsstern darüber. Anregen mußte die Errichtung eines Gedenksteines allerdings der frühere jüdische Bewohner Hermann Levi bei einem Besuch in Windecken! Ähnlich äußerte sich auch David Sommer 1966: "Wir hatten einen sehr alten Friedhof mit antiken Grabsteinen. In der Hitlerzeit wurde er zerstört und die Grabsteine entfernt. Nur auf Klage der Hinterbliebenen steht jetzt ein Denkmal dort für die Windecker und Ostheimer Juden". [255)] Bei Umgrabungsarbeiten wurden noch 4 Grabsteine gefunden. Drei Grabsteine sind um diesen Gedenkstein herum ohne Fundamente einfach in die Erde gesetzt. Sie stehen nach Süden und nicht wie nach den jüdischen Religionsvorschriften nach Osten in Richtung Jerusalem. Ein stark verwitterter Sandsteingrabstein steht am unteren Ende des Zaunes und ist nicht mehr zu entziffern. Bei den drei anderen Grabsteinen handelt es sich um die Grabsteine von

- Malchen Adler geborene Strauss * 31.10.1837 in Oberseemen, + 10.11.1897 in Ostheim. Sie war die Mutter von Benzion Adler
- Moritz Stern *22.10.1874 - 27.9.1909 in Windecken, er war der ledige Bruder von Mathilde Stern-Reichenberg
- Ephraim Wolf, starb mit 75 Jahren in seinem Geburtsort Windecken im Juli 1888.

Auf Beschädigungen des jüdischen Friedhofes mußten häufiger erst jüdische Besucher hinweisen, wie auf einen beschädigten Zaun oder sogar die Beschädigung der Platte auf dem Gedenkstein. Aus Amerika und England mußte nachgefragt werden, ob die Reparaturen erfolgt waren. [256)] Die Bruchsteinmauer aus Sandsteinen sollte 1984 abgerissen werden, womit dann auch die letzte sichtbare steinerne Erinnerung an die jüdische Gemeinde Windecken verschwunden wäre. Erfreulicherweise wurde doch noch anders entschieden, 1985 wurde die Mauer renoviert.

1985 wurde eine grüne Informationstafel "jüdischer Friedhof" von der Stadt Nidderau angebracht. Leider fehlt dort jeglicher Hinweise auf die Entweihung, Schändung und Zerstörung des Friedhofes während der Nazizeit .

Im November 1986 und 1987 wurden jeweils am 9. November in Anwesenheit von Wilhelm Katz (früher Ostheim) aus Israel und seiner Frau Lotte sowie 1987 von mehreren Schulklassen ein Kranz zum Gedenken an die Toten und Ermordeten der jüdischen Gemeinde Windecken und Ostheim im Rahmen einer Gedenkfeier niedergelegt.

Im Juni 1988, als die noch lebenden früheren jüdischen Bewohner von Windecken, Ostheim und Heldenbergen in Nidderau waren, wurde zum ersten Mal seit der Zerstörung des Friedhofes 50 Jahre zuvor im Minjan Kaddisch für die Toten gebetet.

Die Böckelschlacht in Windecken 1891
Kampf gegen den Antisemitismus

Das Pogrom gegen die Windecker Juden im Jahre 1835 wegen des Bürgerholzes lag gerade 55 Jahre zurück, als Windecken zum Schauplatz einer wichtigen Etappe im Kampf gegen den Antisemitismus wurde. Wie ist es zu erklären, daß sich Windecken in diesem Zeitraum von antisemitischen Verfolgungen der jüdischen Bevölkerung zum kämpferischen Auftreten gegen den Antisemitismus im Jahre 1891 entwickeln konnte?

Durch die Industrialisierung wurden Arbeitsplätze der Industriestädte am Main wie Hanau, Frankfurt und Offenbach immer bedeutender für die Bevölkerung der umliegenden ländlichen Gemeinden. Der Eisenbahnbau brachte die Möglichkeit, als Arbeiter in den Industriestädten zu arbeiten. Aber die Eisenbahn brachte auch neues Bewußtsein in die neu erschlossenen ländlichen Gebiete: das Bewußtsein der Arbeiter und ihrer Organisationen, allem voran die Sozialdemokratie. So entstanden auf dem Land,- auch in Windecken, die ländlichen Klassengesellschaften. Windecken war lange Jahre bis zum Nationalsozialismus eine Hochburg der Sozialdemokratie. Dieser Entwicklungsprozeß läßt auch die Unterschiede der Ereignisse von 1835 und 1891 in Windecken erklären.[1)]

Die antisemitische Bauernbewegung um Otto Böckel

Der Prozeß der Gleichberechtigung der Juden war immer auch begleitet von Judenfeindschaft. Die Wirtschaftskrise von 1873 und die wachsenden sozialen Spannungen im Kaiserreich lösten antisemitische Bewegungen aus. Die Lösung der "Judenfrage" wurde als Lösung aller wirtschaftlichen und sozialen Probleme dargestellt. Dabei wurden die Juden als ein fremdes und bedrohendes Element dargestellt, ihnen wurden stereotyp bestimmte Eigenschaften zugeschrieben .

In den ländlichen Gebieten zwischen Marburg - Gießen - Friedberg - Büdingen gelang es Otto Böckel, eine politische Bewegung hervorzurufen, deren Hauptziel die Zurückdrängung, ja die Verdrängung des Judentums war.

Antisemitisches Hetzblatt der Böckelbewegung

"Mit dem Schlagwort 'Bauern macht euch frei vom jüdischen Zwischenhandel' zog Otto Böckel nach 1885 von Dorf zu Dorf, organisierte judenfreie Märkte und hielt begeisternde Reden. Er nahm sich der Not der Bauern an und hämmerte ihnen ein, daß ihre Not ausschließlich durch den jüdischen Wucher verursacht sei. Diese einfache Erklärung zog, weil die verarmten und notleidenden Bauern viel mit jüdischen Viehhändlern, Saatverkäufern und Kreditgebern zu tun hatten." [2)]

1887 gewann Otto Böckel als erster Antisemit ein Reichstagsmandat, 1893 waren es 17 Reichtagsabgeordnete der antisemitischen Volkspartei. Bis zum 1. Weltkrieg waren die antisemitischen Parteien das stärkste politische Potential in Mittelhessen. Für ein knappes Jahrzehnt, etwa von 1885 - 1894, galt der demagogisch agitierende Dr. Böckel als "hessischer Bauernkönig", von seinen Gegnern wurde er als "Antisemiten-Häuptling" bezeichnet.[3)]

Bis zum Jahre 1890 war Böckel auf keinerlei organisierten Widerstand getroffen. Die oberhessischen Juden, die in erster Linie betroffen waren, waren größtenteils sehr arm und außerdem hatten sie es schon seit Generationen als ihr Schicksal hinzunehmen gelernt, den Sündenbock für all die Not ihrer Umwelt abgeben zu müssen.

Von den bürgerlichen Parteien fühlten sich die Freisinningen und die Mitglieder der Fortschrittspartei als Liberale und somit der Toleranz gegen die Juden verpflichtet. Aber sie verfügten über keine Parteiorganisation, die in der Lage gewesen wäre, gegen die antisemitische Massenbewegung anzugehen.[4)]

Dazu war allein die Sozialdemokratie, die aus den Verfolgungen durch die Sozialistengesetzgebung als eine geschlossene und kampfbewährte Organisation hervorging, fähig. Sie bezog eindeutig gegen den Antisemitismus Stellung. August Bebel nannte den Antisemitismus "den Sozialismus der dummen Kerls". Diesen Kleinbürgern fehle das Verständnis dafür, daß die Fronten ganz anders verliefen. Die Sozialdemokratie arbeitete eng zusammen mit dem im Januar 1891 gegründeten "Verein zur Abwehr des Antisemitismus", der in Hessen die antisemitische Bauernbewegung Otto Böckels bekämpfte. Im Gründungsaufruf des Vereins, der am 31. Januar 1891 auch im Hanauer Anzeiger veröffentlicht war, heißt es: "Gegen unsere jüdischen Mitbürger wird ein gehässiger Kampf fortgesetzt, welcher der Natur unseres Volkes, seiner geschichtlichen Entwicklung und seiner Stellung unter den zivilisierten Nationen zuwider ist... Derselben gleichgültig und untätig zuzuschauen, wäre eine verhängnisvolle Unterlassung. In einzelnen Bezirken des Vaterlandes hat die antisemitische Bewegung größere Kreise, namentlich auf dem platten Lande, ergriffen; auf andere sie auszudehnen, ist man eifrig am Werk."[5)]

Nur fünf Wochen nach der Gründung des Vereins zur Abwehr des Antisemitismus kam es in Windecken im März 1891 zu einem entscheidenden Schlag gegen die Böckelbewegung. Auch in der historischen Betrachtung der antisemitischen Bauernbewegung Otto Böckels selbst ist Windecken in der Schilderung des Aufstieges der antisemitischen Bewegung als "Skandal"genannt:

"...Die Haupttätigkeit wurde nunmehr auf die Gründung von Ortsgruppen... gelegt. Täglich eine bis mehrere Versammlungen wurden abgehalten. Sie breitete sich allmählich über das ganze Hessenland aus... Je näher die Bewegung der Stadt Frankfurt rückte, desto unerbittlicher wurde auch der Kampf mit ihren Gegnern. Sie (die antisemitische Bewegung - d.V.) drang so rasch vor, daß bereits am 31. Mai 1890 die Mainlinie überschritten werden konnte, nachdem die gesamte Wetterau, insbesondere der Wahlkreis Friedberg-Büdingen, stimmungsmäßig erobert war... Das Ried wird erobert, die Bewegung geht in weiterer Folge auf den Kreis Hanau über. Jetzt werden die Sozialdemokraten in Massen aufgeboten, so daß, wie in Hochstadt, nur durch frühzeitige Besetzung des Saales von seiten der Bauern die Versammlung überhaupt durchgesetzt werden kann. Das gelang nicht in Windecken. Dort kam es vielmehr im März 1891 zu einem großen Skandal. Eine besondere Rolle spielte bei den Unruhen in Windecken der 'Verein zur Abwehr des Antisemitismus', der im Jahre 1891 gegründet war. Er finanzierte von nun ab den sozialdemokratischen Terror und war sein Antreiber. Windecken ist das große Ereignis der Böckelbewegung im Jahre 1891." [6)]

"Die Böckelschlacht in Windecken" [7)]

In Windecken kam es am 8. März 1891 zu einer entscheidenden Auseinandersetzung mit den Antisemiten Otto Böckels, die mit einer Niederlage Böckels endete. Im folgenden wird der Ablauf der Ereignisse ausführlich dargestellt.

In der antisemitischen Zeitung "Der Reichsherold" erschien am 6. März 1891 der Aufruf: "Versammlung in Windecken. Sonntag, 8. März nachmittags 1/2 4 Uhr. Vortrag des Abg. Dr. Böckel in Windecken (Kr.Hanau). Parteigenossen der Umgegend, erscheint alle Mann für Mann!" [8)] Die Zeitungen "Frankfurter Volksstimme" und "Die kleine Presse" berichteten ausführlich über die Ereignisse in Windecken. [8a)]

Von der Antisemiten-Versammlung in Windecken.

(Für die „Kleine Presse" gezeichnet von Rudolf Koch.)

Bericht über die "Böckelschlacht" in der "Kleinen Presse" vom 12. März 1891

Eine Zusammenstellung aus beiden Berichterstattungen ergibt einen deutlichen Eindruck von dem Verlauf dieses Tages, des 8. März 1891, in Windecken:

"Diese Gegend, deren Stille nur von Zeit zu Zeit durch den Pfiff der Lokomotive und durch das Gepolter der massenhaften Güterzüge unterbrochen wird..., hatte sich... der rührige Führer der antisemitischen Partei, Herrr Dr. Böckel, ausersehen, um für seine Sache Propaganda zu machen. Im Saal... der Hochmühle sollte die Versammlung stattfinden. Von allen Seiten, zum Teil stundenwegs weit, strömten kurz nach Mittag die Bewohner der Umgegend heran, die Anhänger der sozialdemokratischen Partei in Hanau, Frankfurt, Offenbach, Bockenheim und der um Windecken liegenden Orte wie von Windecken selbst waren in Mengen erschienen; sie bildeten etwa zwei Drittel der Anwesenden, aber auch das andere Drittel bestand nicht lediglich aus Anhängern des Antisemitismus, die freisinnigen Parteien wie die Volkspartei in Frankfurt, sowie die deutsch-freisinnige des nahen Kreises Friedberg hatten ein ansehnliches Kontingent gestellt. In dem sonst so ruhigen Ort entwickelte sich bald das regeste Leben und Treiben, wie es sonst selbst an dem Kirchweihtag nicht der Fall ist. Um halb vier Uhr sollte die Versammlung beginnen, um 2 Uhr schon stand vor dem Versammlungslokale eine sicher über 1 000 Köpfe zählende dichtgedrängte Menge, der Dinge harrend, die mit Dr. Böckel kommen sollten. Zunächst kam ein ziemlich gediegener Landregen, später gegen drei Uhr, traf Dr. Böckel mit dem Zug von Friedberg kommend ein, am Bahnhof Heldenbergen-Windecken hatten sich einige seiner Parteigenossen aus Kaichen und Erbstadt eingefunden, um ihm beim Aussteigen ihre Huldigung darzubringen, die übrigens recht mager ausfiel. In das Versammlungslokal durfte niemand herein, die Türe war geschlossen. Der Wirt hat die strengste Weisung, den Saal vorher nicht zu öffnen. Eine ungeheuere Menschenmasse umlagerte zwei Stunden lang den nicht allzu geräumigen Saal. Um 1/2 4 Uhr erschien unter Vorantritt bzw. Gefolge dreier Gendarmen Dr. Böckel, um sich nach dem ungefähr 2o Schritt von dem Wirtschaftsgebäude gelegenen Saal zu begeben. Es kostete die Gendarmen keine geringe Mühe, die Türe des Saales zu erreichen und Herrn Dr. Böckel mit noch einigen seiner Getreuen glücklich hinter derselben zu bergen. Drei Gendarmen und zwei Ortsdiener waren an der nur zur Hälfte geöffneten Tür postiert, und es begann ein Drücken und Stoßen, das wenige bis dahin erlebt hatten. Die Gendarmen ließen die Leute nur einzeln und langsam hinein, während Böckel drinnen im Saal die Parole ausgab: Die Kaichener und Erbstädter sollten zu den Fenstern hereinsteigen.

Und nun entwickelte sich ein Bild, so köstlich, wie es ein Maler, der Sinn für Humor hat, sich nur wünschen könnte. Lange Leitern wurden auf der einen Seite herbeigeschafft, um Sturm zu laufen auf die Festung. Leute, die gewiß seit Jahren keine Leiter betraten, kletterten in vorsichtiger Weise zu den Fenstern hinan, der Dicke langsam, der Schmale schneller, begleitet von dem tausendstimmigen Halloh der zuschauenden Menge.

Das war auf der einen Seite, auf der anderen ging es besser, dort brauchte man keine Leiter, und Mann auf Mann schwang sich zum Fenster hinein, auch wenn er kein 'Kaichener oder Erbstädter', sondern sogar ein Sozialdemokrat war. Infolge dessen fanden bald mehr zum Fenster als zur Türe Einlaß.

Die Gendarmen, welche an der Tür die Menge zurückhielten, richteten ihre Aufmerksamkeit nun den Fenstern zu. Diese Gelegenheit wurde benutzt. Die Masse nahm einen gewaltigen Anlauf, die Tür krachte und öffnete sich, und alles strömte in den Saal. Voll Freude über diesen gelungenen Streich erscholl manch stürmisches Bravo. Einer der Anwesenden ließ die Sozialdemokratie hochleben, und die dichtgedrängte Menge fiel stürmisch ein. In dem Saale selbst herrschte, als er gefüllt war, ein solcher Tumult, daß man sein eigenes Wort nicht verstehen konnte. Jetzt erst zeigte es sich, daß 9/10 mindestens Sozialdemokraten waren und dem Böckel ein glänzendes Fiasko drohte.

Dieser Tumult steigerte sich auf das Höchste, als von der Musikgalerie, wohin sich Dr. Böckel mit seinem Gefolge unter Bedeckung des anwesenden Gendarmeriewachtmeisters zurückgezogen, von Herrn Hirschel - Frankfurt die Worte 'Rohe Bande' der Menge zugeschleudert wurden. Ein Sturm der Entrüstung bemächtigte sich der Versammlung, und es war einen Augenblick zu befürchten, daß die Menge sich dies nicht gefallen lassen würde und dem Rufer handgreiflich Anstand lehren würde. Diese Gefahr erkennend, erstieg Genosse Emmel den einzigen Tisch und gebot Ruhe. Die Versammlung möge doch ruhig sein und die Redefreiheit nicht beeinträchtigen. Wenn Böckel sich Gemeinheiten leisten sollte, werde ihm schon heimgeleuchtet werden. Böckel: "Ich frage an, ob die Versammlung mich sprechen lassen will, wenn nicht, so wird auch sie die Schuld und Verantwortung übernehmen müssen." Gräbner-Hanau im Namen seiner sozialdemokratischen Parteigenossen schlägt vor, ein Bureau zu wählen, da, wenn Böckel Referent und Vorsitzender zugleich ist, eine unparteiische Geschäftsführung nicht zu erwarten sei. Immer wieder durchtobte in stürmischer Weise die Forderung 'Bureauwahl' den Saal. Böckel widerspricht, behält aber dabei seinen Hut auf dem Kopf, was die Versammlung mit einem stürmischen 'Hut ab!' tadelte.

Trotz den Bemühungen, die Herr Redakteur Schreiber von Frankfurt, dem es unter allen Umständen darum zu tun war, den Böckelschen Ausführungen ausführlich entgegenzutreten, sowie andere Herren auch der sozialdemokratischen Partei aufwendeten, um die aufgeregte Menge zu beschwichtigen, trotzdem Herr Dr.Böckel an Herrn Gräbener die Frage richtete: 'Haben Sie Ihre Parteigenossen so wenig in der Gewalt?' war es nicht möglich, die durch die Seitens des Herrn Hirschel aus Frankfurt gefallene beleidigende Äußerung 'Bande' aufs Höchste erregte Menge zu beruhigen. Dr. Böckel erklärte endlich, daß er unter solchen Umständen auf's Wort verzichte. Einen Vorschlag von anderer Seite, sofort ein Bureau zu wählen und weiter zu tagen, beantwortete der überwachende Gendarmeriewachtmeister mit Auflösung der Versammlung.

Nur langsam entfernte sich die Menge, und es dauerte ziemlich lange, bis sich Dr. Böckel unter Gendarmeriebegleitung nach dem Wirtslokale hinüber begab. Herr Schreiber hatte vorher, da es den Anschein hatte, als ob die anwesenden Antisemiten für sich die Versammlung weiterführen wollten, dem überwachenden Wachtmeister erklärt, er werde nicht eher den Saal verlassen, bis der Saal vollständig geräumt sei. Vor den Saal postierte sich sich die Masse und als endlich Böckel mit zwei Gendarmen erschien, ertönte ein tausendstimmiges 'Pfui' und 'Alimenten Mensch' usw. durch die Menge. Die Zurufe, die Dr. Böckel auf dem Wege nach dem Wirtslokale hören mußte, mögen ihm nicht angenehm in die Ohren geklungen haben. Langsam und aschfahl im Gesicht bewegte sich Böckel nach dem Wirtslokal. Unter der Tür blieb er noch stehen, blickte äußerst frech in die Menge und schämte sich nicht, nachdem er so abgeführt wurde, sich den Blicken der Menge auszusetzen.

In dem Saale, wo die Versammlung hatte stattfinden sollen, fand sich inzwischen eine größere Gesellschaft zusammen, die sich bei einem Glas Bier gemütlich unterhielt. Auch Herr Reichstagsabgeordneter Ulrich von Offenbach, der speziell von Berlin gekommen war, erschien noch am Platze. Er bedauerte mit Herrn Schreiber, daß ihnen nicht Gelegenheit geworden, Dr. Böckel mit dem Worte entgegenzutreten. Er war auch der Ansicht, daß dadurch der Effekt des Tages vielleicht noch ein besserer gewe-

sen wäre, wenn Herr Dr.Böckel auch kaum leugnen wird, daß seine Agitation in dieser Gegend ein schnelles Ende, das heißt eigentlich gar keinen Anfang gefunden.
Die Genossen, die aus der ganzen Umgebung Hanau, Heldenbergen, ja sogar aus Hochstadt usw. herbeigekommen waren, begaben sich nun in den 'Löwen' und vergnügten sich noch einige Stunden durch Gesang. Wir sahen darunter alte ergraute Genossen, aber auch 'die Jungen' waren erschienen, um den Böckel für immer das Hierherkommen zu verleiden. Ein stürmisches 'Hoch auf die Sozialdemokratie' wurde ausgebracht und die Menge machte Anstalt, unter dem Gesang der Arbeitermarseillaise das Städtchen zu durchziehen. Doch die Gendarmen verhinderten es. Inzwischen war es Zeit zum Abmarsch geworden und die Genossen trennten sich, voll Freude darüber, dem Antisemiten-Häuptling seine Hetzereien verdorben zu haben.
Dr. Böckel hatte sich inzwischen mit seinen Leuten in ein im unteren Teile des Dorfes gelegenes Gasthaus begeben. Einige der abziehenden Sozialdemokraten, denen er beleidigende Worte über Bebel und Liebknecht zugerufen hatte, sind noch mit ihm in Konflikt geraten, bei dem einer der Gendarmen sogar blank zog.
Dr. Böckel selbst hat seine Heimkehr nicht über den Bahnhof Heldenbergen-Windecken genommen, sondern ist mit seinen Anhängern zu Fuß nach Kaichen und Büdesheim gegangen, von wo er per Wagen an die Main-Weserbahn Groß-Karben fuhr.
Wir konstatieren noch, daß in Windecken selbst der Antisemitismus soviel wie keine Anhänger besitzt, wir hörten von vielen Einwohnern des Ortes Äußerungen des lebhaftesten Unwillens darüber, daß Böckel es versucht, die antisemitische Hetze in die sonst so friedliche Gemeinde zu tragen. Dr. Böckel muß sich überzeugt haben, daß für seine Zwecke in der Gegend, die er gestern heimgesucht, keine Erfolge zu erreichen sind."

Soweit die beiden verbundenen ausführlichen Berichte der Kleinen Presse und der Frankfurter Volksstimme vom 10.3.1891.

Rohheiten an Antisemiten von jungen Burschen in roten Schlipsen

In der Zeitung der antisemitischen Partei "Der Reichsherold" vom 10. März 1891 heißt es:" Dr. Böckel wurde von den Sozialdemokraten in der gemeinsten Weise insultiert. Beim Abzug der Antisemiten entwickelte sich eine halbstündige Straßenschlacht, wobei es zahlreiche Verwundete gab, die Gendarmerie blank zog und mehrere Sozialdemokraten verhaftete. Die sozialdemokratische Masse griff die Antisemiten auf der Brücke am Ausgang mit Pflastersteinen und Revolverschüssen an." [9)]

Im Hanauer Anzeiger war dazu zu lesen: "Die Rohheiten, welche meist von auswärtigen, jungen mit roten Schlipsen versehenen Burschen begangen wurden, spotten nach Berichten von Augenzeugen jeder Beschreibung." [10)]

Militär zog nach Windecken ein

Nachdem die drei Gendarmen Windeckens sich durch diese Auseinandersetzungen nicht mehr als Herr der Lage sahen, telegraphierte der Gendarm Weichkopf um 7 Uhr 28 an den Landrat nach Hanau: "Infolge Volksversammlung großer Aufruhr, militärische Hülfe gebeten." [11)]

Der Landrat berichtete am folgenden Tag an die Königliche Regierung Kassel: "Eine von dem Reichstagsabgeordneten Böckel ... nach Windecken einberufene Volksversammlung ist durch sozialdemokratischen Zuzug - hauptsächlich auswärtigen - gestört und vereitelt worden. Da die Menge auch nachher auf der Straße eine unruhige Haltung annahm und einige Antisemiten... von Sozialdemokraten thätlich insultiert wurden, forderten die Gendarmen, von welchen auf meine Anordnung hin drei anwesend waren, das Publikum auf, auseinanderzugehen. Dieser Anordnung wurde nicht nur keine Folge geleistet, sondern die Sozialdemokraten wandten sich nunmehr drohend gegen die Gendarmen, und es wurden Steine auf dieselben geschleudert. Hierauf telegraphierte der Gendarm um militärische Hilfe. Ich setzte mich sofort mit dem hiesigen Bataillionskommando in Verbindung und begab mich zur Requisition eines Extrazuges auf den Bahnhof. Abends 9 Uhr wurde 1 Companie... nach Windecken abgesandt, ich benutzte denselben Zug. Bei unserer Ankunft in Windeckn abends zwischen 9 und 10 Uhr war die Ruhe wieder hergestellt. Ich ließ sämtliche Wirtschaften räumen, bei diesem Anlaß widersetzte sich der Führer der Windecker Sozialdemokraten Schmid Claus den gegebenen Anordnungen und mußte unter Zuhilfenahme von Militär verhaftet und abgeführt werden...". [12)]

Die Hanauer Zeitung berichte am 9.3.1891: "... Nach Eintreffen des Militärs gab es dann allerdings gleich Ruhe, so daß daselbe zum Glück nicht genötigt war, von der Schußwaffe Gebrauch zu machen. Einige Personen wurden in Haft genommen. Noch in der Nacht traf die Hälfte der Truppen wieder hier ein, der Rest heute Vormittag... Wie uns mitgeteilt wird, ist die Bürgerschaft Windeckens von dem kostspieligen Besuch sehr wenig erbaut."[13)] Die Kosten für den "Militär Extrazug von Hanau nach Heldenbergen-Windecken und zurück" betrugen - laut Rechnung - 114 Mark.[13a)] Es wurden 3 Offiziere und 119 Soldaten vom 2. Füselierbatallion des Regiments No 80 nach Windecken gesandt [14)]

Beteiligung der Windecker Juden am Protest gegen die Antisemiten

Über die Beteiligung der Windecker Juden an dem Protest gegen den Antisemiten Otto Böckel schrieb der Landrat in einem Bericht vom 10.3.1891: "... während sich die jüdischen Einwohner durch heftige und aufreizende Schmähreden hervorgethan haben...".[15)]

Böckels Zeitung "Der Reichsherold" schrieb am 13.3.1891: "Im Hintergrund (der vor dem Saal versammelten Menge - d. V.) standen Juden, lachten höhnisch und rühmten sich, daß es ihnen

Die antisemitische Zeitung der Böckelbewegung "Der Reichsherold " berichtete am 17.3.1891 aus Erbstadt den folgenden Vorfall:
" Erbstadt (Kreis Hanau) 10. März (Jüdische Toleranz und antis. Abfertigung) Bei der Versammlung zu Erbstadt am 30. November v.J. hatte unser Parteigenosse Fr. Karl R. mit seinem Wagen Dr. Böckel und seine Begleiter an der Haltestelle Erbstadt-Kaichen abgeholt. Für diese That sollte er sofort den Grimm Judas verspüren. Er schuldete einem Handelsmann zu Heldenbergen noch 100 M. Kaufschillingsgeld, zahlbar erst nach Verlauf von 4 Jahren. Was that der Jude? Er schrieb einen Brief an J.K. R. (dazu einen Fetzen Papier benutzend, welcher auf der Rückseite beschrieben war mit dem Gruß eines Rechtsanwaltes namens Levi von Hanau), den wir folgen lassen: "Herrn Schuld benannten fordere ich auf binnen 8 Tagen meine 'Außen zu bezahlen'. Was that unser Freund R.? Er ging zu einem Parteigenossen aus Erbstadt, der mit Herrn Dr. Böckel in brieflichem Verkehr stand und erbat sich den brieflichen Gruß Herrn Dr. Böckel's. Von diesem, ungefähr zwei Finger breiten Streifen Papier, benutzte er die Rückseite und schrieb: "Wenn Sie die Reise auf Nimmerwiedersehen antreten wollen, will ich Ihnen die 100 M. gern erstatten. Name und Gruß umseitig!' Bis jetzt hat er keine zweite Forderung oder Klage angestrengt."[15a)]

Hirsch Speier wurde angeklagt wegen Pfui-Rufen gegen den "Antisemiten-Häuptling" Otto Böckel - auch "Generalfeldmarschall" der Judenhetze genannt.

diesmal gelingen werde, die Versammlung zu sprengen... Den sozialdemokratischen Burschen, die gekommen waren, um für Judengeld Lärm zu schlagen...". Was damit gemeint war, wird deutlicher in der Schrift des Haushistorikers der antisemitischen Bewegung in seinem Buch "Die völkische Bewegung": "Um sie (die Versammlung) zu sprengen, sind 16- bis 18 jährige Burschen aus Darmstadt, Offenbach, Frankfurt und Hanau aufgeboten worden. Der 'Verein zur Abwehr des Antisemitismus' hat die Aktion finanziell vorbereitet. Die Juden halten sich ihres Sieges gewiß im Hintergrund." [16)]

Nach Aussagen des Bürgermeisters Reul von Windecken waren "mehr oder weniger sämtliche hiesigen Israeliten" bei den Ereignissen am 8. März 1891 beteiligt. [17)]

Prozeß gegen die verhafteten Sozialdemokraten

An diesem 8. März 1891 wurden zweiundzwanzig Leute verhaftet aus den Reihen derjenigen, die gegen den Antisemiten Böckel kämpfen wollten. Einige wurden wieder freigelassen am nächsten Tag, darunter auch "der Führer der Windecker Sozialdemokratie, der Schmied K." [18)]

Am 7. Januar 1892 wurde Anklage erhoben gegen 12 Personen, von denen 9 Windecker waren: [19)]

1. Joseph Leopold Emmel, 28 Jahre, Schlosser aus Frankfurt
2. Konrad Gräbener, 45 Jahre, Teppichmacher aus Hanau
3. Johann Konrad Georg Clauß, 46 Jahre, Schmiedegeselle aus Windecken
4. Heinrich Vollbrecht III., 56 Jahre, Weißbindermeister aus Windecken
5. Philipp Stein XII., 32 Jahre, Weißbindergeselle aus Hochstadt
6. Wilhelm Westphal, Zimmermann zu Windecken
7. Heinrich Roediger, 17 Jahre, Maurergeselle aus Windecken
8. Johann Carl Zwier, 51 Jahre, Maurergeselle aus Windecken
9. Johann Westphal, 54 Jahre, Maurer aus Windecken
10. Heinrich Stein, 24 Jahre, Zimmergeselle aus Windecken
11. Georg Schneider, 17 Jahre, Weißbindergeselle aus Windecken
12. Hirsch Speier, 46 Jahre Kaufmann aus Windecken

Alle Angeklagten, bis auf Wilhelm Westphal, der sich zu keiner Partei bekannt hatte, waren Sozialdemokraten. Hirsch Speier war der einzige Jude unter den Angeklagten.

Einigen von ihnen: Emmel, Gräbner, Clauß, Vollbrecht, Ph. Stein und Joh.Westphal wurden angeklagt, "gemeinschaftlich mit an-

Die Antisemitenversammlung zu Windecken.

(Von unserem eigenen Berichterstatter.)

* **Windecken,** 27. April.

In der gestrigen Nummer haben wir telegraphisch kurz über die Verhandlungen des Schöffengerichts in Windecken wegen der Vorgänge am 8. März 1891 berichtet. Nachstehend bringen wir einen ausführlichen Bericht, dem wir, indem wir das gestrige Telegramm ergänzen, vorausschicken, daß als Schöffen Philipp Küchler und Karl Haus fungirten, während Herr Bürgermeister Reul von Windecken als Beamter der Staatsanwaltschaft die Anklage vertrat. Die Namen der im Telegramm angegebenen Angeklagten sind richtig, der nicht erschienene Angeklagte Speier ist aber nicht von Frankfurt, sondern von Windecken. Nach Verlesung der Anklage wird zunächst der Angeklagte Emmel vernommen. Er bestreitet die ihm zur Last gelegte Schuld sowohl hinsichtlich des widerrechtlichen Eindringens, als auch der Verursachung von Lärm. Der zweite Angeklagte, Gräbener von Hanau, weiß sich ebenfalls frei von Schuld, er will gerade das Gegentheil von dem gethan haben, was die Anklage ihm zum Vorwurf macht. Auch die übrigen Angeklagten bestreiten ihre Schuld, zum Theil beanspruchen sie, soweit die Anklage groben Unfug oder Beleidigungen betrifft, Verjährung. Die Vernehmung der Angeklagten dauert kaum drei Viertelstunden.

Der erste Zeuge, Gendarm Kempf von Bruchköbel, kann keine Auskunft darüber geben, ob Emmel oder Gräbener Tumult gemacht haben. Dr. Böckel hat dem Zeugen gesagt, daß er Redefreiheit gestatte. Nach der Ansicht des zweiten Zeugen, Gendarm Weißkopf-Windecken, der die Versammlung auflöste, waren die im Versammlungslokal Anwesenden der Ansicht, daß es sich um eine öffentliche Versammlung handle. Gendarm Brockisch von Kilianstädten ist der Ansicht, die Anrede Gräbener's vor der Saalthüre habe die Menge erregt. Von einem Tumult Seitens Emmels und Gräbeners weiß er Nichts, wohl aber, daß der Angeklagte Volbrecht mit der Faust gedroht habe. Der Angeklagte W. Westphal habe sich nicht widersetzt. Zeuge Dr. Böckel-Marburg erhielt bei seiner Ankunft an dem Versammlungslokal den Eindruck, daß die Versammlung von den Sozialdemokraten gesprengt werden sollte. Er weiß nicht mehr, ob er oder wer sonst zum Fenster hinausgerufen hat, daß Anhänger seiner Partei einsteigen sollten, er glaubt, es habe geheißen: es sollten Kaichener und Erbstädter einsteigen. Ob auch andere Leute wie seine Anhänger eingestiegen seien, kann er nicht sagen. Er hat sich auf die Tribüne gesetzt, weil ihm die Sache „bedenklich" vorkam. Bestimmte Personen kann er nicht recognosciren, besonders „weil er einer Gefahr entgegensah." Zeuge kann sich nicht erinnern, einen der Gendarmen ermächtigt zu haben, die Thüren zu öffnen, gibt aber zu, daß es möglich gewesen sei. Was im Einzelnen geschehen ist, kann er nicht angeben. Die Bemühungen Gräbeners, Ruhe unter seinen Parteigenossen für eine Bureauwahl zu schaffen, seien fruchtlos geblieben. Redefreiheit hat Zeuge gestattet. Darüber, ob die Menge wußte, ob die Versammlung eine öffentliche oder nichtöffentliche war, kann er kein Urtheil abgeben.

Architekt O. Hirschel von Frankfurt gibt bei seinen Personalien mit besonderem Nachdruck seine Eigenschaft als Schriftführer des Mitteldeutschen Bauernvereins an. Er erklärt, daß die Versammlung nicht als öffentliche angekündigt worden sei. Das Versammlungslokal hat er gemiethet und dem Eigenthümer Hasenkamp aufgegeben, Niemand vor der bestimmten Zeit hereinzulassen. Von den Angeklagten kennt er nur Emmel und Gräbener. Emmel fragt den Zeugen, ob sie nicht in anderen Versammlungen sachlich diskutirt hätten. Zeuge gibt zu, daß Emmel allerdings die Absicht gehabt haben möge, sich sachlich auseinander zu setzen. Wirth Hasenkamp hat die Versammlung nicht dem Bürgermeister angezeigt; er hat sie für eine öffentliche gehalten, zu der Jedermann Zutritt habe, und dies auch in seiner Wirthschaft geäußert. Vicebürgermeister Hochstadt von Windecken bekundet, daß ihm die Versammlung von dem damals erkrankten Bürgermeister als Volksversammlung bezeichnet wurde. Die sonstigen Aussagen sind von wenig Belang und für die Angeklagten durchgehends nicht belastend. Einen Zwischenfall ruft die Aussage des Zeugen Bornkessel von Hochstadt hervor, der bekundet, er habe gehört, Hirschel habe die Versammlung „Bande" genannt. Hirschel wieder vorgerufen, gibt auf Befragen des Vorsitzenden zu, gegen Redakteur Franz Schreiber eine Aeußerung wie „Bande" in Betreff der Versammlung gethan zu haben. Er müsse auch heute noch die Bezeichnung „Bande" denen gegenüber aufrecht erhalten, die den Tumult verübt hatten.

Die Zeugenvernehmung war in zwei Stunden beendigt. Der Amtsanwalt überläßt in seiner nur kurze Zeit dauernden Begründung der Anklage betreffs der ersten sechs Angeklagten wegen Anklage des Hausfriedensbruchs und der Ruhestörung die Entscheidung dem Gerichtshof. Betreffs der von einigen Angeklagten beanspruchten Verjährung ihrer Vergehen ist er der Ansicht, daß eine solche nicht eingetreten sei. Die Angeklagten beantragen sämmtlich ihre Freisprechung. Der Gerichtshof zog sich dann auf wenige Minuten zurück. Beim Wiedererscheinen verkündete der Vorsitzende, Gerichtsassessor Orb, daß das Urtheil Mittwoch den 4. Mai, Vormittags 11 Uhr verkündet würde. Damit werden wohl die Akten über die Windecker Vorgänge geschlossen sein.

Das Resultat der gestrigen Verhandlungen ist, daß der große Lärm, den Dr. Böckel und seine Anhänger heute noch bei allen Gelegenheiten über die „sozialdemokratische Knüppelgarde und die Revolverhelden von Windecken" erheben, absolut keinen thatsächlichen Untergrund hat. Wenn es sich um eine Schlägerei handelte, so haben die Verhandlungen erwiesen, daß blos die ersten Parteimänner der Antisemiten mit einigen unreifen Jungen von 16—17 Jahren ins Handgemenge gerathen sind. Die Leitung der Verhandlungen durch Herrn Gerichtsassessor Orb, der Jude ist, war eine anerkennenswerthe, energische und taktvolle. Er wies mit Recht jeden Versuch, von welcher Seite er auch kam, auf das politische Gebiet überzuschweifen, von vornherein zurück und betonte wiederholt, es handle sich hier um keine politische Fragen. Das Auftreten Dr. Böckels war diesmal ein recht bescheidenes, soweit man das von ihm sagen kann. Mit niedergeschlagenen Augen machte er Anfangs seine Aussagen; es soll ihm viel Ueberwindung gekostet haben, in die Hand des jüdischen Richters den Eid zu leisten

Bericht in der "Kleinen Presse" über die Gerichtsverhandlung im April 1892 in Windecken zu den Ausschreitungen bei der "Antisemitenversammlung zu Windecken" im März 1891

deren Personen in den Saal zur Hochmühle, welcher damals für eine Versammlung des Mitteldeutschen Bauernbundes gemietet war, widerrechtlich eingedrungen zu sein". Weiter wurde ihnen vorgeworfen, "dadurch in ungebührlicher Weise ruhestörenden Lärm erregt und groben Unfug verübt zu haben, daß sie in und vor dem Saale durch absichtlich lautes Schreien, Lärmen und Rufen nicht bloß die Abhaltung der Versammlung, sondern auch eine allgemeine Unruhe und Beunruhigung hervorriefen."

Vollbrecht wurde angeklagt, "außerdem bei derselben Gelegenheit dem Fußgendarmen Brockisch..., als derselbe in rechtmäßiger Ausübung seines Amtes den Wilhelm Westphal aus dem Saal fortführen wollte, dadurch durch Bedrohung mit Gewalt Widerstand geleistet zu haben, daß er die geballte Faust drohend gegen Brockisch erhob und dem Westphal zurief: 'Das darfst Du Dir nicht gefallen lassen!'"

Die Angeklagten Roediger, Zwier, Joh. Westphal, Hrch. Stein, Schneider und Speier wurden beschuldigt, "dadurch großen Unfug verübt, bzw. ungebührlicher Weise ruhestörenden Lärm erregt zu haben". Roediger wurde vorgeworfen, daß er "sich auf der Straße lärmend an Dr. Böckel und Genossen herandrängte und denselben das Vorwärtsgehen erschwerte".

Zwier wurde angeklagt, daß er einen Stein nach der Richtung warf, wo Böckel und Genossen sich befanden, bzw. wo zahlreiche andere Personen sich befanden.

Joh.Westphal wurde angeklagt, daß er "bei angesammelter Menschenmenge mit dem Schirm in der Luft herumfummelte und ausrief: 'Die Kerle müssen den Schlag kriegen, uff se, das Unglück müssen sie kriegen!'"

Heinrich Stein wurde angeklagt, weil er "den Böckel und Genossen beim Passieren der Straße zu belästigen und am Vorwärtskommen zu verhindern suchte".

Schneider wurde angeklagt, daß er "ausrief, und zwar auf der Straße bei angesammelter Menschenmenge: 'Pfui, Böckel, Ekel'."

Speier wird angeklagt, daß er unter denselben Umständen in Bezug auf Böckel mehrmals "Pfui" rief.

Die Verhandlung wurde an das Königliche Schöffengericht in Windecken überwiesen. Am 27. April 1892 fand im Amtsgericht Windecken die Verhandlung statt.[20] Am 4. Mai, Mittwochvormittag 11 Uhr, wurde das Urteil in Windecken verkündet.[21]

Das Urteil im Namen des Königs lautete:

Emmel, Gräbner, Clauß, Vollbrecht, Stein und Wilhelm Westphal wurden freigesprochen. Bei den übrigen wurde das Verfahren eingestellt. Vollbrecht erhielt 14 Tage Gefängnis. Die erhobenen Anklagen konnten in der Hauptverhandlung zum größten Teil durch die Zeugen nicht aufrechterhalten werden.[22]

Für Hirsch Speier hätte die Anklage wegen Beteiligung am 8. März 1891 beinah noch ein böses Nachspiel gehabt. Drei Jahre späte, im Jahre 1894, als Hirsch Speier als 2. Gemeindeältester der jüdischen Gemeinde Windecken wiedergewählt worden war und noch bestätigt werden mußte, da wandte sich ein Windecker Bürger "in privatum" nach Hanau an das Landratsamt: "Der vorgeschlagene Hirsch Speier ist meiner Ansicht nach kein Mann von Energie und zweitens war derselbe bei der seiner Zeit bei der Volksversammlung in der Hochmühle ausgebrochenen Aufruhr ein Hauptheizer und Anstifter."[23] Darauf befragte der Landrat zu Hanau den Windecker Bürgermeister, der bestätigte, daß Hirsch Speier "bei der Antisemitenversammlung und dem darauffolgenden Unsinn beteiligt war". Gegen die Person Speiers sei nichts Nachteiliges zu sagen. Er sei für das Amt des Gemeindeältesten brauchbar. Dazu wurde er am 27.Februar 1894 für weitere drei Jahre ernannt.[24]

Im übrigen ist heute noch in Windecker Familien der Spruch

"Kaichen, Erbstadt, Büdesheim-
Alles steigt zum Fenster rein!"

bekannt aus den Erzählungen der Eltern, die es wieder von ihren Eltern wußten. Nur der Zusammenhang mit der "Antisemitenschlacht in Windecken" ist in Vergessenheit geraten.[25]

Die Allgemeine Zeitung des Judentums berichtete am 8.11.1895:
"Als Kuriosum wird aus dem hessischen Orte Heldenbergen berichtet, daß dort zur Gemeinderathswahl vom antisemitischen Bauernverein ein J U D E als Kandidat aufgestellt worden ist".[26]

Nazidarstellung der Ereignisse in Windecken 1891

In dem 1933 herausgegebenen Buch "Entwicklung der völkischen Bewegung" wurden die Ereignisse in Windecken von 1891 im Sinne der nationalsozialistischen Ideologie so bewertet: "Windecken ist das große Ereignis der Böckelbewegung im Jahre 1891. Windecken wirkt wie ein Signal für die großen Auseinandersetzungen, die dann drei Jahrzehnte später erfolgen sollten. Windecken ist Vorpostengefecht in einer scheinbar beruhigten und sicheren Zeit. Vorpostengefecht aufmarschierender Truppen, in dessen Verlauf sich das eine schon frühzeitig mit aller Klarheit zeigt, daß Deutschland im Streben nach Erneuerung seines völkischen Lebens um die Machtprobe mit dem Marxismus nicht herumkommen wird. Die schon gesammelten Kräfte von 1918 und die werdenden Kampfreihen von 1933, die sich hier in ihren ersten Anfängen zu erkennen geben, treten einander gegenüber. Die Ahnung einer noch verschleierten Zukunft löst Unruhen und Tumulte aus. 2 Kompanien Soldaten, 2 Kompanien des Hanauer Infanterieregiments Nr. 80, rücken, im Extrazug geholt, am Abend dieses denkwürdigen Tages mit aufgepflanztem Seitengewehr in das Dorf ein. Sie werden vom Landrat und Polizeikommissar begleitet. Der Staat setzt sein äußerstes, immer bis zuletzt in Reserve gehaltenes Machtinstrument ein, um den Ausbruch eines Aufruhrs zu verhüten, der im Umsehen auf das ganze um Frankfurt gelagerte Industriegebiet hätte übergreifen können...".[27]

Bedeutende Juden aus Windecken

Einige der aus Windecken stammenden Juden erlangten über Windecken hinausgehende Bekanntheit. Sie hatten Windecken allerdings meist schon in jungen Jahren verlassen. Ihr Leben soll hier nachgezeichnet werden:

Simon Oppenheim aus Windecken gründete in London ein Bankhaus, das bei der Finanzierung ägyptischer Großprojekte im 19.Jahrhundert eine bedeutende Rolle spielte.
Sein Lehrzeugnis aus dem Jahre 1820:
"Ich Endesunterschriebener beurkunde hiermit, daß Herr Simon Oppenheim aus Windecken drey Jahre als Lehrling in meiner Handlung gestanden hat, daß er sich im Laufe dieser Zeit ehrbar, rechtschaffen, fleißig und überhaupt wie es einem ehrliebenden jungen Menschen geziemet, aufgefuhret hat und daß er sich die ihm aufgetragenen, meine Handlung betreffenden Geschaefte zu meiner ganzen Zufriedenheit zu besorgen, sich auferlegen seyn ließ. In dem Falle, daß er zur Erweiterung seiner Kenntnis in eine andere Handlung einzutreten Willens sein sollte, so kann ich den gedachten Herr Simon Oppenheim jedem Handlungshause bestens empfehlen, in vollkommener Überzeugung, daß seine fernere Aufführung und sein Betragen diese meine Empfehlung rechtfertigen und ihm das Zutrauen eines jeden verdienen machen wird. Gegenwärtiges Zeugnis ist von mir eigenhändig unterschrieben und besiegelt worden. Frankfurt A.M. den 1. May 1820 B.M.Worms."
Außen rechts am Rand vermerkte Simon Oppenheim stolz, da er die Urkunde selbst gezeichnet hatte (wie damals üblich: "selbst geschrieben" im Sinne von gezeichnet).

Die "ägyptischen Oppenheims"

Zur Finanzierung ägyptischer Großprojekte im 19. Jahrhundert in Ägypten spielte das Bankhaus Oppenheim eine wesentliche Rolle, daher auch ihr Name "ägyptischen Oppenheims". Die Familie Oppenheim lebte mehrere Jahre in Windecken.

Simon Lazarus Oppenheim wurde am 4.6.1803 als Sohn des Handelsmannes Lazarus Jacob Oppenheim in Zwickau geboren.[1] Ab einem nicht bekannten Jahr (vor 1817) lebte die Familie Oppenheim in Windecken. Das Verzeichnis "Sämtlicher Israeliten zu Windecken" führt 1822 im Haus Judengasse 69 Löser Oppenheim, geb. 1772 von hier, und Lea 1778 von hier, mit den Söhnen L. Simon, geb.1803, Arnold 1807, Amschel 1811, Herz 1820 und der Tochter Bella 1809 geb.1809 auf.[2]

Simon Oppenheim lernte drei Jahre von 1817 an bei dem Frankfurter Handelsmann Benedikt Moses Worms - englische Manufakturwaren.1820 wurde ihm das abgebildete, dekorative Lehrzeugnis ausgestellt.[3] Nach Beendigung seiner Lehre blieb Simon Oppenheimer noch vier Jahre dort tätig.

Ab 1824 arbeitete er in dem Frankfurter Handelshaus Gebrüder Beyfus, Wechsel und Staatspapiere, und verlobte sich 1828 mit Hannchen Schiff, die er 1833 heiratete. Zu dieser Zeit schwor er auch den Frankfurter Bürgereid und machte sich wenig später selbständig in Concicailleriewaren en gros & en detail. Seine vier Kinder, darunter Henry (* 1835) wurden alle in Frankfurt geboren.[4]

Im Jahre 1850 verlegte Simon Oppenheim seinen Wohnsitz nach London, wo er das Bankhaus Simon Oppenheim & Company gründete.

Das Bankhaus Simon Oppenheim & Company erlebte aufgrund seiner deutschen Beziehungen und verschiedener Unternehmungen im Nahen Osten einen Aufschwung. Simon Oppenheim starb am 31.5.1867 in London.

In dem Buch "Bankers and Pashas. International Finance and economic Imperialism in Egypt" ist über die Familie Oppenheim folgendes zu erfahren:

"Hermann und Henry Oppenheim waren Bankiers von Geburt an. Die Familie kam ursprünglich aus Windecken in Oberhessen, wo, so erzählt man sich, sie Geldverleiher waren mit etwas schlechtem Ruf ("Moneylenders of some disrepute"). Als Windecken zu unbequem für sie wurde, verließen sie es und gingen nach Frankfurt, dort wurde Henry 1835 geboren. Im Jahre 1850 zogen sie abermals um, diesesmal, wie so viele jüdische Kaufmannsfamilien Westdeutschlands, wegen der größeren wirtschaftlichen und sozialen Möglichkeiten nach London, wo Simon Oppenheimer, Bruder von Hermann und Vater von Henry, das Bankhaus "Simon Oppenheim & Co" gründete. Diese Firma prosperierte, zum Teil - kein Zweifel - wegen seiner Verbindungen mit Häusern in Deutschland, zum anderen weil es alert genug war, um sich in das rapide ausweitende Gebiet des Nahosthandels hineinzubegeben.

Den Krimkrieg (1853 - 1856) erlebte Henry Oppenheim, immer noch ein Grünschnabel, im Morgenland, indem er ein Auge auf die Schiffe seines Vaters warf, die Verpflegung für die britischen Truppen brachte, und mit dem anderen Auge die Handelsmöglichkeiten in diesem Raum betrachtete.

In der Zwischenzeit war Hermann Oppenheim dabei, einem ähnlichem Weg zu folgen. Als Partner bei Alberti, Pinto, Oppenheim und Co. in Paris und bei Oppenheim, Alberti und Co. in Konstantinopel hatte er noch eine weitere Firma in Alexandrien unter dem Namen Oppenheim, Chabert und Co. gegründet. Später nahm er seinen Neffen Henry in das Geschäft und als 1862 Oppenheim, Chabert und Co. liquidierten, schloß er sich mit Henry zusammen und gründete eine neue Bank in derselben Stadt. Angesichts der Beschäftigungen Hermanns an anderen Stellen war die ägyptische Firma mehr oder weniger Henrys Leitung überlassen. Das Haus von Oppenheim und Neffe war stärker als Dervieu's (Konkurrenz - d. V.) sowohl in Resourcen - es war kapitalisiert mit 150 000 £ - und in Verbindungen; es war eine Einheit in einem ziemlich mächtigen und gut zusammenstehendem Familiengespann...".[5]

Hermann Oppenheimer, der als Herz Oppenheimer 1820 geboren war und auch in Windecken gelebt hatte, wird beschrieben als "vollendete Gestalt der internationalen Finanzwelt".[6]

In dem Buch "Les Capitaux Europeêns au proche-orient" (Europäisches Kapital im Nahen Orient) ist über die Bedeutung des Hauses Oppenheim in den ägyptischen Anleihen der 2. Hälfte des 19. Jahrhunderts zu lesen: "Die Oppenheimers waren preußischer Nationalität, in Alexandrien hatten sie im Jahre 1860 in Verbindung mit M. Chabert ein Bankhaus gegründet. Diese Verbindung wurde sehr schnell wieder gelöst. Im Jahre 1862 etablierte sich ein neues Bankhaus in Alexandrien unter dem Namen von Hermann Oppenheim, Neveu & Cie. In demselben Jahr errichteten die Oppenheimers ihren Hauptsitz in London und wurden seitdem als "britische Staatsangehörige" angesehen. Im Jahre 1866 gründete sich ein drittes Haus in Paris und im Monat Mai dieses Jahres wurde die französische Regierung dringend ersucht, diesem Hause und dem in Alexandrien, das als eine Filiale betrachtet würde, Schutz zu gewähren.
Der Kaiser (Napoleon III.) bewilligte die Anerkennung des Hauses Oppenheim in Frankreich nach den gesetzlichen Bedingungen, um die Verstaatlichung zu erhalten und seit Juni 1866 genehmigte das bevollmächtigte Haus (Oppenheim in Paris) dem Hause Oppenheim in Alexandria, zum Konsulat Frankreichs zu werden. Tatsächlich wurden die Anleiheangebote der Oppenheimers an die Vizekönige Ägyptens nach und nach durch die Konsule Deutschlands, Großbritanniens und nach London Frankreichs unterstützt."[7]

Das Haus Oppenheim zeichnete 1864 für Ismail Pascha, Vizekönig von Ägypten seit 1867, eine Anleihe von mehr als 5 Millionen Pfund Sterling, bereits im Jahre 1862 hatte das Bankhaus Oppenheim Anleihen im Wert von 2,5 Millionen Pfund gezeichnet,1866 waren es drei Millionen Pfund, 1868 wurde eine Anleihe von 7 Millionen Pfund Sterling gezeichnet.[8]

1873 wurde ein Vertrag über eine Anleihe in Höhe von 32 Millionen abgeschlossen. So spielte das Bankhaus Hermann Oppenheim, Neveu (= Neffe) & Co. in der Geschichte der öffentlichen Verschuldung Ägyptens eine herausragende Rolle.[9]

Dokument der Anleihe über 5 Millionen Pfund Sterling im Jahre 1864 für die Regierung Ägyptens durch das Bankhaus Hermann Oppenheim, Neveu & Co. in Alexandrien, welches in der Geschichte der öffentlichen Verschuldung Ägyptens im 19. Jahrhundert eine herausragende Rolle spielte. Hermann Oppenheim hatte in jungen Jahren in Windecken gelebt.

Ein großer Jurist Lassa Francis Lawrence Oppenheim

Der große Brockhaus berichtet über Lassa Francis Lawrence Oppenheim "Völkerrechtler, * Windecken (Kr. Hanau) 30. März 1858, + Cambridge". Unter Hauptwerke heißt es dann: Herausgeber des führend gebliebenen Werks "International Law".[10]

Was hat es mit diesem in Windecken geborenen Mann auf sich, dessen Hauptwerk auf juristisch-politischem Gebiet noch 85 Jahre nach seinem Erscheinen als führend bezeichnet wird? Hier ein Versuch, seinen Lebensweg in chronologischen Schritten nachzuzeichnen:

In das Geburtsregister der "Synagogengemeinde Windecken, Kreis Hanau" wurde unter dem 30. März 1858 die Geburt eines Sohnes LAHSA des Handelsmannes Aron Oppenheim und dessen Ehefrau Adelheit geb. Nußbaum eingetragen. Die Gemeindeältesten As. Oppenheim (ein Bruder des Vaters) und Philipp Kallmann bestätigten dies durch ihre Unterschrift. Der Lehrer S. Neumark schließt den gesamten Eintrag ab.[11] Aron Oppenheim war ein angesehener Mann der jüdischen Gemeinde Windeckens, in den Jahren 1838 - 1852 war er der Gemeindeälteste und gehörte zu den wohlhabenden Familien. Im Jahre 1834 hatte Aron Oppenheimer gegen den Windecker Stadtrat um die Aufnahme in die dortige Bürgerschaft kämpfen müssen. Im Jahre 1835 war er Opfer der gewaltsamen Ausschreitungen gegen die Windecker Juden, da die Ortsbürger unter ihnen entsprechend ihrer Bürgerrechte den Anteil am Bürgerholz gefordert hatten.

Im Nidderauer Stadtarchiv liegt eine Akte zu "Kapitalaufnahme der Eheleute Anton Appel bei Aron Oppenheimer Windecken" aus dem Jahre 1859.[12]

In früheren Jahren war Lahsas Vater in Windecken Pferdehändler gewesen, er war in dritter Ehe verheiratet, und Lahsa war das jüngste von zehn Kindern des Aron Oppenheim, dessen älteste Tochter genau 25 Jahre alt war bei der Geburt von Lahsa Oppenheim.

Die israelitische Volksschule Windeckens bei Lehrer Samuel Neumark im Schulhaus nahe der Synagoge in der Judengasse besuchte Lahsa Oppenheim im Alter von 5 Jahren ein Jahr lang. Am 1. Mai 1863 wurde er in die Schule aufgenommen. In dieser Zeit war er im Rechnen gut, auch sein Fleiß wurde mit gut eingeschätzt, während sein Betragen mit "z. gut" (ziemlich gut), ebenso wie Biblische Geschichte, Lesen und Schreiben beurteilt wurden. Seine Fortschritte im Anschauungsunterricht wurden mit "ziemlich" beurteilt. Nach den Eintragungen des Jahres 1864 schloß ein großes "abwesend" das Schülerblatt.[13]

Seit dem Jahre 1868/69 lebte die Familie Aron Oppenheimer in Frankfurt. Das Frankfurter Adreßbuch vermerkt in dieser Zeit den "Privatier" Aron Oppenheim in der Lange Straße 24. Anfang des Jahres 1869 stellte Aron Oppenheim einen Antrag auf Bürgerrecht in Frankfurt.

1878 taucht erstmals die Schreibweise des Vornamens "Lassa" auf und nicht wie im Geburtsregister notiert "Lahsa".[14]

In einem Lebenslauf schrieb Lassa Oppenheim 1881: "..besuchte ich vom April 1865 bis Oktober 1874 eine Handelsschule (Realschule 2ter Ordnung) zu Frankfurt am Main. Als ich diese Schule absolviert hatte, sollte ich als Lehrling in eine Handlung eintreten, die Neigung zu gelehrten Studien veranlaßte mich indessen meine Eltern nach langem Widerstreben zu überreden, mir die Mittel zum Studium zu gewähren. Ohne jede Kenntnis des Lateinischen und Griechischen bedurfte ich erst einer anstrengenden Vorbereitung von zweijähriger Dauer, um in die Prima des Gymnasiums eintreten zu können. Ich wurde im Oktober 1876 in das Gymnasium zu Frankfurt aufgenommen. Ich

Professor Lassa Francis Lawrence Oppenheim war ein - vor allem in Fragen des Völkerrechts - bedeutender Jurist. Er wurde 1858 in Windecken geboren und starb 1919 in Cambridge.

mußte alle meine Kräfte aufbringen, um den Anforderungen des Gymnasiums zu genügen, da die kurze Zeit meiner Vorbereitung mir gewisse Unsicherheit in der Anwendung des erlernten Stoffes im Gefolge hatte. Es gelang mir trotzdem, nach anderthalb Jahren die Maturitätsprüfung zu bestehen.
Im Sommer 1878 hörte ich Vorlesungen über Institutionen und römische Rechtsgeschichte... in Göttingen, das folgende Wintersemester bezog ich die Universität Berlin, in welcher Universität ich mit einer Unterbrechung - im Sommer 1880 studierte ich in Heidelberg - bis jetzt studiert habe. Ich hörte die üblichen juristischen Kollegien, außerdem noch philosophische und historische Vorlesungen. Dieser Umstand verbunden mit meinem Bestreben, auch Practica auf der Universität zu belegen, veranlaßten mich, mein Studium auf sieben Semester auszudehnen...
Ein nervöses Leiden, welches ich mir durch die geistige Anstrengung besonders während meiner Vorbereitungszeit zum Gymnasium zugezogen habe, veranlaßt mich, nach bestandenem Examen eine längere Erholungsreise ins Ausland zu unternehmen. Berlin 13.11.1881 Oppenheim".[15)]

Von Oktober 1878 bis März 1880 studierte Oppenheim an der Universität Berlin.[16)] Von der Universität Heidelberg kommend immatrikulierte er sich im Herbst 1880 wieder in Berlin, wo er bis zum September 1881 blieb.[16a)]

Am 19.12.1881 wurde Lassa Oppenheim von der juristischen Fakultät der Universität Göttingen mit der Note "cum laude" zum Dr. jur. promoviert. Seine Dissertationsschrift hatte den Titel: "Die Notwendigkeit der Protestierung eines nicht honorierten Wechsels zur Wahrung des Regresses im Fall der Identität des Inhabers und Tractaten oder Domizilaten". Der Referent war Prof. Johann Thöl.[17)] Die Promotion ihres Sohnes Lahsa konnten die Eltern Aron und Adelheit Oppenheim noch erleben, sie starben 1882 und 1884 und wurden auf dem jüdischen Friedhof Rat-Beil-Straße in Frankfurt beerdigt.[18)]

Nach seiner Promotion zum Dr. jur. trat er seinen Referendardienst in Neuwied an im Jahre 1882.[19)] Anschließend studierte Lassa Oppenheim noch an der Universität Leipzig von April 1883 bis August 1884 in seinem Fach weiter.[20)] Danach aber beschloß er, sein Leben dem Studium und der Lehre der Juristerei zu widmen, so ließ er sich 1883 und 1884 in Leipzig nieder, um sich darauf vorzubereiten. In dieser Zeit beschäftigte er sich vor allem mit Kriminalrecht. Der Einfluß seines Professors Binding trug dazu bei.

Im Wintersemester 1883/84 studierte er ein Semester in der medizinischen Fakultät der Universität Heidelberg.[21)] Diesen medizinischen Kurs unternahm er, nicht um Mediziner zu werden , sondern um sich vorzubereiten auf medizinische Jurisprudence.[21a)]

Er habilitierte sich im Jahr 1885 über "Rechtsbeugungsverbrechen", wurde Privatdozent an der Universität Freiburg, dann im Jahre 1889 zum außerordentlichen Professor ernannt. Nach der Pensionierung des dortigen Ordinarius für Strafrecht, Herrn Professor Sontag, glaubte er Anspruch auf dessen Nachfolge zu haben, wurde aber übergangen, wobei antisemitische Motive mitspielten, und er erblickt darin eine unverdiente und kränkende Zurücksetzung, die ihm nicht gestatte, länger in Freiburg zu bleiben.[22)] Auf dem Hintergrund dieser persönlichen Situation Lassa Oppenheims berichtete das Erziehungsdepartement des Kantons Basel Stadt: "Bekanntlich ist das Fach des Strafrechtes an unserer juristischen Universität ungenügend vertreten, was zur Folge hat, daß die betreffenden Vorlesungen immer spärlicher besucht werden, obschon es gerade jetzt, wo die Arbeiten für ein einheitliches Strafrecht im Flusse sind, notwendig wäre, daß das ein tüchtiger Dozent dieses Fach läse. Nun bietet sich eine Gelegenheit, einen solchen Dozenten zu gewinnen in der Person des Herrn Dr. Lassa Oppenheim, außerordentlicher Professor für Strafrecht in Freiburg i./B. ....Aus mehrseitigen Erkundigungen geht hervor, daß Herr Oppenheim ein tüchtiger Gelehrter ist und zugleich ein trefflicher Lehrer, der es versteht, lebhaft und anregend vorzutragen und seine Zuhörer zu fesseln. Sein Charakter wird als tadellos geschildert. Herr Oppenheim ist bereit, ohne Honorar hier Vorlesungen über Strafrecht und Strafprozeß zu halten und spezielle Practica abzuhalten. Er will sich vorerst mit dem Titel eines Extraordinarius, den er schon besitzt, begnügen, allerdings in der Erwartung, daß er in kurzer Zeit zum Ordinarius vorrücke, falls seine Lehrtätigkeit hier befriedigt...".[23)] Mit "Regierungsratsbeschluß vom 19. März 1892 wird Herr Professor Dr. L. Oppenheim... zum ausserordentlichen Professor an der juristischen Fakultät der Universität (Basel) ernannt."[24)] Im Juni 1893 wurde er dann in Basel zum Ordinarius für Strafrecht ernannt.[24a)]

1895 verließ Oppenheim den deutschsprachigen Raum. Folgende Veröffentlichungen liegen in Deutsch von ihm vor und dokumentieren sein Hauptinteresse an Strafrechtsfragen:
- Die Rechtsbeugungsverbrechen 1886
- Zur Lehre von der Untersuchungshaft 1888
- Die Nebenklage 1889
- Das ärztliche Recht zu körperlichen Eingriffen an Kranken und Gesunden 1892

- Die Objekte des Verbrechens 1894
- Gerechtigkeit und Gesetz 1895
- Das Gewissen 1898
- Fahrlässige Behandlung und fahrlässige Begutachtung von Ohrenkranken 1899

Im Jahre 1895 ging Lassa Oppenheim nach London und lehrte dort an der "London School of Economis and political Science (University of London)". Er war "lecturer" und vertrat das Gebiet "International Law". Die Sprache seiner Lehrtätigkeit war von nun an Englisch. Er war zur Zeit seiner Übersiedlung nach England 37 Jahre alt. Sein Bruder Simon (* 1849) lebte ebenfalls in London. In seine Londoner Zeit fällt im Jahre 1900 der Erwerb der britischen Staatsbürgerschaft. 1902 fand seine Heirat mit Elisabeth-Alexandra Cowen, der Tochter des Lieutenant Colonel Phineas Cowen statt, die einzige Tochter Mary Frances wurde geboren. Vermutlich legte er sich auch zu dieser Zeit die weiteren englischen Vornamen "Francis Lawrence" zu.

Über diese Zeit in London heißt es in einem Zeitungsartikel: "... rasch versicherte er sich der Freundschaft seiner Studenten, er wird dort mit herzlicher Hochachtung erinnert. In diesen Jahren verließ er andere Bereiche des Rechts zugunsten des Internationalen Rechts, und er widmete sich mit starker Energie - das war charakteristisch für ihn - dem Studium der umfangreichen Literatur in vielen Sprachen und den Vorbereitungen seines Buches. Der erste Band wurde herausgegeben von Longmans 1905 und 1906 folgte der Band Krieg und Neutralität...

Das Buch von Dr. Oppenheim zog sofort die Aufmerksamkeit der internationalen Rechtsanwälte auf sich, die vor allem die verständliche Behandlung, die beachtenswerte Tiefe der Forschung und die klare und meisterhafte Darstellung sowie die Urteilsreife lobten. Die Ausbildung des Autors auf dem europäischen Kontinent stellte sich als unschätzbar dar, während es allgemeine Praxis war, für englische Völkerrechtler auf englische oder amerikanische Präzidenzfälle sich zu verlassen ohne ausreichende Berücksichtigung der Praxis der europäischen Mächte. Dr. Oppenheim war in der Lage, ein Gleichgewicht zwischen den anglo-amerikanischen und den kontinentalen Rechtsschulen und Rechtsgedanken herzustellen und die Gesichtspunkte gegenseitig so darzustellen, daß sie einander erklärt wurden und allgemeine Anerkennung fanden. So ebnete diese Abhandlung, die sofort führend in den Textbüchern und den Periodica des Völkerrechts in allen Sprachen war, ... den Weg für ihn zu internationaler Anerkennung und Ansehen. .."[25]

So wurde Lassa Oppenheim 1908 an die Universität Cambridge als Professor für Internationales Recht berufen, er war der 4. Inhaber des "Whewell Chair" der Universität Cambridge. "... in den folgenden Jahren arbeitete er mit großer Begeisterung, er lehrte nicht nur mit großer Sorgfalt, sondern schrieb und veröffentlichte viele Bücher, wie "The Science of International Law" 1908 (Die Wissenschaft des Völkerrechts), "The future of International Law" 1911 (Die Zukunft des Völkerrechts), "The Panama Conflict" 1913. Er wurde Mitarbeiter des Instituts for International Law im Jahre 1908, Mitglied im Jahre 1911. Seit 1912 war er Ehrenmitglied der Real Academia de Jurisprudencia, Madrid.

Professor Oppenheim... arbeitete hart vor und während des Krieges für sein neues Heimatland. Er war ein sehr loyales "british subject", in einem Brief im Mai 1915 an die Times geschrieben, verurteilte er den deutschen Angriff auf Belgien als das größte Verbrechen seit Napoleon I. und stellte fest, daß die Verwüstung Belgiens keine Parallele finde in der Geschichte seit dem 30jährigen Krieg... Seine Sympathien lagen während des Krieges bei der Entente...".[26]

Seit 1908 gab er gemeinsam mit dem Berliner Professor Kohler die "Zeitschrift für Völkerrecht" heraus, mit dem Ausbruch des Krieges 1914 stellte er diese Arbeit ein.

Die britische Regierung, insbesondere das Außenministerium, beriet Oppenheim in Fragen des internationalen Rechts, auch arbeitete er an dem Handbuch der britischen Armee "Land Warfare" 1912 mit.

Für die Pariser Friedenskonferenz 1919 bereitete er die Memoranda für die britischen Delegierten vor.

Er wurde die führende Persönlichkeit der "positive school in international law".[27]

Der Weltkrieg 1914 -1918 hatte seinem Werk neue Bedeutung gegeben. Zu der nun folgenden Zeit führte ein Zeitungsartikel aus: "Als nun die Feindseligkeiten beendet waren, bemerkte Professor Oppenheim das Herannahmen des Alters, und er war überwältigt von dem Gewicht des neuen Materials, das ausgebreitet vor ihm lag. Zu Beginn des Jahres 1919 veröffentlichte er drei Vorlesungen über die Vereinten Nationen (The league of nations and its problems. London 1919 - d.V.), er bereitete neue Ausgaben in seiner Reihe 'Beiträge zum Internationalen Recht und Diplomatie' vor. Außerdem war er stark mit der dritten Auflage seiner Abhandlung beschäftigt, in der er die Erfahrungen des Krieges und das Versprechen von Frieden in der Zukunft einarbeiten wollte. Dies alles war eine schwere Aufgabe, seine Gesundheit versagte. Im Juli äußerte er die Angst, daß seine Bürde zu groß sein würde, im August und September 1919 weilte er mit seiner Frau und der Tochter in Wales, er fühlte sich besser, aber noch nicht gut. Sein Ende kam plötzlich im Oktober."[28]

Am 7. Oktober 1919 starb er zu Hause im "Whewell House", Grange Road in Cambridge. Drei Tage später fand seine Beerdigung statt auf dem Friedhof "Golders Green", die Totenfeier wurde nach dem liberalen jüdischen Ritus gehalten.[29]

Lassa Lawrence Francis Oppenheim wurde 61 Jahre alt.

Am 9. Oktober 1919 erschien ein Nachruf auf Professor Lassa Francis Oppenheim in "The Times" unter der Überschrift "A GREAT JURIST-DEATH OF PROFESSOR OPPENHEIM".[30]

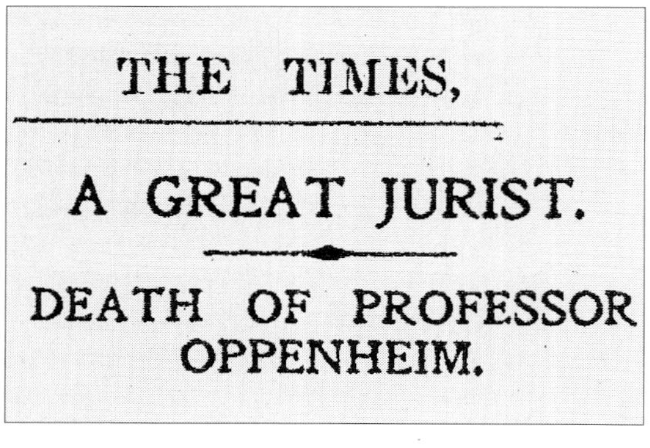
THE TIMES,

A GREAT JURIST.

DEATH OF PROFESSOR OPPENHEIM.

Nachruf auf Lassa Francis Lawrence Oppenheim in der "Times" vom 9.10.1919

Juden als geachtete Bürger Windeckens

Mit der offiziellen bürgerlichen Gleichstellung der Juden begannen auch in Windecken Jahrzehnte des geachteten Zusammenlebens von Juden und Christen.

Windecker Juden als Soldaten

Der Krieg 1870/71

Im Krieg gegen Frankreich 1870/71 waren auch jüdische Soldaten aus Windecken. Auf einer Gedenktafel aus Marmor in der evangelischen Kirche stehen ihre Namen mitten unter den christlichen Soldaten. Ursprünglich befand sich die schwarze Marmortafel an der Turmwand zum Chorraum zwischen zwei Ehrentafeln für die Soldaten, die gegen Napoleon gekämpft hatten. Die Marmortafel besaß eine Sandsteinrahmung mit einem unteren Zierfeld und einem großen oberen Zierfeld mit Stadtwappen und Kaiserkrone. Dieser Rahmen wurde 1983 zerschlagen und die Marmortafel in eine Abstellkammer der Kirche gestellt. Seit 1987 ist sie neben zwei anderen Ehrentafeln an der Westempore aufgehängt.[1)]

Die Tafel führt 43 Namen von Windecker Soldaten auf, darunter sind auch die Namen von drei jüdischen Einwohnern Windeckens: Isaac Wolf, Joseph Levi und Baruch Müller.

Isaac Wolf

Er zog als 25jähriger Soldat mit dem Großherzoglichen Hessischen Dragoner Regiment No 24 in den Krieg. Er wurde am 19.9. 1845 als Sohn des Metzgers Raphael Wolf und seiner Ehefrau Regine geborene Hamburger in Windecken geboren. Später verließ er Windecken.

In der Windecker Stiftskirche hängt eine Marmortafel für die Windecker Soldaten, die am Krieg gegen Frankreich 1870/1871 teilgenommen hatten, darunter auch Isaac Wolf, Joseph Levi und Baruch Müller.

Joseph Levi

Er zog als 21jähriger Soldat in den Krieg mit dem 2. Hessischen Infanterie Regiment No 82. Er war als Sohn des Eisenhändlers Jakob Levi und dessen Ehefrau Jette geborene Herz in Windecken am 24.6.1849 geboren. Später verließ er Windecken.

Baruch Müller

Mit 27 Jahren zog Baruch Müller mit dem Hanseatischen Infanterieregiment No 76 in den Krieg. Er wurde am 10.9.1843 als Sohn des Handelsmannes Marum Müller und seiner Ehefrau Malchen geborene Goldschmidt in Windecken geboren. Kurze Zeit nach seiner Rückkehr aus dem Kriege wanderte er nach Amerika aus, wo er im hohen Alter von 98 Jahren starb.

Im Rahmen einer im Oktober 1870 vom Landrat angeordneten Sammlung von Kleidungsstücken für die Soldaten beteiligten sich auch die Mitglieder der jüdischen Gemeinde. Ein "Verzeichnis der für die im Felde vor Paris liegenden Krieger, 82. Reg., gesammelt durch Lehrer Neumark" wurde dazu angelegt. Jacken, Hemden, Unterhosen und Socken wurden gegeben von: Jakob Levi, Witwe Levi, A. Müller, Sannel Heß, Witwe Wolf, Simon Heß, Neumark, Witwe Stern, S. Strauß, Herzberger.[2)]

Kriegerverein Windecken

Nach dem Krieg gegen Frankreich gründeten sich im ganzen Deutschen Reich Kriegervereine. So auch in Windecken.

Der deutsche Kaiser Wilhelm II. dankte seinen Soldaten mit den Worten: "Eure Tapferkeit und Ausdauer in diesem Kriege, für welche Ich Euch wiederholt Meine vollste Anerkennung aussprach, hat das Werk der inneren Einigung Deutschlands beschleunigt, ein Erfolg, den Ihr mit Einsetzung Eures Blutes und Eures Lebens erkämpft habt. Seid stets eingedenk, dass der Sinn für Ehre, treue Kameradschaft, Tapferkeit und Gehorsam, eine Armee groß und siegreich macht; erhaltet Euch diesen Sinn, dann

"Betrifft: Stiftung einer Gedenktafel für die Krieger von 1870/71 in die hiesige Kirche"

Im Dezember 1894 wandte sich das Presbyterium der evangelischen Kirche Windecken an den Windecker Stadtrat mit folgendem Schreiben:
"Das Presbyterium der evangelischen Kirche dahier richtet ergebenst an den Stadtrat die Bitte, für die hiesige Kirche im nächsten Jahre eine Gedenktafel zu Ehren der Krieger von 1870/71 aus städtischen Mitteln zu stiften. Allgemein wird es beklagt, daß man bisher es unterlassen hat, die Namen derjenigen in geziemender Weise zu verewigen, die damals in dem großen Kriege Leib und Leben daransetzten, um das Vaterland zu schirmen und ihm seine Stellung unter den Völkern der Welt im Land des Erbfeindes wieder errungen haben.
Im nächsten Jahre werden es 25 Jahre sein, daß unserem Volk die großen Siege geschenkt wurden. Nach unserem Dafürhalten wäre die überall im Deutschen Reiche gegebene Jubelfeier ein passender Anlaß, den Dank endlich in würdiger Weise auszusprechen, auf den die Krieger von 1870/71 vollen Anspruch haben. Wir erlauben uns, dem verehrlichen Stadtrat zu Windecken vorzuschlagen, aus städtischen Mitteln eine Gedenktafel für die hiesige Kirche zu verwilligen und sind gerne geneigt zur Förderung dieser Angelegenheit weitere Vorlagen zu machen...".[3)]

wird das Vaterland mit Stolz auf Euch blicken und Ihr werdet wie immer sein starker Arm sein." Diese Kaiserworte stehen auf einem reich verzierten Gedenkblatt des Krieger-Vereins Windecken. Es wurde am 11. April 1873 gestiftet. Als Mitglieder des Kriegervereins sind auch vermerkt: Isaak Wolf und Joseph Levi.[4)]

1876 wurde anläßlich der Weihung der Kriegervereinsfahne ein großes Fest gefeiert.[5)]

Recha Wolf (* 1901) erinnerte sich: "Mein Vater war Soldat in Wiesbaden bei den 88ern gewesen. Jedes Jahr an Kaisers Geburtstag, am 27. Januar, war ein Ball bei Lebeau in der Gastwirtschaft "Zum Goldenen Löwen" am Marktplatz. Der Kriegerverein Windecken veranstaltete diesen Ball. Meine Eltern gingen immer dorthin, der Ball war ein großes gesellschaftliches Ereignis in Windecken."[6)]

Im Mitgliederverzeichnis des Krieger-Vereins von Windecken aus dem Jahre 1900 sind die folgenden jüdischen Mitglieder verzeichnet:

Ludwig Levi - Einjähriger Gefreiter	Willi Wolf - Gemeiner
Julius Kahn - Gemeiner	Moritz Müller - Gemeiner

Moritz Müller war auch Schriftführer des Vereins.[7)]
Der Zweck des Vereins war in den Statuten beschrieben: "Die Liebe und Treue für Kaiser und Reich, Landesfürst und Vaterland... zu pflegen, zu bethätigen und zu stärken." Eine weitere Aufgabe war, "die Leichen verstorbener Mitglieder mit den üblichen militärischen Gebräuchen... zur Gruft zu geleiten."[8)] Dies war bei dem Kriegervereins-Mitglied Moritz Müller nicht mehr möglich, da er in Auschwitz vergast wurde. Bei der Beerdigung von Julius Kahn in 1935blieben die alten Kriegskameraden fern.

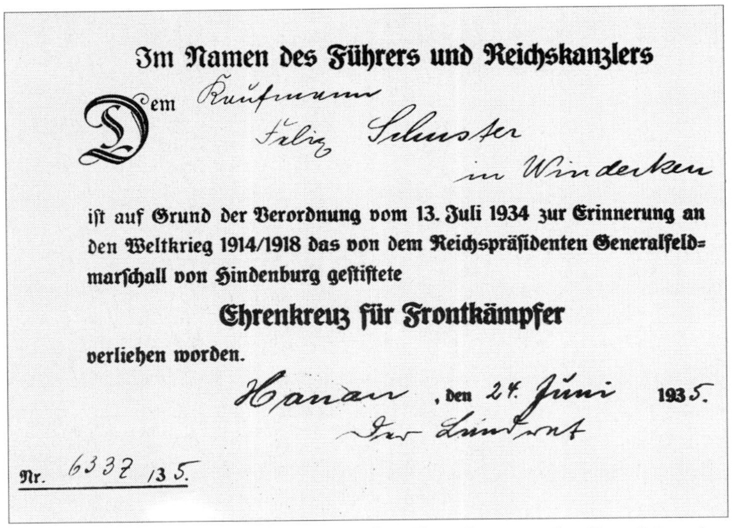
Im Namen des Führers und Reichskanzlers
Dem Kaufmann
Felix Schuster
in Windecken
ist auf Grund der Verordnung vom 13. Juli 1934 zur Erinnerung an den Weltkrieg 1914/1918 das von dem Reichspräsidenten Generalfeldmarschall von Hindenburg gestiftete
Ehrenkreuz für Frontkämpfer
verliehen worden.
Hanau, den 24. Juni 1935.
Der Landrat
Nr. 6337/35.

Urkunde anläßlich der Verleihung des Ehrenkreuzes für Frontkämpfer an Felix Schuster am 24. Juni 1935, unterzeichnet von dem von den Nazis eingesetzten Landrat Löser.

Windecker Juden als Soldaten im Ersten Weltkrieg

Von den Windecker Juden waren mehrere als Soldaten im Ersten Weltkrieg zu den Fahnen geeilt, um ihr deutsches Vater-

Gedenkblatt des Kriegervereins Windecken 1873, als Mitglieder sind auch Israel Wolf und Joseph Levi aufgeführt.

Joseph Wolf fiel mit 22 Jahren 1917.

Julius Reichenberg

David Sommer

Salomon Reichenberg

Salli Reichenberg

Josef Reichenberg

Windecker Juden als Soldaten im 1. Weltkrieg

Auszeichnung von Felix Schuster für seine Verdienste im 1. Weltkrieg

land zu retten.
Als Soldaten im ersten Weltkrieg sind bekannt:
- Josef Wolf
- David Sommer
- Julius Reichenberg
- Salli Reichenberg
- Felix Schuster, der damals noch in Sterbfritz lebte
- Salomon Reichenberg
- Ludwig Levi
- Josef Müller
- Josef Reichenberg

Die Windecker Zeitung veröffentlichte in einer Beilage zur 100. Nummer am 19.12.1914 unter der Überschrift "WINDECKER KRIEGER IM JAHRE 1914" auch folgende Namen jüdischer Kriegsteilnehmer: Ludwig Levi, Salli Reichenberg und Josef Wolf.[9)]
Salli Reichenberg erhielt das Eiserne Kreuz II. Klasse. Dieses Kreuz legte er 1933 in das Schaufenster seines Geschäftes, als verboten wurde, bei ihm als Juden zu kaufen.
David Sommer und Josef Müller erhielten das Eiserne Kreuz für ihre Verdienste um das deutsche Vaterland. Joseph Wolf erhielt das Eiserne Kreuz 1. Klasse.
Auch Salomon Reichenberg wurde mit verschiedenen Auszeichnungen dekoriert, die er auch in der Hitlerzeit in seinem Schaufenster auslegte.
Felix Schuster kam erst mit seiner Eheschließung 1921 nach Windecken. Neben einigen Auszeichnungen, die er entweder während oder unmittelbar nach dem Kriege 1918 erhalten hatte, unter anderem das Eiserne Kreuz, ist von besonderem Interesse das Ehrenkreuz für Frontkämpfer, das zur Erinnerung an den Weltkrieg 1914/18 von dem Reichpräsidenten Generalfeldmarschall von Hindenburg gestiftet wurde. "Im Namen des Führers und Reichskanzlers" wurde dem Kaufmann Felix Schuster in Windecken das Ehrenkreuz für Frontkämpfer am 24. Juni 1935 vom Landrat Löser verliehen. Zuvor, im März 1935, hatte der Windecker Bürgermeister dem Landrat mitgeteilt: "Gegen die Verleihung des Ehrenkreuzes für Frontkämpfer an den Felix Schuster ist nichts einzuwenden." [10)]
Ebenfalls mit diesem Ehrenkreuz wurden ausgezeichnet: David Sommer, Salomon Reichenberg, Julius Reichenberg, Salli Reichenberg, Josef Müller.
Josef Wolf war der einzige jüdische der 67 Gefallenen von den insgesamt 393 Kriegsteilnehmern aus Windecken.[11)] Josef Wolf wurde im Alter von 22 Jahren Soldat. Er erhielt das Eiserne Kreuz erster und zweiter Klasse. Er war Unteroffizier des 6. Infanterieregimentes No 88. Im Jahre 1917 am 27.9.verlor er sein junges Leben für sein deutsches Vaterland.[12)] Sein Name war auch unter den vielen Namen der Gefallenen von Windecken zu lesen auf dem Kriegerdenkmal, das am Totensonntag, dem 20. November 1921, auf dem christlichen Friedhof am Ortsausgang Richtung Hanau eingeweiht wurde.
Die Urkunde der Grundsteinlegung im Juni 1920 führte auch die Namen aller Stadtverordneten Windeckens auf, darunter auch Moritz Müller.
Der Bürgermeister führte in seiner Ansprache zur Einweihung des Denkmals auf "dem neuen Friedhof" u.a. aus: "...Nun steht das vollendete Werk vor uns. Einfach und schlicht. Tiefe Trauer verbunden mit dem Gefühl der Dankbarkeit erfüllt unser Herz. Unser Geist weilt bei den Helden, die für uns und unser Vaterland gestorben sind. Wenn wir die Namen auf diesem Denkmal lesen, dann ist es uns, als wenn die Helden uns zuriefen: 'Denkt an unsere Hinterbliebenen, sorgt für sie und arbeitet weiter für unser geliebtes Vaterland!' Deshalb soll dieses Denkmal immer eine erneute Aufforderung für uns sein, nicht nachzulassen in der Fürsorge für unsere Kriegshinterbliebenen und Kriegsbeschädigten. Ferner soll es uns ermahnen, einig zu sein und für den Wiederaufbau unseres lieben Vaterlandes zu leben und zu wirken. Aber nicht mit der Waffe des Krieges, sondern mit den Waffen des Geistes und mit der Kraft deutscher ernster Arbeit. Ruht aus von dem Kampf, ruht aus von dem Streit, wir kämpfen für eine bessere Zeit. So übernehme ich das Ehrenmal im Namen der Stadt und gelobe, es treu zu schützen und zu pflegen...". Als Abschluß der "Weihefeier des Kriegerdenkmals" wurde der Chroral "Jesus meine Zuversicht "gespielt. Wie das wohl die auch zahlreich anwesenden jüdischen Windecker empfunden haben mögen? [13)]

Das Kriegerdenkmal mit den Namen aller Gefallenen - auch der von Joseph Wolf - wurde 1921 auf dem städtischen Friedhof eingeweiht. Nach dem 2. Weltkrieg wurde es abgerissen.

Heute existiert das Denkmal nicht mehr, nur noch vereinzelte Steinblöcke mit den noch gut zu lesenden Namen liegen bei der Grillhütte am Hain an der Nidder herum.
Die Namen der Gefallenen des 1. Weltkrieges - auch Joseph Wolf - stehen zum Gedenken auf schlichten Holztafeln an der Wand der Trauerhalle des Friedhofs.[14)]

Windecker Juden in den Vereinen

Der Männergesangverein Concordia

Im Juni 1868 wurde im Hause des Stadtschreibers Zimmermann im Hause Glockenstraße 1 von 40 Männern und Jünglingen "zum gemeinsamen Genuß des edlen Gesangs, zur Verherrlichung des Gottesdienstes und des geselligen Vergnügens... ein Gesangverein unter dem Namen Concordia" gegründet.
Der erste Dirigent war der Windecker jüdische Einwohner Philipp Meyer genannt Kallmann. Die Chronik der Concordia zum 100jährigen Jubiläum 1961 schildert ihn: "Ein feingebildeter musikalischer Mann, der den Verein bis zum Jahre 1870 dirigierte und zu hoher Blüte brachte."[15)]
Im Jahre 1886 feierte der Gesangverein Concordia sein 25jähriges Stiftungsfest. Dem Vorstand gehörte damals auch M. Kallmann an.[16)]

Zur Person Philipp Kallmanns

Philipp Kallman war der Sohn des Vorsängers der jüdischen Gemeinde Windecken Mayer Kallmann, der aus Prag stammte. In der musikalischen Umgebung seiner Kindheit lag sicher auch

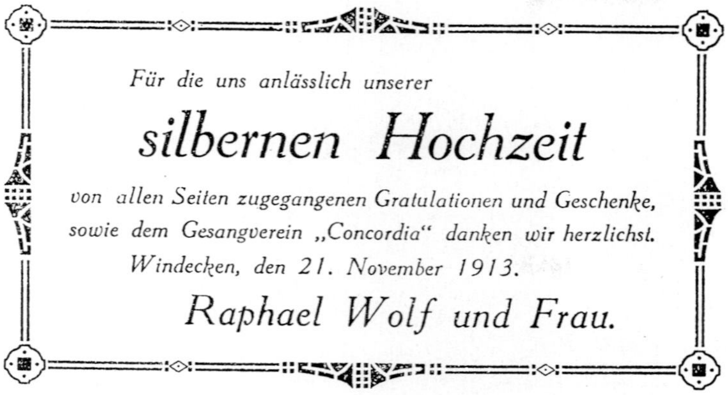

Für die uns anlässlich unserer

silbernen Hochzeit

von allen Seiten zugegangenen Gratulationen und Geschenke, sowie dem Gesangverein „Concordia" danken wir herzlichst.

Windecken, den 21. November 1913.

Raphael Wolf und Frau.

Anzeige in der Windecker Zeitung 1913

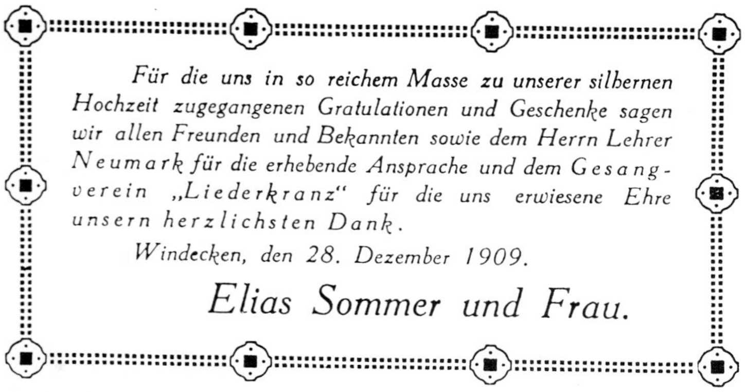

Für die uns in so reichem Masse zu unserer silbernen Hochzeit zugegangenen Gratulationen und Geschenke sagen wir allen Freunden und Bekannten sowie dem Herrn Lehrer Neumark für die erhebende Ansprache und dem Gesangverein „Liederkranz" für die uns erwiesene Ehre unsern herzlichsten Dank.

Windecken, den 28. Dezember 1909.

Elias Sommer und Frau.

Anzeige in der Windecker Zeitung 1909

eine Quelle seiner Musikalität. Philipp wurde 1811 geboren. In Windecken heiratete er 1837 Elisa Schloß. Mit ihr hatte er vier Kinder.
Von Beruf war er Lotteriecollecteur. Seine Frau starb mit 28 Jahren 1845. Sechs Jahre später ging er eine neue Ehe ein, das Ehepaar hatte 5 Kinder.
Philipp Kallmann war auch innerhalb der jüdischen Gemeinde ein anerkannter Mann, fast zwanzig Jahre von 1853 - 1871 war er der Gemeindeälteste.
Seine Tochter Fanny Kallmann verheiratete Rosenthal wurde aus Wiesbaden im Alter von 88 Jahren in das Konzentrationslager Theresienstadt verschleppt.

1911 feierte der Männergesangverein Concordia sein 50jähriges Bestehen. Aus diesem Anlaß wurde "ein verdienstvolles Mitglied, Herr Raphael Wolf, Ehrenmitglied."[17] Anläßlich seiner silbernen Hochzeit dankte Raphael Wolf dem Gesangverein "Concordia" herzlich in der Windecker Zeitung im November 1913. Als Ehrenmitglied wurde Raphael Wolf bei späteren festlichen Anlässen auch in der Kutsche gefahren, neben der der Fahnenträger des Vereins ging.

Bei den drei Gesangsvereinen, die es in Windecken gab, waren die Bauern und Bürgerlichen überwiegend Mitglieder der Concordia.

Gesangverein Liederkranz

Zu dem im Jahre 1876 gegründeten Gesangverein Liederkranz gehörten vorwiegend die Handwerksmeister und die Geschäftsleute Windeckens.

1907 fand zum 30jährigen Bestehen des Gesangvereins Liederkranz ein großes Fest in Windecken mit Festumzug statt. Die anläßlich dieses Festes erschienene Festschrift gibt Aufschluß über die Beteiligung jüdischer Bürger Windeckens.
Im Finanzausschuß wirkte Elias Sommer mit.
Im Wohnungsausschuß wirkten u.a. mit: Willi Müller, Raphael Wolf, Moritz Stern.
Im Empfangs-, Zug- und Ordnungs-Ausschuß war Raphael Wolf Schriftführer, auch Willi Wolf wirkte hier mit.
Auch an den gestifteten Preisen und Ehrenpreisen hatten die jüdischen Windecker ihren Anteil, allerdings immer in gemeinschaftlichen Spenden mit christlichen Bürgern:
Preis 14: Ein Pokal gestiftet von H. Bauscher, J. Stoll, Elias Sommer, J. Lotz, J. Schneider, Julius Kahn, Fr. Michel, H. Reul
Preis 15: Eine Bowle mit Glaseinsatz und Löffel gestiftet von W.Müller und weiteren 7 christlichen Bewohnern
Preis 17: Ein Pokal, gestiftet von den Metzgermeistern, Raphael Wolf, Abraham Wolf, Willi Wolf und Peter Reul
Preis 19: Ein Humpen mit Glaseinsatz gestiftet von Moses Stern und 6 weiteren christlichen Bürgern.
Am Sonntag, den 14. Juli 1907, bewegte sich ein schöner Festzug durch die Straßen Windeckens. Auf einem Bild des Festzuges in der heutigen Eugen-Kaiser-Straße ist Hilda Wolf (Oppenheimer) im Kreise ihrer christlichen Freunde zu sehen.
David Sommer war als passives Mitglied des Liederkranz im Jahre 1907 aufgeführt.[19]

Im Gesangverein Liederkranz war Elias Sommer aktives Mitglied, er sang II. Baß. Bei seiner silbernen Hochzeit gab der Gesangverein ein Ständchen. In einer in der Windecker Zeitung vom Dezember 1909 veröffentlichten Anzeige sprachen Elias Sommer und Frau "dem Gesangverein 'Liederkranz' für die uns erwiesene Ehre unseren herzlichsten Dank aus".[18]

Als das 50jährige Bestehen des Vereins 1926 gefeiert wurde, war Joseph Müller passives Mitglied. Bei den Festvorbereitungen wirkte er im Finanz- und Wohnungsausschuß mit. Die vereinigten Metzgermeister Windecken, zu denen auch die Metzgerei Willi Wolf gehörte, stifteten einen Preis.[20]

Sportclub-Eintracht

1911 wurde der Fußball-Club Eintracht gegründet. An jüdischen Spielern bei der Eintracht sind bekannt:
Hermann Levi (* 1905) spielte in den zwanziger Jahren bei der Jugendmannschaft der Eintracht.
Ernst Reichenberg (* 1919) spielte als Freizeitspieler bei der Eintracht in Windecken, nach 1933 hätte er als Jude auch keiner Mannschaft mehr angehören können. Seine Mitspieler gaben ihm nach einem Frankfurter Eintrachtspieler den Spitznamen "Lindner".
Ein passiver Förderer und begeisterter Anhänger war Ludwig Löwenthal, der seit seiner Heirat 1932 in Windecken lebte.

Feuerwehr

David Sommer war Mitglied der Sanitäter bei der Windecker Feuerwehr. Auch Joseph Müller wurde 1927 als Mitglied der Freiwilligen Feuerwehr Windecken genannt.

Vaterländischer Frauenverein

Ida Wolf, später auch Lilli Müller waren Mitglieder des Vaterländischen Frauenvereins, dieser war nicht konfessionell.[18]

Turnverein

Rita Reichenberg (* 1 911) war Mitglied im Windecker Turnverein.

Hilda Wolf (mit Blumenstrauß im Vordergrund rechts) 1907 beim Festzug durch die Windecker Straßen

Hermann Levi (4. von links) als Spieler des Windecker Fußballvereins Eintracht um 1923

Die Mitglieder des Turnvereins 1927 beim Kreisfeuerwehrfest. Hintere Reihe, 4. von links Rita Reichenberg

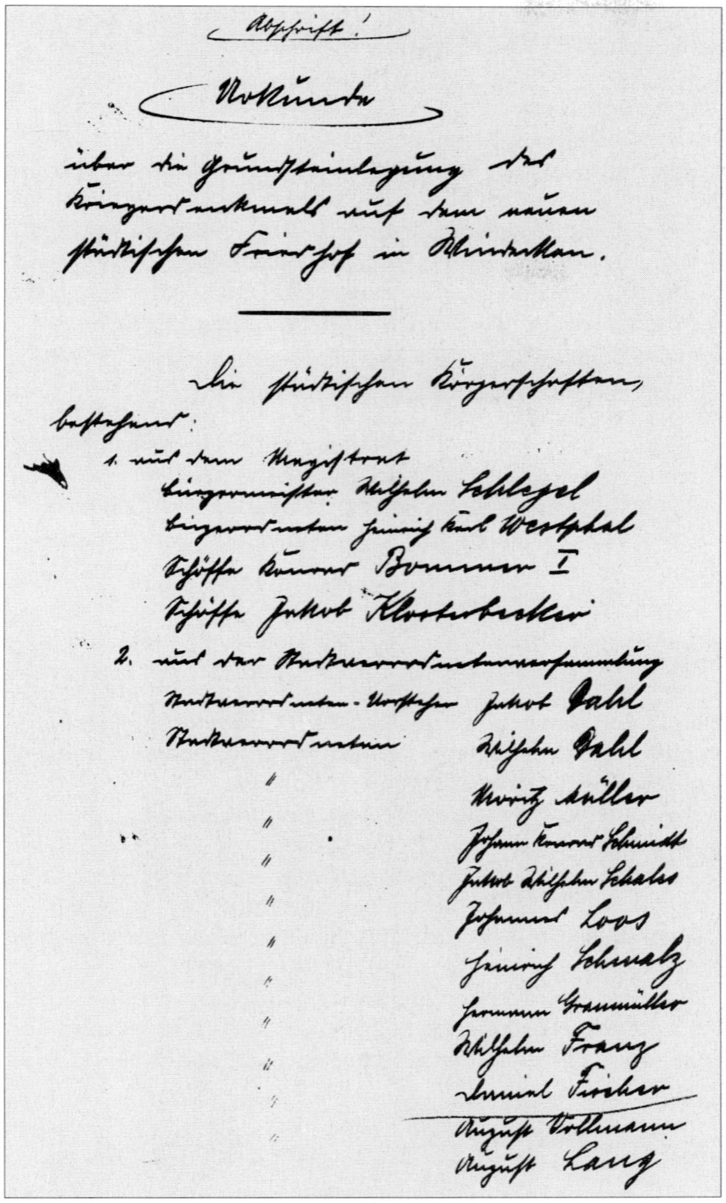
Abschrift!

Urkunde

über die Grundsteinlegung des Kriegerdenkmals auf dem neuen städtischen Friedhof in Windecken.

Die städtischen Körperschaften, bestehend:

1. aus dem Magistrat
Bürgermeister Wilhelm Schlegel
Beigeordneten Heinrich Karl Westphal
Schöffe Konrad Bommer I
Schöffe Jakob Klosterbecker

2. aus der Stadtverordnetenversammlung
Stadtverordneten-Vorsteher Jakob Dahl
Stadtverordnete Wilhelm Dahl
" Moritz Müller
" Johann Konrad Schmidt
" Jakob Wilhelm Schales
" Johannes Loos
" Heinrich Schmalz
" Hermann Graumüller
" Wilhelm Franz
" Daniel Fischer
" ~~August Vollmann~~
" August Lang

Moritz Müller war Stadtverordneter für die SPD in Windecken. Sein Name ist auf der "Urkunde über die Grundsteinlegung des Kriegerdenkmals auf dem neuen städtischen Friedhof in Windecken" aus dem Jahr 1920 zu lesen.

Juden im öffentlichen Leben

Jüdische Stadtverordnete in Windecken

Windecken hatte drei jüdische Stadtverordnete: Raphael Wolf, Moritz Müller und Felix Schuster.

In welchen Jahren Raphael Wolf Stadtverordneter in Windecken war, ist nicht genau bekannt. Raphael Wolf kandidierte 1913 bei den Stadtverordnetenwahlen in der 2. Abteilung für die National. Partei. Es wurde noch nach dem Dreiklassenwahlrecht gewählt. Raphael Wolf erhielt mit dem anderen Kandidaten Stimmengleichheit, das Los entschied gegen ihn.

Moritz Müller wurde nach 1918 für die Sozialdemokraten ins Stadtparlament gewählt.

Auch Felix Schuster gehörte zu den Sozialdemokraten, er war Stadtverordneter. Felix Schuster trat sofort bei der Machtübernahme der Nazis zurück.

Raphael Wolf starb 1932 in Windecken, Moritz Müller wurde im hohen Alter von 75 Jahren in das Konzentrationslager Theresienstadt verschleppt und von dort nach Ausschwitz, wo er vergast wurde .

Felix Schuster gelang 1937 die Flucht nach Amerika, wo er 1961 in New York starb.

Kirche und Synagoge

Die religiöse Intoleranz der Christen gegenüber den Juden trat zugunsten gegenseitiger Achtung der verschiedenen Religionen allmählich zurück.

Im täglichen Leben nahmen die Christen die jüdischen Feiertage wahr, so das Pessachfest (um die Osterzeit), wenn die jüdischen Kinder den christlichen Nachbarn die Mazze - das ungesäuerte Brot - brachten.

Ebenso wurde der "Lange Tag" des Versöhnungsfestes Jom Kippur der Juden, an dem sie sich in ihren weißen Sterbegewändern in der Synagoge und auf dem Vorplatz aufhielten, wahrgenommen.

Diese zunehmende Toleranz prägte auch den Umgang zwischen den christlichen Gemeinden und der jüdischen Gemeinde.

Die für die jüdische Gemeinde Windecken gültige Gemeindeordnung aus dem Jahre 1823 führt zu den Aufgaben der Gemeindevorsteher folgendes aus: "Sie haben mit allem Eifer dahin zu wirken, alle etwaigen, eine feindliche Sonderung der jüdischen von den christlichen Einwohnern verratenden Gewohnheiten und Gebräuche abzustellen..".[22)]

1817 fand ein großer Jubiläumsgottesdienst in Erinnerung an die Reformation 300 Jahre zuvor in der reformierten Kirche statt. Diese war geschmückt mit einem "Transparent mit dem eichenumkränzten und von herniederschwebenden Engeln gekrönten Namenszuge Sr. Königlichen Hoheit des Kurfürsten". Über dem Haupteingang hingen Brustbilder der Reformatoren, u.a. Luther unter einem segnenden Christusbild. Bei diesem Jubiläumsgottesdienst befanden sich auch "viele Juden" in der Kirche.[23)]

Der Windecker Pfarrer Zimmermann half ohne Ansehen der Person Juden und Christen in Notlagen. Nach seinem frühen Tod im Jahre 1825 wurde ihm ein Grabstein gesetzt mit der Inschrift: "Herr Carl Wilhelm Zimmermann - Prediger. Starb nach acht Jahren seines verdienstvollen Wirkens dahier, den 31ten Mai 1823. Darum weihte die evangelische Gemeinde ihrem Lehrer,

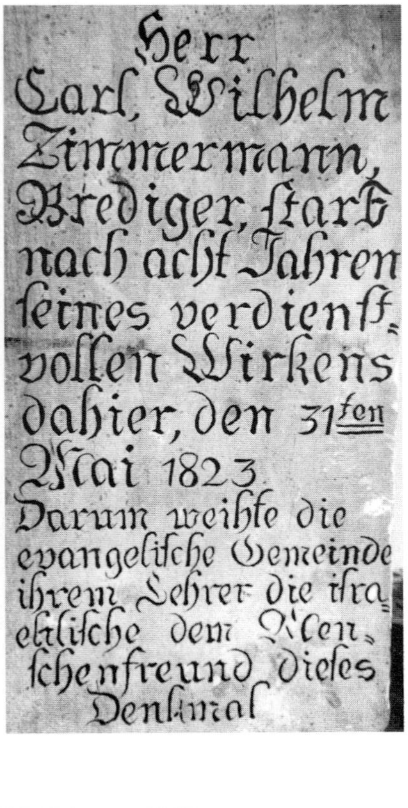

Grabstein des Pfarrers Zimmermann 1825 "weihte die evangelische Gemeinde ihrem Lehrer, die israelitsche dem Menschenfreund dieses Denkmal".

Felix Schuster u. Familie

gratulieren herzlichst

für Konfirmation

Windecken

Glückwunschkarte 1936

Gebrüder Reichenberg, Windecken

empfehlen

für Konfirmanden	für Konfirmandinnen
Anzüge	Kleiderstoffe
Hemden	Unterröcke
Kragen	Korsetten
Kravatten	Untertaillen
Manschetten	Hemden u. Beinkleider

Schirme.

Windecker Zeitung März 1914

die israelitische dem Menschenfreund dieses Denkmal." Seit 1991 befindet sich dieser Grabstein in der evangelischen Stiftskirche Windecken.

Im Jahre 1906 verwandte sich der evangelische Pfarrer Henss für seinen jüdischen Kollegen, den Vorsänger und Lehrer der jüdischen Gemeinde Sally Katz, den, wie er sich äußert, "ich stets als einen sehr anständigen und achtenswerten Mann gefunden".[24)]

Das Adreßbuch für Windecken von 1915 vermerkte unter den allgemeinen Angaben zu Windecken "Evangelische Kirche und Synagoge".[25)]

Auch die Anteilnahme an den großen religiösen Familienfesten war selbstverständlich in der Nachbarschaft und befreundeten Familien. Ebenso die Teilnahme an christlichen oder jüdischen Beerdigungen auf den Windecker Friedhöfen.

Salli Reichenberg inserierte seine Verlobung mit dem Datum "Pfingsten 1909" in der Windecker Zeitung.

Im evangelischen Frauenkreis, den Frau Pfarrer Henss leitete, war auch Thekla Levi Mitglied.

Geschäftsverkehr

Da die Windecker Juden überwiegend Geschäfte führten, waren sie von daher auch in besonders regem Kontakt mit der christlichen Bevölkerung als Kundschaft: beim Metzger Wolf gab es hervorragende Rindswürstchen, den ärmeren Leuten legte Frau Wolf gerne ab und zu ein Nierchen dazu. Bei Reichenbergs kaufte man den Stoff oder die Aussteuer. Frau Reichenberg legte auch schon mal einen kleinen Stoffrest für eine Schürze dazu. Wenn ein Kind geboren wurde, schickte sie ein Stück Samtstoff. Am Hüttenberg beim "Eisen-Reichenberg" kaufte man die Haushaltswaren oder Eisenteile. Bei David Sommer gab es auch Stoffe, bei Moritz Müller kaufte man Möbel und bezahlte sie in monatlichen Raten ab. Ebenso gab es bei Salomon Reichenberg Möbel und auch Stoffe. Jacob Levi lieferte den Bauern Frucht. Bei Felix Schuster gab es alle benötigten Baumaterialien. Frau Speier verkaufte Schuhe, und David Sommer kam ins Haus, wenn eine Ziege zu schlachten war.

Veröffentlichungen in der Presse

Der selbstverständliche Umgang von Christen und Juden wurde auch in den erhaltenen Pressemeldungen deutlich. Die mit der unterschiedlichen Religion der Juden verbundenen Besonderheiten wurden als Mitteilungen veröffentlicht.

So wurde auf die bevorstehenden hohen jüdischen Feiertage hingewiesen. Auch die jüdischen Geschäftsleute wiesen in der Windecker Zeitung ihre christlichen Kunden auf Schließung ihrer Geschäfte anläßlich der hohen Feiertage hin.

Auch über die Gemeindeältesten als Vertreter der jüdischen Gemeinde nach außen wurde Mitteilung gemacht.

Familiäre Neuigkeiten von Juden und Christen veröffentlichte die Windecker Zeitung. So die Geburt der Tochter Hilde des Jacob Levi oder auch die silberne Hochzeit der Eheleute Elias Sommer 1909.

Aus Stadt und Land.

Windecken, 7. September 1912.

* **Hohe israelitische Feiertage.** Die Israeliten feiern am 12. und 13. September das Neujahrsfest. Es beginnt das Jahr 5673 ihrer Zeitrechnung. Das Versöhnungsfest fällt auf den 21. September.

Aus Stadt und Land.

Windecken, 10. Oktober 1908.

Bestellung. Der israelitische Gemeinde-Aelteste Herr Raphael Wolf ist auf eine weitere **Amtsdauer** von 3 Jahren zum Aeltesten dieser **Gemeinde bestellt** und verpflichtet worden.

* Das **Fest der silbernen Hochzeit** können am 24. Dezember die Eheleute Elias Sommer und am 26. Dezember die Eheleute Wilhelm Herbert feiern. Möge es den beiden beliebten Ehepaaren vergönnt sein, das Fest in bester Gesundheit im Kreise ihrer Familienangehörigen zu begehen.

Wegen hohen Feiertagen sind unsere Geschäfte am

Samstag, den 23. und Sonntag, den 24. Sept. geschlossen.

Der Verkauf kann nur am Freitag, den 22. September bis nachmittags 5 Uhr stattfinden.

Raphael Wolf.
Willi Wolf.

Windecken.

Geborene. 24. März: dem Schlosser Heinrich Philipp Adam Müller, eine Tochter, Marg. Maria Dorothea. — 27. März: dem Zimmermann Valentin Friedrich Wilhelm Fuß, ein Sohn, Georg Wilhelm Heinrich. — 6. April: dem Kaufmann Jakob Levi, eine Tochter, Hilde.

Ausschnitte aus der Windecker Zeitung 1908 - 1912

Ausflug in den Bad Nauheimer Kurpark: Joseph und Lilli Wolf (links) mit den Freunden Wilhelm und Gretel Hartmann 1927

Miteinander in der Schule

Seit dem Jahre 1880 besuchten die jüdischen Kinder gemeinsam mit den christlichen Kindern die Schule in Windecken.

Die jüdischen Kinder erhielten allerdings ihren Religionsunterricht in ihrer Religionsschule neben der Synagoge. Während des christlichen Religionsunterrichts in der Volksschule hatten sie unterrichtsfrei. Auch war es den christlichen Mitschülern selbstverständlich, daß die jüdischen Schüler am Samstag aufgrund ihrer Religionsgesetze nicht schrieben oder einen Schulranzen trugen.

Tanzvergnügen

Beim Tanzen auf den Windecker Märkten oder anderen Tanzgelegenheiten waren oft die jüdischen Mädchen Windeckens begehrte Tänzerinnen. Einigen heute hochbetagten Männern Windeckens treibt die Erinnerung an die "tollen Juddeweiber" noch den Glanz in die Augen. Man tanzte und poussierte, aber zu ernsteren Heiratsabsichten kam es nicht.

Freundschaften

Neben der Freizeitgestaltung in den verschiedenen Vereinen entwickelten sich auch Freundschaften von christlichen mit jüdischen Familien, gemeinsame Familienausflüge.

Dieses selbstverständliche Miteinander bei Erwachsenen und Kindern änderte sich in Windecken erst einschneidend mit dem Jahr 1933.

Nationalsozialismus in Windecken

Das rote Windecken wird braun

Windecken war seit 'eh und je' sozialdemokratisch orientiert, die Kommunisten waren 1928 und 1930 die zweitstärkste Partei. Im Kampf gegen den aufkommenden Nationalsozialismus wurde in den beiden Reichstagswahlen von Juli und November 1932 die KPD zur stärksten Partei in Windecken. Bei der Kreistagswahl vom 12. März 1933, als Hitler schon Reichskanzler war, wurde die SPD noch stärkste Partei mit 5 Stimmen mehr als die NSDAP, während auf die KPD 209 Stimmen entfielen.
Hier einige Wahlergebnisse:

	SPD	KPD	NSDAP
Reichstagswahl 1928	490	108	10
Reichstagswahl 1930	524	174	51
Reichstagswahl 31. Juli 1932	320	324	319
Reichstagswahl 6. November 1932[1]	297	335	247
Reichstagswahl 5. März 1933[1a)]	344	341	468
Landtagswahl 5.3.1933[1b)]	335	341	443
Kreistagswahl Landkreis Hanau 12. März 1933[2)]	484	209	479

"Erst war mal gar keine Hakenkreuzfahne in Windecken aufzutreiben", erinnerte sich ein alter Windecker. Als nach der Machtübernahme durch die Nazis im Kreis Hanau und so auch in Windecken auf dem Windecker Rathaus die Hakenkreuzfahne gehißt wurde, holten sie zwei beherzte Sozialdemokraten, Franz Reul, der nach 1945 Bürgermeister wurde, und Georg Färber wieder vom Rathaus herunter. Aus Angst vor Vergeltungsmaßnahmen der Nazis legte sich Franz Reul in der Nacht eine Axt neben sein Bett und stellte ein Kuchenblech ins Fenster .

Bei den bekannten SPD- und KPD-Funktionären fanden Hausdurchsuchungen statt, Material wurde beschlagnahmt, die Menschen sollten eingeschüchtert werden.

Auch bei den Arbeitervereinen der Freien Sänger, der Freien Turner und des Arbeiterfußballvereins fanden Hausdurchsuchungen, vorübergehende Verhaftungen und Verhöre statt. Fotos und sonstige Unterlagen wurden beschlagnahmt. Diese Arbeitervereine wurden von den Nazis verboten, das Vermögen beschlagnahmt.

Windecken, 23. Juni. Die auf Grund der Verordnung des Reichspräsidenten zum Schutze von Volk und Staat vom 28. 2. 1933 notwendigen Maßnahmen gegen die SPD. sind heute durchgeführt worden. Die sozialdemokratischen Mitglieder der Stadtverordnetenfraktion sind mit sofortiger Wirkung aus dem Stadtparlament ausgeschlossen worden.

Hanauer Anzeiger 26. 6. 1933

Im Mai 1933 wurden 141 Bücher aus der Arbeiterbibliothek Windecken beschlagnahmt und auf das Rathaus gebracht. Ein genaues Verzeichnis der unliebsamen Titel wurde angefertigt. 3)

Gleich nach der Machtübernahme der Nazis wurde der sozialdemokratische Bürgermeister Jakob Dahl, der seit 1928 demokratisch gewählt im Amt war, "aus politischen Gründen" entlassen.[4)] Er wurde vom neuen Bürgermeister und dem Ortsgruppenleiter der NSDAP "als SPD-Mann erster Sorte", der "sich nur auf die linke Seite orientiert hat", beschrieben.[5)] Der Hanauer Anzeiger berichtete am 13.4.1933 lapidar: "Der seitherige Bürgermeister Dahl (SPD) wurde beurlaubt...".[6)]

Auch die SPD-Vertreter im Stadtparlament wurden mit sofortiger Wirkung ausgeschlossen. Auch dies berichtete der Hanauer Anzeiger .

Am traditionellen Kampftag der Arbeiterbewegung, am 1. Mai versuchte die NSDAP Windecken sich nach außen zu organisieren: Ein Umzug fand nach Männern und Frauen und Kindern getrennt statt. Der NSDAP-Kreisleiter unternahm "eine Propagandafahrt durch Stadt- und Landkreis Hanau, nur für uniformierte SA, SS, HJ und Stahlhelmleute mit Trompeter".[7)] "Den Juden ist das Beflaggen der Geschäfte am 1.Mai verboten."[8)]

Auch die Gewerkschaften riefen zur Teilnahme auf. Nur einen Tag später, am 2. Mai 1933, wurde das Gewerkschaftshaus in Hanau besetzt und die Gewerkschaft zerschlagen.

Im Zuge der "Gleichschaltung" der Vereine Windeckens hatten acht Vereine 1933 die Auflage bekommen, neue Vorstände zu wählen im Sinne der Nationalsozialisten. "Die ersten zwei Vorsitzenden sollten Mitglieder der NDSAP (alte Vorkämpfer) sein." Im Juli 1933 mußte der Bürgermeister dem Landrat allerdings berichten: "Es war nicht möglich, die Grundsätze... durchzuführen. Jedoch ist gegen die Vorstände der einzelnen Vereine nichts einzuwenden. Der Ortsgruppenleiter Pg. Schneider, schließt sich dem Vorstehenden an."[9)]

Auch der Kirchenvorstand der evangelischen Gemeinde war gleichgeschaltet, aber dazu war nicht viel nötig, wie die Meldung des Hanauer Anzeigers vom 27. Juli 1933 zeigt. Nach der Namensnennung der Mitglieder des neugebildeten Kirchenvorstan-

Marktplatz in Windecken, geflaggt mit Hakenkreuzfahnen anläßlich der 650-Jahrfeier der Stadterhebung Windeckens im August 1938

des heißt es: "Für die Neubildung des Kirchenvorstandes war hier, wie in den meisten Orten, nur ein Wahlvorschlag eingegangen, so daß sich eine Wahl erübrigte. Die neuen Vorstandsmitglieder, größtenteils Mitglieder der N.S.D.A.P., waren bis auf den letztgenannten bereits im alten Kirchenvorstand tätig."[10)]

Zum Erntedankfest 1933 schrieb der Hanauer Anzeiger: "...An dem um 10 Uhr beginnenden Festgottesdienst beteiligten sich neben den Gliederungen der NSDAP alle Vereine mit ihren Fahnen. Die Kirche war bis auf den letzten Platz gefüllt; um den Altar hatten die Fahnenabordnungen Platz genommen. Die Festpredigt hielt Pfarrer Henß, außerdem wirkte der Kirchenchor mit...".[11)]

"....aus dem roten Windecken ein nationalsozialistisches geworden war."

Am 30. Mai 1933 berichtete der Hanauer Anzeiger über einen "deutschen Abend" in Windecken: "Die hiesige SA hatte am Samstag zu einem Deutschen Abend in der 'Hochmühle' eingeladen... Als Redner des Abends war Gauredner Borchert - Darmstadt eingeladen. Er gab seiner Freude darüber Ausdruck, daß aus dem roten ein nationalsozialistisches Windecken geworden war...". "Neben der äußeren Gleichschaltung muß nun auch die innere Gleichschaltung erfolgen".[12)]

Am 31. Dezember 1933 hatte die NSDAP-Ortsgruppe schon mindestens 60 Mitglieder, wie eine bis zum Buchstaben Sch erhaltene alphabetische Mitgliederliste im Hauptstaatsarchiv Wiesbaden zeigt.[13)]

Straßenumbenennugen

Den neuen herrschenden Ungeist sollten auch neue Straßennamen in Windecken zeigen.

1934 wurde die bisherige Friedrich-Ebert-Straße in Hindenburgstraße, die bis dahin Hanauer Straße genannte Straße wurde in Adolf-Hitler-Straße umbenannt. Das war die heutige Eugen-Kaiser-Straße. Der Rathenauring nach dem 1923 ermordeten Außenminister Walter Rathenau benannt, wurde zum Horst-Wessel-Ring. Die Synagogenstraße wurde in Braugasse umbenannt.

Sofort nach 1945 veranlaßten die Amerikaner die Rückumbenennung der Hindenburgstraße in Friedrich-Ebert-Straße und des Horst-Wessel-Ringes in Rathenauring. Die Adolf-Hitler-Straße wurde nun im Andenken an den im KZ ermordeten Landrat Eugen-Kaiser-Straße benannt.

Nur die Braugasse wurde "vergessen", erst im Jahre 1988 erhielt sie ihren früheren Namen Synagogenstraße zurück.

650-Jahrfeier der Stadt Windecken unter Hakenkreuzfahnen

Von der Ansprache des Bürgermeisters zur 650-Jahrfeier der Stadt Windecken ist der Wortlaut, den er vorher zur Genehmigung einschicken mußte, erhalten:

"...Wie überall im Deutschen Reich hat sich die Nachkriegszeit auch in Windecken verheerend ausgewirkt. Zerrissenheit und Bruderkampf waren auf der Tagesordnung. Trotzdem sehnte sich wohl ein jeder in seinem geheimsten Inneren nach dem Retter, der da kommen mußte. Als im Jahre 1933 der Führer die Macht ergriff, bemächtigte er sich auch mehr und mehr der Herzen aller Windecker. Und heute kann ich mit Stolz berichten, daß Windecken geschlossen, ohne auch nur eine einzige Ausnahme, hinter dem Führer steht. Zum Zeichen unserer Treue zum Führer und unserer Dankbarkeit bitte ich Sie, mit mir einzustimmen in den Ruf: 'Unser Führer und Reichskanzler Adolf Hitler Sieg Heil! Sieg Heil! Sieg Heil!'" Anschließend sollte das Deutschlandlied und das Horst-Wessel-Lied gesungen werden.[14)]

Verurteilung vom Volksgerichtshof - Wilhelm Schilling

In Windecken gab es einen Mann, der von der Gestapo verhaftet wurde und vom Volksgerichtshof, dem Terrorinstrument nationalsozialistischer Willkürherrschaft, verurteilt wurde: Wilhelm Schilling. Aus einer eidesstattlichen Versicherung eines Arbeitskollegen ist über Wilhelm Schilling zu erfahren:

"Ich arbeitete von 1938 - 1943 mit dem Mechaniker Wilhelm Schilling, geboren am 9. April 1896 in Windecken, wohnhaft daselbst ...bei der Firma Messer in Frankfurt. Schilling wurde mit mir zusammen am 29. April 1943 auf Veranlassung der Gestapo aus dem Betrieb heraus vorläufig festgenommen. Unsere Festnahme erfolgte, weil wir im Betrieb eine Widerstandsgruppe gebildet hatten, dieser Gruppe gehörten ehemalige Mitglieder der SPD und auch der KPD an, Schilling stand der SPD nahe. Unsere Tätigkeit bestand darin, daß wir Nachrichten von Auslandssendern abhörten und diese im Betrieb weiterverbreiteten. Schilling als auch ich mit noch etwa 8 Kameraden wurden nach Verhören durch die Gestapo zunächst in das Polizeigefängnis Frankfurt und von dort in das Untersuchungsgefängnis Frankfurt eingeliefert. Von dort wurden wir in das Untersuchungsgefängnis Berlin-Plötzensee weitergeleitet und am 8. Dezember 1944 vom 3. Senat des Volksgerichtshofes wegen Wehrkraftzersetzung abgeurteilt. Schilling wurde gleich mir zu 5 Jahren Zuchthaus und 5 Jahren Ehrverlust verurteilt. Wir kamen dann gemeinsam zur Strafverbüßung in das Lager Heddersleben (vermutlich ist das Lager Hadmersleben in Sachsen gemeint), Zweigstelle KZ Buchenwald. Im April 1945 wurde ich aus diesem Lager verlegt. Schilling befand sich in diesem Zeitpunkt noch in dem Lager Heddersleben...".[15)]

Wilhelm Schilling wurde zusammen mit acht früheren Arbeitskollegen im Dezember 1944 "wegen Wehrkraftzersetzung" angeklagt, darunter auch der sozialdemokratische Reichstagsabgeordnete Andreas Portune. Der Volksgerichtshof stellt fest: "Die Angeklagten haben sich im dritten Kriegsjahr anderen Arbeitskameraden gegenüber defätistisch (= miesmachend, pessimistisch) geäußert. Sie werden unter Annahme eines minder schweren Falls verurteilt...Schilling zu fünf Jahren Zuchthaus und fünf Jahren Ehrverlust... Den verurteilten Angeklagten wird die Polizei- und Untersuchungshaft auf die Strafe angerechnet", heißt es in der Urteilsschrift.[16)]

Auch in dem 1984 erschienen Buch "Arbeiterbewegung in Hessen" ist unter dem Namen "Wilhelm Schilling" entsprechend nachzulesen.[17)]

Eine Tochter Wilhelm Schillings erinnert sich: "Mein Vater war am Tage der Verhaftungen im Betrieb krank und war auf dem Wege zum Arzt. Die Gestapo-Leute kamen zu uns nach Hause, die ganze Wohnung wurde durchsucht, alles auf den Kopf gestellt, sie fanden nicht das, was sie sich als Belastungsmaterial gegen meinen Vater erhofft hatten, nur seine Schmetterlingssammlung. Mein Vater war ein total unpolitischer Mensch. Meine Mutter stand nach der Verhaftung meines Vaters allein mit den kleinen Kindern da. In dieser Zeit hat sie viel heimliche Hilfe hier

Zwangsarbeit

Eine aus Windecken stammende Frau, die in einem anderen Ort verheiratet war, hatte eine Beziehung zu einem französischen Zwangsarbeiter. Als bekannt wurde, daß sie in anderen Umständen war, wurde sie sofort verhaftet, ihre Ehe geschieden, das Kind wurde ihr sofort nach der Geburt im Gefängnis abgenommen und zu Verwandten gegeben. Sie selbst mußte zur Zwangsarbeit in die Sprengstoffabrik Hirschhagen bei Hessisch-Lichtenau.[18)]

von den Windecker Leuten bekommen. Mein Vater konnte aus dem Gefängnis in Berlin einen Brief an eine Verwandte von uns dort rausschmuggeln lassen. So wußten wir, wo er war. Er hat das nie verwunden. Er kam krank wieder nach Hause. Im Februar 1949 starb mein Vater. Der Spitzel, der die Arbeitskameraden und auch meinen Vater denunziert hatte, hat sich nach dem Krieg übrigens erhängt."[19]

Verhaftung wegen Klospruch

Im August 1943 berichtete die Geheime Staatspolizei, Staatpolizeileitstelle Kassel, Außendienststelle Hanau, über einen 16jährigen Windecker Jungen, Mitglied in der Hitlerjugend, der es gewagt hatte, "auf die Türfüllung einer Aborttür in den VDM-Werken mit einem Rotstift folgende Aufschrift... 'Der Krieg ist verloren, Nieder mit Hitler! Es lebe Stalin!' zu schreiben. Der Junge aus Windecken, der anhand einer Schriftprobe ermittelt wurde, hat die Tat zugegeben und wurde dieserhalb am 16. 8. 1943 festgenommen und in das Polizeigefängnis Hanau eingeliefert." [20]

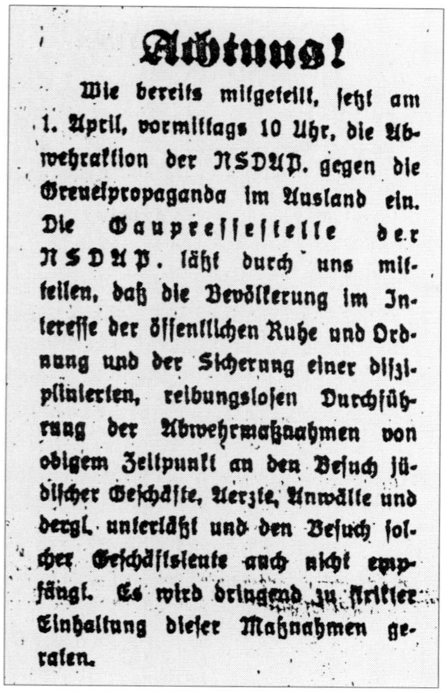

Achtung!

Wie bereits mitgeteilt, setzt am 1. April, vormittags 10 Uhr, die Abwehraktion der NSDAP. gegen die Greuelpropaganda im Ausland ein. Die Gaupressestelle der NSDAP. läßt durch uns mitteilen, daß die Bevölkerung im Interesse der öffentlichen Ruhe und Ordnung und der Sicherung einer disziplinierten, reibungslosen Durchführung der Abwehrmaßnahmen von obigem Zeitpunkt an den Besuch jüdischer Geschäfte, Aerzte, Anwälte und dergl. unterläßt und den Besuch solcher Geschäftsleute auch nicht empfängt. Es wird dringend zu strikter Einhaltung dieser Maßnahmen geraten.

Aufforderung zum Boykott der jüdischen Geschäfte im Hanuer Anzeiger am 1. April 1933

Allmähliche Vertreibung der Juden aus Windecken

Mit der Herrschaft der Nationalsozialisten wurde das Leben der Juden immer schwieriger in Windecken. Zu dieser Zeit lebten noch 44 jüdische Menschen in Windecken. Sie gehörten nicht zu der nun beschworenen "Volksgemeinschaft".

Der "Boykott" am 1. April 1933

Am 1. April 1933, nur drei Wochen nach der letzten Reichstagswahl, erfolgte der erste Schlag gegen die jüdischen Geschäfte. Samstag um Punkt zehn Uhr zogen die SA-Wachen vor den jüdischen Geschäften in Windecken auf. "Zur Kenntlichmachung jüdischer Geschäfte sind an deren Eingangstüren Plakate oder Tafeln mit gelben Flecken auf schwarzem Grunde anzubringen", war tags zuvor im Hanauer Anzeiger zu lesen.[21]

Vor dem Geschäft von Salli Reichenberg (heute Textilhaus Hümmler) sollen die Kunden von einem SA-Mann fotografiert worden sein. Ein Kriegskamerad von Salli Reichenberg ließ sich allerdings nicht vom Betreten des Geschäftes abhalten. Während dieses Boykottes und auch später hatte Salli Reichenberg sein im Weltkrieg verliehenes Eisernes Kreuz in das Schaufenster gelegt. Am Schaufenster seines Geschäftes soll "Juddegeschäft" angeschmiert gewesen sein.

Recha Wolf erinnerte sich: "Vor unserer Metzgerei (heute Sparkasse Hanau) stand am 1. April der SA-Führer von Windecken. Wir kannten uns. Er sagte den Leuten, daß sie bei Juden nichts zu kaufen hätten. Manche Leute kamen trotzdem, haben nichts gesagt, sie sind einfach reingegangen."[22]

Verlust der wirtschaftlichen Existenz

Immer mehr Schilder erschienen auch in Windecken mit der Aufschrift "Deutsches Geschäft". Bei Sommers am Haus im Freiligrathring 1 gab es Schmierereien mit "Jude! Jude!", auch bei Felix Schusters Haus in der heutigen Heldenberger Straße 2 wurde die Hausfront mit entsprechenden Parolen mit Kalk beschmiert.

Immer weniger Einwohner von Windecken trauten sich noch, bei Juden einzukaufen. Zuerst kamen sie noch bei Dunkelheit oder hinten herum, aber bald kam niemand mehr. Im November 1937 konnte der Bürgermeister an die Gestapo berichten: "Die Handelsgeschäfte der Juden sind in den letzten Jahren durchweg zurückgegangen. 3 der ausgewanderten Familien mußten ihr selbständiges Handelsgeschäft aufgeben, weil sie keinen Zuspruch mehr hatten und nicht mehr existenzfähig waren. Es wird aber auch hier noch bei Juden gekauft. Doch geschieht dies meistens am Abend oder in der Nacht, so daß schwer festzustellen ist, wer die Käufer sind. Tagsüber wird jedoch beobachtet, daß Judengeschäfte besucht werden. Der überwiegende Teil der Bevölkerung lehnt die Juden und den Verkehr mit ihnen ab. Allerdings sind auch hier und da noch Volksgenossen vorhanden, die sich in dieser Beziehung keinerlei Beschränkungen auferlegen."[23]

"Arisierung" der jüdischen Geschäfte

Die Geschäfte der Juden kamen durch die nationalsozialistischen Boykottmaßnahmen recht schnell zum Erliegen. Die Juden sahen sich gezwungen, ihre Geschäfte für billiges Geld an "arische Käufer" zu verkaufen. Mit allem Bestand gingen die jüdischen Geschäfte an christliche Inhaber über, sie waren "arisiert" und die Windecker konnten diese "deutschen Geschäfte" wieder ohne Schwierigkeiten zu bekommen, betreten.

Außenstände der jüdischen Geschäftsleute

Da die jüdischen Geschäfte häufig auf Raten einkaufen ließen, hatten viele jüdische Geschäftsleute recht hohe Außenstände. Im Zuge der Zeit dachten aber nun einige Käufer nicht mehr daran, ihre Schulden "beim Jud" zu begleichen. Als Jacob Levi einen Außenstand 1935 einforderte, wurde er für einige Tage verhaftet.

Salomon Reichenberg war einem Nachbarn sehr dankbar, der vor seiner Auswanderung 1938 einfach mit ihm gemeinsam zu den Schuldnern ging und um das dringend benötigte Geld zur Auswanderung bat. Er hatte fast alle Außenstände bekommen können.

Auch Salli Reichenberg wurden teilweise in kleinen Summen die Außenstände gezahlt, die er genau seinem Sohn nach Amerika mitteilte. Einiges mußte er aber auch abschreiben.

Soziale Isolation

Für die jüdischen Familien war die mit wirtschaftlicher Bedrohung verbundene soziale Ächtung durch die Nachbarn, Mitbewohner und Bekannten das Erschütterndste und Verletzendeste. Nachbarn grüßten einfach nicht mehr, Kinder beschimpften andere Kinder mit "Du Jud". Lehrer stellten jüdische Schüler bloß. Die Kinder, die in Hanau die Mittelschule besuchten, hatten

108. Jahrgang

Hanauer Anzeiger

General-Anzeiger für Hanau Stadt und Land

Erscheint täglich mit Ausnahme der Sonn- und Feiertage. / Bezugspreis: Für den halben Monat 95 Rpfg., für den ganzen Monat RM. 1.90 ohne Trägerlohn, durch die Post bezogen monatlich RM. 1.90 ausschließlich Postzeitungsgebühren / Einzelnummer 10 Rpfg., Samstag 12 Rpfg. / Anzeigenpreis: Für 1 mm Höhe im Anzeigenteil von 28 mm Breite 8 Rpfg., im Reklameteil von 68 mm Breite 25 Rpfg. Offertengebühr 50 Rpfg.

Erfüllungsort und Gerichtsstand für beide Teile ist Hanau. Bei unverschuldetem Ausfall der Lieferung infolge höherer Gewalt, Streik usw. hat der Bezieher keinen Anspruch auf Lieferung oder Nachlieferung oder auf Rückzahlung des Bezugspreises. / Für Platzvorschrift u. Erscheinungstage der Anzeige wird keine Gewähr geleistet. / Geschäftsstelle: Hammerstraße 9 / Fernsprecher 3956, 3957, 3958 / Bankkonto: Stadtsparkasse Hanau / Postscheckkonto: 26659 Frankfurt a. M.

Nr. 77 Freitag, den 31. März 1933

Die ersten Boykottanordnungen

Trotz Aufklärung noch kein Nachlassen der Greuel- und Boykotthetze im Auslande
Die deutschen Abwehrmaßnahmen treten deshalb morgen in Kraft

Durchführung des Boykotts

Anordnungen des Zentralkomitees zur Abwehr der Greuelhetze

Berlin, 30. März. Die Hoffnung, daß durch die Drohungen der Nationalsozialisten die Greuelmeldungen und die Boykotthetze im Auslande abgestellt würden, hat sich leider nicht erfüllt. Es ist unverkennbar eine gewisse Gegenwirkung festzustellen. Die aufklärende Arbeit der deutschen jüdischen Organisationen und auch die Ausländer, die aus Deutschland kamen, haben vielen die Augen geöffnet darüber, mit wie unerhörter Verlogenheit hier wieder eine neue Kriegspsychose gegen Deutschland geschaffen werden sollte. Aber die Unbelehrbaren, die im sicheren Port sitzen, und von dort aus mit vergifteten Pfeilen gegen Deutschland schießen, setzen ihre Tätigkeit weiter fort, so daß der für Samstag angesetzte Boykott in Deutschland durchgeführt werden wird.

Die Anordnungen des Zentral-Komitees

München, 30. März. Das Zentralkomitee zur Abwehr der jüdischen Greuel- und Boykotthetze erläßt nachstehende Anordnung:

1. Leiter der örtlichen Komitees zur Abwehr der jüdischen Hetz- und Greuelprogranda werden unverzüglich von den zuständigen Dienststellen der PO. ernannt. Als Leiter des Gaukomitees empfiehlt es sich, die Gauführer des Kampfbundes des gewerblichen Mittelstandes zu ernennen, da diese NS.-Organisation gemäß ihrer Eigenart über die notwendigen Unterlagen und Erfahrungen für den Aufbau der Abwehrbewegung verfügt. Die Rücksichtnahme auf die persönliche Eignung des zu Ernennenden wird hierdurch selbstverständlich nicht berührt.

2. Die Aktionskomitees (deren Mitglieder keinerlei Bindung mit Juden haben dürfen) stellen sofort fest, welche Geschäfte, Warenhäuser, Kanzleien usw. sich in Judenhänden befinden.

3. Es handelt sich bei dieser Feststellung selbstverständlich um Geschäfte, die sich in den Händen von Angehörigen der jüdischen Rasse befinden. Die Religion spielt keine Rolle, katholisch oder protestantisch getaufte Geschäftsleute oder Dissidenten jüdischer Rasse sind im Sinne dieser Anordnung ebenfalls Juden.

4. Firmen, bei denen Juden nur finanziell beteiligt sind, fallen unter eine noch zu treffende Reglung.

5. Ist der Ehegatte einer nichtjüdischen Geschäftsinhaberin Jude, so gilt das Geschäft als jüdisch. Das gleiche ist der Fall, wenn die Inhaberin Jüdin, der Ehegatte aber nicht Jude ist.

6. Einheitspreisgeschäfte, Warenhäuser, Großfilialbetriebe, die sich in deutschen Händen befinden, fallen nicht unter diese Boykottaktion. Ebenso fallen nicht darunter die „Woolworth-Einheitspreisgeschäfte". Diese Firma ist amerikanisch und außerdem nicht jüdisch. Die sogenannten „Wohlwert"-Einheitspreisgeschäfte dagegen sind jüdisch und daher zu boykottieren.

7. Die Aktienkomitees übergeben das Verzeichnis der festgestellten jüdischen Geschäfte der SA. und SS., damit diese am Samstag, den 1. April 1933, vormittags punkt 10 Uhr, die Wachen ausstellen können.

8. Die Wachen haben die Aufgabe, dem Publikum bekanntzugeben, daß das von ihnen überwachte Geschäft jüdisch ist. Sie haben vor dem Einkauf in diesem Geschäft zu warnen. Tätlich vorzugehen, ist ihnen verboten. Verboten ist auch, die Geschäfte zu schließen, die Fensterscheiben zu zertrümmern oder sonstigen Sachschaden anzurichten.

9. Zur Kenntlichmachung jüdischer Geschäfte sind an deren Eingangstüren Plakate oder Tafeln mit gelben Flecken auf schwarzem Grunde anzubringen.

10. Entlassungen von nichtjüdischen Angestellten und Arbeitern dürfen von den boykottierten jüdischen Geschäften nicht vorgenommen, Kündigungen nicht ausgesprochen werden Sind solche schon erfolgt, so hat die NSBO. im Zusammenwirken mit der SA. für ihre Rückgängigmachung Sorge zu tragen.

11. Die Aktionskomitees veranstalten am Freitag den 31. März 1933, abends in allen Orten im Einvernehmen mit den politischen Leitungen große Massenkundgebungen und Demonstrationszüge.

12. Am Samstag vormittag sind bis spätestens 10 Uhr die Plakate mit dem Boykottaufruf an allen Anschlagstellen, in Städten und Dörfern anzubringen, zu gleicher Zeit sind auch Lastautos oder noch besser an Möbelwagen Transparente durch die Straßen zu fahren.

13. Zur Finanzierung der Abwehrbewegung organisieren die Komitees Sammlungen bei

Der Boykottaufruf

Berlin, 31. März. Das Zentralkomitee zur Abwehr der jüdischen Greuel- und Boykotthetze erläßt einen Aufruf, der an sämtliche Plakatsäulen im Reich angeschlagen wird, in dem es u. a. heißt:

Deutsche Volksgenossen! Deutsche Volksgenossinnen! Die Schuldigen an diesem wahnwitzigen Verbrechen, an dieser niederträchtigen Greuel- und Boykotthetze, sind die Juden in Deutschland. Sie haben ihre Rassegenossen im Ausland zum Kampf gegen das deutsche Volk aufgerufen. Sie haben die Lügen und Verlumdungen hinausgemeldet. Darum hat die Reichsleitung der deutschen Freiheitsbewegung beschlossen, in Abwehr der verbrecherischen Hetze ab Samstag, den 1. April 1933, vormittags 10 Uhr, über alle jüdischen Geschäfte, Warenhäuser, Kanzleien usw. den Boykott zu verhängen. Dieser Boykottierung Folge zu leisten, dazu rufen wir Euch, deutsche Frauen und Männer, auf, kauft nicht in jüdischen Geschäften und Warenhäusern, geht nicht zu jüdischen Rechtsanwälten, meldet jüdische Aerzte. Zeigt den Juden, daß sie nicht ungestraft Deutschland in seiner Ehre herabwürdigen und beschmutzen können. Wer gegen diese Aufforderung handelt, beweist damit, daß er auf seiten der Feinde Deutschlands steht.

Es lebe der ehrwürdige Generalfeldmarschall aus dem großen Kriege, der Reichspräsident Paul von Hindenburg! Es lebe der Führer der Reichskanzler Adolf Hitler! Es lebe das deutsche Volk und das heilige deutsche Vaterland!

Zentralkomitee zur Abwehr der jüdischen Greuel- und Boykotthetze. gez. Streicher.

Keine Verschiebung

München, 30. März. Die Abwehrkampagne der NSDAP. gegen die Greuel- und Hetzpropaganda im Ausland wird, wie wir von unterrichteter Seite erfahren, unter keinen Umständen verschoben. Es bleibt dabei, daß die Abwehraktion schlagartig am kommenden Samstag um 10 Uhr einsetzt.

Die Durchführung des Boykotts

Berlin, 30. März. Von dem Berliner Aktionskomitee für den Boykott gegen die Juden sind, wie wir erfahren, Maßnahmen getroffen worden, daß am Samstag nach Anbruch der Boykottaktion Photographen und Filmoperateure die Straßen durchfahren und Personen photographisch festhalten, die noch in jüdischen Geschäften zu kaufen beabsichtigen. Es besteht die Möglichkeit, daß diese Aufnahmen in Kinos der Bevölkerung laufend gezeigt werden.

Aus Chemnitz wird gemeldet, daß dort die gleichen Maßnahmen geplant sind und daß dort die Namen der Käufer in boykottierten Geschäften von den Zeitungen veröffentlicht werden sollen.

Geschäft in Windecken um 1936

große Nöte auf dem Schulweg nach Hanau, die Wartezeit am Bahnhof gab immer wieder Gelegenheit, die jüdischen Schüler zu drangsalieren. Fred Schuster erging es so. Erich Sommer verließ mitten im Schuljahr die Schule in Hanau, ebenso Fred Schuster, Ernst Reichenberg beendete die Schule in Hanau.

Die Nürnberger Rassegesetze vom September 1935 gaben dieser zunehmenden Ächtung dann auch einen gesetzlichen Rahmen. Juden konnten ihre guten Freunde, die auch weiterhin zu ihnen hielten, nur noch heimlich, möglichst ungesehen, aus Angst vor Denunziation besuchen.

"Juden unerwünscht"

Im Oktober 1935 wies der Landrat vertraulich "aus staatspolitischen Gründen" wohl im Vorfeld der Olympiade 1936 darauf hin, daß die Schilder mit der Aufschrift "Juden sind unerwünscht" umgehend beseitigt werden sollten. "Dagegen ist eine Austellung solcher Tafeln von Leuten auf ihren Privatgrundstücken nichts einzuwenden."[24)]

In Windecken gab es mehrere solcher Schilder. Von Heldenbergen kommend soll auf den Pflastersteinen mit Farbe aufgepinselt gewesen sein: "Juden bleibt draußen".

Offene Aggressionen gegen Juden

Wie jüdische Menschen in Windecken geschlagen wurden, berichtet Erich Sommer: "Ich mußte mehrmals mit ansehen, wie dieser Schuft H. aus Windecken, der den Stürmer in Windecken vertrat, Salli Reichenberg, diesen vornehmen und feinen Salli Reichenberg, beschimpft, bespuckt geschlagen und zu Boden geworfen hat. Einmal zerbrach auch dabei die Brille von Herrn Reichenberg. Herr Reichenberg hat sich nicht zur Wehr gesetzt, nichts geantwortet, geschwiegen hat er. Herr Reichenberg wurde, nachdem, was ich erlebt hatte bis 1936, mindestens dreimal geschlagen von H. Die Leute, die mit auf dem Marktplatz waren zu dieser Zeit, haben stillschweigend alles mitangesehen. Auch Moritz Levi aus Ostheim wurde von H. mindestens einmal geschlagen."[25)]

Auch in die Wohnung des früher so hochgeachteten Salli Reichenberg müssen des öfteren kleine Trupps von SA-Männern eingedrungen sein, Kabel rausgerissen haben, die Badewanne kaputtgeschmissen haben und anderes mehr.

Ludwig Reichenberg gab bei seinem Bericht 1945 über "Kriegsverbrecher in Windecken" den Namen eines Mannes an, der "Salli Reichenberg zwang, ihm sein Haus und Textiwarengeschäft zu geben."[26)] Außerdem nannte er drei Männer aus Windecken mit Namen, "die jüdische Menschen verhauen haben, ihr Eigentum demoliert und zerstört haben ohne irgendeinen Grund."[27)]

Denunziation von sogenannten "Judenfreunden"

Aber es gab auch Menschen in Windecken, die zu den Juden hielten und ihre Achtung nicht verloren.

Das Mißtrauen gegeneinander war unter dem Diktat der Nazis groß geworden. Ein beliebtes Mittel der Bloßstellung war die Veröffentlichung im Stürmerkasten als Judenknecht. Der Stürmerkasten hing an einem Haus am Marktplatz. Dort hieß es dann: "......verkehrt noch mit Juden". So hing dort der Name Elisabeth F., wohl weil sie noch weiter Umgang mit ihrem Nachbarn Julius Reichenberg gepflegt hatte.[28)]

Als die Erwachsenen mehr und mehr Angst bekamen, schickten sie öfter die Kinder mit Lebensmitteln zu isolierten Menschen, mit denen sie in früheren Zeiten gut standen. Aber auch die Kinder wußten schon, daß es gefährlich war, zu Juden zu gehen, außerdem hörten sie ja von den Juden oft genug als Untermenschen.

Später gab es dann auch geheime Stellen, an denen das Essen für befreundete Familien hingelegt wurde: für Salli Reichenberg etwa am Viadukt nach Ostheim.

Verkauf der Häuser der jüdischen Familien

Um ihre Flucht ins Ausland oder auch den Umzug nach Frankfurt vorzubereiten, mußten die jüdischen Familien ihre Häuser verkaufen. Häufig erfolgten diese Verkäufe unter dem Druck der politischen Verhältnisse zu einem Preis, der weit unterhalb des Verkehrswertes lag.

Der Kauf eines in jüdischem Besitz gewesenen Hauses mußte vom Landrat genehmigt werden. Dabei kam es vor, daß der vereinbarte Kaufpreis nochmals heruntergesetzt wurde. Weiter wurde angeordnet, daß der Kaufpreis auf ein sogenanntes Si-

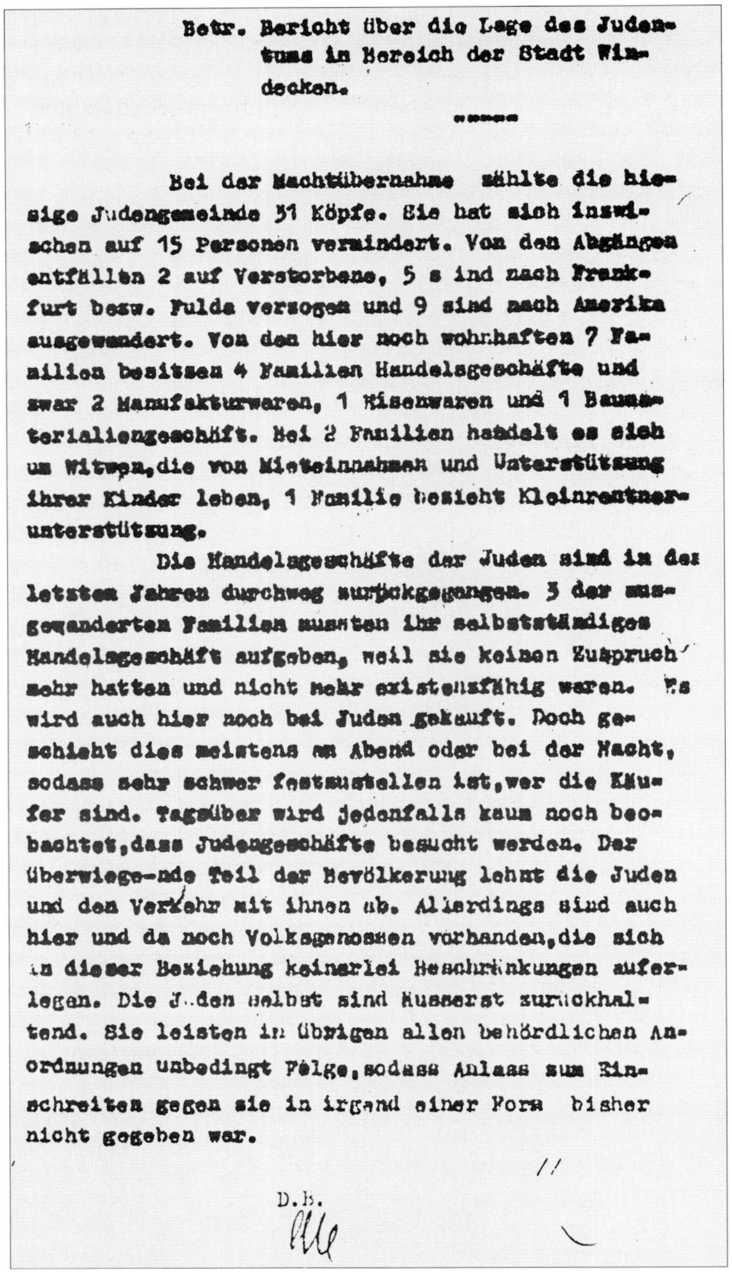

Betr. Bericht über die Lage des Judentums im Bereich der Stadt Windecken.

Bei der Machtübernahme zählte die hiesige Judengemeinde 31 Köpfe. Sie hat sich inzwischen auf 15 Personen vermindert. Von den Abgängen entfällen 2 auf Verstorbene, 5 sind nach Frankfurt bezw. Fulda verzogen und 9 sind nach Amerika ausgewandert. Von den hier noch wohnhaften 7 Familien besitzen 4 Familien Handelsgeschäfte und zwar 2 Manufakturwaren, 1 Eisenwaren und 1 Baumaterialiengeschäft. Bei 2 Familien handelt es sich um Witwen, die von Mieteinnahmen und Unterstützung ihrer Kinder leben, 1 Familie bezieht Kleinrentnerunterstützung.

Die Handelsgeschäfte der Juden sind in den letzten Jahren durchweg zurückgegangen. 3 der ausgewanderten Familien mussten ihr selbstständiges Handelsgeschäft aufgeben, weil sie keinen Zuspruch mehr hatten und nicht mehr existenzfähig waren. Es wird auch hier noch bei Juden gekauft. Doch geschieht dies meistens am Abend oder bei der Nacht, sodass sehr schwer festzustellen ist, wer die Käufer sind. Tagsüber wird jedenfalls kaum noch beobachtet, dass Judengeschäfte besucht werden. Der überwiegende Teil der Bevölkerung lehnt die Juden und den Verkehr mit ihnen ab. Allerdings sind auch hier und da noch Volksgenossen vorhanden, die sich in dieser Beziehung keinerlei Beschränkungen auferlegen. Die Juden selbst sind äusserst zurückhaltend. Sie leisten im übrigen allen behördlichen Anordnungen unbedingt Folge, sodass Anlass zum Einschreiten gegen sie in irgend einer Form bisher nicht gegeben war.

D.B.

Bericht des Windecker Bürgermeisters im November 1937 an die Gestapo über den Landrat zur "Lage des Judentums im Bereich der Stadt Windecken".

cherungskonto, zu dem der jüdische Eigentümer aber keinen freien Zugang hatte, einbezahlt werden sollte.

Das neuerbaute Haus der Familie Sommer im Freiligrathring 1 wurde von der NSDAP beschlagnahmt, und der Ortsgruppenleiter Schneider zog dort ein.

In einem Brief an Rabbiner Neuhaus in Frankfurt, der im Hauptstaatsarchiv in Wiesbaden liegt, aus dem Jahre 1946 ist über einen Hausverkauf in Windecken folgendes zu erfahren: " ...Dieses Grundstück gehörte einer Familie jüdischen Glaubens... Der jetzige Besitzer... hat das Haus nach eigenen Angaben völlig mittellos billig erworben. Er prahlte öfters, daß er den früheren Hausbesitzer gehörig 'angezwiebelt' hätte... So sagte er unter anderem auch wörtlich, seine Frau hätte der 'alten Judensau' (gemeint war die frühere Besitzerin) gehörig heimgeleuchtet. Wie andere Windecker Bürger berichten, soll dieser Nazi zuvor von der jüdischen Familie mit Kleidern, Schuhen und anderen Gegenständen beschenkt worden sein, als es ihm schlecht ging. Die jüdische Besitzerin soll später einen Nervenzusammenbruch erlitten haben."[29]

Flucht durch Auswanderung

Das Leben in Windecken war für Juden immer unsicherer und aussichtsloser geworden. So gingen einige Familien daran, ihre Auswanderung ins Ausland vorzubereiten. Aber das große Problem war, in welches Land konnte man auswandern und welche Kosten bedeutete das.

Der erste Schritt auf dem Weg in das rettende Ausland war oft der Umzug in das nahegelegende Frankfurt.

Als erste Familie verließ im Sommer 1935 die Familie Löwenthal ihr Haus in der Friedrich-Ebert-Straße 24. Ludwig Löwenthal hatte schon einmal nach dem 1. Weltkrieg in Südafrika gearbeitet, also ging er mit seiner Frau Hilde Levi und der kleinen Tochter Trude dorthin. Der alte Vater Jacob Levi ging nach Frankfurt in ein Altersheim.

Frau Selma Kahn zog nach dem Tode ihres Mannes im September 1935 zu ihrer Tochter Thekla nach Bingen, was ihr aber nicht das Leben retten konnte.

Zu Beginn des Jahres 1937 hatte auch Josef Müller mit Frau und zwei kleinen Kindern Zuflucht nach Amerika bei seinem Bruder Artur finden können. Die alten Eltern blieben noch in Windecken.

Die Familie David Sommer mußte Windecken verlassen, weil ihr Haus von der Partei beschlagnahmt worden war. So zog sie im Januar 1937 nach Frankfurt und konnte nach Frankreich fliehen, wo sie nur eine vorläufige Sicherheit fand.

Im April 1937 verließen Recha Wolf und ihre Mutter Windecken, sie hatten das Visum nach Amerika durch die dort lebende Schwester Flora bekommen.

Familie Schuster verließ im Sommer 1938 Windecken, sie hatten auch ein Visum zur Einreise in die USA bekommen können. Sie lebte noch etwa ein Jahr in Frankfurt, bevor die Auswanderung nach Amerika bewerkstelligt war.

Vier Wochen vor der Kristallnacht konnte sich noch Salomon Reichenberg mit seiner Familie im Oktober 1938 nach Amerika in Sicherheit bringen.

In seinem Bericht für die Gestapo konnte der Bürgermeister von Windecken so auch schon im November 1937 feststellen: "Bei der Machtübernahme zählte die hiesige Judengemeinde 31 Köpfe. Sie hat sich inzwischen auf 15 Personen vermindert."[30]

Fest 1938

Beim großen Fest von 1938 zur Feier des 650jährigen Jubiläums der Stadt Windecken waren die Juden schon lange Zeit völlig isoliert. Ihnen war die Teilnahme verwehrt, obwohl Juden schon seit Bestehen der Stadt Windecken hier gelebt hatten. Zur Vorbereitung der Feier hatte der Landrat eine Liste ausgewanderter Windecker Bürger, die eingeladen werden sollten, angefertigt. Beim Namen Adolf Weilheimer, der 1867 ausgewandert war nach Amsterdam, erschien in Klammern der Vermerk "Jude ? dann nicht". Der Name des 1866 nach Amerika ausgewanderten Windecker jüdischen Kaufmanns Eduard Schloß blieb unkommentiert.[31]

Novemberpogrom (siehe S. 132)

Die Zerstörung der Synagoge erlebten noch 12 Windecker Juden, mindestens eine Wohnung wurde demoliert, Julius Reichenberg und Ludwig Reichenberg wurden verhaftet und nach Buchenwald in das KZ verschleppt. Alle noch in Windecken verbliebenden Juden fürchteten in diesen Nächten um ihr Leben.

Abgabe von Silber und Schmuck der Juden

Am 1. März 1939 wurden auch die Windecker Juden gezwungen, ihre Silberbestecke und Schmucksachen abzuliefern. Das Gesetz sah Ausnahmen vor wie Eheringe, silberne Taschenuhr oder

Armbanduhr und pro Person 2 vierteilige Eßbestecke und 200 Gramm andere Silbersachen, wobei ein Stück allerdings nur 40 Gramm wiegen durfte. Auch vergoldete Zähne durften weiter getragen werden.[32] Nur von der Familie Salli Reichenberg (siehe S. 157) wissen wir Genaueres über die näheren Umstände dieser Abgabe von Silbersachen.[33]

Einziehung der Radios von Juden

Mit Schreiben vom 21. September 1939 wies die Gestapo Kassel über den Landrat auch den Bürgermeister von Windecken an: "... die Juden sollen von jeglichem selbständigem Rundfunkempfang ausgeschlossen werden. ...Die im Eigentum von Juden stehenden Rundfunkapparate sind staatspolizeilich zu beschlagnahmen."[34] Am 23.9.1939 konnte der Bürgermeister von Windecken berichten: "Der Radioapparat des S. Reichenberg ist eingezogen und sichergestellt worden. Weitere Apparate sind hier nicht vorhanden."[35]

Zwangsarbeit der Juden

Die nach dem Novemberpogrom noch in Windecken verbliebenden Juden, die meist schon älter waren, wurden gezwungen, die Windecker Straßen zu kehren. Besonders an die feine, freundliche Frau Reichenberg erinnern sich viele Windecker, die darum bat, nicht gegrüßt zu werden, um den Grüßenden nicht in Schwierigkeiten zu bringen, die mit Tränen in den Augen sich zur Seite wandte und weiterfegte. Sie mußte den Bereich um den Marktplatz herum fegen. Auch Salli Reichenberg soll zu solchen Arbeiten eingesetzt worden sein. Diese entwürdigende Maßnahmen lösten damals bei vielen Windeckern Gefühle von Empörung und Scham aus.

Auch Herr Ewald Just, dessen Mutter zum Christentum übergetretene Jüdin war, und der vor 1933 beim Gericht in Frankfurt angestellt und dort entlassen worden war, mußte in seinem Wohnort Windecken die Straßen kehren.

Besondere Geschäfte für Juden

Im September 1939 wurden den Juden besondere Lebensmittelgeschäfte angewiesen, da - so die Gestapo Kassel - "keinem Deutschen ..zugemutet werden (kann), sich mit Juden zusammen vor einem Geschäft anzustellen." Weiter heißt es: "Es wird empfohlen, für Juden in den entsprechenden Geschäften, deren Inhaber zuverlässig sind, während bestimmter Nachmittagsstunden Lebensmittel verabfolgen zu lassen."[36] Daraufhin wurden die fünf noch in Windecken lebenden Juden per Unterschrift verpflichtet, nur noch in bestimmten Geschäften einzukaufen:

Lebensmittel Färber, Adolf-Hitler-Straße 30
Fleischwaren Reul, Am Marktplatz 10
Bäckerei Diegel, Hofhausstraße 9
Friseur Wolf, Marktplatz 8

Auch die Geschäftsinhaber mußten dies durch ihre Unterschrift bestätigen.

Für Hanau waren 7 Geschäfte als für Juden zugänglich aufgelistet. Abschließend heißt es: "ANDEREN GESCHÄFTSINHABERN IST DAS ABGEBEN VON WAREN AN JUDEN VERBOTEN".[37]

Durchsuchung nach Hamsterwaren

In demselben Schreiben forderte die Gestapo Kassel weiter: "ersuche ich, dort, wo Juden noch in kleineren Gruppen wohnhaft sind... eine Durchsuchung auf Hamsterwaren vorzunehmen. Sollte ein Jude im Besitz von Hamsterwaren sein, so sind diese zu beschlagnahmen und er selbst bis auf weiteres in Schutzhaft zu nehmen. Eine Bekanntgabe in der Presse hat zu unterbleiben."[38]

Der Gendarmeriewachtmeister von Windecken berichtete: "Betr. Durchsuchung von Hamsterwaren bei den Juden in Windecken...

Die angeordnete Durchsuchung in den Wohnungen und anderen Räumen der noch wohnenden Juden habe ich durchgeführt. Hamsterwaren wurden nicht vorgefunden. An Lebensmittel habe ich nur geringe Mengen vorgefunden, die nicht mehr waren, als man auf die Lebensmittelkarten bekommen kann."[39]

Zuflucht nach Frankfurt - vergebliche Hoffnung

Unmittelbar nach der Zerstörung der Synagoge hatte Frau Sophie Müller ihr Haus in der heutigen Ostheimer Straße verkauft und war mit ihrer Tochter Recha nach Frankfurt gezogen. Die Anonymität der Großstadt versprach ein wenig Schutz.

Im August 1939 folgten Julius Reichenberg und seine Frau. Noch ein ganzes Jahr später gingen auch die alten Müllers nach Frankfurt im Oktober 1940. Salli, Hilda und Ernst Reichenberg blieben noch bis März 1941 in Windecken, bevor auch sie nach Frankfurt zogen.

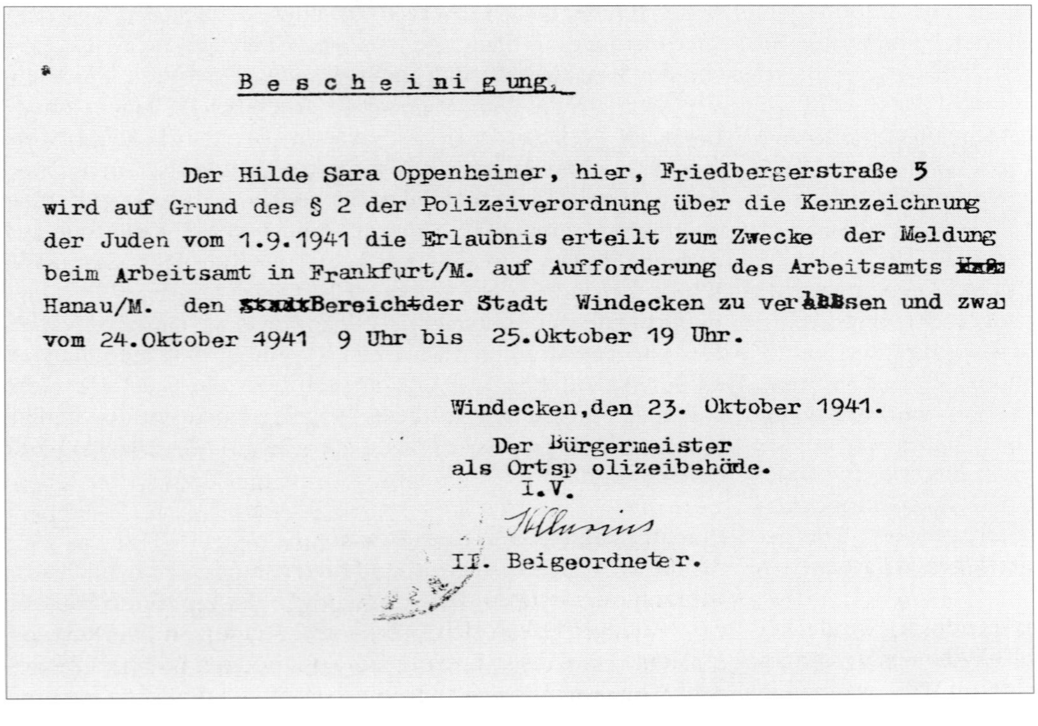

B e s c h e i n i g u n g.

Der Hilde Sara Oppenheimer, hier, Friedbergerstraße 5 wird auf Grund des § 2 der Polizeiverordnung über die Kennzeichnung der Juden vom 1.9.1941 die Erlaubnis erteilt zum Zwecke der Meldung beim Arbeitsamt in Frankfurt/M. auf Aufforderung des Arbeitsamts ~~Ha~~ Hanau/M. den ~~Stadt~~ Bereich der Stadt Windecken zu verlassen und zwar vom 24.Oktober 1941 9 Uhr bis 25.Oktober 19 Uhr.

Windecken,den 23. Oktober 1941.

Der Bürgermeister
als Ortspolizeibehörde.
I.V.
Hillusius
II. Beigeordneter.

Hilda Oppenheimer durfte ihren Wohnsitz Windecken ab Oktober 1941 nur polizeilicher Erlaubnis des Bürgermeisters verlassen.

"Judenstern" für die letzte Jüdin in Windecken
Als letzte Jüdin lebte dann Hilda Oppenheimer in der Friedberger Straße 5 in Windecken. Ab September 1941 war sie gezwungen, den "Judenstern" zu tragen. Wollte sie Windecken verlassen, so brauchte sie seit dieser Zeit dazu die polizeiliche Erlaubnis des Bürgermeisters. Der Durchschlag einer solchen Erlaubnis ist erhalten.[40)]
Einige Monate später im Dezember 1941 verließ sie Windecken und ging nach Frankfurt. Von dort wurde sie wie die anderen Windecker Juden, die nach der Kristallnacht nach Frankfurt gezogen waren, in die Konzentrationslager verschleppt und ermordet.

Novemberpogrom 1938 in Windecken

Zerstörung der Windecker Synagoge
Am 9. November 1938 kam es zu einem ersten Versuch, die Windecker Synagoge anzuzünden. In der Braugasse (heute Synagogenstraße) kam es schon am Nachmittag zu einer Zusammenrottung von verschiedenen SA-Leuten und Mitgliedern der HJ, allerdings nicht in Uniform. Ein Junge mit dem Fahrrad schmiß einen Stein in eines der großen Fenster der Synagoge. Dies war das auslösende Zeichen für die wartende Gruppe. Sie ging zum Eingang der Synagoge am Ende der Braugasse, brach die Tür auf und sahen sich für ihr Zerstörungswerk um. Inzwischen war aber von Anwohnern der Ortsgendarm gerufen worden. Der kam und wollte die Randalierer vertreiben. Einer der führenden SA-Männer ging dann zu ihm und sie sprachen leise miteinander. Daraufhin ging der Gendarm weg und die Entweihung des jüdischen Gotteshauses begann: Bänke wurden umgeworfen, der Samtvorhang des Thoraschreins niedergerissen, die Thorarollen aus dem Schrein gezerrt und ausgerollt. Man bemühte sich auch schon, Feuer zu legen.[41)]
Der in dem an die Synagoge angrenzenden Haus wohnende christliche Bewohner versuchte, als er am Abend gegen 18.30 Uhr heim kam, dem Treiben ein Ende zu setzen und konnte mehrmals einen schon gelegten Brand löschen. Er drohte den anwesenden Personen, daß "sich keiner unterstehen sollte, in meine Wohnung zu kommen, da ich dann eine Axt nehmen und derjenige, der es wagen sollte in meine Wohnung einzudringen, mit mir Bekanntschaft machen würde." Er berichtete weiter: "In dieser fraglichen Nacht wurde dann auch kein weiterer Brand mehr gelegt, sondern die Synagoge wurde aber schon teilweise abgerissen."[42)] Ein anderer erinnerte sich: "Allmählich verlief sich die Menge, die meist aus Jugendlichen bestand."[43)]
Der im Hause der jüdischen Gemeinde Wohnende berichtete weiter: "Am nächsten Tag blieb ich von meiner Arbeitsstelle zu Hause und konnte dann nicht verhindern, daß die Synagoge dann trotzdem angezündet worden ist... Meine Wohnung wurde durch die Feuerwehr von Windecken wegen der Brandgefahr geräumt."[44)] Dabei sollen Sätze gefallen sein, daß die "Judenfreunde" doch ruhig mitverbrennen könnten.

Nachdem die Brandstifter im ersten Anlauf gestört und verscheucht worden waren, versuchten sie am nächsten Tag erneut, die Synagoge in Brand zu setzen. Diesmal stellten sie eine Leiter an die Synagoge, deckten das Dach ab, schleppten Strohballen in den Dachraum und versuchten, diese anzustecken. Dies gelang auch erst nicht, so daß in dem nahegelegenen Farbenhaus noch Benzin gekauft werden mußte.[45)]

Auch die Zerstörung und Plünderung setzten die Windecker Nazis fort. "Gegen 18 Uhr bemerkte ich bei der Vorbeifahrt an der Synagoge, daß dort irgendwelche Leute am Werk waren, die die Bücher der Synagoge, Kronleuchter, Gewänder, Vorhänge und noch anderes auf die Straße geworfen hatten. Um diese Zeit brannte die Synagoge noch nicht."[46)] Alle wertvollen Schätze lagen zur Plünderung offen, Jahrhunderte alte wertvolle Silbersachen wurden gestohlen und geraubt. Ein junger Mann soll auf dem riesigen Kronleuchter der Synagoge wie auf einer Schaukel hin und hergeschwungen sein. "..Sachen herausgeholt und auf die Straße geworfen wurden... vor der Synagoge, (wo) schon Bücher und Tücher verstreut lagen."[47)] Das Allerheiligste der Juden, nämlich die Thorarollen sollen ausgerollt worden sein bis an den Viadukt, also mehrere hundert Meter. "Ich begab mich... auf die Galerie... Von da aus konnte ich alles übersehen und mußte feststellen, daß sämtliche Bänke, Fensterscheiben usw. schon zerschlagen waren. Zu diesem Zeitpunkt habe ich dort keine SA-Leute gesehen. Es waren nur noch Leute in der Synagoge, die sich dieses Durcheinander ansehen wollten. Der Ortsdiener bemühte sich gemeinsam mit dem Gendarmen, die Leute von der Synagoge fernzuhalten."[48)]

Erst nach längerem gelang es, das Dachgebälk der Synagoge in Brand zu setzen. Dieses Brand erfaßte auch schnell das Gemeindehaus und die danebenliegende Schule. Der brennde Giebel des Gemeindehauses stürzte teilweise auf das Dach des Hauses Braugasse 15.

Diesem "Schauspiel" der brennenden Synagoge sah bald ganz Windecken zu. "Viel Volk war auf den Beinen." Die Feuerwehr hatte Anweisung, nur die Nebengebäude zu schützen und ein Übergreifen des Feuers zu verhindern. Die Synagoge brannte die ganze Nacht.

"Oben am Wartbaum habe ich schon den Feuerschein gesehen, ich sah unten, daß die Synagoge brannte. Ich ging nach Hause zu meinen Eltern, sie wußten es schon. Da war eine große, große tiefe Trauer und eine Kampfstimmung, aber ohnmächtig, der einzelne, was konnte er tun", erzählte Heinrich Reul.

Als die Synagoge entweiht, zerstört und geplündert wurde, waren auch einige Juden zugegen, so Moritz Levi und auch Benzion Adler. Dieser regte sich so sehr auf, daß er einen Herzanfall erlitt und in einem Nachbarhaus versorgt werden mußte. Er soll immer wieder erregt ausgestoßen haben: "Das wird sich rächen, das kann nicht ungestraft bleiben."[48a)]

Erfolglose Ermittlung nach den Tätern 1945
Benzion Adler sollte nicht recht behalten, da die im August 1945 durchgeführten Ermittlungen mangels Beweisen am 27. 10. 1945 von der Staatsanwaltschaft Hanau eingestellt wurden.[49)]

Ludwig Reichenberg teilte am 5. Dezember 1945 einer amerikanischen Stelle unter der Überschrift "Bericht über Kriegsverbrecher" sieben Namen von Windecker SA- und Nazi-Leuten mit, die "wertvolle Sachen aus der Windecker Synagoge gestohlen und danach mit der Hilfe anderer die Synagoge, ein Schulhaus und ein Wohnhaus, alles im Besitz der jüdischen Gemeinde Windecken, am 10. November 1938 zerstört haben." [50)]

Bürgermeister Reul teilte 1949 mit: "Im Zuge der allgemeinen Synagogenzerstörungen wurde im November 1938 die Synagoge zu Windecken zerstört... Einzelheiten über die Täter sind nicht bekannt. Ermittlungen in dieser Angelegenheit wurden bereits 1945 durch die politische Polizei unter Leitung eines Herrn Blum durchgeführt."[51)]

Plünderungen nach dem Brand
Als die Synagoge in den frühen Morgenstunden allmählich ausgebrannt war, setzten die Plünderungen der zerstörten Bauteile ein: "Anlieger holten sich Balken und Steine von den Ruinen." ... "Meine Frau, die in Ermangelung des nötigen Brennholzes auf dem Wege war, um wie andere sich auch von den angebrannten

Balken zu holen.."[52] Ein Windecker berichtete: "Wir hatten noch lange Zeit im Keller dicke Bücher liegen mit besonders dickem Papier. Dieses Papier eignete sich besonders gut, um Flieger daraus zu machen. Meine Eltern benutzten dies zum Feuer Anmachen."[53] Dabei dürfte es sich um Teile der alten und wertvollen Folianten mit religiösen Texten gehandelt haben. Auch die blau gestrichenen, mit gelben Sternen verzierten Bretter der Holzdecke der Synagoge sollen noch lange Zeit als Fußbretter hinter der Theke eines Geschäftes gelegen haben. Die gestohlenen Samtvorhänge sollen noch Jahre später bei einigen Windecker Damen als Samtröcke zu bewundern gewesen sein. Recha Wolf wurde nach Amerika geschrieben, daß eine ihr gut bekannte Windeckerin die große, schwere, schwarze Samtdecke, mit der die Holzsärge der verstorbenen Juden zur Beisetzung bedeckt wurden, gestohlen hatte.[54]

Im Dachflur des Hauses der Verfasserin befindet sich Eichenparkett aus der Synagoge. Teppiche und auch Fensterrahmen fanden an anderen Orten weitere Verwendung.

Rettung weniger Kultgegenstände aus der Synagoge

Neben den Plünderungen der Synagogenschätze gab es aber auch einzelne Versuche, etwas aus der zerstörten Synagoge zu retten. Der Fahrradhändler Heinrich Kurz berichtete im Jahre 1961: "Nach der Zerstörung der Synagoge kam ich zufällig an diese Stelle. Auf dem Platz lagen teilweise unter Trümmern verstreut, auseinandergezogen, zertrampelt und verschmutzt zahlreiche Bänder mit hebräischen Schriftzeichen. Ich machte mich sofort daran, die noch einigermaßen brauchbaren Stücke aufzuwickeln, was mehrere Stunden in Anspruch nahm. Von einem dort wohnenden alten Zimmermeister ließ ich mir zwei Säcke geben, steckte die Schriften hinein und versteckte diese zunächst im Nebengebäude meiner Werkstatt, später in meinem Anwesen in Eichen. Im Frühjahr 1945 erkrankte ich schwer, erst im Oktober konnte ich die Schriften nach Windecken auf das Rathaus schaffen. Ich hatte sie in Papiersäcke eingenäht und die Nähte mit Ago versiegelt. Noch im Februar 1946 lagen sie auf dem Bürgermeisterzimmer. Darauf schrieb ich nach Frankfurt an einen Rabbiner... daraufhin wurden die Sachen... weggebracht... Es ist bekannt geworden, daß ich diese Schriften gerettet habe, aber niemand wollte etwas vom Abliefern wissen und erst recht nicht, wohin diese geraten sind."[55]

In anderen Akten heißt es in dieser Angelegenheit, daß dies "allem Anschein nach bei der dortigen Stelle der amerikanischen Militärregierung in Hanau abgegeben worden sei". Das Interesse für die durch Friedel Kurz geretteten Sachen aus der Synagoge erwachte 1961 so "plötzlich" aufgrund von Anfragen von Siegfried Speier aus New York über das Hessische Innenmisterium. Er hatte bei seinem Besuch in Windecken von den geretteten Sachen aus der Synagoge gehört und versuchte, den Spuren zu folgen, leider ohne Erfolg. Achtlosigkeit und Desinteresse hatten die wenigen geretteten Sachen aus der Synagoge im Windecker Rathaus spurlos verschwinden lassen.[56]

Ein kleines hebräisches Gebetbuch wurde nach 1945 beim evangelischen Pfarrer von Windecken abgegeben. Es stammte vermutlich aus der Windecker Synagoge . Es handelt sich um einen "machsor für Rosh Haschona" - ein Gebetbuch für die Feiertage des jüdischen Neujahrsfestes. Gedruckt wurde das 200 Seiten umfassende Buch, das 20 cm hoch ist, im Jahre 1795 in Sulzbach in der Oberpfalz. 1984 übergab die evangelische Gemeinde Windecken dieses Buch dem Museum Raschi-Haus in Worms, wo es in der Dauerausstellung zu sehen ist.[57]

Zerstörung des jüdischen Friedhofes

Vermutlich wurde zur selben Zeit wie die Synagoge das Gemeindehaus und die Schule der jüdischen Gemeinde Windecken auch der jüdische Friedhof in Windecken geschändet, entehrt und zerstört. Dazu waren von niemandem genauere Angaben zu erhalten, auch die Akten gaben keine Hinweise. Mehr als 440 Jahre konnten in Windecken Juden ihre Toten in Ruhe und Ehre, wie es die jüdische Religion vorsieht, begraben.

מחזור
עם
כוונת הפייטן
חלק ראשון
כמנהג אשכנזים ושארי קהלות קדושות עם לשון אשכנז עם הדרת קודש
ראש השנה
ואלה מוסף על כל המחזורים שנמצאים בעולם
ואחרון חביב
כוונת הפייטן
נדפס
בזולצבאך
בבית ובדפוס של כה"ר זעקל בן כה"ר אהרן יצ"ו
בשנת תקנ"ה לפ"ק

Titelseite eines Gebetbuchs zum jüdischen Neujahrsfest, gedruckt 1795. Es stammt vermutlich aus der Windecker Synagoge und wurde nach 1945 beim evangelischen Pfarrer abgegeben. Heute befindet es sich in der Ausstellung des Raschi-Hauses in Worms.

Ausschreitungen gegen jüdische Familien

In diesen Novembertagen des Jahres 1938 kam es auch zu Ausschreitungen gegen jüdische Menschen in Windecken. Bei der Familie Salli Reichenberg warfen zwei SA-Leute die Fensterscheiben mit Pflastersteinen ein. Gewaltsam wurde in die Wohnung der Reichenbergs in der heutigen Eugen-Kaiser-Straße 7 eingedrungen. Die Federbetten wurden aufgeschlitzt aus den Fenstern zur Straße geschüttelt. Auch sollen verschiedene Sachen gestohlen worden sein.[58]

Auch bei dem Haus seines Bruders Julius Reichenberg in der Glockenstraße 4 soll Feuer gelegt worden sein. Weiteres soll dadurch verhindert worden sein, daß sich ein Windecker aus der Nachbarschaft, der auch die Naziuniform trug, hingestellt haben soll mit dem Hinweis, daß er dieses Haus bereits gekauft habe.

Der damalige Ortsgruppenleiter Rudolf Schneider berichtete 1945 dazu: "Ich habe mich nicht lange bei der Synagoge aufgehalten, weil ich hörte, daß versucht wurde, die jüdischen Wohnungen und Geschäfte zu demolieren und auszuräumen. Da ich solche Ausschreitungen für sinnlos hielt und verhindern wollte, habe ich mich zu den einzelnen jüdischen Wohnungen und Geschäften begeben, und es gelang mir auch, Ausschreitungen dieser Art zu vermeiden. Allmählich verlief sich die Menge, die meist aus Jugendlichen bestand, ohne daß es zu Zerstörungen jüdischer Wohnungen und Geschäfte kam und ohne daß die Synagoge abgebrannt war."[59]

1948 wurde berichtet, daß die Sachen, die noch im schon verkauften Haus Friedrich-Ebert-Straße 8 des bereits nach Amerika ausgewanderten Salomon Reichenberg waren zum Transport nach Amerika, "vor Zugriffen dritter Personen während der Ausschreitungen am 9. November 1938 geschützt .." wurden.[60]

Verhaftungen während des Novemberpogroms

Während im ganzen Deutschen Reich in diesen Novembertagen 1938 etwa 3 000 Juden verhaftet und in die Konzentrationslager verschleppt wurden, so sind in Windecken nachweisbar mindestens zwei Verhaftungen am 10. November 1938 erfolgt: Ludwig Reichenberg und auch sein Onkel Julius Reichenberg wurden verhaftet und von Hanau aus in das Konzentrationslager Buchenwald verschleppt. Ludwig Reichenberg hatte in seinen Akten viele Jahre ein Schreiben des Bürgermeisters Muth aufgehoben, das ihm dieser wegen seiner Verhaftung schickte[61] - siehe unten. Julius Reichenberg wurde, nachdem seine Frau Johanna Reichenberg aus Windecken das Fahrgeld für die Heimreise nach Buchenwald in das Konzentrationslager überwiesen hatte, am 26.11.1938 entlassen. Ludwig wurde am 10. Dezember 1938 entlassen mit dem erzwungenen Versprechen, niemals ein Wort über seine Zeit im Konzentrationslager Buchenwald verlauten zu lassen.

Im Hanauer Anzeiger vom 11. November 1938 war dazu nur der Satz zu lesen: "Im Stadt- und Landkreis Hanau wurden im Laufe des Tages eine größere Anzahl von Juden in Schutzhaft genommen."[62]

Nach dem Brand der Synagoge

Der damalige Bürgermeister Muth gab 1945 über den Fortgang der Ereignisse an: "Am nächsten Morgen stellte ich fest, daß die Synagoge und die Judenschule zum Teil abgebrannt waren und die Reste in der Schwebe hingen. Ich wurde von verschiedenen

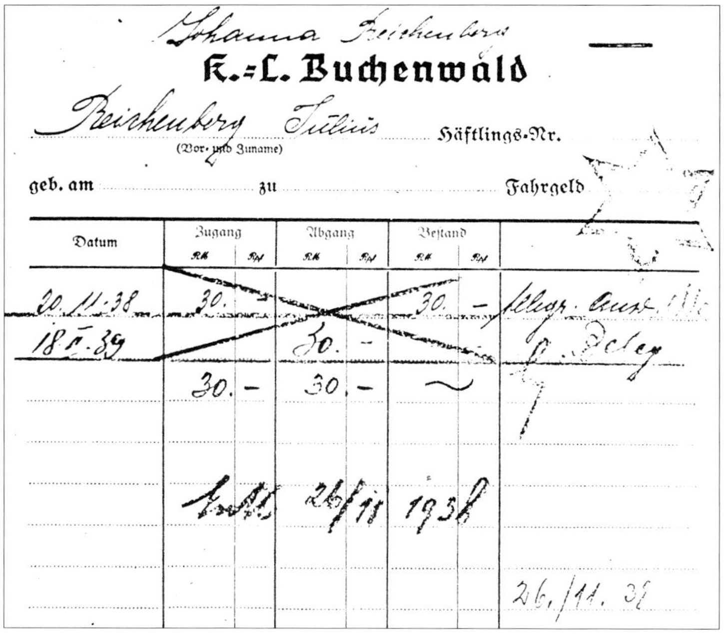
Johanna Reichenberg
K.-L. Buchenwald
Reichenberg Julius Häftlings-Nr.
(Vor- und Zuname)
geb. am ... zu ... Fahrgeld

Julius Reichenberg wurde in Windecken während des Novemberpogroms 1938 verhaftet und in das KZ Buchenwald verschleppt.

Einwohnern ersucht, diesen Zustand zu beseitigen. Ich zog einige Fachleute zu Rate, die erklärten, daß das Gebäude zur Beseitigung der Einsturzgefahr abgebrochen werden müßte, was dann von diesen und der Feuerwehr geschah."[63] Ein damaliger Feuerwehrmann gab 1945 dazu weiter an: "Am nächsten Morgen kam der damalige Bürgermeister und Ortspolizeiverwalter Muth zu mir und sagte mir, daß die Synagoge durch die Demolierung baufällig geworden sei und durch die Feuerwehr die Trümmer entfernt werden müßten. Ich sagte ihm, daß noch einige Bauhandwerker hinzugezogen werden müßten, was auch geschah. Ein Gerätewagen der Feuerwehr mit allen Geräten wurde mitgenommen."[64]

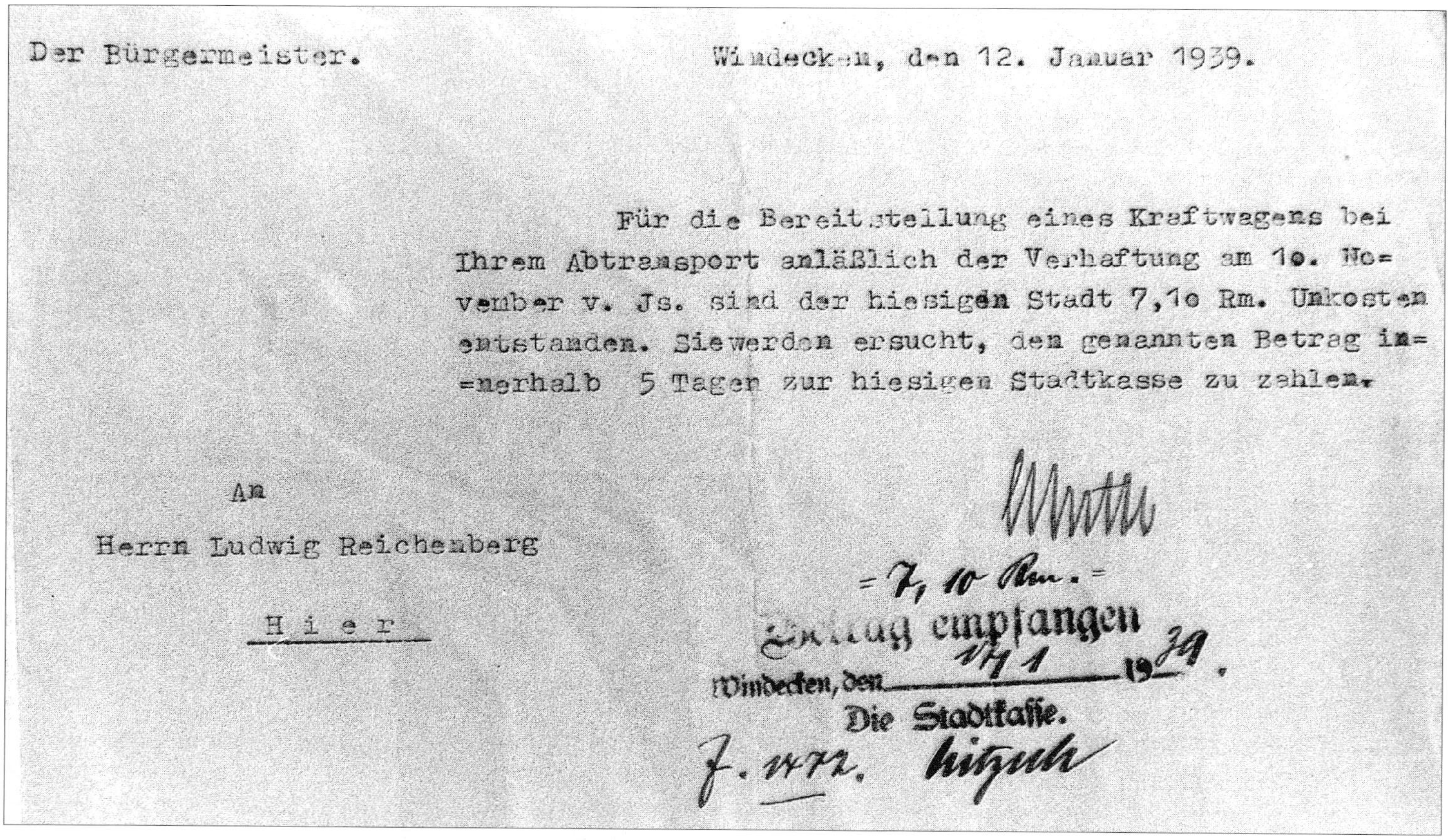
Der Bürgermeister. Windecken, den 12. Januar 1939.

Für die Bereitstellung eines Kraftwagens bei Ihrem Abtransport anläßlich der Verhaftung am 1o. November v. Js. sind der hiesigen Stadt 7,1o Rm. Unkosten entstanden. Siewerden ersucht, den genannten Betrag in=
=nerhalb 5 Tagen zur hiesigen Stadtkasse zu zahlen.

Muth

An
Herrn Ludwig Reichenberg
Hier

=7,10 Rm.=
Betrag empfangen
Windecken, den 14/1 1939.
Die Stadtkasse.

Rechnung für die Verhaftung von Ludwig Reichenberg im November 1938

späten Abend erschien Kreisleiter Else in brauner Uniform auf dem Gelände der abgebrochenen Synagoge. Er spendierte Freibier und Essen für die" Helfer". Auch eine Bezahlung kündigte er an.[65)]

Am 14. November 1938 konnte der Bericht über den Brand der Synagoge an den Landrat geschickt werden.[66)] Auch die entstandenen Kosten wurden aufgelistet.[67)] Bericht und Kostenaufstellung sind rechts abgedruckt.

Eintreibung des Geldes für den Abbruch der Synagoge bei den Juden

Zur Eintreibung der der Stadt Windecken entstandenen Kosten beim Abbruch der Synagoge schickt der Bürgermeister bereits einige Tage später das nebenstehende Schreiben (Mitte) an den Vorsteher der israelitischen Gemeinde.[68)]

Grundlage der Forderungen der Stadt Windecken war das Gesetz vom 12. November 1938, nach dem die Juden für die am 8. und 10. November 1938 in den Ausschreitungen gegen sie entstandenen Schäden bezahlen mußten. Salli Reichenberg teilte "höflich mit, daß die Synagogengemeinde den verlangten Geldbetrag augenblicklich nicht flüssig hat. Ich werde bemüht sein, das erforderliche Geld zu beschaffen und bittet um eine angemessene Zahlungsfrist."[69)]

Daraufhin ergingen Forderungen an Adolf Wolf, Samuel Katz und Benzion Adler in Ostheim, Salli und Julius Reichenberg in Windecken. Auf diese Forderungen mußte Samuel Katz aus dem jüdischen Krankenhaus 10. November 1938 verhaftet worden und in das Konzentrationslager Buchenwald verschleppt worden sein. Nach seiner Entlassung aus dem KZ mußte er sofort im Krankenhaus behandelt werden. Er schrieb, daß "ich den Betrag jetzt nicht zahlen kann, weil mir eben Barmittel nicht zur Verfügung stehen, sondern erst dann, wenn ich mein Anwesen verkauft habe." [70)]

Der Bürgermeister schlug die erbetenen Stundungen ab, setzt letze Fristen und drohte: "...werde ich unverzüglich die zwangsweise Beitreibung anordnen". [71)]

Weiteres Schicksal des Synagogenplatzes

Um die geforderten Kosten aufbringen zu können, hatte Salli Reichenberg schon am 26. November 1938 um eine Anrechnung des Bauplatzwertes angeboten, was aber abgelehnt wurde, weil "über die Verwertung desselben noch nichts bekannt ist." [72)]

Der Anwalt Dr. Koref fragte am 9. Januar 1939 namens der Synagogengemeinde Windecken an, "ob die politische Gemeinde ein Interesse daran hat, das Grundvermögen der Synagogengemeinde zu erwerben und zu welchem Preis."[73)]

Darauf wurde ihm mitgeteilt, daß "die Stadt an dem Erwerb des Grundvermögens der Synagogengemeinde vorläufig kein Interesse hat."[74)]

Am 9. Juli 1939 schrieb Salli Reichenberg: "Der Synagogenplatz und der Friedhof werden in Kürze in den Besitz der Stadt übergehen."[75)]

Am 27. Oktober 1939 berichtete dann der Bürgermeister dem Landrat: "Es sind hier Ruinen der ehemaligen jüdischen Synagoge nicht vorhanden. Die Synagoge und die dabei befindliche Judenschule ist damals restlos beseitigt und der Schutt abgefahren worden. Der Platz ist planiert und befindet sich in ordnungsgemäßem Zustande. Die Stadt kauft das Gelände an, die Verhandlungen sind zur Zeit im Gange."[76)]

Am 15. April 1940 verkaufte Salli Reichenberg als "Vertreter der jüdischen Kultusvereinigung Synagogengemeinde Windecken" ... "Gartenland und früher Hofraum in der Braugasse und an der Ostheimer Straße und zwar 2,50 ar (250 qm) Gartenland zu 0,80 RM pro Quadratmeter = 200 RM und 6,38 ar (638 qm)

1. An den Herrn Landrat in Hanau. W.14.11.38.

Betr. Brand und Abbruch der Synagoge mit Nebengebäuden hier.

Am Abend des 1o. November ds.Js. ging die hiesige Synagoge in Flammen auf. Es brannte ein Teil des Gebäudes nieder. Die noch stehen gebliebenen Reste befinden sich in einem Zustand, der die öffentliche Sicherheit gefährdete und musste deshalb nach dem Urteil von vorher gehörten Fachleuten umgelegt werden. Die Synagoge mit ihren Nebengebäuden (1 kleines Wohnhaus und 1 Kinderschule) wurde deshalb vollständig abgetragen. Es handelt sich bei der Schule ~~u.mit~~ dem Wohnhaus um ein sehr altes Fachwerkgebäude. Die Schule war massiv ausgeführt. Ich gebe hiervon Nachricht und bitte, falls eine Brandzählkarte ausgefüllt werden muß, um Zusendung eines Vordruckes derselben.

D.B. //

2. W.V.am 24.11.38.

1. An den Vorsteher der Israelitischen Gemeinde,
Herrn Sally Reichenberg, hier.

W.18.11.48.

Die anlässlich der Vergeltungsmaßnahmen für den Mord des Gesandschaftsmitgliedes in Paris zerstörte Synagoge mit Nebengebäuden musste aus baupolizeilichen Gründen abgetragen werden. Die Aufsichtsbehörde hat nunmehr angeordnet, dass der entstandene Schutt pp. beschleunigt beseitigt werden muß. Ich habe die Abfuhr des Schuttes angeordnet und weise darauf hin, dass die sowohl durch die Beseitigung ~~wie~~ der Gebäude wie auch durch die Abfuhr des Schuttes pp. entstandenen und entstehenden Kosten von der israelitischen Gemeinde gezahlt werden müssen. Kostenaufstellung geht Ihnen demnächst zu.

//

2. Z.d.A. D.B.

Zusammenstellung

der Kosten, die durch die Abtragung des durch Brand beschädigten und baufällig gewordenen der Judengemeinde gehörigen Gebäude Braugasse Nr. 17 und 19 und Ostheimerstraße Nr. 14 und durch die Abräumung des Schuttes pp. entstanden sind.

Gegenstand	Kostenbetrag Rm.	&
1. Vergütung an die Feuerwehr und der zu ihrer Hilfeleistung beauftragten Personen für Lohnausfall beim Abbruch der Gebäude	674	9o
2. Ersatzleistung für beschädigte Kleidungsstücke, Ausrüstungsgegenstände und Werkzeuge	165	85
3. Kosten für die Wiederherstellung des durch den Brand und den Einsturtz des Nebengebäudes der Synagoge beschädigten Wohnhauses der Witwe Margarete Westphal	78	45
4. Vergütung für Abfuhr des Schuttes	335	-
5. Vergütung für Verladen des Schuttes	236	65
Summa:	149o	85

Vier Tage nach der Zerstörung der Windecker Synagoge teilte der Bürgermeister dem Landrat in Hanau Zerstörung und Abriß von Synagoge, Gemeindehaus und Schule mit. Eine Woche später forderte der Bürgermeister die jüdische Gemeinde auf, die Kosten für den Abriß zu zahlen.

Gelände, auf dem die frühere Synagoge stand zu 0,10 RM pro Quadratmeter = 63,80 RM." [77]

Feuerlöschteich

Während des Krieges wurde auf dem Platz der früheren Synagoge ein Feuerlöschteich angelegt. Dazu war im Hanauer Anzeiger vom 21.8.1943 zu lesen: "... werden hier zur Zeit mehrere Löschteiche errichtet. Jeden Abend, an Samstagnachmittagen und an Sonntagen sieht man gegenwärtig die gesamte Windecker Bevölkerung ohne Ausnahme eifrig beim Hacken und Schippen. Alles hilft bereitwilligst mit,..damit im Notfall Hab und Gut der Bevölkerung geschützt werden kann."[78]

Als nach 1945 der frühere jüdische Besitz zurückerstattet wurde, wandte sich die Stadt Windecken 1949 an die neue Besitzerin, die IRSO, und berichtete: "Auf dem Gelände, wo früher die Synagoge sich befand, ist während des Krieges ein Feuerlöschteich errichtet worden, der jedoch heute seiner Bestimmung nicht mehr dient. Aus sicherheitspolitischen Gründen ist die Beseitigung des Löschteiches dringend erforderlich. Die Stadt beabsichtigt daher, den Löschteich als Fundament und Kellerraum für ein auf dem Gelände zu erstellendes Wohnhaus zu benutzen. Sie würde daher die erheblichen Kosten für die Beseitigung des Löschteiches einsparen. Die Stadt kann das Projekt jedoch nur dann verwirklichen, wenn der Grund und Boden städtisches Eigentum ist."[79]

Durch Vergleich im Jahre 1950 war die Stadt wieder Eigentümerin.

1950 wurde das Wohnhaus mit Fahrradwerkstatt Friedel Kurz, Heinrich Kurz erbaut. Friedel Kurz fügte wohl in Erinnerung an die Synagoge eine selbstgefertigte kleine Rosette in die Nordseite des Hauses über dem Eingang ein.

1986 wurde dieses bis auf das Fundament des ehemaligen Feuerlöschteiches abgerissen. Für einige Zeit waren auch die Fundamente der Synagoge, die so viele hundert Jahre an diesem Platz stand, aus rotem Sandstein sichtbar.

Evangelisch-methodistische Kirche

50 Jahre nach der Zerstörung des jüdischen Gotteshauses fügte es sich, daß genau an dieser Stelle wieder ein Gotteshaus eingeweiht wurde: die Christuskirche der evangelisch-methodistischen Gemeinde. Bei der Einweihung der Kirche bezog man sich auch auf das frühere Gotteshaus der Synagoge, "auf geschichtsträchtigem Boden".[80]

Synagogengarten

Der frühere Synagogengarten, der bis zur südlichen Stadtmauer reichte und vermutlich seit dem Weggang des Lehrers Katz 1907 an die Familie Dauth verpachtet war, wurde nach 1945 in drei kleine Gartenstücke an die Bewohner der damaligen Braugasse verkauft, die keine Gartenfläche besaßen. Ein größeres Stück kaufte der Weißbindermeister Julius Dauth, um ein Werkstattgebäude bei seinem Haus, Braugasse 18, zu errichten. Einen Teil des Hofraumes dieses Hauses hatte die jüdische Gemeinde Windecken übrigens schon 1922 an ihren Nachbarn Heinrich Dauth verkauft.

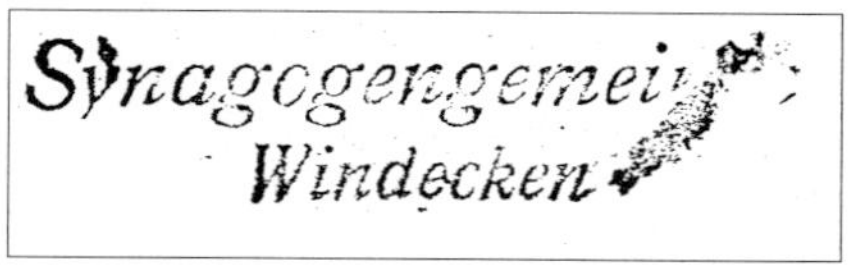

Stempel 1938

Gedenktafel

1985 - 40 Jahre nach dem Ende des Zweiten Weltkrieges - beschloß die Stadtverordnetenversammlung, eine Gedenktafel am Platz der früheren Synagoge anzubringen. Sie wurde am 17. November 1985 in feierlichem Rahmen enthüllt. Nach einer Ansprache des Bürgermeisters Salzmann verlas der Stadtrat Weider die Namen der ermordeten Windecker und Ostheimer Juden. Kantor Zucker betete Kaddisch für die Ermordeten in den deutschen Vernichtungslagern.

Am Jahrestag des Novemberpogroms findet seitdem eine Kranzniederlegung durch den Bürgermeister Nidderaus statt, an denen des öfteren Wilhelm Katz, früher aus Ostheim, mit seiner Frau Lotte teilnahm.

Zur 700-Jahrfeier der Stadtrechte Windeckens im Jahre 1988 zog ein großer Festzug durch die Straßen Windeckens. Ein Wagen zeigte ein Modell der Windecker Synagoge.[81]

Die Verschleppung der Windecker Juden aus Frankfurt

Über das Leben der aus Windecken nach Frankfurt übersiedelten Juden wissen wir nur wenig.

Die jüdische Bevölkerung Frankfurts zu der Zeit lebte in bestimmten Gegenden, im Ostend oder dem Westend, in einfachen kleinen Wohnungen. In Frankfurt waren die Lebensmittelkarten schon ab Anfang 1939 für Juden gesondert gekennzeichnet. Es gab 10 Verkaufstellen für Lebensmittel, in denen Juden der Einkauf zu bestimmten Zeiten gestattet war.[82]

Am 1. Februar 1942 schrieb Hilda Oppenheimer an ihre frühere Nachbarin in Windecken: "Ich habe eine Bitte an Dich. Könntest Du mir vielleicht eine halbe Brotmarke besorgen. Ich wäre Dir sehr dankbar dafür, denn wir bekommen kein Fleisch und keine Kartoffeln und so wenig Brot, daß ich immer Hunger habe."[83]

Die täglichen Gedanken kreisten um das Schicksal der Angehörigen im Ausland, deren Briefe aus dem Ausland sehnsüchtig erwartet wurden. Ende des Jahres 1941 waren auch diese brieflichen Verbindungen nach Amerika unterbrochen. Mit Verwandten in England oder Palästina war schon seit dem Ausbruch des Krieges am 1. September 1939 keinerlei Kontakt mehr möglich.

Die verzweifelten Bemühungen, doch noch einen Weg zur Auswanderung zu finden, nahm bei allen Menschen viel Zeit in

"Merkblatt für eingesetzte Beamte, Anlage zum Schnellbrief der Geheimen Staatspolizei, Staatspolizeistelle Frankfurt/M, vom 21.8.1942

Aus dem Stapobezirk Frankfurt/M werden Juden nach dem Osten evakuiert. Sie sind für die Durchführung dieser Aktion abgestellt und haben sich entsprechend den Anweisungen dieses Merkblattes und den mündlich erteilten Instruktionen zu verhalten.
Ich erwarte, daß sie mit der notwendigen Härte, Korrektheit und Sorgfalt diesen Befehl ausführen.
Ausgewiesen werden nur Volljuden. Staatenlose Juden werden grundsätzlich wie deutsche Staatsangehörige behandelt. Die Juden werden versuchen, Sie durch Bitten oder Drohungen oder sonst etwas weich zu stimmen oder sich widerspenstig zeigen. Sie dürfen sich dadurch in keiner Weise beeinflussen und in der Ausführung Ihrer Pflicht hindern lassen.
Diese Anweisungen können natürlich nur allgemein sein. Im Einzelfall werden Sie deshalb zu entscheiden haben, was erforderlich ist, um eine ordnungsgemäße Abwicklung zu gewährleisten. Soweit ein Fernsprechapparat in der Nähe ist, können Sie auch bei der Staatspolizeistelle Frankfurt/M Rücksprache halten. Ein Verzeichnis mit den erforderlichen Fernsprechnummern ist beigefügt.
Sie verfahren folgendermaßen:
1. Sie begeben sich zu der festgesetzten Zeit in die Ihnen zugewiesenen Judenwohnungen. Falls die Juden Ihnen den Eintritt verweigern und nicht öffnen, bleibt einer von Ihnen an der Wohnung, während der andere sofort das nächste Polizeirevier benachrichtigt.
In der Judenwohnung rufen Sie sämtliche Familienangehörige zusammen und verlesen ihnen die Staatspolizeiliche Verfügung, die Ihnen ebenfalls mit dem Merkblatt ausgehändigt worden ist. Die Juden haben nunmehr in einem Raum zu bleiben, den Sie ihnen anweisen. Ein zweiter Beamter bleibt während der ganzen Zeit mit den Familienangehörigen des Juden zusammen. Sie selbst wenden sich an den Haushaltungsvorstand der Judenfamilie.
2. Mit dem Haushaltungsvorstand gehen Sie durch die Wohnung. Soweit geheizte Öfen vorhanden sind, ist nicht mehr nachzulegen. Handelt es sich um Dauerbrandöfen (Kachelöfen oder ähnliches), so ist die Ofentür aufzuschrauben, damit das Feuer noch in der Zeit, die Sie in der Judenwohnung sind, ausgeht. Wenn Sie die Wohnung verlassen, muß das Feuer gelöscht sein.
3. Alsdann machen Sie sich mit dem Haushaltungsvorstand daran, den Koffer oder den Rucksack zu packen. Sie müssen dabei beachten, daß nur das in der Staatspolizeilichen Verfügung Vorgesehene mitgenommen wird. Sie sind dafür verantwortlich, daß Wertgegenstände usw., die nach der Verfügung nicht mitgenommen werden dürfen, auch nicht in den Koffer gepackt werden. Der Koffer ist alsdann von Ihnen mit einem Siegelstreifen zu sichern. Soweit Rückfragen bei anderen Familienangehörigen erforderlich, gehen Sie mit dem Haushaltungsvorstand wieder in den Raum, in dem sich alle Juden aufhalten, zurück und lassen sich sagen, was sonst gepackt werden soll. Notfalls lassen Sie den Haushaltungsvorstand da und gehen mit der Jüdin oder einem anderen Familienmitglied packen. Es muß jedoch auf jeden Fall dafür gesorgt sein, daß die übrigen Familienmitglieder auch unter Aufsicht stehen und nicht einen Augenblick allein sind.
4. Die Wolldecken, die mitgenommen werden dürfen, müssen eingerollt oder so gelegt sein, daß sie ohne Schwierigkeiten transportiert werden können.
5. Gehen Sie mit dem Haushaltungsvorstand durch die Wohnung (auch Keller- und Bodenräume) und stellen fest, was an Lebensmittel (leicht verderblich) und lebendes Inventar in der Wohnung ist. Diese Sachen tragen Sie, wenn sich das möglich machen läßt, mit dem Haushaltungsvorstand auf dem Flur zusammen. Sie benachrichtigen die NSV und lassen die Sachen abtransportieren.
6. Wertgegenstände, Sparbücher, Wertpapiere, Schmuckgegenstände und Bargeldbeträge, die über die Freigrenze hinausgehen, hat der Jude zusammenzutragen. Diese Gegenstände oder Werte sind von dem Beamten entgegenzunehmen, in ein Verzeichnis einzutragen und in einem Säckchen oder Umschlag zu verpacken. Dieses Behältnis ist zu verschließen und auf der Vorderseite mit Vor- und Zunamen, Wohnort und der Wohnung des Eigentümers zu versehen. Das Verzeichnis ist von dem Beamten und Juden auf seine Vollständigkeit zu prüfen und unterschriftlich anzuerkennen. Das was mitgenommen wird, ist in dem Verhandlungsformular ebenfalls ersichtlich zu machen
Für jeden Haushaltungsvorstand oder selbständigen Juden ist die beigefügte Verhandlung auszufüllen und von dem Juden und Beamten mit seiner Unterschrift zu versehen.
7. Lassen Sie sich von dem Juden die Personalpapiere zeigen, die bei der Sammelstelle abzuliefern sind.
8. Sämtliche Sachen (Koffer, Wohnungsschlüssel, die Sie abziehen) sind mit haltbaren Schildern zu versehen, auf denen Name und genaue Wohnungsangabe des jüdischen Eigentümers anzugeben sind. Dise Schilder müssen so fest angebracht sein, daß sie auf keinen Fall abgehen können. Die Beschriftung muß deutlich lesbar sein. Die Schilder müssen Sie noch in der Wohnung fertig machen und an den genannten Gegenständen befestigen. Außerdem muß jeder Jude ein Schild um den Hals tragen, auf dem sein Name, Geburtstag und Kennkartennummer angegeben sind.
9. Sind Sie dann mit der Sichtung der Wohnung, Boden- und Kellerräume, die - wie ich noch einmal betonen muß - nur gemeinsam mit dem jüdischen Haushaltungsvorstand vorgenommen werden darf, fertig, dann bringt ein Beamter die Juden zum befohlenen Sammelplatz. Ich weise darauf hin, daß zu diesem Zeitpunkt aber auch alles in der Wohnung geregelt sein muß. Es ist zu beachten, daß
a) die Haustiere (Hunde, Katzen, Singvögel usw.) übergeben
b) verderbliche Lebensmittel der NSV zur Verfügung gestellt sind,
c) das offene Feuer gelöscht ist,
d) Wasser-und Gasleitung abgestellt ist,
e) elektrische Sicherungen herausgeschraubt sind,
f) die Schlüssel der Wohnung zusammengebunden und mit einem Anhängeschild versehen sind, auf dem Name, Wohnort und Straße des Juden vermerkt, und
g) die Juden soweit möglich vor Abgang nach Waffen, Munition, Sprengstoffen und Gift durchsucht sind,
h) die Vermögenserklärung ausgefüllt und unterschrieben ist.
10. Nach Verlassen der Wohnung ist der Zugang zur Wohnung von dem Beamten zu verschließen und zu versiegeln.
11. Bei der Überstellung im Sammelraum sind zugleich die in Verwahr genommenen Gegenstände und Werte, die Formulare, Merkblätter, Beschlagnahmeverfügung abzuliefern.
12. Ausschreitungen sind auf jeden Fall zu verhindern."[93a]

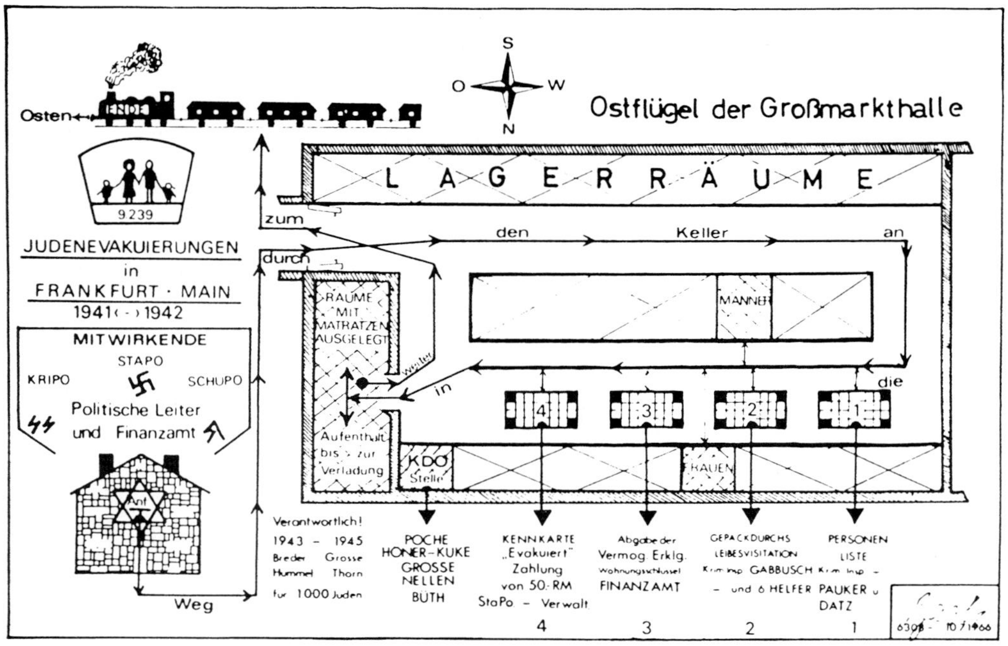

Ablaufplan für die Durchführung der Verschleppung der Juden aus Frankfurt, aufgezeichnet am 10.7.1966 von dem ehemaligen Leiter des Judenreferats der Gestapo, Heinrich Baab

Anspruch. Auch bei den nur noch unter Juden stattfindenden Besuchen nahmen die Gespräche zu diesen Themen den ausschließlichen Raum ein.

Viele der meist älteren Menschen waren auf die geringen Unterstützungen der jüdischen Wohlfahrtspflege angewiesen, die allerdings von der Gestapo kontrolliert wurde. Deshalb wurde auch alles daran gesetzt, diese Unterstützungen so gering wie möglich zu halten.

Dies geschah vor allem durch die seit März 1941 verordnete Zwangsarbeit. Salli Reichenberg war zur Zwangsarbeit auf dem jüdischen Friedhof in Frankfurt in der Eckenheimer Landstraße eingesetzt. Viele der Älteren konnten aber wegen ihrer Gebrechlichkeit nicht zu Zwangsarbeiten herangezogen werden.

Von Salli Reichenberg wissen wir auch, daß er die Synagoge, die sich in der Aula des Philantropin in der Hebelstraße befand, besuchte. Im Turnsaal dieses ehemaligen jüdischen Reformgymnasiums fanden donnerstags auch Filmvorführungen statt. Dieses Kino für den Jüdischen Kulturbund existierte seit Frühjahr 1939.[84)]

Ansonsten gab es wohl kaum noch Möglichkeiten für die Juden, sich zu zerstreuen.

Ab dem 19. September 1941 mußten alle Juden den Judenstern tragen, im März 1942 wurden ihre Wohnungen mit dem Judenstern gekennzeichnet. Gerade diese besondere Kennzeichnung, die es in Deutschland seit Jahrhunderten nicht mehr gegeben hatte, wurde nach Berichten von Überlebenden "als einer der schwersten Erlebnispunkte" empfunden.

Erste Deportation in das Ghetto Litzmannstadt in Lodz

Schon im Frühjahr 1941 befürchteten die Juden, von Frankfurt aus nach Osten geschafft zu werden.[85)] Auf Befehl der Gestapo mußte die Verwaltung der "Israelitischen Gemeinde Frankfurt" bereits im Frühjahr 1941 eine "Karthothek der gesamten Gemeindemitglieder in dreifacher Ausfertigung" anlegen und der Gestapo übergeben.

Im Oktober 1941 wurde diese Karthothek einer 1 200 Namen von Frankfurter Juden umfassenden Liste, die der jüdischen Gemeinde zur Ergänzung der früheren sowie der derzeitigen Berufe übergeben wurde, fertiggestellt. Lina Katz, die bis August 1942 in der Verwaltung der jüdischen Gemeinde arbeitete, berichtete: "Die Liste war zur Gestapo zurückzusenden. An diese Liste knüpften verschiedene Leute die Vermutung, sie sei als Deportationsliste gedacht. Diese Nachricht verbreitete sich unter den Juden der Stadt, worauf der Gemeindevorstand zur Gestapo bestellt wurde. Man erklärte dem Vorstand, diese Gerüchte seien völlig unbegründet, wer sie verbreite, habe Maßnahmen zu erwarten, und es solle vom Vorstand aus und von der Kanzel ausdrücklich dementiert werden, daß deportiert würde. Dies war an einem Freitag. Am Freitagabend und Samstag sprach dann Rabbiner Neuhaus in dem letzten der Gemeinde verbliebenen Bethaus von der Kanzel herunter, daß die Gerüchte unbegründet seien."[86)]

Auf dieser Liste standen auch die Namen von Julius und Johanna Reichenberg, die der Tochter Rosa mit ihrem Mann Hugo Rollmann und dem kleinen Helmut, außerdem den Schwiegereltern Rollmann.

Adolf und Mathilde Wolf aus Ostheim standen ebenfalls auf der Liste.

Am 19. Oktober 1941 "Sonntag morgens 7 Uhr wurden die auf der Liste befindlichen Personen von SA-Leuten aus ihrer Wohnung geholt. Sie bekamen etwas Zeit, unter Aufsicht einige Sachen einzupacken, und wurden dann geschlossen durch die Stadt zu Fuß zur Großmarkthalle geführt... Ich habe den Zug zur Großmarkthalle durch die Stadt begleitet... Der Zug ging durch die Stadt am hellen Tage. Rechts und links standen die Menschen und sahen sich stumm im dichten Spalier den Zug an. In die Großmarkthalle konnte ich nicht hinein. Dort übernahmen SS-Leute den Zug, der bis dahin von der SA eskortiert wurde. Nach dem Bericht des Friedhofverwalters Fiebermann, der aus irgendeinem Grunde in die Großmarkthalle bestellt worden war und zurückkehrte, soll es dort in der Nacht schrecklich zugegangen sein mit Mißhandlungen usw. Am anderen Tag erfolgte die Verladung. Die SA-Leute sagten, der Zug käme nach Litzmannstadt in ein sehr geordnetes schönes Ghetto."[87)]

Von den von Frankfurt nach Lodz verschleppten 1125 Menschen überlebten nur drei. Viele kamen in den Gaswagen von Kulmhof um oder wurden nach Auschwitz transportiert. Nur von Mathilde Wolf ist bekannt, daß sie im Ghetto Litzmannstadt am 13. Juni 1942 starb.

Weitere Deportationen aus Frankfurt

Von den folgenden Verschleppungen der Juden aus Frankfurt berichtete Lina Katz: "Für die weiteren Transporte erhielt die jüdische Gemeinde von der Gestapo keine Listen mehr, sondern nur den Befehl, 1 200 Menschen bereitzustellen. Es wurde uns nur eine Kategorie angegeben. Die für den Transport bestimmten wurden von der Gemeinde aus benachrichtigt, daß sie innerhalb von drei Tagen abtransportiert werden. Es wurden ihnen Sammelstellen vorgeschrieben. Die Abführung erfolgte am hellen Tage wie oben beschrieben. Zwei Transporte gingen im November, von denen man nie wieder etwas gehört hat, wogegen vom ersten Transport noch einige geschrieben haben. Dann gab es eine Pause bis Mai 1942. Im August 1942 erhielten wir eine Liste, welche die Altersheime und das Krankenhaus in der Gagernstraße räumten."[88]

In einem dieser Altersheime befanden sich Moritz und Kathinka Müller im Alter von weit über 70 Jahren.[89]

Abtransport von der Großmarkthalle

Die Keller der Großmarkthalle in der heutigen Sonnemannstraße waren von den Verantwortlichen der "Aktion" als Sammelpunkt zur Verschleppung der Juden aus Frankfurt ausgesucht worden, weil sich hier ein Gleisanschluß befand, so daß die Juden direkt in Züge - meist Güter oder Viehwaggons - "verladen" werden konnten. Für die Durchführungen der Deportationen war ein Organisationsplan aufgestellt worden. Der ehemalige Leiter des Judenreferates der Gestapo erläuterte den Plan 1963: "Keiner der 1 000 Juden entging der genauen Kontrolle. Im Keller des Ostflügels sammelten sich die aus den Wohnungen geholten Juden und mußten an vier Tischen vorbei, bis sie dann in leeren Kellerräumen, die mit Matratzen ausgelegt waren, landeten, in denen sie zum Abtransport warteten. Am ersten Tisch erfolgte an Hand der von der Reichsvereinigung der Juden aufgestellten Liste die Überprüfung der Personalien. Die Durchsuchung des erlaubten Gepäcks erfolgte an Tisch zwei und in mit Decken getrennten Räumen für Männer und Frauen die Leibesvisitation. Der dritte Tisch war für die Beamten des Finanzamtes bestimmt. Dort mußten die Juden die Vermögenserklärung und die Schlüssel mit dem Namensschild der versiegelten Wohnung abgeben. Am vierten Tisch nahm man den Juden die Heimat, ihre Kennkarten erhielten den Stempel 'Evakuiert'. Mit 50 RM pro Person mußten sie diese Fahrt aus der Heimat auch noch bezahlen. Dann ging es als Heimatloser in die Räume mit den Matratzen auf der Erde, bis die Verladung begann.

Mit seinem Gefolge erschien auch Gauleiter Sprenger, der in aller Öffentlichkeit dem Stapoleiter und dem Leiter für die gute Durchführung der Judenevakuierungen gratulierte. Dann begann das immer wiederkehrende Schauspiel bei den Judenevakuierungen in der Großmarkthalle. Sprenger und sein Gefolge begaben sich in die sogenannten Matratzenräume, trampelten auf den an der Erde liegenden Juden herum, ohne Rücksicht auf Frauen und Kinder und verteilten nach rechts und links kräftige Ohrfeigen. Auch der Stapoleiter und einzelne Evakuierungshelfer beteiligten sich an den Mißhandlungen.

Schon einen Tag nach der Evakuierung begann die Ausplünderung der versiegelten Wohnungen durch das Finanzamt-Außenbezirk. Freunde und Bekannte der Finanzbeamten erhielten Möbel und Textilien für wenig Geld. Über die leeren Wohnungen verfügte der Kreiswohnungskommissar der NSDAP."[90] Das Vermögen der Ermordeten wurde beschlagnahmt.

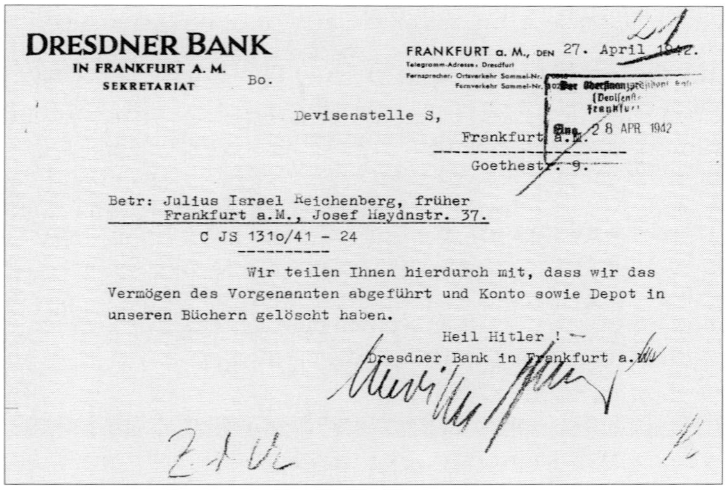
DRESDNER BANK
IN FRANKFURT A. M.
SEKRETARIAT
Bo.

FRANKFURT a. M., DEN 27. April 1942.
Telegramm-Adresse: Dresdfurt
Fernsprecher: Ortsverkehr Sammel-Nr.
Fernverkehr Sammel-Nr.

Devisenstelle S,
Frankfurt a.M.
Goethestr. 9.

Eing. 28 APR 1942

Betr: Julius Israel Reichenberg, früher
Frankfurt a.M., Josef Haydnstr. 37.
C JS 131o/41 - 24

Wir teilen Ihnen hierdurch mit, dass wir das Vermögen des Vorgenannten abgeführt und Konto sowie Depot in unseren Büchern gelöscht haben.

Heil Hitler ! –
Dresdner Bank in Frankfurt a.M.

Im Oktober 1941 wurde Julius Reichenberg verschleppt. Im April 1942 wurde sein gesamtes Vermögen von seiner Bank "abgeführt". Es war beschlagnahmt worden, "zugunsten des Deutschen Reiches eingezogen".

Transporte aus Frankfurt in den Jahren 1941-42

Mehr als 10 000 Juden wurden aus Frankfurt gewaltsam verschleppt in die Todeslager und dort auf bestialische Weise ermordet. Im folgenden werden nur die Transporte der Jahre 1941 und 1942 genannt:[91]

Datum	Ziel	Anzahl der Verschleppten
19. 10. 1941	Litzmannstadt	1125
11. 11. 1941	Minsk	1052
22. 11. 1941	Riga	992
8. 5. 1942	nach dem Osten	938
24. 5. 1942	nach dem Osten	930
11. 6. 1942	nach dem Osten	1016
18. 8. 1942	Theresienstadt	1020
1. 9. 1942	Theresienstadt	554
15. 9. 1942	Theresienstadt	1378
24. 9. 1942	nach dem Osten	234

Ein Überlebender der Transporte Adolf Diamant schreibt: "Man kann die Gefühle und Gedanken der Deportierten, die in den Güterwaggons nach den Vernichtungslagern des Ostens fuhren nicht beschreiben. Weinende Kinder, verzweifelte Mütter und auf das Tiefste deprimierte Menschen... rollten ins Ungewisse der Zukunft. Der Bestimmungsort war unbekannt. Auch die Ankunft in Auschwitz und das Durchlaufen der Selektionsrampe sagte noch nichts von dem schrecklichen Tod in den Gaskammern, den die anderen Deportierten erleiden mußten."[92]

Von den 10 231 Juden, die aus Frankfurt deportiert wurden, sind rund 9 500 Juden ermordet worden,[93] darunter waren auch die folgenden, noch während der Nazizeit dort wohnhaft gewesenen Menschen aus Windecken, Ostheim und Heldenbergen:

aus Windecken:

Julius und Johanna Reichenberg
Rosa und Hugo Rollman und Sohn Helmut
Salli und Hilda Reichenberg
Ernst und Renate Reichenberg
Moritz und Kathinka Müller
Recha Müller
Hilda Oppenheimer

aus Heldenbergen

Ernst und Hertha Ballin-Oppenheimer mit den Kindern Helmut, Liesel und Inge
Hannchen Ballin-Oppenheimer
Michel Speier
Sigmund und Auguste Grünewald
Paula und Ellen Speier
Clara Aber

aus Ostheim

Samuel und Regina Katz
Anselm und Betty Katz
Adolf und Mathilde Wolf

Die Namen der ermordeten Windecker Juden

Salli Reichenberg (* 4.1.1882) lebte bis 1941 in Windecken, dann in Frankfurt, von dort wurde er im Alter von 60 Jahren im August 1942 gewaltsam nach Theresienstadt verschleppt, er starb dort.

Hilda Reichenberg geb. Loewenstein (* 12.6.1885) lebte bis 1941 in Windecken, dann in Frankfurt. Im August 1942 wurde sie von dort im Alter von 57 Jahren nach Theresienstadt verschleppt, im Januar 1943 nach Auschwitz, wo sie ermordet wurde.

Ernst Reichenberg (* 20.10.1919) lebte bis 1941 in Windecken, dann in Frankfurt. Im August 1942 wurde er im Alter von 23 Jahren gemeinsam mit seiner Frau Renate, die er nur wenige Tage zuvor geheiratet hatte, nach Theresienstadt verschleppt, im Januar 1943 von dort nach Auschwitz, wo er ermordet wurde.

Julius Reichenberg (* 29.11.1875) lebte bis 1939 in Windecken, dann in Frankfurt, von dort wurde er mit 67 Jahren im Oktober 1941 gewaltsam in das Ghetto Lodz verschleppt und ermordet.

Johannna Reichenberg (* 6.9.1881) geb. Hirschmann lebte bis 1939 in Windecken, dann in Frankfurt, von dort wurde sie im Alter von 61 Jahren in das Ghetto Lodz verschleppt und dort ermordet.

Moritz Müller (* 19.12.1867) lebte bis 1940 in Windecken, dann im Altersheim in Frankfurt, von wo er im Alter von 75 Jahren im August 1942 nach Theresienstadt, und einen Monat später nach Auschwitz verschleppt wurde, wo er ermordet wurde.

Kathinka Müller (* 26.1.1865) geb. Wolf lebte bis 1940 in Windecken, dann im Altersheim in Frankfurt. Im Alter von 77 Jahren wurde sie von dort im August 1942 gewaltsam nach Theresienstadt verschleppt, einen Monat später nach Auschwitz, wo sie ermordet wurde.

Recha Rosa Müller (* 20.2.1894) lebte bis 1938 in Windecken, dann in Frankfurt, von wo sie im Alter von 48 Jahren im Frühsommer 1942 mit unbekanntem Ziel gewaltsam verschleppt wurde. Sie wurde ermordet.

Hilda Oppenheimer (* 26.9.1889). Sie lebte bis 1941 in Windecken, dann in Frankfurt. Von dort wurde sie im Alter von 52 Jahren im September 1942 gewaltsam nach Osten verschleppt, vermutlich nach Riga. Sie wurde ermordet.

Selma Kahn (* 5.8.1875) geb. Speier lebte bis 1935 in Windecken, dann in Bingen. Von dort wurde sie im Alter von 67 Jahren 1942 nach Theresienstadt verschleppt, dort starb sie am 17.3.1945.

Rosa Reichenberg (* 10.8.1908) verheiratete Rollmann lebte bis 1932 in Windecken, mit der Heirat zog sie nach Heusenstamm, 1933 nach Frankfurt, von dort wurde sie gemeinsam mit ihrem Mann, dem kleinen Sohn und den Schwiegereltern im Oktober 1941 im Alter von 33 Jahren in das Ghetto Lodz verschleppt und ermordet.

Rosa Wolf (* 27.2.1905) verheiratete Seligmann lebte bis 1928 in Windecken, mit ihrer Heirat 1928 zog sie nach Biskirchen, Kreis Wetzlar. Im Alter von 37 Jahren wurde sie 1942 von dort gewaltsam verschleppt und ermordet.

Thekla Kahn (* 12.8.1897) verheiratete Feist lebt bis zu ihrer Heirat 1922 in Windecken. Sie wurde im Alter von 44 Jahren wie ihre beiden Töchter nach Polen verschleppt, nachdem sie schon nach Belgien geflüchtet waren.

Elise Speier (* 26.8.1887) verheiratete Kaufmann lebte bis zu ihrer Heirat 1911 in Windecken, dann in Stuttgart. Von dort wurde sie gemeinsam mit ihrem Mann im Alter von 52 Jahren nach Theresienstadt und im Mai 1944 nach Auschwitz verschleppt und dort ermordet.

Betti Stern (* 29.5.1877) verheiratete Traub lebte bis zu ihrer Heirat 1903 in Windecken, dann in Frankfurt. Von dort wurde sie gemeinsam mit ihrem Ehemann im Dezember 1941 im Alter von 64 Jahren gewaltsam nach Riga verschleppt und ermordet.

Jenny Sommer (* 4.10.1885) lebte bis 1915 in Windecken, danach in der Heilanstalt in Marburg. Im Alter von 55 Jahren wurde sie ermordet.

Bertha Reichenberg geb. Rapp (* 20.10.1888 in Groß-Umstadt) lebte von 1913 - 1915 in Windecken. Im Alter von 53 Jahren wurde sie von Frankfurt aus gewaltsam nach Riga verschleppt und ermordet.

Mathilde Speier (* 3.1.1878) lebte nach ihrer Heirat in Egelsbach, von Frankfurt aus wurde sie im November 1941 nach Minsk verschleppt und ermordet.

Ludwig Levi (* 12.9.1874) Nach dem 1. Weltkrieg lebte er mit seiner Frau und Tochter in Frankfurt, nach 1933 flüchtete er nach Frankreich, von wo er mit seiner Familie 1943 nach Auschwitz verschleppt und ermordet wurde.

Franziska Kallmann (* 6.8.1860) verheiratete Rosenthal wurde im Alter von 88 Jahren nach Theresienstadt verschleppt.

Dina Neumark (* 1.4.1848) verheiratete David wurde im Alter von 94 Jahren nach Theresienstadt verschleppt.[94)]

Schicksalswege der jüdischen Familien Windeckens

Die Familie Jacob Levi

Jacob Levi (* 29. 11. 1872 in Windecken) galt als der wohlhabendste Mann der jüdischen Gemeinde Windecken in diesem Jahrhundert. Er führte eine gut florierende Landesproduktenhandlung, die schon sein Vater gegründet hatte. Zu seinem Haus

Jacob Levi betrieb in der Friedrich-Ebert-Str. 24 einen für die Bauern der Umgebung wichtigen Handel für Landprodukte.

in der Friedrich-Ebert-Straße 24 gehörten große Kornspeicher. Die Zufahrt zur Hofreite der Levis war in der Ostheimer Straße (hinter dem Haus Nr. 11) eine Toreinfahrt am Fruchtlager.

Sein Vater war der Eisenhändler Herz Levi (* 1837 in Windecken), der im Jahre 1873 auch das städtische Brauhaus in der Judengasse kaufte.[1] Aus dem Jahr 1873 liegt auch ein Gesuch von Herz Levi vor, "um die Erlaubnis auf der Mauer der Katzbach bei seiner Hofreite ein Gebäude ausführen zu dürfen."[2] Jacob Levi hatte 1883 - 1885 die Oberrealschule in Hanau besucht.

Er gehörte zum guten Mittelstand in Windecken und wählte entsprechend eine bürgerliche Partei. Samstagabend, wenn der Sabbath zu Ende war, ging er in die Hochmühle, um mit seinen Freunden Skat zu spielen.

1924/1925 war er Gemeindeältester der jüdischen Gemeinde. Einigen Windeckern ist Jacob Levi heute noch in besonderer Erinnerung, weil er ihnen als Kindern gerne Erdnüsse, die er immer in der Tasche hatte, schenkte.

Jacob Levi heiratete in den ersten Jahren dieses Jahrhunderts Thekla Merschheimer (* 1882 in Langenschwalbach). Das Ehepaar hatte zwei Kinder:

Hermann * 24. 11. 1906
Hilde * 6. 4. 1910

Thekla Levi starb 1924 auf tragische Weise, sie wurde tot in der Nidder am Hain gefunden.

Jacob Levi bekam ab 1928 Hilfe in der Geschäftsführung durch seine Tochter Hilde. Nach ihrer Heirat übernahm der Schwiegersohn Ludwig Löwenthal (* 1895 in Bönstadt) das Kunstdünger- und Getreidegeschäft. Jacob Levi blieb aber noch mit aktiv im Geschäft und besuchte zum Beispiel die Produktenbörse in Frankfurt.

Hilde Löwenthal geborene Levi erinnerte sich: "1933/34 änderte sich das Verhältnis zwischen Juden und Christen schlagartig. Unsere christlichen Nachbarn zogen sich plötzlich zurück. Gegenüber von uns wohnte eine Familie. Eines Morgens gingen da die Fensterläden auf, der Junge kam heraus und schrie: 'Juda verrecke!' Anschließend kam der Vater in SA-Uniform aus der Türe. Wir durften dann auch keine christlichen Angestellten mehr haben. Eines Abends ging mein Vater wie jeden Abend spazieren, da kamen einige SA-Leute und haben meinen Vater ins Gefängnis nach Hanau geschleppt. Angeblich sollte er Hitler beleidigt haben. Er hatte aber nur von einem Bauern, der ihm Geld schuldete, sein Geld haben wollen. Da zeigte der Bauer

Der Getreidehändler Jacob Levi mit Frau Thekla und den Kindern Hermann und Hilde im Hofe ihres Hauses im Jahre 1919

meinen Vater - den Juden - an. Wir machten uns große Sorgen, denn mein Vater litt an einer schweren Krankheit. Wir versuchten alles. Nach etwa drei Wochen kam er nach wieder nach Hause."[2a]

Wegen des Boykotts der jüdischen Gewerbetreibenden wurde das Geschäft im Juli 1935 aufgegeben, Jacob Levi zog nach Frankfurt in ein jüdisches Heim, erst in die Hegelstraße 24, dann wohnte er im Musikantenweg 18. Seine Krankheit verschlimmerte sich, so daß er ins jüdische Krankenhaus in der Gagernstraße 36 in Frankfurt mußte, wo er im Alter von 63 Jahren am 22. April

Grab von Jacob Levi auf dem jüdischen Friedhof in Frankfurt. Kanne und Schüssel zeigen seine Zugehörigkeit zum Stamme der Leviten an.

Peru-Guano
(Füllhornmarke)
und
Chilesalpeter
frisch eingetroffen
Jakob Levi.

Chilesalpeter
Unkraut-Tod
zur Vertilgung des Hederich und aller Unkräuter.
Vorrätig bei
Jacob Levi.

Künstliche Dünger
wie gemahlener Chile-Salpeter, Peru-Guano, Superphosphat, Thomasmehl, Kainit
vorrätig bei
Jacob Levi.

Kunstdünger
Kleesamen
vorrätig bei
Jacob Levi.

Mein
Schubkarren
ist mir abhanden gekommen. Ich ersuche, mir denselben innerhalb 3 Tagen zuzustellen, andernfalls gerichtliche Anzeige erfolgt.
Jakob Levi.

Peru-Guano
„Füllhornmarke"
Chile-Salpeter
roh und gesiebt
Superphosphat
vorrätig bei
Jakob Levi, Windecken.

Gebrauchter Herd
billig zu verkaufen.
Jac. Levi.

Superphosphate
und Guanos
hält stets vorrätig
Jakob Levi.

Hermann Levi. Dieses Bild schenkte er 1923 Flora Wolf, "meiner lieben Cousine", bei ihrer Auswanderung nach Amerika "zum Abschied".

1936 starb. Zur Beerdigung war noch sein Sohn Hermann in Deutschland, während die Tochter Hilde mit ihrer Familie schon nach Südafrika geflohen war. Der Grabstein auf dem Jüdischen Friedhof Eckenheimer Landstraße zeigt eine Kanne und eine Schüssel, die die Zugehörigkeit des Verstorbenen zum Stamme Levi, den Leviten, zeigt. Nach dem Krieg bekam Hilde Löwenthal in Südafrika von einem Windecker Freund der Familie ein Bild des Grabes ihres Vaters in Frankfurt geschickt.

Hermann Levi (* 1906)
Die ersten Jahre besuchte Hermann Levi die Volksschule in Windecken, ein Klassenfoto zeigt ihn in dieser Zeit. Von 1917 - 1922 besuchte er die Oberrealschule in Hanau. In seiner Freizeit war er ein begeisterter Fußballspieler bei der Eintracht Windecken. Zwei Fotos der Jugendmannschaft zeigen ihn im Kreise seiner Fußballkameraden (siehe S. 120).

Nach der Schule machte er eine Lehre in einem Frankfurter Metallbetrieb. Er kam nur am Wochenende oder zu hohen Feiertagen nach Windecken. Als flotter Tänzer ist er vielen Windecker Damen noch in Erinnerung. 1932 lebte er als Kaufmann in Leipzig.

Ende des Jahres 1936 übersiedelte auch Hermann Levi nach Johannesburg in Südafrika. Dort war er viele Jahre lang Angestellter in einem Manufakturwarengeschäft. Nach etwa 10 Jahren

Geschwister von Jacob Levi

Ludwig Levi (* 1874)
Er war ein Bruder von Jacob Levi und wurde am 12. 9. 1874 in Windecken geboren. Er besuchte von 1885 -1891 die Oberrealschule in Hanau, die er mit dem Einjährigen abschloß. Wie sein Vater und auch der Bruder Jacob wurde er Getreidegroßhändler. Die Windecker Zeitung vom 19. 12. 1914 nennt ihn auf der Sonderseite "Windecker Krieger im Jahre 1914" als Gefreiten des Landsturmes zur Zeit in Marsberg in Westfalen.[3]
Er heiratete Thekla Rotschild, hatte eine Tochter Elsbeth und lebte in Frankfurt in der Oberlindau 45 in sehr guten Verhältnissen. Von seinem Vater Herz Levi hatte er einen größeren Landbesitz in Windecken.[4]
Gleich nach der Machtergreifung der Nazis flüchtete er nach Straßburg, bei Ausbruch des Krieges nach Vichy und von dort in das von den Italienern besetzte Nizza. Er nannte sich in Frankreich Louis Levi. Im September 1943 nach der Besetzung Nizzas durch die Deutschen wurde er bei einer der zahlreichen Razzien mit seiner Frau und der Tochter Elsbeth in Nizza verhaftet, im Lager Drancy bei Paris interniert und am 7. Oktober 1943 mit seiner Familie nach Auschwitz verschleppt und ermordet.

Henriette Levi (* 1877)
Sie war als Jette Levi am 21. 6. 1877 in Windecken geboren worden, heiratete 1899 in Windecken Ludwig Kaufmann (*7.3.1868 in Melsungen) und lebte mit ihm in Kassel. Sie hatten eine Tochter Käthe (verheiratete Lustig) und zwei Söhne Hermann und Ernst. Ihr Mann starb 1930 in Kassel. Von ihrem Vater Herz Levi hatte sie einen größeren Landbesitz in Windecken.[5]
Mit ihren Kindern gelang Henriette nach 1938 die Flucht nach Australien, wo sie im Jahre 1954 starb.

machte er sich mit einem Cousin selbständig. Er heiratete und wurde Vater zweier Töchter.

In den fünfziger Jahren kam Hermann Levi nach Windecken, beim Bürgermeister soll er sich für die Errichtung des Gedenksteines auf dem jüdischen Friedhof eingesetzt haben.

Im Jahre 1982 starb Hermann Levi im Alter von 76 Jahren in Südafrika.

Hilde Levi (* 1910)

Die Geburt von Hilde Levi am 6. April 1910 wurde unter den amtlichen Bekanntmachungen in der Windecker Zeitung veröffentlicht. Auf einem Schulbild der Windecker Volksschule ist sie mit einer großen Schleife im Haar zu bewundern. Eine solche Schleife trägt sie auch auf einem Kindergeburtstags in Windecken. Hinter ihr steht ein kleiner, schmächtig wirkender Junge ohne Kopfbedeckung: Rudolf Schneider, er sollte etwa 15 Jahre später der Ortsgruppenleiter der NSDAP in Windecken sein und in Hildes Augen für die Verhaftung ihres Vaters verantwortlich werden. Hilde besuchte dann die Höhere-Töchter-Schule in Friedberg in der Burg. Nach dem Tode ihrer Mutter 1924 verließ sie diese Schule und besuchte dann noch kurze Zeit eine Handelsschule in Friedberg. Für einige Zeit lebte sie bei einer Tante in Gedern, um dort die Führung eines Haushaltes zu erlernen. Dann kehrte sie etwa 1928 nach Windecken zurück und arbeitete im Geschäft ihres Vaters im Einzelverkauf und der Buchführung des Betriebes. Sie erinnerte sich: "Wir feierten auf den Märkten und tanzten in jedem Lokal. Wir standen uns mit den jüdischen und den christlichen Leuten in Windecken gut. Wir verkehrten mit allen und jeder tat seine Arbeit. Abends ging ich mit meinem Strickzeug zu den Nachbarn, ich hatte ja keine Mutter mehr. Wir saßen alle zusammen und vertrieben uns die Zeit mit Erzählen."[6)]

Im Januar 1932 heiratete sie Ludwig Löwenthal (* 17.3.1895), der aus Bönstadt stammte. Die Trauung fand in Hanau statt. Ludwig Löwenthal war ein begeisterter Fußballanhänger und spendierte gerne etwas für die Eintracht Windecken. 1932 wurde er Inhaber des Fruchthandels von Jacob Levi. Tochter Trude wurde am 25. 10 .1932 in Frankfurt geboren.

Hilde Löwenthal geborene Levi erzählte: "1932 waren wir auf unserer Hochzeitsreise in München und Garmisch-Partenkirchen. Da hörten wir schon die Nazilieder. Ich höre noch die Worte meines Mannes: 'Liebes Kind, wir sind zwar erst einige Tage verheiratet, aber hier werden wir nicht sterben.' Mein Mann fuhr immer zweimal die Woche montags und mittwochs zur Getreidebörse nach Frankfurt in die Nähe der Großmarkthalle. Täglich wurden dort die Preise festgesetzt. Von dort kam er immer mit Neuigkeiten zurück, wir wußten hier schon, was sich in Frankfurt gegen die Juden abspielte. Die Hitlerlieder waren nicht zu überhören.

Mein Mann war schon in den Jahren 1911 - 1919 in Südafrika. Als Hitler an der Macht war, haben wir gemerkt, daß wir hier heraus müssen. Für meinen Mann kam nur Südafrika in Frage. Er konnte bereits Englisch und kannte sich dort aus, mir war es egal, wo wir hingingen, alles war ja fremd. Mein Mann fuhr schon im August 1935 nach Südafrika, vorher wurde das Familienbild von uns aufgenommen. Ich blieb noch mit unserer Tochter Trude in Windecken und verkaufte das Haus, die Möbel und packte unsere Sachen für Südafrika und bereitete die Papiere zur Auswanderung vor. Ich bemühte mich, unsere Außenstände einzuholen, aber das gelang nicht immer, es gibt noch Leute in Windecken, die ihre Schulden bei uns nicht bezahlt haben. Es war für mich sehr schwer, das Haus aufzulösen, das Haus, in dem meine Eltern und Großeltern gelebt haben, wo mein Bruder und ich aufgewachsen sind.

Ich lebte dann noch einige Monate in Frankfurt in einem möblierten Zimmer in der Kronprinzenstraße, heute Münchener Straße. Im Januar 1936 fuhren Trude und ich mit dem Zug nach Genua und von dort mit dem Schiff nach Südafrika. Als ich dort ankam, konnte ich kein Wort Englisch, in der Schule hatten wir Französisch gelernt. Meine Tochter konnte dann eher Englisch als ich. Mein Mann arbeitete in Südafrika zuerst mit Versicherungen. Während des Krieges war er Soldat. 1944 eröffneten wir ein kleines Textilgeschäft in der Nähe von Johannesburg. Am 29. 6. 1947 starb mein Mann im Alter von 52 Jahren, 15 Jahre waren wir glücklich verheiratet und dann war plötzlich Schluß. Ich führte

Hilde Levi (1. von rechts unten) mit ihren Klassenkameraden der Volksschule Windecken. Ludwig Reichenberg (2. Reihe von oben, 4. von links) - 1919

1932 heiratete Hilde Levi Ludwig Löwenthal. Er war Sponsor der Eintracht Windecken. Das ist das letzte Familienbild in Windecken mit Tochter Trude, 1935. Die Familie wanderte dann nach Südafrika aus.

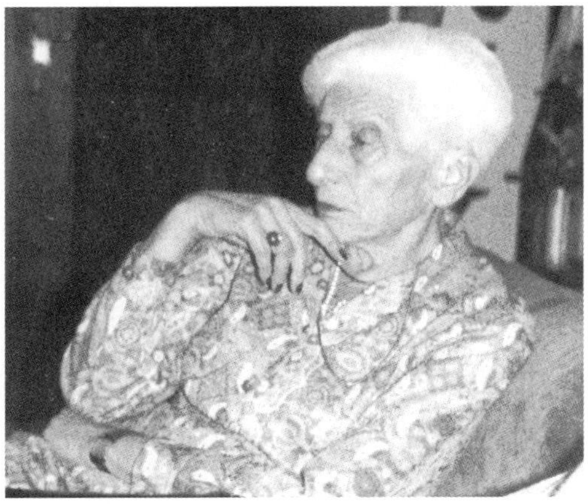

Hilde Löwenthal geb. Levi 1987 in Windecken

dann das Geschäft noch eine Weile weiter, mußte dann aber aus wirtschaftlichen Gründen schließen. Dann arbeitete ich viele Jahre als Verkäuferin.
1973 verließ ich das erste Mal wieder Südafrika, um meine Tochter Trude mit ihrer Familie in London, wohin sie einige Jahre zuvor ausgewandert war, zu besuchen. Es gefiel mir sehr gut bei meiner Tochter Trude in London. So zog ich noch im selben Jahre nach England. Es war für mich sehr sehr schwer, daß meine Tochter 1982 im Alter von 50 Jahren starb.
Als ich zum ersten Mal 1973 wieder in Windecken war, besuchte ich die Familie unserer jahrelangen früheren Haushaltshilfe Frau Käthe Lenz. Mit ihr hatte ich auch nach dem Krieg wieder Briefkontakt. In Windecken verbreitet sich schnell, daß ich zu Besuch war. Alle, die kamen, beteuerten ständig, keine Nazis gewesen zu sein. Aber ich sagte ihnen ins Gesicht: 'Ihr habt alle mitgemacht!'
Ich ging auch zum Bürgermeister, um zu fragen, was mit Rudolf Schneider, dem damaligen Ortsgruppenleiter der NSDAP Windeckens geworden ist, der meinen Vater ins Gefängnis gebracht hatte. Ich erfuhr, daß er tot war. Das war auch gut, denn ich war so voller schlechter Gefühle gegen ihn.
In Frankfurt ging ich zum Friedhof, um das Grab meines Vaters zu besuchen. Dort fragte ich auch nach Wilhelm Katz, früher aus Ostheim, eine Verwandte hatte mir schon vorher erzählt, daß er wieder bei seiner alten Firma arbeitete in Frankfurt. Ich erhielt seine Telefonnummer, rief an und eine Stunde später trafen wir uns. So hat sich unsere Freundschaft wieder erneuert. Seitdem bin ich häufig um die Weihnachtszeit herum zu Wilhelm Katz und seiner Frau Lotte gefahren."[7)]

1988 war Hilde Löwenthal auch Gast der Stadt Nidderau bei der Woche der Begegnung. Die folgenden Weihnachtsfeste verbrachte sie im Kreise der Familie Lenz in ihrer früheren Heimat Windecken. Im April 1990 feierte sie ihren 80. Geburtstag in London. Dort verstarb sie am 19. November 1990.

Kindergeburtstag in Windecken 1919
Stehend von links: ?, Jean, zwei Cousins von Hilde Levi-Lederer, Rudolf Schneider, Rudolf Henß, ?
sitzend von links: Erika Henß, Minna Westphal, Margarete Schneider, Jeanette Kaschke, Mielchen Langohr, Hilde Levi

Familie Moritz Müller

Moritz und Kathinka Müller stammten beide aus Windecken. Moritz Müller wurde am 19. 12. 1867 und Kathinka Müller geborene Wolf wurde am 26. 1. 1865 in Windecken geboren. Sie besuchten beide die israelitische Schule bei Lehrer Samuel Neumark.

Anzeige 1912 in der Windecker Zeitung

Am 22. April 1895 heirateten sie, Trauzeugen waren die jeweiligen Brüder Willy Müller und Raphael Wolf. Im selben Jahr eröffneten sie im Hause Friedrich-Ebert-Straße, damals Ostheimer Straße 93, ein Manufakturwarengeschäft, das später um eine Landesproduktenhandlung erweitert wurde. 1912 warb Moritz Müller in der Windecker Zeitung für Kleesamen und Saatwicken. Das Geschäft war im weiten Umkreis bekannt und gut eingeführt.

In einem Stall am Haus stopfte Moritz Müller jedes Jahr eine Gans, so erinnern sich frühere Nachbarn.
Moritz Müller war Stadtverordneter für die Windecker Sozialdemokraten bis in die zwanziger Jahre.
Zwei Söhne hatte das Ehepaar Müller:

Joseph • 11. 3. 1896
Arthur • 26.11. 1901

Arthur Müller (• 1901)
Nach dem Besuch der Volksschule in Windecken war Arthur Müller von 1912 - 1919 auf der Oberrealschule in Hanau. Dann wurde er Kaufmann. 1921, nach einem Besuch des Bruders seiner Mutter Theodor Wolf aus Amerika, beschloß er - gemeinsam mit der Cousine Flora Wolf - in Amerika sein Glück zu suchen. Er lebte in New York und arbeitete im Geschäft für Bäckereizubehör des Onkels. Er starb etwa 1975. Einige ältere Windecker Damen schwärmen noch heute von dem guten Tänzer Arthur.

Familie Joseph Müller (• 1896)

Joseph Müller machte eine kaufmännische Lehre bei der Firma Abraham Sichel in Schlüchtern. Nach Abschluß der Lehre war er von 1913 - 1915 als Reisender tätig für die Firma Gebrüder Kaufmann in Weinheim an der Bergstraße. Von 1915 bis 1918 war er Soldat im Weltkrieg und wurde mit dem Eisernen Kreuz ausgezeichnet.

Moritz und Kathinka Müller (geb. Wolf) und Söhne freuten sich mit der verwandten Familie des Windecker Metzgers Willi Wolf im Jahre 1921 über den Besuch des Bruders Theodor Wolf aus Amerika, wohin dieser schon 1880 ausgewandert war. V. li.: Rosa Wolf, Joseph Müller (stehend), Moritz Müller (sitzend) und Frau Kathinka Müller, Arthur Müller, Recha Wolf, Theodor Wolf (sitzend), Willi Wolf (stehend mit Brille), seine Frau Emma Wolf (sitzend), Flora Wolf. Das Foto wurde im Haus der Familie Willi Müller in der Friedrich-Ebert-Str. 1 aufgenommen.

Das Haus der Familie Moritz und Joseph Müller in der Friedrich-Ebert-Str. 8 (heute Reinigung). Im Erdgeschoß befand sich das Geschäft. Kathinka Müller schaut aus dem Fenster, oben ist links Lilli Müller mit Tochter Doris auf dem Arm zu sehen. 1926

Das erste Giebelhaus auf der rechten Seite gehörte der Familie Müller, das Auto von Joseph Müller steht davor. Ein Schild "Möbel" zeigt den Möbelhandel an. Vorne rechts ist das Haus der Familie "Stern-Reichenberg". Das Schild trägt die Aufschrift "Möbel Reichenberg". 1932

Dann trat er in das Geschäft seines Vaters ein und übernahm dort im wesentlichen den Reisedienst. Nach dem Eintritt von Joseph Müller in das väterliche Geschäft wurde dieses nach modernen Geschäftsprinzipien umgestellt und der Geschäftszweig Landesprodukte allmählich abgebaut. Dafür wurde der Handel mit Wohnungseinrichtungen und Einzelmöbeln aufgebaut. Das frühere Fruchtlager, das hinter dem Haus an der Katzebach lag, wurde in ein modernes Möbellager mit Möbelaussstellung umgebaut. Der frühere Pferdestall wurde Kraftwagengarage. 1928 schaffte sich Joseph Müller als einer der ersten in Windecken einen Kraftwagen für seine Geschäftsreisen und Lieferungen an. Ein Foto zeigt, wie das Auto vor dem Haus der Familie Müller steht - allein auf der heutigen Hauptstraße Windeckens. Der Vater Moritz Müller und seine Frau Lilli führten das Ladengeschäft. Meistens auf Abzahlung wurden ganze Wohnungseinrichtungen an Brautpaare verkauft. 1923 mit seiner Heirat wurde Joseph Müller Alleininhaber des Geschäftes. Es hieß damit: Moritz Müller, Inhaber Joseph Müller. 1927 wurde der im Erdgeschoß sich befindende Laden auf der linken Seite mit einem großen Schaufenster versehen.[8)]

Ab 1933 war das Geschäft der Familie Müller dem schärfsten Boykott ausgesetzt. Joseph Müller hatte große Schwierigkeiten beim Verkauf seiner Waren. Beim Kassieren seiner Außenstände stieß er auf starken Widerstand, viele seiner Kunden meinte, in dieser Zeit bei einem jüdischen Geschäftsmann ihre Schulden nicht mehr zahlen zu müssen. Er war vielfältigen Belästigungen und Gefahren ausgesetzt, wenn er sich um die an ihn zu zahlenden Raten kümmerte. "Diese Verhältnisse", so schrieb Joseph Müller, "zwangen mich und meine Familie, die Auswanderung vorzubereiten, zumal wir auch persönlichen Verfolgungsmaßnahmen seitens der Partei und ihrer Mitglieder ausgesetzt waren."[8a)]

Auch im öffentlichen Leben Windeckens war Joseph Müller aktiv bis zum Jahre 1933: 1927 nennt ihn die Festschrift zum 6. Kreisfeuerwehrfest als Mitglied der Freiwilligen Feuerwehr. Im Gesangverein Liederkranz war er passives Mitglied. Beim großen Fest dieses Gesangvereins zum 50jährigen Bestehen 1926 war er im Finanzausschuß und auch im Wohnungsausschuß zur Festvorbereitung tätig.

1923 heiratete er Lilli Munz (* 7. 2. 1903) aus Glauberg. Ein Bild zeigt das Ehepaar Joseph Müller mit dem Freundesehepaar Grete und Wilhelm Hartmann aus Windecken bei einem Besuch des Bad Nauheimer Kurparkes 1928 (Foto S. 123). Das Ehepaar bekam zwei Töchter:

Doris * 28. 3. 1924
Grete * 4. 4. 1928

Doris Müller wurde 1930 in die Windecker Volksschule eingeschult (Foto S. 147), Grete 1934.

Grete Müller erinnerte sich:[9)] "Etwa 1935 hatte sich in Windecken alles umgedreht mit den politischen Verhältnissen. Die Leute durften nicht mehr bei den Juden einkaufen. Unser Geschäft lief überhaupt nicht mehr. Auf einmal kam niemand mehr ins Geschäft. Manchmal kam jemand von hinten durch die Katzebach und kaufte dort. Auch abends im Dunkeln kamen zuerst noch viele hinten durch das Haus. Das Geschäft mußte geschlossen werden. Wir lebten von dem gesparten Geld meiner Eltern. Meine Großeltern wohnten dann unten, in der ersten Etage hatten wir vermietet und oben unter dem Dach in zwei kleinen Stuben wohnten meine Eltern, meine Schwester Doris und ich. In der Schule wurde es auch schwieriger. Einige Lehrer haben uns manchmal geschlagen. Meine Schwester Doris hatte es schwerer als ich in der Schule. Meine Schwester ist immer nach Hause gekommen und hat geweint. Sie wurde in der Schule über

Doris Müller mit ihren Klassenkameraden und der Lehrerin Windisch beim Kreisspiel im Windecker Schulhof. Doris ist die 5. von links im hinteren Halbkreis. 1932

den Stuhl gelegt und geschlagen, obwohl sie nichts getan hatte, sie war da 11 Jahre. Manchmal haben wir auch schlechtere Noten bekommen, weil wir Jüdinnen waren.
Die Leute in Windecken waren sonst sehr gut zu uns, sie haben uns auch geholfen. Wir haben dann unser Haus für wenig Geld verkauft. Meine Großeltern konnten oben im Haus wohnen bleiben. Der Bruder meines Vaters, Arthur Müller, hatte für uns die Bürgschaft in Amerika übernommen, da er schon seit 1923 dort lebte. Um für meine Großeltern aber die Kosten für die Bürgschaft aufzubringen, fehlte ihm das Geld, so konnten nur wir nach Amerika fliehen."

Die Windecker Freundin von Doris Müller Elli Muth erinnert sich: "Bei Müllers haben Doris und ich so gerne mit den kleinen Stoffläppchen gespielt, die als Muster für die Kunden dienten. Es war herrlich, wir haben den Puppen Kleider genäht und Frau Müller hat immer gesagt: 'Schau mal Doris, wie schön die Elli das macht.' Damit hat es auch zu tun, daß ich heute noch so gerne nähe. Ich habe allerhand Musterlappen von Müllers mit nach Hause geschleppt und daraus etwas genäht. Doris war nicht so unbedingt begabt beim Nähen. Müllers hatten ein Auto, das war zu der damaligen Zeit eine absolute Seltenheit in Windecken. Vorne mußte das Auto dann erst angekurbelt werden, auch das Verdeck war manchmal zurückgeklappt. Manchmal durfte ich mit nach Hanau fahren, Doris und ich saßen hinten und fühlten uns wie die Könige.
Zu Ostern haben wir Matze gebracht bekommen, die ganze Nachbarschaft bekam das: große, runde Matze, richtige Platten. Wenn man das von den Juden geschenkt bekam, hat man sich sehr gefreut.
Als Grete geboren wurde, sollte 'Hollekrasch' gefeiert werden. Das sollte so ähnlich sein wie die Taufe bei den Christen. Doris hat mir viel vorher von der 'Hollekrasch' erzählt, wie das so vor sich gehen würde. Wir haben also tagelang nur von der Hollekrasch gesprochen. Aber als die Hollekrasch dann war, da lag ich krank im Bett und Doris brachte mir Kuchen. Den Namen 'Hollekrasch' werde ich mein Lebtag nicht vergessen.
Doris war viel mit bei uns im Haus. Sie aß gerne Wurstebrot bei uns - heimlich. Ihre Großmutter Kathinka Müller führte eine koschere Küche und achtete streng darauf.
Bei Doris und mir war kein Unterschied festzustellen zwischen Christen und Juden. Wenn wir Religion hatten, kam Doris eine Stunde später in die Schule, aber wir hatten auch katholische Mädchen, die auch später kamen. Doris hatte in der jüdischen Schule den Religionsunterricht. Ich bin da nie mit hingegangen. Doris wäre auch nicht mit in die Kirche gegangen. Das waren getrennte Dinge für uns Kinder.
Ich bin dann in den BDM (Bund Deutscher Mädchen) gegangen, Doris durfte da nicht mit. Sie wäre auch gerne mitgegangen, aber sie durfte halt nicht. Wenn ich vom BDM kam, bin ich erst schnell nach Hause gegangen und habe meine BDM-Kleidung ausgezogen, denn ich wollte nicht gerne so zu meiner Freundin gehen. Ich bin dann nach dem BDM zur Doris gegangen und habe mit ihr gespielt. Das hat uns Kindern weh getan, daran kann ich mich sehr gut erinnern. Die religiösen Unterschiede waren kein Problem. Wir waren so und Müllers waren so. Das war in Ordnung, aber ...
Müllers waren die ersten aus Windecken, die auswanderten. Ihre Sachen wurden in einen sehr großen Container geladen. Als dieses große Ding in Windecken ankam, war es eine Besonderheit. Die Sachen, die Müllers nicht nach Amerika mitnehmen konnten, hatten sie vorher verkauft. Ich kann mich erinnern, daß sie eine Badewanne verkauft haben. Meine Mutter wollte die Badewannne und das Bad so gerne kaufen, aber mein Vater war dagegen, gebrauchte Sachen zu kaufen. Später haben sich meine Eltern sehr geärgert, weil es dann natürlich doch kein neues Bad gab. Das Haus verkauften Müllers an Nagels, die dann auch das Textilgeschäft weiterführten. Dort sah es genauso aus wie im Geschäft von Müllers. Müllers hätten auch noch viele Außenstände zu bekommen gehabt. Die Leute hier haben damals die Situation ausgenutzt und einfach ihre Schulden nicht bezahlt. 'Die wollen weg, da brauchen wir doch nichts mehr zu bezahlen, dem Jud!' hieß es.
Als sie dann alles verladen hatten, fuhren Müllers noch einige Tage nach Glauberg zu Doris' Großeltern. Dann fuhren sie mit dem 'Bimbellieschen' (Zug) hier in Windecken vorbei. Doris hatte mir geschrieben, um welche Zeit sie hier vorbeifahren würden. Ich bin extra zu dieser Zeit zum Zug gegangen und habe ihr dann noch einmal gewinkt. Doris war 12 Jahre, als sie weg-

"Straße der Kinderzeit"

Das Gedicht "Straße der Kinderzeit" schrieb Elli Muth 1986 in Erinnerung an ihre christlichen und jüdischen Spielkameradinnen.[10)]

Wenn abends ich daheim so sitz, allein vorm Fernsehschirm
Da gehn soll allerlei Gedanken durch mein Hirn.
Gern denk ich an mei Kinnerzeit in unserem kleine Städtchen,
Wo mer gespielt haben auf der Gass mit vielen kleinen Mädchen.

Die Straßen waren recht buckelich, mer konnt gut Klicker spiele,
und Kinder gabs damals in unserer Gass recht viele.
Es gab auch noch kein Fernsehschirm, vor dem man abend saß,
Drum spielten alle Kinder zusammen auf der Straß.

Da war zuerst einmal die Ruth vom Salli Reichenberg
Sie war recht klein gerate, mer hielt se grad für'n Zwerg.
Zwei Häuser weiter wohnten die Lilli und der Josef Müller,
Die Grete und die Doris, des waren deren Kinner.

Und noch zwei Häuser weiter, da wohnte der Walter Jean,
der hatte auch zwei Mädchen, Buben hat der kaa.
Die Leni und die Elli, so wurden sie genannt.
Ich glaub, sie sind euch allen im Saale bekannt.

Im Hause gegenüber, wo's heut die Blumen gibt,
Da wohnte damals noch der alte Bauer Schmidt.
Auch in diesem Hause gab es der kleinen Mädchen zwei,
Die Lieselotte und die Marie waren überall dabei.

Doch ihren Eltern war es da unten dann zu laut,
Sie haben in der Bahnhofstraß ein neues Haus gebaut.
Doch's alte Haus blieb auch nicht leer, der Bauer Dahl zog ein,
Und mit seiner Annemarie war wieder ein Mädchen drein.

Heute nach fünfzig Jahren keine mehr dort lebt.
Sie sind hinausgezogen, in alle Winde verweht.
Zuerst da sind die Müllers nach Amerika gezogen,
In Deutschland war man ihnen, den Juden, nicht gewogen.

Auch Salli Reichenberg ist nicht bei uns geblieben,
Im Ausland er Zuflucht fand für sich und seine Lieben.
Als Frau vom Heinrich Diegel wohnt heute noch die Marie
Im Hause, das die Eltern einst gebaut für sie.

Bleibt noch die Lieselotte, die ihr auch gekannt,
als rechte Hand des Pfarrers, so war sie euch bekannt.
Vor einigen Jahren rief Gott der Herr sie heim,
Doch in Gedanken wird sie noch immer bei uns sein.

In der Höhenstraße wohnt dem Bauer Dahl seine Annemarie,
als Frau vom Schreinermeister Reul genießt ihr Leben sie.
Und genau wie in der alten Straß, da wohnt ihr gegenüber
dem Walther Schaa sei Leni als Frau vom Albert Willer.

Als letzte bleibt noch übrig von der Kinderschar,
em Walther Schaa sei Elli, die immer die kleinste war.
Sie zog einst freudig fort aus der Straße der Kinderzeit,
Doch in der neuen Straße erlebte sie viel Leid.

Doch es geht kein Mensch über die Straße, den Gott der Herr
nicht liebt, dem er nicht hin und wieder ein wenig Freude gibt.
In der Ostheimer Straße fand sie ein neues Heim,
und hofft, noch viele Jahre zufrieden dort zu sein.

Und fragt ihr nach der Straße, wo dieses ist geschehen
dann müßt ihr nur vom Marktplatz bis zum Postamt gehn.

von links: Annemarie Dahl (Reul), Lieselotte Fischer, Marie Fischer (Diegel), Ruth Reichenberg

von rechts: Elli Walther (Muth), Leni Walther (Willer), Grete Müller, Doris Müller

Die beiden Freundinnen Doris Müller (links stehend) und Elli Walter (Muth) (rechts stehend), Inge Dahl(links sitzend) und Grete Müller waren auch durch ihre Eltern befreundet,um 1933.

ging. Vom Schiff schickte mir Doris noch eine Karte, als sie in Amerika war, berichtete sie mir von der Schiffsfahrt. Noch einige Karten kamen, Frau Müller schrieb immer etwas darunter, es würde ihnen so schwer fallen mit der Sprache, die Kinder würden die neue Sprache gut lernen. Zu meiner Konfirmation hat mir Doris feine Batisttaschentücher in bunten Farben geschenkt. Die habe ich gehegt und gepflegt und nur zu besonderen Anlässen benutzt.
Die alten Müllers sind dann oben unters Dach in die beiden Stübchen gezogen. Hin und wieder habe ich sie mal besucht. Meine Mutter gab mir Eier mit. Sie waren alt und gebrechlich. Sie gingen dann in ein Altersheim nach Frankfurt." [11)]

Moritz und Kathinka Müller nach 1937

Nach der Auswanderung ihres Sohnes Joseph lebten die alten Müllers noch länger als drei Jahre in Windecken im Dachgeschoß ihres ehemaligen Hauses Friedrich-Ebert-Straße 12, die seit 1935 Hindenburgstraße hieß. Sie lebten dort sehr isoliert, ab und zu bekamen sie Lebensmittel von ihren Nachbarn. Frau Reichenberg kam zu ihnen, um zu helfen, zum Beispiel beim großen Reinemachen vor dem Pessach-Fest. Freude bereiteten ihnen die Briefe aus Amerika von Joseph und Lilli Müller mit den Kindern.

In Windecken mußten sie die Zerstörung ihrer Synagoge erleben. Auch waren sie noch gezwungen, zu gesonderten Zeiten in vorgeschriebenen Geschäften einzukaufen.

Im Sommer 1940 waren die beiden alten Leute nicht mehr in der Lage, sich alleine in Windecken zu versorgen und ihre sozial geächtete Situation zu ertragen. Sie bekamen im Oktober 1940 einen Platz in dem Altersheim des jüdischen Krankenhauses Frankfurt in der Bornheimer Landwehr 85. Hier muß die Umstellung sehr schwer für die beiden alten Menschen gewesen sein. In einem Brief vom Dezember 1940 schrieben sie: "Arthur schreibt uns, wir sollen warten, bis das Wetter besser wird (gemeint ist wohl die politische Lage), aber das geht nun schon zwei Jahre. Zu der Zeit hatten wir es schon besser und gutes Wetter. Er tröstet uns von Jahr zu Jahr. Es kann sein, daß wir nicht mehr da sind, dann sind die Papiere auch nicht mehr nötig. Wir wollen doch so gerne zu Euch. Das ganze Heim sagt, wir sollten machen, daß wir zu Euch kämen. Ihr glaubt nicht, was für eine Sehnsucht wir nach Euch haben. Alles ist uns egal, wir wollen nur Kartoffeln bei Euch essen, sonst nichts... Schickt die Papiere gleich nach Stuttgart, da geht es schneller. Wir sind jetzt in ein anderes Heim gekommen. Da haben wir es auch schön, aber bei Euch ist es noch schöner ...". Moritz und Kathinka Müller mußten schon nach etwa drei Wochen in das jüdische Altersheim in der Rechneigrabenstraße 18 -20, da das andere Heim aufgelöst wurde. Völlig mittellos waren sie auf die Unterstützung durch die jüdische Wohlfahrtspflege angewiesen. Ab September 1941 waren sie gezwungen, den Judenstern zu tragen.

Am 18. August 1942 wurden die alten Müllers aus ihrem Altersheim herausgezerrt und vom Frankfurter Ostbahnhof unter der Transportnummer 610 und 611 nach Theresienstadt in das Konzentrationslager verschleppt, einige Wochen später, am 26. September 1942, unter der Transportnummer BR 941 und 942 von dort nach Auschwitz deportiert. Moritz und Kathinka Müller wurden im Alter von achtzig Jahren ermordet. [12)]

Familie Joseph Müller in Amerika

Im Januar 1937 verließen Joseph und Lilli Müller mit den 8 und 12 Jahre alten Töchtern Doris und Grete ihre Heimat Windecken. Sie fuhren mit dem Schiff von Bremerhaven los. Grete Müller erinnerte sich: "Es war sehr kalt. Auf dem Schiff waren alle seekrank bis auf meinen Vater. Meine Schwester war krank, aber jeder sagte zu ihr: 'Komm aus dem Bett heraus, sonst mußt du nach Ellis Island, der Kontrollstation für Einwanderer.' Wer in Ellis Island war, mußte möglicherweise wieder zurück nach Deutschland. So stand sie wieder auf. In New York waren wir dann bei meinem Onkel Arthur. Mein Vater bekam einen Job als Geschirrwäscher. Er arbeitete 15 Stunden am Tag. Meine Mutter konnte sehr gut nähen, sie nähte in einem Haushalt. Wir hatten eine Wohnung in Washington Heights, dieser Stadtteil wurde wegen der vielen deutschen Juden dort das 4. Reich genannt. Alle Zimmer hatten wir untervermietet, in einem Zimmer lebten wir vier. Meine Eltern befreundeten sich sehr mit Selma und Siegfried Wolf, die früher in Ostheim gelebt hatten. Doris und ich gingen zur Schule und bekamen so amerikanische Freunde. Meine Eltern gingen auf die Abendschule, um Englisch zu lernen. Für meinen Vater war es sehr schwer, sich in die englische Sprache einzuleben, für meine Mutter war es leichter."[13)]

Joseph Müller berichtete über die Schwierigkeiten in Amerika: "Wir trafen in Amerika in einer Zeit tiefer wirtschaftlicher Depression und großer Arbeitslosigkeit ein. Ich war land- und sprachenfremd und hatte keine Mittel, um mein früheres Geschäft oder sonst ein eigenes Geschäft wieder aufzunehmen. Wir lebten jahrelang von dem geringen Verdienst, den meine Frau als Hausangestellte hatte und von den Unterstützungen von Verwandten. Ich konnte jahrelang infolge dieser Verhältnisse keine Arbeit irgendwelcher Art finden. Erst als Amerika in den Weltkrieg eintrat und ein gewisser Mangel an Arbeitskräften einsetzte, habe ich von 1942 ab gering bezahlte Arbeitsstellungen finden können. Ich mußte aber oft aussetzen und die Stellungen öfter wechseln, da ich keinen Beruf erlernt hatte und durch jüngere Arbeiter ersetzt wurde und körperlich nicht leistungsfähig genug war."[13a)]

Später war Joseph Müller als Möbelpolierer beschäftigt und danach in einer Spedition. Lilli Müller arbeitete in einer Fabrik für Damenkleidung. Im Jahre 1943 kam großes Leid über die Familie Müller, als die Tochter Doris im Alter von 19 Jahren starb. Joseph Müller starb im Alter von 75 Jahren am 16. 5. 1971 in New York. Lilli Müller lebt im Alter von 89 Jahren in New York. Grete Müller heiratete Stanley Glick und hat fünf Kinder. Sie war mit ihrem Mann Gast bei der Woche der Begegnung 1988 in Nidderau.

Familie Willi Müller

Die Familie Willi Müller lebte in der Ostheimer Straße 1, bis 1925 lautete die Adresse Judengasse 58. Das Haus hieß wegen seiner Lage an der Brücke über die Katzebach "Brückelsche".

Willi Müller war ein Bruder von Moritz Müller in der Friedrich-Ebert-Straße 8 und wurde am 19. 1. 1863 in Windecken geboren. Er betrieb Handel mit Manufakturwaren, in frühen Jahren auch mit Landesprodukten, wie das Adressbuch von Windecken 1906 zeigt. In den umliegenden Ortschaften zog er mit Stoffballen umher, in Ostheim lautete sein Spitzname "Maaler Müller".

Von 1890 - 1901 gehörte Willi Müller zum Vorstand der jüdischen Krankenkasse in Windecken.

1890 fand in Bad Nauheim die Trauung mit Sophie Kanter (*12. 6. 1867) aus Neustadt, Kreis Marburg, statt. Das Ehepaar bekam drei Töchter:

Martha	* 10. 12. 1890
Paula	* 21. 2. 1892
Recha Rosa	* 20. 2. 1894

Willi Müller starb am 31. 3. 1937 in Frankfurt im jüdischen Krankenhaus in der Gagernstraße. Seine Beerdigung war die letzte auf dem jüdischen Friedhof in Windecken nach 440 Jahren, in denen dort Juden beerdigt worden waren. Eine frühere Nachbarin erinnerte sich noch an einen Satz, der während dieser Beerdigung gesprochen wurde: "Was die Erde bedeckt, muß das Herz vergessen."

Die Witwe Sophie Müller lebte mit ihrer kranken und pflegebedürftigen Tochter Recha erst weiter in ihrem Haus in der Ostheimer Straße 1. Hier mußten sie die Pogromnacht im November 1938 erleben. Schon eine Woche zuvor hatten sie das Haus verkauft. Der vereinbarte Kaufpreis wurde durch den Regierungspräsidenten in Kassel im Juni 1939 um ein Viertel gedrückt. Dieses Geld stand ihr aber nicht zur Verfügung, sondern befand sich auf einem gesperrten Konto. Im Juni 1939 schrieb Sophie Müller an die Devisenstelle Frankfurt wegen der monatlichen Zuteilung von ihrem eigenen (!) Geld: "...teile ich Ihnen mit, daß ich aus folgenden Gründen einen Freibetrag von 300 M monatlich beantrage. Ich bin eine alte Frau von 72 Jahren, sehr pflegebedürftig und besitze außer diesem Geld kein Vermögen, so daß ich gezwungen bin, meinen Lebensunterhalt davon zu bestreiten. Außerdem habe ich noch eine kränkliche Tochter zu unterhalten, welche ärztlicher Behandlung und auch guter Pflege bedarf. Es wäre mir sehr lieb, wenn Sie mir die ersten 2 - 3 Monate einen höheren Betrag bewilligen würden, weil ich in Rückstand gekommen bin dadurch, daß ich für eine schon ausgewanderte Tochter noch viele Sachen zu erledigen und zu bezahlen habe. Ich bitte höflichst um Beschleunigung, da ich das Geld nötig zum Leben brauche...".[14] In einem anderen Schreiben schrieb sie als erste Zeile des Briefkopfes: "Ich bin Jüdin", dann folgen ihre Kennummer A 02145 und der Kennort Frankfurt.

Von Windecken zogen Sophie und Recha Müller am 29. November 1938 nach Frankfurt in die Grüne Straße 29, 1. Stock. "Mit einem Koffer in der Hand gingen Sophie und Recha durch Windecken zum kleinen Bahnhof und fuhren mit dem Bimbel-Lieschen (gemeint ist die Eisenbahn) nach Frankfurt", erinnerte sich die frühere Nachbarin.

So gut es ihre Kräfte erlaubten, kümmerte sich Sophie Müller um ihre behinderte Tochter, die von der Jüdischen Wohlfahrtspflege unterstützt wurde. Sophie Müller starb am 14.5.1941 und wurde auf dem Jüdischen Friedhof in der Eckenheimer Landstraße beerdigt. (Block 8 c - 92)

Recha Müller war nun ohne ihre Mutter völlig hilflos und wurde in der geschlossenen Fürsorge der Jüdischen Wohlfahrtspflege Frankfurt im Mauerweg 3 versorgt. Ihre letzte Anschrift lautete Bäckerweg 46. Sie wurde im Mai oder Juni 1942 vom Frankfurter Ostbahnhof verschleppt "nach dem Osten", wo sie als "verschollen" gilt. Auf ihren Devisenakten wurde "evakuiert" vermerkt. Bei ihrer Verschleppung war Recha Müller 46 Jahre alt.

Martha Müller (* 1890)
Sie heiratete 1910 den Kaufmann Julius Winterberger (* 11. 2. 1880) aus dem gleichnamigen Ort Winterberg im Sauerland. Ihr Mann war Teilhaber der Firma "Samuel & Moses Winterberger - Handel mit Saatgut, Futter - und Düngemittel, ferner Produktenhandlung, Salzhandel, Spirituosenhandel- und fabrikation", einem in der ganzen Umgebung Winterbergs recht bedeutenden und angesehenen Unternehmen.

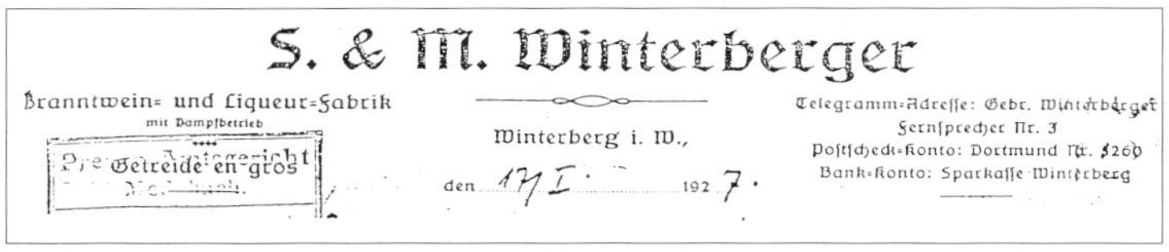

Briefkopf der Firma Samuel & Moses Winterberger in Winterberg im Sauerland. In diese Familie heiratete Martha Müller 1910 ein.

Im Ersten Weltkrieg war Julius Winterberger Soldat.
Das Ehepaar Winterberger lebte in Winterberg in der Hauptstraße 21. Die Ehe blieb kinderlos. Martha Winterberger, geborene Müller, erkrankte schwer an Zungenkrebs, im Alter von nur 37 Jahren starb sie in der Universitätshauptklinik in Marburg.[15)]
Julius Winterberger starb am 13.2.1935, in seinem Testament hatte er verfügt, eine Stiftung an das jüdische Waisenhaus in Paderborn zu machen, damit alljährlich an seinem Todestage für ihn gebetet würde.

Für seinen Neffen, "Julius Rapp bei Willy Müller in Windecken", war ein Vermächtnis von 1000 RM angesetzt. Damit kam Julius Rapp möglicherweise in die Lage, seine Auswanderung von Windecken nach Südafrika zu finanzieren.[16)]

Paula Müller (* 1892)
Paula Müller besuchte bis 1906 die Volksschule in Windecken, anschließend eine jüdische Haushaltungsschule in Frankfurt in der Fahrgasse. Sie lernte auch Zuschneiderin in der Zuschneideschule Mathies an der Hauptwache in Frankfurt.

1915 heiratete sie den Kaufmann Gustav Rapp (*21. 10. 1883) aus Groß-Umstadt.

Aus dieser Ehe gingen zwei Söhne hervor: Julius (* 25. 5. 1916) und Albert Rapp, der am 10. 8. 1917 im Hause seiner Großeltern in Windecken geboren wurde. Als Kinder besuchten sie häufig ihre Großeltern in Windecken.

Alfred Rapp hatte bei der Firma Isaak Rapp, die seinen Onkels Ludwig und Karl Rapp in Gross-Umstadt gehört, eine Lehre begonnen, die er dann 1933 unterbrochen hatte. Bei der Polizei in Gross-Umstadt war er angezeigt worden mit der Behauptung, er habe Hitler und die Nazis beleidigt. Daraufhin fühlte er sich in Deutschland nicht mehr sicher und beschloß, Deutschland zu verlassen und nach Palästina auszuwandern. Dazu orientierte er sich auf Landwirtschaft um und arbeitete als landwirtschaftlicher Eleve 1934 in einem Gärtnereibetrieb in Gross-Umstadt. Mit der Scheidung seiner Eltern im Februar 1935 war er bis zu seiner Auswanderung im Juli 1935 noch einige Monate bei seinen Großeltern in Windecken, das er von vielen Besuchen als Kind gut kannte. Das Textilgeschäft seines Großvaters sollte er eigentlich einmal übernehmen.

Alfred Rapp war 1917 im Hause seiner Großeltern in der Ostheimer Straße 1 geboren worden. Er lebte in Groß-Umstadt, besuchte aber oft die Großeltern. 1935 konnte er nach Südafrika fliehen.

Paula Müller (Rapp) wurde 1892 in Windecken geboren, heiratete 1915 nach Groß-Umstadt. 1939 konnte sie nach England fliehen. 1947 ging sie nach Südafrika, wohin sich ihre beiden Söhne hatten retten können.

Sein Bruder Julius folgte ihm auch von den Großeltern in Windecken aus genau ein Jahr später nach Südafrika.

Beide Brüder Rapp verstarben in Südafrika: Alfred 1975 im Alter von nur 56 Jahren wenige Monate nach dem Tode seiner Mutter, Julius Rapp starb 1981.

Paula Rapp ließ sich 1935 aus einer unglücklichen Ehe scheiden. Viele Jahre arbeitete sie als Hausdame bei einer Familie, ab 1936 arbeitete sie in Frankfurt. Sie verlor ihre Stellung wegen der Auswanderung ihres Arbeitgebers. Da sie wegen des Verbotes, jüdische Hausangestellte zu haben, keine neue Stelle finden konnte, entschloß sie sich, ihren Söhnen nach Südafrika zu folgen. Im Mai 1939 gelang ihr die Einreise nach England. Der Kriegsausbruch verhinderte ihren weiteren Weg nach Südafrika. Ohne Sprachkenntnisse war es für sie sehr schwer, in England ihren Lebensunterhalt zu bestreiten. Im Oktober 1947 endlich konnte sie nach Johannesburg zu ihren beiden Söhnen gelangen. Dort heiratete sie in zweiter Ehe Leopold Nathan. Sie starb 1980.

Die Familie Salli Reichenberg

Die Familie Salli Reichenberg war in Windecken hoch angesehen. "Sehr feine Leute, das waren die Reichenbergs", "Sehr anständige Menschen", ist von den älteren Windeckern ausschließlich zu hören. Noch heute existiert ein Textilwarengeschäft im früheren Haus der Reichenbergs, dort, wo sich früher das Textilwarengeschäft "Gebrüder Reichenberg" befand.

In Windecken hieß die Familie auch "der Stoff Reichenberg". Der Name Reichenberg verweist auf die frühere böhmische Herkunft jüdischer Familien, die sich Mitte des 18. Jahrhunderts infolge der Judenverfolgung durch Kaiserin Maria Theresia hier in diesem Raum niedergelassen hatten. Bei der Annahme bürgerlicher Familiennamen um 1800 erinnerte der Name an die einstige Heimatstadt Reichenberg in Nordböhmen.[17)]

Am 4. 1. 1882 wurde Salli Reichenberg in Ostheim geboren (siehe S. 256). Er war mit im Pferdehandel seines Vaters und auch im Spezereiwarengeschäft seiner Mutter tätig.

"Pfingsten 1909" verlobte er sich in Ostheim mit Hilda Löwenstein (* 12. 6. 1885 in Netra) aus Netra, dieses Ereignis wurde auch in der Windecker Zeitung öffentlich bekanntgegeben. Im Oktober 1909 fand die Heirat in Netra statt. Eine große goldene Springdeckeluhr mit einer schweren goldenen Kette hatte Hilda dem Bräutigam geschenkt, von dem sie einen Brilliantring zur Erinnerung an diesen Tag bekam.

Wenige Monate später, im Oktober 1909, veröffentlichte die Windecker Zeitung, daß die Gebrüder Reichenberg - das waren Salli und sein Bruder Josef - das Colonial- und Manufakturwarengeschäft im Hause der heutigen Eugen-Kaiser-Straße 7 übernommen hatten.

1913 wurde das Erdgeschoß des Hauses in der heutigen Eugen-Kaiser-Straße 7 so umgebaut, daß sich zwei Geschäfte mit einem gemeinsamen Treppenaufgang dort befanden: links war an eine Filiale von Latscha Kolonialwaren- und Delikatessenhandlung vermietet und rechts befand sich das Manufakturwarengeschäft Gebrüder Reichenberg. Das Geschäft Reichenberg hatte einen Verkaufsraum von etwa 100 Quadratmetern. Der Mitinhaber Joseph Reichenberg, Sallis Bruder, starb nach den ersten Geschäftsjahren im Jahre 1918. Nun war Salli der Alleininhaber des Geschäftes, dessen Name "Gebrüder Reichenberg" er aber beibehielt.

Wie aus den zahlreichen noch erhaltenen Geschäftsanzeigen zu ersehen ist, hatte Salli ein reichhaltiges Angebot in seinem Geschäft. In Windecken und Umgebung hatte das Geschäft einen hervorragenden Ruf. Besonders geschätzt wurde auch die gute und fachkundige Beratung von Frau Reichenberg. Dieses faßte Salli Reichenberg auch in einen kleinen Vers:

Geschäfts-Uebertragung.

Hierdurch mache ich die ergebenste Mitteilung, daß ich mein

Colonial- und Manufakturwaren-Geschäft

an die Herren **Gebr. Reichenberg** aus Ostheim übertragen habe, die es von Montag, den 4. ds. Mts. an, in unveränderter Weise weiterführen werden.

Indem ich meiner werten Kundschaft für das mir seit vielen Jahren entgegengebrachte Vertrauen bestens danke, bitte ich, solches auch auf meine Nachfolger übertragen zu wollen und zeichne

Hochachtungsvoll

C. F. Michel Wwe.

Geschäfts-Uebernahme.

Laut vorstehender Anzeige haben wir das seit vielen Jahren von der Firma **C. F. Michel**, Windecken betriebene Geschäft übernommen und werden es von **Montag, den 4. ds. Mts.** an, in den seitherigen Lokalitäten weiterführen.

Wir bringen dies hiermit zur gefl. Kenntnis mit der höflichen Bitte, das unserem Vorgänger und uns selbst seither bewiesene Vertrauen uns auch fernerhin zu bewahren und bei Einkäufen der von uns geführten Artikel uns gütigst berücksichtigen zu wollen.

Hochachtungsvoll

Gebr. Reichenberg.

Unseren Laden in Ostheim behalten wir bei.

N.B. Gleichzeitig machen noch bekannt, daß wir Colonialwaren wie seither in den bewährten besten Qualitäten zu billigsten Preisen weiterführen.

Unser Lager in Manufacturwaren werden wir bedeutend vergrößern und um nur mit frischer Ware, die teilweise schon eingetroffen, das Herbstgeschäft zu beginnen, beabsichtigen wir, die vorhandenen Vorräte zu räumen und gewähren, vorläufig auf **Manufakturwaren**, bei Bareinkäufen, **15 % Rabatt.**

Unsere auswärtigen werten Kunden werden wir auch in Zukunft regelmäßig besuchen.

Salli Reichenberg und sein Bruder Joseph erwarben im Oktober 1909 ein Geschäft in Windecken (heute Textilhaus Hümmler). Anzeige in der Windecker Zeitung im Oktober 1909

Es herrscht Einstimmigkeit

in Windecken und Umgegend, daß für den Weihnachtsbedarf als vorteilhafteste Bezugsquelle für alle **Manufakturwaren, Herren- und Knaben-Kleidung, Bettdecken, Hemden, Unterkleider, Schürzen, Taschentücher, Strümpfe, Sweaters, Spielwaren, Lebkuchen etc. etc.** nur die Firma

Gebr. Reichenberg, Windecken

in Betracht kommt.

Braucht Euch nicht lange zu bedenken,
Denn, kann auch niemand was verschenken,
So sehens staunend doch die Meisten,
Was Gebr. Reichenberg leisten.

Anzeige in der Windecker Zeitung im Dezember 1912

Statt Karten.

Hilda Loewenstein
Salli Reichenberg
Verlobte

Netra

Ostheim
Kr. Hanau

Pfingsten 1909.

Verlobungsanzeige in der Windecker Zeitung 1909

Hilda und Salli Reichenberg um 1920

Im Geschäft war auch ein Angestellter tätig. Seit 1932 war der Sohn Ludwig mit im Geschäft tätig.

An den hohen jüdischen Feiertagen annoncierte Salli Reichenberg in der Windecker Zeitung die Schließung seines Geschäftes:

Hoher Feiertage halber bleibt unser Geschäft
nächsten Samstag und Sonntag
geschlossen.
Gebrüder Reichenberg.

Anzeige in der Windecker Zeitung im September 1911

Auch innnerhalb der jüdischen Gemeinde war Salli Reichenberg ein hochgeachtetes und geschätztes Mitglied. Im Jahre 1923 wurde er zum Gemeindeältesten der jüdischen Gemeinde gewählt.

Mit der Heirat im Herbst 1909 zog das Ehepaar Reichenberg in die große Wohnung über dem Geschäft in ihrem neuerworbenen stattlichen Haus ein. Zwei Söhne wurden geboren:

Ludwig * 24. 8. 1910
Ernst Joseph* 20. 10. 1919

Von 1914 - 1918 war Salli Reichenberg als Frontsoldat im Ersten Weltkrieg in Frankreich. Die Windecker Zeitung nannte ihn im Dezember 1914 auf der Sonderbeilage "Windecker Krieger im Jahre 1914" unter Ulanenregiment 6, 3. Eskorte.[18] Er wurde mit dem Eisernen Kreuz ausgezeichnet. Diese Kriegserinnerungen waren Salli Reichenberg sehr wichtig, in der Wohnung hing eine große Photographie mit den Kriegskameraden.

1909 erwarben Reichenbergs dieses Haus in Windecken (heute Textilhaus Hümmler). Das Geschäft der Reichenbergs befand sich im rechten Bereich des Erdgeschoßes.

Geschäftsanzeigen der Firma "Gebrüder Reichenberg" in der Windecker Zeitung 1909 - 1914

Leben der Reichenbergs in der Nazizeit

Am 1. April 1933 wurden vor dem Geschäft SA-Leute postiert, die die Kunden am Betreten des "jüdischen Geschäftes" hinderten. Einer seiner früheren Kriegskameraden aus Zeiten, die erst 15 Jahre zurücklagen, betrat aber trotzdem aus Achtung vor dem Kriegskameraden das Geschäft der Reichenbergs.

In dieser Zeit legte Salli Reichenberg sein Eisernes Kreuz ins Schaufenster seines Geschäftes, daneben stand ein Schild, mit dem er darauf hinwies, daß er Frontsoldat im Krieg für Deutschland gewesen war. Durch den Boykott der Nazis verloren die Reichenbergs von Tag zu Tag mehr Kunden. Der Umsatz des Geschäftes ging um mehr als die Hälfte zurück.

1934 konnten die Reichenbergs ihre Silberne Hochzeit in Windecken feiern, das 25jährige Geschäftsjubiläum um die gleiche Zeit war sicherlich verbunden mit dem Hoffen auf bessere Zeiten. Ab 1935 mußten Reichenbergs als Adresse Adolf-Hitler-Straße 7 angeben.

Durch die Verfolgung durch die Nazis ging das Geschäft so kaputt, daß Salli Reichenberg sich gezwungen sah, sein einstmals so gut gehendes Geschäft nach fast 30 Geschäftsjahren im Juli 1938 an einen Windecker Frisör zu verkaufen.

Salli Reichenberg nahm bei seinen Geschäftsschildern das mittlere Schild mit dem Namen Gebrüder Reichenberg ab und brachte es in Sicherheit, vielleicht in der Hoffnung, es eines Tages wieder über den Schaufenstern eines Geschäftes anbringen zu können. Der neue Besitzer brachte lediglich ein neues Namensschild in der Mitte der beiden belassenen Schilder an, der gesamte Warenbestand sowie die Ladeneinrichtung blieben. Das eingefügte "arisierte" Schild ist beim Betrachten einer Fotografie, nach dem Verkauf des Geschäftes aufgenommen, zu erkennen. Das Namensschild der Firma Gebrüder Reichenberg wurde 1986 auf dem Dachboden eines Windecker Hauses gefunden. An den neuen Geschäftsbesitzer gab Salli Reichenberg in seinem Hause zwei Zimmer ab.

Viele Außenstände des Geschäftes waren beim Verkauf des Geschäftes nicht von den Kunden bezahlt, die in den beiden folgenden Jahren teilweise bezahlt wurden, aber auch von Salli Reichenberg als uneinbringlich abgeschrieben werden mußten. Ab dem 1. Oktober 1938 gab es das Manufakturwarengeschäft Gebrüder Reichenberg in Windecken nicht mehr. Es wurde "arisiert" und war nun "ein deutsches Geschäft", in dem die Windecker wieder einkaufen durften.

Während des Novemberpogroms 1938 wurde die Familie Reichenberg in Windecken wohl schwer drangsaliert. Mehrere SA-Leute sollen gewaltsam in die Wohnung eingedrungen sein, sollen innen Verwüstungen angerichtet haben, die Betten wurden aufgeschlitzt und aus den Fenstern geschüttelt - "Frau Holle spielen" nannte man das. Es sollen Sachen gestohlen worden sein, SA-Leute sollen mit Pflastersteinen die Fensterscheiben eingeschmissen haben.

Am 10. November 1938 wurde der Sohn Ludwig im Haus der Reichenbergs verhaftet und in das Konzentrationslager Buchenwald verschleppt. In diesen Wochen wurden Salli und Hilda Reichenberg von schweren Sorgen und Ängsten heimgesucht. Sie bemühten sich, ihren Sohn Ludwig freizubekommen, indem sie die Vorbereitung der Auswanderung nach Amerika zu beschleunigen versuchten. Viele Gänge wurden unternommen und Briefe gerichtet, Gelder zur Heimreise aus dem Konzentrationslager Buchenwald telegraphisch angewiesen.

Zur gleichen Zeit versuchte der Bürgermeister, bei Salli Reichenberg als dem Vorsteher der jüdischen Gemeinde das Geld für den Abriß der Synagoge einzutreiben unter Androhung von Zwangsmaßnahmen.

1934 feierten Reichenbergs ihr 25jähriges Geschäftsjubiläum.

Im Dezember 1938 kehrte Ludwig aus dem Konzentrationslager Buchenwald zu seinen Eltern zurück. Im Januar 1939 konnte er Windecken verlassen, um nach Amerika auszuwandern.
Auch Salli und Hilda Reichenberg sahen sich nun gezwungen, Wege zu finden, um Deutschland verlassen zu können. Ende November 1938 stellten sie einen Antrag zur Erteilung eines amerikanischen Visums. Mehr als drei Jahre lang hegten sie Hoffnungen darauf.

Schikanen und Ausschreitungen gegen Reichenbergs

Im Zusammenhang mit dem Geschäft und dem großen Wohnhaus der Reichenbergs muß es zu starken Einschüchterungen und Schikanen gegen Salli Reichenberg gekommen sein. Dazu berichtete eine frühere Nachbarin von Reichenbergs:

"Und als dann schon das das Geschäft abgegeben war, da wohnten die Reichenbergs noch oben, da hat es mit den Schikanen angefangen. Als die Kristallnacht war, wurden die Juden ja immer rechtloser. Reichenbergs wurden schikaniert, sie wurden sogar geschlagen. Zu seinem Nachbarn von gegenüber ist Herr Reichenberg oft hingegangen und hat ihm sein Leid geklagt. Sie hatten ein Zeichen vereinbart: wenn Herr Reichenberg sich gar nicht mehr zu helfen wußte, so stellte er ein Kissen ans Fenster, daß der Nachbar zu Hilfe kommen konnte, um das Treiben zu unterbrechen. Ein anderes Zeichen war, daß dieser wußte, daß Herr Reichenberg abends kommen wollte und deshalb zusah, daß das Hausmädchen nicht da war.
Eines Abends war der Herr Reichenberg so aufgeregt, daß er sich mit den Eingängen vertan hat und auf einmal an einem falschen Eingang geklopft hatte. Als er sah, daß er vor einer falschen Tür stand, wurde er noch verwirrter. Wir fragten dann nach und

Das "arisierte" ehemalige Reichenberg-Geschäft 1938 in der damaligen Adolf-Hitler-Straße 7 (heute Eugen-Kaiser-Straße 7 - Textilhaus Hümmler), nur das Namensschild Gebrüder Reichenberg wurde abmontiert. 1986 wurde es auf einem Dachboden gefunden.

hörten allerhand, was der arme Herr Reichenberg alles erleiden mußte, wie verzweifelt er war. Also als ich hörte, daß der Herr Reichenberg von einem Mann geschlagen wurde, dessen Vater er sein könnte, ist mir unvollstellbar, denn das war so ein feiner Mann, der Herr Reichenberg, ganz feine Leute waren das. Herr Reichenberg sollte wohl das Haus billig abgeben und wegziehen. Reichenbergs gingen nicht fort, sie haben noch zu sehr auf das Anständige vertraut. Nach dem Krieg haben wir dann immer darauf gewartet, daß der Ludwig sich aus Amerika meldet und das alles mal aufdeckt, was da vorgefallen ist."[19] Im Zusammenhang mit diesen Schikanen scheinen auch die Berichte Salli Reichenbergs über einen Einbruch im Juli 1939 in seinem Haus zu stehen. Diesen Einbruch hielten Reichenbergs allerdings für fingiert. "Dem Täter soll es Gott lohnen", schrieben sie mehr als ein Jahr später nach Amerika (26. 5. 1940), nachdem Ludwig Reichenberg durch die Schilderungen seiner Schwägerin den genauen Hintergrund des Diebstahls und seiner Begleiterscheinungen erfahren hatte.

1945 verfaßte Ludwig Reichenberg einen "Bericht über Kriegsverbrecher, die in Windecken lebten und ihre Verbrechen ausführten". Darunter führte er auch den Namen eines Mannes auf, "der Salli R. zwang, ihm sein Haus und Textilwarengeschäft zu geben".[20] Auch sollen bei Salli Reichenberg des öfteren kleine Stoßtrupps eingedrungen sein, die "wild" in der Wohnung der Reichenbergs gehaust haben sollen. Handwerker, die dann mit der Reparatur der Schäden beauftragten waren, erzählten in Windecken davon.[21]

Das bei der "Arisierung" entfernte und 1986 entdeckte Firmenschild der Firma "Gebrüder Reichenberg"

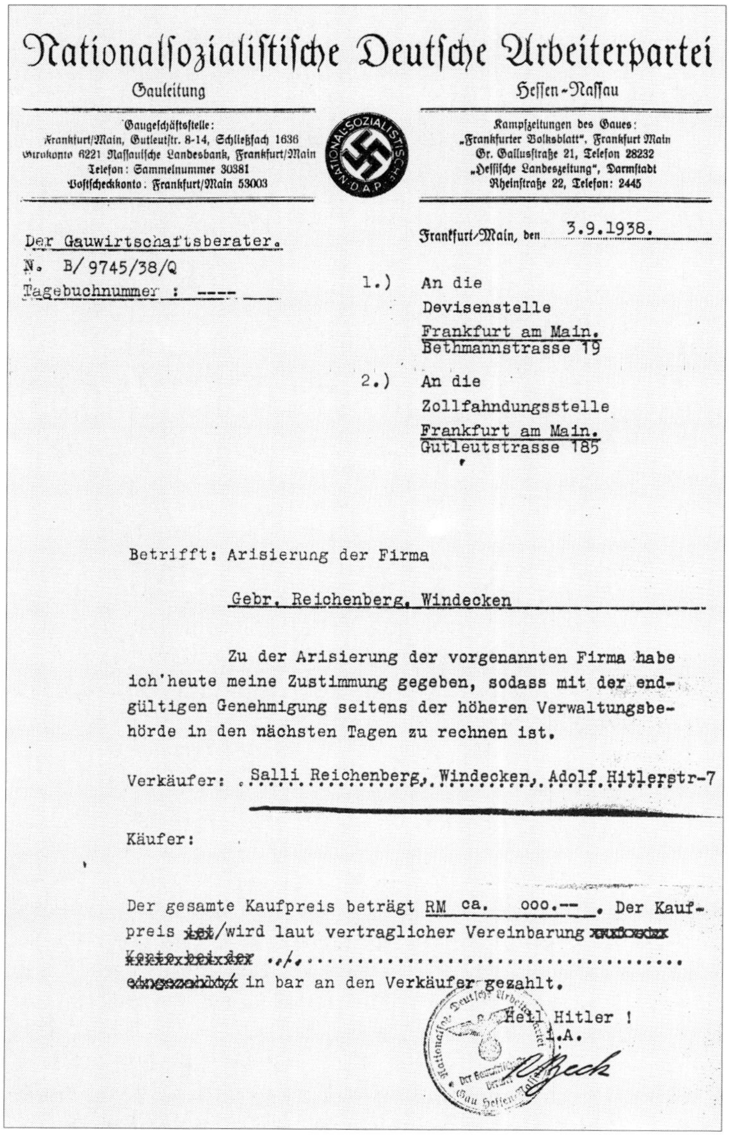

Nationalsozialistische Deutsche Arbeiterpartei
Gauleitung Hessen-Nassau

Gaugeschäftsstelle:
Frankfurt/Main, Gutleutstr. 8-14, Schließfach 1636
Girokonto 6221 Nassauische Landesbank, Frankfurt/Main
Telefon: Sammelnummer 30381
Postscheckkonto: Frankfurt/Main 53003

Kampfzeitungen des Gaues:
„Frankfurter Volksblatt", Frankfurt Main
Gr. Gallusstraße 21, Telefon 28232
„Hessische Landeszeitung", Darmstadt
Rheinstraße 22, Telefon: 2445

Der Gauwirtschaftsberater.
N. B/ 9745/38/Q
Tagebuchnummer : ----

Frankfurt/Main, den 3.9.1938.

1.) An die
Devisenstelle
Frankfurt am Main.
Bethmannstrasse 19

2.) An die
Zollfahndungsstelle
Frankfurt am Main.
Gutleutstrasse 185

Betrifft: Arisierung der Firma

Gebr. Reichenberg, Windecken

Zu der Arisierung der vorgenannten Firma habe ich heute meine Zustimmung gegeben, sodass mit der endgültigen Genehmigung seitens der höheren Verwaltungsbehörde in den nächsten Tagen zu rechnen ist.

Verkäufer: Salli Reichenberg, Windecken, Adolf Hitlerstr-7

Käufer:

Der gesamte Kaufpreis beträgt RM ca. 000.-- . Der Kaufpreis ~~ist~~/wird laut vertraglicher Vereinbarung ~~xxxxxxxx~~ ~~xxxxxxxxxxx~~ ./. ~~xxxxxxxxxx~~ in bar an den Verkäufer gezahlt.

Heil Hitler !
I.A.
[Unterschrift]

Das Geschäft "Gebrüder Reichenberg" wurde "arisiert".

Zwangsarbeit für Frau Reichenberg

Eine Windeckerin erinnert sich an Frau Reichenberg: "Also ich weiß noch, daß jemand zu uns kam und uns erzählte, die Frau Reichenberg muß da am Hüttenberg (Glockenstraße) die Gasse fegen. Also das hat die Leute in Windecken damals sehr betroffen gemacht, das tat den Windeckern weh. Frau Reichenberg war doch so eine geachtete und angesehene Frau gewesen, daß die die Gasse kehren mußte - also nein!" [22]

Eine andere Frau erinnerte sich: "Am Marktplatz mußte Frau Reichenberg die Gasse kehren. Ich ging an ihr vorbei und grüßte sie. Sie sagte nur leise: 'Gehen Sie weiter, sonst bekommen Sie Schwierigkeiten.' Ich sah noch, wie ihr die Tränen die Backen herunterliefen."[23]

Briefe nach Amerika

Nach der Auswanderung ihres Sohnes Ludwig nach Amerika schrieben die Eltern Salli und Hilda Reichenberg jeden Samstagabend an ihren Sohn Ludwig in New York. Auch Ernst Reichenberg fügte einige Zeilen an. Dieser Briefwechsel erstreckte sich über zwei Jahre und 10 Monate bis zum November 1941. Ludwig Reichenberg in New York hob alle diese Briefe gut auf als Erinnerung an seine Eltern und seinen Bruder, nach seinem Tode bewahrte sie sein Sohn Peter auf, der sie im Dezember 1985 der Verfasserin vertrauensvoll zur Verfügung stellte.[24]

Aus diesen Briefen, die immer die Zensur passieren mußten, wird einiges über die Lebenssituation von Salli und Hilda Reichenberg deutlich, aber immer nur in Andeutungen.

Im folgenden sind nun aus diesen mehr als einhundertfünfzig Briefen, die Salli und Hilda Reichenberg aus Windecken und später aus Frankfurt schrieben, verschiedene Bereiche in chronologischer Reihenfolge zusammengestellt:

"Bei uns ist es jetzt sehr einsam geworden", schrieb Hilda Reichenberg in ihrem ersten Brief nach New York, "doch wir wollen zufrieden sein, wenn wir wöchentlich gute Briefe von Euch lieben Kindern haben". (24. 1. 1939) (Der Sohn Ernst war zu dieser Zeit noch in Hannover.) "Ihr seid größtenteils der Gegenstand unserer Unterhaltung." (28. 1. 1939) Große Erleichterung trat bei Reichenbergs ein, als am 4. Februar 1939 um 1.42 Uhr das erwartete Telegramm aus Hamburg eintraf, daß die "Hamburg" in New York angekommen sei und Sohn Ludwig in Freiheit war.

Zwangsweise Abgabe der Silbersachen

Im Februar 1939 wurden alle Juden verpflichtet, ihre gesamten Silbersachen, Goldschmuck und Edelsteine abzuliefern - ohne Bezahlung natürlich. Darüber schrieben Salli und Hilda Reichenberg an den Sohn Ludwig:

24. 2. 1939: "Bei Deinem Weggang hättest Du die Bestecke wahrscheinlich noch mitnehmen können, und jetzt werden wir sie hier abgeben müssen."

5. 3. 1939: "Diese Woche beginne ich mit dem Osterputz, etwas ist mir erspart: das Silberputzen. Wir müssen alles abliefern. Wir hatten doch so viel Freude an den Sachen. Wir wollen es aber nicht so tragisch sehen. Es gibt Schlimmeres."

12. 3. 1939: "Dein Silber, lieber Ludwig, ist mit unseren anderen Sachen schon so weit abgeliefert. Wir wurden sogar von der Zollfahndungsstelle wegen Ablieferung Deiner Sachen erinnert. Weil der 8. März 1939 eigentlich der letzte Tag der Ablieferung sein sollte, so brachte ich am Montag, den 6. 3. alles nach Hanau zur Abgabestelle. Dort war man so in Anspruch genommen, daß man mich auf den 9. 3. nachmittags bestellte zwecks genauer Abnahme, während ich die Pakete geschlossen gegen Bescheinigung zurückließ. Es sollen nach den neuesten Bestimmungen für jede Person 2 vierteilige Bestecke aus Silber freigegeben werden. Hoffentlich zählst Du auch noch mit."

18. 3. 1939: "Die Silbersachen mußten wir abgeben bis auf ein Besteck und einige kleine Löffel je Person. Wenn es erlaubt ist, schicken wir Deinen Anteil mit."

Ludwig Reichenberg beschrieb die Silbersachen seiner Eltern in späteren Jahren so:

"3 komplette Silberbesteckkästen für je 12 Personen, einer war von der Hochzeit meiner Eltern 1909, während die beiden anderen Silberkästen im Jahre 1937 neu gekauft worden waren, weil meine Eltern und ich glaubten, daß man Wertgegenstände dieser Art bei der Auswanderung mit hinaus nehmen konnte.

Hinzu kamen noch folgende Gegenstände:
2 schwere silberne Sabbathleuchter
1 schwerer silberner achtarmiger Leuchter
1 schwerer silberner religiöser Weinbecher
mehrere silberne Sabbat-Ritualgegenstände
6 große Silberschalen
4 silberne Vasen
4 silberne Serviettenringe
12 silberne Teeglashalter
1 silbernes Kaffeeservice
1 silbernes Teeservice."[25]

Auch ihren Schmuck mußten die Reichenbergs abgeben, so die Hochzeitsgeschenke: der Brilliantring und die goldene Springdeckeluhr, auch die goldene Damenarmbanduhr von Frau Reichenberg, ihre goldene, mit Brillianten besetzte Brosche, ihre lange echte Perlenkette, die goldene Armbanduhr von Herrn Reichenberg, seinen schweren goldenen Siegelring und zwei Brilliantringe von Frau Reichenberg, die sie zu besonderen Anlässen wie der Geburt der beiden Söhne von ihrem Mann geschenkt bekommen hatte. Alle Schmuck- und Silbersachen waren in Hanau bei erstklassigen Juwelieren und Silberwarengeschäften gekauft.[26]

Soziale Isolation

Reichenbergs waren schon seit 1933 zunehmend sozial isoliert. Nach Schließung ihres Geschäftes im Herbst 1938 hatten sie kaum noch Kontakte.

Ab März 1939 lebte der Sohn Ernst wieder bei den Eltern, er arbeitete in Frankfurt und belebte den Alltag mit Neuigkeiten aus Frankfurt.

Die alte Frau Michel, die im Hause mit Lebenswohnrecht lebte, saß öfter in der Küche. Als Ludwig Reichenberg in New York heiratete, schrieb sie ihm einige Zeilen zur Gratulatuion.

Julius Reichenberg, Sallis Bruder, kam jeden Tag zu Besuch, bis er im August 1939 nach Frankfurt zog. Salli und Hilda besuchten sie auch des öfteren, ebenso die alten Wolfs aus Ostheim. Auch Eduard Lichtenstein aus Marköbel, später Frankfurt, besuchte Reichenbergs ab und zu einmal. Später kamen auch Moritz und Klara Levi aus Ostheim manchmal zu Besuch.

Frau Demuth

Frau Demuth war die Haushaltshilfe von Reichenbergs, die ihnen in Treue verbunden blieb. Sie schrieb auch Grüße an Ludwig unter den Brief nach Amerika. Zur Goldenen Hochzeit der Demuths im Dezember 1939 schrieb Salli Reichenberg ein Gedicht für das Jubelpaar.

Ludwig gratulierte brieflich aus Amerika. "Über Deine Glückwünsche haben sich Demuths sehr gefreut, Du warst der erste Gratulant. Jakob trägt den Brief in Windecken rum, so groß ist seine Freude."

Im November 1939 schrieb Frau Reichenberg: "Frau Demuth ist mir jetzt von großem Nutzen und besorgt mir alle Wege. Sie ist noch sehr rüstig, am 20. Januar wird sie 80 Jahre."

Im April 1940 erwähnte Hilda Reichenberg Frau Demuth als Hilfe beim Osterputz.
Im Mai 1939 schrieb Hilda Reichenberg: "Mit unserer Nachbarschaft hat sich im allgemeinen nichts geändert bis auf V., der uns ziemlich fremd geworden ist." Im folgenden Brief: "Die Leute sind noch wie seither. Es kommen nicht viele zu uns."
Als im Juli 1939 in Marköbel die 1100-Jahrfeier begangen wurde, kommentierte Salli Reichenberg nur: "In Marköbel ist heute 1100-Jahrfeier, judenrein."

Überlegungen im Sommer 1939, nicht nach Frankfurt zu ziehen

Als der Bruder Julius Reichenberg mit seiner Frau nach Frankfurt ziehen wollte, machten Reichenbergs sich die folgenden Überlegungen:
16. 7. 1939: "Onkel Julius wird voraussichtlich am 1. August 1939 nach Frankfurt übersiedeln. Adlers (aus Ostheim) sind auch bereits dort und Samuel Katzens (aus Ostheim), sowie Levis (aus Ostheim) werden demnächst ebenfalls dorthin übersiedeln, während Anselm Katz bald nach USA geht, während seine Frau vorläufig in Frankfurt bleiben wird. Wir selbst wollen, so lange es möglich ist, noch wohnen bleiben."
26. 7. 1939: "So lange es geht, möchten wir noch hier wohnen bleiben. Nach Frankfurt ist die Zuwanderung in der letzten Zeit erschwert. Aus dem Haus zu gehen, ohne verkauft zu haben, hätte voraussichtlich Unannehmlichkeiten zur Folge, und es wäre fraglich, ob wir vermieten könnten, an wen wir wollen."
30. 7. 1939: "Wir selbst hoffen, noch etwas hierbleiben zu können, auch aus finanziellen Gründen hauptsächlich."
18. 8. 1939: "Wir wollen vorerst hierbleiben, wenn es auch nicht sehr angenehm ist."

Hilda und Salli Reichenberg mit Sohn Ernst im Hof ihres Hauses in Windecken um 1939

Salli und Hilda Reichenberg bemühen sich um eine Möglichkeit zur Auswanderung

Nach dem Novemberpogrom 1938 hatten sich Salli und Hilda Reichenberg intensiv um eine Auswanderungsmöglichkeit nach Amerika bemüht. Am 24. November 1938 hatten sie einen Antrag auf Erteilung eines Visums zur Einreise nach Amerika gestellt. Sie erhielten die Wartenummer 35 969 vom amerikanischen Konsulat zugeteilt.

Die Schwester von Salli Reichenberg, Kathinka Greif, lebte schon seit 1937 dort und versuchte, bei der Beschaffung von Bürgschaften behilflich zu sein. Diese Bürgschaften mußten einen ausreichenden finanziellen Hintergrund des Bürgen aufzeigen, da er sich verpflichtete, den nach Amerika Eingewanderten zu unterstützen, daß er nicht der Wohlfahrt zur Last fiele. Gleichzeitig erteilte das amerikanische Konsulat in Stuttgart nur jährlich eine begrenzte Anzahl Visa, alle Ausreisewilligen erhielten eine Wartenummer.
31. 1. 1939: "Meine Schwester schrieb, daß sie uns sehr bald durch Freunde Bürgschaften beschaffen werden. Wegen der erforderlichen Zusatzbürgschaften eines Verwandten sollen sie sich noch einmal nach Cleveland wenden."
5. 2. 1939: "Wenn wir doch auch mal fort könnten."
24. 2. 1939: "Unserer Bürgschaft sehe ich mit sehr gemischten Gefühlen entgegen, denn was nützt sie jetzt, wenn wir erst in sechs Jahren an die Reihe kommen, oder meinst Du, lieber Ludwig, daß es auch damit eine Erleichterung geben könnte. Für die Sachen, die wir einmal mitbringen sollen, brauchen wir uns heute noch nicht zu interessieren, denn es wird noch sehr lange dauern, oder meinst Du es geht schneller?"
5. 3. 1939: "Falls wir uns für dort vorbereiten, schreib Du uns vorher noch Fingerzeige für unsere Kleidung."
Und noch unter den Brief geschrieben:" WENN WIR DOCH NUR BALD HIER FORT KÖNNTEN!"
12. 3. 1939: "Du erwähntest wieder unsere Bürgschaft, die werden uns doch vorerst nicht viel nützen."
2. 4. 1939: "Lieber Ludwig, wie wären wir auch so glücklich, wenn wir bald bei Euch sein könnten, aber das hat noch gute Weile. Und wer weiß, ob es uns überhaupt vergönnt ist."
29. 4. 1939: "Selbstverständlich wenden wir uns sofort an das brasilianische Konsulat. Dienstag komme ich nach Frankfurt und werde mich dann auch bei der Hapag (Schiffahrtsgesellschaft) erkundigen."
6. Mai 1939: "Große Freude macht es uns, daß Du Dich in Deiner neuen Heimat so wohl fühlst. Warum waren wir so kurzsichtig? Jetzt möchten wir fortfliegen, doch die Fittiche sind uns beschnitten. Nach Brasilien könnte es nur sein, wenn wir ganz nahe Verwandte dort hätten, also brauchen wir uns vorerst keine Hoffnungen zu machen. Trotzdem werden wir immer wieder versuchen, irgendwo anzukommen."
13. 5. 1939: "Mit unserer Auswanderung wird es trotz der Bürgschaften noch nicht bald voran gehen. Mutter wurde bei der Hapag der Bescheid gegeben, daß es keinen Zweck hätte, die Bürgschaften nach Stuttgart (zum amerikanischen Konsulat) zu senden und daß solche nur ein halbes Jahr Gültigkeit hätten. Sobald ich nach Frankfurt komme, will ich versuchen, irgendwas wenigstens für Ernst zu erreichen. Wir werden noch viel Geduld aufbringen müssen."
21. 5. 1939: "Wegen der Bürgschaften war Mutter kürzlich bei der Hapag, wo ihr gesagt wurde, es hätte keinen Zweck, die Papiere schon nach Stuttgart zu schicken, da erst in einigen Jahren die Reihe daran käme. Ich werde in einiger Zeit selbst nochmal versuchen, wo eventuell etwas zu erreichen ist."
28. 6. 1939: "Von unserer Auswanderung ist nicht viel zu berichten, und es ist hier leider auch kein Fortschritt wahrzunehmen.

Dieses Foto schicken Salli und Hilda Reichenberg ihrem Sohn Ludwig nach New York zu seinem Geburtstag am 24. August 1939.

Gestern war ich in Wiesbaden bei meiner Lebensversicherungsgesellschaft. Ich hatte mich schon früher mit ihr brieflich in Verbindung gesetzt. Sie wollte mir 5 580 RM zurückzahlen. Meine Annahme, persönlich noch etwas erreichen zu können, hat sich nicht erfüllt. Mit dem 1.7.1939 trete ich aus der Versicherung aus und der obige Betrag wird mir auf unser Sparkonto überwiesen."
16. 7. 1939: "Hast Du lieber Ludwig übrigens noch keine Pläne gemacht, wo und wie wir uns wieder selbständig machen wollen, wenn wir erst wieder drüben zusammenkommen?"
Unter der Annahme, daß der Sohn Ernst in kurzer Zeit nach England ausreisen könne, schrieb Salli Reichenberg folgendes:
16. 7. 1939: "Wegen unserer Auswanderung hatte ich beim amerikanischen Konsulat in Stuttgart angefragt, ob wir noch unter Ernsts Wartenummer eingetragen werden können, doch warten wir noch auf Antwort."
18. 8. 1939: "In Stuttgart soll es jetzt sogar schneller vorwärts gehen und zwar deshalb, weil viele Leute angeblich kein Visum erhalten, da nur noch Verwandtenbürgschaften und keine Freundschaftsbürgschaften mehr in Betracht kämen. Es wird aber mit uns noch gute Weile haben." ... "Am liebsten würden wir Deutschland verlassen. Aber wann wird das möglich sein? Vater lernt fleißig Englisch und kann schon bedeutend mehr als ich. Da gehört allerdings nicht viel zu."
Im letzten Brief vor Ausbruch des Krieges sah Salli Reichenberg seine Aussichten auf Auswanderung nach Amerika als zerstört an, hatte aber noch Hoffnung, daß sein Sohn Ernst nach England könne:
27. 8. 1939: "Lieber Ludwig! Es ist fraglich, ob die Post in nächster Zeit pünktlich funktioniert. Über die gespannte politische Lage wirst Du unterrichtet sein, doch hoffe ich, daß sich die Differenzen noch im letzten Augenblick schlichten lassen und ein Krieg vermieden wird, wenn auch die getroffenen Vorbereitungen vergebens waren. Uns geht es bis jetzt gut, wir haben nichts besonderes zu klagen, und ich hoffe, daß es so bleibt. Auf Ernst Permit (Einreiseerlaubnis nach England - d. V.) warten wir noch immer." Ernst Reichenberg vermutete im selben Brief: "Mit der Auswanderung wird es jetzt sicher eine große Stockung geben."

Die folgenden sieben Briefe sind verloren gegangen.
15. 9. 1939: "Der liebe Gott wird uns auch diese Zeiten überleben lassen, und vielleicht kommen wir auch mal wieder zusammen."
23. 10. 1939: "Die Auswanderung nach USA geht hier weiter, allerdings über Belgien, Holland oder Italien. Die Schiffskarten sind in Devisen zu bezahlen. Nach England hat die Auswanderung jetzt selbstverständlich aufgehört. Unsere Bürgschaften sind auch verfallen, schließlich brauchen wir sie auch noch lange nicht, wir müssen noch einige Geduld haben." Ernst schrieb im selben Brief: "Die Auswanderung nach USA geht in vollstem Tempo weiter. Die Nummer 9 800 war in Stuttgart (zur Erteilung des amerikanischen Visums - d. V.) schon an der Reihe. Bis zu den großen Ferien im August sollen die Nummern, die im August 1938 registriert waren, aufgerufen werden. Das wäre die Nummer 18 000, und wir kämen dann auch bald an die Reihe. Ich sehe eben schon den Tag, an dem ich ankomme und bin munter und fidel."
8. 11. 1939: "In Stuttgart soll es jetzt schneller gehen mit den Auswanderungsangelegenheiten, so daß bis in einem Jahr Ernst an die Reihe käme und in einigen Monaten zu prüfen sein wird, ob seine Bürgschaft genügt oder ob noch ein weiterer Bürge aufzutreiben sei. Mit uns Eltern wird es indessen noch lange dauern."
14. 11. 1939: "Wie ist es, lieber Ludwig, gibt es nicht gelegentlich eine Rückwanderung arischer Deutscher aus USA nach hier, für die wir unter Austausch der Vermögen nach dort einwandern könnten? Ich glaube, dies ist in den verflossenen Jahren auch schon vorgekommen. Wenn es in Stuttgart auch wohl rascher vorwärts gehen soll, so wird es immerhin noch sehr lange dauern, bis wir an die Reihe kommen."
13. 12. 1939: "Es wäre zu wünschen, daß Ernst auch bald auswandert. Nur dann wäre es auch möglich, daß Ihr uns anfordern könnt."
21. 12. 1939: "Wenn wir uns früher an Tante Kathinka (Schwester von Salli Reichenberg, die 1937 von Schlitz nach Amerika ausgewandert war - d. V.) gewandt hätten, so wären wir schließlich doch nicht früher weg gekommen. Hoffentlich werden wir es auch noch erleben. Diese Woche war ich wieder bei der jüdischen Beratungsstelle in Frankfurt. In Anbetracht der hohen Wartenummern ist hier vorerst nicht viel zu erreichen. Vielleicht kannst Du auch erfragen, ob etwas daran ist, daß Kinder, die monatlich 100 $ verdienen, ihre Eltern sofort außerhalb der Quote anfordern können."
10. 1. 1940: "Liebe Edith! (Verlobte Ludwigs - d. V.) Wenn Du schreibst, Du sehnst Dich danach, uns kennenzulernen, will ich Dir verraten, daß es auf Gegenseitigkeit beruht. Aber jedenfalls werden wir noch viel Geduld haben müssen, wie gerne gingen wir fort. Auf die letzte Strophe des Gedichtes (zur Hochzeit - siehe S. 162) habt Ihr eigentlich nicht geantwortet?!!"
8. 2. 1940: "Jetzt wird es bald Frühling, hoffentlich kommen dann auch bessere Zeiten."
8. 4. 1940: "Ich wünschte nur, daß auch für uns schon die Zeit da wäre, wo wir wieder zusammensein könnten."
28. 4. 1940: "Die zerrissenen Socken hebt nur auf, damit ich, wenn ich zu Euch komme, auch eine Beschäftigung habe. In der Hoffnung, daß wir doch auch einmal an die Reihe kommen."
26. 5. 1940: "Ich danke Euch herzlich für die guten Wünsche zu meinem Geburtstag. Ich habe nur einen Wunsch, bald hier

Hilda Reichenberg um 1940

Salli Reichenberg um 1940

fortzukommen, aber wie lange können wir noch warten.!!"
24. 6. 1940, nach der Hochzeit des Sohnes Ludwig: "Jetzt sehne ich die Zeit, wo wir bei Euch sein werden, noch mehr herbei. Hoffentlich kommt der Tag auch einmal."
11. 12. 1940: "Wir haben nur einen Wunsch, bald auswandern zu können. Von Stuttgart hört man gar nichts mehr und die Nerven werden auf eine harte Probe gestellt."
15. 1. 1941: "Nach einer Mitteilung der Reichsvereinigung (der Juden in Deutschland), sollen die erschwerten Bedingungen bei der Vorladung und Visumerteilung für die USA einer günstigeren Lage Platz gemacht haben. Das Konsulat nimmt jetzt die Bürgschaftspapiere bis zur Wartenummer 30 000 entgegen. Es wird unter anderem darauf aufmerksam gemacht, daß Personen mit Wartenummern über 30 000 bereits jetzt ihre Angehörigen in USA davon unterrichten können, daß etwa in einem halben Jahr Bürgschaften für sie benötigt werden, ohne sie bereits jetzt schon ausstellen zu lassen. Ihr, meine lieben Kinder, könnt Euch bald nach Bürgen umsehen, die zur geeigneten Zeit die Bürgschaft für uns stellen. Es ist zu hoffen, daß die Beurteilung der Papiere allgemein eine mildere wird und daß auch hohe Bürgschaften von Vettern 1. oder 2. Grades in Betracht gezogen werden."
22. 1. 1941: "Ich danke Euch bestens für Eure Geburtstagswünsche, doch wir werden noch nicht so bald bei Euch sein können. Für den Fall, daß wir dies noch erleben, hast Du, mein lieber Junge, mir schon so viel versprochen, was Du später alles gar nicht halten kannst. Hoffen wir immerhin das Beste. Beim Konsulat in Stuttgart sollen Erleichterungen Platz greifen. Bei uns Alten wird es - normalen Verlauf vorausgesetzt - in einem Jahr noch nicht so weit sein. Immerhin könnt Ihr Euch gelegentlich schon nach bürgschaftswilligen Menschen für uns umsehen."
6. 2. 1941: "Ich sehne die Zeit herbei, daß ich mich von Eurem Glück persönlich überzeugen kann. Allerdings wird es noch eine Zeitlang dauern."
10. 2. 1941 von Ernst: "Es besteht die Ausnahme, daß die lieben Eltern auch jetzt schon an die Reihe kommen können, und zwar müßten sie jetzt eine erstklassige Bürgschaft haben. Wenn Ihr hierin etwas erledigen könntet, so muß auf der Bürgschaft bei Verwandtschaftsgrad 'Vetter' stehen. Ob es einer ist oder nicht, ist egal." Salli: "Falls Ihr aber auch für uns jetzt schon eine erstklassige Bürgschaft beschaffen könnt, so besteht die Möglichkeit, daß auch wir an die Reihe kommen können. Was Ihr in der Sache tun könnt, das werdet Ihr schon tun, daran zweifle ich nicht." Hilda: "Wenn alles klappt, wäre ich glücklich und halte beide Daumen."
20. 2. 1941: "By the way habe ich auch gleich noch um Beschaffung einer Bürgschaft für uns bitten lassen (telegrafisch durch den Hilfsverein), denn wer eine erstklassige Bürgschaft und Schiffsplätze in Stuttgart vorlegen kann, für den besteht die Möglichkeit - ohne Rücksicht auf seine hohe Wartenummer - schon bald auswandern zu könnnen. Es würde uns nun interessieren, von Euch zu hören, ob und wie Ihr dies eventuell ermöglichen könnt." Hilda: "Wenn es Euch möglich wäre, für uns einen Bürgen zu finden, würden wir uns vielleicht bald wiedersehen. So sehr ich hoffe, so zweifle ich daran."
27. 2. 1941: "Ich danke für Euer promptes Telegramm betreffend der Bürgschaft. Falls Ihr die Bürgschaften direkt nach Stuttgart geschickt habt, werdet Ihr uns bereits brieflich Näheres mitgeteilt haben. Wir waren auch deswegen freudig überrascht, weil Ihr den Abgang der Bürgschaften so schnell melden konntet. Hoffentlich sind sie ausreichend, und wir können in absehbarer Zeit das Passagegeld anfordern - vorausgesetzt, daß Ihr noch welches auftreiben könnt und man noch Schiffsplätze bekommen kann...

Soeben kommt Ernst mit der Neuigkeit nach Hause, daß es mit der Auswanderung nichts werden wird. Wir hatten leider demnach nur eine kurze Vorfreude. Aber aufgeschoben ist nicht aufgehoben." Hilda: "Meine lieben Kinder! Das war eine kurze Freude! Aber wir wollen den Mut nicht verlieren und weiterhoffen, wenn es auch schwer ist. Wenn ich jetzt schon schließe, entschuldigt, aber ich bin etwas mißgelaunt."
6. 3. 1941: "Wenn Ihr meine Lieben, nun wirklich später beide weiter zur Arbeit gehen wollt, so wird die liebe Mutter selbstverständlich kochen, die Babys hüten - eventuell auch 'hutchen'- doch erst müssen wir mal dort sein. Denkt Ihr, daß wir auch bald wegen Schiffskarten an Euch telegrafieren sollten?" Hilda: "Unsere Zukunft stellt Ihr ja in ein rosiges Licht. Ich wüßte nicht, was ich lieber täte, als Euch abends Gutes zu kochen und eventuell auch Kindermädchen spielen."

Soweit die Hoffnungen und Enttäuschungen, Gedanken und Sehnsüchte zur Auswanderung nach Amerika, solange die Reichenbergs bis Ende März 1941 in Windecken lebten.

Alltag der Reichenbergs in Windecken 1939 und 1940

In ihren Briefen äußerten sich Salli und Hilda Reichenberg auch über ihren Alltag. Vieles wurde aber nur zwischen den Zeilen ausgesprochen, da die Briefe mit dem Wissen um die Zensur geschrieben wurden. Über vieles, was sie bedrückte und ängstigte, konnte Reichenbergs folglich überhaupt nicht schreiben.

2. 2. 1939: "Bei uns ist es sehr ruhig. Wenn Vater nicht öfters das Radio anstellt, wo die bekannten Geräusche entstehen, könnte man glauben, die Wohnung sei unbewohnt."
23. 10. 1939: "An den Feiertagen habe ich keine Synagoge gesehen" (Zu den höchsten jüdischen Feiertagen existierte die Windecker Synagoge im Jahr zuvor noch - d. V.) Auch sonst kommen wir nicht viel fort. Was es in der Welt Neues gibt und sich ereignet, das ersehen wir aus der Zeitung." (Das Radio war zu dieser Zeit schon beschlagnahmt - d. V.) Umsomehr freuen wir uns, wenn ein Brief von Euch eintrifft."
8. 11. 1939: "Es wird schon fast ein Jahr, daß Du von uns fort bist (gemeint ist die Zeit im Konzentrationslager Buchenwald). Die Zeit geht so rasch herum, und das ist gut so."
14. 11. 1939: "Es hat sich bei uns nichts geändert. Wir haben nichts zu klagen. Insbesondere haben wir genügend zu essen. Bis jetzt bemerken wir hier nicht viel vom Krieg. Ernst bringt nicht nur Wirsing, sondern auch gelbe Rüben, Kürbis usw. aus der Gärtnerei mit. Wir leiden keinen Hunger."
30. 11. 1939: "Du brauchst uns nichts zu senden. Ich möchte sogar noch etwas abnehmen. Wir waren beim Geburtstagskaffee bei Onkel Julius (Reichenberg). Es war sehr gemütlich und unsere Unterhaltung drehte sich um Euch."
6. 12. 1939: "Wir haben Dir immer versichert, daß es uns an nichts fehlt. Wir haben also vorerst keinen Wunsch, den Du uns erfüllen könntest."
13. 12. 1939: "Von hier gibt es nichts Neues zu berichten. Unser Leben ist ziemlich eintönig. Ich versehe meinen kleinen Haushalt, wobei mir Vater noch hilft. Abends freuen wir uns auf Ernst's Heimkehr. Dann geht es bald ins Bett, um morgens um 5 Uhr wieder aufzustehen. Allerdings lege ich mich wieder bis ca. 8 Uhr ins Bett. Ernst ist ein großer Kindskopf, unser 'Wunzier' macht uns aber viel Spaß!"
21. 12. 1939: "Bei uns verläuft ein Tag wie der andere."
28. 12 .1939: "Bei uns sind die Weihnachtsfeiertage sehr ruhig verlaufen. Ernst war drei Tage in Frankfurt bei Onkel Julius."
28. 12. 1939: "Nun ist das neue Jahr vor der Tür, und wir wollen hoffen, daß es nur Gutes für uns bringt... Bei uns ist es sehr eintönig. Ernst ist in Frankfurt, und Vater und ich sind immer allein. Wenn Ernst abends nach Hause kommt, geht er bald ins Bett, nur Freitagabend spielen wir Herz Skat."
17. 1. 1940: "Der liebe Vater geht mir sehr zur Hand, und ich brauche wirklich auch nicht viel raus."
8. 2. 1940: "Etwas Besonderes gibt es von hier kaum zu melden. Wir haben auch nichts zu klagen. Jetzt wird es bald Frühling, hoffentlich kommen dann auch bessere Zeiten. Neuigkeiten weiß ich keine zu berichten. Es verläuft ein Tag wie der andere."
26. 3. 1940: "Seit einigen Tagen haben wir schönes Frühjahrwetter, aber wir genießen es nicht, wir sind immer zu Hause. Morgens machen Vater und ich gemeinsam die Hausarbeit. Unsere Unterhaltung dreht sich größtenteils um Euch. Wir sind glücklich, wenn Nachricht von Euch kommt. Habt Ihr etwas von "Purim " (jüdisches Fest im Andenken an die Errettung der Juden in Persien durch die Königin Esther) gemerkt? Wenn wir auch nicht die 'Megillah' (das Buch Esther) hörten, haben wir doch Mattekuchen (Quarkkuchen) gegessen.
31. 3. 1940: "Neues ist nicht zu berichten, es verläuft ein Tag wie der andere."
8. 4. 1940: "Wir sind jetzt beim Osterputz, allerdings haben wir viel weniger als früher zu putzen (wohl auch eine Anspielung auf die zwangsweise abgegebenen Silbersachen). Vater hilft auch mit, aber am flinkesten ist Frau Demuth."
16. 4. 1940: "Über Friedel (Schwester der zukünftigen Schwiegertochter Edith, die nach Amerika kam) habt Ihr ja so manches über uns gehört. (Gemeint sind wohl Belästigungen und Schikanen, über die sie nicht geschrieben haben aus Angst vor der Zensur.) Aber wir sind gesund und klagen nicht."
13. 5. 1940: "Hier ist es die Pfingstfeiertage sehr ruhig. Mutter und ich sind nicht aus der Wohnung gekommen. Ihr glaubt gar nicht, wie sehnsüchtig wir Eure Briefe erwarten und wie wir uns immer darüber freuen. Sie bringen uns Abwechslung in unser eintöniges Leben. Wenn nun Ernst im Laufe des Jahres fortkann, was wir ja wünschen, wird es noch ruhiger bei uns werden."
26. 5. 1940: "Jetzt hattet Ihr ja direkten Bericht von uns (Ediths Schwester war die Auswanderung nach Amerika gelungen, sie hatte zuvor oft Reichenbergs in Windecken besucht und konnte nun direkt erzählen vom Leben der Reichenbergs in Windecken - ohne Rücksicht auf die Zensur.) Neben Angenehmem auch das Gegenteil."
24. 6. 1940: "Heute hatte ich große Wäsche, wir waren auf der Bleiche."
28. 7. 1940: "Momentan bin ich mit Einkochen beschäftigt. Ich habe den Wunsch, Euch davon abgeben zu können."
11. 8. 1940: "Wir haben Gottlob auch nicht zu klagen. Wir sind gesund, und der Krieg wird auch einmal vorbeigehen."
16. 9. 1940: "Die bevorstehenden Feiertage werden uns voraussichtlich nicht viel Abwechslung bringen. Ernst wird seine Arbeit kaum unterbrechen. Bei uns gibt es bei den Feiertagen keinen Unterschied, aber wir sind immer zufrieden."
15. 10. 1940: "Zuvieles Essen soll indessen eine unnötige Angewohnheit sein. Wir selbst sind dieser zwar nicht verfallen, doch konnten wir uns bisher immer noch sattessen. Heute haben wir sogar schon unsere Kartoffeln eingekellert - 12 Zentner - ich denke, daß die für ein Jahr reichen, wir hätten sonst mehr haben können. Wir kommen an den Feiertagen kaum aus dem Haus. Müllers sind jetzt in Frankfurt, wir sind jetzt allein hier. Frau Oppenheimer wohnt auch noch hier."
22. 10. 1940: "Die Feiertage gehen nun dem Ende entgegen, ohne daß sie unsere täglichen Gewohnheiten etwas geändert hätten. Uns haben die Feiertage keine Abwechslung gebracht. Hier gibt es nicht Neues. Hier verläuft jeder Tag wie der andere."

13. 11. 1940: "Wenn wir nicht jede Woche einmal nach Frankfurt fahren würden, hätten wir gar keine Abwechselung. Mit den Lebensmitteln kommen wir aus, allerdings essen wir im letzten

Jahre außer dem Fleisch auch die Wurst von Pfeifer. (Gemeint ist wohl die nichtkoschere Wurst des Windecker Metzgers - d. V.) Für Eure Glückwünsche zu unserem Hochzeitstage danke ich Euch bestens, ich selbst vergesse leicht nach so langer Zeit diesen Tag", schrieb Herr Reichenberg, während Frau Reichenberg ergänzte: "Nun danke ich auch noch für die guten Wünsche zum Hochzeitstag. Vater vergißt ihn meistens. Als ich ihm an unserem Verlobungstag sagte, daß wir uns vor 31 Jahren verlobt hätten, meinte er: 'Dann wird es aber Zeit, daß wir heiraten.' Habt Ihr unsere Bilder erhalten?"

Heirat des Sohnes Ludwig in New York

Im Oktober 1939 schrieb Ludwig seinen Eltern und dem Bruder Ernst nach Windecken, daß er heiraten möchte. Dieser Brief kam aber in Windecken nicht an. So schrieben Reichenbergs:

8. 11. 1939: "Stimmt es, daß Du, lieber Ludwig, bald heiraten willst? Frieda (Reichenberg, die Nichte - d. V.) hat es ihren Eltern (Julius und Johanna Reichenberg) geschrieben, ebenso auch Siegfried Wolf an seine Eltern. Willst Du uns überraschen? Oder hast Du es in einem Brief geschrieben, der uns noch nicht erreicht hat?" "Der von Dir erwähnte Brief hat uns noch nicht erreicht und wenn Du, lieber Ludwig, bald heiraten willst, so werden wir nichts dagegen einzuwenden haben, denn ich nehme an, Du weißt, was Du tust. Wir können Dir von hier leider nicht viel helfen noch raten, doch wenn du etwas auf dem Herzen hast, so brauchst Du uns gegenüber selbstverständlich nicht damit zurückzuhalten.

Bis zu deiner Hochzeit werden wir allerdings noch nicht drüben sein können und nur in unseren Gedanken werden wir an diesem Tage bei Euch weilen und mit unserem Geiste teilneh-

Die Vermählung ihrer Kinder
LUDWIG ISRAEL REICHENBERG
EDITH SARA REICHENBERG
geb. Katz
in New York City zeigen hiermit an
SALLI REICHENBERG und Frau
HILDA SARA
SALOMON KATZ und Frau
SELMA SARA
WINDECKEN Adolf-Hitler-Straße 7
NENTERSHAUSEN bei Bebra
Juni 1940

Zeitungsanzeige von Salli und Hilda Reichenberg zur Hochzeit ihres Sohnes Ludwig in New York. Die Zwangsvornamen Israel und Sara mußten gedruckt werden.

men." Dazu schrieb die Mutter: "Die Nachricht von Deiner baldigen Heirat habe ich mit gemischten Gefühlen aufgenommen und auch schon ein bißchen geweint. Ich wäre doch gar zu gerne an dem Tage bei Euch. Es ist uns halt nicht vergönnt, und wir wollen zufrieden sein, wenn wir überhaupt mal wieder zusammen kommen können... Es tut mir so leid, daß ich Edith noch nicht kennengelernt habe. Jedenfalls wünsche ich Euch recht viel Glück."

22. 11. 1939: "Liebe Edith und lieber Ludwig! ...denn wenn Ihr Weihnachten heiraten wollt, kommen wir sonst mit unseren Glückwünschen zu spät, und wenn diesmal die Post pünktlich arbeitet, dann werdet ihr es nicht übelnehmen, wenn wir etwas frühzeitig kommen. Also empfanget meine besten Glückwünsche zu Eurer Vermählung, möge dieser Schritt Euch beiden zum Wohle gereichen und möget Ihr ihn niemals bereuen. Das

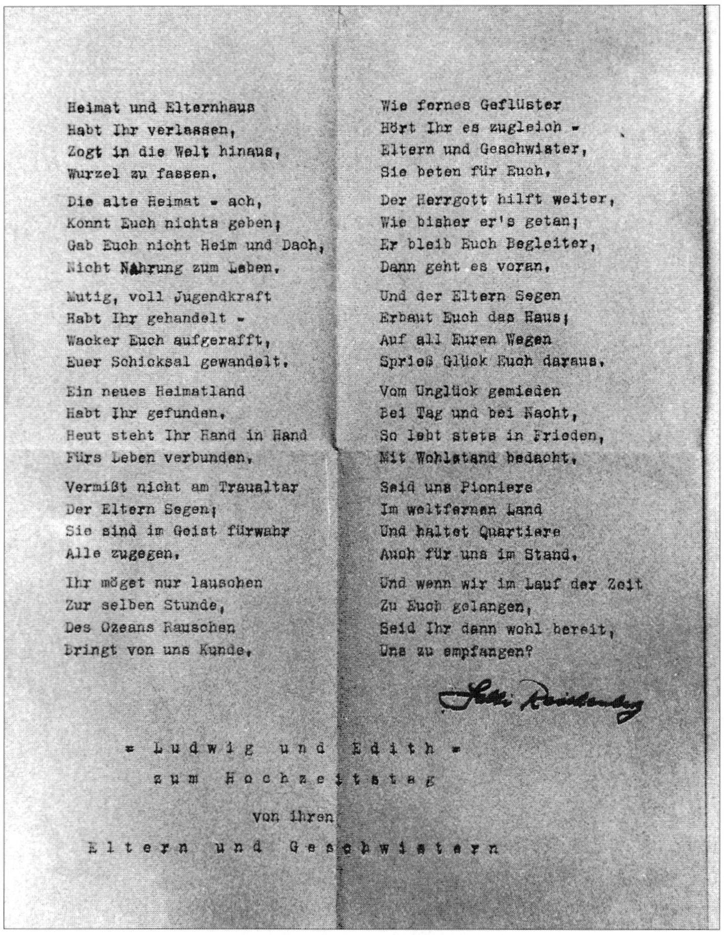

Heimat und Elternhaus
Habt Ihr verlassen,
Zogt in die Welt hinaus,
Wurzel zu fassen.

Die alte Heimat - ach,
Konnt Euch nichts geben;
Gab Euch nicht Heim und Dach,
Nicht Nahrung zum Leben.

Mutig, voll Jugendkraft
Habt Ihr gehandelt -
Wacker Euch aufgerafft,
Euer Schicksal gewandelt.

Ein neues Heimatland
Habt Ihr gefunden,
Heut steht Ihr Hand in Hand
Fürs Leben verbunden.

Vermißt nicht am Traualtar
Der Eltern Segen;
Sie sind im Geist fürwahr
Alle zugegen.

Ihr möget nur lauschen
Zur selben Stunde,
Des Ozeans Rauschen
Bringt von uns Kunde.

Wie fernes Geflüster
Hört Ihr es zugleich -
Eltern und Geschwister,
Sie beten für Euch.

Der Herrgott hilft weiter,
Wie bisher er's getan;
Er bleib Euch Begleiter,
Dann geht es voran.

Und der Eltern Segen
Erbaut Euch das Haus;
Auf all Euren Wegen
Sprieß Glück Euch daraus.

Vom Unglück gemieden
Bei Tag und bei Nacht,
So lebt stets in Frieden,
Mit Wohlstand bedacht.

Seid uns Pioniere
Im weltfernen Land
Und haltet Quartiere
Auch für uns im Stand.

Und wenn wir im Lauf der Zeit
Zu Euch gelangen,
Seid Ihr dann wohl bereit,
Uns zu empfangen?

Salli Reichenberg

= Ludwig und Edith =
zum Hochzeitstag
von ihren
Eltern und Geschwistern

"Ludwig und Edith zum Hochzeitstag" in Amerika. In großer Sehnsucht gratulierten die Eltern und der Bruder im November 1939 aus dem fernen Windecken.

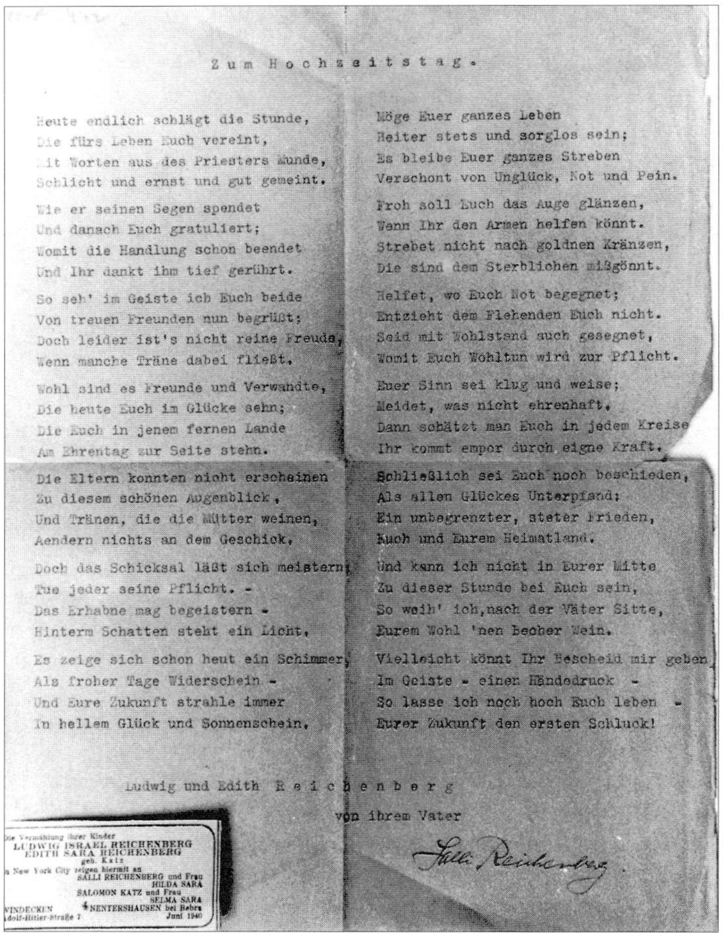

Zum Hochzeitstag.

Heute endlich schlägt die Stunde,
Die fürs Leben Euch vereint,
Mit Worten aus des Priesters Munde,
Schlicht und ernst und gut gemeint.

Wie er seinen Segen spendet
Und danach Euch gratuliert;
Womit die Handlung schon beendet
Und Ihr dankt ihm tief gerührt.

So seh' im Geiste ich Euch beide
Von treuen Freunden nun begrüßt;
Doch leider ist's nicht reine Freude,
Wenn manche Träne dabei fließt.

Wohl sind es Freunde und Verwandte,
Die heute Euch im Glücke sehn;
Die Euch in jenem fernen Lande
Am Ehrentag zur Seite stehn.

Die Eltern konnten nicht erscheinen
Zu diesem schönen Augenblick,
Und Tränen, die die Mütter weinen,
Aendern nichts an dem Geschick.

Doch das Schicksal läßt sich meistern;
Tue jeder seine Pflicht. -
Das Erhabne mag begeistern -
Hinterm Schatten steht ein Licht.

Es zeige sich schon heut ein Schimmer,
Als froher Tage Widerschein -
Und Eure Zukunft strahle immer
In hellem Glück und Sonnenschein.

Möge Euer ganzes Leben
Heiter stets und sorglos sein;
Es bleibe Euer ganzes Streben
Verschont von Unglück, Not und Pein.

Froh soll Euch das Auge glänzen,
Wenn Ihr den Armen helfen könnt.
Strebet nicht nach goldnen Kränzen,
Die sind dem Sterblichen mißgönnt.

Helfet, wo Euch Not begegnet;
Entzieht dem Flehenden Euch nicht.
Seid mit Wohlstand auch gesegnet,
Womit Euch Wohltun wird zur Pflicht.

Euer Sinn sei klug und weise;
Meidet, was nicht ehrenhaft.
Dann schätzt man Euch in jedem Kreise
Ihr kommt empor durch eigne Kraft.

Schließlich sei Euch noch beschieden,
Als allen Glückes Unterpfand:
Ein unbegrenzter, steter Frieden,
Euch und Eurem Heimatland.

Und kann ich nicht in Eurer Mitte
Zu dieser Stunde bei Euch sein,
So weih' ich, nach der Väter Sitte,
Eurem Wohl 'nen Becher Wein.

Vielleicht könnt Ihr Bescheid mir geben
Im Geiste - einen Händedruck -
So lasse ich noch hoch Euch leben -
Eurer Zukunft den ersten Schluck!

Ludwig und Edith Reichenberg
von ihrem Vater
Salli Reichenberg

Rechts: "Trinkspruch" des Vaters Salli Reichenberg zur Heirat seines Sohnes in New York. "Das Schicksal hat es leider nicht gestattet, daß wir alle zugegen sein können", schreibt er im November 1939.

Als Verheiratete grüßten aus New York nach Windecken Ludwig Reichenberg und Frau Edith im Juni 1940.

Schicksal hat es leider nicht gestattet, daß wir alle zugegen sein können, seid aber deswegen nicht wehmütig, macht Euch nur einen guten Tag, wenn nicht mehrere, behaltet weiter den Kopf oben und hofft, daß wir voraussichtlich auch alle wieder zusammenkommen. Überreichen können wir Euch vorerst leider nichts, außer dem beiliegenden Gedichtchen. Seid herzlich gegrüßt von Eurem Vater."
6. 5. 1940: "Es freut mich nun, daß Ihr in die Lage kommt zu heiraten. So arg zu lachen brauchte ich darüber zwar nicht, vielmehr wünsche ich Euch dazu viel Glück und Segen und will von Herzen hoffen, daß Ihr einer angemessenen Zukunft entgegengehen möget."
9. 6. 1940: "Es ist wohl überflüssig nach Eurem Hochzeitstag zu fragen, denn Eurem letzten Schreiben nach seid Ihr wohl verheiratet. Aus Vaters Trinkspruch seht Ihr ja, wie leid es uns ist, nicht bei Euch zu sein, doch wir müssen uns ins Unabänderliche fügen. Vielleicht ist es uns vergönnt, doch noch einmal zusammen zu sein. In dieser Hoffnung grüße ich Euch herzlichst." Salli: "Zu eurer Hochzeit habe ich Euch schon wiederholt in Prosa gratuliert - wie gefällt Euch nun das beiliegende Gedicht? Ob es noch rechtzeitig eintrifft?"
16. 6. 1940: "Meine lieben Kinder! Nun seid Ihr verheiratet, und ich wünsche Euch wiederholt in Eurer Ehe viel Glück. Lieber Ludwig, ein Ratschlag hätte ich nur zu erteilen: Trage Deine Frau immer auf Händen, Du, liebe Edith, koche Deinem Mann immer nur Gutes, denn die Liebe des Mannes geht durch den Magen."
24. 6. 1941: "Bis wir Euer Heim in Augenschein nehmen können, wird es noch eine Weile dauern. Jetzt sehne ich die Zeit, wo wir bei Euch sein werden, noch mehr herbei. Hoffentlich kommt der Tag auch einmal."
30. 6. 1940: "Bis wir Euer gemütliches Heim zu sehen bekommen, wird es noch eine Weile dauern, und bis dahin werden die schönsten Sachen vielleicht schon zerschlissen sein. Gerne hätte ich Deinen Kiddusch (feierliche Zeremonie zum Schabbath) gehört, lieber Ludwig. Übrigens hatten wir an diesem Abend hier erwähnt: "Jetzt wird Ludwig Kiddusch machen und haben uns amüsiert. Aber es geht, wenn man will."

Im August 1940 fuhr Salli Reichenberg zu Ediths Eltern nach Nentershausen bei Bebra, um die Schwiegereltern seines Sohnes einmal persönlich kennnenzulernen.
Die Heirat des Sohnes Ludwig zeigten die Eltern Reichenberg in der Zeitung an. Die Zwangsvornamen Sara und Israel mußten bei dem Hochzeitspaar, das ja in New York lebte, erscheinen, sonst hätte die Anzeige nicht gedruckt werden können. Aus der Hanauer Straße war die Adolf-Hitler-Straße geworden.
Dazu schrieb Salli am 1.10.1940: "Eure Hochzeitsanzeige in der Zeitung hatten wir zuerst anders und nur in Eurem Namen abgefaßt. Aber da Ihr im Ausland lebt, hättet Ihr sie eventuell in Devisen bezahlen müssen. Als deutsche Staatsangehörige mußte auch Euer kompletter Vorname enthalten sein." (Anspielung auf die Zwangsvornamen Sara und Israel.) Die Heirat fand am 9. Juni 1940 statt.

> Salli Reichenberg an seinen Sohn Ludwig:
> 26. 3. 1940: "Daß Du immer so sachlich bist, lieber Ludwig, nehme ich Dir keinesfalls übel. Ich meine, ich selbst wäre dies noch in höherem Grade gewesen und brauche wohl auch nicht zu beteuern, wie trotzdem mein ganzes Denken und Fühlen sich um alle Lieben und damit auch hauptsächlich um Dich und die liebe Edith dreht: WOLLEN WIR INDESSEN MIT STARKEM HERZEN BEI UNSERER SACHLICHKEIT BLEIBEN."

Umzug nach Frankfurt

Fast eineinhalb Jahre nach ihren ersten Überlegungen, Windecken zu verlassen und nach Frankfurt zu ziehen, entschlossen sich die Reichenbergs im November 1940 doch zum Umzug nach Frankfurt und zum Verkauf des Hauses. Sie schrieben dazu nach New York:
13. 11. 1940: "Das Leben war hier seither noch ganz erträglich, trotzdem werden wir vielleicht bald, falls die Möglichkeit dazu besteht, unsere Übersiedelung nach Frankfurt erwägen."
18. 11. 1940: "Nun komme ich mit einer großen Neuigkeit für Euch: Am 18. November 1940 haben wir durch notariellen Akt unser Haus an Willi F., vertreten durch seinen Onkel W. K. (da W. Soldat ist) verkauft. Der Kaufpreis beträgt 20 000 RM, die Kosten tragen Käufer und Verkäufer je zur Hälfte. V. kann aufgrund seines Vorkaufrechtes innerhalb der gesetzlichen Frist von 2 Monaten zu denselben Bedingungen übernehmen.

Wir müssen jetzt bemüht sein, so rasch wie möglich eine Wohnung in Frankfurt zu beschaffen. Bis dahin gibt es noch allerhand Arbeit, was wäre es so schön, wenn wir gleich zu Euch könnten. Es kommt oft anders als man denkt."
11. 12. 1940: "Mit Willy F. vertreten durch Wilhelm K. haben wir einen Kaufvertrag abgeschlossen und in den letzteren kann eventuell V. eintreten. Wir sind nun selbst gespannt, wie sich die Sache weiterentwickelt."
Reichenbergs setzten alles daran, um das Haus nicht an den Besitzer des Geschäftes übergeben zu müssen, das erwähnte Vorkaufsrecht kam wohl unter sehr schwierigen Umständen für Reichenbergs zustande und war 1939 ins Grundbuch eingetragen worden. Der mit den hilfreichen Nachbarn abgeschlossene Vertrag sollte Reichenbergs auch dabei helfen, einen annehmbaren Preis zu erzielen. Das Vorkaufsrecht konnte nämlich nur bei Übernahme der schon abgeschlossenen Vertragsbedingungen ausgeübt werden.
18. 12. 1940: "Unser Haus wird nun doch an V. übergehen...
Wir müssen nun sehen, in Frankfurt eine Wohnung zu erhalten"
Jetzt haben wir nun einen großen Umzug vor, ich wünsche, die Zeit wäre schon herum. Sobald wir eine Wohnung haben können, werden wir Windecken verlassen."
25. 12. 1940: "Nach einer Wohnung in Frankfurt konnten wir uns noch nicht umsehen, doch gleich nach den Feiertagen hoffen wir

dies tun zu können. Bis die Genehmigung zum Hausverkauf eintrifft, dürfte ja noch einige Zeit vergehen, und inzwischen werden wir noch manches ordnen können."
15. 1. 1940: "Diese Woche hatten wir von Onkel Julius sowie von Ludwig Rapp Nachricht, daß sie geeignete Wohnungen für uns hätten. Doch können wir noch keinen Gebrauch davon machen, weil die Genehmigung zu unserem Hausverkauf unter Umständen noch viele Monate ausbleiben kann, und wir das Haus nicht vorher verlassen möchten. Sollte die Genehmigung indessen bald eintreffen, so wird es schließlich doch noch eine Wohnung geben. Ernst freut sich jedenfalls am meisten darauf. Wäre ganz gerne hiergeblieben."
22. 1. 1940: "Gestern war ich in Frankfurt beim Wohnungsnachweis, doch haben wir bis jetzt weder die Zuzugsbewilligung, noch können wir überhaupt eine Wohnung vorerst mieten, weil wir nicht wissen, wie lange die Genehmigung zu unserem Hausverkauf auf sich warten läßt, und wir erst, nachdem das Haus übergeben ist, ausziehen können."
6. 2. 1941: "Mit unserem Umzug klappt es noch nicht so recht. Vor allem wissen wir nicht, ob die Genehmigung zum Hausverkauf schon recht bald oder vielleicht erst nach vielen Monaten eintreffen wird. Für den letzteren Fall wäre es unangenehm, wenn wir jetzt schon eine Wohnung in Frankfurt gemietet hätten, da wir unser Haus vor der Übergabe an den Käufer nicht gut verlassen können. Außerdem haben wir bis jetzt noch keine Zuzugsbewilligung und kann es uns andernfalls schwierig werden, eine Wohnung nach Wunsch innerhalb kurzer Zeit zu erlangen. Zum Hausverkauf sind wir nicht direkt gedrängt worden, doch war das Benehmen unseres Geschäftsnachfolgers im verflossenen Herbst derartig, daß wir etwaigen Schikanen vorbeugen wollten. Wir hätten nunmehr auch noch länger hier abwarten können, obgleich uns schon früher viele Bekannte und Verwandte zur Übersiedelung nach Frankfurt - ohne Erfolg - bewegen wollten."
10. 2. 1942: "An Haushaltsgegenständen haben wir schon ziemlich viel hergegeben. Wir können immer noch räumen, wenn wir nur das Notwendigste behalten wollen. Du lieber Ludwig weißt, wie Deine Mutter am allem hängt und manchmal geht auch ein Stück Herz mit fort."
20. 2. 1941: "Von der Genehmigung zu unserem Hausverkauf haben wir noch nichts gehört und wegen des Umzuges konnten wir noch nichts unternehmen. Bei uns herrscht jetzt ein großes Durcheinander: Töpfe, Geschirr usw. habe ich in Ernsts Zimmer zum Verkauf aufgestellt. Alles, was ich nicht unbedingt gebrauche, gebe ich her. Soll ich das Eßservice behalten? Und das Kaffeeservice von Dir, Ludwig? Gern würde ich Euch mehr zukommen lassen, und wenn Ihr mir gefolgt hättet, wäre alles drüben."
13. 3. 1941 von Ernst: "Bei uns ist jetzt Hochstimmung im Haus, denn am 1. April werden wir ausziehen. Ihr müßt nun unsere Briefe nach Frankfurt am Main, Seilerstraße 14 I. adressieren. Ich freue mich schon sehr darauf."
Salli: "Wir sind jetzt soweit, daß wir eine Wohnung gemietet haben und Ende dieses oder Anfang nächsten Monats umziehen werden. Wir hätten lieber in einer anderen Straße gemietet, doch muß man froh sein, überhaupt etwas Geeignetes zu finden."
Hilda: "In drei Wochen werden wir in Frankfurt wohnen, aber ich muß Euch sagen, daß ich lieber hier geblieben wäre. Die neue Wohnung ist ziemlich klein, 2 Zimmer und Küchenbenutzung. Das letztere behagt mir gar nicht, schließlich ist es nicht für immer. Die größte Freude hat Ernst."
22. 3. 1941 von Ernst: "Meine Lieben! Zum letzten Male werdet Ihr jetzt von uns Nachricht aus Windecken erhalten, denn am kommenden Freitag werden wir nach Frankfurt übersiedeln. Wenn es über den großen Teich ginge, wäre es uns allerdings lieber, aber wir werden noch ein Weilchen warten müssen."
Salli: "Die kommende Woche wird uns durch den Umzug viel Arbeit bringen. Die Genehmigung zu unserem Hausverkauf ist allerdings noch nicht eingetroffen, aber wir warten jetzt nicht noch mehr ab."

Das Leben der Reichenbergs in Frankfurt

Am 27. März 1941 war es nun soweit: Salli, Hilda und Ernst Reichenberg verließen Windecken. Eine alte Dame in Windecken erinnert sich noch heute daran, wie befremdlich sie es fand, daß Frau Reichenberg sich bei ihr mit den Worten "Auf Wiedersehen" verabschiedete. Noch zweieinhalb Jahre sollte es den Reichenbergs vergönnt sein, in Frankfurt zu leben, bevor sie von dort verschleppt wurden.

Von ihrem Alltag in Frankfurt berichteten sie in den zensierten Briefen nach Amerika:
30. 3. 1941: Ernst: "Meine Lieben! Wir sind nun schon drei Tage in unserer neuen Wohnung und haben uns ganz gut eingelebt. Am besten ich natürlich! Unser erster Besuch war Flori Strauß."
Salli: "Mit unserer Wohnung haben wir es, soviel sich nach zwei Tagen übersehen läßt, nicht schlecht getroffen. Die Vermieter haben die gleiche Weltanschauung wie wir."
8. 5. 1941: "Bei unserem Umzug sind wir mit der Arbeit gut fertig geworden. Die Kleider, Glas, Porzellan hatten wir selber vorher fast alles verpackt. Die Leute des Frankfurter Spediteurs haben die Kleiderschränke ab- und wieder aufgeschlagen. Beim Auf- und Abladen hat Ernst fleißig mitgeholfen. Wir haben unser Speisezimmerchen als Wohnzimmer, unser Schlafzimmer ist so groß, daß wir noch 2 Kleiderschränke, den Schreibschrank, unseren Tisch aus dem Wohnzimmer u.a. drin haben und darin auch unsere Mahlzeiten einnehmen. Ernst schläft auf einer Couch, die wir uns noch zugelegt haben und die im Speisezimmer steht. Wir haben Küchen- und Badbenutzung, Mansarde, Keller und Zentralheizung."
8. 4. 1941: "In unserem neuen Heim haben wir uns inzwischen gut eingewöhnt und Windecken vermissen wir bis jetzt gar nicht. Ernst kann morgens anderthalb Stunden länger schlafen als in Windecken, dagegen kommt er abends kaum früher von der Arbeit. Unsere sämtlichen Lebensmittellieferanten, auch Bäcker, Metzger usw. haben wir ganz nahe bei unserer Wohnung. (Es gab 10 speziell für Juden eingerichtete Verkaufstellen in Frankfurt, wo die mit einem großen J versehenen Lebensmittelkarten eingelöst werden konnten.[27]) Die liebe Mutter ist gerade zum Einkaufen unterwegs, wozu sie nicht einmal einen Hut aufzusetzen braucht. Zu Pessach dürfte es hier schwer sein, einen Platz in der Synagoge zu bekommen."
Hilda: "Wir sind jetzt in der Wohnung ganz in Ordnung. Wir wohnen ruhiger als in Windecken und doch im Zentrum der Stadt, Ecke Zeil/Seilerstraße. Besuch hatten wir schon sehr viel, auch mit Blumen hat man uns bedacht. Nur den Wunsch haben wir, daß es mit der Auswanderung rascher ging, wir möchten alle fortfliegen."
16. 4. 1941: "Die behördliche Genehmigung zum Verkauf unseres Hauses ist immer noch nicht eingetroffen. Hier haben wir uns inzwischen schon gut eingelebt. Wir kommen öfter mit den Tanten Steigenberger zusammen."
Hilda: "In Frankfurt gefällt es uns ganz gut, nur habe ich mehr Arbeit als in Windecken. Ich komme auch hier kaum aus dem Hause. Ostermontag waren wir im Kino, im Philantropin."
24. 4. 1941: "Windecken haben wir schon fast ganz vergessen, so gut haben wir uns hier eingelebt."

1. 5. 1941 Salli: "Du schreibst, lieber Ludwig, daß es Dich wehmütig berührt habe, unsere neue Adresse zu schreiben. Doch kann ich Dir versichern, daß uns selbst der Wohnungswechsel weniger nah gegangen ist. Es ist ja auch gut, wenn man sich in sein Schicksal leicht fügt und über Dinge, die man nicht ändern kann, sich einfach hinwegsetzt. Wir hatten noch keine Sehnsucht nach Windecken zurück. Mit unseren Vermietern lebten wir bis jetzt im schönsten Einvernehmen. Unsere Wohnung befindet sich nur wenige Schritte von der Zeil entfernt - das dritte Haus - also nahe am Verkehr und der Geschäftslage und doch in ruhiger Lage."
8. 5. 1941: "Wir leben hier angenehmer als in Windecken, jedenfalls hatten wir noch keine Sehnsucht zurück. Mit unseren Mietpartnern kommen wir bis jetzt gut überein. Mit den Tanten kommen wir öfters zusammen. Morgen haben wir sie zum Kaffee eingeladen, es gibt englischen Kuchen und gefüllten Hefekranz."
15. 5. 1941: "Daß unser Hausverkauf die behördliche Bestätigung gefunden hat, hatten wir geschrieben."
21. 5. 1941: "Mit unseren Lebensmittellieferanten hat es die liebe Mutter sehr bequem. Sie befinden sich in unserer nächsten Nähe und sind verhältnismäßig nett. Jetzt kommen wir auch mit viel mehr Leuten zusammen als es in Windecken der Fall war, und es gibt mehr Abwechslung." Hilda: "In Frankfurt gefällt es uns ganz gut, wir haben jeden Tag Besuch. Tante Berta und Geschwister waren schon einige Male hier. Ich selbst gehe nicht viel aus, ich bin am liebsten zu Hause, genau wie in Windecken. Ins Kino gehe ich öfters."
29. 5. 1941: "Die liebe Mutter hat heute bereits einige Feiertagskuchen gebacken, doch weil sie ein solch kleines Format haben, dürfen wir sie vorerst zwischen den Mahlzeiten mal ansehen und wenn wir uns an den Anblick gewöhnt haben, dann bekommen wir an den Feiertagen auch davon zu essen."
13. 6. 1941: "Dann hatten wir diese Woche noch einen großen Tag, wir haben nämlich Geburtstag gefeiert, auch ganz groß - und haben 'geschonken'."

Nachdem die großen Hoffnungen im Juli 1941 auf die bevorstehende Auswanderung nach Amerika zerstört waren, berichtetenn die Reichenbergs von ihrem täglichen Leben:
4. 7. 1941: "Bei uns geht es im gewohnten Gleise. Ich besuche öfters das Kino, Mutter weniger und Ernst paßt es in seiner Arbeitszeit nicht so gut. Mit den 'Eifaer'-Tanten kommen wir oft - teils täglich - zusammen.
9. 7. 1941: "Die lieben Eltern waren heute wieder im Kino wie jeden Donnerstag." Hilda: "Momentan bin ich sehr beschäftigt, ich habe große Wäsche. Frau Levi aus Ostheim hilft mir."
17. 7. 1941: "Wir haben nichts zu klagen. Wir bekommen oft Besuch und so haben wir nie Langeweile."
25. 7. 1941: "Kürzlich besuchte uns unsere frühere Nachbarin Lina B. aus Windecken, auch unser letztes Mädchen war schon verschiedene Male hier." Hilda: "Meine lieben Kinder! Eure lieben Zeilen haben uns sehr erfreut, ich danke Euch dafür, ich warte aber schon auf Euren nächsten Bericht."

Hilda Reichenberg wurde wohl im Zusammenhang mit der gescheiterten Auswanderung krank.
7. 9. 1941: "Meine Nerven haben mich schwer im Stich gelassen. Wir haben schon Herbst, und wir sind schon 5 Monate in Frankfurt. In Windecken war es schöner, vielleicht kann ich Euch mal darüber erzählen."
14. 9. 1941: "Hier gefällt es uns allerdings besser als in Windecken, nur die liebe Mutter sehnt sich manchmal dorthin zurück."
21. 9. 1941: "An den Feiertagen, die heute abend beginnen, habe ich frei und werde morgen und übermorgen vormittag zum Gottesdienst gehen. Ich habe schon, solange ich hier in Frankfurt bin, einen Platz im Philantropin - liberaler Ritus. Bisher wurde auch an den Feiertagabenden Gottesdienst abgehalten."

5. 10. 1941: "Bei schönem Wetter wird heute abend das Sukkotfest (Laubhüttenfest) beginnen und mir einige arbeitsfreie Tage bringen. Jom Kippur (Versöhnungsfest) ist bei uns sehr gut verlaufen. Zwar hat ihn die liebe Mutter im Bett und Ernst bei der Arbeit verbracht, doch haben wir sehr gut gefastet und angebissen. Mutter konnte die erforderliche Bettruhe nicht einhalten, weil es uns an einer weiblichen Hilfskraft mangelt und wir Ernst, der das Opfer auf sich nehmen möchte, aus diesem Grunde noch nicht heiraten lassen möchten. Viel Abwechslung werden die Feiertage nicht bringen, wir werden wohl keine Besuche machen und vielleicht einige empfangen. Mit den Tanten Steigenberger kommen wir täglich zusammen, mit Onkel Julius und Tante Johanna dagegen wenig, wir wohnen weit auseinander. Mit Tante Bertha Rapp kommen wir auch zusammen."

Hoffnungen in Frankfurt auf Auswanderung nach Amerika

30. 3. 1941: "Liebe Edith! Lieber Ludwig! Vor allem sage ich Euch herzlichen Dank für Eure beiden Einschreibebriefe mit den Bürgschaften. Ich ersehe daraus, welch große Mühe Ihr Euch gemacht habt und erkenne Euren Eifer gerne und lobend an. Hoffentlich wird auch der Erfolg nicht versagt bleiben, wenn es allerdings auch nicht mit der erwünscheten Schnelligkeit geht. Durch den großen Ansturm auf die Schiffsplätze sind diese bereits auf Monate hinaus verkauft, ohne daß eine Sicherheit besteht, daß die Linien ihre Fahrten alle durchführen können. Geschieht dies aber, so werden wir bald Aussicht haben, an die Reihe zu kommen. Die Bürgschaften werden wir nach einer Rücksprache bei der Beratungsstelle nach Stuttgart senden."
8. 4. 1941: "Wir waren angenehm überrascht, als am 5. d. Monats Euer Einschreibebrief mit den Bürgschaftspapieren der Miss Iser, Nashville eintraf. Eure Bürgschaften und die von Mr. Steinberger hatten wir bereits bestätigt. Morgen werde ich sämtliche Papiere zur Beratungsstelle des Hilfsvereins mitnehmen, wo ich zu einer Besprechung vorgemerkt bin. Dann werden wir die Papiere sofort nach Stuttgart bringen. Nachher werden wir abwarten müssen, bis wir an die Reihe kommen oder vielmehr, was noch alles dazwischen kommen wird. Auf alle Fälle erkennen wir Eure große Mühe, die Ihr mit unserer Auswanderung habt, dankbar an, auch wenn schließlich nicht alles nach Wunsch klappen sollte. Der Andrang der Auswanderer ist jetzt so stark, daß eben nicht alle schnell genug an die Reihe kommen können."
16. 4. 1941: "Bereits in der vorigen Woche konnten wir Euren Einschreibebrief mit den Bürgschaftspapieren von Mr. Weinbaum bestätigen. Inzwischen haben wir alles nach Stuttgart gesandt. Ob die Bürgschaften genügen, werden wir wohl bald erfahren, es soll nach Ansicht der Hapag fraglich sein, weil das große Vermögen der Bürgen hauptsächlich in Hausbesitz besteht."
8. 5. 1941: "Wegen unserer Sache werden Mutter oder ich vielleicht nach Stuttgart fahren, um zu erfahren, ob die Bürgschaften in Ordnung gehen."
15. 5. 1941: "Heute erhielten wir von Stuttgart die AC-Bescheinigung, der zufolge wir von der Hapag ein Telegramm an Euch absenden ließen, daß Ihr für die Passage $ 700 einbezahlen möget. Es wäre dann für den Herbst mit Schiffsplätzen zu rechnen. Die Zukunft wird uns lehren, ob alles nach Wunsch geht. Am Montag hatte ich das Konsulat telegraphisch um Prüfung unserer Papiere gebeten, und es ist möglich, daß daraufhin unsere AC-Bescheinigung so rasch gekommen ist. Hoffentlich erleben wir bei der Hapag keine Enttäuschungen. Hoffentlich

klappt alles, so daß wir bald bei Euch sein können. Wenn alles klappt, sind wir vielleicht im Herbst schon bei Euch."

Überglücklich sandte Ludwig Reichenberg am 19. Mai 1941 ein Telegramm an seine Eltern ab: "FÜR ELTERN FESTGEBUCHT ZWANZIGSTEN JULY SERPA PINTO MIT ERNST LUDWIG"

21. 5. 1941: "Heute früh erhielten wir Euer Telegramm, daß auch für uns am 20. Juli auf der Serpa Pinto gebucht sei. So dankbar wir Euch sind, so sehr ich Eure Mühe und Eifer anerkenne, so scheint es mir doch, als hätten wir mit diesen Buchungen keinen Erfolg. Bis jetzt warten wir noch auf die Bestätigung der betreffenden Schiffahrtslinie zu Ernst's Platz. Solange keine Bestätigung durch die Linie vorliegt, solange erfolgt auch keine Vorladung nach Stuttgart. Man weiß auch bald nicht mehr, ob und was man in der Auswanderungsangelegenheit tun soll. Wir lassen aber trotzdem den Mut nicht sinken. Vielleicht können wir Euch bald einen positiveren Bescheid geben."

29. 5. 1941: "Es ist noch unbestimmt, ob Ernst mit dem Schiff fahren kann, und für uns ist es noch weniger wahrscheinlich. Vielleicht könnt Ihr erfahren, was zu unternehmen ist, falls wir das Schiff nicht - oder auch nicht bei einer späteren Überfahrt benutzen können. Habt Ihr besondere Wünsche, was wir Euch bei unserer Ausreise mitbringen können? Könnt Ihr uns vielleicht noch angeben, was wir an Kleidung, Wäsche usw. alles mitbringen sollen, vorausgesetzt, daß es möglich ist und Euer Bescheid noch rechtzeitig kommt. Sind zum Beispiel große Bettbezüge, wie wir sie hier in Gebrauch haben, überhaupt erforderlich? Unsere Federbetten werden wir ohnedies nicht mitnehmen können und drüben benutzt man solche wohl überhaupt kaum."

5. 6. 1941: "Für uns kam inzwischen ein Telegramm aus Lissabon, daß die Plätze in New York gebucht seien, aber nicht belegt werden können, da das Schiff vollbelegt sei. Ich habe bei der Linie wieder telegraphisch anfragen lassen, wann wir frühestens belegen können. Wir warten auf die Antwort. Wenn es mit Ernst klappt, wollen wir gerne noch eine Zeitlang warten."

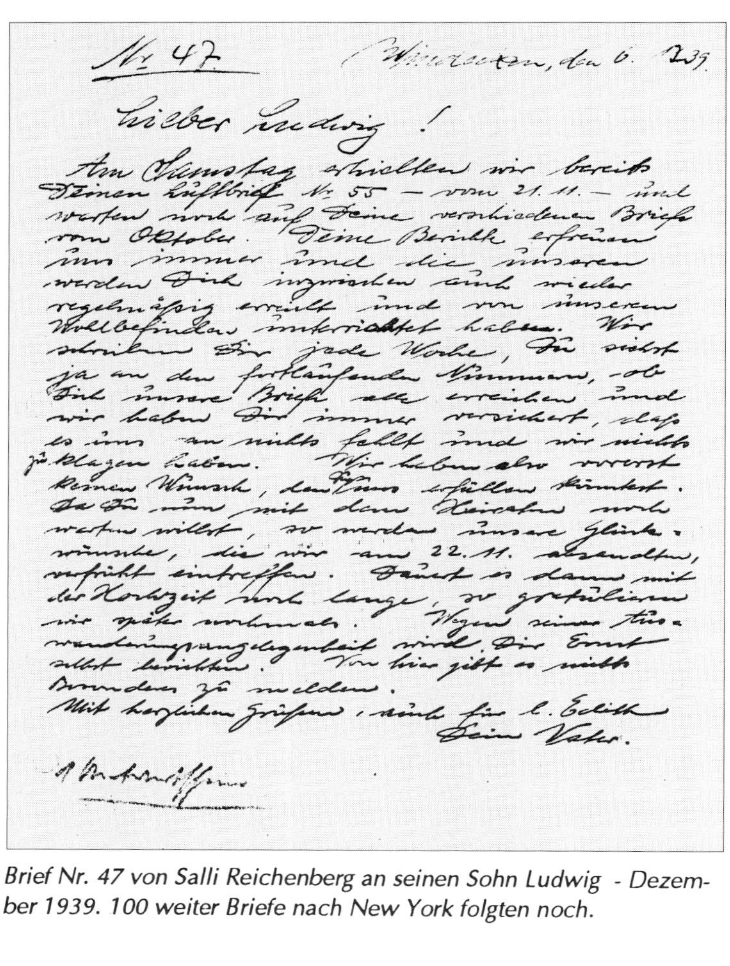
Nr. 47. Windecken, den 6. 12. 39.

Lieber Ludwig!

Am Samstag erhielten wir bereits Deinen Luftbrief Nr. 55 – vom 21. 11. – und warten noch auf Deine verschiedenen Briefe vom Oktober. Deine Berichte erfreuen uns immer und die unseren werden Dich inzwischen auch wieder regelmäßig erreicht und von unserem Wohlbefinden unterrichtet haben. Wir schreiben Dir jede Woche, Du siehst ja an den fortlaufenden Nummern, ob Dich unsere Briefe alle erreichen und wir haben Dir immer versichert, daß es uns an nichts fehlt und wir nichts zu klagen haben. Wir haben also vorerst keinen Wunsch, den Du uns erfüllen könntest. Da Du nun mit dem Heiraten noch warten willst, so werden unsere Glückwünsche, die wir am 22. 11. absandten, verfrüht eintreffen. Dauert es dann mit der Hochzeit noch lange, so gratulieren wir später nochmals. Wegen seiner Auswanderungsangelegenheit wird Dir Ernst selbst berichten. Von hier gibt es nichts Besonderes zu melden.

Mit herzlichen Grüßen, auch für l. Edith

Dein Vater.

Brief Nr. 47 von Salli Reichenberg an seinen Sohn Ludwig - Dezember 1939. 100 weiter Briefe nach New York folgten noch.

13. 6. 1941: "Wir warten noch auf Antwort, wann unsere Plätze belegt werden können. Die Hauptsache wäre ja, daß Ernst (am 20. Juli) mit dem betreffenden Schiff reisen kann. Ihr müßt in den Agenten, durch den ihr unsere Plätze gekauft habt, dringen, daß wir baldigst auf einem anderen Schiff unterkommen. Es wird mit der "Serpa Pinto" jedenfalls nichts Genaues sein, denn ich habe Leute gesprochen, die den gleichen Dampfer per Anfang Juli bzw. Anfang August, auch Mitte August belegt haben. Die Agentur muß uns auf einem anderen Schiff unterbringen, wenn wir nicht ganz ins Hintertreffen kommen sollen."

20. 6. 1941: "So lange überhaupt noch Schiffe nach den USA auslaufen, wollen wir bemüht bleiben, Plätze zu erhalten, und ich nehme an, daß Ihr drüben das Gleiche anstrebt." Hilda: "Unsere Freude scheint mal wieder vergebens gewesen zu sein."

25. 6. 1941: "Wir erkennen es immer wieder dankbar an, daß Ihr Euch solch große Mühe um unsere Auswanderung macht, doch ist es im Augenblick noch fraglich, ob nicht alles umsonst gewesen ist - auch die unbeschreiblich vielen Wege, die ich machen mußte. Solange ein Erfolg möglich scheint, werden wir bemüht bleiben. In unserer Sache kam nun vorgestern ein Telegramm mit folgendem Wortlaut: 'Passagen an amerikanischen Konsul Stuttgart bestätigt, briefliche Bestätigung an Sie Flugpost abgesandt.' Ob für uns auch auf der am 15./20. August angeblich abgehenden Serpa Pinto belegt ist, werden wir ersehen. Allerdings können wir kein Visum mehr erhalten, es sei denn, daß inzwischen wieder Mittel und Wege gefunden werden, Visums neuerdings zu erteilen. Sonst bleibt uns nur übrig, die Buchung rechtzeitig zurückzuziehen. Deine Hoffnung, liebe Edith, daß nun unsere wöchentlichen Berichte bald aufhören, dürfte sich noch nicht erfüllen." Hilda: "Allmählich wird man ganz nervös. Wir hoffen aber immer weiter, und wir haben viel Gesellschaft."

4. 7. 1941: "In der Auswanderungsangelegenheit hat sich seit der Vorwoche nichts Besonderes ereignet. Wenn nicht in nächster Zeit Mittel und Wege gefunden werden, die benötigten Einreisevisums zu beschaffen, dann ist unsere Auswanderung unmöglich. Ich war heute wieder bei der Hapag."

9. 7. 1941: "Vor einigen Tagen erhielten Mutter und ich die briefliche Bestätigung unserer Schiffsplätze aus Lissabon zum 1. August. Deshalb ließen wir Euch durch die Hapag kabeln: "Platzbelegung CARVALHO ARAUJO ersten August für Eltern zurückgeben, da kein amerikanisches Visum. Rückziehet Passagegelder." Später können wir ja vielleicht wieder einmal von vorn anfangen. Sonst sind wir noch alle gesund."

Hilda: "Meine lieben Kinder! Es kommt oft anders als man denkt. Nun müssen wir der Dinge harren, die da kommen. Hoffen wir das Beste. Mit unserem Wiedersehen hat es nun gute Weile, und ich hatte mich schon soooo gefreut. Ich grüße und küsse Euch herzlichst und bin in Liebe Eure Mutter."

Ludwig Reichenberg schnitt sich später aus der deutschsprachigen jüdischen Zeitung "Aufbau" einen Leserbrief aus, wo es um die vergebliche Buchung auf der SERPA PINTO ging: "... Ich zahlte bereits im Mai 1941 $ 370 für eine Passage auf der 'Serpa Pinto' zum 20. Juli mit der gleichzeitigen Bestimmung, den Passagier in Deutschland auch hiervon telegraphisch zu verständigen und ebenso das Konsulat in Stuttgart. Statt dieses zu tun, kam wohl eine $ 40 Nachforderung Ende Mai. Nachdem nun die Konsulate in Deutschland geschlossen waren, hat der Schiffsagent in New York an das arme Opfer in Deutschland ein Telegramm gesandt, daß das Konsulat benachrichtigt sei, und das war am 24. Juni geschehen! Die 'Serpa Pinto' ist nie im Juli ausgelaufen, das war in Deutschland bereits Ende Mai bekannt und da griff man beim Agenten zum schönen Wort 'Force Majeure' (höhere Gewalt) und hat die Passagen in Gedanken auf die "Cervaho Araujo" per 15. Juli schnell umgebucht, trotzdem dem

Agenten bekannt war, daß die Erlangung eines Visums unmöglich ist.... hinwirken.., daß sich die Geschädigten zu einem gemeinsamen Vorgehen gegen solche Fledderer zusammenschließen, denn es war bei manchem Opfer das letzte Geld, was er zur Rettung seiner Angehörigen hergegeben hatte."[28)]

17. 7. 1941: "Daß aus unserer Ausreise nichts geworden ist, habt Ihr hoffentlich noch so rechtzeitig erfahren, daß Ihr keinen überflüssigen Wohnungswechsel vorzunehmen brauchtet. Sollten wieder Visa erteilt werden, dann müssen wir uns erneut um Schiffsplätze bemühen. Im Augenblick ist gar nichts zu erreichen." Hilda: "Nun seid Ihr unterrichtet, daß es mal wieder nix war und wer weiß, ob wir jemals die große Reise antreten werden. Wie hatten wir uns gefreut."

25. 7. 1941: "Die Auswanderung kann jetzt nur noch von dort betrieben werden. Ihr werdet im Bilde sein und weiter für uns bemüht bleiben. Wir verlieren die Geduld nicht und hoffen auf ein Wiedersehen mit Euch, liebe Kinder."

31. 7. 1941: "Ob es mit der Auswanderung vorwärts geht, weiß man im Moment noch nicht, ebensowenig ob das, was man darin tut, richtig ist. Man tut eben manches, weil es andere auch tun. So haben wir Euch heute durch die Hapag ein Telegramm zugehen lassen: 'Einreichet für Eltern und Bruder Dringlichkeitsantrag möglichst mit Unterstützung eines beim State Department, Imigration Division Washington, eingeführten Rechtsanwaltes.' Ob und was damit etwa für uns zu erreichen ist, das werdet Ihr dort besser beurteilen können, denn hier weiß man nicht viel von den neuen Gesetzen und vielleicht habt Ihr schon vorher das Entsprechende veranlaßt. Wir werden auch noch Kopien unserer AC-Bescheinigungen beifügen für den Fall, daß Ihr sie benötigt. Dann sollen wir noch für die Reichsvereinigung hier Formulare ausfüllen, die vielleicht durch den Joint bei der Regierung verwendet werden sollen, um eventuell denjenigen, die ihre AC-Bescheinigungen besitzen oder wie Ernst bereits untersucht worden sind, noch die Aus- bzw. Einwanderung zu ermöglichen." Hilda: "Na, vielleicht erreichen wir es auch noch."

10. 8. 1941: "Liebe Edith! Lieber Ludwig! Ihr braucht indessen wegen unserer mißglückten Auswanderung nicht trauriger zu sein, als wir es sind. Wir selbst haben die Sache gar nicht so tragisch genommen, wir verlieren nicht die Geduld und verzweifeln keinesfalls. Also auch keine unnötige Aufregung Eurerseits, meine lieben Kinder. Wenn die Auswanderung nach den neuesten Gesetzen weiterhin für uns möglich bleibt, dann wollen wir hier und Ihr, meine Lieben drüben, das Erforderliche veranlassen. Seit einigen Tagen heißt es hier, daß nach neuen Bestimmungen von hier aus Männer von 18 - 45 Jahren nicht mehr auswandern dürfen und wenn dies wirklich zutrifft, dann wird Ernst nicht ausreisen können, und wir würden freiwillig hierbleiben. Bis wir uns wiedersehen, dauert es dann eben noch ein bißchen länger."

15. 8. 1941: "Ihr braucht Euch, meine lieben Kinder, wegen unserer mißglückten Ausreise nicht unnötig zu beunruhigen und nicht zu verzweifeln, denn wir selbst tun es auch nicht." Hilda: "Mit unserer Nicht-Auswanderung nehmen wir es nicht so tragisch, ihr braucht Euch nicht zu sorgen."

24. 8. 1941: "Wegen der Unmöglichkeit unserer Auswanderung regen wir uns längst nicht mehr auf, und Ihr braucht es selbstverständlich auch nicht zu tun. Hoffentlich büßt Ihr bei den Schiffskarten nicht allzu viel ein. Die Plätze wurden erst dann bestätigt, als die Konsulate keine Visen mehr erteilten und das Auswandern also praktisch schon unmöglich war. Dieses Argument wird sicher zur Minderung der Abzüge beitragen. Eine Ausreise nach Cuba soll jetzt übrigens nicht mehr in Betracht kommen."

7. 9. 1941: "Auswanderungssorgen haben wir, seitdem diese Angelegenheit gänzlich stockt, auch nicht mehr. Allerdings konnten jetzt noch immer Leute ausreisen, die schon längere Zeit ihre Visa in Ordnung hatten." Hilda: "Meine Nerven haben mich schwer im Stich gelassen."

28. 9. 1941: "Macht Euch wegen unserer mißglückten Auswanderung nicht allzu viel Sorgen, wir werden ebenso gut darüber hinwegkommen, wie andere Hunderttausende auch, und zu guter Letzt kommt das Wiedersehen." Hilda: "Ich möchte Dich, lieber Ludwig, mal wiedersehen und Dich, liebe Edith, doch auch kennenlernen. Ob es noch je geschehen wird? Wir verlieren die Hoffnung nicht und klammern uns daran." Ernst: "Seht bitte mal zu, ob es für die Eltern nicht auch eine Möglichkeit über Cuba gibt?" Salli: "Ernsts Anregung betreffs Cuba sollt Ihr bitte nicht ernst nehmen. Ernst ist immer noch ein großer Kindskopf."

26. 10. 1941: "Es haben sich viele Reiselustige an Ihre Verwandten in den USA telegraphisch gewandt, um die Einreise nach Cuba schnellstens zu ermöglichen. Ich hielt das bei uns nicht für angebracht. Die vielen Dollars können nicht aufgebracht werden und wenn schon, dann kämen wir - wie im Sommer - wieder zu spät und das Geld ginge flöten. Sollte indessen noch eine andere Möglichkeit bestehen, zu Euch zu gelangen, auch wenn wir einen Teil der Kosten hier bezahlen könnten, so werdet Ihr schon Mittel und Wege dafür ausfindig machen und es uns rechtzeitig wissen lassen, vorausgesetzt, daß wir noch von hier fortkönnen." (Die Deportation von mehr als 1 000 Frankfurter Juden war eine Woche zuvor erfolgt.)

Zwangsarbeit - Salli Reichenberg arbeitete auf dem jüdischen Friedhof in Frankfurt

Ein großer Teil der Juden Frankfurts befand sich "im Arbeitseinsatz". Die meisten waren in sogenannten "deutschen Betrieben" eingesetzt, eine geringere Zahl arbeitete bei der jüdischen Gemeinde Frankfurt und ihren Einrichtungen. Auf dem Gelände des israelitischen Hauptfriedhofes befand sich ein Gärtnereibetrieb mit Anzuchtgärtnerei und Blumenverkauf.[29)]

Seit August 1941 mußte auch Salli Reichenberg in der Gärtnerei auf dem Gelände des jüdischen Friedhofes an der Eckenheimer Landstraße arbeiten. Er schrieb dazu:

10. 8. 1941: "Seit Anfang der verflossenen Woche bin ich auch ehrenamtlich beschäftigt und zwar im gleichen Betrieb, in dem Ernst das erste Jahr hier beschäftigt war. Aus diesem Grunde komme ich auch erst heute dazu, unseren wöchentlichen Bericht an Euch zu richten. Die Arbeit bekommt mir bis jetzt verhältnismäßig gut." Ernst: "Diese Woche wurde unser zweiter Bock zum Gärtner gemacht."

15. 8. 1941: "Mit meiner neuen Tätigkeit werde ich ganz gut fertig, ich beschäftige mich dabei hauptsächlich in der frischen Luft, was sehr bekömmlich ist. Nur hatten die Mücken mir vorgestern etwas zugesetzt, so daß ich gestern und heute krank gefeiert habe, bin aber wieder ganz in Ordnung und fange Montag wieder mit der Arbeit an. Samstags und sonntags haben wir ohnedies frei. Als "ehrenamtlicher Mitarbeiter" wird mir ja schon nicht zu viel zugemutet."

24. 8. 1941: "Daß ich seit drei Wochen im Gartenbaubetrieb des Friedhofes der jüdischen Gemeinde 'ehrenamtlich' - also ohne jede Vergütung - tätig bin, das hatte ich wohl schon berichtet."

7. 9. 1941: "An meine Gartenarbeit habe ich mich schon ganz gut gewöhnt, sie bekommt mir nicht schlecht."

14. 9. 1941: "Vater ist noch auf dem jüdischen Friedhof beschäftigt, nicht freiwillig, aber ehrenamtlich. Ernst und Vater fahren beide morgens kurz nach 6 Uhr weg und sind um 19 Uhr wieder zurück."

21. 9. 1941: "Ich bin auf dem jüdischen Friedhof ehrenamtlich mit leichter Gartenarbeit beschäftigt."

12. 10. 1941: "Die Arbeit bekommt mir bis jetzt gut, die Arbeitszeit

ist Montag bis Freitag, etwa 48 Stunden."

Nach der ersten Deportation von Juden aus Frankfurt im Oktober 1941 lagen morgens 11 Leichen von jüdischen Selbstmördern auf dem Friedhof.[30] An ihren Begräbnissen war Salli Reichenberg vielleicht beteiligt.

Die Gestapo Frankfurt wandte sich nach der Deportation der Frankfurter Juden - darunter auch von Salli Reichenberg - im Herbst 1942 an den Oberbürgermeister: "Durch die Abschiebung der Juden aus dem Stadtbezirk Frankfurt ist die Unterhaltung der jüdischen Friedhöfe durch die jüdische Kultusgemeinde nicht mehr möglich. Die Bebauung der dazugehörigen umfangreichen Ländereien und Betrieb der Gärtnereien durch Juden ist vollständig ausgeschlossen...".[31]

Versteckte Hinweise auf die ersten Deportationen von Juden in den letzten Briefen von Salli, Hilda und Ernst Reichenberg

Am Sonntag, den 19. Oktober 1941, wurden aus Frankfurt 1 125 Juden nach Lodz in das Ghetto Litzmannstadt -, darunter auch der Bruder Julius Reichenberg und Frau, deren Tochter mit Mann, Kind und Schwiegereltern verschleppt, am 11. November 1941 1 052 Juden aus Frankfurt nach Minsk. Dies wurde in den letzten Briefen der Reichenbergs von Oktober bis Mitte November 1941 nur sehr vage angedeutet. Auch sie selbst erwarteten ihre Verschleppung aus Frankfurt. Dann im November 1941 brach der Briefkontakt ab, der Postverkehr mit Amerika wurde durch den Eintritt Amerikas in den Krieg unmöglich.

19. 10. 1941: "Onkel Julius und Tante Johanna (Reichenberg),

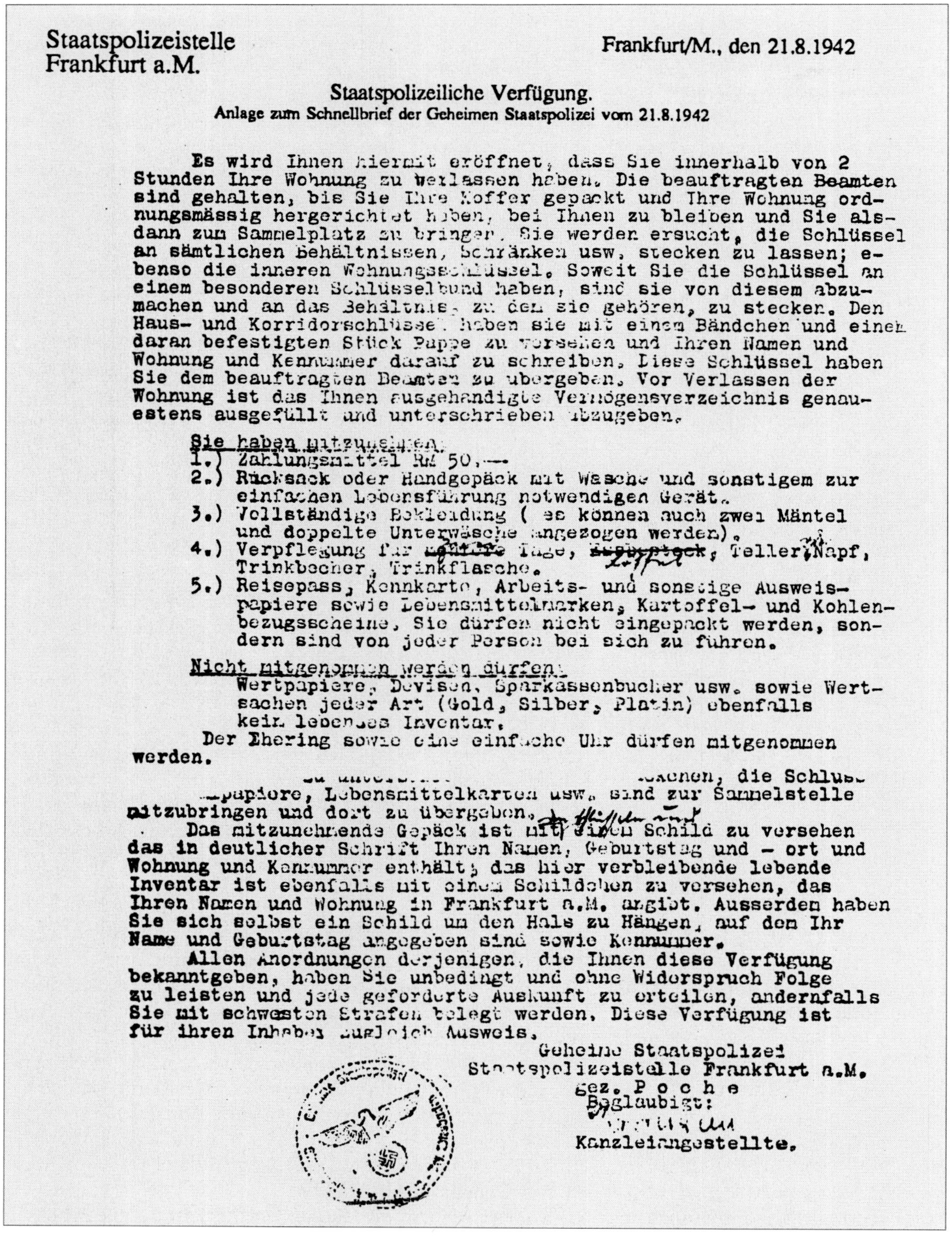

Staatspolizeistelle
Frankfurt a.M.

Frankfurt/M., den 21.8.1942

Staatspolizeiliche Verfügung.
Anlage zum Schnellbrief der Geheimen Staatspolizei vom 21.8.1942

Es wird Ihnen hiermit eröffnet, dass Sie innerhalb von 2 Stunden Ihre Wohnung zu verlassen haben. Die beauftragten Beamten sind gehalten, bis Sie Ihre Koffer gepackt und Ihre Wohnung ordnungsmässig hergerichtet haben, bei Ihnen zu bleiben und Sie alsdann zum Sammelplatz zu bringen. Sie werden ersucht, die Schlüssel an sämtlichen Behältnissen, Schränken usw. stecken zu lassen; ebenso die inneren Wohnungsschlüssel. Soweit Sie die Schlüssel an einem besonderen Schlüsselbund haben, sind sie von diesem abzumachen und an das Behältnis, zu dem sie gehören, zu stecken. Den Haus- und Korridorschlüssel haben sie mit einem Bändchen und einem daran befestigten Stück Pappe zu versehen und Ihren Namen und Wohnung und Kennummer darauf zu schreiben. Diese Schlüssel haben Sie dem beauftragten Beamten zu übergeben. Vor Verlassen der Wohnung ist das Ihnen ausgehändigte Vermögensverzeichnis genauestens ausgefüllt und unterschrieben abzugeben.

Sie haben mitzunehmen:
1.) Zahlungsmittel RM 50,—
2.) Rucksack oder Handgepäck mit Wäsche und sonstigem zur einfachen Lebensführung notwendigen Gerät.
3.) Vollständige Bekleidung (es können auch zwei Mäntel und doppelte Unterwäsche angezogen werden).
4.) Verpflegung für [illegible] Tage, [illegible], Teller, Napf, Trinkbecher, Trinkflasche.
5.) Reisepass, Kennkarte, Arbeits- und sonstige Ausweispapiere sowie Lebensmittelmarken, Kartoffel- und Kohlenbezugsscheine. Sie dürfen nicht eingepackt werden, sondern sind von jeder Person bei sich zu führen.

Nicht mitgenommen werden dürfen:
Wertpapiere, Devisen, Sparkassenbücher usw. sowie Wertsachen jeder Art (Gold, Silber, Platin) ebenfalls kein lebendes Inventar.
Der Ehering sowie eine einfache Uhr dürfen mitgenommen werden.

[illegible] ...sachen, die Schlüss-...papiere, Lebensmittelkarten usw. sind zur Sammelstelle mitzubringen und dort zu übergeben.

Das mitzunehmende Gepäck ist mit einem Schild zu versehen das in deutlicher Schrift Ihren Namen, Geburtstag und - ort und Wohnung und Kennummer enthält; das hier verbleibende lebende Inventar ist ebenfalls mit einem Schildchen zu versehen, das Ihren Namen und Wohnung in Frankfurt a.M. angibt. Ausserdem haben Sie sich selbst ein Schild um den Hals zu Hängen, auf dem Ihr Name und Geburtstag angegeben sind sowie Kennummer.

Allen Anordnungen derjenigen, die Ihnen diese Verfügung bekanntgeben, haben Sie unbedingt und ohne Widerspruch Folge zu leisten und jede geforderte Auskunft zu erteilen, andernfalls Sie mit schwersten Strafen belegt werden. Diese Verfügung ist für ihren Inhaber zugleich Ausweis.

Geheime Staatspolizei
Staatspolizeistelle Frankfurt a.M.
gez. Poche
Beglaubigt:
[illegible]
Kanzleiangestellte.

Diese Mitteilung der Gestapo erhielten Salli und Hilda Reichenberg unmittelbar vor ihrer gewaltsamen Verschleppung aus Frankfurt im September 1942.

sowie Rosa und Familie (gemeint ist die Tochter Rosa Reichenberg mit ihrem Mann und dem achtjährigen Sohn) sind abgereist. Von Onkel Julius und Tante soll ich Euch herzlich grüßen. Macht Euch um uns keine Sorgen, wir sind nicht verzagt und hoffen auf ein Wiedersehen mit Euch. Ob und wann wir Onkel Julius folgen werden, können wir heute noch nicht sagen, wir rechnen aber mit dieser Möglichkeit."

26. 10. 1941: "Von Onkel Julius ist noch keine Nachricht eingetroffen, man hat auch sonst nichts näheres gehört. Ob und wann wir die gleiche Reise antreten, ist zur Zeit noch nicht bekannt, doch rechnen wir mit dieser Möglichkeit. Es kann in jeder Woche schon der Fall sein. Wo wir auch hinkommen und bleiben - wir werden überall nicht allein sein und uns einer mit dem anderen trösten. Ihr braucht Euch keine Sorgen um uns zu machen. Nur sind wir begierig, was uns die nächste Zeit bringt. Ich weiß nichts mehr zu schreiben und hätte Euch so viel zu erzählen (interessanter Hinweis auf die Zensur - d. V.)"

2. 11. 1941: "Von Onkel Julius ist noch keine Nachricht eingetroffen. So gerne wir Ernst hergegeben hätten, so froh sind wir jetzt auch mit ihm, und er denkt genau so. Was mit uns wird, wissen wir nicht. Wir hoffen, daß es zu ertragen ist und zum Schluß ein Wiedersehen mit Euch lieben Kindern. Seid recht herzlich gegrüßt und geküßt von Eurer Euch liebenden Mutter."

9. 11. 1941: "Von Onkel Julius haben wir noch keine Nachricht erhalten. Reinhard Löbensteins und M. Hirschmanns besuchen ihn diese Woche voraussichtlich (versteckter Hinweis auf die bevorstehende Deportation, die am 11. November 1941 erfolgte). Die Adresse von Fanny Reinhardt teile ich Euch vorsorglich mit, wir werden ihr demnächst selbst schreiben, und Ihr braucht es vorerst nicht zu tun. Den Tanten Steigenberger geht es auch noch gut (das meint wohl, daß sie noch keine Aufforderung zur Deportation bekommen haben), und wir kommen oft mit ihnen zusammen. Vater ist bei den Marköbelern, um zu helfen. Fanny tut mir so leid, sie ist ein so liebes Mädchen."

16. 11. 1941: "Von Onkel Julius haben wir immer noch nichts gehört. Es ist bei den meisten Leuten so. Es scheint dort eine Postsperre zu herrschen. Ist Frieda unterrichtet? (die Tochter von Julius Reichenberg in New York - d. V.) Falls nicht, so könnt Ihr sie wohl von der Reise Ihrer Eltern benachrichtigen, damit sie auch nicht weitere Post an deren alte Adresse richtet. An Fanny habe ich einen Brief ihrer Eltern geschrieben und sie von deren Abreise unterrichtet. Wie lange wir noch hierbleiben, ist uns im Augenblick noch nicht bekannt.

Jetzt hätten wir uns in Frankfurt gut eingewöhnt. Jedenfalls werden wir nicht mehr lange hierbleiben. Macht Euch aber keine Sorgen um uns. Wir sind stark und werden hoffentlich darüber hinweg kommen. Lebt wohl. Seid herzlich gegrüßt und geküßt von Eurer Euch liebenden Mutter."

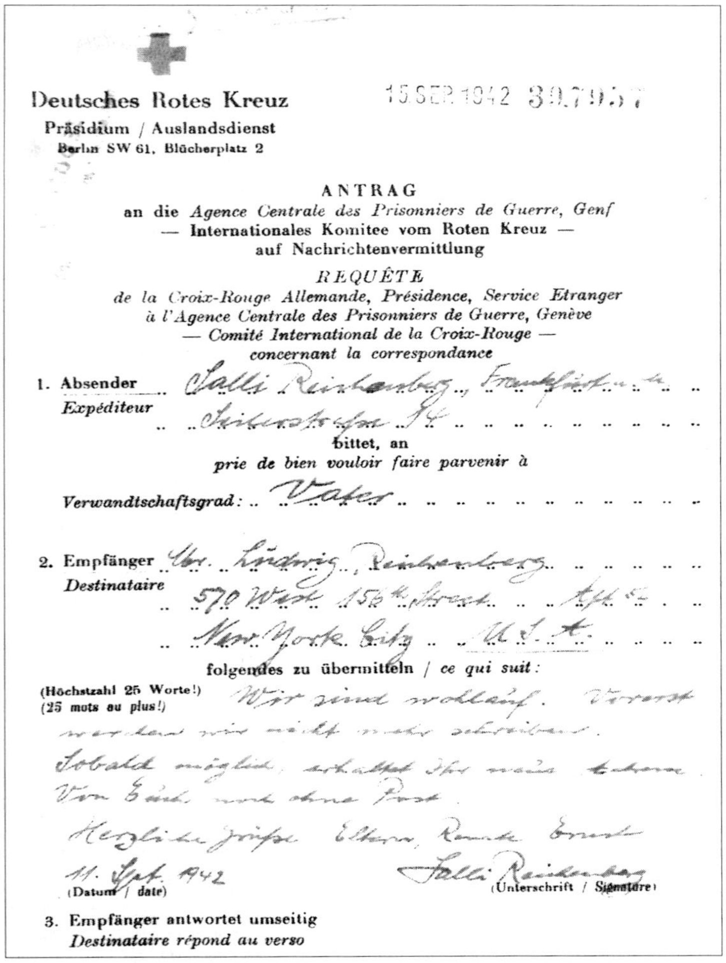

Deutsches Rotes Kreuz
Präsidium / Auslandsdienst
Berlin SW 61, Blücherplatz 2

15 SEP 1942 [illegible]

ANTRAG
an die *Agence Centrale des Prisonniers de Guerre, Genf*
— Internationales Komitee vom Roten Kreuz —
auf Nachrichtenvermittlung

REQUÊTE
de la Croix-Rouge Allemande, Présidence, Service Etranger
à l'Agence Centrale des Prisonniers de Guerre, Genève
— Comité International de la Croix-Rouge —
concernant la correspondance

1. Absender / *Expéditeur*: Salli Reichenberg, Frankfurt a. M., Seilerstraße 14
bittet, an
prie de bien vouloir faire parvenir à

Verwandtschaftsgrad: Vater

2. Empfänger / *Destinataire*: Mr. Ludwig Reichenberg, 570 West 156th Street, Apt. [illegible], New York City, U.S.A.

folgendes zu übermitteln / *ce qui suit*:

(Höchstzahl 25 Worte!) (25 mots au plus!)

Wir sind wohlauf. Vorerst werden wir nicht mehr schreiben. Sobald möglich, erhaltet Ihr neue Adresse. Von Euch noch ohne Post. Herzliche Grüße Eltern, Renate, Ernst

11. Sept. 1942 (Datum / date)

Salli Reichenberg (Unterschrift / Signature)

3. Empfänger antwortet umseitig
Destinataire répond au verso

Mit diesem so nüchtern klingenden 25-Worte-Telegramm des Roten Kreuzes teilten Reichenbergs dem Sohn Ludwig in New York im September 1942 ihre bevorstehnde Verschleppung aus Frankfurt mit.

Verschleppung der Familie Reichenberg aus Frankfurt

Dieses Lebewohl war für zehn Monate das letzte Lebenszeichen, das die Reichenbergs nach New York senden konnten. Mit Amerika war kein Briefverkehr mehr möglich. Von ihrem Leben in Frankfurt wissen wir nicht viel. Seit September 1941 mußten sie den "Judenstern" tragen, auch ihre Wohnung wurde als "Judenwohnung" gekennzeichnet. Sie lebten in ständiger Angst, daß ihre Namen auf den langen Listen der zu Deportierenden standen. Anfang September 1942 war es dann soweit, daß sie eine Aufforderung der Jüdischen Gemeinde Frankfurt erhielten, daß sie deportiert würden. Ihre Wohnung in der Seilerstraße 14, 1. Etage mußten sie im Stich lassen.

Nur zwölf Tage vor der Deportation heiratete der Sohn Ernst am 3. September seine langjährige Freundin Renate Rothschild. Ernst wohnte dann bei seinen Schwiegereltern in der Allerheiligenstraße 28. Am 11. September schickte Salli Reichenberg über das Rote Kreuz ein 25-Worte-Telegramm an Ludwig: " Wir sind wohlauf. Vorerst werden wir nicht mehr schreiben. Sobald möglich, erhaltet ihr neue Adresse. Von Euch noch ohne Post. Herzliche Grüße Eltern, Renate, Ernst."[32]

Am 15. September 1942 wurden Salli und Hilda Reichenberg mit der Transportnummer 857 und 858, Ernst und Renate Reichenberg unter der Transportnummer 852 und 853 gemeinsam mit Ernsts Schwiegereltern nach Theresienstadt in das Konzentrationslager verschleppt. Auf dem Transport nach Theresienstadt soll ein Windecker Salli Reichenberg gesehen haben.

Nach 70 langen Tagen und Nächten im Ghetto Theresienstadt starb Salli Reichenberg dort im Alter von 60 Jahren. Sein Tod wurde registriert unter der Nummer 52/12982.

Ernst Reichenberg und vermutlich auch seine 18jährige Frau Renate wurden am 23. Januar 1943 von Theresienstadt mit insgesamt 2 000 Häftlingen in Waggons der Deutschen Reichsbahn nach Auschwitz verschleppt. Der Transport hatt die Nummer CR und Ernst in diesem Tranport die Nummer 528. Am 24. Januar 1943 traf ein Transport aus Theresienstadt mit 2 029 jüdischen Menschen ein. Davon kamen 228 ins Lager, 1 801 Personen wurden sofort vergast.[33] Ernst Reichenberg war 23 Jahre, Renate Reichenberg 18 Jahre, als sie nach Auschwitz kamen.

Hilda Reichenberg wurde am 29. Januar 1943 von Theresienstadt auf einen Transport CT nach Auschwitz verschleppt. Sie gilt als verschollen in Auschwitz, was meint, daß sie vergast wurde. Sie war 58 Jahre alt.

Ernst Reichenberg

Als der zweite Sohn von Hilda und Salli Reichenberg im Oktober 1919 geboren wurde, wurde er nach dem kürzlich verstorbenen Bruder von Salli "Joseph Ernst" genannt. Im Frühjahr 1926 wurde Ernst in die erste Klasse der Windecker Volksschule eingeschult. Am Nachmittag spielte er häufig mit den Windecker Buben mit der Windecker Eintracht Fußball spielte. Da er an den damaligen Spieler der Frankfurter Eintracht, Lindner, erinnerte, wurde Ernst Reichenberg auch so von seinen Fußballfreunden mit Spitznamen gerufen.
Ab Ostern 1932 besuchte er die Eberhard-Realschule in Hanau.

Seit 1933 war es als jüdischer Junge für Ernst sehr schwer. Von den gemeinsamen Zugfahrten nach Hanau berichtete Erich Sommer: "Ernst Reichenberg hat oft Schläge bekommen aus gar keinem Grund. Er hatte gar nichts gemacht, nur dagestanden hatte er. Ungegründeter Haß schlug uns entgegen. Ernst war aufgrund dieser Zustände gezwungen, die Schule in Hanau im März 1936 zu verlassen."
Seine Zeit konnte Ernst nur noch mit anderen jüdischen Jugendlichen verbringen. So traf er sich häufig mit Hilde Scheuer, Lilli Eckstein aus Heldenbergen und Ilse Strauß aus Büdesheim, um lange Spaziergänge zu machen und sich gegenseitig in ihrer isolierten Situation aufzumuntern.

Ernst Reichenberg als stolzer Realschüler 1932

Ernst in der Israelitischen Gartenbauschule Ahlem
Nachdem Ernst seine Schulausbildung nicht mehr weiter fortsetzen konnte, hatte er Glück und bekam einen der 60 Ausbildungsplätze in der Israelitischen Gartenbauschule in Ahlem bei Hannover. Dort befand sich ein nicht orthodoxes zionistisches Lehrgut der "Hachschara" (Vorbereitung). Hier erlernten jüdische Jugendliche landwirtschaftliche Berufe, die sie auf eine Auswanderung und ein Leben in Palästina vorbereiten sollten. In diesem Auswanderergut Ahlem machte Ernst seit April 1936 eine Gärtnerlehre.
Über die letzten Wochen von Ernst in Ahlem ist in den Briefen seiner Eltern an den Bruder in New York einiges zu erfahren.
12. 2. 1939: "Von Ernst erhalten wir wöchentlich gute Berichte. In etwa sechs Wochen wird er fertig sein, was dann wird, wissen wir nicht. Der Gedanke, daß er zu Hause ohne Beschäftigung sein soll, ist mir nicht sehr angenehm."
5. 3. 1939: "Ernst sollte sich auf meine wöchentliche Anfrage hin in Frankfurt bei der jüdischen Beratungsstelle bewerben, er hat inzwischen aber eine Stelle bei einem arischen Landschaftsgärtner in Hannover angenommen. Wenn dort alles klappt, wird er Ostern nicht nach Hause kommen, sondern die Stelle nach Beendigung seiner Lehre sofort antreten. Er schreibt: 'Ich habe eine bombige Stelle.' Hoffentlich ist er nicht enttäuscht. Ich nehme an, daß Ernst als Gärtner es auch leicht hat, in den USA unterzukommen und seinen Beruf nicht zu wechseln braucht."
12. 3. 1939: "Mit Ernst hatten wir letzte Woche einen lebhaften Briefwechsel. Erst hatte er die Stelle in einem arischen Betrieb angenommen, um sie nach seiner Prüfung, die Ende des Monats sein sollte, sofort anzutreten. Überraschenderweise wurde die Prüfung dann am vergangenen Donnerstag abgehalten und Ernst wird bereits morgen seine neue Stelle antreten. Alle seine bisherigen Versuche, in Hannover Wohnung zu bekommen, blieben ohne Erfolg. Wenn es bis Ende des Monats damit nicht klappt, wird er schließlich doch nach Hause kommen. In Ahlem kann er nicht mehr wohnen bleiben."
18. 3. 1939: "Ernst erwarten wir in etwa einer Woche zu Hause. Er konnte in Hannover keine Wohnung bekommen und die Arbeit, die er diese Woche angenommen hat, ist auch nicht nach Wunsch. Vielleicht kann er in Frankfurt unterkommen."
18. 3. 1939 Ernst: "Seit Donnerstag bin ich wieder dehaam, wos am schönst is. Ich hatte acht Tage in Hannover in einem arischen Betrieb gearbeitet und konnte aber nicht länger dort bleiben, da ich in Hannover keine Stelle bekommen kann. Dann ist die Arbeit auch nicht besonders gewesen, denn wir sollten einen großen Volkspark anlegen und mußten erst an dieser Stelle zig Bäume roden. Diese Arbeit dauert voraussichtlich bis zum Herbst und dabei kann man nichts Neues lernen. Für die kommende Woche bin ich mit dem l. Vater nach Frankfurt bestellt. Ich hoffe, daß ich dort unterkommen kann. Ich bekomme eben langsam Hunger und schmeiß Du mir mal so ein paar Konserven her. Ich verbleibe nun mit den besten Grüßen und Küssen an Dich Dein Ernst."
25. 3. 1939: "In Hannover konnte ich nicht bleiben, weil ich keine Wohnung bekommen konnte. Die juifs (Juden) bekommen dort alle die Wohnung gekündigt und ziehen jetzt alle zusammen, so daß für einen Fremden kein Zimmerchen mehr frei ist."

Ernst und seine Arbeit in Frankfurt
"Seit dem 29. März (1939) arbeite ich nun auf dem Friedhof in Frankfurt, dies ist eine gute Stelle für mich. Im ganzen sind hier 50 Leute beschäftigt, die alle Umschichtler (= Umschüler) sind. Ich bin hier Vorarbeiter von 15 Mann. Es ist hier viel schöner als in Ahlem, denn hier ist man wenigstens ein freier Mann. In Ahlem hat bei jeder Arbeit jemand dahinter gestanden und vor lauter Zittern konnte man nicht arbeiten, und jetzt bin ich ein solcher

Aufsichtsbeamter. Ich fahre morgens um 5.27 Uhr von Windecken mit dem Zug bis Berkersheim und dann mit der Straßenbahn weiter. Bei beidem habe ich eine Wochenkarte. Ich arbeite in der Woche 50 Stunden, habe also Samstag und Sonntag frei, verdienen tue ich in der Stunde 72 Pfennige. Nach Ostern wird von der Gemeinde (jüdische Gemeinde Frankfurt) am Marbachweg eine Hachscharastelle (Vorbereitung zur Auswanderung) von 40 Leuten aufgemacht. Ich soll dann dort als Vorarbeiter hinkommen."

In Zusammenarbeit mit der Reichsvertretung der Juden in Deutschland wurde die sogenannte "Berufsumschichtung" organisiert: das heißt die Umschulung junger Juden und ihre Ausbildung in handwerklichen und landwirtschaftlichen Berufen vor allem im Hinblick auf die Auswanderung nach Palästina. Angehende Gärtner wurden auf dem noch ungenutzten Teil des neuen jüdischen Friedhofes an der Eckenheimer Landstraße ausgebildet.[28]

15. 9. 1939: "Von jetzt an mache ich alle 14 Tage Sonntagsdienst, dies bekomme ich extra bezahlt. Werktags arbeite ich jetzt nur noch bis 1/2 5 Uhr und bekomme das volle Gehalt."

8. 2. 1940: "Das schlechte Wetter ist jetzt vorbei, und ich habe wieder mehr Lust zu arbeiten. Ich arbeite bei Schnee und Regen immer im Freien."

7. 7. 1940: "Ich fahre noch täglich zur Arbeit, wir haben aber nicht viel zu tun, da wir über 100 Leute sind. Dann wandern auch viele Leute aus und lassen ihre Pflegegräber nicht mehr instand halten. Neuanlagen kommen auch nicht mehr viel. Dagegen sind aber immer sehr viel Beerdigungen. Momentan ist unser Chef in Ferien, diese Zeit nutzen wir ordentlich aus."

In dem Ausbildungslager am jüdischen Friedhof blieb Ernst Reichenberg bis zum August 1940.

Dann arbeitete er in einer Baumaterialienhandlung am Osthafen. Dort mußte er Schiffe ausladen. 3.9.1940: "Seit vierzehn Tagen bin ich Schwerarbeiter, man muß halt Spaß daran haben. Euer Hafenarbeiter Hein."

Ernst Reichenberg um 1940

Gärtnerei am Hauptfriedhof Frankfurt

Nach 5 Wochen hörte er dort auf, er fand dann gleich Arbeit in der Gärtnerei Buch. Diese Gärtnerei hatte ein Geschäft in der Rat-Beil-Straße 49 a, die Gewächshäuser befanden sich in der Niederurseler Landstraße 127. Dazu schrieb Ernst Reichenberg:

24. 9. 1940: "Morgen fange ich wieder in einer Gärtnerei an und bin sehr froh, wieder in meinem Beruf sein zu können. Der Betrieb ist direkt neben dem Friedhof, und ich fahre jetzt wieder bis Berkersheim. Es ist eine große Gärtnerei, Topfpflanzenbetrieb, wir haben sehr viele Gewächshäuser. Auch haben wir einen großen Blumenversand. Die Blumen werden bis nach Freiburg und Saarbrücken geschickt."

29. 10. 1940: "Momentan arbeite ich für meine Firma in Frankfurt auf dem Hauptfriedhof. Wenn ich über den Zaun sehe, blicke ich auf meine frühere Arbeitsstätte (auf dem Gelände des jüdischen Friedhofes ist gemeint - d. V.). Wir haben hier sehr viel Arbeit, denn diese Woche ist Allerheiligen und bis dahin müssen wir 4 000 Gräber gepflanzt haben. Wir sind nur zu zweit und dann noch zwei Hilfsarbeiter."

4. 12. 1940: "Mit meiner Arbeit bin ich noch zufrieden, wenn wir auch den ganzen Tag im Freien sind (Hauptfriedhof). Nur die Fahrerei ist etwas umständlich, da jetzt im Winter andere Arbeitszeit ist."

8. 4. 1941: "In meiner Stelle ist es auch sehr angenehm, wir haben sehr viel Arbeit. Eben arbeite ich wieder auf dem Hauptfriedhof."

Nach dem Umzug von Windecken nach Frankfurt: "Ernst spart die Eisenbahnfahrt und kann jetzt morgens eine Stunde länger schlafen. Von der Konstablerwache fährt er mit der Linie 7 zu seiner Arbeitsstelle. Er arbeitet einige Stunden in der Woche mehr als von Windecken aus."

20. 6. 1941: "Ich bin in meiner Arbeit immer froh. Meine Arbeitszeit ist von morgens 7 Uhr bis abends 6.30 Uhr, ich habe eine 3/4 Stunde Mittagspause. Wenn ich dann nach Hause komme, schmeckt es mir immer besonders. Ich sehe jetzt auch wieder ganz gut aus und habe wieder zugenommen."

17. 7. 1941: "Mir macht meine Arbeit täglich mehr Spaß, und ich bin sehr froh, daß ich diesen Beruf ergriffen habe."

21. 7. 1941: "Am kommenden Donnerstag bin ich ein Jahr bei meiner Firma. Ich fahre jeden Morgen mit der Straßenbahn ins Geschäft (7 Minuten). Wir haben zwei Gärtnereibetriebe, einen Topfpflanzenbetrieb und eine Friedhofsgärtnerei. Ich arbeite ganz selbständig mit der Arbeit von Anlagen von Grabstätten. Ich habe noch einen Hilfsarbeiter bei mir. Wir sind zusammen 31 Leute, davon 10 Italiener, 3 Holländer und 6 Juden. Die Arbeit macht mir immer Spaß." "Ernst verdient 25 - 28 RM wöchentlich."

Unter Anspielung auf die Deportation von mehr als 2 000 Frankfurter Juden, die zu dieser Zeit schon erfolgt war, schrieb Ernst am 16. 11. 1942 in seinem letzten Brief: "Ich bin noch in meiner alten Stellung und hoffe noch lange dort zu bleiben."

Ernst über seine Freizeit und Freunde

Neben seiner Arbeit hatte Ernst lange Fahrten von Windecken zur Arbeit und zurück zu bewältigen. So blieb ihm wenig freie Zeit. Wie er diese in seiner isolierten Situation verbrachte, beschrieb er oft recht ironisch.

20. 4. 1939: "Ich sitze an jedem freien Tag zu Hause, und daß es

mir nicht mehr zu langweilig wird, fange ich jetzt an zu lesen: 'Benno Stehkragen', 'Kreukersonate', 'Vorschnell geschieden' u.a.m...".
29. 4. 1939: Ernst schrieb sehr frustriert und ironisch über seine isolierte Situation zu Hause in Windecken: "Lieber Lewis!..Ganz zufrieden bin ich nun wieder doch nicht, denn hier zu Hause werde ich in keiner Weise in Ruhe gelassen... Die Mutter geht dann zur Eiga Eis essen und der Vater kommt nachts nicht vor 2 Uhr vom Skat bei Lebeau (eine Windecker Wirtschaft - d. V.) zurück... Aussehen tue ich wie der 'Tod auf Latschen'. Wenn ich mit Onkel Julius Karten spiele, spielen wir nicht um Geld, sondern um Kuchen, Schinken, Eier usw."

Freundin Ilse

Schon während seiner Schulzeit kannte Ernst Reichenberg Ilse Strauß aus Büdesheim. Sie verbrachten öfter ihre Freizeit zusammen. Ilse Strauß aus Büdesheim wanderte aber mit ihren Eltern nach San Francisco aus.
28. 6. 1939: "Bis jetzt bin ich und bleibe ich der Ilse treu."
9. 7. 1939: "Lieber Ludwig! Du hast mich gefragt, wo ich sonntags mit meiner Ilse hingehe. Du hast Dich geirrt, sie ist in Kalifornien. Ich bekomme jede Woche Post von ihr, sie aber auch von mir." Diese Freundschaft beendete Ernst dann aber wenige Monate später. Im Mai 1940 schrieb er: "Nach Frisco habe ich einen Laufpaß geschickt. Es hat keinen Zweck, daß ich dort immer hinschreibe, denn ich weiß ja nicht, ob ich sie mal wiedersehe."
11. 8. 1940: "Ich habe eingesehen, daß wir beide noch zu jung sind, um uns schon zu binden und habe es ihr auch geschrieben." In großen Abständen korrespondierten die beiden noch miteinander.

Mai 1940: "Hier laufen mir sonst die Schönsten weg. Du, lieber Ludwig, hast immer gesagt, daß Du mir in New York eine Schöne aussuchen würdest und ich hoffe, daß Du meinen Geschmack getroffen hast, bis ich rüberkomme."

Als er die Nachricht von der bevorstehenden Hochzeit seines Bruders Ludwig in Amerika erhielt, schrieb er: "Hast Du was dagegen, wenn ich mich bald verloben will? Der Papa meint, ich wäre noch zu jung. Von Dir eine zustimmende Antwort erhaltend grüße ich Dich. Ernst."

5. 5. 1940: "Am heutigen Sonntag bin ich mal zu Hause, da ich mich gestern schon in Frankfurt amüsierte. An Pfingsten werde ich mit Fanni und noch einem Pärchen in den Taunus gehen." "Es war sehr schön", war im folgenden Brief zu lesen (13. 5. 1940).
7. 7. 1940: "Am heutigen Sonntag war ich mal ausnahmsweise zu Hause, um mich für die Taunus-Tour am nächsten Sonntag auszuruhen." 14. 7. 1940: "Ich war heut mit zwei Mädels im Taunus, es war sehr schön. Hoffentlich kann ich Euch bald davon erzählen."
10. 9. 1940: "Ernst hat für Sonntag einige Freundinnen und Freunde eingeladen. Weil mittags kein Zug aus Frankfurt kommt, werden sie schon um 9 Uhr hier sein". Ernst: "Sonntag ist bei uns groß Klimm-Bimm, denn die liebe Mutter will nämlich mal Bruljes machen."
22. 10. 1940: "Meinen Geburtstag haben wir auf dem Friedhof gefeiert. Anschließend haben wir einen Ausflug zum 'Sausee' gemacht. Ich bin immer mit zwei Mädels und einem Jungen zusammen.
4. 12. 1940: "In Frankfurt trifft man immer noch viele alte Bekannte."
Die Situation für Ernst änderte sich entscheidend, als die Familie beschloß, von Windecken wegzuziehen nach Frankfurt. Dazu schrieb er am 18. 12. 1940: "Vorerst wollen wir aber nach Frankfurt ziehen, was für mich besonders angenehmer sein wird."
6. 2. 1941: "Ich komme eben aus dem jüdischen Kino (im Saal des Philantropin gab es jeden Donnerstag eine Filmvorführung - d. V.), dort gab es 'Das Herz der Königin' mit Zarah Leander."
8. 4. 1941 nach dem Umzug nach Frankfurt: "Hier in Frankfurt gefällt es mir sehr gut, und ich freue mich schon auf den Sommer."
9. 7. 1941: "Ich gehe weniger ins Kino, da ich ja in Arbeit stehe und nicht immer gehen kann."
12. 10. 1941: "Ich bin immer munter und kenne fast alle Leute in Frankfurt."

Renate Rothschild

Noch als Ernst Reichenberg in Windecken lebte, hatte er etwa ab September 1940 er seine spätere Frau Renate Rothschild kennengelernt.
22. 10. 1940: "Meine Flamme, die Renate, werde ich demnächst bildlich einmal vorstellen." Mit Renate feierte Ernst auch seinen 21. Geburtstag.
28. 9. 1941: "Ich soll Euch noch von Renate herzlich grüßen."
2. 11. 1941: "Meine Freundin ist auch hier. Sie hat gar keine Möglichkeit auszuwandern."
Schon am 20. 2. 1941 hatte Salli Reichenberg geschrieben: "Es ist nicht ausgeschlossen, daß sich Ernst vor seiner Auswanderung noch verlobt. Zwar ist seine jetzige Bekanntschaft erst 17 Jahre alt, aber schon bald anderthalb Meter groß, dafür ist sie nach Ernsts fester Überzeugung äußerst tüchtig und sehr stark im Wachsen begriffen."
Mit dieser Bekanntschaft war Renate Rothschild gemeint. Sie war am 8. 1. 1924 in Frankfurt geboren und lebte mit ihren Eltern (Sigmund I. *28. 5. 1884 und Johanna Rothschild geb.Rossmann *27. 1. 1885 in Berstadt/Oberhessen) in der Allerheiligenstraße 28 in Frankfurt.
Renate und Ernst heirateten am 3. September 1942 - 12 Tage vor ihrer Verschleppung in das Konzentrationslager Theresienstadt.

Tragödie einer Auswanderung

Am 6. September 1938 hatte Ernst Reichenberg beim amerikanischen Konsulat in Stuttgart einen Antrag auf Erteilung eines Einreisevisums in die USA gestellt. Ihm wurde dort die Wartenummer 20 997 zugeteilt.

Als sein Bruder Ludwig am 26. Januar 1939 mit dem Schiff "Hamburg" von Cuxhaven aus Deutschland verließ, war Ernst extra von Ahlem (bei Hannover) aus nach Hamburg zu Ludwig

Die Brüder Ernst (li.) und Ludwig Reichenberg um 1937. Bei seiner Auswanderung nach Amerika im Jahr 1939 hatte Ludwig versprochen, alles zu tun, daß auch er nach Amerika kommen könnte, aber "alle Hoffnungen scheiterten". Ernst wurde nach Theresienstadt, ein Jahr später nach Auschwitz verschleppt.

gefahren, um mit ihm die letzten Stunden in Deutschland zu verbringen. Ludwig hatte ihm das Versprechen gegeben, alles zu tun, damit auch er eines Tages nach Amerika fahren könne. Die Eltern schrieben an Ludwig: "Der Abschied scheint Ernst sehr nahe gegangen sein, dem Schiff hätte er nachgesehen, bis es ganz verschwunden war. Abends um 10 Uhr war er erst wieder in Ahlem."

2. 4. 1939: "Ernst möchte auch so gerne fort, es wäre ihm ganz egal wohin."

20. 4. 1939: "Diese Woche sind Schusters nach USA abgereist. Walter Levi fährt nach Palästina, und wir bleiben zu Hause.

29. 4. 1939: "Die Bürgschaft für Ernst kam gestern...".

"Lieber Lewis (Ludwig)! Dir geht es gut, und mir geht es gut und wir können nun beide froh sein. Nur wünschte ich schon bei Dir zu sein, damit ich selbst sehen könnte, daß es Dir gut geht...".

Hoffnung auf Auswanderung nach England

6. 5. 1939: "Wegen Ernst war ich bei der Beratungsstelle in Frankfurt. Nach England könnte er kommen, wenn wir 100 Englische Pfund dort hätten." Ernst: "Weehn mer heehr, geht fort." (Wen man hört, geht fort.)

8. 6. 1939: "Ernst hat sich nochmals zur Ausreise nach England angemeldet mit Angabe Deines Angebotes." (Ludwig hatte wohl angeboten, die erforderlichen 100 Englischen Pfund nach England zu schicken.)

28. 6. 1939: "Also jetzt freu Dich mit uns, lieber Ludwig. Ernst hat gehört, daß er jedenfalls das Permit (Einreiseerlaubnis) nach England bekommt, wir sollen für heute abend einen Festbraten richten. Im nächste Brief wirst Du ausführlich hören."

1. Juli 1939: "Mit Datum vom 29. Juni 1939 teilt uns die jüdische Beratungsstelle für Wirtschaftshilfe in Frankfurt mit, daß Ernst durch das German Jewish Aid Committee in London ein Permit erhält. Es wird dabei gewünscht, daß der Geldbetrag von 100 Englischen Pfunden für Ernst Joseph Israel Reichenberg überwiesen wird. Von der Überweisung soll zweckmäßigerweise eine schriftliche Mitteilung nach London gegeben werden. Du, lieber Ludwig, wirst also sofort die Überweisung sowie die schriftliche Mitteilung darüber ausführen. In dem Schreiben an uns heißt es noch, Voraussetzung für die Erteilung des Permits sei, daß eine Fahrkarte nach Amerika vorhanden und die Fotokopie derselben nach Frankfurt einzusenden sei. (So sollte die weitere Auswanderung nach Amerika nach Erteilung des amerikanischen Visums abgesichert werden - d. V.)

Ferner kam heute bereits ein Schreiben vom Council for German Jewry Agricultural Committee, Blomsbury House London. Darin wird mitgeteilt, daß sich die jüdische Beratungsstelle für Wirtschaftshilfe wegen eines Permits zwecks Training auf einer Farm an sie gewandt habe. Es sollen folgende Dokumente an sie nach London eingereicht werden:

1. Fotokopie der Geburtsurkunde
2. Amtsärztliches Gesundheitszeugnis
3. Bestätigung der jüdischen Gemeinde, eines Arbeitsgebers oder einer Schule über seine Fähigkeiten
4. Photo.

Weiter wird angefragt, ob er denn Wünsche habe, auf einer landwirtschaftlichen Farm geschult zu werden, und ob er auf dem Gebiete der Landwirtschaft bereits irgendwelche Vorkenntnisse besitze, und ob er eine feste Aussicht habe, von England in ein anderes Land zu kommen.

Es scheint uns, daß das Schreiben aus London eine andere Sache sein kann als die von Frankfurt, denn wir hatten uns in Frankfurt an zwei verschiedene Stellen gewandt. Montag will ich nach Frankfurt und in der Sache erledigen, was zu tun ist. Die Briefe waren sogar an mich gerichtet, als sei ich der Auswandernde, so muß ich die Namen richtig stellen. Es gibt für mich dabei so manche schriftliche Arbeit und manchen Weg."

"Mein lieber, guter Bruder!

Ahoi, ahoi, das Permit ist da!!! Ich hoffe, daß ich in 6 - 8 Wochen drüben sein werde. Sei nun herzlich gegrüßt und geküsst von Deinem Ernst."

"An Ernsts Zeilen siehst Du, wie übermütig er ist. Vielleicht hat er auch Grund dazu. Wir sind auch froh, daß er das Permit in Aussicht hat. Nur werden wir dann allein sein. Der Gedanke ist nicht schön."

Gleich nach Erhalt dieses Briefes vom 1. Juli und auch einer Bestätigung des Komitees überwies Ludwig aus New York das erforderliche Geld für seinen Bruder Ernst für die Einreise nach England.

9. 7. 1939: "Ich hoffe, bald auswandern zu können. Die Papiere werde ich in 3 - 4 Wochen alle zusammenhaben. Diese Woche hat mir der liebe Vater die Schiffskarte nach USA gekauft, welche ich dort vorlegen mußte. Wenn jetzt das Geld von Dir dort eintrifft, bekomme ich das Permit ausgehändigt. Ich muß dann nur noch packen, um fahren zu können." Salli Reichenberg: "Wenn Du, lieber Ludwig, noch auf manches aufmerksam machen kannst, was Ernst eventuell noch alles mitnehmen kann, so schreibe es bitte gleich. Einen schwarzen Anzug wird er schließlich auch brauchen können." Hilda Reichenberg: "Mit Ernst Auswanderung gibt es jetzt allerhand zu tun und viele Wege sind zu machen. Weil Ernst noch arbeitet, hat Vater alles übernommen. Hoffentlich klappt alles und er kann bald reisen."

16. 7. 1939: "Wir sind jetzt damit beschäftigt, Ernsts Sachen in Ordnung zu bringen. Es wird wohl noch einige Zeit dauern, bis Ernst so weit ist, besonders, da er jetzt erst in Zahnbehandlung ist und mehr als vier Wochen vergehen werden, bis die Zähne in Ordnung sind." Ernst: "Lieber Ludwig! Ich danke Dir recht herzlich für das Geld, das Du für mich nach England geschickt hast und alles, was Du für mich tust, um meine Auswanderung zu fördern. In dieser oder nächster Woche werde ich mein Permit sicherlich erhalten und hoffe, daß die anderen Sachen wie Paß, Devisenstelle usw. auch bald erledigt sein werden. Dein Ernst."

26. 7. 1939: "Auf Ernsts Permit warten wir noch, seine Zähne sind übrigens auch noch nicht fertig."

30. 7. 1939: "Wenn ich in England bin, werden wir wieder etwas näher zusammen sein. Es wird hoffentlich nicht mehr allzu lange dauern, bis die lieben Eltern von hier weg können. Meine Sachen für die Wanderung habe ich so ziemlich alle beisammen. Das Permit erwarte ich mit jeder Post."

10. 8. 1939: "Das Permit für Ernst ist noch nicht da, seine Sachen liegen alle versandbereit." "Wenn ich in England bin, kannst Du wieder ausführlicher von mir hören."

18. 8. 1939: "Wegen Ernsts Permit habe ich Anfang der Woche in Frankfurt vorgesprochen. Jetzt müssen wir wieder abwarten, denn meistens geht es nicht rasch."

27. 8. 1939: "Auf Ernst Permit warten wir immer noch. Alle Sachen liegen zum Einpacken bereit." Ernst mit Galgenhumor: "Heute habe ich mein Permit bekom.., nein - umsonst erwartet. Mir ist es auch jetzt egal, ob ich hier begraben werde oder in Dingsda. Wir wollen nur hoffen, daß wir Frieden behalten, und daß wir uns doch bald wiedersehen. Ich schaue den ganzen Tag zum Fenster raus... Mit der Auswanderung wird es eine große Stockung geben."

Zerstörte Hoffnung durch Kriegsbeginn

Vier Tage nach diesen Zeilen begann durch den Überfall der Deutschen Wehrmacht auf Polen der Zweite Weltkrieg. Sofort befand sich auch Deutschland mit England im Kriege. Damit waren alle Möglichkeiten für Juden, nach England fliehen zu können, für immer zerschlagen. Ernst Reichenberg stand so kurz vor seinem Ziel, der Flucht aus Deutschland. Welche Gedanken mögen ihn bewegt haben? Die Briefe aus diesen Tagen sind verloren gegangen.

Am 3. September 1939 hatte Ludwig Reichenberg sofort nach London geschrieben. Er erhielt nur die kurze Antwort: "Sie werden verstehen, daß wir ein Permit für Ernst Reichenberg nicht mehr erhalten können."[35)]

Neue Hoffnungen auf Auswanderung nach Amerika

Nachdem Ernst Reichenberg sich so nah am Ziele glaubte und durch den Krieg alle Hoffnungen zerstört waren, schöpfte er in den folgenden Wochen wieder neue Hoffnung auf eine mögliche Auswanderung nach Amerika. Er hatte im September 1938 beim amerikanischen Konsulat die Wartenummer 20 959 zugeteilt bekommen. Die Beschaffung der nötigen Bürgschaften bereitete mit die meisten Sorgen. Hier einige Ausschnitte aus Briefen an Ludwig Reichenberg:

15. 9. 1939: "Um uns brauchst Du Dir keine Sorgen zu machen." "Ernsts Geburtstag (er wurde 20 Jahre) wird klanglos verlaufen. 'Vielleicht' gibt es einen Kuchen."

30. 11. 1939: "Nächste Woche bekommt Ihr Bescheid über Auswanderung und Bürgschaft. Jedenfalls muß die Bürgschaft erneuert werden. Du, lieber Ludwig, wirst alles erledigen, damit alles klappt, wenn er aufgerufen wird."

6. 12. 1939: "Hoffentlich kannst Du dafür sorgen, daß die Papiere in Ordnung gehen. Du hörst ja sicher dort, was alles dazu gehört."

13. 12. 1939: "Man weiß nicht recht, was man in der Angelegenheit tun kann und soll. Wenn dort ein Arbeitsvertrag für Ernst zu erlangen wäre, dann hätte er sicher bald Erfolg, doch wird dazu in New York weniger Möglichkeit bestehen als in einer anderen Gegend. Lieber Ludwig, wenn es Dir möglich ist, sorge bitte für Ernst. Es wäre zu wünschen, daß er auch bald auswandern könnte. Nur dann wäre es auch möglich, daß Ihr uns anfordern könnt."

21. 12. 1939: "Ich war nochmals bei der Beratungsstelle in Frankfurt. Wegen eines Arbeitsvertrages für Ernst wüßte man nichts Positives. Du wirst vielleicht eher etwas erfahren oder erreichen." Ernst: "Wenn ich abends nach Hause komme, ist meine erste Frage: 'Ist Post da von Ludwig?' Bis zur Nummer 20 000 müssen sie jetzt alle Bürgschaften einschicken zum Prüfen. Es geht immer schneller. Ich werde auch bald rankommen. Ich glaube nicht, daß eine Bürgschaft genügt, denn ich brauche eine Bürgschaft, auf der sich der Bürge als Vetter oder sonstiger Verwandter ausgibt. Im April ist meine Bürgschaft abgelaufen. Bis ich an die Reise nach Amerika denken kann, wird es auch September oder Oktober werden. Vielleicht geht es auch schneller, das heißt, wenn weitere große Ausfälle sind und ich meine Papiere in Ordnung habe."

Im Januar 1940 schrieb Salli Reichenberg von einer Frau Jost in der Hofhausstraße in Windecken, die sich angeboten hatte, an ihre in New York verheiratete Cousine zu schreiben, die eine Gärtnerei hatte. Vielleicht würde sich da eine Möglichkeit für Ernst ergeben, direkt nach Amerika angefordert zu werden.

4. 1. 1940: "Bis Wartenummer 20 000 müsen die Leute jetzt ihre Papiere einschicken. Es fallen die meisten aus. Alle Bürgschaften, die vor dem 31.März ausgestellt sind, sind ungültig. Meine ist erst vom 18. April. Ich brauche aber einen Verwandtschaftsbürgen, ob er einer ist oder nicht, ist ganz egal, es muß aber drauf stehen Vetter, Tante, Onkel oder sonst was. Wenn Du, lieber Ludwig, eine Bürgschaft besorgen kannst, so schicke sie per Einschreiben mit der Luftpost, da es mit dem Schiff zu lange dauert oder gar nicht ankommt. Wie es dann mit der Schiffskarte aussieht, hat noch Zeit, erst müssen die Papiere mal in Ordnung sein." Hilda: "Hoffentlich kommt Ernst im Laufe des Jahres auch an die Reihe. Es wäre angenehm, wenn die Papiere in Ordnung kommen, damit es keinen Aufenthalt gibt. Es stimmt, daß Leute bis zur Wartenummer 14 000 nach Stuttgart bestellt sind."

1. 2. 1940: "Diese Woche war ich wieder mal auf der Beratungsstelle des Hilfsvereins in Frankfurt wegen Ernst. Bis er auf Grund seiner Wartenummer an die Reihe kommt, dauert es noch einige Zeit und bis dahin dürfte die Bürgschaft zu erneuern sein. Diese wird vermutlich nicht ausreichen, und es wird die zusätzliche Bankbürgschaft von 2 - 3 000 $ erforderlich sein. Du wirst auch noch mitbürgen müssen. Eine Anforderung durch einen Gärtner kommt wohl kaum in Betracht, aber möglich ist eine solche für landwirtschaftliche Arbeiten, aber das ist alles drüben zu erledigen." Soweit Salli Reichenberg. Ernst ergänzte: "Du mußt mit meinem Bürgen in Verbindung treten, daß er das mit dem Geld macht und daß dieses ja nur pro forma ist und er für nichts aufzukommen braucht. Wenn er dieses macht, so soll gleich die neue Bürgschaft ausgestellt werden und auch die Verwandtschaftsbürgschaften gleich mit Luftpost per Einschreiben hierher gesandt werden."

8. 2. 1940: "Mit Ernst wird anscheinend auch nicht eher etwas zu erreichen sein, als seine Quotennummer an die Reihe kommt."

Im März 1940 hatte Ludwig für seinen Bruder zwei Bürgschaften besorgen können und auch selbst für ihn gebürgt. Auch die Anforderung eines landwirtschaftlichen Betriebes für Ernst Reichenberg konnte Ludwig besorgen.

26. 3. 1940: "Jetzt kann ich es kaum erwarten, bis die Papiere, die unterwegs sind, hier eintreffen. Es heißt hier, bis zur Nummer 15 000 würde noch vor den Ferien erledigt werden, und alle diejenigen, die die Aufforderung haben, die Papiere einzuschicken, das heißt 24 000 würden bis Ende des Jahres an die Reihe kommen. Ich hoffe nun, daß die Bürgschaften richtig sind. Ich danke Dir sehr herzlich und hoffe auf ein Wiedersehen in diesem Jahre."

31. 3. 1940: "Ernst freut sich sehr, daß seine Papiere jetzt in Ordnung kommen."

16. 4. 1940: "Ernsts Bürgschaftspapiere sind immer noch nicht eingetroffen." Er selbst war schon voller Freude: "Nach der lieben Friedel (Ediths Schwester) werde ich nun bei Euch eintreffen, dies wird aber noch ein Weilchen dauern."

21. 4. 1940: "Sind die ferner von einem Farmer avisierten Papiere eigentlich eine direkte Anforderung Ernsts, die eventuell eine bevorzugte Auswanderung außerhalb der Quote bedeutet und eine weitere Bürgschaft erübrigt?"

21. 4. 1940: "Ich wünschte nur, es wäre schon so weit, daß ich schreiben könnt, am so und sovielten kommt mein Schiff drüben an. Aber die Zeit vergeht eben ja so schnell. Du wirst bald ein Zimmer für mich zurecht machen müssen, wenn ich als Untermieter kommen soll. Das Bett muß über zweieinhalb Meter lang sein. Diese Woche werde ich meine zwei Pfund Mazze verdrücken und hoffe, die nächsten bei Euch backen zu können. Dann werden wir wieder um die Wette essen, lieber Ludwig."

13. 5. 1940: "Von Stuttgart habe ich noch keine Nachricht und warte täglich darauf. In Stuttgart ist schon die Nummer 16 200 an der Reihe, und ich hoffe, noch im Herbst an die Reihe zu kommen."

19. 5. 1940: "Heute erhielten wir endlich Euren Brief vom 7. März mit der Bürgschaft für Ernst. Wir werden die Papiere gleich nach Stuttgart senden und erwarten von da bald Bescheid, daß alles genügt."

Ernst: "Dir, lieber Ludwig, danke ich herzlich für die gesandten Papiere. Jetzt warte ich nur noch auf meine Vorladung. Dies wird aber noch eine Zeit dauern. In Stuttgart soll angeschlagen sein, daß bis zur Nr. 24 000 in diesem Jahre alles erledigt wird. Ich

hoffe, dann im Herbst an die Reihe zu kommen, der Sommer wird doch sicherlich schnell herumgehen."
28. 5. 1940: "Wir warten jetzt auf Nachricht aus Stuttgart."
2. 6. 1940: "Für Ernst kam vorgestern die erfreuliche Nachricht aus Stuttgart, daß die Bürgschaften genügen und die Wartezeit einige Monate daure."
16. 6. 1940: "Bis Ernst in einigen Monaten an die Reihe kommt, wird die Reise nach USA wieder leichter möglich sein." Ernst: "Von Eurer Hochzeitsreise werdet Ihr nun zurück sein, und ich will Euch recht herzlich gratulieren. Hoffentlich kann ich mich von Eurem Glück bald persönlich überzeugen. In Stuttgart geht es immer weiter, es sind gar keine Ferien dort."
24. 6. 1940: "In Stuttgart ist jetzt die Nummer 17 000 an der Reihe. Man muß jetzt über Rußland und Japan fahren."
30. 6. 1940: "Hoffentlich brauche ich Euch bald nicht mehr zu schreiben, das heißt, daß ich zu Euch komme. 18 500 ist an der Reihe und vielleicht besteht die Möglichkeit, über Lissabon zu fahren. In Stuttgart muß man jetzt die Passage vorzeigen, sonst bekommt man kein Visum."
Auf diesen Brief hin setzte sich Ludwig Reichenberg mit mehreren Schiffahrtslinien und Reiseagenturen in Verbindung, um eine Schiffspassage für seinen Bruder Ernst nach Amerika zu erhalten.
7. 7. 1940: "In Stuttgart geht es in vollem Tempo, dagegen lassen die Reisemöglichkeiten zu wünschen übrig. Man muß jetzt die Fahrkarte, das russische und japanische Visum mitbringen, sonst wird man gestrichen. Es wird nicht mehr allzu lange dauern, bis ich meine Vorladung bekomme, ich werde mich dann nach allen Sachen erkundigen und Euch dann ein Telegramm schicken. Die Reise von hier nach Yokohama wird in deutschem Geld bezahlt. Es besteht die Möglichkeit, über Lissabon zu fahren, dies wäre viel angenehmer."
14. 7. 1940: "Ernst erhielt aus Stuttgart einen Fragebogen wegen Reisepaß, Schiffskarte, Devisen usw. - nach befriedigenden Antworten dürfte er wohl bald an die Reihe kommen. Es ist allerdings schwer, eine Antwort darauf zu geben. Deshalb will ich morgen zur Beratungsstelle des Hilfsvereins nach Frankfurt, ohne die es überhaupt nicht geht. Falls wir Eure Hilfe brauchen, werden wir uns melden." Hilda: "Ernst wird uns nun auch bald verlassen, dann sind wir ganz allein. Trotzdem hoffe ich, daß alles gut klappen wird. Allerdings wird Vater viele Wege haben."
Ernst: "Meine Lieben! Wie Euch die lieben Eltern schon berichteten, stehe ich jetzt zum zweitenmal vor meiner Auswanderung. Wenn alles gut geht und schnell klappt, hoffe ich bis Oktober/November reisen zu können. Aber leider ist alles mit sehr großen Schwierigkeiten verknüpft. Es ist wirklich ein großes Glück, wenn man zur Reise kommt. Bis dahin seid herzlich gegrüßt und geküßt von Eurem Ernst."
22. 7. 1940: "Ich war heute bereits bei der Beratungsstelle des Hilfsvereins in Frankfurt, von dem Euch ein Telegramm zugehen soll, daß Ihr für Ernst die Schiffskarte bezahlen sollt. Da man ohne die Beratungsstelle nichts unternehmen kann, und ich Ernstens Ausreise nicht hinausschieben möchte, so war ich damit einverstanden, daß man an Euch telegrafiert. Ihr werdet Euch mit der dortigen Hilfsorganisation Joint in Verbindung setzen und das Nötige veranlassen. Von hier ist vorerst ja nur die Reise über Rußland und Japan möglich. Die Reise von hier bis zum östlichen Hafen wird von hier in Reichsmark bezahlt, während die Seefahrt von diesem bis USA von Euch bestritten werden müßte. Es wird ja eine Landung in San Francisco oder sonstigem Pazifikhafen in Betracht kommen, von wo Ernst seine Weiterreise zum Atlantik eventuell allmählich fortsetzen kann. Soviel ich weiß, soll diese Schiffsreise über den Pazifik auch etwa 200 $ kosten."
Ernst: "Meine Lieben! Ich freue mich, daß Ihr gesund und zufrieden seid. Ich werde mich nun bald persönlich davon überzeugen können. Wenn ich über Rußland und Japan fahre, werde ich 5 - 6 Wochen unterwegs sein und einen schönen Teil der Welt sehen. In San Francisco werde ich landen müssen, will aber nicht dort bleiben (die frühere Freundin Ilse aus Büdesheim lebt dort - d. V.). Ich habe gestern seit einem viertel Jahr wieder mal hingeschrieben."
Sofort nach Erhalt dieses Telegramms zahlte Ludwig Reichenberg das Geld für die Schiffsreise nach New York für seinen Bruder Ernst ein.
28. 7. 1940: "Das Telegramm der Beratungsstelle werdet Ihr erhalten haben. Ich nehme an, daß Ihr die Schiffskarte noch nicht gleich beschaffen könnt, sondern vielleicht den Betrag dafür sicherstellen sollt, da noch nicht feststeht, wann Ernst reisefertig ist und ob alsdann die Reise über Ostasien ohne Hindernisse möglich ist. Ihr werdet ja durch den 'Joint' (jüdische Hilfsorganisation - d. V.) über die Reisemöglichkeiten unterrichtet sein. Am kommenden Donnerstag werde ich wieder in Frankfurt vorsprechen, um zu erfahren, ob von Euch etwas eingetroffen und was wir eventuell weiter zu tun haben."
Ernst: "Hoffentlich habt Ihr noch keinen Schiffsplatz belegt, denn es kann vielleicht alle Tage die Reise über Lissabon klappen. Ich würde dort lieber fahren. Die Asienreise ist sehr kompliziert und mir auch nicht angenehm. Ihr müßt Euch überall erkundigen und wissen, was zu tun ist."
5. 8. 1940: "Nach Stuttgart habe ich für Ernst geschrieben, daß das Passagegeld eingezahlt sei und man Ernst zum Erhalt des Visums vorladen möge. Jetzt warten wir, was darauf wiederkommt."
11. 8. 1940: "Meine Lieben! Ich danke Euch nochmals für die Wege, die Ihr macht, um meine Auswanderung zu beschleunigen und besonders für das Reisegeld. Wo habt Ihr eingezahlt? Die Hapag erledigt auch alle Sachen. Wir werden die Festbuchung wahrscheinlich von hier aus vornehmen. Sehr lieb wäre es mir, wenn ich ab Portugal fahren könnte."
11. 8. 1940: "Hoffentlich wird Ernst bald nach Stuttgart bestellt."
18. 8. 1940: "Hoffentlich läßt die Vorladung nach Stuttgart nicht mehr lange auf sich warten." Salli Reichenberg: "Es wird mit Ernstens Ausreise noch nicht so rasch gehen. Könnt Ihr von dort einen Schiffsplatz für ihn fest belegen? Auch falls ein anderer Weg möglich wird?"
25. 8. 1940: "Mit der Schiffskarte für Ernst eilt es vorläufig noch nicht und wollt Ihr solche nicht eher beschaffen, bis ihr nochmals von uns hört. Es ist nämlich vom Konsulat in Stuttgart ein Rundschreiben eingetroffen, in dem es heißt, daß in Anbetracht veränderter Umstände es sich als notwendig erwiesen habe, alle Auswanderungsanträge, die schon vorbehaltlich als genügend erachtet worden sein, einer erneuten Prüfung zu unterziehen. In vielen Fällen würde dieser Befund zweifellos widerrufen. Es würde daher geraten, keine Reisevorbereitungen zu treffen oder falls schon bestimmte Schiffsplätze belegt seien, solche Bestellungen zu annullieren, bis man wieder vom Konsulat höre. Wir werden also erst, sobald wir vom Konsulat einen günstigen Bescheid haben, den Anregungen in Deinem letzten Schreiben entsprechend handeln und Euch benachrichtigen. Hoffentlich wird unsere Geduld nicht zu lange auf die Probe gestellt." Hilda: "Mit Ernsts Auswanderung stockt es nun wieder, da ist es fraglich, ob er in diesem Jahre noch fahren kann."
3. 9. 1940: "Wie Euch bereits mitgeteilt, ist in Stuttgart eine Stockung eingetreten, wodurch die Ausreise von Ernst sich verzögern kann. Deine Fragen, lieber Ludwig, können wir deshalb auch nicht beantworten, weil sich in dieser Angelegenheit nichts tun läßt. Die nötige Geduld müssen wir schon aufbringen, es geht übrigens uns nicht allein so." Ernst: "Meine Lieben! In einem Eurer letzten Briefe habt Ihr angefragt, ob ich zu meinem Geburtstag (am 20. Oktober - d. V.) bei Euch sein werde. Dieses kann ich

jetzt bejahen, es fragt sich nur, ob es der 22. oder 23. Geburtstag ist."
16. 9. 1940: "Daß es mit Ernsts Auswanderung vorerst nicht weiter geht, hatten wir wiederholt erwähnt. Man wird nichts unternehmen können, bevor von Stuttgart keine Nachricht kommt. Dorthin werden jetzt anscheinend kaum noch Leute vorgeladen und dementsprechend geht es mit der Auswanderung."
24. 9. 1940: "In Stuttgart ist es eben sehr ruhig. Man denkt auch gar nicht mehr daran. Ob ich noch fahren kann, weiß der liebe Gott. Ich will es aber doch hoffen."
15. 10. 1940: "Von Stuttgart hört man gar nichts. Ernst wird noch lange nicht an der Reihe sein. Wir glauben bestimmt, daß er im Winter bei Euch sei."
22. 10. 1940: "In Stuttgart kann vorerst weder von hier noch von Eurer Seite etwas unternommen werden. Ich nehme aber an, daß Ernst in einiger Zeit an die Reihe kommt."
29. 10. 1940: "Von Stuttgart habe ich noch immer keine Nachricht. Ich warte auch gar nicht mehr darauf."
20. 11. 1940: "Von Stuttgart hört man, daß es dort SEHR langsam vorwärts geht. So wird Ernst auch noch lange nicht auf der Reise sein. Es kommt öfter anders, als man denkt."
4. 12. 1940: "Du, liebe Edith, hast geschrieben, daß Ihr wegen meiner Auswanderung nach Washinghton schreiben wollt. Ich glaube aber von hier aus nicht, daß dies irgendeinen Zweck zur Beschleunigung haben wird. Dies wird ja alles von Stuttgart aus erledigt." ... "In Stuttgart waren wir nicht, weil es zwecklos ist. Wir müssen halt warten, bis Ernst an der Reihe ist. Hoffentlich dauert es nicht mehr so lange."
11. 12. 1940: "Von Stuttgart hört man gar nichts. Die Nerven werden auf eine harte Probe gestellt." Ernst: "Ich habe nur einen Wunsch, daß wir bald nicht mehr zu schreiben brauchten."
18. 12. 1940: "Wir stehen nun wieder vor einem Jahreswechsel. Ich will hoffen, daß ich in dem kommenden Jahr endlich zu Euch kommen kann. Vorerst wollen wir aber nach Frankfurt ziehen, was für mich besonders angenehmer sein wird."
15. 1. 1941: "Es ist zu hoffen, daß es mit Ernsts Auswanderung jetzt auch schneller vorwärts gehen wird. Wegen Ernst könnt Ihr gelegentlich einmal schreiben, was er an Kleidung, Wäsche usw. alles mitbringen soll, vorausgesetzt, daß die Reiseverhältnisse nicht große Beschränkungen mit sich bringen."
22. 1. 1941: "Ernst wird hoffentlich im kommenden Frühjahr an die Reihe kommen." Ernst: "Ich freue mich schon auf das Frühjahr, in dem ich hoffentlich meine große Reise antreten kann. Besonders freue ich mich, meine liebe Schwägerin Edith kennenzulernen." Hilda: "Vielleicht könnt Ihr uns mal schreiben, was Ernst alles mitbringen soll, vorausgesetzt er kann."
6. 2. 1940: "Wie wir Euch schon wiederholt berichteten, dürfte Ernst seine Vorladung auf das Konsulat nach Stuttgart erwarten. Gegenwärtig werden die niedrigeren Nummern, deren Bürgschaften teilweise nicht ausreichend waren und deshalb kein Visum erhielten, zuerst vorgeladen. Ich nehme an, daß Ernsts Papiere und Bürgschaften genügen werden und Ihr vorerst nichts weiter für ihn zu tun braucht."
6. 2. 1941: "In Stuttgart geht es eben schnell vorwärts, und ich hoffe, in den nächsten acht Wochen Bescheid zu haben. Ihr seid nun schon zwei Jahre drüben, und ich meine, daß ich erst gestern in Cuxhaven gewesen wäre. Auf ein baldiges Wiedersehen Euer Ernst."
10. 2. 1941: "Am Samstag bekam ich vom Konsulat Nachricht, daß ich zum Visumsempfang vorgeladen werden könne, sobald ich den dokumentarischen Nachweis von meiner Passage bringe. Es heißt besonders, daß es nicht genüge, wenn das Geld sichergestellt sei, sondern, daß ich einen Schiffsplatz haben muß. Ich war also beim Hilfsverein, und von da wurde heute ein Telegramm an Euch geschickt, in dem es heißt, daß Ihr die 223 $ sowie weitere 77 $ zum Joint bringen sollt. Die Fahrt von hier nach Lissabon muß ja auch in $ bezahlt werden, so daß alles zusammen rund 300 $ kostet. Wenn Ihr dies erledigt habt, muß der Hilfsverein in Frankfurt benachrichtigt werden, von hier wird dies dann nach Berlin weitergegeben, von wo ich aus eine Schiffskarte bekomme. Von Berlin aus wird das Konsulat benachrichtigt. Wir sind nun einen Schritt weitergekommen, und der Herr beim Hilfsverein sagte, daß ich vielleicht für April oder Mai einen Platz bekommen kann." Salli: "Ich war mit Ernst bei

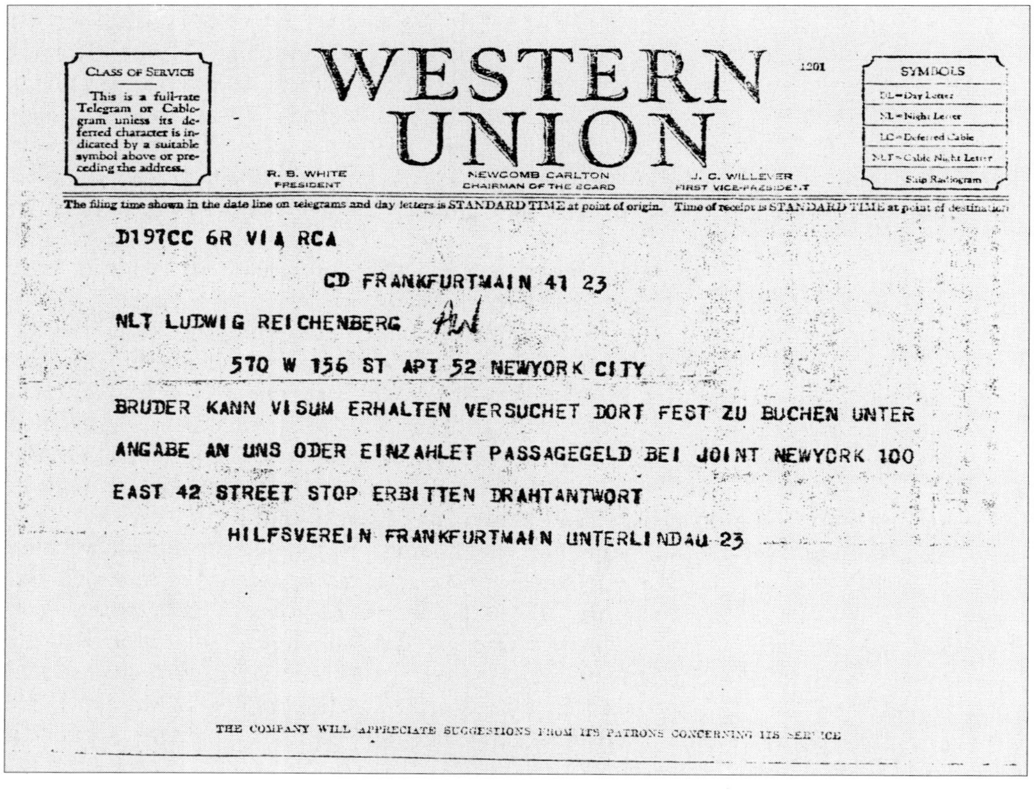
WESTERN UNION

D197CC 6R VIA RCA

CD FRANKFURTMAIN 41 23

NLT LUDWIG REICHENBERG

570 W 156 ST APT 52 NEWYORK CITY

BRUDER KANN VISUM ERHALTEN VERSUCHET DORT FEST ZU BUCHEN UNTER ANGABE AN UNS ODER EINZAHLET PASSAGEGELD BEI JOINT NEWYORK 100 EAST 42 STREET STOP ERBITTEN DRAHTANTWORT

HILFSVEREIN FRANKFURTMAIN UNTERLINDAU 23

Telegramm nach New York, neue Hoffnung für Ernst Reichenberg, nach Amerika kommen zu können.

der Beratungsstelle, und ich hoffe, daß Euch deren Telegramm pünktlich erreicht hat und beim Eintreffen dieser Zeilen die Schiffskarte schon längst in Stuttgart bestätigt ist. Im günstigsten Falle wird Ernst vielleicht in zwei Monaten reisen."
27. 2. 1941: "Soeben kommt Ernst mit der Neuigkeit nach Hause, daß es mit der Auswanderung nichts werden wird. Wir hatten demnach nur eine kurze Vorfreude. Aber aufgeschoben ist ja nicht aufgehoben." Ernst: "Ich danke Euch herzlich für alle Wege, die Ihr macht, um meine Auswanderung zu beschleunigen. Mit der Auswanderung gibt es wieder eine Stockung."
6. März 1941: "Ernst ist seiner Auswanderung hoffentlich ein gutes Stück näher gekommen. Ich war in dieser Woche schon zweimal deswegen in Frankfurt. Die Reichsvereinigung wird jetzt die Schiffskarte besorgen und sobald wir diese nach Stuttgart melden können, wird Ernst bald vorgeladen. Er wird bei seiner Ausreise voraussichtlich nur 50 kg Reisegepäck mitnehmen, denn weiteres Umzugsgut müßte auf einem anderen weiteren Weg verfrachtet werden, und die Fracht dafür in Dollars bezahlt werden. Ihr werdet es für richtig halten, daß man solche nicht dafür beansprucht, sondern die fehlenden Sachen später neu kauft. Solltet Ihr anderer Ansicht sein oder wir unsere Ansicht noch ändern, dann müßten wir uns allerdings rasch verständigen. Vielleicht könnt Ihr noch rechtzeitig angeben, was Ernst hauptsächlich mitbringen soll und was nicht. Die in unserem letzten Brief befürchtete Verzögerung wird für Ernst nicht in Frage kommen." Ernst: "Mit meiner Wanderung geht es nun schneller vorwärts, und ich erwarte jetzt täglich Nachricht von Berlin betreffs Schiffskarte. Schreibt bitte, ob ich Schaftstiefel drüben brauchen kann. Hoffentlich brauche ich bald nicht mehr zu schreiben."
13. 3. 1941: "Von meiner Auswanderung habe ich bis jetzt noch nichts gehört, doch warte ich täglich auf Post von Berlin." Salli: "Mit Ernsts Auswanderung geht es uns nicht schnell genug voran, doch der Andrang bei der Reichsvereinigung ist auch besonders stark. Wir warten jetzt auf auf Benachrichtigung, daß die Schiffskarte beschafft ist."
22. 3. 1941: "Es verkehrt jetzt nur noch eine Schiffahrtslinie und diese hat auf Monate hinaus ausverkauft." Salli: "Ich war diese Woche wieder bei der Beratungsstelle des Hilfsvereins in Frankfurt, wo ich vergebens auf eine Schiffskarte für Ernst rechnete. Da der Andrang der Auswanderer zu groß ist, dauert es längere Zeit, bis durch die Reichsvereinigung ein Schiffsplatz bei einer europäischen Linie zugeteilt wird, während die angeblich einzige amerikanische Linie, die seither noch verkehrt - die Export Line - viele Tausende von Plätzen verkauft habe, so daß man nicht weiß, wieviele Monate es noch dauern wird, bis die betreffenden Passagiere an die Reihe kommen. Hätte man allerdings vor einigen Monaten schon von drüben aus einen Platz belegt, so wäre es mit Ernst jetzt vielleicht rasch gegangen. Man konnte aber nicht wissen, daß es jetzt so kommt. Hoffen wir weiter das Beste."
30. 3. 1941: "Mit meiner Auswanderung will es immer noch nicht klappen. Man kann gar nichts in dieser Sache machen. Die Schiffe, die noch gehen, sind alle für Monate hinaus ausverkauft. Langsam gebe ich die Hoffnung, zu Euch zu kommen, auf." Salli: "Durch den großen Ansturm auf die Schiffsplätze sind diese bereits auf Monate hinaus ausverkauft, ohne daß eine Sicherheit besteht, daß die Linien ihre Fahrten alle durchführen können. Geschieht dies aber, so wird Ernst seinen Platz bald auch bekommen."
8. 4. 1941: "Der Andrang der Auswanderer ist jetzt so stark, daß eben nicht alle an die Reihe kommen können. Vielleicht wäre es richtiger gewesen, wenn Anfang Februar der Hilfsverein uns geraten hätte, die Schiffskarte für Ernst von Euch direkt drüben beschaffen zu lassen. Ihr konntet damals aber ebenso wenig wie wir wissen, was richtig war. Erst später wird man sehen, ob wir gut oder schlecht beraten waren." Ernst: "Bis Februar 1942 (!) sind alle Passagen besetzt." Hilda: "Nur den Wunsch haben wir, daß es mit Ernsts Auswanderung rascher ginge."
16. 4. 1941: "Euer Telegramm, daß Ihr das Geld für Ernsts Schiffskarte beim Joint gelassen habt, und wir uns beim Hilfsverein nochmals um einen Schiffsplatz bemühen sollen, haben wir gestern erhalten. Der Hilfsverein kann aber auch anscheinend nicht viel und nicht vielen helfen. Ich werde nochmals alles mögliche bei ihm versuchen, doch muß man bei dem starken Andrang zu ihm schon 8 Tage warten, bis man nach vorangegangener Anmeldung überhaupt zu einer Rücksprache gelangt."
24. 4. 1941: "Gestern waren Ernst und ich wieder beim Hilfsverein. Ein Schiffsplatz kann durch die Hapag, wenn das Geld an die neue Adresse sofort überwiesen wird, angeblich für die Sommer- oder Herbstmonate beschafft werden. Der Hilfsverein kann in dieser Beziehung vorerst gar nicht mehr helfen. Ernst hatte wie viele andere nicht das Glück, schon in diesem Frühjhr reisen zu können. Es scheint, als bliebe Euren Bemühungen der entsprechende Erfolg versagt. Und trotzdem werden wir den Mut nicht sinken lassen, sondern weiterhin unsere Schuldigkeit tun." Ernst: "Ich hoffe nun, daß die Hapag, mir schneller einen Platz besorgen kann als der Hilfsverein." Hilda: "Es scheint, als wenn Ernst noch nicht fort soll. Man wird ganz gleichgültig in der Sache. ALLE HOFFNUNGEN SCHEITERN."
1. Mai 1941: "Warum es mit Ernsts Schiffskarte nicht klappt, das wißt ihr vielleicht besser als wir. Es sollen sogar seither schon viele Auswanderer, die ihre Schiffskarten bereits hatten, doch nicht abgefahren sein, weil der betreffende Platz nicht mehr vorhanden oder nochmals anderweitig vergeben war. Als die deutschen Linien noch verkehrten, konnte man sich auf sie verlassen und jetzt ist eben alles so unsicher. Ihr meine Lieben habt auf jeden Fall Eure Schuldigkeit getan und wenn jetzt, gewissermaßen durch höhere Gewalt, die Auswanderung von Ernst nicht klappt, so ist niemand schuld, und wir müssen wie noch viele andere es eben abwarten."

Ludwig Reichenberg wird überglücklich gewesen sein, das folgende Schreiben eines Reisebüros mit Datum vom 29. April 1941 in den Händen zu halten: "Wir freuen uns, Ihnen mitteilen zu können, daß wir die Bestätigung für Ernst Reichenberg aus Lissabon bekommen haben, daß für ihn auf der Serpa Pinto am 20. Juli von Lissabon aus gebucht wurde." Bei diesem Reisebüro hatte er schon am 17. April 1941 einen Platz bei einer portugiesischen Linie für August reserviert und bezahlt. Er schickte ein Telegramm: "Platz belegt auf Serpa Pinto zwanzigsten Juli ab Lissabon/Linie unterrichtet Euch/Geld für Bahnfahrt durch Hilfsverein."[30]
8. 5. 1941: "Du hast recht, lieber Ludwig, daß es mit Ernsts Auswanderung hätte anders gehen müssen, und er jetzt schon drüben sein könnte. Wir waren eben in gutem Glauben und der Hilfsverein damals nicht minder, daß er die versprochenen Schiffsplätze beschaffen könne. Es war schließlich auch nicht seine Schuld, wenn es dann anders gekommen ist. Nur sind wir dadurch - besonders Ernst - auch bei denen, die mal wieder zu spät kommen. Vielleicht läßt sich ja alles noch zum guten Ende führen." Hilda: "Jetzt hoffen wir, daß Ernst bald reisen kann, doch werden noch mancherlei Schwierigkeiten zu überwinden sein."
15. 5. 1941: "Wegen Ernsts Schiffsplatz ist von der betreffenden Linie noch keine Buchungsbescheinigung eingetroffen, aber bereits am Montag durch die Hapag deswegen ein Telegramm an sie abgegangen."
21. 5. 1941: "Bis jetzt warten wir noch auf die Bestätigung der betreffenden Schiffahrtslinie zu Ernsts Platz, und ich habe deswegen schon zwei Telegramme durch die Hapag senden lassen.

Solange keine Bestätigung durch die Linie vorliegt, erfolgt auch keine Vorladung nach Stuttgart. Außerdem sollen schon wiederholt zu bereits verflossenen Terminen Buchungen für dieses Schiff erfolgt sein, ohne daß es bis jetzt abgegangen sei. Es ist demnach zu vermuten, daß das Schiff nur in der Fantasie der betreffenden Agentur existiert und hoffentlich wird das von Euch bezahlte Passagegeld nicht verloren sein."

Nach diesem Brief erkundigte sich Ludwig bei verschiedenen Stellen über die Serpa Pinto. Auch für seine Eltern hatte er am 19. 5. 1941 zwei Plätze auf der Serpa Pinto gebucht. Er bekam die Antwort, daß es sich um eine renommierte Schiffahrtslinie handele.

29. Mai 1941: " ...erhielten wir auch die Bestätigung, daß ein Platz für Ernst reserviert sei. Daraufhin stellte die Hapag eine vorläufige Schiffskarte aus, von der wir eine Kopie nach Stuttgart schickten mit dem Ersuchen, Ernst zwecks Visumserteilung vorzuladen. Während die zusagende Antwort auf unser 1. Telegramm erfolgt war, kam gestern als Antwort auf das zweite Telegramm der telegraphische Bescheid, daß Ernsts Passageangelegenheit dort unbekannt sei und daß man ihm keinen festen Platz zuteilen könnte, da der Dampfer bereits voll gebucht sei. Auf dieses ging durch die Hapag wieder ein Telegramm an die Linie nach Lissabon, daß ihr Telegramm unverständlich sei und sie ihrer ersten Zusage entsprechend, die Festbuchung bestätigen möchte. Somit ist es noch unbestimmt, ob Ernst mit dem Schiff fahren kann."

5. Juni 1941: "Ende der vorigen Woche bekam Ernst schon die Vorladung nach Stuttgart zum 12. Juni 1941. Wir müssen froh sein, wenn wir seinen Paß und die erforderlichen Papiere rechtzeitig fertig haben." Ernst: "Meine Lieben! Endlich wieder mal einen Schritt näher. Ihr könnt gar nicht glauben, wie froh ich bin und ich kann Euch nicht genug dafür danken. Die Woche habe ich meine Papiere beantragt, Anfang nächster Woche werde ich sie abholen. Am Geburtstag der lieben Mutter bin ich in Stuttgart und Du, lieber Ludwig, warst an dem des Vaters dort."

13. 6. 1941: "Ernst reiste am Mittwoch abend nach Stuttgart und war am Donnerstag schon wieder zurück: es wurden vom vorhergehenden Tage an bereits keine Visa mehr ausgegeben, ohne Angabe von Gründen. Hoffentlich wird die Auswanderung nicht unterbrochen."

20. 6. 1941: "Meine Lieben! Morgen werde ich nochmal mein Glück versuchen und nach Stuttgart gondeln. Hoffentlich ist die Rückfahrt vergnügter als die von voriger Woche."

25. 6. 1941: "Ernst kam auch beim zweitenmal ohne Erfolg zurück, weil keine Visa mehr erteilt werden. Heute kam ein Telegramm: "Passage reserviert .. Schiff Serapinto/Abfahrt 15/20. August/..Abfahrt Juli findet nicht statt..."

Reichenbergs ließen kein Mittel unversucht, doch noch ein amerikanisches Visum zu erreichen. Am 24. Juni 1941 erhielt Ludwig Reichenberg das folgende Telegramm: "Veranlaßt sofort Immigration Departement Washington, USA Konsulat Stuttgart anzuweisen, Bruder für Vorvisum Einwanderungsvisum zu erteilen. Eilt sehr!"[31)] Aber von dort gab es auch mit der Hilfe eines Rechtsanwaltes keine Hilfe, auch der Nationale Flüchtlingsdienst in New York konnte nicht helfen.

4. 7. 1941: "Wenn nicht in nächster Zeit Mittel und Wege gefunden werden, die benötigten Einreisevisa zu beschaffen, dann ist unsere und auch Ernsts Auswanderung unmöglich."

Ernst: "Auf meine Reise haben wir uns wieder ergebnislos gefreut. Wenn ich zwei Tage früher in Stuttgart gewesen wäre, hätte ich das Visum noch bekommen! Nun ist es halt Essig. Ich halte es für unmöglich, daß ich das Visum noch bekommen werde. Wir wollen nun auf das nächste Mal hoffen."

9. 7. 1941: "Meine Lieben! In 40 Tagen ist der 20. Juli, habt Ihr in Eurem Brief geschrieben, und jetzt sind es vielleicht schon 40 Tage, daß wir nicht bei Euch sind."

17. 7. 1941: "Meine Lieben! In der nächsten Woche geht nun das Schiff, aber leider ohne uns. Ihr werdet Euch inzwischen schon beruhigt haben. Wir sind es immer, denn wir sind auf alle Enttäuschungen gefaßt."

25. 7. 1941: "Eure Bemühungen bei der Einwanderungsbehörde konnten keinen Erfolg mehr haben, weil die Konsulate inzwischen geschlossen sind." Ernst: "Meine Lieben! Leider ist mein größter Wunsch, Dir persönlich zum Geburtstag zu gratulieren, nicht in Erfüllung gegangen. Deshalb schicke ich Euch mein neuestes Foto, so daß ich doch in Eurer Mitte sein werde. Leider kann ich Euch aber nicht sehen. Ich danke nochmals für alles Gute, das Ihr für uns getan habt. Ich hoffe nur doch, daß wir uns recht bald revanchieren können."

10. 8. 1941 Salli: "Liebe Edith! Lieber Ludwig! Ihr braucht wegen unserer mißglückten Auswanderung nicht trauriger zu sein als wir es sind. Wir selbst haben die Sache gar nicht so tragisch genommen, wir verlieren nicht die Geduld und verzweifeln keinesfalls. Also auch keine unnötige Aufregung Eurerseits, liebe Kinder. Wenn die Auswanderung nach den neuesten Gesetzen weiterhin für uns möglich bleibt, dann wollen wir hier und ihr dort das Erforderliche veranlassen. Seit einigen Tagen heißt es hier, daß nach den neuesten Bestimmungen von hier aus Männer vom 18. - 45. Lebensjahr nicht auswandern dürfen. Dann wird Ernst nicht mehr reisen können, und wir würden freiwillig hierbleiben. Bis wir uns wiedersehen, dauert es dann eben noch etwas länger. Eure Fürsorge und Vorsorge für uns ist wirklich rührend, und ich erkenne sie dankbar an, Ludwig."

15. 8. 1941 Ernst: "Heute schicken wir den 134. Brief an Euch und ich meine, daß es der erste sei. Wir wollen aber nicht noch einmal so viel schreiben, denn bis dahin hoffen wir bei Euch zu sein. Macht Euch nur keine Sorgen."

Letze Hoffnung Cuba

Ludwig und Edith versuchten nun mit allen Kräften, ihre Eltern und den Bruder Ernst doch noch aus Deutschland herauszubringen. Ein rettender Weg zeigte sich an nach Cuba. Ludwig bekam die folgenden Informationen: "Nach offiziellen Mitteilungen aus Washington ist es völlig ausgeschlossen, daß in Deutschland oder in den von Deutschland besetzten Gebieten noch USA-Visa erteilt werden können. Washington empfiehlt, daß diejenigen, die sich noch in diesen Gebieten befinden, in ein Zwischenland auswandern und dann von den in dem Zwischenland befindlichen USA-Konsulaten das USA-Visum zu erbitten, wenn vorher dieses Visum in Washington gebilligt worden ist. Es bleibt also im Moment nichts anderes übrig, als zu versuchen, Ihre Verwandten in ein Zwischenland zu bringen, wofür im Augenblick vor allem Cuba empfohlen werden kann. Das Visum für Cuba kann in etwa 10 Tagen erreicht werden. Für die Durchführung sind allerdings Geldmittel erforderlich."

Zu dieser Möglichkeit über Cuba schrieb Salli Reichenbenberg (26. 10. 1941): "Es haben sich viele Reiselustige an ihre Verwandten in den USA telegraphisch gewandt, um die Einreise nach Cuba schnellstens zu ermöglichen. Ich hielt das bei uns nicht angebracht. Die vielen Dollars können nicht aufgebracht werden und wenn schon, dann kämen wir - wie im Sommer - schließlich wieder zu spät und das Geld ginge flöten. Wie ich mich kürzlich unterrichten ließ, kostet die Reise über Cuba je Person

- Schiffskarte nach Cuba 350 $
- Gebühr an die hiesige Agentur für Übernahme einer erforderlichen Bürgschaft 375 $ (von denen nichts zurückvergütet wird, die also verfallen)
- als Sicherstellung des Lebensunterhaltes in Cuba 500 $ (von denen angeblich zurückvergütet wird, was bei einer baldigen

Weiterreise nach den USA nicht verbraucht wird)
- Fahrt von Cuba nach den USA ca. 100 - 150 Dollar
Zusammen also 1 000 -1 400 $ je Person."

Bei dieser Entscheidung Salli Reichenbergs stand im Hintergrund das Wissen von Ludwigs monatlichem Verdienst von 150 Dollar, und das Wissen um die gerade verlorenen Dollars für die Schiffspassagen in Höhe von 1000 Dollar. Er schrieb deshalb weiter: "Sollte indessen noch eine andere Möglichkeit bestehen, zu Euch zu gelangen, auch wenn wir einen Teil der Kosten hier bezahlen könnten, so werdet ihr schon Mittel und Wege dafür ausfindig machen, und es uns rechtzeitig wissen lassen, vorausgesetzt, daß wir noch von hier fortkönnen."

Am 24. Oktober 1941 sandte Ludwig ein Telegramm an seinen Vater: "Ausfindet, ob Ernst Ausreisegenehmigung bekommt. Will ihn nach Cuba bringen. Ludwig."[36)]

2. 11. 1941: "Auf euer Telegramm mußten wir Euch einen negativen Bescheid geben. Unsere Antwort, daß vorläufig keine Genehmigung zu erhalten sei, habt Ihr wohl erhalten. Hier war für Ernst keine Ausnahme zu erreichen. Eure Bemühungen, die ich dankbar anerkenne, werden vorerst keinen Erfolg haben."

16. 11. 1941 Ernst: "Wegen meiner Cuba-Auswanderung glaube ich Euch nächstens etwas mitteilen zu können, vielleicht wird es doch noch zusagend."

Die Auswanderung von Juden aus Deutschland war mit dem Geheimerlaß vom 23. Oktober 1941 verboten worden. Schon am 19. Oktober 1941 waren mehr als 1000 Juden aus Frankfurt verschleppt worden, darunter auch der Onkel Julius und Tante Johanna Reichenberg sowie die Cousine Rosa mit ihrer Familie.

Ende Juni 1942 befand sich nach den Aufstellungen über die Juden in Frankfurt außer Ernst nur noch ein anderer junger Mann im Alter von Ernst (Jg. 1913 - 1921) in Frankfurt.[36a)] Alle anderen waren schon in die Todeslager verschleppt worden.

Ernst Reichenberg wurde mit seiner Frau Renate, die er am 3. September 1942 geheiratet hatte, und seinen Eltern und Schwiegereltern am 15. September 1942 aus Frankfurt nach Theresienstadt verschleppt. Vier Monate später kam er auf einen Transport nach Auschwitz, wo er vermutlich sofort nach seiner Ankunft vergast wurde.

Ludwig Reichenberg

Noch im Kaiserreich wurde Ludwig Reichenberg 1910 im Hause Reichenberg, in der heutigen Eugen-Kaiser-Straße 7, geboren. Freudig meldete sein Vater Salli dem Standesbeamten auf dem Windecker Rathaus die Geburt seines ersten Sohnes an.

Reichenbergs hatten eine Leica-Kamera und hielten gerne ihren kleinen Sprößling Ludwig im Bilde fest: zu Purim (jüdisches Fest mit Verkleidung - d. V.), im Garten mit Uniformmütze und Pfeife. Wie viele Windecker Kinder der verschiedensten Generationen wurde der kleine Ludwig auch auf der Holzbrücke über die Nidder, im Hintergrund die Mauern der Eisenbahnbrücke, fotografiert.

Eingeschult wurde Ludwig 1916 mitten im Ersten Weltkrieg zusammen mit Hilde Levi. Sein größter Wunsch zu dieser Zeit war, später einmal "Pfarrers Erika", die Tochter des Windecker Pfarrers Henss zu heiraten, die auch seine Klassenkameradin war. 1920 wechselte er in die Oberrealschule in Hanau, die er 1926 mit der Reife für die O II (Obersekunda) verließ. Der Schulabschluß wurde mit einem frohen Fest in der Reichenbergschen Wohnung begangen. Sein liebster Begleiter war sein Schäferhund, mit dem er vor dem Bleichhäuschen an der Nidder zu sehen ist.

Ludwig Reichenberg vor dem Bleichhäuschen an der Nidder um 1928

Hilda Reichenberg mit Sohn Ludwig als Gruß für Salli Reichenberg, der als Soldat im Krieg war, 1915

In Offenbach absolvierte er in einem großen Kaufhaus eine kaufmännische Lehre. Er wohnte in der Louisenstraße 1. Bis 1932 arbeitete er dann in Mainz bei der Firma Julius Lahnstein, die auch Mitgliedsfirma im Karstadtkonzern war. Ab Januar 1932 kehrte Ludwig als erfahrener Textilkaufmann nach Windecken zurück, um in das Geschäft seines Vaters einzutreten. Nach einigen Jahren sollte Ludwig dann das gutgehende Textilgeschäft "Gebrüder Reichenberg" als alleiniger Inhaber führen. Aber dazu sollte es nicht kommen.

Seine Freizeit verbrachte Ludwig des öfteren in Frankfurt. Durch seinen Freund Theo Haas aus Heldenbergen lernte er eines Tages in einem Kaffeehaus dort Edith Katz kennen (* 26. 5. 1914 in Nentershausen). Er telefonierte Edith ein paar mal an, um zu fragen, ob sie mit ihm ausgehen würde, was sie aber nicht tat. Nach einem zweimonatigen Belgienaufenthalt von Edith versuchte Theo Haas erneut sein Glück, Ludwig und Edith zusammenzubringen. Ludwig kam dann einmal in der Woche nach Frankfurt, um dort mit Edith auszugehen. Sie arbeitete in einem Lebensmittelgeschäft in der Börnestraße, wo koschere Sachen verkauft wurden. Nach der Auflösung dieses jüdischen Geschäftes arbeitete sie als Haushaltshilfe. Sie wanderte dann 1938 nach Amerika aus. Edith und Ludwig blieben im Briefkontakt, sahen aber eigentlich ihre Beziehung als beendet an, da sie ja nicht wußten, ob sie sich je wiedersehen würden.

Auch Ludwig bemühte sich um verschiedene Möglichkeiten, Deutschland verlassen zu können. Es war ihm ganz egal, in welches Land er gehen würde: England, Amerika, Südamerika, die Hauptsache war ihm, Deutschland verlassen zu können. So nahm er auch Spanischunterricht in Büdesheim. So wandte er sich mit einer Bitte an den "Nationalen Rat jüdischer Frauen" in New York: "Um nach den USA auswandern zu können, hätte ich gerne die Adressen der Nachkommen des Herrn Sandel Löwenstein, geboren 1846 in Netra (Bezirk Kassel) in Deutschland. Derselbe wohnte 1881 in Philadelphia und hatte mehrere Kinder. Er war der Bruder meines Großvaters".[37]

Am 14. Juli 1938 hatte er beim amerikanischen Konsulat in Stuttgart einen Antrag zur Erteilung eines amerikanischen Visums eingereicht und die Wartenummer 4 943 erhalten. Bürgschaften bekam er durch die Vermittlung seiner Tante Kathinka Reichenberg, die 1937 nach Nashville/Tennessee ausgewandert war. Eine Zusatzbürgschaft seines Vetters Siegfried Reichenberg wurde vom Konsulat abgelehnt, weil das Einkommen und der finanzielle Rückhalt dieses Bürgen ungenügend waren. So stellte ein Verwandter der Freundin Edith Katz noch eine solche Zusatzbürgschaft.

Während des Novemberpogroms wurde Ludwig Reichenberg am 10. November 1938 in der elterlichen Wohnung verhaftet. Sein Onkel Julius wurde ebenfalls verhaftet. Mit einem Kraftwagen wurde er dann nach Hanau in das Polizeigefängnis Fronhof eingeliefert. Der Bürgermeister von Windecken forderte in einem Schreiben an Ludwig Reichenberg nach einigen Wochen: "Für die Bereitstellung eines Kraftwagens bei Ihrem Abtransport anläßlich der Verhaftung am 10. November v.Js. sind der hiesigen Stadt 7,10 Rm. Unkosten entstanden. Sie werden ersucht, den genannten Betrag innerhalb 5 Tagen zur hiesigen Stadtkasse zu zahlen."[38] Von Hanau wurden die Verhafteten in das Konzentrationslager Buchenwald verschleppt. Ludwig Reichenberg wurde dort am 12. November 1938 eingeliefert und bekam die Häftlingsnummer 25 289. Als Grund für die Inhaftierung wurde im Konzentrationslager Buchenwald "Aktionsjude" eingetragen. Wie allen anderen Häftlingen in Buchenwald wurden ihm die Haare abrasiert.

Alle Ereignisse des Novemberpogroms hatte Edith in Amerika verfolgt und sich an an die Eltern von Ludwig gewandt. Dort

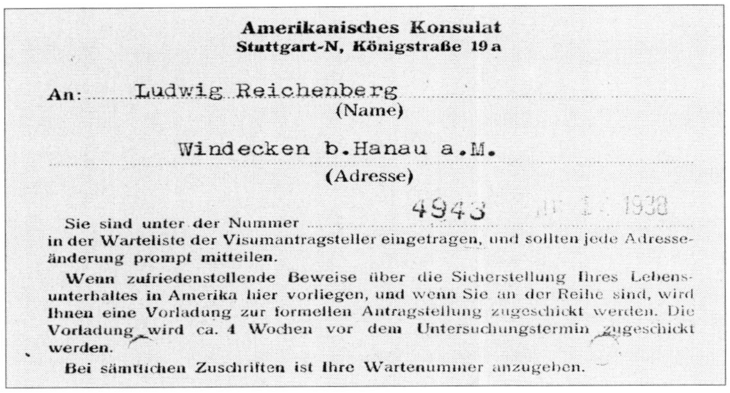
Amerikanisches Konsulat
Stuttgart-N, Königstraße 19a

An: Ludwig Reichenberg
(Name)

Windecken b.Hanau a.M.
(Adresse)

Sie sind unter der Nummer 4943 [date stamp: ...1938]
in der Warteliste der Visumantragsteller eingetragen, und sollten jede Adresseänderung prompt mitteilen.

Wenn zufriedenstellende Beweise über die Sicherstellung Ihres Lebensunterhaltes in Amerika hier vorliegen, und wenn Sie an der Reihe sind, wird Ihnen eine Vorladung zur formellen Antragstellung zugeschickt werden. Die Vorladung wird ca. 4 Wochen vor dem Untersuchungstermin zugeschickt werden.

Bei sämtlichen Zuschriften ist Ihre Wartenummer anzugeben.

Wartenummer des amerikanischen Konsulates für Ludwig Reichenberg Juli 1938

Ludwig Reichenberg im Januar 1939 nach seiner Entlassung aus dem KZ Buchenwald

erfuhr sie, daß, wenn Ludwig ein Visum zur Einreise nach Amerika vorweisen könne, er freigelassen werde. So setzten die Reichenbergs alles daran, Ludwig aus Buchenwald herauszubekommen. Hilda Reichenberg schrieb am 17. November an das amerikanische Konsulat mit der Bitte, "meinen Sohn Ludwig Reichenberg zwecks Erlangung des Visums möglichst bald nach Stuttgart vorzuladen. Ich will dadurch nicht erreichen, daß er außer der Reihe bevorzugt wird, sondern nur, daß er eine schriftliche Vorladung möglichst bald erhält und dadurch die sonst noch zu seiner Auswanderung nötigen Schritte unternehmen kann."[39] Weiter forderte Hilda Reichenberg "für meinen Sohn

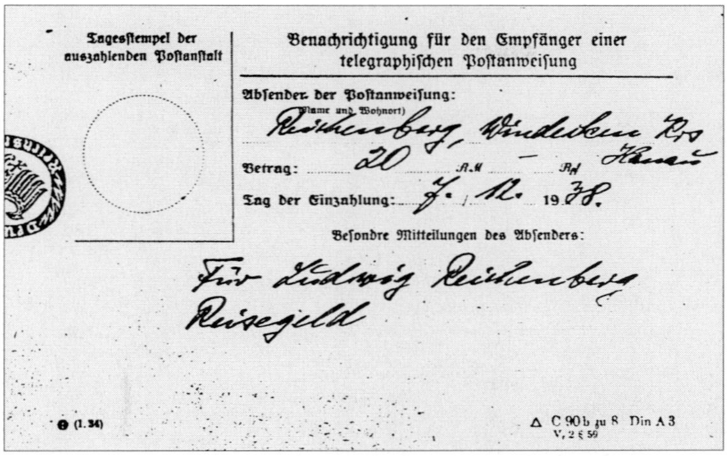

Tagesstempel der auszahlenden Postanstalt

Benachrichtigung für den Empfänger einer telegraphischen Postanweisung

Absender der Postanweisung: (Name und Wohnort) Reichenberg, Windecken Kr Hanau

Betrag: 20 RM — Rpf

Tag der Einzahlung: 7. 12. 1938.

Besondre Mitteilungen des Absenders:

Für Ludwig Reichenberg Reisegeld

(1.34) C 90b zu 8 Din A 3

Reisegeld zur Rückreise aus dem KZ Buchenwald schickte Salli Reichenberg am 1. 12. 1938 aus Windecken für seinen Sohn Ludwig.

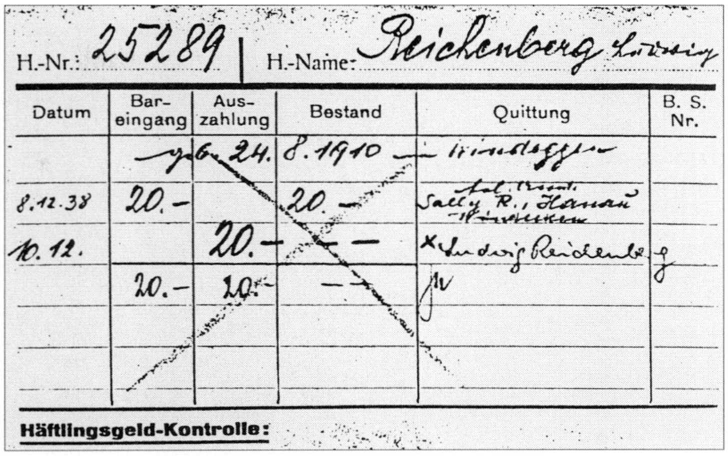

H.-Nr.: 25289 H.-Name: Reichenberg Ludwig

Datum	Bar-eingang	Aus-zahlung	Bestand	Quittung	B. S. Nr.
		6. 24.	8.1940	[illegible]	
8.12.38	20.-		20.-	Sally R., Hanau	
10.12.		20.-	—	x Ludwig Reichenberg	g
	20.-	20.-	—	[illegible]	

Häftlingsgeld-Kontrolle:

Im KZ Buchenwald wurde im November 1938 diese Häftlingskarte mit der Häftlingsnummer 25 289 für Ludwig Reichenberg angelegt.

Ludwig, der am persönlichen Erscheinen verhindert ist, zwecks Auswanderung eine Unbedenklichkeitsbescheinigung an".[40)]

Diese Vorladung aus Stuttgart lag dann bald vor, so daß Salli Reichenberg am 7. Dezember 1938 telegraphisch 20 Reichsmark für die Rückreise aus dem KZ an Ludwig absenden konnte.[41)] Auf der Karteikarte des Häftlings Ludwig Reichenberg wurden Eingang und Ausgang dieser Zahlung genau verbucht.[42)] Am 10. Dezember 1938 wurde Ludwig Reichenberg nach entwürdigenden Wochen aus dem Konzentrationslager Buchenwald entlassen. (Übrigens bekam er später für diese Haftzeit eine Entschädigung von nur 150 DM, mit dem ausdrücklichen Hinweis, daß Haftstrafen unter 30 Tagen nicht entschädigungsfähig sein.)

Auf seinem Paßbild, das nach der Entlassung aufgenommen wurde, sind Ludwig Reichenberg deutlich die Schrecken von Buchenwald anzusehen.

Auswanderung nach Amerika

Am 24. Januar 1939 verließ Ludwig Windecken. Für sein Umzugsgut nach Amerika mußte er noch 868 RM als Abgabe zahlen. An Reichsfluchtsteuer mußte er 1 000.- RM zahlen. Mit dem Zug fuhr er nach Hamburg. Sein Bruder Ernst verbrachte noch die letzten Stunden mit seinem Bruder in Deutschland. Ludwig dachte an den nicht mehr fernen Tag, wo auch seine Familie diese Reise in die Freiheit antreten würde. Das Schiff "SS Hamburg" brachte ihn nach Amerika.

Edith Reichenberg erzählte: "Ich holte Ludwig am Schiff in New York ab. Er sah sehr ärmlich aus, hatte keine Haare auf dem Kopf. Er wohnte dann bei seiner Cousine Frieda Reichenberg in Brooklyn. Dann suchte er eine Anstellung, dies dauerte sehr lange, da zu dieser Zeit kaum Arbeit zu finden war. Außerdem sprach er sehr schlecht Englisch. Ludwig fing dann an in einem Delikatessengeschäft zu arbeiten. Von einfachsten Handlangertätigkeiten arbeitete er sich hoch. Erst nach Jahren ging er zurück in die Textilbranche."[43)] Im Juni 1940 heirateten Ludwig und Edith ohne ihre Eltern und Geschwister in New York.

Sofort nach seiner Ankunft in Amerika sorgte sich Ludwig gemeinsam mit Edith unentwegt über die Eltern und Geschwister in Deutschland. Sie scheuten keine Mittel und Wege, Möglichkeiten zu finden, aber ein Erfolg ihrer Bemühungen und damit ein Wiedersehen mit den Eltern Reichenberg und dem Bruder Ernst gelang nicht. Edith erzählte: "Fast wäre es uns gelungen. Da wir selbst nichts hatten zu dieser Zeit, mußten wir uns Geld leihen, die Auswanderung vorzubereiten war teuer. Jahrelang haben wir an dem Geld zurückgezahlt. Alles war umsonst."

Jede Woche schrieb Ludwig einen Brief nach Windecken, später Frankfurt und wöchentlich wurde auch ein Brief an ihn geschrieben. Der 147. Brief vom 16. November 1941 sollte der letzte Brief von den Eltern und Ernst sein. In ihren letzten Briefen kündigten sie schon die Vermutung an, daß sie "abreisen" würden.

Im September 1942 war es dann soweit: vier Tage vor ihrer Deportation nach Theresienstadt schrieb Salli Reichenberg ein 25-Wort- Telegramm nach New York. Dies war das letzte Lebenszeichen, was Ludwig je von seiner Familie, Mutter, Vater, Bruder und Schwägerin erhalten sollte.

Suche nach seinen Familienangehörigen 1945

Gleich zu Beginn des Jahres 1945, mehr als zwei Jahre nach dem letzten Lebenszeichen der Eltern, begann für Ludwig Reichenberg eine fieberhafte Suche nach seinen Eltern und dem Bruder Ernst.

Nach der Befreiung der deutsch besetzten Gebiete im Osten und den ersten Nachrichten von der Existenz der Vernichtungslager wandte sich Ludwig Reichenberg an die Union der Russischen Juden in New York. Dort empfahl man ihm das Moskauer Büro des Roten Kreuzes. Im November 1944 telegraphierte er dorthin in der Hoffnung auf ein Lebenszeichen seiner Eltern und des Bruders Ernst und dessen Frau Renate.

Für den Fall des Auffindens seiner Familie hatte sich Ludwig Reichenberg wieder an das Ministerium für Einwanderung in Washington wenden müssen, zur Vorbereitung der Einreisevisa, falls jemand von seiner Familie gefunden würde.

Die deutschsprachige jüdische Wochenzeitung "Aufbau" veröffentlichte lange Namenslisten von Gesuchten, auch die Namen der Reichenbergs im September 1945.

Wie sehnlichst er sich ein Lebenszeichen seiner Angehörigen wünschte, ist nur zu ahnen..

Im September 1945 wandte er sich an den Sohn einer ihm in New York bekannten jüdischen Familie. Dieser war als amerikanischer Soldat in der Nähe Frankfurts stationiert: "Meine Familie lebte früher in Frankfurt, bis sie deportiert wurde im September oder Oktober 1942. Ich versuchte alles, um herauszufinden, wo sie sind. Aber es war alles vergeblich. Ich habe nun die große Hoffnung, daß Sie besser Gelegenheit haben, um herauszufinden, wo meine Familie sich aufhält, wenn sie die entsprechenden Institutionen befragen."[43a)] Der Antwortbrief, der Ludwig nur wenige Tage später erreichte, enthielt die ersten Hinweise auf das schreckliche Schicksal seiner Angehörigen: "Lieber Herr Reichenberg! Ich bedaure zutiefst, Ihnen zu sagen, daß Ernst und Renate Reichenberg von hier nach Lublin in Polen deportiert wurden, während Ihre Eltern nach Theresienstadt und 1944 nach Polen verschickt wurden. Diese Informationen erhielt ich von Dr.

Ludwig Reichenberg - Foto 1962

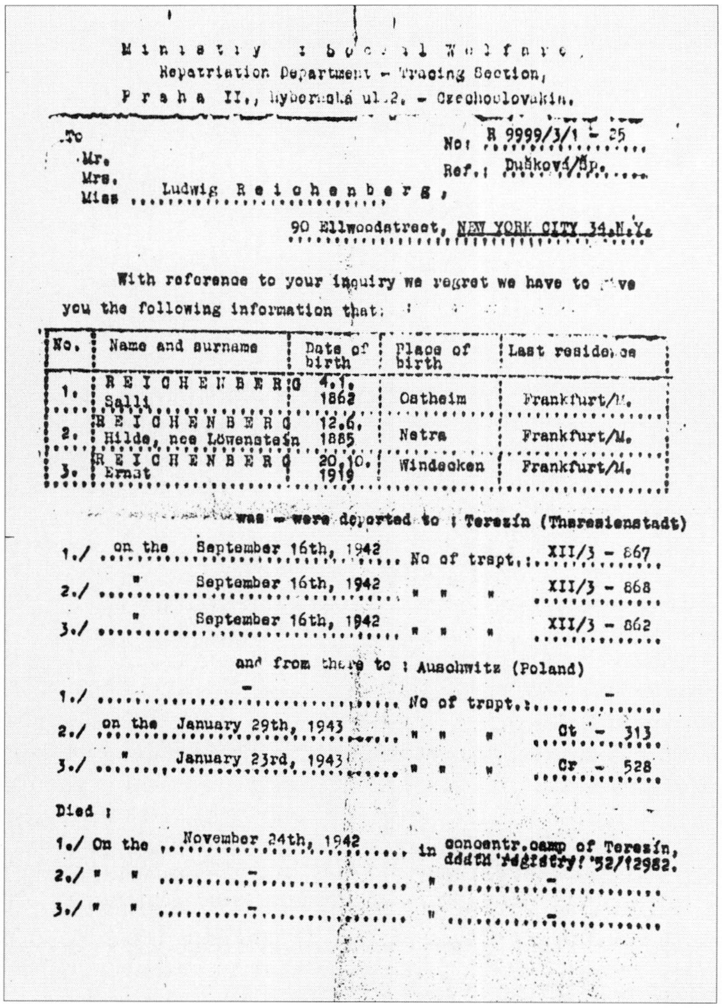

Ministry of Social Welfare,
Repatriation Department - Tracing Section,
Praha II., Hybernská ul. 2. - Czechoslovakia.

To
Mr.
Mrs.
Miss Ludwig Reichenberg,

No: R 9999/3/1 - 25
Ref.: Dušková/Šp.

90 Ellwoodstreet, NEW YORK CITY 34.N.Y.

With reference to your inquiry we regret we have to give you the following information that:

No.	Name and surname	Date of birth	Place of birth	Last residence
1.	REICHENBERG Salli	4.1. 1862	Ostheim	Frankfurt/M.
2.	REICHENBERG Hilde, nee Löwenstein	12.6. 1885	Netra	Frankfurt/M.
3.	REICHENBERG Ernst	20.10. 1919	Windecken	Frankfurt/M.

was - were deported to : Terezín (Theresienstadt)

1./ on the September 16th, 1942 No of trspt.: XII/3 - 867
2./ " September 16th, 1942 " " " XII/3 - 868
3./ " September 16th, 1942 " " " XII/3 - 862

and from there to : Auschwitz (Poland)

1./ - No of trspt.: -
2./ on the January 29th, 1943 " " " Ct - 313
3./ " January 23rd, 1943 " " " Cr - 528

Died :

1./ On the November 24th, 1942 in concentr.camp of Terezín, death registry: 32/12982.
2./ " " - " -
3./ " " - " -

Mitteilung an Ludwig Reichenberg 1947, daß seine Eltern und der Bruder Ernst im September 1942 nach Theresienstadt verschleppt wurden, wo der Vater starb. Die Mutter und der Bruder wurden von dort nach Auschwitz verschleppt.

Neuhaus, der hier in Frankfurt Rabbiner ist und alle Gestapo-Unterlagen hat. Es war nicht möglich, weiteres herauszufinden. Es tut mir so leid, Ihnen das zu sagen, aber ich vertraue darauf, daß Sie nur über die Wahrheit informiert werden wollten."[44]

Daraufhin wandte sich Ludwig Reichenberg an den Rabbiner Dr. Neuhaus persönlich in Frankfurt. Dieser antwortete ihm: "Alle die von Ihnen Angegebenen habe ich gut gekannt und kann Ihnen leider nichts Gutes über deren Schicksal mitteilen. Ich habe alle oft in Theresienstadt gesprochen. Salli, Hilda, Ernst und Frau Renate geborene Rothschild, Tochter meines Freundes Sigmund Rothschild, sind sämtlich von Theresienstadt nach Polen deportiert worden. Sie sind sämtlich nach Lublin-Ost (Majdanek - d. V.) gekommen und dort gestorben. Einen Todestag können sie leider von niemandem hören. Es tut mir leid, Ihnen solche traurigen Nachrichten mitteilen zu müssen."[45]

Erst im März 1947 erhielt Ludwig Reichenberg weitere Hinweise über die Ermordung seiner Familienangehörigen in den deutschen Konzentrationslagern. Ein Ministerium in Prag teilte ihm mit, daß seine Eltern und der Bruder Ernst am 16. September 1942 in Theresienstadt angekommen waren, daß Salli Reichenberg dort am 24. November 1942 gestorben war, daß seine Mutter von Theresienstadt am 29. Januar 1943 nach Auschwitz und sein Bruder Ernst am 23. Januar 1943 nach Auschwitz deportiert worden waren. Als Randbemerkung konnte er auf dem Schreiben noch lesen: "Personen älter als 50 Jahre kehrten nicht zurück" und der Transport, auf dem der Bruder Ernst nach Auschwitz war, werde als "Todestransport" angesehen.[46]

Das Amtsgericht Frankfurt erklärte Hilda und Ernst Reichenberg mit Beschluß vom 1. Dezember 1947 für tot. Diese Todeserklärungen wurden auch in der deutschsprachigen Zeitung "Aufbau" in Amerika abgedruckt.

So war Ludwigs Familie einfach ausgelöscht, auch Ediths Eltern und Schwester waren von den Nazis ermordet worden. Als der Sohn Peter im Jahre 1944 geboren wurde, hatte er keine Großeltern.

Edith Reichenberg erzählte: "Mein Mann Ludwig ist sehr früh gestorben. Es hatte auch alles mit dieser Zeit zu tun. Mein Mann ist nie darüber hinweggekommen, daß er seine Familie nicht retten konnte und seine Eltern und sein Bruder umgebracht worden sind. Er war 53 Jahre, als er am 8. 12. 1963 in New York starb."[47]

Familie Julius Reichenberg

1875 wurde Julius Reichenberg in Ostheim geboren. Dort arbeitete er mit seinem Vater im Pferdehandel und auch im Spezereigeschäft in der Mittelgasse. Er heiratete dort Johanna Hirschmann (*6. 9. 1881) aus Großkrotzenburg.

Vier Töchter wurden dem Ehepaar geboren:

Meta	* 26. 1. 1906	in Ostheim
Frieda	* 4. 3. 1907	in Ostheim
Rosa	* 10. 8. 1908	in Windecken
Rita	* 14. 2. 1911	in Windecken

Nach seiner Heirat im Juni 1905 übernahm Julius Reichenberg die Eisenhandlung in Windecken in der Glockenstraße, bis dahin im Besitz von P. Westphal. Er selber hatte bis dahin keinerlei Kenntnisse in dieser Branche, aber seine Frau Hilda kannte sich durch den elterlichen Eisenwarenhandel aus. Einige Jahre führte er das Geschäft noch unter dem eingeführten Namen P. Westphal, Inhaber: Julius Reichenberg. Der "Eisenreichenberg", wie das Geschäft kurz genannt wurde, hatte in weitem Umkreis von Windecken einen guten Ruf.

Julius Reichenberg, Windecken
Glockenstraße 1 Eisenhandlung Tel. Heldenb. 75
Reichhaltiges Lager in Haus- und Küchengeräten
Herde und Öfen — Wasch- und Nähmaschinen
Glas und Porzellan — Landwirtsch. Maschinen

Anzeige aus dem Jahr 1927

Die Tochter Rita Reichenberg erinnerte sich: "Mein Vater ist mit Pferd und Wagen zu seinen Kunden in Kilianstädten, Bruchköbel, Erbstadt, Eichen, Marköbel herumgefahren. Später hatten wir einen schönen Lastwagen, sogar mit Verdeck darauf. Jeden Tag ist der Wagen neu beladen worden, je nachdem, wo wir hinfuhren und was bestellt war. Wir hatten ein großes Lager mit

De Eisehännler

An den (von einem Pferd gezogenen) Wagen der Reichenbergs erinnert 1994 auf einem Mundart-Abend die frühere Nachbarin der Reichenbergs Minna Kawalek: "Met Herde, Öowe, Kohlekroppe, Glas, Porzellan un Heckeschier, met Aamer, Panne, Hacke, Scheppe und Gott waß woas firm Geriehr, für sei Kundschaft vollgeloare, en planverdeckte Prischewaache, bis oowehie voll Haushaltswoarn von Pißdeppsche bis Löffelblech, suu esser iwwer Feld gefoahrn - der Eisehännler Reichenberg!"[51]

Öfen und Herden, auch Eisenteile und Träger hinten am Haus, auch eine Werkstatt hatten wir. Im Laden hatten wir Glas, Porzellan und Emaillesachen. Zu Weihnachten führten wir Christbaumständer und und Geschenksachen. Auch Ofenrohre verkauften wir. Meine Mutter führte den Laden. Ich fuhr viel mit dem Fahrrad herum, um die bestellten Sachen auszutragen.
Mein Vater fuhr jeden Montag nach Frankfurt, um dort für das Geschäft einzukaufen. Das einzige, was er sich montags dort immer leistete, war ein römisch-irisches Dampfbad. Sonst nahm er sich keine Zeit für sich. Wenn er zum Beispiel ein Paar neue Schuhe braucht, so ging er in Frankfurt zu Salamander herein, sagte die Größe und ließ sich die Schuhe einpacken. Wenn sie nicht paßten, so brachte er sie am nächsten Montag zurück. Er war auch Vertrauensmann für Geschäftsabschlüsse und für Heiraten. Man schrieb ihm dann aus den umliegenden Orten und fragte nach bestimmten Hintergründen. Es ging um Vertrauenssachen, über die man nicht gesprochen hat."[48]
Julius Reichenberg war Mitglied im Kriegerverein Windecken. Im Ersten Weltkrieg war er Soldat.
Mit der Herrrschaft der Nazis in Windecken wurde auch das Geschäft der Reichenbergs boykottiert, und der Umsatz ging sehr stark zurück. Kunden kamen höchstens noch bei Dämmerung.

Als im November 1937 ein SA-Mann in Uniform kam, um für den neugeborenen Sohn eine Badewanne zu kaufen, soll Julius Reichenberg so erstaunt gewesen sein, daß er bei seinem Wegzug aus Windecken 1939 dieser Familie aus Dankbarkeit noch einen Kohlenkasten brachte.[49]

Am Hüttenberg (Glockenstraße) befand sich von 1905-1938 die "Julius Reichenberg Eisenhandlung", wie rechts im Bild auf einem Schild zu lesen ist (heute Fahrschule Kropp). 1930

Mit diesem Wagen belieferten die "Eisen-Reichenbergs" ihre Kunden in Kilianstädten, Bruchköbel, Marköbel, Erbstadt und Eichen. Am Steuer Rita Reichenberg. Um 1930.

Johanna Reichenberg mit ihren vier Töchtern:(v.li.) Frieda, Rita, Rosa und Meta vor ihrem Haus. Das Bild wurde 1917 aufgenommen als Gruß für Julius Reichenberg, der als Soldat im Krieg war.

Johanna und Julius Reichenberg mit Tochter Rita und deren Mann Manfred Meyer,1935 vor der Scheune ihres Hauses. Johanna und Julius Reichenberg wurden im Oktober 1941 gewaltsam nach Lodz verschleppt und ermordet. Rita floh nach Palästina.

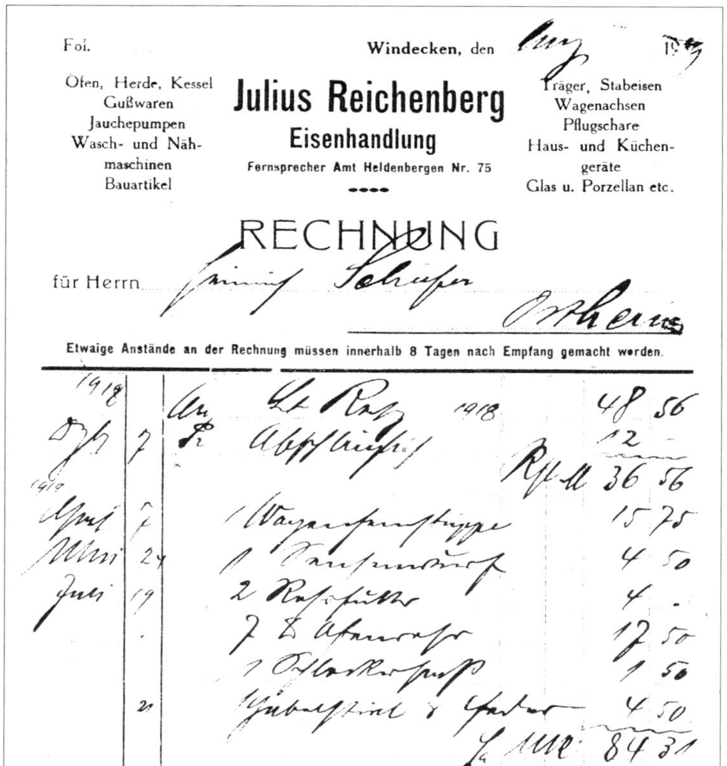

Fol. Windecken, den

Ofen, Herde, Kessel
Gußwaren
Jauchepumpen
Wasch- und Nähmaschinen
Bauartikel

Julius Reichenberg
Eisenhandlung
Fernsprecher Amt Heldenbergen Nr. 75

Träger, Stabeisen
Wagenachsen
Pflugschare
Haus- und Küchengeräte
Glas u. Porzellan etc.

RECHNUNG

für Herrn

Etwaige Anstände an der Rechnung müssen innerhalb 8 Tagen nach Empfang gemacht werden.

Rechnung von Julius Reichenberg aus dem Jahre 1918 für Heinrich Schäfer, Ostheim.

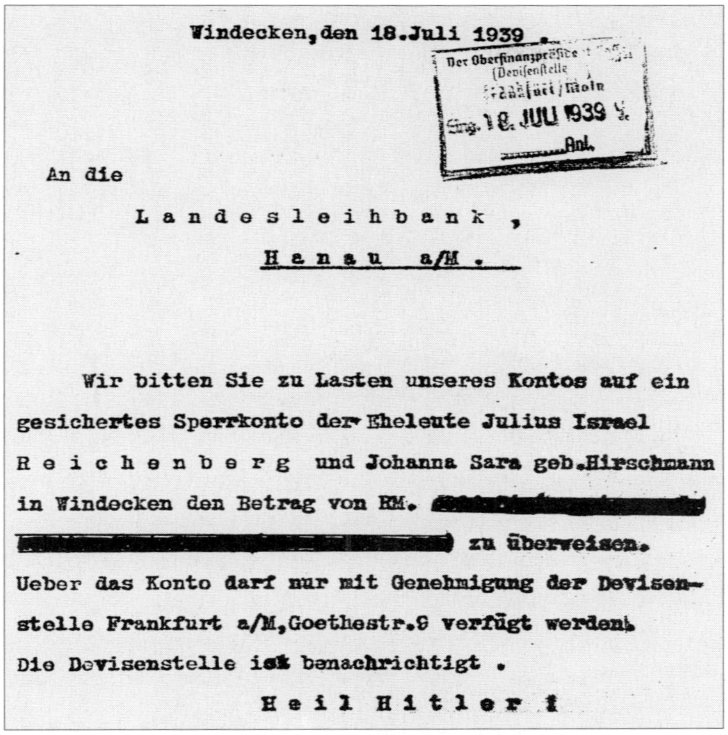

Windecken, den 18.Juli 1939.

Der Oberfinanzpräsident
Devisenstelle
Eing. 18. JUU 1939

An die

Landesleihbank,

Hanau a/M.

Wir bitten Sie zu Lasten unseres Kontos auf ein gesichertes Sperrkonto der Eheleute Julius Israel Reichenberg und Johanna Sara geb.Hirschmann in Windecken den Betrag von RM. [redacted] zu überweisen.

Ueber das Konto darf nur mit Genehmigung der Devisenstelle Frankfurt a/M,Goethestr.9 verfügt werden.

Die Devisenstelle ist benachrichtigt.

Heil Hitler!

Über das Geld, das Reichenbergs für den Verkauf ihres Hauses in Windecken erhielten, konnten sie nicht frei verfügen, es war auf einem "gesicherten Sperrkonto beschlagnahmt".

Im Frühjahr 1936 besuchte Julius Reichenberg seine Tochter Rita in Palästina. "Mein Vater hatte die Erlaubnis, für 6 Wochen in Palästina zu bleiben. Ich fuhr mit ihm herum und zeigte ihm verschiedenes. Nach drei Wochen sagte er jedoch, daß er heim müßte, da die Bauern auf ihn warten. Er versprach mir, alles für die Auswanderung vorzubereiten. Wir verabschiedeten uns in der Hoffnung auf ein Wiedersehen, doch ich sah meine Eltern nie wieder." [30]

In der sogenannten Kristallnacht im November 1938 wurde versucht, das Haus der Familie Reichenberg in der Glockenstraße 4 anzuzünden.

Während des Novemberpogroms wurde Julius Reichenberg verhaftet und in das Konzentrationslager Buchenwald verschleppt. Nach schrecklichen zwei Wochen wurde er, nachdem das Geld für eine Fahrkarte Weimar - Windecken in Höhe von 30 RM am 18. 11. 1938 telegraphisch aus Windecken angewiesen war, entlassen. Möglicherweise wurde Julius Reichenberg als Frontkämpfer "schon" nach 14 Tagen entlassen. Vielleicht lag auch ein Nachweis über die vorbereitete Auswanderung vor.

Aus dem KZ Buchenwald zurückgekehrt, wurde Julius Reichenberg aufgefordert, einen recht hohen Betrag für die Beseitigung der zerstörten Synagoge zu bezahlen.

Unmittelbar nach der Rückkehr aus dem KZ Buchenwald verkauften Reichenbergs mit Kaufvertrag vom 6. Dezember 1938 ihr Haus. Der Kaufpreis wurde auf ein für die Besitzer des Kontos gesperrtes Konto eingezahlt, über das Reichenbergs nicht frei verfügen konnten. Im Juni 1939 mußten Reichenbergs eine sogenannte "Judenabgabe" von mehr als 2 000 RM bezahlen.

Am 3. August 1939 zogen Julius und Johanna Reichenberg nach Frankfurt in die Ulmenstraße 7, im Juli 1940 zogen sie in die Joseph-Haydn-Straße 37 um.

Hoffnung auf Auswanderung nach Amerika

Julius und Johanna Reichenberg hofften, nach Amerika zu ihrer Tochter Frieda auswandern zu können. Diese Hoffnungen spiegelten sich in den Briefen des Bruders Salli Reichenberg an den Sohn in Amerika wider:

20. 4. 1939: "Onkel Julius ist mit seiner Auswanderung noch keinen Schritt weiter gekommen."

30. 11. 1939: "Onkel Julius und Rosas Nummern (Wartenummern beim Konsulat in Stuttgart zur Erteilung des Visums - d. V.) sind schon überholt, weil die Bürgschaften nicht genügen."

21. 12. 1939: "Wenn doch nur die Auswanderung von ihnen mal klappen würde."

4. 1. 1940: "Onkel Julius wartet noch auf seine Papiere aus Amerika, die durch Frieda schon so lange unterwegs sein sollen... sonst könnte er schon lange fort sein."

17. 1. 1939: "Onkel Julius könnte schon lange fort sein, wenn er die Papiere hätte, es geht alles so langsam."

1. 2. 1940: "Mit Onkel Julius geht es immer noch nicht voran."

8. 2. 1940: "Es geht so langsam mit Onkel Julius."

8. 4. 1940: "Tante und Onkel verzweifeln gerade, daß sie nicht fortkönnen."

21. 4. 1940: "Onkel Julius hat endlich seine Bürgschaft in Stuttgart und wird wohl in einigen Wochen dort vorgeladen."

28. 4. 1940: "Onkel Julius hat endlich die Bürgschaft in Stuttgart."

5. 5. 1940: "Onkel Julius soll inzwischen Nachricht haben, daß seine Bürgschaften nicht genügen. Ich habe ihn selbst noch nicht gesprochen. Ich denke aber von mir aus, falls Frieda dort keine Hilfe für ihre Eltern finden kann, ob sie nicht Rita (in Palästina) veranlassen könnte, von ihren überschüssigen Mitteln die erforderlichen Dollars nach New York zur Verfügung zu stellen. Es ist schon traurig, daß Julius nicht vorwärts kommt."

13. 5. 1940: "Wegen Onkel Julius hatte ich Dir letzte Woche schon geschrieben und möchte auf seine Veranlassung Dich nochmals auf ihn aufmerksam machen. Seine beiden Bürgschaften sind ungenügend, auch bei Frieda und Manfred ist das Vermögen und Einkommen zu gering. Julius meint, wenn Du Dich mal an die Borkener Cousine, Hotelbesitzerin in New York oder deren Bruder in Chicago, der in guten Verhältnissen leben soll, wenden würdest oder von letzterem wenigstens die Adresse hierher berichten könntest. Vielleicht sind Dir sonst geeignete Verwandte bekannt geworden. Wie ist es zum Beispiel mit den Würzburgern? Nach Nashville (zu seiner Schwester Kathinka - d. V.) hat Julius selbst geschrieben. Er erwähnt noch, daß eine eventuelle Bürgschaft außer den Vermögens- und Einkommensangaben mit den Bankbestätigungen, den nahen Verwandtschaftsgrad und ferner den Satz enthalten müssen: 'Wir haften für Obdach, sowie für den Lebensunterhalt, so daß solche niemals dem Staate zur Last fallen.' Letzteres betrachtet Julius als reine Formsache. Wir hoffen, in der Sache etwas von Dir zu hören. Es wäre sehr zu wünschen, wenn Ihr etwas für Tante Johanna und Onkel Julius tun könnt."

22. 7. 1940: "Für Onkel Julius werdet Ihr selbst vorerst nicht viel tun können, außer daß ihr Frieda und Manfred scharf macht. Aus Nashville hatten wir einen Brief mit Onkel Julius zusammen, wo sie unter anderm auch erwähnen, daß Frieda die Sache nicht richtig gemacht habe."

22. 1. 1941: "Onkel Julius hat angeblich in voriger Woche wegen Elternbürgschaft und Zusatzbürgschaft an Frieda telegaphiert."

6. 3. 1941: "Onkel Julius wartet auf Nachricht aus Stuttgart, nachdem vor einigen Wochen neue Bürgschaft und Zusatzbürgschaft von Frieda abgesandt wurde."

24. 4. 1941: "Onkel Julius hat endlich genügende Bürgschaften und das Geld für seine Schiffsplätze sei bei der Hapag einbezahlt, so daß er jetzt auf seine Vorladung nach Stuttgart wartet."

In einem Brief von Klara Levi aus Ostheim heißt es am 15. 6. 1941: "Frieda Reichenberg hat jetzt für ihre Eltern Papiere und hofft, daß sie am 2.Oktober 1941 fahren können."

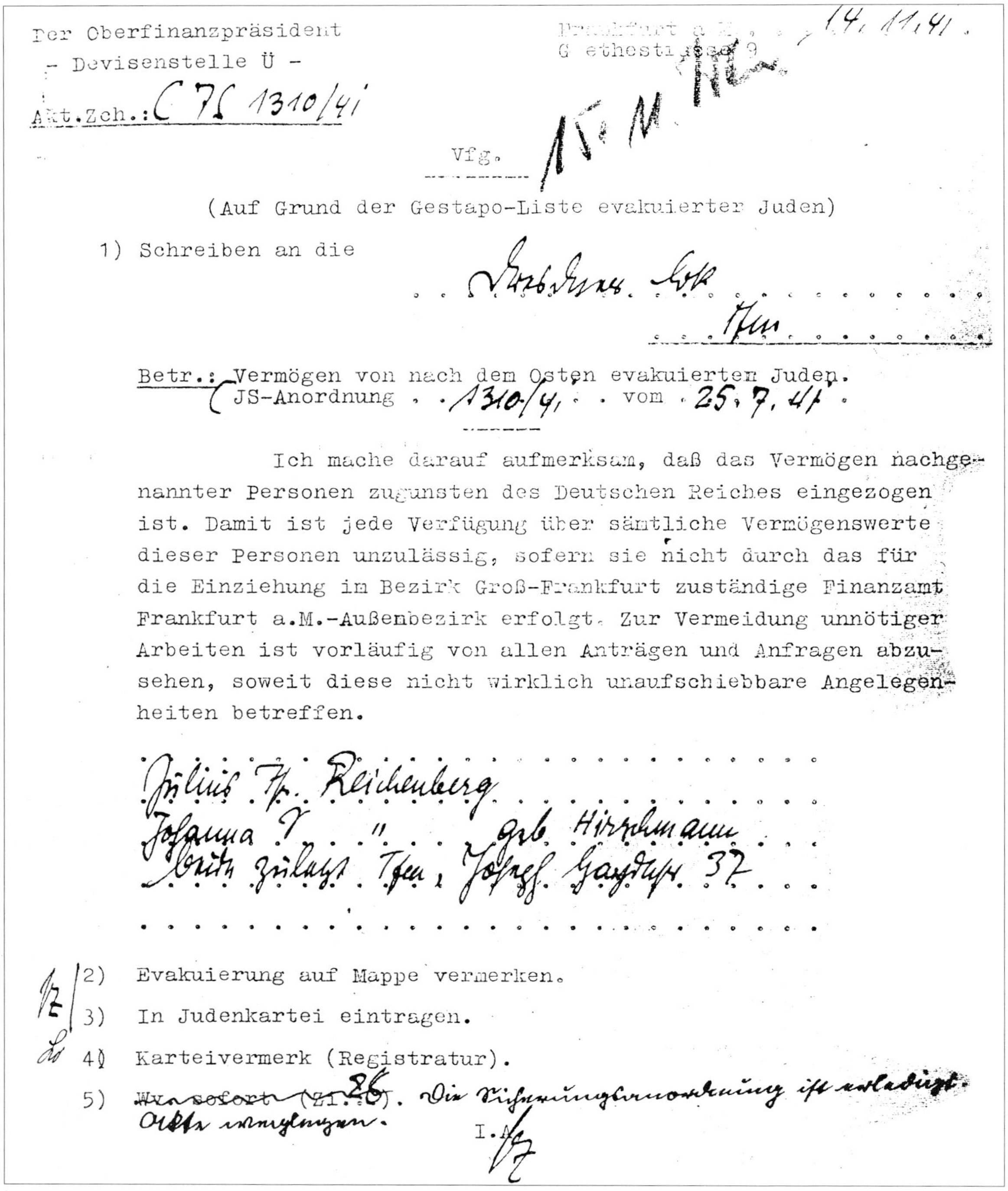

Der Oberfinanzpräsident
- Devisenstelle Ü -
Akt.Zch.: C 7 C 1310/41

Frankfurt a.M., Goethestrasse 9, 14.11.41.

Vfg.

(Auf Grund der Gestapo-Liste evakuierter Juden)

1) Schreiben an die
Dresdner Bk.
Hanau

Betr.: Vermögen von nach dem Osten evakuierten Juden.
JS-Anordnung 1310/41 vom 25.7.41

Ich mache darauf aufmerksam, daß das Vermögen nachgenannter Personen zugunsten des Deutschen Reiches eingezogen ist. Damit ist jede Verfügung über sämtliche Vermögenswerte dieser Personen unzulässig, sofern sie nicht durch das für die Einziehung im Bezirk Groß-Frankfurt zuständige Finanzamt Frankfurt a.M.-Außenbezirk erfolgt. Zur Vermeidung unnötiger Arbeiten ist vorläufig von allen Anträgen und Anfragen abzusehen, soweit diese nicht wirklich unaufschiebbare Angelegenheiten betreffen.

Julius Isr. Reichenberg
Johanna S. " geb. Hirschmann
Beide zuletzt Hanau, Johgl. Gasstr. 37

2) Evakuierung auf Mappe vermerken.
3) In Judenkartei eintragen.
4) Karteivermerk (Registratur).
5) ~~Wv sofort (Zi. 26)~~. Die Sicherungsanordnung ist erledigt. Akten weglegen.

I.A.

Nach der gewaltsamen Verschleppung von Julius und Johanna Reichenberg 1941 in das Ghetto Lodz wurde die Beschlagnahme ihres Vermögens angeordnet.

Diese Hoffnung sollte sich nicht erfüllen, denn am 19. Oktober 1941 wurden Julius und Johanna Reichenberg im ersten Transport aus Frankfurt nach Lodz in das Ghetto Litzmannstadt verschleppt, gemeinsam mit ihrer Tochter Rosa, dem Schwiegersohn Hugo Rollmann und dem 8jährigen Enkel Helmut. Im Ghetto Litzmannstadt lautete ihre Adresse Gneisenau 26.[52] Sie alle wurden dort ermordet, in den Gaswagen von Kulmhof.

Das gesperrte Vermögen von Julius und Johanna Reichenberg wurde wenige Wochen nach der Deportation beschlagnahmt zugunsten des Deutschen Reiches. Mit Schreiben vom 27. April 1942 an die Devisenstelle bestätigt die Dresdner Bank dies.

Die Reichenberg-Mädchen

Die vier Töchter der "Eisen-Reichenbergs" waren in Windecken als sehr hübsche Mädchen und später als schöne Frauen bekannt. Sie waren begehrte Tanzpartnerinnen bei den verschiedensten Tanzgeselligkeiten. Ein Bild, für den Vater im Kriege aufgenommen, zeigt Frau Reichenberg auf der Treppe ihres Hauses mit ihren vier Töchtern.

Meta Reichenberg (* 1906)
Sie besuchte die Volksschule in Windecken. Durch einen Unglücksfall als Kind wurde ihr rechtes Auge verletzt. Später sollte Meta mit einem Viehhändler verheiratet werden, dagegen wehrte sie sich aber. Ihre Eltern waren darüber erzürnt und bestraften Meta schwer für ihre Weigerung. Meta erkrankte nach einiger Zeit und mußte in der Landesheilanstalt Marburg leben. Dort starb sie am 24. Oktober 1934 im Alter von 28 Jahren und wurde auf dem jüdischen Friedhof in Windecken beerdigt.

Frieda Reichenberg (*1907)
Sie besuchte die Volksschule in Windecken. Sie heiratete 1928 den Viehhändler Manfred Sommer (* 6. 8. 1895) aus Crainfeld, Kreis Lauterbach. Etwa 1930 wurde die Tochter Ilse geboren. Ilse besuchte gerne ihre Großeltern in Windecken. Frieda und ihrer Familie gelang die Flucht nach Amerika. Frieda starb dort im Jahre 1967, die Tochter Ilse lebt in New York.

Schulbild von 1914: Frieda und Rosa Reichenberg (2. Reihe von oben, 1. und 2. von rechts), Meta Reichenberg (3. Reihe von unten, 3. von links), Hermann Levi (2. Reihe von unten, 5. von rechts)

Frieda Reichenberg (untere Reihe, 4. von rechts) mit ihren Klassenkameraden im Jahre 1920

Rosel Reichenberg
Hugo Rollmann
VERLOBTE
DEZEMBER 1931
WINDECKEN bei Hanau a.M.
HEUSENSTAMM bei Offenbach a.M.

Verlobungsanzeige von Rosa Reichenberg, 1931

Rosa Reichenberg mit der Tochter ihrer Schwester Frieda im Garten ihres Elternhauses in der Glockenstraße um 1932. Im Oktober 1941 wurde sie gewaltsam nach Lodz verschleppt und ermordet.

Rosa Reichenberg (* 1908)
Gemeinsam mit ihren Schwestern besuchte Rosa die Volksschule in Windecken. 1932 heiratete sie den Metzger Hugo Rollmann (* 17. 10. 1900) aus Heusenstamm. Trauzeugen waren die Väter des Brautpaares. Seit Generationen führten die Rollmanns schon eine Metzgerei in Heusenstamm. Rosa lebte bei den Schwiegereltern in der Schulstraße 3. Hugo Rollmann war ein angesehener Bürger und auch im Vorstand der jüdischen Gemeinde.
Am 31. 8. 1934 wurde ihr Sohn Helmut geboren. Er soll ein ganz goldiger Junge gewesen sein.

In der Nazizeit wurde die Familie Rollmann in Heusenstamm geächtet. Rosa und ihre Familie stellten beim amerikanischen Konsulat einen Antrag zur Erteilung eines Visums nach Amerika, wo die Schwester Frieda lebte. Die Wartenummer war noch nicht allzu hoch, aber die Schwester Frieda konnte keine ausreichenden Bürgschaften für Rosa und die Familie in Amerika besorgen. So scheiterte diese Hoffnung auf Auswanderung nach den USA.

Im Oktober 1938 erhielt Rosas Ehemann folgendes Schreiben vom dortigen Bürgermeister: "Ich setze Sie hiermit in Kenntnis, daß Sie als Fremdrassiger das hiesige Gemeindeschlachthaus nicht mehr zu betreten haben. Da Sie anscheinend die Zeichen der Zeit nicht von selbst verstehen, erteile ich Ihnen hiermit ausdrücklich Schlachthausverbot."[53)]

Während des Novemberpogroms 1938 wurde Rosas Mann verhaftet und in ein KZ verschleppt.[54)]

Nach der Rückkehr aus dem KZ Buchenwald verließ die Familie Rosa Rollmann Heusenstamm und zog nach Frankfurt in die Unterlindau 74. Auch Rosas Schwiegereltern wohnten jetzt dort. Hugo arbeitete in der Nähe von Eisenach. Rosa arbeitete in der Pension von Josef Heching in der Altkönigstraße 19 in Frankfurt.

Im September 1940 besuchte der kleine Helmut Rollmann seinen Großonkel Salli Reichenberg in Windecken. Dieser schrieb zu diesem Besuch: "Anläßlich ihres vorwöchentlichen Besuchs hat die Mutter den kleinen Helmut Rollmann mit hierher gebracht. Er wollte durchaus mit der Tante Hilda fahren und war hier sehr brav und bescheiden. Auch zeigte er keine Spur von Heimweh - vier Tage - bis plötzlich am Sonntagvormittag, eine halbe Stunde, bevor Ernst nach Frankfurt fahren wollte, er in Tränen ausbrach und sich nicht mehr länger halten ließ. Als ihn Ernst in Frankfurt ablieferte, war gerade die Postkarte eingetroffen, in der Helmut um seine Wintersachen geschrieben hatte, weil er über den Winter bei uns bleiben wollte."
Im August 1941 wurde der Sohn Helmut eingeschult. "Er ist ein schöner Junge", schrieb Ernst Reichenberg anläßlich dieses Tages.

Im September 1941 waren auch Rosa und Familie gezwungen, den Judenstern zu tragen. Am 19. Oktober 1941 wurde Rosa mit ihrem Mann und dem achtjährigen Helmut, ihren Eltern und der Schwiegermutter aus ihrer Wohnung gezerrt und nach Polen verschleppt, nach Lodz in das Ghetto Litzmannstadt. Alle wurden dort ermordet, vermutlich in den Gaswagen von Kulmhof.

Rita Reichenberg (* 1911)
Rita Reichenberg besuchte die Volksschule in Windecken, sie war begeistertes Mitglied im Turnverein. Ihr Spitzname in Windecken war "Riedel". Nach Beendigung der Schulzeit arbeitete Rita Reichenberg im Geschäft der Eltern mit. Sie sollte das Geschäft einmal übernehmen. Deshalb wurde das Haus im oberen Teil noch aufgestockt.

Sie heiratete im Juni 1935 Manfred Meyer (* 28. 5. 1903) aus Holzhausen im Taunus. Ein Bild zeigt Rita mit ihrem Mann und ihren Eltern im Hof ihres Hauses. Auch Ritas Mann war mit im elterlichen Geschäft tätig. Im März 1936 entschloß sich Rita mit ihrem Mann zur Auswanderung nach Palästina. Sie erinnerte sich: "Meine Eltern waren dagegen, daß ich auswanderte, meine Mutter hat sich fast umgebracht. Ich ging doch nach Palästina. Mein Mann starb ganz plötzlich, nur wenige Monate nach unserer Ankunft in Palästina. Es war alles sehr schwer für mich. Mein Vater kam dann zu mir nach Palästina. Er versprach mir, zu Hause alles für die Auswanderung vorzubereiten, aber dazu kam es nicht mehr."[55)]

1980 besuchte Rita Reichenberg Windecken. Im Juni 1988 war sie mit ihrem Lebenspartner Ernst Östreich Gast bei der Woche der Begegnung.

Familie Sichel

In dem Haus Judengasse 60 - Ostheimer Straße 5 - lebte von 1872 bis zum Beginn dieses Jahrhunderts die jüdische Familie Sichel. In Windecken wurde dieses Haus später das "Werthe-Haus" genannt, heute ist es abgerissen und eine Garage steht auf seinem Platz.

1902 wanderte die Familie Sichel nach Amerika aus.

Der Handelsmann Salomon Sichel (* 1839) stammte aus Heldenbergen und heiratete Mina Sichel (* 1840) aus Korbach in Heldenbergen, wo drei ihrer Kinder geboren wurden:

Rudolf	*	19. 2. 1866
Johanna	*	30. 12. 1869
Jakob	*	17. 12. 1870

Im Jahre 1872 zog die Familie Salomon Sichel nach Windecken in die Judengasse 60. Dort wurden die Kinder geboren:

Rosa	*	31. 1. 1873
Karolina	*	16. 10. 1875
Betty	*	29. 5. 1877
Regine	*	4. 8. 1881

Die ältesten Kinder besuchten bis 1880 die israelitische Elementarschule bei Lehrer Neumark.

Im Jahre 1908 traf die frisch aus Ostheim nach Amerika ausgewanderte 18jährige Mathilde Katz zufällig die Familie Sichel in New York, bei der sie dann einige Zeit lebte.

1933 besuchten die Schwestern Rosa und Regine Sichel ihren Geburtsort Windecken und die ehemaligen Nachbarn.

In diesem Haus (rechts) lebte von 1872 - 1902 die Familie Sichel. Heute ist das Haus abgerissen; eine Garage befindet sich dort.

Diese Informationen waren lange Jahre die einzigen Hinweise auf die Familie Sichel in Windecken. Ein glücklicher Zufall wollte es, daß Kontakt mit einer Enkelin Jakob Sichels in den USA hergestellt werden konnte. Von dort wurden Familienaufzeichnungen von Regina Sichel zur Verfügung gestellt, die eine Darstellung der weiteren Lebensspuren ermöglichen:[56]

Rudolf Sichel (* 1866)
Nach der Schulzeit lebte er in Frankfurt, wo er das Metzgerhandwerk erlernte. Aus geschäftlichen Gründen ging er nach Hamburg, wo er Besitzer einer Wäscherei und Plätterei war. 1904 heiratete er dort Louise Schunk (* 1870 in St. Margarethen, Kreis Steinburg). Sie hatten eine Tochter Gretchen (* 1905). Im Alter von nur 50 Jahren starb Rudolf Sichel 1916 in Hamburg, wo er auch begraben wurde.[57]

Johanna Sichel (* 1869)
Sie lebte in Frankfurt und heiratete einen Herrn Kuhn. Sie hatte fünf oder sechs Kinder, die alle in Frankfurt geboren wurden. Drei ihrer Söhne wanderten zu Beginn des Jahrhunderts aus. Auch Johanna Sichel kam nach Amerika, wo sie im Alter von 65 Jahren am 8. Oktober 1934 in New York starb.

Jakob Sichel (* 1870)
Er wanderte im Jahre 1898 noch 17jährig nach New York aus, um der Militärpflicht zu entgehen. Dort heiratete er Rosa Rosenthal, die aus Philippstein bei Braunfels stammte. Mit ihr hatte er zwei Kinder. Jakob Sichel betrieb ein Geschäft mit Häuten und Fellen. 1941 starb er in New York im Alter von 71 Jahren.

Rosa Sichel (* 1873)
Im Alter von 17 Jahren wanderte Rosa Sichel im Mai 1890 nach Amerika aus. Die ersten Jahre lebte sie bis zum Jahre 1904 in Baltimore bei der Schwester ihres Vaters Elise Sichel, die aus Heldenbergen stammte. (Weiteres siehe bei Regina Sichel)

Im August 1902 kamen auch die Eltern Salomon und Mina Sichel von Windecken aus nach Amerika. Zu dieser Zeit war Salomon Sichel 63 Jahre alt und Mina Sichel 57 Jahre. Sie lebten bei ihrem Sohn Jakob Sichel und seiner Frau, auch die Tochter Rosa Sichel lebte bei ihnen. Als 1904 auch die Tochter Regina Sichel aus Deutschland nach Amerika kam, zogen die beiden Töchter Rosa und Regina mit ihren Eltern nach New York und gründeten dort einen gemeinsamen Haushalt. Im Alter von 70 Jahre starb Mina Sichel 1910. Salomon Sichel starb im Alter von 78 Jahren 1914.

Karolina Sichel (* 1875)
Sie bekam als Ledige in Windecken zwei Kinder :

Moritz	*	8. 9. 1897
Elise	*	29. 4. 1900

Im Jahre 1918 war Karolina Sichel verheiratet in Frankfurt mit Paul Maykowsky, der den Kindern Moritz und Elise seinen Familiennamen gab. Es liegt nahe, daß es sich um eine jüdisch-christliche Liebesbeziehung handelte, die erst nach einiger Zeit legalisiert wurde. Sie hatten auch noch ein drittes Kind.

Lina, wie sie genannt wurde, lebte mit ihrer Familie in Frankfurt. Im Ersten Weltkrieg wurde der älteste Sohn im Jahre 1918 getötet, im Zweiten Weltkrieg verlor auch der jüngste Sohn Willy bei den Bombenangriffen auf Frankfurt sein Leben. Die Tochter Elise lebte für einige Jahre in Amerika und starb mit 28 Jahren im Jahre 1928. Lina starb nach langer Krankheit 1951.

Betty Sichel (* 1877)
„Unsere liebe Schwester Betty starb in Windecken im Alter von vier Jahren (20. 10. 1880). Sie ist die einzige unserer Familie, die dort beerdigt ist. Sie ist immer in meinem Gedächtnis gewesen, da wir zur selben Zeit diesselbe Krankheit hatten. Sie hatte einen Rückfall und wurde dann erlöst." So erinnerte sich Regina Sichel an ihre kleine Schwester etwa 70 Jahre nach deren Tod. Das Grab der kleinen Betty Sichel auf dem jüdischen Friedhof in Windecken wurde in der Nazizeit geschändet und zerstört.

Regine Sichel (* 1881)
Mit 23 Jahren verließ auch Regine Sichel ihre Heimat und wanderte nach Amerika aus. Sie lebte gemeinsam mit der Schwester Rosa in New York. Beide Schwestern waren unverheiratet. Gemeinsam führten sie ein Geschäft für Babysachen. Regina soll eine entzückende und bezaubernde Frau gewesen sein.

Rosa Sichel starb 1940 in New York im Alter von 67 Jahren. Regina Sichel, die sich in Amerika Rena genannt hatte, starb im Alter von 87 Jahren 1978 in New York.

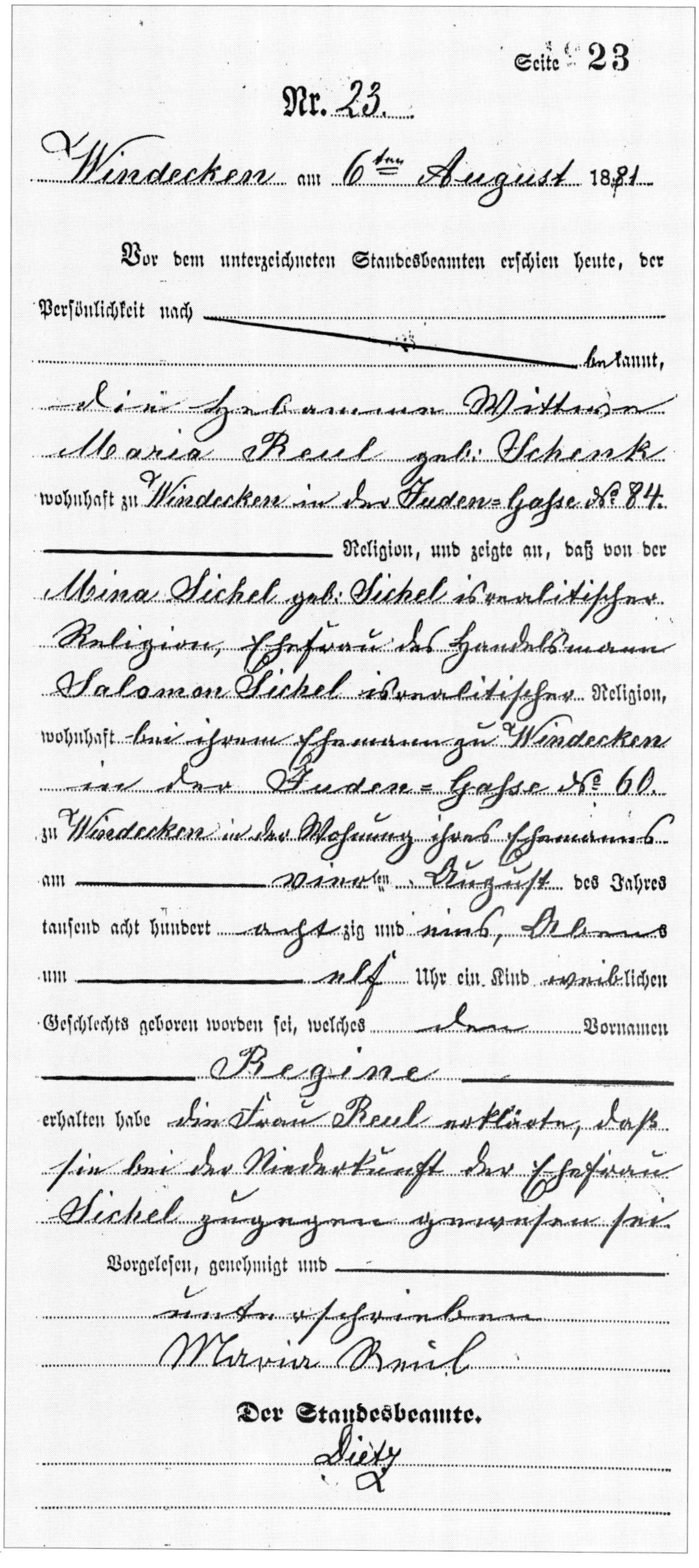
Seite 23

Nr. 23.

Windecken am 6ten August 1881

Vor dem unterzeichneten Standesbeamten erschien heute, der Persönlichkeit nach ——— bekannt,
die Hebamme Wittwe Maria Reul geb. Schenk
wohnhaft zu Windecken in der Juden-Gasse No 84.
——— Religion, und zeigte an, daß von der
Mina Sichel geb. Sichel israelitischer Religion, Ehefrau des Handelsmann Salomon Sichel israelitischer Religion,
wohnhaft bei ihrem Ehemann zu Windecken in der Juden-Gasse No 60.
zu Windecken in der Wohnung ihres Ehemannes
am ——— vierten August des Jahres tausend acht hundert achtzig und eins, Abends
um ——— elf Uhr ein Kind weiblichen Geschlechts geboren worden sei, welches den Vornamen
——— Regine ———
erhalten habe. Die Frau Reul erklärte, daß sie bei der Niederkunft der Ehefrau Sichel zugegen gewesen sei.
Vorgelesen, genehmigt und
unterschrieben
Maria Reul

Der Standesbeamte.
Dietz

Geburtsurkunde der Regine Sichel, geboren am 6. August 1881 in der Judengasse 60 in Windecken. Die Hebamme Maria Reul geborene Schenk zeigte die Geburt auf dem Rathaus an.

Familie Sommer

Elias und Karoline Sommer

Elias Sommer stammte aus Crainfeld im Kreis Lauterbach (* 26. 1. 1860). Durch seine Heirat mit Karoline Müller (* 30. 8. 1853 in Windecken) im Dezember 1884 kam er nach Windecken. Trauzeugen waren der Stadtschreiber und der Stadtdiener der Stadt Windecken. Elias und Karoline Sommer lebten in der Judengasse 86 - Synagogenstraße 2. In Windecken wurde der Handelsmann "der Elias" genannt. 1916 war auf seinen Namen ein Handel mit Baumwoll-, Woll- und Ellenwaren im Verzeichnis der Gewerbeanmeldungen notiert.[57a] Das Ehepaar hatte drei Kinder:

Jenny	* 4. 10. 1885
David	* 29. 8. 1887
Max	* 19. 3. 1889

Elias und Karoline Sommer feierten 1909 das Fest ihrer Silbernen Hochzeit. Zu diesem Anlaß wurde auch das Bild mit den drei Kindern Jenny, David und Max aufgenommen. In der Windecker Zeitung ließ das Ehepaar Sommer eine Danksagung veröffentlichen. Unter einem Weinstock im Garten des Hauses in der Judengasse 86 wurde zum Laubhüttenfest im Herbst eine Laubhütte aufgestellt. "Als Kind ging ich bei der Familie Sommer ein und aus, machte Feuer und kochte Kaffee, dafür bekam ich ein Geldstück von Elias. Das waren anständige Leute, auch sie sind bei uns aus und ein gegangen", erinnerte sich ein früherer Nachbar. Elias Sommer starb im Alter von 57 Jahren am 16. 3. 1917. Karoline Sommer starb mit 65 Jahren am 13. 8. 1919. Ihre Grabsteine auf dem jüdischen Friedhof in Windecken wurden geschändet und zerstört.

1909 feierten Elias und Karoline Sommer ihre Silberne Hochzeit, ein Erinnerungsfoto zeigt sie mit ihren drei Kindern. Von links: Max, Jenny und David.

Jenny Sommer (* 1885)

Von 1892 bis 1899 besuchte Jenny Sommer die evangelische Volksschule in Windecken. Von einer Gehirnhautentzündung hatte sie bleibende Schäden zurückbehalten, 1915 wurde Jenny Sommer so schwer krank, daß sie in der Landesheilanstalt in Marburg leben mußte. Als ihr Vormund wurde nach dem Tod der Eltern der Vorsitzende der jüdischen Gemeinde Salli Reichenberg bestellt. Die beiden Brüder Max und David Sommer besuchten des öfteren ihre Schwester in Marburg. 25 Jahre lebte sie dort, bis sie im September 1940 zwangsweise mit anderen jüdischen Geisteskranken nach Gießen und von dort am 1. Oktober 1940 in die Anstalt Brandenburg verschleppt wurde, wo sie im Rahmen einer Tötungsaktion jüdischer Geisteskranker vor Dezember 1940 ermordet wurde. (Siehe S..390)

Max Sommer (* 1889)

Max Sommer war häufig,besonders zu den hohen Feiertagen, in der Windecker Synagoge als Kantor. Wilhelm Katz erinnerte sich: "Max Sommer hatte eine phantastische Stimme. Die Fensterscheiben unserer Synagoge wackelten, wenn er sang." Ein Foto zeigt Max Sommer im Garten seines Elternhauses Judengasse 86, Zigarre rauchend bei der Lektüre des Hanauer Anzeigers. Nach dem Besuch der evangelischen Volksschule in Windecken besuchte Max Sommer von 1897 bis 1903 die Oberrealschule in Hanau. Da er Lehrer für jüdische Kinder werden wollte, besuchte er die "Lehrerpreparantenanstalt" Burgpreppach bei Würzburg, anschließend das Lehrerseminar in Köln, wo er auch schon als Hilfslehrer diente. Von 1919 - 1925 war er Lehrer in Borken in Westfalen. In Emden heiratete er 1926 Rachel van der Walde (geboren 4. 10.1904 in Emden). Ab 1925 war er als Volksschullehrer an der Gemeindeschule der Hochdeutschen Israelitischen Gemeinde in Altona Hamburg auf Lebenszeit angestellt und 1932 als Hauptlehrer mit der Leitung der Schule betraut. Im Oktober 1938 wurde die Schule aufgelöst. Bis Mitte 1939 konnte er noch als Lehrer an der Talmud Thorah Schule in Hamburg tätig sein.

Der Neffe Erich Sommer, der seit 1937 in Paris lebte, berichtete: "In den Pogromnächten im November 1938 konnte sich mein Onkel Max Sommer verstecken und so einer Verhaftung entgehen. Er schrieb dann an uns in Paris, daß er unbedingt aus Deutschland fliehen wolle und bat um unsere Hilfe. Mein Vater lief zu verschiedenen Stellen in Paris. Einen Paß zur Einreise nach Frankreich war aber nur zu erhalten, wenn man ein Visum hatte. Glücklicherweise konnte mein Vater ein falsches Visum für Paraguay kaufen. Der Konsul in Hamburg war sehr anständig und gab Max Sommer ein Besuchsvisum für Frankreich. Er hatte inzwischen auch einen Brief bekommen von der jüdischen Gemeinde in Paris in der Rue Cadet, er solle sich dort wegen einer Stellung vorstellen. Das war nur wenige Wochen vor dem Ausbruch des Krieges. Max Sommer kam im Juli 1939 mit seiner Frau Rachel nach Paris, bei dieser Stelle wurde er allerdings nicht genommen. Da er beschlossen hatte, nicht mehr nach Deutschland zurückzukehren, sprach er dann bei einem hohen Rabbiner in Paris vor, der ihm eine Stelle als Kultusbeamter in einer Umschulungsmaßnahme für Juden in der Nähe von Epinal in den Vogesen vermittelte, die vom Baron Rothschild vermittelt war. Max und Erich Sommer sprachen persönlich mit Baron Rotat de Rothschild in seinem Palast. In der Umschulungsmaßnahme fing Max Sommer dann einige Tage vor Kriegsausbruch an, seine Frau Rahel übernahm die rituell geführte Küche."[58]

Von den weiteren Ereignissen erzählte die Frau von Max Sommer: "Als der Krieg ausbrach, wurden alle Männer der Umschulungsstätte verhaftet. Die Frauen blieben allein zurück, bis man eine Unterkunft in einer anderen Umschulungsstätte in Argenteuil bei Paris fand. Die Männer kamen in ein Internierungslager 'Camp du Martinet' Sionne (Vosges), wo sie bis Dezember 1939 blieben. Da der Kriegsschauplatz näher kam, über-

Max Sommer um 1910 im Garten seines Elternhauses in der Synagogenstraße 2 - Judengasse 86

Nach schweren Jahren der Verfolgung war Max Sommer von 1946 - 1956 in Vichy Kantor, Lehrer und Schächter der dortigen jüdischen Gemeinde.

siedelten sie nach 'Camp du Colonie' Sionne (Vosges), dann wieder weiter in das Lager 'Camp du Chatelet' (Vosges). Im Juni 1940 wurde das ganze Lager nach Getigne verlegt, es kam dann bald unter deutsche Führung. Die Männer blieben da bis zum 12. August 1940, kamen dann nach Montreuil-Bellay, Maine et Loire. Dort verblieb das Lager bis zum Oktober 1940. Die deutschen Behörden lösten das Lager auf und trieben mit Gewehren die geschwächten Internierten in der Nacht in das unbesetzte Gebiet Frankreichs. Das war an Jom Kippur - dem höchsten jüdischen Feiertag. Erschöpft, hungernd und frierend wurden sie von der Ortspolizei Montauban in Haft genommen und am anderen Tage nach Einsicht der Papiere entlassen. Mein Mann war vierzehn Monate interniert und hatte monatelang keine Nachricht von mir, da auch ich inzwischen von meinem Arbeitsplatz aus nach Gurs (Lager) verschickt worden war. Ich war dort drei Monate. Nach meiner Haftentlassung fand ich in einem Flüchtlingslager in der Nähe von Vichy als Küchengehilfin Arbeit. Mein Mann fand mich dort durch die Vermittlung einer Bekannten. Aber schon nach drei Tagen mußten wir nachts flüchten, da man uns wieder verhaften wollte. Die deutsche Kommandantur duldete nämlich im Umkreis von Vichy (Allier) kein Flüchtlingslager.
Wir kamen nach Perigueux in der Dordogne, wo der Bruder meines Mannes, David Sommer, wohnte. Mein Mann erteilte Privatunterricht, wovon wir sehr karg leben konnten, ich strickte gegen geringen Lohn für das Rote Kreuz Wollsachen für Soldaten.
Im September 1941 wurde unsere Tochter Carola (* 21. 9. 1941) im Flüchtlingskrankenhaus geboren, im Juli 1943 unser Sohn Herbert (* 23. 7. 1943) ebenfalls dort. In den Jahren 1942 - 1944 waren wir nicht im Lager, wir hatten ein kleines Zimmer bei einer französischen Familie gemietet. Doch durch die ständigen Judenrazzien konnten wir zwei Jahre lang unser Domizil nie ständig bewohnen. Auch durften wir uns nur drei Kilometer von unserem Wohnsitz entfernen.
Am 9. und 10. November 1943 irrte ich abends nach 10 Uhr umher, im Wagen mein drei Monate altes Kind und mein 25 Monate altes Töchterchen im strömendem Regen - um der Deportation zu entgehen. Mitleidige Menschen brachten uns auf eine kalte finstere Mansarde, wo wir uns mehrere Tage versteckt hielten. Unter Lebensgefahr holte mein Mann Milch für die zarten Kinder. Im Frühling 1944 waren wir 10 Tage ohne Obdach mit den kleinen Kindern. Jeden Abend nahm uns eine andere Familie auf, tagsüber saßen wir in Gebüschen. Wir hausten dann in einer fensterlosen Baracke, wo uns niemand vermutete. Mein Mann stand als Geisel für deutsche Soldaten auf einer Liste und wurde gesucht.
Seit ihrer Geburt lebten auch die Kinder unter haftähnlichen Bedingungen mit uns. Beide nahmen schweren Schaden an ihrer Gesundheit. Nach der Befreiung konnten sie sich mit ärztlicher Hilfe nur langsam von der Unterernährung erholen.
Auch mein Mannn erlitt nach der Befreiung einen schweren Nervenzusammenbruch. Ich möchte fast das frühe und plötzliche Abeben meines Mannes auf die erlittenen Strapazen zurückführen. Denn nie konnte er es überwinden, daß er nicht mehr in seinem Beruf arbeiten konnte. Im fremden Land war er auch nie heimisch geworden."[59]

Hochzeit von David und Hilda Sommer 1920 in Oberseemen. 4. von links: Max Sommer, 5. u. 6. von links: Hilda und David Sommer, 1. von rechts: Flora Wolf, 2. von rechts: Recha Wolf

David Sommer 1919 als Verlobter

Hilda Sommer 1919 als Verlobte

Geschäft von David Sommer in dem von ihm erbauten Haus im Freiligrathring 1. "Manufaktur- & Kurzwaren D. Sommer" ist auf dem Schild zu lesen. David Sommer (rechts) steht mit Adolf Wolf aus Ostheim vor dem Haus - 1930.

Aus dem Jahre 1947 ist ein Brief von Max Sommer, geschrieben in Vichy, erhalten: "Aus dem anliegenden Foto siehst Du uns und unsere lieben Kinder, die wir nach 15- bzw. 17jähriger Ehe als besonderes Geschenk der göttlichen Gnade erhielten. Unser ältestes Mädchen heißt nach den beiden Großmüttern Carola und unser Junge nach beiden Großvätern Herbert Elie. Hätten wir nicht unser Carolinchen gehabt, die damals 10 Monate alt war, wären wir auch nach Auschwitz transportiert worden.
Wir haben schlimme Zeiten durchlebt. Ich war 14 Monate bei Franzosen und Deutschen inhaftiert, meine liebe Frau in Gurs interniert. Wir haben sämtliche Möbel, Sachen, Geld verloren - alles gestohlen durch die Barbaren. Aber das Wichtigste, unser Leben, haben wir mit schwerer Mühe gerettet. Seit einem Jahr bin ich hier als Chasan (Vorsänger), Schochet (Schächter) und Religionslehrer tätig. Wir wohnen möbeliert und verdienen so viel, daß wir unser Essen und Trinken haben...".[60]

Im Jahre 1950 besuchte Max Sommer Windecken. Im Alter von 66 Jahren starb er am 16. 2. 1956. Sein Grab befindet sich in Vichy. Nach seinem Tod wanderte seine Witwe mit den Kindern 1957 nach Amerika aus, wo sie heute leben.

Familie David Sommer

David Sommer war im Ersten Weltkrieg Soldat und zwar von 1915 - 1918 an der Front. Dort wurde er auch mit dem Eisernen Kreuz ausgezeichnet, dieses hielt er in hohen Ehren, niemand aus seiner Familie durfte es auch nur berühren. "Mein Vater war auf seine Kriegsauszeichnungen sehr stolz - bis Hitler ihn eines anderen belehrte", berichtete Sohn Erich. In Windecken gehörte David Sommer zur freiwilligen Sanitätskolonne vom Roten

Familie Sommer war 1937 aus Windecken nach Paris geflohen, wo dieses Foto 1939 aufgenommen wurde.
David Sommer und Sohn Erich wurden bei Kriegsbeginn als "feindliche Ausländer" verhaftet und in französischen Lagern interniert.

Kreuz, auch war er als Sanitäter Mitglied der freiwilligen Feuerwehr. Im Gesangverein Liederkranz war er 1908 passives Mitglied.
Erst im Jahre 1913 nahm er offiziell den Vornamen David an, im Geburtsregister war als Vorname Moritz eingetragen.

Im Jahre 1919 verlobte sich David Sommer mit Hilda Oppenheimer (* 7. 11. 1890) aus Oberseemen. Am 2. März 1920 fand in Oberseemen die Hochzeit statt, zu der auch Flora und Recha Wolf aus Windecken eingeladen waren, deren Mutter auch aus Oberseemen stammte. David und Hilda Sommer bekamen zwei Kinder:

Erich	* 12. 9. 1921
Hella	* 10. 1. 1926

In Windecken war David Sommer auch der Ziegenmetzger, der Ziegen schlachtete. Hinter dem Haus in der Judenasse 86 befand sich das Schlachthaus. Besonders in der Frühlingszeit kam er auch zu Leuten nach Windecken ins Haus, um die jungen Lämmer zu schlachten. Das Fell der geschlachteten Tiere nahm er mit und verkaufte es an einen Fellhändler. Als junger Mann hatte David Sommer das Metzgerhandwerk gelernt.

1927 baute die Familie Sommer ein neues Haus im Freiligrathring 1. Dort eröffneten David und Hilda Sommer am 1. November 1928 ein Manufaktur- und Kurzwarengeschäft. Im Laden verkaufte vor allem Hilda Sommer, während David Sommer in den umliegenden Ortschaften Erbstadt, Eichen, Roßdorf, Ostheim, Wachenbuchen seine Waren verkaufte. "Mein Vater war immer stolz auf Windecken", erinnert sich Sohn Erich.

Mit dem Aufkommen des Nationalsozialismus wurde die Situation auch für die Familie Sommer schwierig. Erich Sommer erzählte: "Die Kunden meines Vaters waren meistens Bauern. Sie waren schon eher beeinflußt von den Nazis als die Arbeiter in Windecken. Die Sprüche: 'Die Juden sind Euer Unglück' hatten sie schon eher aufgesaugt, so hatte mein Vater schon früh viele seiner Kunden verloren, die nichts mehr mit einem Juden zu tun haben wollten. 1935 wurde ihm der Handel verboten, der Handelsschein nicht mehr ausgestellt. Auch in unser Geschäft kam niemand mehr, höchstens mal von hinten über das Feld den steilen Weg herunter oder bei Dunkelheit. So ging unser Geschäft kaputt. Wir mußten leben von dem, was wir hatten.

Nach dem Reichstagsbrand gab es keine Opposition mehr in Windecken. Es wurde nur noch gegen die Juden gehetzt. Die SA marschierte in Windecken. Gerade gegenüber von unserem Haus war die Hochmühle, das Vereinslokal der SA. Oft wurde bei uns ans Haus geschmiert 'Jude Jude'. Ab und zu wurde auch mal ein Stein geschmissen. Leute, mit denen mein Vater immer in gutem Kontakt war, waren nun höhere Nazis geworden und sprachen plötzlich nicht mehr mit ihm. Wir hatten Nachbarn, mit denen wir sehr befreundet waren. Eines Tages sagten sie zu uns: 'Wir können nicht mehr befreundet sein und nicht mehr miteinander sprechen.' Das taten sie dann auch. Von da an grüßten sie uns nicht einmal mehr. Das allerschlimmste war, daß wir plötzlich Menschen zweiter Klasse geworden waren, daß wir nichts mehr wert waren, nicht mehr dieselben Rechte und die Anerkennung wie früher hatten. So hatte mein Vater für seine Ziegen die Feldwege von der Stadt gepachtet, um Gras für seine Ziegen zu haben. Das war ihm plötzlich verwehrt. Zum Beispiel hat jeder Bürger immer das Bürgerholz nach Hause gefahren bekommen, nun mußten wir unter großen Mühen jemanden finden, der ein gutes Herz hatte und uns das Holz nach Hause fuhr."[61)]

Im November 1936 wurde Sommer gezwungen, sein wenige Jahre zuvor neuerbautes Haus, dessen Adresse nun "Horst-Wessel-Ring 1" lautete, zu verkaufen. Der Ortsgruppenleiter der NSDAP Windecken zog dann dort ein und "hielt Hof", wie einige Windecker meinten. 1945 wurde er dort ausgewiesen und eine Familie, die durch Haft im Konzentrationslager geschädigt war, konnte in das ehemals Sommersche Haus einziehen.

Über die näheren Umstände dieses Zwangsverkaufes berichtet David Sommer: "Im November 1936 wurde mir unter Androhung der Verbringung in ein Konzentrationslager von einem Rechtskonsulenten in Windecken nahegelegt, sofort mein Wohn- und Geschäftshaus abzugeben oder die Konsequenz zu ziehen. So unter Druck gebracht, wurde das Haus 10 Tage später verkauft. Die Verkaufsverhandlungen fanden übereilt und unter schwerem Druck statt. Es stellte sich heraus, daß der Vorkäufer das Anwesen an einen anderen Käufer abtrat, also Zwischenverkauf an sogenannte Arier erfolgte. Die Möbel wurde teilweise zu Billigpreisen verschleudert. Einen Teil der Möbel stellte ich bei Salomon Reichenberg unter. Die Ladeneinrichtung blieb stehen. Der Verkauf ging unter Verlust vor sich, unter anderen Umständen hätte das Haus weit besser verkauft werden können. Nach weiteren acht Tagen verließen wir Windecken, wir konnten dort ja nirgends bleiben, nach zwei verschiedenen Richtungen verließen wir den Ort und wohnten in Frankfurt bei Verwandten zur Untermiete. Unter der Furcht der Androhungen stehend gelangten wir durch Vermittlung des französischen Konsulates zu einem Besuchervisum für Frankreich."[62)]

Im März 1937 fuhr die Familie Sommer mit dem Zug von Frankfurt nach Paris, dort lebte sie in einem Zimmer in der Nähe von dem Bruder von Frau Sommer, der ihnen geraten hatte, nach Paris zu fliehen. Zu dieser Zeit fand dort die Weltausstellung statt, so daß relativ leicht an ein Visum zu kommen war.

Erich Sommer erzählte: "Mit 10 Mark sind wir über die Grenze gekommen. Wir waren arm, wir konnten nichts arbeiten, das einzige, was wir hatten, waren einige Adressen. Ich wollte den Sohn unseres Rabbiners Bamberger aus Hanau in Paris aufsuchen, so sprach ich jemanden auf der Straße an, um nach der Adresse zu fragen. Der Mann konnte kein Wort Französisch, er fragte dann: "Sprechen Sie deutsch?" So kamen wir ins Gespräch, er war gerade aus dem Konzentrationslager Dachau gekommen. Er sagte mir, wo es eine Küche von einer Flüchtlingsorganisation gab, wo wir etwas zu essen bekommen konnten. Ich habe ein bißchen illegal gearbeitet, aber das war gefährlich, die Franzosen steckten solche Leute ins Gefängnis. Es waren viele Menschen illegal in Paris. Auch unser Besuchervisum war nach einigen Wochen abgelaufen."[63)]

Im Oktober 1938 hatten sich Sommers im amerikanischen Konsulat in die Warteliste zur Erteilung eines Visums zur Einreise nach Amerika eingeschrieben. Aber dazu sollte es erst mehr als acht Jahre später kommen.

Bei Ausbruch des Krieges im September 1939 mußten sich alle deutschen in Paris lebenden Männer von 16 bis 50 Jahren als sogenannte "feindliche Ausländer" im Stadion "Stade de Colombes" bei Paris melden - so auch der 16jährige Sohn Erich Sommer. Über den weiteren Verlauf berichtete Erich Sommer: "Wir blieben in diesem offenen Stadion etwa zwei Wochen, dann wurden wir in Güterwagen verladen und nach verschiedenen Orten transportiert. Ich kam nach Blois in der Nähe von Orleans. Inzwischen wurden auch deutsche Männer von 50 - 65 Jahren interniert, also auch mein Vater. Wir trafen uns in Blois wieder, wo wir in einem Zirkuszelt untergebracht wurden. Von dort wurden wir wieder in Gruppen aufgeteilt und kamen in ein kleines Bauerdorf mit Namen Villerbon, wo wir in Scheunen auf Stroh schliefen. Mein Vater war mit den 'alten Herren' auch in Villerbon."[64)]

David Sommer berichtete dazu: "Nach der Kapitulation Frankreichs wurde ich von der Vichy-Regierung im Internierungslager 'Les Milles' vom 20. Juni 1940 bis zum 20. Juli 1940 festgesetzt. Bei der Einlieferung nach 'Les Milles' wurde ich von meiner Frau getrennt. In 'Les Milles' waren wir in einer Backsteinfabrik untergebracht. Die hygienischen Einrichtungen waren unzureichend, die Verpflegung ebenfalls. Danach kam ich in ein Lager Nimes (Gard) in Südfrankreich. Diese Lager waren menschenunwürdig. Ich erkrankte an Ruhr und hatte depressive Asthmaanfälle. Am 28. August 1940 erhielt ich eine besondere Genehmigung, meine Frau in Perigeux zu besuchen. So konnte ich aus dem Lager kommen."[65)]

Zur gleichen Zeit, als David Sommer und Sohn in verschiedenen Lagern gefangen gehalten wurden, lebte Hilda Sommer mit der vierzehnjährigen Tochter Hella noch in Paris, bis zum 14. Juni 1940. Hilda Sommer berichtete: "Am 14. Juni 1940 flüchtete ich mit meiner Tochter vor den herannahenden deutschen Truppen aus Paris. Alles in unserer kleinen Wohnung ließen wir stehen und liegen. Wir wollten nach Bordeaux. Dort hatten wir uns alle verbredet bei der amerikanischen Botschaft. Wir waren vierzehn Tage auf der Landstraße unterwegs, oft unter Beschuß durch deutsche Flieger und Artillerie. Wir konnten nur selten in einem Haus übernachten. Wir waren glücklich, wenn wir in einer Schule schlafen konnten. Meine Tochter Hella und ich mußten oft im Straßengraben übernachten. Es regnete von Zeit zu Zeit, und wir waren den Unbillen der Witterung schutzlos preisgegeben. Wir hatten nie genug zum Essen. Die ungewohnten Fußmärsche fielen mir sehr schwer. Meine Beine fingen an zu schwellen. Als wir gegen Ende Juni in Perigeux ankamen, konnte ich nicht mehr weiter, meine Füße waren so angeschwollen, daß ich keinen Schritt mehr gehen konnte. Die Krankenhäuser in Perigeux waren überfüllt. Ich mußte neun Wochen in einer Schule auf Stroh schlafen. Ende August 1940 wurde ich aus dem Behelfslazarett in der Schule entlassen."[66)]

Erich Sommer: "Meine Mutter und meine Schwester Hella flüchteten mit Millionen von Zivilisten vor den Deutschen nach dem Süden, dieser Treck wurde 'das große Debakel genannt'. Perigeux lag in der unbesetzten Zone Frankreichs und war die Hauptstadt des 'Departement de Dordogne'. Vor dem Krieg hatte es etwa 10 000 - 15 000 Einwohner, jetzt waren es vielleicht mehr als 50 000. Dort wohnten elsässische Juden, die aus ihrer Heimat bei Kriegsausbruch evakuiert worden waren. Als ich in Erfahrung gebracht hatte, wo meine Mutter und Schwester geblieben waren, floh ich unter dem Stacheldraht weg aus dem Lager. Ich nahm den Zug nach Perigeux und war nach langen zwei Tagen dort. Meinem Vater sandten wir ein ärztliches Zeugnis, daß meine Mutter sehr schwer erkrankt sei. Kurz darauf erhielt er Urlaub. Mein Vater und ich beschlossen, nie wieder ins Lager zurückzukehren. Wir lebten ungefähr zwei Jahre lang ohne größere Schwierigkeiten in Perigeux. Wie die anderen Flüchtlingsfamilien lebten auch wir in einem Zimmer, zeitweise noch mit meinem Onkel Max Sommer und seiner Frau.

Im Februar 1942 waren alle Juden gezwungen, sich auf Befehl der Vichy-Regierung Frankreichs in besonderen Listen registrieren zu lassen. Diese Listen waren die Grundlage der Deportationen der Juden aus Frankreich. Mitte August 1942 hatte die Vichy-Regierung auf Veranlassung der deutschen Behörden den Befehl erlassen, alle Juden, die nach dem 1. Januar 1937 nach Frankreich kamen, zu deportieren, dazu gehörten auch wir. Als die Razzien nach den Juden begannen, standen auch meine Eltern und meine Schwester und ich auf der Liste. Am 22. August 1942 sollten meine Eltern und Schwester deportiert werden. Sie wurden nur wenige Minuten vorher gewarnt und konnten noch rechtzeitig aus ihrer Wohnung fliehen. Ich selbst war zu dieser Zeit als Elektriker an der spanischen Grenze tätig. Meine Mutter schrieb mir einen Brief, andeutend, was sich tut. Ich nahm mir einige Tage frei und lief unweit nach Prades, wo der bedeutende spanische Musiker Pablo Casals lebte, was ich aber damals nicht wußte. Dort suchte ich mir eine jüdische Familie, die mir über alles Auskunft gab. Am nächsten Tag fuhr ich dann nach Perigeux zurück. Dort fand ich meine Eltern und Schwester, die illegal lebten. Sie mußten sich für jede Nacht eine andere Unterkunft suchen. Das Essen bekamen sie von Leuten, die ihr Schicksal kannten. Lebensmittelkarten konnten sie ja nicht mehr bekommen. Bald darauf fanden wir vier auf dem Lande bei Bauern gegen Bezahlung Unterkunft. Das war aber nur kurze Zeit möglich, da die Leute selbst Angst bekamen, Juden aufzunehmen. Inzwischen besetzten die Deutschen auch das südliche Frankreich (11. November 1942), so sahen wir überall die gehaßten Uniformen."[67)]

Zwei Jahre lang lebten David und Hilda Sommer in ständiger Angst um ihr Leben. Sie lebten illegal ohne Papiere, mußten sich versteckt halten bei Menschen, auf die sie sich völlig verlassen mußten. David Sommer: "Bei den Bauern mußten wir in Ställen schlafen, im Winter war es bitterkalt. Wenn ich mir ein neues Quartier suchen mußte, mußte ich oft lange Fußmärsche machen. In der ganzen Zeit der Illegalität mußten meine Frau und ich mehr oder weniger die ganze Zeit hungern."[68)] Im Jahre 1943 erhielten David und Hilda Sommer von der französischen Untergrundorganisation gefälschte Papiere. David Sommer hieß nun Emile Schwebel, war von Beruf Metzger, geboren war er in Lixheim, das einzige, was im Ausweis stimmte, war das Foto und das Geburtsdatum. Frau Sommer hieß in den gefälschten Papieren Henriette Schwebel, geboren in Forbach, ihr Mädchenname war mit Ohl (ein den Windeckern sehr vertrauter Name) angegeben. Die Geburtsorte im Elsaß erklärten einleuchtend den starken Akzent im Französischen.

Hilda Sommer: "Ich wurde zwei Jahre von der Gestapo gesucht und verfolgt unter größten Gefahren und Entbehrungen. Ich wurde von einem Quartier ins andere gehetzt. Es fällt mir schwer, die Aufregungen und Entbehrungen, denen ich in diesen Jahren ausgesetzt war, zu beschreiben. Als ich im August 1944 befreit wurde, wog ich nur noch 64 Pfund."[69)]

Die Befreiung am 28. August 1944 erfolgte durch die Maquis der jüdischen Widerstandsorganisation "Juive de Combat". Erich Sommer: "Meine Eltern haben den Krieg überlebt, aber sie haben viel mitmachen müssen. Sie lebten immer nur von Stunde zu Stunde, von Tag zu Tag. Immer haben sie in der Angst gelebt, sie

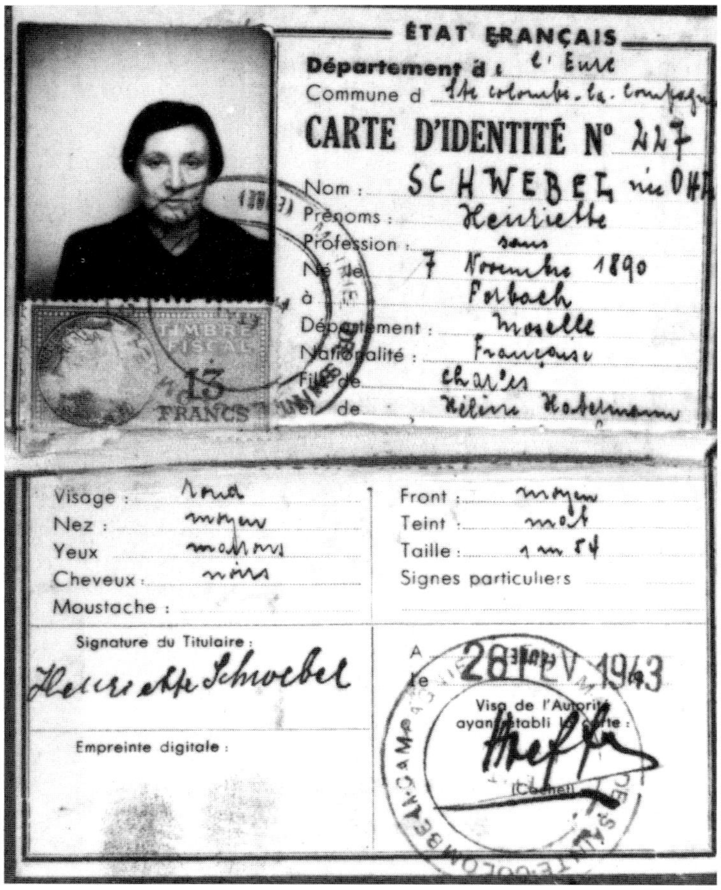
ÉTAT FRANÇAIS
Département d: l'Eure
CARTE D'IDENTITÉ N° 227
Nom: SCHWEBEL née OHL
Prénoms: Henriette
Profession: sans
Né le: 7 Novembre 1890
à: Forbach
Département: Moselle
Nationalité: Française
Visage: rond
Nez: moyen
Front: moyen
Teint: mat
Signature du Titulaire:
Empreinte digitale:
Signes particuliers
Le 28 FEV 1943
Visa de l'Autorité ayant établi la carte:

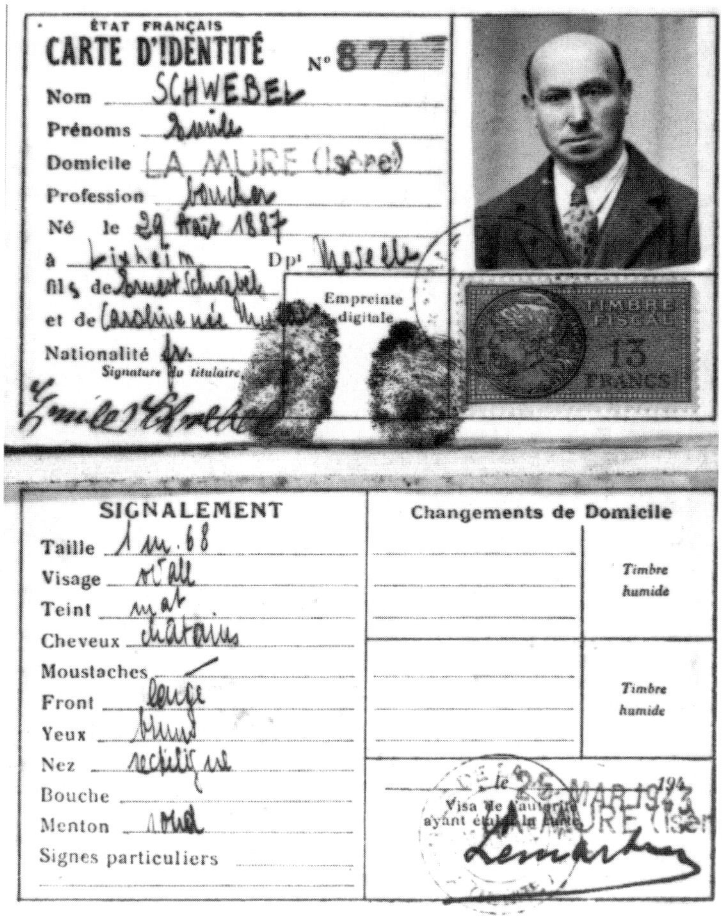
ÉTAT FRANÇAIS
CARTE D'IDENTITÉ N° 871
Nom: SCHWEBEL
Domicile: LA MURE (Isère)
Né le: 29 Août 1887
Dpt: Moselle
Nationalité: fr.
Signature du titulaire
Empreinte digitale
TIMBRE FISCAL 13 FRANCS
SIGNALEMENT
Taille: 1 m. 68
Visage: ovale
Teint: mat
Moustaches
Front
Yeux
Nez
Bouche
Menton
Signes particuliers
Changements de Domicile
Timbre humide
Visa de l'autorité ayant établi la carte

Von der französischen Untergrundorganisation erhielten Hilda und David Sommer 1943 diese gefälschten Papiere, die sie vor der Verschleppung nach Auschwitz retteten. Lange Monate mußten sie illegal im besetzten Frankreich leben.

werden entdeckt, sie werden mitgenommen. Einmal ist mein Vater auch in die Hände der französischen Polizei gefallen, aber sie haben ihn Gott sei Dank nicht mitgenommen. Dieses Gefühl der Angst haben meine Eltern eigentlich nie mehr richtig verloren. Mein Vater war lange Zeit bettlägerig, bevor er 1970 starb, da erzählte er oft von früher, von Windecken, aber auch aus der Verfolgungszeit. 'Heute Nacht kommen sie mich holen', schrie er so oft. Diese Ängste waren immer da.

Im Dezember 1946 kamen meine Eltern mit meiner Schwester Hella in New York an. Mein Vater arbeitete in ganz niedrigen Jobs, er rupfte Hühnern die Federn aus, später arbeitete er in einem Krankenhaus. Er hat nie genug für seinen Lebensunterhalt verdienen können und war immer auf Unterstützung durch seine Kinder angewiesen. Das Eingewöhnen in Amerika war dadurch leichter, daß wir mit Menschen in der Umgebung zusammenlebten, die das gleiche Schicksal wie wir erlebt hatten. Für meine Eltern war es sehr, sehr schwer, mein Vater war schon 50 Jahre, als er aus Windecken wegging und fast 60 Jahre, als er nach Amerika kam. Meine Eltern haben sich nie richtig in die fremden Sprachen einfinden können, sie konnten immer nur einige Worte. Alles war sehr schwer für meine Eltern. Sie konnten nie mehr richtig Fuß fassen nach ihrer Verfolgung." [70)]

David Sommer starb am 1. August 1970 im Alter von 82 Jahren, Hilda Sommer mit 92 Jahren im Oktober 1982.

Hella Sommer (* 1926)
Hella wurde 1932 in die erste Klasse der Windecker Volksschule eingeschult. Ein Klassenkamerad erinnerte sich an sie: "Hella Sommer war zusammen mit mir in der Klasse. Also wenn ich an die Hella denke, ist es mir immer nicht ganz wohl in meiner Haut. Ihr ist immer schwer zugesetzt worden in der Schule. Sie war wirklich das schwarze Schaf in der Klasse, und zwar auch deshalb, weil sie Jüdin war. Sie hatte solche Angst vor den Lehrern, sie wurde so fertig gemacht, daß sie jeden Tag in die Hose machte - aus Angst." [71)] Hellas Lehrer Reismann bezeichnete ihr Bruder Erich als "großen Judenhasser".

1936 verließ Hella Sommer die Schule in Windecken und besuchte die Samson-Raphael-Hirsch-Schule - eine jüdische Realschule in Frankfurt. Im März 1937 floh sie mit ihrer Familie nach Paris.

Mit ihrer Mutter flüchtete sie erneut aus Paris vor den einmarschierenden deutschen Truppen im Juni 1940 in das unbesetzte Frankreich nach Perigeux. Als sie von dort im August 1942 deportiert werden sollte, floh sie mit den Eltern und tauchte in der Illegalität unter. Die französische Untergrundorganisation ermöglichte ihr die Zuflucht in einem Kloster mit Namen Bort les Argues bei Bourges, wo sie sich neun Monate aufhielt. Auch falsche Papiere erhielt sie von der Untergrundorganisation. In Montauban war sie bei einem französischen Oberst angestellt, dann in einem anderen Haushalt in Realville bei Montauban. Den Rest des Krieges verbrachte sie auf einem Bauernhof bei Lyon.

Ende 1946 wanderte sie mit ihren Eltern nach New York aus. Zwei Jahre später - 1948 - kehrte sie nach Paris zurück, um dort 1949 einen Mann aus Gelnhausen zu heiraten. Da diese Ehe keinen Bestand hatte, kehrte sie 1955 nach New York zurück.

Durch die Belastungen der Verfolgung erkrankte Hella schwer, immer noch leidet sie an den Krankheitsfolgen.

David und Hilda Sommer mit Tochter Hella im März 1945 im befreiten Frankreich. Anläßlich ihrer Silbernen Hochzeit war dieses Foto ein Gruß für den Sohn Erich im entfernten Palästina. Die schweren Jahre der Verfolgung zeichneten die Gesichter von David und Hilda Sommer. 1946 wanderten sie nach Amerika aus.

Erich Sommer (* 1921)
Erich Sommer besuchte ab 1927 die Windecker Volksschule, ein Schulbild zeigt ihn neben seinem Freund Heinrich Reul sitzend. Nach 51 Jahren sahen sich diese beiden Freunde im Juni 1988, als Erich Sommer Gast der Stadt Nidderau bei der "Woche der Begegnung - Einladung früherer jüdische Bürger" wieder. Sie erinnerten sich an die Vergangenheit:

Heinrich: "Ab Schulbeginn mit 6 Jahren waren wir unzertrennlich."

Erich: "Ja, das stimmt, unsere Geburtstage haben uns sehr zusammengehalten. Heinrich ist am 11. September geboren und ich am 12. September. Das war für uns etwas Gemeinschaftliches... wir haben in der Schule zusammengesessen und haben die Hausaufgaben zusammen gemacht, was der eine nicht gewußt hat, das hat der andere gewußt."

Heinrich: "Ich glaube, unsere Freundschaft hat richtig begonnen mit der Zeit unserer Väter. Mein Vater und sein Vater waren schon ziemlich befreundet. Man kann nicht erklären, was Freundschaft ist, was sich da anzieht. Bei uns war es eine Anziehungskraft von einem zum anderen."

Heinrich Reul: "Wir haben schöne Stunden zusammen erlebt in der Jugend, wie wir Äpfel geklaut haben."

Erich Sommer: "Da sind wir über die Zäune gestiegen, da waren schöne Goldparmären, die haben so gut geschmeckt, besonders, weil wir sie geklaut haben. Ob ich Jude war oder nicht, daran hat gar keiner gedacht, ich war Erich Sommer, der Freund von Heinrich Reul." Heinrich: "Wir waren zusammen und Freunde, bis die Gefahr heranwuchs 1933, aber wir ließen uns noch nicht beirren, ich glaube, wir sind immer noch, wo die anderen schon sehr vorsichtig waren (hier wirft Erich ein: feindlich), zusammen gewesen. Mir hat das sehr sehr weh getan, weil wir uns nicht mehr sehen durften. Es waren Leute hier, die haben Erich, auf deutsch gesagt, gequält. Ich mußte zuschauen." [72)]

Bei einem Besuch der Verfasserin in New York berichtete Erich Sommer aus seinem Leben: "Es gab auch Jugend, die mich gehaßt hat, 'Jude! Jude!' wurde mir nachgerufen. Der Name meines Vaters war David, da haben sie mich zum Spott 'David' gerufen.

Hella Sommer, untere Reihe 3. von links, mit ihren Klassenkameraden 1932 bei der Einschulung in die Volksschule Windecken

Kein Junge wollte mehr etwas mit mir zu tun haben, mit Ausnahme von Heinrich Reul. Die Jugend war sehr verhetzt. Fräulein Windisch war meine Lehrerin im ersten Schuljahr, dann hatte ich Frl. Brahms, Lehrer Mänz und Lehrer Viehman. Frl. Brahms und Lehrer Mänz waren sehr anständig. Doch Lehrer Viehmann hasse ich bis zum heutigen Tag, da er sich über die Juden lustig machte. Ich kann bis heute nicht verstehen, daß ein geschulter Mensch jemanden hassen kann, nur weil er eine andere Religion oder einer anderen Rasse angehört. Menschen sind doch Menschen. Lehrer Viehmann betreffend, werde ich folgendes nie vergessen: Noten für Musik gab es der Stimme gemäß nicht, was man über Musik wußte, zählte. So hat er mich singen lassen und zwar das Lied 'Mit dem Pfeil, dem Bogen durch Gebirg und Tal', dann hat er laut weitergesungen '...kommt der Judd gezogen mit der Kuh am Saal (Seil)' Sie können sich vorstellen, daß die ganze Klasse sehr gelacht hat. Dieser Vorfall hat bei mir einen Komplex verursacht.

Ostern 1932 wechselte ich zur Mittelschule, der Eberhardtschule, nach Hanau. Manche Lehrer waren sehr anständig, aber andere waren sehr große Nazis. Die Mitschüler waren alle verseucht. Wenn da ein oder zwei richtige Hitlerjungen in der Klasse waren, da konnten die anderen nicht viel machen. Wir waren fünf jüdische Jungen in der Klasse. Natürlich sind wir in der Klasse immer mit 'Jud! Jud! beschimpft worden. Wir wurden so beschimpft, daß uns natürlich auch nichts mehr gelang. Wir wurden als Juden immer heruntergedrückt. Nach einigen Jahren konnte ich nicht mehr dort auf der Schule bleiben. Auch die Fahrt nach Hanau war so gefährlich. Wir sind mit dem Zug gefahren, und etwa dreißigjährige Männer haben uns ohne irgendeinen Anlaß geschlagen, sie waren Parteimitglieder. Ernst Reichenberg, mit dem ich immer zusammen fuhr, hat oft Schläge bekommen. Im Zug hieß es dann 'Du Saujud!' Im Wartesaal in Hanau war es genauso. Unbegründeter Haß schlug uns entgegen. Da unsere Eltern nicht wollten, daß wir weiter dieser Gefahr ausgesetzt wurden, konnten wir nicht mehr zur Schule gehen. So habe ich also die Mittelschule mitten im Schuljahr im Oktober 1935 abgebrochen.

Im September 1934 war meine Bar Mitzwah (vergleichbar der Konfirmation). Die ganze Atmosphäre zu dieser Zeit war schon sehr bedrückend. Ein Lehrer, durch den man normalerweise intensiv vorbereitet wird für diesen besonderen Tag, war schon nicht mehr da. Durch das Schächtverbot hatten wir auch kein koscheres Fleisch. Ich bekam wie jeder jüdische Junge zu diesem Anlaß den ersten Hut meines Lebens.

Nach dem vorzeitigen Verlassen der Eberhardtschule in Hanau ging ich nach Frankfurt in die jüdische Thoraschule: 'Rabbinische Lehranstalt Jeschiwa' in der Theobald-Christ-Straße 6. Mein Onkel Max vermittelte mir einen Platz in dieser Schule. Neben mir saß Herschel Grünspan, der durch sein Attentat am 7. November 1938 in Paris so traurige Berühmtheit erlangen sollte. Ich lebte sechs Monate lang im Internat der Schule. Danach arbeitete ich in Hanau in dem jüdischen Seifengeschäft Schwarzschild & Weil. Dort wurde ich nach drei Monaten entlassen, weil keine Arbeit mehr zu tun war. Danach ging ich wieder auf eine Jeshiwa in Frankfurt in der Friedberger Anlage neben der Synagoge Friedberger Anlage. Ich wohnte in einem Heim, Obermainanlage 16

Erich Sommer (3. Reihe von vorne, 5. von rechts) neben ihm sein Freund Heinrich Reul (2. von rechts) - 1927

und blieb dort bis zu unserer Flucht nach Paris am 7. März 1937. Ende 1936, als meine Eltern gezwungen wurden, ihr Haus in Windecken zu verkaufen, kehrte ich für einige Tage nach Windecken zurück, um meinen Eltern beim Verkauf ihrer Sachen zu helfen. Als wir Windecken verließen, gingen wir allein auf Umwegen zum Bahnhof, nur die alte Hebamme Frau Schmalz schaute weinend aus dem Fenster und sagte: 'Ich habe die beiden ja zur Welt gebracht.'

Einige Monate lebten wir in Frankfurt, und ich besuchte wieder die Thoraschule. Am 7. März 1937 fuhren wir mit dem Zug von Frankfurt nach Paris und konnten Deutschland endlich verlassen. In Paris verbrachte ich 2 1/2 Jahre mit den verschiedensten Arbeiten, mit denen ich etwas zum Lebensunterhalt unserer Familie beitragen konnte. Am 14. Juli 1938 traf ich Herschel Grünspan wieder, der illegal in Paris bei seinem Onkel lebte. Ich sah ihn nie wieder. Später sollte ihm von den Franzosen ein Prozeß gemacht werden, in dem ich aussagen sollte, was er für ein Mensch war. Durch den Einmarsch der Deutschen kam es nicht mehr dazu, sie packten ihn gleich in einem französischen Gefängnis und verschleppten ihn nach Deutschland.

Daß die Synagoge in Windecken abgebrannt und zerstört wurde, habe ich durch Briefe in Paris erfahren. Ich habe die Synagoge in Windecken sehr geliebt, es war sehr intim dort drinnen. Man kann sich gar nicht vorstellen, daß es Menschen gibt, die das Gewissen haben, so etwas niederzubrennen, ein Haus, wo gebetet wird, wo heilige Bücher drin sind.

Beim Ausbruch des Zweiten Weltkrieges wurde ich als feindlicher Ausländer in Paris am 4. September 1939 verhaftet. Zwei Wochen lang wurde ich in dem Stadion 'Stade de Colombes' bei Paris festgehalten. Von dort wurde ich in das Lager Blois bei Orleans und von dort in das Lager Villerbon transportiert. Die fähigsten Männer sollten sich zur Fremdenlegion melden, aber ich habe mich davon nicht überreden lassen. Ich habe mich dann zum sogenannten Arbeitsdienst gemeldet. Offiziell lautete das dann in einem Dokument vom 11. 11. 1939 so: 'Der unterzeichnende Leutnant der 18. Kompanie bescheinigt, daß Erich Sommer, in Paris wohnhaft, momentan im Lager Villerbon, hat seine Beschäftigung als militärischer Freiwilliger für die Dauer des Krieges verlangt'."[73] Ich wurde also in ein Munitionslager geschickt, wo wir Munition, die noch vom 1. Weltkrieg dort lagerte, zur Verschiffung nach Finnland einladen mußten für den Krieg zwischen Finnland und Rußland. Als dann am 10. Mai 1940 die Deutschen in Holland und Belgien einbrachen, mußten wir wieder ins Lager zurück. Im Lager Villerbon blieb ich bis Mitte Mai 1940.

Sodann wurde ich in das Lager Mesley sur Maine in der Normandie in Güterwagen transportiert. Da die Deutschen zum Kanal vorrückten, um die englische Armee einzuzingeln, blieben wir bis Mitte Juni 1940 dort. Wir wurden also wieder in Güterwagen verladen und nach dem Süden verschickt. Ich kam in das Lager Albi. Eigentlich wollten uns die Franzosen nach Nordafrika schicken, aber da Italien inzwischen den Krieg erklärt hatte, war das Mittelmeer nicht mehr sicher. So blieb ich im Lager Albi. Dann kam der Waffenstillstand am 22. Juni 1940. Eine deutsche Kommission kam in unser Lager. 'Arier' konnten freiwillig nach Deutschland zurück. Andere, die auf der schwarzen Liste standen, wurden mitgenommen. Ich stand nicht auf der Liste. Im Juli 1940, nachdem ich herausgefunden hatte, wo sich meine Mutter befand, ursprünglich hatten wir in Bordeaux das amerikanische Konsulat als Treffpunkt ausgemacht, machte ich mich auf den Weg per Zug nach Perigeux, wo ich nach zwei Tagen auch ankam. Ich nahm mir vor, nie mehr in ein Lager zu kommen. Es wäre viel zu erzählen, was wir erlebt und durchgemacht haben, um in Freiheit zu bleiben, aber es ist uns gelungen. Wir lebten etwa zwei Jahre ohne große Schwierigkeiten in Perigeux, bekamen Unterstützung von einem jüdischen Komitee und auch eine Flüchtlingshilfe von der Regierung. Ich selbst kaufte mit einem Freund zusammen Holz unweit von Perigeux in einem Sägewerk. Wir schnitten es klein und verkauften es. So konnte ich ein wenig zu unserem Lebensunterhalt beitragen. Da ein großer Teil der Straßburger jüdischen Gemeinde in Perigeux ausgesiedelt war, gab es in Perigeux ein recht reges jüdisches Leben mit Synagoge und jüdischen Jugendgruppen. In der Ortsschule lernte ich Elektriker und meine Schwester Hella Schneiderin.

Als im August 1942 die Razzien auf Juden in Perigeux losgingen, versteckten wir uns bei Bauern in der Umgebung. Nachdem die Deutschen die freie Zone Frankreichs am 11. Juni 1942 auch besetzt hatten, konnte ich mit Hilfe der französischen Untergrundorganisation in dem Kloster Comb La Grandville in der Nähe von Rhodes versteckt werden. Es war ein Kloster der schweigenden Mönche. Auch ein Freund von mir war dort versteckt. Nur der Abt wußte, daß wir jüdisch waren. Ich habe dort im Garten und beim Ackerbau mit Ochsen gearbeitet. Weihnachten mußten wir zur Kirche gehen, es durfte ja nicht auffallen, daß ich jüdisch war. Da habe ich einfach alles nachgemacht: niedergekniet, aufgestanden, gebetet, mich bekreuzigt. Was sollte ich machen? Ich blieb dort ein halbes Jahr bis Ende Mai 1943. Den Untergrundleuten hatte ich mitgeteilt, daß ich gerne woanders unterkommen wollte. Ich war mit jemandem von der Untergrundorganisation verabredet, der aber leider nicht kam. Hinterher stellte sich heraus, daß die Gestapo ihn zwei Stunden vor unserer Verabredung geschnappt hatte. Ich bekam falsche Papiere, Ernest Sapee hieß ich nun. Durch ganz Frankreich wurde ich nun in die Nähe der schweizerischen Grenze zu einem Bauernhof geschickt, wo nur Juden waren. Als ich mich beim Bürgermeister anmeldete, und er meine gefälschten Papiere betrachtete, sagte er mir: "In ihrem Alter müssen sie aber zur Zwangsarbeit nach Deutschland." Sofort teilte ich dann dem Leiter dieses Bauernhofes mit, daß ich hier unmöglich bleiben könne.

Ich wurde dann auf einen anderen Hof geschickt, wo es Schafe und Kühe gab. Der Hof wurde von den französischen Pfadfindern unterhalten und vom französischen Untergrund betreut. Dort waren etwa 15 Jugendliche. Eines Tages wurden ein anderer Junge und ich in den nächsten größeren Ort geschickt, um etwas zu essen zu organisieren. Öl und Mehl besorgten wir. Ich hatte alles im Rucksack, wo sich auch ein jüdisches Gebetbuch befand. In der Stadt hielten mich zwei französische Zivilpolizisten an und fragten mich nach dem Inhalt meines Rucksackes. Sie packten alles aus und fanden das hebräische Gebetbuch. Sie fragten, was das sei, und ich antwortete: 'Arabisch, ich will arabisch lernen.' Ein dritter Polizist kam dazu und erkannte, daß es hebräische Buchstaben waren. So mußte ich zugeben, daß ich Jude war. Ich sagte dann: 'Wenn ihr mich den Deutschen übergebt, dann schicken die mich nach Polen, um ein Stück Seife aus mir zu machen.' Sie aber meinten: 'Wenn du nichts gemacht hast, werden sie dir auch nichts tun.' Also mußte ich mit zur Polizei. Der andere Junge hatte den Bus zurück zu den anderen nehmen können. Auf der Polizei wurde ich ausgefragt, in der Nacht vorher hatte die französische Untergrundorganisation auf der Zugstrecke Paris-Lyon einen Tunnel, in den ein Zug eingefahren war, gesprengt. Nun hatte man mich in Verdacht. Sechs lange Stunden wurde ich ausgefragt. Ich konnte dann nicht mehr und sagte: 'Hören Sie zu, wenn sie mir nicht glauben, dann erschießen sie mich.' Ich war völlig verzweifelt, ich konnte nicht mehr. Der Polizist ging dann weg und holte seinen Vorgesetzten. Dieser war ein anständiger Mensch, er ließ mich gehen mit den Worten: 'Laß dich nicht wieder erwischen, deine Papiere sind nicht so gut.' 'Gib mir bessere!' antwortete ich erleichtert und verschwand. Als ich zum Bauernhof zurückkam, hatten die anderen schon ihre Sachen gepackt und wollten fort, sie hatten Angst, daß ich sie verraten hätte.

Nach einer Zeit mußten wir dort aber wirklich weg, weil die Gendarmerie, die uns beschützt hatte, aufgeflogen war. Jemand hatte die Gendarmen dringend um Hilfe gebeten und gesagt: 'Ich bin Gaullist', worauf die Gendarmen sagten: 'Ja, wir auch.' Da nahm dieser seine Trillerpfeife heraus, ein Auto bog um die Ecke und alle Gendarmen wurden von den Deutschen mit der Maschinenpistole erschossen. Es war ein mieser Spitzel gewesen. Daraufhin haben wir schnell gesehen, dort wegzukommen. Wir kamen dann zu einem anderen Bauernhof, wo uns von den Untergrundleuten gesagt wurde, 'fahrt alle nach Toulouse, von dort wird euch jemand über die Pyrenäen nach Spanien bringen'. Zum Fuß der Pyrenäen kamen wir mit dem Autobus, dann mußten wir steigen und steigen. Wir hatten nichts zu essen, keine richtige Kleidung. Der Marsch über die Pyrenäen dauerte 10 Tage in Eis und Schnee. Unser Führer hatte, wie sich später herausstellte, für beide Seiten gearbeitet, er ließ uns einfach mitten in den Bergen stehen. Wir fanden nicht den richtigen Weg. Aus Verzweiflung aßen wir Schnee. Wir hatten zwei Tote in unserer Gruppe. Dieser Marsch im Mai 1944 über die Pyrenäen war das Schrecklichste, was ich je in meinem Leben mitgemacht habe. Jede Nacht hatte ich über lange Zeit Alpträume, jede Nacht kamen diese Träume wieder, es war schrecklich. Ich habe dann etwa ein Jahr später in Israel alles aufgeschrieben, es mir regelrecht von der Seele geschrieben. Lange Jahre habe ich das Tagebuch niemandem gezeigt."[74]

40 Jahre später gab Erich Sommer dieses Tagebuch nun mit großem Vertrauen der Verfasserin bei ihrem Besuch in New York. Auf den nächsten Seiten werden Auszüge aus dem Tagebuch, die in groben Zügen den Verlauf dieser so bewegenden Tage und Nächte schildern, wiedergegeben.

Mit diesem überladenen Frachter erreichte Erich Sommer von Spanien aus nach seiner Flucht über die Pyrenäen im Oktober 1944 Erez Israel

Tagebuch von Erich Sommer- Flucht über die Pyrenäen

Im März 1944 waren wir gezwungen, unserer Vorbereitungszeit in Talyres aufzulösen. Es tat uns allen leid, besonders den Älteren gab es einen Stich ins Herz. Wohin war die große Frage?
Uns wurde dann gesagt, es gebe einen Weg nach Spanien und von dort sei die Möglichkeit groß, nach Palästina zu gelangen. Ich hörte mir die Geschichte phelgmatisch an, da ich in Wirklichkeit an solche Reisen in solchen Zeiten, wie wir sie eben erlebten, nicht glaubte, noch weniger an ihr Gelingen. Es interessierte mich mehr das Einpacken unserer Sachen in Talmyres. Die Kisten, in die wir Bibliothek, Geschirr, Wäsche einpackten, machten eher den Anschein einer Totenbahre. Das ganze Treiben im Haus war wie vor einem Begräbnis. Das Pessachfest verlief in feierlicher Weise. Am Vorabend wurde uns gesagt, daß wir in den nächsten Tagen unsere Nächsten besuchen sollten, um uns zu verabschieden, da die Besprechungen mit der Organisation, die uns nach Spanien bringen sollte, schon so weit fortgeschritten waren, daß wir schon wenige Tage nach Pessach mit der Abreise rechnen könnten. Am 2. Feiertag hörten wir dann, daß verschiedenen Departements "verbotene Zone" geworden waren, darunter auch die Dordogne, wo meine Eltern wohnten. Es war mir sehr schwer zu Mute zu wissen, daß ich eventuell Frankreich verlassen würde ohne Wiedersehen der Eltern. Ich nahm mir jedoch vor, zu meiner lieben Schwester Hella zu fahren, um wenigstens von ihr Abschied zu nehmen. Ich schrieb ihr, daß mit meinem Besuch am 17. April zu rechnen sei. Am Bahnhof gab ich meinen Rucksack als Passagiergut auf, um bei eventuellen Kontrollen nicht durch die verschiedensten Sachen wie Gebetsriemen geschnappt zu werden. Als ich am Bahnhof einige von der französischen Miliz sah, wurde mir sehr bange. Deutsche Uniformen, die man weitaus öfter sah, befürchtete ich nicht so. Doch die Reise verlief ungestört, so daß ich am nächsten Tag gegen 11 Uhr in Montauban ankam, wo Hella mich am Bahnhof erwartete. Ich verbrachte bei ihr acht wunderschöne Tage.
Der neue Treffpunkt in Pusoque war neben einem großen Wald, wo sich ein "maquis" (französisches Widerstandskommando) aufhielt. Um nicht von der Gestapo überrascht zu werden, hielt man dort Tag und Nacht mit einer Maschinenpistole Ausschau. Dort erhielten wir die Botschaft, uns nach Toulouse zu begeben, um alle Einzelheiten für unsere Abreise zu erledigen.
Am nächsten Tag, dem 26. April, kamen wir gegen Mittag in Toulouse an. Treffpunkt war das Büro der amerikanischen Quäker gegenüber vom Bahnhof. Auf die Straße zu gehen, war untersagt, denn alle Minuten wurden Kontrollen befürchtet. Wegen großen Hungers machten ein Freund und ich trotzdem Einkäufe auf dem Land: Brot und Käse. Abends nach Dunkelheit konnten wir noch nicht in unser Hotel. Da aber diese Zeit am gefährlichsten war, diente uns oft das Kino als Obdach. Unvergeßlich bleibt auch die gelungene Aufführung des "Barbier von Sevilla" im Capitol. 55 Francs kostete der Eintritt. Mein Freund und ich hatten Logenplätze zwischen deutschen Offizieren. So war es uns sicher zumute. Eines Tages, als wir vom Kino kommend den Place de Capitol überquerten, war gerade eine Razzia zu Ende. Noch sahen wir, wie die Türen des Polizeiautos sich schlossen. "Schwein gehabt" waren unsere Worte als Reaktion.
Endlich waren die Besprechungen so weit gelungen, und die geheime Organisation willigte ein in alle Bedingungen. Jeder mußte dann schwören. In Gruppen von drei bis vier Menschen wurden wir in eine Wohnung nahe dem Place Georges gebracht, wo wir einzelnen in ein schwarzes Zimmer geführt wurden. Eine Taschenlampe war auf mich gerichtet und durch die Blendung war nichts zu sehen. Dann mußte man die Schwurformel auf französisch nachsprechen: "Ich lege die Hand auf die blauweiße Fahne, ich schwöre Treue auf mein Vaterland Palästina, Treue zur jüdischen Armee und ihren Chefs. Die Freiheit oder der Tod." Diese Organisation hieß A.J. -Armee Juive oder als Geheimname Armand Jules. Ich schwor am 30. April 1944.
Am 1. Mai machte ich mit meinem Freund einen Ausflug aufs Land, denn für diesen Tag befürchtete man Razzien. Am Abend bei der Rückkehr hörten wir dann, daß es am nächsten Tag weggeht.
Am kommenden Morgen um 9 Uhr waren wir bei den Quäkern, um unsere Sachen fertig zu machen und Lebensmittel einzupacken. Pro Kopf gab es zwei Kilo Brot, ein Dutzend Eier, ein halbes Kilo Käse, 2 Kilo Zucker, Fischdosen. Am Bahnhof durften nur immer wenige von uns sein. Wir hörten, daß eine Brücke auf der Strecke nach Toulouse vom Maquis in der Nacht gesprengt worden war. Deshalb fuhren einige Autos zu einer kleinen Station in der Nähe. Nach langem Warten konnten wir dann fahren. In unserem Abteil waren zwei jüdische Mädchen, die uns aus Toulouse bekannt waren. Plötzlich trat ein Herr zu ihnen und fragte, ob sie nicht ihren Koffer vertauscht hätten, und wirklich war es so. Welch ein Glück, denn erst später wußten wir, daß in dem ihrigen zwei Maschinenpistolen waren, die zur Bewaffnung der Überreise dienen sollten. Ein anderer Herr in unserem Abteil von 1,80 m Größe und ungeheuer fest gebaut mit rotem versoffenen Gesicht unterhielt sich mit unseren Mädchen, ich meinte, dieser Mann wird unser Führer, und wirklich hatte ich richtig getippt.
Im Vorgebirge der Pyrenäen stiegen wir aus und liefen ein Stück Wegs, wir wurden dann von einem Jungen im Alter von 13 Jahren empfangen, der uns dann in eine Waldlichtung führte, wo wir viele unserer Kameraden und auch andere Beteiligte des Konvois fanden. Man aß etwas, nicht viel, denn man wollte sparsam sein. Da man schon den Aufstieg der Berge sah, sortierte man schon einige Sachen aus dem Rucksack. Die Maschinengewehre wurden zusammengesetzt und der Lader fertiggemacht. Noch sechs Revolver wurden verteilt. Wir machten auch Bekanntschaft mit unseren Führern. Nachts um zwölf kamen noch ein Teil unserer Kameraden und weitere Mitglieder des Konvois. Der erste Nachtmarsch begann. Nach einer Stunde Marsch, eine Stunde Rast. Die schöne mondhelle Nacht machte uns sentimental, und wir saßen bei gemütlicher Unterhaltung zusammen. Abmarsch - wieder zwei Stunden über Felder und Gräben um ein Dorf, alles mußte still sein. Wieder Rast. Trotz der kalten Temperatur schlummerten wir etwas ein. Von Zeit zu Zeit schüttelte man sich, um den Körper zu wärmen. Schon nach kurzem Anstieg machte ein Mann schlapp. Der Anstieg wurde schwerer und schwerer, steil, Steine, enge Wege zwischen Bäume und Gestrüpp. Für ältere Menschen und Frauen ging der Marsch viel zu schnell. Schon nach ein paar Stunden verzettelte sich der Konvoi und weit hinten schallte der Ruf: "Haltet an!" Ein Mann war fast blind und mußte von zwei Kameraden geschleppt werden. Alle 10 Minuten forderten die Letzten einen Halt. Der Führer verlor schon die Nerven und schrie: "Wie wird das weiter gehen? Ihr seid erst am Anfang." Erst am Morgen um 7 Uhr kamen wir an das festgesetzte Ziel, was wir schon drei Stunden vorher hätten erreichen sollen... Es war eine Waldlichtung mit einer kleinen Baracke, in welcher kaum Platz für 10 Leute war. Alles war müde. Die Morgenmahlzeit bestand aus zwei Stückchen Zucker. Um 7 Uhr ließ uns unser Führer zum Abmarsch antreten. In seiner beschickerten Haltung erklärte er uns, jeder müsse ihm mit großer Disziplin folgen. Wer was Verdächtiges macht, würde erschossen und wer nicht mehr laufen könne, müsse am Platz bleiben. Man könne auf ihn nicht achten. Gelaufen werden muß schnell und so leise wie möglich. Kaum waren wir einige Minuten marschiert, als unser Führer wieder dasselbe schrie. Nach einer Stunde Marsch über einen Bergrücken, der uns die Gegend so wunderbar überschauen ließ, hieß es halt."Wir warten auf die Dunkelheit", sagte der Führer, der immer an der Spitze lief. Er beschaute mit seinem Fernrohr die Gegend. "Seht ihr die schwarzen Flecken dort hinten? Dort müssen wir morgen früh sein. Dahinten bei den hohen Bergen verläuft die Grenze. Morgen abend seid ihr dort." "Ach, das ist gar nicht so schlimm", riefen alle laut unsere Gedanken aus. Unsere Moral hob sich, sie war durch das Magenknurren sehr gesunken. "In zwei Tagen sind wir in Freiheit und können uns in den Mund stopfen, was wir wünschen", träumten wir laut und glücklich. Abmarsch - Vorher wurde uns noch gesagt: "Gegen Mitternacht passieren wir eine große Landstraße. Sie muß mit Vorsicht und schnellem Schritt überquert werden." Dann Abstieg, der schon schwer war. Besonders lange, flache Steine brachten uns ins Rutschen. Es ging über Bäche und Mauern. Die Spitze des Konvois mußte immer wieder anhalten, um auf den sich verzettelnden Schluß zu warten. Der Führer wurde ungeduldig und schrie wie ein Wahnsinni-

Auszüge aus dem Tagebuch von Erich Sommer ,

ger. Er drohte, sein Fluchen war nicht anzuhören. "Merde" war jedes dritte Wort. Nach kurzer Pause weiterer Abstieg, dasselbe wie vorher: Mauern, Bäche, Zäune. Endlich erreichten wir einen kleinen Verbindungsweg, der flach verlief. Vorher passierten wir ein Haus und vernahmen das Klappern einer Mühle. Jeder von uns war der Überzeugung, daß dies ein Zeichen für den Führer war. Viele Leute konnten nicht die großen Schritte der Spitze halten. Der Führer ließ den Chef des Konvois rufen und sagte ihm sehr deutlich, daß er alle, die nicht nachkommen, erschießen werde. Wir sahen und wußten, daß seine Betrunkenheit weit voran geschritten war... Als wir ein Dorf durchquerten, war dort Totenstille, das Hundegebell ließ die Einwohner ruhig. Wir hatten alle das Gefühl, daß auch diese Menschen Mitwisser waren. Nach kurzer Zeit hieß es: "Die Route National!" Befehle wurden erteilt. Schnelles ruhiges Überqueren. Nachdem diese Station erreicht war, verabschiedete sich der zweite Führer mit seinem Sohn von uns. Sein Wunsch für unsere Zukunft und das Gelingen war das so schöne französische Wort "Merde". Wir marschierten nun eine geraume Zeit, als uns ein Mann erwartete, der uns mit dem Führer Adrienne zusammen bis zur Grenze bringen sollte. Es bewies sich später beim Marschieren, wie hilfsbereit und gutmütig er war, während sein Vorgesetzter ohne Erbarmen nur ans Weitermarschieren und den Alkohol dachte. Während wir bis jetzt abgestiegen oder auf flachem Gelände gelaufen waren, begann nun langsam der Aufstieg. Bei einem alten und leeren Bauernhof wurde dann halt gemacht. Bei der Ruhe war es nicht ratsam, seiner Müdigkeit nachzugeben, denn das erschwerte das Weitermarschieren noch mehr. Nun ging es eine große Strecke ohne Rast. Von Zeit zu Zeit mußte vorne auf die hinteren gewartet werden. Dieses geschah immer unter heftigstem Fluchen des Führers, der jetzt immer stärker nach Wein roch. Plötzlich begeisterte er sich und feuerte zwei Schüsse aus seiner Maschinenpistole. Wir hatten große Furcht, daß dies eine deutsche Patrouille aufmerksam machen könnte. Warum hatte der Führer geschossen? Keiner wußte es, war es ein Signal?... Gerade als das Dunkel der Nacht zerbrach, wurde ich schlapp und schwach. Vor Schwäche brach mir der Schweiß aus und meine Beine begannen zu zittern. Ich wußte, es kam vom leeren Magen. Mit gebrochener Stimme sagte ich: "Bitte gib mir Zucker aus dem Rucksack." Bald reichte man mir ein Stück mit dem süßen Inhalt, den ich mit Schwächegefühl beim Weitermarschieren aufaß und der mich wirklich wieder stärkte... Der Führer rief: "Halt! Alle Bewaffneten nach vorne! Hinter dem Hügelzug ist freies, übersichtliches Gelände. Ein Häuschen steht dort, in dem oft deutsche Patrouillen sind." Wir sahen nun vor uns, wie sechs Menschen mit vorgebeugtem Oberkörper und schußbereiten Waffen in der Hand den Hügel erstiegen und dahinter verschwanden. Kurz darauf gaben sie uns ein Signal, ihnen nachzufolgen. Das Feld war frei. Welch herrliche Aussicht bot sich unseren Augen. Vor uns zog sich die erste riesige, ganz kahle Gebirgskette der Pyrenäen entlang. Der untere Teil war violett schimmernder Stein, während der obere Teil mit Schnee bedeckt war. Uns trennte ein tiefes Tal von diesen Bergen.

Wir waren mitten auf einer Wiese, etwa 20 Meter vor uns war ein ganz kleines Steinhäuschen, aus dem gerade unser Führer Adrienne heraustrat. Mit eisigen Worten erklärte er uns: "Hier wurden vor einem Jahr mein Freund Louis, auch ein Bergführer, und ich von einer deutschen Patrouille überrascht, die auf uns das Feuer eröffnete. Dabei wurde mein Freund Louis in dieser Hütte tödlich getroffen. Ich konnte mich durch Flucht retten. Stellt euch jetzt in einer Reihe auf. Ich werde euch zurufen: 'Louis du wirst gerächt! Mit Sicherheit!' Dann antwortet alle mit diesen Worten." Dann erschallte der Ruf: "Louis du wirst gerächt werden! Mit Sicherheit!" Kaum waren diese Salven verklungen, sahen wir, wie dieser Riese Adrienne in Tränen ausbrach. Unsere Meinung über ihn änderte sich einen Augenblick, denn wir dachten, er hat doch noch etwas Herz.

Darauf wurde eine Weile gerastet und das Frühstück eingenommen. Eine Scheibe Brot und zwei Dosen Ölsardinen wurde unter sechzehn Menschen verteilt. Kurz vor dem Aufbruch hieß es: "Vorsicht, unser Weg ist vom Tal aus sichtbar." In den Dörfern, die wir unter uns sahen, befand sich deutsche Besatzung. Froh marschierten wir den Bergrücken entlang, fröhlich über das Schöne, woran sich unsere Augen nicht sattsehen konnten. Aber noch begeisterter über das, was uns gerade unser Führer sagte: "Heute abend seid ihr in Spanien." Nun wußten wir, daß unser Weg absehbar war, wir näherten uns den Dörfern. Oh, war das Marschieren jetzt angenehm. Man lief schneller als man wollte. Der eine hielt den anderen, denn so war man sicherer. Trotz Schweiß war die Moral gut, denn wir wußten, heute Abend sind wir in Spanien, in Freiheit! Unsere Schuhe hatten schon Löcher in den Sohlen, aber das war nicht schlimm. In Spanien gab es ja Schuhe so viel wir brauchten. Dort hört die Zeit des Mangels und der Not auf. Wir hatten nun den tiefsten Punkt erreicht und mußten nun diese Bergkette, die wir am Morgen gesehen hatten und deren Spitzen mit Schnee bedeckt waren, ersteigen. Dieser Anstieg ermüdete, die Sonne brannte stark, und der Führer marschierte ziemlich schnell. Der Gesang des Marsches war Seufzen, Stöhnen, Schmerzensrufe, Geheule und Gefluche des Führers. Eine Stunde im Schatten hatte uns wieder genügend Kraft und Mut gegeben, unseren Marsch fortzusetzen. Wieder mußten wir einen schmalen Pfad im Gänsemarsch gehen und dies mit größter Vorsicht. Bäume dienten als Gitter, um nicht in die Tiefe zu rutschen. Dort, wo der Wald zu Ende ging, stieg der Weg nach der Bergspitze empor. Nun hieß es klettern und das unter der brennenden Mittagssonne des schönen Monats Mai. Je höher wir stiegen, umso größer und dicker wurden die Schneefelder. Viele Schneebäche mußten wir überqueren und häufig auch Felsblöcke umklettern. Plötzlich stieg vom Tal Nebel auf, der uns in kurzer Zeit einhüllte. Nur die Fußstapfen zeigten den richtigen Weg an. Ich fühlte mich allein und bemerkte, von der Natur beherrscht zu werden. Oh, wie klein kam ich mir vor, und wie bewußt wurde mir dieses. Nach langem Laufen im Nebel kamen wir zu einer Hütte. Erschöpft ließ ich mich niederfallen und schlief bald in Todesmüdigkeit ein. Vor Kälte zitternd erwachte ich. Auch der Hunger ließ sich nicht unterdrücken, und ich schnitt mir von den vielleicht 200 Gramm Brot eine dünne Scheibe ab. Wir brachen wieder auf. Der Schnee wurde immer tiefer. Bis zu den Knien versackten wir im Schnee. Wir liefen an einer steilen Bergwand entlang, die Finger in den Schnee geklemmt, den Körper etwas nach der Seite gebogen, gingen wir diesen gefährlichen Marsch im Gänsemarsch. Der Nebel wurde immer dichter, und der Moment kam, wo der Vordermann nur noch ein grauer Schatten war. Nach einiger Zeit hieß es "Halt". Der Führer selbst wußte nicht mehr, ob er den rechten Weg gegangen war. Er wollte allein auf Kundschaft gehen und den Engpaß suchen, den wir passieren mußten. Endlich hörten wir die Stimme des Führers "Umdrehen! Zurück zur Hütte!" Der Nebel hatte durch seine Dichte den Weitermarsch verhindert, wir würden heute abend nicht in Spanien sein. Die Moral begann zu sinken. Manchmal schien es, als ob das Wetter besser würde. Dann war alles auf den Beinen, um aufzubrechen, aber nach ein paar Minuten war es wieder aussichtslos. Die Moral sank immer mehr. "Wir müssen weiter, sonst werden wir hier verhungern. Auch deutsche Patrouillen können uns überraschen, zumal man unsere Spuren sieht." "Oder sollen sollen wir den Weg zurückgehen und versuchen, nach Frankreich zu kommen?" Wir wußten, wenn man uns in der Nähe der Grenze anhält, werden uns die Deutschen ohne weiteres erschießen. Ein Streifen von 30 Kilometern längs der Grenze war verbotene Zone und nur mit besonderer Erlaubnis zu betreten. "Wer weiß, wann der Nebel aufhört, wir müssen unbedingt weiter." Wir redeten so auf den Führer ein, aber er wollte bis zum Morgen warten, dann würde der Mond alles aufgeklärt haben. Es war Freitagabend, wir erinnerten uns, den Schabbath als heiligen Tag zu ehren, ein jeder von uns aus Talyres nahm sein Gebetbuch zur Hand. Manche konnten vielleicht beten, sogar inbrünstig, aber ich glaube, vielen ging es so wie mir: vor Kälte, Hunger und Schwäche konnte ich mich nicht in etwas Höheres erheben, so legte ich das Gebetbuch in meinen Rucksack zurück.

Um vier Uhr morgens wurden wir aus dem Schlaf gerissen. Der Führer kommandierte: "Alles aus den Baracken! Rucksäcke fertig machen, wir marschieren los." Mich überfiel plötzlich ein Schüttelfrost, noch nie im Leben hatte ich so etwas gespürt. Alle Glieder zitterten, ein

Auszüge aus dem Tagebuch von Erich Sommer

schnelles Nervenzucken, die Wände der Hütte flogen mindestens fünf Zentimeter nach rechts und nach links. Der Führer kam und schrie mich an. Als ich ihm zitternd sagte, was war, reichte er mir sofort einen Becher warmen Rum, den ich zur Hälfte leerte. Oh, wie das den Körper erwärmte. Vorher glaubte ich, nicht mitmarschieren zu können. Jetzt setzte ich den Rucksack wieder mit Mut auf den Rücken. Der Nebel hatte sich wirklich verzogen: "Heute mittag seid ihr in Spanien", sagte Adrienne beim Abmarsch. Ein jeder hatte Hoffnung. Manche schon verzweifelt, sagten, daß man diesen halben Tag wohl noch durchhalten könne. Nach kurzer Zeit sahen wir den Engpaß, den der Führer gestern gesucht hatte. Wieder wurde geklagt: "Dort hinauf - unmöglich - nicht mit meinen geringen Kräften." Das Geschrei und das Geheule waren wild, aber trotz allem blieb der Führer kalt. Wer nicht mitkam, sollte zurückbleiben. Plötzlich entdeckten die Vordersten Spuren. Von einem Konvoi? Von deutschen Soldaten? Wir bekamen Hoffnung, zu belebten Stellen zu kommen, wir bekamen aber auch Angst. Unser Führer besah sich die Spuren und sagte, es seien Bärentatzen. Wir waren zufrieden. Maschinengewehre und Pistolen hatten wir schußbereit. Endlich kamen wir am höchsten Punkt an. Zum Absteigen mußte man erst einen ganz schmalen Pfad über spitze Felsblöcke hinunterkriechen. Es war ungeheuer gefährlich. Nur ein falscher Tritt und man machte Bekanntschaft mit dem Abgrund. Mitten im Talkessel stand ein Haus. Wir freuten uns alle auf eine Unterkunft. Noch freudiger wurden wir gestimmt zu hören, daß wir nahe der spanischen Grenze waren. Als ich hörte, daß uns hier der Führer verlassen wollte, kramte ich meinen vorbereiteten Brief an meine Eltern heraus und gab ihn Adrienne. Darin stand, daß ich gut in Spanien angekommen sei. Dann hieß es, alle falschen Papiere auf einen Haufen zu werfen zum Verbrennen. So sah ich meinen grünen Paß auf den Namen Ernest Sapee, geboren am 12. September 1925 in Thionville, in Flammen aufgehen. Nun hatte ich keinen Ausweis mehr in meiner Hand.

Der Führer hatte uns gesagt, wir könnten jetzt den Weg weiter gehen, er sei leicht zu finden und in zwei Stunden würden wir spanische Suppe essen. Wir waren jetzt mutiger als je. Einer von uns ging zum Führer und ließ sich den Weg erklären. Noch lange ging es durch Schnee, aber langsam änderte sich das Bild. Die Schneeflächen wurden kleiner und große Grasstücke waren schon zu sehen. Das mußte der richtige Weg sein. Wir stiegen immer weiter talabwärts. Plötzlich sahen wir eine Schafherde. Wo Schafe waren, mußte auch ein Hirte sein, war unsere Überlegung. Ich ging los, den Hirten zu suchen, die anderen verbargen sich hinter einem Felsen. Als ich fand, fragte ich ihn, welche Sprache er spreche. "Französisch", war die Antwort. "Wo bin ich?" "In Frankreich, gleich hinter der Biegung liegt das Dorf." "Sind dort Deutsche?" "Ja, gleich im ersten Haus." "Wo ist die spanische Grenze?" "Ihr seid in die entgegengesetzte Richtung gelaufen, ihr müßt zurück, wo ihr hergekommen seid." Also waren wir in die falsche Richtung gelaufen. Wir hatten nicht nach rechts, sondern nach links gehen müssen. Kurzer Rat. So schnell wie möglich zurück. Vor dem Anstieg hatte jeder Angst. Wir kamen wieder an die Grenze des Schnees, hier hatte der Berg sein weißes Kleid an. Plötzlich hörten wir Rufen, waren das unsere Führer, die uns suchten.Ich antwortete mit "Holla". Alle schrien mich an "Das könnten auch Deutsche sein, die locken wollen." Nur langsam, alle paar Minuten Pause machend, stiegen wir nach oben. Endlich konnten wir aus dem Nebel unser Ziel erblicken. Wir waren ja so froh, wieder zurück zur Hütte zu kommen, wo uns unser Führer verlassen hatte.

Ich brach in Weinen aus. Ich fühlte mich als Sünder. Ich sah alles, was ich schlecht gemacht hatte. Wie sollte ich so unversehrt aus der Hölle in Frankreich in den Garten Eden in die Freiheit kommen, ohne gelitten, ohne gebüßt zu haben. Ich sah an mir vorüberrollen Güterzug nach Güterzug voll mit Brüdern und Schwestern gegen das Massengrab Polen fahrend, wo diese Barbaren walten, denen ich soeben aus den Fingern schlüpfen will. Und mein Glaube an Gott, mein Glaube an die absolute Gerechtigkeit, ließ mich erkennen, daß sich für uns hier Gottes Hand zeigt. Niemals wieder war ich der Gottheit so nahe wie in diesen Augenblicken, nie mein Glauben so fest wie an dieser Stelle der Einsicht.Und ich fragte mich, mich als so klein und Sünder erkennend in dieser so unbemessenen und ungewaltigen Natur, ob es mir zukommen wird, aus diesen Grenzen des ewigen Schnees herzukommen und die Freiheit zu gelangen. Deshalb brachte ich diese Tränen der Verzweiflung hervor.

Sonntagfrüh, 7. Mai: Bei Tagesgrauen fertig machen zum Aufbruch. Leider konnten nicht alle mitkommen. Die Trennung fiel nicht leicht, gute Freunde zurücklassen. Wir stiegen ungeheuer steil ab. Jeder mußte dem anderen helfen. Füße und Hände mußten sich irgendwie andrücken, aber kein Stein durfte gelöst werden, denn er konnte dem Hintermann den Kopf zerschmettern.

Nun standen wir vor einer Bergwand, an der wir keinen Ausweg fanden. Wir erkletterten sie, es ging steil in die Höhe. Es war sehr anstrengend, immer die Füße aus dem Schnee zu ziehen und zu klettern. Man mußte sich im Schnee verkrampfen, um nicht abzurutschen... So ging es langsam nach oben, gefährlich, unter normalen Bedingungen hätte man Seile nehmen müssen... Einer, der schon ziemlich weit oben war, rutschte plötzlich ab, mit dem Bauch gegen die Felswand, die Hände nach oben haltend, sauste er einige zwanzig Meter in die Tiefe, er schrie Mama und Papa. Auf einem Schneefeld wurde er aufgehalten. Da rutschte auch schon ein zweiter. Die letzten dreißig Meter waren sehr gefährlich, es stieg vollkommen steil an, kein Schnee konnte sich hier halten. An diesem Teil des Berges hingen zehn Menschen, die versuchten, langsam mit Überlegung und gespannten Nerven nach oben zu kommen... Wir fanden einen besseren Weg. Nach einigen Metern sahen wir den folgenden Anblick: Wir sahen einen Menschen den Berg hinunterrollen. Auf seinem Rücken den Rucksack, der nach Umdrehung wiederkehrte, wie eine Mühle, andauernd hörten wir Aufprallungen oder Aufschläge, die im ganzen Talkessel wiederhallten. Ich war sicher, daß er sich den Schädel eingeschlagen hatte. Es waren Schreckenqualen. Aber hier konnte nicht nach dem Nächsten gefragt werden. Das eigene Leben hing an einem Faden. Als der Stürzende an uns vorbei war, sah ich seinen Kopf voll mit Blut, ohne das Gesicht zu erkennen. Es wurde mir einen Augenblick sehr schwach, dann faßte ich mich wieder... Auf der entgegengesetzten Seite im Süden rollten schwere Lawinen den Berg hinunter. Ihr Getöse klang so schrecklich in unseren Ohren und machte uns Angst. Wir befürchteten, daß auch auf unserer Seite solche Gefahren lauerten. Es gingen auch wirklich kleinere Lawinen auf unserer Seite zur Tiefe hinunter, aber wir legten uns auf den Bauch, und sie rollten über uns hinweg. Wie lange das Ansteigen gedauert hatte, wußte niemand, der Begriff Zeit fehlte uns schon zwei Tage vollkommen. Wir kannten nur noch den Unterschied Tag und Nacht. Glücklich wie durch ein Wunder befanden wir uns auf dem Gipfel. Wir besahen uns die Gegend und suchten einen Weg zum Weiterkommen...

Plötzlich brachen mir kalter Schweiß und Tränen aus, ich fühlte, daß ich zusammenbrechen würde, wenn nicht sofort etwas in meinen Magen kommt. Da ging mir eine Idee durch den Kopf. Schon stundenlang ging ich, ohne zu denken, so wie alle anderen, wurde geschoben von meinem Erhaltungstrieb. Ich warf meinen Rucksack in den Schnee, warf die wenigen Kleidungsstücke oder, besser gesagt, Stofflappen heraus und kratzte mir den Dreck, der sich auf dem Grund des Rucksackes gesammelt hatte, zusammen. Ich fand Krümel von Zucker, Käse, Brot, Salz und anderen Dreck. Das Gemisch war ein kleines Häufchen, das ich gierig verschlang, Geschmack hatte es vorwiegend nach Seife, die durch den Zucker etwas gesüßt war. Beim Einpacken überfiel mich plötzlich eine Müdigkeit, der ich nicht standhalten konnte. Ich mußte schlafen, aber wie? Im Schnee zu schlafen war nicht ratsam wegen möglichen Erfrierungstodes. Da sah ich neben mir am Berg einen kleinen Bach herunterfließen. Schnell machte ich mir meinen Rucksack als Rückenlehne und legte mich in das eiskalte Wasser und schlief fast sogleich ein. Nach einer Weile erwachte ich durch die Nässe.

Plötzlich sah jemand ein Haus unten im Tal. Wir beschlossen, dorthin zu gehen. Der Weg kam uns so lang vor. Endlich gelangten wir ans Ziel. Es wurde bekannt, daß einige alte Leute irgendwo entkräftet im Schnee lagen, sie mußten geholt werden. Vierzig Menschen auf einem

Auszüge aus dem Tagebuch von Erich Sommer

Raum von fünf Quadratmetern stören sich immer. Die Augen fielen ohne Unterbrechung zu, und die Schläge der Nachbarn machten sich oft bemerkbar, wie das Ticken einer Uhr. Nur langsam ging diese schreckliche Nacht zu Ende... Ich sah, wie jemand noch ein Stückchen Speck hatte, und ich fragte, ob ich auch etwas bekomme. Nach längerem Bitten bekam ich zwei Gramm Speckrinde. Stundenlang kaute ich darauf wie auf einem Gummi. Es war ein Leckerbissen - die äußere Haut des Schweines!... Die Nacht kam, und es wurde kalt. Auf einmal fingen einige Leute an zu schreien: "Ruhe, hört ihr nicht, daß es schießt. Das ist Maschinengewehrfeuer. Das sind sicher die Deutschen. Wir werden entdeckt!" Totenstille trat in unserer Hütte ein, und jeder spitzte die Ohren. Aber es war nichts zu hören, nur der Wind pfiff durch die Hütte und verursachte Geräusche an unserem Blechdach. Wir warteten, daß die Tür geöffnet würde. Aber von außen war kein Ton zu hören. Die Gehirne waren überreizt, der Magen zu leer. Man hörte aus der Ferne rufen. Einige wollten antworten, weil sie auf Hilfe hofften. Die meisten glaubten, daß es Lockrufe deutscher Soldaten seien, deswegen gab niemand einen Laut von sich... Nach einigen Minuten ging der Lärm unserer Irrsinnigen weiter und hörte vor Tagesgrauen nicht auf.

Wir müssen den richtigen Weg nach Süden suchen. Es war wieder einmal ein sehr steiler Anstieg. Nur ganz langsam ging es diesmal. Ich glaube nach zwei Stunden hatten wir die Spitze des Berges erreicht. Die Nebelwand zerriß, und in weiter Ferne sah man ein grünes Tal im Sonnenschein leuchten. Oh, wie herrlich war es, außer diesem schrecklichen ewigen Weiß wieder einmal ein Bild zu sehen, das auch andere Farben hatte. Wir alle sahen uns dies wie ein Gotteswunder an, und keiner brachte einen Ton hervor. Aber dieses Schauspiel war bald zu Ende. Schon nach einer halben Minute nahm uns der Nebel die Aussicht. Wir wußten aber, dort unten im Tal müssen wir auf Leben, auf Menschen stoßen. Nun bangte in uns die Frage: "Wird es Spanien oder Frankreich sein? Ist es das Land der Freiheit oder des Todes?" Keiner wußte es. Wir waren entschlossen, auf Menschen zu stoßen, denn niemand wollte elend erfrieren oder verhungern in Eis und Schnee. Der Selbsterhaltungstrieb gab Hoffnung. Ich selbst war überzeugt, daß es Frankreich war, denn dort, wo ich den Hirten gesprochen hatte, war nur das Parallaltal, etwas nördlich des jetzigen. Nach Süden hatten wir uns ja kaum bewegt. Aber jeder überlegte wohl wie ich. "Oder wir fallen in die Hände von deutschen Soldaten, dann wird uns ein schneller Erschießungstod erlösen. Oder wir werden durch ein großes Glück unbemerkt in das Innere Frankreichs zurückgelangen, wir haben zwar keine Papiere, aber vielleicht steht uns der Allerhöchste bei, haben wir doch seine große Hand gespürt." Wir machten uns auf den Weg. Andauernd kamen die Fragen: "Frankreich oder Spanien? Was glaubst du? Wo sind wir?" Obwohl ich hundert Prozent vom Gegenteil überzeugt war, antwortete ich: "Kein Zweifel, das ist Spanien." Der Abstieg war nicht leicht. Immer wieder kamen wir ins Rutschen. Die Kräfte gaben oft nach. Dann steckten wir wieder etwas Schnee in den Mund und weiter ging es. Ich glaube, bei diesem Abstieg aß ich etwa fünf Kilo Schnee. Wir waren ungeduldig, wir wollten endlich ans Ziel kommen. Der Schnee wurde weniger und weniger, um plötzlich ganz zu verschwinden. Wir kamen zu einem trockenen Rasenplatz, wo wir noch frischen Kuhmist erkannten. Ein gutes Zeichen, ein Zeichen, nicht weit von Zivilisation zu sein. Dann ging es in Stille durch einen Wald. An jedem Baum mußten wir uns festhalten, um nicht zu schnell nach unten zu kommen oder nicht mit dem Schädel an jemanden zu sausen. Als wir aus dem Wald heraustraten, sahen wir den Teil eines Hauses. Wir sahen hinter dem Haus einen Hirten mit seiner Schafherde und fünfhundert Meter weiter hinten ein kleines Dorf, in dessen Mitte ein Kirchturm hervorragte. Wir gingen vorsichtig in das Haus. Es war ein Schafstall. Einer ging zu dem Hirten, um Auskunft zu holen über den Ort unseres Befindens. Einige von uns suchten nach Inschriften in der Tür, man fand etwas - es war nicht französisch. Ein Hoffnungsfunke ging durch unsere Kehlen. Für mich war es kein Zeichen, an der Grenze gibt es keine Spracheinheit. Nach zehn Minuten Bangen hörten wir: "Sie sind in Montgary", das spanische Dorf, das wir erreichen sollten. Welche Freude - ein Aufatmen - bei jedem konnte man feuchte Augen sehen. Einer fiel dem Hirten um den Hals und küßte ihn. Kurz erzählten wir ihm unsere Erlebnisse und erklärten ihm den Zustand unseres Magens. Er sagte: "Dort im Dorf bekommt ihr zu essen." Bei den ersten Häusern blieben wir stehen und schon kamen die Bewohner auf uns zu, um uns zu begrüßen."[75)]

Erich Sommer berichtet weiter:
"In Spanien blieb ich dann noch einige Monate. Von Cadiz aus fuhr ich mit dem Schiff nach Palästina. Unser Schiff war ein alter umgebauter Frachter, wir nannten es "Sardinenboot". Im Oktober 1944 kamen wir in Haifa an. In Palästina wurden wir dann von den Engländern für zwei Wochen in das Internierungslager Attlit gesteckt. Ich bin dann in den Kibbuz Tirat an der jordanischen Grenze gekommen. Dort arbeitete ich zuerst im Garten, pflanzte und pflückte Tomaten, alle möglichen Früchte und Gemüsesorten. Auch mußte ich hoch zu Roß Wachdienste, besonders nachts, machen. In dem Kibbuz waren etwa 500 Leute. Wir gründeten dann 1946 mit etwa 100 Leuten einen neuen Kibbuz 'Ein Haneziv'. Dort schliefen wir in Zelten und ernährten uns von im wesentlichen von Orangen. Da es dort Malaria gab, hatte ich in unserem Kibbuz die Aufgabe, in den Sümpfen etwas gegen die Malariafliegen zu spritzen.

Im Jahre 1948 verließ ich Palästina wieder, um bei meinen Eltern in New York zu sein. Es ging ihnen sehr schlecht, es war ihnen nicht möglich, alleine für ihren Lebensunterhalt aufzukommen. Das größte Problem für mich in Amerika war, überhaupt meinen Lebensunterhalt verdienen zu können. Ich hatte ja gar keine richtige Ausbildung, keinen Beruf erlernt. Niemand hatte mir in den Jahren davor ja gesagt 'Geh zur Schule, lern was!' Es hat lange gedauert, eine ordentliche Anstellung zu finden, jeder wollte Berufserfahrung sehen, die ich nicht hatte.

Das Eingewöhnen in Amerika war dadurch leichter als in Frankreich und Palästina, daß wir mit Menschen zusammenlebten in der näheren Umgebung, die das gleiche Schicksal erlebt hatten wie wir. 1954 heiratete ich Hanna, unsere beiden Söhne Kenny und Alan wurden geboren. Nach dem Krieg bekam ich einen Brief von Heinrich Reul aus Windecken. Er hatte mir alle Namen der Klassenkamerden aufgeschrieben, die im Krieg gefallen waren. Zu dieser Zeit waren gerade die Bilder aus den KZ von der millionenfachen Ermordung der Juden bekannt geworden. Ich war sehr verhaßt gegen alles, was mit Deutschland und

Erich Sommer war Mitbegründer des Kibbuz "Ein Hanezin" - 1946.

Hilde Burton und Erich Sommer mußten vor 50 Jahren aus Nidderau fliehen, nur weil sie Juden waren

Zwiespältige Gefühle beim Wiedersehen

NIDDERAU. Hände strecken sich ihm entgegen. Männer und Frauen, meist älter als sechzig Jahre, fassen ihn am Arm, klopfen ihm auf die Schulter. „Erkennst du mich noch." „Du bist doch der Erich, der da hinne gewohnt hat." „Weißt du noch ..." Erich Sommer weiß es noch zu genau. Er schämt sich seiner Tränen nicht. Die Tränen, die er sich aus den Augen wischt, sind so zwiespältig wie seine Gefühle, die ihm in dieser Woche eine schlaflose Nacht bereitet haben. Er ist gerührt, wie warmherzig ihm seine ehemaligen Mitbürger begegnen, gleichzeitig bleibt da die Verbitterung über die Vergangenheit, die sich immer wieder in der Frage Luft macht: „Warum seid ihr jetzt bloß so nett zu uns."

52 Jahre lang hat er sehr viel Haß in seinem Innersten gefühlt. Vor einem halben Jahrhundert mußte er mit seiner Familie „seine" Heimatstadt verlassen. Niemand hat dem 15jährigen jüdischen Jungen eine Träne nachgeweint. „Jud" und „David" haben sie ihn beschimpft. Hin und wieder sind er und seine jüdischen Freunde geschlagen worden. Jetzt steht Sommer kaum fünf Minuten auf dem Marktplatz in Windecken, schon ist er umringt von Menschen, wird eingeladen. Es ist, als hätten die älteren Windecker darauf gewartet, daß er eines Tages zurückkehrt.

Erich Sommer und seine aus Bayern geflohene Frau haben schon lange nicht mehr soviel geweint wie in diesen Tagen. „Der Besuch war wichtig und gut, aber er hat sehr viel Kraft gekostet." Von alleine wäre der heute 67jährige nie mehr gekommen. Seine Söhne waren dagegen und in ihrer jüdischen Gemeinde in New York haben sie sich geniert, zu sagen, daß sie in die Bundesrepublik fahren.

„Ich bin gekommen, um Zeugnis abzulegen", hofft Erich Sommer vor allem den jungen Leuten die Augen geöffnet zu haben, für eine Vergangenheit, die lange verdrängt wurde. Niemandem nimmt er das Wort ab, er habe von nichts gewußt. „Alle haben es gewußt daß kleine Kinder, unschuldige Menschen ohne Grund ermordet wurden."

Angst hat er nicht, seine Gastgeber mit der schrecklichen Wahrheit zu konfrontieren. In Windecken ist auf der Straße ein ehemaliger SA-Mann auf ihn zugegangen. „Erinnerst du dich, wir haben doch bei euch gewohnt." Das entschuldige doch gar nichts, hat er dem stotternden Windecker gesagt.

Viel leichter ist Erich Sommer dagegen die Begegnung mit seinem besten Freund aus Jugendtagen gefallen. Heinrich Reul zählt er ohne Einschränkung zu den „anständigen Deutschen". Gab es vorher schon einen zaghaften Briefkontakt, so haben die Tage in Nidderau eine alte Freundschaft wieder aufleben lassen.

Erich Sommer

Ausschnitte aus einem Artikel der Frankfurter Rundschau, Main-Kinzig-Ausgabe, vom 15.6.1988 von Jürgen Ahäuser. Der hier nicht abgedruckte Teil des Artikels befindet sich auf S. 477.

den Deutschen zu tun hatte. So schrieb ich Heinrich Reul tatsächlich zurück, daß die, die gefallen waren, noch zu wenig seien. Nach dieser Antwort schrieb er nie mehr. Erst im Jahre 1985 kamen wir durch Frau Kingreen wieder in Kontakt. Als ich dann wieder den ersten Brief von Heinrich Reul bekam, habe ich so geweint.

Wir leben in Washinghton Heights, einem Stadtteil von New York. Da hier viele deutsch-jüdische Emigranten hergezogen waren, nannte man diesen Stadtteil auch "das vierte Reich". In diesem Viertel gibt es mehrere von deutschen Juden gegründete Synagogen, wir gehören der Nachfolge der Frankfurter Synagoge an, die von Frankfurter Emigranten gegründet wurde."[75a)]

Im Juni 1988 nahm Erich Sommer zusammen mit seiner Frau Hanna nach langem Zögern die Einladung der Stadt Nidderau zur "Woche der Begegnung" an. Nach dieser Woche schrieb er: "Diese Woche in Nidderau werde ich nie vergessen, wenn es auch sehr oft aufregend war und die traurigen Erinnerungen immer vor Augen standen... Zurückdenkend hätte ich lieber noch etwas Zeit haben sollen, um mit einzelnen Menschen, die sich meiner erinnerten, zu sprechen, Gedanken auszutauschen und Fragen über die Nazizeit zu stellen... Das Wiedersehen nach 50 Jahren war eine wirklich große Freude, ja wie ein Wunder... Wenn auch viele oder die meisten jüdischen Menschen nie mehr nach Deutschland zurück wollen, bereue ich es nicht, nach Windecken gekommen zu sein. Der Empfang in der Schloßberghalle war sehr sehr eindrucksvoll und die Rede von Bürgermeister Salzmann hat mich sehr ergriffen. Am Platze, wo die Synagoge stand - auch wenn dort eine Gedenktafel angebracht ist - und auf dem zerstörten Friedhof Kaddisch (ein Gebet) zu sagen, gab mir einen Stich durchs Herz. Vor meinen Augen gingen die Jahre des Holocaust vorbei, die Zerstörungen und Vernichtung von Millionen von guten Menschen. Oft dachte ich an meine Eltern, besonders als wir im Hause bei Frau Ohl waren und auch im Freiligrathring 1. Vielmals denke ich daran, was mein Vater zu allem gesagt hätte, hätte er es erlebt. Ein Grund meines Kommens war auch, meinen Freund Heinrich Reul wiederzusehen...".[82)] Heinrich Reul starb im Januar 1989, bei der Trauerfeier stand vor seinem Sarg ein Blumengesteck mit einer Schleife "Letzter Gruß von Deinem Freund Erich Sommer".

1992 besuchte Erich Sommer Windecken im Zusammenhang mit einem Dokumentarfilm, der in Frankfurt über seinen früheren Schulkameraden Herschel Grynspan, der im November 1938 zum Attentäter worden war, gedreht wurde.

Hirsch Speier und Familie Julius Kahn

Hirsch Speier stammte aus Heldenbergen, wo er am 24.12.1845 geboren wurde. In Windecken lebte er im Haus Heldenberger Straße 3. In erster Ehe war er verheiratet mit Betti Herzberg aus Kesselstadt. Aus der Ehe gingen drei Kinder hervor:

Selma	* 5. 8. 1875	
Mathilde	* 3. 1. 1878	
Herrmann	* 22. 8. 1879	+16. 2. 1880

Nach dem Tode der Ehefrau im Alter von 28 Jahren 1882 heiratete Hirsch Speier ein Jahr später in Windecken Amalie Kahn (* 1860) aus Worfelden, Kreis Groß-Gerau. Mit ihr hatte er vier Kinder:

David	* 22. 11. 1883
Siegfried	* 2. 4. 1885
Elise	* 26. 8. 1887
Toni	* 11. 4. 1894

Hirsch Speier war aktiv beteiligt an der Auseinandersetzung 1891 mit dem Antisemitenführer Otto Böckel, er war der einzige jüdische Angeklagte in dem folgenden Prozeß. In den Jahren 1898 - 1913 war Hirsch Speier Gemeindeältester der jüdischen Gemeinde Windecken. In seinem Haus in der Kirchgasse, heute Heldenberger Straße, führten Malchen (von Amalie) und Hirsch Speier ein Manufakturwarengeschäft. Auch Schuhe der Firma Speier waren dort zu kaufen. Das Manufakturwarengeschäft übernahm 1914 der Schwiegersohn Julius Kahn. Ein Bild zeigt Hirsch und Malchen Speier, Malchen mit der für verheiratete jüdische Frauen zu der Zeit noch allgemein üblichen Perücke. Hirsch Speier starb am 24.9.1928 im Alter von 82 Jahren. Das Schuhwarengeschäft führte Malchen Speier noch als Witwe weiter, bis sie im Alter von 73 Jahren am 26.4.1933 starb.

Die Kinder von Hirsch Speier

Mathilde Speier (* 1878)
Von 1884 - 1892 besuchte sie die evangelische Volksschule in Windecken. Sie heiratete einen Grünebaum und lebte in Egelsbach. Nach der Kristallnacht verzog sie nach Frankfurt in den Bäckerweg 48. Sie wurde am 11. November 1941 nach Minsk deportiert und gilt als "verschollen".

David Speier (* 1883)
Er starb als Schüler der 3. Klasse im Alter von neun Jahren am 29.5.1893.

Hirsch und Malchen Speier um 1915. Malchen trägt den für jüdische Frauen traditionell üblichen "Scheitel" - eine Perücke.

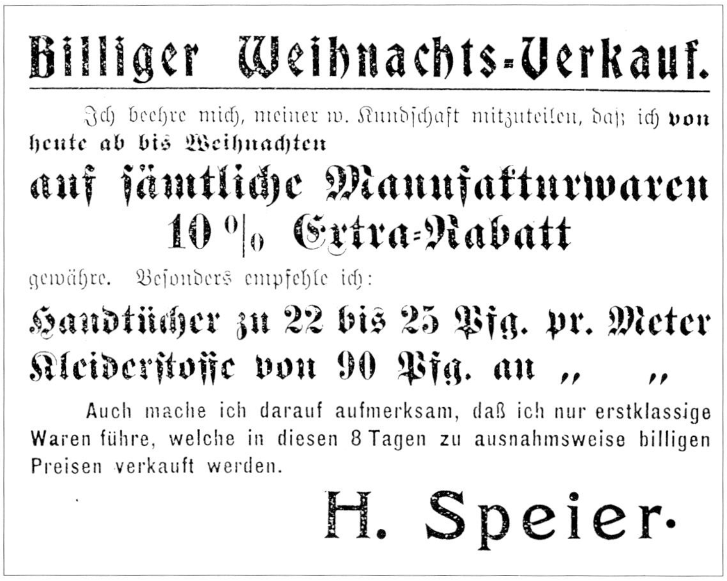

Billiger Weihnachts-Verkauf.

Ich beehre mich, meiner w. Kundschaft mitzuteilen, daß ich **von heute ab bis Weihnachten**

auf sämtliche Manufakturwaren 10 % Extra-Rabatt

gewähre. Besonders empfehle ich:

Handtücher zu 22 bis 25 Pfg. pr. Meter
Kleiderstoffe von 90 Pfg. an „ „

Auch mache ich darauf aufmerksam, daß ich nur erstklassige Waren führe, welche in diesen 8 Tagen zu ausnahmsweise billigen Preisen verkauft werden.

H. Speier.

Anzeige in der Windecker Zeitung im Dezember 1911

Die Familie Hirsch Speier lebte von 1874 - 1933 im Hause Heldenberger Straße 3, dem ersten Haus vom Marktplatz Richtung Kirche. Aufnahme um 1930

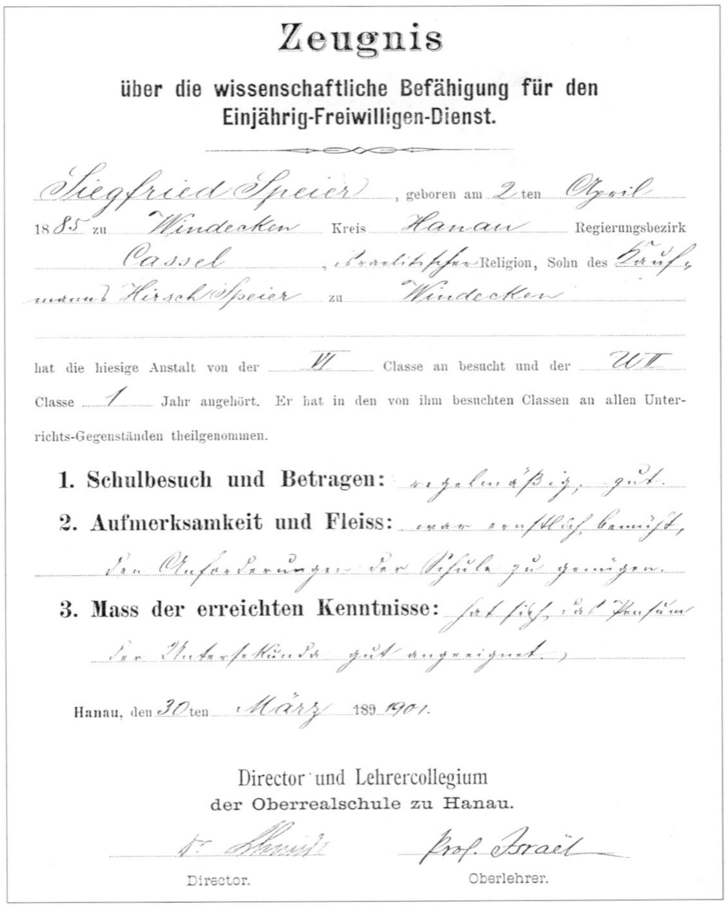

Zeugnis

über die wissenschaftliche Befähigung für den Einjährig-Freiwilligen-Dienst.

Siegfried Speier, geboren am 2ten April 1885 zu Windecken Kreis Hanau Regierungsbezirk Cassel, israelitischer Religion, Sohn des Kaufmann Hirsch Speier zu Windecken

hat die hiesige Anstalt von der VI Classe an besucht und der UII Classe 1 Jahr angehört. Er hat in den von ihm besuchten Classen an allen Unterrichts-Gegenständen theilgenommen.

1. Schulbesuch und Betragen: regelmäßig, gut.
2. Aufmerksamkeit und Fleiss: war ernstlich bemüht, den Anforderungen der Schule zu genügen.
3. Mass der erreichten Kenntnisse: (hat sich das Pensum der Unterstufe gut angeeignet.)

Hanau, den 30ten März 1901.

Director und Lehrercollegium der Oberrealschule zu Hanau.

[illegible] Director. Prof. Israël Oberlehrer.

Zeugnis der Oberrealschule Hanau für Siegfried Speier - 1901

Elise Speier, verheiratete Kaufmann, war gemeinsam mit ihrem Mann in Stuttgart Inhaberin von drei großen Speier-Schuhwarengeschäften. 1942 wurde sie nach Theresienstadt verschleppt, 1944 nach Auschwitz, wo sie im Alter von 75 Jahren vergast wurde.

Siegfried Speier (* 1885)
Siegfried Speier besuchte von 1891 - 1894 die evangelische Volksschule Windecken, im April 1895 wechselte er auf die Oberrealschule in Hanau, die er 1901 mit dem "Militärzeugnis" verließ. Für herausragende Leistungen in Mathematik soll er den "Kaiserpreis" erhalten haben. Nach der Schule trat er in einen Frankfurter Metallbetrieb ein und wurde Metallhändler. Nach einigen Jahren eröffnete er ein Büro in Köln. 1919 heiratete er Miezi Rothschild. Mit zwei Kindern lebte die Familie in Köln-Lindenthal.
In der Nazizeit versuchte Siegfried Speier, sich mit seiner Familie nach Den Haag zu retten. Aber hier hatten die Speieres nur eine Schonzeit. Dann gelang ihnen die Flucht nach Cuba, wo sie bis zum Jahre 1946 lebten. In New York konnte Siegfried Speier wieder in der Metallbranche tätig werden. Er reiste häufig geschäftlich nach Europa. So kam er 1951 nach Windecken, um die Gräber seiner Eltern zu suchen. Mit großem Engagement setzte er sich für die Wiederherstellung des zerstörten jüdischen Friedhofes in Windecken ein und initiierte Untersuchungen zum Verbleib der geretteten Kultgegenstände aus der Synagoge. Im Jahre 1963 starb er in New York.

Toni Speier (* 1894)
Toni Speier starb im Alter von 25 Jahren am 19. März 1920 bei der Grippeepidemie. Im Gedenken an sie wurde die danach geborene Tochter des Bruders Siegfried Speier "Hannah Toni" genannt.

Elise Speier (* 1887)
Elise Speier heiratete 1911 den Kaufmann David genannt Teo Kaufmann (* 11. 8. 1875 in Butzbach) aus Stuttgart. Dem Ehepaar gehörten die Speier-Schuhwarenhäuser in der Königsstraße 58, am Marktplatz 4 und in der Kronprinzenstraße 15 in Stuttgart.

Ein letzter Brief von Elise Speier-Kaufmann vom 1. September 1941 aus der Gaußstraße 57a an ihren Bruder Siegfried, der schon nach Cuba fliehen konnte, ist erhalten. Darin klagte sie verschlüsselt darüber, daß es nicht gelungen war, gefälschte Visapapiere für sie und ihren Mann zu bekommen. "Vielleicht können wir noch zu unseren Eltern ziehen, das wäre mir jetzt am liebsten." Da ihre Eltern zu diesem Zeitpunkt schon lange tot waren, deutete dies ihre Verzweiflung vor dem gefürchteten Abtransport an. Am 22. August 1942 wurde Elise Kaufmann, geborene Speier, gemeinsam mit ihrem Mann im Alter von 55 Jahren von ihrem letzten Wohnort Haigerloch von Stuttgart aus nach Theresienstadt verschleppt. Ihr Mann starb am 7. 2. 1943 in Theresienstadt. Elise wurde am 16. Mai 1944 nach Auschwitz transportiert und dort vergast.[77]

Selma Kahn geb. Speier lebte mit ihrer Familie in der Glockenstraße 6. Nach dem Tode ihres Mannes Julius Kahn zog sie 1935 nach Bingen zu ihrer Tochter Thekla. Sie wurde 1942 nach Theresienstadt verschleppt und starb dort im März 1945.

Karl Kahn lebte bis zu seiner Flucht nach England 1939 in Köln, wo auch dieses Foto aufgenommen wurde.

Selma Speier (* 1875) und Familie Julius Kahn

Selma Speier heiratete 1896 in Windecken den Kaufmann Julius Kahn (*2. 12. 1864) aus Worfelden, Kreis Groß-Gerau. Sie hatten zwei Kinder:

Thekla	*	12. 8. 1897
Karl	*	18. 9. 1900

Die Familie Kahn lebte im Haus Glockenstraße 6. Julius Kahn trieb Handel mit Stoffen in den umliegenden Ortschaften von Windecken. Er war Mitglied im Windecker Kriegerverein. In den Jahren 1911 - 1913 gehörte er auch zum Vorstand der jüdischen Krankenkasse in Windecken. Er starb am 7. August 1935 im Alter von 70 Jahren. Um seine Beerdigung gab es in Windecken Auseinandersetzungen, weil die Windecker SA die Teilnahme von "Ariern" an einer jüdischen Beerdigung verhindern wollte, was auch weitgehend gelang.

Selma Kahn war nun allein und zog zu ihrer Tochter Thekla nach Bingen. Von dort wurde Selma Kahn 1942 "umgesiedelt", wie die Akten des Einwohnermeldeamtes Bingen vermerkt haben, in Wirklichkeit wurde sie nach Theresienstadt in das Konzentrationslager verschleppt. Nach mehr als zweijährigem Leben unter den dortigen menschenunwürdigen Verhältnissen starb sie nur wenige Wochen vor der Befreiung des Lagers Theresienstadt durch die Russen am 17.3.1945 im Alter von 68 Jahren.

Thekla Kahn (* 1897)
Thekla Kahn heiratete 1922 in Windecken den Kaufmann Leopold Feist (*15.3.1886) aus Büdesheim im Kreis Bingen. Sie hatten zwei Töchter Charlotte (* 1923) und Ellen Beate (* 1926), die oft bei den Großeltern Speier in Windecken zu Besuch waren. Nachdem ihr Mann 1935 in Frankfurt gestorben war, bereitete Thekla die Flucht ins Ausland vor, sie floh mit ihren beiden Töchtern nach Brüssel. Aber hier lebten sie nur eine Zeitlang in Sicherheit. Als die Deutschen 1940 in Belgien einfielen, wurden sie gefaßt und verschleppt. Die beiden Mädchen gelten als "verschollen" in Auschwitz, Thekla Feist, geborene Kahn, als "verschollen" in Polen.

Karl Kahn (* 1900)
Karl Kahn besuchte bis 1910 die Volksschule in Windecken, dann bis 1916 die Oberrealschule in Hanau, die er mit dem "Militärzeugnis" verließ. Er lebte später in Köln-Lindenthal, Stadtwaldgürtel 65. Im Juni 1939, wenige Wochen vor Beginn des Krieges, konnte er sich nach England retten. Er lebte in London bis zu seinem Tode 1976.

Die Familie "Stern" Reichenberg

Die Familie Stern

Die Familie Stern betrieb um die Jahrhundertwende schon in der dritten Generation ein Kolonialwarengeschäft in der Ostheimer Straße 8. 1872 hatte Moses Stern (* 1842 in Windecken) Therese Neuhof (*1848) aus Schlüchtern geheiratet. Das Ehepaar hatte 5 Kinder:

Jakob	* 11. 9. 1873	+ 2. 4. 1895
Moritz	* 10. 10. 1875	+27. 9. 1909
Louis	* 13. 8. 1876	+19. 5. 1878
Betti	* 29. 5. 1877	
Mathilde	* 24. 6. 1882	

Betti Stern (* 1877)
Betti Stern heiratete 1903 den Metzger Hermann Traub (* 1876 in Schwebheim). Nach der Heirat führte das Ehepaar Traub in der Koselstraße 49 in Frankfurt eine gutgehende Metzgerei, die nach 1933 total boykottiert wurde und somit keinerlei Umsatz mehr hatte. Die Tochter Hertha Sophie wurde 1907 geboren. Ihr gelang die Flucht nach Amerika, wo sie heute als verheiratete Wolf in New York lebt. Betti Traub, geborene Stern, und ihr Ehemann Hermann wurden am 22. November 1941 von Frankfurt aus nach Riga verschleppt und umgebracht.

Mathilde Stern (* 1882) und die Familie Salomon Reichenberg

Salomon Reichenberg (* 1886 in Marköbel), der sich selbst Sally nannte, war von 1907 bis 1910 Soldat beim Jägerregiment zu Pferde Nr. 3 in Colmar, Elsaß. Hoch zu Roß zeigt ihn ein Bild als Soldat im ersten Weltkrieg, wo er von 1914 an sowohl an der russischen als auch an der französischen Front war und auch mit dem Eisernen Kreuz ausgezeichnet wurde. (Foto auf S. 117)
Nach seiner Entlassung aus der Armee arbeitete er bei seinem Cousin Salli Reichenberg in Windecken. Dort verlobte er sich mit Mathilde Stern im Juli 1911, im August erfolgte die Heirat. Ihr Heiratskontrakt, eine Ketuba - vom 3. Elul 5671 jüdischer Zeitrechnung (= 27. 8. 1911) in aramäischer Sprache abgefaßt und in hebräischen Buchstaben geschrieben, ist erhalten.

Zu dieser Zeit übernahm Salomon Reichenberg auch das Landesproduktengeschäft seines Schwiegervaters Moses Stern-nun in der vierten Generation - und annoncierte unter dem Namen M. Stern Nachfolger Inhaber: S. Reichenberg. Aus dieser Zeit des Landesproduktengeschäftes stammen auch Anzeigen in der Windecker Zeitung.

Statt Karten!

Mathilde Stern
Sally Reichenberg
Verlobte
Windecken Marköbel
im Juli 1911.

Anzeige in der Windecker Zeitung 1911

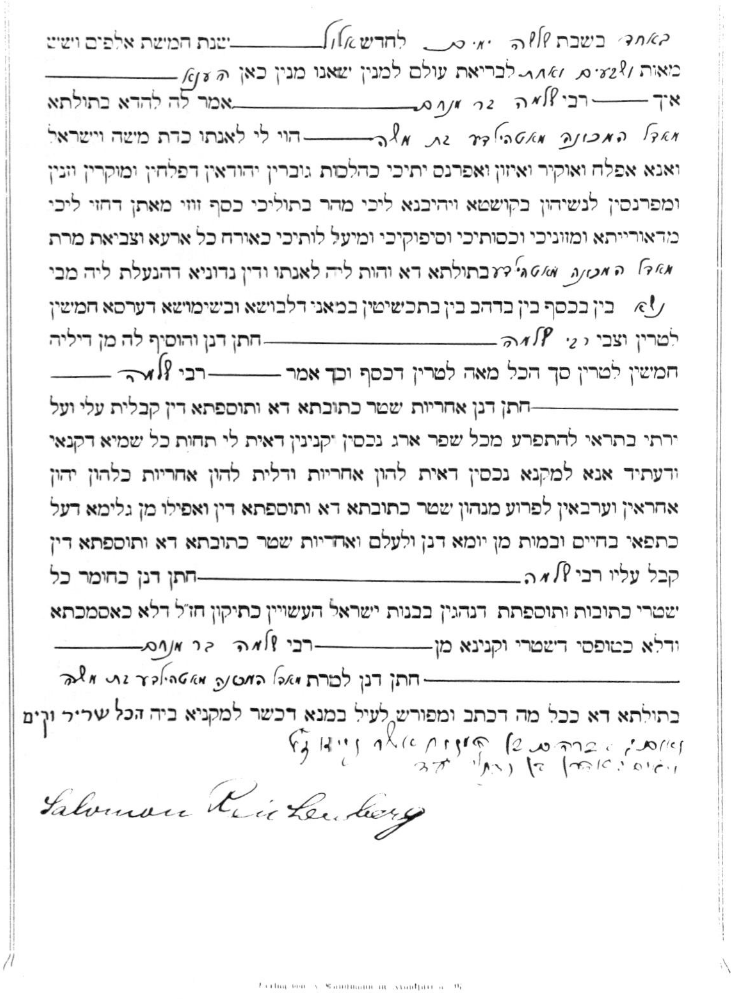
באחד בשבת שלשה ימים לחדש אלול שנת חמשת אלפים ושש
מאות ושבעים ואחת לבריאת עולם למנין שאנו מנין כאן [illegible]
איך רבי שלמה בר מנחם אמר לה להדא בתולתא
מאדל המכונה מאטהילדע בת משה הוי לי לאנתו כדת משה וישראל
ואנא אפלח ואוקיר ואיזון ואפרנס יתיכי כהלכות גוברין יהודאין דפלחין ומוקרין וזנין
ומפרנסין לנשיהון בקושטא ויהיבנא ליכי מהר בתוליכי כסף זוזי מאתן דחזי ליכי
מדאורייתא ומזוניכי וכסותיכי וסיפוקיכי ומיעל לותיכי כאורח כל ארעא וצביאת מרת
מאדל המכונה מאטהילדע בתולתא דא והות ליה לאנתו ודין נדוניא דהנעלת ליה מבי
אבוה בין בכסף בין בדהב בין בתכשיטין במאני דלבושא ובשימושא דערסא חמשין
לטרין וצבי רבי שלמה חתן דנן והוסיף לה מן דיליה
חמשין לטרין סך הכל מאה לטרין דכסף וכך אמר רבי שלמה
חתן דנן אחריות שטר כתובתא דא ותוספתא דין קבלית עלי ועל
ירתי בתראי להתפרע מכל שפר ארג נכסין וקנינין דאית לי תחות כל שמיא דקנאי
ודעתיד אנא למקנא נכסין דאית להון אחריות ודלית להון אחריות כלהון יהון
אחראין וערבאין לפרוע מנהון שטר כתובתא דא ותוספתא דין ואפילו מן גלימא דעל
כתפאי בחיים ובמות מן יומא דנן ולעלם ואחריות שטר כתובתא דא ותוספתא דין
קבל עליו רבי שלמה חתן דנן כחומר כל
שטרי כתובות ותוספתות דנהגין בבנות ישראל העשויין כתיקון חז"ל דלא כאסמכתא
ודלא כטופסי דשטרי וקנינא מן רבי שלמה בר מנחם
חתן דנן למרת מאדל המכונה מאטהילדע בת משה
בתולתא דא ככל מה דכתב ומפורש לעיל במנא דכשר למקניא ביה הכל שריר וקים

Salomon Reichenberg

Heiratskontrakt von Salomon Reichenberg (Shlomo Bas Menachem) und Mathilde Stern (Mädel, genannt Mathilde bad Mose) aus dem Jahre 5671 jüdischer Zeitrechnung (entspricht 1911). Diese "Ketuba" ist auf aramäisch verfaßt und mit hebräischen Buchstaben geschrieben.

M. Stern Nachf.
Inh.: S. Reichenberg.
Manufakturwaren
Colonialwaren
in nur besten Qualitäten.
Man verlange
Rabattmarken.

Anzeige in der Windecker Zeitung 1911

Saatkartoffel.

Ich lade Ende dieser Woche einen Waggon

Kaiserkrone

aus und wollen Reflektanten jetzt gleich Bestellungen aufgeben.

Auch die anderen Sorten wie: **Ella, Frührosen, Weltwunder, Uptodate, Industrie und Hassia** werden in aller Kürze eintreffen und bitte die Bestellungen nicht zu verzögern.

M. Stern Nachf.

Anzeige in der Windecker Zeitung 1914

Nach dem 1. Weltkrieg erweiterte er das Landesprodukten- und Spezereiengeschäft um Möbel. Nun führte er ein Manufakturwaren- und Möbelgeschäft. 1928 errichtete er in seiner Scheune, die an der Katzebach steht, einen Abstellraum für Möbel und ließ ein Fenster zur Katzebach einbauen.[78)] Die Leute kauften bei ihrer Heirat Möbel und bezahlten sie nach und nach ab, so daß diese, wenn die Kinder aus der Schule entlassen waren, bezahlt waren.

Die Mutter von Mathilde Reichenberg, Therese Stern, lebte im Haus der Friedrich-Ebert-Straße, bis sie im Alter von 79 Jahren im Jahre 1928 starb. Moses Stern war schon 1911 gestorben.

Salomon Reichenberg war nach Samuel Katz Vorbeter der jüdischen Gemeinde Windecken und auch ihr Rechnungsführer. In seinem Haus wurde auch das kostbare Silber der Synagoge wie Thorakronen und Aufsätze aufbewahrt.

Mathilde und Salomon Reichenberg hatten zwei Kinder:

Manfred * 20. 7. 1912
Ruth * 29. 1. 1922

Manfred Reichenberg (* 1912)

Über sein Leben erzählte er folgendes: "Ich besuchte vier Jahre die Volksschule in Windecken und anschließend von 1922 bis 1927 die Oberrealschule in Hanau.

Für den jüdischen Religionsunterricht kam jeden Mittwoch ein Lehrer aus Hanau, der uns in dem kleinen Schulsaal an der Synagoge unterrichtete. Einmal brachten wir heimlich Maikäfer in einer Kiste mit und ließen sie mitten während des Unterrichts fliegen. Später hatten wir in der Oberrealschule Hanau beim Rabbiner Dr. Gradenwitz Religionsunterricht.

Zum ersten Mal in meinem Leben fuhr ich in einem Auto von Ostheim bis zum Viadukt Windecken. Es war ein kleiner Opel, der Hermann Schatzmann aus Heldenbergen, später Hanau, gehörte.

Seit meinen Kindertagen war ich mit Wilhelm Reul befreundet. Bis ich etwa 20 Jahre alt war, waren wir immer zusammen, dann 1933 war er einer der ersten, der in die NSDAP eintrat. Warum? Er gab mir keine Antwort.

Mit 16 Jahren bin ich nach Frankfurt in die Lehre gegangen zu Josef Wagner, Spitzen, Tüll und Seidenwaren. Für die Firma bin ich dann ein oder zwei Jahre auch gereist, dann habe ich in Eltville am Rhein gearbeitet. Durch die Brüder Theo und Josef Haas aus Heldenbergen bekam ich 1932 eine Arbeit als Reisender. Bis 1937 verkaufte, bestellte und lieferte ich in Hörnsheim, Hochelheim und Großen-Linden.

Am 1. April 1933 stand die SA bei uns vor dem Geschäft, wir hatten die Rolläden heruntergelassen. Durch die politischen Verhältnisse wurde der Verkauf unserer Waren wie Hemdenstoffe, Kleider, Bettwäsche und Vorhänge schwieriger. Oft konnten wir den Kunden die bestellte Ware erst bei Dunkelheit bringen, Vorhänge abends erst spät bei den Kunden aufhängen. Eines Tages wollte ich gerade einen bestellten Anzug wegbringen zu Kunden, da kamen drei SA-Männer. Da sagte der eine zum anderen: 'Na seht mal, wieder der Jud, da bringt er abends den Leuten die Sachen.' Ich antwortete dann: 'Das geht dich nichts an.' Daraufhin schlug er mir an den Kopf. Ein andermal bedrohte mich ein Mann mit einem langen Messer: 'Ich hol dich und schlepp dich ins Konzentrationslager.' Ich sollte in Großen-Linden geholt werden, ich war zu dieser Zeit allerdings gerade in Gießen im Krankenhaus. Ich glaube, daß es dort oben bei Gießen sehr viel schlimmer war gegen die Juden als das, was ich von meinen Eltern in Windecken gehört habe. Mein Vater hat eigentlich nie von sehr großen Schwierigkeiten erzählt. Auch nicht aus den Orten, wo er sonst zu tun hatte, wie Ostheim, Kilianstädten und Büdesheim. In Windecken war es nicht so schlimm gegen die Juden. So lange, wie meine Eltern und meine Schwester Ruth dort lebten - Oktober 1938 -, kann ich nur sagen, daß die Menschen anständig waren.

Nach diesen Vorfällen wußte ich, daß es Zeit war, um aus Deutschland wegzugehen. Hilde und Hermann Levi aus Windecken wollten mich mitnehmen nach Südafrika.

Eines Tages erzählte ich meinem Vater, daß ich jemanden aus der Nähe von Limburg getroffen habe. Er schickte mich sofort zu diesem Menschen zurück, um die Adresse eines Hermann Stern, der auch daher stammte und vor vielen Jahren nach Amerika ausgewandert war, in Erfahrung zu bringen. Diesem Hermann Stern hatte mein Vater aus einer Notsituation bei dessen Auswanderung geholfen. Wir schrieben also nach Amerika und erhielten nach kurzer Zeit die Antwort, daß er mir die Bürgschaft für Amerika geben würde. Sie war die Voraussetzung zur Erlangung eines amerikanischen Visums. So konnte ich im April 1937 nach Amerika auswandern.

Ein Verwandter von uns, der schon vor vielen Jahren nach Amerika ausgewandert war, holte mich am Schiff ab. Er wollte sofort die Bürgschaft für meine Eltern und meine Schwester stellen, damit sie auch aus Deutschland fliehen konnte.

Zwei Tage, nachdem ich in New York angekommen war, riefen Freunde, ehemals aus Groß-Linden, an und erzählten mir von einem Job in einem Krankenhaus. Ich ging hin und bewarb mich um die Stelle. Das einzige, was ich verstand, war die Höhe des Verdienstes. Erst habe ich 12 Stunden am Tag in der Cafeteria gearbeitet, ich mußte aufräumen, Tische abdecken. Dann bekam ich einen Job in der Küche als Geschirrwäscher. Anschließend begann ich, Lebensversicherungen an deutsch-jüdische Emigranten zu verkaufen. Dazu brauchte ich kein Englisch, aber die Arbeit machte mir wenig Spaß.

Für die deutsch - jüdischen Emigranten hatten wir in New York einen Freundschaftsclub gegründet. Die Leute kamen vom Boot, wurden zu uns geschickt und bekamen Hilfestellungen für ihr Leben in einem unbekannten Land. Wir veranstalteten Vorträge, in denen Tips gegeben wurden. Alles war ja anders: der Arbeitsmarkt, das Versicherungswesen, einfach alles. Der erste Grundsatz, den wir zu vermitteln versuchten war: 'Lerne Englisch, das ist der Schlüssel zum Land - das Allerwichtigste.' In unserem Club war jeden Donnerstagabend Treffen. Der Donnerstag wurde deshalb gewählt, weil donnerstags alle Dienstmädchen frei hatten. Wir hatten eine kleine Zeitung. Ein- oder zweimal im Monat veranstalteten wir samstags einen Tanzabend. Als Eintritt verlangten wir 50 Cents. Unser Club hieß 'Fellowship Club' und war eine Selbsthilfeorganisation der deutsch-jüdischen Emigranten in Brooklyn. Wir hatten um die 500 Mitglieder. Ich war der Vizepräsident dieses Clubs. Das fünfjährige Bestehen des Clubs wurde in einem großen Hotel in Brooklyn gefeiert. Nach dem Krieg existierte der Club nur noch ein Jahr, die Leute waren in Amerika eingelebt.

Im Club lernte ich auch meine Frau Ilse, die aus München stammte, kennen. Wir heirateten 1941. 1942 ging ich für drei Jahre in die Armee. Da war ich viel unter Amerikanern und lernte so auch schnell Englisch sprechen. Zu dieser Zeit änderte ich auch meinen Namen in Fred Bergen. Der Grund war, daß ich

Angst hatte, daß wenn man mich als amerikanischen Soldaten nach Deutschland schicken und ich, hinter den feindlichen Linien abgesetzt, von den Nazis gefangen würde. Der Name Bergen wäre in einer solchen Situation wohl unverfänglicher gewesen als der Name Reichenberg. Ich wurde aber in Neuguinea und den Philippinen eingesetzt.
Nach der Armeezeit fand ich wieder einen Job im Zivilleben, in einer Schuhfabrik, die Freunden von mir gehörte. Ich arbeitete dort sechs Monate und lernte, wie man Schuhe macht. Dann konnte ich von einem Vertreter der Firma, der mit seiner Arbeit aufhörte, seinen Kundenkreis übernehmen. So fing ich an zu reisen. Später nahm ich noch andere Fabrikate dazu. Das Schuhgeschäft wurde immer schwerer und schwerer, ich kam dann zu Kinderschuhen. Bald ging ich als Reisender für Herrenkleidung, verkaufte Anzüge und Hosen. Meine Kundschaft bestand hauptsächlich aus Schwarzen in den Südstaaten. Hochmodische Sachen verkaufte ich, die besonders gerne von den Schwarzen getragen wurden. Die Schwarzen wurden zu dieser Zeit sehr schlecht in den Südstaaten behandelt, hatten getrennte Busse und Toiletten. Meiner Frau fiel es sehr schwer, sich hier einzuleben. Sie sagte: 'Nun haben wir das, wovor wir in Deutschland geflohen sind, hier die ganze Zeit. Die Schwarzen wurden hier genauso behandelt wie die Juden von den Deutschen.' Seit 1949 lebte ich in North Carolina mit meiner Frau Ilse und den beiden Jungen Les und Jeff. 1980 hörte ich auf zu arbeiten.
1972 fuhren Ilse und ich nach Windecken von Frankfurt aus mit demselben Bimbel-Lieschen, mit dem ich früher schon immer von Frankfurt nach Hause gefahren war. Wir stiegen am Kleinen Bahnhof in Windecken aus. Als ich an der Kirche war, sah ich jemanden gehen, der gerade in das Wagnerhaus gegenüber der Kirche hineinging. Ich dachte, es sei mein früherer Freund Wilhelm Wagner. Ich ging zur Türe und klingelte, eine Frau öffnete, ich stellte mich vor und fragte: "Wohnt Wilhelm Wagner hier?" Die Frau schaute mich entgeistert an und sagte: "Das war mein Mann, er ist im Krieg gefallen." Ich war sehr sehr aufgeregt und so traurig, so furchtbar traurig. Überall diese jungen Menschen, die für diesen sinnlosen Krieg gefallen sind, alle wurden getötet

We deeply mourn the passing of my beloved husband, dear father, grandfather and uncle

FRED BERGEN
née Manfred Reichenberg
(formerly Windecken, Hessen; Brooklyn, N.Y.)
on December 26th, 1989.

Ilse Bergen
Les and Jane Bergen
Leah and Joel
Jeff Bergen

7039 Burlwood Road,
Charlotte, NC 28211

Anzeige 1989 in der deutschsprachigen jüdischen Zeitung in Amerika, "Aufbau", zum Tode Manfred Reichenbergs "formerly Windecken"

- für was? Viele, die meine Kameraden gewesen waren, sind noch in den letzten Kriegstagen an der russischen Front gefallen. Ich war so aufgebracht.
Ich ging dann zu unserem früheren Haus, ich wollte es gerne meiner Frau zeigen und auch selber wiedersehen. Aber ich wurde nicht hereingelassen. So ging ich in das Nachbarhaus. Wo früher der Misthaufen war, stand nun der DKW, wo der Stall war, war nun die Garage. Aber das Kopfsteinpflaster war noch da. Die Leute sagten 'Guten Tag', niemand sprach über die Vergangenheit, alle waren so kurz angebunden. Wir besuchten noch meinen früheren Freund Wilhelm Reul. Es war schade, daß die, die ich gerne getroffen hätte, nicht mehr lebten."[79)]

Manfred Reichenberg und seine Frau Ilse waren Gäste der Stadt Nidderau bei der Woche der Begegnung im Juni 1988. Sohn Les mit Familie begleitete seine Eltern. Manfred Reichenberg starb am 26. Dezember 1989 im Alter von 77 Jahren. Auf seiner Todesanzeige in der deutschsprachigen jüdischen Zeitung ist auch sein Geburtsort Windecken genannt.

Ruth Reichenberg (* 1922)
Sie besuchte von 1928 an die Volksschule in Windecken. Das Klassenphoto zeigt sie neben ihrer besten Freundin Kätta Westpfahl (Bauscher). Dieser widmete sie auch bei ihrer Auswanderung nach Amerika 1938 ein Foto von sich mit den Worten "Zum Andenken an Deine liebste Freundin Ruth Reichenberg". Nach der Schule war Ruth einige Zeit in Fulda. Mit ihren Eltern wan-

Ruth Reichenberg schenkte 1938 bei ihrer Auswanderung nach Amerika dieses Foto ihrer besten Freundin Käthe Westphal (Bauscher).

Klassenfoto der Schüler des Einschulungsjahrgangs 1928. Ruth Reichenberg (2. Reihe von vorne, 4. von rechts) sitzt neben ihrer besten Freundin Kätha Westphal (Bauscher) (5. von rechts), auch Fred Schuster (unterste Reihe, 1. von links) war in dieser Klasse. 1931

derte sie im Oktober 1938 im Alter von 16 Jahren nach Amerika aus.

Nach dem Krieg nahm Ruth sofort wieder Verbindung auf mit "der liebsten Freundin Kätta". In den Briefen schilderte sie ihre Eindrücke in der neuen Heimat und fragte nach Menschen in der alten Heimat.[80] 1952 heiratete Ruth Irving List, der zehn Jahre seines Lebens in Zwangsarbeitslagern in Rußland verbracht hatte. Die beiden führten eine Bäckerei im New Yorker Stadtteil Queens und hatten zwei Kinder. Nach einer schweren Krankheit starb Ruth 1964 im Alter von nur 42 Jahren.

Auswanderung und Leben in Amerika von Salomon und Mathilde Reichenberg

Die Stadt Windecken erklärte 1955: "Es ist hier amtlich bekannt, daß (Salomon) Reichenberg ein gutgehendes Manufakturwaren- und Möbelgeschäft hatte. Der Genannte war vorwiegend in den umliegenden Orten tätig... Es ist hier weiter bekannt, daß infolge des zunehmenden Judenboykotts das Geschäft des Reichenbergs immer mehr zurückging. Reichenberg klagte hier öfter über die dauernde Verschlechterung seiner wirtschaftlichen Lage und wies darauf hin, daß seine Existenz gefährdet und er genötigt sei, den Betrieb aufzugeben und von hier wegzugehen...".[81]

Ruth Reichenberg 1947 in New York

Ruth Reichenberg heiratete 1952. Links neben ihr der Bruder Manfred Reichenberg mit Frau Ilse und Sohn Les, rechts die Eltern Mathilde und Salomon Reichenberg

Zur Zeit des Geschäftsboykotts der jüdischen Geschäfte durch die Nazis legte Sally Reichenberg all seine im Weltkrieg erworbenen Auszeichnungen in das Erkerschaufenster seines Ladens. Ein Schild mit der Aufschrift "Ich war Soldat für Deutschland" hatte er daneben gestellt.
Eine Nachbarin erinnerte sich: "In den ersten Jahren der Nazizeit sagte Salomon Reichenberg, der so ein patenter, lustiger Kerl war, immer: 'Ich geh hier nicht weg. So komme ich vielleicht in den Zoo mit einem Schild am Käfig: 'Das ist der letzte Jude.'" Doch Salomon Reichenberg hatte seine Meinung ändern müssen, und er entschloß sich auszuwandern.
Durch einen Cousin der Frau Reichenberg in Amerika wurden die Bürgschaften in Amerika übernommen. So konnten Reichenbergs im Sommer 1938 darangehen, ihre Auswanderung nach Amerika vorzubereiten und ihr Haus, nun in der Hindenburgstraße 8 befindlich, zu verlassen.

Salomon Reichenberg hatte noch mehrere tausend Mark Außenstände bei seinen Kunden. Dazu berichtete Manfred Reichenberg: "Unser Nachbar ist mit meinem Vater zu den Kunden gegangen, die noch Gelder zu zahlen hatten, und erkärte ihnen: 'Herr Reichenberg will auswandern, bitte zahlt das noch schuldige Geld bald.' Durch diese Hilfe hat mein Vater etwa 90 Prozent seiner Außenstände noch bekommen können. Mein Vater hat immer gesagt: 'Das habe ich nur Herrn Westphal zu verdanken.'"

Im Juni 1938 verkauften Reichenbergs ihr Haus allerdings zu einem Preis noch unter dem Einheitswert. Das Geld konnte man nicht mitnehmen nach Amerika, so wurden allerhand neue Sachen angeschafft, Ruth bekam eine komplette Aussteuer. In ihren alten Schreibsekretär ließen Reichenbergs von einem befreundeten Schreiner noch ein Geheimfach einbauen. Als Literaturliebhaber nahm Salomon Reichenberg neben 30 hebräischen Büchern seine deutsche Literatur mit nach Amerika: Werke von Schiller, Goethe, Körner, Uhland, Gottfried Keller, Lessing, Chamisso, Ibsen, Kleist und Scheffel.

"Mein Vater wollte auch zwei Thorarollen aus der Windecker Synagoge mitnehmen nach Amerika, aber der Vorsänger Samuel Katz war dagegen. Erst nachher wußte man, daß dies nur vier Wochen vor der Kristallnacht und der völligen Zerstörung der Windecker Synagoge und auch ihrer Thorarollen war", berichtete Manfred Reichenberg.[82)]

Der Lift, so hieß der Überseekoffer, so groß wie eine Garage, mußte noch länger in Windecken bleiben, bis er zur Verschiffung nach Amerika freigegeben war. So mußte der neue Hausbesitzer die noch im Haus verbliebenen Sachen "insbesondere vor Zugriffen dritter Personen während der Ausschreitungen am 9. November 1938" schützen.[83)]

Am 12. Oktober 1938 verließen die Eltern Reichenberg - beide schon über 50 Jahre alt- mit ihrer Tochter Ruth ihre Heimat und fuhren auf dem Dampfer "Hansa" nach Amerika. Salomon Reichenberg beschrieb die erste Zeit in Amerika so: "Bei der damaligen Arbeitslosigkeit, der Unkenntnis der Verhältnisse und der Sprache war es mir zunächst unmöglich, eine Anstellung zu finden. Ich übernahm dann Gelegenheitsarbeiten, die sich gerade boten. Mein Einkommen bis Mitte 1941 war so gering, daß ich nur mit Unterstützung meiner Kinder überhaupt existieren konnte. Erst im August 1941 wurde ich als Hilfe eines Hausmeisters in einem Wohnhaus angestellt bis Ende 1942. Dann wurde ich selbst Hausmeister in einem großen Appartementhaus. 1952 mußte ich meine Arbeit aus gesundheitlichen Gründen aufgeben."[84)]

Mathilde Reichenberg starb mit 80 Jahren im Jahre 1962. Salomon Reichenberg erreichte das hohe Alter von 92 Jahren, er starb im Jahre 1978 in New York.

"Meine liebe Kätha! 21.Oktober 1946
Du wirst wohl überrascht sein, daß Dir der Briefträger einen Brief aus Amerika brachte. Wie geht es Euch allen? Bist Du verheiratet? Wie geht es Deinen lieben Eltern? Wie geht es Minna Muth, Lenie Walter, Karl Klosterbecker und den anderen Schulkameraden? Sind unsere Lehrer noch alle da? Bitte grüß mir diese Leute vielmals und sage ihnen, daß sie mir einmal schreiben sollen.
Habe so viele Fragen zu stellen, weiß gar nicht, wo ich anfangen soll. Ich bin nicht verheiratet, wohne bei meinen Eltern. Ich arbeite in einer Strickwarenfabrik schon seit vier Jahren. Wir stricken nur Herrenhandschuhe, ich arbeite an einer elektrischen Strickmaschine. In den ersten vier Jahren arbeitete ich im Haushalt. Da es minderwertige Arbeit ist, habe ich es aufgegeben. Englisch hatte ich schnell erfaßt, bei den Kindern, wo ich arbeitete, war ich gezwungen, es schnell zu erfassen. Habe (in Amerika) noch keine Windecker besucht, außer Wolfs (gemeint sind Siegfried und Selma Wolf, früher Ostheim). Bitte grüße unsere alten Nachbarn. Wünsche, Du wärest hier, du könntest viel verdienen. New York ist eine wunderschöne Stadt. Hier wohnen alle Nationen und Rassen glücklich miteinander. Die Menschen verstehen hier besser zu leben als draußen. Sie amüsieren sich. Hier gehen auch geringere Leute in die Oper, ins Theater und zu Konzerten, was sich die Mittelklasse in Deutschland nicht gut leisten konnte...
Sei herzlich gegrüßt von
Deiner Freundin Ruth"

"Liebe Kätha! 12. März 1947
Nun muß ich zugeben, daß ich mich seit acht Jahren nicht so gefreut habe als wie ich Deinen Brief erhielt. Freue mich außergewöhnlich, daß es Deiner Oma und Deinen lieben Eltern gut geht, und vor allem, daß Du einen so netten Mann geheiratet hast. Kannst ihm sagen, daß ich mich noch gut an ihn erinnern kann... Wie ich aus Deinem Brief entnahm, haben sich alle unsere Schulkameraden sehr mit der Heiraterei geeilt... Ist Gertrude Bretthauer verheiratet? Minna Muth? Leni Walter? Margarete Loos? Elisabeth Westphal, Karl Klosterbecker? Sage Karl, daß ich mal eine Auge auf ihn hatte. Ist die alte Frau Schmidt, die gegenüber von uns gewohnt hat, noch am Leben? Grüße von mir und meinen Eltern Wilhelm Reul und Frau und Karl (Börnjes Reul).
Ich gehe momentan abends nach der Arbeit zur Schule, um nähen zu lernen für Fabrikbedarf. Bin geschickt im Frisieren, habe mir vorgenommen, in eine Tagesschule zu gehen und abends als Kellnerin zu arbeiten.
Liebe Kätha, an Vergnügungen fehlt es mir nicht, gehe fast zwei- bis dreimal die Woche tanzen, ins Kino oder Theater, ab und zu auch mal in die Oper. Diese Sachen kann man hier schon zu mäßigen Preisen haben. Die Stadt New York bietet auch viele freie Sachen. Hier kann man kostenlos ins Museum, in den Zoo, den Botanischen Garten, selbst Konzerte werden von reichen Leuten gestiftet für das Publikum. Ich habe alles nachgeholt, was ich in Windecken versäumt habe. Höhere Schulen sind auch zum größten Teil kostenlos, so daß jedermann, ganz gleich, ob arm oder reich, eine gute Schulbildung genießen kann. Das ist Demokratie. Arbeiten muß man überall und bekommt nichts geschenkt. Im Sommer gehe ich an den Atlantikstrand, wir wohnen nur 20 Minuten entfernt. Meine Freunde sind alle Amerikaner, meistenteils russisch-jüdischer und italienischer Herkunft. Meine beste Freundin heißt Mary, sie ist sehr lieb, sehr in der Art wie Du. Fröhliche Ostern
Deine Freundin Ruth."[84a)]

Familien Abraham Wolf und Felix Schuster

In der heutigen Heldenberger Straße 2 (vormals Kirchgasse 19, dann Friedberger Straße 2) in seinem Elternhaus führte Abraham Wolf (*21. 5. 1855) die Metzgerei seines Vaters Joseph Wolf weiter. Abraham Wolf war verheiratet mit Auguste Grünebaum.[84b] Das Ehepaar hatte zwei Kinder:

Frieda * 8. 7. 1896
Julius * 24. 3. 1900

Im Jahre 1912 gab Abraham Wolf die Metzgerei auf und gründete ein Manufakturwarengeschäft ebenfalls in seinem Haus. Dieses Geschäft übernahm sein Schwiegersohn Felix Schuster 1921 und führte es unter dem Namen "Abraham Wolf Nachf.". Abraham Wolf wurde schon nach wenigen Ehejahren Witwer, auch seinen

Anzeige 1927

Auguste Wolf, die Ehefrau von Abraham Wolf

Julius Wolf um 1918

Sohn Julius überlebte er. In Windecken wurde er "Abraham" genannt, mit Betonung auf der zweiten Silbe. 1902 wird Abraham Wolf als Vorstand des Israelitischen Frauenvereins genannt.[85]

In der Nazizeit muß Abraham Wolf einigen Schikanen ausgesetzt gewesen sein: er soll mit einem Kummet um den Hals auf dem Marktplatz umhergescheucht worden sein.

Als seine Tochter Frieda mit ihrer Familie die Auswanderung nach Amerika vorbereitete, zog er nach Offenbach, Mühlheimer Landstraße 325, zu seiner Schwiegertochter Jenny. Es war nicht möglich gewesen, auch für ihn Papiere zur Auswanderung nach Amerika zu bekommen. Dort starb er im Alter von 83 Jahren am 18. 3. 1939. Er wurde auf dem jüdischen Friedhof Eckenheimer Landstraße in Frankfurt beerdigt (Grab: Block 5 B 105). Die Tochter Frieda Schuster und ihre Familie konnten noch an der Beerdigung teilnehmen; wenige Wochen danach wanderte die Familie in die USA aus.

Julius Wolf (* 1900)

Julius Wolf besuchte die Windecker Volksschule, bevor er 1910 zur Oberrealschule nach Hanau wechselte. Er verließ die Oberrealschule 1916 mit dem Zeugnis "über die wissenschaftliche Befähigung für den Einjährig-Freiwilligen Dienst".

1925 heiratete er in Frankfurt Jenny Kiefer (* 10. 3. 1899) aus Dornheim, Kreis Groß-Gerau. 1927 wurde der Sohn Edgar Raphael in Offenbach geboren, wo die Familie Julius Wolf lebte. Dort betrieb Julius Wolf in der Mühlheimer Straße 325 eine Lederfabrik, ein Lederwarengeschäft befand sich in der Louisenstraße 85 in Offenbach. Schon als Kind soll Julius Wolf mit Hasenfellen gehandelt haben. Die junge Familie fuhr häufiger nach Windecken, um die Familie der Schwester Frieda und den Vater Abraham Wolf zu besuchen.

Bei der Beerdigung eines Verwandten starb Julius Wolf ganz plötzlich am offenen Grabe am 27.1.1937 im Alter von nur 36 Jahren. Er wurde auf dem jüdischen Friedhof in Frankfurt Eckenheimerstraße beigesetzt (Grab Block 6 D - 100). Die Metallbuchstaben auf seinem Grabstein wurden bei der "Erfassung von Edelmetallen" von den Nazis geraubt, nach dem Krieg wurde die Inschrift auf seinem Grabstein erneuert.

Die Witwe Jenny Wolf konnte mit dem Sohn Edgar noch im April 1941 nach Amerika auswandern. Dort starb auch Edgar, schon als junger Mann. Jenny Wolf-Katzenstein lebte 1985 in New York.

Frieda Wolf (* 1896) und Familie Schuster

Frieda Wolf besuchte bis zum Jahre 1910 die Windecker Volksschule, dann arbeitete sie in der Metzgerei ihres Vaters. Als dieser 1912 sein Manufakturwarengeschäft eröffnete, war sie dort als Verkäuferin tätig und leitete auch den Einkauf des Geschäftes.

Am 5. 1. 1921 heiratete sie den Kaufmann Felix Schuster (geboren 10. 12. 1893) aus Sterbfritz. Am 16. 1. 1922 wurde der Sohn Manfred geboren.

Felix Schuster wurde schnell ein angesehener Mann in Windecken. Mehrere Jahre war er Stadtverordneter für die Sozialdemokraten, 1933 trat er unter dem Druck der veränderten politischen Verhältnisse sofort von dieser Aufgabe zurück und legte sein Mandat nieder. Im 1. Weltkrieg war Felix Schuster Soldat gewesen, er wurde unter anderem mit dem Eisernen Kreuz ausgezeichnet. 1921 übernahm er das Manufakturwarengeschäft seines Schwiegervaters Abraham Wolf und eröffnete ein Holz- und Baumaterialiengeschäft in Windecken. Dazu hatte er das Grundstück Ostheimer Straße 60 erworben und dort eine Lagerhalle für seine Holz- und Baumaterialien errichtet. Diese Halle riß er 1932 ab und ersetzte sie durch eine größere Halle. Zur Ostheimer Straße hin beschriftete er diese Halle mit großen Buchstaben: "Felix Schuster Holz- und Baumaterialien". Die Halle stand noch bis zum Jahre 1992, der Name Felix Schuster war allerdings nur bei genauem Betrachten noch zu erkennen, da der Name des neuen Besitzers Heinrich Hack bei der sogenannten "Arisierung" 1938 darüber geschrieben wurde. Auf dem vor der Halle liegenden Grundstück beabsichtigte die Familie Schuster, sich ein Haus zu bauen, dies war ihnen aufgrund der politischen Verhältnisse nicht mehr möglich.

Frieda und Felix Schuster zur Zeit ihrer Auswanderung nach Amerika 1939

Das Baumaterialiengeschäft entwickelte sich sehr gut. Frieda Schuster arbeitete im Geschäft als Lagerverwalterin und Kassiererin. Über die weitere Entwicklung gab Felix Schuster an: "Nach Beginn der Hitlerzeit zeigten sich die Boykottbestrebungen der Partei besonders stark sowohl im Bezug von Materialien für meine Firma als auch im Absatz. Der Verkehr mit einem jüdischen Händler wurde gerade an einem Ort wie Windecken von der Partei überwacht und zur Denunziation verwendet. Ich war auch persönlichen Verunglimpfungen ausgesetzt, als mir zum Beispiel einmal meine Hausfront mit Kalk überschmiert wurde. Unter den Auswirkungen all dieser Vorgänge entschloß ich mich, mein Geschäft in Windecken aufzugeben und nach Frankfurt zu verziehen. Ich habe durch die Machenschaften der Nazis meine gute Existenz in Windecken verloren."[86)]

Von einem Großcousin Friedas, Isaak Schuster aus Lindheim, der schon sehr lange vor der Nazizeit nach Amerika ausgewandert war, erhielten Schusters ihre Bürgschaftspapiere für die Einwanderung nach Amerika. Im April 1938 verkauften Schusters ihren Besitz in Windecken zu den damaligen schlechten Bedingungen für Juden, im Sommer 1938 zogen sie nach Frankfurt in die Sternstraße 21. Zum Verkauf des Grundstückes mit Bauhalle Ostheimer Straße 60 erläuterte Felix Schuster: "...meine Frau bekam von der damalig zuständigen Behörde eine Vorladung, wobei ihr erklärt wurde, daß der Herr Regierungspräsident den Kaufpreis reduziert habe. Daraufhin wurde meine Frau gezwungen, einen neuen Kaufvertrag gegen ihren Willen zu machen."[87)] Eine Windeckerin erinnerte sich: "Frau Schuster blieb dann noch einige Zeit alleine hier, um noch alle Sachen zu regeln. Das wurde kräftig ausgenutzt hier von den Leuten. Es hieß dann: 'Die wollen weg, denen brauchen wir doch nichts mehr zu zahlen', oder: 'Dem Judd zahlen wir nichts.'"[88)] Schusters hatten auch mehrere tausend Mark "Judenvermögensabgabe zu zahlen".

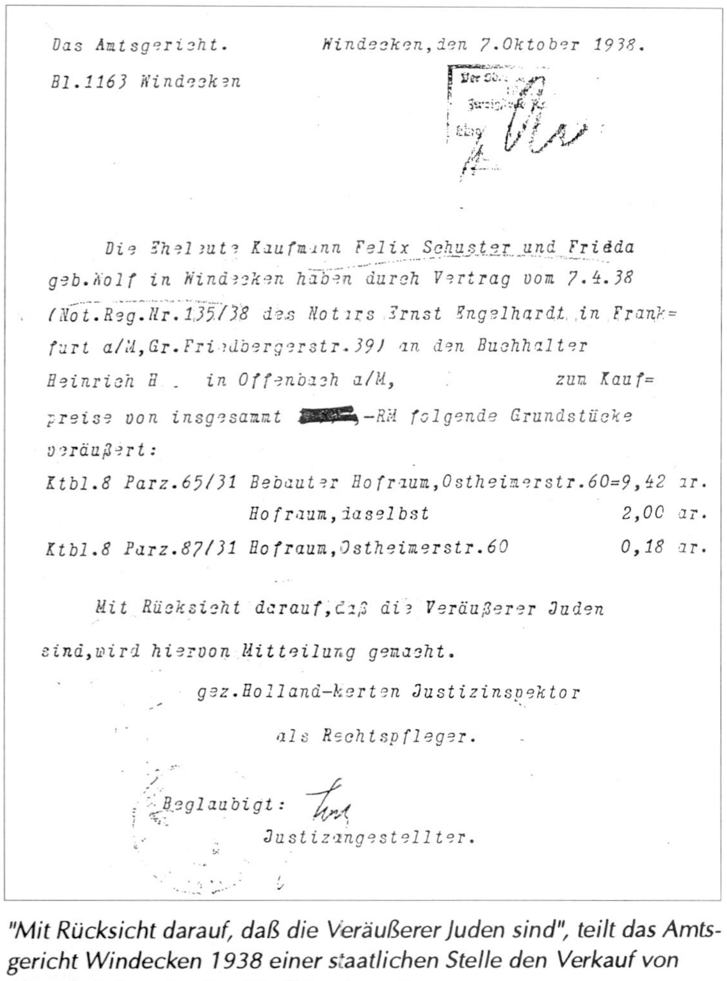
Das Amtsgericht. Windecken, den 7.Oktober 1938.

Bl.1163 Windecken

Die Eheleute Kaufmann Felix Schuster und Frieda geb.Wolf in Windecken haben durch Vertrag vom 7.4.38 (Not.Reg.Nr.135/38 des Notars Ernst Engelhardt in Frankfurt a/M, Gr.Friedbergerstr.39) an den Buchhalter Heinrich H. in Offenbach a/M, zum Kaufpreise von insgesammt [redacted]-RM folgende Grundstücke veräußert:

Ktbl.8 Parz.65/31	Bebauter Hofraum, Ostheimerstr.60=	9,42 ar.
	Hofraum, daselbst	2,00 ar.
Ktbl.8 Parz.87/31	Hofraum, Ostheimerstr.60	0,18 ar.

Mit Rücksicht darauf, daß die Veräußerer Juden sind, wird hiervon Mitteilung gemacht.

gez.Holland-kerten Justizinspektor
als Rechtspfleger.

Beglaubigt:
Justizangestellter.

"Mit Rücksicht darauf, daß die Veräußerer Juden sind", teilt das Amtsgericht Windecken 1938 einer staatlichen Stelle den Verkauf von Grundstücken der Familie Schuster mit.

Geschäft der Familie Schuster in der Heldenberger Straße 2 in Windecken. Frieda Schuster (2. von links) und der kleine Fred (unten) mit Felix Schuster (oben rechts) stehen mit ihrem Besuch, Familie Straek, auf den Eingangstreppen ihres Hauses. Juni 1927

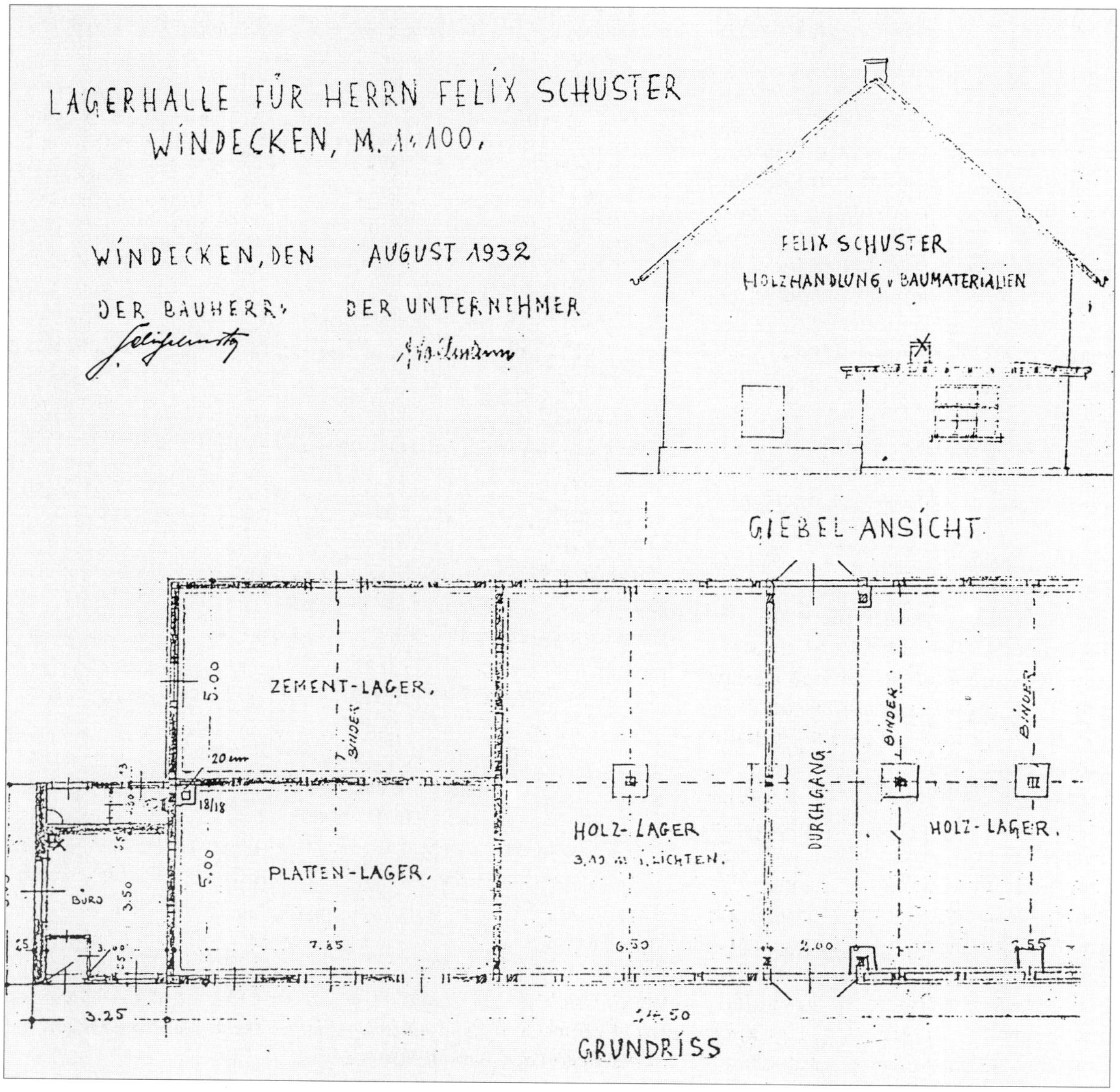

1932 errichtete Felix Schuster eine große Lagerhalle für seine Holz- und Baumaterialienhandlung in der Ostheimer Straße 60.

n Frankfurt erlebten Schusters das Novemberpogrom 1938. Ob Felix Schuster verhaftet wurde und in das Konzentrationslager Buchenwald verschleppt wurde, ist nicht bekannt, aber zu vermuten.

In der Sternstraße packten Schusters im Frühjahr 1939 ihre Sachen für Amerika. Für alle Dinge, die sie mitnehmen wollten, mußten seitenlange Listen ausgefüllt werden. Hohe Steuern als sogenannte "Umzugsgutabgabe" waren zu entrichten. Zu den Büchern der Schusters, die sie auf ihrem Leben in der Neuen Welt begleiten sollten, gehörten: "Eine dreibändige Goetheausgabe, gesammelte Werke von Uhland, Franz Hofmann: Deutscher Jugendfreund, Langenscheidt: Englisches Wörterbuch, Ludwig Stern: Vorschriften der Thora, Dirke Atlas, Trauer- und Andachtsbuch für die Eltern, 39 Gebetbücher, 3 Kriegserinnerungsbücher".[89]

Im Januar 1939 mußten Schusters die Zwangsvornamen Sara und Israel annehmen. Im März 1939 wurde auf ihren Paß ein großes J für Jude gestempelt.

Am 18. April 1939 fuhr Felix Schuster mit dem Sohn Manfred nach Amerika. Frieda Schuster blieb noch einige Wochen in Frankfurt, um die Angelegenheiten der Familie abschließend zu regeln. Im Juli 1939 konnte auch sie Deutschland verlassen.

In Amerika hatten Frieda und Felix Schuster es sehr schwer, Fuß zu fassen und ihren Lebensunterhalt zu sichern. Frieda Schuster arbeitete als Putzhilfe in einem Haushalt.

1946 schrieb Frieda Schuster an ihre frühere Nachbarin und langjährige "Schabbesgoje" in Windecken, Frau Schales. Über die schweren Zeiten äußert sie sich darin allerdings nicht.

Im April 1939 konnte Felix Schuster (2. von rechts) mit seinem Sohn Fred (rechts) mit dem Schiff in das rettende Amerika auswandern.

Freds Frau Charlotte erinnert sich an Frieda und Felix Schuster: "Die beiden waren sehr bescheiden und sparsam. Sie hatten sich in ihr Schicksal gefügt. So vielen Menschen war es nicht mehr möglich gewesen, aus Deutschland herauszukommen. Mein

Dieser Vordruck ist nur zu verwenden für Bl. 2 bzw. 2 ff. der Verzeichnisse.

Umzugsgutverzeichnis (Fortsetzung)
(in doppelter Ausfertigung einzureichen)

Blatt 5

Beförderungsart:

Name: Felix Israel Schuster

Antrag vom: 3. 4. 39

Lfd. Nr.	Abschnitt	Stück	Gegenstand (genaue Bezeichnung)	Einkaufspreis	Anschaffungszeitpunkt	Bemerkungen
111	1	4	Sofakissen		✓	
112	1	10	Familienbilder		✓	
113	1	2	Jüd. Bilder		✓	
114	1	1	Rauchtisch m. Zubehör		✓	
115	1	1	Handtuchhalter		✓	
116	1	~~3~~ 1	Koffer		✓	2 Stck entfällt
117	1	~~1~~	~~Fahrrad m. Zubehör~~	—	—	entfällt
118	1	~~1~~	Brille	—		entfällt
119	1	~~2~~ R	Gebetriemen	—		entfällt
120	1	~~2~~	Gebetmäntel			entfällt
121	1	1	kl. Standuhr		✓	
122	1	~~1~~	Komode	—		entfällt
123	1	1	Türvorlagen		✓	
124	1	~~12~~ 8	Messer (versilbert)		✓	4 Stck entfällt
125	1	~~12~~ 8	Gabeln "		✓	4 " "
126	1	12	Kuchengabeln "		✓	
127	1	12	Kaffeelöffel "		✓	
128	1	versch. Reste Näh-Strick & Häckelgarn			✓	
129	1	~~1~~	Herrenregenschirm u. Stock		—	entfällt
130	1	2	Übervorhänge m. Stangen		✓	
131	1	~~1~~	Kaffeekannenhülle			entfällt
132	1	1	Essserviece 75 Teile		✓	
133	1	18	Weingläser		✓	
134	1	11	Likörgläser		✓	
135	1	1	Nickelkaffeekanne		✓	
136	1	1	Nickelmilchkännchen		✓	
137	1	1	Nickelzuckerdose		✓	
138	1	1	Marmel adenteller(unecht)		✓	
139	1	1	Butterdose "		✓	
140	1	~~2~~	Serviettenringe	—		entfällt

Vordruck 1038 (5. 39. 50000.)

Ausschnitt aus dem Umzugsgutverzeichnis der Familie Schuster bei ihrer Auswanderung 1939 nach Amerika. Jedes einzelne Stück mußte zur Bestimmung der "Umzugsgutabgabe" angegeben werden.

"Liebe Frau Schales! New York, 29. 0ktober 1946

Sie werden erstaunt sein, von mir ein Lebenszeichen zu bekommen. Ich hoffe, Sie sowie Ihre Familie bei bester Gesundheit, was ich von uns Gott sei Dank auch berichten kann. Nun zuerst eine große Neuigkeit: Wir haben eine Tochter bekommen, denn unser lieber Fred hat im August geheiratet. Wir haben eine liebe und schöne Tochter, mein Mann und ich haben große Freude an unseren lieben Kindern. Unseren lieben Fred würden Sie bestimmt nicht wiedererkennen. Er war 2 1/2 Jahre in der U.S. Armee und ist Gott sei dank wieder zu uns zurückgekehrt. Mein lieber Mann ist Bäcker und unser lieber Fred ist ein erstklassiger Konditor und ist hier in der feinsten Konditorei in New York. Sie können sich denken, daß es uns an Kuchen nicht fehlt. Ich brauche nicht mehr zu backen. Ich wünschte nur, Sie könnten ab und zu mit uns Kaffee trinken und unser schönes gemütliches Heim sehen. Nur das eine bereuen wir, daß wir solange draußen (gemeint ist in Deutschland) geblieben sind. Der liebe Gott soll uns nur gesund lassen, dann ist alles O.K.

Nun, liebe Frau Schales, genug von uns. Können Sie uns bitte mal schreiben, wann Tante Kathinka und Onkel Moritz (gemeint ist das Ehepaar Müller) und Hilda (Oppenheimer) fortgekommen sind. Wer wohnt in Hildas Haus? Was ist aus unserem Friedhof geworden. Sie können uns alles ruhig schreiben, denn wir sind auf das Schlimmste gefaßt. Wie geht es Frau Pfarrer Henß und ihren Kindern, grüßen Sie bitte von uns. Wie geht es Westpfalens in Speiers Haus und Fritz Lang, der bei uns gearbeitet hat. Grüßen Sie alle. Was macht die Nachbarschaft von unserem Lager in der Ostheimer Straße? Wie geht es Bommers? Hat Hack noch unser Lager? Wie geht es Ihrer Tochter Elisabeth? Ist sie verheiratet? Was gibt es sonst Neues bei Ihnen? Nun will ich schließen in der Hoffnung, bald etwas von Ihnen zu hören. Seien Sie und Ihre Familie bestens gegrüßt von Ihrer Familie F. Schuster."[90]

Fred Schuster (vordere Reihe ganz rechts) beim Schülertheaterspiel 1929

Schwiegervater war ein sehr feiner Mann. Er war sehr ruhig. Später wurde er dann schwer krank und starb an Krebs. Ich glaube, daß es sein ganzes Schicksal war, das ihn aufgefressen hat. Er hat nie viel davon gezeigt, aber es hat ihn aufgefressen. Er konnte noch arbeiten, aber es war sehr schwer für ihn. Er starb mit 68 Jahren am 15.November 1961. Frieda Schuster starb einige Jahre später am 6. Januar 1968." [91)]

Fred Schuster *1922

Als der kleine Manfred Schuster im Januar 1922 geboren wurde, war er der ganze Stolz seiner Eltern. In die Windecker Volksschule wurde er 1928 eingeschult (Foto S 212). Er hatte eine jüdische Mitschülerin, Ruth Reichenberg. Beim Theaterspiel mit den Klassenkameraden war er gerne dabei. Eine frühere Spielkameradin berichtet: "Meine Eltern waren mit Schusters befreundet. So waren auch wir Kinder viel zusammen. Einmal hat meine Schwester sich mit Manfred Schuster gestritten. Der Streit ging dann so aus, daß Manfred irgendwie weggelaufen ist in die Synagoge. Meine Schwester lief hinterher und schrie wutentbrannt: 'Da bist Du aber auch die längste Zeit hingegangen.' Fred erzählte das dann wohl zu Hause. Seine Mutter wandte sich an meine Mutter, und meine Schwester bekam dicke Hiebe."[92)] 1932 wechselte Fred auf die Oberrealschule in Hanau.

Nach 1933 wurde es für ihn als jüdischen Jungen immer schwieriger. "Ich mußte täglich den Zug benutzen, um von Windecken nach Hanau zur Schule zu fahren. Häufig wurde ich am Bahnhof und im Zug von Mitschülern und anderen Mitreisenden dermaßen beschimpft und belästigt, daß mir ein weiterer Schulbesuch schon deshalb unmöglich wurde. Dazu kamen noch die schweren Belästigungen, denen ich in der Schule selbst von Mitschülern ausgesetzt war."[93)] Im Herbst 1935 - mitten im Schuljahr - verließ Fred gezwungenermaßen die Oberrealschule in Hanau. Anschließend besuchte er die "Samson-Raphael-Hirsch-Schule", eine jüdische Realschule in Frankfurt am Zoo gelegen (heute Heinrich-von-Gagern-Gymnasium). Er verließ diese Schule, um eine Lehre als Bäcker zu absolvieren. In der Bäckerei von Bäckermeister Bernhard Karpf im Sandweg 29 sollte Fred zum Bäcker ausgebildet werden. Sein Lehrvertrag sah eine Lehrzeit von drei Jahren vor. Der Beginn der Lehre war mit dem 15. Februar 1937 festgelegt und das Ende der Lehre für den 14. Februar 1940.

Aber es sollte anders kommen: Während des Novemberpogroms 1938 wurde "die gesamte Einrichtung meines Lehrherren, der auch Jude war, von den Nazis vollkommen demoliert, so daß mir die weitere Fortsetzung meiner Lehrzeit unmöglich gemacht wurde."[94)] Er erlebte in Frankfurt auch die Zerstörung der Synagogen.

Am 18. April 1939 konnte der 17jährige Manfred Israel Schuster, so mußte er sich inzwischen nennen, nach Amerika auswandern.

In Amerika waren seine Eltern nicht in der Lage, ihm eine weitere Schul- oder Berufsausbildung zu finanzieren. Etwa ein Jahr dauerte es, bis Fred in Amerika Arbeit finden konnte. Erst 1942 konnte er seine Berufsausbildung fortsetzen. In der amerikanischen Armee wurde er dann für zweieinhalb Jahre Soldat. Nach dem Krieg arbeitete er wieder als Bäcker und Konditor.

Fred Schuster auf der Windecker Schloßmauer - 1935

2 747794
IMMIGRANT IDENTIFICATION CARD
UNITED STATES
DEPARTMENT OF LABOR
SCHUSTER
SURNAME
Manfred Israel
GIVEN NAME
Germany Jan. 16,1922
COUNTRY OF BIRTH DATE OF BIRTH
German dark brown
NATIONALITY COLOR OF EYES
New York Hamburg
PORT OF ARRIVAL STEAMSHIP
APR 28 1939 Immigrant
DATE ADMITTED STATUS OF ADMISSION
IMMIGRANT'S SIGNATURE
ORIGINAL IMMIGRANT INSPECTOR

Bei seiner Ankunft im April 1939 in Amerika erhielt Manfred Schuster diesen Einwanderungsausweis, ausgestellt noch mit dem von den Nazis verordneten Zwangsvornamen Manfred "Israel" Schuster.

Im August 1946 heiratete Fred Charlotte, die auch aus Deutschland stammte. Sie bekamen eine Tochter und einen Sohn. Die Kinder nannten ihre Großeltern "Oma" und "Opa", die Enkel sprachen Englisch, während die Großeltern deutsch sprachen. Fred und Charlotte sprachen nur noch Englisch mit ihren Kindern: "Wir fühlten uns nach allem, was geschehen war, nicht danach. Heute bedaure ich das." [105]

Felix Schuster als amerikanischer Soldat - 1944

1966 besuchte Fred Schuster mit seiner Familie Windecken. Seine Frau erinnert sich: "Mein Mann war sehr aufgeregt, als wir in Windecken waren. Er hatte uns immer so viel vom Marktplatz erzählt, wo sich sein Leben abgespielt hatte. Als wir nun in Windecken waren, sagten wir: 'Nun zeig uns doch deinen Marktplatz! Wo ist denn der bedeutende Marktplatz?' Er antwortete nu: 'Ihr steht gerade auf dem Marktplatz.' Fred konnte es nicht fassen, daß alles so klein war in Windecken. Er wiederholte nur immer, es war doch früher alles so riesig, so weitläufig. Aber verglichen mit New York war ja wirklich alles sehr klein in Windecken. Er zeigte uns alles, wo er zur Schule gegangen war, und erzählte uns bei allen Häusern, wer dort gewohnt hatte. Er fragte die Leute, was mit all dem Silber aus der Synagoge geschehen sei. Wir bekamen sehr ausweichende Antworten."[96]

Fred Schuster wurde sehr krank, er sprach dann wieder viel Deutsch und las auch die deutschsprachige jüdische Zeitung "Aufbau". 1982 starb er im Alter von nur 60 Jahren.

Die Familien Raphael Wolf und Max Oppenheimer

Familie Raphael Wolf

Raphael Wolf (* 14. 4. 1853 in Windecken) war eine anerkannte Persönlichkeit in seinem Heimatort. Viele Jahre lang war er Mitglied der Stadtverordnetenversammlung für die Deutsche Volkspartei. Die Windecker Zeitung berichtete im November 1913: "Die Stadtverordnetenwahlen nehmen morgen ihren Anfang... Die National. Partei empfiehlt Herrn Raphael Wolf."[97] Nach dem Ersten Weltkrieg politisierte er vor allem für die Sozialdemokraten. Nach Feierabend saß er auf den Treppenstufen seines Hauses in der heutigen Heldenberger Straße 5, zu politischen Diskussionen fanden sich besonders gern die jungen Leute Windeckens ein.

Lange Jahre, von 1906 bis 1923, war Raphael Wolf auch der Gemeindeälteste der jüdischen Gemeinde Windecken. Im Oktober 1908 berichtete die Windecker Zeitung über seine Wiederwahl.[98] Auch zum Vorstand der jüdischen Krankenkasse gehörte Raphael Wolf. In der Synagoge trug Raphael Wolf in jedem Jahr "am langen Tag", Jom Kippur, dem Versöhnungstag der Juden, den Abschnitt aus der Thora vor, der die Geschichte des Propheten Jona und seiner wunderbaren Rettung im Fischbauch erzählte. "Es war schon wie ein Gesetz in unserer Gemeinde, daß Raphael Wolf diesen Abschnitt vortrug. Immer wenn ich diese Stelle höre, denke ich an ihn", erzählte Wilhelm Katz.

Im Gesangverein Concordia war Raphael Wolf Ehrenmitglied. Beim großen Sängerfest im Jahre 1926 wurde er in einer Kutsche gefahren, neben der die Vereinsfahne getragen wurde. Für die Gratulationen und Geschenke zu seiner Silbernen Hochzeit bedankte er sich in einer Zeitungsanzeige.[99] Raphael Wolf war seit 1888 mit Ida Lindheimer (* 31.5.1864) aus Klingenberg am Main verheiratet. Ihre Trauung hatte in Hanau stattgefunden. Ida Wolf wird von 1907 bis 1924 als Vorsitzende des 1902 gegründeten jüdischen Frauenvereins genannt.[100] Sie gehörte auch noch dem Vaterländischen Frauenverein an.

Im Hause der heutigen Heldenberger Straße 5 führte Raphael Wolf eine Rindsmetzgerei. Von seinem Vater Joseph Wolf hatte er das Metzgerhandwerk gelernt. Ein Foto zeigt ihn vor seiner Metzgerei, am Eingang hängen links und rechts aufgehängt Rindervorderviertel. Im Erdgeschoß links befand sich die Metzgerei. Mit einem doppelten Hundegespann von Rottweilern vor einen Handkarren gespannt, fuhr Raphael Wolf 1 - 2 mal in der Woche nach Roßdorf und anderen umliegenden Ortschaften und verkaufte dort sein Fleisch.

Der Metzger Raphael Wolf (rechts) vor seiner Rindsmetzgerei in der Heldenberger Straße 5 (heute Schreibwarengeschäft). Im Fenster sind seine Frau Ida (links) und Tochter Hilde zu sehen - um 1909.

Raphael Wolf (1853 - 1932)

Ida Wolf (1864 - 1926)

Ida und Raphael Wolf hatten zwei Kinder:

Hilda	* 26. 9. 1889
Joseph	* 31. 7. 1892

Ida Wolf starb im Alter von 61 Jahren am 11. 4. 1926, Raphael Wolf im Alter von 79 Jahren am 3. 7. 1932. Ihre Gräber wurden 1938 geschändet und zerstört.

Joseph Wolf (* 1892)
Joseph Wolf war beim Ausbruch des Krieges 1914 gerade 22 Jahre alt. Das Sonderblatt der Windecker Zeitung vom 19. 12. 1914 unter der Überschrift: "Windecker Krieger im Jahre 1914" nennt Joseph Wolf als "Unteroffizier 18. Ulanenregiment 21.Division Infanterieregiment 88 2. Batallion 6. Kompanie".[101] Am 3. Juni 1917 wurde er als Soldat im Argonnerwald in Frankreich getötet. Sein Name stand auch auf dem Kriegerdenkmal auf dem Windecker städtischen Friedhof, das heute abgerisssen ist. Auf den Holztafeln in der Trauerkapelle des städtischen Friedhofes in Windecken zum Gedenken an die Gefallenen der beiden Weltkriege ist sein Name zu finden. Das Gedenkbuch der jüdischen Gefallenen 1914 - 1918 führt ebenfalls seinen Namen auf.[102] Für seine Verdienste an der Front erhielt er das Eiserne Kreuz Zweiter und sogar Erster Klasse. Diese Auszeichnungen hielt sein Vater Raphael im Andenken an seinen gefallenen Sohn in hohen Ehren.

Joseph Wolf (1892 - 1917). Er fiel im 1. Weltkrieg. Das Eiserne Kreuz I. Klasse wurde ihm verliehen.

Hilda Wolf (* 1889) und die Familie Max Oppenheimer

Ein Foto zeigt Hilda Wolf als junges, sehr hübsches Mädchen bei einem Festumzug durch Windecken, 1907, umgeben von christlichen Freunden.(Foto S. 120)

Sie heiratete 1920 Max Oppenheimer (* 19. 9. 1885) aus Vilbel. Die einzige Tochter Lollo wurde am 20.3.1921 geboren.

Nachdem Max Oppenheimer zuerst mit Futtermitteln gehandelt hatte, eröffnete er in den früheren Räumen der Metzgerei seines Schwiegervaters Raphael Wolf einen Getränkehandel. Hilda und Max Oppenheimer lebten ebenfalls im Haus der Heldenberger Straße 5.

Max Oppenheimer handelte vor allem mit Vilbeler Wasser und belieferte die Gastwirtschaften in der Umgebung. Zuerst hatte er ein Pferdefuhrwerk, die Pferde waren in dem Stallgebäude hinter seinem Haus untergebracht. Ende der zwanziger Jahre wurde das Fuhrwerk durch ein Lastauto ersetzt. Auf der Fahrertür dieses Autos war zu lesen: "Max Oppenheimer Windecken". Er hatte zwei Angestellte. 1930 war der gewerbliche Verkauf von Flaschen- und Faßbier angemeldet.[103]

Manfred Reichenberg erinnerte sich: " Max Oppenheimer war der am allermeisten reformierteste Jude, den ich je kennengelernt habe. Also, der hat an gar nichts geglaubt und die Familie Wolf, in die er eingeheiratet hatte, waren so fromme Leute. An den höchsten jüdischen Feiertagen, wenn alle Juden Windeckens in der Synagoge waren, ist er, nachdem er seine Pferde ausgespannt hatte, zur Gastwirtschaft Lebeau gegangen, um dort Schweinebraten zu essen. Dann aber, wenn Pessach war und alles in den jüdischen Haushalten frisch sein mußte, dann verkaufte er koscheres, vom Rabbiner überwachtes Vilbeler Wasser."[104] 1935 ließ Max Oppenheimer in die Scheune hinter seinem Haus eine Autogarage einbauen.[105]

Im Alter von 48 Jahren starb Max Oppenheimer am 29.12.1933 in Frankfurt. Zu seiner Beerdigung gingen trotz der herrschenden Nationalsozialisten auch viele Christen.

Max Oppenheimer (rechts) vor dem Lastwagen seines Getränkehandels. Vorne auf dem Wagen sitzt sein Fahrer Karl Reinhardt. Um 1930

Klassenbild 1931. Lollo Oppenheimer ist auf der unteren Bankreihe das 5. Mädchen von links, Erich Sommer in der untersten Reihe der 4. von links.

Lollo Oppenheimer (rechts) und ihre Großcousine Doris Müller (links), im Hintergrund der Keller des alten Pfarrhauses. 1931

Lollo Oppenheimer *1921

Sie besuchte die Volksschule in Windecken, ihr einziger jüdischer Mitschüler war Erich Sommer. Nach Beendigung ihrer Schulzeit 1935 arbeitete sie als Haustochter bei einer jüdischen Familie in Frankfurt. Diese Familie stellte auch die erforderlichen Gelder für die Ausreise Lollos nach England bereit. Nur wenige Tage vor dem Beginn des Krieges gelang der 18jährigen Lollo Oppenheimer noch die Ausreise nach England. Ihre Windecker Freundin Frauke brachte sie noch an den Zug am Kleinen Bahnhof in Windecken und gab ihr einen Abschiedskuß.

Lollo lebte in Birmingham, wo sie 1941 Siegfried Sonnenberg, den sie schon aus Frankfurt kannte, heiratete. Sie bekam einen Sohn. Ihre Mutter sollte sie nie wiedersehen.

Die Einladung der Stadt Nidderau zur Woche der Begegnung 1988 konnte sie leider nicht annehmen, da sie sich seelisch dazu nicht in der Lage sah. Nach der Woche der Begegnung besuchten Lilli und Ernst Eckstein, früher Heldenbergen, ihre frühere Freundin Lollo in Birmingham. Über dieses Wiedersehen nach 50 Jahren berichtete auch die dortige jüdische Gemeindezeitung.

Weiteres zu Hilda Oppenheimer nach 1935

Nach dem Tode ihres Mannes lebte Hilda Oppenheimer alleine in Windecken. Durch den Krieg hatte sie keinerlei Verbindung zu ihrer Tochter Lollo in England. Ihre persönliche Situation verschlimmerte sich immer mehr. Sie war gezwungen, in Windecken die Straßen zu fegen. Sie durfte nur noch zu einer bestimmten Stunde einkaufen. Um Windecken verlassen zu können zur Vorsprache beim Arbeitsamt, brauchte "die Jüdin Hilda Oppenheimer" eine Erlaubnisbescheinigung. (Siehe S. 131)

Seit März 1941 war sie die einzige Jüdin in Windecken, die anderen Juden hatten entweder auswandern können oder waren nach Frankfurt verzogen. Ab dem 19. September 1941 mußte sie den Judenstern tragen. Von ihrer Nachbarin wurde sie mit Lebensmitteln über den Hintereingang versorgt. Ihr übertrug sie auch das Haus und noch an ihrem letzten Tag in Windecken den Garten entgegen einer Anordnung des Landrates, die einen anderen Käufer für den Garten vorsah. Diese Nachbarin brachte sie auch am 13. Dezember 1941 an den Kleinen Bahnhof in Windecken zum Zug nach Frankfurt. Hilda Oppenheimer hatte nach einer Vorsprache bei der jüdischen Gemeinde in Frankfurt eine Stelle in dem jüdischen Kinderheim der weibliche Fürsorge in der Hans-Thoma-Straße 24 in Frankfurt vermittelt bekommen. Dort wohnte Hilda Oppenheimer auch. Nach 52 Jahren mußte Hilda Oppenheimer ihren Geburts- und Heimatort verlassen. Kurze Zeit später, nachdem sie einen Brief ihrer früheren Nachbarin bekommen hatte, schrieb sie aus Frankfurt:

"Liebes Sannchen!
Deinen Brief dankend erhalten und da ich versprochen habe, Dir gleich zu antworten, will ich Dich auch nicht warten lassen. Es hat mich sehr gefreut, daß Du Wort gehalten hast. Es ist dies der erste Brief, den ich aus der Heimat erhielt. Glaube mir, liebes Sannchen, es ist nicht so einfach, Haus und Heimat verlassen zu müssen, doch jetzt habe ich mich damit abgefunden, da mir keine andere Wahl blieb. Ich habe vom Arbeitsamt Hanau wieder eine Vorladung bekommen. Da ich in Stellung bin, habe ich hoffentlich Ruhe. Es gefällt mir hier ja gut, doch Arbeit in Hülle und Fülle. Fleisch gibt es keines, doch Gemüse, und ich bin mit allem zufrieden. Den ersten Tag, als ich hierher kam, verbrachte ich bei meinen Verwandten (wahrscheinlich sind die Tante Kathinka Müller und Moritz Müller, vorher Windecken, nun Frankfurt, gemeint - d. V.), da ich so fertig war, daß ich nicht arbeiten konnte... Wenn Ihr mal zu mir kommt, braucht Ihr keine Angst zu haben, denn es ist sehr ruhig in der Straße. Was macht Lisbeth? Sie soll mir auch mal schreiben. Was gibt es sonst in Windecken Neues? Warum kam Dein Mann nicht in Urlaub? Was machen Klein-Dieter, Reinhold und Klein-Mariechen? Haben sie mich schon vergessen? Nun genug für heute. Schreibe bald wieder und grüße mir Deine lieben Eltern... und sei Du und die Kinder recht herzlich gegrüßt von Deiner Hilda Oppenheimer." [106)]

Etwa sechs Wochen nach ihrem Wegzug aus Windecken schrieb Hilda am 1.Februar 1942 den folgenden Brief nach Windecken:

"Liebes Sannchen!
Deinen lieben Brief dankend erhalten. Ich komme eben gerade von meinen Verwandten, wo ich jeden Samstagmittag hingehe, die einzige Zerstreuung, die ich habe. Ich habe leider meine Brille dort liegenlassen, deshalb die schlechte Schrift. Es freut mich, daß es Euch allen gut geht, was ich bis jetzt von mir auch sagen kann. Am meisten freut mich zu hören, daß Du den Garten behalten darfst, was ich Dir gleich sagte, da alles im Grundbuch eingetragen ist... Daß Herr F. so schnell gestorben ist, wundert mich. War er denn lange krank? Inzwischen hast Du hoffentlich Nachricht von Deinem lieben Mann. Was machen die Kinder? Denkt Klein-Arthur noch an mich? Na, ich hoffe, Du kommst diesen Monat mal zu mir. Ich hätte eine Bitte an Dich: Kannst Du mir vielleicht eine halbe Brotmarke besorgen? Ich wäre Dir sehr dankbar dafür, denn wir bekommen kein Fleisch, keine Kartoffeln und so wenig Brot, daß ich immer Hunger habe. Frage bitte mal Deine liebe Mutter, vielleicht kann sie eher entbehren als Du. Es ist traurig, aber wahr, wenn man um Brot bettelt, ist man arm. Seither habe ich mir mit dem Mitgenommenen helfen können, aber einmal wird es auch alle.Tu mir den Gefallenen und sage niemandem etwas davon. Es soll niemand wissen. Du kannst es mir im Brief schicken... Von Dir höre ich doch, was in der Heimat vorgeht... Also genug für heute, schreibe bald wieder und sei Du, Deine Kinder und Eltern recht herzlich gegrüßt. Stets Deine Hilda Oppenheimer."[107)]

Auf diesen Brief hin besuchten Sannchen und ihre Schwester Lisbeth Hilda Oppenheimer im Kinderheim in Frankfurt, um ihr und den Kindern einige Lebensmittel zu bringen.

Zwei Tage vor ihrem 53ten Geburtstag wurde Hilda Oppenheimer am 24. September 1942 unter der Transportnummer 135 nach dem Osten, vermutlich nach Riga, mit insgesamt 234 Menschen verschleppt. 50 Kinder des jüdischen Kinderheims waren eine Woche zuvor nach Theresienstadt deportiert worden. Hilda Oppenheimer gilt als "verschollen". 1955 wurde sie für tot erklärt.

Familie Willi Wolf

Willi Wolf (* 7. 5. 1861) war schon wie sein Vater Joseph Wolf in Windecken geboren und wie er Metzger. 1898 heiratete er Emma Frank aus Oberseemen (* 8. 6. 1874). Willi und Emma Wolf lebten im Haus Friedrich-Ebert-Straße 1. Hier war sich auch die Metzgerei. Im Hinterhaus befand sich das Schlachthaus. Einmal in der Woche kam ein Schächter aus Assenheim, dann wurde eine Kuh geschlachtet. Willi Wolf schlachtete zusammen mit dem Metzger Peter Reul (Großvater des jetzigen Metzgers Reul in Windecken). Die jüdischen Metzger verarbeiteten nur das Vorderviertel, die Hinterteile nahm der christliche Metzger. Allerdings wurde nur ein Teil des Rindfleisches den jüdischen Speisegesetzen entsprechend koscher gemacht, das dann von der jüdischen Kundschaft gekauft wurde, meistenteils waren es aber christliche Kunden, die in der Metzgerei Wolf kauften. Besonders die Rindswürstchen von Wolfs waren beliebt bei den Kunden. Zu der Metzgerei gehörte auch die Wurstmacherei. Recha Wolf erinnerte sich: "Von Zeit zu Zeit machte mein Vater Leberwürste, manchmal platzte eine, und wir Kinder und unsere Spielkameraden freuten uns über das 'schöne Unglück'." Später baute Willi Wolf noch ein Kühlhaus im Hof, wo mit großen Stücken Eis Fleisch und Wurst gekühlt wurden. Auch nach Ostheim verkauften Wolfs ihr Fleisch. Der Verkauf im Geschäft lag in den Händen von Emma Wolf, später half auch die Tochter Recha im Geschäft mit. Neben der Metzgerei führte Willi Wolf auch noch einen Viehhandel. Samstags war das Geschäft offen, nur an den hohen jüdischen Feiertagen wurde nach vorheriger Bekanntmachung in der Zeitung[108] geschlossen.

WILLI WOLF
Rindsmetzgerei
WINDECKEN
Friedrich Ebertstraße 1

Empfiehlt Ia. Fleisch- und Wurstwaren
Spezialität: **Rindswurst.**

Anzeige 1926

Willi und Emma Wolf hatten drei Töchter:

Flora	* 18. 8. 1899
Recha	* 19. 12. 1901
Rosa	* 27. 2. 1905

Ein Foto zeigt die Familie Willi Wolf etwa im Jahre 1921 gemeinsam mit "Onkel Theodor", einem Bruder von Willi Wolf, der schon etwa 1880 nach Amerika ausgewandert war und zu Besuch in Windecken weilte.

Willi Wolf starb am 7.12. 1926. Recha Wolf erinnerte sich: "Lottchen (Walter-Fabel), meine beste Freundin, holte mich abends am Bahnhof ab und sagte mir, daß mein Vater tagsüber gestorben war. Solange der Tote noch im Haus war, wurde Tag und Nacht Totenwache gehalten. Am Tage der Beerdigung kam der Leichenwagen, es war übrigens für Christen und Juden derselbe, darauf wurde der einfache Holzsarg gestellt, der mit einer schweren, schwarzen Samtdecke mit einem goldgesticktem Davidsstern bedeckt war. Der Beerdigungszug von unserem

Haus der Familie des Rindsmetzgers Willi Wolf -1935, in der Friedrich-Ebert-Straße 1. Heute befindet sich hier die Sparkasse Hanau.

Hause zum jüdischen Friedhof war sehr lang, viele Windecker gaben meinem Vater die letzte Ehre."[108a)]

Frau Wolf und Tochter Recha führten noch mit dem Angestellten Josef Marx die Metzgerei weiter. Das Fleisch bekamen sie vom Metzger Siegfried Wolf aus Ostheim, zwei Viertel in der Woche. Frau Wolf war sehr beliebt in Windecken, vielen Windeckern ist sie noch in besonders guter Erinnerung, da sie den ärmeren Familien, die schon lange unter der Arbeitslosigkeit litten, gerne noch etwas hinzulegte, Nierchen oder sonstiges.

Am 1. April 1933 wurde die Metzgerei Wolf von Windecker SA-Leuten boykottiert. Bis 1935 ging der Umsatz um die Hälfte zurück, im Jahre 1936 kam das Geschäft völlig zum Erliegen und mußte aufgegeben werden. Die Adresse von Emma und Recha Wolf lautete nun "Hindenburgstraße 1". Im Hause vermieteten sie dann einige Zimmer, um etwas Geld zu bekommen. Das Haus wurde unter Druck verkauft, und ein großer Teil der Möbel zu Schleuderpreisen weggegeben. Im April 1936 wanderte Frau Emma Wolf gemeinsam mit ihrer Tochter Recha nach Amerika aus, wo die Tochter Flora seit 1923 schon lebte.

Von ihren Nachbarn bekamen Recha und Emma Wolf ein Fotoalbum nach Amerika geschickt mit Bildern aus Windecken. Es enthielt die Inschrift: "Aus jahrzehntelanger treuer Nachbarschaft und in bleibender Erinnerung gewidmet von Eurer Familie Alexander Walter, Windecken - Windecken, 12. April 1937".[109)]

In Amerika konnte sich Frau Wolf, obwohl sie schon 63 Jahre alt war, erstaunlich gut einleben. Sie lebte mit ihren Töchtern Flora und Recha und führte ihnen den Haushalt. Als sie 1942 ein Telegramm vom Roten Kreuz bekam, daß ihre Tochter Rosa verschleppt worden war, wurde Frau Wolf beinah verrückt und war völlig verzweifelt. Die Mitteilung über die Ermordung ihrer

Die Familie des Metzgers Willi Wolf 1921 mit dem Bruder Theodor Wolf, der aus Amerika in seine alte Heimat Windecken zu Besuch kam. Von links: Flora Wolf, Rosa Wolf, Recha Wolf, Theodor Wolf (sitzend), Willi Wolf, Emma Wolf.

jüngsten Tochter blieb ihr erspart, da sie noch vor dem Ende des Krieges am 10. März 1945 im Alter von 70 Jahren starb. Die Töchter Flora und Recha setzten ihr einen Grabstein mit der Inschrift: "Unserer geliebten Mutter".

Flora Wolf (* 1899)
Im Jahre 1923 wanderte Flora Wolf nach Amerika aus. 1921 kam ihr Onkel Theodor aus Amerika zu Besuch. Theodor Wolf (*18. 5. 1859) war der Bruder ihres Vaters und wanderte schon vor 1880 nach Amerika aus, als in Deutschland die Militärpflicht eingeführt wurde. Er hatte auf keinen Fall Soldat werden wollen. In Amerika hatte er ein Geschäft für Bäckereibedarf. Als er 1921 in Windecken zu Besuch war, erzählte er so von Amerika, daß die 22 jährige Flora ganz begeistert war. "So setzte sie sich in den Kopf, auch nach Amerika zu gehen, und das machte sie dann auch. Sie war sehr unternehmungslustig", erzählte ihre Schwester Recha. Mit auf die Fahrt nach Amerika ging Floras Cousin Arthur Müller. Flora führte dem Junggesellen Theodor Wolf den Haushalt, während Arthur im Geschäft des Onkels arbeitete. Ihre Freizeit verbrachten die drei ehemaligen Windecker in New York mit Fahrten im Auto ihres Onkels. Nach dem Tode des Onkels um 1930 arbeitete Flora als Directrice, sie entwarf Hüte, die sie auf Ausstellungen auch selbst vorführte. 1937 konnte sie für ihre Mutter und Schwester Recha als amerikanische Staatsbürgerin die Bürgschaften zur Einwanderung stellen.

In den letzten Jahren ihres Lebens war sie sehr krank und wurde von ihrer Schwester Recha lange Jahre gepflegt. Sie starb im Alter von 82 Jahren im Jahre 1981 in New Jersey. Sie ist wie ihre Mutter begraben auf dem jüdischen Friedhof von New Jersey mit dem schönen Namen "Tore der Hoffnung".

Rosa Wolf (* 1905)
Rosa Wolf besuchte die Windecker Volksschule. Ein Schulbild zeigt sie und ihre Schwester Recha mit ihren Schulkameraden.
1928 heiratete Rosa Wolf Leopold Seligmann (*7. 5. 1897) aus Biskirchen, Kreis Wetzlar. Dort lebte sie auch nach ihrer Heirat und führte ein Kolonialwarengeschäft in der Friedrichstraße 9. Nach dem Großvater ihres Mannes hieß das Haus der Seligmanns "Isaaks Haus", Rosa Wolf hieß nun in Biskirchen entsprechend "Isaaks Rosel".

In der Nazizeit versuchte Rosas Schwester Flora von Amerika aus, Rosa zur Flucht aus Deutschland zu verhelfen. 1939 stellte sie ein Sicherheitsgeld von 500 Englischen Pfund, aber der Ausbruch des Krieges verhinderte Rosas Rettung. Im Juli 1939 hatte Leopold Seligmann sein Haus bereits an die Gemeinde verkauft.[110)]

Im August 1941 starb Rosas Mann Leopold Seligmann und wurde in Frankfurt auf dem jüdischen Friedhof beerdigt. Ernst und Salli Reichenberg arbeiteten zu dieser Zeit auf dem Friedhof, vermutlich waren sie auch bei der Beerdigung von Rosas Mann anwesend.
Am 12. Oktober 1941 schrieb Salli Reichenberg nach Amerika: "Wolfe Rosa, die noch in Biskirchen wohnt, wird vielleicht über Cuba auswandern. Sie erhielt kürzlich von ihren Angehörigen telegraphischen Bescheid, daß diese alles Erforderliche veranlaßt haben."[111)] Aber auch diese Hoffnung sollte sich nicht erfüllen,

1923 wanderte Flora Wolf (1899) gemeinsam mit ihrem Cousin Arthur Müller (* 1900) nach Amerika aus zu Onkel Theodor, der Windecken schon 1880 verlassen hatte. Dies war das erste Foto, das sie aus Amerika nach Windecken schickten.*

Rosa Wolf im Jahre 1933 mit ihrem Mann Leopold Seligmann vor ihrem Haus in Biskirchen, Kreis Wetzlar. 1942 wurde Rosa Wolf gewaltsam verschleppt und ermordet.

da jegliche Auswanderung aus Deutschland nur wenige Tage später, noch im Oktober 1941 verboten wurde. Ende 1941 war auch kein Briefkontakt mehr nach Amerika möglich.

Rosa konnte über das Rote Kreuz noch ein 25-Worte-Telegramm an ihre Mutter und die Schwestern schreiben, bevor sie am 10. Juni 1942 im Alter von 37 Jahren in ein Konzentrationslager verschleppt und dort ermordet wurde.

Recha Wolf (* 1901)

Sie besuchte die Windecker Volksschule von 1907 - 1915. Auf einem Schulbild ist sie neben ihrer Freundin Lottchen Walter (Fabel) zu sehen. Später verkaufte sie in der Metzgerei der Eltern Fleisch und Wurst.

Sie erzählt aus ihrem Leben: "Die Wolfes waren in Windecken sehr angesehen. Wir fühlten uns nie als Außenseiter, wir gehörten dazu. Wir waren so deutsch. Noch heute, wenn ich im Fernsehen etwas von Deutschland höre, kommen mir die Tränen. Mein Vater hat immer gesagt, die Zentrumspartei, die Katholischen, ist gut für die Juden, die beschützt die Juden. Meine Freundin Greta Walter sang im Kirchenchor, so ging ich auch manchmal mit in die Kirche, um zuzuhören. Die Tochter des Amtsrichters ging zum jüdischen Neujahrsfest mit in die Synagoge, sie interessierte das alles sehr. Weihnachten ging ich mit zu Gretas Familie, ihre Mutter backte extra koschere Plätzchen für uns. Ich konnte alle Weihnachtslieder singen. Zum Sederabend des Pessachfestes kam Greta mit zu uns nach Hause.

In Windecken war es gut, wir hatten keine Nationalsozialisten. Es waren alles Sozialdemokraten. Als Hitler die Märzwahl 1933 gewonnen hatte, war noch nicht einmal eine Hakenkreuzfahne in Windecken aufzutreiben gewesen, die mußte erst woanders beschafft werden.

Meine Cousine und ich waren so patriotisch und wollten auch zeigen, wie begeistert wir sind und hängten die Fahne - natürlich kein Hakenkreuz, heraus. Da kam der SA-Führer von Windecken und gab uns Bescheid: 'Ihr müßt die Fahne reinhängen, ihr seid keine Deutschen, ihr könnt hier keine Fahnen heraushängen.'

Ein Freund hatte mir auch mal Hitlers 'Mein Kampf' geliehen. Ich habe auch einiges darin gelesen, schleuderte es dann aber in die Ecke. Ich konnte das gar nicht glauben, was darin stand. Einmal mußten wir auch für Hitler wählen, es wurde uns befohlen. Mit unseren Nachbarn standen wir sehr gut, sie gehörten dann aber zu den ersten Nazis in Windecken.

Angst habe ich bekommen, als Hitler zum Reichskanzler ernannt wurde. Ich fühlte mich so deutsch, und dann kriegte ich auf einmal gesagt: 'Du bist nicht mehr deutsch.' Meine Freundin Lottchen hat immer zu mir gehalten. Meine andere Freundin Gretchen, die war schon zu sehr Nazi, da war dann nicht mehr so viel Kontakt. Ich habe es kommen sehen, wie es sich mit Hitler in Deutschland weiterentwickeln würde. So haben meine Mutter und ich uns zur Auswanderung nach Amerika zu meiner Schwester Flora entschlossen. Nach der Aufgabe des Geschäftes bis zur Auswanderung arbeitete ich in Offenbach bei der Firma Lorsch. Unsere Möbel und das Haus haben wir dann unter Druck verkauft. Einen Teil der Möbel nahmen wir mit nach Amerika, in denen lebe ich noch heute.

Als ich das letzte Mal durch Windecken ging, war es sehr, sehr

Schulfoto aus dem Jahre 1914
1. Reihe: Pflegekind bei Lina Was, Mielchen Vollmann (Kuhn), Marie Schröder, Minna Vollmann (Schales), Gretchen Reul (Weider), Marie Meister , Lisa Reul, Maria Werth , Recha Wolf, Lotte Walther (Fabel), ? Schales.
2. Reihe: Riele Körber (Neumaier), Marie Reul (Huneke), Marie Hochstadt (Bär), Susanne Graumüller (Mohr), Anna Reinheimer (Demuth), Gretel Bauscher (Wahl), Sophie Scheu, Bertha Meister (Schmalz), Marie Reul (Schröder), Rosa Wolf, Gretchen Werth, ?, Gustel Werth, Gertrude Schneider.
3. Reihe: Karl Huneke, Christian Werth, ?, Gretchen Meister (Stein), ?, Katherine Schäfer (Reul), Mina Schäfer (Reinhardt), Emma Fecher (Illeidorfer), Marie Graumüller, Anna Quillmann (Strempel), Wilhelm Westphal, Heinrich Nolte, Willi Scharfrath.
4. Reihe: Karl Schepp, Heinrich Bommer, Franz Schäfer, Georg Schäfer, Heinrich Walther, Philipp Schmidt, Alex Walther, Martin Vollbrecht, ? Vollbrecht, Philipp Meister, August Post.
5. Reihe: Philipp Clauss, Jean Diesel, Karl Schröder, Friedrich Westphal, Philipp Westphal, Heinrich Sterlepper, ? Scheu[111a)]

schwer für mich, denn ich wußte, daß es ein Abschied für immer von meiner Heimat war. Es war fürchterlich, ich wünsche niemandem dieses Gefühl. Ich liebte Windecken, ich habe es sehr gerne gehabt. Wir gingen zum Kleinen Bahnhof, es war ein schwerer Abschied, als wir dort wegfuhren. Von Frankfurt ging es dann mit dem Zug nach Bremerhaven und von dort mit dem Schiff 'Deutschland' nach New York im April 1937. Auf Hitlers Geburtstag waren wir auf einem deutschen Schiff auf dem Weg nach Amerika. Es waren viele Juden auf dem Schiff, aber auch viele Deutsche. Ich war fürchterlich seekrank während der Reise.
In New York am Hafen holte uns meine Schwester Flora ab gemeinsam mit Verwandten der Familie Stiehl, denen die Mühle in Windecken gehörte. Auch ein Freund von unserem Onkel Theodor, Herr Rotärmel und seine Frau, eine Schwester von Karl Stiehl, dem Mühlenbesitzer in Windecken, holten uns ab. Sie hatten auch einmal eine Zeitlang in Windecken gelebt.
Die erste Woche in Amerika war schrecklich. Wir haben nur geweint und geweint. Ich bin ganz bedrückt durch New York gegangen. Frau Rotärmel hat mich überall herumgeführt in New York. Als ich das erste Mal diese Wolkenkratzer gesehen habe, konnte ich es überhaupt nicht fassen nach unseren kleinen Häuschen in Windecken.
Herr Rotärmel sagte immer: 'Kopf hoch, Mädchen. So geht es nicht.' Ich habe mich so geschämt, weil ich Jüdin bin. Ja, in Amerika habe ich mich deswegen geschämt. Es brauchte seine Zeit, bis ich mein Selbstbewußtsein wiedergewonnen hatte, bis ich den aufrechten Gang eines freien Menschen wieder gelernt hatte. Dies ist ja das Schlimmste, wenn Menschen unterdrückt werden. Ich war natürlich sehr froh, daß ich endlich aus Deutschland heraus war. Meine Freundin Lottchen habe ich sehr vermißt. Quillmanns, die bei uns zur Miete gewohnt hatten, schrieben noch, bis Amerika Ende 1941 in den Krieg eintrat.
Es brauchte sehr lange Zeit, bis ich mit allem in Amerika vertraut war, mit der Sprache, dem Geld und den Gebräuchen. Nach einer Zeit habe ich dann angefangen, als Kindermädchen zu arbeiten, bis ich Englisch gelernt hatte. Das erste Jahr in Amerika war schrecklich für mich. Ich habe jeden Abend geweint. Ich konnte kein Englisch. Ich ging dann zu einer Abendschule. Meine Freun-

Windecker Freundinnen 1916. Von links: Bienchen Clauss (Nagel), Recha Wolf, Lisa Reul (Schüler), Käthchen Volz (Stoll)

de habe ich vermißt. Ich war so deutsch. In Amerika war alles so anders.
1939 wurde ich Modistin in demselben Geschäft wie meine Schwester Flora.
Nach fünf Jahren wurde ich amerikanische Staatsbürgerin. Bei dieser Gelegenheit nannte ich mich Rita, da niemand meinen Vornamen Recha richtig schreiben und aussprechen konnte.

Nach dem Ende des Krieges erfuhren wir, daß meine Schwester Rosa im Konzentrationslager vergast worden war, wir erfuhren alles über den Mord an den europäischen Juden. Es war so schrecklich und unvorstellbar. Wir hatten viele Freunde, auf einmal waren sie nicht mehr da, einfach ermordet. Dafür haßte ich die Deutschen. Wir hatten sehr schlechte Zeiten in Deutschland erlebt, und das war dann die Reaktion. Ich wollte nie wieder nach Deutschland. Ich wollte das alles vergessen. Mit der Zeit hat sich das geändert. Heute hasse ich die Deutschen nicht mehr.
Nach dem Krieg bekam ich Briefe von meiner Freundin Lottchen, sie wollte wissen, lebt der noch und der? Ja, ich habe ihr geantwortet, sie war ja meine Freundin. Wir bekamen viele Briefe aus Windecken, auch der Amtsrichter schrieb uns mit der Bitte, daß wir aussagen sollten, daß er kein Nazi war. Wir taten es, er war auch keiner gewesen.
Trotz allem habe ich viele gute und freundliche Erinnerungen an Windecken. Besonders zur Weihnachtszeit kommen mir viele Erinnerungen von meinem Leben in Windecken wieder sehr nahe. Wenn ich das Deutschlandlied hör, kommen mir die Tränen. Überhaupt bin ich allen Bürgern von Windecken noch heute dankbar für ihr anständiges Verhalten in der Hitlerzeit. Andere Juden hatten dieses Glück nicht, das wir Windecker Juden hatten. Meine Jugend und die meiner Schwestern war eine schöne und glückliche Zeit, bis Hitler kam. Daß ich von dieser Zeit an keine Deutsche sein konnte, war das Schwerste für mich. Ich bin als Deutsche aufgewachsen und Jude war meine Religion. Ich hatte viele christliche Freunde und wurde nie als Jude behandelt - bis Hitler kam. Es ist schade, daß man den jüdischen Friedhof zerstörte, er war einige hundert Jahre alt, auch die Synagoge und das Gemeindehaus waren sehr alt. Windecken ist eine alte Stadt, und wir waren alle stolz darauf, ich bin es heute noch."[112]

*Recha Wolf (4. von rechts) im Kreise der Teilnehmerinnen eines Nähkurses.
Von rechts: Marie Diegel, Gretel Walter, Rie Waits, Recha Wolf, Gretel Merz, Helene Wert, die Cousine von Felix Schuster aus Sterbfritz, ?*

Recha Wolf im Dezember 1985 in ihrer Wohnung mit den alten Möbeln aus Windecken in Fort Lee, New Jersey, USA. "Ich war immer stolz auf meine Heimat, aber meine Heimat nicht auf mich", schrieb sie 1985.

Heimat, aber meine Heimat nicht auf mich. Ich danke Ihnen für Ihr Bemühen, das Andenken an die Juden von Windecken zu bewahren."[112a)]

An eine frühere Freundin, mit der sie im Jahre 1988 Kontakt aufnahm, schrieb sie: "Solange meine Freundin Lottchen noch lebte (Januar 1986), schrieb sie mir alle Neuigkeiten von Windecken. Obwohl ich mich hier gut eingelebt habe, habe ich doch manchmal Heimweh. Es tut mir jetzt leid, daß ich niemals zurückgekommen bin, jetzt ist es zu spät für mich." Der Einladung der Stadt Nidderau zur Woche der Begegnung konnte Recha Wolf aus gesundheitlichen Gründen leider keine Folge leisten. Sie verfolgte aber alle ihr zugeschickten Zeitungsausschnitte mit lebhaftem Interesse und großer Anteilnahme. Alles was Deutschland angeht, verfolgte sie in den Medien genau. So schrieb sie: "West- und Ostdeutschland werden nun vereint, ich freue mich, daß ich das noch erleben kann." [113)]

Wenige Wochen vor ihrem 90. Geburtstag starb Recha Wolf im Mai 1991. An ihrem Begräbnis nahmen Lilli Müller und Erich Sommer, die wie sie früher in Windecken gelebte hatten, und auch Manfred Rothschild, aus Heldenbergen stammend, teil und gaben Recha Wolf die letzte Ehre.

Ewald Just

verfolgt, weil seine Mutter als Jüdin geboren war

Während der nationalsozialistischen Zeit lebte auch der als "Nichtarier" eingestufte Ewald Just in Windecken.

Seine Mutter, Johanna Just geborene Holzmann (* 24. 9. 1872 in Zuchel/Westpreußen) war Jüdin, sein Vater Reinhold Just evangelischer Christ. Er war als technischer Eisenbahnbeamter im gehobenen Dienst tätig. Bei der Heirat 1896 in Berlin war dies eine zur damaligen Zeit in einer Großstadt häufig vorkommende christlich-jüdische Mischehe. Am 5. Mai 1901, als der Sohn Ewald in Königsberg geboren wurde, war Frau Just schon zum Christentum übergetreten. Sohn Ewald Just wurde christlich erzogen. Als er 11 Jahre alt war- also im Jahre 1912 - kam Fräulein Schmidt als Hausmädchen zur Familie Just. Daraus sollte eine lebenslange Bindung werden. 1914 starb der Vater in Kassel.

In Frankfurt besuchte Ewald Just das Kaiser-Friedrich-Gymnasium bis zur Reife für die Oberprima. Am Gericht in Frankfurt schlug Ewald Just die Laufbahn eines Justizinspektors ein.
Erst als die Macht der Nazis größer wurde, erfuhr Ewald Just von seiner Mutter, daß sie aus einer jüdischen Familie stammte und mehr als 30 Jahre zuvor zum Christentum übergetreten war. Dazu Ewald Just: "Nachdem ich die mir bekannt gewordene Tatsache pflichtgemäß dem damaligen Nazi-Beamtenrat B. und P. mitgeteilt hatte, wurde ich anläßlich einer Razzia der SA auf Veranlassung dieser Herren überfallen...".[114)] Über den Verlauf dieses Überfalls berichtete ein Kollege von Herrn Just: "Es war an einem Frühsommertage des Jahres 1933, als der Sturm der nationalsozialistischen Studenten auf das Gerichtsgebäude stattfand. Ich hatte gerade von meinem nach den Anlagen zu gelegenen Dienstzimmer im dritten Stock des Neubaus beobachtet, wie ein starker Trupp junger Leute aus den Anlagen heraus zum Gericht abbog, als auch schon lauter Lärm im Gerichtsgebäude heraufschallte. Ich trat aus meinem Zimmer heraus auf den Gang und bemerkte, wie der mir persönlich bekannte Justizobersekretär

Ewald Just - er wurde verfolgt, weil seine Mutter aus einer jüdischen Familie stammte. Von 1935 - 1953 lebte er in Windecken. Aufnahme von 1952

Just sich in einer heftigen Auseinandersetzung mit dem Angestellten G. befand. Ich hörte noch, wie er zu ihm sagte: 'Ich werde mich über Sie bei der Dienstaufsicht beschweren.' Offenbar war er von G. beschimpft worden. Ich trat nun dazwischen und forderte Just auf, mit auf mein Zimmer zu kommen, um dieser Szene ein Ende zu bereiten. Ich hatte inzwischen aus dem Lärmen und Schreien im Gebäude erkannt, daß sich diese Aktion gegen die Juden richtete. Es war mir auch bekannt, daß Just nicht rein arischer Abstammung war, und ich wollte durch mein Dazwischentreten verhindern, daß ihm etwas zu Leid geschah. Doch vergebens! Nach wenigen Augenblicken drang eine Horde exaltierter junger Menschen in mein Zimmer ein. Als ich sie nach ihrem Begehr fragte, riefen sie, ich sollte sie nicht anbrüllen und das Maul halten. Sie erblickten den Just, der mit dem Rücken nach der Türe stand, stürzten sich auf ihn und zerrten ihn aus dem Zimmer heraus. Auch ich wurde von einigen wenigen bedroht und als Jude bezeichnet, der auch totgeschlagen werden müßte. Ich erklärte ihnen darauf, ich sei ebensowenig Jude wie sie, worauf sie zwar von mir abließen, aber immerhin mit geballten Fäusten mir gegenüber standen. Inzwischen war das Lärmen und Toben draußen noch größer geworden, man hörte Schreien und Hilferufe und konnte daraus entnehmen, wie draußen einer oder mehrere mißhandelt wurden. Infolge dessen verließen die Bedränger mein Zimmer. Was draußen mit Just vor sich gegangen ist, konnte ich natürlich nicht sehen, doch hörte ich nachher, daß man Just geschlagen und den Lichthof habe hinunterstürzen wollen, doch sei er im letzten Augeblick durch andere Justizangestellte befreit worden."[115] Ewald Just gab dazu an: "Ich bin 1933 zweimal im Frankfurter Gerichtgebäude geschleift, getreten und mißhandelt worde. Ich sollte vom 3. Stock in den Lichthof zu Tode gestürzt werden." [116]

Vom Amtsgerichtsdirektor wurde er zum Juli 1933 beurlaubt und durch Erlaß des Preußischen Ministers der Justiz zum 1. Oktober 1933 zwangsweise in den Ruhestand versetzt - Ewald Just war zu dieser Zeit 32 Jahre alt! Er hatte nur noch ein geringes Ruhegehalt, seine Mutter hatte nur eine kleine Witwenrente. Aber trotz Untervermietung ihrer Frankfurter Wohnung konnten sie diese nicht mehr halten und suchten eine billigere Wohnung. Diese fand Herr Just in Windecken im Hause Rathenauring 9 gemeinsam mit seiner Mutter und der Haushälterin Fräulein Schmidt. Ewald Just lebte ziemlich zurückgezogen, die Diskriminierungen durch seine jüdische Abstammung lasteten auf seiner Seele.

Am 1. November 1937 starb die Mutter Johanna Just im Alter von 65 Jahren in der Wohnung im Horst-Wessel-Ring - wie nun die Anschrift lautete. Dazu berichtete Ewald Just: "Als meine Mutter 1937 starb und durch den evangelischen Pfarrer in Windecken beigesetzt war (durch Einäscherung in Hanau, wie das Kirchenbuch vermerkt), verlangte die Partei ihre Ausgrabung und Verbringung auf den jüdischen Friedhof. Man ließ also schon damals nicht mal Tote in Ruhe. Es glückte mir, die Ausgrabung zu verhindern."[117]

9 Jahre bis 1942 war Ewald Just arbeitslos. Dazu schrieb er: "Arbeit konnte ich in den ersten 9 Jahren trotz aller Bemühungen nicht erhalten; die stereotype Antwort des Arbeitsamtes war: Für sie ist keine Arbeit da. Bei Bekannten habe ich mich unentgeltlich betätigt und mir Buchhaltungskenntnis angeeignet. Durch Vermittlung Bekannter bekam ich dann 1942 die erste Stellung, und jetzt interessierte sich das Arbeitsamt Hanau mit einem Mal für mich und wollte mich aus der Stellung bringen. Vielleicht hat auch meine Beschäftigung mit zur 'Stillegung' der mich arbeiten lassenden Firma beigetragen."[118]

Ewald Just war angewiesen auf das Geld, das die treue Haushälterin Fräulein Schmidt in zwei Windecker Familien durch ihre Hausarbeit verdienen konnte.

Das Adreßbuch für den Landkreis Hanau am Main vom Januar 1940 führt Herrn Just auf als "Justizobersekretär i.R. (im Ruhestand), Horst-Wessel-Ring 9".[119]

Ende 1940 war Herrn Just nahegelgt worden, seine Wohnung zu verlassen, so zog er in die Glockenstraße 10 in eine Wohnung im Haus der Familie Schmalz, die ihm in seiner schwierigen Lage Unterstützung bot, beispielsweise durch mietfreies Wohnen. So wurde Herr Schmalz des öfteren zum Parteibüro der NSDAP Ortsgruppe Windecken in die Adolf-Hitler-Straße bestellt. Er sollte sehen, daß "der Jud auszieht". Aber Ewald Just konnte dort wohnen bleiben, auch Fräulein Schmidt stand treu zu ihm. Auch Nachbarn versorgten Herrn Just des öfteren heimlich mit Essen. Herr Just war auch gezwungen, in Windecken die Gassen zu fegen. Eine alte Frau erinnert sich: "Eines Tage traf ich Herrn Just bei den Lindenbäumen an, wo er die Gasse fegte. Ich sprach ihn erstaunt an: 'Was machen Sie denn hier, Herr Just?' Er war doch ein feiner Mann, war beim Gericht gewesen und nun so eine Arbeit. Das tat mir leid."[120] Eine andere Erinnerung: "Die meisten haben ihn eher bedauert, aber viele haben eben auch abfällig geredet und geschaut."[121]

Ab 1942 arbeitete Herr Just bei der Drogerie Julius Müller in Hanau, dann bis zum Herbst 1944 bei der Firma Engadina in Hanau.

Dann wurde er zur Zwangsarbeit in Hanau eingesetzt, zu der ab 1943 auch sogenannte Halbjuden herangezogen wurden. Herr Just berichtete dazu: "In Hanau habe ich längere Zeit auf Veranlassung von NS-Dienststellen auf öffentlichen Plätzen kehren und während der Fliegerangriffe für französische und russische Kriegsgefangene Essen fahren müssen." Über seine Zwangsverpflichtung auf dem Hanauer Arbeitsamt berichtete Herr Just: "Da ich körperlich nicht für schwere Arbeiten in Frage komme, auch nervenleidend geworden war, wurde ich am 23. 10. 1944 auf Grund der bekannten Anordnung Himmlers auf das Arbeitsamt Hanau bestellt. Nach amtsärztlicher Untersuchung legte mir der Angestellte L. des Arbeitsamtes Hanau einen Zettel zur Unterschrift vor, des Inhalts, daß ich mich mit meiner 'Dienstverpflichtung' 'einverstanden' erkläre. Da ich dahinter einen Haken vermutete, lehnte ich die Einverständniserklärung ab, erklärte mich aber bereit, den Empfang der Dienstverpflichtung zu bestätigen. Daraufhin wurde Herr L. grob, drohte mir mit Verbringung ins KZ und da habe ich dann nach kurzer Überlegung, mich im letzten Augenblick nicht noch unglücklich zu machen, zur Unterschrift auf Grund der erpresserischen Drohung bereitgefunden.

Der Einmarsch der amerikanischen Truppen in Hanau hat mich und meine Leidensgefährten dann von dieser Arbeit und dem seelischen Druck befreit."[122]

Zum November 1945 erfolgte seine Wiedereinstellung als Justizinspektor beim Amtsgericht in Frankfurt. Einige Zeit später lernte Ewald Just eine Frau, die aus Karlsbad vertrieben war, kennen, die er 1949 heiratete.

Nun kam auch die Zeit, daß er Fräulein Schmidt, die auch älter geworden war, unterstützen konnte, nachdem sie, wie Herr Just beschrieb, "bei mir auch in schwerer Zeit ausgehalten hat".

1953 zog Ewald Just mit seiner Frau nach Frankfurt in die Buchwaldstraße 45. Auch Fräulein Schmid verließ Windecken, um nach Bad Hersfeld zu ihrer Schwester zu ziehen. Bis zum Ende des Jahres 1966 war Herr Just noch am Amtsgericht tätig, am 20. Juni 1977 starb er im Alter von 76 Jahren in Frankfurt.

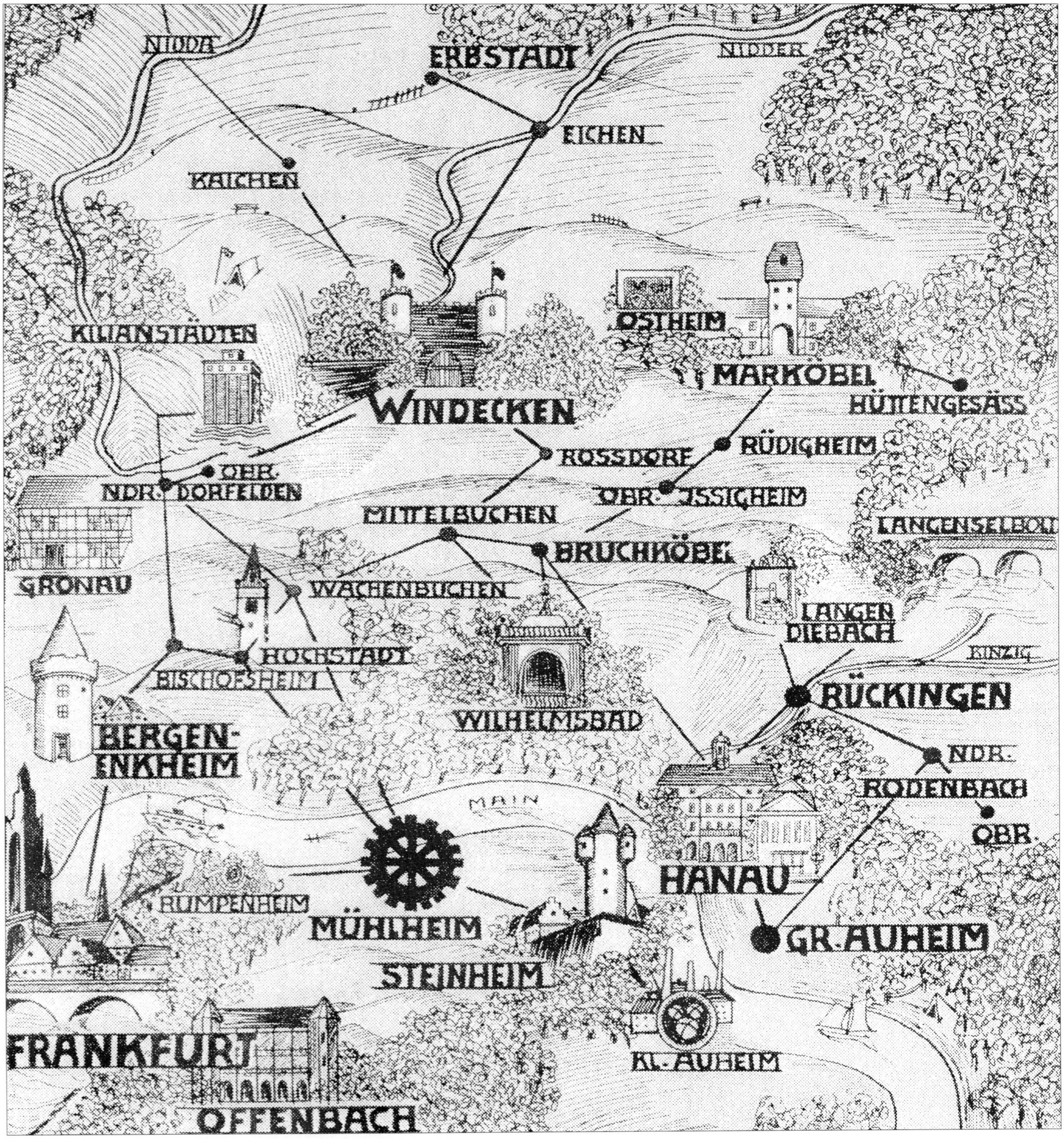

Ansichtskarte zur 650-Jahrfeier von Windecken, 1938

Jüdisches Landleben in Ostheim

Dorfchronik Ostheim von Nik. Oestreich II.

"Mitten in üppigen Fluren und Wiesen, in einem der fruchtbarsten Teile der östlichen Wetterau, liegt die Gemeinde Ostheim. ...Von Osten kommend führte auch die "Hohe Straße" an unserem Ort vorüber... Es war eine alte Handelsstraße. Sie führte am Wartbaum über die Straße Hanau-Kassel nach Bergen. Von der "Hohen Straße" kann man die ganze Ostheimer Gemarkung mit ihrem schönen Wald überschauen. Das Land ist fruchtbar und wird von fleißigen Händen bewirtschaftet... Die Markgenossenschaft Ostheim und Windecken erhielt im Jahre 1313 vorgenannten Wald von dem Grafen Ulrich zu Hanau durch Tausch gegen einen anderen Wald.... 1817 wurde dann dieser Wald zwischen der Markgenossenschaft Ostheim und Windecken geteilt....
Ostheim wird urkundlich zum erstenmal 850 als Astem erwähnt. 1016 erscheint es unter seinem heutigen Namen. In diesem Jahre schenkte Kaiser Heinrich II. sein Eigengut Ostheim dem Stifte Bamberg, das es wiederum den Herren von Hanau zu Lehen gab (im Jahre 1262). Seit dieser Zeit blieb es Hanauisch. Mit Windecken und Eichen zusammen bildete Ostheim, das mit Ringmauern und Toren umgeben war, die Mark von Ostheim, deren Märkerding noch im 18. Jahrhundert auf dem Rathaus zu Windecken gehegt wurde. Windecken war bis zum Jahre 1489 Ostheim eingepfarrt....
Bemerkenswert ist weiter, daß der Scharfrichter von Hanau im 16. Jahrhundert in Ostheim seinen Wohnsitz hatte.
Wie alle Orte im Kreise Hanau litt auch Ostheim sehr unter der Geisel des Dreißigjährigen Krieges... Öde und wüst lag der Ort bis zum Friedensschluß 1648, denn die meisten Einwohner blieben hinter den schützenden Mauern der Festung Hanau zurück. Erst der Westfälische Friede gab den Ostheimern ihr Sicherheitsgefühl einigermaßen zurück, und sie begannen den Ort wieder nach und nach aufzubauen... Unter den Unruhen des Siebenjährigen Krieges (1756 - 1763) hatte die Grafschaft Hanau-Münzenberg ebenfalls viel zu leiden....
Obwohl die Ostheimer sehr an ihrer Scholle hängen, ist es doch in früheren Zeiten vorgekommen, daß ganze Familien ausgewandert sind. In dem Jahre 1847 ist eine ganze Anzahl von Familien nach Amerika gegangen..Es waren damals arme und teure Zeiten, die die Auswanderer veranlaßten, ihre Heimat zu verlassen....
Im Jahre 1838 wurde in der Nähe des Dorfes, links der Straße nach Windecken, eine reiche Ausbeute lieferndes Braunkohlewerk eröffnet und bis Ende der achtziger Jahre des vorigen Jahrhunderts abgebaut.
Die Einwohnerzahl hat sich aus sehr bescheidenen Anfängen entwickelt: 1632 wurden 91 selbständige Hausgesäße gezählt, 1707 waren nur noch 80 Familien vorhanden...
1820 - 925 Einwohner, 1890 - 1 138 Einwohner,
1910 - 1 393 Einwohner, 1928 - 1 504 Einwohner.
...bis in die dreißiger Jahre (war) die Landwirtschaft in Ostheim vorherrschend...".[0)]

Jüdische Bewohner Ostheims

Im 16. Jahrhundert ist in Ostheim für die Jahre 1512 - 1583 belegt, daß jüdische Bewohner dort gelebt haben.
Dann sind erst wieder im 18. Jahrhundert für einen ähnlich langen Zeitraum 1707 - 1782 Hinweise auf das Leben von Juden in Ostheim zu finden.
Im 19. Jahrhundert siedelte sich von Windecken aus die Familie Samuel Kaufmann in Ostheim an, gefolgt von drei Familien aus Marköbel und Langenbergheim.
Die nationalsozialistische Verfolgung führte bis 1942 zur Vertreibung aller jüdischen Bewohner Ostheims.

16. Jahrhundert

Die erste urkundliche Erwähnung von Juden in Ostheim ist im Jahre 1512 zu finden: "Der Jude Natan zahlt der Gemeinde Ostheim 1 Turnosen."[1)]
1531 ist belegt: "Der Jude Liebermann zahlt der Gemeinde Ostheim jährlich eine Abgabe in zunächst unterschiedlicher Höhe. 1531 gibt er 3 Schilling, 1534 - 1535 je 3 Turnosen, ab 1535 10 Schilling, ab 1539 1/2 fl., ab 1543 14 und ab 1545 16 Schilling. Dazu zahlt er 1533 eine herrschaftliche Sondersteuer von 9 fl."[2)]

In den Jahren 1555 und 1556 wurde über diesen vermerkt: "Der Jude Leberman zu Ostheim, der die Fenster im Gemeindebackhaus macht, erhält dafür von der Gemeinde 1 fl." [3)]

Im Jahre 1558 ist beurkundet: "Die Gemeinde Ostheim zahlt dem Juden für die Ausbesserung der Fenster am Spielhaus 5 Schilling".[4)]

Lew von Ostheim
1566 ließ sich in Ostheim der Jude Lew nieder. Der Jude Löw - auch Lewe genannt - kam aus Assenheim. Als Gründe für den Ortswechsel führte die Kanzlei Hanau an, daß "die solmsischen und isenburgischen Beschwerungen innerhalb der letzten acht Jahre die Juden immer wieder veranlaßt haben, aus Assenheim wegzuziehen."[5)] Der Assenheimer Jude Heyum berichtete, daß auch Lew Assenheim aus diesem Grunde verlassen habe.[6)]
Im November 1566: "Der Jude Lew zu Ostheim bekundet, daß ihn die hanauischen Vormünder laut im folgenden inserierten Urkunde vom gleichen Tag nebst Frau, Kindern und Gesinde gegen eine jährlich zu Martini zu zahlende Bede von 8 fl. auf drei Jahre in Ostheim aufgenommen haben."[7)]
Von 1567 - 1578: "Der Jude Lew zahlt der Gemeinde Ostheim eine jährliche Abgabe von 8, ab 1576 von 16 Schilling. In der Rechnung des Jahres 1570/71 wird keine Zahlung von ihm vermerkt."[8)]
Im Jahre 1572 wurde der Jude Lew zu Ostheim für drei Jahre mit Frau, Kindern und Gesinde in den Schutz nach Ostheim aufgenommen.[9)] Im Jahre 1575 löste Lew von Ostheim mit 2 Talern einen bis zum Jahre 1578 gültigen Schutzbrief ein.[10)]
Im Jahre 1577: "Der Jude Lewe von Ostheim klagt vor dem Oberamtmann zu Hanau gegen den Hanauer Bürger Hans Schreiber, der ihn aufgrund eines vor der Kanzlei geschlossenen Vergleichs zu Martini hätte bezahlen sollen. In Anbetracht der Mißernte wird die Zahlungsfrist um ein Jahr verlängert. Aus dem gleichen Grund wird auch Simon Prescher, der Lewe zu Martini 20 fl. bezahlen sollte, Zeit bis Martini 1577 eingeräumt."[11)]
1577 wurde das Vermögen des Juden Lew zu Ostheim mit 736 fl. und seine Verschuldung mit 70 fl. angegeben.[12)]
Im Jahre 1578 war Lew nach Windecken verzogen und wurde zu dieser Zeit unter den Windecker Juden aufgeführt.[13)]

Saul von Ostheim
"Der Jude Saul zahlt 1560 der Gemeinde Ostheim 6 Schilling. 1561 beträgt diese Abgabe 16 Schilling. 1562 wird sie auf 21 Schilling erhöht. Ab 1567 zahlt Saul, das Jahr 1569 ausgenommen, für das keine Abgabe vermerkt ist, bis 1573 wieder 16 Schilling."[14)] 1575 lebte Saul von Ostheim in Windecken.[15)]

Jacob von Ostheim
Im Jahre 1557: "Der Jude Jacob zahlt der Gemeinde Ostheim jährlich eine Bede von 6, ab 1559 von 16 Schilling. Ab 1571 zahlt seine Frau diese Abgabe."[16)]
Im Jahre 1570 gab es eine Klage gegen den "jüdischen Würfelmacher Jacob zu Ostheim".[17)]
Im Januar 1570 berichtete "Rechlin, die Frau des jüdischen Würfelmachers Jacob zu Ostheim den Räten zu Hanau, daß ihr Mann jährlich 'uber meer gereiset undt deren apfel, so wir zu unser lauberzeit geprauchen, geholt hat'". (Gemeint ist die zum Laubhüttenfest benötigte Etrogfrucht.)
Bei der Rückkehr vor einem Jahr hat er ohne ihr Wissen in Bischofsheim Wein gekauft und in die Judengasse nach Frankfurt gebracht, wobei er den Verkäufern an die 25 fl. schuldig geblieben ist. Vergangene Fastnacht ist er dann, ohne nach Hause zurückzukommen, wieder in die Fremde gezogen, so daß Rechlin derzeit nicht weiß, wo er sich aufhält. Jetzt verlangen die Verkäufer des Weins Bezahlung von Rechlin, obwohl sie sich an Jacob hätten wenden können, solange er bei der Messe in Frankfurt war. Sie haben bei Rechlin mit einer "negelsfarben lundischen schauben, ein schwartzen frawenmantel von schlechtem duch, einen kupfern kessel umb drey aimer voll haltendt undt einem schwartzen burseten mansleibrock" pfänden lassen. Rechlin bittet, die Gläubiger an ihren Mann zu verweisen und ihr die Pfänder zurückzugeben, da sie einen Teil derselben veräußern muß, um das Schutzgeld bezahlen zu können."[18)]
1570: Der Würfelmacher hat Ostheim mit unbekanntem Ziel verlassen und vagiert umher, doch lebt seine Frau noch am Ort."[19)]

Den Ostheimer Juden wurde im Jahre 1563 verboten, Wein einzulagern. "Vom Wein, den sie für sich verbrauchen und verschenken, sollen sie...6 fl. zahlen."[20)]

Auch mußten sich die Juden von Ostheim in den Jahren 1563 und 1565 an der Bereitstellung von Geldern für die Hanauische Herrschaft beteiligen.[21)]

1565 wurde u.a. für die Ostheimer Juden von der Hanauer Vormundschaftsregierung beschlossen, daß die, "die noch kein Schutzgeld gezahlt haben, künftig wie die anderen Juden jährlich 8 fl. geben sollen."[22)]

Im Jahre 1565 sollte der Bürgermeister von Windecken prüfen, ob "der Ostheimer Jude, der bei der Windecker Kirmes.. 'bose thaler' ausgegeben hat und deswegen verhaftet wurde, noch mehr solcher Münzen in Umlauf gebracht hat. Der Stadtschreiber soll sein Haus nach Fälscherwerkzeug durchsuchen und anschließend versiegeln lassen. Frau und Kindern des Juden ist nur so viel auszufolgen, wie deren Notdurft erfordert, der Jude selbst soll im Gefängnis bleiben und wohl verwahrt werden." [23)] 1566 und 1567 werden Schutzbriefe erwähnt für "die Juden Saul, Lew und Jeckoff zu Ostheim".[24)]

Im Jahre 1570 wird festgestellt, "die am 11. November 1567 ausgestellten Schutzbriefe von Leb und Saulus zu Ostheim laufen 1570 aus."[25)]

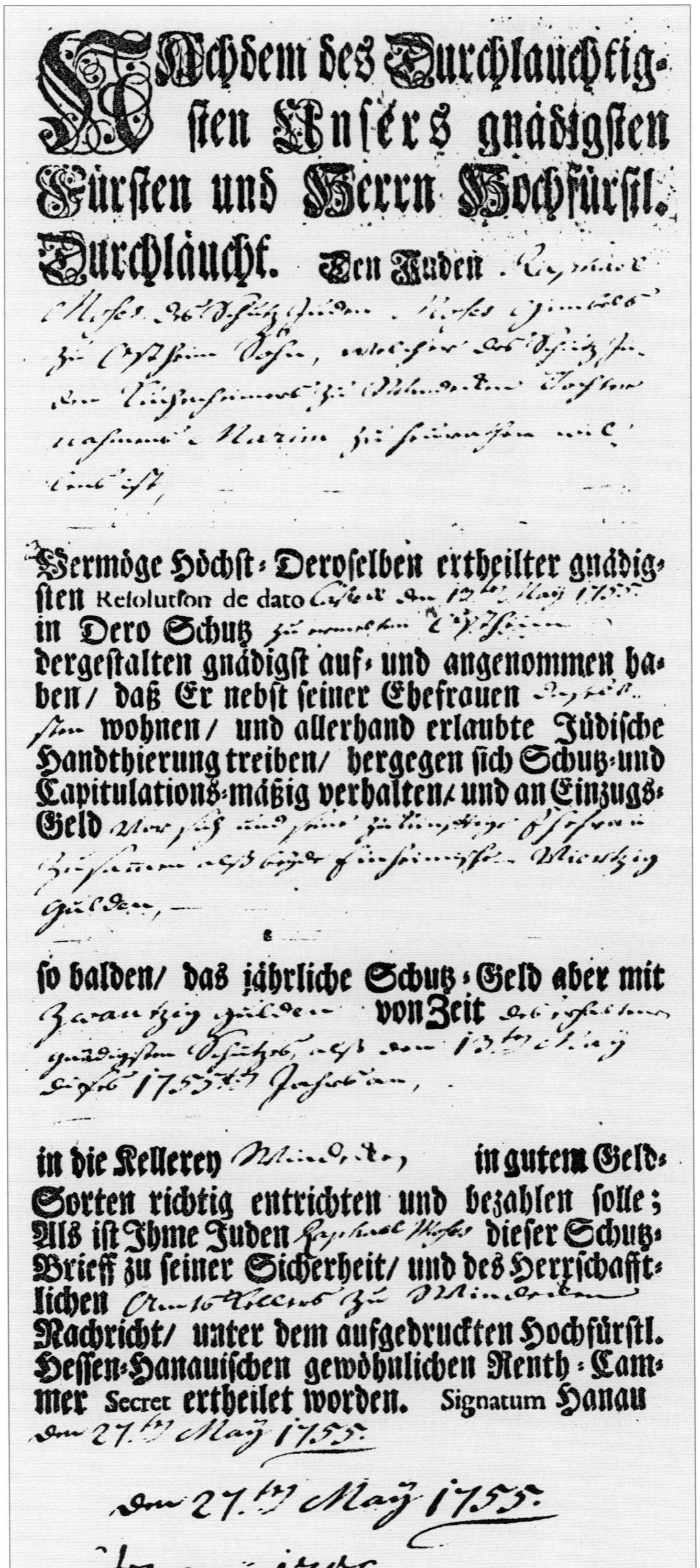
NAchdem des Durchlauchtigsten Unsers gnädigsten Fürsten und Herrn Hochfürstl. Durchlaucht. Den Juden Raphael Moses [illegible] zu Ostheim [illegible]

Vermöge Höchst-Deroselben ertheilter gnädigsten Resolution de dato Cassel den 12ten May 1755 in Dero Schutz [illegible] dergestalten gnädigst auf- und angenommen haben/ daß Er nebst seiner Ehefrauen [illegible] wohnen/ und allerhand erlaubte Jüdische Handthierung treiben/ hergegen sich Schutz- und Capitulations-mäßig verhalten/ und an Einzugs-Geld [illegible]

so balden/ das jährliche Schutz-Geld aber mit zwanzig gulden von Zeit [illegible] 1755 [illegible]

in die Kellerey [illegible] in gutem Geld-Sorten richtig entrichten und bezahlen solle; Als ist Ihme Juden Raphael Moses dieser Schutz-Brieff zu seiner Sicherheit/ und des Herrschaftlichen [illegible] Nachricht/ unter dem aufgedruckten Hochfürstl. Hessen-Hanauischen gewöhnlichen Renth-Cammer Secret ertheilet worden. Signatum Hanau den 27ten May 1755.

den 27ten May 1755.

[illegible] may 1755.

[illegible] Raphael Moses [illegible]

Schutzbrief des Raphael Moses zu Ostheim aus dem Jahre 1755

Samuel von Ostheim

1572 "berichtet der jüdische Glasmacher Samuel aus Ostheim Räten und Befehlhabern zu Hanau, daß ... man ihn in Windecken zum Fenstermachen sowie zum 'bethfegen und -machen' gut gebrauchen kann. Er bittet um die Genehmigung zum Umzug und verweist darauf, daß er in der Grafschaft geboren und aufgewachsen ist, sich eines guten Leumunds als aufrichtiger, frommer Jude erfreut und sich vorwiegend von seinem Handwerk ernährt. Am 28. November bestätigen Schultheiß und Bürgermeister, daß Samuel und seine Eltern sich in Ostheim 'als für juden wol und nachpurlich gehalten' und sich vom Fenstermachen und Bettfegen ernährt haben...".[26)]

Der Pfarrer von Ostheim beschwerte sich im Jahre 1577 "auch über den Juden..., der in die Kirche und Sakristei gegangen ist, 'alle ir heylichen kest ausgeschudt' und beim Verkauf (des Inhalts) an den Frankfurter Juden Alexander zum Korb mehr auf dessen Nutzen als auf den der Gemeinde gesehen hat. Als die Nachbarn den Juden gefragt haben, warum er in die Kirche gegangen ist, hat er 'trotzig' geantwortet, man habe ihm zwei Schreckenberger dafür gegeben, für zwei Batzen ginge er nochmal hinein und wollte sehen, wer es ihm verwehrte. Obwohl den Juden bei der Visitation ernstlich befohlen wurde, daß sie die Christen 'sollen durchaus am sabath unbedrängt lassen, so läuft der jude mitten unter die Christen, spielt und doppelt mit inen'. Dazu bemerkt die Kanzelei (Hanau) allerdings, daß sich auf Befragen kein Ostheimer dazu hat bekennen wollen, nach der Visitation sonntags mit dem Juden gespielt zu haben. Trotzdem wurde beschlossen, daß der Jude mit Turmhaft oder einer Geldbuße gestraft werden soll. Schließlich aber wird unter Erlassung der Haftstrafe eine binnen vierzehn Tagen zu zahlende Buße von 10 fl. über ihn verhängt."[27)]

Im Jahre 1577 wurde in einem Verzeichnis das Gesamtvermögen von Ostheim geschätzt auf 37 232 Gulden, davon waren abzuziehen Schulden bei Christen in Höhe von 3 167 Gulden und Schulden bei Juden in Höhe von 1 442 Gulden 12 Schilling.[28)]

Im Jahre 1580 gibt die Chronik Ostheim für Ostheim 2 - 3 jüdische Haushalte an. In Angaben zu den Jahren 1464 und dann später 1591 sind keine Juden verzeichnet.[29)]

Im Jahre 1583 vermerkt eine Urkunde zu Ostheim: "hat khein jüden mehr".[30)]

18. Jahrhundert

Erst im Jahre 1707 sind wieder Juden in Ostheim nachgewiesen: in einem Verzeichnis für Ostheim sind von 80 Familien 2 als jüdisch angegeben.[31)]

In einer Statistik aus dem Jahre 1754 waren von 559 Einwohnern in Ostheim 4 Juden gezählt worden.[32)]

Aus den Jahren 1755 und 1782 liegen Gesuche von Juden um Aufnahme in den Schutz nach Ostheim vor:

1755 ersuchte Raphael Moses zu Ostheim um den Schutz in Ostheim, er war der Sohn des Moses Gimbel, der sich schon 33 Jahre in Ostheim aufgehalten hatte. Raphael Moses beabsichtigte, die Tochter Marim des Schutzjuden Amschel Moses zu Windecken zu heiraten. Als Heiratsgabe verpflichtete sich Moses Gimbel, seinem Sohn Moses 140 Gulden zur Heiratsgabe mitzugeben. Die Aufnahme des Raphael Moses zu Ostheim wurde genehmigt. Als Einzugsgeld für sich und seine zukünftige Ehefrau wurden, da sie beide Einheimische waren, 40 Gulden festgesetzt, das jährliche Schutzgeld mit 20 Gulden.[33)]

Im Jahre 1782 liegt vor "des Juden Schulmeisters Meyer Löw zu Marköbel Schutzgesuch nach Ostheim". Nach einem Protokoll der hanauischen Regierung wurde die Bewerbung des Juden Mayer Löw aus Böhmen, dermal Schulmeister zu Marköbel, um die Schulstelle in Ostheim abgelehnt. Die Regierung bezweifelte, daß er die nötigen 1 000 florin Vermögen habe und stellte fest, daß die Gemeinde Ostheim den Schullehrer nicht haben wolle. Außerdem würde durch ihn eine" Judenniederlage und herberge" nach Ostheim gezogen. Zu dieser Zeit hatte Ostheim nur wenige Juden. Der Schullehrer befasse sich auch noch mit Viehhandel, deshalb wollte ihn die Gemeinde Ostheim nicht haben, sie fürchtete um ihr Weidegelände. In einem Schreiben bot sich der Lehrer auch als Schächter an.[34)]

Es ist anzunehmen, daß die in Ostheim lebenden Juden die Synagoge im benachbarten Windecken besuchten und dort Mitglieder der jüdischen Gemeinde waren. Auch ihre Toten wurden auf dem 1497 angelegten jüdischen Friedhof in Windecken begraben.

19. und 20. Jahrhundert

Erst im Jahre 1869 ist in den erhaltenen Personenstandsregistern der Israelitischen Gemeinde Windecken mit "Samuel Kaufmann zu Ostheim" eine jüdische Familie in Ostheim erwähnt.

Mathilde Katz (* 1890) berichtete, daß ihr Vater ihr immer erzählt habe, daß schon im 16. Jahrhundert Juden in Ostheim und in Marköbel gelebt hatten.

In den letzten Jahrzehnten des vergangenen Jahrhunderts zogen einige jüdische Familien aus den umliegenden Dörfern nach Ostheim: die Familie Benzion Adler aus Langenbergheim (1890), die Familie Katz und die Familie Reichenberg aus Marköbel.

Wilhelm Katz (* 1906) begründete die Entscheidung seiner Familie, um die Jahrhundertwende nach Ostheim zu ziehen, mit der günstigen Lage des Ortes, die mit dem Bau der Eisenbahnlinie nach Hanau und des Bahnhofs in Ostheim im Jahre 1879 sich ergeben habe.

Aber erst im Jahre 1903 lebten in Ostheim so viele Juden, daß die jüdische Gemeinde Windecken in den statistischen Angaben zur Gemeinde angab: "angeschlossen ist Ostheim". 1905 bis 1913 heißt es dann entsprechend: "Ostheim - bei 1 138 Einwohnern - 23 Juden".[37)] 1932 sind noch "19 Seelen" angegeben.[35)]

Im Mai 1942 wurde die letzte jüdische Familie aus Ostheim verschleppt.

Die Chronik Ostheims enthält noch einen Hinweis auf die Verbindung mit einem Juden aus Heldenbergen:
1848 wurde in "Ostheim eine Bürgergarde zur Aufrechterhaltung von Ruhe und Ordnung aufgestellt. Zur Bürgergarde gehörten... einheitliche Uniformen...". Wie die Gemeinderechnungen Ostheims aus dieser Zeit vermerkten, lieferte den Stoff zu den Bürgergarde-Kitteln der jüdische Handelsmann Seligmann Scheuer aus Heldenbergen.[36)]

Postkarte Ostheim 1939

Jüdisches Leben um 1900

Mathilde Katz (* 1890) erinnerte sich:

"Meine Eltern haben sich in Frankfurt etwa im Jahre 1885 kennengelernt. Mein Vater war ein Metzgersbursche und meine Mutter hatte kein Geld. Es war eine Liebesheirat - zu dieser Zeit noch ungewohnt, weil die jüdischen Ehen mit Hilfe eines Heiratsvermittlers, des 'Schadchen', zustande kamen. Mein Vater Anselm Katz stammte aus Marköbel und meine Mutter Lina Sommer aus Crainfeld. Sie lebten zuerst in Marköbel, wo ich auch im Jahre 1890 geboren wurde. Eigentlich heiße ich Malchen. Als ich eineinhalb Jahre war, zogen meine Eltern nach Ostheim und kauften das Häuschen in der Kirchgasse 23. Dort eröffnete mein Vater eine Rindsmetzgerei. Als ich ein Kind war, war einmal Manöver in Ostheim und der König von Italien, Victor Emanuel, kam. Das war eine ganz große Sache für uns. Deshalb hieß auch die Straße dann Kaiserstraße.

Mein Großvater Mathäus Katz lebte auch in Ostheim bei meinem Onkel Samuel Katz in der Windecker Straße. Er war früher in Marköbel Bäcker gewesen, aber als er älter war, zog er mit einem Bauchladen umher und verkaufte Seife. Er war froh, daß er so etwas zu tun hatte. Ich ging gerne mit ihm. Wir liefen zu Fuß nach Marköbel oder in andere Orte. Ich ging immer an seiner Hand. Bei den Bauern habe ich dann immer etwas bekommen. Unser Haus in der Kirchgasse 19 war ein Doppelhaus, vorne wohnten wir und hinten die Baumanns. Wenn wir zum Beispiel draußen unser Haus geweißt haben, haben wir bei denen geschlafen. Wenn Baumanns geweißt haben, war es umgekehrt, dann haben die bei uns geschlafen. Es war alles eins.

In der Schule hat es immer geheißen: Juden sind gescheiter als Christen. Nachmittags mußte ich oft den anderen Kindern helfen, Aufsätze zu schreiben. Aber unser Lehrer - das war seinerzeit der Lehrer Hofermann - merkte das natürlich. Ich mußte dann vor der Türe stehen, weil ich den anderen geholfen hatte. Aber immer wieder sind die Eltern dieser Kinder zu meinen Eltern gekommen und sagten: 'Die Mathilde muß helfen.' Sie brachten Eier, und ich sollte die Rechenaufgaben lösen. Ich habe es gemacht, aber ich habe dann auch öfter die Strafe dafür bekommen. Geprügelt haben wir uns öfter. Vor allen Dingen zur Osterzeit wurde ich geprügelt. Ich hätte den Jesus umgebracht, sagten die Kinder. Ich sagte dann immer: 'Ich war doch noch gar nicht da zu der Zeit'. Die Kinder haben ja auch nicht gewußt, was sie getan haben. Die hatten das zu Hause gehört und haben es dann an uns Juden ausgelassen. Dabei war Jesus doch ein getaufter Jude, und ich bin nicht getauft. Ich bin bei meiner Religion geblieben. Gott ist doch überall, es gibt doch nur einen Gott für uns alle.

Als Kind kann ich mich erinnern, da hatte sich jemand aufgehängt in Ostheim. Wir haben das in der Schule gehört und sind dann mit einigen Kindern in die Hintergasse. Was haben wir gemacht? Wir haben den Toten, der da hing, angestoßen und schaukeln lassen.

Jeden Sonntag mußten wir nach Windecken in die Religionsschule gehen. Um zwei Uhr fing es an und um 5 Uhr konnten wir wieder heimgehen. Zuerst war unser Lehrer der Lehrer Wertheimer. Er kam von Heldenbergen zu uns in die Schule neben der Synagoge in Windecken. Lehrer Wertheimer war ein guter Lehrer. Der Rabbiner kam manchmal, um uns in der Schule zu sehen. Hebräisch kann ich nur das wenige, was wir in der Schule gelernt haben. Alles, was ich auf Hebräisch schreiben kann, ist mein Name. Der Bruder von Mathilde Kaufmann, später Wolf, saß hinter mir und tunkte meinen langen Haarzopf in sein Tintenfaß.

Danach kam der Lehrer Katz. Er wohnte mit seiner Familie im Haus neben der Synagoge in Windecken. Ich sehe ihn noch genau vor mir: Lehrer Katz saß vorne auf dem Pult, er hatte keine Schuhe an, sondern er trug Schlappen. Er war irgendwie dreckig und schlampig - ein richtiger Dreckfink. Jeden Sonntag mußten wir in die jüdische Schule nach Windecken. Manchmal allerdings konnten wir auch gleich wieder nach Hause gehen, weil der Lehrer Katz gar nicht gekommen war.

An die Beschneidung von Siegfried Wolf im Jahre 1901 kann ich mich noch erinnern. Der Mohel - der Beschneider - kam von Hanau.

Bei Recha Wolf aus Windecken war ich auf der Hollekrasch. Alle jüdischen Kinder waren eingeladen. In der Wiege lag das neugeborene Kind. Es wurde dann hochgehoben mit den Worten 'Dein Name sei Recha.' Dann gab es Kaffee mit ein bißchen Zucker drin. Zu den jüdischen Frauen kam im übrigen eine Wochenbettpflegerin, das war Babette Sommer aus Crainfeld - eine Cousine von mir. Sie blieb etwa drei Wochen und ging dann zu einer anderen jüdischen Familie, die ein Kind bekommen hatte. Auf der Beerdigung von Assor Adler, dem Vater von Benzion Adler (im Jahre 1898), war ich auch mitgegangen. Er wurde in Windecken auf dem Friedhof beerdigt. Da ich eine

Mathilde Katz wanderte 1908 von Ostheim nach Amerika aus. Dies war das erstes Bild, das die 18jährige nach Hause an ihre Familie in Ostheim schickte.

Kohen (Nachfahre des Priestergeschlechts Arons, für das besondere Regeln gelten) bin, durfte ich nicht auf den Friedhof. Wenn jemand gestorben ist, kommen etwa zehn Personen, um den Toten zu waschen und zu kleiden. Sie machen auch den Sarg. In der folgenden Nacht wurde Totenwache gehalten, bei Assor Adler kann ich mich entsinnen, daß Totenwache gehalten wurde. Nach der Beerdigung muß man sieben Tage 'Schiwe' sitzen, auf einem Schemel, alle schwarz angezogen. Das Essen bringt man in das Trauerhaus mit, da die Leute selber nicht kochen dürfen. Das machte ich später bei Siegfried Wolf aus Ostheim, als er in New York starb.

Die Hochzeiten waren immer in Hanau in einem Hotel. Vor einer Heirat kamen die Eltern der Braut und des zukünftigen Bräutigams in Hanau in einem Hotel zusammen und besprachen alles. Sie besprachen, was die Braut an Geld hat, was es zu erben gab, Auszahlungen usw. Und dann wurde die Verlobung bestellt. Natürlich gab es auch Mädchen, die den ausgesuchten Mann nicht haben wollten. Wenn ihnen einer nicht gefiel, sagten sie: 'Der ist nichts für mich' und reisten wieder ab. Das Mädchen wurde nicht zu einer Heirat gezwungen, soviel ich davon gehört habe jedenfalls. Die jüdischen Mädchen mußten ja bezahlen, wenn sie verheiratet wurden. Von Tante Regine Katz weiß ich, daß sie ein ganzes Säckchen Goldmünzen geben mußte. Auch als Adolf Wolf nach Ostheim kam, um Mathilde Kaufmann zu heiraten (im Jahre 1897), das weiß ich noch. Das zu bezahlende Geld wurde durch die gesamte Verwandtschaft des Mädchens aufgebracht. Wenn die Mädchen häßlich waren, wollten die Männer mehr Geld. Auch meine Schwester Klara ist 'geschadchet' worden, ihre Heirat kam durch das 'Schadchen', den jüdischen Heiratsvermittler, zustande. Ich habe damals dazu noch Geld aus Amerika geschickt. Von dem Heiratsgeld konnte sich dann der Mann geschäftlich selbständig machen. Die Brauteltern mußten auch die Hochzeit und die Aussteuer bezahlen. Der Bräutigam brauchte sich nur selber mitzubringen und ein Bett. So war das früher. Manche Mädchen heirateten dann auch Christen, weil für die Heirat mit einem Juden kein Geld da war.

Alle paar Wochen kam eine Frau mit Namen Fanny zu uns, wir nannten sie nur 'die Fromme'. Sie trug einen großen Korb auf dem Rücken und verkaufte uns koschere Seife und die geflochtenen Schabbeskerzen. Auch die Gebetsriemen und alles, was man sonst noch für die jüdische Religion brauchte, verkaufte diese Frau. Sie war eine arme Witwe, am Schabbes haben wir sie gerne bei uns gehabt. Am Sonntag zog sie dann mit dem Korb wieder weiter in andere Dörfer, wo Juden wohnten. Jede Woche kam der Schochet zu uns nach Hause zum Schächten, das war der Lehrer Katz, er kam mit dem Rad aus Windecken. Meine Mutter stellte eine große Schüssel mit Wasser hin. Dann nahm der Schochet sein langes Messer aus dem Futteral, das Messer war enorm scharf. Dann befeuchtete er das Messer mit Wasser. Er hat dabei mit der Hand die Messerschneide entlang gestrichen.

Beim Schächten im Hof des Metzgers Anselm Katz um 1903 in der Kirchgasse. Links Anselm Katz, 2. von links Schochet Sally Katz aus Windecken mit dem langen Schächtmesser. Siegfried Katz, der Sohn des Metzgers, hält die Schale, rechts der Bruder von Anselm Katz, Salomon Katz.

Dreimal hat er das gemacht. Dabei hat er gebetet. Mit einem Wetzstein wurde das Messer geschärft. Dann wurde der Ochse oder die Kuh mit einem Schnitt geschächtet. Wenn eine Kuh einmal einen rostigen Nagel oder irgend etwas mitgefressen hatte, dann konnte das Fleisch nicht mehr koscher gemacht werden. An christliche Leute konnte es verkauft werden. Das koschere Fleisch hat eine Plombe bekommen. Der Schochet bekam für das Schächten 1 Mark und 50 Pfennige. Von der jüdischen Gemeinde hat er kein großes Gehalt bekommen, er war ja gleichzeitig auch der Lehrer und Vorbeter. Für ein Huhn bekam er 50 Pfennige. Das Huhn wurde aber mit einem kleinen Messer geschächtet. Wenn er fertig war, trank er eine Tasse Kaffee und fuhr dann mit dem Rad weiter zu anderen Leuten, um dort zu schächten. Auf dem Bild aus dem Jahre 1903 steht links mein Vater, der Metzger Anselm Katz, daneben der Schochet Sally Katz - der übrigens nicht mit uns verwandt war - mein Bruder Siegfried hält die Schüssel, worin das Blut aufgefangen wurde, der Bruder meines Vaters Salomon Katz hält den Ochsen, der ein Seil durch die Nasenlöcher hat, fest.

Der Schochet und Lehrer Katz hatte zwei Kinder, einen Jungen und ein Mädchen, die waren so alt wie ich. An einem Schabbes im Sommer, wenn sich alle jüdischen Familien trafen, hatte ich einen Sonnenschirm und zog bei der Tochter des Lehrer Katz Jenny die Schlaufen der Schnürsenkel auf, um sie zu necken. Ich hatte aber völlig vergessen, daß sie ja am Schabbes keine Arbeit tun durfte, also auch kein Schnürsenkel binden durfte. Jenny war tieftraurig über ihre aufgelösten Schnürsenkel. Und als ich gemerkt hatte, daß ich die religiösen Gesetze vergessen hatte, war ich auch bedrückt. Wir nahmen es mit der Religion nicht so streng zu Hause. Aber die Familie des Lehrer Katz war streng religiös, das Taschentuch war am Schabbes an ihrem Kleid angesteckt, weil doch die religiöse Vorschrift sagt, daß am Schabbes nichts getragen werden darf.

Vor Schabbes hat meine Mutter zu Hause gebacken, einen Daatschen sagte man hier, Weißbrot mit Mohn oben drauf. Wir hatten eine wunderbare Schabbeslampe aus schwerem Messing mit acht Ausbuchtungen, in jede wurde ein Docht hineingelegt und dann wurde Öl daraufgeschüttet. Nach Sonnenuntergang am Freitag wurde sie angesteckt. Vor der Haustüre hatten wir Wasser stehen und dort wurden die Hände gewaschen. Meine Großmutter hat sich dann mit einem Tuch verhüllt und den Segen gesprochen, meine Mutter hat diesen Segen ohne Tuch gesprochen, sich nur die Augen dabei verhüllt. Jeder von uns mußte auf hebräisch einen Spruch sprechen. Samstags sind die alte Frau Kaufmann, die alte Frau Reichenberg und die alte Frau Adler bei uns eingekehrt und haben uns 'Gut Schabbes' gewünscht, meine Großmutter war auch noch dabei. Am Samstag haben wir uns immer getroffen, wir Juden. Auf dem Weg zur Synagoge nach Windecken trafen sich die Ostheimer Männer und gingen gemeinsam zur Synagoge. Die Alten gingen oft, mein Großvater ging immer mit meinem Onkel Samuel Katz. Meine Eltern gingen nur an den hohen Feiertagen zur Synagoge: zum jüdischen Neujahrsfest und zum Versöhnungstag. Die Frauen brauchten ja nicht zu gehen, sie galten nicht so viel im Gottesdienst. Frau Baumann, unsere Nachbarin, war unsere Schabbesgoje. Sie steckte uns das Feuer im Herd an und machte Licht. Sie bekam dafür ein Stück von dem Daatschen.

Wenn der Schabbes zu Ende ging, war ich gerne bei meinen Großeltern in der Windeckerstraße. Zum Schabbesausgang gab es eine Feier, die Hawdalafeier. Meine Großmutter hatte selbstgemachten Rosinenwein. Die geflochtene Hawdalakerze war blau und weiß, da ich die jüngste war, durfte ich die Hawdalakerze in dem wohlriechenden Rosinenwein auslöschen. Mein Großvater betete dazu, er hatte auch die Gebetsriemen. Wenn mein Großvater gebetet hat, hatte er seine Kappe aufgesetzt, sonst nicht. In der Synagoge hatte er einen Hut auf. Mein Vater setzte nur beim Essen zu Hause den Hut auf, ohne Hut durfte er nicht essen. Meine Großmutter trug einen Scheitel, das ist eine Perücke. Die trug sie immer. Frau Kaufmann, Frau Reichenberg, Frau Adler, alle älteren Frauen trugen das. Meine Mutter allerdings nicht, die jüngeren taten das nicht mehr, obwohl das früher für die verheirateten jüdischen Frauen eine Pflicht war.

Meine Familie war nicht so streng religiös wie zum Beispiel die Familie meines Onkels Samuel Katz. Bei uns war am Schabbes sogar das Geschäft auf, während der Onkel Samuel Katz Freitagabend sein Tor zuschloß und erst am Ende des Schabbes wieder aufschloß. Koschere Küche nach unseren Religionsvorschriften haben wir allerdings geführt. Aber draußen, haben meine Eltern gesagt, da könnt ihr machen, was ihr wollt. Da konnten wir essen, was wir wollten, und mußten nicht auf Koscheres achten.

Im Herbst zur Zeit des Laubhüttenfestes hat man Großvater immer eine schöne Laubhütte gemacht. Als Kinder sind wir dann durchs Dorf gegangen und haben von vielen Leuten Blumen bekommen und Früchte. Manche haben natürlich auch nichts gegeben. Auch christliche Kinder kamen gerne, um die Laubhütte zu sehen. Es war immer sehr schön bei uns zum Laubhüttenfest. Wir hatten Laternen, wenn wir in der Laubhütte saßen.

Zu Rosch Haschana, dem jüdischen Neujahrsfest im Herbst, erinnere ich mich gerne, da gingen Frau Kaufmann, Frau Reichenberg, meine Großmutter und ich spazieren. Wir sind dann zu fließendem Wasser an den Bach gegangen und haben unsere Taschen ausgewendet und alle Brotkrumen im Wasser wegschwimmen lassen. Diese Spazierwege habe ich in schöner Erinnerung. (In dieser symbolischen Handlung wurden alle Sünden des vergangen Jahres fortgeworfen - d. V.)

Sechs Wochen vor Pessach hatten wir in Heldenbergen beim Mazzebäcker Mazze bestellt. Wir bekamen jedes Jahr sechzig Pfund Mazze. Die Mazze war rund, so groß wie ein Eßteller und ganz dünn gebacken. Die Mazze haben wir dann in große Tassen hineingebrochen und mit Milch und Zucker verrührt. Zu Pessach haben wir all unseren Kunden in einer Serviette mehrere Stücke Mazze gebracht. Die Leute haben uns dann ein oder zwei Eier gegeben.

Für Pessach hatten wir oben auf dem Dachboden eine große Kiste mit Geschirr. Diese Kiste ist nur zu Pessach heruntergekom-

Mathilde Katz als 14jährige mit ihrem Vater, dem Metzger Anselm Katz im Jahre 1904.

men, es war das Sedergeschirr. Alles mußte erneuert werden zu Pessach. Mein Vater saß dann auf einem Kissen, man mußte es sich doch bequem machen, denn der Auszug der Kinder Israels, der dann folgte, war ja nicht bequem. Zum Essen gab es dann Mazze-Klößsuppe oder Mazzeschalet: da waren drin Mazze, Eier, etwas Fett, Zwiebeln, Petersilie. Das kam dann drei Stunden in den Ofen und ging hoch auf. Gefüllte Milz gab es auch, gefüllten Magen habe ich nicht so gerne gegessen.

An Purim, ein Fest ungefähr zur Faschingszeit sind wir im Dorf umhergezogen bei den anderen jüdischen Familien und haben gesungen:

"Liebe Leut, liebe Leut,
Purim, Purim ist heut,
wißt Ihr denn was Purim bedeut,
auf der ganzen Welt ist Purim heut.
Laßt mich nicht so lange stehn,
denn ich will noch weitergehen!"

Dann gaben uns die Leute ein paar Pfennige, und wir zogen weiter. Wir waren ja nur fünf jüdische Familien in Ostheim.

An unserem höchsten Feiertag, dem 'Langen Tag', da hatten alle ihre weißen Totenkittel an. Wir traten aus der Synagoge heraus und standen auf dem Platz vor der Synagoge und sprachen Gebete. Auch die Frauen trugen den weißen Totenkittel. Meine Großmutter hatte einen weißen Rock an, daran kann ich mich noch erinnern. (Jom Kippur - Versöhnungstag)

Die Mikwe (rituelles Reinigungsbad für jüdische Frauen nach der Monatsregel, vor der Hochzeit und nach der Geburt eines Kindes - d. V.) wurde zu meiner Zeit nicht mehr benutzt. Man ging privat zu jüdischen Leuten. Eine Frau war dabei, die darauf achtete, daß alles in Ordnung war.

Bei der Bar Mizwah (Feier der religiösen Mündigkeit) meines Bruders Siegfried mit 13 Jahren luden wir samstags die jüdischen Leute ein und sonntags die christlichen zu Kaffee und Kuchen. Bei der Bar Mizwah von Siegfried mußte in der Synagoge ein Schemel vor das Vorlesepult gestellt werden, weil er noch so klein war. Er konnte alles sehr gut darstellen.

Wenn in Ostheim Einquartierung von Soldaten war, dann lud mein Vater alle jüdischen Soldaten zu uns nach Hause zum Essen ein. Manchmal kamen da bis zu zehn Soldaten. In einen Soldaten aus Worms verliebte sich meine Schwester Klara einmal. Aber sie war leider zu arm für ihn. Wir hatten ja nichts.

In Ostheim herrschte wirklich ein gutes Einvernehmen zwischen Juden und Christen - überwiegend natürlich. Aber es gab einige reiche Bauern in Ostheim, das waren Antisemiten, das waren Hasser. Die haben die Tür zugeschmissen. Aber wir wußten das schon. Diese reichen Bauern haben die Juden gehaßt. Das war schon so, als ich ein Kind war. Die reichen Bauern aber hatten auch mit den armen Ostheimern nicht viel zu tun. Als ich ein Kind war, zeigte ein Fleischbeschauer aus Windecken meinen Vater einmal an, weil ich den Zehnten Teil, so eine kleine Steuer, nicht mitgebracht hatte. Also da gab es auch Haß gegen Juden. Die Windecker waren auch nicht so gut zu uns. In Ostheim war das nicht so. Aber wir haben auch nicht viel mit den Windeckern zu tun gehabt.

Mein Vater war Sozialdemokrat. Er war Mitglied des Ostheimer Ortsgerichtes, des Schiedsgerichts. Auch bei der Freiwilligen Feuerwehr war er Mitglied. Auf christlichen Beerdigungen ging mein Vater selbstverständlich mit, er trug einen Zylinder. Blumen wurden geschickt. Auch auf den Fußballplatz ging mein Vater gerne, um besonders seinem Sohn Siegfried zuzuschauen. Mein Bruder Siegfried war Torwart und später Schiedsrichter bei den Ostheimer Fußballspielern. In der Gastwirtschaft Kohl hing ein Bild der ganzen Fußballmannschaft an der Wand, in der Hitlerzeit haben sie meinen Bruder Siegfried da rausgeschnitten, obwohl er doch schon lange gefallen war im Krieg. Auch auf dem Kriegerdenkmal auf dem Ostheimer Friedhof wurde sein Name ausgelöscht in der Nazizeit.

Als meine Klassenkameraden in Ostheim eingesegnet wurden, war ich traurig. Ich stand draußen vor der Kirchentür in meinem guten, beigen Kleid. Alle saßen drinnen und waren schwarz gekleidet, aber ich konnte ja nicht hereingehen. Als der Gottesdienst zu Ende war, kam der Pfarrer mit den Konfirmanden heraus und sagte zu mir: 'Mathilde, komm her zu mir. Auch du bist mein Konfirmandenkind.' So durfte ich mitkommen zum Kaffeetrinken. Den Kuchen hatten sie übrigens in Hanau backen lassen bei einem jüdischen Bäcker, um sicher zu gehen, daß kein Schmalz drin war.

Es hat keinen Unterschied gegeben. Wenn Kirchweih war in Ostheim, dann wurde drei Tage lang gefeiert, und wir hatten jeden Tag ein anderes Kleid an. Wir sind auf die Kirchweih gegangen und die christlichen Burschen haben mit jüdischen Mädchen getanzt. Nur die Söhne der reichen Bauern, die haben nicht mit mir getanzt, denen war ich zu arm, und ich war eine Jüdin. Aber die mittleren Bauern und alle meine Schulkameraden, die waren gut zu mir. Wir sind tanzen gegangen nach Rommelhausen. Einmal haben wir auf einem Misthaufen getanzt und kamen erst in der Nacht heim. Nur nach Windecken sind wir nicht gegangen, mit den Windeckern haben sich die Ostheimer geprügelt.

Auch als Ladwerge (Pflaumenmus) gekocht wurde, war das immer eine große Freude. In einem großen Kessel wurden die Pflaumen gekocht. Die jungen Leute waren eingeladen und die ganze Nacht wurde gerührt. Die jungen Burschen sind gekommen, haben Apfelwein getrunken und erzählt und gesungen. Dann kamen die Bauern und haben das Pflaumenmus ausgeschöpft in die Steintöpfe.

Weihnachten haben wir bei unseren christlichen Freunden erlebt. Der große Tannenbaum, der vor der Kirche stand, war immer sehr schön. Weihnachten war immer sehr schön bei uns in Ostheim. Wir sind mit den anderen Kindern zusammen von einer Familie zur anderen gegangen und haben die Weihnachtsbäume gesehen. Wir bekamen Kuchen und Plätzchen. Wir hießen immer nur die drei Katzen: mein Bruder Siegfried, meine Schwester Klara und ich.

Ich habe eine sehr schöne Jugend in Ostheim gehabt, wirklich. Wir hatten nicht viel, aber es war sehr, sehr schön.

Von der Volksschule ging ich nach Hanau auf die Handelsschule. In Frankfurt habe ich dann im Tuchhaus Goldschmidt gearbeitet. Dann war ich in der Frankfurter Maschinenfabrik, Hanauer Straße in Frankfurt. In meinem Zeugnis stand: "Wir wünschen Ihnen auf Ihrem Lebensweg nur das Beste".

Der Sohn von unseren Nachbarn, Fritz Baumann, wollte mich heiraten. Er ist mir nachgefahren bis nach Hannover. Ich hätte ihn gerne geheiratet. Aber ich hätte dann nicht mehr zu meinen Eltern zurückkehren können. Auch in der jüdischen Gemeinde wäre das nicht gut gewesen. Besonders auch seine Eltern hätten was dagegen gehabt. Ich wäre in der Synagoge ausgestoßen worden und er in der Kirche, eine Mischehe hätte sich in Ostheim nie halten können. So habe ich ihm abgesagt. Er hat dann später ein christliches Mädchen aus Ostheim geheiratet. Ich habe noch ein Bild von ihm. Er war zusammen mit meinem Bruder Siegfried im Ersten Weltkrieg Soldat gewesen. Beide - Fritz Baumann und mein Bruder - sind im Krieg gefallen.

1908 wanderte ich nach Amerika aus. Wir waren vier Kinder, und es war nie viel da zuhause. So mußte die älteste fort und etwas verdienen. Mein Vater wollte nicht so gerne, daß ich gehe, aber meine Mutter wollte es. Ich hatte eine Freundin in Amerika, die hatte mir immer geschrieben: 'Amerika ist so schön, da gibt es überall weiße, seidene Vorhänge'. Als Kind hatte ich diese Briefe bekommen. Die Schiffskarte nach Amerika kostete damals 240 Mark, verdient hatte ich zu der Zeit 80 Mark im Monat. Ohne ein Wort Englisch zu können, bin ich nach Amerika gegangen. Da wurde bei uns nicht nach gefragt. Ich hatte furchtbares Heimweh, aber ich hätte mich nicht getraut, zurückzugehen. Ich hätte mich meinen Eltern gegenüber geschämt. Das wäre nicht gegangen. Was sollte ich tun? Ich bin irgendwie durchgekommen. Ich habe dort in einem Haushalt als Hausmädchen gearbeitet und habe 8 Dollar die Woche verdient, davon habe ich 5 Dollar nach Hause geschickt. Das war hier in Ostheim viel Geld damals. Den ersten Brief meines Vaters nach Amerika aus dem Jahre 1908 habe ich noch, auch mein Großvater Mathäus Katz schrieb mir: 'Du mußt Dich trösten, denn mit der Zeit und Gottes Hilfe wird es Dir auch besser gehen. Aller Anfang ist schwer.' In New York gab es ein deutsches Viertel mit einem deutschen Theater. Dort sah ich eines Abends ein Stück 'Über den großen Teich'. In der Pause wurde ich angesprochen: 'Bist du nicht die Tochter von Anselm Katz aus Ostheim?' Es war die jüdische Familie Sichel aus Windecken, die schon seit einiger Zeit aus Windecken nach Amerika ausgewandert war. Oft waren wir - Klara, Siegfried und ich - bei Sichels in Windecken gewesen. Wenn wir von der Religionsschule kamen, riefen sie uns öfter herein in ihr Haus in der Judengasse und gaben uns etwas zu essen. Die Sichels haben mich dann zu sich genommen, und ich konnte dort bleiben.

Im Alter von 94 Jahren besuchte Mathilde Katz 1985 Ostheim und Windecken.

1913 heiratete ich in Amerika. Mein Vater wollte dann das Schlachthaus in unserem Hof in Ostheim umbauen, von Amerika schickte ich ihm Geld dazu.

Meine Mutter starb im Jahre 1915, so kam ich das erste Mal zurück nach Ostheim, meine Mutter habe ich leider nicht mehr lebend gesehen.

Das ganze Dorf kam mich am Bahnhof abholen mit Laternen, es gab ja noch kein elektrisches Licht. Einige brachten ihre Stühle mit in unseren Hof und wir saßen bis tief in die Nacht herein bei uns im Hof. Immer mehr sollte ich erzählen, wie es in Amerika zugeht. Zu der Zeit wanderte auch eine Familie Schüler aus Windecken nach Amerika aus, sie holten Erkundigungen bei mir ein.

Einige Zeit, als ich wieder in Amerika war, erhielt ich einen sehr traurigen Brief von meiner Schwester Klara, sie schrieb mir, daß mein Bruder im Krieg in Frankreich gefallen war.

1921 kehrte ich nach Düsseldorf, der Heimatstadt meines Mannes, für vier Jahre zurück. Als meine Schwester Paula nach der Geburt ihres ersten Kindes starb, lag ich gerade im Krankenhaus. Weihnachten 1925, als wir gerade nach Ostheim fahren wollten, starb mein Mann an einem Schlaganfall. 1927 kam ich dann als Witwe nach Ostheim zurück. Ich hatte eine kleine Wohnung bei Frau Schilling in der Hanauer Straße. Ich fuhr Motorrad. Wir machten viele Ausflüge. Wir waren eine Gruppe von Frauen und waren auch im Fußballverein und spielten Fußball. Ich spielte rechtsaußen. Mit den Männern zusammen hatten wir einen Stammtisch in einer Wirtschaft in der Bahnhofstraße. Nach den hohen Feiertagen waren wir auch zu einem Judenball in Wachenbuchen eingeladen. Mein Vater wollte immer haben, daß ich in Ostheim bliebe und heirate sollte. So brachte er mir immer Männer an, die ich heiraten sollte. Aber die wollte ich nicht. Mein Herz wollte zurück nach New York. 1927 ging ich wieder nach Amerika und blieb dort.

1934 als ich zum letzten Mal zu Besuch in Ostheim war, konnte ich gar nicht mehr durchs Dorf gehen. Die Kinder, die noch nicht geboren waren, als ich nach Amerika ging, liefen hinter mir her und riefen: "Jud! Jud! Jud!" Zu meinem Elternhaus mußte ich hinten herum über die Äcker gehen, um hineinzukommen. Das war nicht schön für mich. Unsere Nachbarn waren jedoch gut.

Wir haben schon viel mitmachen müssen, erzählte mir mein Vater nur. Im Garten seines Hauses in der Gartenstraße vergrub mein Vater Silber, auch Onkel Samuel hat seine Silbersachen dorthin gebracht. Ich habe es oben vom Fenster aus gesehen.

Von Ostheim aus bin ich mit dem Fahrrad nach Eichen geradelt. Dort sah ich ein großes Schild 'JUDEN SIND NICHT ERWÜNSCHT'. Ich bin doch durchgefahren, überall standen diese Schilder. Eichen war judenrein, ja da wohnten auch keine Juden vorher.

Für meinen Vater hatte ich ein Visum bekommen nach Amerika, aber seine Frau war ja nicht meine leibliche Mutter, so wollte er warten, bis sie ihr Visum bekam. Dann aber war es zu spät für meinen Vater und seine Frau. Nach dem Krieg habe ich versucht, sie zu finden. Jeden Tag bin ich zu der deutsch-jüdischen Zeitung 'Aufbau' in New York gegangen. Sie hatten dort jeden Tag neue, seitenlange Listen der Ermordeten hängen. Ich suchte den Namen meines Vaters, eines Tages fand ich ihn. Er war zusammen mit seiner Frau ermordet worden, später bekam ich noch eine Nachricht aus Theresienstadt. Auch den Namen meiner Schwester Klara mit ihrem Mann Moritz und den beiden Söhnen Walter und Kurt fand ich dort."[41)]

Im Mai 1985 besuchte Mathilde Katz ihren Heimatort Ostheim noch einmal. Am 21. Mai 1986 starb sie im Alter von 95 Jahren in New York.

Die Ostheimer Juden in der Zeit von 1933 bis 1942

Ostheim unterm Hakenkreuz

Wie die Wahlergebnisse für Ostheim zeigen, war die NSDAP schon im Jahre 1932 stärkste Partei.[42]

	NSDAP	SPD	KPD	Deutsch-Nat. Volksp.
Reichstags-wahl 1928		357	59	148
Reichstags-wahl 1930	145	327	107	
Preußenwahl 1932	417	318	127	
Reichstagswahl Nov. 1932	361	275	220	
Reichstagswahl 5. März 1933	501	312	132	
Landtagswahl 5. März 1933	490	306	127	
Kreistagswahl 12. März 1933	558	310	70	

Stempel der NSDAP - Ortsgruppe Ostheim

In Ostheim gab es neunzehn sogenannte "alte Kämpfer der NSDAP", so wurden die Parteimitglieder der NSDAP genannt, die schon vor 1933 Mitglied der Partei waren. 1930 gab es vier NSDAP-Mitglieder in Ostheim, 1931 traten nochmals vier Mitglieder ein, während 1932 noch 11 Ostheimer dazukamen. Bis zum März 1935 weist ein namentliches Mitgliederverzeichnis für Ostheim 55 NSDAP-Mitglieder auf. Diese Zahl dürfte noch zugenommen haben.[43]

In den Jahren 1931/32 fanden mehrere politische Veranstaltungen in Ostheim statt. Von den folgenden sind Akten erhalten:

Im Juli 1931 meldete "die K.P.D.-Ortsgruppe Ostheim (an)..., daß am 2. August 1931 ein Aufzug in Stärke von 50 bis 60 Mann stattfinden soll. Der Aufzug soll... um 14 Uhr in Ostheim seinen Ausgang nehmen und in Windecken um 14.30 Uhr enden. Daselbst Teilnahme an einer Kundgebung auf dem Marktplatz... Dem Veranstalter sind folgende Auflagen gemacht worden: 'Der Aufzug darf nicht den Charakter einer Demonstration oder Propaganda tragen. Öffentliche Reden, Sprechchöre, Musizieren, Mitführen von Fahnen und Wimpeln, mit Ausnahme solcher in den Reichs - oder Landesfahnen, Drapierung sowie das Hochhalten und Anbringen von Plakaten oder Transparenten... sind verboten. Auf der Strecke darf zu Propagandazwecken nicht gehalten werden.'"[44]

Die K.P.D.-Ortsgruppe Ostheim lud im Lokal Hennemann zu einer Bauernversammlung ein zum Thema "Des Arbeiters Not - Des Bauern Tod! Wer zeigt den Ausweg ?"

Die NSDAP-Ortsgruppe Ostheim meldete für Sonntag, den 31. Januar 1932, im Lokal von Jean Kohl eine Veranstaltung an mit dem Thema "1932 - das Jahr der Entscheidung". Versammlungsleiter war Georg Senzel. Aufgrund wohl einschlägiger Erfahrungen galt als Auflage für das Stattfinden der Versammlung: "Auswärtige politische Gegner haben keinen Zutritt." Dazu erzählte ein alter Arbeitersportler: "Es war noch zu der Zeit, bevor Hitler dran war, da sollte beim Altvater eine Versammlung der NSDAP sein. Wir waren so etwa zwanzig Kerls und hatten einen Redner von uns aus Hüttengesäß geholt. Der Eintritt betrug 30 Pfennig. Wir bezahlten alle mit dreißig roten Pfennigen. Als es anfangen sollte, standen wir alle auf und sangen aus voller Brust die Internationale, dann sprach unser Gegenredner. Die Versammlung war geplatzt. Wir sind dann raus und haben den mit seinem Fahrrad auf einen Laster gepackt und ihn nach Rückingen heimgebracht, die SA-Männer hätten den sonst tot geschlagen... Ein anderes Mal sollte der Reichstagsabgeordnete der NSDAP, Lind aus Niederissigheim, in Ostheim bei einer NSDAP-Versammlung sprechen. Er kam mit seinem Pferdchen in einer kleinen Chaise an. Wir haben auf ihn gewartet und dann einfach das Pferd herumgezogen und es wieder Richtung Heimat laufen lassen. So konnte keine Versammlung stattfinden. Auch die Plakate der 'Eisernen Front' haben wir mit 15 Mann in ganz Ostheim bewacht, daß sie nicht von der SA heruntergerissen wurden."[45]

Im März 1932 fand in der Gastwirtschaft Otto Müller eine öffentliche Kundgebung mit dem Thema "Die Eiserne Front gegen den Faschismus" statt.

Die NSDAP-Ortsgruppe Ostheim hielt am 4. März 1932 im Saal der Wirtschaft Georg Altvater eine öffentliche Versammlung zum Thema "Präsidentenwahl" ab. Redner war Herr Langhammer aus Frankfurt, Versammlungsleiter war der Ortsleiter Lotz.

Folgende Plakate wurden vom Hindenburg-Ausschuß für die Reichstagswahl 1932 genehmigt zum Aushang in Ostheim:

"Deutsche laßt einmal alles Trennende ruhen! Wählt Hindenburg!"

"Die Treue ist das Mark der Ehre! Wählt Hindenburg!"

"Gegen das System der eigenen Zwietracht. Wählt Hindenburg."

"Deutschlands Ringen um Recht und Freiheit erfordert Kraft und Einigkeit. Deutsche einigt euch auf Hindenburg!"[46]

Nach der Machtübernahme der Nazis 1933 fand die erste Sitzung der Gemeindevertretung Ostheim am 30. März statt, "im Rathaussaal, der zu diesem Zweck mit dem Bildnis des Herren Reichspräsidenten, umrahmt mit der schwarz-weiß-roten und der Hakenkreuzfahne, geschmückt war", berichtete der Hanauer Anzeiger. "Der Bürgermeister Jost hielt zu Beginn der Sitzung eine Ansprache, in der er auf das gewaltige Geschehen der letzten Wochen hinwies und als das vornehmste Tun der Mitglieder der Gemeindevertretung pries, darauf hinzuwirken, daß das Wollen der Führer in Reich und Land Allgemeingut auch des letzten Bürgers werde... Die Arbeit der Gemeindevertreter möge von dem Leitsatz getragen sein: Jedem Bürger Brot, jeder Arbeit Lohn, Segen unserer Gemeinde, Rettung unserem Volke. Diese Schlußworte hörten die Gemeindevertreter und die zahlreich erschienen Zuhörer, darunter in stattlicher Zahl die SA, stehend an. Im Anschluß verpflichtete der Bürgermeister die Gemeindevertreter durch Handschlag. Der feierliche Akt bekam einen würdigen Abschluß durch die einstimmige Annahme des Antrags der hiesigen Ortsgruppe der NSDAP, dem Herren Reichskanzler Adolf Hitler das Ehrenbürgerrecht der Gemeinde zu verleihen, ferner dadurch die Mittelstraße in Adolf-Hitler-Straße und die Friedrich-Ebert-Straße in Horst-Wessel-Straße umzubenennen. In ein ausgebrachtes Sieg-Heil auf den Herren Reichskanzler wurde begeistert eingestimmt."[47]

Am 5. April 1933 schrieb der Bürgermeister von Ostheim an Adolf Hitler:

"Hochzuverehrender Herr Reichskanzler!
Mit stolzer Freude berichte ich, daß die hiesige Gemeindevertretung einstimmig beschlossen hat, Ihnen, hochzuverehrender Herrr Reichskanzler, das Ehrenbürgerrecht der Gemeinde zu verleihen. Den Ehrenbürgerbrief füge ich ergebenst bei.
Gleichzeitig wurde beschlossen, daß eine Hauptdorfstraße, die seit Menschengedenken den Namen 'Mittelstraße' trug, nunmehr ihren Namen tragen soll. Die bisherige Friedrich-Ebert-Straße wird in Zukunft 'Horst-Wessel-Straße' heißen.
Die Gemeindekörperschaft will durch diese Beschlüsse dokumentieren, wie sehr sie sich mit Ihnen, hochzuverehrender Reichskanzler, verbunden fühlt in dem Streben, unser geliebtes deutsches Vaterland einer neuen, besseren Zukunft entgegenzuführen.
Ganz ergebenst
Heinrich Jost (Bürgermeister)".[48]

Am 12. Juni 1933 kam die Antwort Hitlers aus Berlin: "Die Verleihung des Ehrenbürgerrechts von Ostheim erfüllt mich mit aufrichtiger Freude. Ich nehme die Ehrenbürgerschaft an und bitte, dem Gemeinderat meinen ergebensten Dank sowie meine besten Glückwünsche für das Blühen und Gedeihen von Ostheim auszusprechen zu dürfen."[49]

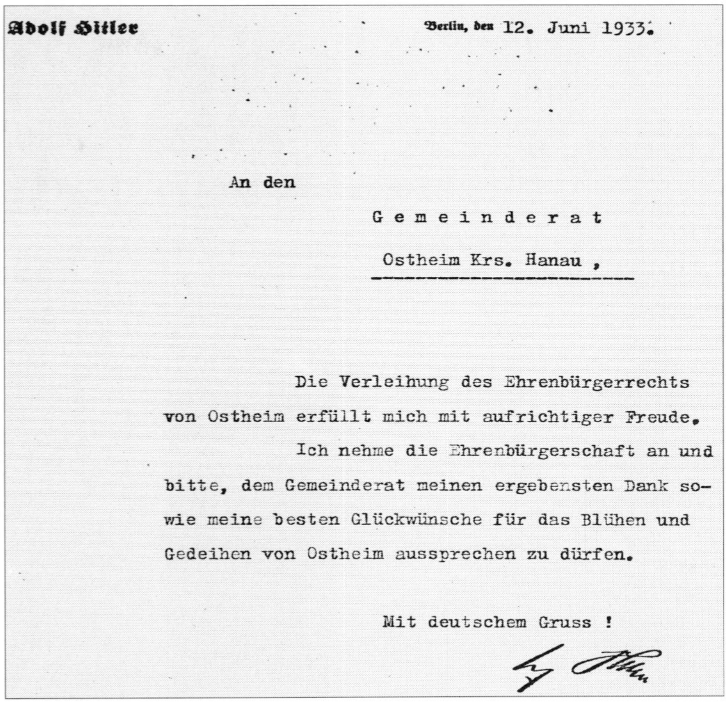
Adolf Hitler Berlin, den 12. Juni 1933.

An den
Gemeinderat
Ostheim Krs. Hanau ,

Die Verleihung des Ehrenbürgerrechts von Ostheim erfüllt mich mit aufrichtiger Freude.
Ich nehme die Ehrenbürgerschaft an und bitte, dem Gemeinderat meinen ergebensten Dank sowie meine besten Glückwünsche für das Blühen und Gedeihen von Ostheim aussprechen zu dürfen.

Mit deutschem Gruss !

Adolf Hitler schrieb an den Gemeinderat Ostheim 1933

Der Platz am Eicher Tor wurde in Adolf-Hitler-Platz umbenannt, wo auch im Haus Nummer 1 die jüdische Familie Adler lebte.

Die Friedrich-Ebert-Straße, die dann Horst-Wessel-Straße hieß, wurde nach dem Krieg in Friedensstraße umbenannt und mit der Eingliederung nach Nidderau hieß die Straße dann "Am Städter Berg".

"Hitler-Eiche" zum Geburtstag des neuen Ehrenbürgers

Im April 1933 war im Hanauer Anzeiger zu lesen: "Ostheim. Der Geburtstag des Ehrenbürgers unserer Gemeinde, Reichskanzler Adolf Hitler, wurde hier gestern abend unter Anteilnahme weiter Bevölkerungskreise festlich begangen. Bei einbrechender Dun-

Umzug in Ostheim, Vorderstraße. 1935

208. Jahrgang

Hanauer Anzeiger

General-Anzeiger für Hanau Stadt und Land

X Ostheim, 2. Mai. Der Tag der nationalen Arbeit wurde hier in einer Weise gefeiert, wie nie ein Fest zuvor. Kein Haus, an dem nicht die Fahne schwarz-weiß-rot oder die Hakenkreuzfahne flatterte, das nicht mit frischem Grün geschmückt war. Vom Rathaus grüßte das Bild des Reichskanzlers Adolf Hitler und oft sah man den grünen Schmuck das Hakenkreuz darstellend. Am Vortag fand ein offizieller Kirchgang der SA.- und HJ.-Formationen statt, denen sich der Kriegerverein und die hiesigen Gesangvereine mit ihren Fahnen anschlossen. Herr Pfarrer Mink legte seiner Predigt die Worte zugrunde: „Du wirst dich nähren deiner Hände Arbeit, wohl dir, du hast es gut" und „Ein neu Gebot gebe ich euch, liebet euch untereinander". Der Seelsorger fand treffende, tief zum Herzen der Festgemeinde gehende Worte. Am Nachmittag belebte die SA.-Propagandafahrt die Ortsstraßen mit strafsen Gestalten der Braunhemden. Der gestrige Hauptfeiertag wurde mit der Fahnenhissung auf dem Rathaus begonnen. Dem feierlichen Akt wohnten SA, HJ., der Kriegerverein und die Freiwillige Feuerwehr bei. Nach der Hissung hielt Herr Bürgermeister Jost eine kurze auf den Tag bezügliche Ansprache, die in ein Sieg-Heil auf den Reichspräsidenten und den Volkskanzler ausklang. Anschließend wurden das Deutschlandlied und das Horst-Wessel-Lied gesungen. Aehnlich ging auch die Fahnenhissung an den Schulen im Beisein der älteren Schüler vor sich. In der alten Schule sprach Herr Lehrer Mohn, in der neuen Herr Hauptlehrer Creutzberg. Man sah es an den freudestrahlenden Gesichtern der Kinder, daß sie mit allen Gedanken bei der Feier waren. Um 8 Uhr stellte sich in der Bahnhofstraße ein Zug auf, der wohl den größten Teil der Ostheimer Bewohner auf die Beine brachte. Von dem hohen Fabrikschornstein der Ziegelei Schütz G. m. b. H. grüßten die Fahnen des alten und des jungen Deutschland, die am Morgen ein wagehalsiger Schornsteinfeger aus Windecken aufgepflanzt hatte. Auf dem Sportplatz angekommen, gruppierte man sich um die aufgestellten beiden Lautsprecher, die die aufmerksam Lauschenden das große Geschehen im Berliner Lustgarten miterleben ließen. Um 2 Uhr nachmittags begab sich erneut ein Festzug durch die Ortsstraßen, die von festlich gestimmten Menschen umstanden waren, die gerne und freudig in das „Heil Hitler"-Rufen der Zugteilnehmer einstimmten. Auf dem Sportplatz entwickelte sich auch am Nachmittag ein frohes Treiben. Hier kam auch wieder die dem Ostheimer ureigene Gemeinsamkeit zum vollen Durchbruch, von der Herr Bürgermeister Jost in seiner Ansprache wünschte, daß sie nun immer wachbleiben und gepflegt werden möge. Wenn wir das große Ziel der Wiedergesundung von Volk und Vaterland erreichen wollten, dann müßten alle kleinlichen Gegensätze, wie sie sich bisher breit machten, verschwinden. Ein neues, glückliches Deutschland könne nur aus gemeinsamer Kraftanstrengung auch innerhalb der Gemeinde erstehen. Redner brachte ein „Sieg-Heil" auf das deutsche Vaterland und die Gemeinde Ostheim aus. Weiter sprach noch der Propagandaleiter der hiesigen Ortsgruppe der NSDAP., Herr Heinrich Ott, wobei er ein Bild bis- einst und jetzt entwarf, das in ein „Sieg-Heil" auf den Volkskanzler endete. Für die Arbeiter sprach Herr Louis Stock, der es dem Volkskanzler Adolf Hitler dankte, daß er der Arbeiterschaft die Feier des 1. Mai gegeben habe. Auch er brachte ein „Sieg-Heil" auf den Volkskanzler aus. Eine Kapelle spielte flotte Märsche und der Gesangverein „Edelweiß" trug in trefflicher Weise einige Lieder vor. Am Abend vereinigte sich wieder die Bürgerschaft auf dem Sportplatz, um in Ergriffenheit das Manifest des Volkskanzlers Adolf Hitler zu hören. So ist auch hier der Feiertag der nationalen Arbeit abgeschlossen mit eines Flammenstoßes Geleucht, ein Volksfest im wahrsten Sinne des Wortes geworden, dessen Eindrücke lange nachwirken werden.

x Ostheim, 13. Mai. Auflösung der Ortsgruppe der SPD. Ihre Auflösung beschlossen hat die hiesige Ortsgruppe der SPD. Zugleich erklärten die Mitglieder des Gemeindevorstandes und der Gemeindevertretung, soweit sie der SPD. angehörten, daß sie in Zukunft ihr Amt ohne eine Bindung (parteilos) ausüben würden. Bereits Ende März hatten sich sowohl der hiesige Arbeiterfußballklub als auch der Radfahrerklub „Solidarität" aufgelöst. — Bauernverein. Am Freitag abend fand hier eine Versammlung des Bauernvereins statt, die in der Hauptsache der Neuwahl des Vorstandes im Sinne der Gleichschaltung galt.

Eine rege Aussprache brachte noch die Frage der Gründung von Viehverwertungsgenossenschaften. —

x. Ostheim, 15. Juni.

Schulungsabend. Der letzte Schulungsabend der NSDAP. fand im Gasthaus Altvater statt. Herr Lehrer Mohn sprach über „Rasse und Volkstum". Seine allgemeinverständlichen Ausführungen werden zweifellos viel dazu beitragen, dieses schwierige Thema, das bisher viel nur vom Hörensagen kannten, in der Bevölkerung lebendig zu machen, denn erst dann wird das Geschehen dieser Tage recht verstanden werden können. Gemeinsame Lieder verschönten den Abend, den der Ortsgruppenleiter Lotz mit einem Sieg Heil auf den Volkskanzler schloß.

Ostheim, 3. Juli. Auf Einladung der Glaubensbewegung deutscher Christen fand gestern abend hier im Gasthaus Müller eine Einwohnerversammlung statt, die den großen Saal dicht füllte. Sprecher des Abends waren die Herren Pfarrer Knell und Studienrat Dr. Müller aus Hanau, die beide in hehrer Begeisterung über das Wollen der deutschen Christen für die Erneuerung der evangelischen Kirche im neuen Reich sprachen. Dei Ausführungen der Redner fanden ein williges Ohr und man konnte die innere Ergriffenheit über das Gehörte in den Gesichtern der Erschienenen lesen. Mit dem Absingen des Lutherliedes „Ein' feste Burg ist unser Gott" fand die Versammlung ihr Ende. Sie hatte den Erfolg, daß auch hier die ersten Mtiglieder für eine Gemeindegruppe gewonnen wurden, zu deren Führer Herr Hauptlehrer Creutzberg ernannt wurde.

x Ostheim, 31 März Die Einführung der neuen Gemeindevertretung fand gestern abend im Rathaussaal statt, der zu diesem Zweck mit dem Bildnis des Herrn Reichspräsidenten, umrahmt mit der schwarz-weiß-roten und der Hakenkreuzfahne, geschmückt war. Bürgermeister Jost hielt zu Beginn der Sitzung eine Ansprache, in der er auf das gewaltige Geschehen der letzten Wochen hinwies und als das vornehmste Tun der Mitglieder der Gemeindevertretung preis, darauf hinzuwirken, daß das Wollen der Führer in Reich und Land Allgemeingut auch des letzten Bürgers werde. In jedem Bürger müsse das Verantwortlichkeitsgefühl für den Wiederaufstieg des Vaterlandes geweckt und dafür gesorgt werden, daß dieses von Tag zu Tag wachse. Die Arbeit der Gemeindevertretung möge von dem Leitsatz getragen sein: Jedem Bürger Brot, jeder Arbeit Lohn, Segen unserer Gemeinde, Rettung unserem Volk Diese Schlußworte hörten die Gemeindevertreter und die zahlreich erschienenen Zuhörer, darunter in stattlicher Zahl die SA., stehend an. Im Anschluß verpflichtete der Bürgermeister die Gemeindevertreter durch Handschlag. Der feierliche Akt bekam einen würdigen Abschluß durch die einstimmige Annahme des Antrags der hiesigen Ortsgruppe der NSDAP., dem Herrn Reichskanzler Adolf Hitler, das Ehrenbürgerrecht der Gemeinde zu verleihen, ferner dadurch, die Mittelstraße in Adolf-Hitler-Straße und die Friedrich Ebert-Straße in Horst-Wessel-Straße umzubenennen. In ein ausgebrachtes Sieg-Heil auf den Herrn Reichskanzler wurde begeistert eingestimmt.

Ostheim, 25. Juni. Von der hiesigen Ortsgruppe der N.S.D.A.P. veranstaltet, fand am Samstag abend auf dem hiesigen Sportplatz eine Sonnenwendfeier statt. Unter Vorantritt der neu erstandenen Feuerwehrkapelle bewegte sich vom Rathaus aus ein stattlicher Zug zu dem Feuerort. In das Prasseln des Feuers klangen dann die Feuersprüche und die Schulkinder sangen unter Leitung des Herrn Hauptlehrers Creutzberg vaterländische Lieder. Die Feuerrede hielt Herr Hauptlehrer Creutzberg, der etwa folgendes ausführte: „Wenn der Sonnenwendtag bisher nur ein Fest war, des Sommers Blühen und Reifen zu künden, so wisse er heute von einer Sonnenwende unseres Volkes zu sagen: hin zu sich selbst, hin zu deutschem Fühlen und Denken. Der Regierung sei es zu danken, daß sie die Sonnenwendfeier zu einem Fest der Jugend, ja des ganzen Volkes erhoben habe. Es würde dadurch eine lebendige Brücke geschlagen zu uralter Vätersitte und Väterweisheit, deren Raunen wir nur noch selten, vielleicht überhaupt nicht mehr vernehmen. Gerade unsere Jugend solle lauschen auf das geheime Wort, das jetzt um Sonnenwende hingehe durch Wald und Flur, Blühen und Wachsen, Reifen und Ernten. Was uns alte Sonnenwendgesänge unserer Vorfahren künden, hell, stark und laut sagt es uns das Geschehen unserer Tage: nie erlischt Helle und Licht ganz, nie die deutsche Seele. Hier am lodernden Feuer solle sich unsere Jugend in die Verbundenheit mit Natur und Heimat, Volk und Vaterland stellen; sie solle am prasselnden Sonnenwendfeuer den Stolz auf Rasse, Art und Geschichte erleben und dabei inne werden des in uns noch mächtigen Germanenblutes. Einmal noch habe uns das Schicksal einen Führer geschenkt, der im hellen Licht der Erkenntnis die Urgründe unseres Zerfalls erkannte und aufdeckte. Einmal noch gab uns Gott den „Zwingherrn zur Deutschheit", der den Willen zur Nordheit in sich trägt, wie nie ein Staatsmann vor ihm. Uns bleibe, uns zu erziehen und formen zu lassen zu dem Staat, der unserer Art, unserem Wesen entspreche. Nur so könnten wir noch einmal unser Schicksal zum Guten wenden." — Die Versammelten sangen dann „Ein' feste Burg ist unser Gott", später das „Horst-Wessel-Lied" und „Deutschland über alles".

x Ostheim, 11. Juli. Mitglieder-Generalappell. Der im Saale „Zur guten Quelle" abgehaltene Mitglieder-Generalappell der NSDAP. zeigte so recht, wie sehr ausgedehnt hier die Anhängerschaft an dem Führer ist. OGL. Pg. Lotz konnte eine überaus große Teilnehmerzahl willkommen heißen, worauf er dem Pg. Landrat Löser das Wort zu seiner Ansprache erteilte. Pg. Löser behandelte in seiner großangelegten Rede in überzeugender Weise den Begriff der Volksgemeinschaft im Sinne des Führers, streifte die verschiedenen aufgedeckten Korruptionsfälle und betonte, wie durch die Geschehnisse der letzten Wochen bewiesen, den ernsten Willen der Regierung, ein reines Haus zu schaffen, wozu natürlich die Hilfe Aller notwendig sei. Die Frage der zukünftigen Gestaltung der Kommunalpolitik fand ebensosehr eingehende Würdigung, wie die schwebenden Tagesfragen. Die Ausführungen fanden lebhaften Beifall. Namens der Gemeindeverwaltung begrüßte Pg. Bürgermeister Jost den Herrn Landrat, um im Anschluß das Dankschreiben des Herrn Reichskanzlers für das ihm verliehene Ehrenbürgerrecht der Gemeinde zur Verlesung zu bringen, das folgenden Wortlaut hat: „Berlin, den 12. Juni 1933. An den Gemeinderat Ostheim, Kr. Hanau. Die Verleihung des Ehrenbürgerrechts von Ostheim erfüllt mich mit aufrichtiger Freude. Ich nehme die Ehrenbürgerschaft an und bitte, dem Gemeinderat meinen ergebenen Dank sowie meine besten Glückwünsche für das Blühen und Gedeihen von Ostheim aussprechen zu dürfen. Mit deutschem Gruß! Adolf Hitler". Das auf den Volkskanzler ausgebrachte Sieg-Heil wurde mit Begeisterung aufgenommen. Nach einem Schlußwort des Pg. Landrat Löser fand die imposante Versammlung mit dem Absingen des Horst-Wessel-Liedes ihr Ende.

"Die Ostheimer Juden um 1933"

In seinen 1989 veröffentlichten "Erinnerungen" schreibt der frühere Bürgermeister von Ostheim, Hans Östreich:[51)]

"Ein Volk, ein Reich, ein Führer!", "Führer befiehl, wir folgen Dir!", "Arbeit macht stark!", "Kraft durch Freude!" Dies waren nur einige der markanten Sprüche dieser Zeit. Der Wille und die Pflicht zur sogenannten "Volksgemeinschaft" wurde überall herausgestellt und von der Bevölkerung auch angenommen. Zu all den verheißungsvoll und aufmunternd klingen sollenden Neuerungen waren allerdings nur Bürger "deutschen oder artverwandten" Blutes zugelassen. Aber da waren auch noch die Juden!... Insgesamt 30 Personen waren von heute auf morgen von dieser " Volksgemeinschaft" ausgeschlossen. Ausgeschlossen, obwohl seither im Allgemeinen zwischen den jüdischen und christlichen Einwohnern ein gutnachbarschaftliches oder zumindest tolerantes Verhältnis bestand. Ausgeschlossen auch der älteste Sohn des Samuel Katz mit Namen Wilhelm, obwohl er seither als Stürmer in der 1. Mannschaft des Fußballvereins mehr als seinen Mann stand. Ausgeschlossen auch der Moritz Levi, obgleich er Träger des Eisernen Kreuzes aus dem 1. Weltkrieg war....
Durch die strengen Vorschriften ihrer Religion waren die Juden schon anders als wir. Am augenscheinlichsten tat sich dies an ihrem Sabbat hervor. Er wurde meines Wissens von Freitag nach Sonnenuntergang bis Samstag zum Sonnenuntergang gehalten. Ich kann mich an Samstage vor 1933 erinnern, wo alle jüdischen Familien, fein herausgeputzt, spazierengehenderweise in breiter Front durch die Ortsstraßen schlenderten. Dies mag auf manchen Nichtjuden, der als Bauer, Arbeiter oder Handwerker auch am Samstag in irgendeiner Form schwer arbeiten mußte, schon provozierend gewirkt haben. Besonders reich waren die Ostheimer Juden auch nicht; alle betrieben jedoch irgendeinen Handel und lebten davon. Ich würde auch behaupten, daß alle Ostheimer Familien mehr oder weniger mit den Juden Geschäfte machten und auch anschreiben ließen. Von unserem Haushalt weiß ich, daß beim Schuster Katz, bei Siegfried Wolf, bei Moritz Levi oder auch bei dem mit Textilien handelnden Juden Schatzmann, der aus Heldenbergen kam, immer etwas zu bezahlen war. Fünfzigpfennigweise wurde abgestottert. Und nun der Nationalsozialismus mit seinen Parolen "Kauft nicht bei Juden!", "Die Juden sind unser Unglück!" oder gar "Juda verrecke". Nun ist in unserem Uusthem schon eh und je nicht alles so heiß gegessen wie gekocht worden. Es wurde zunächst weiter miteinander verkehrt, gehandelt und auch auch mitunter ein bißchen geschäkert und geuzt. Es gingen auch schon damals Gerüchte um, die Juden kämen alle weg... Recht bald mußte man in Ostheim zur Kenntnis nehmen, daß der Kampf, den die Machthaber des 3. Reiches dem Judentum angesagt hatten, kein Bluff, sondern bitterer Ernst war. Eine entsprechende Gesetzgebung und immer schärfer werdende Erlasse verboten jeglichen Verkehr mit Juden. Ihre Kinder durften keine deutsche Schule mehr besuchen, die Erwachsenen erhielten Berufsverbot, mußten ihre Geschäfte schließen. Sie waren geächtet. Und auch der gutmütigste, hilfsbereiteste und judenfreundlichste Ostheimer konnte nur unter allergrößter Vorsicht seinem jüdischen Nachbarn vielleicht mal eine Kartoffel, einen Schluck Milch oder ein Stückchen Brot zukommen lassen. Moritz Levi dürfte noch bis 1937 abends bei Dunkelheit gelegentlich auf einen Sprung zu uns in die Wohnung gekommen sein. Dies wurde beobachtet, und wir wurden gewarnt. Ich war dabei, als mein Vater ihm dann schließlich sagte, daß er nicht mehr kommen dürfe. Ich erinnere mich, daß Moritz bitterlich weinte, aber der Aufforderung folgte und nie mehr zu uns kam.
Die jüngeren Juden verließen bald Deutschland... Wohin die anderen Juden gingen, wußte zu diesem Zeitpunkt kein Mensch und sicherlich interessierte sich auch kaum ein Ostheimer dafür. Es hatte ja jeder seine eigenen Sorgen. Da wurde Arbeit gesucht und nach und nach auch gefunden. Es ging ja in Deutschland wieder aufwärts. Da war der Dienst in den jeweiligen Parteiorganisationen. Da gab es einen freiwilligen Arbeitsdienst, aus dem bald der pflichtmäßige RAD wurde, in dem jeder junge Deutsche sechs Monate zu dienen hatte. Und da gab es ab 1935 die allgemeine Wehrpflicht. Was konnte man sich bei all dem Neuen und scheinbar Großen auch noch um die Juden Gedanken machen. "Die Juden sind an allem schuld!", so war doch oft auf Plakaten und Transparenten zu lesen...

kelheit sammelten sich die Formationen der NSDAP, der Kriegerverein, die Frauenschaft und die Schulkinder zu einem stattlichen Zug durch die Straßen, um sich nach dem 'Trinkbrunnen' zu begeben, wo zum dauernden Gedächtnis an den Tag eine 'Hitler-Eiche' gepflanzt wurde. Die Festansprache hielt der Hauptlehrer Creutzberg, der daran erinnerte, wie der Kanzler vor Monaten noch beschimpft, heute von Millionen deutscher Volksgenossen als Führer des neuen Deutschland umjubelt werde... Mit einem Sieg-Heil auf den Führer schloß Herr Creutzberg die Ansprache, in deren Abschluß das Deutschlandlied erklang. Nunmehr wurde die Pflanzung der Eiche vorgenommen. Für die NSDAP sprach dabei Stützpunktleiter Louis Lotz, für den Kriegerverein Kaspar Brodt 8., für die Schule Hauptlehrer Creutzberg, für die Gemeinde Bürgermeister Jost... Mit Begeisterung wurde das Horst-Wessel-Lied gesungen. Bengalisches Licht erhellte den Platz, während über das Tal Böllerschüsse erklangen. Damit war die eindrucksvolle Feier zu Ende."[50)]

Diese Hitler-Eiche wuchs nach der Pflanzung gar nicht recht an und ging in jungen Jahren schnell ein, was von einigen Ostheimern als schlechtes Omen gewertet wurde.

Zur Lage der Juden von 1933 bis 1938

Das Leben der Juden in Ostheim änderte sich mit dem Jahre 1933 wie überall in Deutschland entscheidend. "Aus Nachbarn wurden Juden", so kann der Prozeß wohl recht anschaulich beschrieben werden. Schritt für Schritt wurden die jüdischen Bewohner immer weiter in die Isolation getrieben. Das hier dargestellte Aktenmaterial ist nur völlig zufällig erhalten geblieben, zeigt aber mit Sicherheit nur die Spitze eines Eisberges.

Am 15. Juni 1933 berichtete der Hanauer Anzeiger von einem Schulungsabend der NSDAP in Ostheim: "...Herr Lehrer Mohn sprach über 'Rasse und Volkstum'. Seine allgemeinverständlichen Ausführungen werden zweifellos viel dazu beitragen, dieses schwierige Thema, das bisher viele nur vom Hörensagen kannten, in der Bevölkerung lebendig zu machen, denn erst dann wird das Geschehen dieser Tage recht verstanden werden können."[51a)]

Noch im März 1933 wurde im Stadt- und Landkreis Hanau das Schächten verboten. Die jüdischen Metzger konnten also kein koscheres Fleisch mehr anbieten. Dieses Verbot war somit ein

Aufruf zum Boykott jüdischer Geschäfte am 1. April 1933

direkter Angriff auf ein Grundprinzip der jüdischen Speisegesetze.[52] In Ostheim waren davon betroffen die Metzger Anselm Katz, Moritz Levi und Siegfried Wolf. Mit Unterstützung des Metzgers Jost konnte Siegfried Wolf einmal heimlich schächten. Willi Adler versuchte, das Schächtverbot zu umgehen und schächtete heimlich. Dabei wurde er angezeigt. Diese Anzeige war wenige Jahre später auch der Grund, warum sich seine Auswanderung verzögerte, da der Bürgermeister ihm seinen Paßantrag wegen dieser Anzeige zurückgab.

Ersteinmal ging es darum, die Juden aus dem wirtschaftlichen Geschehen auszuschließen.

Am 1. April 1933 wurden die jüdischen Geschäfte in Ostheim mit SA-Posten besetzt und die Bevölkerung versucht daran zu hindern, bei Juden einzukaufen. Als dieser Boykott nicht sofort griff, ließ man sich andere Mittel einfallen:
In Ostheim befand sich das Lebensmittelgeschäft von Siegmund Lichtenstein in der heutigen Sepp-Herberger-Straße 14. Dazu schrieb der Bürgermeister von Ostheim am 26. 5. 1933 an den Landrat in Hanau: "Der Kampfbund des gewerblichen Mittelstandes der NSDAP hat an die Gemeindevertretung den Antrag gestellt: Die hiesigen Händler möchten nun, daß Lichtenstein besonders bezüglich seines Kolonialwarenhandels verschwinden solle; da er tatsächlich durch alle nur denkbaren Verrechnungsarten, die er den Kunden zugesteht, von diesen bevorzugt wird zum Schaden der ordentlichen Händler, deren es hier eine ganze Anzahl gibt... Ich bitte nun zu prüfen, ob sich aus den in dem Antrag gemachten Vorwürfen eine Maßnahme konstruieren läßt, die gesetzlich zu vertreten ist."[53] Dem ist an Deutlichkeit nichts hinzuzufügen!

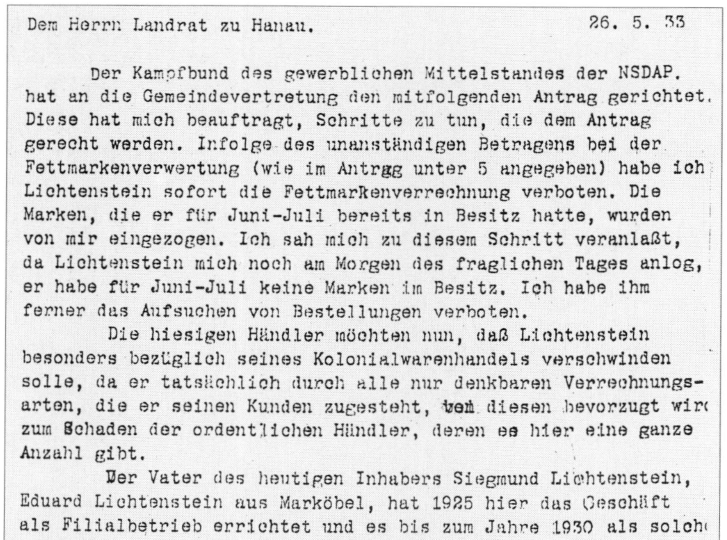

Dem Herrn Landrat zu Hanau. 26. 5. 33

Der Kampfbund des gewerblichen Mittelstandes der NSDAP. hat an die Gemeindevertretung den mitfolgenden Antrag gerichtet. Diese hat mich beauftragt, Schritte zu tun, die dem Antrag gerecht werden. Infolge des unanständigen Betragens bei der Fettmarkenverwertung (wie im Antrag unter 5 angegeben) habe ich Lichtenstein sofort die Fettmarkenverrechnung verboten. Die Marken, die er für Juni-Juli bereits in Besitz hatte, wurden von mir eingezogen. Ich sah mich zu diesem Schritt veranlaßt, da Lichtenstein mich noch am Morgen des fraglichen Tages anlog, er habe für Juni-Juli keine Marken im Besitz. Ich habe ihm ferner das Aufsuchen von Bestellungen verboten.

Die hiesigen Händler möchten nun, daß Lichtenstein besonders bezüglich seines Kolonialwarenhandels verschwinden solle, da er tatsächlich durch alle nur denkbaren Verrechnungsarten, die er seinen Kunden zugesteht, von diesen bevorzugt wir[d] zum Schaden der ordentlichen Händler, deren es hier eine ganze Anzahl gibt.

Der Vater des heutigen Inhabers Siegmund Lichtenstein, Eduard Lichtenstein aus Marköbel, hat 1925 hier das Geschäft als Filialbetrieb errichtet und es bis zum Jahre 1930 als solch[es] geführt; vom 1. Januar 1931 ist nach der gewerbepolizeilichen Anmeldung Siegmund Lichtenstein Inhaber des „Lebensmittelgeschäfts". Vor 2 Jahren hat er sich hier ein Wohngrundstück gekauft.

Ich bitte nun, zu prüfen, ob sich aus den in dem Antrag gemachten Vorwürfen eine Maßnahme konstruieren läßt, die gesetzlich zu vertreten ist.

Der jüdische Kolonialwarenhändler Siegmund Lichtenstein sollte im Mai 1933 "ausgeschaltet" werden.
Brief des Bürgermeisters an den Landrat.

Im Oktober 1935 ist auch der Bürgermeister von Ostheim vom Landrat "vertraulich" informiert worden: "Ich habe die Feststellung machen müssen, daß in einzelnen Ortschaften immer noch Schilder mit der Aufschrift "Juden sind unerwünscht" oder mit ähnlichen Beschriftungen an Ortseingängen, öffentlichen Plätzen, Straßen, amtlichen Wegweisern und den Richtungsschildern der Fernverkehrsstraßen angebracht sind. Aus staatspolitischen Gründen ist dafür zu sorgen, daß diese Schilder umgehend beseitigt werden. Dagegen ist gegen eine Aufstellung solcher Tafeln von Leuten auf ihren Privatgrundstücken nichts einzuwenden."[54]

Weitere Maßnahmen gegen die Ostheimer Juden sind in der Chronik Ostheims nachzulesen: "Die ersten Auswirkungen des Antisemitismus der neuen Regierung sind in dem Protokoll der Gemeindevertretung vom 21. 11. 1935 nachzuweisen. Hinter dem harmlos klingenden Tagesordnungspunkt zwei, 'Bürgerrechtsfragen', verbirgt sich die Ausbürgerung der Ostheimer Juden. Der Gesetzesparagraph, der es möglich machte, die Ostheimer Juden ihrer angestammten Heimat zu berauben, lautete: 'Das Ortsbürgerrecht kann nicht erwerben, wer nichtdeutschen oder nicht artverwandten Blutes ist oder dessen Eltern oder Großelternteile zu irgendeiner Zeit der jüdischen Religion oder Rasse angehört haben.' Die Gemeindevertretung stimmte nach § 4 der 'Ersten Verordnung zum Reichsbürgergesetz vom 14.11.35' der Ausbürgerung aller Juden zu. Nach dem Reichsbürgergesetz konnte ein Jude nicht Reichsbürger sein. Wenn er nicht Reichsbürger sein konnte, so konnte er auch nicht Ortsbürger sein. Also wurde dem Ausschluß vom Ortsbürgernutzen zugestimmt; das bedeutete z.B., daß den Juden kein Holz mehr aus dem Gemeindewald zustand. In Betracht kamen folgende jüdische Familien: Anselm Katz, Samuel Katz, Adolf Wolf, Siegfried Wolf, Ben Zion Adler und Moritz Levi...".[55]

Die Spar- und Leihkasse Ostheim faßte am 26. Mai 1936 einen Vorstandsbeschluß, der ihre jüdischen Mitglieder einfach ausschloß, wobei noch durchklingt, daß es wohl "eleganter" gewesen wäre, die Juden wären von sich aus ausgetreten. Der Beschluß lautet: "...Da die nichtarischen Personen Samuel Katz, Anselm Katz und Moritz Levi seither freiwillig nicht aus der Genossenschaft ausgeschieden sind, wird deren Ausschluß gemäß § 3 der neuen Statuten hiermit beschlossen."[56]

Die jüdischen Kinder, die allesamt wie ihre Eltern in Ostheim geboren waren und dort lebten: Lieselotte Levi, Trude Wolf, Kurt Levi, Inge Wolf wurden in Ostheim vom Besuch der öffentlichen Volksschule ausgeschlossen. Lieselotte Levi, die seit April 1928 die Volksschule zu Ostheim besuchte, "war ab 1. 1. 1936 vom Schulbesuch beurlaubt", so stand es lapidar auf ihrem Zeugnis. Auf ihrer Schulakte wurde vermerkt "wegen Lungen". Als weiterer Kommentar findet sich dort: "Echte Jüdin, nur geschäftlich interessiert, sonst gut begabt".[57] Die meisten dieser Kinder besuchten dann die im Januar 1937 gegründete Jüdische Bezirksschule in Bad Nauheim in der Frankfurter Straße 103.

Im August 1937 verfaßte der Bürgermeister von Ostheim einen "Bericht über die Lage auf dem Gebiete des Judentums in der Gemeinde Ostheim". Dort heißt es:

Beispiel einer Denunziation

Aus einem Schreiben des Ortsgruppenleiters der NSDAP-Ortsgruppe Ostheim, Senzel, an die NSDAP, Kreisleitung Hanau zwecks Denunziation eines Ostheimer Landwirtes vom 21. Juni 1938:

"Als ich mich mit den übrigen Politischen Leitern am vergangenen Sonntagvormittag am Rathaus sammelte - alle natürlich in Uniform -,... ging der Vg. (Volksgenosse) Heinrich A. an uns vorüber und grüßte uns mit 'Guten Morgen'. Als wir daraufhin ihn deutlich mit 'Heil Hitler' grüßten, drehte er sich um und sagte deutlich vernehmbar: "'Und ich habe guten Morgen gesagt.' Dies alles natürlich sagte er in Ostheimer Dialekt.

Ich und mit mir die Politischen Leiter fassen dies als eine direkte Herausforderung auf, und ich bitte, das zu veranlassen, was sie als unerläßlich und angebracht halten. Vg. Heinrich A. wurde 1907 geboren, ist Landwirt, verheiratet und hat zwei Kinder. Er sowohl als auch seine Angehörigen verhalten sich immer und bei jeder sich bietenden Gelegenheit sehr anstößig und ablehnend uns gegenüber. Es wäre unbedingt Zeit, daß solchen Herrschaften gezeigt wird, was das Dritte Reich bedeutet und um was es geht; denn einen Vorteil bieten sie auf keinen Fall und ihr schlechtes Beispiel gibt für manchen Vg. Richtung.

Heil Hitler! Senzel Ortsgruppenleiter".

Diese Denunziation des Ostheimer Bauern erreichte schnell seine Wirkung, schon 14 Tage später mußte der Denunzierte vor einem Parteigremium der NSDAP erscheinen und versprechen, "unter Ehrenwort, all das hier Gegebene einwandfrei und anstandslos durchzuführen".

Das Protokoll dieser Vorladung vermerkt: "Es erscheint der Landwirt Heinrich A., Ostheim, welcher bis vor kurzem noch einen Juden in seinem Betrieb beschäftigt hatte. A. gesteht, daß er seinerzeit angeblich wegen Mangel an landwirtschaftlichen Arbeitskräften den Juden beschäftigt hatte und verspricht, nachdem er vom Kreisbauernführer dementsprechender Art und Weise auf die Folgen seines Verhaltens hingewiesen wurde,

1. keinen Juden mehr in der Landwirtschaft zu beschäftigen,
2. ab sofort den Stürmer zu seiner persönlichen Orientierung über die Judenfrage zu halten.

Außerdem erklärt er,

3. seinen sofortigen Beitritt in die NSV, um damit seine politische Einstellung durch die Verbundenheit mit der Partei zum Ausdruck zu bringen. A. hat kürzlich einem uniformierten Pg auf seinen Gruß 'Heil Hitler' nicht geantwortet. Er verspricht außerdem, dieses für die Folge zu tun und sich
4. beim Ortsgruppenleiter sowie beim Ortsbauernführer über sein allgemeines Verhalten zu entschuldigen und beiden in die Hand zu versprechen, daß er für die Folge ein anständiger disziplinierter Volksgenosse sein will.

Er ist sich darüber klar, daß er seither einen Schandfleck für Ostheim darstellte sowie für die gesamte Kreisbauernschaft, und er will durch seine Einsatzbereitschaft auf allen Gebieten für die Folge das Gegenteil unter Beweis stellen...".[60]

"Die Juden sind hier in der Hauptsache als Viehhändler und Metzger tätig, ein Kolonialwarenhändler und ein Schuhmacher ist dabei. Händlerjuden von außerhalb betätigen sich hier wesentlich und es hielt schwer, sie auszuschalten. Stete Arbeit hat es dahin gebracht, daß der Handel mit auswärtigen Juden sehr nachgelassen hat.

Auch die hiesigen Juden sind fast vollkommen ausgeschaltet. Die Stimmung bei einem Teil der Bevölkerung gegen die Juden entspricht dem landläufigen Satz: Die Juden sind auch Menschen, während der Hauptteil den Verkehr mit ihnen meidet. Strafbare Handlungen der Juden sind nicht zu verzeichnen. Eine Judenfamilie ist ausgewandert (Ehepaar und 2 Kinder) nach Amerika."[58]

Alle jüdischen Geschäfte hatten starke Umsatzeinbußen hinzunehmen, und die Besitzer mußten zunehmend von ihren Ersparnissen leben. Die Kunden, die noch gerne bei Juden kaufen wollten, waren auch zunehmend Repressalien ausgesetzt.

Moritz Levi und sein 15jähriger Sohn Walter Levi wurden im Sommer 1938 zum Arbeitseinsatz gezwungen auf der Straße von Ostheim nach Eichen, die asphaltiert wurde.

Zur Alltag der Juden in Ostheim damals erzählte Hans Östreich: "Hier in Ostheim waren die Juden sehr isoliert. Kein Mensch hier durfte mit ihnen reden, und sie durften in kein 'deutsches Geschäft'. Ehrlich gesagt, man hat sich viel zu wenig um die Juden gekümmert. Sie bekamen zwar Lebensmittelkarten, aber viel weniger als wir. Wenn wir 100 Gramm bekamen, bekamen die Juden 10 Gramm. Sie bekamen das Schlechteste, den Ausschuß. Einen Liter Milch zu ihnen bringen und ein paar Bissen Brot, das fand hier statt in der Nachbarschaft. Die Nachbarn sagten immer: "Ich muß doch mal der Klara was bringen. Die Kinder wurden geschickt, auch den Judenkindern wurde mal was zugestopft. Sonst hätten die Juden das ja gar nicht durchgestanden. Ich glaube auch, daß mehr gemacht wurde, als man weiß."[59]

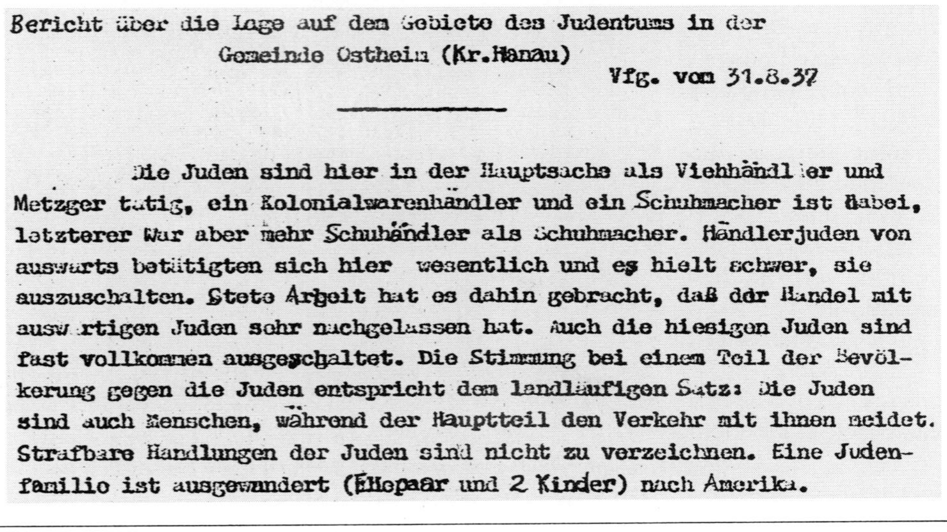
Bericht über die Lage auf dem Gebiete des Judentums in der
Gemeinde Ostheim (Kr.Hanau)
Vfg. vom 31.8.37

Die Juden sind hier in der Hauptsache als Viehhändler und Metzger tätig, ein Kolonialwarenhändler und ein Schuhmacher ist dabei, letzterer war aber mehr Schuhändler als Schuhmacher. Händlerjuden von auswärts betätigten sich hier wesentlich und es hielt schwer, sie auszuschalten. Stete Arbeit hat es dahin gebracht, daß ddr Handel mit auswärtigen Juden sehr nachgelassen hat. Auch die hiesigen Juden sind fast vollkommen ausgeschaltet. Die Stimmung bei einem Teil der Bevölkerung gegen die Juden entspricht dem landläufigen Satz: Die Juden sind auch Menschen, während der Hauptteil den Verkehr mit ihnen meidet. Strafbare Handlungen der Juden sind nicht zu verzeichnen. Eine Judenfamilie ist ausgewandert (Ehepaar und 2 Kinder) nach Amerika.

Bericht des Bürgermeisters von Ostheim über die Lage der Juden. 1937

Novemberpogrom 1938 Ausschreitungen gegen die Familien Adler und Katz

Die Tage des Novemberpogroms 1938 führten zu schweren Ausschreitungen gegen die Familien Adler und Katz. Einige Juden wurden in Ostheim verhaftet, andere Ostheimer Juden, die in Frankfurt lebten, wurden dort verhaftet und ebenfalls in das Konzentrationslager Buchenwald verschleppt.
Außerdem mußten die Ostheimer Juden erleben, daß ihre jahrhundertealte Synagoge in Windecken niedergebrannt, entweiht, geschändet und ausgeraubt wurde. Auch die Gräber ihrer Angehörigen auf dem jüdischen Friedhof in Windecken wurden entweiht und geschändet.

Ausschreitungen gegen die Familie Adler

Schwere Ausschreitungen fanden in Ostheim gegen die jüdische Familie Adler in ihrem Haus im Zimmerplatz 1 statt. Der Zimmerplatz hieß im November 1938 Adolf-Hitler-Platz. Einen Eindruck vom etwaigen Verlauf dieses Abends und der Nacht im November 1938 geben verschiedenen Zeugenaussagen im einem Prozeß, der nach dem Kriege vor dem Amtsgericht Hanau stattfand. Alle Zitate stammen aus den Prozeßunterlagen.[61)]

Benzion Adler berichtet später, daß schon einige Tage vor den schweren Ausschreitungen ein ihm bekannter Ostheimer "unsere Fenster mit Steinen bombardierte. Ich habe denselben persönlich in meinem Hofe in seiner Bahndienstkleidung gesehen und ihn erkannt."

Am 9. November 1938 fand in Ostheim, wie seit einigen Jahren üblich, eine Feier zu den 16 Toten des 9. November 1923 statt, die der Ortsgruppenleiter der NSDAP in der Gastwirtschaft Müller abhielt.

Der damalige Bürgermeister und SA-Führer Wilhelm Altvater: "Es war an einem Tag im November 1938, als ich in den frühen Abendstunden vom SA-Sturm eine mündliche Anweisung erhielt, daß eine Aktion gegen ortsansässige Juden stattzufinden habe. Ich habe aber irgendwelche Maßnahmen an diesem Tage weder veranlasst noch gesehen, es blieb vielmehr im Ort alles ruhig.
Als ich am nächsten Tag gegen Abend von der Arbeit zurückkam, berichtete mir meine Frau schon auf dem Hof, daß im Hause des Juden Adler ein Durcheinander herrschte. Mir war schon auf dem Heimweg aufgefallen, daß im Ort eine Lauferei verschiedener Personen in der Straße zu beobachten war, in der der Jude Adler wohnte."

Im Hause der Familie Adler hielten sich an diesem Novemberabend das Ehepaar Benzion und Hilde Adler auf. Benzion Adler war zu dieser Zeit 68 Jahre alt und seine Frau 59 Jahre. Drei der vier Söhne Adlers, Max, Willi und Arthur, waren schon ausgewandert. Hermann Adler war verheiratet und lebte mit seiner Frau und der kleinen zweijährigen Tochter Ellen in Speyer. Als die Verfolgungen gegen die Juden im November anfingen, da flüchtete Hermann mit seiner Frau Grete, dem kleinen zweijährigen Kind und der Schwiegermutter Betty Schleimer nach Ostheim, denn dort glaubten sie sicher zu sein. Aber dies sollte sich als eine falsche Hoffnung herausstellen. Im Verlaufe des Tages des 10. November 1938 wurde Hermann Adler verhaftet und zusammen mit einigen anderen Ostheimer Juden wie Samuel Katz und Moritz Levi in das Konzentrationslager Buchenwald verschleppt. Erst nach mehreren Wochen kehrte er zu den Eltern nach Ostheim zurück und erfuhr von den Eltern, wie es ihnen in der Novembernacht 1938 ergangen war.

Von diesem Novemberabend 1938 berichtete die Nachbarin der Familie Adler: "Gegen halb acht abends kam zu mir H.S. aus Ostheim und sagte zu mir, daß es heute noch etwas geben werde. Als ich ihn fragte, was denn geschehen solle, sagte er zu mir, daß mich dies nichts angehe. Er brachte zum Ausdruck, daß im Hause Adler etwas vorgehen werde, worauf ich ihm sagte, er solle sich davor hüten. Daraufhin antwortete er: 'Du bist für den Jud!' Gegen neun Uhr abends - die genaue Zeit kann ich nicht angeben - erscholl auf der Straße großes Geschrei ...".

Ein Landwirt aus der Nachbarschaft berichtete: "Ich wohne nicht weit von Adler. An diesem fraglichen Abend hatten wir fünf Wagen, die mit Zuckerrüben beladen waren, vor dem Haus von Adler stehen. Als die Judenschlägerei dort begann und ich die Schreie vernahm, ging ich in die Nähe der Hofreite Adler. Dort mußte ich feststellen, daß schon ein Teil der Zuckerrüben fehlte, denn damit hatten welche die Fensterscheiben des Adler zertrümmert...".

Eine weitere Zeugenaussage: "Vor dem Grundstück des Juden Adler hielten sich zahlreiche Personen, darunter auch insbesondere Jugendliche, auf. Diese warfen von der Straße mit Zuckerrüben, die auf zwei auf der Straße stehenden Fahrzeugen lagerten, die Fenster des Grundstückes von Adler ein. Es wurden außerdem die Fensterladen ausgehängt und einige Personen hatten die Wohnung durch die Fenster hindurch betreten und stürzten in der Wohnung Möbelstücke um."

Die Situation in Ostheim bis zu dieser Entwicklung wurde vom Landgericht Hanau so dargestellt: "Im Zuge der Gewalttätigkeiten gegen Juden, die aus Anlaß des Attentates gegen den deutschen Botschaftsrat in Paris von Rath von der NSDAP am 8. November 1938 ausgelöst wurden und an den folgenden Tagen im ganzen Reichsgebiet stattfanden, kam es im November 1938 auch in Ostheim bei Hanau zu groben Ausschreitungen. Sie richteten sich namentlich gegen die - inzwischen nach Südafrika ausgewanderte - Familie des jüdischen Viehhändlers Benzion Adler in Ostheim. Am Abend eines dieser Tage rottete sich vor dem in der Mittelstraße in Ostheim gelegenen Hause des Adler eine große lärmende Volksmenge zusammen. Die Fenster des Adlerschen Hauses wurden mit Zuckerrüben eingeworfen, welche zur Verladung auf der Bahn in Fuhrwerken lagen, die auf dem angrenzenden Zimmerplatz abgestellt waren. Mehrere noch nicht festgestellte Personen drangen gewaltsam in das Adlersche Wohnhaus und in die Wohnung der Familie Adler ein, mißhandelten dort die Mitglieder der Familie Adler und zerstörten deren Wohnungseinrichtung."

Todesangst mußten Benzion und Hilde Adler bei dem Überfall auf ihr Haus im Novemberpogrom 1938 ausstehen. Dieses Bild entstand 1939 in Frankfurt.

An dieser Stelle muß deutlich festgehalten werden, daß bisher nur Leute aus Ostheim an den Ausschreitungen beteiligt waren. Benzion Adler schrieb dazu: "...ich erkannte alle Rohlinge, welche ich von Kindheit kenne."

Nun zur weiteren Entwicklung an diesem Abend in der Hofreite Adler:

"...kam dort ein Personenauto vorgefahren, hielt auf der rechten Seite gegenüber dem Haus Adler und aus dem Auto stiegen die beiden Metzger R. aus Hainchen. Ich hörte noch, wie der eine sagte: 'Jetzt schlachten wir den.'"

"Nach einer Zeit, es mag so gegen 22 Uhr gewesen sein, fuhr am Hause Adler ein Kraftfahrzeug vor. Einer der Insassen fragte dann die dort versammelte Menschenmenge, was dort los sei ...".

"Es waren zwei Metzger aus Hainchen, die sich nach dem jungen Adler erkundigten, der aber zu dieser Zeit schon ausgewandert war."

" ... Sie gingen dann über den Hof in das Gebäude des Adler, worauf nach einiger Zeit der Krach sich verstärkte und Schreie zu hören waren...".

"... Diese Personen haben wahrscheinlich zunächst die unteren Räume des Adler durchsucht, denn nach ihrem Eindringen war noch 5 Minuten Ruhe. Die Familie Adler war schon auf Grund der Rohheiten und Zerstörungen, die schon vorher angerichtet worden waren, in die oberen Räume beim Dachboden geflüchtet. Nach 5 Minuten hörten wir plötzlich mächtiges Geschrei ... der Frauen. Zu dieser Zeit kam eine Frau aus dem Hause des Adler ohne Schuhe an den Füßen. Anschließend erzählte die umherstehende Menschenmenge, daß diese Frau ein Kind auf dem Arm gehabt habe und mit nackten Füßen durch die Glasscherben laufen mußte...".

"...Die junge Frau hatte sogar noch ein kleines Kind auf den Armen. Beide Frauen schrien fürchterlich. Daraufhin kam auch der alte Adler herunter. Im gleichen Moment flog auch ein Koffer mit Kinderwäsche herunter."

"Nachdem der alte Herr Adler aus der Wohnung herausgeworfen worden war, ist er trotzdem wieder in die Wohnung gegangen."

Diese Ereignisse nach dem Eintreffen des Autos faßte der Ermittlungsbericht zusammen: "...fuhren die beiden Angeschuldigten in einem PKW vor, mischten sich unter die Anwesenden und begaben sich alsdann in die Wohnung Adlers. Bald darauf hörten die vor dem Haus Stehenden längere Zeit hindurch ein 'fürchterliches Schreien sowie großen Lärm und Gepolter'. Nach einer Weile erschien in der Haustür blutend und nur mit einem Hemd bekleidet die junge Frau Adler mit ihrem zweijährigen Kind auf dem Arm. Sie machte infolge der erlittenen Mißhandlungen den Eindruck einer Geistesgestörten und flüchtete über den mit Glasscherben bedeckten Hof. Ihr folgten in der gleichen Verfassung die übrigen Angehörigen der Familie Adler. Sie waren sämtlich schwer mißhandelt und ihre gesamte Wohnungseinrichtung war zertrümmert."

In der zuschauenden Menge regte sich nun doch etwas, ein Zeuge berichtete:

"Ich konnte dieses dann nicht mehr dulden und ging in das Haus, um dort irgendwie Einhalt zu gebieten. In diesem Moment kam dann auch noch Wilhelm Altvater und bot Ruhe."

"Inzwischen war der Wachtmeister Franke aus Ostheim an mich herangetreten mit der Aufforderung, dem Treiben Einhalt zu gebieten, wobei er bemerkte, daß ich als Uniformträger ihm dienstlich unterstellt sei, wenn er das verlange. Ich ging deshalb seiner Weisung gemäß auf den Hof des Adlerschen Grundstückes und forderte die dort versammelten Personen, meist Jugendliche, auf, das Grundstück zu verlassen, während Franke dasselbe tat. Zu diesem Zeitpunkt kam auch der frühere Bürgermeister von Ostheim, Altvater, auf den Hof und sagte etwa: 'Schluß jetzt!', und er führte die Frauen dann wieder in das Gebäude."

Der damalige Bürgermeister Altvater: "Als ich an das Anwesen von Adler kam, stand dieser mit Herrn U. an der Türe und bat mich, ihm doch beizustehen. Ich betrat den Hof des Grundstückes, der von Menschen überfüllt war und begegnete dort der Ehefrau des Benzion Adler, beider Schwiegertochter sowie eine weitere ältere Dame und ein etwa zweijähriges Kind. Die Frauen waren nur notdürftig gekleidet und weinten. Ich betrat dann das Haus und führte die ganze Familie in ein Nebenzimmer im unteren Stock und schloß das Zimmer nach deren Eintritt von außen ab. Als ich nun in das obere Stockwerk der Wohnung ging, um nachzusehen, ob sich oben noch jemand aufhielt, sah ich, daß die Wohnungseinrichtung vollständig demoliert dalag, aber sonst niemand sich darin aufhielt.

Ich habe zwar auf dem Hof eine Reihe Ostheimer wiedererkannt, wer aber in dem Gebäude drinnen war, kann ich nicht mehr sagen. Ich habe auch nicht die Familie Adler gefragt, wer sie denn aus der Wohnung gewiesen habe. Ich wagte dies nicht, um nicht Schwierigkeiten zu bekommen.

Am Hofeingang hatte ich beim Betreten des Grundstückes zwei mir bekannte SA-Männer in Zivil getroffen und dabei noch gefragt, ob die SA an den Ausschreitungen beteiligt sei, was diese verneinten... Nachdem auf meine Aufforderung hin die versammelten Menschen sich vom Grundstück Adler entfernt hatten, habe ich das Zimmer wieder aufgeschlossen und das Grundstück verlassen...". Altvater soll wegen "seines Eingreifens und Schlichtens vor ein Parteigericht gestellt" worden sein.[63)]

Die Nachbarin, mit denen die Familie Adler ein gutes Verhältnis verband, berichtete: "Gegen vier Uhr morgens kam die alte Frau Adler zu mir in die Wohnung, weckte mich und erzählte mir folgendes: 'Lieb gut Marie, ich bin so froh, daß der Willi fort ist (der gesuchte Sohn war schon ausgewandert), die hätten ihm sonst den Hals abgeschnitten.' Sie hat weiter erzählt, daß, wenn Altvater früher gekommen wäre, dies alles nicht passiert wäre. 'Gib mir Tassen, Teller und Milch für das kleine Kind.' Sie blieb ungefähr eine Stunde und ging dann nach Hause zurück. Ich habe ihr dann einige Stunden später verschiedene Lebensmittel gebracht. Morgens gegen 8 Uhr suchte ich das Haus der Familie Adler auf und beseitigte mit meinem Mann die Trümmer und die zerbrochenen Fensterscheiben. Die Ausschreitungen fanden nur diesen einen Abend statt, am nächsten Tag kamen nur Neugierige, um zu gucken."

Benzion Adler schilderte 1947 in einem Bericht die Ereignisse dieses Abends im November 1938 in seinem Haus in Ostheim: "Meine Frau, meine Schwiegertochter, deren Mutter und Baby saßen gegen acht Uhr im Zimmer, als auf einmal mit Eisenstäben die Fensterläden aus den Kloben ... (geschlagen) und die Fenster eingeworfen wurden. Wir flüchteten mit unseren schnell zusammengerafften Notwendigkeiten auf den Hausboden. Die Räuber stiegen ein und schlugen alles im Zimmer, Küche und Nebenstube mit Beilen kurz und klein. Man glaubte in unserer Todesangst, die Hölle sei losgebrochen.

Es fielen Befehle, und da sagte ich, der Stimme nach ist es Georg D., welcher nur drei Häuser von uns wohnte, der Anführer, welches sich immer mehr durch die Kommandos seiner Stimme bestätigte.

Als im ersten Stock alles zerstört war, gab er den Befehl, bei Konrad Mehrling VII., unserem Nachbar, Leitern zu holen und den zweiten Stock von zwei Seiten anzugreifen und um uns fünf unschuldigen Menschen den Ausgang zu verstopfen. Was mit uns Menschen dann auf dem Dachboden geschehen wäre, diese Frage lasse ich einmal offen.

Auf einmal erschollen aus der Menge Rufe: 'Keinen Schlag mehr, sonst greifen wir ein.' Ich bin überzeugt, daß ein großer Teil dieser Menschen sich im Leben Vorwürfe gemacht hätte, wenn sie so einige mordlustige Flegel weiterhausen ließen, bis es vielleicht zu spät gewesen wäre. Daraufhin wurde es etwas ruhiger.

Wir gingen vom Boden herunter, und ich sah durch das Gangfenster Georg D. im Hofe stehen und gab Befehle: 'Aufhören! Heraus! Antreten zu zweien! Rechts herum!' Ich konnte nun im Scheine der elektrischen Hoflampe und im hellen Mondlicht den Anführer Georg D. nebst Komplizen ins Gesicht sehen, und ich erkannte sie alle. Georg D. kommandierte: 'Rechts um! Marsch!' und stellte die Räuberbande gegenüber am Gemeindehaus auf und das ganze Publikum mußte an diesen elenden Verbrechern vorbeigehen. Ob sich da noch mehrere an dieses verrückte Gesindel angeschlossen haben, weiß ich nicht. Daraufhin kommandierte Georg D.: 'Rechts um! Jetzt geht es zum Katz!' Während ich am Gangfenster stand, rief einer der Gebrüder Reichert - der korpulentere: 'Dreckjud geh hinweg, sonst schneid ich dir den Hals ab!'

Während des Pogroms hielt der Propagandaleiter Heinrich Ott eine aufreizende Rede und feuerte das Publikum zu noch größerer Zerstörungswut auf.

Der Ortsgruppenleiter Lotz fragte uns aus ..., ob ich für das Anwesen Geld hätte oder nicht. Ich war gezwungen..., mit ganz wenigen Barmitteln und zusammengerafften Notwendigkeiten nach Frankfurt zu ziehen.

Alles ... habe ich selbst miterlebt und selbst gesehen und erkannt, die Rohlinge, welche ich alle von Kindheit an kenne. Anbei die Namen, welche unter dem Kommando des Georg D. an den Verwüstungen und mordähnlichen Vorhaben teilnahmen." Danach folgten im Bericht von Benzion Adler neun Namen, von denen sieben Ostheimer waren sowie zwei aus Hainchen.

Außerdem wurden Benzion Adler in dieser Nacht zwei wertvolle goldene Uhren gestohlen.

An den Ausschreitungen in Ostheim traten keine uniformierten SA- oder HJ-Leute in Erscheinung, die Erklärung gab der damalige Kreisleiter der NSDAP, Max Else: "In den frühen Morgenstunden des 10. November 1938 erhielt ich dann den Anruf der Gaupropagandaleitung, die besagte, daß das Reichspropagandaministerium Maßnahmen gegen die Juden befohlen hatte mit der Auflage, daß sich hierbei die Organisationen der Partei nicht in den Vordergrund stellen sollen. Ich habe deshalb auch im Anschluß an eine kommunalpolitische Tagung den Befehl erteilt, daß niemand in Parteiuniform sich an den befohlenen Aktionen zu beteiligen habe."

Wegen der Ausschreitungen gegen die Familie Adler fand vor dem Landgericht in Hanau im Juli 1947 ein Prozeß statt. Allerdings nicht gegen alle mutmaßlichen Täter, sondern ausschließlich gegen die Nicht-Ostheimer, nämlich die beiden Metzger aus Hainchen. Hans Östreich erläuterte diese Tatsache in einem Gespräch: "Die Ostheimer wollte man schonen und hat deshalb wohl nur die anderen aus Hainchen drangekriegt. Diesen Eindruck hatte auch das Gericht in Hanau. Die Richter sagten: 'Das wundert uns aber sehr, daß sie hier alle aus Ostheim wissen, daß die Brüder aus Hainchen da waren, aber es ist unter den Zeugen keiner dabei, der sich daran erinnern kann, daß jemand aus Ostheim dabei war. Das ist sehr merkwürdig.'"[64]

1947 wurden die beiden Metzger aus Hainchen verurteilt zu einem Jahr und neun Monaten Gefängnis wegen Landesfriedensbruches. Das Gericht erkannte für Recht: "Die Angeklagten haben im November 1938 an der öffentlichen Zusammenrottung einer Menschenmenge teilgenommen, die mit vereinten Kräften

Dienstag, den 27. Januar 1953 — Nr. 22/221. Jahrgang

Ostheimer „Kristallnacht" erneut aufgerollt

Ein Wiederaufnahmeverfahren vor der Hanauer Großen Strafkammer

Unter dem Vorsitz von Landgerichtsdirektor Ronimi begann gestern vor der Großen Strafkammer des Landgerichts Hanau ein Wiederaufnahmeverfahren gegen die Brüder Georg und Heinrich Reichard aus Hainchen bei Büdingen. Sie waren im Jahre 1948 wegen schweren Landfriedensbruchs von dem gleichen Gericht zu je einem Jahr und neun Monaten Gefängnis verurteilt und für schuldig befunden worden, an den Ausschreitungen gegen jüdische Bürger in der sogenannten Kristallnacht in Ostheim am 10. November 1938 teilgenommen zu haben. Der Strafsenat des Oberlandesgerichts in Frankfurt hatte das Urteil aufgehoben und zur erneuten Verhandlung zurückverwiesen.

Der außerordentlich umfangreiche Prozeßstoff machte es notwendig, die Sitzung im Schwurgerichtssaal des Hanauer Landgerichtsgebäudes abzuhalten. Allein 30 Zeugen waren vorgeladen, um über die Vorgänge, die sich vor über 14 Jahren in Ostheim abgespielt haben, ihre Aussagen zu machen. Zu verantworten haben sich der 53jährige Georg Reichard aus Hainchen, und sein zwei Jahre älterer Bruder Heinrich. Sie waren wegen schweren Landfriedensbruch zu je einem Jahr und neun Monaten Gefängnis verurteilt worden und hatten die Strafe zum größten Teil bereits verbüßt. Georg Reichard hatte 16 Monate und sein Bruder 13 Monate im Gefängnis gesessen, aus dem sie entlassen wurden, nachdem ihnen die Durchsetzung eines Wiederaufnahmeverfahrens gelungen war. Ihnen wurde damals und wird auch jetzt vorgeworfen, am 10. November 1938 abends mit ihrem Wagen vor dem Haus der in Ostheim wohnenden jüdischen Bürger Adler vorgefahren zu sein und sich an den Ausschreitungen gegen die Familie Adler beteiligt zu haben. Die Angeklagten streiten noch immer ab, am 10. November in Ostheim gewesen zu sein, sondern wollen an dem gleichen Abend in Himbach beim Löschen des Synagogenbrandes geholfen haben.

Dem Gericht fällt die anscheinend nicht leichte Aufgabe zu, festzustellen, an welchem Tage genau die Ausschreitungen in Ostheim stattgefunden haben. Fest steht nämlich, daß die Angeklagten am Abend des 10 November 1938 tatsächlich in Himbach gewesen sind. So waren die Zeugenaussagen in der gestrigen Verhandlung, nachdem die Vernehmung der Angeklagten keine neuen Gesichtspunkte erbracht hatte, von besonderem Gewicht. Der größte Teil der bis in die späten Abendstunden hinein vernommenen Zeugen machten widerspruchsvolle Angaben Einige beriefen sich auf einen bestimmten Zeugen, der damals behauptet haben soll, die Brüder Reichard erkannt zu haben. Ziemlich übereinstimmend sagten die aus Ostheim stammenden Zeugen aus, daß zwar die Hitlerjugend die Scheiben des Adlerschen Anwesen zertrümmert und sich auch sonst noch Ostheimer an den Ausschreitungen beteiligt hätten. Als dann ein Auto vorgefahren sei und die Insassen in das Haus gegangen seien, habe man Schreie aus der Wohnung gehört.

Als der Zeuge vernommen wird, der die Brüder Reichard gesehen haben soll, gibt dieser an, er könne sich daran nicht mehr erinnern, er sei inzwischen in russischer Gefangenschaft gewesen. Auf Befragen des Verteidigers sagt er, die Brüder Reichard nicht gekannt zu haben. Der jetzige Bürgermeister von Ostheim, der als öffentlicher Ankläger der Spruchkammer 1947 die Ermittlungen führte, hatte sich in einer eidesstattlichen Erklärung auf den damals noch in russischer Kriegsgefangenschaft weilenden Zeugen berufen und die beiden Brüder Reichard als Täter angegeben. Auf die Frage des Verteidigers, ob denn in Ostheim nicht noch mehr Ausschreitungen gegen jüdische Häuser und Bürger stattgefunden hätten, antwortet der Zeuge bejahend. Als der Verteidiger dann weiter fragt, was er denn als öffentlicher Kläger getan habe, um auch in diesen anderen Fällen die Täter zu ermitteln, erhält er zur Antwort, dies sei nicht seine Aufgabe gewesen. Eines jedoch will der Zeuge genau wissen: daß sich die Ausschreitungen in Ostheim am Tage nach denen in Hanau abgespielt haben. Er habe sich noch gewundert, daß der Gendarm nicht eingeschritten sei, denn von Goebbels seien doch die Ausschreitungen bereits verboten gewesen.

Bei einigen Aussagen kam es zu heftigen Debatten zwischen Verteidigung, Vorsitzenden und dem die Anklage vertretenden Oberstaatsanwalt Aust. Während der Verteidiger die Ostheimer Zeugen durchweg als unglaubwürdig hinstellt und immer wieder die Unschuld seiner Mandanten beteuert, scheinen das Gericht und auch der Anklagevertreter von deren Schuld überzeugt zu sein. Dem Gericht aber obliegt es, herauszufinden, an welchem Tage die Ausschreitungen in Ostheim wirklich waren, und es wird den Angeklagten beweisen müssen, daß sie tatsächlich auch an diesen Ausschreitungen teilgenommen haben.

Die Verhandlung wird heute fortgesetzt. -er.

Bericht des Hanauer Anzeigers vom 27. 1. 1953 über die Wiederaufnahme des Prozesses wegen des Überfalls auf die Familie Adler im November 1938

Zwei Judenschläger verurteilt

Ostheimer Judenpogrome gesühnt

Von der Strafkammer des Landgerichts Hanau wurden die Gebrüder Reichard aus Hainchen im Kreis Büdingen wegen schweren Landfriedensbruchs zu je 21 Monaten Gefängnis verurteilt. Die beiden Brüder, Heinrich und Georg Reichard, wurden überführt, an den Ausschreitungen in Ostheim bei Hanau im November 1938 hervorragend beteiligt gewesen zu sein, wobei Juden geschlagen und die Wohnungseinrichtungen jüdischer Häuser zerstört worden waren. Die erlittene Untersuchungshaft von 15 Monaten wurden den beiden Judenhassern nicht angerechnet.

bu.

Bericht aus der Frankfurter Rundschau vom 25. Juli 1947

gegen die Familie Benzion Adler und deren Wohnung in Ostheim Gewalttätigkeiten begangen hat." Die Frankfurter Rundschau berichtete unter der Überschrift "Zwei Judenschläger verurteilt - Ostheimer Judenpogrome gesühnt".[65)]

Nach der Verbüßung eines großen Teils ihrer Strafe konnten die beiden Brüder eine Wiederaufnahme ihres Verfahrens im Januar 1953 erreichen, da sie bestritten, an diesem Tag in Ostheim gewesen zu sein. Der genaue Tag der Ausschreitungen gegen die Familie Adler konnte vor Gericht nie geklärt werden, es ging um den 9. November 1938 oder den 10. November oder den 11. November. Nach umfangreichen Verhandlungen und mehrfachen Vertagungen wurde der Prozeß erst im Dezember 1956 wiederaufgenommen. Die Große Strafkammer des Landgerichtes Hanau - so war im Hanauer Anzeiger zu lesen - "stellte aufgrund des Amnestiegesetzes aus dem Jahre 1949 das Verfahren ein, weil das umfangreiche Beweisverfahren nunmehr einen Tatbestand ergeben hatte, der keine höhere Strafe als sechs Monate Gefängnis erwarten ließ. Das Gericht war nunmehr zu der Überzeugung gelangt, daß die Brüder R. zwar an der Zusammenrottung beteiligt gewesen sind, daß ihnen aber keine gewalttätige Handlung nachgewiesen werden kann."[66)]

Ausschreitungen und Verwüstungen bei Samuel Katz

"Jetzt geht es zum Katz!" hatte der Anführer nach den Zerstörungen am Zimmerplatz im Hause Adler gerufen. Gemeint war der Schuhmacher Samuel Katz, der mit seiner Frau Regina seit Jahrzehnten die Schuhe der Ostheimer reparierte. Ihnen gehörte das Haus Windecker Straße 12 - heute Windecker Weg 30. Ihre drei Kinder waren schon erwachsen. Wilhelm Katz war schon nach Palästina ausgewandert, Gerda Katz mit ihrem Mann nach Amerika. Manfred Katz lebte in Frankfurt mit seiner Frau Hertha. Mehrere Männer sollen gewaltsam in das Anwesen eingedrungen sein und die Wohnung und Werkstatt demoliert und geplündert haben. Schuhe, Bekleidungsstücke und Wäsche sollen auf der Windecker Straße herumgeflogen und von Leuten nach Hause geschafft worden sein. Die Beteiligten sollen ausschließlich Ostheimer gewesen sein.

Im Dorf Ostheim hatte es sich schnell herumgesprochen, daß Samuel Katz so erniedrigt worden war. Es hieß: "Der Jud quittiert." Daraufhin strömten wohl viele Menschen dorthin, die bei Samuel Katz Schulden hatten, die in einem großen schwarzen Buch eingetragen waren. Viele der Kunden von Samuel Katz kauften so 50pfennigweise ihre Schuhe ein, für die er dann kassieren kam. Aber in dieser Nacht wurde er gezwungen, Quittungen zu unterschreiben für Beträge, die er nie bekommen hat. "Was sollte er denn da machen, die hätten ihn doch geschlagen, wenn er nicht unterschrieben hätte." Anschließend nahm ein Ostheimer SA-Mann sich dieses Buch und trieb auf seine Art die Außenstände des Samuel Katz ein, allerdings auf seine eigene Rechnung. Dies wurde dem Sohn Wilhelm Katz viele Jahre später erzählt. Die Ostheimer Täter bekamen es am folgenden Tag wohl mit der Angst zu tun, daß ihr schändliches Tun Folgen haben könnte. So kehrten sie nochmals in die Nähe des Tatortes zurück und besuchten den Nachbarn der Familie Katz, der die Vorgänge im Nachbarhaus am Fenster verfolgt hatte. Da er aber stark sehbehindert war, hatte er die Beteiligten gar nicht im einzelnen erkennen können. Jetzt aber, als sie vor ihm standen und mit ihm sprachen, erkannte er sie erst. Sie baten ihn eindringlich, sie nicht zu verraten. Dieses Versprechen gab er ihnen auch.[67)]

Nach dem Kriege wurde dieser Vorfall nie ermittelt. In einem Bericht des Hanauer Anzeigers vom 27.1.1953 war dazu zu lesen: "Auf die Frage des Verteidigers, ob denn in Ostheim nicht noch mehr Ausschreitungen gegen jüdische Häuser und Bürger stattgefunden hätten, antwortet der Zeuge bejahend."[68)] Der Zeuge war zur Zeit des Prozesses "Bürgermeister von Ostheim, der als öffentlicher Ankläger der Spruchkammer 1947 die Ermittlungen führte".[69)] "Als der Verteidiger dann weiter fragt, was er denn als öffentlicher Kläger getan habe, um auch in den anderen Fällen die Täter zu ermitteln, erhält er zur Antwort, dies sei nicht seine Aufgabe gewesen."[70)]

Samuel Katz muß kurz nach den Verwüstungen in seinem Haus verhaftet worden und über das Polizeigefängnis in Hanau in das Konzentrationslager Buchenwald verschleppt worden sein, dort mußte er etwa vier Wochen bleiben. Dort traf er auch seinen Sohn Manfred, der in Frankfurt verhaftet worden war, wieder.

Wenige Tage nach den Verwüstungen im Hause Samuel Katz besuchte die Frau von Manfred Katz aus Frankfurt, Hertha, ihre Schwiegermutter Frau Katz in Ostheim. Sie erinnerte sich: "Meine Schwiegermutter war völlig aufgelöst, das Haus sah noch immer schrecklich aus, die Vorhänge heruntergerissen, alles durchwühlt." Wilhelm Katz hatte von seinem Bruder Manfred, dem der Vater in Buchenwald berichtet hatte, folgendes erfahren: "Meine Mutter muß in dieser Nacht beinah wahnsinnig geworden sein. Meine Eltern hatten Goldstücke auf dem Dachboden unter einer Diele versteckt, dort eilte meine Mutter immer wieder hin und schrie wie von Sinnen: 'Nehmt doch alles! Nehmt doch alles!'."[71)]

Versuchte Ausschreitungen gegen die Familie Levi in der Kirchgasse

Walter Levi befand sich auch in der Zuschauermenge vor dem Hause Adler während der Ausschreitungen. Sein Begleiter berichtete: "In meiner Begleitung befand sich der junge Levi, der Angst hatte, daß bei ihm zu Hause auch etwas passiere."

Diese Angst war wohl berechtigt, denn Ostheimer Männer versuchten, auch in der Kirchgasse gegen das Anwesen des Metzgers Moritz Levi und seiner Familie vorgehen. Aber sie hatten nicht mit den Nachbarn der Levis gerechnet. Herr Zinndorf stellte sich mit der Mistgabel vorne an die Kirchgasse und mit drohender Gebärde und den Worten: "Hier kommt niemand herein! Die Juden laßt in Frieden!" konnte er die Männer vertreiben. Sie suchten das Weite und so wurde die Familie Levi dank ihrer aufrechten Nachbarn verschont.

Zeugen der Entweihung, Zerstörung und Plünderung der Windecker Synagoge, die auch die Ostheimer Juden besuchten, waren Moritz Levi und auch Benzion Adler. Dieser regte sich dabei so schrecklich auf, daß er einen Herzanfall erlitt und immer wieder ausrief: "Das wird sich rächen! Das wird sich rächen!"[71a)]

Verhaftungen im November 1938 und Transport in das Konzentrationslager Buchenwald

Während des Novemberpogroms 1938 wurden in Ostheim mehrere Juden verhaftet: Samuel Katz, Hermann Adler, der mit seiner Familie aus Speyer nach Ostheim geflohen war, weil er glaubte, dort vor den antijüdischen Ausschreitungen sicher zu sein, auch

Moritz Levi und sein Sohn Walter waren in Ostheim verhaftet worden. Sie alle wurden in das Polizeigefängnis im Fronhof in Hanau gebracht. Dort wurde Moritz Levi - vermutlich als Frontkämpfer im Weltkrieg oder aus gesundheitlichen Gründen - wieder freigelassen, auch sein Sohn Walter Levi wurde wieder freigelassen, weil er erst 15 Jahre alt war.

Überall waren Juden verhaftet worden. Der Hanauer Anzeiger berichtete dazu am 11. 11. 1938: "Im Stadt- und Landkreis Hanau wurden im Laufe des Tages eine größere Anzahl Juden in Schutzhaft genommen."[72] Dazu gehörten auch Julius und Ludwig Reichenberg aus Windecken.

Von Hanau aus wurden die Verhafteten in das Konzentrationslager Buchenwald bei Weimar verschleppt. Dorthin waren auch Siegmund Lichtenstein und Manfred Katz, die in Frankfurt verhaftet worden waren, verschleppt worden.

Im folgenden sollen der Verlauf der Verhaftungen, die Schikanen in der Festhalle in Frankfurt und der Transport nach Buchenwald dargestellt werden.

Am Donnerstag, den 10. November 1938, und auch am Freitag, den 11. November 1938, wurden in Frankfurt zahlreiche Juden, auch viele alte Leute und Frauen verhaftet und in die Festhalle auf dem Messegelände geschafft. Die Festhalle war bisher allen Verhafteten nur als Ort fröhlicher Ereignisse (zuletzt Luftschiff-Ausstellung, Sängerwettstreit, Turnfeste, Rummelplätze, Konzerte, Theateraufführungen) in Erinnerung. Sie wurden "dort bis Freitagnachmittag ohne Schlafgelegenheit und meistens auch ohne Sitzgelegenheit belassen. Dann wurden die Leute über 60 Jahre und die Frauen entlassen." [73]

Gegen die Verhafteten tobte sich "ein unerhörter Gruppensadismus" aus. Von diesen Vorgängen in der Festhalle wurde berichtet: "...Wir werden in die Halle geführt und ein rascher Blick sagt uns, was die Uhr geschlagen hat. Denn da saust - anders kann man es wohl kaum sagen - ein keuchender Mensch durch die Halle und hinter ihm ein SS-Mann, der kommandiert: marsch - marsch...".[74]

"...die meist älteren Männer (wurden) ...einer besonders demütigenden und im physischen wie psychischen Sinne verletzenden Form der Folter unterworfen. Dies galt für das ständige Hinlegen! Aufstehen! Marschieren! und Laufen!, wobei die Juden von den sie bewachenden SS-Männern gezwungen wurden, 'Das Wandern ist des Müllers Lust' zu singen. Dies galt aber vor allen Dingen für den Befehl, mit den Händen auf dem Rücken 'wie ein Wurm' zu kriechen." [75]

In den Erinnerungen des SS-Mannes Baab lesen sich die Ereignisse in der Festhalle so: "Ein trauriges Bild bot an diesem Tag die Festhalle, in der fast 1 000 Juden zwangsweise anwesend waren... Laute Kommandos hallten durch die Festhalle, die einem militärischen Ausbildungslager ohne Waffen glich. ...Auch Mißhandlungen waren an der Tagesordnung, Bart- und Kopfhaare wurden geschnitten (besonders demütigend für orthodoxe Juden - d. V.). Nachdem innerhalb weniger Minuten zwei Juden infolge eines Herzschlages starben, untersagte (man) ... diese 'Bewegung' der Juden. ... Gauleiter Sprenger hat sich dieses Schauspiel nicht entgehen lassen. Er nahm die Juden in Augenschein und war sichtlich erfreut, als er einige ihm bekannte Juden in dem jämmerlichen und bedauernswerten Zustand sah, unter denen auch der Opernsänger Erl war. Nun befahl Sprenger unter großem Gelächter seines Stabes dem Opernsänger Erl, sich auf die Empore zu begeben und die Arie 'In diesen heiligen Hallen' zu singen. Es war so still in der Festhalle, daß man eine Nadel hätte fallen hören...".[76]

Gerade nun diese Arie aus Mozarts Oper "Die Zauberflöte" muß der größte Kontrast zu der realen Situation der Erniedrigung und Demütigung der Opfer gewesen sein. Die Worte der Arie:

"In diesen heiligen Hallen, kennt man die Rache nicht!
Und ist ein Mensch gefallen, führt Liebe ihn zur Pflicht.
Dann wandert er an Freundes Hand,
vergnügt und froh ins bessre Land.

In diesen heiligen Mauern, wo Mensch den Menschen liebt
Kann kein Verräter lauern, weil man dem Feind vergibt.
Wen solche Lehren nicht erfreun',
verdienet nicht, ein Mensch zu sein."

"Für den Gesang erhielt der Opernsänger Erl keinen Beifall, da die Juden sich nicht trauten und die Nationalsozialisten keinen Anlaß dazu hatten, einem Juden für den dargebotenen Gesang zu danken. Alle Anwesenden, auch die Männer der Partei, waren gerührt von dem Gesang. Es dauerte eine gewisse Zeit, bis der Betrieb weiterging...", erinnerte sich der frühere SS-Mann.[77]

Transport zum Südbahnhof

"Etwa um 9 Uhr wurden die für das KZ bestimmten Häftlinge in großen Autobussen zum Südbahnhof gebracht. Zivilpersonen, die ihre Ankunft erwartet hatten, überschütteten sie mit einer Flut der übelsten Beschimpfungen. Die dort aufgestellte Grüne Polizei machte sich das Vergnügen, den Gefangenen beim Aussteigen ein Bein zu stellen oder mit einem starken Faustschlag nachzuhelfen, wenn ihnen die Leerung des Fahrzeuges zu langsam vorzugehen schien. Auf dem Gleise wartete schon ein unübersehbar langer Personenzug. Gegen 11 Uhr war er vollkommen gefüllt...".[78] Über die dann folgenden Wochen der jüdischen Häftlinge, der sogenannten Aktionsjuden, wird auf S. 382 berichtet. Im November 1938 wurden in Frankfurt - so weit namentlich bekannt - auch folgende Männer, die aus Heldenbergen stammten, verhaftet:

Stadt Hanau

Judenfeindliche Kundgebungen in Hanau

Im Laufe des gestrigen Tages schaffte sich auch in Hanau die ungeheuere Empörung über den von feiger Judenhand verübten ruchlosen Mord an dem deutschen Gesandtschaftsrat in Paris, Ernst vom Rath, gewaltsam Luft. Um die Mittagszeit stand die Synagoge in der Nordstraße in Flammen, die bis auf die Grundmauern ausbrannte. Am Spätnachmittag richtete sich dann die nur allzu begreifliche Wut der aufs tiefste erregten Volksmenge auch gegen die erfreulicherweise nur noch in ganz geringer Zahl vorhandenen jüdischen Geschäfte, die einen Sturm der empörten Massen über sich ergehen lassen mußten. Dabei wurden allenthalben die großen Schaufensterscheiben eingeschlagen und auch Einrichtungsgegenstände zerstört, ohne daß es aber auch nur in einem einzigen Falle zu irgendwelcher Plünderung gekommen wäre. Bei den judenfeindlichen Kundgebungen handelte es sich ersichtlich um eine spontane Kundgebung der Bevölkerung gegen das von dem jüdischen Mordbuben Grünspan verübte ungeheuerliche Verbrechen. — Im Stadt- und Landkreis Hanau wurden im Laufe des Tages eine größere Anzahl Juden in Schutzhaft genommen.

Bericht im Hanauer Anzeiger, 11. November 1938

Transport in das KZ Buchenwald

Bericht eines unbekannten Verfassers über den Transport von Frankfurt in das Konzentrationslager Buchenwald in der Nacht vom 11. zum 12. November 1938

"...Dann rollte der Zug durch die Nacht. Keiner der Juden wußte wohin. Bis gegen 1 Uhr herrschte tiefe Stille in dem Durchgangswagen. Niemand sprach...
Während die Eisenbahnwagen hinüber- und herüberschwankten, mußten alle nacheinander, rechtsum und linksum, tiefe Kniebeugen und andere Turnübungen machen oder sich an den Füßen der Holzbänke, auf dem Bauch liegend, durch den Mittelgang entlangziehen... Die Nazis, dieser Art von Unterhaltung müde, sahen sich nach anderen Zirkusspielen um. Da sahen sie einige schwere Koffer in den Gepäcknetzen. Die Eigentümer derselben waren gezwungen, sie bei ausgestrecktem Arm für eine fast unmöglich lang erscheinende Zeit hinauszuhalten. Um sie zu einer letzten Kraftanstrengung anzustacheln, hielten die Peiniger ihre 'Ehrendolche', mit der scharfen Spitze nach oben, nicht mehr als 1 bis 2 cm entfernt unter den Arm des Opfers... Aus dem vorderen Wagen... drangen Chorgesang und Sprechchöre herüber. Die Häftlinge... mußten jene Teile des Nazi-Liedes singen, das die in Aussicht genommene Behandlung der Juden in Worte faßt: 'Bis das Judenblut vom Messer spritzt' und wieder und wieder bestätigen: 'Wir sind Mörder, Betrüger und Blutsauger!'...
Wenn die Wächter der Quälereien für kurze Zeit müde waren, hielten sie Ansprachen, in denen sie die Minderwertigkeit der Juden zu beweisen suchten...
Morgens gegen 6 Uhr rollte der Zug in eine große Station. Es war Weimar. 'Reinigt den Boden des Wagens von Eurem Dreck!' sagten die Offiziere... Die Türen wurden aufgerissen. Von der Plattform kam ein scharfer Befehl: 'Raus, ihr Schweinehunde!' Dort standen SS-Leute, Säbel, Stecken und Gewehrkolben zum Schlage erhoben. Wie irrsinnig sprangen die Häftlinge die breite Steintreppe hinunter, die zu einer Unterführung führte. Viele von ihnen stürzten. Die Nachdrängenden traten auf ihre Hände, Füße und Rücken. Jeder versuchte, den herabsausenden Schlägen zu entrinnen. Die einzige Rettung schien darin zu bestehen, die Unterführung zu erreichen. Aber - diese war am Ende... abgeriegelt worden... Schon fielen die ersten Schläge. Die Gefangenen... konnten sich nach keiner Richtung hin bewegen. Die Schläge fielen in schneller Folge auf ihre bloßen Köpfe und auf ihre Rücken und trafen auch das Gesicht. Die Nazis schlugen mit Gewehrkolben, Säbelscheiden, Peitschen und schweren Stöcken. Herzzerreißende Schreie durchschnitten die Luft. Schreie, wie Tiere sie ausstoßen in ihrer Todesangst. Schreie, die dem Hörer den Atem wegnehmen...
Unterdessen war der Morgen angebrochen. Sein fahler Schein fiel durch das andere Ende der Unterführung. Im Dämmerlicht des unsäglich traurigen Novembermorgens mußten die Gefangenen mit Planen überdeckte Lastkraftwagen besteigen, die sie vor die Tore des Konzentrationslagers Buchenwald brachten. Als die dort aufgestellten SS-Leute die aussteigenden Juden sahen, ließen sie ihre Knüppel sinken. Die wankenden, hinkenden, mit Blut überströmten Gestalten hatten nur ganz wenig Ähnlichkeit mit Menschen." [80)]

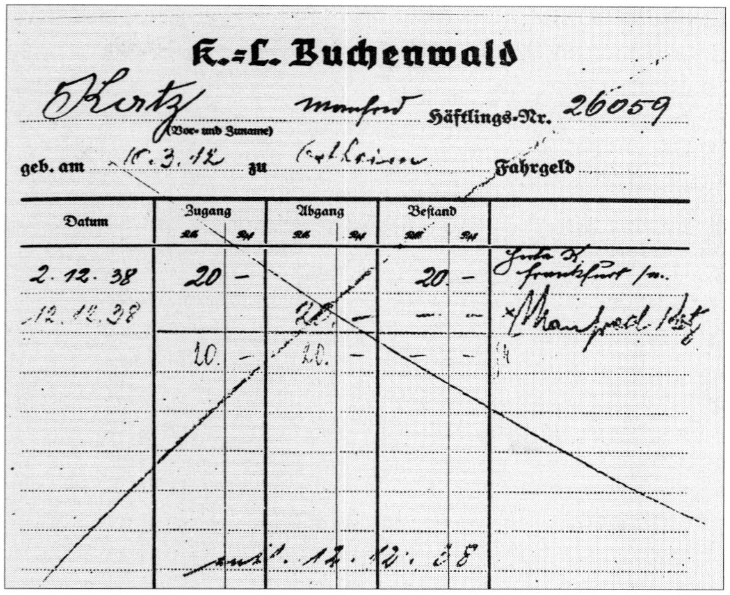
K.-L. Buchenwald

Katz Manfred Häftlings-Nr. 26059

(Vor- und Zuname)

geb. am 10.3.12 zu [illegible] Fahrgeld

Datum	Zugang		Abgang		Bestand		
	RM	Pf	RM	Pf	RM	Pf	
2.12.38	20	–			20	–	[illegible]
12.12.38			20	–	–	–	Manfred Katz
	10	–	10	–	–	–	

Manfred Katz wurde während des Novemberpogroms in Frankfurt verhaftet und in das Konzentrationslager Buchenwald bei Weimar verschleppt, wo er bis zu seiner Entlassung am 12.12.1938 erniedrigende Wochen verbringen mußte.

Paul Strauß, Theo Haas, Max Rothschild, Ernst Ballin-Oppenheimer, Gustav Eckstein und Theo Haas. Gustav Eckstein und Theo Haas wurden wegen ihrer Auswanderungspapiere nach einigen Tagen freigelassen.
In Aachen wurde Theo Rothschild aus Heldenbergen verhaftet und in das Konzentrationslager Sachsenhausen bei Berlin gebracht.
Julius Hermann wurde in das Konzentrationslager Dachau verschleppt.
Immer noch ist es weitgehend unbekannt und wenig beachtet, daß während des Novemberpogroms 1938 etwa 30 000 deutsche Juden in die Konzentrationslager Buchenwald, Dachau und Sachsenhausen verschleppt wurden und dort bis zu ihrer Freilassung entsetzliche Wochen verbringen mußten.

Ostheim wird "judenfrei"

Am 1. Januar 1933 lebten 21 jüdische Personen in Ostheim, am 1.9.39 neun Personen und am 1. 6. 1942 kein Jude mehr.[79)]

Die ständige Propaganda gegen die Juden zeigte auch in Ostheim Wirkung: einmal in ihrer zunehmenden Isolation, aber auch daran, daß sich alle jüdischen Familien gezwungenermaßen bemühten, ihre Heimat zu verlassen.

Als erste verließen das Ehepaar Wolf mit zwei kleinen Töchtern Ostheim im Juli 1937, um ihr Leben durch Auswanderung nach Amerika zu retten.

Dann folgte im Juni 1938 die Familie Lichtenstein, die erst nach Frankfurt zog und dann über England nach Amerika auswandern konnte.

Das Ehepaar Benzion Adler verließ Ostheim im Juli 1939. Es lebte noch eineinhalb Jahre in Frankfurt, bevor die Auswanderung über Italien nach Südafrika gelang.

Das Ehepaar Samuel Katz zog im Juli 1939 nach Frankfurt, nachdem ihre erwachsenen Kinder alle im Ausland waren. Das Ehepaar wurde von Frankfurt aus nach Theresienstadt verschleppt und in Auschwitz ermordet.

Das alte Ehepaar Wolf verließ Ostheim im August 1939, auch Wolfs wurden von Frankfurt aus nach Lodz in das Ghetto Litzmannstadt verschleppt und ermordet.

Der Bürgermeister Ostheim,den 23. August 1939.

An den

Herrn Landrat - Abt. B. -
in Hanau

Betr.: Wanderbewegung der Juden
Ihre Verfüg. v. 22. ds. Mts.

Gemäss obiger Verfügung berichte ich, daß die Zahl der hier wohnenden Juden nach dem Stande vom 23. ds. Mts. 4 beträgt.

Das beigefügte Verzeichnis der Juden habe ich durch Durchstreichen ergänzt. Es sind ausgewandert bezw. verzogen:

Adler, Bension Mathilde	geb. 1. 8. 7o " 13.6.79	am 12. 7. 1939 nach Frankfurt a.M. Rückert=str. 57 verzogen
Adler, Willy	" 7.5. o1.	am 4. 6. 38 nach Afrika (Kapstadt) ausgewandert
Katz, Samuel Regine	" 7. 5. 79. " 26. 7. 79.	am 21. 7. 1939 nach Frankfurt a.M. Rückert=str. 59 verzogen.
Levi, Walter	" 2. 5. 23.	am 23. 1o. 1938 nach Frankfurt a.M. verzogen
Levi, Kurt	" ~~19. 8. 39.~~ 26. 4. 29.	am 19. 8. 1939 nach Frankfurt a.M. Ebers=heimerstr. 5. verzogen
Lichtenstein, Siegmund Jenny Iwan	19. 9. o5 4.1o. o4 26. 4. 36	am 14. 3. 1838 nach Frankfurt a.M. Schwanen=str. 22. verzogen
Wolf, Adolf Mathilde	31. 3. 65 13. 6. 71	am 4. 7. 1939 nach Frankfurt a.M. Brentano=str. 1o. verzogen.
Katz, Gerda verh. Meyer	2o. 11.1o.	am 6. 1. 1937 nach Holz=hausen verzogen
Levi, Luise Lotte	14. 5. 22.	am 13. Okt. 1938 nach Amerika New - Jork aus=gewandert.

Es sind somit hier noch ansässig:

Katz, Anselm	geb.	16.6.67
Betty	"	16.6.7o
Levi, Moritz	"	3.2.92
Klara	"	12.2.93

Diese beiden Familien beabsichtigen noch in diesem Herbst nach Frankfurt a.M. zu verziehen. Das Anwesen des Juden Katz steht am 7. Sept. ds. Js. zur Zwangsversteigerung, während der Jude Levi in Unterhandlung wegen dem Verkauf seines Wohnhauses steht.

Es ist bestimmt damit zu rechnen, daß Ostheim noch im Laufe dieses ~~Jahres~~ Jahres judenfrei wird.

Bericht des Bürgermeisters über "Wanderbewegung der Juden" 1939

Nachdem also bis August 1939 die meisten jüdischen Familien Ostheim verlassen hatten, hatte der Bürgermeister Altvater schon Hoffnung und versicherte dem Landrat in Hanau am 23. August 1939: "Die Familien Anselm Katz und Moritz Levi beabsichtigen, noch in diesem Herbst nach Frankfurt zu verziehen. Das Anwesen des Juden Katz steht am 7. September 1939 zur Zwangsversteigerung, während der Jude Levi in Unterhandlungen wegen dem Verkauf seines Wohnhauses steht. Es ist bestimmt damit zu rechnen, daß Ostheim noch im Laufe dieses Jahre judenfrei wird."[81] Salli Reichenberg aus Windecken stellte diese Situation in einem Brief an seinen Sohn in New York im Juli 1939 deutlich anders dar: "Den zwei Familien Katz und Levi ist gekündigt. Der Bürgermeister Altvater will Ostheim bis zur Kerb judenrein haben."[82]

Bedingt durch die Zuzugssperre der Stadt Frankfurt gelang das Vorhaben, Ostheim "judenfrei" zu machen, noch nicht.

Allerdings wurde im Adreßbuch des Stadt- und Landkreises Hanau des Jahres 1940 unter Ostheim schon einmal der Eindruck erweckt, daß Ostheim "judenfrei" sei, da die Familien Moritz Levi und Anselm Katz nicht mehr aufgeführt waren.[83]

Dazu muß man sich noch mehr als zwei Jahre gedulden. Anselm Katz und Frau verließen Ostheim erst im März 1941.

Aber immer noch eine Familie verhinderte durch ihre Existenz in Ostheim, daß Ostheim nun endlich das nationalsozialistisch hochgeschätzte Prädikat "judenfrei" verliehen werden konnte.

Erst am 30. Mai 1942 konnte der Ostheimer Bürgermeister dem Landrat in Hanau nach der gewaltsamen Deportation der Familie Levi verkünden:[84]

"Betrifft: Evakuierung der Juden
Die bestimmungsgemäß evakuierten Juden haben am 30. Mai des Jahres Ostheim verlassen.
DIE GEMEINDE IST SOMIT VOLLKOMMEN JUDENFREI...".

In seinen Erinnerungen berichtet der frühere Bürgermeister von Ostheim, Hans Östreich, von folgendem Erlebnis an der Grenzstation Przmysel, das ihm über die Behandlung der Juden Klarheit verschaffte.[85]

"Ich hatte ein paar Stunden Zeit, bis der nächste Zug ging.... Ich vertrieb mir die Zeit mit dem Wahrnehmen des ungemein turbulenten Betriebes auf dem gesamten Bahnhofsgelände. Urlauberzüge in beide Richtungen. Die ostwärts fahrenden Landser schauten nicht so vergnüglich drein. Vollbeladene Lazarettzüge. Güterzüge mit Kriegsmaterial aller Art.

Ein langer Güterzug mit geschlossenen Wagen und stacheldrahtvernagelten Gucklöchern war auf ein Abstellgleis rangiert worden. SS-Wachleute mit aufgepflanztem Bajonett patroullierten entlang des Zuges. - Juden! Meist Frauen, Kinder und Greise, eingekerkert bis zum Geht-nicht-mehr, verlumpt und verdreckt, lugten verängstigt durch den Stacheldraht.

Nach zwei Erlebnissen auf meiner bisherigen Fahrtstrecke ahnte ich, was mit diesen Menschen in Kürze sein würde! Es war in Dnjepropetrowsk. Über die Gleise, von einer Art ukrainischer Hilfspolizei getrieben, stolperten schätzungsweise 500 jüdische Frauen und Kinder in eine bestimmte Richtung, aus der wiederholt entferntes MG-Feuer hörbar war. Ich war schon immer etwas neugierig veranlagt und fragte einen deutschen Eisenbahner, wohin denn diese Juden gebracht würden. Antwort: 'Hörst Du nicht das Geballer? In einer halben Stunde leben die alle nicht mehr!' Das könne doch unmöglich wahr sein, dachte ich hier noch.

Zwei, drei Tage später, unterwegs: Wegen Gleisarbeiten rollte unser Zug ganz langsam über die Strecke. An der Armbinde mit Judenstern erkennbar arbeiteten hier gut bewacht unzählige zerlumpte Gestalten. Ein kurz zuvor eingestiegener Unteroffizier war es, mit dem ich ins Gespräch kam. Warum die denn so stark bewacht würden, die könnten ja ohnehin kaum noch auf den Beinen stehen, war meine Meinung. Er sagte: 'Die machen sie hier ganz schön fertig. Alles sowieso Todeskandidaten!' Und er hing etwas mir unglaublich Erscheinendes an: Ein SS-Angehöriger sei wegen Wachvergehens zu 14 Tagen Bau verurteilt worden. Straferlaß, wenn er in einem bestimmten Zeitraum hintereinander fünfzehnhundert Juden erschießt. Mein Einwand, dies sei in dieser Zeitspanne doch gar nicht möglich, zerstreute er durch seine Erklärung hinter vorgehaltener Hand: 'Die Exekution soll folgendermaßen durchgeführt worden sein: Die Juden waren - Gesicht zur Wand - nebeneinander aufgestellt. Drei Pistolen wurden von Hilfskräften laufend neu geladen. Der Verurteilte hatte nur von Mann zu Mann zu gehen und die Juden per Genickschuß ins Jenseits zu befördern!' ...

Kein normal Sterblicher konnte etwas Wirksames gegen solch schändliches Tun unternehmen, wenn er sich nicht selbst ernsthaft gefährden wollte. Aber den meisten meiner Generation, die wie ich ja nicht mit geschlossenen Augen durch das 'Dritte Reich' und den Krieg gestolpert sind, nehme ich auch heute noch nicht ab, daß sie ähnliches nie gesehen oder gehört hätten. Ich jedenfalls wußte zu diesem Zeitpunkt meines Aufenthaltes in Przemysl, und das war nach meinen Recherchen am 7. oder 8. November 1942, daß mit den Juden ganz, ganz schlimm verfahren wurde ...".

Die Namen der Ermordeten

Von den in Ostheim im Jahre 1933 lebenden Juden sind die folgenden Personen ermordet worden:

Anselm Katz (* 16.6.1867 in Marköbel) lebte von 1892 bis zum Januar 1941 in Ostheim, dann in einem Alterheim in Frankfurt. Im August 1942 wurde er von dort im Alter von 75 Jahren in das Ghetto Theresienstadt und von dort im September 1942 nach Minsk verschleppt und ermordet.

Betty Katz geb. Jacoby (* 16.6.1870 in Dortmund) lebte seit ihrer Heirat 1916 bis Januar 1941 in Ostheim, dann in einem Altersheim in Frankfurt. Im August 1942 wurde sie von dort im Alter von 72 Jahren in das Ghetto Theresienstadt und einige Wochen später nach Minsk verschleppt und ermordet.

Samuel Katz (7.5.1879 in Marköbel) lebte seit der Jahrhundertwende in Ostheim bis zum Juli 1939, dann in Frankfurt. Von dort wurde er im Alter von 63 Jahren im September 1942 in das Ghetto Theresienstadt verschleppt, von dort im Mai 1944 nach Auschwitz, wo er vergast wurde.

Regina Katz geb. Strauß (* 26.7.1875 in Fischborn) lebte seit ihrer Heirat 1905 in Ostheim bis zum Juli 1939, dann in Frankfurt. Von dort wurde sie im Alter von 63 Jahren im September 1942 in das Ghetto Theresienstadt verschleppt, von dort fast zwei Jahre später im Mai 1944 nach Auschwitz, wo sie vergast wurde.

Klara Levi geb. Katz (* 12.2.1893 in Ostheim) lebte seit ihrer Geburt in Ostheim, von dort wurde sie im Mai 1942 im Alter von 48 Jahren gewaltsam über Hanau und Kassel verschleppt vermutlich nach Majdanek. Aus dem Ghetto Theresienstadt erinnerte sich ein Gefangener, daß sie von dort im Herbst 1944 nach Auschwitz transportiert wurde. Sie wurde ermordet.

Moritz Levi (* 3.2.1892 in Kirchbracht) lebte seit seiner Heirat 1920 in Ostheim und wurde von dort im Mai 1942 im Alter von 49 Jahren gewaltsam verschleppt vermutlich nach Majdanek. Aus dem Ghetto Theresienstadt erinnertee sich ein Gefangener, daß Moritz Levi im Herbst 1944 nach Auschwitz transportiert wurde. Er wurde ermordet.

Walter Levi (* 2.5.1923 in Ostheim) wurde im Alter von 19 Jahren im Mai 1942 aus Ostheim verschleppt, vermutlich in das Vernichtungslager Majdanek. Er wurde ermordet.

Kurt Levi (* 26.4.1929 in Ostheim) wurde im Alter von 13 Jahren im Mai 1942 aus Ostheim verschleppt vermutlich in das Vernichtungslager Majdanek. Er wurde ermordet.

Mathilde Wolf geb. Kaufmann (* 13.6.1871 in Ostheim) lebte von Geburt an bis zum Juli 1939 in Ostheim, dann in Frankfurt. Von dort wurde sie im Alter von 71 Jahren im Oktober 1941 gewaltsam in das Ghetto Lodz verschleppt, wo sie am 6.4.1942 starb.

Adolf Wolf (* 31.3.1865 in Sommerau) lebte seit seiner Heirat 1897 in Ostheim bis zum Juli 1939, dann in Frankfurt, von wo er im Alter von 77 Jahren im Oktober 1941 gewaltsam in das Ghetto Lodz verschleppt wurde. Er wurde ermordet.

Diese Namen der ermordeten Ostheimer Juden nennt auch anerkennenswerter Weise der Ostheimer Altbürgermeister Hans Östreich in seinem Buch "Erinnerungen".[86)]

Folgende Personen, die in Ostheim geboren oder aufgewachsen waren und schon in jungen Jahren aus Ostheim weggezogen waren, wurden ermordet:

Paulina Adler (* 1.9.1865 in Langenbergheim) lebte seit ihrer Kindheit bis zu ihrer Heirat im Jahre 1896 mit Baruch Löwenberg aus Reiskirchen in Ostheim. Sie wurde nach Minsk verschleppt und ermordet.

Mathilde Katz (* 31.1.1900 in Ostheim) war in Ostheim bei ihren Großeltern aufgewachsen. Sie lebte in Marburg und wurde von dort im Dezember 1941 an unbekannten Ort verschleppt und gilt als "verschollen".

Selma Reis (* 26.12.1892 in Ostheim) verheiratete Löwenstein wurde nach Riga verschleppt und gilt dort als "verschollen".

Johanna Reis (* 8.1.1896 in Ostheim) verheiratete Grünebaum, die Schwester, wurde mit ihrem Mann und zwei Söhnen nach Minsk verschleppt und ermordet.[87)]

Schicksalswege der jüdischen Familien Ostheims

Familie Löb Reichenberg

In der Mittelstraße Nr. 87, gerade am Eck, wo das Bächlein fließt, lebte der Pferdehändler Löb Reichenberg mit seiner Familie. Er war 1850 in Marköbel geboren und verheiratet mit Bertha Löwenstein (* 1846) aus Diemenrode, Kreis Rothenburg an der Fulda. Während Löb Reichenberg eine Pferdehandlung führte, war Bertha Reichenberg in der Spezereihandlung, die sich im Hause befand, tätig. Sie hatten vier Kinder :

Julius	* 29. 11. 1875
Kadinge (Kathinka)	* 16. 4. 1877
Salli	* 4. 1. 1882
Josepf	* 10. 7. 1883

Der Pferdehändler Löb Reichenberg mit Frau Bertha um 1900

Julius Reichenberg (* 1875)
Er war nach dem Besuch der Ostheimer Schule mit in der Pferdehandlung seines Vaters beschäftigt. Da er 1907 nach Windecken übergesiedelt ist, ist alles weitere bei den Windecker Familienschicksalen nachzulesen.

Kathinka Reichenberg (* 1877)
Kathinka Reichenberg heiratete um 1900 Raphael Greif (geb. 15.10.1872 in Langenschwarz, Kreis Hünfeld) und lebte mit ihm in Schlitz. Sie hatte zwei Töchter: Rosa (* 1903) und Meta (* 1905). Diese besuchten gerne ihre Großeltern in Ostheim. Meta erinnerte sich: "Wir spazierten mit den Großeltern zur Synagoge nach Windecken, wenn Schabbes war".[88]
Kathinka Greif konnte mit ihrer Familie im Jahre 1937 nach Amerika auswandern. Mit der Veröffentlichung der Liste 243 im Deutschen Reichsanzeiger vom 14.7.1941 wurden Kathinka Greif die deutschen Staatsbürgerrechte aberkannt. Sie starb 1950 in Amerika.

Salli Reichenberg (* 1882)
Nach dem Besuch der Schule in Ostheim war er in der Spezereienhandlung seiner Mutter mit tätig. 1909 gründete er gemeinsam mit Bruder Josef ein "Colonial- & Manufakturwarengeschäft" in Windecken. In der Windecker Zeitung vom Oktober 1909 annoncierten "Gebrüder Reichenberg": "Unseren Laden in Ostheim behalten wir bei. Unsere auswärtigen werten Kunden werden wir auch in Zukunft regelmäßig besuchen".[89] Salli Reichenberg gründete in Windecken eine Familie, so ist weiteres dort nachzulesen - siehe S. 152ff.).

Statt Karten.

Bertha Rapp
Josef Reichenberg
Verlobte

Gross-Umstadt Ostheim

Januar 1913.

Verlobungsanzeige in der Windecker Zeitung 1913

Josef und Bertha Reichenberg. Josef starb 1918 an Tuberkolose. Bertha wurde 1941 nach Riga verschleppt.

Der Pferdehändler Löb Reichenberg mit Frau Bertha, Tochter Kathinka, Enkelin Rosa und Sohn Salli vor ihrem Haus 1906

Josef Reichenberg (* 1883)
Mit seinem Bruder Salli eröffnete er in Windecken ein Geschäft in der heutigen Eugen-Kaiser-Straße, das den Namen „Gebrüder Reichenberg" trug. Er verlobte sich im Jahre 1913 mit Bertha Rapp (* 20. 10. 1888) aus Groß-Umstadt. Josef und Bertha heirateten und hatten einen Sohn Siegfried, der in Windecken in ihrer Wohnung Ostheimer Straße 264 am 2. 7. 1915 geboren wurde. Josef Reichenberg war Soldat im 1. Weltkrieg.

Josef erkrankte unheilbar an Tuberkulose und starb am 5. 6. 1918 im Vincenz-Krankenhaus in Hanau, die Beerdigung fand in Windecken statt.

Die Witwe Bertha Reichenberg geborene Rapp verließ nach dem Tode ihres Mannes Windecken und ging mit dem kleinen Siegfried nach Gross-Umstadt zurück. In der Nazizeit konnte Siegfried Reichenberg im April 1938 nach Nashville, Tennessee, in Amerika auswandern. Ab 1940 lebte er in New York. Dort starb er vor einigen Jahren.

Bertha Reichenberg wurde in der Pogromnacht im November 1938 „unter schmählichen Umständen mit Schlägen aus dem Haus geworfen und flüchtete nach Frankfurt. Sie wurde nach Riga deportiert und dort ermordet."[90]

Die Reichenbergs galten in Ostheim als wohlhabende Leute. Ein Bild zeigt sie im Jahre 1906 vor ihrem Haus in Ostheim mit der Tochter Kathinka und der Enkelin Rosa und dem Sohn Salli oder Julius. Mathilde Katz erinnerte sich: „Es war um die Jahrhundertwende, ich war noch ein Kind. Ich habe als das älteste jüdische Kind von Ostheim alle paar Wochen bei der alten Frau Reichenberg geschlafen, immer dann, wenn die Männer zum Pferdemarkt oder wegen des Pferdehandels unterwegs waren. Ich tat das, damit Frau Reichenberg nicht allein war. Sie gab mir am nächsten Morgen Zuckerkaffee, das war etwas besonderes für mich und 10 Pfennige."[91]

Der Pferdehändler Josel Löb Reichenberg starb mit 68 Jahren am 17. 11. 1917. Nach seinem Tode verließ auch Frau Reichenberg Ostheim und lebte bei ihrer Tochter Kathinka in Schlitz, wo sie am 4. 8. 1928 im Alter von 82 Jahren starb.

Familie Julius Reis

Seit etwa 1890 lebte in Ostheim auch eine jüdische Familie Reis in der Hintergasse Haus Nr. 151. Möglicherweise waren es Verwandte von Reichenbergs, da die Mutter von Löb Reichenberg eine geborene Reis war.

Julius Reis und seine Ehefrau Jeanette geborene Goldschmidt hatten vier Töchter, die in Ostheim geboren wurden:

1890 die Zwillingsmädchen Rosa und Betty, die nach wenigen Wochen starben. Dann wurden ihnen noch zwei Mädchen geboren :

Selma * 26. 12. 1892
Johanna * 8. 1. 1896

Die Familie verzog nach Hanau. Das Hanauer Adreßbuch gibt 1905 einen Metzger Julius Reis in der Nürnberger Straße an und im Jahre 1907 Julius Reis als Handelsmann. Auf dem jüdischen Friedhof in Hanau befindet sich das Grab eines Julius Reis mit den Angaben: geboren am 22. 12. 1863 in Langendiebach, gestorben 6. 5. 1925.

Selma Reis heiratete einen Löwenstein. Sie wurde von Frankfurt aus nach Riga verschleppt. Sie gilt als verschollen.

Johanna Reis lebte in Hanau und heiratete dort 1920 Siegfried Grünebaum (* 25. 12. 1898) aus Hain-Gründau. Sie hatten drei Kinder: Irmgard (* 1923), Julius (* 1929) und Lothar (* 1933). Die Familie lebte in der Salzstraße 22, wo sie ein Manufakturwarengeschäft und später eine Kommissionsbäckerei hatten. Herr Grünebaum wurde im November 1938 verhaftet und für einige Wochen in das Konzentrationslager Buchenwald verschleppt. Die Tochter Irmgard konnte nach Amerika auswandern. 1939 zog die Familie Grünebaum nach Frankfurt. Alle wurden in den Osten deportiert und dort ermordet.

Familie Kaufmann und die Familien Adolf Wolf und Siegfried Wolf

Der erste jüdische Familie, die sich 1869 in Ostheim niederließ, war die Familie Kaufmann. Sannel Kaufmann wurde 1837 in Windecken geboren, im Geburtsregister der jüdischen Gemeinde Windecken war der Vorname Hertz eingetragen. Nach der Heirat 1867 mit Helene Lemberger (* 1841) aus Marktbechhofen in Bayern und der Geburt des ersten Kindes siedelte er nach Ostheim über in das Haus in der Vorderstraße 36 - heute Nr. 3 - und betrieb dort eine Pferdehandlung, seine Frau Helene Kaufmann führte 1906 eine Spezereihandlung in ihrem Hause. In Ostheim galt die Familie Kaufmann als recht wohlhabend.
Das Ehepaar hatte 11 Kinder:

Kathinka	* 28. 12. 1867 in Windecken + 14. 5.1869
Bettina	* 28. 8. 1869
Mathilde	* 13. 6. 1871
Louis	* 14 1. 1873
Bertha	* 5. 4. 1874
Julius	* 4. 2. 1876 + 23. 4. 1887
Pauline	* 5. 5. 1877 + 27. 5. 1880
Johanna	* 26. 6. 1878 + 23. 12. 1878
Frieda	* 31. 3. 1880
Max	* 5. 7. 1881
Carl	* 9. 10. 1883

Max Kaufmann war verheiratet mit Elke Marx. Das Ehepaar lebte in Frankfurt in der Freiherr-vom-Stein-Straße 56. Dort starb Max Kaufmann am 1. 9. 1938. Sein Grab befindet sich auf dem jüdischen Friedhof Eckenheimer Landstraße in Frankfurt (Block 5 A 42).

Carl Kaufmann wanderte nach Palästina aus, schon vor 1939 hatte er "nach Mitteilung des Deutschen General-Konsulates in Jerusalem die palästinensische Staatsangehörigkeit angenommen".[92)]

Von den Schicksalen der Kinder Bettina, Louis, Bertha und Fried ist nichts weiteres bekannt.

Haus der Familie Wolf in der Vorderstraße 3

Sannel Kaufmann starb im Jahre 1890 in Ostheim, Helene am 1. 8. 1920 ebenfalls in Ostheim. Die Gräber beider befanden sich auf dem Windecker Friedhof, sind aber 1938 entweiht und zerstört worden.

Familie Mathilde (* 1871) und Adolf Wolf

Die Tochter Mathilde Kaufmann (* 13. 6. 1871) blieb in ihrem Elternhaus wohnen, sie heiratete dort 1897 den Metzger Ascher Wolf (* 31. 3. 1865 in Sommerau, Unterfranken), der sich Adolf nannte. Nach der Heirat eröffnete Adolf Wolf eine Metzgerei im Haus Vorderstraße 3.

In seiner Freizeit war Adolf Wolf in Ostheim ein begeisterter Sänger, ein Bild zeigt ihn im Kreise seiner Sangesbrüder.
Aus der Ehe gingen zwei Kinder hervor:

Julius	* 1. 1. 1899
Siegfried	* 5. 4. 1901

Adolf Wolf (stehend unten, 5. von links) mit den Sangesbrüdern des Ostheimer Männergesangvereins Edelweiß beim 25jährigen Jubiläumsfest - 1919

Julius Wolf (* 1899)
besuchte das Philantropin, eine jüdische Reformschule in Frankfurt, dann von 1908 bis 1909 die Oberrealschule in Hanau. Er starb schon mit 13 Jahren am 16. 3. 1912 im Hause seiner Familie.

Familie Siegfried Wolf (* 1901)

Schon in jungen Jahren begleitete Siegfried Wolf seinen Vater bei den nötigen Geschäftsgängen als Metzger, so wie auf dem Bild aus dem Jahre 1905, wo Adolf Wolf ein Kälbchen kauft von Wilhelm Brodt III., heute Sepp-Herberger-Straße 15.
Nach einigen Jahren auf der Volksschule in Ostheim besuchte Siegfried Wolf von 1910 - 1915 die Oberrealschule in Hanau. Wie sein Vater lernte er das Metzgerhandwerk.

Im Jahre 1925 heiratete er Selma Blättner (*21. 1. 1901) aus Schwanfeld bei Würzburg. Seine Frau kam aus einem Manufakturwarengeschäft in Frankfurt, und so eröffnete sie auch gleich ein solches Manufakturwarengeschäft in ihrem Haus in Ostheim in der Vorderstraße, das sie auch allein führte. Somit befanden sich zwei getrennte Läden im Hause Wolf.
Siegfried und Selma Wolf bekamen zwei Töchter:

Trude * 3. 4. 1926
Inge * 17. 12. 1930

Trude wurde im April 1932 in der Ostheimer Volksschule eingeschult. Trude berichtet: "Nach der Machtergreifung wurde es mir als jüdischem Kind unerträglich schwer gemacht, die Schule in Ostheim zu besuchen. Ich wurde sowohl von den Mitschülern

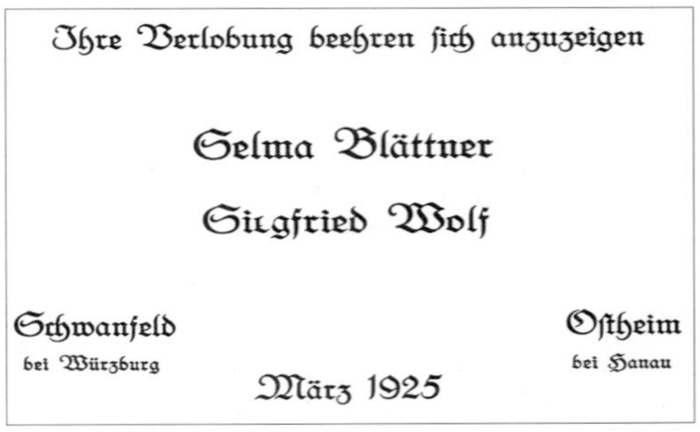
Ihre Verlobung beehren sich anzuzeigen

Selma Blättner

Siegfried Wolf

Schwanfeld bei Würzburg — Ostheim bei Hanau

März 1925

Verlobungsanzeige von Siegfried und Selma Wolf

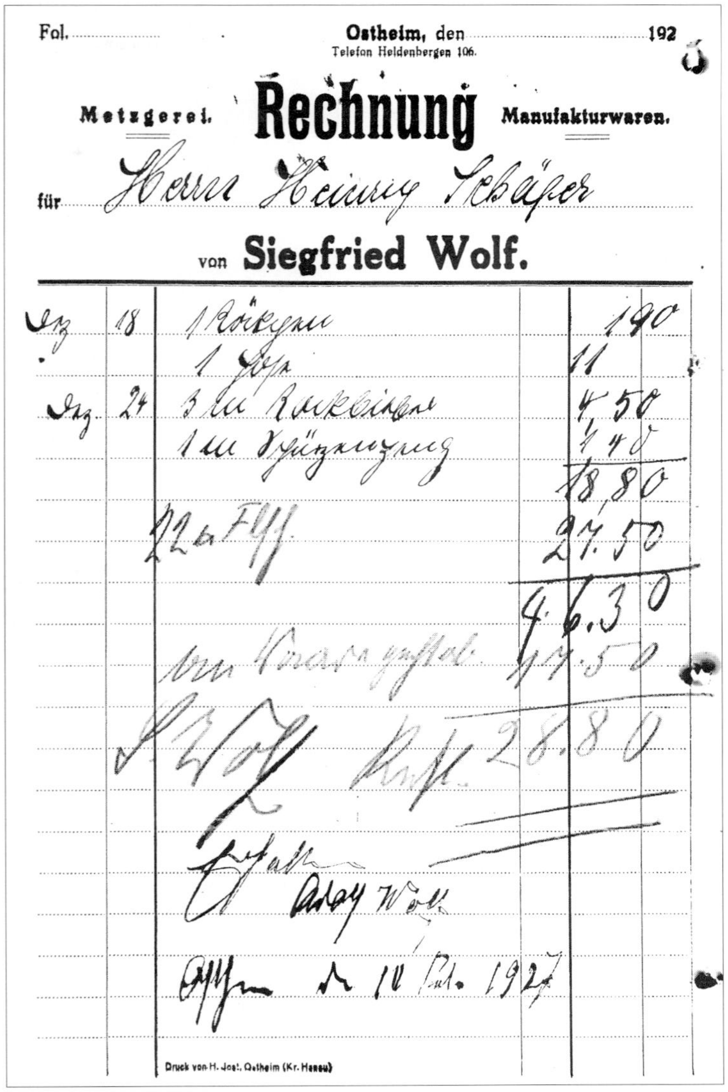
Fol. .... Ostheim, den 192
Telefon Heldenbergen 106.

Metzgerei. **Rechnung** Manufakturwaren.

für Herrn Heinrich Schäfer

von **Siegfried Wolf.**

	18			1 90
				11
	24			4 50
				1 40
				18 80
				27 50
				46 30
				17 50
		S Wolf	Rest	28 80

Erhalten Adolf Wolf

Ostheim den 10 Febr. 1927

Druck von H. Jost, Ostheim (Kr. Hanau)

Rechnung von Siegfried Wolf "Metzgerei" und "Manufakturwaren" mit Unterschrift auch von Adolf Wolf 1927

Der Metzger Adolf Wolf (sitzend) kaufte mit seinem Sohn Siegfried (links neben ihm) im Jahre 1905 ein Kälbchen im Hof Brodt (heute Sepp-Herberger-Straße 15)

Trude Wolf (vorne links stehend) 1932 mit ihrer Schulklasse in Ostheim.

als auch von den Lehrern täglich verhöhnt und gehänselt. Von allen gemeinsamen Spielen wurde ich ausgeschlossen. Neben diesen seelischen Mißhandlungen kam es auch sehr häufig vor, daß ich körperlich mißhandelt, das heißt geschlagen wurde. Im Jahre 1937 wurde mir der Schulbesuch in Ostheim ganz untersagt. Nach einem Verweis aus der Schule in Ostheim hatte ich nur noch die Möglichkeit, die schnell zusammengestellte jüdische Schule in Bad Nauheim zu besuchen. Dort konnte ich mir infolge dieser Umstände - Raum - und Lehrermangel - nur lückenhafte Kenntnisse aneignen."

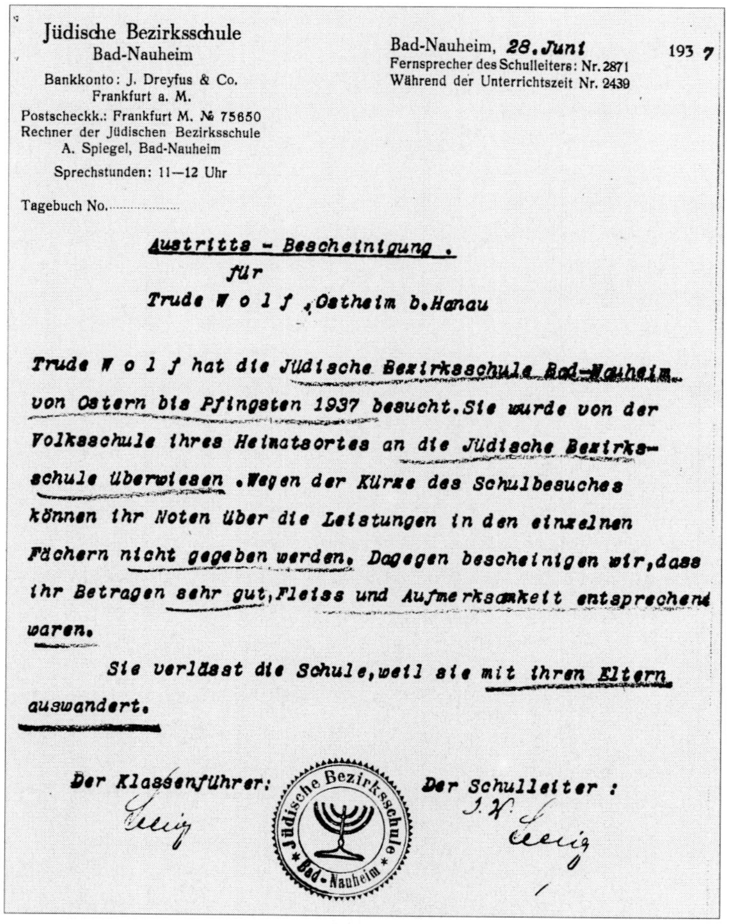

Jüdische Bezirksschule
Bad-Nauheim

Bankkonto: J. Dreyfus & Co.
Frankfurt a. M.
Postscheckk.: Frankfurt M. № 75650
Rechner der Jüdischen Bezirksschule
A. Spiegel, Bad-Nauheim
Sprechstunden: 11—12 Uhr

Bad-Nauheim, 28.Juni 1937
Fernsprecher des Schulleiters: Nr. 2871
Während der Unterrichtszeit Nr. 2439

Tagebuch No. ....

Austritts - Bescheinigung .
für
Trude W o l f , Ostheim b. Hanau

Trude W o l f hat die Jüdische Bezirksschule Bad-Nauheim von Ostern bis Pfingsten 1937 besucht. Sie wurde von der Volksschule ihres Heimatsortes an die Jüdische Bezirksschule überwiesen . Wegen der Kürze des Schulbesuches können ihr Noten über die Leistungen in den einzelnen Fächern nicht gegeben werden. Dagegen bescheinigen wir, dass ihr Betragen sehr gut, Fleiss und Aufmerksamkeit entsprechend waren.

Sie verlässt die Schule, weil sie mit ihren Eltern auswandert.

Der Klassenführer: [Unterschrift]   Der Schulleiter : [Unterschrift]

Jüdische Bezirksschule * Bad-Nauheim *

Trude Wolf mußte ab Ostern 1937 die Jüdische Bezirksschule in Bad Nauheim besuchen.

Inge Wolf durfte nicht mehr in Ostheim eingeschult werden im Jahre 1937, sondern verlebte ihre ersten Schulwochen gezwungenermaßen ebenfalls in Bad Nauheim in der Jüdischen Bezirksschule. Inge Wolf: "Von Ostern 1937 bis Pfingsten 1937 besuchte ich die Jüdische Bezirksschule in Bad Nauheim. Meine Eltern schickten mich dorthin, weil es in Ostheim wegen der Belästigung für jüdische Kinder so schlimm geworden war, daß dort überhaupt keine Möglichkeit mehr bestand, die Schule zu besuchen."[93)]

Siegfried Wolf schilderte seine Situation nach 1933: "Ich betrieb in Ostheim eine Metzgerei und eine Manufakturwarenhandlung. Mein Geschäft ging sehr gut, und ich kam zu einem gewissen Wohlstand. Diese Entwicklung wurde unterbrochen durch die Machtergreifung Adolf Hitlers im Jahre 1933. Ich hatte hauptsächlich Landwirte und Arbeiter als Kundschaft, diese weigerten sich, weiterhin bei mir zu kaufen. Ich konnte auch nur noch unter den größten Schwierigkeiten Vieh einkaufen."[93a)]

Die Familie Siegfried Wolf entschloß sich schweren Herzens zur Auswanderung. Um die Auswanderung seines Sohnes mit Familie bezahlen zu können, entschlossen sich Adolf und Mathilde Wolf, das Haus in der Vorderstraße im Juni 1937 an eine Ostheimer Familie zu verkaufen. Da Adolf und Mathilde Wolf nicht mit auswandern konnten, verkauften sie unter der folgenden Bedingung, die entsprechend am 26. August 1937 im Grundbuch eingetragen wurde: "Lebenslängliches freies Einsitzrecht in den beiden Zimmern im Obergeschoß des Hauses rechts vom Aufgang sowie Mitbenutzungsrecht des Aborts, einen Platz im Keller und einen Holzplatz in der Scheune für die Eheleute Metzger Adolf Wolf und Mathilde geb. Kaufmann in Ostheim. Im Falle des Todes eines der Berechtigten bleibt dieses Recht für den Überlebenden ungeschmälert fortbestehen. Zur Löschung der Rechte soll die Vorlage der Sterbeurkunden der Berechtigten genügen. Eingetragen am 26. August 1937 unter Bezugnahme auf die Bewilligung vom 25. Juni 1937."[94)]

Im Juli 1937 verließen Selma und Siegfried Wolf mit den beiden kleinen Töchtern Trude und Inge ihre Heimat Ostheim, wo sie die Eltern zurückließen in der Hoffnung auf ein Wiedersehen in Amerika. Für die zurückbleibenden Eltern ließ sich die

Siegfried und Selma Wolf mit den Töchtern Trude (rechts) und Inge (links) vor ihrer Auswanderung 1937 nach Amerika. Ein Erinnerungsfoto für die zurückgebliebenen Großeltern, die sie nie wiedersehen sollten.

Familie Siegfried Wolf fotografieren.

Inge Wolf erzählte: "In Ostheim erinnere ich mich an die BDM-Mädchen in der blau-weißen Uniform, die an der Vorderstraße, wo wir wohnten, durchmarschierten und sangen 'Heute gehört uns Deutschland und morgen die ganze Welt'. Dabei trauten wir uns nicht einmal, richtig aus unseren Fenstern zu sehen. Ich erinnere mich an die Worte meiner Mutter: 'Inge, laß dich nicht blicken!' Sie hatte nämlich Angst, daß man Steine werfen würde. Rechts von unserem Haus war das Schlachthaus. Später konnten wir dann durch das Schächtverbot kein koscheres Fleisch mehr machen. Mein Vater ging zum Metzger Jost und fragte, ob er nicht einmal den 'Schochet' (den jüdischen Schlächter) kommen lassen könnte, damit wir auch einmal koscheres Fleisch haben könnten. Herr Jost ließ jemanden aus Frankfurt kommen. Sie machten die Fensterläden zu und schlachteten das Vieh. So konnten wir koscheres Fleisch haben. Frau Jost erzählte mir dies bei meinem Besuch in Ostheim.

Es war eigentlich meine Mutter, die unbedingt auswandern wollte. Sie sah, daß es nicht mehr gut ging in Ostheim, und sie sagte, daß wir gehen müssen. Mein Vater ging mit sehr, sehr schwerem Herzen hier weg. Er war das einzige Kind und ließ die Eltern zurück. Meine Großeltern wohnten auch im Haus in der Vorderstraße, das Haus hatte zwei Wohnungen. Zuerst bemühten wir uns, nach Südafrika auszuwandern, aber das Land hatte schon seine Grenzen zugemacht. Wir wollten dann nach Amerika. Mit der Bürgschaft aus Amerika hatten wir große Schwierigkeiten. Wir hatten sie von dem Vetter meiner Vaters erbeten, der als steinreicher Mann in Amerika lebte. Meine Eltern bekamen dann nach mehreren Nachfragen die Bürgschaft mit dem Hinweis, sich ja nie blicken zu lassen, damit wir ihm nicht zur Last fallen würden.

Mit dem Schiff 'SS Deutschland' fuhren wir von Hamburg nach New York und kamen dort am 9. Juli 1937 an. Wir kamen nach Amerika und hatten nichts. Wir wurden von weitläufigen Verwandten abgeholt, die uns für drei Wochen in einem Hotel unterbrachten. Nach der dritten Woche sagten wir, daß wir es nicht mehr bezahlen könnten, die Leute dachten wohl, wir seien Millionäre. Mein Vater hatte noch einmal seinen Cousin angeschrieben, ob er nicht in seinem Warenhaus putzen könnte, um seine Familie zu ernähren, er hatte 2 000 Angestelllte. Aber er antwortete nur, daß er nichts mit uns zu tun haben wolle. Zu der Zeit, als wir ankamen, war die Arbeitslosigkeit sehr hoch. Die Amerikaner hatten schon keine Arbeit, und dann wollten sie sicher nicht noch Deutsche haben. Wir konnten die Sprache nicht. Wir bekamen dann eine Wohnung im jüdischen Altersheim, wo mein Vater die Leichen mit Eis kühlen mußte. Als Metzger konnte er keine Arbeit finden. Er verlor nach einiger Zeit diese Arbeit wieder.

Meine Mutter hatte furchtbares Heimweh, obwohl sie diejenige war, die weg wollte aus Deutschland. Sie konnte sich gar nicht in Amerika eingewöhnen. Wir hatten kein Geld, keine Arbeit, keine Verwandten und keine Freunde.

Dann kamen ja immer mehr Flüchtlinge nach New York, und wir zogen in das Viertel, wo sich die deutschstämmigen Juden niederließen, Washingthon Heights. Meine Mutter vermietete alle Zimmer mit Kost und Logis. Lieselotte Levi lebte dann auch bei uns. Meine Mutter, meine Schwester und ich machten dazu noch Heimarbeit. Wir machten Haarnetze, packten sie in Tüten und auch Schleifchen für die Haare. Ich mußte immer alles abliefern. Die Trommel mit den Haarnetzen wog mehr als ich. Meine Mutter ging dann noch putzen.

Mein Vater war dann als Maurer tätig, flog aber dann wieder raus. Als keine Arbeit mehr da war, flogen erst die Flüchtlinge aus Deutschland raus. Danach war er in einer Bäckerei. Da brachte er immer so viele Datteln mit nach Hause, die wir essen mußten, daß ich heute keine mehr davon essen kann. Alles nur, daß wir nicht hungerten. So haben wir uns durchgeschlagen. Diese Zeit in Amerika habe ich als Kind als sehr schwer empfunden. In Amerika empfand ich unsere schwierige Situation viel stärker.

Als wir noch zu Hause in Ostheim waren, habe ich das nicht so empfunden. Da waren wir alle zusammen. Ich merkte schon, daß wir nicht willkommen waren bei den anderen in Ostheim, daß

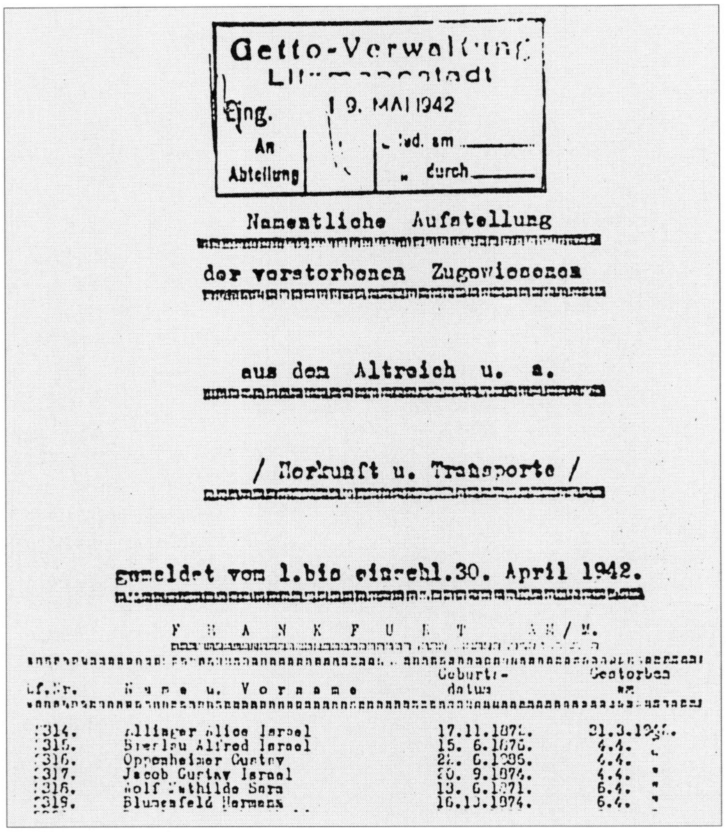

Getto-Verwaltung
Litzmannstadt
Eing. 19. MAI 1942
An Abteilung
.. ted. am
" durch

Namentliche Aufstellung
der verstorbenen Zugewiesenen
aus dem Altreich u. a.
/ Herkunft u. Transporte /
gemeldet vom 1.bis einschl.30. April 1942.

F R A N K F U R T A. M.

Lf.Nr.	Name u. Vorname	Geburts-datum	Gestorben am
1314.	Allinger Alice Israel	17.11.187[illegible].	31.3.1942.
1315.	Bierlau Alfred Israel	15. 6.1876.	4.4. "
1316.	Oppenheimer Gustav	2[illegible]. 6.1[illegible].	4.4. "
1317.	Jacob Gustav Israel	20. 9.1874.	4.4. "
1318.	Wolf Mathilde Sara	13. 6.1871.	6.4. "
1319.	Blumenfeld Hermann	16.10.1874.	6.4. "

Totenliste aus dem Ghetto Litzmannstadt (Lodz) vom April 1942. Mathilde Wolf starb am 6.4.1942

wir jüdisch waren und deshalb vorsichtig sein mußten. In Ostheim an unserem Haus hieß es: 'Da läuft der Jud."

Wegen meiner Großeltern wandten wir uns wieder an unseren reichen Verwandten und baten ihn um Hilfe zur Auswanderung der einzigen Schwester seines Vaters. Sie sollten nur die Bürgschaft stellen, alles andere hätten wir ja gemacht, sie ernährt. Aber er schrieb wieder ab. Meine Großeltern bekamen in Stuttgart auf dem amerikanischen Konsulat eine sehr hohe Wartenummer. Als es dann an der Zeit war, die Bürgschaft zu schicken, waren meine Großeltern schon deportiert worden. Sie wurden ermordet. Bis der Krieg ausbrach mit Amerika, hatten wir noch Briefkontakt mit ihnen.

Einmal hatte mein Vater gehört, daß ein Rabbiner, der nichts vom Metzgereigeschäft verstand, eine kleine Metzgerei aufmachen wollte. Mein Vater konnte mit einem anderen auch aus Deutschland stammenden Herrn mitmachen. Nach einigen Jahren starb der Rabbiner und mein Vater führte die Metzgerei mit dem anderen zusammen bis zu seinem Tode im November 1966. Die Metzgerei hieß Wolf und Stein und war eine 'German Butchery' - deutsche Metzgerei. Meine Mutter starb im Jahre 1981.

Ich heiratete 1951 Leo Katzmann, der aus Rhina stammte. Wir haben zwei Kinder und sechs Enkel. Leo und ich haben ein Geschäft für Dekoration, Polsterei und Gardinen. Unsere Familie ist sehr orthodox. Wir leben noch immer in Washinghton Heights. Unsere Synagoge ist eine Nachfolge-Synagoge der Frankfurter Synagoge in der Friedberger Anlage. Unsere Kinder besuchten die Samson-Raphael-Hirsch-Schule, die die Nachfolgerin dieser jüdischen Schule am Zoo Frankfurt ist.

Meine Schwester Trude lebt in der Wohnung meiner Eltern. Sie ist verheiratet und hat zwei Kinder."[95]

Nach dem Kriege standen Selma und Siegfried Wolf im Briefkontakt mit Hans Östreich in Ostheim.

Adolf und Mathilde Wolf nach der Auswanderung ihrer Kinder 1937

Mathilde und Adolf Wolf lebten nach der Auswanderung ihres Sohnes Siegfried und seiner Familie im Juni 1937 noch etwa zwei Jahre alleine in ihrem Hause in der Vorderstraße 3, in dem Mathilde Wolf schon geboren war.

Ab und zu besuchte das frühere Hausmädchen die Wolfs noch, sie fühlte sich dem alten Ehepaar immer noch verbunden.

Aber sie wurde immer häufiger von SA-Leuten in ihrer Nachbarschaft angesprochen: "Da haben Sie nichts verloren, da gehen Sie nicht noch einmal hin!"

Die Verfolgung und Entrechtung der Juden ließ das Ehepaar Wolf nicht ihren Lebensabend in ihrem Hause verbringen. Obwohl Siegfried Wolf beim Verkauf des Hauses, mit dessen Erlös er nur die Auswanderung bezahlen konnte, seinen Eltern, dem Ehepaar Adolf Wolf, durch den § 4 des Kaufvertrags vom 25. 6. 1937 und einen entsprechenden Grundbucheintrag ein lebenslängliches Wohnrecht von den Käufern rechtlich verbürgen und absichern ließ, soll nach einer Erklärung S. Wolfs von 1949 folgendes geschehen sein: "Kurze Zeit nach der Übergabe erklärten die Käufer, besonders der Vater des Besitzers und er selbst den Eheleuten Wolf, daß sie das Eigentum zu verlassen hätten und warfen ihre Verpflichtungen nach Naziart über den Haufen. Ja, sie bedrohten und beschimpften die alten Leute Wolf, was auch heute noch durch Zeugen bewiesen werden kann. Das Ehepaar Wolf war daher gezwungen, wegzuziehen und nahm in Frankfurt eine Wohnung in der Brentanostraße 10. Hierdurch entstanden ihnen ungeheure Unkosten und Sorgen ...". So ist es in Akten des Staatsarchives in Wiesbaden zu lesen.[96]

So waren die alten Wolfs im Alter von 74 Jahren und 68 Jahren im Juli 1939 gezwungen, nach Frankfurt zu ziehen. Bei ihren Umzugsvorbereitungen stand den alten Wolfs Klara Levi aus Ostheim helfend zur Seite. Nach Amerika schrieb sie zu diesem Vorgang verschlüsselt: "Nötig wäre das Packen ja nicht, denn sie wären gerne in Ostheim geblieben."[97]

Klara Levi fuhr auch in den folgenden Jahren in regelmäßigen Abständen nach Frankfurt und besuchte die alten Wolfs und half ihnen im Haushalt.

Von Frankfurt aus waren Adolf und Mathilde Wolf immer noch bis zum Ausbruch des Krieges mit Amerika mit ihren Kindern und Enkelkindern in Briefkontakt und zehrten von der Hoffnung, doch noch eines Tages nach Amerika zu ihnen kommen zu können.

Mathilde und Adolf Wolf gehörten zu denjenigen Juden in Frankfurt, die mit dem ersten Transport von 1 125 Juden am 19. Oktober 1941 von Frankfurt aus nach Lodz - von den Deutschen Litzmannstadt genannt - verschleppt wurden. Auf der Liste des Ghettos Litzmannstadt mit den Namen der aus Frankfurt Verschleppten ist zu lesen, daß Adolf und Mathilde Wolf im Ghetto in das Haus "Gnesena 26" eingewiesen wurden.[98] Mathilde Wolf starb, wie die Getto-Verwaltung Litzmannstadt in einer "Namentlichen Aufstellung der verstorbenen Zugewiesenen aus dem Altreich" meldete, am 6. 4. 1942 im Alter von 71 Jahren. Adolf Wolf wurde dort umgebracht.

Familie Siegmund Lichtenstein

Siegmund Lichtenstein wurde am 19. 9. 1905 in Marköbel geboren. Von 1911 bis 1919 besuchte er dort die Volksschule und war anschließend im Geschäft seines Vaters Eduard Lichtenstein tätig. Er erinnerte sich: "Nach dem Ersten Weltkrieg suchten wir von Marköbel aus Kundschaft und fuhren mit dem Fahrrad herum. Zuerst besuchten wir nur die Handwerker und verkauften Nägel. Dann fuhren wir mit dem Wagen umher und verkauften Lebensmittel."[99)]

Im Jahre 1925 eröffneten die Lichtensteins eine Filiale in Ostheim auf der Vorderstraße 9 gegenüber dem heute abgebrochenen Rathaus. 1927 kaufte Siegmund Lichtenstein das Haus in der Hintergasse 73 - heute Sepp-Herberger-Straße 14 - wo er dann auch seine Gemischtwarenhandlung führte. Fünf Jahre später vergrößerte er das Haus durch einen Anbau.
Mit Beginn der Nazidiktatur ließ das Geschäft deutlich nach. Bereits im Mai 1933 hatte sich der Bürgermeister von Ostheim an den Landrat gewandt: "...Die hiesigen Händler möchten nun, daß Lichtenstein besonders bezüglich seines Kolonialwarenhandels verschwinden solle.... Ich bitte nun zu prüfen, ob sich ....eine Maßnahme konstruieren läßt, die gesetzlich zu vertreten ist...".[100)]

Einige der Kunden hielten Siegmund Lichtenstein allerdings die Treue. Damit die Kunden nicht mehr sein Geschäft betreten mußten und dabei Gefahr liefen, gesehen zu werden, trug er abends die bestellten Waren zur Kundschaft, aber auch das ging nur zeitweise, da ihm dabei nachgestellt und die Namen seiner Kunden notiert wurden.

Im Jahre 1934 heiratete Siegmund Lichtenstein Jenny Salomon (* 4. 10. 1904) aus Beerfelden. Am 26. April 1936 wurde ihr Sohn Iwan geboren.

In der Hoffnung, dem beschränkten und isolierten Leben der Juden in Ostheim zu entgehen, verkaufte die Familie ihren Besitz und zog im Juni 1938 nach Frankfurt in die Palmstraße 7. Dorthin holten sie auch nach einigen Wochen die Eltern aus Marköbel.

Siegmund und Jenny Lichtenstein mit Sohn Iwan im Frühjahr 1938 in Ostheim.

Siegmund Lichtenstein erläuterte auch den Grund für diesen Umzug: "Meinem Vater wurde eines Abends in Marköbel nach dem Leben getrachtet, als ein Metzger des Ortes mit seinem langen Schlachtmesser sich in das Haus meiner Eltern schlich und meinem Vater die Kehle durchschneiden wollte. Da mein Vater in Todesangst um Hilfe rief, konnte der Nachtwächter zu Hilfe kommen und so meinem Vater Eduard Lichtenstein das Leben retten. Später aber kamen meine beiden Eltern in Theresienstadt zu Tode."[100)]

Im November 1938 wurde Siegmund Lichtenstein in seiner Wohnung von der Gestapo verhaftet und in die Festhalle verschleppt, von dort in das Konzentrationslager Buchenwald, wo er am 13. November 1938 mit der Häftlingsnummer 29884 regi-

Siegmund Lichtenstein hatte in der Hintergasse 73 (heute Sepp-Herberger-Str. 14) eine Kolonialwarenhandlung. Hier steht er mit seiner Schwester Alice aus Marköbel vor seinem Haus 1932.

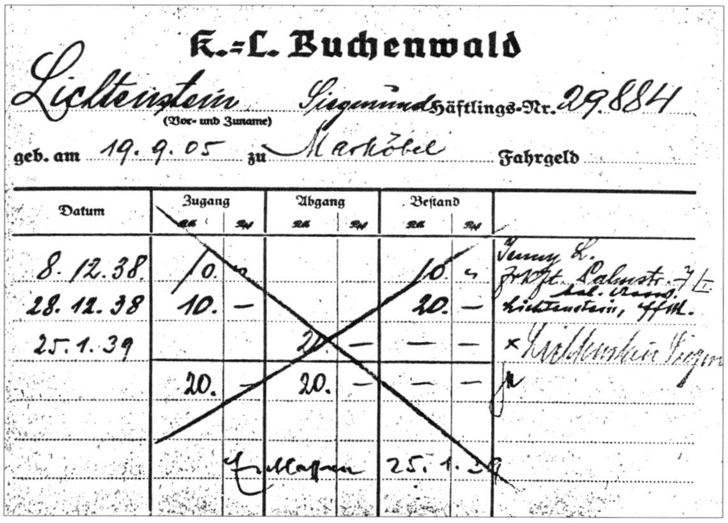

Häftlingskarte für Siegmund Lichtenstein im KZ-Buchenwald 1938/39

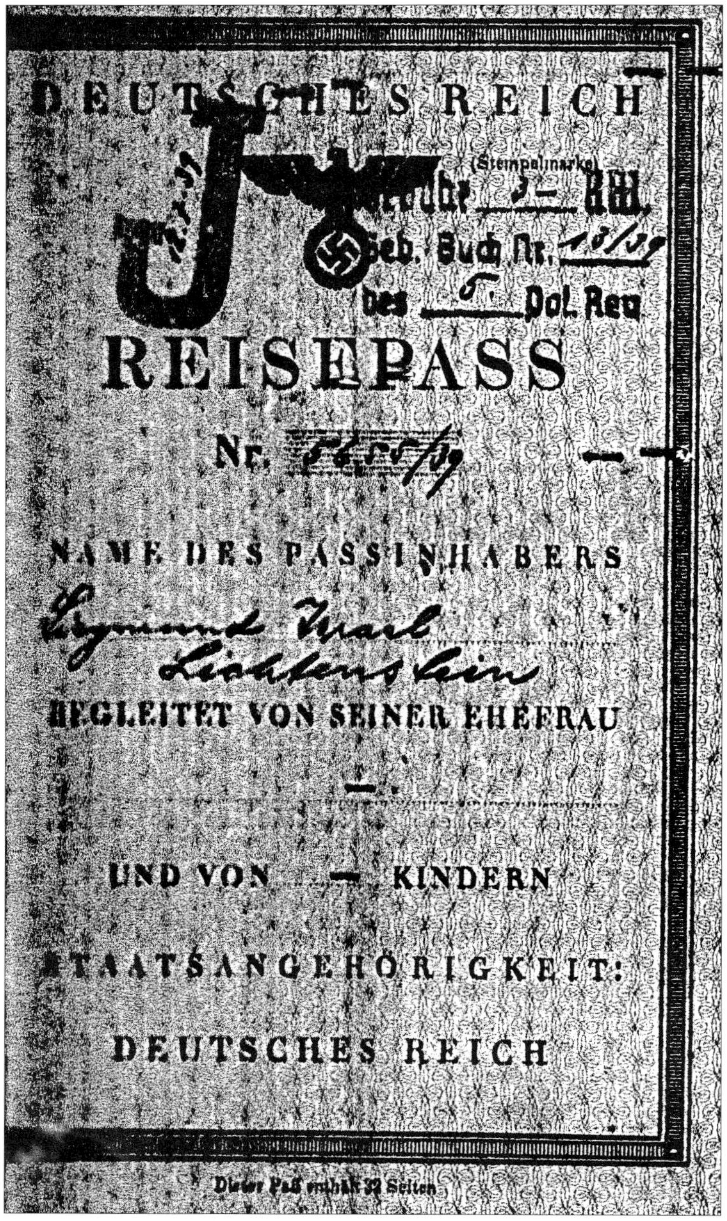

Reisepaß von Siegmund Lichtenstein 1939 mit dem aufgestempelten roten "J" für Jude und dem Zwangsvornamen "Israel"

striert wurde. Als Haftgrund wurde "Aktionsjude" vermerkt. Er mußte dort unter schrecklichen Bedingungen elf lange Wochen verbringen, bevor er am 25. Januar 1939 entlassen wurde.

In den nächsten Wochen setzten die Lichtensteins alles daran, um Deutschland verlassen zu können. Sie warteten auf ein Visum nach Amerika, aber nach den Erfahrungen im Konzentrationslager hatten sie Angst und fanden Möglichkeiten, nach England, wo schon der Bruder Otto Lichtenstein lebte, zu kommen. England hatte sich bereit erklärt, Menschen, die aus den Konzentrationslagern freigekommen waren, vorübergehend aufzunehmen, wenn sie auf die Erteilung eines Visums für USA warteten. Am 8. August 1939 - drei Wochen vor dem Beginn des Krieges - fuhr die Familie Lichtenstein nach England, wo sie in Manchester wohnten. Der nun inzwischen nach Amerika weitergereiste Bruder Otto Lichtenstein hatte Geld hinterlassen, mit dem sie sich über Wasser halten und nach Erhalt des Visums die Schiffsfahrt von England nach Amerika bezahlen konnten.

Im April 1940 war es dann soweit, Lichtensteins fuhren von Southampton mit dem Schiff "SS Volendam" der Holland-Amerika-Linie nach New York. Dort hatten die Brüder schon eine Wohnung im deutsch-jüdischen Flüchtlingsviertel Washington Heights gefunden. Siegmund Lichtenstein arbeitete hier als Maler und Lackierer.

Als er über seine geglückte Auswanderung erzählte, meinte er, daß sie unter einem guten Stern gestanden habe, nach einem Leuchten in den Augen folgte die genauere Erklärung: die gerettete Thorarolle aus der Synagoge Marköbel habe sich bei seinem Umzugsgut befunden.

1971 starb Jenny Lichtenstein. Nach ihrem Tode verließ Siegmund Lichtenstein New York und wanderte nach Israel aus, wo auch sein Sohn Iwan lebt.

Mit seinem Bruder Berthold war er Gast der "Woche der Begegnung". Er freute sich sehr, seinen Geburtsort Marköbel und Ostheim, wo er zehn Jahre seines Lebens frohe und schwere Zeiten verbracht hatte, wiederzusehen.

In New York baute Siegmund Lichtenstein einen Malerbetrieb auf.

Familie Benzion Adler

Benzion Adler wurde in Ostheim immer nur "de Benzion" - mit Betonung auf der ersten Silbe - genannt. Er lebte mit seiner Familie im Haus Zimmerplatz 1.
Bension Adler stammte aus Langenbergheim, wo er am 1.8.1870 geboren wurde. Im Jahre 1890 machte er sich auch gemeinsam mit seinen Eltern und seiner Schwester Pauline in Ostheim ansässig.[101)]
Der Vater Assor Adler starb in Ostheim im Alter von 64 Jahren 1898 und die Mutter Malchen Adler starb mit 60 Jahren 1897 auch in Ostheim. Beide wurden auf dem jüdischen Friedhof in Windecken beerdigt. Ihre Gräber wurden 1938 geschändet. Malchen Adlers Grabstein ist einer der drei heute erhaltenen Grabsteine auf diesem Friedhof.
Paulina Adler (* 1.9.1865 in Langenbergheim) heiratete am 23. 7. 1896 in Ostheim den Handelsmann Baruch Löwenberg (* 12. 7. 1870 in Reiskirchen). Sie wurde 1941 nach Minsk verschleppt und ermordet.
Benzion Adler war von Beruf Bäckermeister, er führte in seinem Haus am Zimmerplatz eine Bäckerei.
Im 1. Weltkrieg war er Soldat. Nach dem Krieg gab er die Bäckerei auf und wurde Viehhändler.
Er war verheiratet mit Hilde Weinberg (* 13. 6. 1879 in Lichenroth). Das Ehepaar bekam vier Söhne:

Arthur	* 30. 12. 1899
Willi	* 7. 5. 1901
Hermann	* 31. 8. 1905
Max	* 25. 3. 1916

Alle Söhne wurden nach dem Vornamen ihres Vaters genannt: "De Benzions Willi", "de Benzions Arthur", "de Benzions Hermann" und "de Benzions Max".

Arthur Adler (* 1899)
Von 1910 - 1917 besuchte er die Oberrealschule in Hanau, die er mit dem "Zeugnis über die wissenschaftliche Befähigung für den Einjährig - Freiwilligen - Dienst" abschloß. Nach der Schule machte er eine kaufmännische Lehre bei dem bekannten Geschäft für Seidenwaren Schwarzschild Ochs in Frankfurt an der Hauptwache. Dort war er tätig bis zu seiner Auswanderung am 30. März 1935 nach Südafrika. Die ersten Jahre in Südafrika waren sehr schwer. Trotzdem schaffte er es, Mittel und Wege für eine Ausreise seiner Eltern nach Südafrika im Jahre 1940 zu beschaffen. Er unterstützte die alten Eltern und kümmerte sich in allen Angelegenheiten um sie. Er war verheiratet und starb 1971 in Kapstadt.

Willi Adler (* 1901)
Nach dem Besuch der Oberrealschule in Hanau von 1910 - 1912 machte Willi Adler eine kaufmännische Lehre, er arbeitete etwa zehn Jahre im Geschäft Gebrüder Löwenthal, die Herrenstoffe verkauften, am Roßmarkt in Frankfurt.

Seit etwa 1930 führte er mit seinem Vater gemeinsam die Viehhandlung in Ostheim. So kam er in Ostheim zu dem Namen "der Kuhjud". Eigentlich sollte er später den Viehhandel alleine übernehmen, aber die Herrschaft der Nazis brachte kurz nach 1933 das Geschäft zum Erliegen. Ein Ostheimer erinnerte sich: "Es gab nur noch wenige Bauern, die mit Adlers als Juden

Benzion und Hilde Adler mit ihren drei Söhnen. Von links: Hermann, Willi, Arthur im Jahre 1907. Frau Adler trägt die für verheiratete jüdische Frauen übliche Perücke, in späteren Jahren verschwand diese Sitte.

1915 ließ sich Hilde Adler mit ihren drei Söhnen, die alle die Mütze der Oberrealschule Hanau tragen, fotografieren, wohl als Gruß für Benzion, der im Krieg war.
Von links: Hermann, Arthur, Willi

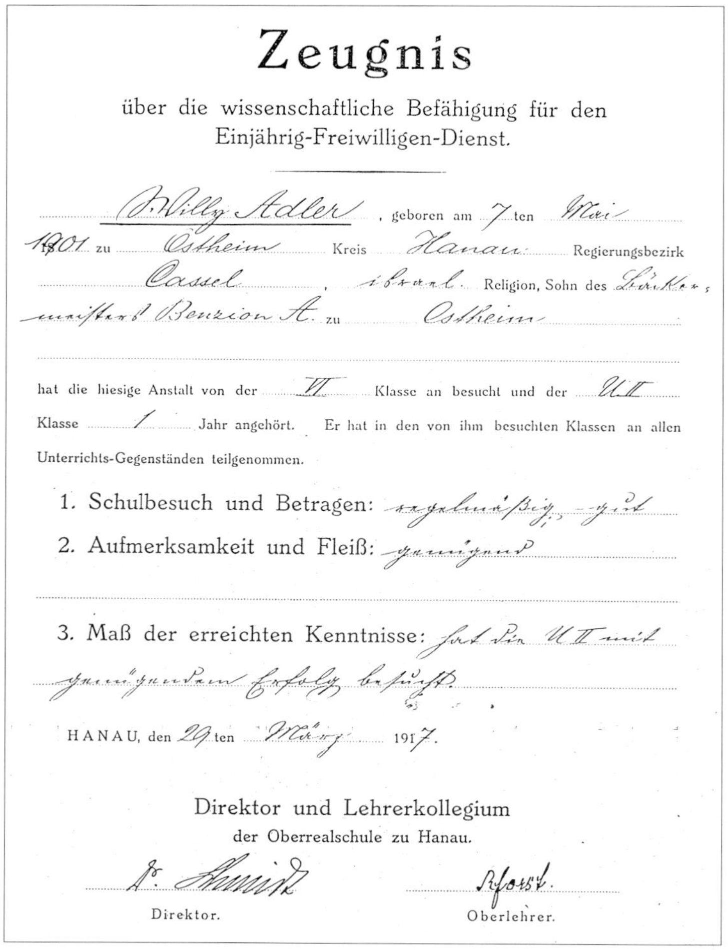
Zeugnis

über die wissenschaftliche Befähigung für den Einjährig-Freiwilligen-Dienst.

Willy Adler, geboren am 7ten Mai 1901 zu Ostheim Kreis Hanau Regierungsbezirk Cassel, israel. Religion, Sohn des Bäckermeisters Benzion A. zu Ostheim

hat die hiesige Anstalt von der VI Klasse an besucht und der UII Klasse 1 Jahr angehört. Er hat in den von ihm besuchten Klassen an allen Unterrichts-Gegenständen teilgenommen.

1. Schulbesuch und Betragen: regelmäßig, gut
2. Aufmerksamkeit und Fleiß: genügend
3. Maß der erreichten Kenntnisse: hat die UII mit genügendem Erfolg besucht.

HANAU, den 29ten März 1917.

Direktor und Lehrerkollegium
der Oberrealschule zu Hanau.

Direktor. Oberlehrer.

Zeugnis der Oberrealschule Hanau für Willi Adler 1917

gehandelt haben. Mein Schwiegervater hat dem Willi Adler noch einmal eine Kuh verkauft, er wurde deshalb beim Landrat angezeigt. Daraufhin nahm er seine alte Mutter mit aufs Amt und hat gesagt: 'Das war meiner Mutter ihre letzte Kuh, und die kann sie verkaufen, an wen sie will!' Sonst wär' er wohl noch dafür bestraft worden."

Die geplante Auswanderung Willi Adlers verzögerte sich, weil gegen ihn eine Strafanzeige wegen des seit März 1933 verbotenen Schächtens gestellt worden war. Im Juni 1938 fuhr Willi Adler von Hamburg aus mit der "Windhoek" nach Kapstadt, wo sein Bruder Arthur lebte.

Dort blieb Willi Adler zwei Wochen und ging dann in das damalige Süd-Rhodesien - heute Zimbabwe - in die Stadt Bulawayo, wo er auch die Geschwister Wertheimer aus Heldenbergen traf. Es war zu dieser Zeit sehr schwer, besonders für Flüchtlinge, die kein Englisch konnten, Arbeit zu bekommen. So war Willi Adler erst einmal arbeitslos.

Nach verschiedenen Gelegenheitsarbeiten wurde er von seinem Bruder Hermann Adler, der in Gatooma lebte, aufgenommen und unterstützt. In den Jahren 1941 - 1947 konnte er in einem Geschäft Arbeit finden. Danach war er im Geschäft seines Bruders Hermann in Salisbury tätig. Ab 1948 wurde er Teilhaber und als Hermann Adler 1952 nach Kanada auswanderte, hatte er das Geschäft ganz übernommen und wurde selbständig.

Willi Adler heiratete in Rhodesien seine Frau Frieda, die aus Worms stammte. 1952 wurde sein Sohn Ben, nach dem Großvater benannt, geboren. Mit ihm sprach Willi Adler im übrigen immer deutsch, dieser antwortete ihm dann englisch.
Im Jahre 1963 besuchte er mit seiner Frau und dem Sohn Ben alte Nachbarn und Freunde in Ostheim.

Willi Adler starb im April 1978. Seine Frau und der Sohn Ben wanderten danach nach Sydney in Australien aus, wo sie heute leben.

Hermann Adler (* 1905)
Hermann Adler ging wie seine Brüder in die Oberrealschule in Hanau von 1915 - 1920. Dort war er als ein Schüler bekannt, der gerne den Lehrern einen Streich spielte. Sein Klassenkamerad Philipp Clauss aus Windecken erzählte noch 70 Jahre später unter großem Lachen von Hermann Adlers Abschiedsvorstellung in der Oberrealschule in Hanau: "Es war im Jahre 1919, wir waren in der Untertertia, es waren Revolutionszeiten, alles war in Auflösung begriffen. Hermann Adler hatte für seinen letzten Tag uns Mitschülern eine besondere Abschiedsvorstellung angekündigt: 'Damit ihr an mich denkt!' Hermann war ein unglaublicher Schüler und leistete sich sich das Dollste, was sich je ein Schüler in der Oberrealschule Hanau geleistet hatte. Wir hatten bei Professor John Geschichte. Der pflegte in einem näselnden Tonfall mit betontem R und leichtem Stocken zu reden. Ihn liebte Hermann Adler nachzumachen. Er hatte sich ausgerechnet, da der Lehrer die Schüler immer nach Alphabet dran nahm, daß die Reihe an diesem Tage an ihm sein würde. Der Lehrer betrat den Schulsaal, stieg aufs Katheder, setzte den Zwickel auf die Nase, zupfte seinen Spitzbart und nahm Hermann Adler tatsächlich dran: 'Adler ...komm her. Erzähle mir, wann Otto I. regierte.' Hermann trat vor und stellte sich genauso in Positur, wie es der Professor immer tat, den Daumen in der Hosentasche und dann imitierte er diese näselnde, krächzende und stockende Sprachweise des Professors: 'Otto...der ... erste... regierte.. regierte...'. 'Ja, wann denn nun?' unterbrach ihn der Professor. Hermann begann in Seelenruhe von neuem in derselben Sprechweise: 'Otto... der... erste.. regierte... von...'. Da riß dem Professor allmählich die Geduld und er schrie: 'Sag's endlich, sags!' Und wieder begann Adler in Ruhe. Der Lehrer haute nun schon schreiend mit der Faust nach jedem Wort auf den Tisch. Hermann Adler hatte schon vorhergesehen, daß der Professor nach einiger Zeit die Nerven verlieren würde, und hatte es so abgesprochen mit einem Mitschüler Schäfer, der besonders lange Beine hatte und in dessen Nähe die Waschschüssel gefüllt mit Wasser auf dem Gestell stand, daß die Schüssel umfallen sollte. Dies geschah dann auch, als der Lehrer mit dem Stock auf Hermann Adler zuging und ihn, soweit das ging, übers Knie legte. Hermann sprang ihm dann an die Krawatte und lief weg, der Professor hinterher und die Waschschüssel fiel endlich um. Wir Mitschüler hatten alle in höchster Spannung das Schauspiel verfolgt. Dann auf ein Zeichen klappten wir alle die Deckel unserer Bänke hoch, wir Lausebengels, und riefen: 'Licht aus, Messer raus, drei Mann zum Blut rühren!' Das war eine Schlacht, die werd' ich nie in meinem Leben vergessen. Der Lehrer war kreidebleich, er ging dann zum Direktor, und wir kriegten eine saftige Strafe.
Hermann Adler war kühn und verwegen. Eines Tages, als wir eine Französischarbeit schreiben sollten, sagte er morgens im Zug zu mir: 'Clauss, du brauchst dir keine Sorgen zu machen, wir schreiben heute keine Französischarbeit.' In der Schule angekommen, ging Hermann zum Klassenschrank, nahm die Hefte heraus, lief fort und warf sie in einen nahegelegenen Bach."[101a)]

Nach der Schule machte Hermann eine kaufmännische Lehre, später arbeitete er als Reisender in Damenstoffen für die Firma Grünebaum und Sternberg in der Kaiserstraße in Frankfurt. 1933 heiratete er in Speyer Grete Johanna Schleimer (* 29. 12. 1907 in Herborn). Er lebte in der Hauptstraße 41 in Speyer, wo er ein Geschäft führte. Im September 1936 wurde in Speyer die Tochter Ellen geboren. Während des Novemberpogroms 1938 flüchtete Hermann Adler mit seiner Frau und dem Töchterchen Ellen und

Arthur Adler floh 1935 nach Südafrika

Willi Adler floh nach Rhodesien, dem heutigen Zimbabwe

Hermann Adler in Frankfurt um 1930

Max Adler lebte seit 1934 in Südafrika.

der Schwiegermutter nach Ostheim, da er sich dort vor Verfolgungen sicher glaubte. Aber dort wurde er in sogenannte Schutzhaft genommen und in das Konzentrationslager Buchenwald verschleppt. Seine Frau Grete, die zweijährige Ellen und die Schwiegermutter litten Todesqualen, als das Haus Adler brutal überfallen wurde. (Siehe S. 248)

Nur wenige Tage nach diesen brutalen Ausschreitungen meldete sich Grete Adler in Speyer ab nach Frankfurt, Friedberger Anlage 25. Als sie Anfang Dezember 1938 "besuchsweise" nach Speyer zurückkehrte, wurde auf der polizeilichen Anmeldung als Aufenthaltsort des Ehemannes "Konzentrationslager Buchenwalde" vermerkt. Vom 10. Februar 1939 liegt dann eine polizeiliche Abmeldung von Hermann Adler vor, daß die Familie "am 1. 3. 1939 nach Bulawajo, Süd-Rhodesien, Grey Street 121a verzieht".[101b)] Für einige Jahre diente er in der rhodesischen Armee.

In Salisbury betrieb er einige Jahre eine Fabrik für Khakikleidung, die 1951 sein Bruder Willi übernahm. Als die Tochter Ellen 1952 nach Kanada heiratete, wanderten Hermann und Grete Adler auch dorthin aus, später lebten sie in Kalifornien, wo Hermann Adler 1973 starb. Grete Adler lebt dort in einem Heim.

Max Adler (* 1916)
Nach dem Besuch der Oberrealschule in Hanau von 1926 - 1930 begann Max Adler eine kaufmännische Lehre in der Herrentuchgroßhandlung Emil Stein in Frankfurt in der Kaiserstraße. Noch vor Beendigung seiner Lehrzeit wanderte Max Adler aus. Von seiner Auswanderung erzählte er: "Ich lebte seit 1932 nicht mehr in Ostheim, sondern in Frankfurt. Alles, was in Frankfurt bis 1934 passierte, machte mir Angst. Als eines Tages zwei SA-Männer kamen und die drei Brüder, denen die Tuchgroßhandlung gehörte, in der ich beschäftigt war, mitnahmen, da kam mir der Gedanke, daß es höchste Zeit für mich war, Deutschland zu verlassen. Am 27. September 1934 wanderte ich nach Südafrika aus. Ich war 18 Jahre bei meiner Auswanderung, und ich war froh, als ich aus der 'Sauerei' unseres einstigen Landes herauskam. Leider habe ich damit auch vieles aus meiner Jugendzeit vergessen. Was ich noch weiß, ist, daß ich meine Jugendjahre sehr gut in Ostheim verbracht habe. Ich kam am 2. Oktober 1934 in Kapstadt an. Von diesem Tag an wurde ich bis März 1935 von dem Komitee für deutsch-jüdische Flüchtlinge unterstützt. Ich arbeitete dann in verschiedenen Stellungen, war aber wegen der geringen Löhne noch viele Jahre auf die Unterstützung durch dieses Komitee angewiesen. Im Jahre 1946 konnte ich mich selbständig machen und mich alleine ernähren."[101c)]

Max Adler war in seinen letzten Lebensjahren sehr beunruhigt über die politische Situation in Südafrika, so daß er sich überlegte, wieder nach Deutschland zurückzukehren, eine merkwürdige Entwicklung: wieder Zuflucht zu suchen in dem Land, aus dem er vor über 60 Jahren geflohen war, um sein Leben zu retten. Max Adler besuchte 1980 wieder Deutschland. 1988 war er Gast der "Woche der Begegnung" in Nidderau, nur wenige Monate darauf starb er im Oktober 1988 in Johannesburg im Alter von 72 Jahren.

Hilde Adler (1940)

Benzion Adler (1940)

Die Eltern Benzion und Hilde Adler nach 1938

Während des Novemberpogroms 1938 wurde das Ehepaar Adler gemeinsam mit der Schwiegertochter und deren Mutter und dem kleinen Enkelkind das Opfer schwerster Ausschreitungen. Sie ängstigten sich fast zu Tode dabei. (Siehe S. 248)

Nach den Ausschreitungen des November 1938 setzten sie und ihre Söhne in Südafrika alles daran, Deutschland verlassen zu können.

Die Zerstörung der Synagoge in Windecken, zu der die Adlers immer gegangen waren, sah Benzion Adler mit eigenen Augen. Er regte sich dabei so auf, daß er einen Schwächeanfall bekam und im Haus eines Bekannten in Windecken beruhigt werden mußte. Er soll nur immer wieder gesagt haben: "Das ist nicht gerecht, das wird sich eines Tages rächen." Für die Abfuhr der Trümmer der zerstörten Synagoge wurde das Ehepaar Adler auch noch gezwungen zu bezahlen, und zwar 325 RM. Diesen Betrag pfändete die Stadt Windecken.

Unmittelbar nach den Zerstörungen in ihrem Haus waren Adlers gezwungen, die am 12. November 1938 im ganzen deutschen Reich erlassenen Verordnung auszuführen: "Alle Schäden, welche durch die Empörung des Volkes über die Hetze des internationalen Judentums gegen das nationalsozialistische Deutschland am 8., 9. und 10. November 1938 an jüdischen ... Wohnungen entstanden sind, sind von dem jüdischen Inhaber sofort zu beseitigen. Die Kosten der Wiederherstellung trägt der Inhaber der betroffenen jüdischen Wohnungen. Versicherungsansprüche von Juden .. werden zugunsten des Reiches beschlagnahmt."[102)]

Am 12. Juli 1939 verließen Benzion und Hilde Adler Ostheim, wo sie so viele Jahrzehnte gelebt hatten, und zogen nach Frankfurt in die Rückertstraße 57. Sie hofften, daß sie dort nur kurze Zeit bleiben mußten; schon am 23. August 1939 hatten sie beim Hapag-Büro in Frankfurt am Kaiserplatz zwei Schiffsplätze auf dem Dampfer "Pretoria", der am 27. Oktober 1939 von Hamburg nach Kapstadt fahren sollte, bestätigt bekommen. Die Freude der Adlers darüber sollte aber nur acht Tage dauern. Wegen des Kriegsbeginns konnte das Schiff nicht auslaufen.

So suchte vor allem der Sohn Arthur aus Kapstadt alle erdenklichen Möglichkeiten für seine Eltern, um aus Deutschland herauszukommen. Er berichtete: "Die Auswanderung verzögerte sich erheblich und war sehr kostspielig, weil sie zur Zeit des Krieges stattfand. Die Versuche, die erforderlichen Papiere zu erhalten, zogen sich über ein halbes Jahr hin."[102a)] Im Dezember 1939 konnte Arthur endlich in Kapstadt an die italienische Schiffahrtslinie nach Südafrika das benötigte Geld für die Ausreise vorausbezahlen. Adlers mußten in Frankfurt noch eine Reihe von Sonderabgaben bezahlen wie Reichsfluchtsteuer, Judenvermögensabgabe, Golddiscontabgabe und noch eine vorgeschriebene Auswandererabgabe an die jüdische Gemeinde Frankfurt.

Endlich konnten sie mit dem Zug nach Triest reisen. Von dort fuhr am 15. Februar 1940 ihr Schiff ab und landete am 12. März 1940 in Durban in Südafrika. Sie lebten dann in Kapstadt bei ihrem Sohn Arthur. Benzion Adler wurde schon nach wenigen Jahren sehr krank und verstarb am 22. April 1948 in Kapstadt, seine Frau Hilda starb ebenfalls dort im Jahre 1951.

Die Familien Mathäus Katz und Salomon Katz

Mathäus Katz (* 1831)

Im Juni 1909 feierten Mathäus Katz und seine Frau in Ostheim Goldene Hochzeit. Die Windecker Zeitung berichtete darüber:.

Samstag, den 12. Juni 1909.

* **Ostheim**, 11. Juni. (Goldene Hochzeit.) Am 13. ds. Mts. begehen die Eheleute Mathäus Katz, dahier, das seltene Fest der goldenen Hochzeit. Vom hiesigen Herrn Bürgermeister wurde dem Ehepaare die von Sr. Majestät dem Kaiser gestiftete Ehejubiläumsmedaille überreicht. Zahlreiche Ehrungen werden dem beliebten Jubelpaare an diesem Tage sicherlich zu Teil werden. Glückauf zur Eisernen!

Windecker Zeitung Juni 1903

Mathäus Katz, der 1831 in Marköbel geboren wurde, war verheiratet mit Blümchen (auch Blinga genannt) Lichtenstein, geboren 1840 ebenfalls in Marköbel. Sie hatten elf Kinder. Mathäus Katz betrieb eine Bäckerei in Marköbel. Vor 1901 war er schon in Ostheim, denn dort besaß er zu dieser Zeit das Haus Haingasse 135, wo sich auch eine Schuhmacherwerkstatt befand.

Er war dann als Hausierer tätig in den umliegenden Dörfern und verkaufte im Bauchladen seine Sachen. Seine Enkelin Mathilde Katz begleitete ihn gerne auf seinen Wegen.

Im Jahre 1906 lebten Mathäus und Blümchen Katz im Haus ihres Sohnes Samuel Katz in der heutigen Windecker Straße 12. 1911 starb Mathäus Katz im Alter von 80 Jahren und seine Frau im Alter von 78 Jahren im Jahre 1918. An deren Beerdigung erinnerte sich ein früherer Nachbar: "Als die Mutter von Samuel Katz gestorben war, gingen alle Juden bei der Beerdigung mit. Die Frauen gingen aber nur bis zur Mühle an der Ortsgrenze mit. Dann haben sie sich gebückt und früher - das erzählte mir der Samuel Katz dann - haben sie dann wirklich mit Steinen auf den Sarg geworfen, um zu zeigen, daß der Leichnam nichts mehr wert ist." [103)] Mathäus und Blümchen Katz wurden auf dem jüdischen Friedhof in Windecken beerdigt. Ihre Gräber wurden entweiht und geschändet.

Salomon Katz (* 1874)

Er war einer der drei Söhne von Mathäus Katz, die sich aus Marköbel in Ostheim niedergelassen hatten - vermutlich um die Jahrhundertwende. Er war am 7. 5. 1874 in Marköbel geboren. Von Beruf war er Metzger und arbeitete mit seinem Bruder Anselm Katz zusammen. Verheiratet war er mit Johanna Saalberg. Das Ehepaar lebte in Ostheim in der Carlstraße 2a. Dort wurde auch ihre Tochter Mathilde am 31. 1. 1900 geboren. Salomons Ehefrau Johanna wurde unheilbar krank und mußte in der Landespflege- und Heilanstalt in Marburg leben. Salomon Katz wurde geschieden.

1906 verließ Salomon Katz Ostheim und lebte in Vilbel. Er heirate erneut: Hilde Levi (* 1879) aus Lohra. 1913 zog er nach Marburg, wo er am 28. 12. 1936 starb.

Das kleine "Mathildchen" zogen die Großeltern Mathäus und Blümchen Katz auf. Später lebte Mathilde Katz in Marburg, von wo sie im Alter von 41 Jahren im Dezember 1941 in den Osten verschleppt und ermordet wurde.

Familie Samuel Katz

Samuel Katz, das war der "Schuh-Katz", als Schuhmachermeister brachte er die Schuhe der Leute in Ostheim und Umgebung in Ordnung. Auch neue Schuhe konnte man bei ihm kaufen. Bezahlt wurde auf Raten, 50 Pfennige jede Woche, Samuel Katz kam selbst, um zu kassieren. Durch seinen Beruf hatte er Kontakt mit allen Bevölkerungskreisen. Man schätzte in Ostheim den freundlichen, bescheidenen Samuel Katz und seine Frau Regine sehr.

Er wurde am 7. 5. 1879 in Marköbel geboren. In Kelsterbach hatte er das Schuhmacherhandwerk gelernt. Dann lebte er auch eine Zeit im Hause seines Bruders Anselm Katz in der Kirchgasse

Die Familie Samuel Katz 1930 unter dem Birnbaum im Hof ihres Hauses, heute Windecker Weg 12. Von links: Wilhelm Katz, Mutter Regina Katz ,Vater Samuel Katz, Gerda Katz, Manfred Katz

23. Oben in der Kammer arbeitete er an seinen Schuhen.

Im Jahre 1905 heiratete er Regina Strauß (* 26. 7. 1875) aus Fischborn bei Birstein. Sie kauften das Haus in der Windecker Straße 12. In den Nebengebäuden richtete er seine Schuhmacherwerkstatt und einen kleinen Verkaufsraum ein. Die alten Eltern lebten noch mit im Haus, ebenso der Bruder Salomon mit seiner kleinen Tochter Mathilde. Vom Vater wurde Samuel Katz schon früh und mit großem Interesse in die Weisheiten der jüdischen Religion eingeführt. Er war im Unterschied zu seinen Brüdern sehr streng religiös. Aufgrund seiner religiösen Kenntnisse genoß er hohe Anerkennung in der jüdischen Gemeinde Windecken. Er war der Vorbeter und Kantor mit seiner guten Stimme. Jeden Samstag am Schabbes ging er in die Synagoge in Windecken. In den zwanziger Jahren wurde er als Kantor öfter in die Schweiz nach Basel gebeten.

Samuel und Regina Katz hatten drei Kinder :

Wilhelm	* 13. 6. 1906
Gerda	* 20. 11. 1910
Manfred	* 10. 3. 1912

Die Familie Samuel Katz vor ihrem Haus in der Windecker Str. 12. Rechts im Nebengebäude befand sich die Schuhmacherwerkstatt von Samuel Katz (heute Bushaltestelle). Von links Manfred Katz, Gerda Katz, Regina Katz, Samuel Katz

Wilhelm Katz (* 1906)

In Ostheim war Wilhelm Katz bekannt als "das Kätzi", der bei keinem Fußballspiel des Fußballclubs Sportfreunde Ostheim fehlen durfte. Er gehörte im Jahre 1924 zu den Gründungsmitgliedern. Ein Freund erinnerte sich: "Wilhelm Katz war der ideale Fußballspieler. Er spielte Rechtsaußen und ist gelaufen und gelaufen. 'S' Kätzi' hat es geheißen, der muß dabei sein."

Wilhelm Katz besuchte einige Jahre die Volksschule in Ostheim, dann die Oberrealschule in Hanau von 1917 - 1920. Anschließend machte er eine kaufmännische Lehre bei der Knopfgroßhandlung Z. A. Fränkel in Frankfurt, Zeil 23.

Über sein Leben erzählte er: "Ich wußte natürlich, daß ich ein Jude war, und daß wir als Juden anders waren. Und die anderen sagten auch 'der Jud', aber es war keine Beleidigung, es war eine Tatsache. Wenn ich als Kind zu meinen Nachbarn kam, und sie sagten: 'Jüngelchen, willst du etwas mit uns essen?' da wußten sie natürlich genau, daß ich nicht mitessen konnte, da wir ja koschere Küche gehalten haben. So sagte ich immer nur meinen Spruch: 'Die Mutter hat auch zu Haus gekocht.' Butterbrot und Käse habe ich mitgegessen und auch Kaffee getrunken. Man wußte in Ostheim, daß wir Juden waren, aber von Antisemitismus kann man nicht unbedingt sprechen, man sagte eben: 'Das ist der Jud. Wo ist der Jud?' und fertig.

Wir spielten zusammen Fußball im Sportverein. Wir fuhren zusammen raus bis nach Lampertheim, nach Niederrodenbach, Langenselbold, Langendiebach. Man saß zusammen am Tisch und trank Bier.

Auf der Kerb feierten wir zusammen, daß es Unterschiede gab zwischen Christen und Juden, das war natürlich klar, das wußte man, aber von Antisemitismus spürte man nichts.

Ich kam immer mit allen gut aus, ich war vollkommen integriert. Ich lebte vollkommen normal mit den Leuten zusammen. Ich machte alles mit. Daß jemals so etwas vorkommen würde wie unter Hitler, hätte ich mir niemals je träumen lassen.

Ich hatte viele christliche Freundinnen aus Windecken oder Ostheim. Aber ich hätte sie nicht heiraten können. Ich war doch zu stark durch die Bindungen zu meinem Elternhaus verwurzelt in den religiösen Tiefen des Judentums. Meine Mutter hätte die Heirat mit einem christlichen Mädchen nicht überlebt.

Wir gingen zu allen Veranstaltungen, zur Kirchweih. Wir waren nicht nur in Ostheim, auch in Windecken, gingen zur Kerb in der Hochmühle. Da gab es natürlich manchmal Keilerei. Es gab natürlich auch Juden, die davon Abstand nahmen. Meine Eltern wären in kein Wirtshaus gegangen, das fing erst mit meiner

Wilhelm Katz als Bub im Hof seines Elternhauses 1911 (heute Windecker Weg 12)

*1. Mannschaft des FC Sportfreunde Ostheim mit Wilhelm Katz 4. von links 1928.
Stehend von links nach rechts: Jean Hartenfeller, Hch. Östreich, Reo Melisch, Wilh. Katz, Aug. Vittinghoff, Herm. Sander, Hch. Heck, Hch. Bargert, Theo Riffel, Wilh. Hagenfeld, Peter Leichner, Jean Baumann, Karl Mehrling. Knieend: Gg. Stöckert, Hch. Heldmann, Aug.*

Generation an. Die jüdischen Jungen gingen auch in Ostheim auf die Kerb, aber anderswo gingen sie nicht so gerne, ich schon. Ich suchte mir in Windecken die schönsten Mädchen aus.

Von 1924 an war ich im Fußball aktiv in Ostheim. Seit 1922 arbeitete ich in Frankfurt, nach der Arbeit leitete ich noch das Training. Später kam ich nur noch am Wochenende heim und spielte die Spiele am Sonntag mit.

Bis 1933 gab es in Ostheim keine Nazis, weder in Ostheim, noch in Windecken noch sonstwo hier in der Gegend war etwas von einer nationalsozialistischen Bewegung zu spüren. Es war einfach nicht da. Bis 1933 war das Leben zwischen Christen und Juden an und für sich problemlos.

Als Hitler an die Macht kam, da haben wir zuerst einmal gelacht, das muß ich ganz ehrlich einmal sagen. Wir dachten: 'Wie lange wird der Spuk halten?' Man nahm die ganze Sache zuerst überhaupt nicht ernst. Ich bin noch nicht einmal sicher, ob die Leute das Wort Antisemitismus in Ostheim in den Mund genommen haben. Man wußte nur, daß man etwas gegen die Juden hatte. Bis 1936 wurde auf dem Lande wohl eher Zurückhaltung geübt. Sie hatten Schiß vor der eigenen Courage den Juden gegenüber. Erst dann ging es los.

Mir wurde gleich 1933 nahegelegt, nicht mehr bei den Sportfreunden Ostheim als Jude Fußball zu spielen. Dieses Verhalten meiner Sportfreunde - wir waren doch ein Arbeitersportverein - hat mich zutiefst enttäuscht, und es tut mir heute noch weh, wenn ich daran denke. Kurze Zeit später, im März 1933, löste sich der Verein allerdings dann, um einem Verbot zuvorzukommen und das Vereinsvermögen zu retten, selbst auf.

Ich war dann aktiv in Frankfurt beim jüdischen Sportverein 'Makabi'. Mit dem Ausschluß der jüdischen Mitglieder aus den christlichen Vereinen wurden die jüdischen Vereine recht stark. Noch bis zum Jahre 1936 hatten wir in Frankfurt die vollen Möglichkeiten, Sport zu treiben. Wir veranstalteten eigene Sportfeste.

Die "drei Katzen" der Familie Samuel Katz: Manfred 3. von links, Gerda 4. von links, Wilhelm rechts (mit Cousins) - 1919

Als 1934 die Firma Fränkel, in der ich arbeitete, 'arisiert' wurde, mußte ich als jüdischer Mitarbeiter gehen. Ich bekam dann bei einer sogenannten 'arischen' Firma in Essen Arbeit. Ich reiste für diese Firma, hatte einen Wagen und fuhr zweimal im Monat nach Essen zur Berichterstattung. In Aschaffenburg wurde mir 1936 gesagt, daß man nicht mehr bei mir kaufen könne. Ich antwortete, daß es sich doch um eine 'arische' Firma handelte. 'Ja, das schon, aber Sie, Herr Katz, Sie sind Jude.'

Bis zum Herbst 1936 ging im großen und ganzen alles ganz gut für mich. Da hatte ich mit meinem Auto einen Unfall in Frankfurt: Ein Mädel war mir mit ihrem Fahrrad hinten ins Auto reingefahren. Ihr selbst war nichts passiert, nur das Fahrrad und mein Auto waren kaputt. Ich gab ihr also meine Adresse zur Regulierung des Schadens an meinem Auto. Bis zum Dezember 1936 hörte ich nichts von der Sache.
Eines Sonntags kamen zwei Männer zu uns, ich war inzwischen verheiratet. Der eine sagte: 'Sie haben meine Tochter angefahren.' Ich antwortete: 'Nein, Ihre Tochter ist mit dem Rad in mein Auto gefahren.' Der Mann nannte mir dann eine Geldsumme, die er von mir haben wollte. Ansonsten - so drohte er mir - werde er mich anzeigen wegen Körperverletzung und versuchter 'Rassenschande'. Daraufhin schmiß ich ihn aus meiner Wohnung raus. Ich hörte dann wieder von der Sache nichts bis Anfang Februar 1937. Da kam mitten in der Nacht ein Anruf für mich. Es war ein Kriminalbeamter am Apparat, den ich vom Leichtathletikverband kannte. Er sagte: 'Katz, gegen dich liegt eine Anzeige vor.' Ich war angezeigt wegen Körperverletzung und versuchter 'Rassenschande'. Am 2. März 1937 sollte der Prozeß sein. Ich fragte: 'Was kann ich da machen?' Er gab mir die tiefsinnige Antwort: 'Ich kann dir zur Flucht nicht raten.'

Am Montag früh ließ ich alles liegen und stehen, setzte mich in den Zug und fuhr nach Berlin in die Meinecke Straße 10 in das Palästina-Amt. Ich stellte meine Situation dar. Aber man wollte mich vertrösten. Ich hätte doch sicherlich gute Beziehungen in Frankfurt. Aber darauf ließ ich mich nicht ein. Sie konnten mir kein Zertifikat geben. So ging ich zu einem Mann mit dem Namen Spinat, von dem ich gehört hatte. Er vermittelte mir ein offizielles Zertifikat der englischen Mandatsregierung für Palästina. 1 000 Mark kostete es, das war sehr viel Geld.

Ich sagte niemandem etwas davon. Ich fuhr noch nicht einmal nach Ostheim, um meinen Eltern Auf Wiedersehen zu sagen. Ich rief sie nur an und sagte, daß ich vier Wochen nichts von mir hören lassen würde, da ich ständig unterwegs sei.

Ende Februar 1937 setzte ich mich in mein Firmenauto und fuhr nach Lörrach. Dort mietete ich ein Hotelzimmer und stellte die Koffer und das Auto ab. Ich ging nur mit einem kleinen Köfferchen in der Hand nach Lörrach zum Bahnhof. Dort setzte ich mich in einen Skifahrerzug nach Basel. Meinen Paß hatte ich auf alle Fälle mitgenommen. Ich hatte noch eine Bestätigung des Hotels, daß ich da wohnen würde, dabei für den Fall, daß eine Kontrolle kommen würde. Dann könnte ich ja sagen, daß ich nur einen Tagesausflug nach Basel machen würde und meine Sachen im Hotel in Lörrach seien. Ich kam ohne Kontrolle über die Grenze. Ich war drüben und raus und damit war die Sache erledigt. Am nächsten Tag rief ich meinen Chef von Basel aus an und sagte ihm Bescheid. Er wollte mich überreden, zurückzukehren. Aber mein Entschluß stand fest.

Mit meinem kleinen Köfferchen und dem Anzug, den ich trug, fuhr ich mit dem Zug von Basel nach Marseille. Von dort fuhr mein Schiff. Die Schiffskarten hatte ich schon in Berlin besorgt. Am 2. März 1937 fuhr mein Schiff nach Palästina. Bis 1937 war es noch verhältnismäßig einfach, aus Deutschland herauszukommen. Man mußte natürlich bezahlen.

Ich schrieb auch meinen Eltern, daß sie kommen sollten, mein Vater könnte gut als Schuhmacher hier arbeiten. Ich schrieb ihnen die Adresse aus Berlin und wie sie ein Zertifikat bekommen könnten. Sie schrieben zurück, daß erst die Kinder, mein Bruder Manfred und meine Schwester Gerda, gehen müßten. Meine Eltern fühlten sich zuerst als Deutsche, dann als Juden. Sie hatten gedacht, daß ihnen in Ostheim nichts passieren würde.

Als ich in Palästina ankam, wohnte ich bei einem Bekannten aus Frankfurt. Ich fand Arbeit in einem Haushaltswarengeschäft. Eines Tages traf ich den ältesten Sohn von der Bäckerei Katz in Großen-Linden. Die Familie wollte in einer Woche eine Bäckerei in Haifa aufmachen, so bat er mich, mit zu ihnen zu kommen. In dieser Bäckerei blieb ich dann. Jeden Morgen, nachdem wir gebacken hatten, fuhr ich die Brötchen und das Brot mit dem Fahrrad in Haifa aus. Sechs Jahre lang fuhr ich bergauf und bergab in Haifa mit dem Fahrrad alles Brot aus. Dies hat mir auch meine Beine kaputt gemacht. Dann ging ich in eine andere Bäckerei, wo ich mit dem Auto nur noch Hotels und Restaurants belieferte. Dem englischen Militär lieferte ich in die Kantinen Brot und Kuchen.

1952 fuhr ich für drei Jahre als Chauffeur durch Israel und lernte so das ganze Land kennen. Dann kehrte ich wieder in die Bäckerei zurück und arbeitete noch 10 Jahre dort. Ich trainierte einige Jahre eine Jugendfußballmannschaft und spielte auch noch selbst in einer Altherrenmannschaft.

Mit dem Hebräischen kam ich ganz gut zurecht, obwohl es mir noch immer nicht ganz leicht fällt, dem Fernsehen, dem Theater oder der Zeitung wie selbstverständlich zu folgen... Mit unseren Freunden und Bekannten in Israel sprechen wir sehr viel

Wilhelm Katz beim Brotausfahren in Haifa 1938

Versöhnt hat er sich, vergessen kann er jedoch niemals

Der Sport rettete Willi Katz im Dritten Reich letzten Endes das Leben / Nach 40 Jahren war er erstmals wieder in Nidderau

NIDDERAU. Als er nach mehr als 40 Jahren zum erstenmal seinen Heimatort wiedersieht, da führt ihn sein Weg natürlich auf den Sportplatz. Wenn der 82jährige von seinem geliebten Fußball erzählt, von Sportkameraden schwärmt, lebhaft durch die Wohnung wieselt, Bilder hervorkramt und auf einen drahtigen jungen Mann im Trikot zeigt, kommt der Gedanke zwangsläufig: Am liebsten würde Willi Katz noch einmal auflaufen, Gegner umkurven und schöne Tore erzielen.

Dabei war die Vergangenheit für den Ostheimer „Fußballstar“ und Mitbegründer des Fußballclubs alles andere als rosig. „Kätzi, Kätzi“ haben sie ihn

Das FR-Porträt

liebevoll angefeuert. „Über Nacht hat mich plötzlich keiner mehr gekannt.“ Mit dem „Jud“ wollte nach 1933 keiner mehr etwas zu tun haben. Der Sohn des Schuhmachers Katz, der schon vor der Machtübernahme durch die NSDAP nach Frankfurt umgezogen war, kehrte seinem Heimatort den Rücken zu.

Der Sport, Willi Katz machte auch als Leichtathlet eine gute Figur, hat dem jungen Juden das Leben gerettet. 1937 warnte ihn ein bekannter Frankfurter Sportler mitten in der Nacht vor der Geheimen Staatspolizei. Wegen eines Unfalls mit einer „arischen“ Radfahrerin sollte er wegen versuchter Rassenschande angeklagt werden. In Freiburg im Breisgau setzte er sich in den Zug, der die Skiläufer zurück nach Basel brachte. Kontrolliert wurden die Sportler fast nie.

Willi Katz hatte Glück, er schlug sich durch bis Haifa. Zurück blieben die Eltern, die er nie mehr wiedersah. 1942, das Schuhmachergeschäft war schon vor acht Jahren „arisiert“ worden, wurden sie deportiert und in einem Konzentrationslager ermordet. Er spricht darüber nicht gerne: „Man erinnert sich lieber an das Gute.“ Willi Katz hat seinen Frieden mit den Deutschen gemacht. „Versöhnen ja, vergessen nein.“

1954 hörte er zum erstenmal wieder aus Ostheim. Der Vereinsmitbegründer war zum 30jährigen Jubiläum eingeladen. Geantwortet hat er darauf nicht. „Ich war einfach schockiert. Das saß alles noch zu tief.“ Selbst als er 1968 nach Frankfurt kam und gemeinsam mit zwei Partnern ein Geschäft aufbaute, brauchte er zwei Jahre, ehe ihn ein Bekannter dazu überredete, seine Heimatgemeinde zu besuchen. Plötzlich hörte der einstige Torjäger auf dem Sportplatz die Durchsage, der Mitbegründer des FC Ostheim, Willi Katz aus Haifa, sei da. „Alle sind gerannt gekommen. Ich wurde vorgestellt. Ich wußte überhaupt nicht, wie mir geschah“, erinnert sich der junggebliebene Pensionär daran, daß er vor Aufregeung kein Wort herausbrachte.

Richtig Kontakte geknüpft haben Willi und Lotte Katz aber erst 14 Jahre später. Eine Annonce in einer deutschsprachigen israelischen Zeitung, aufgegeben von Monica Kingreen, die das Leben der ehemaligen Nidderauer Juden erforschte, gab den Anstoß. Der Pfarrer organisierte ein Treffen und es kamen damals schon 250 Leute ins Gemeindehaus. Ein kleiner Vorläufer der Woche der Begegnung, die gerade vorübergegangen ist. „Phantastisch war das“, findet das Ehepaar aus Haifa.

In der Hafenstadt ist Willi Katz seiner Liebe zum Sport treu geblieben. Als Mittelsmann hat er zahlreiche Kontakte zwischen dem Sportverein Maccabi Haifa und deutschen Vereinen hergestellt. Wer immer nach Israel kommt, findet im Hause Katz offene Türen. Allerdings verbringt das Ehepaar seit einigen Jahren fast die Hälfte des Jahres in seiner Wohnung in Frankfurt. Der rührige Wahl-Frankfurter organisiert Treffen zwischen jungen Deutschen und Israelis, vermittelt hier und da und kommt auch gerne wieder mit seinen Ostheimern zusammen. Die dunkle Vergangenheit spielt dabei kaum eine Rolle. Nur einmal hat ein alter Bekannter bei diesem Thema geweint. „Du brauchst jetzt nicht zu weinen, du hättest lieber 1933 weinen sollen.“

JÜRGEN AHÄUSER

Portrait von Willi Katz in der Frankfurter Rundschau vom 23. Juli 1988

Deutsch, aber natürlich auch hebräisch. Die Kinder unserer deutschstämmigen Bekannten sprechen alle nur hebräisch.

Mit meinen Eltern konnte ich bis August 1939 noch in Briefverbindung sein. Erst nach dem Ende des Krieges erfuhr ich, daß sie ermordet wurden. Vorher wußte man nur so allgemein, daß die Juden abtransportiert wurden. Von den Konzentrationslagern erfuhren wir erst nach dem Krieg.

1945 suchte ich über den Internationalen Suchdienst des Roten Kreuzes meine Geschwister, von denen ich seit 1939 auch nichts mehr wußte. Bald meldete sich mein Bruder Manfred aus der Schweiz, aber erst in den fünfziger Jahren, als er in Amerika Fuß gefaßt hatte, kam ein näherer Kontakt wieder mit ihm zustande. Er besuchte mich 1958 in Israel. Meine Schwester Gerda sah ich zum erstenmal 1966 wieder, als ich nach Amerika fuhr. Fast dreißig Jahre hatten wir drei Geschwister uns nicht gesehen.

Auf dem Rückweg von meinem Besuch in Amerika 1966 war ich zum erstenmal wieder in Deutschland. Frankfurt kam mir wie eine fremde Stadt vor. Ich traf einige alte jüdische Bekannte, die ich vom Fußball her kannte. Da ich in Israel aus gesundheitlichen Gründen mit meinem Bein nicht mehr arbeiten konnte, überlegte ich mir, in Frankfurt zu bleiben. Eines Tages las ich eine Anzeige in der Zeitung: "Knopffabrik sucht Lagerist - möglichst aus der Branche". Ich ging also dorthin, um mir den Laden einmal anzusehen. Und siehe da, es stellte sich heraus, daß es die Firma war, bei der ich vor fünfzig Jahren gearbeitet hatte, allerdings mit neuem Namen. Dort war ich dann bis 1976 tätig.

Die Entscheidung, wieder nach Deutschland zu gehen, war für mich nicht leicht. Nach allem, was mit meinen Eltern geschehen ist, war es sehr schwer gewesen, mich dazu zu entscheiden. Es ist manchmal so und manchmal so für mich. Ich kann nicht sagen, daß ich mich hier schlecht fühle. Wir lieben das Theater in unserer Sprache und die Zeitung. Und trotzdem zieht es mich auch immer wieder nach Israel. Ganz hier in Deutschland bleiben, das möchte ich nicht, ich möchte auch nicht in Deutschland begraben werden. In der Zeit, in der ich nach 1966 wieder in Deutschland lebte, bin ich immer korrekt behandelt worden. Wenn mal einer von 'dem Judd' spricht, dann würde ich das nicht als Antisemitismus bezeichnen, sondern nur das, was in der Hitlerzeit gegen die Juden gemacht wurde, das ist Antisemitismus für mich. Denn gemessen an unserem Glauben und an unseren Überzeugungen und Gebräuchen sind wir anders als die Christen. Aber das soll doch meine Privatangelegenheit sein. Ich frage doch auch bei anderen Menschen nicht nach ihrem Verhältnis zur Religion.

Den ersten Kontakt nach Ostheim, nachdem meine Eltern nicht mehr am Leben waren, hatte ich im Jahre 1954. Da wurde das 30jährige Bestehen des Fußballclubs Sportfreunde Ostheim gefeiert. Die alten Fußballfreunde schrieben mir nach Israel und schickten mir eine Festschrift. Ich antwortete nicht. Um ehrlich zu sein, war ich damals einfach nicht in der Lage, nach allem, was geschehen war, zu antworten. Wenn ich geantwortet hätte, hätte ich ja schreiben müssen, wo wart ihr alle 1933. Davor habe ich mich gescheut. Als ich in den sechziger Jahren wieder in Deutschland war, da wollte ich nicht nach Ostheim fahren. Da bin ich nicht hingefahren. Ich konnte nicht. Ich war nur in Frankfurt. Es wäre sehr schwer gewesen, das Haus zu sehen, wo ich viele Jahre mit meinen Eltern und Geschwistern gelebt hatte.

1975 war ich zum erstenmal dort, ein Arbeitskollege aus meiner Firma, der Verwandtschaft in Ostheim hatte, nahm mich einfach mit. Wir sind zum Sportplatz gegangen. Plötzlich hörte ich die Lautsprecherdurchsage: 'Wilhelm Katz aus Haifa ist da!' Alle kamen gerannt. Ich wußte überhaupt nicht, wie mir geschah. Vor Aufregung brachte ich kein Wort heraus. Ich besuchte auch alte Nachbarn.

1983 war ich mit meiner Frau Lotte in Ostheim. Ich ging in die Metzgerei Barget und fragte, ob sie sich noch an das Kätzi vom Fußball erinnern könnten. Sie sagte: 'Ja, ja.' 'Dann könnt ihr ja mal guten Tag sagen, der steht nämlich vor Euch.' Sie waren so überrascht und haben sich sehr gefreut. Ich ging auch zu meinem ehemaligen Elternhaus in der Windecker Straße 12, wo ich geboren wurde. Die Leute waren sehr freundlich und baten uns herein. Ich habe mir nur den Hof angeschaut und ging in den Keller. Die Kraft, ins Haus zu gehen, hatte ich nicht, obwohl die Besitzer uns einluden, meine Cousine Lieselotte ging hinein. Aus der Werkstatt meines Vaters ist im vorderen Teil die Bushaltestelle geworden.

Im Haus meines Onkels Anselm Katz und meiner Cousine Klara Levi in der Kirchgasse 23 waren wir auch gewesen."[103a)]

Im Februar 1987 hatte der Pfarrer von Ostheim zu einem Altennachmittag unter der Ankündigung "Hoher Besuch" eingeladen. Wilhelm Katz und seine Frau Lotte waren die "Ehrengäste". Darüber berichtete die Lokalzeitung:[104)]

"...nach über 50 Jahren kam es zum ersten offiziellen Treffen mit manchen alten Freunden und Bekannten. Obwohl Katz sein altes Heimatdorf schon vorher besucht hatte, bedeutete doch dieses Wiedersehen etwas ganz Besonderes. Dies zeigte sich schon daran, daß das Ehepaar Katz fast 20 Minuten benötigte, um vom Auto in den Saal des Gemeindehauses zu gelangen. Sofort bei ihrer Ankunft hatte eine Menschentraube die Gäste umringt."

Schon 1986 hatte das Ehepaar Katz erstmals an einer Gedenkstunde am 9. November, die die Sozialdemokratische Partei Nidderaus mit dem Bundestagsabgeordneten Bernd Reuter veranstaltete, teilgenommen. Ihre warmherzige und freundliche Ausstrahlung in der Begegnung mit den offiziellen Vertretern Nidderaus hat geholfen, Zurückhaltungen und Ängste in der Konfrontation mit der Vergangenheit abzubauen .

Willi und Lotte Katz waren 1988 Gäste der Stadt Nidderau bei der Woche der Begegnung, Einladung der früheren jüdischen Bürger. Willi Katz hielt bei dem offiziellen Empfang in der Schloßberghalle eine Rede im Namen der Gäste.

1989 bei der Feier zum 65jährigen Bestehens des Fußballclubs Sportfreunde 1924 in Ostheim wurde Wilhelm Katz als eines der drei noch lebenden Gründungsmitglieder geehrt.[105)]

Willi und Lotte Katz haben aus Nidderau im Laufe der letztem zehn Jahre einen Freundeskreis von jüngeren Menschen gewonnen, mit dem sie in einem intensiven Kontakt sind bei Besuchen in Deutschland und bei Besuchen der Nidderauer in Israel. Über diese Freundschaften und Beziehungen in der alten Heimat sind Willi und Lotte Katz sehr glücklich.

Gerda Katz (* 1910)
Sie besuchte von 1917 bis 1925 die Volksschule in Ostheim. Danach ging sie für zwei Jahre auf die Handelsschule in Hanau. Als Stenotypistin arbeitete Gerda Katz bei dem Rechtsanwalt und Notar Max Rapp in Hanau. Durch den Boykott der Nazis ging die Kanzlei immer mehr zurück, und sie fand nur noch stundenweise Arbeit. Dr. Rapp schloß Ende 1936 sein Büro und wanderte aus. Bis zu dieser Zeit lebte Gerda Katz in Ostheim bei ihren Eltern in der Windecker Straße 12.
Sie verheiratete sich am 19. 11. 1936 in Ostheim mit Siegfried Fritz Meyer (* 20. 1. 1901). Sie lebte dann mit ihrem Mann in dessen Geburtsort Holzhausen im Untertaunuskreis. Mit Hilfe eines Onkels ihres Mannes konnte Gerda, die inzwischen hochschwanger war, mit ihrem Ehemann über die Schweiz, Frankreich, Holland und England nach Amerika auswandern. Im August 1938 kam Gerda in New York an. Zwei Monate später wurde der Sohn Franklin Nathan Manfred Meyer geboren.
Alle Aufregungen durch den Boykott der Nazis, die Isolation ihres Lebens und die schwierige Auswanderung setzten Gerda schwer zu, so daß sie an einem Nervenleiden litt.
Nach dem Krieg nahm Hans Östreich, der Bürgermeister von Ostheim, wieder Kontakt auf und stand in regem Briefwechsel mit ihr. 1987 starb sie in Amerika.

Die beiden Willis: Willi Katz (links) und Bürgermeister Willi Salzmann bei der "Woche der Begegnung". Einladung der früheren jüdischen Bürger durch die Stadt Nidderau im Juni 1988

Gerda Katz mit ihrem Mann Fritz Meyer 1936

Manfred Katz (* 1912)
Nach dem Besuch der Ostheimer Volksschule ging Manfrad Katz 1922 zur Oberrealschule in Hanau. Mit dem Einjährigen mußte er 1928 abgehen. Er hätte wohl gerne weiter die Schule besucht, um nach dem Abitur Jura zu studieren, berichtete ein damaliger Freund Manfreds. Aber dies überstieg die familiären Möglichkeiten. So machte er bei der jüdischen Firma Goldschmidt und Stern in Frankfurt in der Hanauer Landstraße 18 eine kaufmännische Lehre. Danach war er Disponent und Reisender für diese Firma.

Im Jahre 1938 heiratete Manfred Katz Hertha Seligmann (geboren 13. 2. 1909) aus Bergen. Nur wenige Wochen nach seiner Heirat wurde Manfred Katz am 10. November 1938 in Frankfurt verhaftet und in die Festhalle gebracht. Gemeinsam mit über 9 000 Menschen wurde er in das Konzentrationslager Buchenwald verschleppt.
Am 12. November 1938 wurde er unter der Häftlingsnummer 26 059 im Block 50 eingeliefert. Dort traf er seinen Vater, der in Ostheim verhaftet worden war.

An seine Frau schrieb er eine Postkarte aus dem Konzentrationslager Buchenwald. Da bekannt wurde, daß alle Juden aus dem KZ entlassen würden, wenn sie eine baldige Auswanderung glaubhaft nachweisen konnten, bemühte sich Manfreds Frau Hertha fieberhaft um eine solche Bescheinigung. Es gelang ihr auch, Manfred Katz aus dem Konzentrationslager Buchenwald am 13. Dezember 1938, ihrem 29. Geburtstag, freizubekommen. Die Wochen im Konzentrationslager Buchenwald hatten Manfred Katz deutlich gezeichnet, wie auf einem einige Wochen später aufgenommenen Paßbild noch sehr deutlich zu sehen ist.

Allerdings hatte Hertha Katz für 1 000 RM nur ein Scheinvisum nach Kuba kaufen können. Für eine wirkliche Auswanderung war es nicht zu benutzen. Eigentlich hatten Manfred und Hertha vorgehabt, nach Amerika auszuwandern. Ihre Registriernummer zum Erhalt des amerikanischen Visums lag aber recht hoch. So konnte Manfred Katz unmöglich in Deutschland abwarten, bis die Amerikaner das Visum erteilen würden. Er hatte nämlich

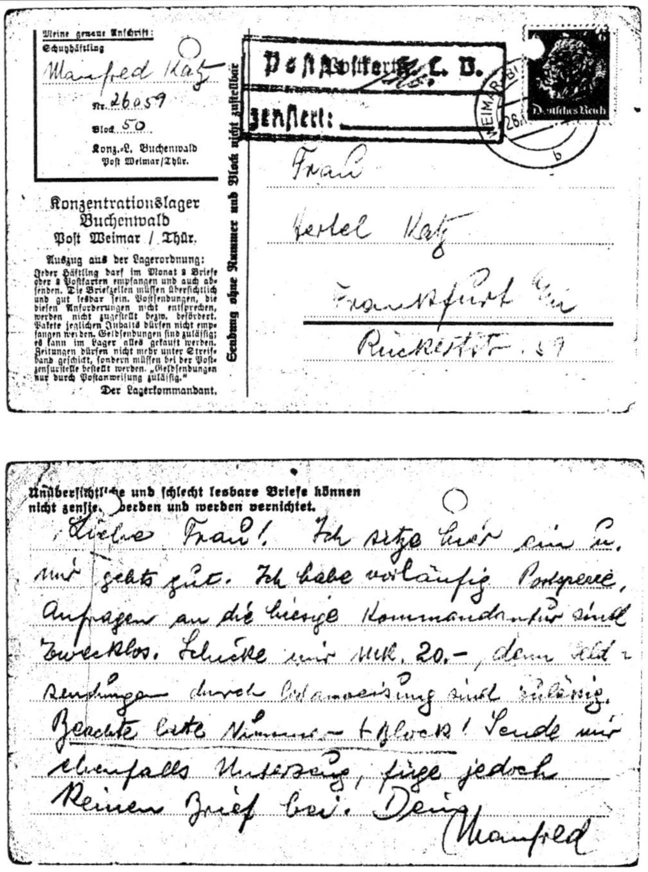
Meine genaue Anschrift:
Schutzhäftling
Manfred Katz
Nr. 26059
Block 50
Konz.-L. Buchenwald
Post Weimar/Thür.

Konzentrationslager
Buchenwald
Post Weimar / Thür.

Auszug aus der Lagerordnung:
Jeder Häftling darf im Monat 2 Briefe oder 2 Postkarten empfangen und auch absenden. Die Briefzeilen müssen übersichtlich und gut lesbar sein. Postsendungen, die diesen Anforderungen nicht entsprechen, werden nicht zugestellt bzw. befördert. Pakete jeglichen Inhalts dürfen nicht empfangen werden. Geldsendungen sind zulässig; es kann im Lager alles gekauft werden. Zeitungen dürfen nicht mehr unter Streifband geschickt, sondern müssen bei der Postzensurstelle bestellt werden. „Geldsendungen nur durch Postanweisung zulässig."
Der Lagerkommandant.

Sendung ohne Nummer und Block nicht zustellbar

Postkarte K. L. B.
zensiert:

Deutsches Reich
Weimar

Frau
Hertel Katz
Frankfurt a/M
Rückertstr. 57

Unübersichtliche und schlecht lesbare Briefe können nicht zensiert werden und werden vernichtet.

Liebe Frau! Ich sitze hier ein u. mir gehts gut. Ich habe vorläufig Postsperre. Anfragen an die hiesige Kommandantur sind zwecklos. Schicke mir Mk. 20.-, denn Geldsendungen durch Postanweisung sind zulässig. Beachte bitte Nummer + Block! Sende mir ebenfalls Unterzeug, füge jedoch keinen Brief bei. Dein Manfred

Im November 1938 wurde Manfred Katz in Frankfurt verhaftet und in das KZ Buchenwald gebracht. Diese Postkarte schrieb er an seine Frau. Der Wortlaut war im KZ Buchenwald auf einer großen Wandtafel genau vorgeschrieben.

Manfred Katz 1937 und wenige Monate nach der Entlassung aus dem KZ Buchenwald - Anfang 1939

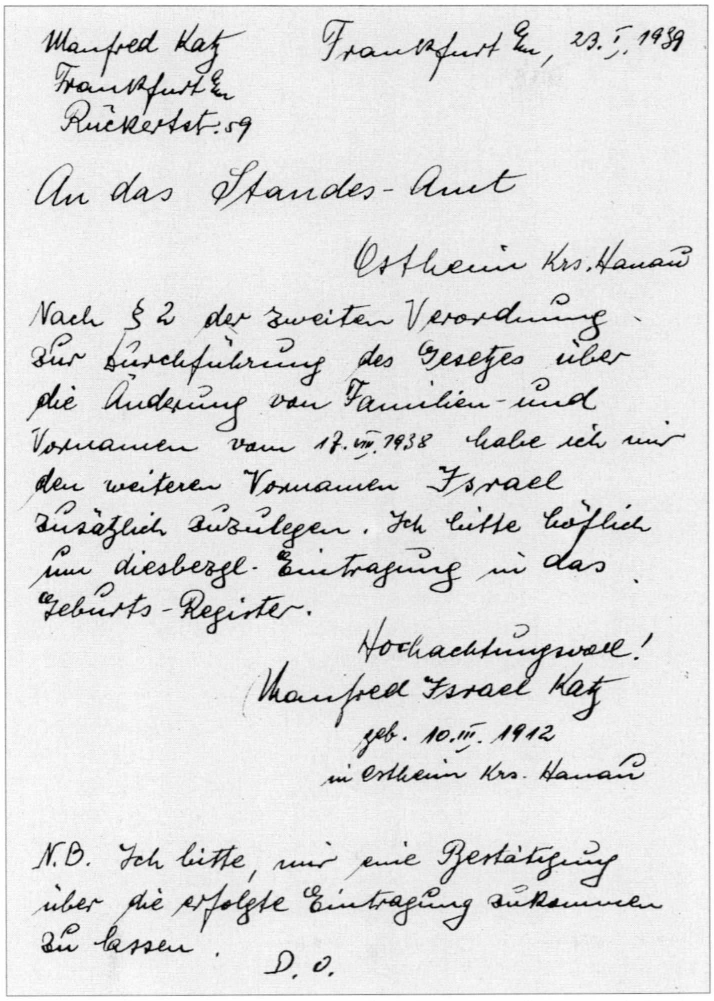
Manfred Katz
Frankfurt a/M
Rückertstr. 59

Frankfurt a/M, 23.I.1939

An das Standes-Amt

Ostheim Krs. Hanau

Nach § 2 der zweiten Verordnung zur Durchführung des Gesetzes über die Änderung von Familien- und Vornamen vom 17.VIII.1938 habe ich mir den weiteren Vornamen Israel zusätzlich zuzulegen. Ich bitte höflich um diesbezgl. Eintragung in das Geburts-Register.

Hochachtungsvoll!
Manfred Israel Katz
geb. 10.III.1912
in Ostheim Krs. Hanau

N.B. Ich bitte, mir eine Bestätigung über die erfolgte Eintragung zukommen zu lassen.
D. O.

Schreiben von Manfred Katz an das Standesamt Ostheim wegen des Zwangvornamens "Israel" - 1939

gegen massive Drohungen im Konzentrationslager unterschreiben müssen, daß er auswandert, sonst käme er zurück in das KZ, dann aber für immer. In den nächsten Wochen wickelte er noch den Verkauf der Firma, in der er zehn Jahre gearbeitet hatte, an "Arier" ab. Die Inhaber waren schon ausgewandert. Im Juni 1939 wurde ihm der weitere Aufenthalt in Deutschland zu gefährlich, deshalb flüchtete er nach Holland. Er lebte dort in Amsterdam. Nach drei Monaten wurde sein deutscher Paß ungültig und das deutsche Konsulat in Holland verweigerte eine Verlängerung. So versuchte Manfred Katz einen Schmuggler zu finden, der ihn illegal über die Grenze nach Belgien brachte. Das kostete etwa 1 000 RM. Manfred Katz lebte nun illegal in Belgien, konnte nicht arbeiten und mußte von den Unterstützungen der jüdischen Hilfskomitees leben. Auch seine Frau Hertha lebte in Belgien. Mit dem Einmarsch der Deutschen im Mai 1940 in Belgien versuchte Manfred Katz zu fliehen. Er wurde aber verhaftet und nach Frankreich in das Lager St. Cyprien (Arondissement Perpignan, Departement Pyrenees-Orientales) transportiert. Es gelang ihm, nach etwa drei Monaten aus diesem Lager zu fliehen. Er machte sich auf die Suche nach seiner Frau. Hertha Katz war in Belgien auch von den Deutschen verhaftet worden und in das berüchtigte Lager Gurs etwa 40 km nördlich der spanischen Grenze verschleppt worden. Auch ihr gelang die Flucht. Gemeinsam lebten Manfred und Hertha Katz in Aix-en-Provence im Untergrund. Sie hatten keinerlei Lebensmittelkarten und waren darauf angewiesen, daß mitleidige Franzosen ihnen etwas zu essen gaben. Sie litten in dieser Zeit unter Hunger und Kälte, da sie infolge der Razzien dauernd ihren Unterschlupf wechseln mußten. Sie schliefen in Kellern oder Mansarden versteckt, ohne Decken. Sie lebten in dauernder Angst, als Juden erkannt und deportiert zu werden. Unter diesen unvorstellbaren Bedingungen mußten sie zwei lange Jahre ausharren. Ende September 1942 gelang ihnen die Flucht in die Schweiz mit Hilfe eines Schmugglers. Sein Name war Kahn, in Frankreich nannte er sich "de la Croix". Für das illegale Hinüberführen unter Lebensgefahr mußten sie viel Geld bezahlen. Der Fluchthelfer wurde von den Deutschen später gefaßt und erschossen. Nun waren sie in der Schweiz und kamen in das Internierungslager Varembee bei Genf, später in ein Flüchtlingslager in Genf.

Im Jahre 1946 konnten Manfred und Hertha Katz endlich nach so vielen Jahren der Flucht und Verfolgung über Frankreich, Dänemark und Schweden nach Amerika auswandern. In Amerika arbeitete Manfred Katz erst einige Zeit als Kellner. 1947 wurde der Sohn Steven geboren. Nach einigen Jahren konnten Manfred und Hertha Katz ein Hotel in Lakewood in der Nähe von New York übernehmen: das Jefferson Hotel. Manfred Katz starb dort im Jahre 1979. An Manfreds Sohn Steven hätte der Großvater Samuel Katz seine große Freude gehabt, da er an einer Jeshiwa - eine Ausbildungsstätte für Rabbiner - als Rabbiner lehrt. Hertha Katz lebt in Lakewood.

Die Eltern Samuel und Regina Katz

Im Ersten Weltkrieg war Samuel Katz auch eingesetzt, allerdings kam er nicht weit. Nur bis nach Bruchköbel, denn dort in der Soldatenunterkunft mußte er Soldatenstiefel reparieren.

Die Eheleute Samuel und Regina Katz waren in Ostheim als ehrbare und zielstrebige Leute geachtet. Ein früherer Nachbar erzählt: "Samuel Katz war ein fleißiger Schuster. Er hat, wenn es sein mußte, Tag und Nacht gearbeitet. Er hat auch Reparaturen aus Kilianstädten angenommen, hat die Schuhe ausgefahren. Er wollte zu etwas kommen und ist auch zu etwas gekommen. Die Familie war sehr sparsam. Darüber erzählt man sich noch heute eine Anekdote in Ostheim: Eine Frau kam des öfteren zur Familie Katz, um zu waschen. Zum Frühstück bekam sie ein ganzes Ei, während Samuel Katz und seine Frau sich ein Ei teilten.

Als Bub habe ich immer beim Samuel das Feuer angemacht. Am Schabbes da durften die Juden doch nichts tun. Wir wohnten ja gerade gegenüber und so hat er mich immer gerufen: 'Komm mal Bub!' Da hab ich schon drauf gewartet und bin zu ihnen hinein gegangen. Alles war schon vorbereitet, ich mußte nur das Streichholz hineinhalten, wenn es brannte, konnte ich wieder gehen.

Aber er war auch sehr streng. Der Sohn Wilhelm war ja ein begeisterter Fußballspieler, dem Vater Samuel Katz ging das vollkommen gegen den Strich, er hätte am liebsten Bäume versetzt, um seinen Sohn vom Fußballspielen abzubringen. Er konnte aber nicht dagegen angehen. Wir anderen aus dem Fußballverein kauften unsere Fußballschuhe bei ihm, da hat er sich immer bei uns beklagt. Eines Nachmittags wurde der Wilhelm auf der Bahre vom Fußballplatz nach Hause getragen, weil er sich beim Fußballspiel den Fuß gebrochen hatte. Sein Vater hat ihn nicht ins Haus hineingelassen, so streng war er.

Ein andermal gingen der Wilhelm Katz und der Nachbar Schorsch Gerlach und der Wörner auf die Walz nach Wien. Als sie durchgelaufene Schuhe hatten, telegraphierten sie an Samuel Katz: 'Schick bitte Geld für die Heimfahrt!' Er hat sie aber acht Tage dort sitzen lassen und gesagt: 'Wer zu Fuß hin kann nach Wien, der kann auch wieder zu Fuß zurückkommen.'

Samuel Katz war als Vorbeter oft in die Schweiz gefahren. Mein Großvater hat dann öfter zu ihm gesagt nach 1933: 'Mach Dich in die Schweiz. Da bist du sicher.' Er antwortete: 'Hier in Ostheim tut mir niemand etwas.' Dann haben sie ihm im November 1938 das Haus kaputtgehauen, die Fenster, alles war da war."[105a] (Siehe im Kapitel Novemberpogrom.)

Nach dieser Nacht wurde Samuel Katz verhaftet und nach Hanau in das Polizeigefängnis Fronhof gebracht und von dort in das Konzentrationslager Buchenwald bei Weimar. Dort verbrachte er lange schreckliche Wochen. (Siehe auch bei Heldenbergen, Seite 380) Als jemand dort verprügelt werden sollte, mischte sich Samuel Katz ein mit der Folge, daß ihm sein linker Arm kaputtgehauen wurde. Nach seiner Entlassung aus dem Konzentrationslager war er in einem solch schlechten Zustand, daß er mehr als sechs Wochen im jüdischen Krankenhaus in Frankfurt in der Gagernstraße behandelt werden mußte.

In dieser Zeit entschlossen sich Samuel und Regina Katz, ihr Haus in Ostheim zu verkaufen. Von diesem Hausverkauf erzählt der frühere Nachbar: "Das Haus von Katz kaufte der Ortsgruppenleiter Georg Sensel. Als das Haus umgeschrieben werden sollte beim Amtsgericht Windecken, sind die beiden Katz zu Fuß nach Windecken. Ortsgruppenleiter Sensel hat sich mit einem Taxi hinfahren lassen. Am Ortsausgang von Ostheim hat er die beiden Katz einsteigen lassen und mit zum Gericht genommen. Er fuhr auch mit ihnen zurück und setzte sie an ihrem Hoftor in der Windecker Straße ab. Weil er als Nationalsozialist zwei Juden im Auto mitgenommen hatte, mußte er wohl seinen Posten als Ortsgruppenleiter abgeben, er soll dann auch aus der Partei ausgeschlossen worden sein, obwohl er ein fanatischer Nationalsozialist war."[106)]

Das Geld, das sie für den Verkauf des Hauses bekamen, mußte auf ein sogenanntes Sicherungskonto eingezahlt werden, über das Samuel und Regine Katz allerdings nicht verfügen durften.

Das Ehepaar Katz zog im Juli 1939 zu ihrer Schwiegertochter Hertha Katz in die Rückertstraße 59 III. Stock. Der Sohn Manfred lebte ja schon in Holland zu der Zeit. Da sie vorhatten, zu ihrer Tochter Gerda nach Amerika auszuwandern, stellten sie ihre Möbel und sonstigen Sachen bei einem Spediteur in Frankfurt unter und füllten seitenlange Umzugslisten für die Auswanderung aus. Auch eine Rechnung des Hapag-Reisebüros - vermutlich für eine Schiffskarte - hatten sie schon in Höhe von 957 RM beglichen. Als die Nachrichten von Gerdas Mann Ende 1939 über deren schlimmen Zustand in Frankfurt eintrafen, gaben sie diese Absicht wohl auf. Das Schicksal ihrer Tochter bedrückte sie schwer und selbst mit ihren nächsten Verwandten sprachen sie nicht darüber.

Sie änderten ihre Auswanderungsabsichten und versuchten, zu ihrem Sohn Wilhelm in Palästina zu kommen. Wenige Wochen vor Ausbruch des Krieges vermutete die Nichte Klara Levi in einem Brief: "Sie haben scheinbar schon ihr Zertifikat nach Palästina." Wilhelm hatte nach seiner Flucht nach Palästina seinen Eltern dringend geraten, auch nach Palästina zu kommen, wo Samuel Katz als Schuster gute Arbeitsaussichten hätte. Mit Ausbruch des Zweiten Weltkrieges waren auch die Hoffnungen auf Auswanderung nach Palästina zerstört.

Im Dezember 1939 schrieb Samuel Katz einen Brief, der der Zensur unterlag und so zwischen den Zeilen gelesen werden mußte: "Liebe Kinder! Ihr braucht Euch um uns keine Sorgen zu machen, es sei denn, daß Ihr es fertig bringen könnt, daß wir bald zu Euch könnten. Ihr könnt es sicher glauben, wir zwei Alten haben es noch nicht schöner gehabt als wir es eben haben. Wir sind mit allem zufrieden, haben vor allem genügend zu essen und wie Du, lieber Wilhelm, schreibst, Ihr würdet dort (gemeint ist Palästina) die tollsten Sachen von Frankfurt hören, kann ich Dir nur schreiben, daß dies alles gelogen ist. Wenn es jemand sagt, es ist nur schade, daß Albert Euch nicht aufgesucht hat, da hättet ihr hören können, wie es hier ist... Ich habe einem Jungen, welcher mit einem Transport Schüler nach dort ist, Eure Adresse gegeben, und er wird Euch besuchen, da könnt Ihr hören, daß es uns gut geht ... nun noch herzliche Grüße und Küsse Euer Papa."[106a)]

Zum Laubhüttenfest im Herbst baute die Familie Katz jedes Jahr eine Laubhütte im Hof ihres Hauses. Gekrönt wurde sie mit einem Davidsstern (oben rechts im Bild). Von links Gerda, Samuel, Regina und Wilhelm Katz - 1930

Samuel und Regina Katz mit Schwiegertochter Hertha am Schützenbrunnen vor dem Zoo in Frankfurt im Mai 1939

Dieses Bild ließen Samuel und Regina Katz für ihre Kinder, die ins Ausland geflohen waren, anfertigen. Ihr Blick ist von Kummer gezeichnet. Den im KZ verletzten linken Arm verdeckte Samuel Katz.

In Frankfurt Mai 1939. Auch Regina Katz war eine Perle des Vogelsberges, da sie in Fischbach bei Birstein geboren wurde.

In Frankfurt lebte das Ehepaar Katz noch etwa drei Jahre. Einige Bilder zeigen sie in dieser Zeit: eins vor dem Schützenbrunnen mit der Schwiegertochter Hertha. Ein anderes Bild zeigt Regina Katz vor einem Omnibus mit der Aufschrift "Perle des Vogelsberges" und eine solche war Regina Katz auch, denn sie stammte aus der Nähe von Birstein im Vogelsberg.

Im September 1940 gibt es einen Hinweis, daß Samuel Katz in einer Schuhmacherei in Höchst gearbeitet hat.

Im September 1941 waren sie gezwungen, den Judenstern zu tragen, ihr Leben wurde immer isolierter. Das letzte Bild von ihnen zeigt sie deutlich vom Kummer gezeichnet. Aus dem Jahr 1941 stammte auch das letzte Lebenszeichen, das die drei Kinder von ihren Eltern hatten.

Von der Wohlfahrtspflege der jüdischen Gemeinde in Frankfurt erhielt das Ehepaar Katz 1941 und auch 1942 einen monatlichen Unterstützungsbetrag.

Von der letzten Zeit in Frankfurt schrieb eine Frau aus Bergen viele Jahre später an Hertha Katz nach Amerika – siehe unten.

Am 15. September 1942 wurden Samuel und Regina Katz unter der Transportnummer 520 und 521 zusammen mit 1 376 anderen Juden aus Frankfurt von der Geheimen Staatspolizei mit dem Transport XII/3 verschleppt in das Konzentrationslager Theresienstadt. Von dort wurden sie dann nach fast zwei Jahren Haft in Theresienstadt auf einen Transport nach Osten geschickt: Samuel Katz am 16. Mai 1944 mit dem Transport Ea-18 und Regina Katz zwei Tage später am 18. Mai 1944 auf den Transport Ea-9.[108)] Beide Züge fuhren nach Auschwitz. Dort wurden beide vermutlich kurze Zeit nach ihrer Ankunft vergast.

Einige Wochen später wurde ihr schon beschlagnahmtes "Vermögen zugunsten des Deutschen Reiches eingezogen".[109)]

Brief einer christlichen Frau aus Bergen an Hertha Katz in Amerika, in dem sie über deren Schwiegereltern Samuel und Regina Katz und deren letzten Jahre in Frankfurt vor der Verschleppung berichtet.

"Ihre Eltern (die Eltern von Hertha Katz sind gemeint) haben uns auch gebeten, wir sollten doch versuchen, nach Frankfurt zu gehen und in der Rückertstraße nach einer Familie Katz zu suchen. Das war schwierig. In dem Haus waren viele jüdische Familien zusammengepfercht, und es wurde auch immer beobachtet. Zum Glück wohnte im ersten Stockwerk eine christliche Familie. Wurden wir von den Nazis angehalten, dann sagten wir: 'Wir wollen in die erste Etage zu der Christenfamilie.'

Als wir das erstemal zur Familie Katz kamen, waren sie etwas mißtrauisch, aber das legte sich bald, und wir hatten uns sehr lieb gewonnen. Leider war Frau Katz bettlägerig. Wir fragten immer, ob sie einen Wunsch hätte. Zwei warme Unterjäckchen hätte sie gerne. Wir haben ihr warme Unterwäsche besorgt und auch immer etwas an Lebensmitteln mitgebracht. Wir hatten ja viel Obst im Garten, damit haben wir sie auch versorgt. Die lieben Menschen waren ja dankbar für alles. Wir haben ja gehofft, wir könnten sie so über die schwere Zeit hinwegbringen, aber leider kam ja alles anders. Sie wollten uns alles geben, was sie noch besaßen. Aber das konnten wir nicht annehmen, es tat uns zu leid. Ein Fahrrad gab mir Herr Katz, er holte es aus dem Keller. Man mußte ja so vorsichtig sein, daß uns niemand beobachtete. Ich freute mich sehr über das Rad.

Dann bat uns Herr Katz, ihm einen ganz großen Wunsch zu erfüllen: wir sollten einen Koffer, den er ganz fest verschnürt hatte, nach Dorfelden zu einer Familie bringen, was wir auch getan haben. Diese Familie wollte den Koffer erst nicht annehmen. Nach vielem Hin und Her nahmen sie ihn doch. Vielleicht waren ein paar Wertgegenstände oder sonstige wichtige Papiere drin. Als wir die Familie Katz wieder besuchten, waren sie heilfroh, daß wir den Koffer bei der Familie ohne Schwierigkeiten hingebracht haben.

Am letzten Tag sagte uns Herr Katz: 'Morgen kommen wir nach Theresienstadt. Ich kann ja noch arbeiten. Aber was wird aus meiner kranken Frau werden?' Wir haben uns unter Tränen und schweren Herzens verabschiedet. Solche lieben Menschen wie die liebe Familie Katz kann man nicht vergessen."[107)]

Familie Anselm Katz

Anselm Katz war Rindsmetzger in Ostheim in der Kirchgasse. 1867 war er in Marköbel geboren. Nach der Heirat mit Lina Sara Sommer (* 1861) aus Crainfeld und der Geburt der Tochter Mathilde in Marköbel 1890 ließ er sich in Ostheim in der Kirchgasse 189 (heute Kirchgasse 23) nieder und eröffnete eine Rindsmetzgerei.

Anzeige in der Windecker Zeitung

Auch in Windecken in der Ostheimer Straße 53 1/2 bestand 1893 eine Filiale für "Fleischhandel" auf den Namen Lina Katz angemeldet.[110] Lina und Anselm Katz hatten vier Kinder:

Mathilde (Malchen)	*	9. 7. 1890 in Marköbel
Klara	*	12. 2. 1893 in Ostheim
Siegfried	*	19. 7. 1894 in Ostheim
Paula	*	31. 5. 1900 in Ostheim

Die Mutter Lina Katz starb mit 54 Jahren am 5. 6. 1915 in Ostheim. Sie wurde in Windecken beerdigt.
Anselm Katz war in zweiter Ehe verheiratet mit Betty Jacoby (* 16. 6. 1870 in Dortmund).
Mathilde Katz wanderte 1908 nach Amerika aus. Ihr Lebensbericht ist auf Seite 237ff. zu lesen.
Klara Katz heiratete Moritz Levi und lebte mit ihrer Familie in Ostheim. Alles weitere ist ab Seite 285 zu lesen.

Anselm und Lina Katz mit ihren vier Kindern, links Klara, rechts Mathilde, in der Mitte Siegfried und vorne Paula - 1904

Siegfried Katz (* 1894)
Er besuchte zuerst die Volksschule in Ostheim, später die Handelsschule in Hanau. In der Metzgerei seines Vaters lernte er das Metzgerhandwerk. In seiner Freizeit spielte er leidenschaftlich gerne Fußball als Tormann, aber auch als Schiedsrichter. Er gehörte 1911 zu den Mitbegründern des ersten Fußballclubs in Ostheim "Germania", wie die Festschrift zum 40jährigen Jubiläum des F.C. "Sportfreunde 1924" festhielt.[111]

Fürs Vaterland wurde er 1914 im Weltkrieg als Kriegsfreiwilliger Soldat, "Musketier im Reserve-Regiment Nr. 88". An seine Schwester Mathilde in Amerika schrieb er aus dem Felde diesen Brief: "Frankreich, 15. Januar 1915. Liebe Schwester! ... auch war ich schon verwundet und war in einem Lazarett. Jetzt bin ich wieder an der Front. Es geht mir wieder ganz gut. Fritz Baumann (aus Ostheim) ist auch bei mir und auch mehrere Ostheimer. Hier ist nur schlechtes Wetter und man hat viel auszuhalten. Doch hoffe ich, wenn der liebe Gott will, denn das ist der einzige Beschützer, auf den man rechnen kann, daß er uns bald den Frieden sendet, und ich wieder gesund nach Hause komme. Wir sind ja überall siegreich und so wird es auch nicht mehr so lange dauern... Herzliche Grüße und Küsse von Deinem Bruder Siegfried". Dazu legte er ein Bild von sich und dem befreundeten Fritz Baumann. Fritz Baumann schrieb übrigens von der Front des öfteren nach Hause: "Bitte Mutter, schick mir Butter, es kann auch

"Metzgerei Anselm Katz" ist auf dem Schild am Haus in der Kirchgasse 23 zu lesen. Die Metzgerei befand sich zu ebener Erde. Im Eingang der Metzgerei steht Tochter Paula, rechts der Metzger Anselm Katz, links ist der Sohn Siegfried Katz als Metzgerbursche zu sehen. Der Hund der Familie bewacht den Eingang. Mutter Lina Katz schaut aus dem Fenster. Am Eingang ist ein Vorderviertel vom Rind ausgehängt, zur Kirchgasse hin sind die Tröge abgestellt - 1908.

Siegfried Katz (links) hilft dem Schächter Sally Katz 1905 im Hof seines Elternhauses in der Kirchgasse 23

Siegfried Katz (rechts) im Krieg 1915. Links Fritz Baumann aus Ostheim

Siegfried Katz gehörte zu den Mitbegründern des 1. Fußballclubs in Ostheim "Germania, gegründet 1911". Er fungierte als Schiedsrichter (rechts).
Stehend von links nach rechts: Jak. Köhler, Kd. Günther, Jean Kohl, Karl Heck, Otto Müller, Hch. Mehrling, Gg. Wörner, Wilh. Mehrling, Siegfried Katz.
Sitzend: Karl Köhler, Wilh. Schinz, Andr. Köhler

Nach dem Tod von Siegfried Katz schrieb Klara Katz an ihre Schwester Mathilde in New York:

Ostheim, den 1. Dezember 1915

Liebe Schwester !

Schon lange forderte ich den lieben Vater auf und immer wieder erinnerte ich ihn daran, Dir zu schreiben, aber es scheint mir, er kann Dir solche traurige Nachricht nicht berichten, denn es tut ihm so sehr weh. Nun muß ich, so leid es mir tut, Dir mitteilen, daß unser lieber, einziger Bruder nicht mehr lebt. Er ist am 25. September 1915 auf Frankreichs Erde gefallen. Wie seine Verwundung war, ist uns bis heute nicht bekannt. Er war nicht mehr in der 8. Kompanie bei Fritz (Baumann), sondern kam schon im Sommer wegen einer Hautkrankheit ins Lazarett, von da Anfang September ins Rekruten-Depot. Als am 22. September die Offensive im Westen losging, mußte das Rekruten-Depot Ersatz dem I. Bataillon senden und so kam er in die 2. Kompanie Res. Inf. Regt. 88. Da er dort nur 1 Tag war und seine Kameraden ihn nicht kannten, kann mir auch niemand Auskunft geben. Portmonaie sowie Erkennungsmarke und Telegramm von der 2. Komp. kam Anfang Oktober mit dem Vermerk: "Ihr Sohn am 25. September gefallen." Er liegt begraben auf Ferme Bois de Ville Grab No 4 vor Ville se Tourbe in der Nähe der Höhe 191. Die Ostheimer der 8. Kompanie haben ihm einen Stein gesetzt.

Was dieser Verlust bedeutet, brauche ich Dir nicht zu sagen. Der liebe Vater ist ganz untröstlich, denn seine einzige Stütze, die er noch hatte, ist nun auch fort. Dies sind Wunden, die nicht mehr zu heilen sind. Wie sehr habe ich mich auf die Rückkehr meines guten lieben Bruders gefreut. Mit allem Erdenklichen habe ich ihn draußen im Felde gefreut und glaubte mit

Soldatengrab von Siegfried Katz in Frankreich mit dem Davidsstern und einer hebräischen Inschrift

all den vielen Paketen ihn erhalten zu können und ist alles nichts. Cirka 15 Pakete habe ich mit Urlaubern gesandt, so z.B. zu seinem Geburtstag habe ich ihm Heidelbeertorte geschickt und so vieles anderes noch. Ihn hat alles so sehr gefreut, und er konnte gar nicht genug danken. Alle Gemüse- und Fleischsorten habe ich eingekocht, er sollte nicht umkommen und nun hat ihn eine feindliche Kugel weggeraubt, unseren einzigen, lieben Bruder. Der Krieg kostet sehr viel Opfer, so erhalten wir auch heute die traurige Nachricht, daß auch unser lieber Vetter Leopold aus Crainfeld gefallen ist. Er war bei den 81er und noch mit unserem Siegfried zusammen im Feldgottesdienst an den Feiertagen. Nun steht auch die liebe Tante ratlos da. Der liebe Elkan ist gezogen sowie auch die Jungens von Birklar und können zu jeder Stunde geholt werden, z.Zt. sitzen die Lieben in Crainfeld Schiwe (eine Trauerzeremonie) und fährt der l. Vater morgen hin. Ich war im August mal dort. Die l. Großmutter ist eine Frau von 86 Jahren und muß diesen großen Kummer noch durchmachen. Viel Unheil hat dieser schreckliche Krieg schon angerichtet. So ist am 2. Oktober auch Fritz Hermann aus Heldenbergen, Johannas Bruder, ein sehr guter Freund von mir gefallen. Von Leopold Hermann der Sohn Julius ist in russischer Gefangenschaft. Max Goldschmidt in Frankfurt hat das Eiserne Kreuz und ist z. Zt.in Frankfurt beim Regiment, da er krank war. Er will uns demnächst besuchen. Willi Goldschmidt ist schon 1 Jahr im Feld. Onkel Samuel ist noch in Bruchköbel, er hat bis jetzt Glück und wird wohl nicht ins Feld kommen.

Sonst ist hier alles noch beim Alten. Wir sowie die Lieben im Windecker Weg (gemeint ist die Familie Samuel Katz) sind G.s.d. alle noch gesund. Die l. Paula besorgt den Haushalt sehr schön. Ich helfe abends und sonntags viel mit und ab und zu kommt die liebe Großmutter einmal.

Die Metzgerei geht eben sehr gut. Wir schlachten 4 - 5 mal die Woche. Ich sage immer, der l. Vater soll das Geschäft kleiner machen, er tut es aber nicht, es ist für ihn allein zu viel Arbeit.

Noch viele herzliche Grüße von allen Lieben hier und nehmen wir an, daß Du sowie Dein l. Mann noch gesund bist und grüßt Dich für heute

Deine traurige Schwester Klara.[112)]

Todesanzeigen für den gefallenen Siegfried Katz, Hanauer Anzeiger, 4. Oktober 1915

Gesangverein Edelweiß
Ostheim.

Nachruf.

Den Heldentod fürs Vaterland erlitt am 25. September unser liebes Mitglied

Siegfried Katz

Musketier im Infanterie Regiment Nr. 88.

Wir verlieren in dem Gefallenen ein treues liebes Mitglied mit ehrlichem Charakter, dem wir ein ehrendes Andenken bewahren. 22097c

Der Vorstand.

Den Heldentod fürs Vaterland starb am 25. September unser lieber, einziger Sohn, Bruder, Enkel und Neffe

Siegfried Katz

Musketier im Reserve-Infanterie-Regiment Nr. 88

im jugendlichen Alter von 21 Jahren.

Ostheim den 11. Oktober 1915.

Im Namen der trauernden Hinterbliebenen:

Anselm Katz,
Clara Katz.
Paula Katz.

22087!

Katzenbutter sein." Damit meinte er "gute Butter" und kein Schweinefett.

Nur wenige Monate, nachdem die Mutter gestorben war, erhielt Anselm Katz mit seinen Töchtern Klara und Paula Anfang Oktober 1915 die Nachricht, daß Siegfried Katz gefallen sei.

Im Hanauer Anzeiger zeigten sie den "Heldentod fürs Vaterland" von Siegfried an.[113)] Auch der Gesangverein Edelweiß aus Ostheim zeigte Siegfrieds Tod an.[114)] Siegfried Katz wurde nur 21 Jahre alt.

In den zwanziger Jahren wurden die Gebeine von Siegfried Katz auf den deutschen Soldatenfriedhof Servon (Block 4 - Grab 261) in Servon-Melzicourt (Marne, etwa 60 km östlich von Reims) umgebettet. 1975 wurde ein neues Grabzeichen auf seinem Grab angelegt.[115)]

Die Bilanz des Ersten Weltkrieges in Ostheim sah so aus: "Im Dienste für ihr geliebtes Vaterland starben den Heldentod im großen Weltkrieg aus hiesiger Gemeinde 29 Männer", darunter auch Siegfried Katz.

Am Totentage 1919 erfolgte ein Aufruf an die Ostheimer Bevölkerung zur "Sammlung für Anlage eines Ehrenfriedhofes und für ein Ehrendenkmal für die im Weltkrieg gefallenen Krieger von Ostheim, die für uns ihr Leben ließen." Hinzugefügt war noch ein Wort aus dem Johannesevangelium: "Niemand hat größere Liebe denn die daß er sein Leben läßt für seine Freunde" Joh. 15,13.[116)] Die Chronik der Gemeinde Ostheim vermerkt: "Für die Gefallenen des Weltkrieges (29) wurde auf dem hiesigen Friedhof ein Ehrenhain angelegt, in dessen Mittelpunkt ein Denkmal errichtet und das am Totensonntag 1920 feierlich eingeweiht wurde. Zum Andenken an diesen Tag gab der hiesige Ortsbürger und spätere Bürgermeister der Gemeinde Ostheim, Heinrich Jost, ein Erinnerungsblatt mit seiner Gedenkrede sowie die Namen der Gefallenen und Vermißten aus unserer Gemeinde heraus."[117)]

Auch das Gedenkbuch der jüdischen Gefallenen 1914 - 1918 nennt seinen Namen.[118)]

In der Nazizeit wurde der Name Siegfried Katz nach Aussagen seiner Schwester Mathilde auf dem Ehrenmal entfernt. Heute ist der Name auf dem Ehrenmal zu lesen. Aus einem Bild in der Gastwirtschaft Kohl, das die früheren Ostheimer Fußballspieler zeigte, wurde Siegfried Katz ausgeschnitten.[119)]

Paula Katz (* 1900)

Paula besuchte die Volksschule in Ostheim, dann die Handelsschule in Hanau. Einige Jahre arbeitete sie bei dem Rechtsanwalt Rapp in Hanau. 1923, an den Geburtstagen ihres Vaters und der Stiefmutter, heiratete sie Joseph Freudenberger (* 22. 4. 1897 in Heßdorf), einen Metzger, den sie in Frankfurt kennengelernt hatte. Das Ehepaar lebte in Ostheim in der Bahnhofstraße 5. Im März 1925 wurde ihm eine Tochter Lucie geboren. Sie starb schon nach 16 Tagen am 23. März 1925. Paula erholte sich von der Geburt ihrer Tochter und deren Tod nicht. Einige Wochen später, am 23. Mai 1925, starb sie in Hanau im Krankenhaus. Sie wurde unter großer Anteilnahme der Ostheimer Bevölkerung auf dem jüdischen Friedhof zu Windecken beigesetzt.

Die Eltern Anselm und Betty Katz

Die Metzgerei von Anselm Katz ging recht gut. 4 - 5 Stück Vieh wurden pro Woche geschlachtet, dazu kam der Schächter aus Windecken.

Mit einem Hundegespann fuhr Anselm Katz das Fleisch zu seinen Kunden in Windecken und anderen Orten. In Heldenbergen in der Kuhgasse (heute Wiesenstraße) hatte er einen Raum gemietet, wo er zu bestimmten Zeiten sein Fleisch verkaufte. So beteiligte er sich auch mit einem eigenen Wagen an einem Festzug in Heldenbergen, der mit zahlreichen Würsten geschmückt war, die er auch in die Zuschauermenge warf.

Anselm und Betty Katz übergaben 1920 nach der Heirat ihrer Tochter Klara mit Moritz Levi ihr Haus in der Kirchgasse dem jungen Ehepaar. Sie selbst kauften ein Grundstück in der damaligen Gartenstraße/Ecke Bahnhofstraße und bauten ein Wohnhaus mit Laden für die Metzgerei. Sie hatten sich darauf eingestellt, dort in Ruhe ihren Lebensabend verbringen zu können. Aber dazu sollte es nicht kommen.

Seit Anfang 1939 wurden sie wie alle Juden verpflichtet, die Zwangsvornamen Sara und Israel zu benutzen.

Im Juli 1939 war dem Ehepaar Anselm Katz gekündigt worden, dies schrieb aus Windecken Salli Reichenberg an seinen Sohn Ludwig mit der Vermutung: "Der Bürgermeister Altvater will Ostheim wohl bis zur Kerb judenfrei haben." Im September 1939 drohte ihnen eine Zwangsversteigerung ihres Hauses wegen ausstehender Steuerschulden, so waren sie gezwungen, zu ihrer Tochter Klara zu ziehen. Aber die Sache erledigte sich wohl nach einiger Zeit.

Im Juni 1940 berichtete Klara in einem Brief an ihre Tochter Lieselotte in Amerika über die Großeltern folgendes: "Die Großeltern leben jetzt bei uns in der Kirchgasse, sie schlafen in der Kammer, unser Wohnzimmer ist ihre Küche."

Im August 1940 gaben sie mit Adresse ihres Hauses in der Gartenstraße an, daß sie keinerlei Vermögen hätten und monatlich von einer Kriegsrente von 30,73 RM lebten und von der Reichsvereinigung der Juden eine Unterstützung von monatlich 20 RM erhielten.

Paula Katz und Josef Freudenberger als Verlobte. Sie heirateten 1923.

Ende des Jahres 1940 gab es für Anselm Katz die Möglichkeit, zu seiner Tochter Mathilde nach Amerika zu kommen - außerhalb der Einwanderungsquote. Das hätte aber eine Trennung von seiner Frau bedeutet, denn diese amerikanische Regelung galt nicht für sie, da sie nicht die leibliche Mutter von Mathilde in Amerika war. So blieb Anselm Katz in Deutschland. In einem Brief vom Januar 1941 von Klara Levi heißt es: "Da Oma nicht mitfahren kann, will Opa auch nicht."

Seit dem Herbst 1940 hatte sich Klara Levi auf Wunsch ihrer Eltern darum gekümmert, ein Altersheim für die beiden in Frankfurt zu finden. Im Januar 1941 konnte sie nach Amerika berichten: "Sie kommen in ein Heim in einer Seitenstraße der Bockenheimer Landstraße, fünf Minuten von Wolfs." In der Feuerbachstraße 14 befand sich ein jüdisches Altersheim, das ein Kairoer Ehepaar, das aus Frankfurt stammte, der jüdischen Gemeinde Frankfurt für soziale Aufgaben geschenkt hatte.[120)]

So verließen Anselm und Betty Katz am 15. März 1941 Ostheim und zogen nach Frankfurt in die Feuerbachstraße 14. "Im Heim gefällt es ihnen", heißt es im Brief vom April 1941. Dort konnten sie noch ein gutes Jahr leben. Seit September 1941 waren sie gezwungen, den Judenstern zu tragen. Am 18./19. August 1942 wurden sie zusammen mit 1 018 Juden von Frankfurt aus von der Gestapo verschleppt unter der Transportnummer XII 1 - 376 und 377 nach Theresienstadt in das Konzentrationslager. Von dort wurden sie nur wenige Wochen später am 26.9.1942 unter der Transportnummer BR-884/885 unbekannt nach Osten verschleppt. Der Transport "BR" hatte das Ziel Maly Trostinec bei Minsk. Anselm und Betty Katz wurden ermordet.

In ihren Akten in der sogenannten Judenkartei war schon gleich sechs Tage nach der Verschleppung aus Frankfurt "Evakuiert" vermerkt worden.

Anselm Katz mit seiner Ziege im Garten seines Hauses Gartenstr.2

Betty und Anselm Katz war es nicht vergönnt, ihren weiteren Lebensabend in ihrem Haus in Ostheim zu verbringen. Im Alter von 72 und 75 Jahren wurden sie in das Konzentrationslager Theresienstadt und von dort nach Minsk verschleppt und später ermordet.

Familie Klara und Moritz Levi

Die Familie Levi lebte in der Kirchgasse 23. "Der dicke Moritz", so wurde er überall wegen seines Aussehens nur genannt, betrieb dort eine Metzgerei. Moritz Levi stammte aus Kirchbracht bei Gedern, wo er am 3. 2. 1892 geboren wurde.
Er war seit 1920 mit Klara, der Tochter des Metzgers Anselm Katz verheiratet. Klara Katz hatte bis zu ihrer Heirat 12 Jahre im Anwaltsbüro Rapp in Hanau gearbeitet und dort vorher die Handelsschule besucht.

Über Moritz Levi gibt es eine nette Geschichte, die Wilhelm Katz erzählte: "Es war Anfang der zwanziger Jahre. Moritz Levi kam zu mir nach Frankfurt, und wir besuchten zusammen eine Zirkusvorstellung. Moritz Levi war ein Zwei-Zentner-Mann, der kaum durch die Tür paßte. Bei einer der Zirkusnummern wurde eine Szene aufgeführt 'Am Hof des Königs Jospur'. Es ging um einen Gefangenen, der zum Tode verurteilt war. Ein Elefant wurde hereingeführt. Das Todesurteil sollte darin bestehen, daß der Kopf des Gefangenen vom Fuße des Elefanten zertreten wird. Der Maharadscha saß auf seinem Thron und schaute dem Schauspiel zu. Der Kopf des Mannes wurde also unter den Elefantenfuß gelegt und dann hob es das Bein und zertrat den Kopf, daß es nur so rausquetschte. Man hatte wohl einen Kürbis dahingelegt. Und mein Moritz, der Zwei-Zentner-Mann neben mir, war auf einmal nicht mehr da. Als der Elefant den vermeintlichen Kopf zertreten hatte, war Moritz ohnmächtig geworden und die Bank hinuntergerutscht."

Klara und Moritz Levi hatten drei Kinder :

Lieselotte	*	14. 5. 1922
Walter	*	2. 5. 1923
Kurt	*	26. 4. 1929

Lieselotte Levi (* 1922)
Sie erzählte aus ihrem Leben: "Am 1. April 1933 marschierte vor unserem Geschäft SA auf. Sie machten gar nichts. Sie sahen nur zu, daß niemand das Geschäft betrat, damit wir nichts verkaufen konnten.

Und samstags war doch unser größtes Geschäft. Da trugen wir unser Fleisch aus. Wir haben nur an Christen verkauft. Ich ging herum und schrieb die Bestellungen auf. Ich ging in jedes Haus unserer Kunden und fragte, was sie wollten. Am Samstag habe ich dann die Ware ausgetragen. Wir hatten auch Kunden in Windecken. Mit dem Handkarren brachte mein Vater auch Fleisch nach Büdesheim.

Als Inge Wolf 1930 geboren wurde, war ich auch bei ihrer 'Hollekrasch', das ist eine Feier zur Geburt eines jüdischen Mädchens. Man legte das Kind in einen Korb, und alle hoben es hoch, und es bekam seinen Namen. Man aß und gab den Kindern Bonbons. Das gab es nur in Deutschland bei den jüdischen Familien.

Bei der 'Bar Mizwah' meines Bruders Walter waren alle jüdischen Familien von Ostheim eingeladen. In der Synagoge machte Walter alles so gut, beim Singen hat er alles gut gemacht, obwohl er sonst stotterte. Ich hatte mit meinem Bruder vorher alle Segenssprüche gelernt und später, als mein eigener Sohn Bar Mizwah hatte, da konnte ich sie alle schon.

Als Kind ging ich oft auf den christlichen Friedhof, auch der Name meines Onkels Siegfried Katz stand dort auf dem Denkmal für die Gefallenen des 1. Weltkrieges. Meine Eltern gingen auch mit zu den christlichen Beerdigungen. Einmal ging ich mit zu einem Trauerbesuch. Eine junge Frau war in ihrem weißen Brautkleid aufgebahrt. Da sah ich zum erstenmal eine Tote.

Einmal gingen meine Eltern zur Amtseinführung des Bürgermeisters und ließen mich allein zu Haus. Ich weinte und ging

Der "dicke Moritz" Levi mit seinen Kindern Lieselotte und Kurt 1930

Lieselotte Levi mit ihren Freundinnen 1932 auf einer Geburtstagsfeier. Von links stehend: Margarete Hensel, dahinter Anneliese Mink, auf der Leiter oben Renate Mink, rechts auf der Leiter Anni Baumann, unten Lieselotte Levi.

einfach auf die Gasse. Das Weisse Gretchen nahm mich mit zu sich nach Hause und legte mich zu sich ins Bett. Als meine Eltern heim kamen und mich nicht fanden, liefen sie durchs ganze Dorf zu den Großeltern, meinem Onkel Samuel. Als sie dann zurückkamen, sagte das Gretchen: 'Klara, das nächste Mal bleibst du zu Hause bei deinen Kindern!' Sie konnte es nicht aushalten, daß meine Mutter die Kinder allein ließ, um sich zu vergnügen.

Ich ging auf die Schule in Ostheim und hatte dort gute Freundinnen: Margarete Hensel und Anni Baumann. Wir waren dick befreundet. Als Kind bin ich Weihnachten mit in den Mitternachtsgottesdienst gegangen. Der Christbaum wurde angezündet, wenn ich dort war. Wenn bei uns Feiertage waren, kam die Freundin zu uns nach Hause. Sie kann heute noch ein Gebet auf hebräisch sagen.

In der Schule spürte ich niemals, daß ich Jüdin war. Bis zur Nazizeit. Ich durfte dann die Schule nicht mehr beenden, weil ich Jüdin war. Ich hatte also keinen Schulabschluß. Das war Ende 1935. (Die Schulakten von Lieselotte Levi vermerken dazu: "War ab 1. 1. 1936 vom Schulunterricht beurlaubt". Als Begründung steht in Klammern "Lungen". Als weiteren Kommentar fügte der Klassenlehrer hinzu: "Echte Jüdin, nur geschäftlich interessiert, sonst gut begabt".[121])

Eigentlich wollte ich nach der Schule gerne Sekretärin werden in dem Rechtsanwaltbüro in Hanau, wo schon meine Mutter war. Mit dreizehn Jahren ging ich fort von Ostheim. Da meine Eltern es sich nicht erlauben konnten, mich nach Frankfurt auf eine weiterführende Schule zu schicken, suchten sie mir dann eine Stelle in einem Haushalt in Aschaffenburg. Bei einem jungen Ehepaar mit einem Kind mußte ich sehr schwer arbeiten: waschen und putzen und manchmal auf das Kind aufpassen. Oben hatte ich allein ein Zimmer, ich hatte solches Heimweh und weinte. Als ich im Mai 1936 zur Bar-Mizwha-Feier meines Bruders nach Hause kam, fragte mich meine Mutter, was mit mir los sei. Ich war nämlich ziemlich dünn geworden, während ich sonst immer etwas moppelig war. Ich hatte aus Kummer so viel abgenommen. Ich hatte so starkes Heimweh. Als ich im Mai 1936 nach Hause kam, sagten meine Eltern, daß ich nicht mehr zu dieser Stelle zurückgehen sollte.

Meine Eltern fanden dann eine Stelle für mich bei einer Familie Rothschild in Offenbach. Dort wurde ich wie ein eigenes Kind behandelt. Es waren reiche Leute, die ein Lederwarengeschäft hatten. Auch eigene Kinder hatten sie. Ich war nur Serviermädchen und für die Kinder da, ich war eher eine Art Haustochter. Sie schickten mich in Offenbach in die Tanzschule und kauften mir ein lila Abendkleid.

Von dort ging ich noch nach Frankfurt in eine Stelle bei einem älteren Ehepaar in die Memelstraße. Aber da war ich nur kurze Zeit, dann konnte ich auswandern.

Wir hatten meiner Tante Mathilde, die schon lange Amerikanerin war, geschrieben, daß sie erst einmal für mich als der Ältesten die Papiere schicken sollte. Denn mein Vater meinte noch, daß es besser werden würde. Um die Papiere in Stuttgart zu beantragen, war ich allein dort hingefahren, hatte da auch übernachtet.

Als die Papiere angekommen waren, weinten meine Eltern, mein Vater weinte so bitterlich. Ich hatte noch zwei Kisten, die Hans Östreich beschriftete."[121a)]

Dazu berichtete dieser selbst: "Moritz Levi wartete mich eines Abends im Herbst 1938 im Dunkeln ab und bat mich unter Tränen, für seine Lieselotte das Reisegepäck mit weißer Ölfarbe zu beschriften. Ich konnte einfach nicht nein sagen, schlich mich wenig später in die Kirchgassenecke, pinselte den Namen Lieselotte Levi und eine New Yorker Adresse auf zwei Holzkisten und war dann froh, als ich ungesehen das Haus wieder verlassen hatte. Mutter Klara Levi hatte mit zuvor noch die Hände geküßt."[122)]

Lieselotte Levi erzählte weiter: "Da meine Eltern kein Geld hatten, bezahlte die Schiffskarte eine jüdische Hilfsorganisation. Mein Vater brachte mich nach Frankfurt zum Bahnhof. Beim Abschied weinte er so bitterlich. Ich fuhr dann nach Hamburg. Ich verließ Deutschland am 15. Oktober 1938 mit dem Schiff St. Louis, um die es später so große Probleme geben sollte, und kam am 29. Oktober 1938 in Amerika an. 10 Mark durften wir mitnehmen, und die gab ich auf dem Schiff aus. In meinem Schiff auf der Kabine waren noch zwei Amerikanerinnen. Ich vergesse nie, wie sie immer redeten und ich nichts verstand. Auf dem Schiff

Lieselotte Levi (mittlere Sitzreihe, 3. von links) mit ihren Schulkameraden in Ostheim. 1936 wurde sie vom Schulbesuch ausgeschlossen,"typische Jüdin" ist in den Akten der Schule zu lesen.

lernte ich andere junge Leute kennen, die in der gleichen Lage waren wie ich. Meine Tante Mathilde holte mich am Schiff ab, ich war dann kurz bei ihr.

In New York gab es eine Arbeitsvermittlungsstelle für deutsch-jüdische Flüchtlinge. Ich fand gleich eine Stelle in einem Haushalt mit Kindern. Das war nicht so leicht, weil ich ja kein Englisch konnte. Ich war damals sechzehn Jahre alt und wollte wie alle in dem Alter eine gute Zeit haben. Da ich abends nicht von meiner Familie wegkonnte, lud ich einfach die jungen Leute, die ich kannte, zur Wohnung meiner Arbeitsstelle ein. Die Wohnungsbesitzer waren samstagabends ausgegangen und kamen nie vor 1 oder 2 Uhr in der Nacht zurück. Die Teppiche wurden weggeräumt, und wir haben getanzt. Wir redeten und knutschten auch ein bißchen. Dann aber kamen die Leute zurück. Sie waren schockiert und riefen gleich meine Tante an. Ich wurde als der schlechteste Mensch der Welt angesehen. Den Job war ich natürlich los.

Als ich nach Amerika kam, war ich doch noch ein Kind. Ich kam mir vor wie ein Strohhalm im Wind. Ich wußte gar nicht recht, wie ich mein Leben gestalten sollte. Ich war immer neidisch auf Mädchen, die mit ihrer Mutter zusammen gingen. Trude Wolf beneidete ich, weil ihre Mutter bei ihr war. Immer, wenn ich ein Mädchen auf der Straße sah, das mit der Mutter ging, gab es mir einen Stich ins Herz.

In der ersten Zeit habe ich viele Briefe nach Hause geschrieben. Ich habe auch viele Briefe von meinen Eltern, aber ich halte es nicht aus, sie durchzulesen. Das ist zu viel für mich. Ich schickte auch immer Geld nach Hause. Bald konnten wir keine Briefe mehr schreiben. Jeder hoffte noch, daß die Eltern und die Geschwister noch leben.

Meine Tante Mathilde, die Schwester meiner Mutter, hatte nicht die Voraussicht, für die ganze Familie die Papiere zu schicken. Sie hat Angst gehabt, alle aufnehmen zu müssen. Sie hätte nur die Bürgschaft unterschreiben müssen. Und ich war zu jung, das alles zu verstehen, der Durchblick fehlte mir, darauf zu dringen oder andere zu fragen oder mir helfen zu lassen. Ich habe das nicht so verstanden. So ist es gekommen, daß meine Eltern und Brüder und Großeltern nicht aus Deutschland herausgekommen sind.

Als der Krieg zu Ende war, wurden von den jüdischen Organisationen Listen ausgedruckt, auf denen die Namen der Ermordeten standen. Ich hoffte immer noch, und dann erfuhr ich, daß meine Eltern in Theresienstadt umgekommen sind. Ob meine Brüder auf die gleiche Art umgebracht wurden, weiß ich nicht, denn Kinder hat man sicherlich irgendwoanders hingebracht. Vielleicht arbeiteten sie oder verhungerten. Von meinen Großeltern weiß ich auch nicht, wie sie umgekommen sind. Ich war sehr, sehr traurig. Ich hatte nie so einen ganz großen Haß, weil ich selbst nie etwas gesehen habe. Ich fühlte es nicht am eigenen Leib. Ich habe nichts gegen die Ostheimer, ich habe etwas gegen Hitler. Die haben es ja gemacht und nicht die Ostheimer Bevölkerung.

Wenn ich das Kaddisch in der Synagoge höre, das Gebet, das auch oft für die Toten gesprochen wird, dann muß ich weinen. Ich sehe meine Eltern vor mir, und sie sind tot und liegen in einer Grube. Dieses Bild werde ich wohl mein Leben lang vor Augen haben. Das ist immer so, wenn ich dieses Gebet höre. Daß meine Eltern und Brüder und Großeltern auf eine solche Art und Weise ermordet wurden!

Mit meinem Cousin Manfred Katz und seiner Frau Hertha sprach ich oft über diesen Kummer. Manfred und Hertha waren wie Eltern für mich, gerade Manfred Katz war wie ein Vater für mich, aber er kam erst 1947 nach Amerika.

Es war ein großes Glück für mich, daß ich nach Amerika gekommen bin. Als Mädchen armer Eltern hätte ich in Deutschland es zu nichts bringen können. Hier kann man zu was kommen, dazu wäre nie die Gelegenheit in Deutschland gewesen.

1946 heiratete ich, nach einigen Jahren wurde mein Sohn Martin geboren.

Als ich das erstemal wieder nach Ostheim kam im Jahre 1983, war es sehr schwer für mich. Schon als wir den Berg von Roßdorf hoch kamen, fing mein Herz zu klopfen an. Zuerst suchten wir das Haus meiner Großeltern in der Bahnhofstraße, wir konnten es nicht finden. Dann gingen wir in die Kirchgasse zu meinem Elternhaus. Wir gingen erst einmal vorbei, denn es war alles so verändert. Dann kamen alle Nachbarn herausgelaufen. Frau Zinndorf erkannte mich sofort, und sie hat geweint, so bitterlich geweint. Das war das Schlimmste für mich. Ich wurde wie das Kind von früher behandelt. Da habe ich gesehen, das Haus, in dem meine Eltern lebten, stand noch, aber meine Eltern waren nicht da. Sie haben mich hereingeführt. Da kam das erstemal ganz tief das Gefühl: Ich habe meine Eltern verloren, sie sind wirklich tot. Ich habe so viel geweint, ich habe alles herausgeweint. Ich bin nach einigen Tagen nocheinmal wiedergekommen, da war ich schon gefaßter. Alle Schulkameraden kamen, um mich zu sehen. Wir saßen im Haus meiner Eltern, in der Stube, wo ich früher mit ihnen und meinen Brüdern und Großeltern gesessen hatte. Ich hatte das Gefühl, daß ich jetzt meine Eltern erst begraben hatte. Viele Sachen erinnern mich noch an meine Kindheit. Wenn zum Beispiel die Glocke um 11 Uhr läutet in Ostheim, dann muß ich weinen, wenn ich das höre. Ich habe meine gute Freundin Margarethe wiedergefunden. Wenn wir jetzt zusammen über früher sprechen, dann kommt die Jugend zurück, die Erinnerung an das Elternhaus. Wir sind zwar auseinandergewachsen, aber es ist eine Bindung da, die niemand wegnehmen kann.

Ich habe mich befreundet mit einer jungen Frau. Sie heißt Karin und ist die Tochter früherer Nachbarn meiner Eltern, Fami-

1983 besuchte Lieselotte Levi, die einzige Überlebende ihrer Familie, zum ersten Mal Ostheim und die alten Nachbarn. Sie umarmt Frau Zinndorf, die ihre Familie auf dem letzten Gang durch Ostheim, als diese im Mai 1942 verschleppt wurden, begleitete. Im Hintergrund Tochter Senni Östreich mit Ehemann.

lie Zinndorf. Sie war noch gar nicht geboren, als ich nach Amerika ging. Sie hat auch so geweint über alles wie ich. Wir haben gleich ein Gefühl bekommen, als wenn wir uns schon ewig kennen und haben uns befreundet, so wie unsere Mütter befreundet waren."[122a)]

1988 war Lieselotte Levi Gast der Stadt Nidderau bei der Woche der Begegnung. Das Hessische Fernsehen nahm in diesem Zusammenhang ein Portrait von ihr auf, das am 9. November 1988 in der Hessenschau gezeigt wurde.

Kurz vor ihrem 70. Geburtstag starb sie nach schwerer Krankheit am 7. April 1992 im New York.

Walter Levi (* 1923)

Er wurde 1929 in die Volksschule in Ostheim eingeschult. Mit seinen beiden Freunden Karl und Heiner gehörte Walter zu den Kirchgässer-Buben im Ort.

Walter hatte es etwas schwer, weil er stark stotterte. Eine Geschichte von Walter Levi in Ostheim, die ein Fußballfreund erzählte: "Wenn wir als Kinder Fußball spielten, hatten wir keinen Ball, sondern entweder so ein Gummi oder einen zusammengeknoteten Fetzen. Es gab einen Ball, aber der gehörte dem Fußballverein und wurde sonntags gebraucht. Wir bekamen den nicht. Auf einmal hieß es, daß bei Erdal in den Schuhcremedosen eine Erdalmarke drin war und wenn man davon dreihundert hatte, dann gab es einen Jugendfußball. In Ostheim hieß es dann unter den Jugendlichen, daß wir Erdal-Marken sammeln, da war sich die Jugend einig. Die ersten Hundert hatten wir schnell zusammen, aber nachdem wir das ganze Dorf durchgekämmt hatten, ging es mit den zweiten Hundert schon viel langsamer. Aber mit den letzten Hundert, das hat nicht geklappt, es ging und ging nicht. Wir waren schon dabei, die Hoffnung zu verlieren . Wir waren bei zweihundertdreißig. Walter Levi spielte immer Fußball mit uns. Dann bekamen wir auf einmal heraus, daß der nichtsnutzige Walter auch Erdalmarken sammelte, aber allein. Wir waren so wütend auf ihn. Wir redeten so lange auf ihn ein, bis er seine Marken holte, er hatte fünfzig Marken. Dann schafften wir auch die letzten Marken, und wir bekamen unseren so heiß ersehnten Ball, den wir hegten und pflegten wie einen Goldschatz. Und Walter Levi hatte uns ja irgendwie den Erdalball gerettet."[123)]

Im Gegensatz zu seinen beiden Geschwistern Lieselotte und Kurt konnte Walter seine Schulzeit in Ostheim beenden, im März 1937 wurde er aus der Schule entlassen. Er lernte dann wohl eine kurze Zeit Portefeuiller in Offenbach, was aber als Jude immer schwieriger wurde.

Seit etwa Mitte 1937 war Walter in Frankfurt, Fischerfeldstraße 13, in einer sogenannten Anlernwerkstatt und lernte dort Schlosser und Schweißer. Es war eine Ausbildungsstätte der jüdischen Selbsthilfe, um jüdischen Jugendlichen auch aus kleineren Gemeinden Hilfe in der Berufsausbildung zu geben. Die Ausbildung erfolgte auch mit dem Ziel der Vorbereitung eines Lebens in Palästina. Der Anlernwerkstatt war ein Heim angegliedert, in dem Walter lebte.

Im August 1938 mußten Walter Levi und sein Vater Moritz gemeinsam mit anderen Juden die Straße zwischen Ostheim und Eichen asphaltieren. Sein Freund Karl erzählt: "Ich fuhr nach Eichen mit dem Fahrrad zum Fußball. Schon von weitem erkannte ich Walter und Moritz Levi. Ich hielt an und stieg ab und sprach mit Walter. 'Ich hab solchen Durst, Karl', sagte er mir. So fuhr ich nach Eichen in die Wirtschaft am Bahnhof, holte ihm eine Flasche

"Mein erster Schulgang 1929" für Walter Levi, seine Schwester Lieselotte besuchte schon die 2. Klasse.

Walters "Bar-Mizwa" (Fest der religiösen Mündigkeit), Lieselotte kam zu Besuch aus Aschaffenburg - Mai 1936.

Wasser und brachte sie zu ihm."

Während des Novemberpogroms 1938 war die Anlernwerkstätte wegen der Verhaftungen vorübergehend geschlossen.[124)] Walter hielt sich in Ostheim auf, erlebte die Ausschreitungen gegen die Familie Adler und die versuchten Ausschreitungen gegen seine Familie mit, gemeinsam mit seinem Vater wurde er verhaftet und nach Hanau gebracht, dort aber wohl wegen seines Alters - er war erst 15 Jahre alt - wieder freigelassen.

Sechs Wochen nach der Zerstörung der Synagogen in Deutschland berichtete Walter seiner Schwester in Amerika über eine stille Protestaktion: Fast alle Juden Frankfurts fasteten im Gedenken an den Tag, an dem zwei Synagogen in Frankfurt abgebrannt waren, auch er selbst.

Über seinen Wunsch, Deutschland endlich verlassen zu können, schrieb er im März 1939 seiner Schwester in Amerika: "Aussicht auf ein Fortkommen habe ich noch keine, denn es geht sehr schwer. Ich habe mich jetzt nach Palästina angemeldet, weiß aber noch nicht, ob es was wird."[124a)]

Im Mai 1939 schrieb Walter an seine Schwester Lieselotte in Amerika: "Ich will jetzt nach Erez Israel und werde so Gott will bald drüben sein. Dort muß ich zwei Jahre in einen Kibbuz. Wenn es mir dort (im Kibbuz) gefällt, bleibe ich dabei, wenn nicht, Pech gehabt. Wir geben das bequeme Leben auf und werden Zionisten. Versuche mal da mein Glück."

Über seine Lebenssituation schreibt Walter in seinen Briefen an die Schwester Lieselotte in Amerika:

15. 1. 39: "Das nächste Neujahr feiern wir hoffentlich bei Dir in Amerika... Ich habe zwischen Wolkenkratzern mehr Chancen, denn ich bin in der Zwischenzeit so gewachsen, daß ich auch dort bald aus den Dachkenneln (Regenrinnen) saufen kann... Die meisten Jungen gehen jetzt schon bald fort ins Ausland und wegen mir wird die Anlernwerkstatt nicht weiter bestehen... Kurt kann in Ostheim nicht auf die Straße und kommt sehr wahrscheinlich hier ins Waisenhaus. Die lieben Eltern sind auch sehr unglücklich, denn sie wissen überhaupt nicht, was sie anfangen sollen... Du kannst froh sein, daß du weg bist, liebe Zwiebelschlott."

16. 3. 1939: "Gestern Abend war ich eingeladen. Wir gehen nur noch privat, denn man kann nirgends hingehen... In Frankfurt wird jetzt ein jüdisches Kino eröffnet, da haben wir doch etwas, wo wir hingehen können. Samstag und Sonntag sind für uns die langweiligsten Tage. Wir gehen meistens spazieren am Main. Nur zu zweien ist es ja auch ganz schön, das weißt Du ja aus eigener Erfahrung. Ich verdiene hier keinen Pfennig. Du glaubst nicht, wie schlimm das ist. Lieber auf der Landstraße 13 Stunden arbeiten am Tag als nichts verdienen... Man geht doch auch nicht mehr zur Schule... Wenn man so ganz alleine ist in Frankfurt, ist es schlimm... Ich lege Dir ein Bild von mir bei, du brauchst aber keine Reklame damit zu machen!"

29. 6. 1939. Klara Levi über ihren Sohn Walter: "Walter könnte, wenn jemand in den USA 500 Dollar stellt, nach England... Spare nur, damit Du mal helfen kannst, denn du siehst, Geld hat überall die Macht. Mit Erez (= Israel) geht es auch nicht so rasch, wie wir dachten. Walter könnte ja in England weiterarbeiten und sich ernähren, dafür wird gesorgt und nur in ganz besonderen Fällen wird das Geld (500 Dollar) in Anspruch genommen."

20. 7. 1939: "Walter hat jetzt seine Paßbestätigung für Palästina, so wird auch der Tag kommen, wo er fortkommt."

29. 7. 1939: "Auch für Walter haben wir einen Lichtblick für England. So Gott will, hat er auch mal Glück."

August 1939: "Wenn Du wüßtest, wie wir hier so rumlaufen. Die meisten jungen Leute fahren nach England, sie haben alle von ihren Verwandten Geld gestellt bekommen. Hast Du denn wirklich niemand für mich, der etwas für mich tun kann. Wir arbeiten, essen und schlafen. Ich glaub schon nicht mehr dran, daß ich mal rauskomme. Ja, ja, wer kein "Masell" (Glück auf hebräisch) hat, der ist hier verloren... man wird hier das Lebens müde. Aber jetzt genug davon, wenn es nicht sein soll, kann ich es auch nicht ändern. Ich weiß überhaupt nichts Schönes von hier zu berichten".

Walter Levi am Main in Frankfurt. Er schickte dieses Bild 1939 seiner Schwester Lieselotte nach Amerika mit den Worten: "Du brauchst aber keine Reklame damit zu machen." Seine Auswanderung aus Deutschland sollte nicht gelingen.

Der Ausbruch des Krieges am 1. September 1939 zerstörte alle Hoffnungen auf Auswanderung nach Palästina und England.

15. 11. 39. Mutter Klara an Tochter über Walter: "Wie uns gesagt wurde, lernt Walter gut als Schlosser und Schweißer, was im In- und Ausland gesucht und gut bezahlt wird. Es wäre deshalb unser Wunsch, wenn er noch ein Jahr gut lernen würde, dann könnte er auch seinem Beruf vorstehen und was leisten. Dann wenn die Wartenummer von Walter 29 000 drankommt, mußt Du das Nötige gespart haben, damit Du die Bürgschaft stellen kannst. Der Tag kommt!"

29. 11. 39. Walter: "Ich bin noch hier in der Anlernwerkstätte und noch genauso weit wie vor zwei Jahren (gemeint ist wohl die Möglichkeit zur Auswanderung). Hier haben wir wenigstens etwas Abwechslung, habe jetzt hier Tanzen gelernt. Es geht schon ganz gut, wenn ich so weitermache, gehe ich nach Hollywood - ein kleiner Spaß muß sein. Wir haben nächste Woche eine Chanukkafeier, es soll ganz nett werden... Ich bin der letzte von den Bekannten und Verwandten, der noch hier ist... So Gott will, bekomme ich doch noch geholfen."

Anfang 1940 besuchte Walter allabendlich seinen Ostheimer Freund Karl, der im Krankenhaus im Sachsenhausen lag. Karl hob immer Essen für seinen Freund Walter auf.

28.4.1940. Walter Levi schreibt an die Schwester: "Liebe Lieselotte! Habe eben Ferien und bin zu Hause. Es ist sehr langweilig hier und man weiß gar nicht, was man machen soll. Da ist es in Frankfurt doch schöner, man hat mehr Abwechslung. Jetzt ist wieder Kino in Frankfurt, und da werde ich auch mal hingehen. Im Heim hatten wir eben Tanzunterricht gehabt, und du wirst Dich wundern, wie ich tanzen kann. Wenn ich in USA bin, kannst du nicht sagen: 'Du kannst nicht tanzen, Du mußt zu Hause bleiben!' Dafür habe ich gesorgt. Ich bin zur Zeit der beste Tänzer im Heim, habe aber nur keine richtigen Mädels. Die meisten sind ausgewandert. Habe heute Deine Freundin Anni Baumann gesprochen, sie läßt vielmals grüßen. Sie ist verliebt in einen Leutnant... Zum Geburtstag grauliere ich Dir sehr herzlich, mögen wir ihn nächstes Jahr zusammen feiern."

11. 6. 40. Mutter: "Walter arbeitet jetzt wie August 38, nur bei einer anderen Firma." (Damit ist wohl der Arbeitseinsatz im Straßenbau gemeint - d. V.)

13. 9. 40: "Wie ich höre, soll es ja über Lissabon schneller gehen und ich will mich wegen Walter erkundigen. In Stuttgart (USA-Konsulat) ist eben Pause."

26. 12. 1940. Walter: "Nun bist Du schon zwei Jahre weg... Bei uns in der Anlernwerkstätte ist es sehr schön. Wir tanzen jede Woche, und ich habe immer Gesellschaft. Du wirst denken, woher kann der tanzen. Als Du weggefahren bist, habe ich angefangen und jetzt bin ich schon der beste Tänzer im Heim. Ich brauche bei Damenwahl nicht zu warten, ich werde immer geholt. Im Heim hätte ich mich schon dutzende Male befreunden können, ich habe mir aber eine aus dem Waisenhaus (am Roederbergweg) geholt. Ich glaube, sie ist mehr in mich als ich in sie verknallt. Na, laß ihr das Vergnügen. Das ist das einzige, was wir hier noch haben: die Mädels und das Tanzen. Sonst gehen wir nirgends hin und haben auch weiter kein Vergnügen. Ich habe gehofft, Weihnachten bei Dir zu sein, aber ich habe jetzt die Hoffnung aufgegeben. Ich glaube auch nicht, daß ich noch zu Dir rüber komme. Ich könnte schon zwei Jahre bei Dir sein, wenn Tante Mathilde mir damals die Bürgschaft geschickt hätte, aber es sollte nicht sein...".

Am 25. Januar 1941 schrieb Klara Levi an Lieselotte: "Jetzt werden wir ernstlicher an die Bürgschaft für Walter kommen... damit auch Walter endlich zum Ziel kommt... Wenn nun mal Walter drüben ist, dann werden wir mit Gottes Hilfe auch uns alle dann mal wiedersehen."

Walter Levi und auch seine Mutter Klara schrieben in den nächsten Monaten verzweifelte Briefe an Mathilde Katz zur Beschaffung eines Visums nach Amerika, aber es wurde keine Bürgschaft gestellt. Mit der Schließung des amerikanischen Konsulates im Juni 1941 war es dann zu spät, es wurden keine Visa mehr für Amerika erteilt.

Im Mai 1941 arbeitete Walter in einer großen Fabrik. Im Juni 1941 arbeitete er im Straßenbau und verdient dadurch mehr, er ging bei seiner Tante Selma essen und hatte sein Zimmer in der Elkenbachstraße. Er befand sich im Arbeitseinsatz, wie es so neutral hieß.

Ab September 1941 mußte Walter den Judenstern tragen, einmal in der Woche durfte er seine Eltern in Ostheim besuchen. Von einer Begegnung mit Walter Levi im Herbst 1941 berichtet Hans Östreich: "Ich sah Walter Levi vom Fenster aus die Kirchgasse lang gehen und fragte, wie es ihm gehe. Da erzählte er mir, daß er schon alles versucht habe, um wegzukommen. Er hatte auch versucht, über die Grenze in das unbesetzte Frankreich zu kommen, von dort wollte er rüber nach Spanien. Sie bekamen aber wohl dermaßen Feuer, daß es nicht möglich war, durchzukommen. So kam er wieder zurück. Er sagte: 'Hans, die machen uns fertig.' Es war das letzte Mal, das ich Walter Levi sah."[125)]

Am 14. April 1942 kehrte Walter Levi wieder nach Ostheim zu seinen Eltern zurück. Am 30. Mai 1942 wurde er mit seinem kleinen Bruder Kurt und den Eltern aus dem Haus geholt und nach Hanau zum Bahnhof gebracht zum Sammeltransport der Juden aus dem Kreis Hanau. Auf den auf dem Hanauer Bahnhof aufgenommenen Photos ist er mehrfach zu erkennen. Er wurde verschleppt mit unbekanntem Ziel und ermordet. Walter Levi war 19 Jahre, als er gewaltsam aus Ostheim verschleppt wurde.

Kurt Levi (* 1929)

Schon im Kindergartenalter wurde Kurt Levi in Ostheim übel mitgespielt. Hans Östreich erinnerte sich: "Es gingen schon damals Gerüchte um, die Juden kämen alle weg. Und in diesem Zusammenhang erinnere ich mich ganz genau an Kurt, den damals vielleicht fünfjährigen jüngsten Sohn von Moritz Levi. Irgendwelche Witzbolde hatten dem Jungen eingebleut auf die Frage: 'Kurtchen, wo kommen die Juden alle hin?' zu antworten: 'Nach Palästina Stoppeln robben.'"[126)]

Kurt Levi wurde Ostern 1935 in der Ostheimer Volksschule in die erste Klasse eingeschult. Aber schon zum Ende der 2. Klasse war er gezwungen, die Schule zu verlassen. Ab Februar 1937 besuchte er die neu gegründete Jüdische Bezirksschule in Bad Nauheim, dorthin fuhr er mit der Bahn. Im November 1938 wurden alle Lehrer der Schule verhaftet und ins Konzentrationslager Buchenwald verschleppt. Alle Schüler der Schule wurden in einem langen Marsch durch Bad Nauheim zur Polizeistation geführt. Die Schule mußte vorübergehend geschlossen werden.

Die Übergriffe gegen Kurt als kleinen zehnjährigen Bub wurden immer massiver. In einem Brief von Walter Levi heißt es am 15. 1. 1939: "Kurt kann hier in Ostheim nicht mehr auf die Straße." Er konnte die jüdische Bezirksschule in Bad Nauheim vermutlich ab Ende Januar 1939 wieder besuchen, bis sie im Mai 1939 auf behördliche Anordnung endgültig geschlossen wurde.

Am 20. 7. 1939 schrieb seine Mutter: "Kurt hat schon acht Wochen keine Schule" und am 29. 7. 1939: "Kurt läuft noch daheim ohne Schule herum" und am 9. 8. 1939 "Kurt hat noch keine Schule".

Auch für den kleinen Kurt wurden Möglichkeiten der Auswanderung aus Deutschland gesucht. Dazu einige Briefausschnitte:

29. 6. 1939: "Von Kurts Auswanderung konnte ich auch in Frankfurt nicht viel hören...".

20. 7. 1939: "Aussicht hat er nach England zu kommen. Aber was wird, wissen wir noch nicht."

9. 8. 1939: "Wir haben auch weder von England noch von Amerika was gehört. Es geht alles so langsam."

Für Kurt findet sich dann eine Lebensmöglichkeit in Frankfurt.

21. 8. 1939: "Unser Kurt ist seit dieser Woche hier in Frankfurt, er geht jetzt hier zur Schule ins Philantropin, untergebracht ist er in der Flersheim-Sichel-Stiftung." (Vater) "Kurt ist Gott sei Dank hier in einer englischen Stiftung sehr fein und gut untergebracht, und er geht in das Philantropin." (Mutter)

21. 8. 1939: "Wir hoffen, daß es von Frankfurt aus schneller geht mit England. Von mir aus kann er auch in Frankfurt bleiben, dann können wir ihn immer besuchen."

Mit dem Ausbruch des Krieges am 1. September 1939 waren alle Hoffnungen auf Auswanderung nach England und Palästina zerstört.

30. 9. 39: "...Kurt schreibt fast jede Woche. Er hat es gut getroffen, z. Zt. ist ja an Auswanderung nicht zu denken.

13. 9. 1940: "...Kurt ist am 1. September wieder in sein altes Heim in der Ebersheimstraße 5 gekommen."

21. 2. 1940: "...Wegen Kurts Auswanderung haben wir noch nichts weiter gehört. Ich weiß gar nicht, ob ich recht tue, ihn nach Süd-Amerika fahren zu lassen? Was meinst Du?"

Am 25. 1. 1941 heißt es in einem Brief seiner Mutter an die Schwester in Amerika: "Für Kurt haben wir jetzt Aussicht nach Südamerika. Nordamerika wäre mir ja lieber gewesen. Ich hoffe, daß wenn wir mal drüben sind, daß unser Kurt dann zu uns kommt und wir dann alle, wenn wir gesund bleiben, wieder zusammenkommen."
16. 5. 1941: "Kurt soll ja mit seinem ganzen Kinderheim gehen, das sind 40 Kinder und Personal, das dann in Südamerika wie hier weitergeführt wird, das heißt, wenn es klappt und sie ein Schiff bekommen."
15. 6. 1941: "Kurt war Pfingsten zu Hause und am 7. Juli gibt es 7 Wochen Ferien. Von seiner Ausreise hört man wieder sehr wenig. Es wäre uns sehr lieb, wenn wir zusammen fahren könnten."

Zu Beginn der großen Ferien 1941 wurde das Kinderheim in der Eberheimstraße 5, wo Kurt lebte, von städtischer Stelle beschlagnahmt, um es als Hilfskrankenhaus zu nutzen. Die Kinder kamen nach den Ferien in das Kinderheim Roederbergweg 87 - die ehemalige israelitische Waisenanstalt.[127)] Dieses Heim wurde von der liebevollen "Tante Rosa" Marks geleitet, die später ermordet wurde.

Kurt schrieb am 3. 8. 41 einen Brief an seine Schwester in Amerika: "Jetzt, liebe Zwiewel, habe ich eine große Bitte an Dich. Diese Woche haben wir einen Brief bekommen wegen unserer Auswanderung nach Ecuador, wovon Du ja weißt. Der Inhalt des Briefes war folgender: Wir sollen die Adresse von unseren Angehörigen im Ausland schicken und diese sollen die Überfahrt bezahlen. Und so möchte ich Dich und Tante Mathilde bitten, es zu tun. Jetzt sei Du recht herzlich gegrüßt und geküßt von Deinem Bruder."
21. 9. 1941: "Wenn Du Kurt helfen kannst, so tue es. Kurt soll mit 40 Kindern fort."
25. 10. 1941: "Morgen gehe ich wieder nach Frankfurt, um Verschiedenes für Kurt zu erledigen. Ich habe so das Gefühl, als ob alle Wege wieder umsonst sind und alles im Sand verläuft. Wir haben schon öfter solche Enttäuschungen erlebt."
5. 11. 1941: "..Als Kurt in den Ferien zu Hause war, hat er Dir so begeistert von seiner Auswanderung nach Süd-Amerika geschrieben. Und wie schon öfter, wird es nichts werden. Er hat mir schon versprochen, ein Telegramm von New York aus zu senden...".

Dieser Brief vom November 1941 war für Lieselotte Levi das letzte Lebenszeichen von ihrer Familie aus Ostheim.

Am 30. Mai 1942 hielt der Bürgermeister von Ostheim in seinen Akten fest, "ist der jüngste Sohn Kurt Max Israel Levi ...am 29. Mai 1942 hier zugereist, da er am 30. Mai 1942 mit seinen Eltern ausgewandert ist".[128)] Leider war aber mit dieser Auswanderung nicht die rettende, seit Jahren ersehnte Fahrt aus Deutschland in ein anderes Land gemeint, sondern die gewaltsame Verschleppung aus Ostheim, deren erste Station der Hauptbahnhof in Hanau war. Auf den Bildern, die dort aufgenommen wurden, ist Kurt zu sehen. Die Fahrt ging nach Kassel in ein Sammellager und von dort in den Osten, vermutlich in das Vernichtungslager Majdanek. Kurt Levi wurde mit dreizehn Jahren gewaltsam verschleppt und später ermordet.

Walter, Kurt und Lieselotte Levi (von links) im Hof ihres Onkels Samuel Katz im Windecker Weg 12 im Jahre 1932

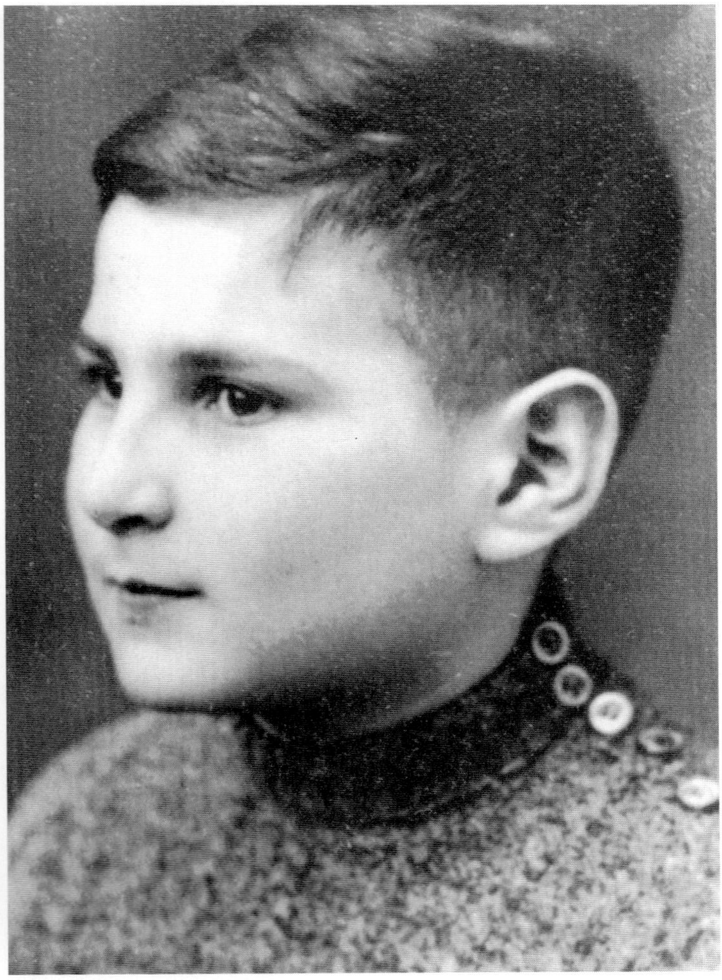

Kurt Levi - dieses Bild wurde 1941 für einen Paß aufgenommen. Die Hoffnung auf Flucht nach Ecuador erfüllte sich nicht. Er wurde im Alter von 13 Jahren verschleppt und später ermordet .

Die Eltern Klara und Moritz Levi nach 1933

Schon recht schnell nach dem Boykott 1933 mußte Moritz Levi seine Metzgerei aufgeben und von seinen wenigen Ersparnissen leben. Er mußte von der Sozialfürsorge unterstützt werden. Diese Unterstützung wurde als Grundschuld auf das Haus eingetragen.

Im Sommer 1938 war Moritz Levi gezwungen, mit anderen Juden, darunter sein Sohn Walter, die Straße zwischen Ostheim und Eichen zu asphaltieren. Als er einmal bei Kanalisationsarbeiten eingesetzt war, durfte er nicht das Klo benutzen. Dann sollte Moritz Levi sein Früstück abseits von den anderen abnehmen. Ein Ostheimer aber setzte sich für Moritz ein: "Der frühstückt mit uns!" Was dann auch geschah.

Moritz Levi war in Windecken anwesend, als die Synagoge zerstört wurde. In Ostheim zitterten die Levis im November 1938 um ihr Leben. Von dem Pogrom gegen die Juden in Ostheim blieben sie dank der tatkräftigen Unterstützung ihres Nachbarn Zinndorf verschont.

Spätestens seit diesem November 1938 und der Auswanderung ihrer Tochter Lieselotte nach Amerika vier Wochen zuvor, kreisten die Gedanken der Levis darum, wie sie Deutschland verlassen könnten. Sie überlegten ständig, was zu tun sei. Ihr Sohn Walter schrieb am 25. 1. 39: "Die lieben Eltern sind auch sehr unglücklich, denn sie wissen gar nicht, was sie anfangen sollen."

6. 8. 1939: "Von Walters und Kurts Auswanderung hoffen wir nun auch bald zu hören. Die Auswanderung ist unser einziger Wunsch. Unser Streben ist nur noch: Gesundheit, Paß, Visum und Schiffskarte."

9. 8. 39: "Du begreifst gar nicht, wie ernst das Leben für uns ist. Ich weiß oft nicht, wo mir der Kopf steht. Ich habe genug Sorgen. Mit unserem Wegzug wird es wohl etwas dauern, da in Frankfurt noch Zuzugssperre ist."

August 1939: "Wir rüsten zum Fortzug, unser Wohnzimmer ist schon halb leer: Vertiko, Sofa und Bett sind schon verkauft und auch der eintürige Kleiderschrank."

30. 9. 1939. Der erste Brief nach Kriegsausbruch: "Wir nehmen die Dinge, wie sie kommen. Wenn nur mit Gottes Hilfe der Krieg bald zu Ende geht, dann ist ja alles gut. Was nützt unsere Aufregung? Hier heißt es nur stillhalten. Wir haben vier schwere Wochen hinter uns. Schon drei Wochen wohnten die liebe Oma und der liebe Opa bei uns. Nächste Woche wollen sie wieder ihre Betten heim tun. Wenn der Krieg nicht gekommen wäre, wäre jetzt der liebe Opa im Oktober gefahren. So ist es besser, da sind die zwei Alten noch zusammen. Wenn wir nur aus diesem JISCHUFF hier raus wären und wenigstens in Frankfurt Wohnung bekämen. Wir wollten ja mit den Großeltern zusammen eine Wohnung nehmen, aber auch dies ging nicht. Hoffen wir das Beste! Rosch Haschana (das jüdische Neujahrsfest) waren wir in Frankfurt, das hat meinen Nerven mal recht gut getan... Aber es ist kein großer Unterschied mehr zwischen Frankfurt und hier...An Sukkot (Laubhüttenfest) haben wir mal die Windecker besucht. Das sind leider nicht viele: Die alten Müllers, Lollos Mutter und dann zu Reichenbergs. Es ist überall dasselbe, und wir gingen wieder heim in unsere schöne Kirchgasse. Über die Kerbekleider brauchst Du Dir keine Gedanken machen, besser wäre es gewesen, wir hätten sie anziehen können! ... Sei nur sparsam, denn du weißt, wir wollen uns alle wiedersehen und das kostet. Hoffentlich gehen alle Wünsche in Erfüllung, und wir sehen uns bald gesund wieder. Das ist mein einziges Beten."

1. 10. 39: "Ich war so kopflos, daß ich gar nicht mehr weiß,

Klara und Moritz Levi. Ihr Blick läßt die schweren Sorgen ahnen.

was ich Dir geschrieben habe. Ja, ja, die Nerven versagen manchmal. Die Tage in Frankfurt waren etwas Erholung, denn da habe ich doch wieder mal die lieben Verwandten alle gesehen. Du weißt doch, wie sehr ich an Tante Regina hänge und heute mehr als je die Einsamkeit spüre. Ich ging mit der Tante zur Schule (gemeint ist die Synagoge - d. V.) und in gewohnter Weise zusammen auf den Friedhof. So vergingen die Tage allzuschnell... Daß die Großeltern bei uns wohnen, weiß du ja schon. Inzwischen ist die Zwangsversteigerung hinfällig geworden, und sie werden morgen wieder mit ihrem Bettlein heimziehen. Es ist traurig, aber wahr."

13. 10. 1939: "Meine liebe gute Lilo! Heute vor einem Jahr warst Du in Hamburg. Wie doch die Zeit vergeht. Was ein Jahr so alles bringt, das weiß nur der, der es durchkostet hat!!!! Ja, ja, liebes Kind, ich hatte schon wieder einmal gepackt, aber mein Päckchen ist immer noch nicht schwer genug. Ich sehe oft die großen Wolkenkratzer, das Meer und auch Dich in Gedanken. Danke Du nur dem Allmächtigen... Der Vater hat sich in Frankfurt verschiedene Anzüge herrichten lassen (er hatte stark abgenommen), denn hier (in Ostheim) bekommt man nichts gearbeitet... Wir sitzen doch immer allein und meine drei Stolze (damit dürften ihre drei Kinder gemeint sein) sind fort. Wie schön war es im vorigen Jahre, als wir an den Feiertagen noch alle zusammen waren... Ich beneide oft Selma Wolf, wie sie mit ihren Kindern zusammen sein kann. Aber was hilfts ... Morgen Schabbes gehen wir wieder nach Windecken zu Reichenbergs, da vergeht doch ein bißchen die Zeit. Da wir unsere Lebensmittel und sonst alle Sachen in Windecken holen, kommen wir eben öfters hin... Du wirst dich oft fragen, wie bringen Mutti und Papa nur die Zeit herum. Papa hilft mit allem. Gestern abend hat er das Sauerkraut eingeschnitten, ich stricke eben für Tante Selma eine Jacke... Hier in Ostheim kommt keiner zu uns. Was hat sich in diesem Jahr, wo Du fort bist, nicht alles geändert. Kurt und Walter kommen auch nicht mehr nach Ostheim, wir fahren dort zu Besuch."

15. 11. 1939: "Ich war in Frankfurt und habe mir einen Zahn ziehen lassen. Auch eine Brille habe ich bekommen. Ja, bis wir zu Dir kommen, hast Du eine alte Mutti. Die Buben sagen immer: 'Unsere Olle mit der Brille'... Es gehen immer mehr Leute fort. Wir essen jeden Freitagabend (Beginn des Schabbes) unseren Birnkloß."

25. 11. 39: "Es wird noch nicht so ernst mit Deinen Freundschaften sein, ich bilde mir auch noch nicht ein, von einem reichen Amerikaner als Schwiegermutter per Auto am Schiff abgeholt zu werden. Dies wäre eine feine Sache!... Bis jetzt haben wir es auch immer gepackt, Zinsen und Steuern pünktlich zu bezahlen. Wenn wir mal hier weggehen, so bekomme ich rasch die Unbedenklichkeitserklärung der Gemeinde... Mohnkuchen zum Kiddusch (Zeremonie am Schabbat) gibt es bei uns nicht mehr."

1. 12. 1939. Ein Brief von Hertha Katz an Lieselotte, der über die Eltern in Ostheim berichtet: "Es geht Deinen Eltern soweit ganz gut, nur müßten sie etwas mehr zu essen bekommen, deshalb sollst du uns nach Brüssel Dollars schicken, und wir schicken von hier aus ein Paket Fleisch und sonstige Lebensmittel... Deine Mutti kommt sehr oft nach Frankfurt und geht zu Wolfs waschen, es kostet jeder Tag Geld und dazu kommt keins. Ich will mal so ungefähr schreiben, was es pro Person in Deutschland zu essen gibt, und das muß in Windecken gekauft werden: 1/4 Liter Magermilch, 175 Gramm Zucker, 60 Gramm Butter, 60 Gramm Margarine, 300 Gramm Fleisch, 1 Laib Brot, 200 Gramm Mehl, 50 Gramm Suppeneinlage und davon sollen die Menschen satt werden. Sei froh, daß Du fort bist, Lieselotte... Ich hoffe, daß Du Deiner Mutter den Wunsch erfüllst, sie tut mir so leid, sie hat

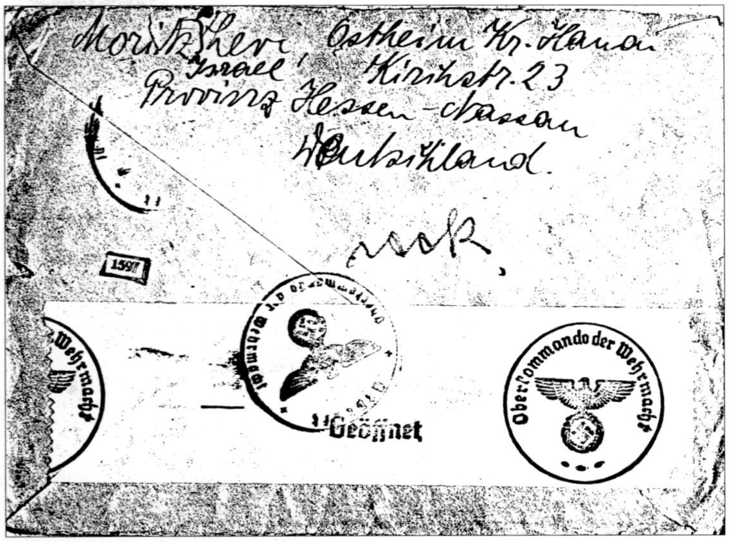

Umschlag eines Briefes von Moritz Levi an seine Tochter in New York mit dem Stempel "geöffnet". Den Zwangsvornamen Israel hatte Moritz Levi vergessen und fügte ihn nachträglich ein. 1940

in letzter Zeit schon viel mitgemacht. Nirgends können sie in Ostheim mehr hin. Abends um 8 Uhr müssen sie in ihrer Wohnung sein."

9. 12. 39: "Meine liebe gute Lilo! Wann werde ich Dir mal einen Kuchen backen können? Na, wenn ich mal drüben bin, wird alles nachgeholt, dann eventuell schon die Verlobungskuchen."

24. 12. 39: "Es wäre uns recht, wenn wir nur schon baldigst fort könnten. Papa rechnet oft aus, wie lange es noch dauern kann... Manchmal möchte ich gerade vergehen. Wenn ich so grübele, will mich Papa aufmuntern und singt mir 'Madonna Klara, ich hab Dich tanzen gesehen'. Diese Aufmunterung hält nicht lange an. Nur gut, daß ich immer noch Beschäftigung habe. Lieber wäre es mir, wir könnten nach Frankfurt ziehen. Da würde ich mir auch Arbeit suchen. Man würde doch nicht so den ganzen Tag ohne einen Menschen zu sehen und zu hören zu bringen. Walter ist auch gleich wieder abgereist. Ich sollte ihm Walzer beibringen, einmal habe ich auch mit ihm geübt, mir steht aber der Kopf nicht danach. Die anderen Tänze kann er schon. Sie tanzen im Heim nach Grammophon. Sonst ist die Zeit sehr ernst. Wenn ich nicht mal zu Opa oder nach Windecken gehe, komme ich nicht über die Straße."

März 40: "Bald sitzen wir ganz alleine hier, wenn Opa und Oma wegziehen nach Frankfurt. Papa will nicht noch einmal nach Frankfurt ziehen, sondern gleich nach USA... Für meine verdienten 'Groschen' haben wir diese Woche Kurt einen Koffer gekauft, nächstens bekommt Walter auch einen. Damit sie was haben, wenn sie abdampfen wollen."

7. 4. 40: "Meine liebe gute Lilo! Gestern Schabbes, gerade als wir unseren Kartoffelschalet essen wollten, kam Dein lieber Brief mit den goldigen Bildchen, an denen wir uns so sehr freuten. Wenn wir uns auch manchmal wünschten, Dich mal hier zu sehen, ist es doch ein großes Glück, daß Du über den großen Teich bist. Heute kam eine Liebesgabe mit 1/2 Pfd. Kaffee, Kakao und Margarine. Du bist der Spender. Ich war zu Tränen gerührt, als ich las, daß Du alle Wünsche der Eltern erfüllen wolltest. Lieber wäre es uns ja, wir hätten keine Wünsche. Ich hoffe und wünsche, daß wir gesund zu Dir kommen und alles wieder gut machen können. Sei stolz darauf, daß Du in der Lage bist zu helfen. Wir werden uns alles Pessach, wenn die Buben daheim sind, schmecken lassen.... Wir gratulieren Dir, liebes Kind, zu Deinem 18. Geburtstag herzlich und wünschen Dir von Herzen, daß wir uns gesund drüben wiedersehen und ich Dir Deinen

Geburtstags- und Verlobungskuchen backen kann. Bei uns gab es dieses Jahr auch keine Kreppel. Gelt, die Amerikaner können so keine Kreppel backen wie die Mutti. Wir werdens ihnen schon lernen."

9. 8. 1940: "Nach fünf Wochen habe ich die erste Nacht mal sorgenlos geschlafen, nachdem ich sehe, daß unser Papa wirklich wieder ein gesunder Mensch wird, der auch im Ausland seinen Mann stellen kann, denn dies war ja schließlich der Hauptzweck der Operation."

7. 12. 40: "Morgen gehe ich wieder auf einige Tage nach Frankfurt. Wenn ich auch arbeiten muß, freue ich mich, hier wieder einmal herauszukommen."

13. 9. 40: "Nun kommt Rosh Hashona (das jüdische Neujahrsfest), also mein liebes gutes Kind, recht herzliche Gratulation zum neuen Jahre. Möge uns der Allmächtige nur ein gutes Jahr bescheren, damit wir alle in USA uns wiedersehen und zusammen wieder ein glückliches Familienleben führen können."

Mit dem folgenden Brief tauchen zum ersten Mal bei der Familie Levi Hinweise auf Zwangsarbeit in Ostheim auf. Da alle Briefe zensiert wurden, geben sie natürlich keine direkten Äußerungen an. Man muß also zwischen den Zeilen lesen.

16. 5. 1941: "Papa ist seit drei Wochen auf der Gemeinde in Arbeit. Er macht mit anderen hiesigen Arbeitern Wald- und Feldwege in Ordnung usw. Dies bekommt ihm gut und ist gesundheitlich viel besser. Er geht morgens um 7 Uhr weg und kommt um 17 Uhr müde nach Hause. Er mag sich wie so viele auch daran gewöhnen....Wer weiß, welche Schwierigkeiten wir noch haben... Unsere Nummer ist in Stuttgart aufgerufen, und wir sind also soweit, wenn wir die Bürgschaft, den Paß und eine Schiffskarte haben, daß wir fahren könnten. Das sind aber drei harte Dinge."

15. 6. 41: "Jetzt sind wir endlich soweit, und ihr laßt uns zappeln. Man muß sich vor anderen Leuten schämen...".

Ab September 1941 waren Moritz und Klara Levi gezwungen, den Judenstern zu tragen, ebenfalls die beiden Jungen Walter und Kurt in Frankfurt.

Auch ihr Haus wurde im April 1942 mit dem Judenstern gekennzeichnet. Alle Woll- und Pelzsachen mußten von Levis "im Zuge der Sammelaktion für die Ostfront"[129] abgegeben werden.

Die Lebensmittelversorgung wurde immer schwieriger. Ab und zu sollen sie von Nachbarn Lebensmittel hingestellt bekommen haben. Schon seit mehren Jahren mußten sie von der Jüdischen Wohlfahrtspflege unterstützt werden.

Moritz und Klara Levi waren die letzten Jahre in ihrem Häuschen in der Kirchgasse sehr einsam. Mit dem Beginn der ersten Verschleppungen der Juden aus Frankfurt im Oktober 1941 zerschlugen sich auch ihre so lange gehegten Hoffnungen auf Auswanderung zu ihrer Tochter Lieselotte nach Amerika.

Am 8. April 1942 übergab Moritz Levi das Haus in der Kirchgasse 23 an die Nachbarsleute für die daraufliegenden Hypotheken. Mitte April 1942 kam Walter aus Frankfurt wieder nach Ostheim, und so waren die Eltern nicht mehr so allein in ihrem Haus.

Am 29. Mai 1942 meldete sich auch Kurt Levi wieder in Ostheim an.[130] Am 30. Mai 1942 wurden die Eltern und Kinder Levi bei der Gemeinde Ostheim abgemeldet. Bei "Zukünftiger Wohnort" wurde gemäß der Anweisung der Geheimen Staatspo-

Der Landrat
Abt.C. (Ho.3o3). Hanau, den 2. April 1942.

An den
Herrn Bürgermeister
in
O s t h e i m. Eilt!

Betrifft: Aktion zur Erfassung der im jüdischen Besitz befindlichen Woll- und Pelzsachen, sowie Skier, Ski- u. Bergschuhe im Zuge der Sammelaktion für die Ostfront.

Vorgang: Rd.Verfg. der Geh. Staatspolizei, Staatspolizeistelle Kassel, vom 1o.1.1942 u. meine Anordnung v. 14.1.42.

Nach der obenbezeichneten Rundverfügung mußten die Ortspolizeibehörden nach Abschluß der Aktion am 16.1.1942 die ihnen von den jüdischen Obmännern übergebenen namentlichen Listen der Juden ihrer Gemeinde unmittelbar der Geheimen Staatspolizei , Staatspolizeistelle in Kassel, einreichen. Nach Mitteilung der Geh.Stapo in Kassel vom 3o.3.1942 sind von Jhnen bis heute die Listen noch nicht eingesandt worden.

Wenn auch nach Jhren telefonischen Angaben die in Jhrer Gemeinde wohnhaften Juden nicht im Besitz von den obenangeführten Gegenständen waren, so muß trotzdem die geforderte namentliche Liste noch eingereicht werden. Statt der Bescheinigung über die abgegebenen Sachen ist nur von Jhnen auf der Liste zu bestätigen, dass die namentlich aufgeführten Juden nicht im Besitze von Woll- und Pelzsachen usw. sind.

Jch ersuche, mir diese Liste umgehend einzureichen, da sie bereit am 5.4.1942 in Kassel sein muss.

J. A.
[Unterschrift]
Gü.

Gestapoaktion zur Beschlagnahmung von Wintersachen bei Juden im Januar 1941. Landratsschreiben an den Bürgermeister.

Gemeinde O s t h e i m

Nachweisung über die Bewegung der jüdischen Bevölkerung
in der Zeit vom 25.4.42. bis 30. Mai 1942.

Gemeinde	Kopfzahl der jüdischen Bevölkerung am	Davon sind im Berichtsraum ausgewandert	im Inlande verzogen (der Verzug nach grösseren Städten ist besonders ersichtlich zu machen	Abgang durch Tod	Zugang durch a) Zuzug	b) Geburt	Verbleiben am ...... (Spalte 3, Spalte 4, 5 u. 6. u.Spalte 7 u. 8)	Bemerkungen
2	3	4	5	6	7	8	9	1o
	25.4.42.	3o.5.42.					3o.5.42.	
O s t h e i m	3	3	—	—	—	—	——	Der jüngste Sohn Kurt Max Israel L e v i ist am 29. Mai 1942 von Frankfurt a.M. hier zugereist, da er am 3o. Mai 1942 mit seinen Eltern ausgewandert ist. Ostheim ist somit J u d e n f r e i.

1) L e v i, Moritz Israel verh. geb. 3.2.92 in Kirchbracht, Krs.Gelnhausen Beruf Metzger
2) L e v i geb. Katz, Klara Sara " 12.2.93 " Ostheim, Krs. Hanau
3) L e v i, Arna Walter Israel " 2.5.23 " Ostheim,Krs.Hanau " Hilfsschl.
4) L e v i Kurt Max Israel " 26.5.29 " Ostheim,Krs.Hanau " Schüler

Ostheim,den 3o. Mai 1942.
Der Bürgermeister:

Der Bürgermeister berichtet, daß die jüdische Familie Levi am 30. Mai 1942 "ausgewandert ist". Sie wurde aber gewaltsam in ein Todeslager verschleppt.

Abschrift.

Der Bürgermeister. Ostheim über Hanau, den 9. Juni 42.

An den
Herrn Landrat Abt.C., oder Vertreter im Amt-
in H a n a u a.M.

Betrifft: Evakuierung der Juden.

Die bestimmungsgemäß evakuierten Juden haben am 30. Mai ds.Js. Ostheim verlassen. Die Gemeinde ist somit vollkommen judenfrei.

Zusammen mit dem Wachtm.d.Res. Dieser habe ich sämtliche Gepäckstücke der Juden noch einmal eingehend geprüft. Die zurückgelassener Möbel und Kleidungsstücke wurden ordnungsgemäß verschlossen.

Leicht verderbliche Lebensmittel, Konserven usw. waren keine vorhanden, ebenso auch keine lebendes Jnventar.

Die Wohnung wurde polizeilich versiegelt und die Schlüssel gegen Quittung an das Finanzamt Hanau abgegeben.

gez. Altvater.

Der Bürgermeister von Ostheim berichtet im Juni 1942 über den Vollzug der gewaltsamen Verschleppung der letzten jüdischen Familie Ostheims; die "Gemeinde ist somit vollkommen Judenfrei".

lizei "abgereist" eingetragen. Der Bürgermeister von Ostheim hatte diese Formalitäten zu erledigen und gab auch die Marschbefehle an die Familie Levi weiter und erklärte ihnen, mitgenommen werden dürfe lediglich ein Koffer oder ein Rucksack mit vollständiger Bekleidung ("ordentliches Schuhwerk"), Bettzeug mit Decke, Eßgeschirr (Teller oder Topf) mit Löffel sowie Mundvorrat für drei Tage. Es bestehe kein Bedenken, wenn sie den Mundvorrat in einer Hand- oder Aktentasche oder in einem Netz bei sich trügen. Außer diesem einen Gepäckstück dürften sie zusätzlich brauchbare Ausrüstungsgegenstände (Werkzeuge, Matratzen, Eimer, Töpfe, Reinigungsgegenstände usw.) mitführen.

Das Handgepäck sei mit in die Züge zu nehmen, während die zusätzlichen Ausrüstungsgegenstände im Güterverkehr der Reichsbahn nach Kassel befördert würden. Die Art der Verfrachtung (Frachtgut oder in geschlossenen Güterwagen) sowie die Abfahrzeit von Hanau Hauptbahnhof wurde mitgeteilt. Die Frachtkosten habe jeder Jude selbst zu tragen. Ob die Levis schon Schlimmes ahnten, als sie die Anweisung erhielten, die Ausrüstungsgegenstände folgendermaßen zu adressieren: "Geheime Staatspolizei, Staatspolizeistelle Kassel, Zielbahnhof Kassel-Hauptbahnhof (Zollschuppen)" ?

Vertrauenserweckender erschien für die Familie Levi vielleicht die Vorschrift, sämtliches Gepäck sei mit Name und Anschrift des Eigentümers zu kennzeichnen. Mit Namensschild seien ferner auch die Kofferschlüssel zu versehen und mit Draht oder Bindfaden am Koffer zu befestigen. Das Gepäck dürfe nicht mit Farbe verschmiert werden. Sämtliches Bargeld und Wertsachen seien auf dem Transport mitzunehmen.

Offensichtlich um den Eindruck zu erwecken, daß nach dem Kriege eine Rückkehr in die Heimat vorgesehen sei, wurde außerdem angeordnet, das zurückbleibende Inventar sei so zu kennzeichnen, daß der Eigentümer sofort festgestellt werden könne. Die Schlüssel zu dem verlassenen Haus, den Räumen und Behältnissen seien ebenfalls mit Namensschild zu versehen und abzuliefern. Das Amt werde diese in Briefhüllen mit den entsprechenden Aufschriften stecken und an das Finanzamt weiterleiten.

Das lebende Inventar auf dem Lande war beim zuständigen Ortsbauernführer abzuliefern, der es listenmäßig zu erfassen und zu betreuen hatte. Leicht verderbliche Lebensmittel waren unentgeltlich gegen Quittung der zuständigen Dienststelle der National-Sozialistischen Volkswohlfahrt (NSV) zur Verfügung zu stellen.

Hätten die Levis gewußt, welche Anweisung vom Landrat und Polizeidirektor "Streng vertraulich! Nur für den Dienstgebrauch!" an den Bürgermeister von Ostheim, Altvater, ergangen wäre, wäre ihr Mißtrauen groß gewesen. So aber vermuteten sie vielleicht noch, daß der Transport zu einem Arbeitseinsatz oder zur Einweisung in ein Sammellager für alte Juden gehe.

Die geheime Anweisung lautete: "...ersuche ich Sie, die genannten Juden in der Zwischenzeit unauffällig zu beobachten, ob sie nicht durch Reisen nach auswärts, zu Verwandten pp. versuchen, sich dem Abtransport zu entziehen. Diese Reisen müssen verhindert werden... Vor dem Abtransport sind die Kennkarten sämtlicher zur Evakuierung kommender Juden auf Richtigkeit - insbesondere der Personalien - zu kontrollieren. Einer Erlaubnisbescheinigung zum Verlassen des Wohnortes für den Transport nach Kassel bedarf es nicht, da der Transport von Polizeibeamten begleitet wird. Etwa mitgeführte Wertsachen wie Gold, Silber, Platin usw. sind ihnen zu belassen, da im Auffanglager Kassel ohnehin die körperliche wie die Gepäckdurchsuchung vorgesehen ist. Auch die Lebensmittelkarten werden den Juden erst im Auffanglager abgenommen.

Das in den Wohnungen zurückbleibende Vermögen wird nach dem Abtransport der Juden beschlagnahmt. Um darüber eine Übersicht zu gewinnen, werden den Juden von der Staatspolizeileitstelle Kassel aus Vermögenserklärungen zur Ausfüllung ausgehändigt..

Die in Betracht kommenden Räume sind nach dem Abzug der Juden, zumindest stichprobenweise, von Ihnen in Gegenwart eines Zeugen (Gendarm oder sonstiger Polizeibeamter) zu überprüfen und danach zu versiegeln.

Jede Vermögensverschleppung bzw. Abgabe oder Verkauf von Sachen an deutschblütige Volksgenossen ist nachhaltigst zu unterbinden. Derartige Gegenstände sind sicherzustellen. Die nötigen Vorbereitungen sind umgehend zu treffen, damit die Juden jederzeit abtransportiert werden können...".[131)]

Am 30. Mai 1942 gingen Klara, Moritz Walter und Kurt Levi zum letzten Mal in ihrem Leben durch Ostheim. Sie wurden begleitet von dem Wachtmeister Dieser und von ihrer Nachbarin Bettel Zinndorf, die auf ihrem Handkarren Gepäck der Levis fuhr. Sie verabschiedeten sich am Bahnhof in Ostheim von der Nachbarin, die ihnen noch bis zuletzt die Treue gehalten hatten, mit welchen Gefühlen und Gedanken?

Am Hauptbahnhof in Hanau wurden die Juden auf dem Vorplatz unter den Augen der Bevölkerung gesammelt und bewacht. Es waren insgesamt 93 Menschen, die aus dem Landkreis Hanau verschleppt wurden.[132)] Ein Fotograf der Stadtbildstelle Hanau war beauftragt zu fotografieren, wie Hanau "judenrein" wurde. Auf diesen Bildern sind auch die Levis aus Ostheim zu sehen. Mit ihren Rucksäcken, über denen noch eine Decke liegt, waren sie schwer bepackt. Auf den Bildern sind die Levis immer zusammen

Gewaltsame Verschleppung von Juden aus dem Kreis Hanau am 31. Mai 1942 am Hauptbahnhof Hanau. In Personenwaggons ging die Fahrt nach Kassel. Nach einem Aufenthalt in einem Sammellager in der Bürgerschule wurden die Menschen von dort in Viehwaggons in die Todeslager verschleppt. Die Familie Levi aus Ostheim ist mehrfach auf diesen Fotos zu erkennen.

Klara und Moritz Levi (beide mit Hut) im Gespräch mit einer alten Frau

Walter Levi (im Vorgergrund, von hinten) geht zu seinen Eltern.

Walter Levi (mit Schirmmütze) schaut zu seiner Mutter Klara.

Kurt Levi (mit Baskenmütze ganz links oben) schaut in die Kamera. Der "Judenstern" auf seinem Mantel ist zu sehen.

Klara Levi (in der Bildmitte links, mit Hut) schaut nach rechts. Dahinter Moritz Levi (mit Hut nach links schauend). Links neben den Eltern ist Walter Levi zu sehen.

Kurt Levi mit Baskenmütze rechts im Bild. Moritz Levi ist von hinten mit seinem Rucksack zu sehen.

lo. Juli 2

Herrn
Bürgermeister
Ostheim

N a c h w e i s u n g .

Über die an die Gemeinde Ostheim abgegebenen Möbelstücke und Hausrat von abgeschobenen Judenfamilien.

Moritz Jsr. Levi Ostheim

1.	1	Schlafzimmer kompl.	15o.oo RM.
2.		Wasche	lo.oo "
3.	1	kleiner Schrank	6.oo "
4.	1	Schrank (alt)	3.oo "
5.		Wasche und Kleidung	5.oo "
6.	1	Waschtisch (alt)	5.oo "
7.	1	altes Bett kompl.	lo.oo "
8.	1	Küchenschrank	lo.oo "
9.		Geschirr (Küchen)	lo.oo "
lo.	2	Koffer	5.oo "
11.	1	Kommode (alt)	2.oo "
12.	1	Tisch	3.oo "
13.	1	Wanduhr	3.oo "
14.	1	Sofa	12.oo "
15.	1	Lampe	3.oo "
16.	1	Bügeleisen elektr.	2.oo "
17.	2	Stühle	2.oo "
18.	1	kleiner Tisch	1.oo "
19.	1	Fleischerklotz (alt)	2.oo "
		Summe	244.oo RM.

Zahlbar innerhalb 8 Tagen.

Die Wohnungseinrichtung der 1942 verschleppten Familie Levi wurde beschlagnahmt, für die an die Gemeinde Ostheim abgegebenen Möbel und Hausrat waren 224 RM an die Finanzbehörde zu bezahlen.

zu sehen oder wie sie zueinander gehen. Auf dem Bahnsteig 2 des Hanauer Bahnhofes stiegen sie in den Zug ein, noch war es ein Personenzug. Bei der Abfahrt des Zuges schaute Walter Levi aus dem Fenster, wie auf dem Bild zu sehen ist. Der Zug brachte sie nach Kassel. Dort mußten sie erst noch in einem Sammellager bleiben, bevor der Transport nach dem Osten in Viehwaggons losfuhr.

Das Sammellager in Kassel befand sich in der Turnhalle der Bürgerschulen in der Schillerstraße, Ecke Wörthstraße.[133)] Dort kontrollierten die Beamten des Judenreferates der Gestapo die Personalien, nahmen alle Papiere ab außer der Kennkarte und durchsuchten die Menschen nach Schmuck und Bargeld. Im geschlossenen Zug trieb man die Juden am hellichten Tage durch die Straßen der Innenstadt von Kassel zum Hauptbahnhof Kassel. Von dort aus ging am 1. Juni 1942 ein Transport mit etwa 500 Menschen nach Osten - vermutlich in das Konzentrationslager Majdanek bei Lublin.[134)]

Nach Unterlagen der Stadtverwaltung Kassel, die im Jahre 1961 erwähnt sind, sollen Klara und Moritz Levi auf diesem Transport gewesen sein. Weder von Walter noch von Kurt Levi lassen sich weitere Spuren finden. Es gibt über Moritz und Klara Levi Hinweise in einem Brief, allerdings aus dem Konzentrationslager Theresienstadt.

Das Finanzamt Hanau teilte unter dem Datum 5. 2. 1943 dem Oberfinanzpräsidenten in Kassel mit, daß "der Jude Moritz Israel Levi in Ostheim Kr. Hanau am 1. Juli 1942 abgeschoben wurde." Am 10. Juli 1942 wurden vom Bürgermeister in Ostheim 244 RM gefordert für die "an die Gemeinde Ostheim abgegebenen Möbelstücke und Hausrat von abgeschobenen Judenfamilien. Moritz Isr. Levi Ostheim".[135)]

Brief an Lieselotte Levi in Amerika zum Schicksal der Eltern - 1946

Siegfried Lilienfeld aus Rückingen war auch auf diesem Transport von Hanau aus am 31. Mai 1942 und einer der wenigen Überlebenden. Er schrieb im September 1946 an Lieselotte Levi in Amerika den folgenden Brief:
"Liebes Fräulein Levi!
Da Frau Zinndorf bei mir war und sich nach Ihren lieben Eltern erkundigte, bat diesselbe mich, Ihnen einen ausführlichen Bericht zu geben.
Ich selbst war drei Jahre im KZ Lager Theresienstadt und habe Ihre lieben Eltern dort kennengelernt. Obwohl ich kein Frisör war, habe ich allen Bekannten, mit denen ich besonders befreundet war, die Haare geschnitten und so auch Ihren lieben Vater und Mutter.
Wie es uns allen erging, brauche ich ja nicht besonders zu erwähnen, dies ist ja genug bekannt.
Aber schrecklich ist es doch für Sie, liebes Fräulein Levi, als Glaubensgenossin ewig in Unsicherheit zu leben.
Leider muß ich Ihnen die traurige Mitteilung machen, daß Ihre lieben Eltern Anfang Oktober 1944 mit den Vergasungstransporten nach Auschwitz kamen und nicht mehr zurückgekommen sind. Es sind dies tausende von Menschen, darunter auch mein Bruder mit Frau und Kind. Ich selbst hatte großes Glück, obwohl ich dreimal zu diesen Transporten vorgeladen war.
Das Essen im Lager war natürlich schlecht und nicht ausreichend. Da nun Ihre lieben Eltern in demselben Block wohnten wie ich, konnte ich diesselben ab und zu mit Kartoffeln, die man sich auf krummen Wegen besorgte unterstützen...
Liebes Fräulein Levi, sollten Sie noch nähere Einzelheiten wissen wollen... schreiben Sie mir.
Freundliche Grüße Siegfried Lilienfeld"[136)]

Auf diesem Kartenausschnitt aus dem Jahre 1728 sind die Stadt Windecken und die Dörfer Ostheim und Heldenbergen eingezeichnet.
Windecken ist am Fluß der Nidder gelegen, nordöstlich davon liegt Ostheim. Beide Orte gehörten zur Grafschaft Hanau.
Im Gebiet der Burg Friedberg in "Grafschaft und Freigericht Kaichen" im Südosten (in direkter Nähe zu Windecken) der Ort Heldenbergen.
Klar zeigt sich die räumliche Nähe aller drei Orte zur Stadt Frankfurt, dem Zentrum jüdischen Lebens über Jahrhunderte.
Aber auch die Lage von Heldenbergen zu Friedberg sowie von Ostheim und Windecken zu Hanau wird deutlich.
Kupferstichkarte von Joh. Chr. Homann aus dem Jahr 1728

Jüdisches Landleben in Heldenbergen

Ortsansicht von Heldenbergen im Jahre 1872. In der Mitte ist die katholische Kirche, halbrechts die Synagoge mit den hochgezogenen Fenstern, ganz rechts die evangelische Kirche, links die Niddermühle zu sehen.

Heldenbergen im Freigericht Kaichen

Das Dorf Heldenbergen gehörte zum Gebiet des Freigerichts Kaichen in der südlichen Wetterau. Dieses Freigericht Kaichen war bis zum Ende des 15. Jahrhunderts ein reichsunmittelbares, also ein freies königliches Gebiet.
Dann wurde das ehemalige Freigericht Kaichen als Grafschaft Kaichen ein Teil des Territoriums der Reichsburg Friedberg und unterstand den Burgmannen von Friedberg bis zum Jahre 1806.
Die Gemeinden der Grafschaft Kaichen, so auch das Dorf Heldenbergen, wurden dem Großherzogtum Hessen-Darmstadt angeschlossen und Teil der hessischen Provinz Oberhessen.
Nach 1918 gehörte Heldenbergen zum Volksstaat Hessen.

Leben der Juden bis zur Emanzipation

Erste Erwähnungen

Die jüdische Gemeinde Heldenbergen gab ihre Gründung mit dem Jahr 1500 bei einer Befragung im Jahre 1906 an.[1)]

Der erste urkundliche Hinweis zur Existenz von Juden in Heldenbergen stammt aus dem Jahr 1501, als dem Juden Meyer aus Heldenbergen (Helbergen) mit seiner Frau, den Kindern und dem Gesinde ein Schutzbrief zur Aufnahme nach Windecken vom Grafen zu Hanau ausgestellt wurde.[2)]

Aus dem Jahre 1510 existiert eine weitere Urkunde, in der "Graf Reinhard von Hanau bekundet, daß er den Juden Meyer von Heldenbergen mit Frau, Kindern und Gesinde gegen eine jährlich zu Martini zu zahlende Bede (Steuer) von 4 fl. (Gulden) auf drei Jahre in Windecken aufgenommen hat. Meyer von Heldenbergen war als Geldverleiher tätig, "der ihm erlaubte Zinssatz beträgt einen Frankfurter Heller pro Gulden und Woche".[3)]

1513 wurde dem "Juden Meyer von Heldenbergen" der Schutz für den Aufenthalt in Windecken um weitere drei Jahre verlängert.[4)]

Die israelitische Gemeinde selbst gab 1906 in einem Fragebogen an, daß die ältesten Akten in dem Archiv der Gemeinde bis zum Jahre 1700 zurückdatiert seien.[5)]

Aus dem Jahr 1718 ist belegt, daß jüdische Männer mit 3 Gulden und jüdische Frauen mit 1 1/2 Gulden oder 1 Tag Gefängnis bestraft wurden, weil sie an einem Sonntag Gänse gerupft hatten. Der Jude Itzig von Heldenbergen hatte 3 Gulden Strafe erhalten, weil er den Schätztext ausgelöscht hatte.[6)]

Im Jahre 1769 richtete die burgfriedbergische Landesherrschaft zwei Viehmärkte pro Jahr in Okarben ein. Im Viehmarktsprotokoll sind zwei Handelsgeschäfte durch Heldenberger Juden niedergelegt worden:

"1770 kaufte Jud Löw Abraham aus Heldenbergen ein braunes Hengstpferd um 18 fl. von Anton Wesel aus Tirol.

1771 kaufte Jud Schmul von Heldenbergen ein schwarzes Wallachpferd um 17 fl. 15 alb. von Franz Fauerbach in Okarben...".[7)]

Die Judengasse, hier auf einem rekonstruierten Plan von 1701, ist heute ein Teil der Bahnhofstraße. Bis 1915 war "Judengasse" der offizielle Straßenname, heute ist er nur noch im Sprachgebrauch bei älteren Menschen zu hören.

Die Judengasse

Bis zum letzten Jahrhundert haben die Juden von Heldenbergen in der Judengasse in der Nähe ihrer Synagoge gelebt. Die Judengasse war der obere Teil der heutigen Bahnhofstraße. An ihrem Ende im spitzen Winkel zur Straubelgasse stand die Synagoge.[8)] Im Volksmund hieß diese Gasse "die Jirregaß".

Den Namen "Judengasse" führte sie auch offiziell, im Brandkataster tauchte er erstmals 1843 auf.[9)]

In einer Zusammenstellung der Namen der jüdischen Bewohner aus dem Adreßbuch für den Kreis Friedberg von 1906 ist die Adresse Judengasse mehrfach zu finden, ebenso noch 1908.

Auf Plänen des Katasteramtes für Heldenbergen aus dem Jahr 1913 ist sowohl die Bezeichnung Judengasse als auch Bahnhofstraße dargestellt.[10)] 1915 ist im Adreßbuch von Heldenbergen die offizielle Straßenbezeichnung Judengasse zugunsten von Bahnhofstraße verschwunden.[11)]

Das Theaterstück in Heldenberger Mundart "Sturm auf das Zollhaus" von Lehrer Messerschmidt verweist auch auf die Judengasse: "...Brauchen mir Plastergeäld...? Die Gemaa soll spoarn! ... Brauch dei die Unnergass mache luosse? ... Die goass in de Jirregass weär aach noch gange. Do ies joa su veil Gefäll säht mein Voadder immer, daß es Wasser noch ganz gaut oabgelaafe wihr."[12)]

Noch heute ist die Straßenbezeichnung Judengasse für den oberen Teil der Bahnhofstraße mündlich in Gebrauch.

Im Jahr 1725 ist ein Pfad zwischen Windecken und Büdesheim an der Heldenberger Gemarkungsgrenze als "Judenpfad" erwähnt.[13)] Dies war ein Weg, den die Juden als nicht mautpflichtigen Handelsweg zur Frankfurter Messe benutzten.[14)]

Die Namen der Juden 1701 und 1759

Es war üblich, daß die Juden durch ihren Vornamen und den vor- oder nachgestellten Zusatz "Jud" bezeichnet wurden. Für die Jahre 1701 und 1759 sind die folgenden Namen von Juden im Dorf- und Hausbuch Heldenbergen zu finden:[15)]

Jud Scholmer, dann Moses Mendel,	
dann an Sußmann Hirsch Jud	Judengasse
Sußmann Strauß	(Bahnhofstr. 1)
Jud David Mayer - genannt "de Schwarze",	(Bahnhofstr. 2)
kam von Itzig Jud her, dann an Moses	(Bahnhofstr. 12)

Aron David	
Jud Liebmann, dann Jud Wolf	(Bahnhofstr. 9)
Jud Lößer oder auch Jud Leißer (1776)	(Bahnhofstr. 22)
Jud David Mayer, vorher Itzig Jud, dann zur Hälfte an Moses und Aron David	(Bahnhofstraße 14)
Jud Abraham Löb	Friedberger Straße 24
Chirurgus Sußmann (vor 1701)	Friedberger Straße 9
Affrons Jud	Straubelgasse
Schmuhl Jud und Dotteres Jud	Straubelgasse
Jud Abraham, Jakob Schmuhl Erben und Dotteres Abraham Rothschild	Straubelgasse
Affron Jutten	Straubelgasse
Schmuhl Abrahams Erben	Straubelgasse
Immanuel Löser Jud	Pfarrgasse 2
Jud Isaak Jakob	Pfarrgasse 8
Jud Schmuhl	Untergasse 8
Machol Judin Witwe (vor 1701)	

Erst im Jahre 1808 wurde festgelegt, daß jeder jüdische Familienvater "für sich und seine Nachkommen einen bestimmten deutschen Familiennamen wählen" sollte, der binnen drei Monaten bei der Behörde einzutragen sei und "alsdann keinem Wechsel mehr unterworfen werden dürfe." [16]

Seit dieser Zeit wurden auch bis zur Einführung der Standesregister 1873 vom Bürgermeister die sogenannten Judenmatrikel-Eintragungen über Geburten, Sterbefälle und Trauungen geführt.

Der Status als Schutzjude

Die Juden waren bis zur Mitte des letzten Jahrhunderts nicht den anderen Bewohner Heldenbergens gleichgestellt, sondern lebten unter dem Status eines Schutzjuden. Das bedeutete, sie mußten beim Landesherren um Aufnahme in den Schutz bitten. Bis zum Jahre 1806 war der Landesherr die Burggrafschaft Friedberg, danach der Großherzog von Hessen. Beim Einzug nach Heldenbergen war das Einzugsgeld zu entrichten, dann mußten jährlich die Schutzgelder bezahlt werden. Wenn sie wegzogen, dies kam häufiger vor, da der Schutz meistens nur für ein Jahr, später drei Jahre gewährt wurde, mußten sie Abzugsgeld bezahlen. In dem neuen Wohnort mußte erneut das Einzugsgeld entrichtet werden.

Auch hatte die hessische Judenschaft in ihrer Gesamtheit noch Sonderabgaben zu zahlen: die Pferde-, Meß-, Wachs-, Silber- und Federkielgelder. [17]

Dazu kamen Neujahrsgelder an den Fiskus, Synagogenabgaben, eine jährliche Abgabe für die Befugnis, Gottesdienst zu halten, Schlachtkonzessionsgelder, Hauskauf- und Güterkaufkonzessionsgelder, Abgaben der Zungen und des Hirns allen von Juden geschlachteten Viehs. Diese Sonderabgaben wurden erst 1824 abgeschafft. [18]

Verließen die Juden ihren Bereich, was bei der politischen Kleinteiligkeit der Wetterau häufig geschah, so mußten sie ihre Waren, das Vieh und auch ihren eigenen Leib verzollen. [19] Erst 1806 wurde der Judenleibzoll abgeschafft.

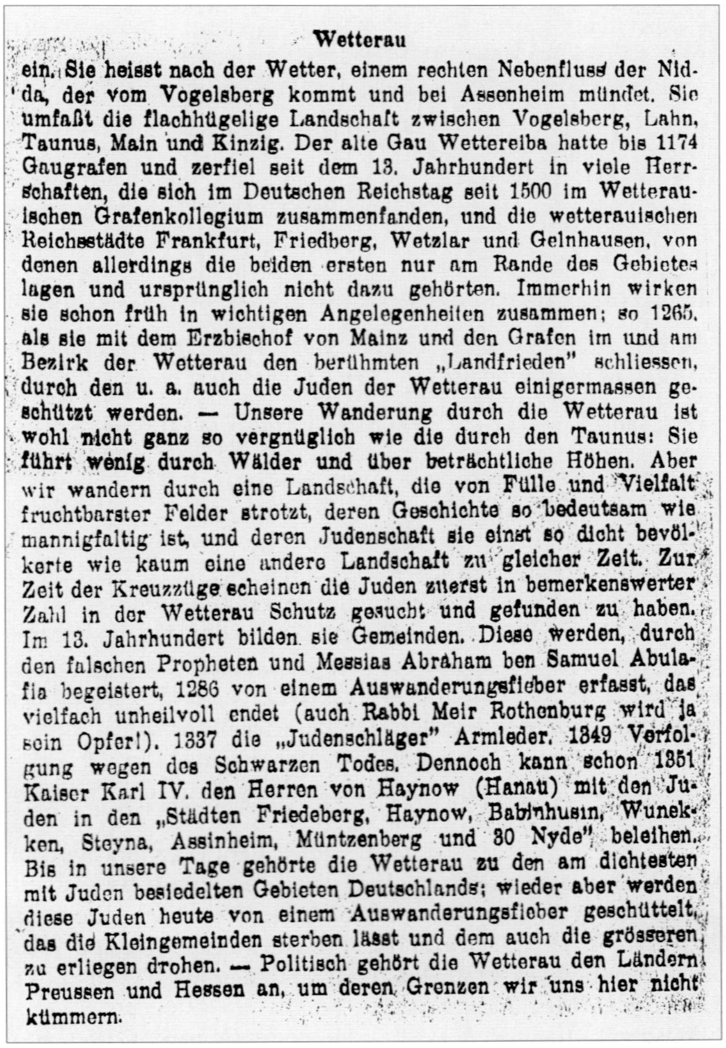

Wetterau

ein. Sie heisst nach der Wetter, einem rechten Nebenfluss der Nidda, der vom Vogelsberg kommt und bei Assenheim mündet. Sie umfaßt die flachhügelige Landschaft zwischen Vogelsberg, Lahn, Taunus, Main und Kinzig. Der alte Gau Wettereiba hatte bis 1174 Gaugrafen und zerfiel seit dem 13. Jahrhundert in viele Herrschaften, die sich im Deutschen Reichstag seit 1500 im Wetterauischen Grafenkollegium zusammenfanden, und die wetterauischen Reichsstädte Frankfurt, Friedberg, Wetzlar und Gelnhausen, von denen allerdings die beiden ersten nur am Rande des Gebietes lagen und ursprünglich nicht dazu gehörten. Immerhin wirken sie schon früh in wichtigen Angelegenheiten zusammen; so 1265, als sie mit dem Erzbischof von Mainz und den Grafen im und am Bezirk der Wetterau den berühmten „Landfrieden" schliessen, durch den u. a. auch die Juden der Wetterau einigermassen geschützt werden. — Unsere Wanderung durch die Wetterau ist wohl nicht ganz so vergnüglich wie die durch den Taunus: Sie führt wenig durch Wälder und über beträchtliche Höhen. Aber wir wandern durch eine Landschaft, die von Fülle und Vielfalt fruchtbarster Felder strotzt, deren Geschichte so bedeutsam wie mannigfaltig ist, und deren Judenschaft sie einst so dicht bevölkerte wie kaum eine andere Landschaft zu gleicher Zeit. Zur Zeit der Kreuzzüge scheinen die Juden zuerst in bemerkenswerter Zahl in der Wetterau Schutz gesucht und gefunden zu haben. Im 13. Jahrhundert bilden sie Gemeinden. Diese werden, durch den falschen Propheten und Messias Abraham ben Samuel Abulafia begeistert, 1286 von einem Auswanderungsfieber erfasst, das vielfach unheilvoll endet (auch Rabbi Meir Rothenburg wird ja sein Opfer!). 1337 die „Judenschläger" Armleder. 1349 Verfolgung wegen des Schwarzen Todes. Dennoch kann schon 1351 Kaiser Karl IV. den Herren von Haynow (Hanau) mit den Juden in den „Städten Friedeberg, Haynow, Babinhusin, Wunekken, Steyna, Assinheim, Müntzenberg und 30 Nyde" beleihen. Bis in unsere Tage gehörte die Wetterau zu den am dichtesten mit Juden besiedelten Gebieten Deutschlands; wieder aber werden diese Juden heute von einem Auswanderungsfieber geschüttelt, das die Kleingemeinden sterben lässt und dem auch die grösseren zu erliegen drohen. — Politisch gehört die Wetterau den Ländern Preussen und Hessen an, um deren Grenzen wir uns hier nicht kümmern.

Diese Bemerkung zur Wetterau erschien im Jahre 1938 in dem Reiseführer "Jüdische Wanderungen".

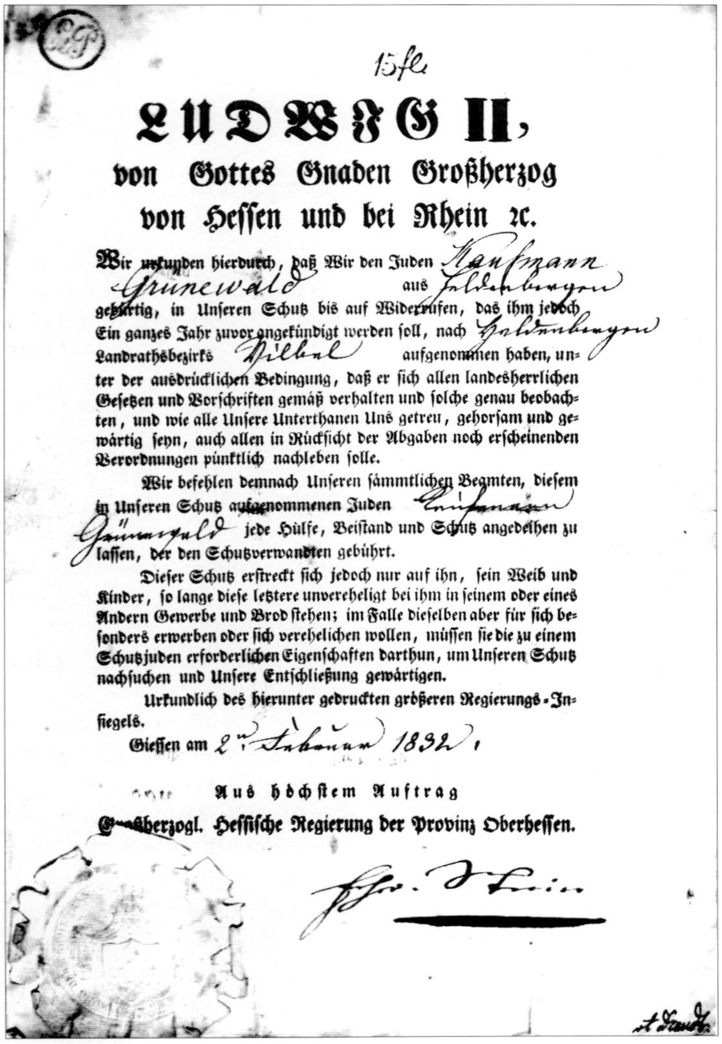

15 fl.

Ludwig II,
von Gottes Gnaden Großherzog
von Hessen und bei Rhein ꝛc.

Wir urkunden hierdurch, daß Wir den Juden Kaufmann Grünewald aus Heldenbergen gebürtig, in Unseren Schutz bis auf Widerrufen, das ihm jedoch Ein ganzes Jahr zuvor angekündigt werden soll, nach Heldenbergen Landrathsbezirks Vilbel aufgenommen haben, unter der ausdrücklichen Bedingung, daß er sich allen landesherrlichen Gesetzen und Vorschriften gemäß verhalten und solche genau beobachten, und wie alle Unsere Unterthanen Uns getreu, gehorsam und gewärtig seyn, auch allen in Rücksicht der Abgaben noch erscheinenden Verordnungen pünktlich nachleben solle.

Wir befehlen demnach Unseren sämmtlichen Beamten, diesem in Unseren Schutz aufgenommenen Juden Kaufmann Grünewald jede Hülfe, Beistand und Schutz angedeihen zu lassen, der den Schutzverwandten gebührt.

Dieser Schutz erstreckt sich jedoch nur auf ihn, sein Weib und Kinder, so lange diese letztere unverehelicht bei ihm in seinem oder eines Andern Gewerbe und Brod stehen; im Falle dieselben aber für sich besonders erwerben oder sich verehelichen wollen, müssen sie die zu einem Schutzjuden erforderlichen Eigenschaften darthun, um Unseren Schutz nachsuchen und Unsere Entschließung gewärtigen.

Urkundlich des hierunter gedruckten größeren Regierungs-Insiegels.

Giessen am 2ᵗ Februar 1832.

Aus höchstem Auftrag

Großherzogl. Hessische Regierung der Provinz Oberhessen.

Schutzbrief für Kaufmann Grünewald und seine Familie aus dem Jahre 1832

Die folgende Liste von 1810 enthält die Namen der Heldenberger Schutzjuden. Das + bedeutet: Zur Zeit der Aufstellung der Liste im Jahre 1810 bereits verstorben.[22]

Aisil David Grünewald +	Abraham Isak Nauheim
Samuel Rotschild +	Herz Ballin Oppenheimer
Aron Löwe Kaichen +	Baruch Aron Kaichen
Abraham Samuel Rotschild	Isak Jakob Scheuer
Moses David Speier	Jakob Isak Hermann +
Schmuhl Jacob Scheuer	Aron David Speier Witwe
Wolf Schmuhl Rotschild +	David Schmuel Rotschild II +
Liebmann Lindheim +	Moses David Stern Witwe
Salomon Jacob Sichel +	Moses Grünewalt
Sußmann Hirsch Strauß	Dotters Rotschild
Abraham Jacob Scheuer	David Rotschild
Feist Schmuhl Rothschild	Michel Ballin
Feist Moses Emrich +	Moses Speier
Dotteres Haaß	Abraham Scheuer
Mordechei Achil Grünewalt	May Rothschild

Für Heldenbergen ist aus dem Jahre 1820 belegt, daß der Jude Wolf für das jährlich zu entrichtende Schutzgeld eine Kaution von 200 fl. stellen mußte.[20]

Aus dem Jahre 1832 ist der Schutzbrief von Kaufmann Grünewald aus Heldenbergen erhalten, der bescheinigt, daß er in den Schutz aufgenommen wurde "unter der ausdrücklichen Bedingung, daß er sich allen landesherrlichen Gesetzen und Vorschriften gemäß verhalten und solche genau beobachten, und wie alle Unsere Unterthanen Uns getreu, gehorsam und gewärtig seyn, auch allen in Rücksicht der Abgaben noch erscheinenden Verordnungen pünktlich nachleben solle".[21]

Die wirtschaftliche Situation der Juden

Mit diesen Vorbelastungen der Schutzgelder und sonstiger Zwangsabgaben mußten die Juden Heldenbergens nun ihr Leben in einer Umwelt, in der ihnen fast alle Berufe verschlossen waren, gestalten.

Landwirtschaft konnten sie nicht betreiben, da ihnen der Besitz von Land verboten war. Handwerker konnten sie nicht werden, da die Zünfte aller Gewerbe Juden ausgeschlossen hatten. Staatliche oder kommunale Berufe waren ihnen verschlossen.

Auch ihre Handelsmöglichkeiten waren außerordentlich beschränkt, da Juden nur an den Orten Handel treiben durften, wo keine Zünfte waren oder diese sie duldeten.

Der Geldverleih, wie sich die christliche Umwelt abfällig ausdrückte, "der Wucher", war ein gefährliches Handwerk, wenn er nicht durch kostbare Pfänder gesichert war. Es wurde darüber gewacht, daß ein offizieller Zinssatz nicht überschritten wurde. Das Risiko für die Geldverleiher war bei diesem unsicheren Status der Juden mit einer Kündigungsfrist des Schutzbriefes von nur einem Jahr sowie der dauernden Gefahr illegaler Vertreibungen außerordentlich groß.

Neben dem Handel mit Krämerwaren, Häuten, Wolle, Wein und Hopfen spielte der Viehhandel noch eine wichtige Rolle. Diese Ware eignete sich auch deshalb zum Handel, weil keine städtische Zunft Anspruch auf den Vertrieb von Vieh erhob. Den Bauern diente es, weil sie in den Juden Helfer fanden, die ihrer Wirtschaft das nötige Zuchtvieh zuführten und die ihnen entbehrlichen Tiere auf die Märkte schafften. Auch die Heldenberger Juden trieben Viehhandel und mußten, um ihr Vieh auf die Gemeindeweide zu lassen, zum Beispiel im Jahre 1719 13 fl. Weidegeld an die Gemeinde Heldenbergen bezahlen. Im Jahre 1720 entrichteten sie dafür 10 fl.[23]

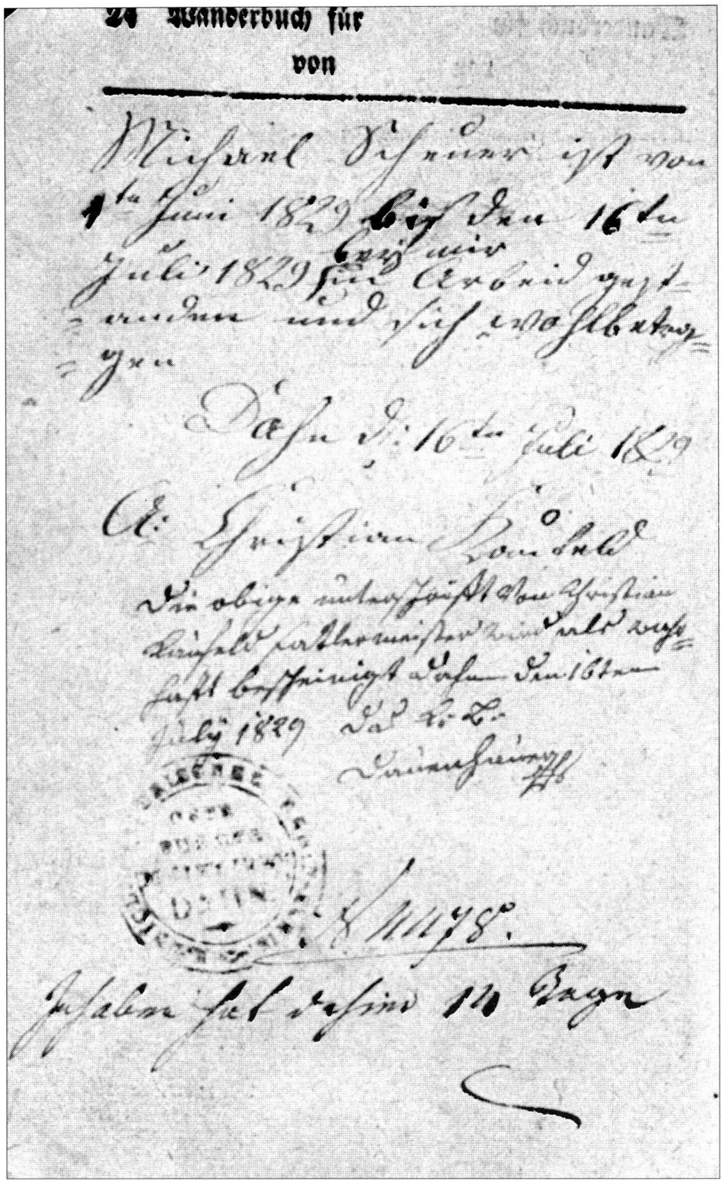
Wanderbuch für
von

Eine Seite aus dem Wanderbuch des Sattlergesellen Michael Scheuer (1812) aus Heldenbergen von 1829. Es wurde u.a. bestätigt, er habe sich "arbeitsam und seiner Religion gemäß sittlich betragen"*

Aus dem Jahre 1820 stammt eine sogenannte Musterliste, in der alle Mitglieder der 34 jüdischen Familien Heldenbergens aufgeführt sind mit Berufsbezeichnung, Familienreichtum und Landbesitz. Als Berufe der in den Jahren 1738 bis 1794 geborenen Männer sind dort angegeben: Elfmal Krämer, sechsmal Makler, fünfmal Metzger , viermal Fruchtmakler, zweimal Pferdehändler und je einmal Viehhändler, Kleiderhändler, Gänsemakler, Federkielhändler und Federkielfabrikant.

Der größte Teil der Heldenberger Juden lebte in ärmlichen Verhältnissen, die Hälfte der jüdischen Familien hatte gar kein Vermögen. Von der anderen Hälfte der Familien gaben vier Familien bis 100 Taler Vermögen an, fünf Familien bis 200 Taler, sechs Familien bis 300 Taler, je eine Familie bis 400 Taler, 600 Taler und 1 000 Taler.

Landwirtschaftlichen Besitz, der getrennt nach Gartenland, Feldern, Wiesen und Weinbergen abgefragt wurde, konnte nicht eine einzige jüdische Familie ihr eigen nennen.[24]

Der Tuchhandel muß für die Heldenberger Juden von besonderer Bedeutung gewesen sein.

1803 stellte der Vorstand der jüdischen Gemeinde Heldenbergen an die Provinzialregierung in Hanau ein Gesuch um Erlaubnis zum Ellenwarenhandel in diesseitigen Landen. Als Begründung wurde ausgeführt: "Ob es uns gleichwohlen von jeher unverhindert gewesen ist in die benachbarten hanauischen Ortschaften, besonders das Amt Windecken, zu handeln und mit wollenen, baumwollenen und seidenen Tüchern sowie überhaupt dergleichen Kramwaren Handel zu treiben und uns bis jetzt auch niemand darin gestört hat, so sehen wir uns doch veranlaßt, weil hin und wieder uns zu Ohren gebracht wird, daß dies ferner nicht gelitten werden könnte. Unser Ort ist beinahe von allen Seiten von kurhessischem Gebiet umgeben, so daß wir fast nicht anders können, als unseren Handel darin zu treiben. Zudem ist es aber den kurhessischen, besonders den Windecker Juden ebenfalls erlaubt gewesen in das Burgfriedbergische zu handeln. Wir möchten mit Windecken als eine Gemeinde anzusehen sein... Wir bitten in den benachbarten kurhessischen Orten, besonders in Windecken, Handel treiben zu dürfen."[25)]

Als 1848 in Ostheim eine Bürgergarde zur Aufrechterhaltung von Ruhe und Ordnung aufgestellt worden war, hatte der jüdische Handelsmann Seligmann Scheuer aus Heldenbergen den Stoff für die Kittel der einheitlichen Uniformen geliefert.[26]

Als Handwerker waren die Juden in Heldenbergen ausschließlich Metzger und Bäcker. Dies findet seine Erklärung in den rituellen Vorschriften zur Speisevorbereitung der Juden. Um koscher zubereitetes Fleisch und Brot zu bekommen, bezogen Juden ihr Fleisch und Brot ausschließlich von jüdischen Bäckern und Metzgern, die aber auch für ihre christliche Umgebung verkauften.

"Im Jahre 1785 lieferte der Jude Leib für Einquartierung von Soldaten 403 Pfund Ochsenfleisch und 9 Pfund Kalbfleisch."

"1791 übernahm der Jude Conrad Gaeth für Heldenbergen die Brot- und Heulieferung an das K.K. Commissariat in Limburg. Es waren dies 48 Laib Brot und 6 Zentner, 48 Pfund Heu."[27)]

Folgende jüdische Ortsbürger ließen sich nach den Personenstandsregistern der Jahre 1809 - 1875 finden, das Jahr der Erwähnung als Ortsbürger ist in Klammern angegeben:

Eliezer Schatzmann (1846)
Kaufmann Kaichen I. (1848)
Abraham Scheuer (1849)
Abraham Rothschild (1849)
Kaufmann Grönewald (1850)
Kaufmann Kaichen II. (1850)
Jakob Scheuer III. (1853)
David Rothschild II. (1853)
Moses Rothschild • 1827 (1853)
Abraham Rothschild II. • 1826 (1854)
David Speier II (1854)
Simon Hermann • 1821 (1854)
Abraham Steinheimer • 1818 (1854)
Simon Ballin-Oppenheimer • 1821 (1855)
Salomon Speier • 1824 (1855)
Abraham Stern • 1828 (1858)
Moses Sichel (1859)
Isaak Rothschild • 1829 (1859)
Moses Strauß (1859)
David Rothschild III. • 1823 (1861)
Hirsch Steinheimer (1862)
David May • 1843 (1868)
Lehrer Wertheimer (1868)
Abraham Ballin-Oppenheimer • 1847 (1875)

Nach 1875 wurden als Ortsbürger genannt:
Samuel Mayer • 1799
Löb Speier • 1821
Abraham Rothschild II. • 1808 Staatsbürger

Diese völlig einseitige Berufsstruktur der Juden verlor sich erst ab Mitte des letzten Jahrhunderts mit der Abwanderung in die naheliegenden größeren Städte Frankfurt, Hanau, Darmstadt und Wiesbaden, wo die Juden erweiterte Bildungs- und Berufsmöglichkeiten finden konnten.

Juden als hessische Staatsbürger und Ortsbürger von Heldenbergen

Mit der Verfassung von 1820 war auch die Möglichkeit eines jüdischen Staatsbürgerrechtes gegeben. "Israelitischen Glaubensgenossen" sollte nur unter bestimmten, nur von wenigen zu erfüllenden Bedingungen das Staats- und Ortsbürgerrecht verliehen werden. Ein Jude, der dies werden wollte, mußte:
1. Deutsch lesen und schreiben können
2. In Handlungsweise und Lebensweise in gutem Ruf stehen
3. Entweder in der Landwirtschaft, in einem Handwerkerberuf (nach zünftigen Auflagen) oder im Großhandel, wie Vieh- oder Fruchthandel, beschäftigt sein. Bei letzterem mußte er noch ein Vermögen von 4 000 Gulden nachweisen sowie in entsprechende Handelszünfte eintreten und im Warenhandel einen offenen Laden halten, das heißt keinen Hausierhandel treiben.
4. Er mußte den sogenannten Schacherhandel ganz aufgeben und sich verpflichten, diesen nie wieder zu betreiben."[28)]

Die Erlangung der Staatsbürgerschaft im Großherzogtum Hessen war für die Juden Voraussetzung, um das Ortsbürgerrecht zu bekommen. Dies war nicht nur politisch ein wichtiges Recht, sondern auch im Alltag. Es ermöglichte die Benutzung der Gemeindeanstalten, dann ein gewisses Vorrecht in Bezug auf das Betreiben eines Gewerbes, gestattete prinzipiell das Recht auf Familiengründung und gewährte das aktive und passive Wahlrecht. Das Ortsbürgerrecht konnte nur ein Staatsbürger erhalten.

Einige Heldenberger Juden konnten als Staatsbürger nun auch Ortsbürger von Heldenbergen werden.

"Am 31. 10. 1832 machte Elieser Schatzmann von Niederwerrn in Bayern ein Gesuch um Aufnahme als Ortsbürger in Heldenbergen. Das Kreisamt teilte mit, daß 'wenn er das erforderliche Inferendum in inländischen Obligationen gehörig nachgewiesen und dem Schacherhandel gänzlich entsagt habe', der Aufnahme nichts im Wege stehe."[29)]

Die ärmeren Juden bleiben Schutzjuden

Vor allem der Nachweis des geforderten Vermögens von 4 000 Gulden war wohl für die meisten Juden Heldenbergens unmöglich, sie mußten in dem abhängigen Status des Schutzjuden verbleiben.

"Auch von den Schutzjuden verlangte man ein Vermögen von 1 000 Gulden und die nötigsten Kenntnisse der deutschen Sprache. Sie waren aber noch immer allerhand demütigenden Ausnahmebestimmungen ausgesetzt. Daß sie weder aktives noch passives Wahlrecht hatten, verstand sich von selbst. Es gab für sie aber noch einige unwürdige privatrechtliche Beschränkungen. Schuldverschreibungen von Christen zugunsten eines Juden, die auf eine Summe über 20 Gulden lauteten, galten nur, wenn sie gerichtlich bestätigt waren. Der jüdische Zeuge für einen Juden gegen einen Christen galt als verdächtiger Zeuge. Der Schutzjude, der einen Eid vor Gericht schwört, muß sich herabwürdigenden Formen unterwerfen...".[30)]

Rechtliche Gleichstellung der Juden 1848

Als im Jahre 1824 alle Sonderabgaben der Israeliten aufgehoben wurden, war dies ein weiterer Schritt auf dem Wege zur Gleichstellung der Juden.

Aber erst in den Tagen der Märzrevolution 1848 fielen die letzten Ausnahmebestimmungen für die Juden.

Mit der Verfassung von 1848 erfolgte die politische Gleichberechtigung der Juden auch in Heldenbergen. Der Gedanke, daß die Verschiedenenartigkeit des Bekenntnisses keinen Einfluß habe auf staatsbürgerliche und politische Rechte und Pflichten, war nunmehr auch im Großherzogtum Hessen als Verfassungsgrundsatz anerkannt. Ihre wirkliche Emanzipation mußten die Juden noch einige Jahrzehnte erkämpfen.[31)]

Anteil der jüdischen Bevölkerung

Für das Jahr 1701 sind in Heldenbergen 8 Häuser im Besitz von Juden angegeben.[32)]

Im Jahre 1791 waren 16 jüdische Familien in Heldenbergen ansässig. In dieser Zeit soll bei dem Landesherrn, der Burg Friedberg, Klage geführt worden sein, daß sich immer häufiger jüdische Familien in Heldenbergen ansiedelten.[33)]

1804 sind 101 "Judenseelen" bei 909 "Christenseelen" angegeben.[34)]

1815 zählte die jüdische Gemeinde "19 Männer und 21 Weiber", worunter 3 Witwen waren.[35)]

1821 waren es 26 Männer, 30 Frauen, darunter 4 Witwen.[36)]

1833 beschwerte sich Bürgermeister Schweitzer beim Kreisamt in Vilbel unter der Verwendung der seit Jahrhunderten benutzten Klischees über Juden über den verstärkten Zuzug von Juden:

"... hiesige Ort durch die übermäßige Besetzung mit Judenfamilien schon jetzt an einem großen Übel leidet und daß demselben in moralischer und pecuniärer Hinsicht wahrer Ruin bevorsteht, wenn die Anzahl der Juden nicht beschränkt wird. Ich würde nicht gegen die Aufnahme von Juden sein, insoweit sie Handwerk und Ökonomie trieben, alle hiesigen Judenhäupter aber mit Ausnahme eines einzigen, sind dem Schacherhandel ergeben. Solange sie während der Tageszeit sich mit diesem schädlichen Gewerbe nicht beschäftigen, treiben sie sich entweder in dem ausgelassensten Muthwillen oder mit großem Gezänk und mit

Heldenbergen

Pfarrdorf. 1542 Einw., 308 Wohnh.
Gemeindeschule m. 4 Kl.
Israelit. Schule, Lehrer Löb Wertheimer.

*Simon Ballin-Oppenheimer, Inh.: David Ballin-Oppenheimer, Eisenhandlung, landw. Maschinen, Hauptstraße 71 (E) 1
Grünewald, Michael, Metzger, Unterg. 253 (E)
Haas, Isaak, Metzger, Hauptstr. 121
— Moses, Metzger, Hauptstr. 118 (E)
*Hermann, Jakob, Handelsmann, Untergasse 251 (E)
— Leopold, Hausierer, Kirchgasse 55 (E)
Mayer, Moses Ww., Rentnerin, Kirchg. 66 (E)
Rothschild, Abraham IV, Metzger, Neugasse 195 (E)
*— Ferdinand, Kaufmann, Untergasse 170 (E)
*— Liebmann, Viehhändler, Untergasse 230 (E)
— Markus, Fruchthändler, Hauptstr. 124 (E) 11
— Meyer, Bäcker, Bahnhofstr. 260 (E)
*Schatzmann, Salamon, Kaufmann, Schulstraße 181 (E)
— Simon, Rentner Ww., Hauptstr. 123 (E)
*Scheuer, Abraham II, Viehhändler, Bahnhofstraße 145 (E)
— Emanuel, Metzger, Bahnhofstr. 152 (E)
*— Moses II Ww., i. Fa. Moses Scheuer II, Kaufmann, Hauptstr. 138 (E)
— Salamon, Metzger, Judengasse 154 (E)
— Salamon Bär, Handelsmann, Hauptstraße 140 (E)
— Seligmann III, Metzger, Judengasse 163 (E)
Seligmann, Robert, Metzger, Judengasse 163
Sichel, Isaak, Handlungsgeh., Schulstr. 178 (E)
*— Juda, Kaufmann, Hauptstr. 67 (E)
— Nathan, Kaufmann, Hauptstr. 67
— Salamon II, Hausierer, Kirchgasse 62 (E)
— Siegmund, Kohlenhdlg., Kirchgasse 61 (E)
Speier, Jakob, Bäcker, Judengasse 159 (E)
— Isak II, Handelsmann, Schulstr. 184 (E)
*— Max, Kaufmann, Hauptkollekteur d. Hess.-Thür. Staatslotterie, Hauptstr. 29 (E) 12
*Speyer, Meyer, Kaufm., Judengasse 164 (E)
— Michael, Kaufmann, Bahnhofstr. 262 (E)
Steinheimer, Abraham, Handelsmann, Bahnhofstraße 147 (E)
Strauß, Moses, Rentner, Niddermühle 279 (E)
*— Simon, Viehhändl., Hauptstr. 1 (E) 13
Wertheimer, Löb, Lehrer, Untergasse 258

Zusammenstellung der Namen der jüdischen Heldenberger aus dem Adressbuch von 1906 (Montage)

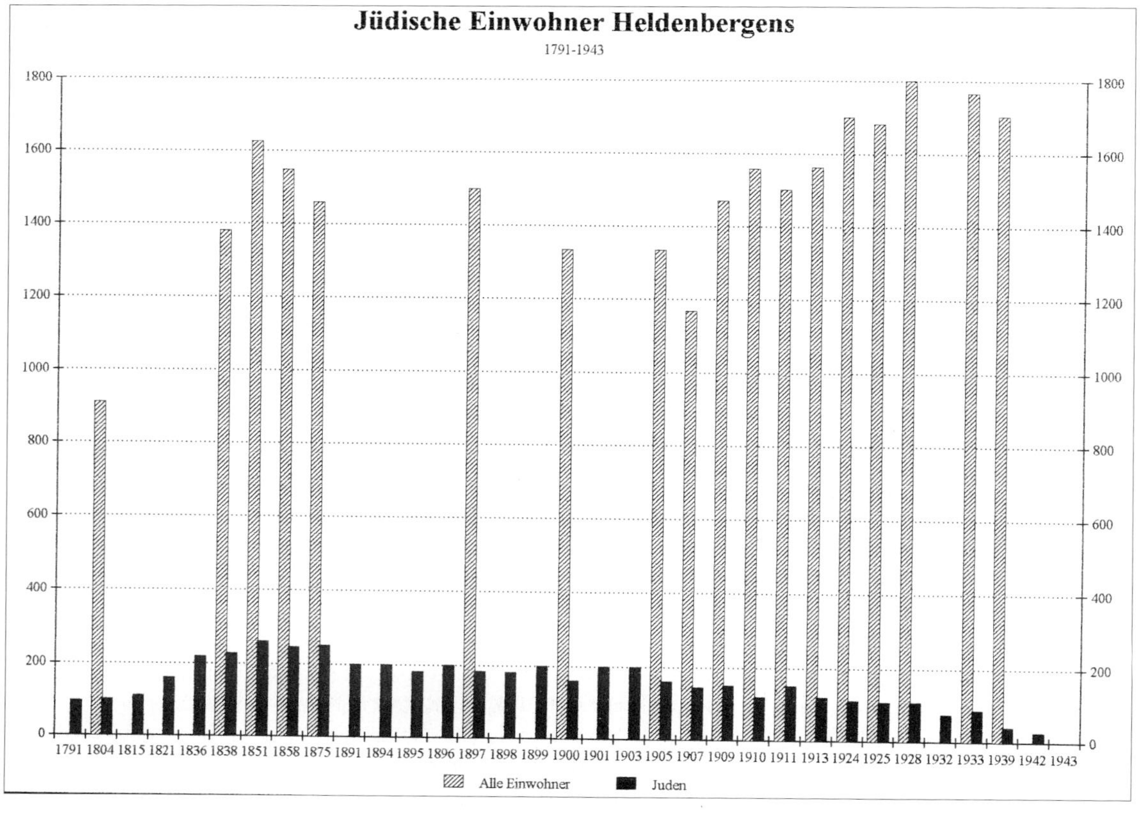

Die jüdische Bevölkerung Heldenbergens im Vergleich zur Gesamteinwohnerzahl im Zeitraum 1791-1943[37)]

den abscheulichsten Schimpfwörtern in großen Haufen, oft zu 20 bis 30 Personen auf der Straße herum. Mit Ausnahme eines einzigen treiben sie alle Schacherhandel, der seine verderblichen Folgen in dem größten Teile der christlichen Familien sowohl hinsichtlich der Vermögensverhältnisse als auch in den Sitten äußert...".[38)]

1836 zählte die jüdische Gemeinde 217 Seelen.[39)] So vervierfachte sich die Zahl der Juden in Heldenbergen in nur 16 Jahren im Zeitraum von 1820 - 1836.

Diese Zahl stieg 1851 auf 261 Juden bei 1459 Einwohnern, damit lag der Anteil der Juden an der Gesamtbevölkerung bei 16,1 Prozent.[40)]

Nach 1875 nahm diese Zahl bis zur Jahrhundertwende auf 200 Seelen ab.[41)]

So gab es in Heldenbergen bis um die Jahrhundertwende immer mehr Juden als Protestanten.

Vor der Jahrhundertwende verließen viele Juden Heldenbergen und gründeten in den umliegenden Städten Geschäftsbetriebe: Theodor Scheuer (1852) war Inhaber einer Weingroßhandlung in Frankfurt, Abraham Sichel (* 1871) war Inhaber einer Zigarettenfabrik in Frankfurt*

Michael Scheuer führte in Friedberg auf der Kaiserstraße/Ecke Schnurrgasse ein großes Konfektionsgeschäft. Michael Scheuer 2. von links, links davon Moritz Strauss aus Büdesheim. Um 1918

1905 gab es 160 Juden bei 1335 Einwohnern.[42)] In den folgenden Jahren fiel die Zahl der Juden langsam auf gut 100 bis Ende der zwanziger Jahre [43)], 1933 waren es noch 87[44)] und 1939 40 Juden.[45)]

Heldenbergen war lange Jahre die größte jüdische Landgemeinde im Kreis Friedberg. Nur die Stadt Friedberg hatte im Jahre 1906 eine größere Zahl von Juden - bei der Hälfte des Bevölkerunganteils - aufzuweisen.

Zum Ende des letzten Jahrhunderts setzte deutlich eine Abwanderung der Juden aus Heldenbergen ein, sie gingen, da ihnen jetzt alle Berufe offen standen, zur Ausbildung in die nahegelegenen Großstädte wie Hanau, Frankfurt, Darmstadt, Mainz und Wiesbaden und gründeten dort Geschäftsbetriebe.

Gründer der Speier Schuhgeschäfte

Das bedeutendste Unternehmen, das von aus Heldenbergen stammenden Juden gegründet wurde, waren Speiers Schuhgeschäfte, eines der bedeutensten Schuhunternehmen Deutschlands.

Der Gründer Isaak Speier, der sich später Julius nannte, wurde am 2. Februar 1854 als ältestes von acht Kindern des Kolonialwarenhändlers Löb Speier in Heldenbergen im Haus Nr. 23 geboren. Sein Vater starb, als er zehn Jahre alt war. Sechs Jahre später, im Oktober 1870, teilte der kaufmännische Lehrling einer Metall-Engros-Firma in Frankfurt,[46)] Isaak Speier, "mit dem Einverständnis der Mutter" dem Bürgermeister von Heldenbergen mit, daß er nach Amerika auswandern wolle, um "mich in meinem Geschäfte besser auszubilden und mich dort niederzulassen". Sein Vermögen gab er mit "nichts" an.[47)] Wenn er länger mit der Auswanderung gewartet hätte, wäre er militärpflichtig geworden.[48)] Einige Jahre später gab er für seine Auswanderung einmal folgende Begründung: "...weil ich als ältester Sohn meine Mutter, welche als Witwe mit acht kleinen Kindern in ärmlichen Verhältnissen lebte, mit meinem Verdienst nicht so unterstützen konnte, als es notwendig war und weil mir damals mein in Amerika lebender Onkel eine gute einträgliche Stelle besorgt hatte. Hierdurch wurde es mir möglich, meiner Mutter und Geschwister ergiebig zu unterstützen und mir außerdem noch ein größeres Vermögen zu erwerben."[49)]

"Dem Zuge der damaligen Zeit folgend, wanderte er mit 17 Jahren (im Jahre 1871 - d. V.) nach Amerika aus, wo er jedoch keine passende Position in der Metallbranche fand. Durch einen Zufall kam er mit dem Schuhhandel in Berührung. Sein reger Geist erkannte bald, daß im Schuhhandel aussichtsreiche Zukunftsmöglichkeiten bestanden. Kreuz und quer durchstreifte er als Schuhreisender den amerikanischen Kontinent."[49a)]

Im Staate Wisconsin wurde Isaak Speier 1879 amerikanischer Staatsbürger.[50)] In Milwaukee war er Schuhverkäufer. Dort hatte er mehrere Tanten, Schwestern seiner Mutter Mina Kaufmann, die 1833 in Windecken geboren war.[51)]

Im Jahre 1880 kam er nach neun Jahren nach Deutschland, um "seiner Schwester die Aussteuer zu bringen und am allerwichtigsten, um seine Mutter zu besuchen, die ihn gebeten hatte zu kommen."[52)] Weiter ist in einem Artikel des Hanauer Anzeigers von 1930 über Julius Speier zu erfahren: "... er ... blieb dann auf das Drängen seiner geliebten Mutter für immer in Deutschland. Ohne viel Kapital, nur gestützt auf seine amerikanischen Erfahrungen, hatte er den Mut, am 26. März 1880 in Frankfurt am Main in der Großen Friedberger Straße 31 einen Schuhladen zu eröffnen. Vollkommen neu in bezug auf Anwendung neuzeitlicher Geschäftsmethoden, vollkommen neu in der Art der Reklame, vollkommen neu in der streng reellen Geschäftsführung war

diese Gründung. Man muß sich vorstellen, daß im Jahre 1880 der größte Teil der Bevölkerung nur handwerkmäßig hergestelltes Schuhwerk kannte, um zu ermessen, wie schwierig es war, die Abneigung gegen serienmäßig hergestelltes Schuhwerk zu überwinden.
Julius Speier wagte es, den Kampf gegen dieses Vorurteil aufzunehmen, weil er von Amerika her wußte, daß es wohl möglich ist, sich durch den weit billigeren Fabrikschuh, der ja für die meisten Leute denselben Dienst leistet, einen großen Kundenstamm heranzuziehen, vorausgesetzt, daß man einen wirklich gut passenden Qualitätsschuh zu mäßigen Preisen liefert. Der Erfolg zeigte bald, wie richtig Julius Speier sich in seine Zeit zu stellen wußte.
Das bescheidene Lädchen von kaum 18 bis 20 Quadratmeter Flächeninhalt, in welchem im Anfang nur eine Schwester des Gründers und eine Verkäuferin zur Hilfe mit tätig waren, wurde bald zu klein. Im Juni 1887 eröffnete Julius Speier im Hause Zeil 13 sein zweites Geschäft. Nun geht die Entwicklung ständig aufwärts. 1890 wird das Stammgeschäft zu eng und nach den größeren Lokalitäten ins Haus Große Friedberger Straße 44 verlegt.
Die Ursache für die ständige Aufwärtsentwicklung und für die stete Umsatzsteigerung waren die festen Geschäftsprinzipien, die die Firma vom ersten Tage an bis zur heutigen Zeit als ihr Fundament betrachtet: Verkauf zu streng festen Preisen nur gegen bar, das Führen von ausschließlich guten einwandfreien Qualitätsschuhen und der Verkauf von nur gutpassendem Schuhwerk, verbürgt durch fachmännische Beratung und Bedienung. Kundendienst ist in der Firma Speier nicht erst ein Schlagwort der Neuzeit, sondern war eine Selbstverständlichkeit vom Gründungstage an im Jahre 1880.
Nachdem schon bald nach der Gründung Bernhard Speier (als Baruch Speier am 16. 11. 1859 in Heldenbergen geboren - d. V.) seinen Bruder in seiner Aufbautätigkeit unterstützte, sah sich Julius Speier veranlaßt, auch seinen zweiten Bruder Hermann Speier (* 7. Mai 1861 in Heldenbergen - d. V.) und seinen Schwager Moritz Speier (als Moses Speier am 21. 11. 1865 in Heldenbergen geboren war - d. V.) in die Firma aufzunehmen.
Im Februar 1892 wurde die offene Handelsgesellschaft J. Speier gegründet, die aus den vorgenannten 4 Teilhabern bestand.
Durch die sachkundige, eifrige Mitarbeit und die wesentliche Kapitalverstärkung kann sich das Unternehmen rasch entwickeln und nimmt von nun an einen ständigen weiten Aufstieg. Auswärtige Zweiggeschäfte wurden vier zunächst nur im Umkreise von Frankfurt a. M. errichtet, die, in dem gleichen Sinne wie das Stammhaus geleitet, den Namen Speier und den Begriff des guten, billigen Speier-Schuhes in immer weitere Kreise trugen.
Um den von der Firma J. Speier errichteten Zweiggeschäften eine weitmögliche Selbständigkeit zu geben, wurden diese nach außen hin als selbständige Firmen aufgemacht, obwohl sie gegen eine Beteiligung des Umsatzes den Namen der Stammfirma führen durften und auch von der Stammfirma J. Speier finanziert und beliefert wurden."[54]

Alle diese Zweiggeschäfte waren im Besitz von Verwandten von Julius Speier. Dazu schrieb sein Sohn Walter 1990 an die Verfasserin: "Mein Vater war eine der Familie gewogene Person, er gab Arbeitsstellen an die meisten seiner Verwandten, die nicht Partner waren. Das mag beigetragen haben zum ständigen Wachstum seiner Firma."[55]

Über die weitere Entwicklung ist im Hanauer Anzeiger zu lesen: "Durch den Krieg (1914 - 1918) erlitt die Entwicklung der Firma Speier eine jähe Unterbrechung, Warenmangel, Schwierigkeiten in der Belieferung, dies waren die Ursachen für die Schließung einer ganzen Reihe von Zweiggeschäften. Außerdem mußten auch durch die Abtretung von Elsaß-Lothringen Zweiggeschäfte liquidiert werden. Auch in der Nachkriegszeit, insbesondere in der Inflation, war mit unendlichen Schwierigkeiten zu kämpfen.
Im Jahre 1923 wurde die offene Handelsgesellschaft in eine Aktiengesellschaft umgewandelt, was sich für das Unternehmen als sehr erfolgreich erwies. Der Gründer Julius Speier starb leider 1/2 Jahr nach der Umwandlung, am 9. November 1923. Der Vorstand der Aktiengesellschaft wurde gebildet aus Herrn Bernhard Speier und den beiden Söhnen des Gründers, Herrn Walter und Ernst Speier, die inzwischen in die Firma eingetreten waren. Herr Hermann Speier wurde Vorsitzender des Aufsichtsrates (* 1861 in Heldenbergen, + 1943 in London). (1932/33 ist Hermann Speier mit Adresse auf der Körnerwiese 15, Frankfurt, als Vorstandsmitglied der jüdischen Stiftung "Israelitisches Frauenheim Bad Nauheim" angegeben.[56])
Nicht nur die äußere Form, sondern auch der innere Geschäftsbetrieb wurde umgestaltet. Während seither das System von selbständigen Verkaufsstellen bestand, die nur unter einem gewissen Einfluß der Zentrale blieben, ging man nunmehr dazu über, den Geschäftsbetrieb gründlich zu rationalisieren und ein straff zentralisiertes Filialnetz auszubauen, was sich schon an der äußeren Aufmachung sämtlicher Speier-Geschäfte zeigt. Jedes Jahr, bis in die letzten Wochen hinein, wurden neue Filialen eröffnet und der Umsatz der Akt.-Ges. weist eine von Jahr zu Jahr steigende Erhöhung auf.
Auch die Zentrale in Frankfurt, deren Räume bald zu eng waren, wurde in ein ehemaliges Messehaus, Platz der Republik 45,

Die Gründer der zahlreichen Speier-Schuhgeschäfte stammten aus Heldenbergen. Werbemarke von Speiers Schuhwarenhaus 1910

verlegt und mit allen nur möglichen Hilfsmitteln der Büro- und Lagerorganisation ausgestattet. In hellen, weiten Räumen, die eine Gesamtfläche von zirka 3 000 Quadratmeter umfassen, findet man zahlreiche elektrische Buchungs- und Rechenmaschinen, u.a. eine Buchhaltungsmaschine mit 2 000 Buchungen pro Tag, eine Kreistransportanlage am endlosen Band, die es ermöglicht, stündlich zirka 4 000 Paar Schuhe zu transportieren. Eine vielköpfige Schar von Mitarbeitern ist unermüdlich tätig, die Arbeiten der Zentralverwaltung, des Zentraleinkaufs, der Zentralreklame, der Zentralstatistik usw. zu erledigen. In weiten Hallen sind ständig viele Hunderttausende Paar Schuhe aufgestapelt, die den Riesenbedarf der vielen Filialen zu decken haben.

Leider war es dem rührigen, unermüdlich tätigen Bernhard Speier nicht vergönnt, das 50jährige Jubiläum mitzuerleben. Er starb am 8. Februar 1929, so daß heute der Vorstand der J. Speier AG nur aus den Herren Walter und Ernst Speier besteht. Dem Aufsichtsrat gehören an als Vorsitzender der Bruder des Gründers, Herr Hermann Speier, ferner Sigmund Kahn, ein Freund und Vetter der Familie Speier, und die Witwe des Gründers, Frau Hilda Speier. Die Aktien der Gesellschaft befinden sich ausschließlich im Familienbesitz.

Zur Zeit unterhält die J. Speier AG ein ausgedehntes Filialnetz in vielen Städten Deutschlands, u.a. auch in Hanau, welches sich ständig erweitert und vergrößert. In 50jähriger Entwicklung wurde aus dem kleinen bescheidenen Laden eines der bedeutendsten Schuhunternehmen Deutschlands, welches weit über die Grenzen unseres Vaterlandes hinaus bekannt ist."[57] Soweit der Bericht im Hanauer Anzeiger zum 50jährigen Jubiläum der Speier Schuhgeschäfte im März 1930.

Durch die Herrschaft der Nationalsozialisten, die sofort mit einem massiven Boykott der jüdischen Geschäfte am 1. April 1933 einsetzte, mußten die mehr als 40 Speier Schuhgeschäfte hohe Umsatzeinbußen registrieren. So verloren die Speiers sehr schnell ihre führende Stellung. Der so gute Name der Firma war durch die Nazi-Maßnahmen in hohem Maße entwertet.

Unmittelbar nach der sogenannten Kristallnacht wurden Walter und Ernst Ludwig Speier am 13. November 1938 verhaftet. Sie wurden nur unter der Bedingung freigelassen, daß sie den Verkauf ihrer Firma nach den von der Gestapo festgesetzten Bedingungen vornehmen würden. Ihnen wurde angedroht, sie in ein Konzentrationslager zu verbringen, falls sie sich der "Arisierung" widersetzen würden. Die Ariseure erhielten das Unternehmen zu einem völlig lächerlichen Preis, der zudem nie an die Besitzer ausbezahlt wurde. Der Reichswirtschaftsminister in Wiesbaden genehmigte bereits am 2. Dezember 1938 den Verkauf an zwei Nazis, deren erste Namenssilbe den neuen Namen der Schuhgeschäfte "HAKO" ergab.[58] Das Versandgeschäft für Schuhe, das Speiers auch betrieben hatten, wurde eingestellt.

Die Söhne des Gründers der ehemals so erfolgreichen Schuh-

STADT-BLATT DER FRANKFURTER ZEITUNG JUBILÄUMSAUSGABE

Tradition und Neuzeit bei Speier AG

Wenn man heute 51 Jahre zurückdenkt, so ist das eine lange Zeit. Welche Entwicklung ist es aber erst, wenn man die Fortschritte der Kultur und der Technik in diesem Zeitraum berücksichtigt. Vor 50 Jahren gab es noch keine Autos, kein Telefon, kein Radio. Genau so primitiv waren auch die Verhältnisse im Schuhhandel, als Julius Speier am 26. März 1880, eben frisch aus Amerika zurückgekehrt — in der Hauptsache statt mit Kapital mit seinen amerikanischen Erfahrungen ausgerüstet —, zu Frankfurt a. M. in der Großen Friedberger Straße 31 seinen ersten, den heutigen Verhältnissen entsprechend winzig kleinen Schuhladen eröffnete.

Es war dies ein Wagnis zu einer Zeit, als fast jedermann nur mit der Hand gearbeitetes Schuhwerk trug. Durch seinen langjährigen Aufenthalt in Amerika hatte aber der Gründer Julius Speier die Erfahrung gemacht, daß man auch einwandfrei passende und qualitativ gute Schuhe fabrikmäßig herstellen kann. Und daß es möglich sein müßte, genau wie in Amerika auch in Deutschland weite Verbraucherkreise für den guten Fabrikschuh zu interessieren. Vom ersten Tage an war es deshalb in der neugegründeten Firma Speier Geschäftsprinzip, jedem Kunden trotz niedrigster Preise einen gutpassenden Qualitätsschuh zu verkaufen, der den Träger unbedingt zufriedenstellen mußte. Bevor er in den Verkauf kam, wurde daher jeder Schuh gründlichst auf Paßform und Qualität ausprobiert und untersucht. So wurde jeder Käufer, der einmal für den Speier-Schuh gewonnen war, zu einem treuen Stammkunden, und die neue Gründung führte gleich von Anfang an zu einem großen Erfolg.

Nach wenigen Jahren schon wurden weitere Geschäfte eröffnet, die den gleichen Speier-Gedanken — den Begriff des guten billigen Speier-Schuhes — in immer weitere Kreise trug.

Qualität, Paßform und Preiswürdigkeit der guten Speier-Schuhe, die Reellität der Geschäftsführung und nicht zuletzt Millionen zufriedener Kunden haben aus dem kleinen bescheidenen Laden des Jahres 1880 eines der bedeutendsten und größten deutschen Schuhunternehmen mit einem ausgedehnten Filialnetz in vielen Städten Deutschlands entstehen lassen.

Der jedes Jahr sich steigernde Umsatz und die ständigen Neueröffnungen von weiteren Filialen ermöglichten immer großzügigere Dispositionen und mithin immer billigere Verkaufspreise bei einer immer größer werdenden Auswahl.

Eine bahnbrechende Neuerung war die Einführung der besonders bequemen und ganz vorzüglich gearbeiteten Speier-Vernunf-Schuhe und -Stiefel, die vom ersten Tage an außerordentlichen Erfolg hatten und die noch heute eine von Jahr zu Jahr steigende Anhängerschaft haben, weil sie alle Ansprüche eines verwöhnten Fußes restlos erfüllen.

Auch heute, nach über 50 Jahren, gelten bei Speier noch die gleichen Grundideen des Gründers:

„Der schöne gute Speier-Schuh für billiges Geld"

Und für jeden einzelnen Speier-Schuh bürgt das Schuhunternehmen von Weltruf mit seinen Erfahrungen, seinen Spezialisten, mit der ganzen großen Verantwortlichkeit einer 50jährigen Tradition.

Bericht über die Speier-Schuhwarenhäuser in der Frankfurter Zeitung vom 29.10.1931

geschäftskette, Ernst und Walter Speier, flüchteten aus Deutschland zu Fuß über die Schweizer Grenze und konnten von dort später in die USA emigrieren.

In Amerika änderten sie die Schreibweise ihres Namens wegen der erleichterten englischen Aussprache in Speyer.

Nach dem Krieg erhielten Ernst und Walter die Firma zurück, allerdings in einem völlig entwerteten Zustand. Die Ariseure hatten der Firma mehr als 5 Millionen Reichsmark entnommen. 1951 konnte die Frankfurter Industrie- und Handelskammer berichten, daß "die frühere Firma J. Speier AG am 28. 7. 1951 in das hiesige Handelsregister eingetragen" wurde.[59] Ernst und Ludwig Speier beließen den Namen HAKO-Schuhe und verkauften die gesamte Kette nach einer Zeit an ein Schweizer Unternehmen.

Ernst Speier starb im Jahre 1989, sein Bruder Walter lebt in New York hochbetagt mit 92 Jahren.[60]

Im Jahre 1893 hatte Julius Speier um "Naturalisation als Unterthan im Großherzoglichen Hessen" gebeten.[61]

Er wollte sich wieder in seinem Geburtsort Heldenbergen ansässig machen. "Ich bin nun entschlossen, wieder dauernd in meinem ehemaligen Vaterland, dem Großherzogthum Hessen zu verbleiben."[62] Der Bürgermeister von Heldenbergen berichtete in dieser Angelegenheit: "Der Bittsteller heißt Isaak Speier, geboren zu Heldenbergen ... 39 Jahre alt ... noch ohne Familie. Das Vermögen, welches derselbe besitzt, beträgt mindestens 40 bis 50 000 Mark. Das Geschäft, welches derselbe betreibt und ist dasselbe als ein sehr gutes und einträgliches zu bezeichnen. Derselbe ist in jeder Beziehung sowohl in moralischer als auch in politischer Hinsicht eine achtungswerte Persönlichkeit und halten wir es in Heldenbergen für gut, wenn wir eine solche Persönlichkeit als Bürger und Bewohner hierher bekämen. Aufgrund obiger Ausführungen ersuchen wir Großherzogliches Kreisamt, es wolle gefälligst veranlassen, daß dem Kaufmann Isaak Speier die Naturaliationsurkunde erteilt werde."[63]

Die hessische Staatsangehörigkeit war ihm erteilt worden[64]; ob sich Julius Speier tatsächlich in Heldenbergen ansässig machte, ist nicht bekannt. Möglicherweise änderten sich seine Pläne. 1898 heiratete er seine Stiefnichte[65] Hilde Kaufmann (* 18. 4. 1873 in Gambach), die Söhne Walter (* 1899) und Ernst (* 1900) wurden in Frankfurt geboren, wo die Familie in der Gervinusstraße 18 lebte. Mit ihren Verwandten in Heldenbergen waren sie in Verbindung.[66]

Die Grabstätte der aus Heldenbergen stammenden Gründer der "Speier-Schuhwarenhäuser", Julius und Bernhard Speier, auf dem Frankfurter jüdischen Friedhof in der Rat-Beil-Straße

Auf dem jüdischen Friedhof Rat-Beil-Straße befindet sich in schwarzem Marmor eine prachtvolle Grabanlage des Gründers des Speier-Unternehmens Julius und seines Bruders Bernhard Speier, die noch den Glanz dieses einstmals so bedeutenden Familienunternehmens erstrahlen läßt. Auch der Name der Ehefrau Hilda Speier, die bis 1958 in New York lebte, ist dort eingraviert.

Nach nunmehr fünf Jahrzehnten gibt es wieder eine Firmentätigkeit eines Enkels des Gründers der Schuhspeier-Geschäfte in Frankfurt, dessen Familie ehemals in Heldenbergen gelebt hatte. Jerry Speyer, der Sohn von Ernst Speyer, ist der Präsident der Tishmann Speyer Properties, der Gesellschaft, die den Frankfurter Messeturm baute. Dieses mit 256 Meter höchste Bürogebäude Europas ist auch von Heldenbergen aus gut zu sehen.

Zum Schicksal des Teilhabers Moritz Speier ist folgendes nachzutragen:

Auch er wurde in Heldenbergen geboren und zwar am 21. 11. 1865 als ein Cousin von Julius (Isaak) Speier. Durch die Heirat mit dessen Schwester Malchen Lina Speier (* 1864 in Heldenbergen) wurde er auch der Schwager von Julius Speier. Der Sohn Leon fiel im Ersten Weltkrieg an der Marne. Im Jahre 1925 schied Moritz Speier aus der Führung der Firma aus.

Im Jahre 1942 lebte er im jüdischen Altersheim in Frankfurt in der Gagernstraße. Von dort wurde er im August 1942 in das Ghetto Theresienstadt verschleppt, wo er im Alter von 77 Jahren zwei Monate später am 18. Oktober 1942 starb.

Jüdische Auswanderung nach Amerika im 19. Jahrhundert

In der zweiten Hälfte des letzten Jahrhunderts wanderten zahlreiche Heldenberger Juden - Männer und Frauen meist jüngeren Alters - nach Nordamrika aus. Folgende jüdischen Auswanderer aus Heldenbergen sind namentlich bekannt:[67]

L. Rotschild (vermutlich Liebmann Rothschild * 1847) wanderte im Alter von 17 Jahren 1863 als "Comis" nach Amerika aus.[67a]

Baruch Kaichen (* 1850) wanderte mit 19 Jahren im Jahre 1869 nach Amerika aus.[68]

Moses Mayer (* 1849) wanderte 1869 noch vor seiner Volljährigkeit in den amerikanischen Staat Georgia aus. Nach fünfjährigem Aufenthalt wurde er dort eingebürgert, dazu mußte er allen fremden Verpflichtungen absagen, besonders gegenüber Wilhelm, Kaiser von Deutschland. Er mußte schwören, die Regierung der Vereinigten Staaten von Amerika zu unterstützen und auch die Verfassung des Staates Georgia zu verteidigen. Aus unbekannten Gründen kehrte Moses Mayer nach einiger Zeit, vor dem Oktober 1876, in seine Heimat zurück. Wegen der Entziehung vom zweijährigen Militärdienst wurde er zu einer Strafe von 15 Talern verurteilt. 1884 heiratete er in Heldenbergen und wurde Vater von zwei Kindern.[69]

Moses Rothschild wanderte im Alter von 15 Jahren 1865 nach Amerika aus.[70]

Samuel Rothschild (* 1814) wanderte um 1850 nach Amerika aus und lebte als Kaufmann eines Leder- und Malerbetriebes in New York City. 1864 wurde er amerikanischer Staatsbürger. 1875 starb er, sein Grab befindet sich auf dem Cypress Hills Cemetery in Brooklyn, New York. Der Grabstein weist auch den Namen seines Geburtsortes Heldenbergen auf.[70a]

Wolf Rothschild (* 1849) entschloß sich mit 18 Jahren zur Auswanderung nach Amerika, um "mich dort niederzulassen und in Gemeinschaft mit meinen dort anwesenden Brüdern, ein Geschäft zu gründen."[71]

Hannchen Rothschild geborene Scheuer (* 1838), Ehefrau des David Rothschild III., beschloß 1870 im Alter von 32 Jahren, als "Spezereikrämerin" mit ihren vier Kindern **Moritz** (10 Jahre), **Isaak** (8 Jahre), **Sophia** (5 Jahre), und **Sara** (3 Jahre) nach Amerika auszuwandern. Als Grund gab sie an: "Um mich zu meinem Mann zu begeben, welcher mich heimlich verlassen hat." Als Vermögen gab sie 3 000 fl. an. David Rothschild III. war 1823 in Heldenbergen geboren und in dritter Ehe mit Hannchen Scheuer verheiratet.

Theo Schatzmann (* 1883) wanderte im Jahre 1907 nach Amerika aus.[72]

Carolina Scheuer (* 1840) wanderte als Ledige 1866 im Alter von 25 Jahren nach Amerika aus.[73]

Jettchen Scheuer (* 1839), Dienstmädchen, beabsichtigte im Jahre 1860, mit 20 Jahren nach Amerika auszuwandern, den Auswanderungsantrag begründete sie so: "Meine Eltern sind schon lange tot, meine zwei noch lebenden Geschwister sind bereits schon längere Zeit in Amerika, zu welchen ich mich begeben will. Der Vormund Seligmann Scheuer II. dahier hat zu dieser beabsichtigten Auswanderung seine Zustimmung gegeben."[74] **Simon Scheuer** (* 1835) und eine Schwester (* 1837), waren schon viele Jahre vor 1869 nach Amerika ausgewandert.[74a]

Hermann Scheuer (* 1848) wollte im Alter von 15 1/2 Jahren im Jahr 1864 nach Nordamerika auswandern. Als Grund gab er an, "mich dort niederzulassen und mein Geschäft noch gehörig zu erlernen."[75]

Josef Scheuer (* 1821) und seiner Frau gehörte 1856 das Haus in der Bahnhofstraße 7, über ihn heißt es im Dorf- und Hausbuch Heldenbergen: "... ging durch nach Amerika und ließ Frau und Kinder sitzen."[76]

Johanna Scheuer (* 1868) wollte im Jahre 1891 zu ihrer Schwester nach Amerika, "die für mein weiteres Fortkommen besorgt sein wird."[77]

Elise Sichel (* 1846) kam als junges Mädchen nach Amerika, lebte in Cumberland (MD), heiratete den Lehrer Aron Oppenheimer. Elises Mann starb noch vor der Geburt des 1. Kindes 1871. Elise war dann geschäftlich in Baltimore tätig, heiratet in 2. Ehe einen Stoessels aus Prag. 1902 starb sie im Alter von 56 Jahren in Baltimore.[78]

Carolina Speier (* 1841) wanderte im Alter von 19 Jahren im Jahre 1860 nach Amerika aus.[79]

Henoch Speier (* 1851) gab als Beruf Lehrling und sein Vermögen mit nichts an. Er wollte nach Amerika auswandern, "daß er sich dort ausbilden kann und wenn dies geschehen, dort sein Geschäft zu betreiben".[80] Er war ein Halbbruder von Isaak Speier.

Issac Speier wanderte im Alter von 14 Jahren als "Handelsmann" im Jahre 1865 nach Amerika aus.[81]

Isaak Speier (* 1854) wanderte 1871 im Alter von 17 Jahren nach Amerika aus. Ein Onkel besorgte ihm eine Stelle dort. Er wurde Staatsbürger im Staate Wisconsin, 1880 kehrte er nach Deutschland zurück und gründete die Speier-Schuh-Geschäfte.

Jacob Speier (* 1839) wanderte mit 26 Jahren als "Handelsmann" nach Amerika aus.[82] Seine Schwester Carolina war bereits 5 Jahre zuvor ausgewandert.

Abraham Stein (* 1857) beabsichtigte 1874 im Alter von 16 1/3 Jahren, nach Amerika auszuwandern, um "mich dort in meinem Geschäft noch tüchtiger auszubilden."[83]

Isaak Steinheimer (* 1860) beschloß im Jahre 1882 mit 21 Jahren auszuwandern, weil "mich mein Geschäft als Metzgerbursche nicht ernähren kann."[84]

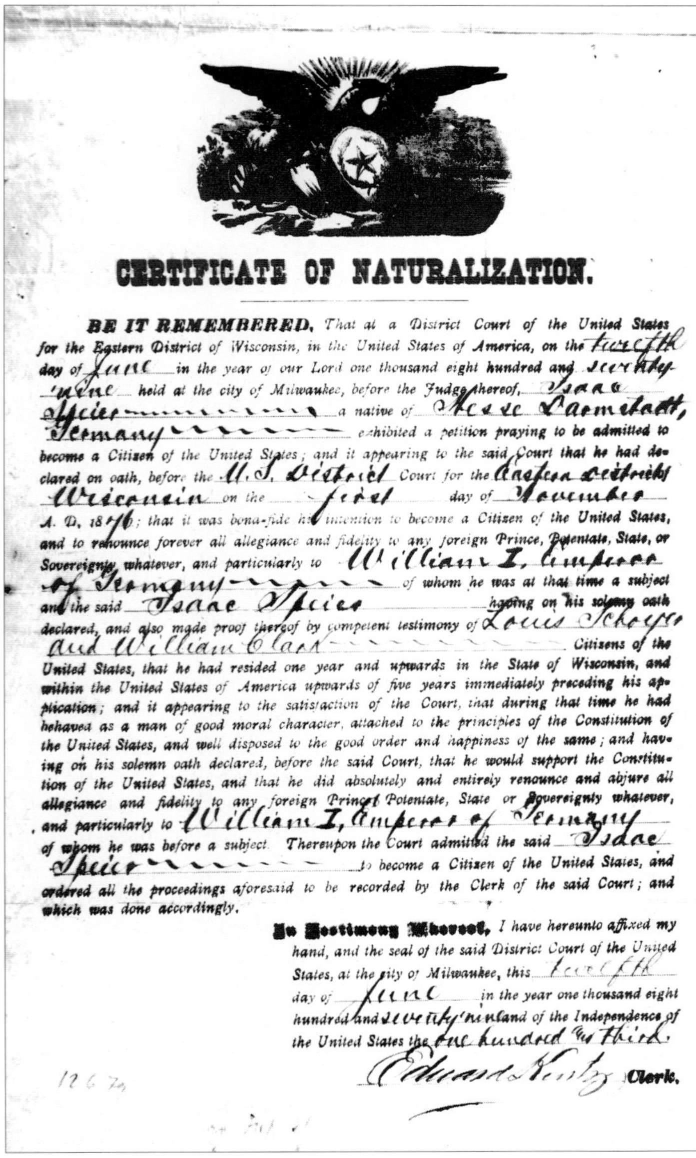

CERTIFICATE OF NATURALIZATION.

BE IT REMEMBERED, That at a District Court of the United States for the Eastern District of Wisconsin, in the United States of America, on the twelfth day of June in the year of our Lord one thousand eight hundred and seventy-nine held at the city of Milwaukee, before the Judge thereof, Isaac Speier a native of Hesse Darmstadt, Germany exhibited a petition praying to be admitted to become a Citizen of the United States; and it appearing to the said Court that he had declared on oath, before the U. S. District Court for the Eastern District of Wisconsin on the first day of November A. D. 1876; that it was bona-fide his intention to become a Citizen of the United States, and to renounce forever all allegiance and fidelity to any foreign Prince, Potentate, State, or Sovereignty whatever, and particularly to William I, Emperor of Germany of whom he was at that time a subject and the said Isaac Speier having on his solemn oath declared, and also made proof thereof by competent testimony of Louis Schoyer and William Clark Citizens of the United States, that he had resided one year and upwards in the State of Wisconsin, and within the United States of America upwards of five years immediately preceding his application; and it appearing to the satisfaction of the Court, that during that time he had behaved as a man of good moral character, attached to the principles of the Constitution of the United States, and well disposed to the good order and happiness of the same; and having on his solemn oath declared, before the said Court, that he would support the Constitution of the United States, and that he did absolutely and entirely renounce and abjure all allegiance and fidelity to any foreign Prince, Potentate, State or Sovereignty whatever, and particularly to William I, Emperor of Germany of whom he was before a subject. Thereupon the Court admitted the said Isaac Speier to become a Citizen of the United States, and ordered all the proceedings aforesaid to be recorded by the Clerk of the said Court; and which was done accordingly.

In Testimony Whereof, I have hereunto affixed my hand, and the seal of the said District Court of the United States, at the city of Milwaukee, this twelfth day of June in the year one thousand eight hundred and seventy-nine and of the Independence of the United States the one hundred and third.

Edward Kurtz Clerk.

Einbürgerungsurkunde von Isaac Speier im amerikanischen Bundesstaat Wisconsin aus dem Jahre 1876

Blümchen Stern (* 1822) wurde 1861 als Ehefrau von Jakob Kahn in Amerika genannt. Seit wann sie dort lebte, ist unbekannt.

Johannette Stern (* 1825), die Schwester, wurde 1861 als Ehefrau von Bernhard Blumental in Amerika genannt.[85]

Sara Stern (* 1827), die Schwester, gab 1864 als Grund für ihre Auswanderung nach Amerika an: "Ich habe zwei Geschwister in Amerika, welche ich besuchen will." Als Beruf gab sie Dienstmädchen an, sie war 35 Jahre und hatte 100 fl. Vermögen.[86]

Abraham Stern (* 1828), dem seit 1843 das Haus in der heutigen Mittelstraße 19 gehörte, wanderte 1868 nach Amerika aus.[87] Er war ein Cousin der Stern-Schwestern. Seit 1857 war er verheiratet mit Fanny Kahn aus Ranstadt und hatte sechs Kinder. Als er 1910 in Queens in New York starb, wurde zur Erinnerung an seinen Heimatort auch der Name Heldenbergen auf den Grabstein geschrieben.[88]

Aron Strauß (* 1819) und seine Frau Regine Schiff (* 1812 in Kaichen) wanderten im Jahre 1848 mit ihren beiden kleinen Kindern Johanna (* 1845) und Rosina (* 1846), nachdem ein Brand in ihrem Haus ausgebrochen war, nach Amerika aus. Die Reise finanzierten sie vermutlich mit dem Geld, das die Brandversicherung erstattet hatte. Sie lebten bis 1903 in New York City, acht Jahre lang hatten sie im Staate Connecticut gelebt.[89]

Die jüdische Gemeinde Heldenbergen

Die Synagoge

Die "Judenschul nach der Straupelgaß"

Einen ersten Hinweis auf eine Synagoge der Juden von Heldenbergen gibt es 1772, es ist die Rede von der "Judenschul nach der Straupelgaß - breit an der Judenschul hinaus - an der Gemeinen Gaß Abraham Dotteres Haus".[1)]

Damit war das Haus 139 im spitzen Winkel gemeint, wo die Judengasse (heute oberer Teil der Bahnhofstraße in Richtung Kirche) und die Straubelgasse aufeinandertreffen - heute freier Platz vor dem Hause Höhmann.

Seit wann es den Heldenberger Juden gestattet war, eine eigene Synagoge zu haben, ist nicht bekannt.

Die Einstellung der Burgmannen zur Frage zur Genehmigung von Synagogen änderte sich: Im Jahre 1668 verkündete der Konvent der Friedberger Burgmannen, "die Judensynagogen nirgend in der kaiserlichen Burg Territorio zu dulden." Als im Jahre 1687 die Juden des Freigerichts beim Burgregiment "um Aufrichtung einer synagog und Schul oder wenigstens einer solennen Zusammenkunft" nachsuchten, wurde ihnen dieser Wunsch "absolute abgeschlagen und nicht verstattet".[2)]

Der Konvent vom 4. September 1739 beschloß nach reiflicher Überlegung, die Bitte der gesamten Judenschaft im Freigericht "um Verstattung einiger Synagogen" zu genehmigen und "die nachgesuchte Schulen zu verwilligen". Die Juden hatten dafür jährlich 30 Gulden an die Rente zu bezahlen, durften diese privaten Schulen nur an Nebenorten und ohne geringstes Ärgernis führen und bei Strafe keinen fremden, unbekannten und vagabundierenden Juden unter diesem Vorwand ins Land führen. Die in den Schulen fallenden Strafen waren zur Hälfte an die Burg abzuführen, auch mußten darüber jährliche Register eingebracht werden.[3)]

Möglicherweise wurde aufgrund dieses Beschluses auch eine Synagoge in Heldenbergen eingerichtet. Es ist anzunehmen, daß vorher die Heldenberger Juden die Synagoge im benachbarten Windecken, die seit dem Jahre 1603 wiedereröffnet war, besuchten.

1803 gab die jüdische Gemeinde Heldenbergen an, daß "die Heldenberger Juden ... in Ermangelung einer Synagoge die in Windecken besuchen ...".[4)]

Folgende Hinweise liegen noch vor:

1803 liehen die Stifts-Baumeister (Rechner) Salomon Jacob, Sußmann Hirsch und sämtliche Mitglieder des Juden-Stifts zu Heldenbergen zur Anschaffung neuer "Zehn Gebote" (damit dürfte eine Thorarolle gemeint sein) ein Kapital von 150 fl. bei Michael Speilmann zu Windecken und verbürgen sich "in soludum".[5)]

1811 war die Judenschule Haus Nr. 139 in der Brandkasse mit 1 000 fl eingesetzt.[6)]

1828 wird ein Badehaus erwähnt, das zusammen mit der Synagoge auf 2 850 fl. geschätzt ist. Es waren noch 1 600 fl. darauf zu zahlen.[7)]

Nach dem Bau einer Synagoge in der Judengasse im Jahre 1836 verkaufte die jüdische Gemeinde Heldenbergen das Gebäude, in dem sich die alte Synagoge befunden hatte, im Jahre 1857 an Karl Ludwig Schwarz aus Hanau. Das Haus wurde dann abgerissen und die politische Gemeinde Heldenbergen übernahm den freien Platz. Heute führt dort die Straße zum Bahnhof entlang.[8)]

Im Jahre 1832 wurde vom Kreisamt Vilbel vorgeschlagen, die beiden jüdischen Gemeinden Heldenbergen und Büdesheim zu vereinigen. Die israelitische Gemeinde Heldenbergen lehnte diesen Vorschlag ab.[9)] Als Filialgemeinde war der Heldenberger Gemeinde Kaichen angeschlossen, wo nur einige jüdische Familien lebten.

Die Synagoge von Heldenbergen - 1836

Die jüdische Gemeinde Heldenbergen entschloß sich, im Zuge der ständigen Vergrößerung der jüdischen Gemeinde ein neues Gotteshaus zu bauen. Sie erwarb dazu ein Stück Gartenland, das etwas zurückgelegen - 50 Schritte, wie die alten Vorschriften besagten - abgeschieden von dem Leben des Alltags von der Judengasse aus zugänglich war und so nur wenige Schritte vom Ort der alten Judenschule entfernt lag. Die Synagoge wurde im Jahre 1836 gebaut.[10)] Die Bezeichnung der Grundstücke lautete: "Flur I Nr. 500 Hofraite-Synagoge Bahnhofstraße 8 Das Ort 403 qm" und Flur I Nr. 501 Grabgarten das Ort 122 qm".[11)] Ein Gemälde von 1872 zeigt in einer Ansicht Heldenbergens auch die Synagoge, erkennbar an dem hochgezogenen Halbbogenfenster (Bild S. 313).

Die Synagoge lag etwa 30 Meter zurück von der Judengasse, später Bahnhofstraße, und war durch einen meterbreit gepflasterten Weg zu erreichen. Nach etwa 15 Metern verschloß ein Holztor in Augenhöhe den Bereich der Synagoge und des Badehauses, dessen Längsseite man passierte, bevor man auf das querliegende Synagogengebäude zutrat. Die Heldenberger Synagoge war ein festes, aus Ziegelsteinen erbautes, verputztes

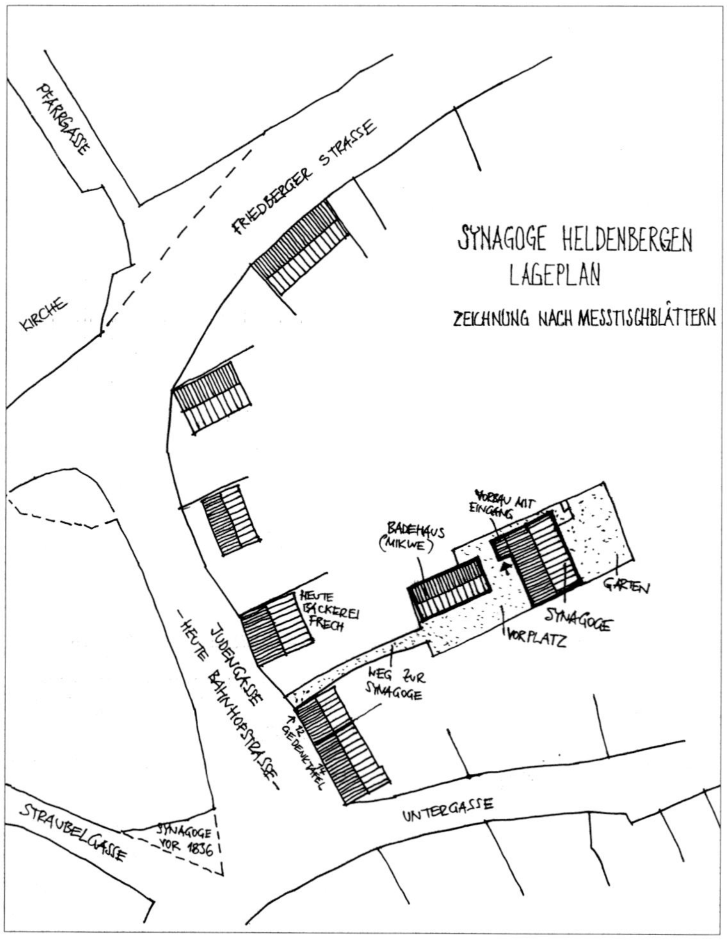

Lage der Synagoge Heldenbergen, gezeichnet nach alten Meßtischblättern von Wolf Pannitschka

Gebäude mit einem Sockel aus Bruchsteinen. In einem einstöckigen Vorbau führte eine Treppe hoch zum Eingang der Frauenempore. Unter dieser Treppe befanden sich zwei gußeiserne Waschbecken.

Für die Männer führte ebenerdig vom Vorbau aus eine hölzerne Flügeltüre in den Innenraum der Synagoge. Drei hohe Fenster aus kleinteiligen, länglichen Butzenglasscheiben auf jeder Längsseite gaben dem Innenraum Licht. Der Fußboden bestand aus großen roten Sandsteinplatten. In der Mitte des Synagogenraumes stand das Lesepult (Almemor), aus grünen Steinen gefertigt. Von dort erfolgte die Lesung aus der Thorarolle. Reich verzierte Decken aus Samt wurden auf dieses Pult aufgelegt. Darüber hing ein großer Leuchter.

In der Mitte der Ostwand der Synagoge stand zwei Stufen erhöht der Thoraschrein (Aron Hakodesch), ein zweiflügeliger Schrank, in einer Ausnischung der Wand eingelassen. Hier wurden die Thorarollen aufbewahrt. Der Reichtum einer Gemeinde und auch die Wertschätzung des religiösen Lebens einer Gemeinde konnte an der Anzahl der Thorarollen festgemacht werden. So hatte die Gemeinde in Heldenbergen 13 Thorarollen.[12)] Eine kleine Sefer Thora hatte Samuel Mayer gestiftet. Sie wurde während der Trauerwoche montags und donnerstags zum Gottesdienst in das jeweilige Trauerhaus gebracht. Isaac Haas erhielt diese Thorarolle bei seiner Auswanderung nach Amerika im Februar 1940 als Geschenk der Gemeinde. Heute befindet sie sich in einer Synagoge in Columbus /Ohio.

Vor dem Thoraschrein hing der Thoravorhang (Parochet), der ebenso wie der Thoraschrein reichlich ausgestattet und verziert war. Diesen Thoraschrein mit einem reich verzierten Thoravorhang zeigt auch das einzige erhaltene Bild der Synagoge von Heldenbergen. Dieser Vorhang aus rotem Samt mit Goldstickereien und 24 Brillianten auf der Löwenkrone wurde nach einer schweren Operation von Simon Schatzmann als Dank etwa um die Jahrhundertwende für die Heldenberger Synagoge gestiftet. Die Übersetzung der eingestickten hebräischen Inschrift lautet: "Ein Geschenk für die Synagoge an den Schöpfer für Heilung von Schimon Sohn von Eliezer Schatzmann nachdem er vom Krankenbett aufgestanden und von Henriette Tochter von Shmuel Mäyer", nun folgte ein Zitat aus den Psalmen: "Ich will fernhalten alle Krankheiten von Deiner Mitte." Dazu passend waren noch zwei Decken für das Vorbeterpult und den Almemor in der Mitte des Synagogenraumes. Seitlich des Thoraschreins befand sich das Vorbeterpult, von dort wurden die Gebete vorgetragen.

In der Synagoge befanden sich im unteren Bereich 62 Männerplätze auf Holzbänken. Jedes männliche Gemeindemitglied hatte hier seinen festen Platz, je nach Besteuerung innerhalb der Gemeinde. Die Holzbänke hatten verschließbare Gefache für die Gebetbücher mit den Alltagsgebeten (Siddurim) und für die Festtage (Machsorim) und die anderen Gebetsutensilien wie den Gebetsmantel (Tallit - ein großes weißes Tuch mit Querstreifen und Fransen), die Gebetsriemen (Teffilin) und den Pentateuch, die fünf Bücher Moses. Die Bänke wie der Thoraschrein waren nach Osten ausgerichtet, der Gebetsrichtung der Juden in Erinnerung an den Tempel in Jerusalem.

Die Synagoge von Heldenbergen. Die Mikwe, das rituelle Bad, befand sich in dem Fachwerkhaus. Rekonstruktionszeichnung von Wolf Pannitschka

Blick in das Innere der Heldenberger Synagoge.

Die Frauenempore hatte 35 Plätze und befand sich im oberen Bereich des Synagogenraumes, abgetrennt mit einem Holzgitter. Die Frauenempore ruhte auf zwei Säulen, die frei im Innenraum der Synagoge standen. Am Wochenfest Schawuot wurden diese Säulen mit Hopfen geschmückt. Von der Frauenempore aus nahmen die Frauen, getrennt von den Männern, am Gottesdienst teil. Sie hatten dort keine aktive Funktion in dem äußerlich wahrnehmbaren Ablauf des Gottesdienstes, verharrten sitzend oder stehend auf dem Platz und verrichteten ihre Gebete dort. Die Frauen besuchten in der Regel die Synagoge nur an den hohen Feiertagen. Wie bei den Männern gab es eine feste Sitzordnung, die jedes Jahr neu festgelegt wurde. Klara Scheuer berichtete: "Meine Mutter Lea Scheuer und Tante Henriette Schatzmann haben in der ersten Reihe gesessen. Die Synagogensteuer beinhaltete auch die Plätze in der Synagoge. Wer hoch besteuert war, wie die Familien Strauß und Ballin und wir, saß vorn bei den Männern und bei den Frauen."[12a)]

"Wir hatten eine sehr schöne Synagoge und einen ehrwürdigen Gottesdienst", urteilte Samuel Scheuer 1965.[12b)] Der Gottesdienst fand noch bis in die dreißiger Jahre hinein täglich statt, am Schabbat gab es drei Gottesdienste. Somit führte die jüdische Gemeinde Heldenbergen ein recht intensives religiöses Leben.

Die Heldenberger Gemeinde besaß mehrere Thoraschreinvorhänge, 17 Thoramäntel aus Seide und Samt, drei silberne Thorakronen mit Schellen, zwei Thoraschilder aus getriebenem Silber mit reicher Ziselierarbeit und einen silbernen Weinbecher, einen siebenarmigen Leuchter aus Messing, einen Thorazeiger aus schwerem Silber und reich verziert in Form eines Armes mit ausgestrecktem Finger, 100 handbemalte Wimpel, acht Decken für das Vorlesepult, einen Chanukkaleuchter aus Bronze, ein Priesterwaschbecken mit Kanne aus Silber, eine silberne Etrogbüchse für das Laubhüttenfest, zwei Schofarhörner (Widderhörner), die am jüdischen Neujahrsfest in der Synagoge geblasen wurden, eine Hawdallahgarnitur für die Schabbatfeier und einen Jahrzeitleuchter.

In der Synagoge Heldenbergen befand sich auch eine Gedenktafel für die drei Kriegsgefallenen des Ersten Weltkrieges, die die Gemeinde zu beklagen hatte. Sie war vom israelitischen Soldatenverein gestiftet worden.[13)]

Synagogenordnung für den Kreis Friedberg.

Friedberg den 10. Februar 1840.

Seitherige vielfache, jedoch nur von Einzelnen herrührende Störungen des israelitischen Gottesdienstes, von der Mehrheit der israelitischen Glaubensgenossen mißbilligt, haben die Veranlassung zur Erlassung dieser Vorschriften gegeben, welche den Zweck haben, die der Würde der öffentlichen Gottesverehrung widerstreitende Ungebühr zu verbannen und etwaige Uebertretungen zu ahnden.

§. 1. Den Gliedern des israelitischen Gemeindevorstandes, vorzugsweise aber dem Dirigenten desselben, oder demjenigen, welchem dieß Geschäft besonders übertragen worden, liegt es ob, in der Synagoge auf die Würde der Gottesverehrung und der Ausübung derselben zu achten.

§. 2. Jeder die Synagoge Besuchende ist schuldig, den Anordnungen des Vorstandes augenblicklich Folge zu leisten, es bleibt ihm aber unbenommen, später deßhalb Beschwerde oder Klage zu erheben.

§. 3. Der öffentliche Gottesdienst in der Synanoge findet in der hierzu bestimmten, oder von dem Vorstande zu bestimmende Zeit statt. Außerhalb der Synagoge sind jedoch alle und jede Gebetversammlungen untersagt und nur folgende Fälle machen hiervon eine Ausnahme: a) bei Sterbfällen diejenigen Gebetversammlungen, welche gewöhnlich in den ersten sieben Trauertagen in dem Sterbehause stattfinden; b) die Gebetversammlungen, zu welchen der Vorstand die besondere Erlaubniß ertheilen wird.

§. 4. Den die Synagoge besuchenden Fremden sind angemessene Plätze anzuweisen, und es hat der Vorstand dafür zu sorgen, daß denselben keine Unbilden zugefügt werden.

§. 5. Die Stände in der Synagoge, sie mögen eigenthümliche oder leihweise benutzte seyn, sind durch Vertrag, Herkommen rc. bestimmt, und es ist Niemanden erlaubt, willkührliche Aenderungen in dieser Beziehung vorzunehmen, wohin auch zu rechnen ist, wenn sich ein Individuum auf einen vacanten, ihm nicht zugehörenden Stand begibt, oder, ohne dazu berufen zu seyn, eine andere Stelle in der Synagoge einnimmt.

§. 6. Alles laute resp. störende Reden, Herumgehen, sowie jedes sonstige unangemessene Benehmen, es mag dasselbe Namen haben wie es will, ist während der Dauer des Gottesdienstes, sowie überhaupt in der Synagoge und beim Ein- nnd Ausgange untersagt, und es wird hierbei empfohlen, zu gehöriger Zeit, d. h. vor Anfang des Gottesdienstes, zu erscheinen und erst nach dessen Schluß wegzugehen. Der Vorstand hat auch die Befugniß, die Synagoge während des Gottesdienstes verschließen zu lassen.

§. 7. Nur der Vorbeter oder derjenige, welchem dieß der Vorstand erlaubt hat, darf laut Gebete hersagen und es darf denselben Niemand (auch nicht durch lautes Mitbeten) unterbrechen, er müßte denn hierzu von dem Vorstande die Ermächtigung erhalten haben.

§. 8. Jeder die Synagoge Besuchende hat in reinlicher, seinen Verhältnissen angemessener Kleidung zu erscheinen, und es haben sich die Verheiratheten immer und die Unverheiratheten mindestens dann, wenn sie zur Thora auftreten, eines Hutes als Kopfbedeckung zu bedienen.

Am Neujahr- und Versöhnungsfeste ist es jedoch ausnahmsweise verstattet, in der herkömmlichen besonderen Kleidung und Kopfbedeckung in der Synagoge zu erscheinen.

§. 9 Kinder weiblichen Geschlechtes, jedoch nicht unter 5 Jahren, können nur in die Frauenschule kommen. Kinder männlichen Geschlechtes, über 5 Jahre alt, dürfen in die Synagoge mitgenommen werden, sie sind aber von ihren Eltern oder Vormündern unter Aufsicht zu halten und es sind diese für die Ruhe und das gute Betragen der mitgebrachten Kinder verantwortlich.

§. 10. Vorkommende unbedeutende Verstöße gegen die vorgeschriebene Ordnung wird der Vorstand entweder selbst durch Abmahnung oder mittelst Verwarnung durch den Synagogendiener zu beseitigen sich bemühen. Bei beharrlichem Ungehorsam oder in bedeutenderen Fällen aber wird er die Ungebühr bei Großh. Kreisrathe zur Anzeige bringen. Es sollen alsdann dergleichen Zuwiderhandlungen mit polizeigerichtlichen Strafen von 10 kr. bis 5 fl. belegt werden, welche im Falle der Zahlungsunfähigkeit mit Gefängniß abzubüßen sind und zwar der Art, daß 1 fl. Strafe 24 Stunden Amtsgefängniß gleichsteht. Das Gericht kann jedoch auch eine höhere Strafe erkennen, wenn es dieselbe für begrüudet erachtet, weil diese Uebertretungen andere Vergehen in sich begreifen.

Diese höchsten Orts genehmigte Synagogenordnung ist öffeutlich und den israelitischen Gemeinden noch besonders zu publiciren und in Vollziehung zu bringen.

Küchler.

1840 wurde von staatlicher Seite eine Synagogenordnung für den Kreis Friedberg erlassen.

Synagogenordnung

Eine Synagogenordnung für den Kreis Friedberg wurde von staatlicher Seite 1840 erlassen und hatte damit auch für die Synagoge Heldenbergen Gültigkeit. Ziel dieser Verordnung war, die Eigentümlichkeiten des synagogalen Gottesdienstes zu beseitigen. Jahrhundertelang war die Synagoge in einer häufig feindlich gesinnten Umwelt das Zentrum des jüdischen sozialen Lebens. Sie war neben der Familie die einzige Stätte, die den Juden ein Gefühle der Geborgenheit vermittelte und ihnen die Kraft gab, die häufigen Diskriminierungen ertragen zu können. In der Synagoge konnten sich die Juden aussprechen und frei bewegen, und nicht selten sind in der Synagoge wichtige Entscheidungen gefällt oder gar Geschäfte abgewickelt worden. Dieses ungezwungene Benehmen in der Synagoge ist den Nichtjuden stets fremdartig erschienen, da in dem jüdischen Gotteshaus keine Stille und Ruhe herrschte wie in einer christlichen Kirche. Aus diesem Zusammenhang stammt auch die abfällige Redensart der christlichen Umwelt: "Hier geht es zu wie in der Judenschule."[14)]

Diese lebendigen Eigenheiten des jüdischen Gottesdienstes abzuschaffen, darauf zielte vor allem der § 6 der erlassenen Synagogenordnung: "Alles laute resp. störende Reden, Herumgehen, sowie jedes sonstige unangemessene Benehmen, es mag dasselbe Namen haben wie es will, ist während der Dauer des Gottesdienstes, sowie überhaupt in der Synagoge und beim Ein- und Ausgange untersagt, und es wird hierbei empfohlen, zu gehöriger Zeit, d.h. vor Anfang des Gottesdienstes, zu erscheinen, und erst nach dessen Schluß wegzugehen. Der Vorstand hat auch die Befugniß, die Synagoge während des Gottesdienstes verschließen zu lassen."[15)]

Platz vor der Synagoge

Vor der Heldenberger Synagoge befand sich ein kleiner Festplatz, der bei verschiedenen Anlässen wie Hochzeiten genutzt wurde. Auf diesem Platz wurde auch im Herbst zum Laubhüttenfest die Laubhütte aufgebaut.

Die Mikwe - das rituelle Bad

Nahe der Synagoge wurde 1836 im gleichen Jahr wie die neue Synagoge das Badehaus für die jüdische Gemeinde errichtet. Zur Eingangstüre führten mehrere Treppenstufen. Beim Eingang befand sich links ein Raum, wo das Totenbrett, ein Kupferkessel und ein Tisch waren. Hier wurden die Toten der jüdischen Gemeinde gewaschen und zur Beerdigung vorbereitet.

Auf der rechten Seite des Eingangs befand sich noch ein Raum, der als Schulraum benutzt wurde und in dem um 1930 auch einige Zeit Sußmann Traub lebte.

Im unteren Teil des Hauses befand sich die Mikwe, das rituelle Bad. Dieses suchten die jüdischen Frauen als rituelle Reinigungsstätte einmal im Monat nach der Monatsblutung und vor ihrer Hochzeit oder nach der Geburt eines Kindes auf. Klara Scheuer erinnerte sich: "Die Mikwe war ein kleines Haus neben der Synagoge, man ist innen einige Treppen hinuntergegangen, dort zog man sich aus, gewaschen hatten wir uns ja vorher zu Hause. Die Mikwe war ein längliches Becken, man ging da etwa 7 bis 8 Stufen zu dem Becken hinunter und ging hinein. Man mußte ganz untertauchen. Es war ein Ofen dort, eine Frau machte Wasser warm und schüttete es zu dem Wasser der Mikwe. Wir mußten eine Gebühr dafür bezahlen. Einige Frauen gingen regelmäßig einmal im Monat. Ich bin nur vor meiner Hochzeit im Jahre 1913 gegangen."[17)]

Das Wasser des rituellen Reinigungsbades wurde als Regenwasser über eine Rinne von außen in ein gekacheltes Tauchbecken geführt, zu dem etwa 12 Stufen hinabführten. Die Mikwe war etwa bis 1930 in Betrieb.

1937 heißt es in einem Reisebericht jüdischer Stätten in Heldenbergen: "In besonderem Gebäude lange schon unbenutzt Schulsaal und Quellbad."[18)]

Hinweise auf eine frühere Mikwe liegen nicht vor, nur der Hinweis, daß es 1825 behördliche Maßnahmen in der Provinz Oberhessen gab, daß "die der Gesundheit nachträglichen israelitischen Reinigungsbäder verschüttet worden sind."[19)]

"Judenbürgermeister"

Der hessische Großherzog verordnete im Dezember 1830 "die Bildung der Vorstände der israelitischen Religionsgemeinden".[20)]

Dieser Vorstand sollte aus den "angesehensten, rechtlichsten und gebildetsten Mitgliedern" gebildet werden als gesetzliche Vertretung der israelitischen Religionsgemeinde. Ihre Aufgabe im einzelnen war: das Gemeindevermögen zu verwalten und den Gemeinderechner zu überwachen, Ein- und Ausnahmen zur "Bestreitung der Bedürfnisse des israelitischen Cultus, der israelitischen Religionsschule ... und des Gemeindefrauenbades" zu prüfen. Weiter war "darüber zu wachen, daß in der Synagoge,

Antrittsrede des Lehrers Jakob Höxter, gehalten in der Synagoge Heldenbergen

Der Wortlaut der Antrittsrede von Lehrer Höxter, gehalten am 6. März 1926, ist erhalten geblieben. Der Anfang und das Ende dieser Rede seien hier wiedergegeben:

"Andächtige Gemeinde!
Gottes Gruß und Segen entbiete ich hier an dieser heiligen Stätte. Mit gemischten Gefühlen und Empfindungen stehe ich hier ... beschleichen mich Empfindungen und Gedanken banger Sorge, die mir die stumme Frage auf die Lippen drängt: Werde ich der großen Aufgabe gerecht werden können, werde ich die Hoffnungen und Erwartungen erfüllen können, die man auf mich setzt? In diesem ernsten Augenblicke aber richte ich mein Augenmerk zu dem himmlischen Vater, der unsere Wege zum Besten lenkt und auf Seine Heilige Thora, die uns mit ihrem Lebensquell kräftigt und uns stärkt ...
... so stehe auch ich heute nicht nur in dem heiligen Gotteshause, sondern auch auf dem durch die Tradition geweihten ארנות קרש der israelitischen Gemeinde ... ich will ... meines Amtes walten, in heiliger, ernster Auffassung meines Berufes die schweren Pflichten desselben zu erfüllen suchen, in Führung der Erwachsenen und der Jugend, ohne Ansehen der Person, nach dem Worte Gottes ... alle sollen dazu beitragen, daß das Fundament der קק Heldenbergen auf immerdar gefestigt dasteht, daß sich ihre Männer, Frauen und Kinder immer um das Paladium der Religions- und Gottestreue scharen, so, wie es ihre Väter getan, die Jugend in Einmütigkeit mit dem Alter, in Liebe und Eintracht die Gegenwart mit der Vergangenheit verknüpfend, so wird eine Morgenröte der Zukunft erstrahlen, und wir alle können dann hoffen, daß in Erfüllung gehen werden die schönen Worte, mit denen die Gemeinde Heldenbergen mich bei meinem heutigen Einzug begrüßte ברוך הבא "Gesegnet sei, was kommt". Ja, dann wird das Kommende gesegnet sein, zum Wohle jedes Einzelnen, der Gemeinde Heldenbergen und zum Wohle des כלל der Allgemeinheit וכירא. ארני הקדש"[16)]

der israelitischen Religionsschule und dem Gemeindefrauenbad die gehörige Ordnung gehandhabet und die Religion nur mit der ihr gebührenden Achtung und schuldigen Würde ausgeübt werde". Als weitere wichtige Aufgabe des Vorstandes sah die Verordnung vor: "Die religiöse und bürgerliche Bildung der Israeliten seiner Gemeinde durch alle ihm zu Gebot stehenden Mittel zu befördern." Die Mitglieder des dreiköpfigen Vorstandes durften nicht verwandt sein.[21)] "Da 1833 die jüdische Gemeinde noch keinen Vorstand gebildet hatte, verordnete das Kreisamt am 10. Januar 1833, daß bald drei bzw. fünf 'Individuen' zu Mitgliedern des Vorstandes vorgeschlagen würden. Es fand keine Wahl statt, sondern das Kreisamt ernannte, nach Anhörung des Bürgermeisters, ebenso den Präsidenten. Es wurden David Rothschild, Samuel Mayer und Kaufmann Grünewald vorgeschlagen. David Rothschild wurde zum 'Dirigenten' ernannt. Im Volksmund war er der 'Judenbürgermeister'".[22)] David Rothschild war schon 1827 als "Judenbürgermeister" genannt.[23)] 1838 wurde Elieser Schatzmann zum Judenvorsteher gewählt.[24)] Der erste Vorsteher nahm eine Sonderstellung innerhalb der jüdischen Gemeinde, aber auch nach außen in der nichtjüdischen Umwelt ein. Da seine Stellung der des Bürgermeisters ähnlich erschien, hieß er entsprechend "der Judenbürgermeister".

Der Gemeindeetat der jüdischen Gemeinde Heldenbergen
Die Geldmittel der jüdischen Gemeinde flossen aus verschiedenen Quellen:
- Umlagen, die die Gemeindeglieder zu zahlen hatten
- Gebühren, die für besondere Kultusleistungen zu zahlen waren
- Spenden
- Zinsen für vorhandenes Vermögen
- Subventionen öffentlich-rechtlicher Art

Max Speier war drei Jahrzehnte von 1899 - 1929 der sogenannte "Judenbürgermeister". Foto 1903

Von den Vorständen der jüdischen Gemeinde Heldenbergen sind bekannt:

1887 - 1898	Moses Strauß
1899 - 1903	Simon Schatzmann, Max Speier, David Ballin-Oppenheimer
1905	Max Speier, David Ballin-Oppenheimer
1907 - 1913	Max Speier, Simon Strauß, Markus Rothschild
1924/25	Max Speier, Simon Strauß, Simon Schatzmann
1925 - 1929	Paul Strauß, Max Speier
1932/33	Isaak Haas, Siegmund Sichel
-1936	Samuel Scheuer
1936 - 1938	Isaak Haas
1938 - 1942	Josef Rothschild[25)]

Jedes Gemeindemitglied mußte Umlagen zahlen, die nach einem Steuersatz von 15,6 Prozent berechnet wurden. Das bedeutete, daß jedes Gemeindemitglied 15 Prozent seiner Einkommenssteuer und 30 Prozent seiner Grundsteuer, Gewerbesteuer und Kapitalrentensteuer zu zahlen hatte. So gab es in der Gemeinde Heldenbergen bei 149 Juden 37 Steuerzahler.

Die Einnahmen aus diesen Steuern betrugen zum Beispiel in Heldenbergen im Jahre 1906 700 Mark. Nach dem staatlich genehmigten Etatvorschlag waren für das Jahr 1905 500 Mark nach einem Steuersatz von 15 Prozent aufzubringen. Der Gesamtetat betrug 2 650 Mark, ihm standen Ausgaben in gleicher Höhe gegenüber.[26)]

Im allgemeinen hatten die Juden im Vergleich zu den anderen Konfessionen einen recht hohen Betrag für ihren Kultus zu entrichten.[27)]

Die Ausgaben der Gemeinden waren im wesentlichen für den eingestellten Gemeindebeamten, Lehrer, Schächter und Vorbeter, oft in einer Person, und die Erhaltung der dem Kultus gewidmeten Einrichtungen bestimmt. Der Synagogendiener, Schammes genannt, bekam auch eine Vergütung von der Gemeinde. Synagogendiener war bis zu seinem Tode 1934 viele Jahre lang Siegmund Sichel.

Der Gemeindeetat der jüdischen Gemeinde Heldenbergen betrug:
1899 - 2 000 Mark,
1905 - 2 650 Mark,
1907 - 2 000 Mark,
1909 - 2 100 Mark,
1911 - 2 200 Mark,
1913 - 2 600 Mark,
1926 - 2 791 Mark,
1930 - 3 000 Mark, davon 1 400 Unterrichtsetat[28)]

Die israelitische Schule

Im Adreßbuch von Heldenbergen aus dem Jahre 1906 ist nach der Gemeindeschule mit 4 Klassen noch die israelitische Schule mit Lehrer Wertheimer aufgeführt.[29)] Die Staatsregierung empfahl 1815 ihren jüdischen Untertanen, die Kinder zu den christlichen Schulen zu schicken.[30)]

Erst im Jahre 1823, zwei Jahre nach der Einführung der Schulpflicht, wurden im Großherzogtum Hessen, also auch in Heldenbergen, die Kinder der Juden in die allgemeine Schulpflicht aufgenommen, wobei den jüdischen Gemeinden die Einrichtung einer eigenen Schule frei gestellt blieb. Gleichzeitig wurden die israelitischen Lehrer aufgefordert, die hessischen Lehrerseminare zu besuchen.[31)]

Die israelitische Elementarschule in Heldenbergen
Die Heldenberger Juden hatten eine eigene israelitische Elementarschule.

"Im Jahre 1831 wurden in Heldenbergen die jüdischen Kinder von dem jüdischen Lehrer, der von der jüdischen Gemeinde angestellt war, auch im Elementarunterricht unterrichtet. Dazu erteilte das Großherzogliche Regierungsamt zu Vilbel am 23. Mai 1830 seine besondere Erlaubnis. Der Judenlehrer erhielt jährlich ein Gehalt von 160 fl. Gehalt von der jüdischen Gemeinde Heldenbergen."[32)] Der Lehrer war 1833 Elieser Schatzmann. Der Bürgermeister von Heldenbergen, Schweitzer, bemühte sich, beim Kreisamt zu erreichen, daß die jüdischen Kinder auch die christliche Schule besuchten. Er begründet dies mit der Person des jüdischen Lehreres, dieser sei Ausländer aus Bayern und lebe in nicht legalisierter Ehe mit einer Jüdin. "Die Judenkinder sollen die christliche Schule besuchen", forderte er.[33)]

Weiter hieß es 1834: "Am 26. März 1834 wurde der Bürgermeister Schweitzer zu einem Reichsthaler Strafe vom Kreisrat verurteilt, weil er dem jüdischen Religionslehrer Isaak Kirschbaum gestattet hatte, die Juden selbst zu unterrichten."[34)] Es wurde verfügt: "Die jüdische Schule muß sofort geschlossen werden!" [35)] Die jüdischen Kinder mußten nach der Schließung der israelitischen Elementarschule die katholische Schule in Heldenbergen im Herrenhaus der Mittelburg besuchen. 1836 besuchten 28 jüdische Kinder die katholische Schule und bezahlten 18 fl. 40 xr. Schulgeld.[36)]

Im Jahre 1838 wechselten die 28 jüdischen Kinder von der katholischen zur evangelischen Schule, die ganz eigenständig war, Ursache war die Schülerzahl der beiden Schulen.[37)] 1839 besuchten 47 jüdische und 20 evangelische Kinder die evangelische Schule. Diese befand sich bei der evangelischen Kirche in der Friedberger Straße. 1840 waren es 51 jüdische Kinder und 1841 46 Kinder.[38)] 1842 besuchten 48 jüdische Kinder die Schule und zahlten 32 fl. Schulgeld, 1845 gingen 46 jüdische Kinder in die Schule. Ein jüdisches Kind mußte das Doppelte an Schulgeld zahlen wie ein evangelisches Kind, nämlich 40 xr., und die anderen 20 xr.[39)] 1847 wurde für 27 jüdische Kinder Schulgeld bezahlt.[40)]

Spätestens seit 1863 gab es wohl wieder eine eigenständige israelitische Volksschule, diese führte seit 1863 der Lehrer Leopold Wertheimer. 1913 feierte er sein 50jähriges Lehrerjubiläum. Dazu berichtete die Windecker Zeitung im August 1913: "Fünfzig Jahre waren gestern verflossen, seit Lehrer Wertheimer an der hiesigen israelitischen Volksschule tätig ist, und alle hier geborenen israelitischen Einwohner, mit Ausnahme der Ältesten, sind seine Schüler gewesen ...".[41)]

Schon aus dem Jahr vor Lehrer Wertheimer ist belegt: "1862 kommen in der Judenschule die ersten Schulstrafen auf, deren Summe 11 fl. 42 xr. betrug." [42)]

1872 wurde über die israelitische Schule berichtet: "Die Zahl der Schulkinder schwankt seit einer Reihe von Jahren zwischen 50 und 60. Die Anstellung des Lehrers ist provisorisch." [43)]

Die israelitische Religionsschule
"1877 herrschte Streit zwischen der politischen und der jüdischen Gemeinde wegen des Zuschusses zum Religionslehrer. Es fand eine Einigung statt, nach der die politische Gemeinde Saal und Heizung = 300 Mark stellte, während alles andere Sache der jüdischen Gemeinde war."[44)]

Für die israelitische Religionsschule sind folgende Schülerzahlen erhalten: von 1896 bis 1902 zwischen 27 und 34 Kinder, danach bis 1911 12 bis 14 Kinder, 1924 9 Kinder und 1932 nur noch 7 Kinder.[45)] Für den Religionsunterricht der jüdischen Kinder waren 1904 fünf Religionsstunden und vier Hebräischstunden in der Woche angesetzt, das bedeutete, daß alle jüdischen Kinder an vier Nachmittagen in der Woche die Religionsschule besuchen mußten. Zu Beginn dieses Jahrhunderts fand dieser Religionsunterricht im ehemaligen Pächterhaus der Mittelburg, das heute noch steht, im ersten Stock vom Eingang aus rechts statt.[46)] In dem von der Gemeinde Heldenbergen 1878 neu errichteten Schulhaus in der Mittelburg lernten zumindest in diesem Jahrhundert, vielleicht schon früher, im Schulsaal im Erdgeschoß die jüdischen und evangelischen Schüler zusammen. Mit Einführung der Simultanschule 1922 konnten alle Heldenberger Kinder unabhängig von ihrer Religionszugehörigkeit gemeinsam die Schule besuchen.

Lehrer Löb (Leopold) Wertheimer
Der Unterricht der jüdischen Kinder Heldenbergens war länger als 50 Jahre untrennbar mit dem Lehrer Wertheimer verbunden, der seit dem Jahr 1863 in Heldenbergen als Lehrer tätig war, bis 1919 der Lehrer Bader kam. Löb Wertheimer, oder, wie er sich später nannte, Leopold Wertheimer, hatte Väter und Söhne, vielleicht auch schon Enkel seiner ersten Schüler unterrichtet in der hebräischen Sprache, den jüdischen Gebeten, der biblischen und nachbiblischen Geschichte.

Löb Wertheimer wurde am 12. Juni 1835 in Neustadt im Odenwald geboren. Er besuchte das israelitische Lehrerseminar

Lehrer Leopold Wertheimer. Länger als 55 Jahre, von 1863 bis zum Jahre 1919, lehrte Leopold Wertheimer jüdischen Kindern die hebräische Sprache sowie die Grundlagen der jüdischen Religion. Dieses Foto wurde bei seinem 75. Geburtstag im Jahre 1910 gemacht.

(:) **Heldenbergen,** 21. September. Morgen Donnerstag feiert Herr Lehrer L. Wertheimer, Vorsitzender des isralitischen Lehrervereins in Hessen, das Fest seines 75. Geburtstages.

Meldung in der Windecker Zeitung 1910

— Der 78 Jahre alte Lehrer Leopold Wertheimer in Heldenbergen feierte am 18. August sein 50jähriges Lehrerjubiläum. Der Jubilar gründete im Jahre 1886 den oberhessischen israelitischen Lehrerverein, drei Jahre später den israelitischen Lehrerverein für das Großherzogtum Hessen, dessen Vorsitzender er noch jetzt ist. Der Jubilar war auch Mitgründer des Verbandes jüdischer Lehrervereine des deutschen Reiches, dessen Vorstand er ebenfalls angehört.

— Seine Königliche Hoheit der Großherzog hat zum 20. August d. Js. dem israelitischen Religionslehrer Leopold Wertheimer in Heldenbergen die Krone zum Silbernen Kreuz des Verdienstordens Philipps des Großmütigen verliehen.

Der Büdinger Anzeiger berichtete 1913 über die Ordensverleihung durch den Großherzog an den "israelitischen Religionslehrer" Leopold Wertheimer.[51)]

in Hannover. Erfolgreich legte er das "Religionslehrerexamen bei der Großherzoglichen Oberstudiendirection in Darmstadt" ab. In den Jahren 1856 bis 1863 wirkte er in Lich als Religionslehrer. Seit 1863 war er, damals 28jährig, in Heldenbergen "vicariirt". Er fungierte auch als Vorsinger und Schochet, Schächter, in der jüdischen Gemeinde Heldenbergen.

Gleich im ersten Jahr 1863 trat er in den Gesangverein Euphrosyne ein, 1880 wurde er zum Ehrenmitglied ernannt. Da er älter war als das Gedächtnis dieses Vereines, wurde er im Jahre 1906 gleich noch einmal zum Ehrenmitglied von Euphrosyne ernannt.

Er war auch Mitbegründer des Obst- und Gartenbauvereins Heldenbergen 1889. 1868 ist er als Ortsbürger von Heldenbergen genannt.

Nach dem Tode des Lehres Samuel Neumark 1880 in Windecken unterrichtete Leopold Wertheimer auch einige Jahre die jüdischen Kinder von Windecken. Bei einer Unterrichtsvisitation wurde ihm 1884 von dem Hanauer Provinzialrabbiner bescheinigt: "... hat gute Lehrfähigkeit und entsprechenden Erfolg."[47)]

Später unterrichtete er auch noch die jüdischen Kinder von Büdesheim. Dieser Unterricht erfolgte als Wanderunterricht, die Kinder kamen zum Unterricht nach Heldenbergen.

In einem Bericht über die jüdischen Religionslehrer des Kreises Friedberg hieß es 1904: "Wertheimer ist der tüchtigste Religionslehrer in unserem Kreise, dabei ein ehrenwerter Mann und zuverlässig."[48)]

1896 wurde dieses Bild der jüdischen und evangelischen Schulkinder aufgenommen. Der Lehrer Leopold Wertheimer ist links sitzend zu sehen. Obere Reihe, 5. von links: Johanna Scheuer, 2. Reihe von oben, 1. von rechts: Samuel Scheuer, 3. Reihe von oben, 1. von rechts: Klara Scheuer, 2. Reihe von unten, 6. von rechts: Julius Scheuer

Der Großherzog von Hessen-Darmstadt verlieh dem israelitischen Religionslehrer von Heldenbergen, Leopold Wertheimer, 1903 das Silberne Kreuz und 1913 die Krone zum Silbernen Kreuz des Verdienstordens Philipps des Großmütigen.

Ein Bild aus dem Jahre 1896 zeigt ihn zusammen mit seinen Schülern. Längere Zeit mußte er auch den evangelischen Lehrer vertreten, als dieser zum Militärdienst mußte und man keinen geeigneten evangelischen Vertreter finden konnte.

Lehrer Wertheimer war in der jüdischen Gemeinde sehr beliebt und brachte die Gemeinde zu großem Ansehen.

"Seine Königliche Hoheit der Großherzog haben Allergnädigst geruht, am 8. August 1903 dem israelitischen Lehrer Leopold Wertheimer zu Heldenbergen das Silberne Kreuz zu verleihen."[49]

1910 feierte Lehrer Wertheimer seinen 75. Geburtstag, der auch in der Windecker Zeitung verkündet wurde. Aus dieser Zeit stammt auch das Bild, das seine Enkelin Else in Südafrika aufbewahrt.

Anläßlich seines 50jährigen Jubiläums als Lehrer der jüdischen Gemeinde Heldenbergen im Jahre 1913 wurde er von allen Seiten hoch geehrt. Das Silberne Kreuz mit Krone des Philippordens wurde ihm verliehen. Der Büdinger Allgemeine Anzeiger vom 28. März 1913 berichtet vom großen Festtag des Lehrers Wertheimer. Der Gesangverein Euphrosyne nahm ihn als Ehrenmitglied auf. Im Jahre 1906 wurde er auch im Turnverein anläßlich eines großen Turnfestes zum Ehrenmitglied ernannt.[50]

Die Verbesserung des israelitischen Religionsunterrichtes lag Lehrer Wertheimer besonders am Herzen. So gründete er 1886 den Oberhessischen Israelitischen Lehrerverein und drei Jahre später den Israelitischen Lehrerverein im Großherzogtum Hessen, dessen Vorsitzender er noch 1913 war.[52] Als Zweck dieses Verbandes wurde 1903 folgendes angegeben: Hebung des Schulwesens, gegenseitige Belehrung, Belebung des Standesbewußtseins, Verbesserung der sozialen und wirtschaftlichen Verhältnisse der Lehrer, Verbesserung der Anstellungsverträge derselben. Dieser Verein hatte 1903 56 Mitglieder.[53] 1913 ist Lehrer Wertheimer in der Allgemeinen Zeitung des Judentums auch genannt als Vorstandsmitglied des Israelitischen Lehrervereins Deutschlands.[54] Leopold Wertheimer unterrichtete, schächtete, betete und sang im Gottesdienst vor bis ins hohe Alter. Er war von allen, Christen oder Juden, geachtet und geehrt. "Unser ehrwürdiger Lehrer Wertheimer", schrieb Samuel Scheuer über ihn.

Grabstein des Lehrers Leopold Wertheimer auf dem neuen jüdischen Friedhof Heldenbergen

Am 13. Januar 1921 starb Lehrer Wertheimer in Heldenbergen im Alter von 85 Jahren. Er wurde dort unter größter Anteilnahme der Bevölkerung beigesetzt. Der Gesangverein Euphrosyne vermerkte in seinem Protokollbuch "Verein wohnte oficiel mit Fahne der Beerdigung ... bei".

Der Grabstein von Leopold Wertheimer steht heute noch auf dem neuen jüdischen Friedhof. Auf ihm ist in Hebräisch zu lesen: "Hier ruht ein gottesfürchtiger Mann, ein Vorsänger und ein Lehrer der Gerechtigkeit (Rabbinatsverweser) der Gemeinde Heldenbergen: R. Samuel ha-Levi. Gestorben mit gutem Ruf am 16.1.1921. 56 Jahre war er Vorsteher seiner Gemeinde. Er lehrte das Gute und versöhnte alle mit seiner Liebe. Für die Thoraschüler war er ein vornehmer Wächter (der Lehre), ihnen (gab er) von den Früchten seines Wissens. Gewissenhaft stand er immer auf seinem Priesterposten. Daher ruhten die Augen seiner Freunde wohlgefällig auf ihm. Und er war für sie wie ein Zeuge, der sein Herz auf seine Herde legte. Mit großer Nachsicht liebte er seine fünf Kinder. Im Garten Eden wird Gott ...".[54a]

Als Andenken an den hochverehrten Verstorbenen wurde noch in seinem Todesjahr die Lehrer-Leopold-Wertheimer-Stiftung ins Leben gerufen. "Der Zweck der Stiftung ist die Unterstützung würdiger, hilfsbedürftiger Personen beiderlei Geschlechts jüdischer Konfession, welche der israelitischen Gemeinde Heldenbergen angehören und deutsche Staatsbürger sind... Die Unterstützungen sollen zur Förderung des Studiums ... als auch zur Linderung der Not ... sein." Zum Gründungsvorstand gehörten: Max Speier, Simon Strauß, Simon Schatzmann, Adolf Wertheimer, Lea Scheuer, Liebmann Rothschild, Jakob Hermann, David Ballin-Oppenheimer und Siegmund Sichel. Die Stiftung wurde mit einem Kapital von 18 000 Mark eingesetzt. Vorausahnend in die Zukunft hieß es in § 14 der Stiftungssatzung: "Mit der Auflösung der israelitischen Gemeinde entfällt der Zweck der Stiftung ...".[54b]

1993 beschloß die Stadtverordnetenversammlung der Stadt Nidderau, eine Straße im Neubaugebiet Heldenbergens "Leopold-Wertheimer-Straße" zu nennen.[54c]

Die Lehrer der jüdischen Gemeinde

Die Namen der Lehrer der jüdischen Gemeinde Heldenbergen sind etwa seit dem Jahr 1800 bekannt. Diese waren von der Gemeinde angestellt und hatten vielfältige Aufgaben: Sie hatten die Gemeinde in religiöser Hinsicht umfassend zu führen. In der Synagoge waren sie Vorbeter und Sänger, so daß dort gute Kenntnisse und auch eine angenehme Stimme anerkannt waren. Neben dem täglichen Gottesdienst war der Lehrer auch zuständig für Trauungen, Beerdigungen, die jeweils einzelne Vorbereitung der Bar Mizwa eines jeden Jungen, der mit 13 Jahren religions-

Lehrer Wertheimer und der Israelitische Lehrerverein im Großherzogtum Hessen

Über die langjährigen Aktivitäten des Lehrer Wertheimers als Vorsitzender des Israelitischen Lehrervereins im Großherzogtum Hessen gibt der 1927 veröffentlichter Aufsatz "Jüdische Schul- und Lehrerverhältnisse in Hessen" einige Hinweise. Daraus einige Zitate:[55] " ... das ehemalige Großherzogtum ... durfte ... schon seit langem in Bewertung der jüdischen Schule und des jüdischen Lehrers den zweifelhaften Ruhm bewährter Rückständigkeit beanspruchen ...".[56]

"...daß man an der Grenze des Hessenländchens eine Warnungstafel ... aufrichten sollte: 'israelitischer Religionslehrer, der du hier eintrittst, lass deine Hoffnungen sinken.' Die Ursache dieser beklagenswerten Entwicklung ... liegt hauptsächlich in der seitens der hessischen Regierung von altersher geübten Praxis gegenüber den jüdischen Gemeinden, ferner in dem Übermaß an Macht der Vorstände sowie in der gänzlichen Rechtlosigkeit der jüdischen Lehrer ...". [57]

"1859 ... Dieses Jahr scheint also das Gründungsjahr des ersten jüdischen Lehrervereins in Hessen gewesen zu sein ...".[58] "Das Großherzogtum Hessen blieb weiter das berüchtigte Land der israelitischen Religionslehrer-Not ...". [59]

"Unterdessen hatte sich im Jahre 1890 in Mainz ein Landesverein Israelitischer Lehrer im Großherzogtum Hessen gebildet, der am 7. Januar 1891 eine Eingabe um Organisation des israelitischen Religionsschulwesens an die Regierung richtete (unterzeichnet von Dr. Saalfeld, Großherzoglicher Rabbiner in Mainz, Lehrer L. Wertheimer - Heldenbergen und Lehrer K. Marx - Alsheim). Gegenstand derselben bilden wieder die alten Klagen, keine Anstellung ungeprüfter Lehrer, Beseitigung des Kündigungsrechts der Vorstände, Bildung von Schulsprengeln (zur Versorgung leistungsschwacher Gemeinden und Schaffung einer Centralkasse zur Subventionierung armer Gemeinden sowie zur Lehrerbesoldung, Pensionierung und Reliktenversorgung....".[60]

"... liegen aus dem Jahre 1896 zwei Eingaben des israelitischen Lehrervereins vor (unterzeichnet von Wertheimer - Heldenbergen), die wohl sachlich gegenüber den früheren Forderungen nichts Neues enthalten ... Gleichzeitig aber betonen sie durch den servilen Ton, daß die langen Jahre niedriger Stellung und demütigender Behandlung durch Gemeinde und Regierung nicht spurlos an den Lehrern vorübergegangen waren. Der Vorsitzende des israelitischen Lehrervereins weist in der ersten Eingabe auf 'die Ehre hin, am 2. Dezember 1895 von S. Excellenz dem H. Ministerpräsident empfangen zu werden und Hochdemselben die traurige Lage der israelitischen Lehrer in Hessen schildern zu dürfen'. In der zweiten Eingabe vom 22. April desselben Jahres wird in Ergänzung der vorigen ausgeführt, daß der Vorstand des israelitischen Lehrervereins es für seine Pflicht hält, eines hochwichtigen Dokuments zu gedenken, das er in der vorigen Eingabe vergessen habe. Dann heißt es wörtlich: 'Der Vorstand bittet deshalb Gr. Ministerium um Verzeihung, wenn er es heute wagt, hochdemselben wiederholt lästig zu werden.' Hauptsächlich weist Wertheimer darauf hin, daß, nachdem in der Versammlung vom 12. Dezember 1892 keine Einigung zustande gekommen sei, das Ministerium einer hierzu berufenen Kommission gestattet habe, einen anderen Entwurf auszuarbeiten und dann der Staatsregierung vorzulegen. Am 9. Juli 1893 habe nun eine von der genannten Kommission berufene zweite Delegiertenversammlung stattgefunden, wozu Wertheimer als Vorsitzender des Israelitischen Lehrervereins und 'Sachverständiger in Schulangelegenheiten' geladen war. Diese zahlreich besuchte Versammlung habe dann betreffend der Anstellung der israelitischen Religionslehrer folgende einstimmigen Beschlüsse gefaßt: '1. die Religionslehrer sind nach einem entsprechenden Provisorium und tadelloser Ausführung definitiv anzustellen, 2. dieselben sind pensionsberechtigt und 3. ist Fürsorge für ein auskömmliches Gehalt wie für die Versorgung von deren Witwen und Waisen zu treffen.' Diese Tatsachen wollte Wertheimer zu seiner ersten Eingabe nachholen, um der Staatsregierung zu zeigen, daß die große Masse der angesehensten Vertreter der hessischen Judenheit diese Forderungen billigen ...".[61]

"... Am 8. März 1899 wurde der Vorsitzende des israelitischen Lehrervereins, Wertheimer, mit Rabbiner Dr. Saalfeld (Mainz) vom Staatsminister Rothe empfangen...".[62]

"... am 20. März 1900 die Vorstände beider israelitischer Lehrervereine (1897 hatte sich ein Unabhängiger Verein Israelitischer Lehrer im Großherzogtum abgespalten - d. V.) eine gemeinsame Eingabe über 'Organisation des israelitischen Religionsunterrichts - hier Gesuch der israelitischen Lehrer um Reformierung und legislatorische Gestaltung desselben' persönlich dem Staatsrat Breidert im Ministerium des Inneren überreichten. Die Eingabe erstreckte sich auf alle Zweige des Religionsschulwesens (Einrichtung von Schulen, Schulzucht, Ausbildung und Prüfung der Lehrer, Schulaufsicht, Aufbringung der Mittel, Staatszuschuß) und war in wiederholten gemeinsamen Sitzungen der Vorstände beider israelitischer Lehrerevereine sorgfältig beraten und unter juristischer Mitwirkung abgefaßt worden ...".[63]

"Auf eine Anfrage des Vorsitzenden des einen Lehrervereins, Wertheimer, im Jahre 1901 nach dem Stande der gemeinsamen Eingabe, erfolgte keine Antwort ...".[64]

'"Der israelitische Lehrerverein hatte ... am 2. Januar (1911) in einer Eingabe für die israelitischen Volksschullehrer, Reallehrer und die mit den Rechten eines Volksschullehrers angestellten israelitischen Religionslehrer die Anrechnung der an israelitischen Religionsschulen verbrachten Dienstzeit gefordert."[65]

mündig wurde. Die Mikwe, das rituelle Reinigungsbad, stand unter seiner Aufsicht.

Der Lehrer war meistens auch der Schächter der Gemeinde, der allein nur koscher nach den rituellen Bestimmungen des Judentums schächten durfte. Er ging bei Großvieh zu den einzelnen Schlachthäusern hin, während er Kleinvieh wie Hühner oder Tauben auch bei sich zu Hause im Hof schächtete.

Der Lehrer war einen großen Teil seiner Zeit damit beschäftigt, den jüdischen Kindern in Heldenbergen das Lesen und Schreiben der hebräischen Sprache beizubringen, aber auch Gebete in hebräisch und biblische Geschichte. Vorsinger, Religionslehrer und Schächter waren nicht immer in einer Person vereint.

Von den "Judenlehrern", wie sie gerne von der nichtjüdischen Umwelt genannt wurden, sind bekannt:

Simon Steinheimer
war nach 1813 Lehrer und Vorbeter in Heldenbergen. Vorher war er wohl in Arheiligen tätig, da dort sein Sohn Hirsch Steinheimer um 1779 geboren war. In Akten wurde er als "jüdischer Schulmeister" bezeichnet.[67] Simon Steinheimer starb 1858 in Heldenbergen.

Simon Hirsch
wurde als "Judenschullehrer" bezeichnet, an anderer Stelle als

Biblische Aufsätze aus der israelitischen Schule Heldenbergen

Ein kleines 15seitiges Heft, überschrieben mit "Biblische Aufsätze", vermutlich von Lea Mayer (* 1855), hat 1936 den Weg von Heldenbergen nach San Francisco gefunden.[80)]

Aus welchem Grund erschlug Cain seinen Bruder Abel? Welche Lehre schöpfen wir aus diesem großen Faktum?
Der Neid und der Haß war die Ursache, weshalb dieser seinen Bruder auf dem Felde erschlug, denn er glaubte, Abels Rauch wäre bei Gott angenehmer und deshalb auch bei dem Herrn gnädiger.
Aus dieser Lehre können wir lernen, daß Gehorsam besser ist als Opfer und daß Gott beim Beten aufs Herz sieht.
(Kommentar: "recht gut bearbeitet")

Welches Amt begleitete Eli und welches Samuel? Worin standen sie sich einander gleich? Welche hochwichtige Lehre sollen wir aus der Biographie beider Männer ernstlich beherzigen?
Eli und Samuel begleiteten das Hohepriester- und Richteramt. Beide waren verwandt, denn sie hatten schlechte Söhne. Elis Kinder nahmen die Opfer, und die des Samuel beugten das Recht. Aber die Väter zeigten Affenliebe an ihren Kindern und wurden deshalb mit ihren Söhnen bestraft. Wir lernen aus dieser Geschichte, daß alle Eltern ihre Kinder gut erziehen sollen, wenn ihnen das Glück derselben am Herzen liegt.
(Kommentar: "recht schöner Aufsatz")

Bei welcher Gelegenheit zeigte Abraham seine Tapferkeit und wo seine Uneigennützigkeit?
Unser Stammvater Abraham zeigte diese nachahmenswerten Tugenden, als Lot und die Sodomiter gefangen genommen wurden. Ein Flüchtling aber, der entronnen war aus dem Treffen, sagte es Abraham, der, ohne viel nachzudenken, seine Knechte - 318 an der Zahl - bewaffnete, des Nachts in das Feindeslager zog und couragiert die Feinde schlug und dadurch alles wieder gewann, was die Feinde in Sidim geraubt hatten.
Als er siegend aus der Schlacht zurückkehrte, kam ihm der Sodomiter König entgegen und machte ihm das Anerbieten, ihm seine Untertanen geben zu wollen, die anderen Güter aber für sich behalten zu sollen. Er gab ihm zur Antwort: "Ich will weiter gar nichts, als das, was meine Leute verzehrt haben."
In dieser Geschichte bewies der Nomade Abraham seinen Muth und seine Uneigennützigkeit.
(Kommentar: "recht schöne Einfälle")

Was sind Kundschafter? Warum entsandte Moses solche Männer? Erfüllten sie treulich ihre Mission und welche Folge hatte diese unerhörte Verleumdung?
Leute, die ein Land ausspionieren, an welchen Plätzen es am besten einzunehmen ist, heißt man Kundschafter. Deren schickte Moses zwölf in das von dem Herrn dem Abraham verheißene Land Kanaan hin, um ihm von dem Terrain des Landes Bericht zu erstatten. Aber diese machten nach ihrer Zurückkunft das Völkchen Israel so aufrührerisch und so empörend, daß es beschloß, Moses und Aron zu steinigen und danach nach Ägypten zurückzukehren.
Gott aber strafte sie, ausgenommen Josua und Rachel, denen er auch verhieß, mit der neuen Generation in das Land der Verheißung zu kommen.
(Kommentar: "recht schön vorgetragen")

Was lehrt uns die Geschichte Bileams, und wie trug sie sich zu?
Die Geschichte Bileams lehrt uns zur Genüge, daß wir uns stets des Schutzes unseres Gottes versichert halten dürfen, wenn auch die Ränke noch so gefahrendrohend sind, und so lange wir die einfachen Sitten unserer Väter beachten und echt religiös leben, denn der heidnische Prophet Bileam ward vom moabitischen König Balak zur Verfluchung Israels berufen, damit sie mutlos werden sollten und obgleich ihm glänzendes Anerbieten gemacht wurde, segnete er das Volk Israel und machte sie dadurch mutiger zum Angriff.

Wann erhielten die Israeliten die zehn Grundgebote und wie lauteten sie?
Am sechsten Tag des dritten Monats Sevan (also am Wochenfeste) empfingen die Kinder Israels die Zehn Grundgebote - die Basis der jüdischen Religion - welche heißt:
1. Ich bin der Herr Dein Gott, der dich aus dem Sklavenhaus von Ägypten herausgeführt hat.
2. Du sollst keinen anderen Göttern göttliche Ehre erweisen.
3. Meinen Namen sollst du nicht vergeblich aussprechen.
4. Die Feier- und Festtage sollst du heilig halten.
5. Vater und Mutter sollst du ehren und lieben.
6. Du sollst nicht morden, nicht ehebrechen, nicht stehlen, kein falscher Zeuge sein und keine Lust und Begierde auf das Gut anderer haben.

Was sind die Apokryphen und welche Bücher werden dahin gerechnet?
Apokryphen, verborgene Schriften, nennt man einige Bücher, welche von frommen Israeliten aus der älteren Zeit herrühren, die aber nicht unter die Zahl der heiligen Schriften aufgenommen sind. Da dieselben vieles Lehrreiche und Nützliche enthalten, so sind sie erhalten und in hebräischer Sprache abgefaßt worden.
Dahin gehören : Das Buch Judith, das Buch der Weisheit Tobias, Denksprüche des Sohnes Sirachs, das Buch Baruch, die Bücher der Makkabäer, das dritte und vierte Buch Esra, die Geschichte der Susanna, die Erzählung vom Götzen Baal und die Geschichte vom Drachen zu Babylon, das Gebet Manasses und der drei Jünglinge im Feuerofen.

"Juden-Vorsänger". "Dem Judenschulmeister Simon Hirsch" wurden von 1818 - 1822 vier Kinder in Heldenbergen geboren.[68)] 1823 bekam dieser von der Gemeinde ein "Kontrollbuch aus vier Buch Papier eingebunden und die Gemeinde mußte dafür 4 fl. 20 xr. zahlen".[69)]

Michel Ballin-Oppenheimer
Vorsinger, geboren um 1780, starb mit 43 Jahren im Jahre 1823. Er war der Sohn des Judenschulmeisters Ballin zu Windecken.

1827 ist die Rede von dem jüdischen "Vorsänger und Schlachter", dessen Name leider nicht genannt ist, der einen "Legitimationsschein" der Heimatgemeinde vorweisen soll, anderenfalls ausgewiesen wird. Das gleiche ist der Fall bei dem Religionslehrer.[70)]

Elieser Schatzmann
1833 hatte er ein Gesuch um Aufnahme in den Schutz nach Heldenbergen gestellt. Dazu hieß es, "daß dieser Eliser Schatzmann aus Niederwerrn (in Bayern) keinen Heimathschein, wohl aber einen Paß hat, der schon zwei Jahre abgelaufen ist. Seiner anderweitigen Annahme als Religionslehrer der Juden steht daher entgegen, daß er unehelichen Verkehr mit Folgen hat und sich nie angemeldet hat. Der Kreisrat lehnte die Aufnahme ab."[71)]
Im selben Jahr war festgehalten: "Wegen des jüdischen Religionslehrers ... er ist Ausländer ... ist auf zwei Jahre hierher als Religionslehrer bestätigt." Der Bürgermeister von Heldenbergen ver-

langt, daß Schatzmann von seinem Posten entfernt werden soll, da er "mit einer Jüdin in wilder Ehe lebte."[72] Er heiratete nur wenige Monate nach der Geburt des ersten Kindes. In Heldenbergen starb er im hohen Alter von 88 Jahren 1891 als "gewesener Judenlehrer". [73]

Isaak Kirschbaum

war 1834 jüdischer Religionslehrer. Über ihn ist zu lesen: "Am 26. März 1834 wurde der Bürgermeister Schweitzer zu einem Reichsthaler Strafe vom Kreisrat verurteilt, weil er dem jüdischen Religionslehrer Isaak Kirschbaum gestattet hatte, die Juden selbst zu unterrichten ... Dem Isaak Kirschbaum ist die Erteilung des jüdischen Religionsunterrichtes zu verbieten. Er ist der Grenze zu verweisen, wenn er nicht innerhalb von acht Tagen vorschriftsmäßig um die Aufenthaltsgenehmigung nachsucht."[74]

Löb Fruchtwanger (Feuchtwangen)

wurde in den Jahren 1848 und 1850 als Lehrer genannt. In Heldenbergen wurden ihm zwei Kinder geboren.[75]

Samuel Kuttenauer

wurde von 1853 - 1860 als jüdischer Lehrer genannt. Ihm wurden drei Kinder in Heldenbergen geboren.[76]

Heimrich Henach

ist 1860 und 1862 als jüdischer Religionslehrer erwähnt. Ihm wurden zwei Kinder in Heldenbergen geboren.[77]

Löb (Leopold) Wertheimer

kam 1863 nach Heldenbergen, in seiner über 50jährigen Tätigkeit führte er die jüdische Gemeinde Heldenbergen zu hohem Ansehen. 1921 starb er in Heldenbergen (siehe Seiten 318 und 417ff).

Abraham Bader

kam 1919 von Hungen nach Heldenbergen, geboren war er 1890 in Milufka/Polen. Er wohnte in der Untergasse 12 bei der Witwe Bertha Rothschild und ihren Söhnen, später lebte er in der Mittelstraße gegenüber von Schatzmann. Im Juni 1921 hatte er wohl geheiratet, denn seine Frau Josefina Bader (* 1899 in Altendorf) kam zu dieser Zeit nach Heldenbergen.

Abraham Bronkhorst

kam im Januar 1922 nach Heldenbergen, er war am 27.6.1890 in Arnheim in den Niederlanden geboren, verheiratet war er mit Dora Landau (* 14.7.1891 in Hannover). Am 3.4.1922 wurde in Heldenbergen der Sohn Herman Heyman geboren.

Die Familie Bronkhorst lebte im Haus von Salomon Schatzmann in der damaligen Schulstraße 2 (heute Mittelstraße 8) zur Miete bei Salomon Schatzmann. Alte Heldenberger erinnern sich noch an den großen Mann mit dem roten, rauschenden Bart. Wie jeder im Dorf hatte er auch seinen Spitznamen "de Brutkroast" - die Brotkruste - wohl als Abwandlung seines Namens. Es erscheint erstaunlich, daß er in nur drei Jahren, die er in Heldenbergen lebte, schon einen "eigenen" Namen hatte, denn "dann war einer integriert" im Dorf. Man erinnert sich an ihn beim Schächten beim Metzger Haas, wohin er mit dem langen Schächtemesser ging. Auch sein großer, rotbrauner, schöner Hund ist in Erinnerung, denn "der sah genau aus wie er".

Im Sommer 1925 verließ Abraham Bronkhorst Heldenbergen, um eine Stelle als Religionslehrer in Biel in der Schweiz anzunehmen. 1928 wurde er Vorsänger in Esens in Ostfriesland. Da die

Abraham Bronkhorst (1890) war von 1922-1925 Lehrer, Schächter und Vorsänger der jüdischen Gemeinde. Foto 1922*

Dora Bronkhorst mit dem in Heldenbergen geborenen Sohn Hermann - 1922

Familie die niederländische Staatsangehörigkeit hatte, floh sie im Jahre 1933 nach Holland. In Amsterdam wurde Abraham Bronkhorst mit seiner Frau 1942 im besetzten Holland in das Lager Westerbork transportiert und von dort nach Sobibor in das Vernichtungslager verschleppt. Dort wurden Abraham und Dora Bronkhorst im Alter von 52 und 51 Jahren am 4. Juni 1943 ermordet.

Der in Heldenbergen geborene Sohn Hermann konnte sein Leben durch Flucht ins Ausland retten. Nach dem Krieg kehrte er nach Holland zurück, wo er heute lebt. 1994 besuchte er erstmalig seinen Geburtsort.[78)]

Jakob Höxter
kam 1926 aus Jesberg nach Heldenbergen. Er sollte der letzte Lehrer der jüdischen Gemeinde Heldenbergen werden. 1933 verließ er gleich Heldenbergen und zog zu seiner Tochter nach Büdesheim, später nach Frankfurt. Ihm gelang 1939 die rettende Flucht vor den Nazis nach Brasilien. 1943 übersiedelte er nach Argentinien, wo er 1950 starb (siehe Seite 430ff). Von ihm sind mehrere Ansprachen aus der Zeit in Heldenbergen erhalten:
- Antrittsrede in der Synagoge 6. 3. 1926
- Rede am Jom Hakipur
- Traueransprache an der Bahre von Lea Scheuer
- Ansprache bei der Feier des 60jährigen Bestehens der Synagoge zu Büdesheim

Im Vorwort zu seinen gesammelten Reden schrieb er: "Die Tätigkeit des jüdischen Lehrers ist eine weit umfassende, sie beschränkt sich nicht allein auf das Gebiet der Schule. Der jüdische Lehrer muß in einer kleinen Gemeinde auch Seelsorger sein..".[79)]

Jüdische Vereine in Heldenbergen

Die wichtigsten Vereine in einer jüdischen Gemeinde sind die Wohlfahrtsvereine. Von altersher gab es in jeder jüdischen Gemeinde die Chewra Kadischa, die Beerdigungsbruderschaft. Ihre Aufgaben waren Besuche und Nachtwachen bei Schwerkranken und Sterbenden, die rituellen Waschung und Einkleidung des Toten, die Vorbereitung des Sarges aus ungehobelten Tannenbrettern, für arm und reich gleich, und das Geleit zum bereiteten Begräbnisplatz. Der Bruderschaft trat später eine entsprechende Schwesternschaft zur Seite. Lediglich statistische Angaben sind über diese jüdischen Vereine in Heldenbergen erhalten.

Israelitischer Frauenverein Heldenbergen
1846 wurde der Israelitische Frauenverein Heldenbergen gegründet.[80a)]
1875 ist dieser Verein mit der Rechnerin Hannchen Rothschild, dem Vorsteher Isaak Speier und Lia Oppenheimer als Geldverleiher erwähnt.[81)]
1899 Israelitischer Frauenverein mit G. Sichel und Frau S. Strauß als Vorstand. [82)]
1905 Max Speier ist Vorstand des Frauenunterstützungs-ereins.[83)]
1906 heißt der Verein Frauen-Kranken-Unterstützungsverein, er hat 14 Mitglieder und ein Vermögen von 5 000 fl., das auch gegen die üblichen Zinsen an Heldenberger Bewohner verliehen wurde. Das Gründungsjahr wird mit 1846 angegeben.[84)]
1907 hatte der Frauenunterstützungsverein 5 300 Mark Vermögen, Emma Strauß war Vorsitzende.[85)]
1908 belief sich das Vermögen auf 5 000 Mark. A. Rothschild war der Vorstand.[86)]
1911 bildeten M. Speier und A. Rothschild den Vorstand.
1913 Frau S. Strauß im Vorstand, Vermögen betrug 5 500 Mark.
1924/25 16 Mitglieder hatte der Verein, Max Speier und Emma Strauß bildeten den Vorstand.[87)]

Israelitische Männervereine in Heldenbergen
Es gab in Heldenbergen zwei Beerdigungsbruderschaften für Männer:

I. Israelitischer Männerverein
1856 wird Simon Ballin Oppenheimer I. als Rechner des ersten israelitischen Hilfsvereins genannt. 1877 wird dieser Verein ebenso als Geldverleiher genannt.[88)] Er wurde im Jahre 1845 gegründet.[89)]
1899 ist J. Sichel der Vorsitzende.
1905 Simon Strauß
1906 14 Mitglieder bei 500 Mark Vermögen[90)]
1907 Simon Strauß Vorsitzender bei Vermögen von 2 500 Mark
1909 Simon Strauß und Lehrer Wertheimer mit 2 000 Mark Vermögen
1911 Simon Strauß und Lehrer Wertheimer mit 1 800 Mark Vermögen
1913 Simon Strauß und Lehrer Wertheimer mit 2 000 Mark Vermögen
1924/25 Chewra Kadischa I. hat 8 Mitglieder, Simon Strauß Vorstand.[91)]

II. Männerunterstützungsverein
Dieser II. Männerunterstützungsverein in Heldenbergen wurde ein Jahr nach dem I. Verein gegründet, nämlich 1846.
1899 II. Israelitischer Männerverein-Vorstand Si. Schatzmann
1905 II. Männerkrankenunterstützungsverein-Vorstand: Lehrer Wertheimer
1906 14 Mitglieder bei 500 Mark Vermögen [92)]
1907 Max Speier mit Etat von 5 000 Mark

Rabbiner Dr. Leo Hirschfeld war von 1897 bis zu seinem Tode 1933 für die jüdische Gemeinde Heldenbergen zuständig. "Eine kernige, imposante Erscheinung", heißt es in seinem Nachruf.

Rabbiner zuständig für die jüdische Gemeinde Heldenbergen

"Seit mehreren Jahrhunderten standen die Juden sowohl im Oberfürstenthum Hessen und zu Friedberg als auch in den Nassau-Weilburgischen, Nassau-Usingschen, Solmsischen, Stollberg-Gederschen Landen, in der Burg Friedberg und in dem Freigericht (Kaichen) unter einem und demselben Rabbiner, welcher seinen Wohnsitz in Friedberg hatte", so wurde im Jahre 1805 dem hessischen Landgrafen Ludwig X. berichtet. "Hierbei müssen wir devotest bemerken, daß bekanntlich die Juden Rabbiner sich nicht blos auf Religions und Ceremonien Sachen beschränken, sondern sich auch in Jurisdisctions Gegenstände zu mischen und hierunter allerhand Vorrechte sich angemaßet und erlanget haben" ist im weiteren Verlauf des Referates über die besondere Stellung des Rabbiners in Friedberg zu erfahren.[110a)]
Anhand des Statutenbuches der Friedberger jüdischen Gemeinde aus dem Jahre 1664 erläuterte der Lehrer der jüdischen Gemeinde, Heinrich Ehrmann, 1909 die gerichtliche Verfassung des auch für Heldenbergen zuständigen Friedberger Rabbiners: "...Der Rabbiner war der Gerichtsherr, der Av-bes-din, d.i. Vater des Gerichts, er war für alle Zivilprozesse zuständig... Als Rechtsquelle dienten in der Hauptsache der 'Choschen mischpot', d.h. Brustschild des Rechts und der 'Eben haeser', d.i. Stein der Hilfe, die beiden letzten Teile des Schulchan Aruch...Als Strafarten kamen nur Geldstrafen, die 'Ausrufung', eine Art kleiner Bann, und dann der Bann selbst in Betracht. Prügelstrafe oder Gefängnis waren bei den deutschen Juden nie üblich. Neben der Milde hatte die jüdische Rechtspflege noch manche Vorzüge: die Öffentlichkeit, Mündlichkeit, Unentgeltlichkeit und Promptheit des Verfahrens und die sprichwörtliche Integrität der Richter. Kein Wunder, daß der Jude für sein Recht sehr eingenommen war."[110b)]
Zu den einzelnen Friedberger Rabbinern ist in der Literatur zur jüdischen Gemeinde Friedberg näheres zu erfahren.
Das Rabbinat Friedberg, das im Mittelalter so große Bedeutung besessen hatte, erlosch mit dem Tode des Rabbiners Feibesch Frankfurter im Jahre 1841. Friedberg wurde dem Rabbinat Gießen, Rabbiner Dr. Levi, unterstellt.[110c)]

Oberrabbiner Dr. Benedikt Samuel Levi

So wurde im Jahre 1842 der Rabbiner in Gießen für die jüdische Gemeinde Heldenbergen zuständig, dies war Dr. Benedikt Samuel Levi, der bereits seit 1829 als Rabbiner tätig war, seinem Sprengel wurden 1842 sämtliche Gemeinden der Provinz Oberhessen unterstellt, das waren die Landratsbezirke Gießen, Friedberg, Alsfeld, Lauterbach und Büdingen.
Als Aufgaben eines Rabbiners im Großherzogtum Hessen sind insbesondere zu nennen: "Entscheidungen über Ritualfragen, Approbation und Autorisation der Schächter und Thorarollenschreiber, die Vornahme von Trauungen, die Predigt und das Lehramt, die Leitung der inneren Einrichtung des Kultus und Ritus....".[110d)]
Bis zum Jahre 1896 war er also 45 Jahre lang auch für die jüdische Gemeinde Heldenbergen zuständig. Im April 1899 starb Rabbiner Dr. Levi in Gießen im Alter von 92 Jahren.[110e)]
Nachdem Rabbiner Dr. Levi in den Ruhestand getreten war, trat eine Trennung innerhalb des Rabbinats ein. Am 1. Mai 1897 forderte die Großherzogliche Provinzial Direction Oberhessen alle jüdischen Gemeindevorstände auf zu entschließen, "ob sie sich der gemäßigt liberalen Richtung des Judentums (Rabbiner Dr. Sander) oder der orthodoxen Richtung (Rabbiner Dr. Hirschfeld) anschließen wollen, unbeschadet des Rechts der einzelnen Gemeindeangehörigen, für sich und ihre Familienmitglieder die Amtstätigkeit des ihrer religiösen Richtung am nächsten stehenden Rabbiners in Anspruch zu nehmen."[110f)] 35 Religionsgemeinden schlossen sich dem Rabbiner der liberalen Richtung an und 39 Gemeinden dem der orthodoxen Richtung. Beide Rabbiner führten den Titel "Grossherzoglicher Provinzialrabbiner in der Provinz Hessen".[110g)]
Heldenbergen entschied sich für den Rabbiner der orthodoxen Richtung und das war Provinzialrabbiner Dr. Hirschfeld.

Provinzialrabbiner Dr. Leo Hirschfeld

Rabbiner Dr. Leo Hirschfeld wurde am 28. 5. 1867 in Posen geboren. Seine rabbinischen Studien absolvierte er in Berlin, wo er auch promovierte. 1895 nahm er, noch nicht dreißigjährig, seine erste Stelle als Führer der orthodoxen Gemeinde israelitische Religionsgesellschaft Gießen an. 1897 wurde er zum Großherzoglichen Provinzialrabbiner für die Provinz Oberhessen ernannt.[110h)] 1918 beerdigte er in Heldenbergen Ferdinand Rothschild.
Beim 50jährigen Lehrerjubiläum von Leopold Wertheimer hielt Rabbiner Dr. Hirschfeld die Festpredigt in der Heldenberger Synagoge.[110i)]
1923 sprach Rabbiner Dr. Hirschfeld in Heldenbergen anläßlich der Einweihung des Kriegerdenkmals für die gefallenen Soldaten des 1. Weltkrieges.
In einem Nachruf über den Rabbiner Dr. Hirschfeld ist zu lesen: "...Konnte Rabbiner Dr. Hirschfeld in den letzten Jahren auch nicht mehr so oft in die Landgemeinden seines Bezirkes kommen, so sammelte er doch fast wöchentlich die Lehrer seines Rabbinatsbezirkes in seinem Hause bei Shiurim, Fortbildungskursen, Aussprachen und blieb so mittels der Lehrer, die in Oberhessen fast durchwegs noch treu zur Tradition halten, auch mit den Gemeinden in enger Fühlung. Eine kernige, imposante Erscheinung, auch schon nach außen durch Kleidung und würdevolle, fast feierliche Haltung ...genoß Rabbiner Dr. Hirschfeld große Verehrung weit über seine Gemeinde hinaus, ja auch in nichtjüdischen Kreisen. Ein Meister des Wortes, liebte er es, den Gedankenbau mit einer blumigen poetischen Sprache zu umkleiden, die oft große Wirkungen erzielte. Er konnte von der Kanzel seine Donnerstimme erheben, wenn es galt, seinen Gemeinden in Gewissen zu reden, Fehler zu rügen, Übel abzustellen; er konnte aber auch weiche poetisch verklärte Töne anschlagen, wenn er als Mensch zu dem Menschen sprach, wenn er bei festlichen Anlässen oder bei Familienfeierlichkeiten, zu denen der Rabbiner als Freund herangezogen wurde, sich mit Geist und Humor als liebenswürdiger Gesellschafter bewährte...".[110j)]
Im Alter von 66 Jahren starb er am 20. September 1933 in Gießen. Die Tochter Trude des Provinzialrabbiners Hirschfeld wurde gewaltsam verschleppt und ermordet, während die beiden anderen Töchter ihr Leben durch Flucht ins Ausland retten konnten.[110k)] Tochter Hannah lebt in Israel und stellte freundlicherweise das nebenstehende Foto ihres Vaters zur Verfügung.

Rabbiner Dr. Sander

Nachdem die orthodoxe Rabbinerstelle durch den Tod von Rabbiner Dr. Hirschfeld verwaist war, betreute Dr. David Sander, seit 1897 der Provinzialrabbiner der liberalen Richtung, auch die orthodoxen Gemeinden bis zu seinem Tode im Jahre 1939.[110l)]

1909 Max Speier, L. Hermann. Vermögen 4 800 Mark
1911 J.Hermann - Vermögen 4 300 Mark
1913 Max Speier - 5 000 Mark
1924/25 Chewra Kadischa II mit 6 Mitgliedern, Vorstand war A(braham) Rothschild.[93)]

Diese drei Vereine zusammen bilden im Jahre 1907 zugleich den Verein gegen Wanderbettelei.[94)]

Minjan-Verein

Im Jahre 1909 und auch 1911 wird ein Minjan-Verein GEMILUTH CHASODIM - das bedeutet Wohltätigkeit für Fromme - angegeben, der unter der Verwaltung des Gemeindevorstandes stand.[95)]

Verein zur Beschaffung ritueller Kost für Soldaten
Dieser Verein wurde in Heldenbergen sicherlich im Zusammenhang mit der 1820 erfolgten Einführung der "Kriegsdienstpflicht der jüdischen Staatsbürger" gegründet. Das war "eine Vereinigung, durch die die jüdischen Gemeinden Oberhessens ihren in Gießen dienenden Söhnen koschere Verpflegung besorgten".[96)]
1899 ist der Gemeindevorstand als Vorstand des "Vereins zur rituellen Beköstigung für jüdische Soldaten" genannt.[97)]
1905 war Max Speier Vorstand.[98)]
1907 mit einem Etat von 850 Mark, ebenfalls Max Speier[99)]
1909 stand der Verein wieder unter Verwaltung des Gemeindevorstands mit einem Vermögen von 900 Mark.[100)]
1911 Vermögen 900 Mark[101)]
1913 Vermögen 900 Mark[102)]
Der Verein zur rituellen Beköstigung hatte sich in seinen Zielsetzungen während des Ersten Weltkrieges realisiert.
Er trat noch einmal als "Israelitischer Soldatenverein" in Erscheinung, der in der Synagoge nach dem Ende des Krieges 1918 eine Gedenktafel aus Marmor stiftete zum Andenken an die drei Kriegsgefallenen der jüdischen Gemeinde Heldenbergen Adolf Speier, Albert Rothschild und Fritz Hermann.[103)]

Synagogenverschönerungsverein Heldenbergen
Dieser Verein wurde im Jahre 1870 gegründet zur, wie der Name schon sagt, Verschönerung der Synagoge.[104)]
Von 1899 - 1903 war der Lehrer Wertheimer Vorsitzender.
1905 Max Speier
1906 hatte der Verein 20 Mitglieder.[105)]
1907 bei einem Etat von 1 000 Mark hatte wieder Lehrer Wertheimer den Vorsitz.
Im Jahre 1908 scheint eine Renovierung der Synagoge vorgenommen worden zu sein, da
1909 der Etat nur noch 100 Mark betrug, bei Vorsitz von Lehrer Wertheimer.
1911 Lehrer Wertheimer und Simon Strauß waren gemeinsam der Vorstand.
1913 Lehrer Wertheimer, bei 200 Mark Vermögen
1924/25 hatte der Synagogenverschönerungsverein 18 Mitglieder mit dem Vorstand Siegmund Sichel.[106)]

Jüdischer Jugendverein
In den zwanziger Jahren gab es einen Jüdischen Jugendverein Heldenbergen, zu dem auch Emil Haas unter anderen gehörte. Die Jugendlichen trafen sich zur Freizeitgestaltung auch mit anderen jüdischen Jugendvereinen, so zum Beispiel mit dem Verein Friedberg, zu dem auch durch den Schulbesuch einige Kontakte bestanden. Manchmal führte dieser Jüdische Jugendverein auch innerhalb der jüdischen Gemeinde kleine Theaterstücke auf.[107)]

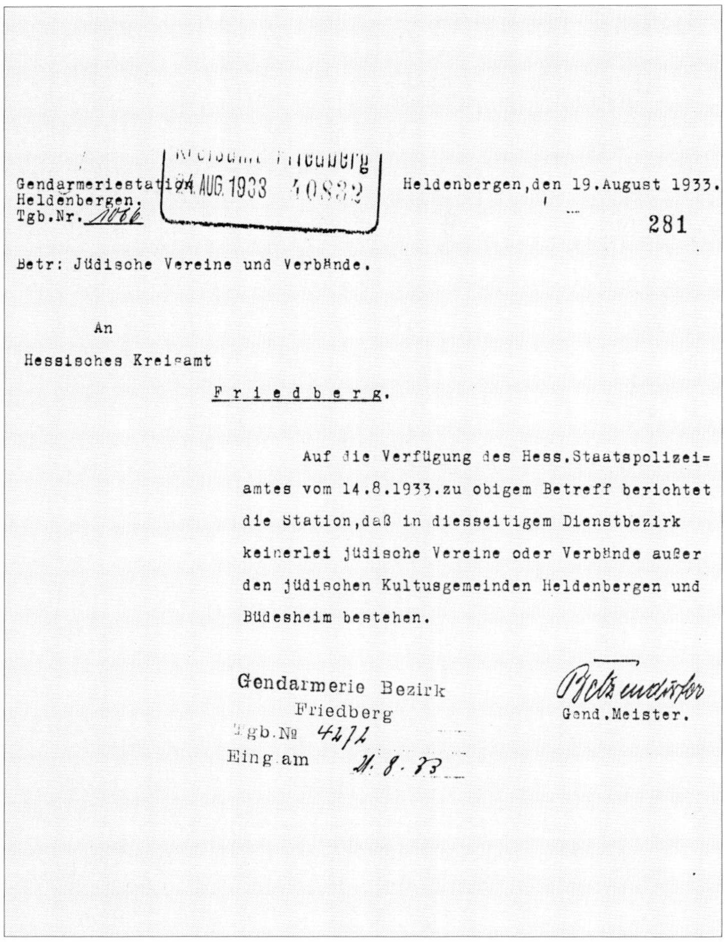

Kreisamt Friedberg 24.AUG.1933 40832

Gendarmeriestation Heldenbergen.
Tgb.Nr. 1066

Heldenbergen, den 19. August 1933.

281

Betr: Jüdische Vereine und Verbände.

An
Hessisches Kreisamt
Friedberg.

Auf die Verfügung des Hess. Staatspolizeiamtes vom 14.8.1933. zu obigem Betreff berichtet die Station, daß in diesseitigem Dienstbezirk keinerlei jüdische Vereine oder Verbände außer den jüdischen Kultusgemeinden Heldenbergen und Büdesheim bestehen.

Gendarmerie Bezirk Friedberg
Tgb.№ 4272
Eing.am 21.8.33

Boltzendörfer
Gend.Meister.

Schreiben der Gendarmerie Heldenbergen vom 19.8.1933

Mit Schreiben vom 19. August 1933 berichtete die Gendarmeriestation Heldenbergen, daß "in diesseitigem Dienstbezirk keinerlei jüdische Vereine ... bestehen."[108)]

Das Schadchen und die israelitischen Bälle - jüdische Heiraten

Vor allem in den kleinen jüdischen Gemeinschaften gab es häufig kaum Gelegenheit, geeignete Heiratsbewerber zu finden. Auch durch die starke Abwanderung besonders der jungen jüdischen Männer zur Ausbildung in die größeren Städte sanken die Heiratsaussichten der jüdischen Mädchen deutlich. Hier setzte dann der gute Nachrichtendienst in jüdischen Kreisen ein oder aber "das Schadchen".

Das Schadchen war schon fast eine Institution zu nennen: es war ein gewerblicher Heiratsvermittler, dessen Hauptarbeitsfeld auf dem Lande lag und mit Hilfe dessen eine Vielzahl der jüdischen Ehen zustande kam. Dadurch ist auch zu verstehen, daß eine beträchtliche Anzahl der jüdischen Ehefrauen aus weiter entfernt liegenden Ortschaften stammte. Von der Arbeitsweise und den Arbeitsgrundsätzen eines Schadchens ist nicht viel bekannt. Da die jüdischen Ehen sich als relativ stabil erwiesen, mußte das Schadchen wohl mit besonderem Geschick die passenden Brautleute und deren Familien zusammengeführt haben. Ein Vermittlungspreis wurde festgelegt, außerdem mußte der von Seiten der Frau in die Ehe einzubringende Besitz geklärt werden. Es wurde dann davon gesprochen, daß eine Beziehung "geschadchet" sei. Die Heirat selbst wurde dann von den Vätern in einem Kaffeehaus besiegelt.

Heirat von Michael Scheuer im koscher geführten Hotel "Zum Adler" in Bad Nauheim - 1909

Bei der Größe der jüdischen Gemeinschaft in Heldenbergen fand auch eine Anzahl der Heiraten untereinander in Heldenbergen ohne die Vermittlung eines Schadchens statt. Zum guten Ton gehörte es aber durchaus für bessergestellte Familien, nach auswärts zu heiraten. Des öfteren kam es auch vor, daß zwei Schwestern zwei Brüder heiraten.

Zu den jüdischen Heiratsgewohnheiten gehörte es allgemein, daß die Eltern der Braut eine hohe Geldeingabe mit in die Ehe gaben, was dann meist für den Bräutigam die Grundlage einer Geschäftsgründung sein konnte. Dazu wird noch heute als Redewendung in Heldenbergen erzählt: "Wie hat die Tochter zum Vater gesagt? Vater, gib 'ne Mark mehr, es ist doch so ein schöner Bub!" [109)]

Konnten die Eltern eines Mädchens diese Summen nicht aufbringen, so wurde von der gesamten jüdischen Gemeinschaft dafür gesammelt, so in Heldenbergen noch in den zwanziger Jahren geschehen.

"Unsere jüdische Nachbarin rief immer aus, wenn sie zu uns kam, meine Eltern hatten zwei Buben: 'Welch Segen Gottes - zwei Buben! Wir müssen vier Mädchen unter die Haube bringe'". [110)]

Es kam auch einmal um 1920 in Heldenbergen vor, daß ein Bräutigam mit der sehr hohen Aussteuer durchbrannte und die Braut versetzte.

Zur Jahrhundertwende scheinen die Schadchen zunehmend verschwunden zu sein. Statdessen richtete man in regelmäßigen Abständen "Bälle für die israelitische Jugend" aus, von den Nichtjuden "Judenbälle" genannt. Die Absicht bestand darin, potentielle Heiratskandidaten kennenlernen zu können. Dabei standen nun die Betroffenen selber mehr im Vordergrund, als das bei der Vermittlung durch das Schadchen der Fall war. In Heldenbergen fanden diese Bälle immer im Hessischen Hof beim Pauly statt. In der Windecker Zeitung war so im Oktober 1910 zu lesen: "Heldenbergen. Für nächsten Dienstag plant die hiesige israelitische Jugend einen 'Ball' in den Räumen des hessischen Hofes."[111)] Ein alter Herr erinnerte sich: "Alle paar Jahre gab es einen Judenball mit Musik und Tanz beim Pauly. Da waren die Juden unter sich. Diese Bälle waren nicht nur hier, sondern auch woanders, dann wurden die Heldenberger Juden dorthin eingeladen." "Mein Schwiegervater hat mal bei so einem Ball gekellnert, es ging dort sehr vornehm zu, er erzählte uns dann: 'Einen zufriedenen Bauern und einen besoffenen Juden werdet ihr nie finden'."[112)]

Eine Ehe mit einem Christen war nicht vorstellbar und von keiner Seite gewünscht. 1814 wurden sogar, "da die Ehebündnisse zwischen Christen und Juden ... mit dem verschiedenen Geiste der beiderseitigen Religions-Grundsätze sich nicht vertragen ..." diese untersagt.[113)]

In Heldenbergen ist eine jüdisch-christliche Eheschließung im Jahre 1908 erfolgt: Frieda Grünewald heiratete den Christen Johann Heinrich Reinhard. In beiden Familien herrschten große Nöte über diese Heirat. Das Ehepaar verzog sofort nach der Eheschließung nach Hanau. In Heldenbergen selbst hätte sich eine solche jüdisch-christliche Ehe wohl zu keiner Zeit halten können.

Die Namensgebung

Die Wahl der Vornamen, die die Eltern jüdischer Kinder in Heldenbergen auswählten, zeigt recht deutlich die immer stärkere Assimilation der Juden.

In den Jahren 1809 und 1810 sind als Vornamen für Jungen überwiegend biblische Namen zu finden: Moses, Aron, Nathan, Jacob, Abraham, Samuel, Baruch, aber auch Seligmann und Kaufmann.

Die Mädchen erhielten in dieser Zeit ebenfalls biblische Namen, aber in der jiddischen Koseform oder aber klangvolle jiddische Namen, die liebenswürdige Eigenschaften oder Vergleiche mit Vögeln und Blumen variierten. In Heldenbergen nannten die jüdischen Eltern in den Jahren 1809 und 1810 ihre Töchter: Märle, Schaible, Jüdle, Hendle, Jendche, Bernge, Hermele, Güttchen, Blümchen, Berle, Röschen, Jettchen, Midala.

Allein durch ihre Vornamen waren so die jüdischen Kinder klar von den christlichen Kindern unterschieden.

Mit der Gleichberechtigung der Juden als deutsche Staatsbürger jüdischen Glaubens änderten sich auch deutlich die Vornamen der jüdischen Kinder.

Ein Blick in das Geburtsregister von 1876 weist für Heldenberger jüdische Jungen häufig betont deutsche Namen nach: Hermann, Rudolph, Otto, Adolph, Gustav, Max. Aber die eher jüdischen Vornamen sind auch vertreten: Simon, Abraham, Isidor, Siegmund, Samuel, Moses, Jakob, Joseph, David.

Bei den Kindern, die einen eher jüdischen Namen von ihren Eltern bekommen hatten, ist allerdings festzustellen, daß hier in späterer Zeit häufig Umbenennungen vorkamen, oft unter Beibehaltung des ersten Buchstabes .

So wurde aus Baruch Bernhardt, aus Isaak Julius, aus Moses Moritz, aus Daniel Theo, aus David Theo, aus Simon Ernst, aus Kandgen Gretchen.

Mir ist nur ein umgekehrter Fall bekannt: Hermann Schatzmann nannte sich nach seinem Onkel in späteren Jahren Simon.

Nach 1900 verschwanden auch in der offiziellen Namenwahl die jüdischen Namen immer mehr, sie erscheinen in den Geburtsregistern nur noch ganz vereinzelt. Die jüdischen Kinder in Heldenbergen wurden jetzt genannt: Hans, Manfred, Kurt, Richard, Moses, Alfred, Arthur, Max, Julius und die Mädchen: Cilli, Jenny, Ida, Rosa, Paula, Hedwig, Hertha, Blanka, Sitta.

Die jüdischen Friedhöfe

Beerdigung der Heldenberger Juden auf dem jüdischen Friedhof in Windecken

Seit dem Bestehen der jüdischen Gemeinde Heldenbergen um das Jahr 1500 bestatteten die Juden ihre Toten auf dem jüdischen Friedhof von Windecken, der im Jahre 1497 angelegt worden war.[114)] Philipp Graf von Hanau bestimmte in der Urkunde zur Genehmigung der Anlage eines jüdischen Friedhofes in Windecken: "Sonderlich ist abgeraten, daß Juden, die nicht in Windecken seßhaftig sind, zum Begräbniß gebracht werden. Sollte

Beerdigungen auf dem alten jüdischen Friedhof am Kellerberg

Folgende Namen von Verstorbenen lassen sich für die Zeit der Nutzung des Friedhofs am Kellerberg in den Jahren 1818 - 1882 nach den verschiedenen jüdischen Personenstandsregistern benennen.[127)]

Aron Kaichen, 70 Jahre, 2. 9. 1818
Aron Rotschild, 16. 6. 1820
Jettchen Ballin, 2 Jahre, 19. 4. 1820
Blümche Rotschild, 4 Jahre, 21. 12. 1820
Samuel Rotschild, 4 Monate, 3. 4. 1821
Abraham Schmuhl Rotschild, 79 Jahre, 5. 4. 1822
Samuel Rotschild, 15 Jahre, 10. 6. 1822
Baruch Rotschild, 8. August, 1822
Samuel Rotschild, 11 Monate, 5. 11. 1822
Michel Ballin-Oppenheimer, 43 Jahre, 25. 2. 1823
Jakob Neuhaus, 18 Jahre, 18. 5. 1823
Johanna Ballin Oppenheimer 37 Jahre 6. 8. 1823
Mayer Oppenheimer, 5 Monate, 18. 10. 1824
Sannchen Rotschild, 35 Jahre, 8. 12. 1824
Mehlegen Oppenheimer, 7 Jahre, 14. 12.1824
Lendel Sichel, 58 Jahre, 15. 2. 1825
Blümchen Rotschild, 3 Jahre, 19. 7. 1825
Moses Oppenheimer, 19 Jahre, 14. 8. 1825
Helene Rotschild, 5 Jahre, 15. 10. 1825
Ruben Scheuer, 6 Jahre, 20. 8. 1825
Abraham Ballin-Oppenheimer, 5 Jahre, 26. 8. 1825
Levy Speier, 1 Jahr, 20. 1. 1826
David Speier, 11 Wochen, 29. 4.1826
Hannchen Scheuer, 10 Tage, 2. 1. 1827
Abraham Scheuer, 65 Jahre, 18. 8. 1827
Feist Rotschild, 65 Jahre, 11. 12. 1827
Moses David Speier, 80 Jahre, 24. 12. 1829
Samuel Rotschild, 18 Wochen, 25. 7. 1830
Mutter des Samuel Hirsch Rotschild 8. 2. 1830
Dely Strauß (Himbach), 9. 4. 1830
Löw Stern, 8. 7. 1830
Händle Kaichen, 18. 7. 1830
Simon Scheuer, 10. 12. 1830
Moses Speier, 1 Jahr, 18. 12. 1830
Röschen Scheuer, 4. 11. 1830
Pflegekind des Levi Sichel, 8. 11. 1830
Gütle Stern, 3. 11. 1830
Moses Stern, 6. 11. 1830
Frau Abraham Neuhaus, 59 Jahre, 15. 2. 1832
Abraham Neuhaus, 74 Jahre, 10. 6. 1832
Moses Grünewald, 15 Jahre, 12. 7. 1832
Caroline Sichel, 17 Wochen, 24. 8. 1832
Lazarus Mayer, 10 Tage, 15. 12. 1832
Abraham Rotschild, 11 Wochen, 8. 1. 1833
Lämmel Scheuer, 30 Jahre, 10. 3. 1833
Beß Speier, 7 Jahre, 30. 4. 1833
Süßmann Hirsch Strauß, 75 Jahre, 16. 6. 1833
Baruch Kaichen, 58 Jahre, 8. 9. 1833
Frommel Stern, 35 Jahre, 9. 9. 1833
Abraham Scheuer, 49 Jahre 17. 9. 1833
Meyer Meyer, 5 Jahre, 9. 10. 1833
Witwe des Abraham Scheuer, 73 Jahre, 4. 12. 1833
Isaak Stern, 36 Jahre, 13. 1. 1834
Minka Speyer, 76 Jahre, 14. 3. 1834
Michael Hirsch, 7 Jahre, 25. 4. 1834
Kendel Rotschild, 31 Jahre, 12. 10. 1834
Jette Steinheimer, 6. 2. 1836
Gabriel Stern, 2 Jahre, 12. 3. 1835
Jakob Hirsch, 4 Wochen, 19. 11. 1835
Hendelchen Gerson, 3/4 Jahr, 15. 3. 1836
Bettchen Sichel, 1/4 Jahr, 1. 4. 1836
Abraham Rotschild, 4 Jahre, 20. 7. 1836
Ehefrau Moses Sichel, 36 Jahre, 27. 12. 1837
Meyer Rotschild I, 48 Jahre, 17. 12. 1836
Karolina Kaichen, 2 Jahre, 18. 5. 1838
Ehefrau Jakob Scheuer I, 40 Jahre, 4. 11. 1838
Jakob Ballin-Oppenheimer I, 25 Jahre, 13. 1. 1839
Regina Grünewald 54 Jahre, 22. 3. 1839
Markus Grünewald, 14. 5. 1840
Ehefrau Moses Grünewald, 22. 1. 1841
Emanuel Schatzmann, 3 Jahre, 23. 9. 1840
Ehefrau Samuel Scheuer I, 21. 2. 1841
Helene Scheuer, 86 Jahre, 17. 8. 1841
Samuel Scheuer, 93 Jahre, 15. 12. 1841
Ehefrau David Speyer, 38 Jahre, 6. 1. 1841
Moses Kaichen, 13. 4. 1841
Käthchen Rothschild , 6 Jahre, 22. 1. 1842
Sohn von Jakob Scheuer II., 5 Monate 17. 5. 1842
David Kaichen I, 72 Jahre, 10. 10. 1842
Markus Grünewald, 1 Jahr, 28. 11. 1842
Elisa Scheuer, 50 Jahre, 31. 12. 1842
Fradchen Rothschild, 3 Jahre, 10. 1. 1843
Löb Scheuer I, 82 Jahre, 3. 4. 1843
Sohn von Dotteres Rothschild III, 1 Jahr 7. 4. 1843
Tochter von David Grünewald, 2 Jahre 12. 4. 1843
Jachil Grünewald, 5 Jahre, 4. 5. 1843
Sohn von Samuel Mayer, 8 Monate, 24. 5. 1843
Mina Scheuer, 25 Jahre, 2. 1. 1844
Sohn von Seligmann Scheuer 3/4 Jahr 6. 2. 1844
Jakob Scheuer IV, 23 Jahre, 19. 3. 1844
Sohn von Samuel Mayer, 13 Tage, 10. 3. 1844
Witwe Baruch Kaichen, 70 Jahre, 5. 3. 1845
Hennel Hermann, 60 Jahre, 12. 4. 1845
Vegel Ballin-Oppenheimer, 56 Jahre, 3. 5. 1845
Sohn von Kaufmann Kaichen, 4 Jahre, 28. 5. 1845
Bätta Rothschild, 76 Jahre, 22. 2. 1846
Sohn von Dotteres Rothschild III, 2 Jahre, 13. 6. 1845
Sohn von Aron Speier, 3 Wochen, 14. 2. 1846
Lätta Rothschild, 76 Jahre, 22. 2. 1846
Nanetta Scheuer, 6 Monate, 30. 5. 1846
Abraham Scheuer III, 32 Jahre, 17. 6. 1846
Abraham Scheuer, 6 Monate, 2. 8. 1846
Bette Speier, 30 Jahre, 9. 8. 1846
Moses Schatzmann, 8 Jahre, 28. 10. 1846
Sohn von Simon Ballin-Oppenheimer II, 4 Jahre, 26. 11. 1846
Sohn von Löb Speier, 18 Wochen 21. 12. 1846
Tochter von Samuel Meyer, 16 Jahre, 10. 1. 1847
David Speier, 60 Jahre, 29. 4. 1847
Sohn von Kaufmann Kaichen I, 1 Jahr, 8. 6. 1848
Israel Scheuer, 25 Jahre, 11. 7. 1848
Mina Rothschild, 8 Jahre, 24. 8. 1848
Jakob Scheuer, 16 Jahre, 29. 12. 1848
Jetchen Rothschild, 5 Monate, 7. 1. 1849
Seligmann Scheuer I, 58 Jahre, 11. 1. 1849
Veist Rothschild, 14 Jahre, 13. 1. 1849
Abraham Rothschild, 30 Jahre, 28. 1. 1849
Moses Speier, 57 Jahre, 13. 2. 1849

Grabsteine auf dem alten jüdischen Friedhof am Kellerberg

Karolina Rothschild, 47 Jahre, 25. 2. 1849
Abraham Hirsch, 59 Jahre, 15. 4. 1849
Dotteres Rothschild II, 64 Jahre, 8. 6. 1849
Witwe von Seligmann Scheuer I , 5. 4.1850
Jakob Hermann, 72 Jahre, 12. 6. 1850
Wolf Scheuer, 4 Wochen, 9. 7. 1850
Henrietta Rothschild, 66 Jahre, 10. 9. 1850
Simon Ballin-Oppenheimer II, 34 Jahre, 16. 8. 1850
Johanette Speier, 24 Jahre, 15. 2. 1851
Moses Stern, 25 Jahre, 5. 3. 1851
Meile Strauß, 72 Jahre, 6. 4. 1851
Abraham Speier, 18 Wochen, 3. 7. 1851
Mina Sichel, 56 Jahre, 8. 8. 1851
Pfanni Ballin-Oppenheimer, 1/2 Jahr, 3. 1. 1852
Leue Scheuer, 75 Jahre, 14. 11. 1852
Bettchen Speier, 44 Jahre, 10. 12. 1852
Tochter David Rothschild III., 8 Tage, 1. 3. 1853
Kaufmann Kaichen I., 56 Jahre, 26. 3. 1853
Moses Ballin Oppenheimer, 4 Jahre, 28. 6. 1853
Dottres David Rothschild I, 68 Jahre, 26. 9. 1853
Hanchen Rothschild, 60 Jahre, 20. 11. 1853
David Rothschild I, 72 Jahre, 11. 12. 1853
Adolf Kuttnauer, 3/4 Jahr, 11. 12. 1853
Matäus Rothschild, 28 Jahre, 23. 12. 1853
Sprinz Gerson, 54 Jahre, 16. 10. 1854
Elisa Steinheimer, 8 Wochen, 25. 11. 1854
Hanchen Rothschild, 4 Jahre, 1. 4. 1855
Klara Scheuer, 45 Jahre, 4. 9. 1855
Pfanny Stein, 3 Jahre, 23. 12. 1855
Jettchen Kaichen, 2 Jahre, 19. 1. 1856
Herz Ballin-Oppenheimer, 80 Jahre, 13. 4. 1856
Nathan Grünewald, 84 Jahre, 27. 6. 1856
Michel Scheuer, 45 Jahre, 10. 8. 1856
Isaak Schatzmann, 15 Jahre, 15. 10. 1856
Brandle Haas, 85 Jahre, 9. 1. 1857
Tochter von Isaak Rothschild, 1 Tag, 31. 1. 1857
Hannchen Rothschild, 24 Jahre, 3. 2. 1857
Moses Speier, 1 Jahr, 20. 2. 1857
Schanett Rothschild, 46 Jahre, 24. 2. 1857
Tochter von David Rothschild III., 1/2 Stunde, 7. 4. 1857
Dotteres Rothschild, 1 Jahr, 13. 5. 1857
Abraham Sichel, 64 Jahre, 27. 7. 1857
Simon Steinheimer, 79 Jahre, 4. 1. 1858
Johanna Rothschild, 37 Jahre, 9. 11. 1858
Amalie Steinheimer, 81 Jahre, 2. 6. 1859
Bettchen Sichel, 51 Jahre, 24. 9. 1859
Sara Scheuer, 46 Jahre, 23. 11. 1859
Dotteres Haas, 88 Jahre, 20. 5. 1860
Gella Rothschild, 65 Jahre, 8. 6. 1860
Karolina Rothschild, 1 Jahr, 30. 10. 1860
Wolf Stern, 78 Jahre, 10. 12. 1860
Louche Steinheimer, 47 Jahre, 11. 12. 1860
Sara Kaichen, 3 Jahre, 3. 2. 1861
Dotteres Faist Rothschild III, 54 Jahre, 26. 4. 1861
Malchen Grünewald, 6 Tage, 14. 5. 1861
Abraham Scheuer, 20 Jahre, 16. 5. 1861
Janetta Steinheimer, 38 Jahre, 26. 6. 1862
Nathan Grünewald, 53 Jahre, 17. 7. 1862
Jakob Scheuer III, 78 Jahre, 19. 11. 1862
Löb Stern, 2 Jahre, 1. 2. 1863
Fanny Rothschild, 28 Jahre, 8. 3. 1863
Mina Rothschild, 7 Jahr, 12. 3. 1863
Samuel Rothschild, 3/4 Jahr, 26. 4. 1863
Bettchen Scheuer, 2 Jahre, 13. 11. 1863
Bettchen Rothschild, 3 Wo. 20. 3. 1864
Sara Rothschild, 3 Monate, 11. 4. 1864
Samuel Hirsch Rothschild, 67 Jahre, 12. 7. 1864
David Speier II, 36 Jahre, 25. 7. 1864
Regina Grünewald, 20 Jahre, 15. 1. 1865
Löb Speier, 44 Jahre, 30. 1. 1865
Moses Steinheimer, 13 Jahre, 31. 1. 1865
David Kaichen, 58 Jahre, 1. 4. 1865
Sara Strauss, 4 Jahre, 17. 6. 1865
Isaak Rothschild, 21 Jahre, 3. 8. 1865
Wolf Sichel, 27 Jahre, 17. 9. 1865
David Rothschild, 8 Jahre, 13. 12. 1865
David Speier I., 75 Jahre, 5. 1. 1866
Hannchen Herrmann, 10 Wochen, 27. 1. 1866
Madel Speier, 84 Jahre, 6. 4. 1866
Malchen Kaufmann (Kaichen), 54 Jahre, 1. 6. 1866
Markus Grünewald, 20 Jahre, 14. 8. 1866
Arnold Scheuer, 11 Monate, 21. 8. 1867
Abraham Speier, 69 Jahre, 26. 10. 1867
Hermann Ballin-Oppenheimer, 10 Jahre, 3. 3. 1868
Kathinka Ballin-Oppenheimer, 4 Jahre, 18. 12. 1868
Kathinka Strauss, 5 Monate, 9. 2. 1869
Hannchen Speier, 34 Jahre, 21. 2. 1869
Isaak Scheuer, 29 Jahre, 17. 8. 1869
Hannchen Gotthelf, 53 Jahre, 9. 11. 1869
Kaufmann Kaichen II, 58 Jahre, 29. 12. 1870
Jakob Ballin-Oppenheimer, 56 Jahre, 22. 1. 1871
Hannchen Herrmann, 48 Jahre, 2. 4. 1871
Wolf Scheuer, 15 Tage, 30. 4. 1871
Mayer Rothschild, 86 Jahre, 23. 7. 1871
Mina Scheuer, 33 Jahre, 22. 8. 1871
Tochter des Lehrer Wertheimer, 1 Stunde, 26. 10. 1871
Jacob Scheuer III., 65 Jahre, 3. 1. 1872
Samuel Grünewald, 80 Jahre, 5. 2. 1872
Mathilde Speier, 10 Monate, 3. 4. 1872
Jakob Karl Wertheimer, 13 Tage, 22. 10. 1872
Wolf Scheuer, 73 Jahre, 17. 4. 1873
Isidor Speier, 3 Jahre, 29. 8. 1873
Jesel Speier, 53 Jahre, 11. 10. 1873
Esther Sichel, 75 Jahre, 14. 2. 1874
Jannette Grünewald, 66 Jahre, 18. 2. 1874
Bettine Speier, 11 Monate, 4. 3. 1874
Fanny Rothschild, 32 Jahre, 8. 4. 1874
Bule Lemberger, 73 Jahre, 18. 9. 1874
Babetta Speier, 10 Wochen, 10. 5. 1875
David Grünewald, 68 Jahre, 20. 7. 1875
Bettchen Grünewald, 75 Jahre, 5. 11. 1875
Simon Gerson, 81 Jahre, 1876
Fanny Grünewald, 64 Jahre, 4. 4. 1876
Hermann Ballin-Oppenheimer, 11 Tage, 3. 6. 1876
Jakob Scheuer II, 81 Jahre, 30. 11. 1876
Johanna Ballin-Oppenheimer, 2 Jahre, 25. 4. 1877
Tochter des Moses Strauß, 13 Jahre, 1. 12. 1877
Rosa Speier, 55 Jahre, 14. 12. 1877
Selma Sichel, 4 Monate, 25. 4. 1878
Jettchen Schatzmann, 23 Jahre, 5. 8. 1878
Hannchen Scheuer, 52 Jahre, 14. 10. 1878
Jakob Jakob, 54 Jahre, 24. 11. 1878
Kaufmann Grünewald, 74 Jahre, 12. 2. 1879
Aron Speier, 62 Jahre, 22. 2. 1879
Abraham Rothschild, 4 Tage, 8. 4. 1879
Paulina Scheuer, 7 Monate, 27. 4. 1880
Moses Gotthelf, 22 Jahre, 3. 7.1880
Karolina Goldschmidt, 31 Jahre, 28. 11. 1880
Rosa Sichel, 4 Monate, 1. 2. 1881
Elisa Speier, 72 Jahre, 26. 4. 1881
Moses Sichel, 81 Jahre, 29. 1. 1882
Theresia Stein, 77 Jahre, 18. 4. 1882

Blick auf den alten jüdischen Friedhof am Kellerberg. 1818 wurde der Friedhof angelegt und bis 1882 belegt. Foto 1950

dies doch geschehen, so verlangt der Graf eine bestimmte Gebühr."[115] Außer den Kosten pro Beerdigung mußten sich die Juden von Heldenbergen auch an "der jährlichen Zahlung am St. Martinstag im Winter einen Gulden in Gold"[116] beteiligen.

Noch im Jahre 1805 bestätigte die jüdische Gemeinde Windecken, daß die Heldenberger Juden in Windecken gegen Kosten beerdigt wurden.[117]

Der alte jüdische Friedhof am Kellerberg

Seit dem Jahre 1818 hatten die Juden von Heldenbergen ihren eigenen Begräbnisplatz am Kellerberg, dessen Gelände vorher zur Naßburg gehört hatte.[118]

Lageplanskizze aus dem "Dorfbuch Heldenbergen" zeigt die Lage des alten jüdischen Friedhofes am Kellerberg zwischen Raiffeisenstraße, Neugasse und der Büdinger Straße.

Bei dem Sterbeeintrag von Aron Rothschild vom 16. 6. 1820 ist vermerkt, "er war der Zweite auf hiesigem neuen Judenbegräbnis". Der Sterbevermerk davor war von Aron Kaichen, der am 2. 9. 1818 im Alter von 70 Jahren gestorben war.

Im Jahre 1919 wurde vom Vorsteher des Ortsgerichts Heldenbergen bestätigt, daß "die israelitische Gemeinde zu Heldenbergen das Grundstück Flur I Nr. 427 Judenbegräbnis das Ort, 808 qm, schon seit über Menschengedenken im Besitz hat."[119]

Der Zugang zum jüdischen Friedhof am Kellerberg befindet sich heute zwischen den Häusern Büdinger Straße 7 und 9, wobei das Haus Nummer 9 erst 1868 in einstöckiger Weise errichtet worden ist.[120]

Somit dürfte der heute recht schmale Weg zur Zeit der Nutzung dieses Friedhofes breiter gewesen sein.

Etwa zur selben Zeit wurde der neue katholische Friedhof angelegt, so daß also der letzte Weg eines jeden Heldenberger Einwohners, sei er Jude oder Christ gewesen, ein Stück durch die Büdinger Straße führte, denn der jüdische Friedhof lag nun rechts und der christliche Friedhof links der Straße. So bekam dieses

Besuch während der "Woche der Begegnung" 1988. Frühere jüdische Heldenberger suchen nach Gräbern ihrer Familien: Von links: Lotti und Theo Rothschild, Inge und Herbert Rothschild. Berthold Lichtenstein rechts im Bild

Stück Weg den Namen "das Totengäßchen" oder auch "die Totengasse".[121)] Dies änderte sich erst 1853, als der Eingang des christlichen Friedhofes an die Straße nach Kaichen verlegt wurde.

Der jüdische Friedhof am Kellerberg wurde bis zum April des Jahres 1882 benutzt. Seine Kapazität war durch das rasche Anwachsen der jüdischen Gemeinde schon nach wenigen Jahrzehnten erschöpft. Von 1818 bis zur Schließung 1882 verzeichnen die Sterberegister 243 jüdische Namen.

Die ältesten Steine im hinteren Teil des Friedhofes, wo die ersten Gräber angelegt worden waren, sind schon seit vielen Jahrzehnten in die Erde versunken, es waren meist Sandsteine mit ausschließlich hebräischen Inschriften. An einigen Stellen sind heute noch die oberen Kanten der Grabsteine in der Erde zu entdecken. In dem vorderen Drittel des Friedhofes sind noch etwa knapp zwanzig Steine erhalten, hier sind auch schon deutsche Inschriften unterhalb der hebräischen zu finden.

Die christliche Familie Franz hatte den Schlüssel für den Friedhof, das Gras wurde um die Jahrhundertwende mit der Sense für die Ziege gemäht, der Bub der Familie holte sich auch gerne die Zwetschen von den dort wachsenden Bäumen. Später wurde das Friedhofsgelände eingeebnet, um das Mähen zu erleichtern.[122)] Der Friedhof war, wie Bilder von etwa 1950 zeigen, mit einem einfachen Holzzaun umzäunt und von Obstbaumstücken umgeben, an einer Seite grenzt er an die Häuser der heutigen Raiffeisenstraße.

Heute umgrenzt ihn ein Drahtzaun. Begibt man sich auf den Friedhof und läßt eine Weile die Ruhe dieses Ortes wirken, so strahlt ein wenig von den beiden Polen eines jeden jüdischen Friedhofes herüber: Sinnbild der Vergänglichkeit alles Lebenden darzustellen und zum anderen Haus der Ewigkeit zu sein bis zum jüngsten Tag.

In der Nazizeit erlitt dieser Friedhof keinerlei Zerstörungen, weil "er unter dem Schutz der Bevölkerung stand", so der Heldenberger Bürgermeister Böhm nach 1945.[123)]

Der neue jüdische Friedhof an der Straße nach Kaichen

Als sich zeigte, daß der Friedhof am Kellerberg belegt sein würde, versuchte die jüdische Gemeinde Heldenbergen, ein neues Gelände für einen würdigen Totenplatz in Heldenbergen zu finden. Außerhalb des Dorfes auf der rechten Seite der Straße in Richtung Kaichen wurde am 11. 9. 1879 von der jüdischen Gemeinde ein Grundstück erworben.[124)] Die genaue Bezeichnung lautete: "Flur 7 - 2 - Judenbegräbnis am Römerpfad 704 qm".[125)]

Schon 1870 war vom Kreisamt Vilbel der neue "Judenfriedhof" besichtigt worden. Drei Jahre später sind für die Neuanlage des Judenfriedhofes 200 fl. bewilligt worden.[126)] Das neue Friedhofsgelände wurde eingefriedet mit einer mannshohen Mauer aus Naturbruchsteinen, die oben mit Platten abgedeckt war.

Samuel Scheuer berichtete: "Der neue Friedhof an der Landstraße nach Kaichen wurde im Jahre 1882 eingeweiht. Als erster wurde mein Großvater selig Samuel Mäyer, der in Engelthal geboren war und 83 Jahre alt wurde, dort zur letzten Ruhe gebracht."[126a)]

Ein einziges Bild ist von diesem Friedhof erhalten, es wurde nach 1928 aufgenommen und zeigt das Grab von Simon und Emma Strauß. Im Hintergrund ist das Grab von Henriette Schatzmann mit dem geschwungenen schwarzen Marmoraufsatz zu sehen, heute ist davon nur noch der Aufsatz auf dem wiederaufgebauten Friedhof erhalten. Die Grabsteine auf dem neuen Friedhof waren überwiegend aus Marmor, "schöne, moderne Grabmäler", beschrieb sie Paul Strauß. Sie standen auf hohen Sockeln, alle hatten hebräische Inschriften im oberen Bereich und kürzere deutsche, die vom Lehrer Wertheimer entworfen

Dies ist das einzige Foto des neuen jüdischen Friedhofs an der Straße nach Kaichen. Im Hintergrund ist die nach 1945 umstrittene Umfassungsmauer zu sehen. Aufnahme nach 1928

wurden. Nur der jüngste erhaltene Stein von Julchen Scheuer aus dem Jahre 1935 weist keine hebräische Inschrift auf, was wohl aus der politischen Situation dieser Zeit zu erklären ist. Ein kleiner Magen David, Davidsstern, weist auf die jüdische Identität des Verstorbenen hin.

Der Grabstein von Ferdinand Rothschild unterscheidet sich von den anderen Grabsteinen durch die dort abgebildeten segnenden Hände. Sie zeigen an, daß der Verstorbene ein Nachkomme des Stammvaters Aron, Bruder von Moses, des ersten Priesters, war.

Im Jahre 1891 sind die Gräber auf dem jüdischen Friedhof beschädigt worden. Es ist zu vermuten, daß dies im Zusammenhang gestanden hat mit Veranstaltungen des antisemitischen Bauernvereins unter Otto Böckel, die im Jahre 1891 in Windecken, Büdesheim und auch Kaichen stattgefunden hatten, wo es zu starken Auseinandersetzungen zwischen Antisemiten und deren Gegnern gekommen war (siehe S. 105). Die politische Gemeinde Heldenbergen ließ die beschädigten Gräber wieder in Ordnung bringen, was 30 Mark gekostet hatte. Außerdem erhielt der Friedhof ein eisernes Tor für 15 Mark.[128)] 1905 kaufte die israelitische Gemeinde als mögliches Erweiterungsgelände den neben dem Friedhof liegenden Acker in Größe von 695 qm für den jüdischen Friedhof. Aber zur Erweiterung sollte es nie kommen.[129)] Bis zum Jahre 1937 wurden dort 120 Menschen nach den Sterberegistern beerdigt, es standen also mit Sicherheit etwa hundert Grabsteine auf dem jüdischen Friedhof an der Straße nach Kaichen. Die letzte Beerdigung fand im Januar 1937 statt, als Arnold Rothschild aus der Burggasse 3 im Alter von 73 Jahren gestorben war.

Beerdigungen auf dem neuen Friedhof an der Straße nach Kaichen

Samuel Mayer, 83 Jahre, 16. 6. 1882
Gustav Goldschmidt, 3 Jahre, 17. 6. 1882
Rosa Speier, 2 Jahre, 11. 10. 1882
Amalie Kaichen, 70 Jahre, 1. 11. 1882
Markus Kaichen, 68 Jahre, 12. 3. 1883
Mina Speier, 51 Jahre, 6. 5. 1883
Mina Speier, 50 Jahre, 27. 6. 1883
Lazarus Stern, 27 Jahre, 9. 7. 1883
Rosa Grünewald, 2 Jahre, 14. 2. 1884
Babette Wertheimer, 43 Jahre, 18. 1. 1885
Jenny Scheuer, 4 Wochen, 14. 2. 1885
Samuel Rothschild, 72 Jahre, 29. 3. 1885
Sophie Kaufmann, 70 Jahre, 11. 9. 1885
Theresa Kaichen, 45 Jahre, 11. 1. 1886
Moses Mayer, 36 Jahre, 12. 6. 1886
Jeanetta Scheuer, 86 Jahre, 2. 7. 1886
Mina Strauß, 59 Jahre, 14. 8. 1887
Michael Rothschild, 18 Jahre, 22. 11. 1887
Moses Schatzmann, 1 Jahr, 12. 1. 1888
Jettchen Rothschild, 57 Jahre, 10. 3. 1888
Jettchen Rothschild, 52 Jahre, 6. 6. 1888
Bertha Goldschmidt, 30 Jahre, 10. 3. 1889
Hirsch Steinheimer, 76 Jahre, 2. 7. 1889
Abraham Rothschild II, 64 Jahre, 5. 1. 1890
David Rothschild, 19 Jahre, 6. 3. 1890
Hannchen Schatzmann,
82 Jahre, 20. 6. 1890
Meta Mina Ballin-Oppenheimer,
1/2 Jahr, 30. 10. 1890
Karoline Kaichen, 12 Jahre, 12. 1. 1891
Felix Rothschild, 2 Stunden, 10. 3. 1891
Joseph Rothschild, 14 Tage, 23. 3. 1891
Ferdinand Goldschmidt,
44 Jahre, 1. 5. 1891
Löb Oppenheimer, 73 Jahre, 11. 5. 1891
Eliezer Schatzmann, 88 Jahre, 30. 6. 1891
Joanette Ballin-Oppenheimer,
71 Jahre, 15. 9. 1891
Seligmann Scheuer II,
72 Jahre, 18. 12. 1891
Karoline König, 39 Jahre, 23. 3. 1892
Hannchen Rothschild,
60 Jahre, 19. 12. 1892
Siegmund Rothschild,
2 Jahre, 8. 1. 1893
Henrietta Steinheimer,
73 Jahre, 22. 1. 1893
Johanna Schatzmann, 1/2 Jahr, 22. 5. 1893
Simon Ballin-Oppenheimer,
78 Jahre, 12. 9. 1893
Abraham Rothschild, 25 Jahre, 17. 3. 1894
Joanetta Mayer, 85 Jahre, 30. 11. 1894
Joanetta Scheuer, 83 Jahre, 2. 12. 1894
Zerlina Scheuer, 62 Jahre, 5. 4. 1895
Minna Wertheimer, 49 Jahre, 13. 9. 1895
Moses Kaichen, 50 Jahre, 17. 2. 1896
Lotti Kaichen, 50 Jahre, 6. 3. 1896
Jettchen Scheuer, 72 Jahre, 25. 4. 1896
Moses Scheuer II, 50 Jahre, 29. 10. 1896
Koppel Kahn aus Worfelden,
71 Jahre, 23. 1. 1897
Moses Rothschild, 70 Jahre, 24. 1. 1898
Frieda Rothschild, 11 Monate, 17. 11. 1898
Salomon Speier, 75 Jahre, 7. 5. 1899
Johanna Speier, 53 Jahre, 21. 11. 1901
Rosina Sichel, 57 Jahre, 25. 12. 1901
Abraham Rothschild III,
73 Jahre, 19. 3. 1902
Moses Speier, 1/2 Tag, 7. 6. 1902
Salomon Sichel III, 64 Jahre, 6. 12. 1902
Esther Scheuer, 74 Jahre, 17. 8. 1903
Simon Hermann, 82 Jahre, 2. 2. 1904
Simon Schatzmann, 69 Jahre, 26. 1. 1905
Simon Steinheimer, 46 Jahre, 26. 1. 1906
Herz Gerson, 65 Jahre, 11. 5. 1906
Julius Sichel, 65 Jahre, 14. 6. 1906
Abraham Steinheimer, 11. 9. 1906
Baer Scheuer, 80 Jahre, 20. 1. 1907
Charlotta Sichel, 70 Jahre, 15. 10. 1907
Moses Strauß, 84 Jahre, 22. 11. 1908
Gretchen Haas, 70 Jahre, 21. 12. 1908
Adelheid Grünewald,
59 Jahre, 19. 3. 1909
Abraham Scheuer,
80 Jahre, 12. 5. 1910
Lina Speier, 52 Jahre, 24. 10. 1910
Johanna Speier, 77 Jahre, 30. 12. 1910
Moses Scheuer I, 79 Jahre, 29. 8. 1911
Lina Rothschild, 60 Jahre, 29. 10. 1913
Jettchen Rothschild, 70 Jahre, 16. 2. 1914
Gitchen Speier, 80 Jahre, 7. 5. 1915
Michael Grünewald, 79 Jahre, 22. 4. 1916
Frieda Ballin-Oppenheimer,
25 Jahre, 22. 4. 1917
Kurt Ballin-Oppenheimer,
16 Jahre, 20. 6. 1917
Henriette Schatzmann,
80 Jahre, 19. 6. 1918
Ferdinand Rothschild,
52 Jahre, 25. 10. 1918
Isaak Speier, 54 Jahre, 10. 11. 1918
Amalie Salomon, 83 Jahre, 25. 2. 1919
Emma Speier, 65 Jahre, 22. 7. 1919
Seligmann Scheuer III.,
86 Jahre, 13. 10. 1920
Moses Haas, 87 Jahre, 30. 11. 1920
Leopold Wertheimer,
85 Jahre, 16. 1. 1921
Salomon Schatzmann,
75 Jahre, 4. 9. 1921
Adolf Wertheimer, 42 Jahre, 31. 12. 1921
Jakob Speier, 63 Jahre, 3. 1. 1922
Mayer Rothschild, 61 Jahre, 21. 1. 1922
Arthur Seligmann, 18 Jahre, 13. 6. 1922
Betty Gerson, 85 Jahre, 28. 7. 1923
David Ballin-Oppenheimer,
64 Jahre, 25. 1. 1924
Regina Sichel, 79 Jahre, 1. 4. 1924
Manfred Sichel, 10 Jahre, 2. 5. 1924
Paula Speier, 44 Jahre, 20. 1. 1925
Rosina Schatzmann, 75 Jahre, 15. 4. 1925
Simon Strauß, 70 Jahre, 31. 7. 1925
Jenny Rothschild, 27 Jahre, 29. 10. 1927
Isaak Sichel, 70 Jahre, 19. 2. 1928
Jakob Scheuer, 63 Jahre, 12. 9. 1929
Mathilde Sichel, 54 Jahre, 11. 3. 1931
Elisabeth Speier, 65 Jahre, 10. 11. 1931
Lea Scheuer, 76 Jahre, 30. 6. 1932
Siegmund Sichel, 61 Jahre, 4. 4. 1934
Bertha Rothschild, 38 Jahre, 16. 2. 1935
Regina Rothschild, 74 Jahre, 4. 8. 1935
Mathilde Rothschild, 68 Jahre, 4. 3. 1936
Arnold Rothschild, 72 Jahre, 16. 1. 1937
Malchen Scheuer, 75 Jahre, 1. 1. 1939
Max Speier, 67 Jahre,
1930 in Frankfurt verstorben
Abraham Rothschild,
73 Jahre, 14. 12. 1933
Julchen Scheuer, 66 Jahre, 4. 12. 1935
Karoline Sichel, 51 Jahre, 4. 1. 1936
Markus Rothschild vor 1936 verstorben

Grabsteine des neuen jüdischen Friedhofes an der Straße nach Kaichen. Er wurde von 1882 bis 1937 benutzt. 1938 wurde der Friedhof geschändet.

Die Zerstörung des neuen jüdischen Friedhofs
Im November 1938 wurde der neue Friedhof an der Straße nach Kaichen, "das Haus des Ewigen Lebens", entweiht, die Ruhe der Toten gestört, die Grabmäler geschändet, umgeworfen und teilweise zerstört. Wer daran beteiligt war, ist nie geklärt worden, in Erscheinung getreten sein sollen die Landjahrjungen aus der Naumburg, die SA aus Kaichen und Heldenbergen.

Bürgermeister Adam Böhm berichtete im März 1946: "Die dortige SA (Kaichen) hat hier (Heldenbergen) im allgemeinen die Aufpeitschungsarbeiten gegen die Andersdenkenden geführt, und so dürfte es sein, daß die Grabdenkmäler im israelitischen Friedhof zerstört worden sind. Auch wurden die Ringmauern des Friedhofes selbst durch Entfernung der Abdeckungsplatten zerstört. Nachdem nun der Krieg sein bedeutendes Ausmaß annahm, hat der Bürgermeister von Heldenbergen den Bahndurchlaß zur Hintermühle als Bunker herrichten lassen. Nachdem aber das notwendige Baustoffmaterial fehlte, wurde von dieser Seite die Mauersteine vom israelitischen Friedhof entfernt und zu diesem Bunkerbau benutzt ...".[130)]

Nach der Zerstörung des Friedhofes waren die Grabsteine von einem Steinmetz aus Heldenbergen abgefahren worden. Er lagerte sie auf einem Haufen im Freien. Es ist anzunehmen, daß sie zur Wiederverwendung vorgesehen waren, aber sie sollen unberührt geblieben sein. Da aufgrund von Verordnungen aus dem Jahre 1939 und 1941 die israelitische Gemeinde Heldenbergen zwangsweise in die Reichsvereinigung der Juden in Deutschland, die der Gestapo unterstand, eingegliedert wurde, fiel auch der Grundbesitz der beiden Friedhöfe an diese Vereinigung, die Umschreibung im Grundbuch erfolgte am 27. 2. 1942.[131)] Die Beschlagnahme dieses Grundbesitzes durch das Deutsche Reich erfolgte im Juni 1943. Das Gelände für die Erweiterung des Friedhofes hatte Isaak Haas noch vor seiner Auswanderung im Februar 1940 an einen Privatmann verkauft.

Aufbau eines Teils des zerstörten jüdischen Friedhofes - ein Nachkriegstrauerspiel
Die Wiederherstellung des jüdischen Friedhofes in Heldenbergen ist ein jahrelanges Trauerspiel. Liest man die im Stadtarchiv vorhandenen Akten, so drängt sich die Frage auf, warum diese langwierigen Auseinandersetzungen, in denen es im wesentlichen darum zu gehen schien, eine möglichst billige Lösung zu finden, nötig waren. Der Wille zur Wiederherstellung des Friedhofgeländes in einen würdigen Zustand wurde nur mit Worten bekräftigt, es fehlten Jahr um Jahr die Taten. Besonders peinlich scheint mir daran, daß die eindeutigen Stellungnahmen der überlebenden Heldenberger Juden, "der Friedhof muß so wiederhergestellt werden, wie er war", so wenig ernst genommen wurden. Noch bis in die sechziger Jahre rief der Zustand des Friedhofsgeländes bei jüdischen Besuchern, die aus dem Ausland kommen waren, Trauer und Ärger hervor. Samuel Scheuer, der 1961 Heldenbergen besucht hatte: "Ich fand den neuen Friedhof in trostlosem Zustand und wandte mich an den Landesverband der Jüdischen Gemeinden Hessen."[135)]

Im folgenden einige Stationen dieses Trauerspiels:[136)]

Nathan Sichel hatte das Konzentrationslager Theresienstadt überlebt. Er schrieb im März 1946 an den Bürgermeister:
"...Ich heiße Nathan Sichel und bin am 24.10.1871 in Heldenbergen geboren und meiner noch lebenden Generation dort bestimmt noch gut bekannt. ...Im Jahre 1942 wurde ich, weil ich Jude bin, durch die Gestapo in das KZ Theresienstadt verschleppt. Zurückgekehrt aus diesem KZ hatte ich den selbstverständlichen Wunsch, die Gräber meiner Eltern aufzusuchen und dort zu beten. Ich war vor einigen Wochen dort und fand zu meinem großen Schrecken den Friedhof nicht mehr vor. Wie Ihnen bekannt, sind die massiven Mauern abgebrochen, sämtliche Grabsteine geraubt, die Grabhügel sind dem Erdboden gleich gemacht, so daß es kein Friedhof mehr ist, sondern, wie links und rechts daneben liegende Fläche, ein wüstes Ackerland ist. Es war mir deshalb nicht möglich, an diesen Gräbern zu weilen und ich konnte nur im Stillen meiner Eltern gedenken, aber mich entsetzen vor dem, was geschehen war. In Heldenber-

Im November 1938 wurde der jüdische Friedhof an der Straße nach Kaichen entweiht und geschändet. Einige Jahre später wurde die Umfangsmauer zerstört und die Steine zum Bau eines Luftschutzraumes unter dem Viadukt benutzt. Die Grabsteine wurden 1947 an interessierte Bürger abgegeben, die restlichen Steine zum Steinmetz gebracht. Nur die steinernen Stelen, an denen die Flügeleingangstore befestigt waren, blieben auf dem Friedhofsgelände liegen. Dieses Foto zeigt sie nach 1945 in wieder aufgerichtetem Zustand, im Hintergrund die Naumburg.

gen selbst, wo die Leute mir nur zaghaft antworteten, konnte ich nichts richtiges erfahren und wende mich deshalb an Sie ..., mir doch baldigst Auskunft zu geben, was mit diesem früheren, ehrwürdigen Friedhof geschehen ist.

Im voraus danke ich Ihnen und grüße Sie mit vorzüglicher Hochachtung Nathan Sichel"[133)]

Ein Foto zeigt den zerstörten Friedhof: Im Vordergrund sind die beiden Sandsteinsäulen, die einst den Eingang zum Friedhof gebildet hatten, zu sehen, im Hintergrund ein Steinhaufen zu erkennen. Dieses Bild gibt aber nicht den ganzen Zustand der Zerstörung wieder, denn im August 1946 wurde an das Ministerium berichtet: "... die notwendigen Vorarbeiten wie Aufstellung der noch verbliebenen Torpfosten, Rodung des Geländes usw. sind bereits geleistet."[134)]

Deutlich und klar gab 1946 Bürgermeister Böhm seinen Willen zur Neugestaltung des zerstörten Friedhofes kund: "Ich sowie die gesamte Gemeinde sind bestrebt, diesen Ort wieder als Gottesacker herzustellen. In der Mitte soll ein Rondell angelegt werden mit einem großen Grabmal mit der Aufschrift Israelitischer Friedhof."[137)] Uneinigkeit bestand darüber, ob der Friedhof so wiederhergestellt werden sollte, wie er war, nämlich mit einer Mauer von Natursteinen umgeben, wie es die überlebenden Juden erwarteten oder wie der Bürgermeister es gerne wollte: "Anpflanzung eines lebenden Zaunes aus Buxbaum". Die Begründung lag auf der Hand, eine Hecke als Umzäunung war billiger. Erneut wurde vom Bürgermeister bekräftigt, daß: " ... der Friedhof auf alle Fälle wieder so hergerichtet wird, wie es zur Wiedergutmachung für begangenes Unrecht erforderlich ist."[138)] Auch das Großherzogliche Staatsministerium stellte im September 1946 fest: "Der jüdische Friedhof (ist) sofort in einen menschenwürdigen Zustand zu versetzen... Diese Kultstätte muß wieder so hergestellt werden, wie sie war."[139)]

Im April 1947 lag ein Architektenentwurf mit Zeichnungen vor "Wiederaufbau des Judenfriedhofs in der Gemeinde Heldenbergen". Er sah eine 70 cm hohe Bruchsteinmauer und auch eine Hecke vor, ein etwa zwei Meter hohes Ehrenmal sollte im Mittelpunkt stehen. Nachdem im September 1947 von einem Bauingenieurbüro die Menge der benötigten Baumaterialien errechnet worden war, wurden völlig überraschend und unvermittelt im September und Oktober 1947 die Steine der im Krieg abgebrochenen Mauer des jüdischen Friedhofes, die zum Bunkerbau unter der Eisenbahnbrücke abgefahren worden und nach Abbruch des Bunkers 1945 dort am Viadukt gelagert worden waren, von der Gemeinde Heldenbergen verkauft. Heldenberger Bürger wandten sich an die Gemeinde: "Die Steine des früheren Judenfriedhofes sollen verkauft werden, und da ich dringend eine Wohnung benötige, auf der anderen Seite aber keine zugeteilt bekomme, so bitte ich wenigstens, mir eine Unterstützung teilwerden zu lassen, indem ich die Steine bekomme ...".[140)]

Warum die Steine nicht vom Viadukt wieder zum Friedhofsgelände angefahren und dort zu einer Mauer aufgemauert wurden, ist nicht ersichtlich, man wollte es wohl nicht.

Im Februar 1948 hatte der Regierungspräsident in Darmstadt der Wiederherstellung der Einfriedungsmauer als Bruchsteinmauer zugestimmt. Einen Monat später bat das Staatsbauamt in Friedberg die Gemeinde Heldenbergen, "zu veranlassen, daß mit der Anfuhr der Bruchsteine begonnen wird". Aber die Gemeinde Heldenbergen meinte nun, keine Geldmittel für die Arbeitslöhne zu haben. Sie wandte sich an den Minister für politische Befreiung, der aber deutlich mitteilte, daß "die Gemeinde, in der die Friedhofsschändung sich ereignet hat, für die Mittel aufzukommen hat."[141)]

Der Treuhänder des Staatsministeriums für die jüdischen Friedhöfe sah sich gezwungen, die Heldenberger aufzufordern, "dafür Sorge zu tragen, daß dieser Schandfleck endlich einmal beseitigt wird."[142)]

Im Januar 1949 fragte das Staatsbauamt Friedberg wegen der Einfriedung am jüdischen Friedhof "nach dem Stand der Sache an. Damit endlich die Angelegenheit zum Abschluß kommt, bitten wir, das Erforderliche in die Wege zu leiten."[143)]

Auch die jüdische Betreuungsstelle mußte im Februar 1949

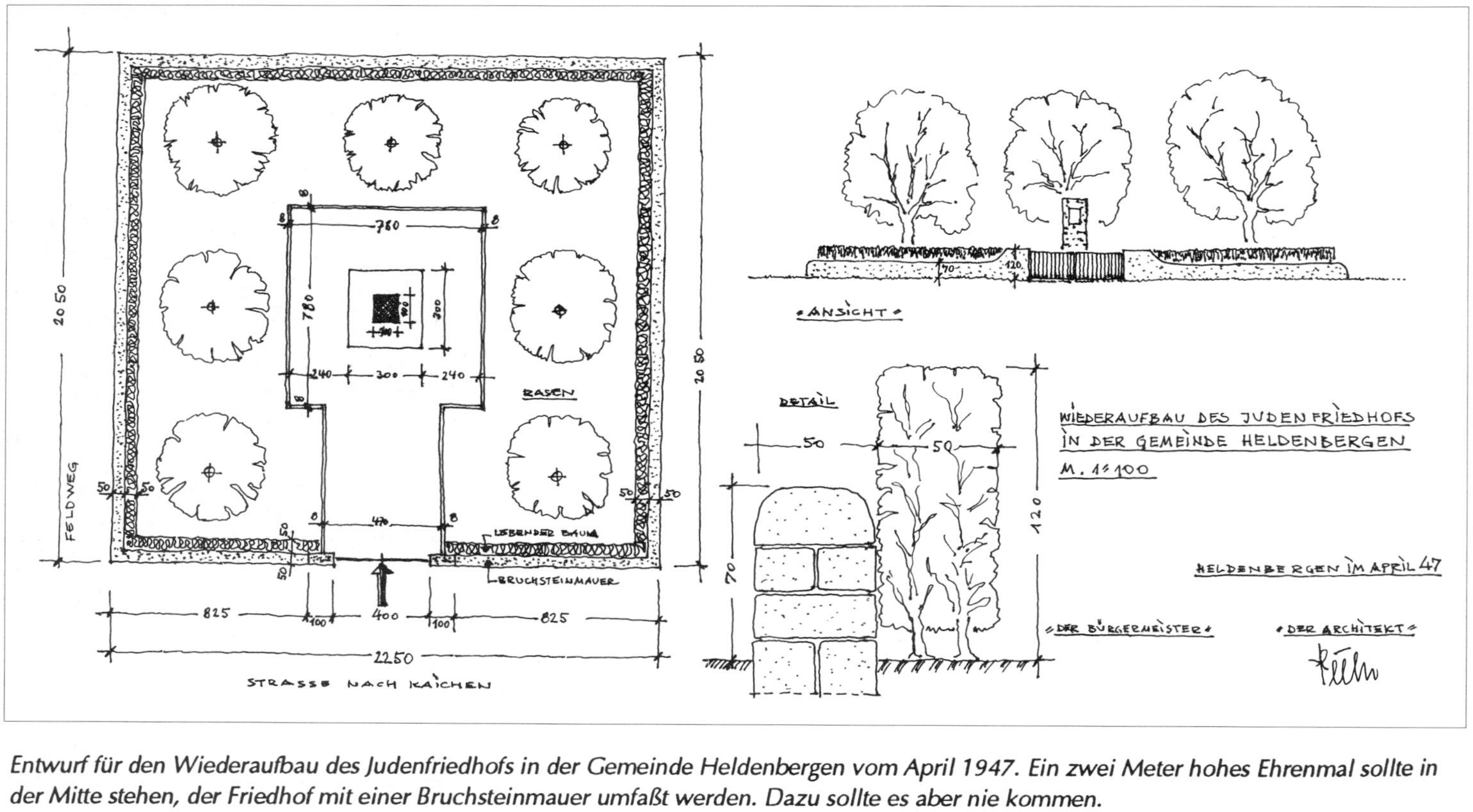

Entwurf für den Wiederaufbau des Judenfriedhofs in der Gemeinde Heldenbergen vom April 1947. Ein zwei Meter hohes Ehrenmal sollte in der Mitte stehen, der Friedhof mit einer Bruchsteinmauer umfaßt werden. Dazu sollte es aber nie kommen.

erneut anfragen, "ob der dortige jüdische Friedhof wieder in Ordnung geschafft worden ist".

Im März 1949 erteilte das Bauamt Friedberg "mit Zustimmung des Hessischen Staatsministers aufgrund des vorgelegten Baugesuchs von September 1947 die baupolizeiliche Genehmigung zur Wiederherstellung der Einfriedung des Judenfriedhofes ... Die Einfriedungsmauer und das Tor sind... nach unseren näheren Angaben auszuführen ... Die Herstellung der Einfriedung muß im Sommer 1949 erfolgen."[144)] Aber wieder geschah nichts. Dann wurden wieder Versuche unternommen, doch noch Geld zu sparen und sich an der Erstellung der Steinmauer vorbeizuentscheiden. Mehr als ein Jahr nach seinem erneuten Amtsantritt als Bürgermeister wandte sich Adam Böhm an Max Rothschild in Frankfurt, um das Einverständnis dieses überlebenden Juden aus Heldenbergen für die neuen billigen Ideen zu bekommen: " ... Mein Vorgänger hat bis jetzt zur Instandsetzung des Friedhofes trotz mehrfacher Versprechen noch nichts unternommen. Ich kann Ihnen versichern, daß die Angelegenheit im besten Sinne geregelt wird. Nur möchte ich Ihnen vorschlagen, nicht auf einer Einfriedungsmauer zu bestehen. Ich möchte im Herbst eine lebende Hecke anpflanzen, die dem Landschaftsbild doch besser angepaßt ist und einen gefälligeren Eindruck dem Auge bietet. Ein Denkmal werde ich zur Erinnerung setzen lassen. Ich bitte um Ihr freundliches Einverständnis."[142)]
Darauf antwortete Max Rothschild sehr klar:

> "Sehr geehrter Herr Bürgermeister! 9.6.1945
> Ich erhielt Ihr Schreiben vom 18. Mai, aber Ihre bestimmte Zusage habe ich vermißt. Mir ist natürlich bekannt, daß ein Bürgermeisterwechsel stattfand, aber Sie waren ja schon 1945 Bürgermeister und haben auch veranlaßt, daß der Bunker entfernt wurde, für Sie wäre es damals doch bestimmt auch sehr leicht gewesen, die Steine auf den jüdischen Friedhof bringen zu lassen. Auch mit Ihnen habe ich schon damals über die Wiederherstellung des Friedhofes mich öfter unterhalten. Wir brauchen daher keine weiteren Versprechungen mehr. Der Friedhof muß so wiederhergestellt werden, wie er war! Da Sie mir keine bestimmte Zusage gemacht haben und mir auch keine Stellungnahme des Gemeinderats vorliegt, bin ich gezwungen, weitere Schritte zu unternehmen.
> Hochachtungsvoll Max Rothschild"[146)]

So forderte im Oktober 1950 der Landrat den Bürgermeister auf: "... bitte ich zur Beseitigung etwa bestehender Mißstände auf dem jüdischen Friedhof sofort das Notwendige zu veranlassen".[147)] Der Bürgermeister antwortete: " ... Die Frage des jüdischen Friedhofes habe ich seit langem ... vor allem auch als eine Gewissensfrage betrachtet ... aber im Hinblick auf die finanzielle Lage der Gemeinde ... bis jetzt noch nicht handeln lassen. Der ... Friedhof befindet sich keineswegs in einem unordentlichen, unsauberen Zustand. Der Platz ist mit Rasen bewachsen, und es wurde streng darauf geachtet, daß nichts geschieht, was zu einer Entweihung des Platzes führen könnte ...".[148)]

Es sei hier nochmals ins Gedächtnis gerufen, daß ein Teil der Grabsteine nun schon fünf Jahre nach Ende des Krieges auf einem Haufen im Garten beim Steinmetz lagen und dort langsam auch mit Gras bewuchsen.

Aber der Bürgermeister hatte sich eine noch "bessere" Idee ausgedacht, von der er dem Landrat berichtete: " ... habe ich wieder neue Bedenken. Der Friedhof liegt ziemlich außerhalb der Ortschaft ... und Erfahrungen, die ich aus Zeitungsberichten verfolge, lehren, daß es immer noch oft vorkommt, daß Friedhöfe, die kaum wiedererrichtet wurden, immer wieder von neuem Schändungen ausgesetzt sind ... Ich stelle daher folgenden Vorschlag zur Erwägung: In Heldenbergen besteht noch ein zweiter Judenfriedhof. Dieser liegt in der Ortsmitte und ist in einem geordneten Zustand. Auch die Grabmäler sind hier noch vorhanden. Hier könnte durch die Aufstellung eines steinernen Males mit Inschrift und Grünumrandung für den ... seinerzeit geschändeten Friedhof eine Erinnerungsstätte geschaffen werden ... Damit wäre meines Erachtens der Würde des Falles am besten entsprochen ... unter Berücksichtigung der Finanzkraft der Gemeinde."[149)] Max Rothschild war zwei Tage zuvor an den Folgen der jahrelangen Gestapohaft gestorben.

Das Jahr 1951 begann, der Friedhof lag jetzt im sechsten Jahr nach Kriegsende als wüstes Land, allerdings inzwischen mit Gras bewachsen, da außer diversen Absichtserklärungen und Korrespondenzen konkret nicht geschehen war. Das Gelände war ja schon vor August 1946 eingeebnet und die Sandsteinstelen wieder aufgerichtet worden.

Im Januar 1951 wandte sich der Landrat wieder an den Bürgermeister "mit der Bitte, wegen der zur Instandsetzung des jüdischen Friedhofes zu ergreifenden Maßnahmen... umgehend Ihrem Gemeinderat eine entsprechende Vorlage zu machen und das weiter Erforderliche in die Wege zu leiten."[150)]

Zwei Wochen "später beschließt der Gemeinderat einstimmig, daß er bereit ist, den jüdischen Friedhof wieder instandsetzen zu lassen." Nachdem ihm nun ein Kostenvoranschlag für die Einfriedungsmauer von 8 000 DM vorlag und dazu noch 2 000 DM für die Hecke kämen, teilte er im Februar 1951 dem Landrat mit: "Diese Ausgabe ist derzeit für die Gemeinde Heldenbergen nicht erschwinglich. Ich werde daher in der nächsten Woche eine Gemeinderatssitzung einberufen, in der ich dafür eintreten werde, daß die Grünumrandung in allernächster Zeit verwirklicht und das Innere des Friedhofes eine würdige Gestaltung erfahren wird".[151)]

Doch die Gemeinde Heldenbergen fand erneut weitere Wege, um Kosten für den Wiederaufbau des zerstörten Friedhofes zu vermeiden. Es fand sich nämlich noch eine neue Idee, natürlich noch kostengünstiger. Dem Landesrabbiner von Hessen, Dr. Weinberg, wurde folgender Vorschlag präsentiert :

"Man (könnte) ... eine Ausgrabung der sterblichen Überreste vornehmen und diesselben in dem jüdischen Friedhof, der auch innerhalb des Ortsbildes liegt, wieder beisetzen ... so glaube ich auch in der Sache dienen zu können ... Auch will ich noch hinzufügen, daß auf dem neuen Friedhof nur wenig Bestattungen vorgekommen sind". Diese Geschmacklosigkeit und Ignoranz ist nun kaum mehr zu übertreffen. Auch hätte ein Blick in die Sterberegister des Standesamtes Heldenbergen schnell die Anzahl der jüdischen Toten, die weit über 100 lag, aufzeigen können.

Und wieder ging ein Jahr zu Ende. Die Reaktion des Landesrabbiners auf diesen unglaublichen Vorschlag ist nicht bekannt.

Im Mai 1952 wartete nun der Landrat seinerseits mit einem neuen Vorschlag auf, der der politischen Gemeinde Heldenbergen die Kosten zur Wiederherstellung ganz sparen könnte: "Eigentümer des jüdischen Friedhofes ist die jüdische Kultusgemeinde ... somit wäre die jüdische Kultusgemeinde verpflichtet, die Kosten für die Instandsetzung ... des Friedhofes zu tragen."

Aber dem kann sich die Gemeinde nicht anschließen, es ist in einem Bericht vom Mai 1952 zu lesen: " ... hat der Bürgermeister die Bereitwilligkeit der Gemeinde versichert, den jüdischen Friedhof wieder in einen ansehbaren Zustand zu bringen. Die Gemeinde will den Friedhof, der mit Gras bewachsen ist, mit einem Drahtzaun umgeben. An dem früheren Eingang stehen jetzt noch die beiden Sandsteinpfosten. Hier will die Gemeinde ein Holztor anbringen lassen. Hinter diesem Eingang soll in einem Viereck eine lebende Umzäunung (Hecke) angepflanzt werden. In der Mitte dieser lebenden Umzäunung will man eine Gedenktafel anbringen lassen. Darüber hinaus ist die Gemeinde bereit, soweit es ihre finanzielle Leistungsmöglichkeit erlaubt, in den nächsten Jahren entlang des Drahtzaunes eine lebende Einfriedung und in den Ecken vier Trauerweiden anzupflanzen...".[152] Im Juni 1952 teilte der Bürgermeister mit, daß er "den Judenfriedhof im Herbst mit einer lebenden Hecke umgeben" werde.[153]

Im Sommer 1952 besuchten Paul und Erna Strauß Heldenbergen. "Wir wollten den Friedhof besuchen, dort waren wir entsetzt, daß die Grabsteine nicht mehr dort waren. Nach langem Suchen fanden wir sie beim Steinmetz von Heldenbergen, dort fanden wir nur zwei kleine Steine mit den Namen der Eltern. Es war ein Trauerspiel."[154] Paul Strauß schaltete vermutlich die IRSO - die Treuhandgesellschaft jüdischen Eigentums - ein.

Diese Organisation schrieb recht deutliche Worte über die Situation in Heldenbergen: "Während nun fast alle anderen Gemeinden entsprechend den von der Militärregierung kurz nach der Besetzung erlassenen Gesetzen sich bemüht haben, diese Ausschreitungen wieder gutzumachen, das heißt in diesem Falle, die Steine, die noch beim Steinmetz liegen, rückführen zu lassen und die entfernte Einfriedung des Friedhofes wiederherstellen zu lassen, ist in Heldenbergen nichts geschehen ... Der Bürgermeister hat uns versprochen, die Steine wieder auf den Friedhof verbringen zu lassen und Zaun und Hecke anlegen zu lassen."[155]

Von den ehemals etwa 100 Grabsteinen, die auf dem Friedhof gestanden hatten, waren nur noch 27 Grabsteine vorhanden. 15 Jahre lang hatten sie auf einem Haufen im Freien gelegen, Wind und Wetter ausgesetzt. Beim Aufstellen der Grabsteine wurden sie recht willkürlich auf dem Gelände plaziert, die IRSO hatte keinen Belegungsplan ausfindig machen können. Obwohl auf dem Boden noch heute Teile der Fundamente zu sehen sind, machte sich niemand die Mühe, sich damit zu beschäftigen, in welcher Richtung die Steine aufgestellt waren oder bei älterern Bewohnern zu erfragen, an welcher Stelle sich die Gräber befunden hatten. Völlig unverständlich ist, wie es geschehen konnte,

Blick auf den teilweise "wiederhergerichteten" Friedhof an der Straße nach Kaichen. Von den ursprünglich 100 Grabsteinen konnten 1954 nur 27 Steine wieder aufgerichtet werden, in falscher Himmelsrichtung, meist ohne jegliches Fundament und am falschen Platz. 75 Steine hatten in Heldenbergen eine "andere Verwendung " gefunden

daß sämtliche Grabsteine in die falsche Himmelsrichtung und nicht, wie auf allen jüdischen Friedhöfen üblich, nach Osten zeigen.

Folgende Grabsteine sind aufgestellt worden:
David Ballin-Oppenheimer (1859 - 1924)
Moritz Rothschild (1861 - 1922)
Gerson Sichel (1840 - 1906)
Jettchen Rothschild geb.Speier (1844 - 1914)
Zerline Scheuer (1833 - 1895)
Jakob Speier (1858 - 1922)
Michael Grünewald (1836 - 1916)
Julchen Scheuer (1879 - 1935)
Lina Speier geb. Seiferheld (1858 - 1910)
Jakob Scheuer (1866 - 1929)

1954 wurden einige Grabsteinteile wieder auf dem Gelände des früheren jüdischen Friedhofes aufgerichtet, auf freiem Feld, ohne eine Umfassungsmauer, wie vor der Zerstörung des Friedhofes.

Hier ist die so lange Jahre umstrittene Hecke als Umfriedung des jüdischen Friedhofes zu sehen.

Ester Scheuer
Herz Gerson (1840 - 1906)
Ferdinand Rothschild (1866 - 1918)
Mayer Speier (1848 - 1925)
Regina Sichel geb.Rosenthal (1845 - 1924)
Moses Scheuer (1838 - 1911)
Simon Strauß (1855 - 1925)
Emma Strauß geb. Heilmann (1861 - 1928)
Abraham Rothschild (1868 - Sterbedatum nicht zu lese)
Lehrer Leopold Wertheimer (1835 - 1921)
Mina Wertheimer (1846 - 1895)
Salomon Sichel III. (1848 - 1902)
Salomon Schatzmann (1845 - 1921)
Emma Speier geb. Kahn (1853 - 1919)
Mathilde Rothschild geb. Abt (1868 - 1936)
Simon Schatzmann (1835 - 1905) (nur schwarzer Grabaufsatz)
Henriette Schatzmann (1838 -1918) (nur weißer Grabaufsatz)
Paula Speier geb. Hirschmann (1880 - 1925)
Grabstein, dessen lateinische Inschrift nicht leserlich ist, da er im Erdreich steckt

Nachdem die Steine nun endlich aufgestellt waren, wurde allerdings weder ein Zaun noch eine Hecke angelegt. Ein Bild aus dem Jahre 1954 zeigt die Grabsteine auf freier Fläche stehend. Ein späteres Foto zeigt die nun endlich gepflanzte Hecke im Hintergrund.

Das so häufig erwähnte Denkmal, das die Gemeinde Heldenbergen zur Erinnerung an die Schändung und Zerstörung des jüdischen Friedhofes errichten wollte, fiel dem allgemeinen Vergessen und Verdrängen anheim.

Heute befindet sich der Friedhof äußerlich in einem gepflegten Zustand. Es gibt allerdings auch keinen Hinweis darauf, daß dies nicht der ursprüngliche Friedhof ist, der entweiht und zerstört wurde, der größte Teil der Grabsteine fehlt, keine Namen derjenigen, die hier einst zur letzten Ruhe gebettet wurden, ist zu finden.

Nur Teilstücke von Grabsteinen stehen heute auf dem Friedhof.

Juden als gleichberechtigte Bürger Heldenbergens

Jüdische Soldaten

Seit dem 19. Jahrhundert war es Juden möglich, Soldat zu sein. Hier war die Gleichberechtigung der Juden anderen gesellschaftlichen Bereichen voraus. Die Heldenberger Juden waren in den verschiedenen Zeiten Soldaten.

Seit 1806 hatte das Gebiet der Burg Friedberg mit der Grafschaft Kaichen seine Selbständigkeit verloren. Heldenbergen war hessisch. Da Hessen mit Napoleon befreundet war, mußte es eine Truppenabteilung für den Zug nach Rußland stellen. An diesem Feldzug nach Rußland mußten auch Verwandte der Familien Haas und Grünewald teilnehmen, die in erbärmlichem Zustand aus Rußland zurückkehrten. Dann wendeten sich die politischen Verhältnisse. Zur endgültigen Niederwerfung Napoleons in den Befreiungskriegen wurde 1814 eine Landwehr errichtet, zu deren Beitritt auch die bisher niemals wehrpflichtig gewesenen Juden verpflichtet wurden. Ob Heldenberger Juden daran teilgenommen haben, ist nicht bekannt. Der Militärdienst wurde so ein Meilenstein auf dem Wege zur Gleichberechtigung der Juden in Hessen. Die Verfassung von 1820 des Großherzogtums Hessen sah vor, daß "jeder Hesse" und das schloß auch die jüdischen Staatsbürger und ihre Söhne mit ein, verpflichtet wurde, "an der ordentlichen Kriegsdienstpflicht teilzunehmen".[1]

Für die Heldenberger Juden wurde nur wenige Wochen danach schon eine Musterungsliste angefertigt, wo alle Angaben über 34 Familien zusammengetragen waren.

Die Heldenberger Juden leisteten ihren Militärdienst überwiegend im 1. Großherzoglich Hessischen Infanterie-Regiment 115 (Leibgarde) oder im 2. Großherzoglich Hessischen Infanterie-Regiment 116 (Kaiser Wilhelm II.) ab, die in Darmstadt und Gießen stationiert waren.

In diesem Zusammenhang ist auch die Gründung des jüdischen Vereins zur Beschaffung von ritueller Kost für die jüdischen Soldaten in Heldenbergen zu sehen.

Der Krieg gegen Frankreich 1870/71

Am Krieg 1870/71 gegen Frankreich nahmen insgesamt 45 Heldenberger Männer teil, davon waren drei Juden. Alle Kriegsteilnehmer erhielten von der Gemeinde Heldenbergen 5 fl.[2] Auf dem Kriegerdenkmal zur Erinnerung an diesen Krieg, das die Gemeinde Heldenbergen im Jahre 1903 am Eingang des christlichen Friedhofes aufstellen ließ, ist in großen Buchstaben zu lesen unter Eichenlaub und Eisernem Kreuz:

"IHREN TAPFEREN SÖHNEN DIE DANKBARE GEMEINDE HELDENBERGEN"

Alle Opfer und Teilnehmer des Krieges aus Heldenbergen sind namentlich aufgeführt. Unter der Überschrift "Im Feld gegen Frankreich standen" sind die beiden folgenden Namen jüdischer Soldaten aufgeführt:

Meier Oppenheimer - Infanterie
Ferdinand Goldschmidt - Infanterie

Unter der Überschrift "In Garnison standen" ist der Name Moses Jakob - Infanterie - eingemeißelt.

Von diesen jüdischen Soldaten ist folgendes bekannt:

Meier Oppenheimer

Er ging mit 22 Jahren in den Krieg. Von Beruf war er Bäcker. Geboren wurde er 1849 und aufgewachsen war er in Heldenbergen in der Friedberger Straße 31, später lebte er in Frankfurt und hatte dort eine Bäckerei. Er starb 1905, seinen Grabstein auf dem Friedhof Rat-Beil-Straße in Frankfurt ziert ein Spruch aus dem Buch Hiob: "Er war ein aufrechter Mann."

Moses Jacob

wurde 1850 in Heldenbergen geboren. Er war der Sohn des Handelsmannes Jacob Jacob, geboren in Büdesheim. Mit 22 Jahren wurde er Soldat im Krieg gegen Frankreich. Er ging dann nach Bornheim, wo er eine Metzgerei führte. 1883 hatte er Karoline Goldschmidt aus Altenstadt geheiratet.[3]

Ferdinand Goldschmidt

Ferdinand Goldschmidt ging als 25jähriger Soldat in den Krieg. Von Beruf war er Schuhmachermeister. Er stammte aus Wachenheim in Rheinhessen, wo er 1847 geboren wurde. 1876 heiratete er Karolina Scheuer (* 1850) aus Heldenbergen. Ihnen wurden zwei Kinder in Heldenbergen geboren: Otto David * 1877, Gustav Isaak * 1878. Seine Frau Karolina Goldschmidt starb nach nur wenigen Ehejahren im Alter von 30 Jahren am 28. 11. 1880. Ihr Grabstein befindet sich auf dem jüdischen Friedhof am Kellerberg. Den Witwer traf zwei Jahre später ein erneuter Schicksalsschlag, als der dreijährige Sohn Gustav starb.

Später heiratete er Bertha Reiß aus Alsheim bei Ludwigshafen. Sie hatten vier Kinder, die in Heldenbergen geboren wurden: Ludwig * 1883, Adolph * 1884, Max * 1885, Johanna * 1887. Aber auch diese Ehe war nur von kurzer Dauer, die zweite Frau starb ebenfalls im Alter von 30 Jahren im Jahr 1889. Der Kummer über so viel Leid zehrte so an Ferdinand Goldschmidt, daß er zwei Jahre später mit 44 Jahren in Heldenbergen starb.

Alle vier Söhne von Ferdinand Goldschmidt wurden von den Nazis ermordet.

Auf dem Denkmal für den Krieg 1870/71, das am Eingang des christlichen Friedhofes steht, sind auch die Namen von drei jüdischen Kriegsteilnehmern zu lesen.

Kriegerverein Heldenbergen

Nach dem Sieg gegen Frankreich und der ihn begleitenden militaristischen Euphorie wurde auch in Heldenbergen am 19. Juli 1874 ein Kriegerverein gegründet. Die Mitglieder des Kriegervereins Heldenbergens erhielten vom deutschen Kaiser im August 1903 eine Fahnenschleife überreicht. Aus diesem Anlaß posierten die Mitglieder des Kriegervereins Heldenbergen vor dem erst einige Wochen vorher eingeweihten Kriegerdenkmal, darunter waren auch drei jüdische Mitglieder: Max Speier, Salomon Schatzmann und ein auswärtiger Jude, von dem ich vermute, daß es der in Frankfurt damals lebende Kriegsteilnehmer Meier Oppenheimer sein könnte.[4] Zum Vorstand des Kriegervereins Heldenbergen gehörte lange Jahre auch Adolf Wertheimer.

Aufruf!

An die deutschen Juden!

In schicksalsernster Stunde ruft das Vaterland seine Söhne unter die Fahnen.

Daß jeder deutsche Jude zu den Opfern an Gut und Blut bereit ist, die die Pflicht erheischt, ist selbstverständlich.

Glaubensgenossen! Wir rufen Euch auf, **über das Maß der Pflicht hinaus** Eure Kräfte dem Vaterlande zu widmen! Eilet freiwillig zu den Fahnen! Ihr alle — Männer und Frauen — stellet Euch durch persönliche Hilfeleistung jeder Art und durch Hergabe von Geld und Gut in den Dienst des Vaterlandes!

Berlin, den 1. August 1914.

Verband der Deutschen Juden.
Centralverein deutscher Staatsbürger jüdischen Glaubens.

Aufruf an die deutschen Juden zur Teilnahme am Krieg 1914

Der Erste Weltkrieg

Als Kaiser Wilhelm II. zu Beginn des 1. Weltkrieges mit seiner berühmt gewordenen Rede: "Ich kenne keine Parteien mehr, ich kenne nur noch Deutsche" hervortrat, hatte er eine Welle patriotischer Begeisterung ausgelöst, in der auch die deutschen Juden sofort zu den Fahnen eilten. In Heldenbergen soll Bürgermeister Goy die ersten Soldaten mit klingendem Spiel zum Bahnhof gebracht haben.[5]

Neben echter patriotischer Begeisterung war eines der wesentlichen Motive der jüdischen Freiwilligen, durch besondere Tapferkeit ihren Kampf um Gleichberechtigung voranzutreiben. Dies drückte auch der Aufruf der deutsch-jüdischen Verbände aus. Die rechtliche Gleichstellung bedeutete noch nicht gleichzeitig die menschliche und gesellschaftliche Anerkennung.

Kriegsteilnehmer

Viele Heldenberger Juden zogen als Soldaten in den Ersten Weltkrieg.

Zahlreiche jüdische Kriegsteilnehmer erhielten hohe Auszeichnungen, Robert Seligmann und Theo Rothschild wurde sogar das Eiserne Kreuz Erster Klasse verliehen - eine besonders seltene Auszeichnung. Ein Vierteljahrhundert später wurden beide von den Nazis ermordet.

Der Kriegerverein Heldenbergen im August 1903. Der Deutsche Kaiser hatte den Mitgliedern eine Fahnenschleife überreicht. Untere Reihe von links: Sparkassenleiter Schneider, nicht bekannt, Baron Hugo von Leonhardi, Dr. Ludwig Dalquen, Pfarrer Thoebes, Bürgermeister Dott, Postverwalter Müller. Mittlere Reihe von links: Jakob Rothweil (Schmied), Johannes Kliem (Landwirt und Beigeordneter), Lehrer Riehs, Hild, Max Speier, Georg Franz (Maurermeister), Kappes (Sattlermeister). Obere Reihe von links: Heinrich Göbel (Ziegeleibesitzer, Landwirt), Joh. Jakob Goy (Bürgermeister 1913 - 1934), vermutlich Meier Oppenheimer, Salomon Schatzmann, Jakob Meininger (Landwirt)

Jüdische Kriegsteilnehmer aus Heldenbergen (1914 -1918), links oben: Samuel Scheuer, rechts oben: Michael Scheuer links unten: Adolf Speier, rechts unten: Sigmund Grünewald

Weltkrieg 1914 - 1918: Jüdische Kriegsteilnehmer aus Heldenbergen

David Haas
Moritz Hermann
Julius Hermann
Fritz Hermann
Moritz Hermann
(Sohn von Jakob Hermann)
Josef Rothschild
(Eisernes Kreuz 2. Klasse)
Theodor Rothschild
(Eisernes Kreuz 1.Klasse)
Albert Rothschild
Hermann Schatzmann
Julius Schatzmann
Samuel Scheuer
(Eisernes Kreuz 2. Klasse)
Michael Scheuer
Julius Scheuer
Robert Seligmann
(Eisernes Kreuz 1. Klasse)
Ludwig Sichel
(Eisernes Kreuz, Tapferkeitsmedaille)
Siegmund Sichel
Adolf Speier
Siegmund Speier
Berthold Strauß
(Eisernes Kreuz 2. Klasse, hess. Tapferkeitsmedaille)
Adolf Wertheimer

Diese Liste ist sicherlich unvollständig.

Adolf Wertheimer starb 1921 an den Folgen einer Giftgasverletzung.

Das Grab von Fritz Hermann auf einem deutschen Soldatenfriedhof in Frankreich mit Davidsstern und hebräischer Inschrift

Mehrere der jüdischen Kriegsteilnehmer blieben ihr Leben lang gezeichnet durch Kriegsverletzungen: Theo Rothschild hatte eine Beinverletzung, er wurde mit 40 Prozent kriegsbeschädigt eingestuft, Hermann Schatzmann eine Hüftverletzung, Samuel Scheuer eine Handverletzung. Julius Schatzmann erhielt eine Kriegsbeschädigtenrente.

Die Gefallenen der jüdischen Gemeinde

Für ihr Vaterland fielen im Ersten Weltkrieg drei jüdische Bewohner Heldenbergens:

Fritz Hermann im Alter von 26 Jahren am 4. 10. 1915 "infolge eines Schusses in die Brust".

Albert Rothschild zog mit 21 Jahren in den Krieg, er starb am 9. Juli 1915 "infolge eines Kopfschusses".

Adolf Speier wurde mit 24 Jahren Soldat, er fiel am 16. 7. 1916. Die beiden Gefallenen Adolf Speier und Albert Rothschild waren Cousins.

Adolf Wertheimer starb 1921 im Alter von 40 Jahren an den Folgen der Giftgasverletzung, die er im Krieg erlitten hatte. Das Gedenkbuch für die jüdischen Toten des Weltkrieges nennt auch seinen Namen.[6]

In der Synagoge gedachte die jüdische Gemeinde ihrer für das deutsche Vaterland gefallenen Söhne auf einer Marmortafel, die vom Israelitischen Soldatenverein Heldenbergen gestiftet im Inneren der Synagoge angebracht worden war.

Kriegerdenkmal für die Gefallenen des Ersten Weltkrieges

Die politische Gemeinde Heldenbergen gedachte ihrer 44 Gefallenen und Vermißten des 1. Weltkrieges 1928 mit dem Bau eines Kriegerdenkmals. In der Einladung an die Familien der Gefallenen, die Jakob Hermann, Max Speier und Markus Rothschild erhielten, schrieb der Bürgermeister: "Am Sonntag, den 25. November, nachmittags 2 1/2 Uhr findet die Einweihung des hiesigen Krieger-Ehrenmals statt, wozu Sie freundlichst eingeladen werden. Die Aufstellung des Zuges geschieht an der katholischen Kirche. Die Kriegshinterbliebenen sammeln sich am Wachthaus."[7] Das Programm bei der Einweihung des Kriegerehrenmales gibt eine Vorstellung des Verlaufs dieses Festaktes. Selbstverständlich scheint die Beteiligung der Vertreter aller drei Konfessionen Heldenbergens, also auch der Juden, gewesen zu sein. Für die jüdische Seite sprach der Provinzialrabbiner Dr. Hirschfeld aus Gießen.

Der Bürgermeister Goy sagte in seiner Ansprache: "Es gilt

P r o g r a m m

Bei der Einweihung des Kriegerehrenmales am 25. Nov.1928.

1. Aufstellung des Zuges in der Kirchgasse, Spitze am Wachthaus nachmittags 2 1/2 Uhr.
2. Abmarsch 2¾ Uhr. Die Musik spielt einen Trauermarsch, Trauergeläute der Glocken beider Kirchen.
3. Ankunft auf dem Friedhof.
4. Choral Musikverein.
5. Ansprache: Bürgermeister G o y .
6. Gesangverein Thalia: Lied, Heldengrab.
7. Ansprache des kath. Pfarrers B l u m .
8. Arbeitergesangverein Thalia, Lied: Trauermarsch.
9. Ansprache des ev. Pfarrers W e b e r .
10. Gesangverein Euphrosyne, Lied: Jch hatt' einen Kameraden.
11. Ansprache des Rabbiners Dr. Hirschfeld.
12. Gesang der Schulkinder: Wie sie so sanft ruhn.
13. Niederlegung von Kränzen nach der Reihe der Zugordnung.
14. Schlusswort: Bürgermeister G o y .
15. Zurückführen des Zuges an die Kirche unter Trauergeläute und Spielen eines Trauermarsches.
Auflösung des Zuges.

Programm der Einweihungsfeier des Kriegerdenkmals 1928. Neben den Ansprachen der christlichen Pfarrer gab es auch eine Ansprache des Rabbiners Dr. Hirschfeld.

heute, unseren lieben Opfern des Weltkrieges unseren Dank abzustatten und ihnen zu beweisen, daß ihre Heimatgemeinde sie nicht vergessen hat. Und so lasse ich nun als sichtbareres Zeichen der Liebe und des Gedenkens dieses Denkmal enthüllen. 44 an der Zahl sind es, die wir auf diesem Denkmal ehren. 44 Männer sind es, in der Vollkraft der Jahre, vom jugendlichen Alter von 18 bis 43 Jahren, mit die besten Männer der Gemeinde, die wir hier betrauern. Ich freue mich feststellen zu können, daß die ganze Gemeinde an dieser Feier innigsten Anteil nimmt. Ich danke im Namen derjenigen, die wir heute ehren wollen ... Die Art des Denkmals verkörpert eine Zeitepoche. Der eigentliche Gedenkstein, ein Kelch mit Eichenlaub und dem Stahlhelm soll die Leiden der Toten und ihrer Angehörigen verkörpern, und um alle Tränen zu sammeln, wäre dieser Kelch wohl zu klein. Der Platz des Denkmals ist ein umstrittener in der Gemeinde. Der Gemeinderat aber war einstimmig in der Wahl des Platzes, sein Motiv war nicht, eine Stätte zu schaffen, an der man rauschende Feste feiert, sondern eine Stätte zu schaffen, an der die Angehörigen und die ganze Gemeinde still in sich gekehrt der teuren Toten gedenken können, und wo auch die alte Mutter, Frau oder Braut oder sonstige Angehörige eine Träne über die Wange rollen lassen kann. Ich schließe mit dem Wunsche, daß ein derartiges Schicksal nie wieder über unser Vaterland und über unsere Gemeinde kommen möge ...".[8] Das Denkmal stand in der Mitte des christlichen Friedhofes, von vier Kastanienbäumen umrahmt.

In den ersten Jahren der Nazidiktatur hatten die jüdischen Frontkämpfer des Krieges noch gewisse Privilegien. 1935 wurde noch an zahlreiche Juden "im Namen des Führers und Reichskanzlers" das Ehrenkreuz für Frontkämpfer verliehen.

In der Nazizeit wurden die Namen der jüdischen Gefallenen auf dem Kriegerdenkmal ausgeritzt. Die Namen auf dem Denkmal zum Krieg 1870/71 scheinen original zu sein, so daß dort wohl keine Namen von jüdischen Kriegsteilnehmern entfernt wurden. Nach 1945 wurden die entfernten Namen der jüdischen Gefallenen auf einen Erlaß der Militärregierung hin wieder eingemeißelt. Das Denkmal wurde auch umgestaltet, die Namen der Toten des 2. Weltkrieges wurden in Stein gemeißelt. Der Pokal ist entfernt worden zugunsten eines Kreuzes mit der Inschrift "In Trauer Ihren Toten und Vermißten Die Gemeinde Heldenbergen". Dieses Zeichen wurde natürlich in keiner Weise den jüdischen Gefallenen gerecht, eine solche Gedankenlosigkeit hätte sicherlich im lebendigen Miteinander der verschiedenen Konfessionen, wie es vor 1933 üblich war, nicht geschehen können.

1928 weihte die politische Gemeinde Heldenbergen dieses Denkmal für die Gefallenen des Krieges aus Heldenbergen ein. "...der Kelch mit Eichenlaub und Stahlhelm" soll die Leiden der Toten und ihrer Angehörigen verkörpern...", sagte Bürgermeister Goy bei der Einweihung.

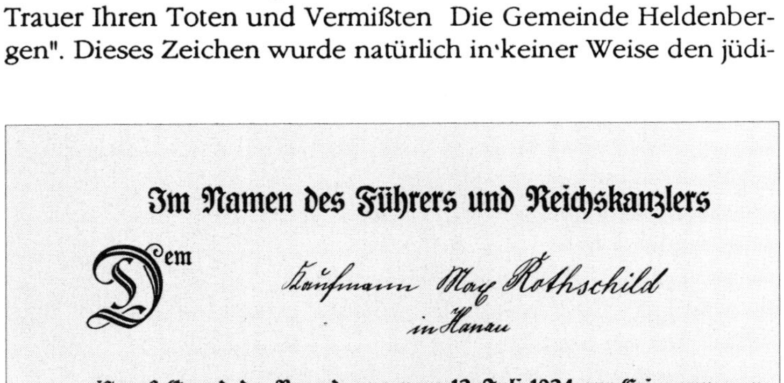

Im Namen des Führers und Reichskanzlers

Dem Kaufmann Max Rothschild in Hanau

ist auf Grund der Verordnung vom 13. Juli 1934 zur Erinnerung an den Weltkrieg 1914/1918 das von dem Reichspräsidenten Generalfeldmarschall von Hindenburg gestiftete

Ehrenkreuz für Frontkämpfer

verliehen worden.

Hanau, den 19. Februar 1935.

Nr. R. 219/35.

1935 wurde Max Rothschild "im Namen des Führers und Reichskanzlers" das "Ehrenkreuz für Frontkämpfer" verliehen.

Zu Beginn der siebziger Jahre wurde das gesamte Denkmal abgerissen, angeblich wegen Baufälligkeit, vermutlich aber auch, weil es dem Zeitgeist nicht entsprach. Heute befindet sich neben der Trauerhalle die Gedenkstätte für die Heldenberger Opfer der beiden Weltkriege. Hier steht auch der Kelch des eigentlichen Gedenksteins des Denkmals aus dem Jahre 1928. Auf den danebenhängenden Marmortafeln sind auch die Namen der drei jüdischen Gefallenen Heldenbergens zu finden: Albert Rothschild, Karl F. Hermann, Adolf Speier.

Jüdische Soldaten in den alliierten Armeen im Zweiten Weltkrieg

Heldenberger Juden, die während der Nazizeit aus Deutschland fliehen konnten, wurden in den USA oder England Soldaten und kämpften gegen die Hitler-Armeen für die Befreiung ihrer früheren Heimat vom Nationalsozialismus.

So war Siegfried Höxter als Mitglied des Intelligence Service der amerikanischen Armee an der Planung und Vorbereitung der Invasion der amerikanischen Truppen in der Normandie beteiligt. Er war dann Stadtkommandant in Hochheim am Main und Mitarbeiter des amerikanischen Geheimdienstes in einer Spezialabteilung "Mission to Germany".

Helmut Rothschild war in der englischen Armee und gehörte zu den ersten englischen Soldaten, die Deutschland besetzten.

Herbert Rothschild war in der amerikanischen Armee in Übersee, ebenso Manfred Scheuer und Benno Sichel.

Häuser in jüdischem Besitz

Juden durften jahrhundertelang keinen Grundbesitz haben. Die Freigrafschaft Kaichen stellte dabei zeitweise eine bedingte Ausnahme dar. In einer Schrift aus dem Jahre 1788 heißt es: " ... ist zwar nach der Polizeiverordnung ... aus sehr langen Zeiten schon den Juden die Erlaubniß ertheilet, 'ein und andre Immobilien an sich zu kaufen' jedoch unter der nachteiligen Klausel: 'daß es den Christen zustehet, solchen Kauf innerhalb Jahresfrist abzutreiben'." Gemeint war damit die Polizeiverordnung aus dem Jahre 1680.[9]

Weiter heißt es 1788: "Inzwischen haben wir mehrere, ja viele Juden in hiesigem Lande, welche Häuser, liegende Güter und dgl. m. als wirkliches Eigentum besitzen."[10] Juden in Heldenbergen konnten also schon relativ früh Häuser in Besitz haben.

Dank der Arbeit des Lehrers Messerschmidt in den dreißiger Jahren, der in seinem Dorf- und Hausbuch die Besitzer sämtlicher Heldenberger Häuser aufgeführt hat, sind alle Häuser, die in jüdischem Besitz waren, bekannt und werden im folgenden aufgeführt:[11]

Friedberger Straße 5
1907 - 1942 gehörte das Anwesen Jakob Scheuer, Robert Seligmann und Rosa geborene Scheuer.

Friedberger Straße 8
1879 übernahm das zweistöckige Anwesen mit Backofen in der Kirchgasse die Firma Baruch Speier und May zu Hanau für Mehlschulden. Diese führte den Spitznamen "die Müllerfresser".
1882 übernahm die Hofreite Julius Sichel und seine Frau, eine geborene Bing.
1912 erbten sie der Sohn Siegmund Sichel und seine Frau, eine geborene Frankenthal, bis 1937 der Sohn Benno Sichel das Haus verkaufte.

Friedberger Straße 9
vor 1701 Chirurgus Sußmann

Friedberger Straße 12
1920 - 1921 Siegmund Grünewald und Frau

Friedberger Straße 13
1877 Metzger Moses Strauß und Frau, eine geborene Oppenheimer. 1878 bauten sie das Schlachthaus, 1879 Verkauf.

Friedberger Straße 14
1843 kaufte diese Hofreite Kaufmann Grünewald, "de Raidel" genannt. Damals bestand die Hofreite aus einem zweistöckigen Haus, Scheuer und Stall. Verkauf 1879.

Friedberger Straße 16
1843 war David Rothschild III. Eigentümer durch Kauf. Damals bestand die Hofreite aus einem zweistöckigen Wohnhaus, Scheuer und zwei Ställen.
1855 kaufte sie Moses Strauß und seine Frau Mina, eine geborene Ballin-Oppenheimer. Das Wohnhaus wurde 1892 abgebrochen und neu aufgebaut.
1896 kaufte diese Hofreite David Ballin-Oppenheimer und seine Frau Hannchen, eine geborene Strauß. Eine Eisenhandlung wurde eröffnet. 1909 wurde die Waschküche als Schmiedewerkstatt und Lagerraum für Zement verwendet, eine Dampfmaschine wurde eingebaut.
1925 ging das Anwesen an den Sohn Ernst Ballin-Oppenheimer und seine Frau Hertha geborene Speier über. 1938 verkauften sie das Haus an den Bäcker Hilß.

Friedberger Straße 17
1862 kauften David Rothschild III. und seine Frau Hannchen geborene Scheuer den vorderen Teil an der Friedberger Straße der 1862 in zwei Teile gegliederten Hofreite.
1870 ging sie durch Kauf an Seligmann Scheuer und seine Frau Jettchen, eine geborene Heß, über. 1878 wurde der Stall zu einem Schuppen umgewandelt und die Waschküche gebaut.
1897 erbte dieses Anwesen Markus Rothschild, der im gleichen Jahr den Fruchtspeicher erbauen ließ.
1937 ging die Hofreite durch Erbschaft an den Neffen Martin Speier über, der das Haus 1941 verkaufte, weil er nach Frankfurt verzogen war.

Friedberger Straße 19
Nach 1759 ging die Hofreite an Johannes Grünewald über und dann an Moses Grünewald. Sie bestand aus einem einstöckigen Wohnhaus nebst Stall.
1843 war sie im Besitz von Peter Samuel.
1851 kaufte das Anwesen der "Judenlehrer" Elieser Schatzmann. Am 13. September brach ein Brand aus, dann baute er das Haus zweistöckig, einen Stall und einen Anbau. 1874 wurde ein Stück ans Haus gebaut.
1880 erbten Simon Schatzmann und seine Frau Henriette geborene Mäyer diese Hofreite.
Nach 1918[12] kam sie durch Erbschaft an den Bruder Salomon Schatzmann, von dem sie
1932 der Sohn Hermann Schatzmann erbte. Dieser wohnte da-

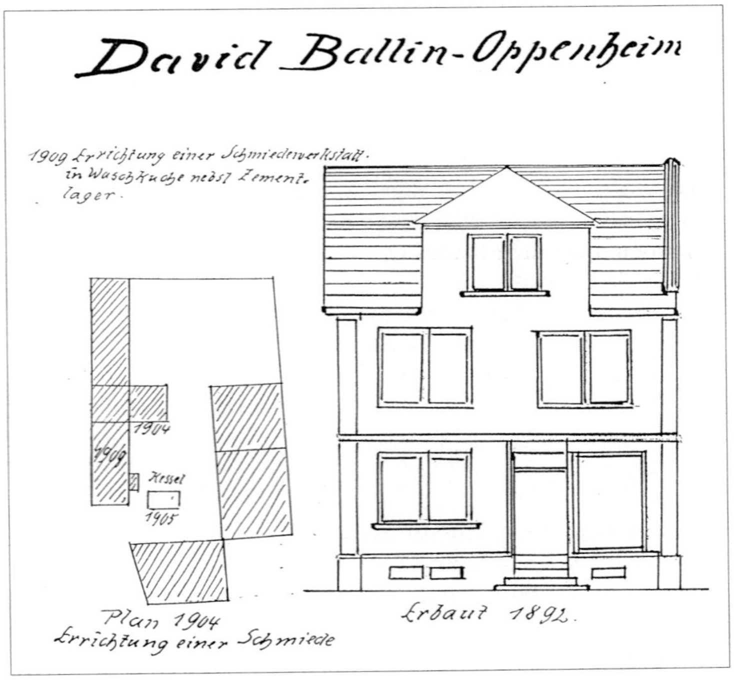

Haus der Familie Ballin-Oppenheimer in der Friedberger Straße 16, heute Tierarztpraxis und Dependance des Hotels "Zum Adler"

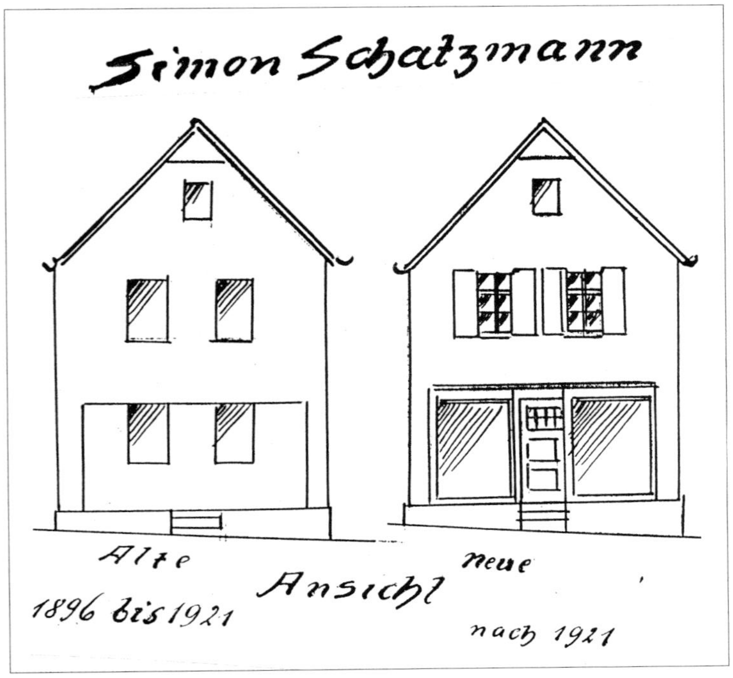

Haus der Familie Schatzmann in der Friedberger Str. 19, heute Neckermanngeschäft.

mals in Hanau und hatte das Anwesen an den Frisör Merz verpachtet, der es dann 1936 kaufte.

Friedberger Straße 24

1759 stand hier ein einstöckiges Haus, das dem "Jud Abraham Löb" gehörte. Von diesem ging es an Moses Löw Erben, die es verkauften.

Dann ging es an Michael Ballin-Oppenheimer über. 1846 war es in anderem Besitz.

Friedberger Straße 27

1869 bis 1875 gehörte das Haus Simon Schatzmann. Später ging es im Hof Pauly auf.

Friedberger Straße 31

Das zweistöckigen Wohnhaus nebst Stall wurde 1843 erbaut.

1846 kaufte es Abraham Scheuer III.

1863 war es im Besitz von Jakob Jacob.

1884 kaufte es der Bäcker Löb Oppenheimer, "der Bäckerlöb", und seine Frau Räinge geborene Rothschild.

1895 ging das Anwesen an den Sohn, den Bäcker Joseph Oppenheimer, und Frau Elisa geborene Schuster über. 1905 wurde das Anwesen verkauft.

Friedberger Straße 33

1852 kaufte der Bäcker Löb Oppenheimer das zweistöckige Haus und baute 1860 einen Stall. 1865 wurde das Backhaus mit Backofen gebaut.

1883 ging das Anwesen an den Sohn Joseph Oppenheimer und dessen Verlobte über. 1904 Verkauf an den Bäcker Pauly.

Friedberger Straße 36

1887 kaufte David Ballin-Oppenheimer das zweistöckige Haus, das er 1891 verkaufte.

1918 kaufte der Metzger David Haas das Haus, das er 1941 verkaufte.

Friedberger Straße 38

1843 kaufte Baruch Speier das zweistöckige Wohnhaus mit einem einstöckigen Anbau, einer Scheune und einem Holzschuppen.

1864 kam es in den Besitz der Bertha Speier, die es

1872 an Simon Ballin-Oppenheimer und seine Frau, eine geborene Rothschild, verkaufte.

1889 übernahm das Anwesen Abraham Ballin-Oppenheimer und seine Frau, eine geborene Meyer. Sie verkauften die Hofreite 1896.

1902 kaufte das Anwesen Gustav Sichel,

1905 Isaak Haas und seine Frau Pauline geborene Strauß. Sie bauten einen großen Viehstall und den Anbau zweistöckig.

1940 Verkauf, da sie nach Amerika auswandern konnten.

Mittelstraße 1 (früher Hochstraße)

1849 erwarb das einstöckige Haus Baruch Speier, der es vor 1865 verkaufte.

Mittelstraße 8 (früher Schulstraße 2)

1847 kaufte das Haus Elieser Schatzmann.

1888 war es wieder im Besitz von Elieser Schatzmann durch Tausch.

1888 kam es dann in den Besitz von Salomon Schatzmann, von dem es

1928 der Sohn Hermann Schatzmann, genannt Simon, erbte. Von 1922 - 1925 lebte hier der Vorsänger, Schächter und Lehrer der jüdischen Gemeinde Abraham Bronkhorst mit seiner Familie. Das Haus wurde 1936 verkauft.

Mittelstraße 13 (früher Schulstraße 5)

1843 war die Hofreite im Besitz von David Grünewald. Sie bestand aus Hofraum, zweistöckigem Wohnhaus und Stall. 1867 verkaufte er die Hofreite.

1894 kaufte Isaak Sichel und seine Frau Bertha geborene Rothschild das Anwesen. Er stammte aus Langenbergheim und wurde deshalb "de Berkemer" genannt. 1937 Verkauf.

Mittelstraße 12 (früher Schulstraße 6)

1843 bestand die Hofreite aus einem zweistöckigen Wohnhaus und Werkstatt im Besitz von Moses Abraham Steinheimer.

1856 erbte das Anwesen Moses Abraham Steinheimer.

1868 kaufte sie Hirsch und Moses Steinheimer.

1876 durch Kauf an Hirsch Steinheimer und Frau Bertha geborene Wehrheim.

1889 erbte sie Johanette Steinheimer, die sie 1899 verkaufte.

Mittelstraße 14 (früher Schulstraße 8)

Vor 1843 Simon Steinheimer.

1894 kauften der Altwarenhändler Isaak Speier und seine Frau Mina geborene Schott die Hofreite mit zweistöckigem Wohnhaus, Scheuer und Stall. 1938 Verkauf

Mittelstraße 19 (früher Schulstraße 11)

1843 bestand diese Hofreite aus einem zweistöckigen Wohnhaus und war im Besitz von Simon Gerson. Von ihm bekam sie

1857 Abraham Stern, der 1868 nach Amerika auswanderte.

1868 kaufte das Anwesen Herz Gerson, von dem es die Tochter Recha Gerson übernahm, die bis 1942 darin wohnte.

Mittelstraße 21 (früher Schulstraße 13)

1849 war die Hofreite im Besitz von Löb Scheuer. Er verkaufte das Anwesen 1870.

Mittelstraße 2 (früher Schuldienerwohnung im Schulhof)

1856 kaufte das ehemalige Gesindehaus der Mittelburg Abraham Rothschild Witwe, von der es David Rothschild III. erbte. 1859 war es verkauft.

Windecker Straße 3 (früher Hanauer Straße)

1845 gehörte Liebmann Rothschild Witwe das Anwesen, das damals aus Hofraum, zweistöckigem Wohnhaus und Scheuer bestand.

1847 ging das Anwesen über an David Rothschild II., der es 1859 verkaufte.

Windecker Straße 8

1843 stand hier ein einstöckiges Wohnhaus mit Mansarde nebst Stall, die Jakob Scheuer III. und Frau gehörten. 1869 nahm er einen Umbau am Haus vor.

1872 kaufte diese Hofreite Michael Scheuers Witwe Johanette, eine geborene Schwab.

1875 ging das Anwesen durch Kauf an Moses Scheuer II. über. Er baute das Haus zweistöckig aus und errichtete das Treppenhaus.

1913 kaufte die Hofreite Samuel Scheuer, "de Schmuhl", und seine Frau Rosel geborene Strauß. 1937 bei der Auswanderung nach Amerika wurde das Geschäft an Arthur End verpachtet.

Windecker Straße 10

1908 wurde ein zweistöckiges Wohnhaus nebst Waschküche gebaut. Hier wohnte bis 1938 die Familie des Lehrers der jüdischen Gemeinde, Leopold Wertheimer.

Windecker Straße 11

1846 kaufte Löb Speier das zweistöckige Wohnhaus mit Hofraum. Er nahm einen Umbau des Wohnhauses vor. 1846 baute er den Stall und 1863 einen Backofen.

1892 kauften das Anwesen Gerson Speier und Frau, eine geborene Bauer aus Hanau, die das Anwesen noch im selben Jahr verkauften.

Windecker Straße 12

1843 bestand diese Hofreite aus einem einstöckigen Wohnhaus nebst Stall und gehörte Jakob Ballin-Oppenheimer.

1852 hatte sie Simon Ballin-Oppenheimer, von dem sie

1873 durch Kauf an Salomon Bär Scheuer II. und Frau, eine geborene Kahn, überging.

1876 kaufte sie Jakob Scheuer II. und seine Frau, eine geborene Katz.

1895 erwarb sie Isaak Scheuer II., von dem sie
1904 an Emmacha Scheuer überging, der sie 1905 verkaufte.

Windecker Straße 19

1865 kauften diese Hofreite Isaak Speier und seine Frau Fanny geborene Bamberger. Sie bauten 1870 einen Laden an die Straße und 1899 ein Stück ans Haus.

1897 kaufte sie Max Speier, der langjährige "Judenbürgermeister", und seine Frau, eine geborene Rothschild.

1927 übernahm sie durch Erbschaft Martin Speier, der 1940 mit seiner Familie nach Frankfurt zog.

Windecker Straße 25

1899 kaufte dieses Haus Max Speier und seine Frau. Im folgenden Jahr verkaufte er das Haus wieder.

Heute abgebrochen

Windecker Straße 43

1905 kaufte Simon Strauß das ehemalige Zollhaus, sein Sohn Paul Strauß übernahm die Hofreite 1927. Als er 1929 nach Frankfurt zog, verkaufte er die Hofreite. Das Haus ist heute sehr stark umgebaut.

Berggasse 2

1865 war diese Hofreite durch Kauf im Besitz von Salomon Bär Scheuer und seiner Frau Karoline. 1873 war das Haus in anderem Besitz.

Berggasse 3

1843 bestand diese Hofreite aus einstöckigem Wohnhaus nebst Stall, welche 1846 Isaak Stein und Frau Zipora kauften.

1859 an Löb Strauß II. von Büdesheim. Dieser verkaufte 1875 das Anwesen.

Straubelgasse 6

Der Grund und Boden von dieser Hofreite war schon vor 1701 bebaut. Hier standen drei Hofreiten, die im Besitz von Affrons Jud waren.

1701 gehörten sie Schmuhl Jud und Dotteres Jud

1843 gehörten: Hofreite 1 - Jakob Samuel Scheuer

Hofreite 2 - Johannes Scheuer und Löb Scheuer

Hofreite 3 - die "Judenschule", die der jüdischen Gemeinde gehörte.

Haus der Familie Max Speier Windecker Straße 19

Die 1. Hofreite gehörte 1843 Jakob Samuel Scheuer, dann kauften sie 1845 Jakob Scheuer I. und Kinder, von denen sie 1864 an Moses Scheuer I. und Frau Karoline geb.Gerson durch Kauf überging. 1895 übernahmen sie Moritz Scheuer, genannt Manuel, und Kaufmann Kaichen. 1900 war Moritz Scheuer alleiniger Besitzer.

Die 2. Hofreite übernahm 1846 Jakob Scheuer II., von dem sie 1855 an das Mathildenstift Bad Vilbel auf Grund richterlicher Entscheidung überging. 1856 kaufte sie Salomon Scheuer Bär, der sie 1865 verkaufte. 1882 kauften sie Moses Scheuer und Frau Karoline geborene Gerson, die auch die Hofreite 1 im Besitz hatten.

Die 3. Hofreite gehörte der jüdischen Gemeinde, hier befand sich die "alte Synagoge". 1857 verkaufte die jüdische Gemeinde dieses Gebäude. Das Haus wurde abgerissen und die politische Gemeinde Heldenbergen übernahm den Platz.

Straubelgasse 4 (heute zum Gasthaus Adler gehörig)

1759 hatten diese Hofreite Jud Abraham Jakob Schmuhl Erben und Dotteres Abraham Rothschild.

1843 war diese Hofreite im Besitz von Dotteres Faist Rothschild III. und bestand aus einem zweistöckigen Wohnhaus.

1859 kaufte sie Moses Strauß, der sie 1864 verkaufte.

Straubelgasse 2

Der erste urkundlich erwähnte Besitzer dieser Hofreite war "Affron Jud".

1701 besaßen sie Schmuhl Abraham Erben, von denen sie an Jud Jakob Abraham und nach ihm an Schmuhl Jakob überging.

1843 bestand die Hofreite aus einem zweistöckigen Wohnhaus nebst Stall und gehörte Jakob Ballin-Oppenheimer.

1845 übernahm sie Simon Ballin-Oppenheimer, genannt "de Herzches Schimme", 1875 wurde verkauft.

Straubelgasse 3

1843 besaß diese Hofreite Abraham Hirsch. 1850 wurde das Haus abgebrochen und der oberen Hofreite einverleibt.

Pfarrgasse 1 (früher Kirchgasse)

1843 gehörten das einstöckige Haus mit dem Stall Samuel Mäyer und Frau, die es durch Kauf erworben hatten. Samuel Mäyer, der aus Engelthal stammte, wurde in Heldenbergen "Schmuhlche Engelthal" genannt.

1896 ging die Hofreite durch Kauf an die Schwestern Fanny und Bertha Mäyer. 1909 hatte das nun zweistöckige Wohnhaus Fanny Meier allein, von der es durch Kauf an die drei Schwestern Julchen, Malchen (Emilie) und Mathilde Sichel ging, sie lebten dort etwa bis zum Ende der dreißiger Jahre.

Heute steht hier ein Neubau, früher standen dort zwei Häuser, das südliche trug die Nummer 1.

Pfarrgasse 2

Die Hofreite, bestehend aus Hofraum und einstöckigem Wohnhaus, war 1759 im Besitz durch Kauf von Imanuel Löser Jude.

1843 gehörte sie Wolff Stern, von dem sie durch Kauf
1861 an Lazarus Stern ging.

1863 kaufte das Anwesen Kaufmann Kaichen II. und baute es zweistöckig aus.

1870 übernahm die Hofreite Markus Kaichen, von dem sie
1883 Karoline Kaichen erbte.

1884 kaufte sie Bertha Mosheim.

1902 kauften sie deren Töchter Julchen, Malchen und Mathilde Sichel, sie verkauften im Jahre 1913.

Pfarrgasse 3

1701 bestand diese Hofreite aus einem einstöckigen Wohnhaus nebst Hofraum und gehörte David Nathan.

1759 besaß sie Salomon Jud.

1843 hatten sie je zur Hälfte Löb Sichel und Abraham Sichel.

1872 ging sie durch Erbfolge an Juda Sichel, der 1881 verkaufte.

Heute ist das Haus abgerissen, auf seinem Grundstück steht das neugebaute Haus Pfarrgasse 1.

Pfarrgasse 4

1840 wurde diese Hofreite, bestehend aus einem zweistöckigen Wohnhaus nebst Stall und Hofraum, von Isaak Jacob Scheuer erbaut.

1853 ging sie durch Kauf an Seligmann Scheuer und seine Frau geborene Heß über. 1864 machten sie einen Anbau ans Haus.

1870 kauften das Anwesen Salomon Sichel II. und seine Frau Regine geborene Rosenthal. Bis zu ihrem Tode etwa Ende der zwanziger Jahre lebten sie dort.

Pfarrgasse 8

Hier standen zwei Hofreiten, deren einer Teil nach 1759 Jud Isaak Jacob gehörte.

1843 war das Anwesen im Besitz von Jakob Hermann und Frau.

1861 kauften es Simon Hermann, genannt "De Färrerkeil", und seine Frau Hannchen geborene Rothschild.

1892 kam sie durch Erbschaft an Leopold Hermann und Frau Mathilde geborene Salomon.

1902 kaufte Leopold Hermann auch die andere Hofreite und vereinigte die beiden Hofreiten zu einem Anwesen.

Heute ist dieses Anwesen abgerissen und ein Neubau mit der Hausnummer 8 errichtet.

Pfarrgasse 19

1851 besaß das einstöckige Wohnhaus mit Scheune Peter Samuel, der sie

1853 an Aron Speier verkaufte.

Pfarrgasse 23

1906 erwarb Nathan Sichel diese Hofreite und verkaufte sie 1907 wieder, er zog nach Hanau. Abbruch 1965.

Bahnhofstraße 4

Hier standen früher zwei Hofreiten:

der vordere der Straße zugewandte Teil war

1843 im Besitz von David Rothschild als einstöckiges Haus.

1843 kaufte die Hofreite Abraham Speier, der 1854 einen Stock auf das Haus setzte und 1871 den Backofen baute.

1902 übernahm Jakob Speier durch Erbschaft die Hofreite.

Der hintere Teil kam durch Kauf an den Bäcker Jakob Speier und seine Frau Lina geborene Seiferheld. Durch Erbschaft des vorderen Teils wurden 1902 beide Teile vereinigt. Durch Erbschaft übernahm die Hofreite der Schwiegersohn Bäcker Gustav Eckstein, der sie 1937 bei seinem Wegzug nach Frankfurt und Auswanderung nach Südafrika an den Bäcker Frech verkaufte.

Das Haus wurde abgerissen und ein Neubau erstellt.

Bahnhofstraße 1

1701 gehörte diese Hofreite dem Jud Scholmer. Ihm folgte Jud Moses Mendel, von dem sie an Sußmann Hirsch Jud überging.

1843 war sie in nichtjüdischem Besitz.

Bahnhofstraße 3

Bis 1862 bestand diese Hofreite aus zwei Teilen. Der obere Teil war mit der Hofreite Nr. 1 Bahnhofstraße unter einem Dach.

1843 gehörte dieser Teil Faist Samuel Rothschild.

Der untere Teil gehörte nach 1701 Sußmann Strauß.

1843 besaß dieses Haus mit Anbau Aron Strauß, der 1848 nach Amerika auswanderte.

Bahnhofstraße 8

Hier befand sich das Badehaus der jüdischen Gemeinde, "Judenbad" genannt von der nichtjüdischen Umgebung.

Bahnhofstraße 10

Hier stand die 1836 neu erbaute Synagoge von Heldenbergen, die im November 1938 zerstört wurde.

Bahnhofstraße 12

1701 befand sich an dieser Stelle ein Stall, der zu der unterhalb liegenden Hofreite gehörte, und ein Gärtchen. Besitzer war Jud David Mayer - genannt "de Schwarze" und kam von Itzig Jud her. Von Jud David Mayer ging das Anwesen zur Hälfte an Moses und Aron David.

Bis 1840 stand hier ein einstöckiges Wohnhaus, das Moses David Speier gehörte, der 1842 den zweiten Stock auf das Haus baute.

1944 kaufte das Anwesen Abraham Speier und baute 1857 einen Stall, wegen dem ein Streit entstand. Nachdem er abgebrannt war, wurde er nicht wieder aufgebaut. Der Spitzname "Kappe Meier" verband sich mit den Besitzern dieses Hauses.

1914 war die Hofreite im Besitz von Robert Seligmann bis 1938.

Bahnhofstraße 14

1701 bildete diese Hofreite, die aus einem einstöckigen Wohnhaus bestand, mit dem darüberliegenden Garten und Stall ein Anwesen, das Jud David Mayer und vorher Itzig Jud gehörten. Es ging zur Hälfte an Moses und Aron David über.

1843 war diese Hofreite von der oberhalb liegenden abgetrennt und bestand aus einem einstöckigen Wohnhaus und Stall und war im Besitz von Moses Speier.

1856 kam sie durch Erbschaft an Aron Speier - in Heldenbergen genannt "'s Arönche". Er baute den zweiten Stock auf das Haus und heiratete "die rote Hanne Kaichen". 1857 machte er einen Anbau, wogegen die Nachbarn Einspruch erhoben.

1880 übernahmen diese Hofreite Meier Speier und seine Verlobte, eine geborene Kahn.

1922 kaufte die jüdische Gemeinde diese Hofreite. 1926 zog der Lehrer Jakob Höxter mit seinen erwachsenen Kindern hier ein. 1933 verließ er Heldenbergen.

Bahnhofstraße 5

Nach 1701 gehörte die Hofreite, bestehend aus einem einstöckigen Wohnhauses und 1/2 Hofraum, Jud Liebmann Salomon.

1759 gehörte sie Abraham Dotteres.

1843 bestand die Hofreite aus einem einstöckigen Wohnhaus und war im Besitz von Abraham Dotteres Haas.

1852 waren Josef Speier und Frau Eigentümer.

1860 kauften das Anwesen Moses Scheuer und Frau Karoline geborene Gerson. 1864 wurde die Hofreite verkauft.

1882 kaufte das nun zweistöckige Haus Bettchen Speier, sie verkaufte es noch im selben Jahr.

Bahnhofstraße 7

1701 bestand diese Hofreite aus einem Wohnhaus und einem halben Hofraum, die Dotteres Jud gehörten.

1759 hatten sie je zur Hälfte Jud Liebmann und Moses Jacob. Von ihnen ging sie je zur Hälfte an Abraham Isaak und Simon Herz Ballin.

1843 besaß diese Hofreite Dotteres Abraham Rothschild durch Kauf. Sie bestand aus einem zweistöckigen Wohnhaus mit Stall.

1856 gehörte sie Josef Scheuer und Frau. Er ging nach Amerika und ließ Frau und Kinder sitzen.

1875 hatten sie Josef Scheuer und Frau Hannchen geb. Rothschild. 1892 wurde sie verkauft.

1899 kam es durch Kauf an Salomon Scheuer, genannt Sally. 1939 verkaufte er das Haus.

Bahnhofstraße 9

1701 gehörte diese Hofreite Jud Liebmann. 1759 in anderem Besitz.

Nach 1759 ging sie an Jud Wolf und danach an Meier Rothschild über.

1843 bestand diese Hofreite aus einem einstöckigen Wohnhaus, das Abraham Steinheimer III. gehörte.

1857 kaufte sie Abraham Steinheimer und seine Frau Henriette geborene Elbershausen. Von ihnen erbte sie Malchen Steinheimer.

1919 wurde die Hofreite verkauft.

Bahnhofstraße 11
Nach 1759 kaufte diese Hofreite Markus Grünewald.
1843 bestand sie aus einem einstöckigen Wohnhaus und zwei Ställen und gehörte Nathan Grünewald und seiner Frau, "de Näthchesen" in Heldenbergen genannt. 1872 wurde die Hofreite verkauft.

Bahnhofstraße 13
1845 war Seligmann Scheuer I. der Besitzer. Er verkaufte 1851.
1857 kaufte dieses Haus der Metzger und Viehhändler Abraham Scheuer I. und Frau Esther von Schöllkrippen gebürtig. Sie bauten 1868 einen Kuhstall, 1871 eine Schlachthalle und 1879 einen Stall mit Waschküche.
1911 ging die Hofreite durch Erbschaft an Sußmann Traub, in Heldenbergen genannt "de Joackel", und Frau Franziska geborene Scheuer und ihre Schwester Malchen Scheuer. Bis etwa 1939 lebte Fanny Traub dort.

Bahnhofstraße 15
Vor 1843 besaß Abraham Scheuer Witwe eine Hälfte dieser Hofreite.

Bahnhofstraße 16
Vor 1843 gehörte die Hofreite Jakob Scheuer I.

Bahnhofstraße 18
Diese Hofreite bestand aus zwei Teilen. Die hintere Hofreite, bestehend aus einem einstöckigen Wohnhaus und zwei Ställen, kaufte 1860 Abraham Rothschild III. Der vordere Teil bestand aus einem einstöckigen Wohnhaus und einem Stall, den Abraham Rothschild III. und seine Frau Bettchen geborene Goldschmidt 1863 kauften. So waren beide Teile wieder vereinigt. 1888 erbauten sie ein Backhaus und eine Mehlstube. 1889 erbte diese Hofreite der Bäcker Moritz Rothschild.
Von ihm erbte sie der Schwiegersohn Bäcker Moritz Bauer und seine Frau Rosi geborene Rothschild. 1934 verkauften sie das Anwesen wegen Auswanderung an den Bäcker Frech aus Ortenberg.

Bahnhofstraße 22
1776 gehörte diese Hofreite Jud Lößer oder auch "Jud Leißer", der sie 1778 verkaufte.
1854 kaufte das Anwesen Salomon Speier. Er baute den zweiten Stock auf das Haus.
Von ihm ging sie an den Sohn Michel Speier durch Erbschaft über. 1941 zog Michel Speier nach Frankfurt, von wo er deportiert wurde.

Bahnhofstraße 26
1843 kauften das einstöckige Wohnhaus mit Hof und Garten Wolf Scheuer und Frau. 1872 wurde es verkauft.
1892 kauften diese Hofreite Moses Reichert und Frau, eine geborene Wolken, von denen sie 1896 durch Kauf an Amalie Reichert überging. Heute ist das Haus baufällig und wird als Stallgebäude genutzt.

Bahnhofstraße 32
1869 kauften diese Hofreite Abraham Speiers Kinder. 1872 verkauft.

Bahnhofstraße 34
1876 kauften diese Hofreite Seligmann Scheuer II. und seine Frau, eine geborene Heß.
1891 ging sie durch Kauf an Isaak Sichel - in Heldenbergen genannt "de Bergkemer" aus Langenbergheim, und seine Frau Bertha geborene Rothschild. 1894 verkauft.

Die Niddermühle
Nach 1867 kaufte Moses Strauß die Niddermühle. Von ihm erbten sie David Ballin-Oppenheimer und seine Frau Hannchen geborene Strauß. 1906 verkauften sie das Wasserrecht an die Gemeinde Heldenbergen. Nach 1918 wurde die Niddermühle an die Gemeinde verkauft.

Untergasse 1
1878 kaufte die israelitische Gemeinde Heldenbergen diese Hofreite, bestehend aus einem zweistöckigen Wohnhaus, einer Scheune und einem Stall. Hier wohnte der Lehrer Wertheimer mit seiner Familie. 1901 wurde das Erdgeschoß von der israelitischen Gemeinde unterfangen. 1906 wurde die Hofreite verkauft.

Untergasse 2
1843 besaß diese Hofreite Michael Scheuer und Frau.
1872 kauften sie Wolf Scheuer und Frau. 1874 wurde sie verkauft.

Untergasse 3
1897 erhielt Moses Strauß die Hofreite für Mehlschulden. 1904 wurde sie verkauft.

Untergasse 4
Am 17. März 1858 kaufte diese Hofreite Michel Scheuer Witwe, sie verkaufte sie 1873.

Untergasse 7 - "Die Engelthaler Hofreite"
Am 13.6.1860 ging sie durch Kauf an David Rothschild III. und seine Frau Hannchen geborene Scheuer über. 1861 wurde sie verkauft.

Untergasse 8
1701 bestand diese Hofreite aus Wohnhaus und Hofraum und war im Besitz von Jud Schmuhl.
1839 erbaute David Dotteres Rothschild ein zweistöckiges Wohnhaus mit Anbau zu dem Stall. 1848 baute er die Scheune und den Stock auf den Anbau des Hauses.
1856 übernahm die Hofreite David Rothschild III., der 1858 einen neuen Stall baute.
1861 bekamen die Hofreite Abraham Rothschild I. und Kinder.
1869 kauften sie Isaak Rothschild und seine Frau, eine geborene Scheuer.
1901 kauften sie Seligmann Rothschild und seine Frau, eine geborene Lenbach. Das Anwesen wurde 1905 verkauft.

Untergasse 11
Der vordere Teil der Hofreite ging durch Kauf 1857 an David Rothschild III. und seine Frau Jeanette geborene Heß über. 1859 kauften diesen Teil Lazarus Heß und seine Frau Karoline geborene Bender aus Bergen. 1870 verkauft.

Untergasse 12
1843 bestand diese Hofreite aus einem zweistöckigen Wohnhaus nebst Stall. Sie war Eigentum von Meier Rothschild II. jun. und Frau, eine geborene Heß.
1896 ging sie durch Kauf an Ephraim Rothschild Witwe, eine geborene Speier, über.
Von ihr erbte sie Ferdinand Rothschild, der hier ein Textilwarengeschäft betrieb. Seine Witwe Bertha Rothschild verkaufte 1939 das Haus.

Untergasse 13
Vor 1843 war die Hofreite im Besitz von Jud Achil.
1843 bestand sie noch aus einem einstöckigen Wohnhaus, einem Stall und einem Anbau. Dies war im Besitz von Samuel Grünewald. 1869 kaufte sie der Metzger und Viehhändler Michael Grünewald. Sein Sohn Siegmund riß das alte baufällige Haus ab und baute 1930 ein neues zweistöckiges Haus mit Metzgerladen. 1940 verkauften Siegmund und Auguste Grünewald ihr Haus und zogen nach Frankfurt, von wo sie deportiert wurden.

Untergasse 14
Dieses Anwesen gehörte vor 1843 Meyer Abraham Rothschild.
1843 gehörte die aus einem einstöckigen Wohnhaus und Stall bestehende Hofreite David Speier und Frau. 1896 wurde das Haus verkauft.

Untergasse 17
1850 besaß diese Hofreite, bestehend aus zweistöckigem Wohnhaus, einer Scheune und einem Stall, Kaufmann Kaichen. Sie wurde wohl noch im selben Jahr in nichtjüdische Hand verkauft.

1854 kauften sie Jösel Speier und seine Frau, eine geborene Rothschild.
1885 ging sie durch Kauf an Jakob Hermann und Frau, eine geborene Linz, über. 1927 verzog das Ehepaar Hermann nach Hanau.
Wiesenstraße 1 (früher Kuhgasse)
1875 kauften diese Hofreite Gerson Sichel und seine Frau, eine geborene Bamberger. Verkauf 1888.
Wiesenstraße 3
1866 kauften das Haus Gerson Sichel und seine Frau Frederike geborene Bamberger, die 1878 einen Anbau errichteten. 1901 wurde die Hofreite verkauft.
Wiesenstraße 5
Machol Jüdin Witwe hatte diese Hofreite vor 1701 inne.
Wiesenstraße 13
1857 kaufte diese Hofreite der Lehrer der jüdischen Gemeinde Elieser Schatzmann, der sie 1861 verkaufte.
Burggasse 3
Diese Hofreite wurde nach 1820 von Liebmann Rothschild erbaut. 1843 bestand sie aus einem einstöckigen Wohnhaus nebst Stall und gehörte Liebmann Rothschild Witwe.
1864 kauften sie Löb Heß und seine Frau Gretchen, eine geborene Rothschild aus Bergen.
1876 ging die Hofreite dann durch Kauf an Moses Rothschild und seine Frau, eine geborene Rothschild, über.
Infolge Erbschaft kam sie dann an die beiden ledigen Geschwister Arnold und Fanny Rothschild. Diese lebten bis 1939 dort.
Burggasse 7
Vor 1843 wurde hier auf den einstigen Naßburger Wiesen von Samuel Hirsch Rothschild ein einstöckiges Wohnhaus gebaut. 1853 wurde ein Stall angefügt.
1891 kauften das Anwesen Liebmann Rothschild und Frau Jetttchen,eine geborene Hamburger. 1911 setzten sie einen Stock auf das Haus.
1913 ging es durch Erbschaft an Josef Rothschild und seine Frau Jenny geborene Rothschild über.
Burggasse 19
1858 wurde das Haus Moses Meier gerichtlich zugeeignet. 1859 wurde es verkauft.
Burggasse 22
1848 gehörte das Anwesen Samuel Hirsch Rothschild, von dem es
1864 an Lazarus Stern, "de lang Läiser", ging und vor 1885 verkauft wurde.
Raiffeisenstraße 9 (früher Neugasse)
1891 kauften das Anwesen Abraham Rothschild IV. und seine Frau Regine, eine geborene Hamburger. Sie erbauten 1893 das Schlachthaus. 1930 ging das Haus an die Söhne Hugo, Theo und Ludwig Rothschild über. Diese wurden aus ihrem Haus mit ihren Familien im September 1942 verschleppt.
Kellerberg 5
1854 kaufte diese Hofreite Baruch Speier, "de Boasch" genannt. 1856 wurde das Haus verkauft.
Büdinger Straße 1
1850 war diese Hofreite im Besitz von Moses Sichel. 1853 wurde sie verkauft.
1855 kauften die Hofreite David Kaichen, "de rud Dauwet" - und seine Frau, eine geborene Liebmann aus Assenheim.
1888 kam sie durch Erbschaft an die vier Geschwister Kaichen und ging im gleichen Jahr durch Abfindung an Moses Haas und Frau, eine geborene Kaichen, und Baruch Kaichen über. Baruch Kaichen wanderte mit 19 Jahren nach Amerika aus. 1901 wurde das Schlachthaus mit Laden gebaut.
1920 erhielten die Hofreite durch Erbschaft zu 4/5 Moses Haas Erben und zu 1/5 Baruch Kaichen. Emilie, Bertha Haas sowie David Haas mit seiner Familie wurden aus diesem Haus im September 1942 in Konzentrationslager verschleppt.
Das Haus wurde abgerissen und ein Neubau erstellt.

Spitznamen der Heldenberger Juden

Wie alle Heldenberger Familien hatten auch die jüdischen Familien ihren "Uznamen". Diese Namen waren meist für eine ganze Familie und übertrugen sich auch weiter auf die Kinder. Folgende Spitznamen jüdischer Bewohner sind im Heldenberger Dorf- und Hausbuch[14] genannt oder noch in der Erinnerung älterer Bewohner lebendig.

Kaufmann Grünewald (Kaufmann ist ein Vorname) wurde genannt "de Raidel".
Löb Oppenheimer wurde genannt "de Bäckerlöb", er war von Beruf Bäcker.
Isaak Sichel wurde genannt "der Berkemer", er stammte aus Langenbergheim.
Samuel Mäyer wurde genannt "Schmuhlche Engelthal", die hebräische Form von Samuel heißt Schmuhl, er stammte aus Engelthal.
Samuel Scheuer, sein Enkel, hieß "de Schmuhl".
Simon Ballin-Oppenheimer wurde genannt "de Herzches Schimme", wohl abgeleitet von des Hertz, so hieß der Vater, Simon, auf hebräisch Schimon ausgesprochen.
Leopold Hermann wurde genannt "de Färrerkiel", dies dürfte sich davon ableiten, daß seine Familie seit Generationen mit Federkielen handelte.
Für Leopold Hermann gab es auch den Namen "de Fofzehner", vielleicht weil er immer fünfzehn Pfennig gab.
Vor 1840 wurde Jud David Meyer "de Schwarze" genannt.
Meier Speier wurde "de Kappemeier" genannt.
Die Metzger Jakob Scheuer und sein Schwager Robert Seligmann wurden "de Heister" genannt.
1856 wurde Aron Speier "'s Arönche" genannt. Er heiratete "die rote Hanne Kaichen".
David Kaichen wurde genannt "de rud Dauwet".
Die Frau von Nathan Grünewald hieß 1843 "de Näthchesen".
Sußmann Traub hieß "de Joackle".
Baruch Speier hieß 1854 "de Boasch".
1864 wurde Lazarus Stern bezeichnet als "de lang Laiser".
Michel Speier hieß "de Salmes Michel", von Salomons Michel, sein Vater war Salomon Speier - auch Kleinigkeit genannt.
Familie Rothschild in der Untergasse 12 hieß "de Abbab".
Ludwig Rothschild wurde "de Uttich" genannt nach dem Lied "de Uttich kommt von Danzig, verkauft sein Fleisch für zwanzig".
Ansonsten war eine Benennung beim Vornamen charakterisierend wie
"de Markus" für Markus Rothschild,
"de Isaak" für Isaak Haas,
"de David" für David Ballin-Oppenheimer,
"die Recha" für die Schneiderin Recha Gerson,
als Bezeichnungen ganzer Familien:
"die Liebmänner" für die Familie Liebmann Rothschild,
"die Rothschilder" in der Neugasse für die Familie Abraham Rothschild,
"die Strauße" für die Familie Moses und später Simon Strauß,
"die Haase" für die Familie Haas.

Jiddisch-hessisch in Heldenbergen

Einige hundert Jahre lebten in Heldenbergen Juden. Die jüdische Bevölkerung machte vor allem im letzten Jahrhundert einen erheblichen Teil der Bevölkerung aus mit bis zu 17 Prozent, in unser Jahrhundert hinein waren es noch 10 Prozent. Die Juden kannten zwei Sprachen: das Hebräische, die Sprache der Thora, und das Jiddische, die Alltagssprache. Dieses Jiddisch ist ein Mittelhochdeutsch mit Hebräisch vermischt. Reines Jiddisch wurde schon im 18. Jahrhundert nicht mehr in Hessen gesprochen, aber es hielten sich jiddische Wörter, Redewendungen und Sprichwörter und Wörter aus dem Hebräischen bei den hessischen Juden. So ist es nicht verwunderlich, daß diese jahrhundertealte Lebens- und Wohngemeinschaft zwischen Christen und Juden auch ihren Niederschlag in der Sprache gefunden hat. Die bei den Juden gebräulichen Wörter aus dem Jiddischen und Hebräischen beeinflussten auch die in der christlichen Umgebung gesprochene Mundart - so auch in Heldenbergen.[13)]
Folgende mundartliche Ausdrücke, deren jiddische oder hebräische Herkunft noch zu erkennen ist, konnte ich in Heldenbergen erfahren:

acheln	essen
achiele	essen
Äadse	Ratschlag
Baldowerer	Kundschafter, der die Gegend ausmacht
baldowern	aushorchen
Bajes	Haus
Bachinem	geringer Preis
Bedullic	Zwangslage
behäme	Vieh
benschen	beten, besonders von Juden
Berches	Weißbrot mit Mohn - Schabbesbrot - auch Daatsche genannt -
beschikkert	betrunken
Beschore	Vergleich
beschtusst	verrückt
beschummeln	betrügen
Beiskeforen	Friedhof
betucht	vermögend
Bounem	schlechtes Verhalten
brooches	böse sein
Brouche	"ich hab kein Brouche daran" ich habe kein Verlangen danach
Chammer	grober Mensch
Chutzbe	frecher Kerl
Dulbor	unbeholfener Mensch
Eitze geben	Anlaß zum Ärgern geben
Emmes	Wahrheit
furore	Durcheinander
Händel laib woi orem:	Bezeichnung für weiblichen, kleinwüchsigen Menschen
hewwele:	beten in der Synagoge. "Nun hewwele se widder"
Holefornes	abwertender Name für einen Juden
Idzik	abwertender Name für einen Juden
Gannuf	Dieb
Gedöns	Umstand
Geseire	Geschwätz
Goi, Goje	Nichtjude, Nichtjüdin
Schabbesgoje	Christin, die samstags bei Juden Licht macht
jauker	teuer
Kaff	Dorf (verächtlich)
Katzuf	Metzger
Kailef	Hund
Kajes	Leben
koscher	sauber, genießbar, gut, ordentlich
Ladenschickse	Verkäuferin
leien	aus der Thora vorlesen
Mackes	Schläge
marammne machen:	mach dich nicht verrückt

Massel	Glück
Maudel	armer Jude
Schlamassel	Unglück
Massik	ungelenker Mensch, Querkopf
Matze	ungesäuertes Brot der Juden
Matzebäcker	jüdischer Bäcker
mauern	Karten beim Spiel zurückhalten
mauscheln	unterm Tisch falsch spielen
Meloche	Arbeit
Menuel	unangenehmer Kerl
Meschul	Handschlag
meschugge	verrückt
Meziehe	gutes Geschäft - auch Braut
mies	schlecht
Mouschuff	geringwertiges Zeug
Mores	anständiges Benehmen
neppisch	geringwertig
Oulem	Unterwelt
Pleite	Konkurs
Rachmones	Mensch, mit dem man Mitleid haben muß
Rosch	Kopf
Schabbes	Samstag (jüdischer Ruhetag)
Schacher	Handel
Schachern	betrügen
schächten	jüdisch schlachten
schäkern	necken
schäkig	verrückt
Schaskeler	Trunkenbold
Schikker	kleiner Rausch
Schickse	Mädchen, Frau
Schlachmones	Durcheinander
Schlemiehl	leichtfertiger Mensch
Schmu	Betrug
Schmul	durchtriebener Kerl
Schmus	Schwätzerei
schmusen	freundlich reden
Scoute	geistig minderwertig, ein halber Narr
Schmisettche	Kleidungsstück
Schokelemajin	Kaffeetrinken
schofel	unanständig
Schule	Synagoge
Steifschächter	unbeholfener Mensch
trewer	nicht rein
uzen	zum Narren halten
ures	von etwas satt sein, über sein
Zelem	Kreuzzeichen
Zores	Streit
Zures	schlechte Gesellschaft

Juden im öffentlichen Leben

Als die Eisenbahnlinie an Heldenbergen vorbei gebaut werden sollte, setzten sich neben dem Bürgermeister Löhner und dem Beigeordneten Grix auch der Pfarrer und Dekan von Brentano sowie drei "maßgebende"[15] Bürger Heldenbergens für die Berücksichtigung Heldenbergens als Haltestation im Juli 1873 an "Sr. Exellenz den Herren Ministerial-Präsidenten Hofmann zu Darmstadt" ein. Von diesen drei "maßgebenden" Bürgern waren zwei jüdisch: der allseits hoch geachtete Lehrer Wertheimer sowie der Kaufmann Seligmann Scheuer II. Sie schrieben den nebenstehenden Brief.[16] Ihr Einsatz hatte Erfolg, die Eisenbahnlinie führte durch die Heldenberger Gemarkung und der Bahnhof wurde eingerichtet.

Jüdische Mitglieder des Gemeinderats Heldenbergen

Die Chronik Heldenbergen berichtet: "Im Jahre 1867 wollten sich die Juden auch an der Wahl zum Gemeinderat beteiligen. Dazu wurden sie zu dieser Zeit noch nicht zugelassen."[17] Im Jahre 1869 sollte wohl Moses Strauß als Kandidat für die Wahl Gemeinderates aufgestellt werden. Der Gemeinderat Heldenbergen versucht dies aber zu verhindern, vor allem mit dem Hinweis, daß er Ortsbürger von Büdesheim und nicht von Heldenbergen sei, obwohl er dort schon 15 Jahre lebte. Die Auseinandersetzungen gingen hin und her, die fadenscheinigsten Begründungen wurden herangezogen, und es scheint so, als ob der Gemeinderat auf diese Weise versuchte, daß die zahlreichen Juden Heldenbergens unter keinen Umständen einen Vertreter in den Gemeinderat entsenden sollten.[18]

Nach einem "Register über die Abstimmung zur Wahl der Gemeinderathsmitglieder, welche am 3 ten September 1874 in der Gemeinde Heldenbergen vorgenommen worden ist", finden sich 33 jüdische Wähler bei insgesamt 220 Heldenberger Wählern.[19]

Erst mit der Wahl vom 30. Oktober 1886 gab es einen jüdischen Vertreter im Gemeinderat: Moses Strauß. Er gehörte von da an 18 Jahre dem Gemeinderat an als ein geehrter und geachteter Bürger Heldenbergens. Nach seinem Tode 1908 war in der Windecker Zeitung über ihn zu lesen: "Heldenbergen verliert in dem Dahingeschiedenen einen seiner hervorragendsten Bürger, der Allen, ohne Unterschied der Konfession mit Rat und Tat in uneigennützigster Weise zur Seite stand. Daher kam es auch, daß er allgemein geachtet und geehrt war und uneingeschränktes Vertrauen besaß".[20]

Für die Gemeinderatswahl im Jahre 1895 stellte sich in Heldenbergen auch der antisemitische Bauernverein zur Wahl. Daß ihr Kandidat in Heldenbergen ausgerechnet ein Jude war, berichtete die "Allgemeine Zeitung des Judentums" in ihrer Ausgabe vom 8. November 1895 als "Kuriosum".

Für die Gemeinderatswahl im Jahre 1910 kandidierten auch Markus Rothschild und Simon Strauß. Letzterer wurde gewählt

— **Heldenbergen**, 22. Nov. Heute starb im Alter von 85 Jahren Herr Moses Strauß, der älteste Einwohner unseres Ortes. Er gehörte achtzehn Jahre lang dem Gemeinderat an und war über zwanzig Jahre lang erster Vorsteher der israelitischen Gemeinde. Heldenbergen verliert in dem Dahingeschiedenen einen seiner hervorragendsten Bürger, der Allen, ohne Unterschied der Konfession, mit Rat und Tat in uneigennützigster Weise zur Seite stand. Daher kam es auch, daß er allgemein geachtet und geehrt war und uneingeschränktes Vertrauen besaß.

Windecker Zeitung, 25.11.1908

Die ehrerbietigt unterzeichnete Deputation der Gemeinde Heldenbergen erlaubt sich Ew. Excellenz folgendes über die Lage des Ortes, wie über dessen Frequenz ganz gehorsamst zu unterbreiten und gleichzeitig die Motive zu bezeichnen, die uns hierzu veranlaßten. Der schon so lange in Rede stehende Bau der Hanau-Friedberger Eisenbahn soll demnächst seiner Ausführung entgegengehen, und da sind gerade in jüngster Zeit Symptome hervorgetreten, die uns die gerechte Befürchtung hegen lassen, bei dem Bau besprochener Bahn, außer allen und jeden Betracht gesetzt zu werden. Das hieße nichts anderes, als alles und jedes Geschäft des hiesigen Platzes zerstören, die weitere Entwicklung desselben hemmen und somit den Ruin unseres Ortes herbeizuführen. Der hiesige Ort zählt etwa 1500 Seelen und liegt in der Kreuzung von vier Hauptstraßen; der Straßen von Hanau nach Friedberg und deren von Frankfurt wie in den Vogelsberg. Wir haben hier eine dreimal ab- und zugehende Postverbindung, als nach Vilbel, nach Hanau und Nieder-Wöllstadt. Der Postverkehr hier ist ziemlich bedeutend, zumal auch noch vier Ortschaften von mittlerer Größe in den hiesigen Postbezirk gehören. Wir haben hier Geschäfte in allen Branchen. Nennenswerthe Geschäfte in Landesprodukten, Manufaktur und Colonialwaren, bedeutende Viehhändler, Metzgereien, Bäckereien, Mühlen, Bausteinfabrikation, Eisengeschäfte und dergl. mehr. Der Bedarf an Waren ist schon deshalb bedeutend, weil eine ganze Reihe von Ortschaften ihre Bedürfnisse hier decken. Hierzu tritt noch die hiesige bedeutende Landwirtschaft, deren Erzeugnisse zum großen Theile, wenn wir eine Bahnstation haben, mit der Bahn befördert werden würden. Wir dürfen demnach, ohne zu übertreiben behaupten, daß sich der Localgüterverkehr wohl auf mehrere hunderttausende von Zentnern beziffern möchte. Was nun endlich den Personenverkehr anlangt, so würde derselbe geradezu ein für die hiesigen Verhältnisse bedeutender werden und zwar deshalb, weil mehr als 250 Arbeiter in den Städten Hanau und Frankfurt Arbeit nehmen, die, wenn wir eine Eisenbahn haben und Arbeiterzüge eingerichtet werden wohl zum größten Theile die Bahn tagtäglich frequentieren. Hierzu tritt noch das handeltreibende Publikum, was einen für einen kleineren Platz nicht zu unterschätzenden Personenverkehr ergibt.

Ferner steht die Gründung solcher Geschäfte, die ohne Eisenbahn nicht gut möglich sind, bei der Wohlhabenheit des Ortes in sicherer Aussicht. Aus dieser wahrheitsgetreuen Schilderung des hiesigen Verkehrs mögen Ew. Excellenz hochgeneigtest zu erkennen belieben, welch große Vortheile die Gesamtbevölkerung aus einer Bahnstation in unmittelbarer Nähe erwachsen, aber auch welch bedeutente Nachtheile entstehen müßten, wenn wir bei dem einzig in Aussicht stehenden Bahnbau umgangen würden. Möchte es daher Ew. Excellenz gefallen die Stimmen der Bewohner Heldenbergens, die zu verlautbaren die ehrerbietigt Unterzeichneten die Ehre haben, zu hören, und Ew. Excellenz weittragenden Einfluß dahin hochgenehmigt zu verwehrten, daß die schon im Jahre 1830 bei dem Sturm auf das hiesige Nebenzollamt sich als loyal bewährt habende Gemeind, bei dem demnächst auszuführenden Hanau-Friedberger Eisenbahnbau mit einer Station bedacht werden.

Als Ew. Excellenz ganz gehorsamst und ehrerbietigst verharren

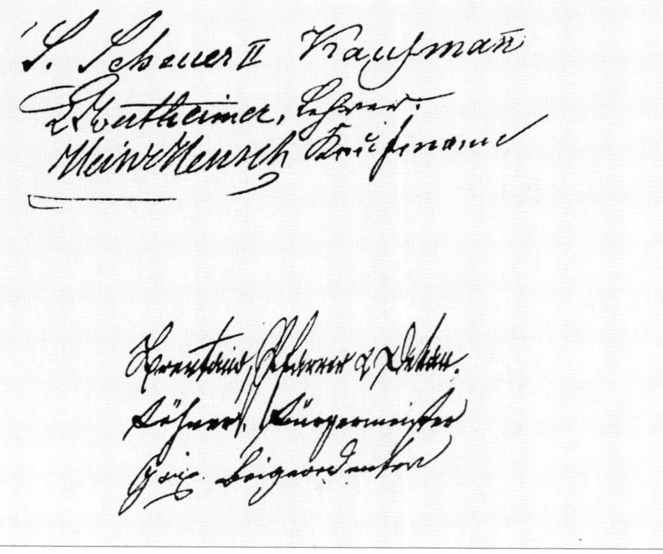

Schreiben "maßgebender" Heldenberger Bürger vom Juli 1873 an "Sr. Exellenz den Herren Ministerial-Präsidenten Hofmann zu Darmstadt" mit der Bitte, Heldenbergen als Haltepunkt der geplanten Bahnlinie Hanau - Friedberg zu berücksichtigen.
Von diesen drei "maßgebenden" Bürgern waren zwei jüdisch: der allseits hoch geachtete Lehrer Wertheimer sowie der Kaufmann Seligmann Scheuer II.

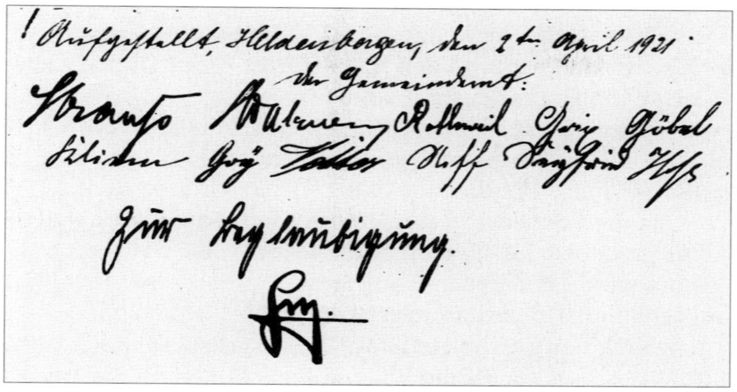

Für den Gemeinderat der politischen Gemeinde Heldenbergen unterzeichnete 1921 auch Simon Strauß

und war lange Jahre im Gemeinderat. Vor dem 1. Weltkrieg wurde er von den Sozialdemokraten aufgestellt, nach dem Krieg war er Vertreter der Deutschen Volkspartei. "In den ersten Jahren nach dem Krieg haben der Doktor (Dalquen) und der Strauß den ganzen Kram gemanagt", erinnert sich ein Heldenberger.

1926 war Siegmund Sichel, wie das Adreßbuch des Kreises Friedberg aufführte, "Gemeindevertreter und Mitglied des Finanzausschusses".[21] Die jüdischen Bürger beteiligten sich ebenso wie die christlichen an den öffentlichen Ereignissen und allgemeinen Verpflichtungen. Bei der Einquartierung eines Bataillons für einen Tag im Jahre 1910 waren von 88 Einquartierungen 20 Einquartierungen in jüdischen Familien.[22]

Heldenbergen bekommt einen Telefonanschluß

Im Jahre 1903 gab es in Heldenbergen die erste Handvermittlungsstelle für die ersten neun Telefonanschlüsse. Vier dieser Telefonanschlüsse gehörten jüdischen Familien :

David Ballin-Oppenheimer, Markus Rothschild, Max Speier und Moses Strauß in der Niddermühle.[23] Viele jüdische Familien hatten - wie aus den Adreßbüchern zu entnehmen ist - schon früh einen Telefonanschluß:

No. 1 David Ballin-Oppenheimer
No. 11 Markus Rothschild
No. 12 Max Speier
No. 13 Simon Strauß
No. 24 Samuel Scheuer
No. 28 Issak Haas
No. 33 Siegmund Sichel
No. 43 Abraham Rothschild
No. 60 Betty Wertheimer
No. 92 Gustav Eckstein

Juden waren in Heldenbergen seit den letzten Jahrzehnten des vergangenen Jahrhunderts anerkannte und geachtete Bürger. Davon gibt nicht nur der Zeitungsbericht über Moses Strauß

S. Ballin-Oppenheimer
Heldenbergen
Fernsprecher No. 1
Grosses Lager in landwirtschaftlichen Maschinen und Geräten

1903 erhielt David Ballin-Oppenheimer den ersten Telefonanschluß in Heldenbergen.

Heldenbergen, 21. Aug. Fünfzig Jahre waren gestern verflossen, seit Lehrer Wertheimer an der hiesigen israelitischen Volksschule tätig ist, und alle hier geborenen israelitischen Einwohner, mit Ausnahme der ältesten, sind seine Schüler gewesen. Da Herr Wertheimer von 1856 bis 1833 in Lich als Lehrer wirkte, so blickt er jetzt auf 57 Dienstjahre zurück; er ist also einer der ältesten, vielleicht gar der dienstälteste Lehrer des Großherzogtums Hessen. Daß der alte, noch sehr rüstige Herr sich allgemeiner Beliebtheit und Hochachtung erfreut, zeigte die gestrige goldene Jubelfeier, welche die israelitische Gemeinde und die politische Gemeinde ihm zu Ehren veranstalteten. Die Vertreter der Behörden, des Kreisamtes, der Kreisschulkommission, der Lehrervereine, sämtlicher hiesigen Vereine, der Gemeinderat, der katholische Geistliche usw. nahmen an der Feier teil. Vorgestern abend veranstalteten die hiesigen Vereine, der Turnverein und die drei Gesangvereine, einen Fackelzug und brachten dem Jubilar ein Ständchen. Gestern um 11 Uhr fand die kirchliche Feier in der Synagoge statt. Provinzial-Rabbiner Dr. Hirschfeld-Gießen hielt die Festpredigt. Die gesamte israelitische Gemeinde nahm an der Feier teil. Um 12 Uhr war Festakt im Rathaus. Als offizielle Vertreter waren erschienen Kreisrat Schliephake-Friedberg, der eine Ordensauszeichnung vom Großherzog, Krone zum Silbernen Kreuz des Verdienstordens Philipps des Großmütigen, überreichte, der Vertreter der Kreisschulkommission, Obmann Huff-Darmstadt vom Landes-Lehrerverein, Reallehrer Salomon-Gießen u. a.

Bericht der Windecker Zeitung am 23. 8. 1913 über das 50jährige Lehrerjubiläum von Lehrer Wertheimer in Heldenbergen, das mit großen Festlichkeiten begangen wurde.

einen Einblick. Auch die Gestaltung der Feier für den jüdischen Lehrer Wertheimer zu seinem 50jährigen Jubiläum in Heldenbergen 1913 zeigt dies.[24]

Zu Beginn dieses Jahrhunderts waren die meisten Juden im Handel mit Vieh oder Stoffen oder Gebrauchtwaren tätig oder im Metzger- und Bäckerhandwerk. Somit standen sie im ständigen Verkehr mit den christlichen Bewohnern. Das Adreßbuch von 1902 zählt für Heldenbergen insgesamt 17 Firmen auf, von denen 13 in jüdischem Besitz waren.[25] "Meine Mutter ließ Brot backen beim Bäcker Moritz Rothschild, holte Rindfleisch bei Manuel und Sally Scheuer und Metzger Grünewald, kaufte Stoffe bei der Lea (Scheuer) und Schuhe beim Max (Speier), die Kleider nähte die Recha Gerson", erinnert sich ein alter Heldenberger. Die wirtschaftlichen und sozialen Verhältnisse der jüdischen Familien in diesem Jahrhundert beschrieb Georg Franz so: "Bei den Juden galten für Heldenberger Verhältnisse fünf Familien als wohlhabend. Das waren Isaak Haas, ein großer Viehhändler, Markus Rothschild, Mehl- und Getreidehändler, dann kam die Lea

Heldenbergen:

Franz Bechtold,	Franz Bechtold,	Ferdinand Rothschild,	Ferdinand Rothschild,
Johann Joseph Dott,	Johann Joseph Dott,	Liebmann Rothschild,	Liebmann Rothschild.
Georg Faulstich I.,	Georg Faulstich I.,	Salomon Schatzmann,	Salomon Schatzmann,
Andreas Fuhr IV.,	Andreas Fuhr IV.,	Abraham Scheuer II.,	Abraham Scheuer II.,
Jakob Hermann,	Jakob Hermann,	Moses Scheuer II.,	Moses Scheuer Wwe.,
Samual Meyer,	Minna Meyer Wwe.,	Juda Sichel,	Juda Sichel,
S. Ballin-Oppenheimer I.,	David Ballin-Oppenheimer,	Max Speyer,	Max Speyer,
Joseph Oppenheimer,	Joseph Oppenheimer,	Meyer Speyer,	Meyer Speyer,
		Simon Strauß,	Simon Strauß,

Firmenverzeichnis von Heldenbergen im Adreßbuch des Kreises Friedberg von 1902

(Scheuer), Stoff- und Schuhgeschäft, dann Max Speier und Simon Strauß. Dann gab es eine gewisse Schicht dazwischen, die Metzger und Bäcker, und dann waren da viele arme Juden, da wußte man gar nicht, von was die eigentlich lebten."[26]

Noch eine Erinnerung an einen Festzug: "Der jüdische Rindsmetzger Anselm Katz aus Ostheim, der auch eine Niederlassung in der Kuhgasse hatte, fuhr in Heldenbergen mit einem Wagen mit, an dem zahlreiche Rindswürstchen hingen. In die Zuschauermenge warf er auch kleine Rindswürstchen." Auch die Wahlen innerhalb der israelitischen Gemeinde waren für die allgemeine Öffentlichkeit von Interesse. So berichtete die Windecker Zeitung am 15.9.1909:

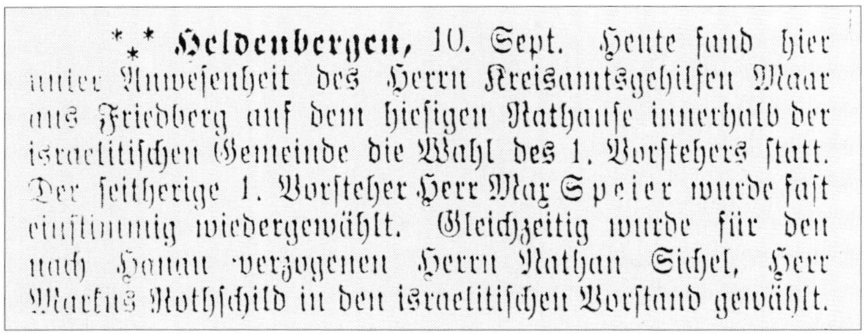
*** **Heldenbergen,** 10. Sept. Heute fand hier unter Anwesenheit des Herrn Kreisamtsgehilfen Maar aus Friedberg auf dem hiesigen Rathause innerhalb der israelitischen Gemeinde die Wahl des 1. Vorstehers statt. Der seitherige 1. Vorsteher Herr Max Speier wurde fast einstimmig wiedergewählt. Gleichzeitig wurde für den nach Hanau verzogenen Herrn Nathan Sichel, Herr Markus Rothschild in den israelitischen Vorstand gewählt.

Bericht der Windecker Zeitung 1909 über die Wahl des Vorstands der jüdischen Gemeinde.

In dem Theaterstück in Heldenberger Mundart "Sturm auf das Zollhaus" von Lehrer Messerschmidt, das historische Ereignisse von 1830 behandelt, tritt auch der Jude Detteres auf, wohl in Anlehnung an den in dieser Zeit lebenden Juden Dotteres Rothschild. In einer Szene mit dem Bauernjungen Lebs spricht er, nachdem ihm dieser erzählt hatte, daß die Windecker das Zollhaus stürmen wollen: "Siehst de Lebs. Machst dich maramme. Warum? Lasse sich die Schädel einhaue für wen? Du bist vernünftig Lebs. Was hast Du devon, ob 's Zollhaus steht oder 's Zollhaus steht net? Ob se verbrenne d'r Akte oder ob se nett verbrenne d'r Akte? Wann Du bei dem Krach dei Magges griehst, wär gibt d'r eäbbes davor? Siehst de Lebs, du bist der einzig Vernünftige. Die Annern sind doch meschugge. Oder sind se nett meschugge? Halte ihrn Knorr hii, für was? Wann einer dodgeschlagge werd, weär gibt 'm eäbbes defür? Betracht emal die Sach ganz richtig! Hawwe die Windecker nett räächt? Brauch mir e Zollhaus? Wozu isses da? Wer muß zahle? Doch nur die Handelslaid un ihr Bauerslaid."[27]

Aber auch die persönlich wichtigen Daten jüdischer Familien wurden als für die Öffentlichkeit von Interesse befunden. So war in der Windecker Zeitung 1909 zu lesen: "Das Fest der Silbernen Hochzeit feiert morgen, Sonntag, der langjährige Reisende der Firma Ballin-Oppenheimer, Herr Isaak Sichel."[28]

Jüdische Mitglieder der Heldenberger Vereine

Fußballvereine Heldenbergen

"Die Juden haben den Fußball in Heldenbergen eingeführt. Die jungen jüdischen Burschen lernten das Fußballspiel in Frankfurt, Hanau oder Offenbach kennen, wo sie ihre Ausbildung machten. So brachten sie den Fußball nach Heldenbergen." Diese Einschätzung gab der 1899 geborene Georg Franz zur Entwicklung des Fußballspiels in Heldenbergen.

Im Jahre 1910 wurde der erste Fußballverein Heldenbergens gegründet: Der Fußballverein Viktoria Heldenbergen. Zu den ersten Spielern gehörten Albert Rothschild (* 1893), der 1915 im 1. Weltkrieg fiel, Max Rothschild (* 1896), genannt "Mäxchen". Der Kernkreis erweiterte sich um Kurt Ballin-Oppenheimer (geb. 1900), der 1917 starb, seinen Bruder Ernst Ballin-Oppenheimer (* 1894) und Martin Speier (* 1894).

1928 begann die aktive Jugendarbeit des Fußballclubs Viktoria. Zu der ersten Fußballjugendmannschaft in Heldenbergen gehörten: Julius Wertheimer (* 1911), Max Grünewald (* 1911) und Manfred Scheuer (* 1913).[29] Als Schiedsrichter fungierte Julius Scheuer (* 1904), auch nach seinem Vater "Salli" genannt.

Ein besonders talentierter Spieler war Theo Haas (* 1904), der bei der Viktoria Linksaußen spielte. "Der hieß nicht nur Haas, der konnt auch rennen wie ein Has!" Theo Haas spielte noch kurze Zeit in der Nazizeit für die Viktoria Fußball, dann wurde er als Jude ausgeschlossen. In Frankfurt spielte er dann bei einem jüdischen Fußballverein.

Gustav Eckstein war ein begeisterter Anhänger der Viktoria. "Eckstein war der Sponsor vom Fußballverein. In der Wirtschaft beim Goy sind die Gugelhupf, die er spendiert hat, gegessen worden. Oft hat er nach dem Spiel oder freitagabends oder sonntagsabends so einen Korb voll mitgebracht", erinnerte sich ein Heldenberger.

Im Jahre 1922 gründete sich eine Fußballmannschaft des Arbeiter-Turn- und Sportvereins. In der Fußballmannnschaft dieses Vereins war Ernst Ballin-Oppenheimer auch Mitglied. Ein Bild zeigt ihn im Kreise seiner Fußballfreunde als Tormann. Er soll später auch einmal in eine politisch motivierte Schlägerei auf dem Fußballplatz verwickelt gewesen sein.

Die Spar- und Leihkasse zu Heldenbergen

Sie wurde 1868 gegründet. Im Verzeichnis der ersten Mitglieder aus dem Jahre 1868 sind als 62. Mitglied Aron Speier und als 86. Mitglied Bettchen Speier aufgeführt.

Als im Jahre 1900 diese Vereinigung eingetragene Genossenschaft wurde und die Kasse weitergeführt werden mußte, waren in die 16köpfige Kommission, die den Übergang vollziehen sollte, auch zwei jüdische Mitglieder gewählt worden: Nathan Sichel und David Ballin-Oppenheimer.

Im Vorstand und Aufsichtsrat waren in der Zeit nach 1900 Max Speier und Samuel Scheuer.[31]

Zu seiner Situation als Vorstand der Spar- und Leihkasse Heldenbergen im Jahre 1933 schrieb Samuel Scheuer: "Ich war Direktor bei der Spar- und Leihkasse Heldenbergen, habe aber sofort, als Hitler zur Macht kam, mein Amt niedergelegt."[32]

Obst- und Gartenbauverein Heldenbergen

Zu den Mitgegründern des Obst- und Gartenbauvereins Heldenbergen im Jahre 1889 gehörte der schon mehrfach erwähnte Lehrer der jüdischen Gemeinde, Leopold Wertheimer.

Auch David Ballin-Oppenheimer wurde Mitglied im Obst- und Gartenbauverein. Beide sind in den Protokollbüchern des Vereins bis zum Jahre 1901 als Mitglieder erwähnt.[33]

Auf dem Bild, das "Zur Erinnerung an den Obst - und Gemüseauswertungskurs in Heldenbergen Herbst 1911" aufgenommen wurde, sind auch Jenny Rothschild und Emilie Haas zu sehen.

Kriegerverein Heldenbergen

Auch der 1876 gegründete Kriegerverein hatte mehrere jüdische Mitglieder. Max Speier und Salomon Schatzmann sind 1903 auf einem Bild des Kriegervereins zu sehen. Adolf Wertheimer war einige Jahre Mitglied des Vorstandes. (Siehe Bild S. 343)

Gesangverein Euphrosyne

1840 wurde der Männergesangverein Euphrosyne gegründet. Die Protokollbücher von 1840 - 1937 liegen lückenlos vor und

Ernst Ballin-Oppenheimer (3. von links) als Mitglied des Arbeiter-Turn- und Sportvereins um 1922 auf dem Sportplatz. Von links: Fritz Fuhr, Wilhelm Zwier, Ernst Ballin-Oppenheimer, Georg Tiefenstätter, F. Fuhr, Wegele, Fritz Heß, Georg Buschmann, Karl Reuß, ?, Josef Keilholz, ?

Julius Scheuer, genannt Salli (1. von links), als Schiedsrichter der 1. Jugendmannschaft Viktoria, gegründet 1928. Julius Wertheimer ist der 5. von rechts.

Ernst Ballin-Oppenheimer als Tormann der Fußballmannschaft des Arbeiter-Turn- und Sportvereins.

Manfred Scheuer (1. von links, sitzend) spielte für die Viktoria

"Zur Erinnerung an den Obst- und Gartenbauverein in Heldenbergen Herbst 1911"
Emilie Haas (2. Reihe von oben, 3. von links), Jenny Rothschild (2. Reihe von oben, ganz links)

erlauben so eine breite Darstellung der Vereinsgeschichte aus dem Blickwinkel des 75 Jahre währenden Beitrages der jüdischen Mitglieder in diesem Verein.[34] Erst 18 Jahre nach der Gründung des Vereins wurden erstmals 1858 jüdische Mitglieder aufgenommen. Unter den dreißig ordentlichen Mitgliedern sind folgende jüdischen Namen zu lesen: Simon Schatzmann, Salomon Sichel II., David Mäyer, Isaak Speier, Lazarus Stern, Jakob Grünewald, Simon Mayer, Hirsch Scheuer. Unter den 37 außerordentlichen Mitgliedern waren: Löb Strauß II Büdesheim, Jacob Ballin-Oppenheimer, Simon Ballin-Oppenheimer, Markus Kaichen, David Grünewald, Salomon Bär Scheuer. Im selben Jahr traten noch Kaufmann Rothschild und Gerson Sichel ein.

Im Jahr 1859 kamen David Kaichen und Isaak W. Scheuer

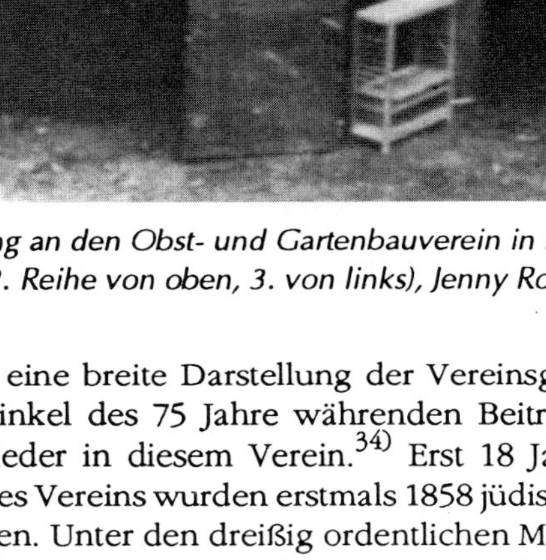

dazu, 1860 Kaufmann Kaichen und 1862 Michael Grünewald. In dieser Zeit sind Austritte von vier jüdischen Mitgliedern zu verzeichnen.

1862 wurde erstmals ein jüdisches Mitglied in den Vorstand gewählt: Simon Schatzmann als Kassierer.

1863 traten ein: Nathan Mäyer, Julius Sichel, Salomon Sichel III. In den Vorstand wurden 1863 Simon Ballin-Oppenheimer und Simon Schatzmann gewählt.

1864 wurden aufgenommen: Lehrer Löb Wertheimer, Abraham Ballin-Oppenheimer, Wolf Sichel, Mäyer. In diesem Jahr wurde Simon Ballin-Oppenheimer in den Vorstand gewählt. Für zwei jüdische Mitglieder wurde der Austritt beschlossen.

Auch 1866 wurde Simon Ballin-Oppenheimer in den Vorstand gewählt. 1866 und 1867 traten drei jüdische Mitglieder aus.

1879 gab sich der Verein neue Statuten. Von den 37 ordentlichen Mitgliedern unterschrieben folgende jüdische Mitglieder: David Ballin-Oppenheimer, Baruch Speier, Gerson Speier, Simon Strauß, Joseph Oppenheimer, Simon Steinheimer, Abraham Rothschild. Von den 27 außerordentlichen Mitgliedern unterzeichneten folgende jüdische Mitglieder: Salomon Sichel III., Mäyer, Simon Schatzmann, Simon Ballin-Oppenheimer I., S. Scheuer II.

1880 wurde Simon Strauß in den Vorstand gewählt, bis 1884 jedes Jahr erneut.

Als Ehrenmitglied unterschrieb Lehrer Wertheimer. 1881 erweiterte sich der Verein um Max Speier und bei den außerordentlichen Mitgliedern um Abraham Ballin-Oppenheimer und Moses Scheuer II.

1883 wurden Jakob Strauß, Markus Rothschild, Leopold Hermann aufgenommen, 1884 Isaak Speier. 1886 traten Salomon Sichel II., Julius Sichel und Maier Speier als außerordentliches Mitglied ein.

1886 wurde Simon Schatzmann in den Vorstand gewählt. Dazu vermerkt das Protokollbuch: "Die von dem Mitglied Wertheimer dem neuen Vorstand gewidmete Rede wurde ... dankend erwidert." In den Jahren 1887/88 wurde Simon Strauß wieder in den Vorstand gewählt. 1890/91 sind 4 Austritte jüdischer Mitglieder verzeichnet.

1893 wurde Lehrer Wertheimer in den Vorstand gewählt. 1895 trat Nathan Sichel bei.

Für die Jahre 1900 und 1906 sind als passive Mitglieder genannt: Lehrer Wertheimer, Isaaak Speier II., David Ballin-Oppenheimer, Jakob Scheuer, Siegmund Grünewald, Jacob Hermann, Markus Rothschild. Als aktive Mitglieder: Theo Schatzmann, Samuel Scheuer, Sigmund Sichel und Hermann Schatzmann, der sich Simon nannte.

1906 war Sigmund Sichel als Schriftführer gewählt worden, bis 1911 schrieb er alle Protokolle des Vereins.

Im August 1906 ist zu lesen: "Auf Antrag des Vorstandes wurden die langjährigen Mitglieder des Vereins infolge ihrer immer bewährten, so auch beim Neuaufleben desselben, bewährten Verhaltens zu Ehren-Mitgliedern ernannt: 1. Bürgermeister Dot, 2. Lehrer L.Wertheimer ... Die Verleihung der Ehrenmitgliedschaft soll durch Anfertigung von Diplomen zum Ausdruck gebracht werden." Damit war Lehrer Wertheimer nach der Verleihung der Ehrenmitgliedschaft 1880 erneut zum Ehrenmitglied ernannt worden.

"Zu Ehren des Geburtstages seiner Königlichen Hoheit fand am 11. November 1906 ein Concert statt", berichtet das Protokollbuch.

Am 3. 8. 1907 ist zu lesen: "Das aktive Mitglied Theo Schatzmann nimmt vor seiner Reise nach Amerika Abschied vom Verein. Vom Präsidenten wird die während seiner Mitgliedschaft bewiesene Eifrigkeit und Teilnahme an allen Veranstaltungen lobend hervor gehoben, dem Scheidenden die besten Wünsche des Vereins für ferneres Wohlergehen mit auf den Weg gegeben."

"Die Einladung des Kriegervereins zur Teilnahme der am 17. August ebenda zum Andenken an die Schlacht bei Gravelotte stattfindenden Ovation und Kranzniederlegung am Kriegerdenkmal wird angenommen", verzeichnet das Protokollbuch am 11. 8. 1907.

Simon Schatzmann wurde II. Schriftführer, ab 1911 führte er die Protokolle des Vereins .

26. 11. 1907: "Der Verein nimmt geschlossen an der Feier des Geburtstagsfestes Seiner Königlichen Hoheit des Großherzogs veranstaltet im Gasthaus Krone teil."

28. 11. 1909: "Der Kriegerverein veranstaltet zur Feier des Geburtstagsfestes seiner Königlichen Hoheit des Großherzogs seinen Kommers, an welchem der Verein teilnimmt und einige Lieder zum Vortrag bringt."

Beim Nationalen Gesangswettstreit in Ostheim sangen Josef Rothschild 1. Tenor, Ernst Ballin-Oppenheimer und Simon Schatzmann 1. Baß. Der Verein trug die "Hymne an die Nacht" von Ludwig van Beethoven vor.

In der Festschrift zum Gesangswettstreit mit Fahnenweihe anläßlich des 85jährigen Bestehens des Männergesangvereins Euphrosyne zu Heldenbergen 1925 sind die folgenden jüdischen Mitglieder genannt: Aktive Mitglieder: Gustav Eckstein, Ernst Ballin, Robert Seligmann. Sie sind auch auf dem Festfoto zu sehen.

Passive Mitglieder waren: Leopold Hermann, Jakob Hermann, Jakob Scheuer, Samuel Scheuer, Siegmund Sichel, Max Speier.

In den verschiedenen Festausschüssen waren tätig:
Ehrenausschuß: Max Speier
Schiedsgericht: Siegmund Sichel
Lokalausschuß Homburger Hof: Siegmund Sichel
Geschäftsführender Ausschuß: Gustav Eckstein
Gesangs- und Musikausschuß: Siegmund Sichel

Der Gesangverein Euphrosyne feierte 1925 sein 85jähriges Bestehen. Robert Seligmann, 2. Reihe von unten ganz rechts, Gustav Eckstein, 3. Reihe von unten ganz rechts, Ballin-Oppenheimer, 2. Reihe von oben, 4. von rechts

Presse- und Verkehrsausschuß: 2. Vorsitzender Siegmund Sichel, Simon Schatzmann
Finanzausschuß: Ernst Ballin Schriftführer, Jakob Hermann, Samuel Scheuer, Siegmund Sichel
Wirtschafts- und Vergnügungsausschuß: Josef Haas, Samuel Scheuer, Robert Seligmann.
1929 und 1930 übten Lehrer Rößler und Gustav Eckstein verschiedene Theaterstücke wie "Die ertappten Ehemänner" und "Die vom Hubertushof" für den Verein ein, die mit großem Erfolg aufgeführt wurden.

Am 1. März 1933 nennt das Protokollbuch bei den neun Sangesbrüdern des 1. Tenors Ernst Ballin, Gustav Eckstein und Josef Rothschild.

Am 17. Mai 1933 stellte "Sangesbruder Eckstein ... den Antrag ... welcher einstimmig angenommen wurde."

Der Verein beschloß, "mit drei geschmückten Leiterwagen nach Roßdorf zu fahren", um dort am 9. Juli 1933 an dem Gesangswettstreit teilzunehmen. Ernst Eckstein, der Sohn des Sangesbruders Gustav Eckstein, erinnerte sich an diesen Tag: "Mein Vater war ein begeisterter Sänger. Eines Tages waren sie zum Singen weggefahren. Ich war zu Hause und sah, wie mein Vater weit vor der erwarteten Zeit zurückkam. Er war zu Fuß heimgelaufen. Ich fragte: 'Was ist los?' Er antwortete nur: 'Ich singe nicht mehr', mehr konnte er nicht sagen. Ich habe ja gewußt, was los ist. Erst später hat er erzählen können, daß bei dem anderen Verein einige gesagt hatten: 'Mit Juden singen wir nicht!'"[35] Auch der Sohn von Josef Rothschild erinnert sich: "Wegen seiner guten Stimme wurde mein Vater immer gebeten, im Verein zu singen. Eines Morgens, es war ein Sonntag, kam unser Nachbar und gab meinem Vater einen Brief mit den Worten: 'Es tut mir leid, daß ich Dir den Brief geben muß.' Mein Vater öffnete den Brief, las ihn und antwortete: 'Erst bittet ihr mich und nun schmeißt ihr mich heraus.' Mein Vater war tief getroffen."[36] Entsprechend ist unter dem Datum 15. September 1933 zu lesen: "Um der Neuzeit zu entsprechen, beschloß der Verein, die jüdischen Mitglieder Gustav Eckstein, Ernst Ballin und Josef Rothschild auszuschließen."

Als Jahresabschluß 1933 bemerkte der Protokollant: "... wenn wir noch einmal zurückblicken, werden wir die Feststellung machen, daß wir doch einiges geleistet haben ... wir ... haben alles getan im Gleichtakt des Jahres der nationalen Revolution ... Heil Hitler!"[37] Das Motto des Vereins "Frei unser Lied - treu unser Herz" galt nicht mehr für Juden. 1933 gingen 75 Jahre gemeinsames Gestalten des Vereins von christlichen und jüdischen Mitgliedern abrupt zu Ende.

Jüdisch-christlicher Alltag

Juden und Christen lebten in Heldenbergen miteinander unter Achtung und Bewahrung ihrer religiösen Besonderheiten. Im Alltag wußte man einfach von diesen Unterschieden, die die Religion machte, in der Gestaltung der religiösen Jahresfeste, in Synagoge, Kirche und Familie, im Haushalt, bei Beerdigungen oder in der Schule.

Der jüdische Haushalt

Betrat man ein jüdisches Haus in Heldenbergen, so war dort am rechten Türpfosten die "Mesusa" befestigt, eine kleine, oft metallene Hülse. Sie enthielt eine Pergamentrolle mit den beiden ersten Abschnitten eines der wichtigsten Gebete der Juden. Beim Betreten und Verlassen des Hauses soll nach jüdischem Verständnis der Blick auf die Mesusa fallen, da so das Haus geweiht war.

In der Wohnstube war an der Ostseite das "Misrach", ein Papierdruck oder eine Handarbeit aus Stoff, auf dem die Stadt Jerusalem oder der Tempel zu sehen war. In diese Richtung wandten sich die Hausbewohner beim Gebet.

Emil Haas in Amerika mit der Schabbeslampe seiner Familie aus Heldenbergen 1986

Über der Mitte des Tisches hing die mehrzackige Schabbeslampe. Sie wurde vor Eintritt des Schabbes herabgelassen und nach dem Ende des Schabbes wieder heraufgezogen. Ein Sprichwort kennzeichnet die verbundene Symbolik: "Steigt die Sabbatlamp herab, wendet Not und Sorg sich ab."[38] Diese Lampe wurde von der Schabbes-Goje entzündet. Ein Foto zeigt uns Emil Haas in Amerika mit der Sabbatlampe seiner Eltern. Diese brannte immer in Heldenbergen.

Ein besonderes Aussehen hatte die Küche. Nach den jüdischen Speisevorschriften mußte getrenntes Geschirr für Milchspeisen und Fleischgerichte vorhanden sein. Die nach diesen Vorschriften erlaubten Speisen waren für Juden koscher, also rein, andere Speisen trewer, also unrein. Die Christen wußten im allgemeinen nur, daß Juden der Verzehr von Schweinefleisch untersagt war, umso eher wurde festgestellt, daß Siegfried Höxter Ende der zwanziger Jahre in der Gastwirtschaft mit Appetit Schweinefleisch aß. Für streng religöse Juden war es nur möglich, einmal ein Glas Wasser aus ihrer christlichen Umgebung anzunehmen.

Schabbes und Schabbesgoje

Der Schabbes, als wöchentlicher Feiertag der Juden, begann Freitagabend, wenn die ersten Sterne am Himmel standen, er dauerte bis zum Abend des Samstags.

Eine Kindheitserinnerung und Erlebnis vieler Heldenberger war es, bei den jüdischen Nachbarn als "Schabbbesgoje" zum Licht- und Feueranmachen oder -ausmachen gebeten zu werden. Vor allem bei den Kindern war diese Tätigkeit begehrt, da sie dann immer eine Kleinigkeit geschenkt bekamen. Dazu berichtete ein Heldenberger: "'Ei, Schosch komm doch emol herein und blas mer daes Lichtchen aus', rief mich Frau Rothschild gerne herein. Für uns Kinder war das Feueranmachen eine begehrte Tätigkeit, da den Juden das Feueranmachen am Schabbes verboten ist." Ein anderer Heldenberger erinnert sich: "Schon bevor der Schabbes anfing, hab ich als kleiner Bub an der Ecke gestanden, daß mir ja keiner zuvorkam. Ich wartete, bis die alte Frau Ballin rief: 'Klemenzche, geh emol her und steck das Feuer an!' Alles war schon vorbereitet, der Streichholz lag schon neben dem Holz. Wenn sie sagte: 'Klemenzche, es brennt', hab ich 10 Pfennig gekriegt, das war viel Geld damals, und konnte wieder gehen. Am nächsten Freitag war ich dann wieder zur Stelle".[39] Am Schabbes liebten es die Juden, fein gekleidet, so wie die Christen am Sonntag, durch Heldenbergen zu spazieren und hier und da zu Gesprächen zu verweilen. So wurde beispielsweise gerne über die aktuelle politische Lage politisiert. "Samstags sind die Juden immer gerne spazieren gegangen, eine gewisse Geselligkeit verbreitete der Schabbes. Man blieb auf der Straße zum Plaudern stehen", erinnert sich ein älterer Heldenberger. Beliebter Treffpunkt der Juden am Schabbes waren wohl die Treppen, die von der Hauptstraße zur katholischen Kirche hinaufführten. Dazu hieß es in Heldenbergen: "Die Juddebuben sitzen schon am Freitagnachmittag auf der Kirchtrepp und die Sonntagsbube, die gehen schon am Samstagnachmittag aus." So wurde dieser Platz im Volksmund auch Schabbesplatz genannt, später dann Dallesplatz - auch ein Wort aus dem Jiddischen.

Beerdigungen

Wenn jemand gestorben war in Heldenbergen, mit dem man sehr verbunden war - ob Christ oder Jude - so ging man mit zur Beerdigung, um dem Toten die letzte Ehre zu erweisen. So waren die Christen mit den jüdischen Beerdigungsbräuchen und die Juden mit den katholischen Gewohnheiten vertraut. So gingen die jüdischen Frauen nicht mit auf den Friedhof zur Beisetzung. Ebenso kannten die Christen den jüdischen Brauch, Wasser auf die Straße zu gießen, nachdem der Leichnam aus dem Haus getragen war. Als Erklärung dieses Brauches, der mir mehrfach berichtet worden ist, habe ich nur finden können, daß der Tote nicht als "Nachzehrer" umhergehen solle. Wie der Boden das Wasser verschlucke, so das Grab den Toten.[40] Die verstorbenen Juden wurden mit dem selben von Pferden gezogenen Leichenwagen zum Friedhof gefahren wie die Christen. Ab und zu soll es auch vorgekommen sein, daß der Kutscher vergessen hatte, das oben auf dem Leichenwagen aufsteckbare Kreuz abzunehmen. Passanten hatten ihm dann zugerufen: "Du kannst doch keinen Juden mit dem Kreuz obendrauf zur Beerdigung fahren." Darauf kletterte er schnell auf den Wagen und nahm das christliche Kreuz ab. Die Kinder beider Konfessionen liebten es, den jeweiligen Beerdigungen nachzulaufen und heimlich zuzuschauen.

Koschere Margarine, geprüft vom Provinzialrabbiner für den koscher geführten jüdischen Haushalt. Reklamemarke 1910

Synagoge und Kirche

Die Synagoge und auch die katholische Kirche scheinen für die Andersgläubigen tabu gewesen zu sein, jeder ging zu seinem Gotteshaus. Nur als Kinder sahen sich die christlichen Kinder einmal in der Synagoge um und die jüdischen Kinder mal in der Kirche - aber heimlich. Die Christen Heldenbergens sahen allerdings die Juden zur Synagoge gehen, die Männer in schwarzen Hüten oder Zylindern.

An manchen Tagen konnte es in Heldenbergen sein, daß "von allen drei Konfessionen: Katholiken, Juden und Protestanten zur gleichen Zeit Gottesdienste waren, zum Beispiel, wenn der 1. Weihnachtstag auf einen Samstag fiel. Jeder ging dann zu seinem Gottesdienst und keiner kümmerte sich um den anderen. Dann ging ein brauner Wind und die Sache änderte sich, aber nicht in jedem Haus ...", erinnert sich ein alter Heldenberger.[41]

Als ein offizieller Kontakt zwischen der evangelischen Kirche und der jüdischen Gemeinde ist folgendes bekannt: 1849 lieh die evangelische Kirchengemeinde sich bei dem "Jüdischen Stift" zu Heldenbergen 200 fl. und verpfändete ihr Bethaus, Lehrerwohnung und Stall mit 1200 fl.[42]

Laubhüttenfest

Die hohen Feiertage der jüdischen Bevölkerung wurden von den christlichen Einwohnern deutlich wahrgenommen. Die genauen Termine wurden in der Zeitung (Windecker Zeitung) bekannt gegeben. So war es selbstverständlich, daß zu den hohen Feiertagen im Herbst um das jüdische Neujahrfest alle jüdischen Geschäfte geschlossen waren. Zu diesen hohen Feiertagen gehört auch "Jom Kippur", der als höchster Feiertag der Juden auch ein Fastentag ist. Dieser Tag hieß "der lange Tag". In ihren weißen Sterbegewändern waren die Juden in der Synagoge, aber auch auf dem Platz vor der Synagoge zu sehen. Mit dem Ende dieses Tages gab es den sogenannten Anbiß mit Fisch und Brot.

Beim Laubhüttenfest im Herbst wurden von vielen jüdischen Familien im Garten eine Laubhütte aufgebaut und festlich mit Obst und Weinlaub geschmückt. Vor der Synagoge stand eine solche Laubhütte, bei Sichels neben der katholischen Kirche unter dem heute noch wachsenden Weinstock, bei Rothschilds in der Untergasse, bei Hermanns in der Pfarrgasse, bei Isaak Haas. Daran erinnert sich der Sohn Emil Haas: "Wir hatten beim Laubhüttenfest im Hof hinten eine Laubhütte, wir haben sie jedes Jahr für eine Woche aufgebaut. Ein großer Traubenstock umrankte die Laubhütte. Es paßten etwa sechs bis acht Leute herein. Wir haben dort gebetet und gegessen. Licht hatten wir sogar hineingelegt."[43]

Pessachfest mit Mazze

Zum jüdischen Pessachfest im Frühling freuten sich auch die christlichen Kinder: "Da haben wir uns immer gefreut, wenn wir von unseren jüdischen Nachbarsleuten Mazze gekriegt haben. Die Juden durften doch an bestimmten Tagen kein gesäuertes Brot essen, sondern nur die ungesäuerte Mazze. Den Familien, mit denen sie befreundet waren, haben sie zu dieser Zeit Mazze gebracht." Viele ältere Bewohner Heldenbergens erinnern sich noch mit strahlenden Augen an die begehrte Mazze ihrer jüdischen Nachbarn und Freunde, in einer Zeit, als es fast aus-

1989 erinnerte anläßlich der 1150-Jahrfeier von Heldenbergen der Wagen des SPD-Ortsvereins im historischen Festzug an die Laubhütten der jüdischen Familien.

schließlich grobes Brot gab.

Emil Haas erzählt: "Früher ist die Mazze aus Ortenberg gekommen, da war ein Mazzebäcker. Er kam mit einem großen Pferdewagen. Die jüdischen Familien kauften um die fünzig, sechzig Pfund Mazze zu Pessach."

Später wurde die Mazze auch in Heldenbergen hergestellt: "Die Ecksteins hatten in der Bäckerei die Mazze selbst gemacht. Sie hatten eine Maschine, auf die der Teig ganz hauchdünn gedrückt wurde. Die Mazze war groß und rund. Wenn wir dann bei der Bertha Brot holten, dann hofften wir als Kinder inständig, daß sie in den Sack mit dem Mazzebruch hineingriff und fragte: 'Willst Du ein paar Stückchen?' Ich hab mir dann eine Tasse halb voll Milch gemacht, dann die Mazze hereingebrochen dann noch zwei Löffel Honig dazu oder auch Zimt. Das schmeckte wunderbar", erinnert sich ein alter Heldenberger.[44)]

Das Schächten

Auch vom Schächten hatten die christlichen Heldenberger eine genaue Vorstellung. Nach den jüdischen Speisevorschriften ist der Genuß von Fleisch, das Blut enthält, verboten. Jedes Tier mußte so auf eine genau vorgeschriebene Art getötet werden, das Fleisch auf besondere Art weiterbehandelt werden, daß es kein Blut enthielt und nach den jüdischen Vorschriften koscher war.

Alle Kinder Heldenbergens beobachteten des öfteren eine solche Schächtung: "Wir haben beim Manuel Scheuer heimlich durchs Fenster zugeschaut. Ein Rind wurde 3 bis 4 Stufen in das Schlachthaus hinuntergeführt, die Beine wurden gefesselt, dann wurde das Vieh auf den Buckel geworfen. Über zwei Winden wurden dann Ketten gespannt und das Vieh so hingelegt, daß der Hals frei lag. Da waren oft fünf oder sechs Juden dabei, das Vieh brüllte. Die Haare am Hals wurden dann ein bißchen weggeschoben. Dann ist geschächtet worden. Der Juddelehrer Höxter kam mit seinem langen Messer, das hatte er vorher schön scharf gemacht. Er packte das Messer aus, es wurde gebetet. Mit einem einzigen Schnitt wurde die Kehle aufgeschnitten. Da ist das Blut gespritzt - oh je. Aber das war ja das, was man erreichen wollte, daß das ganze Blut aus dem Körper strömt. Für uns Kinder war das ein Drama."[45)]

Die jüdischen Rindsmetzger

Bei den Christen in Heldenbergen waren besonders die Rindswürstchen der jüdischen Rindsmetzger beliebt. Bei ihnen konnte man sicher sein, daß kein Schweinefleisch darunter gemischt war, denn Schweinefleisch war für Juden tabu. Diese Würstchen waren aus dem gut abgehangenen Vorderviertel des Rindes hergestellt, das hintere Teil des Rindes wurde von jüdischen Metzgern nicht verwendet, man arbeitete mit einem christlichen Metzger zusammen, der diese Teile übernahm und weiterverarbeitete. Für die Rindswürstchen, die es beim jüdischen Metzger gab, bürgerte sich in Heldenbergen auch die Bezeichnung "Juddewörschtchen" ein. Viele ältere Heldenberger haben als Kind mit dem Einkauf dieser "Juddewörschtchen" so ihre Erfahrungen machen müssen. Ein Heldenberger berichtete von seinen Erlebnissen: "Als Bub hab ich eines Tages gesagt bekommen: 'Geh mal beim Heister (Metzger Jakob Scheuer/Robert Seligmann) und hol ein paar Juddewörschtchen.' Ich bin also dorthin gegangen und hab brav gesagt: 'Ich will ein paar Juddewörschtchen.' Der Heister hat mir dann geantwortet: 'Geh erst mal heim und frag Deine Mutter, ob ich einen Jud schlachten soll?' Ich war da als Bub so verlegen. Das hab ich mir dann aber gemerkt."[45a)]

Schule und Kindergarten

Die Kenntnis und Anerkennung der jüdischen Gebräuche am Schabbes waren auch in der Schule selbstverständlich. Da den Juden am Schabbes die Verrichtung sämtlicher Tätigkeiten verboten war, war es selbstverständlich, daß die jüdischen Kinder am Samstag nicht schrieben.

Der Besuch des Kindergartens der katholischen Schwestern zur göttlichen Vorsehung war für viele jüdische Kinder selbstver-

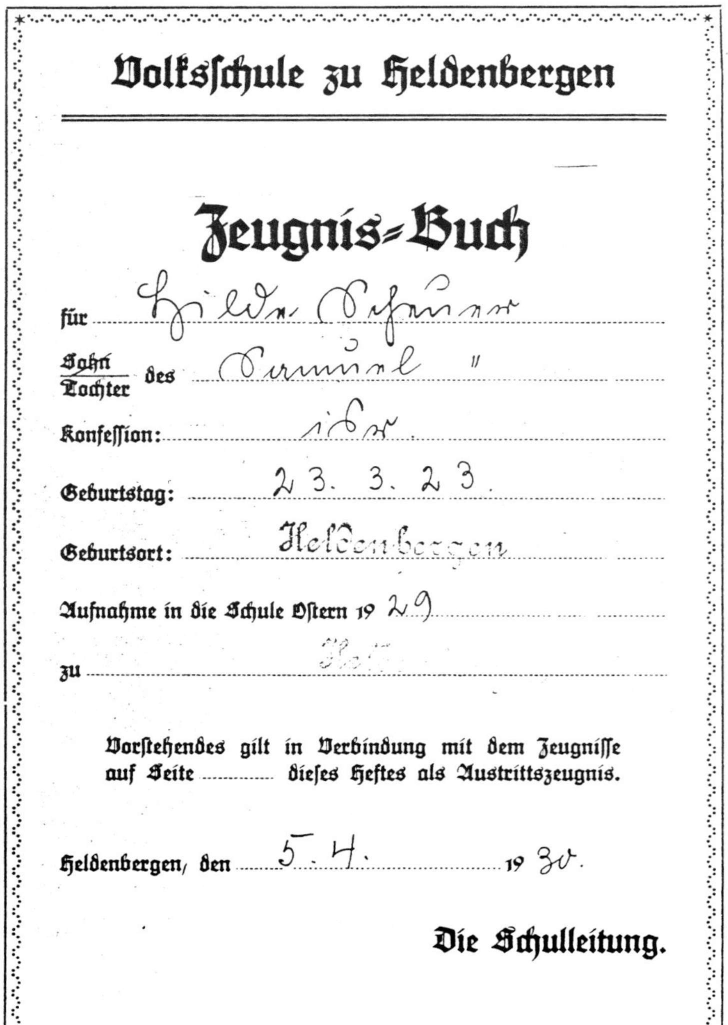

Volksschule zu Heldenbergen

Zeugnis-Buch

für Hilde Scheuer

Sohn / Tochter des Samuel "

Konfession: isr.

Geburtstag: 23. 3. 23.

Geburtsort: Heldenbergen

Aufnahme in die Schule Ostern 19 29

zu

Vorstehendes gilt in Verbindung mit dem Zeugnisse auf Seite .... dieses Heftes als Austrittszeugnis.

Heldenbergen, den 5. 4. 19 30.

Die Schulleitung.

Zeugnis der Volksschule Heldenbergen für Hilde Scheuer - 1930.

ständlich. Hilde Scheuer, die den Kindergarten bis 1929 besuchte, erinnert sich: "Ich ging gerne zu den Nonnen, sie waren wunderbare Frauen. Wir haben gebastelt im Kindergarten, ich fühlte mich sehr geborgen. Ich bin sicher, meine Eltern hätten das nie erlaubt, wenn es dort irgendeine Art der religiösen Beeinflussung gegeben hätte."[46)]

Blanka Levi (* 1891) erzählte ihrer Tochter später gerne, daß sie zu Weihnachten das Christkind in der Krippe sein durfte, ihre Mutter war darüber hell entsetzt.[47)]

Lilli Eckstein erinnerte sich, daß sie und ihr Bruder gerne mit den Bauernkindern das Frühstücksbrot tauschten, weil diese Wurst oder Schinken als Brotbelag hatten. Nachdem Frau Eckstein dies von den Schwestern erfahren hatte, setzte sie sich mit den anderen Müttern in Verbindung, die damit einverstanden waren, zum besseren Tauschen mit den jüdischen Kindern Käsebrote zu machen.[48)]

Heute schätzen ältere Heldenberger in der Rückschau das Zusammenleben von Christen und Juden in Heldenbergen bis 1933 übereinstimmend als sehr gut ein:

"Wir waren alle einig, ob es Juden oder Christen waren, das war doch egal."

"Da gab es unter uns Kindern keinen Unterschied, außer bei der Religion."

"Ob Jude oder Christ, wir waren alle gut miteinander." Meine jüdischen Gesprächspartner äußerten sich ebenso.

Auch die jüdischen Kinder besuchten den Kindergarten der katholischen Schwestern zur göttlichen Vorsehung, 1931 mit Schwester Davida: Helmut Rothschild 2. Reihe von unten 1. von links, Heinz Rothschild unterste Reihe 4. von rechts, Liesel Ballin-Oppenheimer unterste Reihe 6. von rechts, Fred Bauer unterste Reihe 2. von links, Martin Haas (?), oberste Reihe 3. von links

Heldenberger Juden in der Zeit des Nationalsozialismus

Heldenbergen unterm Hakenkreuz

Nazis an der Macht

Bei der letzten freien Wahl im November 1932 wählten in Heldenbergen (bei 848 gültigen Stimmen):

NSDAP	180 Personen
SPD	290 Personen
KPD	171 Personen
Zentrum	227 Personen

Damit war die SPD immer noch, wie schon seit Jahrzehnten, die stärkste Partei in Heldenbergen.

Nach dem 30. Januar 1933 veränderte sich auch das Wahlergebnis. Bei der Reichstagswahl am 5. März 1933 gaben die meisten Menschen in Heldenbergen der NSDAP ihre Stimme, die Stimmenverhältnisse sahen jetzt so aus (bei 965 gültigen Stimmen):

NSDAP	319 Personen
SPD	256 Personen
KPD	170 Personen
Zentrum	220 Personen[1)]

Zur Machtübernahme im Kreis Friedberg ist in einem geheimen Papier vom 11. März 1933 an den Inhaber der Polizeigewalt in Hessen zu lesen: "Der politische Umschwung hat sich in den Städten und Landgemeinden des Kreises Friedberg in aller Ruhe und Ordnung vollzogen. Es ist nirgends zu Zusammenstößen und Gegendemonstrationen gekommen ...".[2)]

Sofort nach der Wahl im März 1933 suchten die Heldenberger Nazis fieberhaft nach dem profiliertesten Heldenberger Sozialdemokraten Siegfried Höxter. In vielen Versammlungen im Volksstaat Hessen war er als militanter Sozialist gegen den aufkommenden Nationalsozialismus aufgetreten und hatte sich so zum gehaßten Mann bei den Nazis nicht nur in Heldenbergen gemacht. Die Nazis von Heldenbergen hatten für Siegfried Höxter ein großes Faß, das sie an allen Seiten mit langen Nägeln durchbohrt hatten, vorbereitet. Da hinein wollten sie ihn stecken und die Treppen der Kirche hinunterrollen, die "Juddegass" hinunter, an seinem Wohnhaus vorbei. Sein Vater, der geachtete Lehrer der jüdischen Gemeinde Heldenbergen, mußte sich jeden Tag bei der Polizei in Heldenbergen melden, damit sollte verhindert werden, daß er seinen Sohn Siegfried unterstützen würde. Auch im Hause der Schwester in Büdesheim wurde Siegfried Höxter gesucht, da man ihn nicht fand, verhaftete und mißhandelte man den Mann seiner Schwester, nebenbei wurde noch der Hund der kleinen Nichte vor deren Augen erschossen. Siegfried Höxter konnte sich in Frankfurt verstecken. Nachdem er längere Zeit von der politischen Polizei gesucht worden war, ist er aus Deutschland geflohen (siehe auch S. 435).

Die Abstimmung im November 1933 brachte für die jüdische Bevölkerung Heldenbergens folgende Situation:

Hilde Scheuer, die damals 10 Jahre war, erinnert sich: "Nach der Machtübernahme der Nazis gab es noch eine Wahl. Da kann ich mich erinnern, daß ein Nazi zu uns nach Hause kam und meinen Vater einige Stunden mitgenommen hat. Meine Mutter hatte solche Angst um ihn. Mein Vater war der Vorsteher der jüdischen Gemeinde zu der Zeit. Man wollte meinen Vater dazu bringen, daß alle Juden der Gemeinde mit einem roten Stift wählen sollten, damit man ihre Stimmen bei der Auszählung wiedererkennen konnte." [3)]

Auch Emil Haas berichtete: "Wir haben mit einem andersfarbigen Stift gewählt, nur um Ruhe zu haben, daß es nicht heißt, die Juden sind gegen Hitler ... es ist nicht vorzustellen, einfach entwürdigend. Alle Juden haben in einer anderen Farbe gewählt, es waren ungefähr 20 bis 25 jüdische Stimmen da. Wir haben uns ausgemacht, wir wählen mit einem Stift, damit sie nicht sagen können, 'ihr habt dagegen gestimmt', damit sie uns gehen lassen. Es waren dann mehr, die gegen Hitler gewählt haben, als wir gedacht haben, mindestens 50 - 60 Stimmen, und das war sehr viel."

Diese Stimmen kamen von den Kommunisten Heldenbergens. In Heldenbergen wurden bei dieser Wahl im November 1933 108 ungültige Stimmen abgegeben und bei der Volksabstimmung 54 gültige Nein-Stimmen.[4)] Fritz Martin, führender Kommunist in Heldenbergen zur damaligen Zeit, erzählte zu dieser Wahl:

"Die Wahl fand am 12. November 1933 statt. Es konnte nur mit JA oder NEIN gestimmt werden. Es gab zwei Wahlzettel: der erste war für oder gegen die Liste Hitlers, auf dem anderen konnte man für oder gegen den Austritt Deutschlands aus dem Völkerbund stimmen. Durch eine richtige Propagandawelle, die den Nazis vollen Erfolg sichern sollte, wurden die Wähler schon im voraus eingeschüchtert. So war auch das Wahllokal in Heldenbergen vollständig mit SA-Leuten in Uniform besetzt. Ich ging zusammen mit meiner Frau wählen. Als sie den Wahlzettel empfing, bemerkte sie, daß dieser an einer Ecke eingerissen war. Darauf aufmerksam gemacht, sprang der Bürgermeister sofort auf und warf den Wahlzettel in den brennenden Ofen, um keinen Manipulationsbeweis zurückzulassen. Durch diesen Vorfall kam es im Wahllokal zu einem Tumult. Die anwesenden Nazis wurden dadurch so aufgeschreckt und nervös, daß sie über uns herfielen. Bei diesem Streit zerriß ich einem SA-Mann das Braunhemd. Dies war eine Beleidigung der Uniform, und es kam zu einem erneuten Tumult, wobei uns aber weiter nichts passierte.

Am anderen Tag - so um die Mittagszeit - marschierte die SA mit einem Trupp zu uns in den Hof ein. Sie hatten Uniform an und waren mit Revolvern und Gummiknüppeln bewaffnet. Meine Frau und ich wurden aus der Wohnung geholt und auf den Hof

der Heldenberger Schule in der Mittelburg geführt. Kurz nach uns trafen noch zwei weitere Genossen von uns, Peter Pauly und Otto Mattei, ein. Auf dem Schulhof stand schon ein großes Schild mit der Aufschrift 'WIR SIND DIE GEMEINSTEN VOLKSVERRÄTER' bereit, Anstreicher A. aus Heldenbergen hatte das Schild gemalt. Die SA stellte sich auf, wir mußten mit dem Schild in der Mitte marschieren und die SA marschierte links und rechts. Wir wurden beschimpft mit 'Torgler-Bande', Ernst Torgler war neben Georgi Dimitroff und van der Lubbbe einer der Angeklagten im Reichstagsbrandprozeß. Vor uns lief ein SA Mann, der die Trompete blies. Wir wurden durch die Straßen von Heldenbergen geführt und von Kindern mit Steinen beworfen und bespuckt. Zu diesem Zweck hatten sie extra schulfrei bekommen. Die Heldenberger Bevölkerung stand an den Straßen und betrachtete schweigend dieses Schauspiel, die Stimmung war ängstlich, besorgt. Die Juden Heldenbergens haben sich in dieser Situation bedeckt gehalten, nur Samuel Scheuer stand vor seiner Türe, warum, sollte ich später noch erfahren.
Nachdem unser 'Marsch' durch Heldenbergen beendet war, kamen wir in das Heldenberger Gefängnis, dies war der Raum unter dem Rathaus in der Mittelburg. Es hieß, wir sollten von dort aus abtransportiert werden. Aber soweit kam es dann doch nicht, plötzlich erschien der SA-Sturmführer aus Kaichen - ein ehemaliger Nachbar von mir - und bewirkte die Freilassung von meiner Frau und mir.
Am nächsten Tag kam Sitta Sichel, eine junge jüdische Frau aus Heldenbergen, zu mir, sie war ganz aufgelöst und verriet mir, was sie von einem SA-Mann wußte, mit dem sie ein Verhältnis hatte, daß Samuel Scheuer die Juden Heldenbergens aufgefordert hatte, mit einem roten Stift ihre Kreuze machen zu lassen. Es war ja bekannt, daß die Kommunisten mit nein stimmen würden. Die Juden wollten wohl nicht in den Geruch kommen, mit den Kommunisten gemeinsame Sache zu machen. Die Juden hätten lieber wie an anderen Orten der Wahl fernbleiben sollen. Meiner Meinung nach hat Samuel Scheuer eine traurige Rolle in dieser Angelegenheit gespielt. Sitta Sichel sprach noch weiter auf mich ein: 'Ich schäme mich so für alle Juden. Ihr seid im Ort herumgeführt worden und habt die Schmach erduldet. Ich wollte zu Euch laufen, aber meine Mutter hat mich zurückgehalten. Ich schäm mich ja so!'" [5)]

Werbung für die NSDAP in Heldenbergen 1933

In Heldenbergen konnte sich erst etwa 1932 eine Ortsgruppe der NSDAP gründen. "Es gab natürlich schon vorher den einen oder anderen, von dem man wußte, daß er zur Sonnenwendfeier auf den Hoherodskopf fuhr." [7)]

In einem Bericht heißt es: "Am 9.10.1932 fand in Heldenbergen abends eine öffentliche Versammlung der NSDAP-Ortsgruppe Heldenbergen statt mit dem Thema 'Entweder - oder', Redner war ein Student aus Heidelberg, der das Leben Hitlers von Geburt bis heute schilderte und über Zustände in Rußland berichtete. Der Versammlungsleiter war ein Student aus Kaichen. Zu dieser Versammlung kamen 100 Personen. Zur Diskussion sprach der Heldenberger Kommunist Karl K. und widerlegte die Ausführungen des Redners." [8)] Am 30. Oktober 1932 fand wieder eine öffentliche politische Versammlung der NSDAP statt, die von 52 Leuten besucht wurde, mit dem Thema "Reichstagswahl". Diesmal gab es keinen Gegenredner.

Kurz vor der Märzwahl 1933 gab es eine dritte Versammlung mit 50 Personen zum Thema Reichstagswahl. Am Tag vorher fand eine Versammlung der SPD Heldenbergen statt, zu der 80 Personen kamen. [9)]

Fritz Martin, ein führender Kommunist Heldenbergens: "Erst ab der Machtübernahme Hitlers im Januar 1933 traten in Heldenbergen SA-Leute auf. Ihre funkelnagelneuen Uniformen hatten

Postkarte von Heldenbergen 1936

sie in Persil gelegt zum Bleichen, damit sie wie 'alte Kämpfer' aussahen."[10] Der spätere Bürgermeister Adam Böhm stellte dies 1946 so dar: "Als im Jahre 1933 Hitler zur Macht kam, waren in Heldenbergen so gut wie noch gar keine Parteimitglieder der NSDAP. Heldenbergen wurde durch Kaichen ortsgruppenmäßig verwaltet und auch die dortige SA hat hier im allgemeinen die Aufpeitschungsarbeiten gegen die Andersdenkenden geführt."[11]

In einem Bericht des Bürgermeisters im November 1936 heißt es: "Die Einstellung der Bevölkerung gegenüber dem nationalsozialistischen Staat läßt bei den hiesigen Volksgenossen noch sehr zu wünschen übrig."[12]

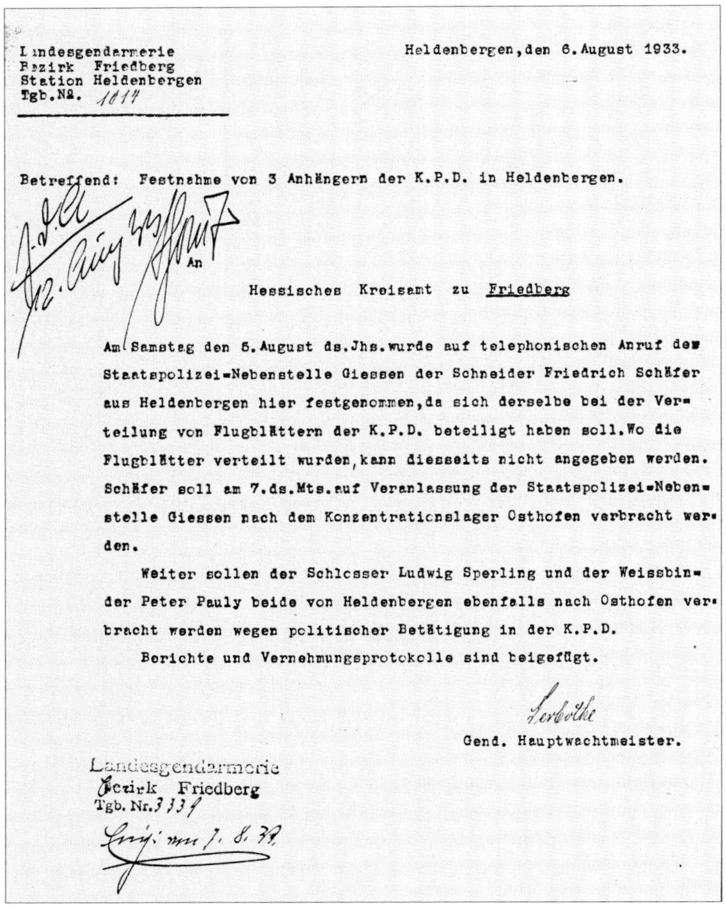

Landesgendarmerie
Bezirk Friedberg
Station Heldenbergen
Tgb.Nr. 1017

Heldenbergen, den 6. August 1933.

Betreffend: Festnahme von 3 Anhängern der K.P.D. in Heldenbergen.

An

Hessisches Kreisamt zu Friedberg

Am Samstag den 5. August ds.Jhs. wurde auf telephonischen Anruf der Staatspolizei-Nebenstelle Giessen der Schneider Friedrich Schäfer aus Heldenbergen hier festgenommen, da sich derselbe bei der Verteilung von Flugblättern der K.P.D. beteiligt haben soll. Wo die Flugblätter verteilt wurden, kann diesseits nicht angegeben werden. Schäfer soll am 7.ds.Mts. auf Veranlassung der Staatspolizei-Nebenstelle Giessen nach dem Konzentrationslager Osthofen verbracht werden.

Weiter sollen der Schlosser Ludwig Sperling und der Weissbinder Peter Pauly beide von Heldenbergen ebenfalls nach Osthofen verbracht werden wegen politischer Betätigung in der K.P.D.

Berichte und Vernehmungsprotokolle sind beigefügt.

Gend. Hauptwachtmeister.

Landesgendarmerie
Bezirk Friedberg
Tgb. Nr. 3339

Straßenumbenennungen durch die Nazis

In Heldenbergen wurde der Platz vor der katholischen Kirchmauer und am Beginn der früheren Judengasse "Adolf-Hitler-Platz" genannt. Eine Postkarte war entsprechend geziert: "Gruß aus Heldenbergen Adolf-Hitler-Platz".

Die Neugasse wurde nach dem nationalsozialistischen hessischen Staatspräsidenten "Ferdinand-Werner-Straße" benannt. Heute heißt die Straße Raiffeisenstraße.

Die Gartenstraße war in "Horst-Wessel-Straße" umbenannt worden und hat nach 1945 ihren alten Namen zurückerhalten. Die Homburger Straße (Kreuzgasse) wurde in Hindenburgstraße umbenannt, dieser Name verschwand nach 1945 ebenfalls.

SPD- und KPD-Mitglieder als Gegner der Nazis

Die offenen Gegner des Nationalsozialismus waren in Heldenbergen einige führende Mitglieder der beiden großen Arbeiterparteien SPD und KPD. Bei ihnen wurden Haussuchungen, Bespitzelungen und besondere Kontrollen durchgeführt.

Mehrere Personen aus Heldenbergen sind gleich in der Anfangszeit der Naziherrschaft nach Osthofen in das Konzentrationslager verbracht worden. Darunter war auch der spätere Bürgermeister Adam Böhm, der bis 1933 Vorsitzender der SPD Heldenbergen war.

Der Kommunist Fritz Martin wurde nach dem Brand des Reichstages am Heldenberger Bahnhof verhaftet und nach Friedberg ins Gefängnis verbracht. Am 13. März 1933 war angeordnet worden, daß Fritz Martin als Kandidat für die Landtagswahl in Schutzhaft zu nehmen sei.[13]

"Gerfelder, Adam, aus Heldenbergen, Arbeiter KPD. Beteiligung an illegalen Aktionen und Versammlungen im Kreis Friedberg. 1933 mehrfach verhaftet, u.a. im Gefängnis Butzbach inhaftiert. 1942 erneut auf Weisung der Gestapo festgenommen. Sieben Monate Haft in Gießen und Darmstadt. Anschließend Abtransport in ein Nebenlager des KZ Majdanek bei Lublin. 1944 entlassen und unter Polizeiaufsicht gestellt." Dies ist zu lesen im Gedenkbuch "Vom Naziterror verfolgte Kinder, Frauen und Männer im Main-Kinzig-Kreis 1933 - 1945".[14]

Wegen Teilnahme an einer kommunistischen Versammlung am 10. März 1933 bei Bad Nauheim wurde Adam Gerfelder im April 1934 vom Sondergericht Darmstadt zu einem Jahr Gefängnis verurteilt.[14b]

Im Juni 1933 wurde das Vermögen der Arbeitervereine in Heldenbergen erneut beschlagnahmt.[15]

Die katholische Kirche in Heldenbergen als Nazi-Gegner

Eine deutliche Zurückhaltung gegenüber dem Nationalsozialismus wurde in Heldenbergen von der katholischen Kirche mit dem Pfarrer Blum gezeigt.

Im Spiegel der vorliegenden monatlichen Berichte zur politischen Lage in Heldenbergen, die vom Bürgermeister und der Gendarmerie für den Landrat verfaßt wurden, erscheint die Haltung der katholischen Kirche so: "Trotzdem hat es gerade in Heldenbergen den Anschein, als seien geheime Kräfte am Werk, die die Verbreitung des Nationalsozialismus zwar nicht hemmen, bestimmt aber nicht fördern wollten. Wenn hierzu auch keine positiven Beweise vorhanden sind, so neigt man doch dazu, weil man fast täglich beobachten kann, wie die männlichen Einwohner vor dem katholischen Geistlichen den Hut bzw. die Mütze bis beinahe zur Erde herunterziehen, anstatt den deutschen Gruß (Heil Hitler d. V.) zu erweisen", heißt es im März 1936.[16]

Im August 1937 wurde berichtet: "Ein Teil der katholischen Bevölkerung, an der Spitze der katholische Pfarrer, zeigen in ihrem gesamten Benehmen unter sich, daß man sich innerlich noch wenig umgestellt hat."[17]

"Die Haltung der katholischen Kirche zeigt keinerlei Beweise von zustimmender Art für das heutige politische Geschehen. Man tut nichts Gegenteiliges, auch nicht für neues Denken." (21. 9. 1937)[18] "Die Haltung der katholischen Kirche hier zeigt zwar äußerlich gesehen keine gegnerische Haltung, doch die innerliche Haltung ist zweifellos nicht offen und gerade. So drückt sich gerade der größte Teil streng katholisch Eingestellter vor aller Mithilfe an dem Neuaufbau und der Neugestaltung." (23. 10. 1937)[19]

Die evangelische Kirche Heldenbergen wird in diesen Berichten selten erwähnt: "Die evangelische Kirche verhält sich in jeder Hinsicht neutral" (19. 2. 1936),[20] "keine gegnerische Haltung wahrnehmbar" (23. 10. 1937).[21]

Diese klare Haltung der katholischen Kirche nach der Machtübernahme der Nazis haben die Juden als schützend und hilfreich erlebt:

Hilde Scheuer berichtet von den Einschätzungen ihrer Eltern: "Bevor wir 1936 weggegangen sind aus Heldenbergen, hat es Beschimpfungen und allerlei negative Unterdrückung für die Juden gegeben, aber keine körperliche Gewalt. Ich habe den katholischen Priester dafür verantwortlich gehalten, während die

Protestanten stärker mit den Nazis involviert waren. Die Katholiken waren stärker. Der katholische Priester war ein starker Mann, der keine Angst hatte und wirklich Grenzen setzte. Er war couragiert. Ich denke, er war nicht antisemitisch eingestellt. Er glaubte und fühlte, daß seine Gemeinde nicht andere Menschen verletzen wollte. Das predigte er auch von der Kanzel. Die Nazis wurden sehr böse darüber. Ich glaube, es war seine Persönlichkeit und der tiefe Glaube, den dieser Mann hatte, der in dieser Zeit die Bevölkerung von Heldenbergen gestützt hat."[21a)]

Lilli Eckstein hat ähnliche Erinnerungen:

"Mit den Nazis ging es in Heldenbergen sehr langsam, auch dadurch, daß der katholische Pfarrer dagegen war. Er hat sehr viel dazu beigetragen, daß nichts gemacht wurde. Der Pfarrer hat seiner Gemeinde gesagt, man solle die Juden nicht schlagen. So waren sie geschützt. Er hat auch gepredigt, daß die Leute ihre Schulden bezahlen sollten. Als auf einmal einige kamen, ihr Geld zu bezahlen, waren wir ganz überrascht. Auch als wir 1937 schon in Frankfurt waren, haben wir noch Geld bekommen."[22)]

Am Hoftor des Pfarrers war auch angeschmiert: "Ich kaufe noch bei Juden." Diese Schmiererei von Nazis "ICH KAUFE NOCH BEI JUDEN" ließ Pfarrer Blum einfach an seinem Hoftor stehen. Er sagte nur: "Ich mach das nicht weg!" Diese Aufschrift auf dem Tor des Pfarrers benutzten noch 1944 Erstklässler als Objekt ihrer neuerworbenen Lesekünste und waren stolz, als sie es entziffern konnten. Pfarrer Blum war ein praktischer Mensch, so strich er auch sein Hoftor selber, um die Schmähschrift pinselte er allerdings fleißig herum, so daß sie gut lesbar blieb.

Nach dem Krieg wurde Pfarrer Blum dann des öfteren auf diese Schrift abgesprochen: "Jetzt können Sie das doch wirklich weg machen!". Darauf antwortete er: "Nein! Das sollen die weg machen, die es dort hingeschrieben haben." So blieb die Schrift so lange stehen, bis das Tor abgerissen wurde.[23)]

Die systematische Verdrängung der Juden aus Heldenbergen

Boykott der jüdischen Geschäfte 1933

Einen Tag vor dem Boykott jüdischer Geschäfte am 1. April 1933 erschien ein "Aufruf!" an "Deutsche Einwohner der Stadt und des Kreises Friedberg" in dem auch in Heldenbergen zahlreich gelesenen "Oberhessischen Anzeiger". Unterzeichnet war der Aufruf durch "das Aktionskommitee zum Boykott gegen die Juden für Stadt und Kreis Friedberg". Darin hieß es u. a.: "Vom Samstag, den 1. April ab, wird der Kampf aufgenommen! Wer von dieser Zeit ab noch ein jüdisches Geschäft betritt, noch einen jüdischen Arzt oder Rechtsanwalt aufsucht, verfällt der öffentlichen Brandmarkung! Jüdischen Lehrern ist der Unterricht nur noch in der Judenschule zu gestatten, jüdische Zeitungen dürfen nur noch von Juden oder Judenknechten gelesen werden und haben beim deutschen Zeitungshändler zu verschwinden! Handelsjuden haben sich in den Dörfern nicht mehr sehen zu lassen! Jüdische Angestellte in deutschen Geschäften haben deutschen Angestellten Platz zu machen. Deutsche Vereine, Berufsorganisationen oder Interesssengemeinschaften haben die jüdischen Mitglieder unverzüglich auszuschließen. SA und SS werden die Durchführung dieser Maßnahmen überwachen! Von der Bevölkerung des Kreises Friedberg erwarten wir, daß sie alles daran setzt, diesen Kampf siegreich durchzuführen. Größte Ruhe und Disziplin sind zu wahren! Alle Ausschreitungen und Einzelaktionen sind zu vermeiden! Ab heute heißt unsere Parole:

Kauft deutsche Ware beim Deutschen!
Deutsches Recht vertritt nur der Deutsche!
Nur deutsche Lehrer unseren Kindern!
Ins deutsche Haus die deutsche Zeitung!

Aufruf!

Deutsche Einwohner der Stadt und des Kreises Friedberg!

Deutschland oder Juda?

Schon einmal in einer schweren Schicksalstunde des deutschen Volkes, zu Beginn des von uns von der internationalen Hochfinanz aufgezwungenen Weltkrieges haben der internationale Jude und seine Drahtzieher es verstanden, durch Boykott und gemeinste Greuelmärchen im derzeit noch neutralen Auslande uns die Lebensader aufzuschneiden.

Tausende und Abertausende deutscher Kinder, Mütter und Greise sind infolge davon an Unterernährung gestorben oder verelendet, während der „deutsche" Jude während dieser Zeit in Kriegsgesellschaften und Etappen ein von niedrigsten Instinkten seiner Rasse genährtes Leben in Völlerei und Unzucht trieb.

Meineid und Verrat brachten das deutsche Volk nach vierjährigem heldenhaften Verteidigungskampf zur Zermürbung und lieferten damit das ohnmächtige Volk dem staatszerstörenden jüdischen Marxismus aus, welcher durch jüdische Intellecktuelle, Schieber und Verbrecher mit ihren Kreaturen das gesamte schaffende deutsche Volk wirtschaftlich und seelisch an den Rand des Abgrundes brachte.

In letzter Sekunde höchster Gefahr gelang es dem endlich wieder erwachenden Volke diese jüdisch-marxistischen Bonzen aus ihren schmarotzenden Machtstellungen im deutschen Staat zu verjagen.

In vollster Ruhe und Disziplin konnte die nationale Revolution, ohne den Urhebern und Nutznießern unseres Unglücks auch nur ein Haar zu krümmen, durchgeführt werden, im Gegensatz zur jüdisch-marxistischen Revolte der Novemberlinge von 1918, bei der nur an die Geiselerschießung und das Niedermetzeln wehrloser Gegner erinnert zu werden braucht!

Die inneren Feinde der Nation sind unschädlich gemacht. Jetzt tritt das ein, was wir Nationalsozialisten schon lange erwartet haben.

Die marxistischen Volksverräter und ihre Anstifter, die jüdischen Intellektuellen sind mit ihren ergaunerten Kapitalien ins Ausland geflüchtet, um dort aus eine gewissenlose Hetzkampagne gegen das wieder national gewordene deutsche Volk in Szene zu setzen! Die allergemeinsten Lügen und Verleumdungen werden von dort gegen Deutschland losgelassen!

Die deutsche Ware, die deutsche Arbeit soll vom internationalen Markt verschwinden!

Diesem wahnsinnigen Verbrechen können wir nicht länger tatenlos zusehen!

Verantwortlich für die Aktion im Auslande sind die in unserem Volke als Fremdkörper lebenden, das Gastrecht mißbrauchenden Juden aller Größen! — Folglich gilt ihnen unser Vernichtungskampf!

Ihrem internationalen Boykott aller deutschen Ware setzen wir im eigenen Lande jetzt den Boykott der jüdischen Geistes- und Wirtschaftswelt entgegen!

Wir sind im Kampf erprobt und werden dafür sorgen, daß die Greuel- und Boykotthetze nicht das deutsche Volk, sondern in vernichtender Schwere den Juden in Deutschland trifft.

Vom Samstag, den 1. April ab wird der Kampf aufgenommen!

Wer von dieser Zeit ab noch ein jüdisches Geschäft betritt, noch einen jüdischen Arzt oder Rechtsanwalt aufsucht, verfällt der öffentlichen Brandmarkung!

Jüdischen Lehrern ist der Unterricht nur noch in der Judenschule zu gestatten.

Jüdische Zeitungen dürfen nur noch von Juden oder Judenknechten gelesen werden und haben beim deutschen Zeitungshändler zu verschwinden!

Handelsjuden haben sich in den Dörfern nicht mehr sehen zu lassen!

Jüdische Angestellte in deutschen Geschäften haben deutschen Angestellten Platz zu machen.

Deutsche Vereine, Berufsorganisationen oder Interessengemeinschaften haben die jüdischen Mitglieder unverzüglich auszuschließen.

SA. und SS. werden die Durchführung dieser Maßnahmen überwachen!

Von der Bevölkerung des Kreises Friedberg erwarten wir, daß sie alles daran setzt, diesen Kampf siegreich durchzuführen. Größte Ruhe und Disziplin sind zu wahren! Alle Ausschreitungen und Einzelaktionen sind zu vermeiden!

Ab heute heißt unsere

Parole:

Kauft deutsche Ware beim Deutschen!
Deutsches Recht vertritt nur der Deutsche!
Nur deutsche Lehrer unseren Kindern!
Ins deutsche Haus die deutsche Zeitung!
Den Juden unter Fremdenrecht!
Deutschland den Deutschen!

Das Aktionskomitee zum Boykott gegen die Juden für Stadt und Kreis Friedberg.

Fernruf Friedberg 4279.

Mit diesem Aufruf im Oberhessichen Anzeiger vom 31.3.1933 sollte die nichtjüdische Bevölkerung der Stadt und des Kreises Friedberg gegen die jüdische Bevölkerung aufgehetzt werden.

Zeittafel zur Geschichte der Judenverfolgung[24)]

1933

1933: Zu Beginn des Jahres 1933 lebten knapp über 500000 Juden in Deutschland (0,76% der Gesamtbevölkerung).
März: Verhaftung von Juden, von denen einige in die sogenannten "wilden" Konzentrationslager eingeliefert werden.
1. April: Von den Nationalsozialisten organisierter Boykott jüdischer Geschäfte, Arzt- und Anwaltspraxen.
7. April: Gesetz zur "Wiederherstellung des Berufsbeamtentums"; "Beamte, die nicht arischer Abstammung sind", werden entlassen. Nur ehemalige Frontkämpfer sind von dieser Regelung ausgenommen.
10. Mai: Bücherverbrennung auf dem Opernplatz in Berlin und in anderen Universitätsstädten. Dabei werden auch Werke jüdischer Autoren vernichtet.
17. Sep. Gründung der Reichsvertretung deutscher Juden; Vorsitzender wird Dr. Leo Baeck.

1934

1934: Juden dürfen nur noch in Ausnahmefällen promovieren.
5. Feb.: Jüdische Medizinstudenten dürfen keine Staatsexamen mehr ablegen.
7. Juni: Der Ullstein-Verlag muß an ein nationalsozialistisches Unternehmen verkauft werden.
8. Dez.: Jüdische Pharmaziestudenten dürfen kein Staatsexamen mehr ablegen.

1935

Anfang 1935: Überall in Deutschland werden judenfeindliche Schilder angebracht.
21. Mai: Juden dürfen nicht mehr Offiziere werden.
25. Juli: Juden werden nicht zum Wehrdienst einberufen; sie gelten als "wehrunwürdig".
5. Sep.: Nürnberger Gesetze: Das "Reichsbürgergesetz" sieht den Entzug der staatsbürgerlichen Rechte der Juden vor; das "Blutschutzgesetz" verbietet die Eheschließung und den Geschlechtsverkehr zwischen Juden und Personen "deutschen oder artverwandten Blutes". (Verstöße gegen diese Bestimmungen werden mit Zuchthaus und anschließender Einweisung in ein Konzentrationslager bestraft.)
14. Nov.: Alle Beamten jüdischer Herkunft werden entlassen.

1936

3. April: Juden dürfen sich nicht mehr als Tierärzte niederlassen Die in Deutschland aufgestellten judenfeindlichen Schilder und Schautafeln werden während der Olympiade vorübergehend entfernt.

1937

15. April: Alle jüdische Studenten dürfen nicht mehr promovieren. Es folgen weitere Berufsverbotsmaßnahmen.

1938

28. März: Die jüdischen Religionsgemeinschaften verlieren den Status von Körperschaften des öffentlichen Rechts.
26. April: Juden müssen ihr Vermögen anmelden. Mit dieser Verordnung wird die sogenannte Arisierung der deutschen Wirtschaft, d.h. die Ausplünderung der Juden vorbereitet.
15. Juni: Verhaftung von etwa 1500 Juden aus ganz Deutschland, die - und sei es auch nur wegen eines Verkehrsdelikts - vorbestraft waren. Die betroffenen Personen werden im Zuge dieser "Asozialen-Aktion" in die Konzentrationslager eingeliefert.
25. Juli: Berufsverbot für jüdische Ärzte.
27. Juli: Straßen, die den Namen von Juden tragen, werden umbenannt.
17. Aug.: Juden müssen die zusätzlichen Zwangsvornamen Sara bzw. Israel führen. Der Erlaß trat am 1. Januar 1939 in Kraft.
27. Sep.: Berufsverbot für jüdische Rechtsanwalte.
5. Okt.: Einziehung der Reisepässe von Juden und Neuausstellung mit einem eingestempelten roten "J".
27./28. Okt.: Ausweisung von etwa 15 000 Juden aus Deutschland, die früher in Polen lebten und über keinen deutschen Paß verfügten. Diese Personen wurden in Zwangstransporten an die deutsch-polnische Grenze gebracht, wo sie tagelang ohne Verpflegung herumirrten, weil sich die polnischen Behörden weigerten, sie aufzunehmen.
9.-11. Nov.: Von den Nationalsozialisten organisierter Pogrom, für den die verharmlosend ironische Bezeichnung "Reichskristallnacht" erfunden wurde. Fast alle Synagogen werden geschändet und zerstört, 96 Juden werden ermordet, 26000 in Konzentrationslager eingeliefert.
12. Nov.: Die deutschen Juden müssen als "Sühneleistung" für den Mord an dem Gesandten von Rath eine Milliarde Reichsmark bezahlen. Sie werden ferner verpflichtet, die von den Nationalsozialisten während des Pogroms angerichteten Schäden zu ersetzen. Weitere Berufsverbote für Akademiker, Angestellte und Handwerker jüdischer Herkunft werden erlassen. Juden wird der Besuch von Theatern, Kinos, Konzerten, Badeanstalten etc. verboten.
25. Nov: Jüdische Kinder dürfen keine öffentlichen Schulen mehr besuchen.
29. Nov.: Juden wird das Halten von Brieftauben untersagt.
3. Dez.: Führerscheine jüdischer Bürger werden eingezogen.
6. Dez.: In Berlin werden Teile der "Wilhelmstraße" und der Straße "Unter den Linden" mit einem "Judenbann" belegt. Diese Straßen dürfen von Juden nicht mehr betreten werden.
8. Dez.: Alle jüdischen Studenten werden von den Universitäten und Hochschulen verwiesen.

1939

17. Jan.: Der Mieterschutz für Juden wird eingeschränkt. Das Berufsverbot wird auf jüdische Zahnärzte, Dentisten, Zahntechniker, Tierärzte, Apotheker, Heilpraktiker und Krankenpfleger ausgedehnt.
30. Jan.: Hitler verkündigt im Reichstag die "Vernichtung der jüdischen Rasse in Europa" an, falls ein neuer Weltkrieg ausbrechen sollte.
21. Feb.: Juden müssen alle Gegenstände aus Gold und Silber, Platin sowie Edelsteine und Perlen abgeben.

30. April: Gänzliche Aufhebung des Mieterschutzes für Juden. Juden, denen ihre Wohnung gekündigt wurde, werden in sogenannte Judenhäuser eingewiesen.
4. Juli: Zwangsgründung der Reichsvereinigung der Juden in Deutschland, der alle "Nicht-Arier" angehören müssen.
1. Sep.: Überfall auf Polen; eine nächtliche Ausgangssperre wird über die Juden verhängt.
23. Sep.: Juden müssen ihre Rundfunkgeräte abliefern; der Ablieferungstag ist der höchste jüdische Feiertag.
Okt.: Adolf Eichmann wird Leiter des Referats IVB4 (Judenangelegenheiten) im Reichssicherheitshauptamt.

1940

6. Feb.: Juden erhalten keine Kleiderkarten mehr.
12./13. Feb.: Beginn der Massendeportation von deutschen Juden, betroffen sind die Juden in den Bezirken Stettin, Stralsund und Schneidemühl.
4. Juli: Juden dürfen nur noch in der Zeit von 16 bis 17 Uhr Lebensmittel einkaufen.
29. Juli: Juden werden die Fernsprechanschlüsse gekündigt.

1941

7. März: Für Juden wird die Verpflichtung zur Zwangsarbeit eingeführt.
31. Juli: Göring gibt Heydrich den Befehl, "in Bälde einen Gesamtentwurf über die organisatorischen, sachlichen und materiellen Voraussetzungen zur Durchführung der angestrebten Endlösung der Judenfrage vorzulegen". Seit dem Überfall auf die Sowjetunion führen die SS-Einsatztruppen in den besetzten sowjetischen Gebieten Massenmorde durch. Bis Ende 1942 sind etwa eine Million Juden erschossen, erschlagen, verbrannt und lebendig begraben worden.
1. Sep.: Alle Juden,"die das sechste Lebensjahr vollendet haben", müssen den gelben Stern tragen. Der "Judenstern besteht aus einem handtellergroßen, schwarz ausgezogenen Sechsstern auf gelbem Stoff mit der schwarzen Aufschrift 'Jude'. Er ist sichtbar auf der linken Brustseite des Kleidungsstücks fest angenäht zu tragen". Diese Verordnung trat am 19. Sep. in Kraft.
13. Sep.: Juden dürfen öffentliche Verkehrsmittel nur auf dem Wege zur Arbeitstelle benutzen.
3. Okt.: Aufhebung aller arbeitsrechtlichen Vorschriften für Juden.
8. Okt.: Errichtung des Vernichtungslagers Auschwitz-Birkenau für zunächst 200 000 Häftlinge.
18. Okt.: Beginn der Massendeportationen von deutschen Juden in die Ghettos und Vernichtungslager im Osten.
25. Nov.: 11. Verordnung zum "Reichsbürgergesetz": Entzug der deutschen Staatsangehörigkeit und Einziehung des Vermögens von Juden, die deportiert werden.
8. Dez.: Errichtung des Vernichtungslagers Chelmno.
21. Dez.: Juden dürfen keine öffentlichen Fernsprecher mehr benutzen.

1942

10. Jan.: Juden müssen Pelz- und Wollsachen abliefern.
20. Jan.: Sogenannte Wannsee-Konferenz. Detaillierte Planung über die Deportation und Ausrottung des europäischen Judentums.
Januar: In Auschwitz-Birkenau beginnt man mit der Massenvernichtung unter Verwendung des Gases "Zyklon B".
17. Feb.: Juden dürfen keine Zeitungen und Zeitschriften mehr kaufen.
17. März: Errichtung des Vernichtungslagers Belzec.
26. März: Wohnungen von Juden müssen mit dem gelben Stern gekennzeichnet werden.
22. April: Juden dürfen keine "arischen" Friseure mehr aufsuchen.
24. April: Die Benutzung öffentlicher Verkehrsmittel wird den Juden generell verboten.
3. Mai: Errichtung des Vernichtungslagers Sobibor.
15. Mai: Juden dürfen keine Haustiere mehr halten; sie müssen ihre Hunde, Katzen etc. bei der Gestapo abliefern.
19. Juni: Juden müssen alle in ihrem Besitz befindlichen elektrischen und optischen Geräte sowie Fahrräder, Schreibmaschinen und Schallplatten abliefern.
20. Juni: Verbot jeglichen Unterrichts von jüdischen Kindern.
30. Juli: Jüdische Kultgegenstände aus Edelmetall müssen abgeliefert werden.
9. Okt.: Juden dürfen keine Bücher mehr kaufen.
19. Okt.: Juden werden die Fleisch- und Milchmarken entzogen.

1943

27. Feb.: Sogenannte Fabrikaktion. Die in Berliner Betrieben beschäftigten jüdischen Zwangsarbeiter werden verhaftet und deportiert.
Anfang März: Demonstration von etwa 6 000 Ehefrauen von "Nicht-Ariern" in der Rosenstraße in Berlin, die so die Freilassung ihrer bereits verhafteten Männern erzwingen.
19. April: Beginn des Aufstandes im Warschauer Ghetto, der am 16. Mai mit der völligen Zerstörung des Ghettos und der Ermordung der Überlebenden endet.
1. Juli: Juden werden unter Polizeirecht gestellt und damit völlig rechtlos.
2. Aug.: Aufstand im Vernichtungslager Treblinka.
14. Okt.: Aufstand im Vernichtungslager Sobibor.
Aug.-Sep.: Auflösung der Ghettos in Rußland und Polen. Die Insassen werden nach Auschwitz und in die anderen Vernichtungslager deportiert.

1944

April/Juni: Massenvernichtung von Juden aus Süd- und Osteuropa.
22. Juli: Befreiung des Vernichtungslagers Majdanek durch sowjetische Truppen.
10. Okt.: In Deutschland werden die jüdischen "Mischlinge" erfaßt und in die sogenannten Arbeitserziehungslager und Konzentrationslager deportiert.
21. Okt.: Beginn der Deportation der letzten Juden in Deutschland, die bisher wegen ihrer "arischen" Ehepartner als geschützt galten.

1945

27. Jan.: Das Vernichtungslager Auschwitz wird durch sowjetische Truppen befreit. Zahlreiche Häftlinge wurden vorher in "Todesmärschen" nach Westen u.a. in das Konzentrationslager Bergen-Belsen getrieben.
15. April: Befreiung des Konzentrationslagers Bergen-Belsen durch englische Truppen.
7. Mai: Befreiung des Ghettos Theresienstadt durch sowjetische Truppen.
8. Mai: Kapitulation und Befreiung Deutschlands. Etwa 15 000 jüdische Bürger Deutschlands haben die Massaker überlebt. 180 000 deutsche Juden sind ermordet worden. Die Gesamtzahl der ermordeten Juden in Europa beträgt etwa 6 Millionen.

Den Juden unter Fremdenrecht!
Deutschland den Deutschen! ..." [25)]

Dieses Komitee berichtete am 3. 4. 33 in der Neuen Tageszeitung: "Um 10 Uhr zogen die SA-Abteilungen mit Plakaten und Handzetteln, die mit der Inschrift 'Kauft nicht bei Juden', 'Die Juden sind unser Unglück' u.a. versehen waren, durch die Straßen."[26)]

Am 1. April 1933, einem Samstag, wurden auch in Heldenbergen, wie überall im Deutschen Reich, pünktlich um 10 Uhr in der Frühe sämtliche jüdische Geschäfte boykottiert: "In der Hanauer Straße (heute Windecker Straße) beim Samuel Scheuer, da stand ein SA-Mann mit dem Schild: 'Kauft nicht bei Juden!'"[27)] "Vor der Bäckerei Moritz Bauer stand ein SA-Mann, der niemanden hineingehen ließ."[28)] Ebenso bei Ernst Ballin-Oppenheimer.[29)]

Lilli Eckstein erzählt: "Vor unserer Bäckerei, da haben sie gestanden in der SA-Uniform. Den ganzen Tag haben sie da gestanden, daß keine Kunden ins Geschäft kamen. Da waren ein paar von Heldenbergen dabei und ein paar von außerhalb. Meine Mutter hat sie erkannt. Als sie einmal aus dem Fenster schaute, um zu sehen, was vor sich ging, sagte einer: 'Koch was Gutes, wir kommen zum Essen!' Meine Mutter antwortete: 'In der Uniform kommt ihr mir nicht ins Haus!' Da konnte man mit den Leuten noch reden."[30)] Nach dem Boykott waren immer häufiger Schilder in den Geschäften Heldenbergens zu sehen: "Deutsches Geschäft". Diese Schilder wurden nur an sogenannte "arische" Firmen, laut einer Verfügung vom Mai 1933 nach den vom NS-Wirtschaftsbund und der Selbsthilfe-Arbeitsgemeinschaft der SA gemeinsam aufgestellten Bedingungen gegen eine Jahresgebühr verliehen.[31)]

Die Auswirkungen beschreibt ein Heldenberger so: "Viele sind nicht mehr zu den Juden in die Geschäfte gegangen, manche sind doch hingegangen und haben sich nicht geniert. Aber insgesamt sind die Geschäfte der Juden schon sehr sehr stark zurück gegangen. Viele hatten Angst, daß sie gesehen werden und ihnen solche Schmierereien wie beim Pfarrer drohten. Wenn man schon einem Juden 'Guten Tag' gesagt hat, haben manche einen schon gemeldet als 'Judenfreund'. Es war irgendwie ein Druck

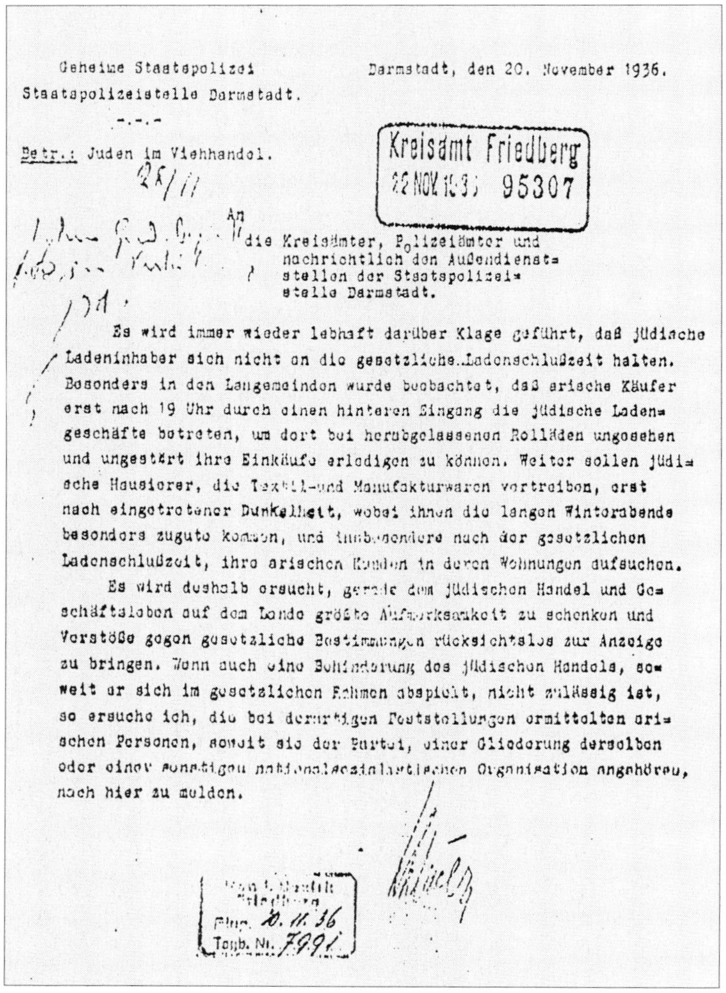
Geheime Staatspolizei
Staatspolizeistelle Darmstadt.
-.-.-
Darmstadt, den 20. November 1936.

Betr.: Juden im Viehhandel.

Kreisamt Friedberg
22 NOV 1936 95307

An
die Kreisämter, Polizeiämter und nachrichtlich den Außendienststellen der Staatspolizeistelle Darmstadt.

Es wird immer wieder lebhaft darüber Klage geführt, daß jüdische Ladeninhaber sich nicht an die gesetzliche Ladenschlußzeit halten. Besonders in den Landgemeinden wurde beobachtet, daß arische Käufer erst nach 19 Uhr durch einen hinteren Eingang die jüdische Ladengeschäfte betreten, um dort bei herabgelassenen Rolläden ungesehen und ungestört ihre Einkäufe erledigen zu können. Weiter sollen jüdische Hausierer, die Textil-und Manufakturwaren vertreiben, erst nach eingetretener Dunkelheit, wobei ihnen die langen Winterabende besonders zugute kommen, und insbesondere nach der gesetzlichen Ladenschlußzeit, ihre arischen Kunden in deren Wohnungen aufsuchen.

Es wird deshalb ersucht, gerade dem jüdischen Handel und Geschäftsleben auf dem Lande größte Aufmerksamkeit zu schenken und Verstöße gegen gesetzliche Bestimmungen rücksichtslos zur Anzeige zu bringen. Wenn auch eine Behinderung des jüdischen Handels, soweit er sich im gesetzlichen Rahmen abspielt, nicht zulässig ist, so ersuche ich, die bei derartigen Feststellungen ermittelten arischen Personen, soweit sie der Partei, einer Gliederung derselben oder einer sonstigen nationalsozialistischen Organisation angehören, nach hier zu melden.

Eing. 20. 11. 36
Tagb. Nr. 7991

Aufforderung der Gestapo Darmstadt an das Kreisamt Friedberg, "dem jüdischen Handel und Geschäftsleben auf dem Lande größere Aufmerksamkeit zu schenken und Verstöße ... rücksichtslos zur Anzeige zu bringen." 1936

Staatlich verordneter Boykott jüdischer Geschäfte am 1. April 1933

"Lage der Juden" im Spiegel der Berichte zur politischen Lage in Heldenbergen

Die Berichte zur politischen Lage in Heldenbergen, jeweils verfaßt vom Bürgermeister der Gemeinde und von Ortsgendarmen, die von Februar 1936 bis Januar 1942 vorliegen, zeigen deutlich das Bestreben, die Juden aus Heldenbergen systematisch zu verdrängen. Die Lage der Juden liest sich dort so:

1936

10. 2. 1936: "Der Einfluß der Juden ist gering."[37)]
19. 2. 1936: "Juden sind sehr vorsichtig, doch ist festzustellen, daß von einigen, die Viehhandel betreiben, dieser, abgesehen von hiesiger Gemeinde, wenig zurückgegangen ist."[35)]
"Der Viehhandel liegt immer noch zum größten Teil in den Händen der Juden. An Hand der vorhandenen Viehkontrollbüchern ist aber trotzdem festzustellen, daß das Geschäft der Handelsjuden abgenommen hat. Vom Getreidehandel ist der Jude fast vollständig ausgeschaltet, weil in allen Ortschaften Genossenschaften vorhanden sind."[39)]
19. 3. 1936: "Die Juden sind sehr zurückhaltend."[40)]
19. 4. 1936: "Die jüdische Bevölkerung ist immer sehr zurückhaltend. "[41)]
19. 5. 1936: "Die Juden verlieren immer mehr an Boden, das heißt man trifft sie nicht mehr so geschäftstüchtig."[42)]
19.9.1936: "Die Juden Emil und Isidor Haas aus Heldenbergen wurden am 2. und 3. September 1936 von dem SA-Truppführer Wilhelm F. in Kaichen geschlagen und verletzt. Bericht wurde dem Kreisamt vorgelegt."[43)]
22. 10. 1936: "Die Fleischversorgung ist hier noch sehr knapp, zur Zeit schlachtet nur ein christlicher und zwei jüdische Metzger. Der Bedarf kann von dem einen christlichen Metzger nicht gedeckt werden. Es sind wegen Eröffnung eines zweiten christlichen Metzgereibetriebes Verhandlungen im Gange." [44)]
23. 11. 1936: "Die beiden jüdischen Metzger schlachten nach wie vor die ihnen früher zugeteilte Menge. Hingegen kann der eine christliche Metzger den Bedarf für die Bevölkerung nicht allein beschaffen, so daß die Volksgenossen gezwungen werden, bei Juden zu kaufen."[45)]

1937

19. 1. 1937: "Juden verhalten sich im Rahmen der Lage. In den letzten Wochen wurden verschiedene Klagen über Schüler und halbwüchsige Burschen wegen Belästigung einzelner Juden laut. Durch den Vortrag am Tage der deutschen Polizei in den Schulen und den Verwarnungen der Verdächtigen dürfte hier wieder Ruhe eingekehrt sein. Eine Anzeige wegen Belästigung der Juden wird vorgelegt."[46)]
20. 5. 1937: "Zwei Judenfamilien sind nach Frankfurt gezogen."[47)]
18. 6. 37: "Die Juden werden wieder warm und benehmen sich, als sei nichts geschehen. Hauptschuld tragen die Genossen, die sich zum Teil in keiner Hinsicht beherrschen und wahre Volksgemeinschaft pflegen." [48)]
28. 6. 1937: "Das Verhältnis einiger Juden gibt stark zur Kritik Anlaß. Es wird durch alle möglichen kleinen Höflichkeitsbezeugungen den deutschen Volksgenossen gegenüber die Harmlosigkeit der Juden vorzutäuschen versucht. Leider hat eine ganze Anzahl Volksgenossen nicht genügend Selbstbewußtsein, dies abweisend zu behandeln." [49)]
23. 7. 1937: "Abwanderung der Juden war in diesem Monat nicht zu verzeichnen. Das Benehmen ist nach wie vor als sehr unbefangen und dreist zu bezeichnen. Einem Teil der deutschen Volksgenossen fehlt leider immer noch das richtige Auftreten gegenüber dieser Rasse." [50)]
21. 9. 1937: "Der Einfluß der jüdischen Viehhändler hier ist sehr zurückgegangen, doch ist für deutsch Denkende immer noch mit Bedauern festzustellen, daß Einzelne nicht vom Juden abkommen können."[51)]
23. 10. 1937: "Der Einfluß der Juden auf dem Gebiete des Viehhandels hat weiterhin nachgelassen. Ein junger Viehhändler ist inzwischen ausgewandert."[52)]
20. 11. 1937: "Der Einfluß und die Geschäfte der Juden nehmen sichtlich, wenn auch langsam ab. Auf die Wirtschaft haben die Juden hier keinen Einfluß mehr. Nur eines ist oft zu hören, daß zum Beispiel Eisenwaren, wenn in einem christlichen Geschäft nicht erhältlich, bestimmt bei einem Juden zu bekommen ist. Hier wäre dringend notwendig, festzustellen, ob eine Zuteilung an die Juden günstiger ist als wie an christliche Geschäfte."[53)]
22. 12. 1937: "Die wenigen noch hier ansässigen Juden haben keinen Einfluß auf die Wirtschaft."[54)]

1938

21. 6. 1938: "Vieh und Getreidehandel ist alles in Ordnung. Der Einfluß der Juden ist völlig lahmgelegt."[52)]

1939

17. 9. 1939: "Juden gingen gerne, jedoch zur Zeit keine Möglichkeiten vorhanden, warten sehnsüchtig auf entsprechende Nachricht." [56)]
18. 9. 1939: "Juden verhalten sich vollkommen ruhig." [57)]

1940

17. 4. 1940: "Die Juden sind zurückhaltend. Da es hier an Arbeitskräften in der Landwirtschaft fehlt, könnten 5 - 6 Juden Beschäftigung finden. Die Landwirte sind der Meinung, sie dürften die Juden nicht beschäftigen. An der Metallablieferung haben sich die Juden beteiligt."[58)]
15. 6. 1940: "Was die Juden betrifft, habe ich nunmehr die Zusammenlegung in größere Judenwohnungen angeordnet und für deren Erledigung als letzten Termin den 20. 6. 1940 festgelegt. In die freiwerdenden Wohnungen kommen einige arische kinderreiche Familien, die in ihren letzten Wohnungen sehr beengt sind."[59)]
29. 7. 1940: "Die noch vorhandenen Juden sind zusammengelegt, und es wurde ein Teil Wohnungen für Arier frei, die durch kinderreiche Familien belegt wurden."[60)]
9. 9. 40: "Über die noch hier ansässigen Juden ist nichts zu sagen. Einige arbeitsfähige Juden wurden für Erdarbeiten in der Gemeinde herangezogen."[61)]

1941

18.6.1941: "Die Juden sind vollkommen kalt gestellt und haben keinerlei Einfluß."[62)]
25. 9. 41: "Was die Juden betrifft, hatten zwei Familien hier die Absicht, in dem letzten Vierteljahr auszuwandern, jedoch konnte infolge des Krieges die Reise nicht angetreten werden."[63)]
2.12.1941: "Die noch hier befindlichen Juden betreiben zum Teil ihre Auswanderung."[64)]

1942

21. 1. 1942 "Juden sind noch immer 25 Personen hier. Die Wintersachensammlung für die Front hat auch stattgefunden, und es sind von jedem Haushalt Abgaben erfolgt." [65)]

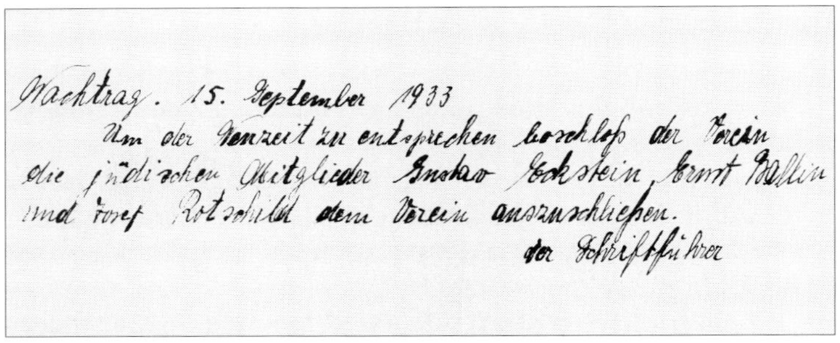
Nachtrag. 15. September 1933
Um der Neuzeit zu entsprechen beschloß der Verein
die jüdischen Mitglieder Gustav Eckstein, Ernst Ballin
und Josef Rotschild dem Verein auszuschließen.
der Schriftführer

Die Vereine entledigten sich sehr schnell ihrer jüdischen Mitglieder. "Um der Neuzeit zu entsprechen, beschloß der Verein, die jüdischen Mitglieder Gustav Eckstein, Ernst Ballin(-Oppenheimer) und Josef Rothschild aus dem Verein auszuschließen", ist im Protokollbuch des Gesangvereins Euphrosyne am 15. Sept. 1933 zu lesen.

auf die Leute, ein moralischer Druck, der ausgeübt worden ist, weil die Leute Angst hatten. Heimlich haben die Leute natürlich auch schon geholfen, aber nicht darüber gesprochen."[32)]

Emil Haas erinnerte sich: "Vor 1933 war in Heldenbergen kaum etwas, es war ganz ruhig. Dann hieß es: 'Kauft nicht bei Juden!', dann hieß es: 'Nicht an Juden verkaufen!' Es ist immer dichter geworden, immer ein bißchen mehr geworden. Die Heldenberger Leute wollten das nicht, aber sie durften nicht ...". [33)] Lilli Eckstein: "Unsere Nachbarin hat mir gesagt: 'Auf der Straße kann ich dich nicht grüßen'. Aber abends hat sie uns die Butter gebracht. Die Leute haben dann abends gekauft, als es dunkel war. Nachts wurde öfter an unsere Fensterscheibe geschmiert 'Jude' oder 'Judas'.[34)] Welche schwierigen Situationen damals entstehen konnten, zeigt der folgende Vorfall bei der Familie Eckstein in der Bahnhofstraße 4. Lilli Eckstein erzählt: "Wir hatten einen Angestellten in der Backstube, der erschien eines Morgens mit Uniform in der Backstube, einen Revolver hatte er auch umhängen. Er hat auch bei uns geschlafen und gegessen. Mein Vater hat ihm also gesagt: 'Wenn du Nazi bist, was willst du bei uns arbeiten, wir sind eine jüdische Bäckerei' und hat ihm gekündigt. Er nahm die Kündigung nicht an. Auf Anraten des Bürgermeisters quartierte mein Vater ihn beim Goy im Gasthaus ein, bezahlte seine Unterkunft dort. Am 1. Mai, als er in der Frühe den Ofen anheizen sollte, kam er nicht. Jetzt hatte mein Vater einen triftigen Grund und konnte ihn entlassen. Drei oder vier Tage später kam die Kaicher SA zu uns, vielleicht 30 Mann in Uniform. Sie forderten meinen Vater auf, den Gesellen wieder einzustellen, es gäbe keinen Grund zur Kündigung. Unsere Nachbarn haben das gesehen und sind schnell zur Polizei und haben die gerufen. Die Polizei sagte: "Macht, daß ihr hier heraus kommt, ihr habt kein Recht, in ein fremdes Haus zu gehen, wenn ihr nicht eingeladen seid. Unsere Nachbarsleute und die Polizei von Heldenbergen, die haben uns gerettet, sonst hätten die uns noch das ganze Haus kleingemacht."[35)]

Die Schule wird "judenfrei"

Die Heldenberger Volksschule in der Mittelburg schloß sich schnell und zielstrebig der sogenannten neuen Bewegung an. Einige Eindrücke über das Schulleben in dieser Zeit geben die jährlichen Berichte des Schulvorstandes Heldenbergen. Hier einige Ausschnitte daraus:[36)]

"Allgemeines aus dem Schulleben 1933/34"
"Das Schuljahr stand unter dem Einfluß der nationalsozialistischen Bewegung. Das zeigte schon der 1. Mai, als der Herr Reichspräsident von Hindenburg die deutsche Jugend feierlich begrüßte. Die ... Feier zeigte den Kindern den 1. Deutschen nationalen Helden. Sie erlebten Deutschlands Erniedrigung und den Anfang der Erhebung. Es folgte der Jugendtag, der der Jugend ein neues Arbeitsfeld für die körperliche Ertüchtigung eröffnete. Die Winterhilfe für den VDA sollte den Kindern vor Augen führen, daß auch außerhalb von der deutschen Grenze noch Deutsche leben und oft sogar schmachten... Der Film 'Sieg des Glaubens' zeigte den Kindern die Erfolge ihrer Väter und Brüder und gab ihnen einen Ausblick für die zukünftigen Arbeiten in Jungvolk HJ und BDM (Hitlerjugend und Bund deutscher Mädchen - d. V.)."

"Das Schuljahr 1934/35 brachte in Heldenbergen den Schülern und Lehrpersonen manch erhebende Feierstunde. Die Feiern zeigten in ihrem Rück- und Ausblick ein Stück nationaler Arbeit. Es waren in diesem Jahr die Jubiläumsfeiern: Kolonialgedenkfeier, der Jahrestag des Reichsstatthalters, dann die nationalen Tage des Jahres: der 1. Mai, der 13. Januar und der 30. Januar. Ansprache, Gedichte und Lieder, oft Radioübertragungen füllten die zur Verfügung stehende Zeit voll aus. Der Muttertag... war etwas großzügiger ausgestaltet worden. Er lockte zahlreiche Besucher... herbei und der starke Beifall zeigte uns wie in früheren Zeiten, daß wir auf dem rechten Weg waren. Während der Totengedenkfeier für den ehrwürdigen Reichspräsidenten von Hindenburg lauschten die Kinder mit größter Spannung den Ansprachen, die sicher bei manchem Jungen den Ansporn zu ähnlichen Taten wach werden ließen... Besonders feierlich gestaltete sich das Fest der deutschen Schule durch Zusammenarbeit mit HJ und BDM. ...die Arbeitslosigkeit (ist) noch groß, denn über die Hälfte der Schüler ist beitragsfrei. Hoffen wir, daß es dem Führer bald gelingt, auch die letzten Arbeitslosen zu beschäftigen."

"Allgemeines aus dem Schulleben 1935/36"
"Der 1. Festtag im neuen Schuljahr war der 1. Mai. Schüler und Lehrpersonen versammelten sich... und hörten die amtliche Rundfunkansprache. Am Nachmittag war Volksfest... die Ortsgruppe der NSDAP hatte... Preise ausgesetzt.

Am Muttertag war, wie in den Vorjahren, ... eine Ansprache, Gedichte und Lieder verherrlichten die Tugenden der Mutter, zeigten aber auch ihre schwere Arbeit, ihre Freude und ihr Leid in dem Kreis ihrer Lieben. Die Sonnenwendfeier war veranstaltet von HJ und BDM und der Schule... Die Werbung für HJ und BDM ergab 86,4 % für die deutsche Jugend. Der 30. Januar wurde in üblicher Weise begangen. Im Schulungslager waren im Schuljahr vier Lehrpersonen."

"Allgemeines aus dem Schulleben 1936/37"
"An erster Stelle stand die Geburtstagsfeier des Führers, die in herkömmlicher Weise begangen wurde. Am Abend vor dem 1. Mai beteiligte sich die Schuljugend sehr stark... Die Feier zur Ehren der Mutter war der ganzen Schule eine Gemeinschaftsfeier... Eine größere Feier war der 30. Januar."

"Allgemeines aus dem Schulleben 1938/39"
"Die nationalen Feiertage und Siegesfeiern wurden in üblicher Weise feierlich begangen. Die Jugend wurde in Ansprachen auf die einzelnen Tage und Ereignisse hingewiesen... Während ich diese Zeilen schreibe, zieht der Führer von Böhmen und Mähren kommend in der Reichshauptstadt ein. Es ist ein triumphaler Empfang. ZUM ERSTEN MAL WAR DIE SCHULE JUDENFREI."

Nach diesen Eindrücken aus dem Schulleben in der nationalsozialistisch geprägten Schule Heldenbergens ist es leicht vorstellbar, daß das Leben der jüdischen Schüler in dieser Umgebung mit besonderen Schwierigkeiten verbunden war.

Auf dem Foto von einem Schulausflug, aufgenommen zwischen Herbst 1933 und Ostern 1934, sind schon viele Uniformen der HJ und des BDM zu sehen, die jüdischen Schüler Herbert Rothschild und Ernst Eckstein, die von der Augustinerschule in ihre alte Klasse zurückkehren mußten, und noch das letzte halbe Jahr dort verbrachten, wirken geradezu verloren auf dem Bild.

"Manchmal war ich neidisch, wenn zum Beispiel Fackelumzüge waren", erinnert sich Hilde Scheuer.

Lilli Eckstein erinnert sich: "Mir wurde gesagt, daß ich nicht weiter zur Schule gehen könnte. Unsere Freunde kamen nicht mehr, sie verhielten sich, als hätten wir die Pest."

Ein Mitschüler von Helmut Ballin-Oppenheimer berichtet: "Im Kittchen von Heldenbergen in der Mittelburg wurden eines Tages die jüdischen Jugendlichen zusammengetrieben und schikaniert. Eimer voller Sand wurden auf dem Boden ausgeleert, dann wurde noch Wasser drüber gegossen. Diesen Dreck mußten die Juden dann aufwischen. Ein ander Mal mußten sie im Takt immer schneller aufleuchtender Taschenlampen um den Schulhof herumlaufen." [67)]

Zwei oder drei Jahre nach ihrer Einschulung in der nationalsozialistisch geprägten Volksschule Heldenbergens verließen alle jüdischen Schüler Heldenbergen und besuchten die im Januar 1937 gegründete Jüdische Bezirksschule in Bad Nauheim, das waren Kurt Rothschild, Heinz Rothschild, Helmut Rothschild, Ellen Speier, Liesel und Helmut Ballin-Oppenheimer.[67a)]

Diese Schule war für jüdische Schüler aus allen Orten der Wetterau Zufluchtsort, um eine nicht vom Nationalsozialismus indoktrinierte Bildung zu erhalten. In Bad Nauheim stand neben

Gebäude der Jüdischen Bezirksschule Bad Nauheim. Von 1937 bis zu ihrer Auflösung im Sommer 1939 war sie Zufluchtsort für jüdische Schüler, auch aus Heldenbergen.

Ernst Eckstein und Herbert Rothschild (untere Reihe, 2. und 3. von rechts) 1933/34 bei einem Klassenausflug

den Fächern Rechnen, Religion, Geschichte und Englisch, Hebräisch im Vordergrund des Unterrichtes. Da man für die Schüler keine Zukunft mehr in Deutschland sah, wurden sie auch in Gartenarbeit und handwerklichen Fächern unterrichtet, um so für die Auswanderung besser vorbereitet zu sein.[68)]

Die Fahrten der jüdischen Kinder von Heldenbergen zu ihrer neuen Schule in Bad Nauheim waren häufig eine Tortur, da sie antisemitischen Anfeindungen und Angriffen ausgesetzt waren. "Diese Fahrten nach Bad Nauheim waren schrecklich, wie oft warteten an der Straße zum Bahnhof Kinder und auch Jugendliche und verprügelten mich. So konnte ich oft den Zug nicht mehr erreichen und mußte wieder nach Hause gehen", berichtete Helmut Rothschild, der einzige Überlebende dieser Kinder.

Während des Novemberpogroms 1938 wurden alle Lehrer dieser Schule verhaftet und auch alle Schüler von der Schule durch Bad Nauheim zur Polizeistation geführt. Die Schule wurde vorübergehend geschlossen. Im Sommer 1939 wurde die Jüdische Bezirksschule in Bad Nauheim aufgelöst.

Zur Auswanderung

Die Lebensbedingungen der Juden wurden in zunehmendem Maße unerträglich. Die Reaktion der einzelnen jüdischen Familien in Heldenbergen darauf waren sehr unterschiedlich, genauso wie ihre Möglichkeiten.

Siegfried Höxter floh aus politischen Gründen schon im Sommer 1933 aus Deutschland, als aktiver Sozialdemokrat stand sein Name auf den Fahndungslisten.

Als erste Familie verließ die Familie des Bäckers Moritz Bauer mit vier sehr kleinen Kindern Heldenbergen, um im September 1934 nach Palästina zu gehen.

Wenn man sich zur Ausreise entschlossen hatte, war es das größte Problem, ein Land zu finden, das entsprechende Papiere ausstellte. Die meisten Überseeländer nahmen nur eine kleine Anzahl von jüdischen Flüchtlingen auf oder verschlossen ihre Grenzen ganz.

Als einziges Überseeland öffnete Amerika seine Grenzen in größerem Maße, dies war aber an Voraussetzungen gebunden. Nötig war die Bürgschaft eines US-Bürgers (später mußte es sogar ein Verwandter sein), der den Unterhalt in den USA garantierte. Die USA hatten eine jährliche Einwanderungsquote festgelegt, die aber zu keinem Zeitpunkt voll ausgenutzt wurde. So entstanden für die Ausreisewilligen, auch wenn sie das Affidavit, die Bürgschaft, schon längst hatten, oft noch jahrelange Wartezeiten oder die Auswanderung wurde durch den Kriegseintritt der USA völlig unmöglich. Wer sich erst nach dem November 1938 um ein amerikanisches Visum bemühte, hatte gar keine Chance mehr, wie sich dann zeigen sollte, den Nazis zu entkommen.

Der Beginn des Krieges am 1. September 1939 schnitt die Fluchtwege nach England und auch in das damalige Palästina ab.

Nach Amerika ging 1936 die Familie Samuel Scheuer und 1937 Emil Haas und seine Brüder Theo und Josef.

Die jungen Erwachsenen faßten den Entschluß zur Auswanderung oft noch früh genug. So bei den Kindern des Metzgers Salli Scheuer und dem Sohn des Metzgers Manuel Scheuer, bei Benno Sichel und Sita Sichel, Manfred Rothschild.

Die Brüder Julius und Theo Rothschild gingen nach ihrer Verschleppung in die Konzentrationslager im November 1938 illegal über die Grenze und gelangten auf schwierigen Umwegen in die Freiheit nach Belgien.

Oft glaubten die Kinder, in das fremde Land vorauszugehen zu können und von dort ihre Eltern nachkommen zu lassen. Das gelang Julius Wertheimer in Rhodesien mit seiner Mutter und auch Emil Haas in den USA.

Bei den meisten Familien aber entwickelten sich die tragischen Zeitgeschicke so, daß die alten Eltern allein hier blieben und deportiert wurden, so konnten die drei Brüder Grünewald, die Brüder Julius und Theo Rothschild, die Kinder von Salli Scheuer und der Sohn von Manuel Scheuer ihre Eltern nicht retten.

Eine Zwischenstation auf dem Weg zur Auswanderung aus Deutschland sollte der Aufenthalt in Frankfurt sein, nachdem der Hausverkauf abgewickelt war. So lebte die Familie Eckstein von März 1937 bis zur Verwirklichung ihrer Auswanderung im Dezember 1938 in Frankfurt.

Vor allem nach dem Novemberpogrom 1938 war es jedem Juden in Deutschland klar, daß er einen Weg heraus aus Deutschland finden mußte, aber die meisten Länder hielten ihre Grenzen für die Juden inzwischen verschlossen. Oft begannen jahrelange verzweifelte Bemühungen.

Die Beschaffung der Visa bedeutete ein unvorstellbares Maß an bürokratischen Hindernissen: Anträge, Listen mußten in unendlicher Zahl in wievielfachen Ausführungen eingereicht werden, Genehmigungen ersucht werden, Passagen auf dem Schiff gefunden werden, viele Schiffe waren überbucht worden, und so weiter.

Die Auswanderung der Juden war für die Nazis eine günstige Gelegenheit, ihr Vermögen auszuplündern und sich daran zu bereichern. So mußten alle Juden ihr Vermögen genau angeben und darauf die sogenannte Judenvermögensabgabe zahlen, die in mehrere Beträge aufgeteilt war. Für die Auswanderung sollten die Juden dann noch eine letzte große Abgabe, die Reichsfluchtsteuer, zahlen. Außerdem war noch auf das Umzugsgut eine Abgabe an die Golddiskontbank zu zahlen. Jedes Teil des Umzugsgutes mußte auf langen Listen einzeln aufgeführt werden. Neuanschaffungen nach dem 1. 1. 1938 mußten begründet werden und eine Abgabe von 100 Prozent des Neupreises geleistet werden.[69)]

Die Pässe der Juden wurden ab November 1935 nur noch mit sechs Monaten Gültigkeit ausgestellt, ab November 1937 wurde gar kein Paß mehr für das Ausland ausgestellt, außer bei Auswanderung, somit war eine illegale Flucht ausgeschlossen. Im Oktober 1938 wurden alle Pässe der Juden ungültig bis zu dem Moment, wo ein rotes J auf die Vorderseite gestempelt wurde.

Eine Möglichkeit, das Leben minderjähriger Kinder zu retten, bestand darin, einen Platz in einem sogenannten "Kindertransport für unbegleitete Kinder" zu finden. So gelang Helmut Rothschild und dem Sohn von Ida Steinhardt (geb. Rothschild), Günther, die lebensrettende Flucht. Für Helmut Rothschild bedeutete dies ein Abschied für immer von seiner Familie. Die Eltern und der kleine Bruder wurden vergast.

Der letzte Heldenberger Jude, der im August 1941 sein Leben durch Flucht ins Ausland retten konnt, war Herbert Rothschild.

Zerstörte Hoffnungen auf Auswanderung

Alle Juden in Heldenbergen hofften lange Jahre doch noch auf irgendeine Möglichkeit, ihr Leben durch Auswanderung in ein anderes Land retten zu können. Wenige, allerdings zensierte Briefe sind erhalten. Jenny Rothschild schrieb die folgenden Worte an ihren Sohn Manfred in Palästina.

Juni 1938: "... Wir möchten doch so gerne von hier fort... ich weiß mir keinen Rat mehr. Manchmal könnte man meschugge werden, weil wir gar nicht zu einem Ziel kommen. Wenn wir nur endlich was hören würden, daß wir fort könnten."[69a)]

Ein Jahr später schrieb sie im Juni 1939: "Ich mache mir große Sorgen, weil wir alle nicht fortkommen können. Ich wollte, wir hätten Dir ... schon vor zwei Jahren gefolgt. Heute hätten wir die Auswanderung sorgenlos. Manchmal könnte ich gerade verzweifeln, aber es hat alles keinen Wert... Man muß den Kopf oben halten, sonst ist man verloren... Wir haben für die Erteilung des amerikanischen Visums die Wartenummer 22 000, jetzt ist die Nummer 6 400 dran. Da kannst Du Dir ausrechnen, wann wir dran kommen." [70] Im Bericht zur politischen Lage in Heldenbergen vom 17.7.1939, kurz nach Ausbruch des Krieges, heißt es: "Juden gingen gerne, jedoch zur Zeit keine Möglichkeiten vorhanden. Sie warten sehnsüchtig auf entsprechende Nachricht."[71]

Die allerletzten Hoffnungen der Juden auf Änderung ihrer entwürdigenden Situation durch Auswanderung in die USA zerschlugen sich, als die USA ihr Konsulat in Stuttgart im Juni 1941 im Zusammenhang mit der Vorbereitung ihres Kriegseintrittes schlossen. So ist im Bericht zur politischen Lage vom 25. 9. 1941 zu lesen: "Was die Juden anbetrifft, so hatten zwei Familien hier die Absicht, im letzten Vierteljahr auszuwandern, jedoch konnte infolge des Krieges die Reise nicht angetreten werden."[72]

Ein geheimer Erlaß vom 23. Oktober 1941 legte fest: "Die Auswanderung von Juden ist für die Dauer des Krieges verboten".[73] Noch am 2. Dezember 1941 schrieb der Bürgermeister von Heldenbergen in seinem Bericht zur politischen Lage: "Die noch hier befindlichen Juden betreiben zum Teil ihre Auswanderung". In einem Runderlaß heißt es wenige Wochen später, am 3.1.1942, lapidar: "Angesichts der nahe bevorstehenden Endlösung der Judenfrage wird die Auswanderung von Juden ... unterbunden."[74]

Leben in einem fernen Land

"Wir waren auf einmal wieder Menschen", so beschreibt Lilli Eckstein das Gefühl, nachdem sie Deutschalnd verlassen hatte und sich in einem neuen Land einleben mußte. Unter welchen Bedingungen dies geschah, ist bei den einzelnen Familienschicksalen beschrieben.

Eines aber hatten alle Emigranten gemeinsam: Sie mußten das Land ihrer Kindheit, das einmal ihre Heimat gewesen war, verlassen und ein völlig neues Leben beginnen. Für die jungen Menschen war das vielleicht noch möglich da sie eher imstande waren, eine neue Sprache und die damit verbundene Kultur anzunehmen. Ihr Leben bekam eine radikal andere Richtung, als es vielleicht in Deutschland genommen hätte. Älteren Personen fiel die Umstellung mit Sicherheit viel schwerer, alles, was sie bis zum Beginn der Nazizeit aufgebaut hatten, war auf einmal nicht mehr existent, ohne Voraussetzungen mußten sie ihr Leben meistern. Bertha Eckstein, früher Besitzerin einer gutgehenden Bäckerei in Heldenbergen, schrieb 1947: "Leider hat der Krieg nichts Gutes gebracht. Wir wären sicher auch nicht fort, hätten unser schönes Heim, Haus und Geschäft zurückgelassen. Mit 40 RM, die wir für die Reise genehmigt bekamen, fuhren wir raus. Bis wir hier waren, hatten wir nichts übrig. Es war sehr schwer ohne große Sprachkenntnisse bei fremden Leuten, aber auch dieses ging vorüber. Heute sind wir hier zu Hause und haben viele Freunde, sind geachtete und geehrte Menschen."[75]

Die berufliche Situation der Emigranten in den neuen Ländern war meistens sehr schlecht. Alle Emigranten hatten einen gewaltigen sozialen Abstieg in der neuen Umgebung hinzunehmen. Ohne Sprachkenntnisse mußten sie Hilfsarbeiten annehmen.

In New York zogen die deutsch-jüdischen Auswanderer meist in eine Gegend im nördlichen Manhattan: Washington Heights, diese Gegend wurde deshalb auch gerne "das Vierte Reich" genannt, weil die Überlebenden des Dritten Reiches hier wohnten.

Nach dem Ende des Krieges, als die Ausmaße der Ermordung der Juden Europas allmählich in ganzem Umfang bekannt wurde, begann die fieberhafte Suche nach überlebenden Angehörigen. Die deutschsprachige jüdische Zeitung "Aufbau" hängte seitenlange Listen mit den Namen der Ermordeten aus, sie wurden auch in der Zeitung veröffentlicht.

Für alle Emigranten waren viele Namen von Menschen darunter, die Verwandte oder Bekannte waren.

Gustav Eckstein schrieb 1947 aus Swaziland: "Wir haben sicher das bessere Los gezogen, daß wir diesen Naziverbrechern aus den Krallen entkommen sind. Sechs Millionen Menschen haben diese Gangster in die Gaskammern gestoßen, darunter all meine Geschwister mit Kindern, etwa dreißig Personen."[75]

Umzug nach Frankfurt oder Bad Nauheim

Einige Familien verzogen von Heldenbergen nach Frankfurt. Der Umzug nach Frankfurt versprach eine Zeitlang als Jude etwas Schutz in der Anonymität der Großstadt. Nicht jeder wußte bis zur Einführung des Judensterns im September 1941 gleich, wer Jude war und wer nicht, so wie es ja in Heldenbergen und Umgebung war. So lebte die Familie Ernst Ballin-Oppenheimer und auch die Familie Martin Speier dort. Von ihren Bemühungen um Auswanderung wissen wir nichts, von den sich tausendfach zerschlagenden Hoffnungen, dem Sehnen und Suchen nach Fluchtmöglichkeiten, die tausendfachen Erniedrigungen in dieser Zeit können wir nur ahnen. Die Männer wurden in der Kristallnacht verhaftet und verschleppt, Frauen und Kinder standen allein. Alle Familienmitglieder mußen Zwangsarbeit leisten, seit September 1941 den Judenstern tragen. Seit Oktober 1941 mußten sie mit ihrer Deportation rechnen und ein Jahr später waren 10 000 Juden allein aus Frankfurt verschleppt. So auch die genannten Heldenberger Familien.

Eine weitere - allerdings nur vorläufige - Station war das jüdische Altersheim in Bad Nauheim in der Frankfurter Straße. Dorthin gingen Leopold und Mathilde Hermann, Salli Scheuer und Fanny Rothschild, sie wurden alle von dort verschleppt in das Konzentrationslager Theresienstadt. Nur Ida Steinhardt geb. Rothschild, die dort gearbeitet hatte, konnte von dort noch 1940 nach Amerika auswandern.

Von Heldenbergen nach Swaziland

Vom Schicksal der Familie Eckstein, die ihr Lebenm durch Flucht in das mehr als 10 000 Kilometer entfernte Swaziland retten konnte, erzählte die Tochter Lilli Eckstein (* 1921) bei ihrem Besuch in Heldenbergen 1988:

"Wir haben eine wunderschöne Kindheit in Heldenbergen gehabt, es hat uns an nichts gefehlt, wir waren verwöhnt. Wir waren fröhlich, haben gerne mit meinem Vater gesungen. Wir waren alle sehr beliebt in Heldenbergen, wir sind draußen in der Umgebung umhergefahren, hatten unsere Fahrräder.

Ein Bekannter meiner Eltern hatte in Heldenbergen eine Allee mit Walnußbäumen und hatte uns gesagt, daß wir Nüsse schütteln gehen dürften. Wir haben noch Freunde mitgenommen. Auf einmal kam der Feldschütz. Alle liefen weg, nur mein Bruder Ernst und ich, wir standen da wie die Säulen und sagten zu ihm: 'Ich heiße Lilli Eckstein', 'und ich heiße Ernst Eckstein. Wir haben die Genehmigung vom Besitzer, die Nüsse aufzuheben'. Mein Vater hatte uns nämlich immer eingeschärft: 'Unsere Familie hat einen guten Namen. Ihr braucht euch nicht zu schämen, wenn ihr gefragt seid. Nennt eure Namen, dann wird euch geholfen.' Der Feldschütz hat uns dann das richtige Grundstück gezeigt, wir waren nämlich auf dem falschen.

Dann kam Hitler an die Macht.

Solange wir in der Schule waren, war es noch nicht so schlimm, aber manche waren dabei. Wenn einer 'Dreckjud' zu mir gesagt hab, das habe ich mir nicht gefallen lassen, da habe ich ihn geschlagen. Die Mädchen konnte ich an den Zöpfen ziehen, ich hatte ja immer kurze Haare. Ich habe mich gewehrt.

Als ich gestern eine alte Frau hörte, wie sie auf Emil Haas zuging und fragte: 'Emil, weißt du noch, wie wir zusammen getanzt haben?', da gab es mir einen Stich, und ich dachte: 'Die hatten es gut, die konnten noch zusammen tanzen'. Das war bei uns absolut nicht möglich.

1936 wurde uns gesagt, daß wir nicht weiter zur Schule gehen können. Unsere Freunde kamen nicht mehr, hatten Angst, als hätten wir die Pest.

Wenn die Mama nicht gewesen wäre, wären wir alle nicht mehr da. Meine Mutter hat darauf gedrungen, daß wir weggehen aus Deutschland. Sie hat gedrängt, und sie hat es auch geschafft mit dem Mann, der sich nicht von seiner Heimat losmachen konnte. Meine Mutter war eine sehr kluge Frau, sie hat gesehen, was sich da tut.

Im März 1937 hatten wir unser Haus verkauft, das Geld, das wir bekommen hatten, war beschlagnahmt auf einem Konto, an das wir nicht heran kamen. In Frankfurt lebten wir in der Nähe vom Zoo in einer Wohnung Am Schützenbrunnen 13. Wir hatten eine kleine Wohnung. Tante Paula, die Schwester meiner Mutter und ich haben in einem Zimmer geschlafen, Ernst im Wohnzimmer und die Eltern im Schlafzimmer. Man hat uns in dieser Zeit von unserem Konto 600 RM zugebilligt, von unserem eigenen Geld, davon mußten wir Miete bezahlen und alle Lebensmittel. Wenn wir zum Beispiel eine Sonderausgabe gebraucht haben von 300 RM, dann sind von unserem Konto 600 RM genommen worden, der Rest war Judensteuer. Alles haben wir doppelt bezahlt und haben es am Ende nicht bekommen.

In dieser Zeit im Schützenbrunnen war es für uns wichtig, daß unsere Eltern abends einfach öfter mal weggingen. Meine Mutter hat Kuchen gebacken und uns gesagt: 'Bringt nur all eure Freunde her und amüsiert euch.' Meine Eltern wollten nicht, daß wir im Kino oder sonstwo den Nazis ausgeliefert waren. In den Cafes oder Kinos haben sie 'Juden raus!' gerufen.

Meine Eltern haben gesagt: 'Wir gehen in kein Land, wo wir die Paula nicht mitnehmen können, das war meine taubstumme Tante.' Die Taubstummen hätten sie hier doch gleich umgebracht. So waren uns viele Länder verschlossen.

Schlimm war, als der Mann unserer Nachbarin am Schützenbrunnen verhaftet wurde, er war Jude, sie eine Christin. Der Mann war schon längere Zeit fort. Eines Tages schellte es bei ihr, ein Mann stand vor der Tür, hielt ihr einen Behälter hin mit den Worten: 'Hier ist die Asche ihres Mannes!' Die Frau brach zusammen. Das war sehr traurig.

Meine Mutter und ich haben die ganzen Papiere für die Auswanderung besorgt. Mit dem Nachtzug mußte ich mit noch einem Mädchen nach Hamburg fahren. Ich hatte 17 Pässe dabei, um für Mosambique ein Visum zu bekommen. Im Nachtzug waren zwei Soldaten, die waren anständig, sie haben ihre Mäntel ins Abteil gehängt, daß es besetzt aussah und haben die ganze Nacht draußen auf dem Gang gestanden und uns allein gelassen.

Für eine Erlaubnis zur Einreise nach Swaziland mußte ich zum englischen Konsul. Dann brauchten wir noch einen besonderen Ausweis, das hat etwas länger gedauert, aber dann sagte er: "Wer zu mir kommt, bekommt ein Visum, ich stempel all eure Pässe, damit ihr heraus könnt."

Lilli Eckstein (stehend, 3. von rechts) unter der Hakenkreuzfahne im Schulhof Heldenbergen. 1935 beim "Fest der deutschen Schule"

Oben links: Paula Speier, oben rechts: Lilli und Ernst Eckstein in Frankfurt 1937, unten: Bertha Eckstein geb. Speier und Gustav Eckstein vor ihrer Flucht aus Deutschland nach Swaziland im Dezember 1938

Am 9. November 1938, als die Synagogen brannten, wurde in dem Haus, in dem wir wohnten, allerhand zerstört. Die kleine Erna, ein blondes Möchchen mit blauen Augen, ist die Treppe heruntergekommen und wurde gefragt: 'Wohnen da noch mehr Juden?' Glücklicherweise antwortete sie mit Nein. Unsere Wohnung wurde also nicht zerstört. Das war gegen Mittag.

In der Nacht sind fünf Männer in die Wohnung gekommen, wir mußten mitten in der Nacht aufmachen. Sie hatten Revolver. Meine Mutter mußte im Bett liegen mit Händen hoch, einer hat mit dem Revolver vor ihr gestanden. Meinem Vater hatten sie inzwischen gesagt, er solle sich anziehen. Einer von den Männern tastete meinen Körper ab und fragte, ob ich Waffen habe. 'Ich kam doch aus dem Bett. Im Bett liegen und Waffen haben?' Das war ein Vorwand, sie suchten überall nach Waffen. Alle Türen mußten wir aufmachen, sogar die Toilette. 'Mach den Stinkkasten zu, du Saujud!', hieß es. Mein Vater wurde mitgenommen, in Schutzhaft, wie es hieß.

Ein Mann war dabei, der hat gesagt, es tut mir schrecklich leid, daß er uns so behandeln muß. Er gab mir den Namen von einem Kommandanten von der Polizei. 'Geh gleich früh hin, vielleicht ist dein Vater noch dort.' Leider waren die Männer schon weggebracht worden, als wir kamen. Wir erfuhren, daß sie zur Festhalle in Frankfurt gebracht worden waren. Dort hat man uns richtiggehend rausgeworfen. 'Wir haben Papiere zur Auswanderung nach Swaziland. Wir können am 20. Dezember fahren', riefen wir. Endlich hat es einer aufgenommen. Das war alles, was wir tun konnten.

Mein Vater ist dann am nächsten Tag heim gekommen. Er hat sich dann eingeschlossen, er konnte überhaupt nicht ein Wort sprechen. Er hatte die ganze Nacht in der Festhalle marschieren müssen. Sie durften sich nicht setzen, das alles hat er erst viel später uns erzählt. Die, die hingefallen sind, haben sie aufgehoben und mitgeschleppt. Es muß eine furchtbare Nacht gewesen sein. Dann mußte er sich jeden Tag um 12 Uhr bei der Polizei melden.

Am 20. Dezember 1938 fuhren wir ab, meine Eltern, meine Tante Paula und ich. Genau einen Monat später kamen wir in Kapstadt an." (Am Hafen in Kapstadt lernt Lilli ihren späteren Mann kennen, der zum Schiff gekommen war, um Leidensgenossen zu helfen. Friedel Stern, der aus dem nur wenige Kilometer von Heldenbergen entfernt liegenden Büdingen stammte, führte die Familie Eckstein in die fremde Stadt und erklärt dem Vater Eckstein entschlossen, daß er Lilli heiraten wolle.)

"Weiter ging die Fahrt dann über Port Elisabeth, East London, Durban und dann kamen wir nach Mosambique: Laurentio Marques. Dort gingen wir von Bord. In einer Nachtfahrt durch den Urwald nach Mbane in Swaziland. Wir kamen an und schauten uns um und fragten uns achselzuckend: 'Wo ist unser Dach?' Da war nichts - absolut nichts. Drei oder vier Läden, eine Metzgerei und die Administration: Regierungshaus, Gefängnis, Busstation, Krankenstation. Dann konnten wir keine Wohnung kriegen, wir hatten ja kein Geld. In Kapstadt hatten wir ein paar Sachen verkauft, um etwas Geld für die lange Reise hierher zu bekommen. Wir haben dann ein Farmhaus gefunden etwa 25 Kilometer von Mbane. Da waren nur Eingeborene um uns herum. Dort war eine alte Asbestmine, die nicht mehr bearbeitet wurde. Wir waren drei Familien in einem Haus. Wir haben auf der Erde geschlafen, auf dem Koffer gesessen, auf den anderen Koffer hatten wir eine Tischdecke gelegt, dann gab es Brot und Gelee. Wir haben im Geschäft der Eingeborenen eingekauft. Die Eingeborenen waren wirklich sehr nett zu uns, die waren alle sehr nett. Englisch haben sie nicht gesprochen, aber mit Händen und Füßen gezeigt, ob sie uns helfen können. Alles war sehr traurig und trostlos dort. Die Eingeborenen haben uns Fleisch gebracht, wir haben bezahlt. Sie haben ein Huhn oder ein paar Eier gebracht, wir haben das abgekauft. Die Menschen waren anständig, aber an diesem Platz war es die Hölle für uns. Es war keiner da, man konnte mit niemandem reden. Urwald, nur Urwald um uns herum. Manchmal hörte man die Elefanten. Das einzige, was wirklich gut war, war das Klima. Es gab allerdings schreckliche Sommergewitter, da hat sich der Himmel aufgetan. Ich hab mich da schrecklich gefürchtet. Erst nach längerer Zeit haben wir erfahren, daß unser gesamtes Gepäck aus Deutschland, was mit einem anderen Schiff kommen sollte, verloren gegangen war und wir nichts mehr von unseren Sachen hatten.

Mein Vater hat sich eine Axt gekauft, er mußte ja was zu tun

Lilli Eckstein (2. Reihe von oben 4. von links) und ihre Mitschüler in Heldenbergen mit Lehrer Rößler 1928

haben. Wir haben dann in Pretoria versucht, die Einreise nach Südafrika zu bekommen, in Mbane gab es ja keine Arbeit für meinen Vater. Also Swaziland war englisches Protektorat, und so haben wir keine Einreise nach Südafrika bekommen. Nach einer Zeit haben wir dann in der Stadt Mbane eine Garage gefunden, in der "Hauptstadt". Wir haben in der Garage gewohnt, der Herd hat draußen gestanden, es war kein Platz in der Garage. Den Herd hatten sich meine Eltern geliehen oder gebaut und haben dann Bisquits gebacken. Das ging so lange, bis ein Bäcker sie angezeigt hat. Da war noch eine Familie aus Alzenau, die lebten im Hühnerstall.

Ich hatte dann für sechs Wochen eine Aufenthaltsgenehmigung für Johannesburg, keine Arbeitserlaubnis. In Swaziland heiratete ich, damit ich einen ständigen Aufenthalt für Südafrika bekam.

Dann habe ich gesehen, wie gut es war, daß meine Mutter mich gezwungen hatte, in Heldenbergen nähen zu lernen. Ich hab dann auch verdient und das wenige noch nach Swaziland zu meinen Eltern geschickt.

Es waren schreckliche Zustände in Swaziland. Es war Krieg, die Männer waren weg, aber es fielen keine Bomben auf Swaziland. Es war alles so knapp. Das besserte sich erst etwa 1943.

Eine jüdische Hilfsorganisation baute dann in Swaziland eine Fabrik, in der meine Mutter Arbeit gefunden hatte. Unserer früherer Hausbesitzer aus Frankfurt schnitt Haare, der Metzger stellte noch einige Leute ein, so schlug sich jeder irgendwie durch. Dann starb der Bäcker in Mbane, mein Vater wollte Geld besorgen und die Bäckerei kaufen, das ging aber nicht, weil der Krieg inzwischen ausgebrochen war und wir als feindliche Ausländer betrachtet wurde. Er wurde dann dort angestellt und gut bezahlt. Dann brauchten wir nichts mehr zu schicken aus Kapstadt. Meine Eltern waren neun Jahre in Swaziland.

1948 hatte mein Vater einen schweren Herzanfall, von dem er sich nicht richtig erholte. Wir stellten also neue Anträge, daß meine Eltern und Tante Paula nach Kapstadt kommen konnten. Dort hatte mein Vater dann vier Krebsoperationen, da er kein Bürger war in Südafrika, war er nicht versichert. Wir mußten große Schulden machen, um die Kosten zu bezahlen. Das hat uns sehr zurückgeworfen. Sieben Jahre hat mein Vater dann nach der Operation gelebt, Tante Paula war schon vorher gestorben. Seelisch konnte mein Vater alles, was er erlebt hat, nicht verkraften.

Als der Papa gestorben war, haben wir die Mutter gleich zu uns genommen. Wir haben genäht, Totenkleider haben wir genäht. Wir kauften eine Maschine mit einem Motor. Meine Mutter hat oben genäht, ich hab unten zugeschnitten. Ich hab noch woanders gearbeitet. Sie hat immer genäht. Jahrelang haben wir das so gemacht. Sie war bei den Kindern. Sie hatte ein sehr gutes Verhältnis zu den Kindern. In der ersten Zeit haben wir deutsch gesprochen, später haben die Kinder auch Englisch mit ihr gesprochen. Sie las die ganze englische Zeitung durch, nur sprechen konnte sie nicht. 1972 starb meine Mutter Bertha Eckstein. Es war sehr schwer für mich, nach Heldenbergen zurückzukommen. Vor einigen Jahren fuhr ich mit meinem Mann gemeinsam mit dem Zug von Frankfurt nach Büdingen. In Heldenbergen konnte ich nicht aussteigen, es war zu schwer für mich. Auf dem Rückweg fuhren wir mit dem Bus und stiegen an der Kirche in Heldenbergen aus. Mein Elternhaus konnte ich mir nicht ansehen, obwohl es abgerissen ist und jetzt dort ein anderes Haus steht. Gerne zeigte ich meinem Mann die hohe Kirchmauer der Heldenberger Kirche. Als Kind lief ich dort oben gerne entlang. Eines Tages hat mich meine Mutter von unten gesehen. Gerade als sie losschreien wollte, hielt ihr mein Vater von hinten den Mund zu mit den Worten: 'Ruf sie nicht, sonst fällt sie hinunter.' Dann traf ich eine frühere Klassenkameradin, sie mobilisierte die anderen früheren Freunde, und wir hatten ein Klassentreffen beim Goy, sogar mit unserem alten Lehrer Rößler."

Zur Woche der Begegnung war Lilli 1988 wieder in Heldenbergen. Sie schrieb dazu an Bürgermeister Salzmann: "Habe meine schöne Kindheit nicht vergessen, schreibe Kindheit, Jugend hatten wir keine. Wir mußten über Nacht erwachsen werden."

Wiedersehen nach 35 Jahren. Lilli Eckstein (Mitte, 2. von links) kam aus Südafrika 1972 zu Besuch nach Heldenbergen und sah frühere Mitschüler und den Lehrer Rößler wieder.

"Kristallnacht" in Heldenbergen 1938

Im November 1938 wurden auch in Heldenbergen die jüdischen Bewohner zutiefst gedemütigt. Sie mußten die Zerstörung ihres Gotteshauses und die Entweihung und Zerstörung ihres Friedhofes erleben. Gegen die meisten jüdischen Familien fanden Ausschreitungen statt, deren Ausmaß nur andeutungsweise bekannt ist. Alle jüdischen Männer wurden verhaftet und für mehrere Wochen in das Konzentrationslager Buchenwald verschleppt. Der Verlauf dieser Stunden des offenen Terrors in Heldenbergen kann hier nur bruchstückhaft beschrieben werden. Die folgende Darstellung basiert auf den Akten eines Prozesses, der 1948 vor dem Landgericht Gießen wegen der Zerstörung der Synagoge gegen vier Heldenberger geführt wurde und auch auf verschiedenen Gesprächen mit Zeitzeugen sowie Unterlagen zum Entschädigungsverfahren der Synagoge.[75a)]

Ausschreitungen gegen die jüdischen Familien

Am Abend des 9. November 1938 hielt der Bürgermeister Schneider in Heldenbergen eine politische Gedenkfeier für die Toten der "nationalsozialistischen Bewegung" ab. Nach der Feier erfuhr er, daß die SA Heldenbergen am selben Abend "etwas gegen die Juden unternehmen wollte". Der anwesende SA-Scharführer teilte ihm auf dessen Nachfrage mit, daß er vom Kreisleiter der NSDAP und von der SA-Standarte schon Befehl bekommen hatte, "die jüdischen Gebäude zu zerstören". Auf Aufforderung des Bürgermeisters setzte er alle SA-Männer in Kenntnis, daß "sich niemand an jüdischem Besitz vergreifen oder gar zerstören solle". Dieser fuhr fort, daß "diejenigen, die die Synagoge und so weiter zerstört haben wollen, es selber tun sollen." Der Bürgermeister begab sich dann mit dem Gemeindediener bis halb zwei in der Nacht in die Nähe der Synagoge, "um aufzupassen, daß von der SA nichts unternommen wird".

Der Bürgermeister ging auch zu einzelnen jüdischen Familien. Helmut Rothschild, der mit seiner Familie in der damaligen Neugasse 9 lebte, berichtete: "Bevor die Synagoge zerstört wurde, kam der Bürgermeister zu uns nach Hause, er war ein Freund meines Vaters gewesen. Er beschwor meinen Vater, der eine Metzgerei hatte, 'schafft eure Schlachtmesser weg, denn die werden euch als Waffen ausgelegt!' Im ganzen Haus waren wir fieberhaft bemüht, alles verschwinden zu lassen. Einige Messer versteckten wir sogar im Klo."[76)]

Der Bürgermeister mußte zu diesem Zeitpunkt das geheime Fernschreiben des Chefs der Geheimen Staatspolizei vom 9. November 23.55 Uhr gekannt haben, in dem es unter anderem hieß: "Sollten ... Juden im Besitz von Waffen angetroffen werden, so sind die schärfsten Maßnahmen durchzuführen." [77)]

Bei den dann folgenden Hausdurchsuchungen müssen mehrere lange Schlachtmesser beschlagnahmt und auf der Bürgermeisterei sichergestellt worden sein. Noch lange Jahre nach dem Krieg befanden sie sich dort, heute sind sie leider nicht mehr auffindbar.

In dieser Nacht konnte Bürgermeister Schneider allerdings Ausschreitungen nicht verhindern. Herbert Rothschild berichtete: "Wie bei allen jüdischen Familien wurden auch bei uns zu Hause die Scheiben eingeschmissen."[78)] Seine 83jährige Großmutter Jettchen Rothschild soll dabei ganz ruhig in der Stube gestanden und gesagt haben: "Werft mich doch tot!" [79)]

Die Randalierer drangen dabei auch in die Häuser der jüdischen Familien ein: "Fenster wurden aufgerissen, Geschirr und sonstiges auf die Straße geschmissen. Was noch zu gebrauchen war, schleppten die Leute weg", erinnerte sich eine Heldenbergerin. In der Burggasse 3 bei der alten Fanny Rothschild wurden die Federbetten aufgeschlitzt und auf die Gasse ausgeschüttelt. Dies nannte man dann "Frau Holle spielen". Fanny Rothschild selbst wurde durch Steinwürfe so stark am Auge verletzt, daß sie von der Gemeindeschwester behandelt werden mußte.

Auch bei der Schneiderin Recha Gerson in der Mittelstraße wurden die Fensterscheiben eingeschmissen, bei der Familie Martin Speier in der Windecker Straße 19, bei Rothschilds in der Untergasse 12, ebenso im Anwesen des Metzgers Sigmund Grünewald in der Untergasse 13 wurden vier große Scheiben eingeworfen. Zu dem Zeitpunkt war wohl noch nicht bekannt, daß der Gendarm K. das Haus nur wenige Tage zuvor gekauft hatte. Zum Metzger Rothschild in der Neugasse traute man sich wohl nicht hin. Im Prozeß 1948 stellte der damalige Gendarm K. diese Ereignisse dann so dar: "Durch meine Sicherheitsmaßnahmen wurde in Heldenbergen kein einziger Jude belästigt, auch wurde nicht geplündert oder gestohlen."

Die Zerstörung der Synagoge

"Es war nichts mehr da von unserer Synagoge - einfach nichts mehr da!"[79a)]

Der damalige Bürgermeister berichtete 1948 den Fortgang der Ereignisse: "Am 10. November 1938 gegen 12.30 Uhr bekam ich auf der Bürgermeisterei einen Anruf vom Kreisleiter Backhaus aus Gießen, welcher mir befahl, die Synagoge noch am gleichen Tag in Brand zu stecken und hierzu die gesamte Bewegung und Einwohnerschaft mobil zu machen. Ich erwiderte ihm, daß ich bisher bemüht gewesen bin, solche Ausschreitungen zu verhindern. Kreisleiter Backhaus fragte mich: 'Warum? Wissen Sie nicht, daß deutsches Blut geflossen ist und ein Jude von Rath ermordet hat?' Ich gab darauf keine Antwort... Kreisleiter Backhaus sagte weiter zu mir, daß ich den Befehl, die Synagoge zu vernichten, weiter an die SA, HJ und an die gesamte Bewegung geben soll. Ich bekam weiter den Befehl, etwa vorhandene jüdische Gesetzesbücher an mich zu nehmen und nach Gießen abzuliefern, außerdem sollte ich alle jüdischen Geschäfte schließen und die jüdischen Männer in Verwahrung nehmen lassen.
Ich kam zu dem Entschluß, den Befehl des Kreisleiters weiterzugeben an den damals mit der Führung der SA beauftragten D. sowie L., welcher seinerzeit politischer Leiter war, und sagte zum Gemeindediener, daß er auf dem Heimweg den SA-Leuten Bescheid geben solle."[80)]

1961 berichtete Schneider dazu noch genauer, "die SA hätte sich in einem Lokal aufgehalten, wo die Leute getrunken hätten. Er habe nach dem Anruf (von der Parteileitung) aus Gießen dem Gemeindediener gesagt: 'Gehe hin und sage ihnen, ich könnte sie nicht mehr daran hindern.' Danach habe die Zerstörung begonnen."[81)] An anderer Stelle der Prozeßunterlagen ist zu lesen von Schneider: "Sagte ich zu dem (Gemeindediener) Sch., daß er die Feuerwehr verständigen solle." Auch im Urteil ist ausschließlich von Feuerwehrleuten die Rede.

"Während des Mittagessens kam ein telefonischer Anruf von dem Landjahrführer E. von der Naumburg, welcher mir mitteilte, daß er den Befehl habe, die Synagoge abzubrennen, er sei mit seinen Jungen bereits auf dem Anmarsch."

Auf dem Schulhof in der Mittelburg versammelten sich gegen 13 Uhr mehrere Männer, der Bürgermeister teilte ihnen den Befehl des Kreisleiters zur Zerstörung der Synagoge mit. Sie begaben sich zur Synagoge, dort soll die Zerstörung schon im Gange gewesen sein.

Von dem Ausmaß der Zerstörung gibt eine Zusammenstellung aus den Zeugenaussagen eine Vorstellung:

"Die Synagogentür war... eingeschlagen, die Fenster waren auch beschädigt."

"Die Synagoge lag versteckt hinter Häusern. Ich habe ... einen

Volksauflauf beobachtet ... gesehen, daß Sachen weggeschafft wurden ... es wurde geplündert. Das Dach war zu dieser Zeit noch ganz. Später wurde das Dach von innen durchgestoßen."

"Als wir in die Nähe der Synagoge gelangten, sahen wir schon eine Menschenmenge auf der Straße stehen, die Bücher aus der Synagoge flogen ebenfalls auf die Straße heraus ... Unten in der Synagoge war alles kaputt. Am Dach war auch schon Betrieb. Ich selber bin dann auch auf das Dach und habe geholfen, Balken herunterzuschieben, wobei ich am Kopf verletzt wurde. Die Balken sind direkt weggeschafft worden ... von denen, die gerade Holz brauchten."

"... hing das Gebälk schon in der Luft."

"Als ich hinkam, waren bereits die Fenster zertrümmert, die Türen waren alle fort, und auch der Leuchter war bereits weg."

"Auf dem Hof standen die Bänke der Synagoge und die Trümmer vom Dach lagen herum. Ich begab mich auf die äußere Treppe der Synagoge auf dieselbe hinauf und schaute mir das Trümmerfeld von oben an ...".

Zum Verbleib der wertvollen Kultgegenstände in der Synagoge berichtete Schneider: "Ich ging... und nahm die Kultgegenstände aus der Synagoge an mich und trug dieselben ins Rathaus. Einige Tage später gab ich diese an den Vorsteher der israelitischen Gemeinde Josef Rothschild zurück."

Zu Plünderungen aus der Synagoge berichtet eine Heldenbergerin: "Der große Lesefinger für die Thorarolle, aus schwerem Silber und reich verziert, wurde geklaut".[82] "Besonders gesucht war auch der Samtvorhang, der mit Goldfäden und 24 wertvollen Brillanten bestickt war."[83]

Auch das neben der Synagoge liegende Badehaus der jüdischen Gemeinde wurde an diesem Tage stark beschädigt.

Zu den Menschen, die diese Zerstörungen anrichteten, sagte ein damals junger Erwachsener aus Heldenbergen: "Ganz namhafte Leute aus unserer Gemeinde haben in der Kristallnacht kräftig mitgeholfen. Man kann also nicht von jugendlichem Leichtsinn sprechen. Die Zerstörung der Synagoge war eine Sensation, man war geteilter Meinung. Meine Mutter war ganz fertig: 'Wie kann man so etwas machen?' fragte sie. 'Was haben uns die Juden denn getan?' Für uns junge Leute lief das mehr am Rande, man war gar nicht so interessiert, hat dem gar nicht so eine Bedeutung beigemessen. Man muß sich schämen, daß man so etwas miterlebt hat, ohne einzuschreiten."[84] Auch Emil Haas berichtete ähnliches: "Mein Onkel hat alles geschrieben vom November 1938. Er hat geschrieben, daß eine bestimmte bedeutende Person des Ortes mitgeholfen hat, die Synagoge zu zerstören. Es waren nur 4 oder 5 Leute, die gezwungen waren, aber die anderen Leute haben auch die Augen zugemacht und niemand hat etwas gesagt." [85]

Abbruch der Synagoge

Entsprechend konnte das Kreisbauamt am 28. April 1939 in einem geheimen Bericht über "Die ehemaligen Kultusgebäude im Kreise Friedberg" unter Punkt 8 Heldenbergen mitteilen: "Die Synagoge ist vollständig beseitigt. Das Baugelände soll an verschiedene Anlieger veräußert werden. Die Kaufverhandlungen sind im Gange. Der Bauschutt ist beseitigt."[86]

Für den Abbruch der Trümmer der Synagoge hatte die israelitische Gemeinde aufgrund der "neu geschaffenen Rechtslage" auch noch selber aufzukommen: laut Rechnung 138 des Jahres 1938 hatte die "Israelitische Religionsgemeinde 265 Mark als Rückersatz" der Unkosten für den Abbruch der Synagoge zu bezahlen. Diese Summe bezahlte allerdings Georg Franz, ein Heldenberger, der damals in Frankfurt lebte.[87] Der Bauschutt wurde zum Teil dazu benutzt, den seitlichen Weg am Viadukt, der etwa einen Meter tief lag, zu verfüllen. Nach längerer Zeit sind dort Blätter von hebräischen Gebetbüchern gefunden worden.[88] Das Synagogengrundstück wurde aufgeteilt an die Anlieger: "Der Bauer hat seine Hofreite und die Stallungen erweitert, der andere Nachbar hat ein Stück bekommen. Im ehemaligen Badehaus wurde 1944 von der Gemeinde eine Wohnung für Ausgebombte gebaut."[89] Im Garten neben dem Platz der zerstörten Synagoge lagen noch bis in die sechziger Jahre Teile der Sandsteinsäulen, die den Thoraschrein im Inneren der Synagoge eingerahmt hatten.[90]

Zerstörung des jüdischen Friedhofes an der Straße nach Kaichen

Über die Entweihung, Schändung und die Zerstörung des jüdischen Friedhofs ist nichts Genaues herauszufinden gewesen. Unklar ist, wer daran beteiligt war, es ist aber mit großer Wahrscheinlichkeit ein direkter Zusammenhang mit der Zerstörung der Synagoge anzunehmen.[91]

Einem Schreiben des Bürgermeisters Böhm aus dem Jahre 1946 ist folgendes zu entnehmen: "...Heldenbergen wurde durch Kaichen ortsgruppenmäßig verwaltet und auch die dortige SA hat hier im allgemeinen die Aufpeitschungsarbeiten gegen die Andersdenkenden geführt, und so dürfte es sein, daß die Grabdenkmäler im israelitischen Friedhof zerstört worden sind ...".[92]

Nach 1945 ist niemand wegen der Schändung und Zerstörung des neuen jüdischen Friedhofs belangt worden.

Umzug der Landjahrjungen von der Naumburg

Am Mittag des 10. November 1938 kamen die Landjahrjungen von der Naumburg. "Ich ... sah, wie der Landjahrlagerführer eine Ansprache an seine Jungen und an die anwesende Bevölkerung ... hielt ... Bei der Ansprache ... habe ich gehört, wie dieser sagte, er wäre stolz darauf, daß die Jungens die ersten gewesen wären ... Nachher machte er auch noch einen Umzug mit der Landknechtstrommel durch das Dorf."[93] An eine Art Triumphzug der Landjahrjungen von der Naumburg erinnert man sich auch in Erbstadt: "Es war schon dämmrig, als wir den Klang der Fanfare vom Waldrand der Naumburg her hörten. Wir liefen zum Dalles, dem Treffpunkt des Ortes. Da kamen sie auch schon: die etwa fünfzig Landjahrjungen von der Naumburg. Wir kannten sie fast alle, da sie bei den Bauern in Erbstadt und Heldenbergen arbeiteten. Vorneweg schritt der Lagerführer Herr E. und sein Vertreter, Herr G. ... Herr E. trug vorneweg hocherhoben den goldenen Finger (manche erinnern sich auch an einen silbernen - d. V.), den er wie eine Trophäe mit Siegesgefühlen erfüllt trug. Am Dalles hielt er eine Ansprache, sie fühlten sich wohl sehr stark und meinten wunders, was sie getan hatten. Die Leute waren zusammengeströmt, für Erbstadt war das ein großer Anlaß, eine Sensation."[94] Bei dem "goldenen Finger" handelte es sich um den Jad, ein Zeiger in der Form einer menschlichen Hand mit ausgestrecktem Zeigefinger, meist besonders reich verziert, der in der Synagoge benutzt wurde, damit der aus der heiligen Thora (fünf Bücher Moses) geweihte Text nicht berührt wird.

Der Oberhessische Anzeiger berichtete am 11. November 1938 unter der Überschrift "Kundgebungen gegen die Juden":

"... Wie im ganzen Reiche löste dann das furchtbare jüdische Verbrechen an einem deutschen Diplomaten auch im Kreise Friedberg judenfeindliche Kundgebungen aus, in denen sich die helle Empörung der deutschen Volksgenossen Luft machte ...". [95]

Oberhessischer Anzeiger
Neue Tageszeitung

Friedberger Zeitung - Oberhessische Land- und Kreis-Zeitung

Beilagen: Friedberger Geschichtsblätter — Dorf und Stadt — Für das Wochenende — Winke für Gartenbau und Landwirtschaft — Von neuen Büchern — Der deutschen Jugend

Seit über hundert Jahren Spiegel des Wetterauer Volkstums

Nr. 265 | Friedberg i. H. - Freitag, 11. November 1938 | Einzelnummerpreis 10 Rpfg. 105. Jahrgang

Die Antwort auf den Meuchelmord

Der Tod vom Raths löst im ganzen Reich spontane judenfeindliche Kundgebungen aus

Berlin, 10. Nov. (DNB.) Nach Bekanntwerden des Ablebens des durch feige jüdische Mörderhand niedergestreckten deutschen Diplomaten, Parteigenossen vom Rath, haben sich im ganzen Reich spontane judenfeindliche Kundgebungen ereignet. Die tiefe Empörung des deutschen Volkes machte sich bald auch vielfach in starken antijüdischen Aktionen Luft.

•

Niemand wird überrascht sein, daß bei den Aktionen jüdische Geschäfte ebenso wie Synagogen in Trümmer gingen. Zu stark traf uns der Schlag des internationalen Judentums, als daß wir darauf mit Worten allein hätten reagieren können. Eine seit Jahrzehnten aufgespeicherte Wut gegen das Judentum brach sich Bahn, für die sich die Juden bei ihrem Rassegenossen Grünspan, bei dessen geistigen oder tatsächlichen Lenkern und bei sich selbst bedanken können. Einigermaßen unverständlich ist es allerdings, daß das Judentum, nachdem es schon lange vor 1933 wußte, wie die Einstellung des Nationalsozialismus zu ihm beschaffen ist, nicht spätestens 1933 seine Koffer packte und von deutschem Boden verschwand. Es hat in den vergangenen Jahren an Warnungen nicht gefehlt. Trotzdem suchte sich das Judentum in Deutschland sogar noch auszubreiten, was vielfach nicht ohne Unverschämtheiten abgegangen ist. Es ist jetzt erneut und unmißverständlich aufgeklärt worden, sodaß es sich wohl nun keinerlei Täuschungen oder Hoffnungen mehr hingeben wird. Dabei ist mit den Juden selbst glimpflich verfahren worden. Es ist lediglich demonstrativ vor Augen geführt worden, welchen Grad der Zorn des deutschen Volkes erreicht hat, ohne daß dabei Juden an Leib und Leben Schaden erlitten haben. Diese Demonstration ist, wie Dr. Goebbels in seinem Aufruf gefordert hat, nunmehr beendet. Es wird ein Gesetz folgen, das die Judenfrage lösen wird, aber in einem Sinne, der mit der Idee der Aktionen der Volksempörung übereinstimmt.

Aufruf des Reichsministers Dr. Goebbels an die Bevölkerung

Berlin, 10. Nov. (DNB.) Reichsminister Dr. Goebbels gibt bekannt:

Die berechtigte und verständliche Empörung des deutschen Volkes über den feigen jüdischen Meuchelmord an einem deutschen Diplomaten in Paris hat sich in der vergangenen Nacht in umfangreichem Maße Luft verschafft. In zahlreichen Städten und Orten des Reiches wurden Vergeltungsaktionen gegen jüdische Gebäude und Geschäfte vorgenommen.

Es ergeht nunmehr an die gesamte Bevölkerung die strenge Aufforderung, von allen weiteren Demonstrationen und Aktionen gegen das Judentum, gleichgültig welcher Art, sofort abzusehen. Die endgültige Antwort auf das jüdische Attentat in Paris wird auf dem Wege der Gesetzgebung bezw. der Verordnung dem Judentum erteilt werden.

Bericht in der Oberhessischen Zeitung vom 11. November 1938 über die angeblich spontane, von staatlicher Seite organisierten Jagd auf jüdische Menschen, jüdische Gotteshäuser und jüdischen Besitz

"Sühneleistung"

Für die Zerstörung ihrer Gotteshäuser, Wohnungen und Häuser wurden sofort am 12. November 1938 alle Juden des Deutschen Reiches gezwungen, eine "Sühne" von 1 Milliarde Reichsmark zu zahlen. Diese "Sühneleistung", die die unschuldigen und wehrlosen Opfer der brutalen Terroraktion zahlen mußten, wurde mit der "feindlichen Haltung des Judentums gegenüber dem deutschen Volk und Reich, die auch vor feigen Mordtaten nicht zurückschreckt", begründet.[96] Diese Zahlungen brachten die Heldenberger Juden sicherlich in große Zahlungsschwierigkeiten, da die meisten von ihnen kaum noch im Besitz von Geldmitteln waren.

Verhaftung in Heldenbergen und Verschleppung in das Konzentrationslager Buchenwald

In dem geheimen Fernschreiben des Chefs der Geheimen Staatspolizei in Berlin vom 9. November 1938 um 23.55 Uhr wurde unter Punkt 3 auch angeordnet: "Es ist vorzubereiten die Festnahme von etwa 20 - 30 000 Juden im Reiche. Es sind auszuwählen vor allem vermögende Juden. Nähere Anordnungen ergehen noch im Laufe dieser Nacht."[97]

Am 10. November 1938 um 1.20 Uhr folgte ein Blitz-Fernschreiben des Chefs der Sicherheitspolizei, Heydrich, aus München. "5. Sobald der Ablauf der Ereignisse dieser Nacht die Verwendung der eingesetzten Beamten hierfür zuläßt, sind in allen Bezirken so viele Juden - insbesondere wohlhabende - festzunehmen, als in den vorhandenen Hafträumen untergebracht werden können. Es sind zunächst nur gesunde männliche Juden nicht zu hohen Alters festzunehmen. Nach Durchführung der Festnahme ist unverzüglich mit den zuständigen Konzentrationslagern wegen schnellster Unterbringung der Juden in den Lagern Verbindung aufzunehmen. Es ist besonders darauf zu achten, daß die aufgrund dieser Weisung festgenommenen Juden nicht mißhandelt werden." [98]

In Heldenbergen erhielt Ortsgruppenleiter und Bürgermeister Schneider am Mittag des 10. November 1938 vom Kreisleiter der NSDAP in Gießen, Backhaus, den Befehl, ". ..die jüdischen Männer in Verwahrung zu nehmen ... anschließend begab ich mich zum Schulhof mit der Absicht, einen Raum für die Inhaftierung der jüdischen Männer bereitzustellen und den damaligen Gendameriewachtmeister K. zu verständigen, was geschehen solle, betreffs der Inhaftierung ... ich ... setzte ihn von diesem Befehl des Kreisleiters Backhaus in Kenntnis. Hierbei sprachen wir noch davon, daß wir keinesfalls Übergriffe gegen jüdische Personen und deren Eigentum zulassen werden. K. gab mir zur Antwort, daß er von seiner vorgesetzten Dienststelle den Auftrag habe, keine Gegenmaßnahmen zu ergreifen."[99]

Der damalige Gendarm K. sagte 1948 aus: "... Bei dieser Gelegenheit (kurz nach 13.30 Uhr vor der Synagoge) hörte ich auch, daß die Juden eingesperrt werden sollten ... Ich habe daraufhin alle männlichen Juden in 2 Zimmern im Rathaus untergebracht, das heißt in Schutzhaft genommen und meinen zweiten Beamten vor der Unterkunft als Sicherheitsposten aufgestellt, damit den Leuten nichts geschähe. Ich selbst habe dann die Ortstraßen durchstreift, um die Judenhäuser und die zurückgebliebenen Familien vor Übergriffen zu schützen. Aus einigen Häusern wurden auch Schulkinder entfernt, die dort herumstanden. Um die Vesperzeit ließ ich durch die Frauen den Männern Kaffee und Essen bringen. Gegen 16 Uhr oder um diese Zeit wurde ich telefonisch nach Büdesheim gerufen, weil dort im Laufe des Tages Ausschreitungen gegen Juden vorgekommen waren ... Gegen 19 Uhr kam ich von Büdesheim zurück. Nach dem Essen habe ich noch bis 23 Uhr Sicherheitsdienst ... gemacht, wobei ich feststellte, daß überall vollkommene Ruhe war."[100]
An den Gendarm K. erinnerte sich eine Frau: "Der hat den Juden bös was angetan, er ist mit dem Gummiknüppel auf sie los."

Julius Rothschild, der sich von seinem Haus in der Untergasse 12 auf dem Weg zum Bahnhof befand, wurde verhaftet, als er auf dem Weg zu Bahnhof war. Er war so verzweifelt über seine Verhaftung, daß er immer rief: "Mutter, komm doch mit, Mutter!"

Herbert Rothschild, der damals gerade 18 Jahre war, erzählte: "Am 10. November bin ich mit dem Fahrrad irgendwo gewesen. Ich kam an die Haustüre unseres Hauses in der Burggasse 7 und sah, daß hinten am Hof unsere Türe offen war. Da habe ich den Gendarm gesehen und meine Mutter gefragt: 'Was tut der bei der Nachbarin?' Es war ungewöhnlich, daß er da war. In meiner Neugierde bin ich in den Hof gegangen und er fragte mich:'Wie alt bist du?' Ich antwortete: 'Ich bin 18 Jahre.' 'Dann komm her und geh zu den anderen', sagte er. Dann haben sie uns neben der Schule in das Kittchen, das Gefängnis gesteckt. Manche von den jüdischen Männern waren schon dort, außer meinem Vater noch drei oder vier Männer. Verhaftet hatte uns unser Dorfpolizist, sein Name war Gerbothe, er konnte nichts machen, er hatte den Auftrag gehabt und mußte ihn erfüllen. Das war ein anständiger Polizist, aber zur selben Zeit haben wir noch einen jüngeren Polizist gehabt, der war etwa 25 oder 26 Jahre. Er hat gesagt: 'Wir schlachten allen den Hals ab!' Der Polizist Gerbothe hat ihm geantwortet: 'Solange ich hier zuständig bin, wird so etwas nicht geschehen.'
Wir sind verhaftet worden, bevor die Synagoge zerstört wurde. Alle jüdischen Männer von Heldenbergen waren verhaftet, die

zu der Zeit noch in Heldenbergen waren. Die Kinder nicht, die Frauen auch nicht, nur die Männer. Es waren mein Vater Josef Rothschild und ich, mein Onkel Theo Rothschild, mein Onkel Ludwig Rothschild, mein Onkel Hugo Rothschild, Manuel Scheuer und sein Bruder Sally Scheuer, Julius Rothschild, David Haas, Martin Speier, Isaac Haas, Julius Seligmann und sein Vater Robert Seligmann. (Leopold Hermann und Michel Speier wurden wohl wegen ihres Alters nicht verhaftet - d. V.)
Wir waren in einem vergitterten Raum neben der Schule. Ich habe gedacht, etwas Schlimmes wird losgehen, daß sie uns totschlagen oder etwas. Wir waren einen Tag und eine Nacht da. Die einzelnen Frauen sind gekommen und haben uns etwas zum Essen gebracht. Wir haben keine Panik gehabt, wir haben alle gewußt: entweder ...oder.., entweder werden wir getötet oder... Ich habe es noch leichter genommen als die Älteren, aber je mehr man darüber nachdenkt, um so schlimmer wird es."[101)]

Auch Theo Rothschild erinnert sich an die Erzählungen seines Bruders: "Alle Juden von Heldenbergen haben sie verhaftet, sie haben sogar Leute mitgenommen, die krank waren, so Julius Seligmann, der Mann war ewig krank. Die waren alle mit weg, nur den Isaak Haas haben sie freigelassen, weil der es mit dem Herzen hatte."[102)]

Die damalige Hausmeisterin der Schule berichtete:

"Die hatten die Juden alle eingesammelt oben in den großen Saal, der jetzt nicht mehr da ist, da waren die Judenmänner drin auch über die Nacht. Am anderen Morgen, da kam die Frau Haas mit einem Henkelkorb und sagte zu mir: 'Mielchen, ich hab ein paar belegte Brote, komm sei so gut, geh hinauf zu den Männern und verteil es.' Ich hab die Frau in den Arm eingehakt und bin mit ihr herauf in den Schulsaal gegangen. Sie wollte ja erst, ich solls verteilen, aber das wollte ich den Leuten nicht antun, das hab ich nicht gemacht. Da hat sie ihr Essen verteilt und ist eine Weile drin geblieben. Als sie sich verabschiedet haben, hat es Tränen gegeben. Ich bin vorher raus, das hat mir zu weh getan, wir waren doch alle gut miteinander, auch die Frauen, wir waren mit den Juden gut verbunden. Die Männer haben oben beim Fenster herausgeguckt, wir haben sie ja alle gekannt. Aber machen konnte man nichts. In der Nacht drauf sind sie fort gekommen. Mit Lastwagen sind sie weggeschafft worden. Ich bin nicht heraus, wenn man so bekannt ist mit den Leuten, kann man das doch nicht mit ansehen... wir wußten ja, um was es geht."[103)]
Herbert Rothschild schildert den weiteren Verlauf der Ereignisse: "Es war dunkel, als wir wegkamen. Freitagabend sind wir weggefahren, als der Schabbat anfing. Ein Bus kam, und wir wurden abgefahren. Ein streng religiöser Jude darf nicht fahren am Schabbat, das war für manche schlimm."[104)]

Die Heldenberger Juden wurden nach Weimar in das Konzentrationslager Buchenwald gebracht.

In diesen Tagen sind etwa 30 000 Juden in Deutschland verhaftet worden und in die Konzentrationslager Buchenwald, Dachau oder Sachsenhausen verschleppt wurden. Im Konzentrationslager Buchenwald waren in aller Eile fünf große Baracken

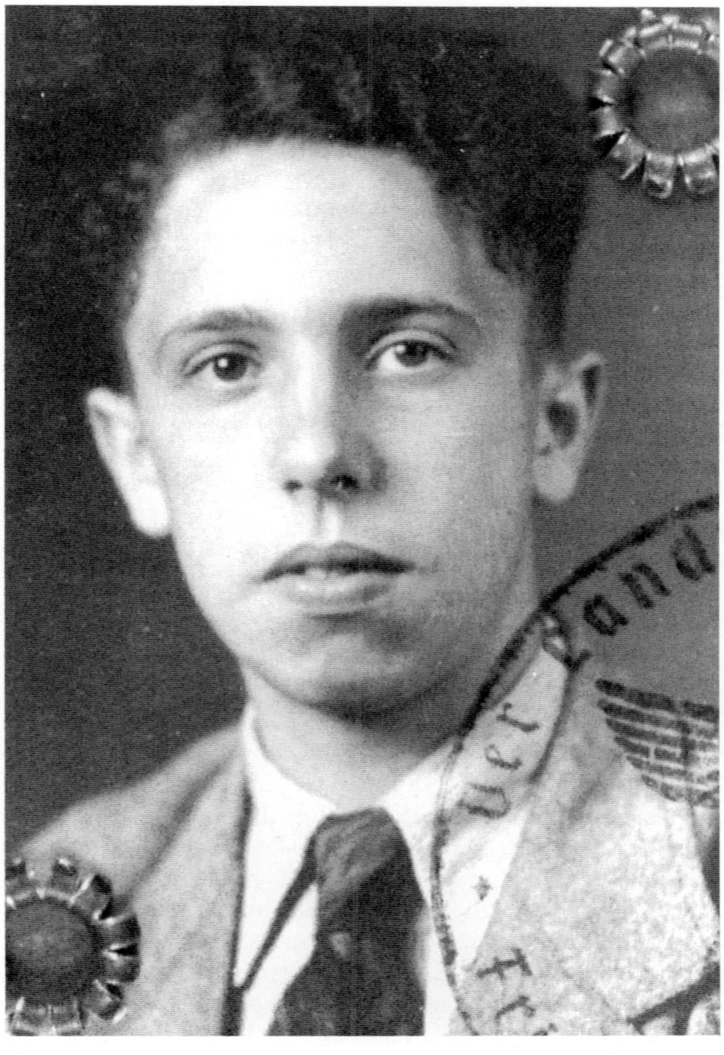

Im Alter von 18 Jahren wurde Herbert Rothschild mit allen jüdischen Männern Heldenbergens verhaftet und in das Konzentrationslager Buchenwald verschleppt. Das linke Bild zeigt ihn nur wenige Wochen vor dem November 1938, das rechte Bild kurz nach seiner Entlassung aus dem KZ Ende Dezember 1938. Die Erlebnisse in diesen schweren Wochen sprechen aus seinen Augen.

Aus einem Bericht über die "Judenbaracken im Konzentrationslager Buchenwald"

"Im November 1938 wurde... die... Judenaktion durchgeführt.. In kürzester Zeit verdoppelte sich die Lagerstärke... von 9 842 auf 19 676. Für einen solchen Zuwachs waren jedoch keine Unterbringungsmöglichkeiten vorhanden. Die Angekommenen wurden zunächst auf dem Appellplatz untergebracht, bis neben dem Appellplatz ganz primitive Holzbaracken ohne jede hygienische Einrichtung, die später so berüchtigt gewordenen Blocks 1a bis 5a, errichtet wurden. Die SS hatte in den ersten Tagen keine Übersicht über die Zugänge. Dies veranlaßte den Rapportführer, durch Lautsprecher zu verkünden: 'Wenn sich wieder einer von den Juden aufhängt, so stecke er gefälligst vorher einen Zettel mit seinem Namen in die Tasche, damit man weiß, wer er ist.'...

Nach einer qualvollen Treibjagd von Weimar her kamen sie vollkommen erschöpft in Buchenwald an. Kinder von zehn Jahren bis zu Greisen im Alter von 80 Jahren wurden mit Peitschen und Gewehrkolben ins Lager getrieben. Die Schwachen wurden am Ende des Zuges erschossen.

Auf dem Appellplatz wurden die Mißhandlungen fortgesetzt. Niedergeschlagene wurden sofort ausgeraubt... Entsetzliche Szenen spielten sich auch ab, als die Zugänge ihre Notdurft verrichten wollten, da sie bis dahin keine Gelegenheit dazu gehabt hatten, während sie gleichzeitig bei der nunmehr stattfindenden Zählung anwesend sein sollten.

Links vom Tor waren fünf Baracken: 1a bis 5a. 2 500 Menschen wurden in jeder Baracke untergebracht. Durch Löcher und Spalten fegte der eisige Wind. Strohsäcke und Decken gab es nicht. Abortanlagen und Waschräume waren nicht vorhanden. Nach einigen Tagen wurden zwei Latrinen gebaut. Diese reichten nicht. Entsetzliche Zustände traten ein, als die gesamten Insassen infolge des Genusses von kaltem Walfischgulasch den Durchfall bekamen. Alles war mit Kot beschmiert. In der neutralen Zone, einem etwa zwei Meter breiten Geländestreifen längs des elektrischen Zaunes, der nicht betreten werden durfte, lagen die Erschossenen. Körperschwache stürzten beim Austreten in die Latrine und ertranken. Selbstmord durch Erhängen, Öffnen der Pulsadern und freiwilliger Sprung in die Latrine waren häufig... 29 wahnsinnig gewordene mußten mit Draht gefesselt werden. SS-Leute holten sie plötzlich ab und trieben sie mit Schlägen aus dem Bunker, wo sie vom Scharführer mit einem eisernen Dreikant erschlagen wurden. Tausende sahen, von Schrecken gelähmt, diesem grausigen Treiben zu.

Unter Führung eines SS-Scharführers drangen nachts Grüne (inhaftierte Berufsverbrecher) in die Baracken ein. Sie zogen Lebenden und Toten die Ringe von den Fingern, brachen Goldzähne aus und erschlugen alle, die sich widersetzten.

Als einmal zwei Baracken wegen Überlastung zusammenbrachen, drang wieder SS ein und ermordete 16 Gefangene.

Besonders raffiniert waren die Methoden der Ausplünderung. Einmal wurden 'sämtliche Millionäre' ans Tor gerufen und Riesensummen von ihnen erpreßt ...

Am 13. Februar 1939 wurden die Baracken 1a bis 5a aufgelöst und die übrig gebliebenen 250 Häftlinge ins große Lager gebracht. Die Aktion hatte etwa 600 Menschen das Leben gekostet und ein jeder von diesen war eines qualvollen, grausamen, gewaltsamen Todes gestorben."[105]

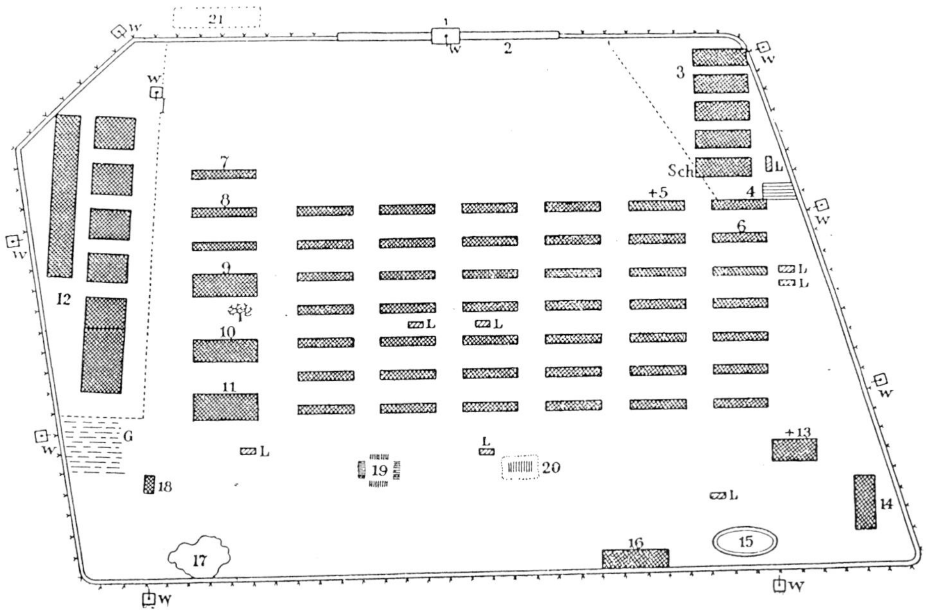

1 Lagereingang zum Appellplatz. — 2 Arrest und Klagemauer. — 3 Fünf Baracken mit 12.000 Judenhäftlingen vom 10. November. — 4 Baracke des Todes. — 5 Judenrevier. — 6 Baracke für Typhuskranke. — 7 Strumpfstopferei. — 8 Effektenkammer. — 9 Küche. — 10 Badeanstalt. — 11 Effektenkammer im Bau. — 12 Werkstätten und Sägewerk. — 13 Hauptrevier. — 14 Stallungen. — 15 Reitschule. — 16 Schweinezucht. — 17 Steinbruch I. — 18 Hundezucht. — 19 Holzplatz. — 20 Materialplatz. — 21 Tiergarten. — L Latrinen. — W Wachtürme. — = Neutrale Zone. — Sch Schonungsbaracke. — G Gärtnerei.

Plan des Konzentrationslagers Buchenwald bei Weimar

für etwa 12 000 Häftlinge der sogenannten Judenaktion gebaut worden.

Herbert Rothschild erzählte 1988 von seinen Erinnerungen an das Konzentrationslager Buchenwald: "In Buchenwald sind wir alle aus Heldenbergen zusammengeblieben in der Baracke, mein Vater, meine Onkels waren bei mir. Später habe ich auch Freunde aus unseren Nachbarorten wiedergesehen, mit denen ich früher Fußball gespielt habe. Am ersten Tag haben sie uns auf dem Appellplatz vom Morgen bis zum Abend stehen lassen. Am zweiten Tag mußten wir vom Morgen bis zum Abend sitzen. Wir sind alle kurzgeschoren worden, ganze Glatze wie ein Häftling. Zur Erinnerung habe ich noch ein Foto davon - ein scheußlicher Anblick. Unsere Kleidung war die, die wir bei der Verhaftung an hatten, keine Häftlingskleidung. Nachts hat sich keiner getraut, zur Notdurft hinauszugehen. Von denen, die herausgegangen sind, ist niemand zurückgekommen. Da hat man die Schreie gehört, das war das Ende. Wir mußten jeden Morgen zum Appell antreten auf dem Appellplatz, die Kapos haben dann gezählt, ob alle da sind. Zu arbeiten haben wir gar nichts gehabt, wir mußten die Baracke in Ordnung halten. Zu essen haben wir etwas mehr als nichts bekommen: Suppe, etwas Flüssiges, keine richtige Suppe. In den Baracken haben wir auf Brettern gelegen. Tags-

über haben sie uns in Ruhe gelassen, aber nachts hat man Schreie gehört. In manche Baracken sind sie hineingegangen und haben Leute herausgeholt. Man hat Schüsse gehört. Das ist auch in unserer Baracke vorgekommen.
Ich habe ein Gedicht, das ich mir von Buchenwald gemerkt habe. Einer hat das Lied in Buchenwald gemacht, es hat mich mein Leben lang begleitet, es liegt so viel Wahres darinnen.

O Buchenwald, ich kann dich nicht vergessen,
weil du mein Schicksal bist,
wer dich verließ, der kann es erst ermessen,
wie wunderbar die Freiheit ist.

O Buchenwald, wir jammern nicht und klagen
und was auch unsere Zukunft sei.
Wir wollen trotzdem ja zum Leben sagen,
denn einmal kommt der Tag, dann sind wir frei.

(Zwischen den Zeilen konnte Herbert Rothschild vor tränenerstickter Stimme kaum weitersprechen. Der von Herbert Rothschild gesprochene Text war der Refrain des Lagerliedes von Buchenwald. "Es wurde Tag und Nacht gesungen und selbst im Ausland hörte man von Nichthäftlingen das Lied. Das Lied war etwas weich, wurde es aber von verbitterten Männern gesungen, so wirkte es, besonders, wenn im Refrain beim letzten Vers: 'Denn einmal kommt der Tag, da sind w i r frei!', das wie als Drohung hinausgeschmettert wurde.'"[106])
Nach zwei oder drei Wochen konnten sich alle melden, die das Eiserne Kreuz als Auszeichnung aus dem Krieg hatten, mein Vater und mein Onkel wurden entlassen. Die anderen von Heldenbergen sind herausgekommen, weil sie eine Einwanderung hatten irgendwohin. Bei meinen Onkels war es fiktiv, von Heldenbergen aus haben die Verwandten nach Amerika geschrieben, und die haben geantwortet, daß die Papiere eingereicht sind. Von Heldenbergen war ich der letzte, der entlassen wurde: 'Wann komm ich raus? Was soll aus mir werden?' dachte ich mir so oft, als ich nur allein von uns aus Heldenbergen in Buchenwald war. Dann haben meine Eltern die Nachricht bekommen, daß ich auswandern kann, das haben sie dann irgendwo vorzeigen müssen. Über den Lautsprecher sind die Namen ausgerufen worden, einmal bin ich endlich dabei gewesen. Weihnachten bin ich entlassen worden, am 1. Weihnachtstag. Am selben Tag kam ich noch raus aus Buchenwald. Zurück bin ich mit dem Zug von Weimar, in Heldenbergen am Bahnhof stand ich dann wieder, keiner hat mich abgeholt."[106a)]

Theo Rothschild erzählt 1986 in San Francisco zu Buchenwald: "Mein Bruder Julius wurde in Heldenbergen verhaftet und zusammen mit den anderen Heldenberger Juden nach Buchenwald gebracht. Er war einen Monat dort. Was sich in Buchenwald abgespielt hat, muß so furchtbar gewesen sein. In Buchenwald sind sie mit Knüppeln auf die Menschen los. Mein Bruder hat selbst gesehen, wie ein angeheirateter Onkel von uns zu Tode geprügelt wurde, erschlagen wurde. Ein Diamantring wurde meinem Bruder dort geraubt. Die sanitären Anlagen in Buchenwald müssen furchtbar gewesen sein, da haben sie die Stangen drüber gelegt. Die Leute müssen da teilweise reingeworfen worden sein. Mein Bruder hat so Grauenhaftes erzählt, die Leute wurden in die Latrinen hineingeschmissen ...
In Buchenwald hat man zwei alte 85jährige Männer mißhandelt, gestoßen, daß sie tot waren. Daß ein Mensch das überhaupt tun kann ... einen Menschen schlagen für nichts und wieder nichts, nur weil er Jude ist ... furchtbar!"[106b)]
Von diesen grauenhaften Erlebnissen der Heldenberger Juden im Konzentrationslager Buchenwald ist der Bevölkerung - bis heute - nichts bekannt. Die in Buchenwald Entlassenen mußten unter Androhung ihrer Rückkehr in das Konzentrationslager versprechen, nicht mit einem Wort über ihre Erlebnisse zu sprechen.

Prozeß 1948 wegen der Zerstörung der Synagoge

Der damalige Bürgermeister wurde von einem amerikanischen Militärgericht unter anderem wegen seiner Beteiligung an der Zerstörung der Synagoge in einem amerikanischen Lager in Darmstadt 21 Monate interniert.

Im Februar und März des Jahres 1948 wurden auf eine Strafanzeige wegen Landfriedensbruch hin Ermittlungen in Heldenbergen im Zusammenhang mit der Synagogenzerstörung durchgeführt. Der "Schlußbericht" des Gendarmeriewachtmeisters vom 6. März 1948 vermittelt einen deutlichen Eindruck über diese Ermittlungen: "... Auch von den Beschuldigten und Zeugen will sich heute niemand mehr erinnern können, wer sich noch an den Zerstörungsarbeiten beteiligt hat. Die bis jetzt ermittelten 5 Beschuldigten sind alles anständige, kleinere Leute, die stur der damaligen Befehlsgebung gefolgt sind, aber auch heute keinen Namen weiter angeben können. Der größte Teil der Heldenberger Bevölkerung war zumindest als Zuschauer dabeigestanden, aber auch von diesen will sich niemand mehr erinnern können, wer in der Synagoge bzw. auf dem Dach gewesen ist. Es kann mit Bestimmtheit angenommen werden, wenn die bis jetzt ermittelten Beschuldigten und auch die aufgeführten Zeugen einmal vor Gericht sich verantworten müssen, daß dann von diesen Leuten auch die anderen Beteiligten noch namhaft gemacht werden. Da heute noch jeder glaubt, evtl. durch eine Amnestie oder ähnliches straffrei auszugehen, hält fast ein jeder mit seinen Aussagen ziemlich zurück. Ob nun tatsächlich nur diese Leute, welche sich direkt an der Zerstörung beteiligt haben, das heißt durch Hand anlegen als schuldig anzusehen sind, oder auch die vielen anderen, die durch ihre Anwesenheit diese Ausschreitungen geduldet haben und es für manche ein Leichtes gewesen wäre, aufgrund ihrer damaligen Machtposition im Ort, dieses Treiben zu verhindern oder Einhalt zu gebieten ..., dies zu

Vor der Strafkammer

Die Heldenbergener Synagogen-zerstörung

Vier Einwohner aus Heldenbergen im Kreis Friedberg, der 54jährige ehemalige Bürgermeister und Ortsgruppenleiter Georg Schneider, der 48jährige Landwirt Karl Meininger, der 59jährige Franz Rothweil und der ehemalige Gemeindediener Bernhard Schäfer hatten sich vor der Strafkammer des Landgerichts Gießen unter dem Vorsitz von Landgerichtsrat Mai wegen schweren Landfriedensbruches zu verantworten.

Die Staatsanwaltschaft beschuldigte die Angeklagten, an der Zerstörung der Synagoge in Heldenbergen am 10. November 1938 beteiligt gewesen zu sein. Die Beweisaufnahme ergab, daß bereits am Abend des 9. November 1938 in Heldenbergen Ausschreitungen gegen Juden geplant waren, die jedoch von Schneider und einigen besonnenen Männern verhindert wurden. Nachdem Schneider jedoch am folgenden Tag von der Kreisleitung einen entsprechenden Befehl erhalten hatte, ließ er durch den Mitangeklagten Gemeindediener Schäfer Parteigliederungen und Feuerwehr von dem Befehl unterrichten und zur Synagoge kommen. Bei seinem Eintreffen waren die Zerstörungen bereits im Gange. Schneider und Schäfer hatten noch einige Kultgegenstände geborgen, die einige Tage später der jüdischen Gemeinde wieder zurückgegeben wurden.

Auf Grund der erwiesenen Teilnahme der Angeklagten an diesen Zerstörungen beantragte der Staatsanwalt Gefängnisstrafen von 4 Monaten bis zu einem Jahr, während die Verteidigung in allen Fällen auf Freispruch plädierte. Nach sechsstündiger Verhandlung fällte die Kammer folgendes Urteil: Schneider, Meininger und Rothweil wurden des schweren Landfriedensbruches schuldig befunden und Schneider zu 8, Meininger und Rothweil zu je 6 Monaten, Schäfer wegen einfachen Landfriedensbruches zu 4 Monaten Gefängnis verurteilt. gr.

Bericht in der Frankfurter Rundschau vom 8.11.1948 über den Prozeß wegen der Zerstörung der Synagoge

entscheiden, ist Sache des Gerichtes ... Daß die auf der Naumburg seiner Zeit untergebrachten Landjahrjungen den Hauptanteil an der Zerstörung hatten, dürfte aufgrund der Ermittlungen auf Wahrheit beruhen. Von diesen Jungen ist aber keiner mehr anwesend."[107)]

Am 5. Mai 1948 erhob der Oberstaatsanwalt bei der Strafkammer des Landgerichtes Gießen Anklage gegen vier Heldenberger Bürger.[108)] Zu ihrer Person äußerten sich die Angeklagten selbst:

Der Angeklagte M.: "Mitglied der NSDAP war ich seit Mai 1933, im März 1939 wurde ich als politisch unzuverlässig ausgestoßen, weil ich zwei jüdischen Händlern ihre Handelserlaubnis befürwortet hatte ... Ich habe eine Landwirtschaft von 50 Morgen, die ich im Jahre 1940 von Isaak erworben habe."

Der Angeklagte R.: "Ich gehörte weder der Partei noch einer ihrer Gliederungen an."

Der Angeklagte Sch.: "1937 wurde ich Bürgermeister von Heldenbergen. Mitglied der NSDAP war ich seit April 1933. 1934 wurde ich Ortsgruppenamtsleiter, 1936 bis 1942 Ortsgruppenleiter. Dann habe ich dieses Amt niedergelegt, weil ich den Kirchenaustritt verweigerte. Weiterhin war ich noch Mitglied der NSV, NSKOV und der DAF."

Der Angeklagte Sch.: "Ich war Mitglied der NSDAP ab 1. Mai 1935 bis zum Ende. 1934 trat ich der SA bei, mußte dann aber wegen Disziplinlosigkeit ausscheiden. Schließlich war ich noch in der NSV und der DAF."

Vor der Strafkammer des Landgerichtes in Gießen fand am 3. November 1948 die Verhandlung in öffentlicher Sitzung von 8.50 Uhr bis 14.35 Uhr statt.

Die Angeklagten wurden zu Haftstrafen zwischen vier und acht Monaten verurteilt. Aus der Urteilsbegründung:

Aus dem Urteil des Landgerichts Gießen vom 3. November 1948

abgedruckt in dem Buch "Kristallnacht in Hessen"[108a)]

"Am Abend des 9. November 1938 fand in Heldenbergen für die Toten der nationalsozialistischen Bewegung eine Gedenkfeier statt.
Hieran nahmen sowohl die Parteimitglieder als auch die Angehörigen der der Partei angeschlossenen Verbände und Gliederungen teil. Nach Beendigung der Feier brachte der Angeklagte Schneider, der als damaliger Bürgermeister und Ortsgruppenleiter der NSDAP von Heldenbergen die Gedenkrede hielt, in Erfahrung, daß man im Kreise der Heldenberger SA die Absicht hegte, noch am gleichen Abend die Synagoge in Flammen aufgehen zu lassen. Da der Angeklagte ein derartiges Unterfangen mit seinem Gewissen nicht zu vereinbaren können glaubte und er sich als Vertreter des Staates und der Partei in Heldenbergen zur Aufrechterhaltung von Ruhe und Ordnung verpflichtet fühlte, veranlaßte er alles, um am Abend des 9. Novembers 1938 ein Abbrennen der Synagoge zu verhindern. Um die Synagoge vor überraschenden Übergriffen zu schützen, verbrachte er einen Teil der Nacht vom 9. auf den 10. November 1938 wachend in ihrer Nähe und ließ den Polizeidiener Sch. dasselbe tun. In dieser Nacht kam es zu keinen Gewalttätigkeiten gegen die Synagoge.
Am nächsten Tage, dem 10. November 1938, erhielt der Angeklagte Schneider gegen 12.30 Uhr von dem damaligen Kreisleiter des Kreises Wetterau auf der Bürgermeisterei einen Anruf, durch den ihm befohlen wurde, in Heldenbergen die Synagogenzerstörung nachholen zu lassen, die Kultgegenstände der jüdischen Gemeinde für die spätere Ablieferung an die Kreisleitung sicherzustellen und darüber hinaus alle Bürger jüdischen Glaubens festnehmen zu lassen. Der Angeklagte Schneider war zuerst über den Inhalt des Befehls betroffen und glaubte, der Kreisleitung mit Einwänden begegnen zu können. Nachdem aber der Kreisleiter unter Hinweis auf die Ermordung des Botschafters vom Rath die Durchführung seines Befehls forderte, entschloß sich der Angeklagte im Hinblick auf seine Stellung als Ortsgruppenleiter und Bürgermeister, dem Befehl der vorgesetzten Parteileitung Genüge zu leisten, wenn er ihn auch in seinem Innersten ablehnte. Schneider gab daraufhin dem Mitangeklagten Sch., der damals als Gemeindediener tätig war und den Telefonanruf mitangehört hatte, Weisung, die Feuerwehr von Heldenbergen auf den Schulhof zu bestellen.(...)
Während der Angeklagte Sch. damit beschäftigt war, die Feuerwehr zu bestellen, nahm der Angeklagte Schneider mit der Führung der Heldenberger SA und den politischen Leitern der Gemeinde Fühlung auf, um sie von dem Befehl der Kreisleitung in Kenntnis zu setzen. So bat er den Zeugen D., der damals mit der Führung eines SA-Sturmes beauftragt war, zu sich. Als D. ihn daraufhin in der Mittagszeit in seiner Wohnung aufsuchte, gab der Angeklagte zu verstehen, daß er den Befehl nicht gut heiße; unter allen Umständen müsse ein Abbrennen der Synagoge verhindert werden, damit die benachbarten Hofreiten nicht gefährdet würden. Diese Befürchtungen waren um deswillen berechtigt, weil sich inzwischen die Landjahrjungen des benachbarten Lagers auf der Naumburg mit der Absicht trugen, die Heldenberger Synagoge in Flammen aufgehen zu lassen, was der Angeklagte bereits um die Mittagszeit erfahren hatte. Im weiteren Verlauf seiner Unterhaltung mit dem Zeugen D. gab der Angeklagte zu verstehen, er wolle nur die Zerstörung des Synagogendaches veranlassen. Damit sei wenigstens äußerlich dem Befehl der Kreisleitung Genüge geleistet. Schließlich wies er D. darauf hin, daß die SA nach dem Befehl zu dem Zerstörungswerk heranzuziehen sei.
Nach dem Essen hatte sich eine Anzahl von ungefähr sechs bis zehn Feuerwehrleuten weisungsgemäß auf dem Schulhof angesammelt. Unter ihnen befanden sich der Angeklagte R. und der Zeuge L., der sich als politischer Leiter entsprechend der Bestellung ebenfalls auf dem Schulhof eingefunden hatte. Soweit den Erschienenen der Zweck ihres Zusammenkommens noch nicht klar war, eröffnete ihnen der Angeklagte Schneider die Anordnung des Kreisleiters und forderte sie auf, an seiner Durchführung mitzuwirken. Die zusammengerufenen Leute begaben sich alsdann zu der Synagoge. Dort fanden sie schon eine Menschenmenge von etwa 100 Leuten vor, aus der heraus an der etwas von der Straße zurückliegenden Synagoge mit den Zerstörungsarbeiten begonnen worden war. Tür, Bänke und Fenster waren bereits zerschlagen; desgleichen machte man sich auf dem Dach mit Zerstörungsarbeiten zu schaffen. Ziegel und Balken des Dachstuhles fielen der Zertrümmerung anheim. Auch an diesen Arbeiten beteiligten sich eine größere Anzahl von Personen, die sich heute mit dem Namen nicht mehr feststellen lassen. (...)
Schneider und Sch., die sich ungefähr eine Viertelstunde lang die Zerstörungsarbeiten angesehen hatten, begaben sich selbst in die Synagoge hinein und schafften die restlichen Kulturgegenstände zwecks Sicherstellung auf die Bürgermeisterei. Einige Tage später gab Schneider die aufbewahrten Gegenstände dem Vorsteher der israelitischen Gemeinde wieder zurück. (...)".

Nach dem Urteil wurde Revision eingelegt, später wurden auch Gnadengesuche gestellt. Daraus ein Ausschnitt:
Der Anwalt des Verurteilten R. schrieb: " ... der Verurteilte (war) als Judenfreund und Gegner der Partei bekannt ... Ich habe inzwischen versucht, von einer jüdischen Familie ... eine Bestätigung der ... behaupteten Tatsache zu erhalten, daß er die jüdischen Familien ... unterstützte."[109)]
Gustav Eckstein antwortete aus Kapstadt in Südafrika im April 1949: " ... ich kann bestätigen, daß er uns Juden, soweit es in seinen Kräften stand, unterstützte. Er kaufte sein Brot und sämtliche Backwaren bei mir bis zum Schluß am 1. März 1937. Auch hat er neben mir 13 Jahre lang im Gesangverein gesungen, wir waren immer gute Freunde. Über die Synagogenbrände kann ich nichts berichten, da ich am 1. 3. 1937 Heldenbergen verlassen habe ...".[110)]

Das Schicksal der Heldenberger Thorarollen
Nach der Schändung und Zerstörung der Heldenberger Synagoge im November 1938 fand der Hausmeister der Heldenberger Schule, Franz Schön, bei der Betrachtung des zerstörten Synagogengebäudes mehrere achtlos auf dem Boden herumliegende Thorarollen. Da er früher als Frisör häufiger in jüdischen Haushalten verkehrt hatte, wußte er, daß es sich dabei um für Juden höchst wertvolle und hochgeschätzte Schriftrollen handelte. Er nahm diese beschädigten Thorarollen an sich und ging in sein Wohnhaus in der Mittelburg. Als Versteck für diesen ungewöhnlichen Fund wählte das Ehepaar Schön den Dachboden des Schulhauses. Sie legten also die beschädigten Rollen in einen nichtgebrauchten, abseits stehenden, einteiligen Schrank, verschlossen ihn und nahmen den Schlüssel an sich. Davor hängten sie Bündel von trocknenden Brennesseln und erzählten niemandem etwas davon.

Nach dem Krieg gerieten die auf dem Dachboden versteckten Thorarollen in Vergessenheit, bis eines Tages der Rektor der Schule sie fand. Nachdem er sich bei dem Ehepaar Schön erkundigt hatte, was es mit diesen Rollen auf sich hatte, wurde, wohl auch in Absprache mit dem Bürgermeister von Heldenbergen, die jüdische Gemeinde in Bad Nauheim, die nach dem Kriege wieder entstanden war, informiert. Zwei Herren von der dortigen jüdischen Gemeinde kamen und nahmen die aufgefundenen Rollen mit.[111)] Samuel Scheuer berichtete 1961, daß von den 13 Thorarollen der Heldenberger Synagoge sechs Thorarollen gerettet wurden. "Durch eine Verwandte aus Basel erfuhr ich davon und wandte mich an den dortigen Rabbiner (in Bad Nauheim - d.V.). Ich bekam zwei Thorarollen davon nach San Francisco. Sie gehören beide dem Jewish Council von 1933, dessen Mitglieder alle ehemalige deutsche Jehudims sind. Ich gehöre zu den Gründern. Wir sind eine kleine Gemeinde. An den hohen Feiertagen haben wir unseren eigenen Gottesdienst genauso wie früher in Deutschland (in Amerika wird der jüdische Gottesdienst mit anderen Melodien u.ä. gestaltet - d. V.). Die Thorarollen haben alle weiße Thoramäntel, silberne Schilder und Schellen. Wir sind hier drei Heldenberger Juden und am ersten Tag nach Rosh Hashona, dem jüdischen Neujahrfest, werden wir drei zur Thora aufgerufen (um daraus vorzutragen - d. V.): als erster ein Cohen (ein Nachkomme des Priestergeschlechts - d.V.) David-Theo Rothschild, als dritter meine Wenigkeit und als fünfter mein Bruder Julius Scheuer. Als ich zum erstenmal aufgerufen wurde, konnte ich kaum die Broche, die Segenswünsche, sagen. Es ist nicht vielen unserer ehemaligen Jehudims vergönnt, diese Scus, Gnade, zu haben."[112)] Die vier geretteten Thorarollen verblieben in Bad Nauheim, wurden aber dort nicht benutzt.

Im Jahre 1989 kam mit dem neu gewachsenen Interesse der Stadt Nidderau an der jüdischen Vergangenheit ihrer Ortsteile eine dieser Thorarollen mit einem Thoramantel und einer Samtdecke für das Vorlesepult nach Nidderau, wo sie im Heimatmuseum im Alten Hospital Windecken seit 1993 in Zusammenhang mit der Darstellung der jüdischen Geschichte Heldenbergens und Windeckens einen würdigen Platz gefunden hat.

Theo Rothschild 1986 vor dem Thoraschrein in seiner Synagoge in San Francisco. Eine dieser Thorarollen gehörte ehemals zur Synagoge in Heldenbergen. Sie war nach der Zerstörung 1938 auf dem Dach des Schulhauses versteckt und später an die neu gegründete jüdische Gemeinde in Bad Nauheim gegeben worden. Samuel Scheuer hatte sie vor 1960 nach San Francisco geholt.

Nach dem Pogrom 1938
Die völlige Entrechtung

Die alltägliche Mißachtung und gesetzliche Erniedrigung
Herbert Rothschild erzählte: "Wenn wir über die Straße gingen, haben wir schon gewußt, daß keiner mehr 'Guten Tag' sagt. Es war so ein schreckliches Gefühl, einfach Luft zu sein. Sie hatten Angst, daß sie einer anschwärzt 'die sagt noch Juden Guten Tag'. Wir haben zwei Familien gegenüber gehabt, die haben gesagt: 'Ihr Juden! Ihr verdammten Juden!' Sie haben auch ausgesprochen: 'Man wird euch noch den Hals abschneiden.' In der Nachbarschaft waren das die gefährlichsten.
Bei dem Fund der Leiche im früheren Haus von Isaak Haas haben die, die was daraus machen wollten gegen die Juden, gleich gesagt: 'Der Jud war es.'" Aber die meisten haben gesagt: 'Niemals! Niemals!' Ich glaube sogar, der Bürgermeister hat auch beruhigt: 'Das kann nicht möglich sein.' Nach einer Weile kam es ja auch raus, daß es der Knecht gewesen war. Wir wurden nicht von Anfang an so mißachtet. Von Jahr zu Jahr ist es mehr geworden."[113)]

Eine Frau aus Heldenbergen erinnerte sich folgendermaßen: "Auch später ist man noch an den Juden vorbeigegangen und hat gegrüßt, unterhalten hat man sich nicht mehr so, da haben die Juden schon selbst Rücksicht genommen." Im Oktober 1941, also erst mehr als acht Jahre nach der Machtübernahme der Nazis wurde sicher auch in Heldenbergen der folgende Erlaß bekannt gemacht: "Deutschblütige Personen, die in der Öffentlichkeit freundschaftliche Beziehungen zu Juden zeigen, sind aus erzieherischen Gründen vorübergehend in Schutzhaft zu nehmen bzw. in schwerwiegenden Fällen bis zur Dauer von drei Monaten in ein Konzentrationslager Stufe I einzuweisen. Der jüdische Teil ist in jedem Falle bis auf weiteres unter Einweisung in ein Konzentrationslager in Schutzhaft zu nehmen."[114] Eine Frau, die noch Kontakt zu Juden hatte und diese zu Hause besuchte, fand eines Tages einen Brief an ihrer Türe mit den Worten: "Wenn du jetzt noch zu Juden gehst, dann wirst du nach Dachau kommen."[115] Das Wort "Judenfreund" war bei anderen Personen angeschmiert worden. Heldenberger Juden sollen gezwungen worden sein, den Bürgersteig mit einer Zahnbürste zu säubern.

Ein weiteres Mittel der Diskriminierung war die Verpflichtung für Juden, ab Januar 1939 den Zwangsvornamen Sara oder Israel zwischen dem Vor- und Nachnamen einzufügen. So wurde aus Recha Gerson per Gesetz Recha Sara Gerson und aus Josef Rothschild wurde Josef Israel Rothschild. Diese Zwangsvornamen Sara und Israel wurden nicht nur den lebenden jüdischen Menschen aufgezwungen, sie wurden auch toten Menschen verordnet. So wurde 1940 in Heldenbergen ein Haus aus dem Besitz einer jüdischen Erbengemeinschaft verkauft. Im Kaufvertrag wurde der bereits im Jahre 1898 verstorbene Besitzer Moses Rothschild als Moses Israel Rothschild bezeichnet, obwohl er zu dieser Zeit schon mehr als 40 Jahre tot war.[116]

Weiter waren auch die Juden in Heldenbergen gezwungen, "unter Hinweis auf ihre Eigenschaft als Jude bis zum 31.12.1938 die Ausstellung einer Kennkarte zu beantragen. Bei allen mündlichen Anträgen an Behörden haben sie die Kennkarte unaufgefordert vorzulegen, bei schriftlichen Anträgen... auf ihre Eigenschaft als Juden hinzuweisen und Kennort und Kennummer der Kennkarte anzugeben." Auf die Kennkarten war groß der Buchstabe J für Jude aufgedruckt.[117] Die Gestapo Darmstadt teilte dem Polizeiamt Bad Nauheim/Friedberg in einem Schreiben vom

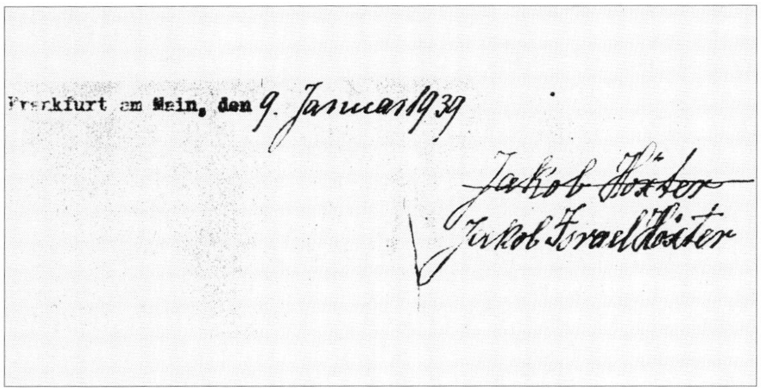

Nur wenige Tage nach der Einführung der Zwangsvornamen 1939 schrieb Lehrer Jakob Höxter seinen zwangsweise verordneten Namen

12. 9. 1939 mit: "Den jüdischen Gemeinden ist ... bekanntzugeben, daß für Juden der Ausgang nach 20 Uhr verboten ist."[118] Im September 1939 wurden Juden gezwungen, in bestimmten Geschäften zu vorgeschriebenen Zeiten einzukaufen.[119] In Heldenbergen durften die Juden ihre Lebensmittel nur noch in der "Kolonialwarenhandlung Dott" in der Friedberger Straße 22 kaufen.[120] Als im September 1939 die Wohnungen jüdischer Familien nach Hamsterwaren durchsucht wurden,[121] konnte man fündig werden. Dazu erinnerte sich eine Frau: "Die Juden haben sich Äpfel und Brombeern gesammelt und sich daraus Gelee gekocht. Dann wurde eine Razzia gemacht, und sie mußten alles abgeben, (ironisch setzte sie hinzu) damit die Juden ja nicht zu viel hatten."[121a]

Auf den Reisepaß von Herbert Rothschild wurde ein rotes J - für Jude - gestempelt, seinem Namen der Zwangsvorname Israel hinzugefügt - 1939.

Kennkarte mit dem aufgedrucken "J" für Jude war ab 1.1.39 Zwang.

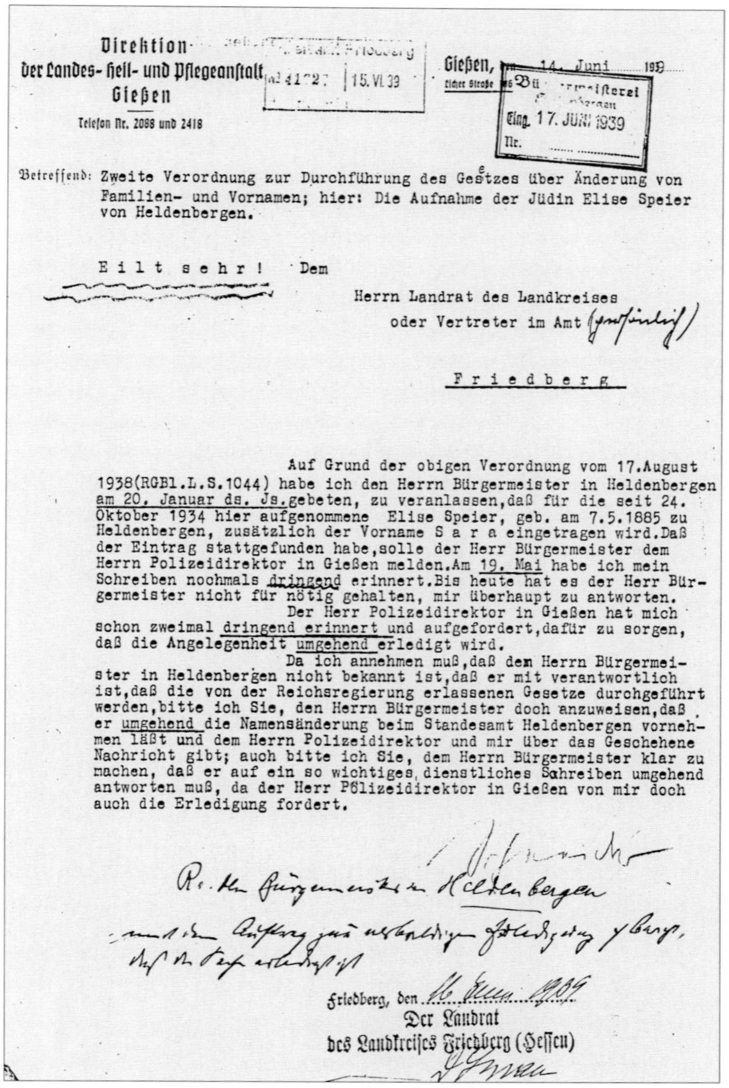
Direktion der Landes-Heil- und Pflegeanstalt Gießen

Telefon Nr. 2088 und 2418

Gießen, 14. Juni 1939

Bürgermeisterei Heldenbergen Eing. 17. JUNI 1939 Nr.

Betreffend: Zweite Verordnung zur Durchführung des Gestzes über Änderung von Familien- und Vornamen; hier: Die Aufnahme der Jüdin Elise Speier von Heldenbergen.

E i l t s e h r ! Dem

Herrn Landrat des Landkreises oder Vertreter im Amt (persönlich)

F r i e d b e r g

Auf Grund der obigen Verordnung vom 17.August 1938(RGBl.L.S.1044) habe ich den Herrn Bürgermeister in Heldenbergen am 20. Januar ds. Js.gebeten, zu veranlassen,daß für die seit 24. Oktober 1934 hier aufgenommene Elise Speier, geb. am 7.5.1885 zu Heldenbergen, zusätzlich der Vorname S a r a eingetragen wird.Daß der Eintrag stattgefunden habe,solle der Herr Bürgermeister dem Herrn Polizeidirektor in Gießen melden.Am 19. Mai habe ich mein Schreiben nochmals dringend erinnert.Bis heute hat es der Herr Bürgermeister nicht für nötig gehalten, mir überhaupt zu antworten.

Der Herr Polizeidirektor in Gießen hat mich schon zweimal dringend erinnert und aufgefordert,dafür zu sorgen, daß die Angelegenheit umgehend erledigt wird.

Da ich annehmen muß,daß dem Herrn Bürgermeister in Heldenbergen nicht bekannt ist,daß er mit verantwortlich ist,daß die von der Reichsregierung erlassenen Gesetze durchgeführt werden,bitte ich Sie, den Herrn Bürgermeister doch anzuweisen,daß er umgehend die Namensänderung beim Standesamt Heldenbergen vornehmen läßt und dem Herrn Polizeidirektor und mir über das Geschehene Nachricht gibt; auch bitte ich Sie, dem Herrn Bürgermeister klar zu machen, daß er auf ein so wichtiges dienstliches Sahreiben umgehend antworten muß, da der Herr Pölizeidirektor in Gießen von mir doch auch die Erledigung fordert.

R. d. Hn Bürgermeister in Heldenbergen

Friedberg, den 16. Juni 1939
Der Landrat
des Landkreises Friedberg (Hessen)

Die Zwangsvornamen Sara oder Israel mußten beim Standesamt in der Geburtsurkunde vermerkt werden - 1939.

Vernichtung der Existenzgrundlage

Mit dem Verlauf des Pogroms im November 1938 waren auch die Weichen gestellt, um die wirtschaftliche Existenz der Juden zu vernichten. Bereits am 12. November 1938 erging die Verordnung, die Juden vom 1. Januar 1939 an den selbständigen Betrieb von Geschäften und Handwerksbetrieben untersagte, sie durften auch nicht mehr Betriebsführer sein.

Die noch verbleibenden jüdischen Geschäfte in Heldenbergen hatte der Bürgermeister im Verlaufe des 10. November 1938 geschlossen. Sie sollten nie mehr eröffnet werden. Damit war den Juden die letzte Möglichkeit ihrer wirtschaftlichen Existenz genommen. Auf die Geschäfte, die bis zu dieser Zeit noch nicht der sogenannten "Arisierung" zum Opfer gefallen waren, übte jetzt die Nationalsozialistische Organisation "Wirtschaftsgruppe Einzelhandel" verstärkt Druck aus. Die Kreisgruppe Friedberg-Bad Nauheim verfaßte Listen der nichtarischen Einzelhandelsbetriebe. Unter der Fachgruppe Bekleidung, Textil und Leder wird unter 25 Geschäften aus den verschiedensten Orten der Wetterau auch aus Heldenbergen

Ferdinand Rothschild Witwe Textilien und Schuhe
Oppenheimer, E.B., Landmaschinen
Rothschild, Hugo, Landmaschinen

aufgeführt. Die beiden letzteren allerdings mit dem Zusatz: "Ob sich vorstehenden Firmen noch in nichtarischem Besitz befinden, kann nicht mit Bestimmtheit gesagt werden."[122)]

Sperrung der Sparkonten - die sogenannte "Sicherheitsanordnung"

Die Juden mußten ferner Bargeld, Wertpapiere, Schmuck und Wertgegenstände genau angeben und auf besonderen Depots und Sperrkonten deponieren, über die jede Verfügung genehmigungspflichtig war. Mit sogenannter Sicherheitsanordnung wurde das Vermögen jedes Juden beschlagnahmt. Lediglich stand ein geringer monatlicher Betrag zum Lebensunterhalt nach Zuweisung durch die Oberfinanzdirektion zur Verfügung. So sperrte die Spar- und Leihkasse zu Heldenbergen das Konto von Julius Seligmann gegen seinen rechtmäßigen Besitzer. Jede Extraausgabe mußte gesondert beantragt und begründet werden, nach Prüfung der Devisenstelle erfolgte ein Genehmigungsbescheid. So bei Michel Speier, als er einen Schädlingsbekämpfer gegen Wanzen bestellen mußte.

Auf ihr Vermögen mußten alle Juden in mehrfachen Raten die sogenannte "Judenvermögensabgabe" zahlen. 1939 berichtete Julius Seligmann von der "5. Rate Judenvermögensabgabe, die am 15. 11. 39 fällig war."[124)] Auf diese Weise wurde keine Gelegenheit ausgelassen, sich an den Juden zu bereichern.

Viele der noch in Heldenbergen oder inzwischen in Frankfurt lebenden Juden hatten keinerlei finanzielle Mittel mehr und mußten von der Unterstützung der Gemeinde leben, ab Mitte 1939 von der Jüdischen Wohlfahrtspflege.

Zwangsarbeit

Als die Heldenberger Juden gerade aus dem Konzentrationslager Buchenwald nach Hause zurückgekehrt waren oder noch dort gefangen gehalten wurden, wurde am 20. Dezember 1938 beschlossen: "Geheim! Die Arbeitsämter werden aufgefordert, unverzüglich für die Beschäftigung arbeitsloser Juden bei öffentlichen und privaten Unternehmungen zu sorgen, wobei auf ihre Absonderung ... zu achten"[125)] ist.

So arbeiteten die drei Brüder Hugo, Theo und Ludwig Roth-

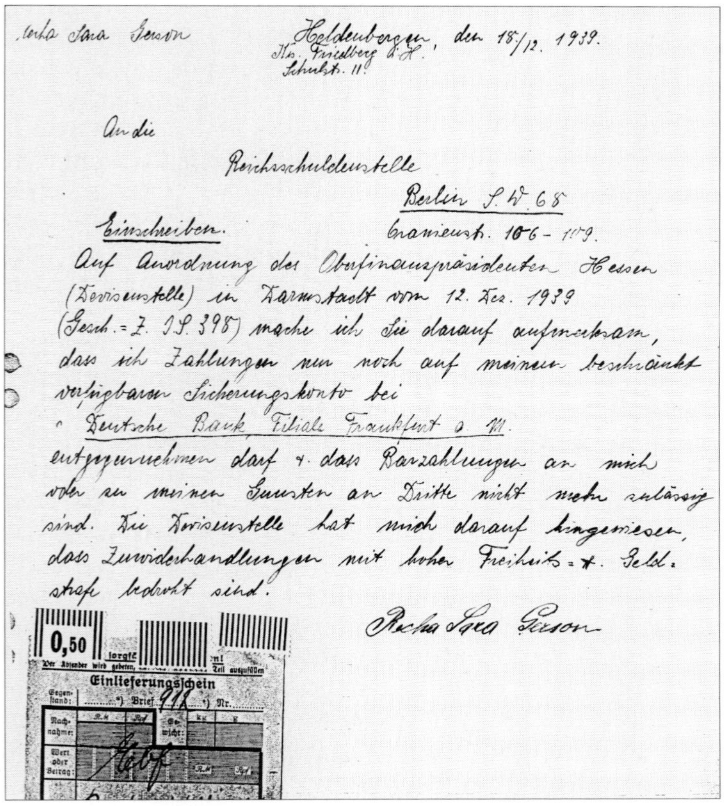
Recha Sara Gerson

Heldenbergen, den 18/12. 1939.
Kr. Friedberg i. H.
Schulstr. 11

An die

Reichsschuldenstelle

Berlin S.W. 68

Einschreiben. Oranienstr. 106 - 109.

Auf Anordnung des Oberfinanzpräsidenten Hessen (Devisenstelle) in Darmstadt vom 12. Dez. 1939 (Gesch.=Z. JS. 398) mache ich Sie darauf aufmerksam, dass ich Zahlungen nur noch auf meinem beschränkt verfügbaren Sicherungskonto bei
Deutsche Bank, Filiale Frankfurt a. M.
entgegennehmen darf + dass Barzahlungen an mich oder zu meinen Gunsten an Dritte nicht mehr zulässig sind. Die Devisenstelle hat mich darauf hingewiesen, dass Zuwiderhandlungen mit hoher Freiheits- + Geldstrafe bedroht sind.

Recha Sara Gerson

0,50
Einlieferungsschein

Recha Gerson teilte mit, daß es ihr verboten sei, Barzahlungen entgegenzunehmen, nur noch Überweisungen auf das beschlagnahmte "Sicherungskonto" waren möglich.

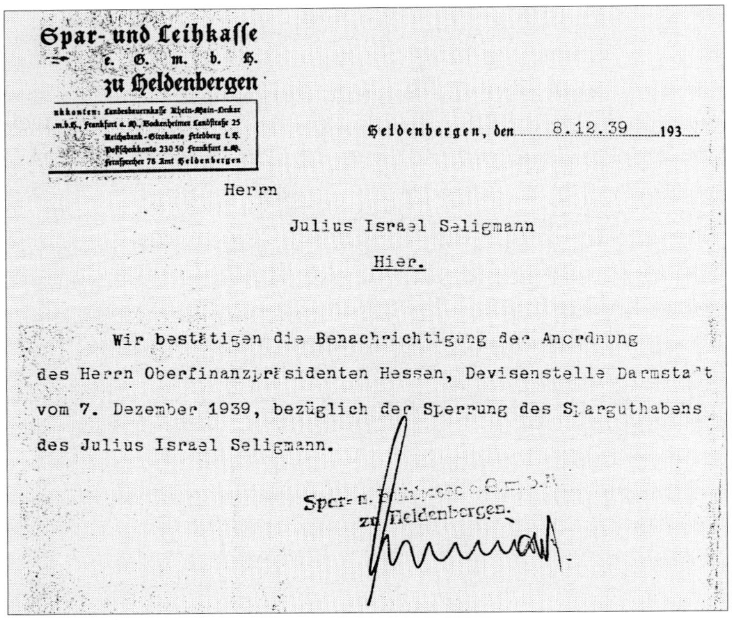

Spar- und Leihkasse e. G. m. b. H. zu Heldenbergen

Heldenbergen, den 8.12.39

Herrn
Julius Israel Seligmann
Hier.

Wir bestätigen die Benachrichtigung der Anordnung des Herrn Oberfinanzpräsidenten Hessen, Devisenstelle Darmstadt vom 7. Dezember 1939, bezüglich der Sperrung des Sparguthabens des Julius Israel Seligmann.

Spar- u. Leihkasse e.G.m.b.H.
zu Heldenbergen.

Sperrung des Sparguthabens von Juden - hier das Sparkonto von Julius Seligmann bei der Spar- und Leihkasse Heldenbergen. 1939

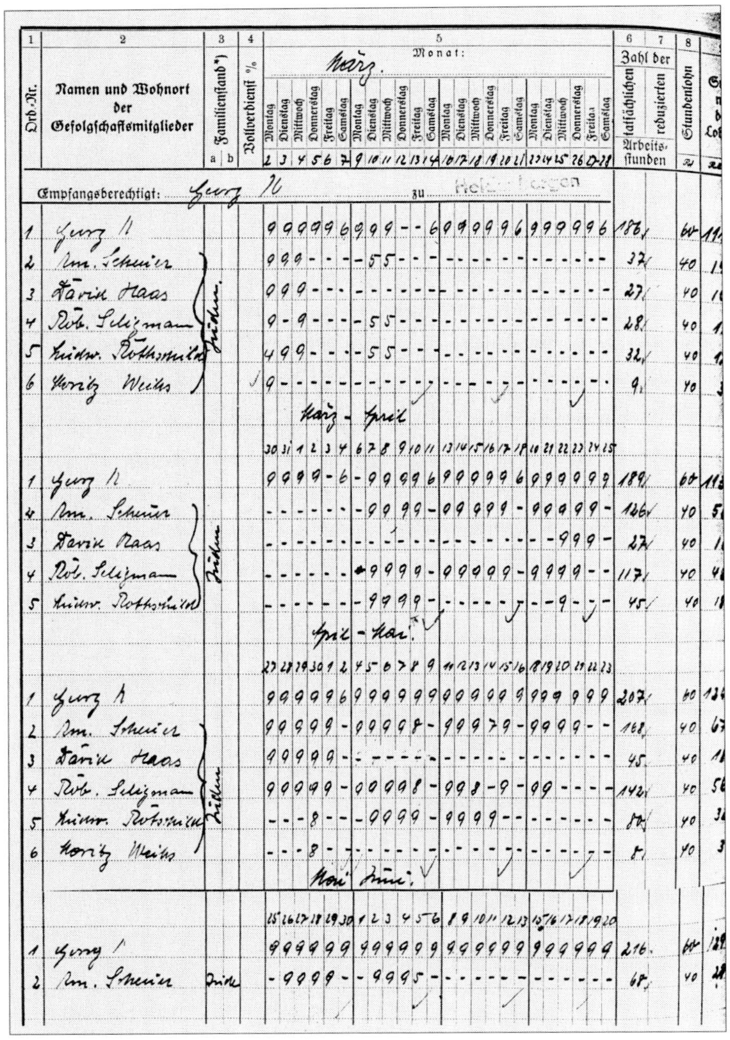

Abrechnung der Gemeinde Heldenbergen über die Zwangsarbeit von Juden im Zeitraum März - Juni 1942

schild in der Hanauer Gummifabrik, später mußten sie auch bei Schienenarbeiten an der Eisenbahn Gießen - Friedberg arbeiten. Herbert Rothschild war in einer Gärtnerei in Heldenbergen. Ernst Ballin-Oppenheimer mußte bei einer Straßenbaufirma Straßheimer in Frankfurt als Erdarbeiter arbeiten, seine Tochter Liesel in der Frankfurter Firma Dürselen, die Herrenkleidung herstellte. Helmut Ballin-Oppenheimer mußte auch im Straßenbau arbeiten.

Mit einem geheimen Erlaß vom 26. 10. 39 wurde festgelegt: "Juden dürfen ... bei städtischen Arbeiten von Gemeindebehörden beschäftigt werden." Damit konnten die Juden auch von der Gemeinde Heldenbergen zum Arbeitseinsatz gezwungen werden. So berichtete am 9. 9. 1940 der Bürgermeister von Heldenbergen an den Landrat: "Einige arbeitsfähige Juden wurden für Erdarbeiten in der Gemeinde herangezogen."[126] Einige Monate zuvor berichtete der Bürgermeister im April 1940: "Da es hier an Arbeitskräften in der Landwirtschaft fehlt, könnten 5 - 6 Juden Beschäftigung finden. Die Landwirte sind der Meinung, sie dürften die Juden nicht beschäftigen."[127]

Eine Frau erzählte: "Die älteren Juden haben im Wald Holz machen müssen, sie trugen schon den Judenstern. Sie wurden mündlich beordert, ein Aufseher war dabei. Die Arbeit wurde auch bezahlt." Eine Abrechnung im Archiv weist für die Zeit März bis Juni 1942 Holzhauerarbeiten nach für einen Stundenlohn von 40 Pfennig. Eingesetzt waren: Manuel Scheuer, David Haas, Robert Seligmann, Ludwig Rothschild und Moritz Weiss. Die meisten Männer waren schon älter, Manuel Scheuer war mit 75 Jahren der Älteste, die anderen waren in den sechziger Jahren, Ludwig Rothschild mit 51 war der jüngste, er war durch eine Behinderung in seiner Bewegungsfähigkeit eingeschränkt. Dieser Arbeitseinsatz wurde in der Abrechnung als ein Einsatz von Juden gekennzeichnet durch eine alle Namen umfassende Klammer, an der deutlich vermerkt stand: Juden. Die Abrechnung erfolgte im Dezember 1942, zu einer Zeit, als die Juden schon aus Heldenbergen verschleppt waren.[128]

"Judenhäuser"

Die Juden von Heldenbergen verloren auch das Recht, in ihren Häusern oder Wohnungen zu bleiben. Neue allgemeine Bestimmungen vom Mai 1939 sahen vor: "In jüdischem Eigentum stehende Häuser sind für Judenwohnungen zu bevorzugen... Soweit erforderlich, kann der den Juden zur Verfügung zu stellende Raum eingeschränkt werden, insbesondere durch Unterbringung mehrerer jüdischer Familien in von Juden bewohnten größeren Wohnungen."[129] Der Bürgermeister von Heldenbergen berichtete am 29. 7. 1940 an den Landrat: "Die noch vorhandenen Juden sind zusammengelegt, und es wurde ein Teil Wohnungen für Arier frei, die durch kinderreiche Familien belegt wurden."[130] So wohnte die Familie Seligmann bei Michel Speier in der Bahnhofstraße, Bertha Rothschild bei Recha Gerson. Das Ehepaar David Haas zog zu den Schwestern Haas in die Büdinger Straße 1. "Die hatten die Juden in vier Häuser zusammengepfercht", erinnerte sich eine Frau.

Die Einführung des "Judensterns" im September 1941

Als äußeres Zeichen tiefer Demütigung für die Juden wurde auch in Heldenbergen der sogenannte "Judenstern" eingeführt.

Vorschrift war: "Alle Juden, die älter sind als sechs Jahre, haben seit dem 19. September 1941 den Judenstern zu tragen. Er besteht aus einem handtellergroßen, schwarz umrahmten Sechsstern aus gelbem Stoff mit schwarzen Aufschrift 'Jude'. Er ist sichtbar auf der linken Brustseite des Kleidungsstückes fest aufgenäht zu tragen."[131]

Mit dem 19. September 1941 waren alle (mindestens 6 Jahre alten) Juden gezwungen, einen solchen Stern aus gelben Stoff zu tragen. Der "Magen David" ist ein jahrtausendaltes jüdisches religiöses Symbol. Von den Nazis wurde es zur Verächtlichmachung von jüdischen Menschen mißbraucht. Der Schriftzug "Jude" sollte in seiner eckigen Form an die hebräische Schrift in abfälliger Weise denken lassen.

"Judenstern" für die Wohnungen von Juden

Vom 15. April 1942 an mußten die Wohnungen der Juden besonders gekennzeichnet werden durch einen "Judenstern" in schwarzem Druck auf weißem Papier, der in der Art und Weise dem Stern auf der Kleidung entsprach. Dieser mußte an der Wohnungstür neben dem Namensschild angebracht sein.[132)] Die sogenannten "Judenhäuser" von Heldenbergen befanden sich in der Straubelgasse 6, Schulstraße 11 (heute 19), Ferdinand-Werner-Straße 9 (heute Raiffeisenstraße), Büdinger Straße 1 und in der Burggasse 7.

Das religiöse Leben der Juden nach der Zerstörung der Synagoge

Ein religiöses Leben der Juden in Heldenbergen nach der Zerstörung ihrer Synagoge fand zumindest bis August 1941, als Herbert Rothschild als letzter Heldenberger Jude auswandern konnte, in den Privathäusern statt. "Minjan (zum Gottesdienst notwendige Anzahl von zehn Männern) haben wir in den verschiedenen Häusern gehabt. Ich kann mich noch erinnern, daß Minjan in unserem Haus gewesen ist, in der Stube sind wir zusammengekommen und haben gebetet, samstags auf jeden Fall. Wir konnten unbehelligt dahin gehen, da haben sie nichts getan oder gesagt, sie haben uns gelassen", erinnerte sich Herbert Rothschild.[133)] Es ist anzunehmen, daß die Heldenberger Juden noch bis zu ihrer Verschleppung ihren Gottesdienst abhalten konnten, da die erforderliche Zahl von zehn Männern zusammenkommen konnte. Eine Thorarolle stand vermutlich nur bis zur Auswanderung von Isaak Haas im Februar 1940 zur Verfügung, da die kleine Sefer Thora, die die jüdische Gemeinde für Festlichkeiten in einem Privathaus hatte, Isaak Haas bei seiner Auswanderung als Geschenk bekam. Sicherlich sollte die von der Zerstörung verschonte Thorarolle auch in Sicherheit gebracht werden.

Die Kultgegenstände, die der Bürgermeister aus der zerstörten Synagoge geholt hatte (es soll sich um mehrere silberne Becher gehandelt haben), gab er nach seinen Aussagen vier Tage nach der Synagogenzerstörung dem Vorsteher der jüdischen Gemeinde, Josef Rothschild, zurück. Diese Handlung stand einer Anweisung der Gestapo vom 6. 12. 1938 entgegen, die besagte: "Den jüdischen Gemeinden ist ihr Eigentum (Pokale, Leuchter usw.) nicht zurückzugeben."[134)] Diese Sachen standen also noch für den religiösen Gebrauch zur Sabbatfeier zur Verfügung, bis auch die Heldenberger Juden am 30. Juli 1942 gezwungen waren, "jüdische Kultgegenstände aus Edelmetall (Silber, Gold) ... abzuliefern".[135)] Diese wurden dann eingeschmolzen.

Die Auflösung der jüdischen Gemeinde zu Heldenbergen

Bereits mit Ablauf des März 1938 hatte die jüdischen Gemeinde laut neugeschaffenem Gesetz ihre Stellung als Körperschaft des öffentlichen Rechts verloren und wurde von diesem Zeitpunkt an nur noch ein Verein des sogenannten bürgerlichen Rechts.

Im Februar 1939 teilte der Reichsstatthalter in Hessen den Landräten "vertraulich" betreffs der "Auflösung israelitischer Religionsgemeinden" nach diversen rechtlichen Begründungen seine wichtigste Erkenntnis mit: " ...fällt das Vermögen an den Staat", dann fordert er weiter an: "Die vorhandenen Vermögenswerte der betreffenden Vereinigung sind im einzelnen genau (beispielweise Grundstücke mit ihrer grundbuchmäßigen Bezeichnung) in einem besonderen Verzeichnis aufzuführen. Der Wert der vorhandenen Vermögensgegenstände ist schätzungsweise anzugeben ...". Abschließend weist der Reichsstatthalter in Hessen die Landräte noch darauf hin, daß "der Inhalt dieses Anschreibens vertraulich und daher insbesondere nicht für die Mitglieder der jüdischen Religionsgemeinden usw. bestimmt ist."[136)] Im November 1940 muß der Reichsstatthalter den Landräten allerdings

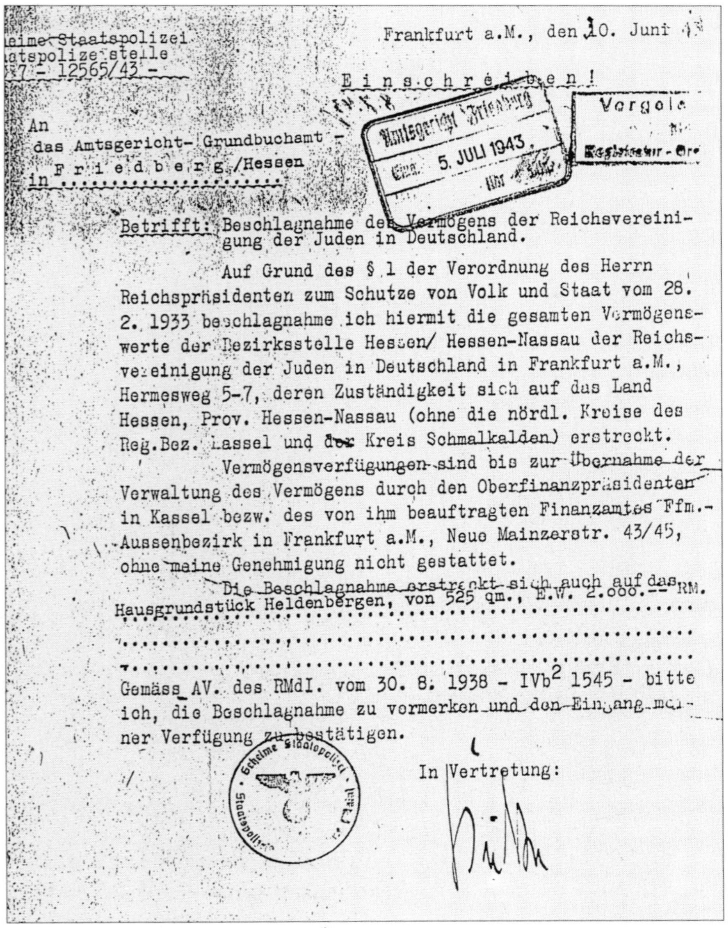
...eime Staatspolizei
...atspolizeistelle
...7 - 12565/43 -

Frankfurt a.M., den 10. Juni 43

E i n s c h r e i b e n !

Amtsgericht Friedberg
Eing. 5. JULI 1943

Vorgel.

An
das Amtsgericht- Grundbuchamt -
in F r i e d b e r g /Hessen

Betrifft: Beschlagnahme des Vermögens der Reichsvereinigung der Juden in Deutschland.

Auf Grund des § 1 der Verordnung des Herrn Reichspräsidenten zum Schutze von Volk und Staat vom 28. 2. 1933 beschlagnahme ich hiermit die gesamten Vermögenswerte der Bezirksstelle Hessen/ Hessen-Nassau der Reichsvereinigung der Juden in Deutschland in Frankfurt a.M., Hermesweg 5-7, deren Zuständigkeit sich auf das Land Hessen, Prov. Hessen-Nassau (ohne die nördl. Kreise des Reg.Bez. Kassel und der Kreis Schmalkalden) erstreckt.

Vermögensverfügungen sind bis zur Übernahme der Verwaltung des Vermögens durch den Oberfinanzpräsidenten in Kassel bezw. des von ihm beauftragten Finanzamtes Ffm.-Aussenbezirk in Frankfurt a.M., Neue Mainzerstr. 43/45, ohne meine Genehmigung nicht gestattet.

Die Beschlagnahme erstreckt sich auch auf das Hausgrundstück Heldenbergen, von 525 qm., E.W. 2.000.-- RM.

Gemäss AV. des RMdI. vom 30. 8. 1938 - IVb² 1545 - bitte ich, die Beschlagnahme zu vermerken und den Eingang meiner Verfügung zu bestätigen.

Geheime Staatspolizei

In Vertretung:

Beschlagnahme des Grundbesitzes der jüdischen Gemeinde Heldenbergen durch die Gestapo. 1943

mitteilen, daß "nach der mir in der Zwischenzeit zugegangenen Mitteilung des Herrn Reichsministers für die kirchlichen Angelegenheiten ...das Vermögen einer derartigen Vereinigung bei deren Auflösung an die Reichsvereinigung der Juden in Deutschland fällt."[137] Die "israelitische Religionsgemeinde Heldenbergen" wurde auf Anordnung des Reichsministers des Inneren am 27. Mai 1941 in die "Reichsvereinigung der Juden in Deutschland" eingegliedert, wie man es nannte.[138] Diese Organisation war völlig von der Gestapo kontrolliert. Entsprechend wurde das noch vorhandene Vermögen der Gemeinde Heldenbergen der Reichsvereinigung der Juden übertragen. Auch der Grundbesitz der jüdischen Gemeinde - Grundstück der Synagoge und des Badehauses sowie zwei Friedhöfe - wurden im Grundbuch auf die Reichsvereinigung überschrieben.[139] Mehrere Monate, nachdem sämtliche Juden aus Heldenbergen verschleppt worden waren, wurde der auf die Reichsvereinigung eingetragene frühere Grundbesitz der jüdischen Gemeinde Heldenbergen von der Gestapo Frankfurt beschlagnahmt. Die Gestapo bat das Amtsgericht Friedberg, "die Beschlagnahme zu bemerken".[140]

Die Ermordung jüdischer Geisteskranker

Mehrere jüdische Geisteskranke aus Heldenbergen und aus Windecken wurden Opfer der Euthanasie, der planmäßigen Tötung von Geisteskranken. Es gab in Heldenbergen auch nichtjüdische Opfer der Euthanasie.

"Die systematische Ausrottung der jüdischen Kranken beginnt im September 1940. Vorausgegangen ist am 15. April 1940 ein Erlaß des Reichsinnenministers, der die Erfassung aller jüdischen Anstaltsinsassen binnen dreier Wochen fordert... Im Gegensatz zu den 'arischen' Geisteskranken ist es bei den jüdischen unwichtig, ob sie arbeitsfähig sind oder nicht: Jude zu sein ist Grund genug, sie umzubringen."[141] Die Erfassung der jüdischen Geisteskranken in Hessen ist einem Schreiben des Reichsministers des Inneren zu entnehmen:

Jenny Sommer aus Windecken 1909. Sie erkrankte psychisch und lebte deshalb seit 1915 in der Heil- und Pflegeanstalt Marburg. 1940 wurde sie in die "Heilanstalt" Brandenburg verbracht und dort mit anderen jüdischen Menschen, die psychisch erkrankt waren, vergast.

"Betrifft: Verlegung geisteskranker Juden
Der noch immer bestehende Zustand, daß Juden mit Deutschen in Heil- und Pflegeanstalten gemeinsam untergebracht sind, kann nicht weiter hingenommen werden ... Ich beabsichtige daher, die in den nachbezeichneten Anstalten untergebrachten Juden am 1. Oktober 1940 in eine Sammelanstalt zu verlegen ... Der Abtransport erfolgt an dem genannten Tage aus der Landesheil- und Pflegeanstalt Gießen. Zur Sicherung der Transporte sind die in Frage kommenden Geisteskranken zum 25. September 1940 aus ihren derzeitigen Unterbringungsanstalten in die Landesheil- und Pflegeanstalt Gießen zu überstellen ...".[142] Nach diesem Schreiben sollten aus Marburg 9 Juden und 9 Jüdinnen nach Gießen "überstellt" werden. Zu ihnen gehörte auch Jenny Sommer.

Jenny Sommer
Jenny Sommer (* 4. 10. 1885) aus Windecken, die Schwester von David und Max Sommer, war 55 Jahre alt, als sie am 25. September 1940 von Marburg nach Gießen verlegt wurde. Als Diagnose war auf dem Transportschein "manisch-depressives Irresein" angegeben. Sie befand sich seit 25 Jahren in der Anstalt in Marburg.[143] Ihr Vormund war der Vorsitzende der jüdischen Gemeinde Windecken, Salli Reichenberg. Ein Foto zeigt sie im Kreise ihrer Familie anläßlich der Silbernen Hochzeit ihrer Eltern. Bis zu seiner Flucht 1937 aus Deutschland besuchte sie der Bruder David Sommer des öfteren aus Windecken.

Elise Speier
In der Anstalt in Gießen befand sich seit 1917 Betty Speier, die sich auch Elise nannte. Auch sie war 55 Jahre alt (* 7.5.1885 in Heldenbergen). Sie war die Tochter von Meyer Speier und lebte in der Bahnhofstraße 14. Ihr Vormund war Markus Rothschild aus Heldenbergen. 23 Jahre verbrachte Elise Speier in der Heil- und Pflegeanstalt Gießen. Die Unterlagen des Einwohnermeldeamtes Gießen verzeichneten am 1. 10. 1940 eine Abmeldung des "Pfleglings" mit dem Ziel "Sammelanstalt".[144] Auf ihrem Transportschein war als Diagnose "Imbezilität" (Schwachsinn) vermerkt.[145]

Sußmann Traub
Sußmann Traub (* 5. 4. 1875) lebte 30 Jahre lang in Heldenbergen in der Bahnhofstraße 13. Dort wurde er "de Joukel" genannt, seine Mitmenschen duldeten seine einfältige, freundliche Art. Nach seiner Scheidung 1932 verließ Sußmann Traub Heldenbergen und meldete sich nach Oberaula, seinem Geburtsort, ab. Mit Beginn des Jahres 1937 wurde er in die Heil- und Pflegeanstalt Gießen gebracht. Der "Pflegling" wurde am 1. 10. 1940 mit dem neuen Wohnort "Sammellager" aus Gießen abgemeldet.[146] Die Diagnose auf seinem Transportschein lautete "reizbarer Psychopath mit Intelligenzdefekten".[147] Er war 65 Jahre alt. Alle in Gießen zusammengeführten jüdischen Kranken - darunter auch Jenny Sommer, Elise Speier und Sußmann Traub - wurden am 1. Oktober 1940 von den Bussen der "Gemeinnützigen Krankentransport Gmbh Berlin" angeblich - so wurde den Angehörigen mitgeteilt - in eine Sammelanstalt des Generalgouvernements transportiert. In Wirklichkeit dürften sie jedoch in die Heilanstalt Brandenburg gekommen sein und dort bis zum Dezember 1940 ermordet worden sein.[148] Ein Vergasungsfachmann der Berliner Euthanasiezentrale schilderte die Tötungen in der Heilanstalt Brandenburg:

"Baulichkeiten der Heilanstalt (Brandenburg) waren extra für diesen Zweck (Euthanasie) hergerichtet worden. Ein Raum, ähnlich einem Duschraum und mit Platten ausgelegt, in der Größe von etwa drei mal fünf Metern und drei Meter hoch. Ringsherum standen Bänke und am Boden, etwa 10 cm hoch, tief an der Wand entlang, ein Wasserleitungsrohr etwa 1" Durchmesser. In diesem Rohr befanden sich kleine Löcher, aus denen Kohlenoxydgas strömte. Die Gasflaschen standen außerhalb dieses Raumes und waren bereits an das Zuführungsrohr angeschlossen. An der Eingangstüre, die ähnlich einer Luftschutztüre konstruiert war, befand sich ein rechteckiges Guckloch, durch das das Verhalten der Delinquenten beobachtet werden konnte. Bei dieser ersten Vergasung wurden etwa 18 - 20 Personen in diesen 'Duschraum' geführt vom Pflegepersonal. Die Männer mußten sich in einem Vorraum ausziehen, so daß sie vollkommen nackt waren. Die Türe wurde hinter ihnen geschlossen. Diese Menschen gingen ruhig in den Raum und zeigten keinerlei Anzeichen von Erregung. Dr. Widmann bediente die Gasanlage, durch das Guckloch konnte ich beobachten, daß nach etwa einer Minute die Menschen umkippten oder auf Bänken lagen. Es haben sich keinerlei Szenen oder Tumulte abgespielt. Nach weiteren fünf Minuten wurde der Raum entlüftet. Besonders dazu bestimmte SS-Leute holten auf Spezialtragbaren die Toten aus dem Raum und brachten sie an die Verbrennungsöfen. Wenn ich sage Spezialtragbaren, dann meine ich die für diesen Zweck eigens konstruierten Tragbaren. Diese konnten vorne direkt auf die Verbrennungsöfen aufgesetzt werden, und mittels einer Vorrichtung konnten die Leichen mechanisch in die Öfen befördert werden, ohne daß die Träger mit der Leiche in Berührung kamen."[149)]

Nach diesen Vergasungen der jüdischen Geisteskranken galt es, diese zu tarnen. Dazu die Ausführungen von Ernst Klee, dem Erforscher der Euthanasie im NS-Staat:
"Zur Tarnung der Tötung dient eine polnische 'Irrenanstalt', deren Postscheckkonto auffälligerweise in Berlin ist!... Da niemand den tatsächlichen Todestag kontrollieren, man also das Datum weit hinausschieben kann, werden bei der Tötung der Juden beträchtliche Gewinne erwirtschaftet. Die bürokratische Abwicklung erfolgt in Berlin. Dort sind ... zwei Angestellte damit beschäftigt, Trostbriefe und Sterbeurkunden zu schreiben. Beurkundet wird die Tötung durch ein Standesamt 'Chelm' oder 'Cholm II'. Die gesamte Post, sowohl der angeblichen Standesämter wie der angeblichen 'Irrenanstalt', wird durch einen Kurierdienst in die Lubliner Gegend gebracht und dort bei der Post aufgegeben."[150)]

Auch bei Jenny Sommer ist auf der Geburtsurkunde der Sterbevermerk "Gest. Nr.302/1941 Cholm II am 5. 4. 1941" eingetragen. Bei Elise Speier steht auf der Geburtsurkunde folgender Sterbeeintrag: "Gestorben 5.4.1941 in Cholm St.A. Cholm II Nr. 268/41." Die Übereinstimmung der angegebenen Todesdaten spricht für sich. Sussmann Traubs Geburtsurkunde weist den folgenden Sterbevermerk auf: "Verstorben am 16. 3. 1941 in Cholm, St.A. Cholm II Nr.392/1941".[151)] Ein solcher Sterbevermerk "Cholm II Nr.240/41 + 27. 5. 1941" findet sich auch bei Moritz Sichel (* 24. 11. 1887 Heldenbergen), der mit seiner Familie in der Pfarrgasse 4 gelebt hatte.

So gehörte auch Moritz Sichel neben Elise Speier, Sußmann Traub und Jenny Sommer zu den Opfern der Euthanasie an jüdischen kranken Menschen.

Die Verschleppung der Juden aus Heldenbergen im September 1942

Die Vorbereitung der Verschleppung

Bereits im Februar 1942 war für die Gestapo eine Liste der in Heldenbergen noch lebenden 25 Juden aufgestellt worden. Auf einer gesonderten Liste wurden die in Heldenbergen noch lebenden gebrechlichen Juden aufgeführt:

Jettchen Rothschild, geb. Hamburger * 30. 10. 1855
Ludwig Rothschild * 9. 3. 1891
Rosa Seligmann, geb. Scheuer * 28. 4. 1859
Julius Seligmann * 29. 10. 1904
Sara Scheuer, geb. Rothschild * 17. 11. 1872[152)]

Die Gestapo ging immer nach dem gleichen Muster vor. Kaum waren die Listen angelegt, so begannen die Deportationen der aufgeführten Personen.

Die erste Deportation aus Frankfurt erfolgte am 19. 10. 1941. Bis Mitte September 1942 hatten neun große Transporte mit jeweils etwa 1 000 Juden Frankfurt verlassen. So mußten die 1942 noch in Heldenbergen lebenden Juden mit der Möglichkeit eines solchen Abtransports in Richtung Osten rechnen. Frau Hofmann, die zu dieser Zeit auf der Bürgermeisterei arbeitete, erinnerte sich: "Der Abtransport war gerade zu einer Zeit, wo es wieder neue Lebensmittelkarten gegeben hat. Da kam Josef Rothschild zur Bürgermeisterei und wollte wie immer die Karten für die Juden holen. An diesem Morgen waren aber keine Karten für die Juden von Friedberg aus mitgeschickt worden. Daraufhin ging er wieder nach Hause. Nach einer Zeit kam Herr Rothschild nochmal und hat sich von mir verabschiedet. Ich saß ja immer vorne am Schalter und habe mit ihm verhandelt. Er hatte sicher schon Nachricht bekommen, daß sie so und soviel packen durften. Er hat nur 'Auf Wiedersehen', gesagt sonst nichts. Extra deswegen kam er noch einmal von zu Haus."[153)] Mehr als eine Woche vor dem Abtransport war den Juden mitgeteilt worden, daß sie ihre Wohnungen und Häuser verlassen müßten. "Morgen kommen die Judde fort", das hatte sich im Dorf rumgesprochen, mein Vater hat das gewußt und es uns zu Hause erzählt. Wir waren Nachbarn zu den Haase in der Büdinger Straße 1. Die hatten sich ihre besten Kleider angezogen, die Bertha und das Mielchen und gingen schon den ganzen Morgen auf der Gass hin und her." So erinnerte sich eine frühere Nachbarin der Familie Haas.

In Friedberg erfolgte die Benachrichtigung der Juden zum "Abtransport" am 3. September 1942, in der Benachrichtigung war auch das Deportationsziel Theresienstadt genannt.[154)] So verpackte Jenny Rothschild wertvolle Sachen ihrer Familie in einen Koffer und übergab ihn ihrer Nachbarin zur Aufbewahrung. Aus Angst vor Denunziation eines eventuellen Beobachters strich diese Familie den Koffer der Rothschilds noch in einer anderen Farbe. Eine Frau erzählte: "Kurz bevor die Jenny Rothschild abgeholt wurde, gab sie mir eine silberne Gebäckzange und eine Teekanne mit Blumenmuster mit den Worten: 'Das ist für Dich, damit Du an mich denkst, wenn ich weg bin.'"

In die Schweiz schrieben Rothschilds noch an Verwandte am 8. September 1942 einen Abschiedsbrief: "...Nun ist es auch für uns hier so weit und werden wir ungefähr Mitte der kommenden Woche verreisen. Es hat leider keinen Zweck, uns noch einmal zu schreiben, was wir so gerne gehabt hätten. Wir freuen uns, daß Du mit l. Herbert (Rothschild) korrespondierst und bitten Dich sehr, ihn herzlichst von uns zu grüßen... Wir verreisen alle zusammen, Tante Rita und Tante Jenny und all die anderen.... Nun bitte ich Euch, bleibt stark, der l. Gott wird mit uns allen sein. Lebt wohl, seid herzlichst gegrüßt von Eurer Tante Nanny." Jenny

Rothschild fügte noch einen Gruß unter diesen letzten Brief hinzu: "Auch ich sende Euch recht herzliche Grüße von uns allen, besonders aber für l. Herbert, bleibt gesund, vielleicht will der l. Gott, daß wir uns noch einmal wiedersehen. Lebt wohl. Auch l. Großmutter läßt Euch bestens grüßen."[155] Kurz bevor der Lastwagen zum Abtransport kommen sollte, wurden die Juden in ihrer Wohnung bewacht, um eine Flucht zu verhindern.

Die Verschleppung

Mit einem Lastauto, das sonst Holz in der Gemeinde verteilte, wurden die Juden abgeholt. Der Wagen wurde von einem Heldenberger gefahren. "Als die Juden abgeholt wurden, gab es einen Auflauf, viele Leute standen und guckten. Es war ganz ruhig. Die alte Bertha Rothschild kam mit ihrem Bündelchen unter dem Arm. Sie konnte kaum auf den Wagen herauf, mußte es dreimal probieren. Einer stumpte die alte Frau auf den Wagen rauf." Dann fuhr der Wagen weiter zur Straubelgasse 6, um das Ehepaar Manuel Scheuer und Sara mit den beiden erwachsenen Töchtern Hedwig und Erna aufzuladen.

Auf der Hauptstraße kam der Wagen zum Stehen, und es entwickelte sich ein Disput mit Nazifrauen, die auf eine andere Frau und ihr Kind zeigte, die eine jüdische Freundin immer noch versorgt hatten und lauthals schrie: "Die, die müßten gerad auch noch mit weg mit den Juden!"[157] Der Wagen fuhr dann weiter zur Raiffeisenstraße 9, die damals Ferdinand-Werner-Straße hieß. Dort wurde die gesamte Familie Rothschild, darunter ein Kind von fünf Jahren und zwei Jugendliche im Alter von 13 und 14 Jahren aufgeladen. "Alle Juden waren ganz ruhig, ihre Gesichter waren versteinert", erinnerte sich ein Nachbar. "Das kleine Fredchen hatte ein Beutelchen umgehängt. Meine Mutter fragte ihn : 'Was hast du denn da drin?' 'Klopapier für die lange Reise, wenn er mal muß', antwortete seine Mutter. Meine Mutter gab ihm noch etwas zu essen mit."[158] Eine Augenzeugin berichtete: "Ich kam die Neugasse herunter und unten stand das Auto, es hatte ja jeder Angst, niemand sprach ein Wort. Es hat niemand geguckt ... die Straße war wie blank gefegt." Eine andere Erinnerung: "Meine Mutter und ich standen an unserem Hoftor in der Burggasse. Alles war voll von SA-Leuten, als die Juden aus den Häusern getrieben wurden, die alten Leute! Meine Mutter hat geweint, bitterlich geweint. Jenny Rothschild schrie vom Lastwagen herunter: 'Es wird Feuer und Schwefel über Euch kommen!' Diese Worte haben mir immer im Ohr geklungen, im Krieg habe ich oft an Jennys Worte denken müssen."

Jettchen Rothschild war 86 Jahre alt und konnte nicht alleine auf die hochliegende Ladefläche des Lastwagens steigen. Die umstehenden Leute forderten den Fahrer noch auf: "Gebt der Frau doch einen Stuhl." Sie bekam keinen Stuhl. Ihr Gesicht war vom Fallen ganz blutig geschlagen. Die letzte Station war das Haus der Familie Haas in der Büdingerstraße 1. Hier wurden die vier Erwachsenen und der fünfzehnjährige Martin abgeholt. "Die Juden hatten Schilder um den Hals hängen mit ihren Namen. Die älteren Leute wurden auf den Wagen geschafft, auch Ohrfeigen wurden gegeben."[159] Der Wagen war nun mit 23 aufgeladenen Personen voll.

Einige umstehende Frauen, die der NS-Frauenschaft angehörten, sollen Beifall geklatscht und gerufen haben: "Endlich sind sie fort, 'die Juden'." Danach sollen sie sich in der verlassenen Wohnung von Haas zu schaffen gemacht haben.

Heldenbergen konnte sich nun "judenfrei" nennen. Mit Datum vom 12. September 1942 wurde in den Abmeldeunterlagen eine Gruppenabmeldung von 27 Personen nach entsprechenden Anweisungen "Bestimmungsort unbekannt" eingetragen.[160]

In Wirklichkeit waren 23 Personen deportiert worden. Die Zahl 27 rechnete noch die drei Personen der Familie Seligmann und Recha Gerson mit. Die Zahl entspricht der im Februar 1942 an die Gestapo gemeldeten Anzahl der Heldenberger Juden.

Wohin dieser Lastwagen von Heldenbergen aus gefahren ist, erfuhren die Heldenberger nicht. Auf die Frage: "Wo habt ihr die Juden denn hingebracht?" einiger Heldenberger Bewohner an den Fahrer des Wagens, antwortete dieser nur: "Das geht euch gar nichts an."[161] Am 20. September 1942 rechnete Wachtmeister K., Heldenbergen, für die "Durchführung von Gefangenentransporten" 12,40 Mark und 9,95 Mark ab.[162]

Von Heldenbergen nach Theresienstadt und Auschwitz

Die Fahrt des Lastwagens mit seiner jämmerlichen Fracht von 23 verschleppten Juden ging nach Friedberg. Dort in der Augustinerschule, auch in der Turnhalle, befand sich der Sammelplatz der aus den Ortschaften des Kreises Friedberg abtransportierten Juden. Die Schüler der Augustinerschule hatten aus diesem Grunde am Dienstag, den 15. September, und Mittwoch, den 16. September, schulfrei. Dort blieben sie wohl zwei Tage und zwei Nächte, bis sie am Donnerstag, den 17. September 1942 um 6 Uhr in der Frühe, durch Friedberg zum Bahnhof mit ihrem schweren Gepäck laufen mußten. Nach Augenzeugenberichten "herrschte keine Pogromstimmung, eine große Traurigkeit machte sich breit".[163] Auf dem Friedberger Bahnhof wurden die verschleppten Juden in Personenwagen verladen, die nach Darmstadt fuhren.[164]

Im Sommer 1942, als jüdische Männer, Kinder und Frauen aus vielen Städten und Kreisen in die Todeslager verschleppt wurden, war dies die "Parole der Woche".

Eidesstattliche Erklärung eines Verwaltungsbeamten, der bei der Geheimen Staatspolizei-Außenstelle Gießen tätig war:

".....anläßlich der Evakuierung der Gesamtjudenschaft aus Gießen und den einzelnen Kreisen Oberhessens zunächst in Gießen und Friedberg gesammelt und nach Abschluß der Aktion per Bahn nach Darmstadt verbracht wurden. Von dort ging der Transport nach Polen weiter. Die gesamten Möbel der Juden wurden nach vorheriger Versiegelung der einzelnen Wohnungen dann später durch das Finanzamt oder einem von diesem Beauftragten versteigert... die jeweils ersteigerten Erlöse wurden dem Finanzamt angewiesen..."[156]

Oktober 1942 - Tagesbefehl des Kommandos der Schutzpolizei Darmstadt, in dem die "Judenevakuierung" unter Punkt 4 zwischen Theaterdienst (Punkt 3) und Hundezucht (Punkt 5) plaziert ist.

"4. Judenevakuierung
Der Leiter der Geheimen Staatspolizeistelle Darmstadt übermittelte mir für die erwiesene Unterstützung bei der Durchführung der Judenevakuierungen seinen Dank.- Für den vollen Einsatz spreche ich allen beteiligten Offizieren, Unterführern und Männern meine Anerkennung aus".[181a)]

Sammellager in Darmstadt

In Darmstadt befand sich ein Sammellager, in dem sich über Tage hin etwa 2 000 Personen aus dem Volksstaat Hessen sammeln mußten. Dieses Sammellager in Darmstadt befand sich in der Justus-Liebig-Schule. Nach der Ankunft im Sammellager erkrankte Bertha Haas schwer, sie wurde in die Rosenthalsche Klinik im jüdischen Altersheim in die Eschollbrücker Straße 4 1/2 gebracht und starb dort am 25. September 1942, wenige Tage nach ihrem 71. Geburtstag, an "Altersschwäche und Lungenentzündung".[165)] Noch am selben Tag wurde sie auf dem dortigen jüdischen Friedhof am Steinbergweg beigesetzt.

Über das Sammellager in der Justus-Liebig-Schule in Darmstadt im September 1942 ist einiges aus Akten eines Ermittlungsverfahrens gegen den Leiter der Darmstadter Gestapo zu erfahren. Im folgenden einige Auszüge aus Zeugenaussagen:

"Bei diesen Aktionen waren nicht nur sämtliche Executiv- und Verwaltungsbeamte der Gestapo, sondern auch fast alle verfügbaren Kräfte der Kriminalpolizei, Gendarmerie und Schutzpolizei eingesetzt. Die Juden wurden von diesen eingesetzten Polizeikräften in allen Teilen des Landes Hessen abgeholt, nach Darmstadt gebracht und in die zu diesem Zwecke von der Stadt Darmstadt zur Verfügung gestellte Liebig-Oberrealschule, Lagerhausstraße, auf kurze Zeit eingewiesen... Die Bewachung des Schulgebäudes hatte die Schutzpolizei, die zu diesem Zwecke mit Gewehren ausgestatttet war, durchzuführen...".[166)]

"...Meine Aufgabe bestand darin, das Gepäck der ankommenden Männer auf verbotene Waffen und dergleichen zu durchsuchen. ...Die Juden hatten eine Menge Stationen zu durchlaufen. Es war das Finanzamt, das Grundbuchamt, Gerichtsvollzieher, die Stadtverwaltung usw. eingesetzt, um wahrscheinlich das Vermögen der Leute abzuwickeln..".[167)]

"In der Schule mußten sich die Frauen bis auf die Schuhe ausziehen und wurden dann in einem Nebenraum von Putzfrauen durchsucht...Die Männer wurden in einem anderen Raum auf dieselbe Weise von Beamten durchsucht. Bei den Deportierten handelte es sich um Personen aller Altersstufen, Männer, Frauen, Kinder, Greise, Kranke und Gebrechliche. Sie lagen alle auf Stroh in einem Saal. Wenn ein SS-Mann reinkam, mußten alle stramm stehen. Ältere sind dabei oft umgefallen. Sie wurden auch geschlagen...Die Juden waren 4 - 5 Wochen bei dünner Wassersuppe in der Schule und wurden dann zum Güterbahnhof getrieben. Sie mußten zu Fuß gehen. Etwas Gepäck hatten sie noch bei sich. Auf dem Wege zum Bahnhof wurden sie auch mit Stockschlägen wieder hochgetrieben, wenn sie nicht mehr laufen konnten.[168)] Eine Überlebende, die aus Friedberg gemeinsam mit den Heldenberger Juden deportiert worden war, berichtete: "Im September 1942 kamen die Friedberger mit dem Rest der oberhessischen Juden in ein Sammellager in Darmstadt. Dort wurden zwei Transporte eingeteilt - 'Ferner Osten' und 'Ghetto Theresienstadt'."[169)]

Verschleppung nach Theresienstadt

Am 27. September 1942 fuhr unter strikter Geheimhaltung und strengen Sicherheitsvorkehrungen ein Zug mit 1 288 meist älteren Juden aus dem gesamten Gebiet des Volksstaates Hessen vom Darmstädter Hauptbahnhof aus nach Theresienstadt.

Die Gestapolisten dieses Transportes weisen auf der Seite 7 unter den laufenden Transportnummern 240 bis 252 zwölf Menschen aus Heldenbergen aus.[170)] Die Familie Hugo und Nanny Rothschild mit den beiden Söhnen Kurt und Heinz konnte hier zusammenbleiben mit ihrer 86jährigen Oma Jettchen Rothschild, ebenfalls die jetzt nur noch vier Personen der Familie David Haas und auch das Ehepaar Manuel Scheuer; die Witwe Bertha Rothschild war allein.

Im Rahmen der sogenannten Endlösung der Judenfrage war Theresienstadt, eine alte österreichische Festung, als sogenann-

Geheime Staatspolizei
Staatspolizeistelle Darmstadt
IV B 4

Darmstadt, den 27. September 1942.

Wohnsitzverlegung
nach Theresienstadt.
Namentliches Verzeichnis.

Lfd. Nr.	Zuname	Vorname	Fam. Stand	Geburtsdatum	Wohnort und Straße
240	Haas	David J.	verh.	14. 3.74	Heldenbergen
241	Haas geb. Schaumberg	Flora S.	verh.	14. 7.91	"
242	Haas	Martin J.	ledig	3. 5.25	"
243	Neu	Klotilde S.	ledig	4.10.73	Mainz, Breidenb.Str. 25
244	Haas	Emilie S.	ledig	16. 8.77	Heldenbergen, Büding.Str.1
245	Rothschild geb. Stein	Berta S.	verw.	3. 6.72	Heldenbergen, Friedbergerstr. 17
246	Rothschild	Hugo J.	verh.	28. 2.95	Heldenbergen, Ferd.Werner-str.9
247	Rothschild	Nanny S.	verh.	19.12.97	" " "
248	Rothschild,	Kurt J.	ledig	26. 1.29	" " "
249	Rothschild	Heinz J.	ledig	19.12.27	" " "
250	Rothschild	Jettchen S.	verw.	31.10.55	" " "
251	Scheuer	Moritz J.	verh,	6.11.66	" " "
252	Scheuer geb. Rothschild	Sofie S.	verh.	17.11.72	" " "

Namensliste (Auszug) der Gestapo zur Verschleppung jüdischer Menschen aus dem Volksstaat Hessen. Die Liste umfaßt 1288 Namen. Hier sind die Namen der aus Heldenbergen nach Theresienstadt Verschleppten zu lesen. Unter Nr. 243 war eigentlich Bertha Haas vorgesehen, die aber im Sammellager Darmstadt gestorben war. Eine Frau aus den jüdischen Altersheim in Mainz nahm diesen Platz auf der Liste ein. 1942

Sterbendes Leben im Ghetto Theresienstadt. Zeichnung von Fritz Fritta

tes "Altersghetto für die Juden über 65 Jahre" vorgesehen. "Durch die Überbevölkerung, die Mangelernährung und die schlechten sanitären Verhältnisse grassierten Seuchen wie Typhus und Ruhr, denen viele der Deportierten zum Opfer fielen. Andere verhungerten oder wurden von der SS-Bewachungsmannschaft ermordet."[171] Mitten in diese katastrophale Lagerwirklichkeit kam der Transport aus Darmstadt am 28. September 1942 mit den hessischen und Heldenberger Juden im Lager Theresienstadt an. Vielleicht war Sophie Scheuer schon bei der Ankunft tot, denn ihr Todestag ist identisch mit dem Ankunftstag.

Aus einem Bericht eines Überlebenden über die Ankunft im Konzentrationslager Theresienstadt:
"Am Abend kamen wir in Theresienstadt an. Man kam nicht an, man wurde eingeliefert und ausgefolgt. Man hatte verfügt, denn wir waren nicht mehr wir, wir waren Objekte, Nummern, ghettoisiert, eine zermürbte, zermahlene, zerquetschte, verknitterte Menschenmasse, die auf der Rampe in drei Reihen formiert aus Budweis den Wällen und Toren Theresienstadts zugetrieben wurde... Todmüde und todkrank, mit Sehnsucht nach Ruhe und Schlaf kam man in die Kellerräume und dunklen Löcher der Kavalleriekaserne. Und weiter wurde die Masse gerührt, zerstampft, zerkleinert und beschmutzt, auf dem Erdboden gewälzt und geknetet, bis sie ein formloser Brei, ein Haufen Unrat, der alles bedeckte, besudelte und mit Stallgeruch vergiftete ...".[172]

Die alten und oft kranken Menschen, die der brutalen Behandlung, dem Hunger und der Unterernährung, dem Wohnraummangel und dem Arbeitseinsatz nicht gewachsen waren, wurden dem Tod überlassen oder weiter in die Vernichtungslager transportiert. Eine Überlebende berichtet: "Dein Vater ist verhungert. Er konnte sich nicht vom Fleck rühren. Er wußte gar nicht, wo er war. Er war in einem Loch unter dem Dachboden untergebracht. Als ich ihn aufsuchte, saß er, den Hut in die Stirn gedrückt, unbeweglich unter dem Dach. Man hatte ihm schon lange kein Essen gebracht, denn dort war es immer schwer, etwas zu essen zu bekommen."[173] Von den aus Heldenbergen verschleppten Juden starben unter solchen Bedingungen in Theresienstadt: Jettchen Rothschild am 9. 12. 1942, Bertha Rothschild am 13. 1. 1943, Manuel Scheuer am 22. 1. 1943 und Emilie Haas am 7. 9. 1944.
Theresienstadt war noch in all seinem Grauen ein relativ "sicheres" Lager, ständig aber gingen von dort Transporte ab in die Vernichtungslager, meistens Auschwitz. "... wenn es hieß, Transporte gehen, mit einem Schlag war alles verändert. Verängstigt

Merkblatt

Zur Unterrichtung der Staatspolizei(leit)stellen

Betr.: Umschichtung der Juden - Durchführung der Transporte

I. Vorbereitungen:
Die genaue namentliche Erfassung der mittellosen Juden deutscher, polnischer und tschechischer Staatsangehörigkeit, sowie staatenloser Juden, ist rechtzeitig durchzuführen. Die jüdische Gemeinde hat unverzüglich nach der behördlichen Aufforderung dafür zu sorgen, daß die Transporte in der vorgeschriebenen Stärke (1 000 Personen) zusammengestellt und gemäß den Anordnungen vorbereitet werden...

II. Ausmusterung:
Die für den Transport von den jüdischen Gemeinden eingeteilten Juden sind zweckmäßigerweise vor Abgang des Zuges in geeigneten, in der Nähe des Bahnhofs gelegenen Sälen zu konzentrieren...Vorerst werden Schwer-Kriegsbeschädigte und Arbeitsinvaliden (über 50%), sowie Schwerkranke vom Transport ausgeschieden...

III. Bahntechnische Vorbereitungen:
Über die zuständige Transportkommandantur sind rechtzeitig Personenwaggons III. Klasse mit einem Fassungsvermögen von 1.000 Personen, 2 Personenwaggons II. Klasse für die Begleitmannschaft und 5 - 10 Güterwaggons für die mitgeführten Gepäckstücke anzufordern...
Dem Geheimen-Staatspolizei-Amt ist der Abgang eines jeden Transportzuges rechtzeitig zu melden...Der Transportzug ist jeweils einen Tag vor der Abfahrt zum Abgangsbahnhof bereitstellen zu lassen...
Den Begleitmannschaften stehen 2 Waggons II. Klasse (ein Waggon an der Spitze und ein Waggon am Ende des Zuges) zur Verfügung.
Für jeden Waggon ist durch die jüdische Gemeinde je ein Behälter mit Waschwasser und ein Behälter mit Tee, bzw. Kaffe, bereitzustellen...

IV.
Für jeden Transport ist ein Transportführer zu bestimmen, dem mitzugeben ist: 1 Begleitbrief, Namensverzeichnisse... Bekanntgabe des Bestimmungsbahnhofes...
Begleitmannschaft: Der Zug ist in der Regel durch Beamte der Staatspolizei oder Schutzpolizei begleiten zu lassen. Benötigt werden für jeden Transport 1 Führer und 24 Mann. Als Ausrüstung hat die Begleitmannschaft Pistolen und Gewehre mit genügend Munition mitzuführen....

V. Jüdische Transportleitung:
Für jeden Transportzug ist eine jüdische Transportunterleitung zu stellen, die für Ordnung, Ruhe und Sauberkeit während der Fahrt verantwortlich ist...

VI. Abschlußarbeiten:
Nach Abgang des Transportzuges hat die karteimäßige Erfassung der abtransportierten Juden und die Auswertung zu erfolgen. Über die Kultusgemeinde sind die ausgefüllten polizeilichen Abmeldungsformulare der abtransportierten Juden vorlegen zu lassen, die geschlossen weitergegeben werden. In die Spalte "verzogen nach" ist durch die jüdische Gemeinde das Wort "Transport" zu stempeln.[175a]

schlichen die Leute durch die Straßen, geduckt erwartete man, bis die Liste ausgetragen wurde, immer das gleiche Bild: Angst, Schrecken, bist du drin?"[175]

Ein etwa 13jähriges Mädchen erlebte diese Situation so:
"Wir waren eine Zeit in Theresienstadt... Dann nahmen sie alle von uns, meine Mutter, meinen Vater, meine Schwester, meinen Bruder und mich. Wir gingen auf den Zug und nahmen alles, was wir in Theresienstadt hatten. Als wir aus dem Zug in Auschwitz herauskamen, konnten wir sehen, an was für einen Ort wir gekommen waren, und jeder war bestürzt über das, was wir vorfanden ... Wir sahen hunderte, tausende Menschen marschieren. Ich sehe noch meinen ersten Eindruck genau vor mir. Ich sah überall Stacheldrahtverhau, elektrischen Stacheldraht. Ich ging mit meiner Mutter, meinem Vater, Bruder und Schwester - wir waren alle zusammen, aber die SS stand da, und sie winkten mit ihren Händen: rechts und links. Einer ging zu der Seite, einer ging zu der Seite. Aber wir hatten noch keine Idee, was das bedeutete. Meine Mutter, Vater, Bruder, Schwester gingen alle zu einer Seite, und ich ging zu der anderen Seite. Ich muß stark ausgesehen haben für sie... Ich ging immer noch herum und suchte meine Familie. Und dann erzählten sie mir, was los war, Leute, die schon länger da waren. Sie erzählten von den Gaskammern, wie sie das Gas aufdrehen... Aber ich konnte es nicht glauben, ich konnte nicht glauben, daß sie alle vier tot waren ...".[176]

Auf einem dieser Transporte von Theresienstadt nach Auschwitz war auch das Ehepaar David und Flora Haas mit ihrem Sohn Martin. Hugo Rothschild wurde am 29. 9. 1944, nachdem sie zwei Jahre dort verbracht hatten, "nach dem Osten" transportiert, während seine Frau Nanny mit den beiden Buben Heinz und Kurt am 4. Oktober 1944 "nach dem Osten" transportiert wurden.[177]

Die Familien Hugo Rothschild und David Haas mit den Kindern wurden in Auschwitz vergast.

Verschleppung von Darmstadt nach Polen

Zurück in das Sammellager in Darmstadt im September 1942. Nachdem der Transport nach Theresienstadt abgefahren war, wurde aus den noch verbliebenden verschleppten Menschen ein zweiter Transport zusammengestellt mit insgesamt 883 Personen in das sogenannte Generalgouvernement, vermutlich nach Auschwitz.[178] Auf der Seite 8 der Gestapo-Listen sind unter den Transportnummern 327 bis 335 neun Menschen aus Heldenbergen aufgeführt: das Ehepaar Theo und Rieda Rothschild mit ihrem fünfjährigen Sohn Alfred, Ludwig Rothschild, dessen Schwester Jenny und Mann Josef Rothschild und dem Schwager Moritz Weiss, die beiden Schwestern Erna und Hedwig Scheuer.[179] Wir wissen nichts von ihrem weiteren Schicksal, wissen nicht, ob sie unmittelbar von der berüchtigten Rampe des Todeslagers ins Gas geschickt oder zur Zwangsarbeit eingesetzt wurden. Alle neun Menschen gelten als verschollen in Polen, vermutlich Auschwitz.

Niemand der aus Heldenbergen verschleppten 22 Menschen überlebte die Deportation, alle wurden ermordet.

Nach der Deportation

Als eine Reaktion offizieller Seite gegenüber wurde mir dies erzählt: "Als ich von meiner Mutter hörte, daß die Juden fortgekommen sind, bin ich sofort zum Bürgermeister und habe ihn gefragt: 'Warum habt ihr denn die Juden weggetan? Seid ihr denn verrückt geworden! Das waren doch alles alte Leute, die hätten hier in Ruhe sterben können.' Der Bürgermeister antwortete mir: 'Vier SA-Männer kamen, hatten vorbereitete Listen und einen Wagen, um die Juden abzuholen. Wir konnten nichts machen. Sie sollen nach Friedberg gekommen sein. Wenn es nach uns gegangen wäre, hätten die Juden hierbleiben können'." Dann fügte der heute über 90 Jahre alte Mann hinzu: "Das war ein Skandal, diese alten Leute wegzuschaffen."[180]

Eine andere Erinnerung: "Als ich 1942 in Urlaub kam, da hat mir meine Frau erzählt, wie die Juden abgeholt worden sind. Sie hat erzählt, daß die alten gebrechlichen Frauen nicht auf den Wagen wollten. Die haben sie dann von hinten so draufgeschoben, dann ist die Frau einfach auf die anderen Leute drauf geflogen. Meine Frau hat sich so empört, daß Leute, die 1932/33 und 1934 noch gut Freund mit den Juden waren, die auch von den Juden in den Geschäften ab und zu etwas zugesteckt bekamen, daß die dann dabei waren, als diese Leute dann weggekommen sind. Meine Frau hat dann nächtelang nicht geschlafen,

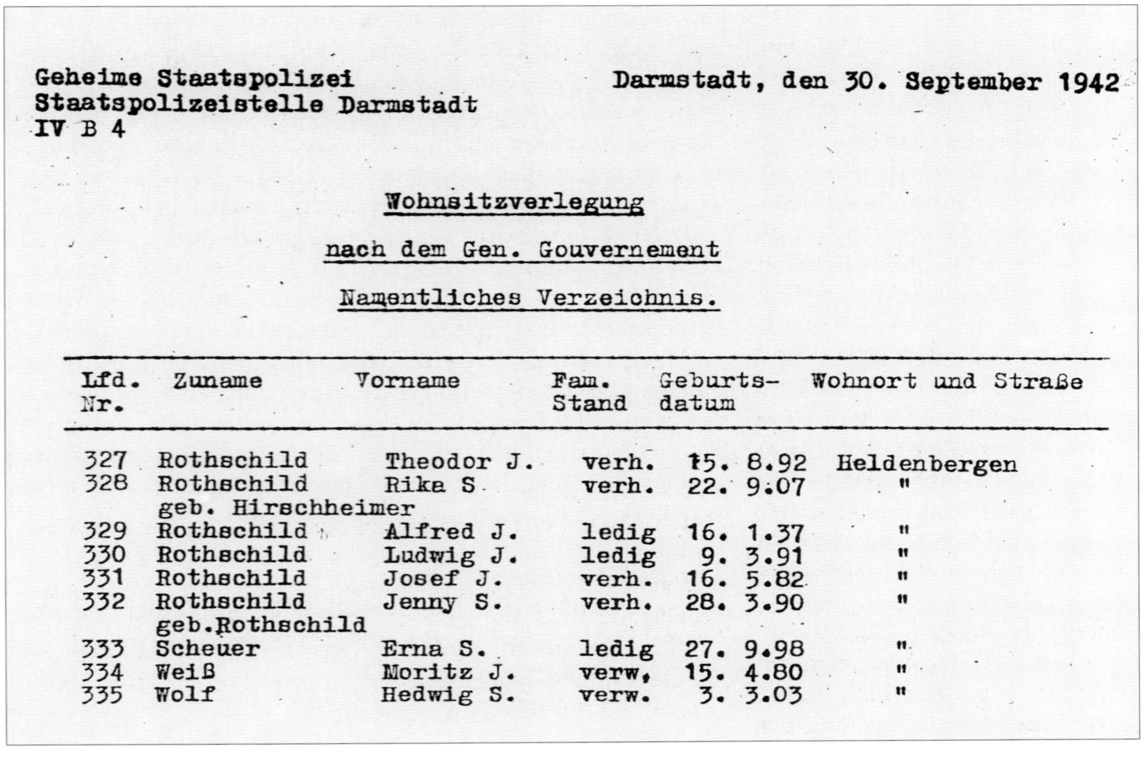

Geheime Staatspolizei
Staatspolizeistelle Darmstadt
IV B 4

Darmstadt, den 30. September 1942

Wohnsitzverlegung

nach dem Gen. Gouvernement

Namentliches Verzeichnis.

Lfd. Nr.	Zuname	Vorname	Fam. Stand	Geburts-datum	Wohnort und Straße
327	Rothschild	Theodor J.	verh.	15. 8.92	Heldenbergen
328	Rothschild geb. Hirschheimer	Rika S.	verh.	22. 9.07	"
329	Rothschild	Alfred J.	ledig	16. 1.37	"
330	Rothschild	Ludwig J.	ledig	9. 3.91	"
331	Rothschild	Josef J.	verh.	16. 5.82	"
332	Rothschild geb. Rothschild	Jenny S.	verh.	28. 3.90	"
333	Scheuer	Erna S.	ledig	27. 9.98	"
334	Weiß	Moritz J.	verw.	15. 4.80	"
335	Wolf	Hedwig S.	verw.	3. 3.03	"

Auszug aus der Namensliste der aus dem Volksstaat Hessen nach Polen am 30. September 1942 verschleppten jüdischen Menschen, darunter neun aus Heldenbergen. Die Liste umfaßt 883 Namen.

Bericht eines Überlebenden des Transportes der oberhessischen Juden im September 1942 nach Theresienstadt

Ludwig Stern (* 1877) aus Gießen schrieb diesen Bericht unmittelbar nach seiner Rückkehr aus Theresienstadt 1945.[174)]

Der Abtransport

Anfang September 1942 erschienen bei den jüdischen Familien, die man in einigen Häusern in Gießen zusammengepfercht hatte, Beamte der "Gestapo" (Geheime Staatspolizei) und befahlen ihnen, die Koffer zu packen. Jeder durfte einen Rucksack oder Koffer mitnehmen, außerdem noch Handgepäck, das er tragen mußte. Alle Sachen sind in Anwesenheit der "Gestapo" gepackt worden, und was den Gestapoleuten nicht genehm war, durfte nicht mitgenommen werden. Zwar gestatteten sie, für jede Person 2 silberne Messer, 2 Gabeln, 2 Eßlöffel und 2 Teelöffel mitzunehmen, aber diese Silbersachen wurden ihnen schon in Gießen wieder abgenommen und nie mehr zurückgegeben. Ebenso nahm man den Juden bereits in Gießen Wertgegenstände und auch Geld ab. Mit Lastwagen erfolgte der Transport von den Wohnungen in die Goetheschule, die als Sammellager benutzt worden ist. Dorthin kamen im Laufe weniger Tage auch alle Juden mit ihren Familien aus der Umgebung von Gießen. Beim Verladen im Gießener Bahnhof bekamen die Juden bereits einen kleinen Vorgeschmack von dem, was sie zu erwarten hatten. Es hagelte nur so von Schimpfworten übelster Art, von Fußtritten und Schlägen auf Männer, Frauen und Kinder. Die Eisenbahnwagen wurden verschlossen, die Fenster durften nicht geöffnet werden. In Darmstadt, dem Sammelplatz für alle Juden des damaligen Volksstaates Hessen, wurden die Juden wiederum in Schulen untergebracht. Bei einer abermaligen Durchsuchung wurde den Juden alles, was noch an Wertgegenständen in ihrem Besitz war, wie Uhren, Broschen, Ohrringe u.ä. abgenommen. Lediglich die Eheringe ließ man ihnen. Außerdem mußten sie ein Schriftstück unterschreiben (Vermögenserklärung - d. V.).

Die Unterkunft in Theresienstadt

Theresienstadt war eine tschechische Garnisonsstadt, die von den Nazis restlos evakuiert worden war. In Friedenszeiten lebten dort mit der tschechischen Garnison zusammen ca. 8 000 Menschen. Als Konzentrationslager faßte es zuweilen 60 000 Insassen. Wenn man bedenkt, daß zwei der zehn in Theresienstadt befindlichen Kasernen und eine große Anzahl ausgewählter größerer Privathäuser von der SS belegt waren, kann man sich vorstellen, wie entsetzlich beschränkt die Unterkünfte für die Juden gewesen sind. Sehr viele Juden lagen nach ihrer Ankunft auf dem blanken Boden, einer neben dem anderen. Jedem stand ein Platz von 70 cm Breite und 2 m Länge zu. Und auf diesem kleinen Raum mußten auch noch die letzten Habseligkeiten untergebracht werden. Bevor die Juden die Häuser belegen konnten, wurden sie nochmals "geschleust", d.h. man nahm ihnen diesmal Anzüge, Kleider, Mäntel, Wäsche und sogar Medikamente ab. Dazu riß man auch wieder oft Ehepaare auseinander, und es war nicht selten, daß sich Mann und Frau wochenlang suchten. Viele Tränen flossen in dieser Zeit in Theresienstadt, denn man fürchtete, sein Ehepartner sei von der SS ermordet worden. Tische und Stühle gab es in den Quartieren nicht, und es dauerte Monate, bis man einen Strohsack oder eine Matratze bekam. Viele Menschen, es waren die, denen man alles weggenommen hatte, bekamen ihre Kleider nicht vom Leibe; sie hatten sie Tag und Nacht an. Die Ernährung war sehr schlecht, die seelische Not erschütternd, die Zahl der Todesfälle stieg auf bis zu 250 Tote pro Tag.

Transporte

Theresienstadt war und blieb ein Durchgangslager. Es wurde von insgesamt ca. 160 000 Menschen passiert. Davon starben bis Mai 1945 ca. 40 000, ca. 100 000 wurden zum Arbeitseinsatz nach Polen abtransportiert, d.h. sie wurden dort vergast oder auf eine andere Art ums Leben gebracht. Bei den Transporten nach Polen riß man sehr oft auch wieder Mann und Frau auseinander. Wieder flossen Tränen, wieder gab es einen Abschied fürs Leben.

Im Herbst 1944 wurden in einem Zeitraum von 4 Wochen ca. 17 000 Menschen von Theresienstadt nach Polen deportiert, darunter über 3 000 Kinder. Die traurigsten Transporte waren die, die in das Vernichtungslager Auschwitz abgingen. Dort führte man diese Menschen in einen sog. Baderaum und vergaste sie. Auschwitz ist ja zum furchtbarsten Symbol des Massenmordes geworden. Für das geschichtliche und moralische Urteil über diese maßlosen Verbrechen ist es fast unerheblich, wieviele Millionen die Gesamtzahl der umgekommen Juden beträgt. Diese Vorgänge übersteigen dermaßen alle menschliche Vorstellungskraft, hinter diesen nackten Zahlen verbirgt sich eine solche Fülle von menschlichem Leid und Schmerz, von Angst und Verzweiflung, daß alle Worte versagen müssen, wenn man versuchen wollte, das Unvorstellbare auszudrücken.

Arbeitseinsatz

Jeder Transport hatte eine Nummer. Bei jeder Personalkontrolle hatte der Insasse nicht seinen Namen zu sagen, sondern seine Kenn-Nummer. So lautete die Kenn-Nummer meiner Frau: 557-XII/10, das bedeutete: sie war die 557. Person des XII. Transportes, arabisch 10 bedeutete, daß sie zum 10. Transport mit Juden aus Mischehen gehörte. Aussteller der Kennkarte war die "Zentralevidenz", auch "Jüdische Selbstverwaltung" genannt.

In Theresienstadt mußte jeder, der unter 65 Jahre alt war, arbeiten. Die Arbeitseinteilung erfolgte auch durch die "Jüdische Selbstverwaltung", die natürlich nur das durfte, was die SS vorher befohlen hatte. Es wurde z.B. befohlen, daß so und so viele Frauen in der Waschküche zu arbeiten haben. Diese Wäscherei für das ganze Lager lag außerhalb der Festungsmauer. Die Frauen, die dort arbeiteten, mußten um 6 Uhr morgens an einem bestimmten Tor der Festungsmauer sein. Sie wurden dort von tschechischen Polizisten kontrolliert und zur Arbeit geführt. Mittags brachten diese Polizisten die Frauen wieder zurück. Die Polizisten durften mit den Lagerinsassen nicht sprechen. Sie unterstanden der SS unmittelbar.

Der 10. November 1943

Ein ganz verhängnisvoller Tag war der 10. November 1943. An diesem Tag ließ die SS von nachts 2 Uhr ab die ganze Einwohnerschaft des Konzentrationslagers Theresienstadt, es waren 35.000 Menschen, antreten und führte sie auf die große Wiese. Die SS erklärte, es seien einige Juden geflüchtet, deshalb müsse eine Zählung stattfinden. Alle Kranken und die, die nicht gehen konnten, wurden in einer der 10 Kasernen untergebracht, die ohne jegliche Heizung war. Die Verpflegung bestand an diesem Tag aus 300 Gramm Brot und 100 Gramm Zucker. Zu trinken gab es nichts, Sitzgelegenheit war nicht vorhanden, die Notdurft konnte nicht verrichtet werden - es war unaussprechlich furchtbar. Viele Menschen fielen vor Schwäche um. Erst gegen 23 Uhr war der Abmarsch beendet.

Besichtigung
Von Zeit zu Zeit kamen internationale Kommissionen, die das Lager besichtigten. Da sich diese Kommissionen vorher anmelden mußten, konnte man für sie alles vorbereiten. Die einzelenen Teilnehmer der Kommissionen waren in ständiger Begleitung der SS. Sie konnten eigentlich nicht das sehen, was sie hätten eigentlich sehen müssen. So wurde z.B. in einigen Häusern großes Reinemachen gehalten, und in diese Quartiere brachte man noch gut aussehende Juden als Lagerinsassen. An einem anderen Gebäude wurde ein Schild angebracht mit der Aufschrift: "Mädchenschule, wegen Ferien geschlossen". Tatsache ist, daß es im Lager Theresienstadt niemals Schulunterricht gegeben hat. In den Tagen, während derer solche Kommissionen da waren, war auch die Verpflegung viel besser als gewöhnlich.

Krankenhäuser
Für die Kranken waren besondere Häuser hergerichtet worden. In diesen Häusern waren aber durchschnittlich 6 000 - 8 000 Menschen zu betreuen. Das war eine recht schwierige Arbeit für die Ärzte und Betreuer, denn es fehlten viele ärztliche Hilfsmittel, es mangelte an Medikamenten, an Kräftigungsmittel war nicht zu denken. Anerkannt muß werden, daß die Ärzte viel geleistet und manches Leben gerettet haben.

Blockkontrollen
Von Zeit zu Zeit fanden sogenannte Blockkontrollen statt, die den Zwecke hatten, noch versteckte Wertgegenstände zu konfiszieren. Diese Kontrollen wurden von tschechischen Gendarmen und Frauen, die der SS angehörten, durchgeführt. Man suchte Geld, Wertsachen, bessere Wäsche und Kleidung. Die Kontrollen kamen natürlich unangemeldet und unerwartet; alle Insassen mußten auf dem Hof antreten, und während dieser Zeit ist alles Gepäck durchwühlt worden. Da die Unterkünfte sehr eng waren und man nur sehr schwer etwas verstecken konnte, fanden die Kontrolleure immer wieder ihre Beute.

Beerdigungen
Bis zum Jahre 1944 wurden in Theresienstadt die Toten beerdigt, d.h. die Leichen wurden 25-stückweise in Kisten gelegt und in Gruben geworfen. Die Kisten brachte man zurück und füllte sie immer wieder. Da aber die Zahl der Toten von Tag zu Tag wuchs, - es gab Tage mit über 100 Sterbefällen - entschloß sich die SS, ein Krematorium zu bauen, in dem allein bis Ende 1944 ca. 25 000 - 26 000 Tote verbrannt worden sind. Zunächst wurden auch die Urnen mit Namen und Todestag gekennzeichnet und in einen Raum gestellt. Aber schon nach kurzer Zeit mußten Insassen des Lagers alle Urnen zu bereitstehenden Lastwagen tragen. Sie sollen, wie sich später herumsprach, in die Eger geworfen worden sein. Starb jemand in Theresienstadt, dann wurde seine Karteikarte vernichtet, d.h. man konnte nicht mehr feststellen, wann und wie jemand verstorben ist.

Verwanzung - Entwesung
Die Bedingungen, unter denen die Juden in Theresienstadt leben mußten, hatten selbst bei den saubersten Menschen eine Verlausung zur Folge. Wanzen und Flöhe waren in allen Unterkünften. Da die SS fürchtete, es könnten dadurch Seuchen entstehen, mußten sich die Insassen nach und nach der sog. Entwesung unterziehen. Jungen und Mädchen, Männer und Frauen mußten sich in einem gemeinsamen Raume vollkommen entkleiden, dann wurden sie von einem Arzt auf Ungeziefer, Ausschläge etc. untersucht. Wenn man Ungeziefer fand, wurden sämtliche behaarten Körperteile abrasiert; dabei mußten dieses Rasieren bei Männern Frauen vornehmen, und Frauen wurden von Männern rasiert. Ferner mußten nackte junge Mädchen den nackten Männern den Körper mit Schmierseife abseifen. Ab und zu erschienen in diesem Raume auch SS-Leute und weideten sich an der Not dieser Menschen.

Ankunft der Häftlinge aus den Konzentrationslagern Auschwitz und Buchenwald.
Es war wirklich das Furchtbarste und das Schrecklichste, was die Insassen des Lagers je gesehen haben - die Ankunft der Häftlinge aus den Konzentrationslagern Auschwitz und Buchenwald im April 1945. Da reichen Worte nicht aus, um dieses entsetzliche Leid zu schildern. Aus Hunderten von Kehlen hörte man die Ankömmlinge rufen: "Hunger, Hunger, wir haben Hunger!" Die Gier, mit der diese ausgehungerten Menschen, die teilweise nur Knochenskelette waren, ein Stück Brot aßen, das ihnen zugeworfen worden ist, ist nicht zu beschreiben. Sie waren seit 4 Wochen unterwegs mit einer Verpflegung von 100 Gramm Brot pro Tag.
So waren denn auch viele auf dem Transport in den Waggons gestorben. Die Toten lagen noch bei den Mitinsassen. Und als die Türen der Wagen geöffnet wurden, kam ein ganz furchtbarer Gestank aus diesen Waggons. Was da ohne Hilfe ausstieg, das waren keine Menschen, sondern wankende Skelette. Dazu waren sie alle vollkommen verschmutzt und zerlumpt, wie es sich niemand vorstellen kann. Viele Ankömmlinge mußten weggetragen werden, ihre Kräfte reichten nicht aus, allein zu gehen. Was man da hat ansehen müssen, war eine Kulturschande, wie sie die Menschheit noch nicht in diesem Ausmaße zu sehen bekam. Man hatte den Eindruck, als ob eine Meute von Teufeln auf wehrlose Menschen losgelassen worden wären, um sie mit unerdenklichen Qualen zu vernichten. Es waren 12- bis 15 000 Häftlinge, die in diesem Zustand von Auschwitz und Buchenwald gekommen waren; in den folgenden Tagen starben Hunderte von ihnen.

Man braucht sich wirklich nicht zu wundern, daß kurz nach der Ankunft dieser Häftlinge Flecktyphus ausbrach. Eine strenge Absonderung der Erkrankten, wie sie unbedingt nötig gewesen wäre, war nicht durchführbar, ebenso fehlte die notwendige Schutzimpfung. So wuchs die Zahl der Erkrankten von Tag zu Tag mehr. Daß es nicht mehr dazu kam, ist dem Umstand zu verdanken, daß die Russische Armee unerwartet schnell das Lager erreichte und einmarschierte. Danach gelang es bald, den Flecktyphus einzudämmen. Auch verbesserte sich das Essen für die Insassen. Wäre die Befreiung später gekommen, dann hätte die Massenvergasung eingesetzt und die Verbrennungsöfen, die schon gerichtet waren, wären tätig geworden.

nachdem sie das gesehen hatte. Ich hab dann meine Frau gefragt,wo die Juden denn hingekommen wären: 'Die sollen alle in die Ukraine zum Straßenbau - auch die Alten. Die Frauen sollten da kochen und waschen', war die Antwort. Ich habe das dann geglaubt", erzählte ein Mann aus Heldenbergen.[181)]

Die Juden aus Heldenbergen waren nun fort, aber ihre Sachen waren ja noch da. "Nachdem die Juden fortgeschafft waren, sind einige Frauen von der NS-Frauenschaft gleich bei den Haas ins Haus rein und haben sich die besten Sachen gleich mitgenommen." Auch bei Manuel Scheuer in der Straubelgasse war das so, "daß Leute von der Partei sich ersteinmal die dicksten Brocken genommen haben".

Der Hausrat wurde dann vom Finanzamt aus versteigert. Dazu wurde der Hausrat im einzelnen aufgenommen von Friedberg aus. Wie das vor sich ging, berichtete 1953 der damals zuständige Beamte: "Ich habe damals im Auftrage des Oberfinanzpräsidenten die Verwaltung und Verwertung des Judenvermögen im gesamten Kreis Friedberg durchgeführt. Ich kann mich auch noch an die Sache Josef und Jenny Rothschild in Heldenbergen erinnern. Mit der Versteigerung des Hausrates hatte ich nichts zu tun. Ich weiß, daß der Hausrat damals mit 1 683 RM bewertet wurde. Dieser Betrag ist dann auch von der NSV an die Finanzkasse Friedberg gezahlt worden. Ich weiß, daß dieser Betrag dem wahren Wert der verwerteten Gegenstände nicht entsprach, sondern zu niedrig war. Ich kann mich noch erinnern, daß zu dem Mobiliar eine Schlafzimmereinrichtung gehörte. Weiter kann ich mich an einen Teppich erinnern, ferner an Wäsche und sonstige Hausratsgegenstände ... In ... Akten muß sich auch eine Vermögensaufstellung der Eheleute Josef und Jenny Rothschild befinden. Diese Vermögensaufstellung muß kurz vor der Deportation gefertigt worden sein ... ein Betrag von 4 000 - 5 000 RM dem Wert des Rothschildschen Hausrates entsprochen hätte. Die Eheleute Rothschild waren eine sehr ordentliche und korrekte Familie, besonders Frau Rothschild war eine saubere, fleißige Frau, die immer Wert darauf legte, daß ihre Wohnung gut imstande war. Ich weiß, daß sie ihren Hausrat immer gut gepflegt hat."[182)]

"In der jeweiligen Hofreite wurden die Sachen öffentlich versteigert. Der Termin zur Versteigerung wurde öffentlich bekannt gemacht, der Versteigerer zog von Judenhaus zu Judenhaus. Dies war besonders für Jungverheiratete eine sehr günstige Gelegenheit, zu ihrem Hausrat zu kommen, es gab doch kaum was."[183)] Folgende kleine Begebenheit erzählte eine Frau aus Heldenbergen: "Ich hatte von der Jenny Rothschild einmal einen kleinen Silberlöffel als Dank für irgendetwas bekommen. Da der mir so gut gefiel, ging ich zu der Versteigerung in Rothschilds Haus und hielt Ausschau nach den restlichen elf Löffeln, die hatte Jenny mir nämlich mal gezeigt. Aber diese waren nirgends zu sehen, weg waren sie. Einige Jahre später hatte ich einmal Kaffeebesuch, ich deckte auch den kleinen einzelnen Löffel auf. Auf einmal sagte die Bekannte von meinem Besuch: 'Ach schau mal, genau das

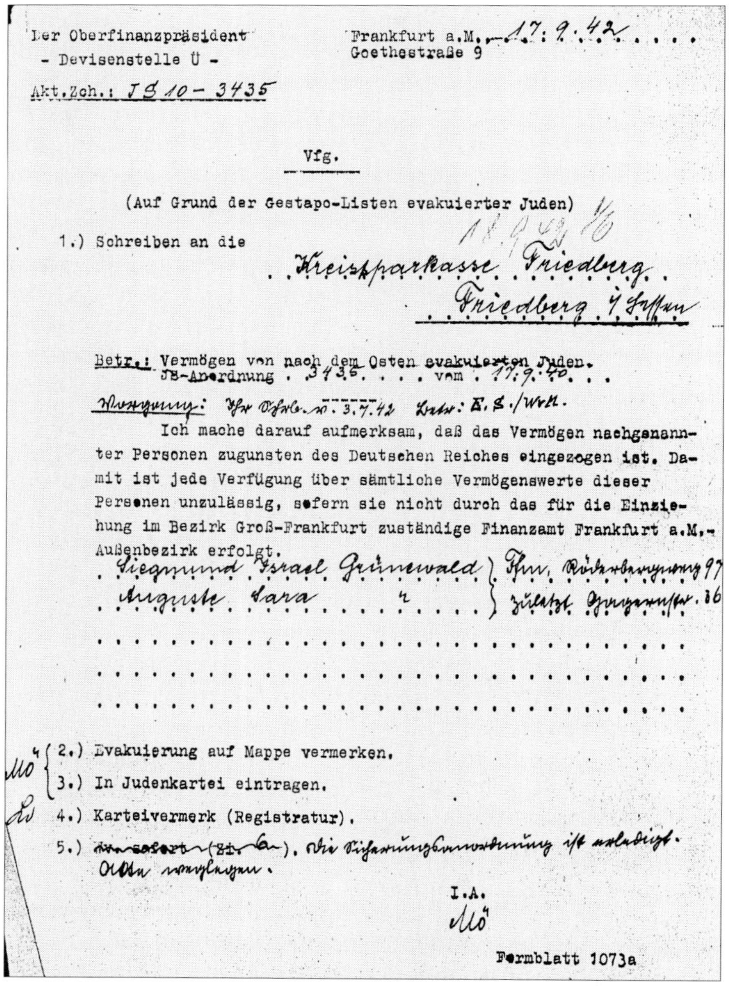

Der Oberfinanzpräsident
- Devisenstelle Ü -

Frankfurt a.M., 17.9.42
Goethestraße 9

Akt.Zch.: JS 10 - 3435

Vfg.

(Auf Grund der Gestapo-Listen evakuierter Juden)

1.) Schreiben an die
Kreissparkasse Friedberg
Friedberg i. Hessen

Betr.: Vermögen von nach dem Osten evakuierten Juden.
JS-Anordnung 3435 vom 17.9.42

Ich mache darauf aufmerksam, daß das Vermögen nachgenannter Personen zugunsten des Deutschen Reiches eingezogen ist. Damit ist jede Verfügung über sämtliche Vermögenswerte dieser Personen unzulässig, sofern sie nicht durch das für die Einziehung im Bezirk Groß-Frankfurt zuständige Finanzamt Frankfurt a.M.-Außenbezirk erfolgt.

Siegmund Israel Grünewald
Auguste Sara "

2.) Evakuierung auf Mappe vermerken.
3.) In Judenkartei eintragen.
4.) Karteivermerk (Registratur).
5.)

I.A.

Formblatt 1073a

Am 18. August 1942 waren Siegmund und Auguste Grünewald gewaltsam aus dem jüdischen Krankenhaus in Frankfurt verschleppt worden, bereits ein Monat später wurde ihr "Vermögen zugunsten des Deutschen Reiches eingezogen". "Evakuierung auf Mappe vermerken", heißt es unten. Die Menschen wurden ermordet. "Die Sicherungsanordnung ist erledigt", das hieß das Geld ist beschlagnahmt. "Akte weglegen".

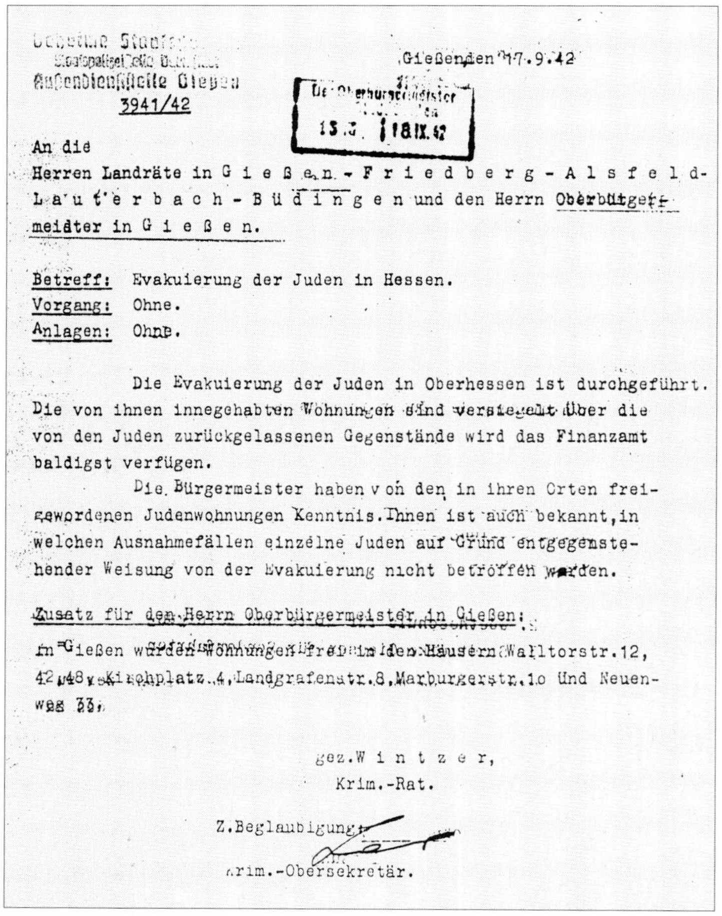

Außendienststelle Gießen
3941/42

Gießenden 17.9.42

An die
Herren Landräte in Gießen - Friedberg - Alsfeld - Lauterbach - Büdingen und den Herrn Oberbütger-meiäter in Gießen.

Betreff: Evakuierung der Juden in Hessen.
Vorgang: Ohne.
Anlagen: Ohnn.

Die Evakuierung der Juden in Oberhessen ist durchgeführt. Die von ihnen innegehabten Wohnungen sind versiegelt. Über die von den Juden zurückgelassenen Gegenstände wird das Finanzamt baldigst verfügen.

Die Bürgermeister haben von den in ihren Orten freigewordenen Judenwohnungen Kenntnis. Ihnen ist auch bekannt, in welchen Ausnahmefällen einzelne Juden auf Grund entgegenstehender Weisung von der Evakuierung nicht betroffen wurden.

Zusatz für den Herrn Oberbürgermeister in Gießen:
In Gießen wurden Wohnungen frei in den Häusern Walltorstr. 12, 42, 48, Kirchplatz 4, Landgrafenstr. 8, Marburgerstr. 10 und Neuenweg 33.

gez. Wintzer,
Krim.-Rat.

Z. Beglaubigung:
Krim.-Obersekretär.

Mitteilung an die Gestapo Gießen und an den Landrat von Friedberg über die Verfügung über die "von Juden zurückgelassenen Gegenstände", also die Beschlagname des jüdischen Eigentums durch das Finanzamt und die in "ihren Orten freigewordenen Judenwohnungen".

gleiche Besteck hat mein Patenonkel, nur da fehlt grad einer.' Da wußte ich, wo die Löffel von der Jenny abgeblieben waren, bei einem von der Partei damals."[181a)]

Das Finanzamt Friedberg legte eine Aufstellung über eingezogenes jüdisches Vermögen an. Auf dieser Liste war unter anderem vermerkt, daß ein bestimmter "Anteil am beweglichen Vermögen" der Bertha Rothschild zugunsten des Reiches vom Finanzamt Friedberg eingezogen worden war.[184)] Von diesen versteigerten Sachen aus dem Hausrat von Josef und Jenny Rothschild gab eine Frau während der Woche der Begegnung 1988 Herbert Rothschild, dem Sohn der beiden, zwei schöne kristallene Gläser zurück als dem rechtmäßigen Besitzer. Herbert war sehr glücklich über dieses Zeichen.

In einem Erlaß vom 15. August 1942 war festgelegt: "Das Vermögen abgeschobener Juden ist mit deren Grenzübertritt dem Reich verfallen."[185)] Die Vernichtungslager lagen ja jenseits der offiziellen deutschen Grenze. Die Gestapolisten der Deportierten wurden unmittelbar nach der erfolgten Deportation an die Oberfinanzdirektion geschickt, von wo das Vermögen des deportierten Juden sofort bei den Banken eingefordert wurde. Auf dem nebenstehenden Dokument ist auch die Fußnote von Bedeutung "Evakuierung auf Mappe vermerken".[186)] Die früheren jüdischen Häuser wurden an "Bedürftige" in Heldenbergen vermietet.

Am 16. Februar 1945 wurde dieser Erlaß veröffentlicht: "Wenn der Abtransport von Akten, deren Gegenstand antijüdische Tätigkeiten sind, nicht möglich ist, sind sie zu vernichten, damit sie nicht dem Feind in die Hände fallen."[187)]

Der Besitz der in die Todeslager verschleppten jüdischen Familien wurde vom Finanzamt meistbietend in den zwangsweise verlassenen Wohnungen und Häusern versteigert.

Erst 1985 war es nach politischen Kontroversen möglich, daß die Stadt Nidderau mit einer Gedenktafel an die Zerstörung der Synagoge von Heldenbergen und die Vernichtung der jüdischen Gemeinde Heldenbergen und die Ermordung ihrer Mitglieder erinnerte. Bei der Enthüllung der Gedenktafel im November 1985 verlas der Erste Stadtrat Helmut Weider (rechts) die Namen der 1985 bekannten 61 jüdischen Männer, Frauen und Kinder, die in Heldenbergen geboren waren, dort gelebt hatten und im KZ ermordet worden waren. Kantor Avigdor Zucker von der jüdischen Gemeinde Wiesbaden sprach zu ihrem Gedenken das Kaddischgebet

Die Namen der Ermordeten

Von den noch nach 1933 in Heldenbergen lebenden Juden sind die folgenden Personen ermordet worden.[188)]

Klara Aber geb. Speier (* 4.4.1982) lebte bis 1937 in Heldenbergen, dann in Frankfurt. Von dort wurde sie im Alter von 50 Jahren im November 1941 nach Riga verschleppt und ermordet.

Ernst Ballin-Oppenheimer (* 21.11.1892) lebte bis 1938 in Heldenbergen, dann in Frankfurt, von wo er im Alter von 48 Jahren im Sommer 1942 in das Ghetto Theresienstadt verschleppt wurde, dort verliert sich seine Spur

Hertha Ballin-Oppenheimer geb. Speier (* 12.9.1903) lebte bis 1938 in Heldenbergen, dann in Frankfurt, von wo sie im Alter von 38 Jahren im Sommer 1942 in das Ghetto Theresienstadt verschleppt wurde, dort verliert sich ihre Spur.

Liesel Ballin-Oppenheimer (* 11.9.1925) lebte bis 1938 in Heldenbergen, dann in Frankfurt, von wo sie im Alter von 16 Jahren im Sommer 1942 in das Ghetto Theresienstadt verschleppt wurde, dort verliert sich ihre Spur.

Helmut Ballin-Oppenheimer (* 27.1.1924) lebte bis 1938 in Heldenbergen, dann in Frankfurt, von wo er im Alter von 15 Jahren in das Ghetto Theresienstadt verschleppt wurde, dort verliert sich seine Spur.

Inge Ballin-Oppenheimer (* 10.2.1931) lebte bis 1938 in Heldenbergen, dann in Frankfurt, von wo sie im Alter von 11 Jahren in das Ghetto Theresienstadt verschleppt wurde. Dort verliert sich ihre Spur.

Hannchen Ballin-Oppenheimer geb. Strauß (* 29.8.1866) lebte bis 1938 in Heldenbergen, dann bei der Familie des Sohnes Ernst in Frankfurt, von wo sie im Alter von 76 Jahren im September 1942 in das Ghetto Theresienstadt verschleppt wurde. Sie starb dort im Februar 1943.

Michael Speier (* 9.6.1871) lebte bis August 1941 in Heldenbergen, dann bei der Familie seiner Tochter Hertha Ballin-Oppenheimer in Frankfurt, von wo er im Alter von 71 Jahren im September 1941 in das Ghetto Theresienstadt verschleppt wurde. Dort starb er im November 1942.

David Haas (* 14.3.1874) wurde im Alter von 68 Jahren im September 1942 gewaltsam aus Heldenbergen in das Ghetto Theresienstadt verschleppt, von dort wurde er weiter "nach dem Osten" verschleppt und ermordet.

Flora Haas geb. Schaumberg (* 14.7.1891) wurde im Alter von 51 Jahren im September 1942 gewaltsam aus Heldenbergen verschleppt in das Ghetto Theresienstadt, von dort wurde sie weiter "nach dem Osten" verschleppt und ermordet.

Martin Haas (* 3.5.1925) wurde im Alter von 17 Jahren im September 1942 gewaltsam aus Heldenbergen verschleppt in das Ghetto Theresienstadt, von dort wurde er weiter "nach dem Osten" verschleppt und ermordet.

Emilie Haas (* 16.8.1877) wurde im Alter von 65 Jahren gewaltsam aus Heldenbergen verschleppt in das Ghetto Theresiensstadt. Dort starb sie im August 1944.

Bertha Haas (* 20.9.1871). Sie wurde im Alter von 70 Jahren im September 1942 gewaltsam aus Heldenbergen verschleppt. Im Sammellager in Darmstadt starb sie am 25.9.1942.

Sigmund Grünewald (* 28.12.1880) lebte bis 1940 in Heldenbergen, dann in Frankfurt, von wo er im August 1942 gewaltsam in das Ghetto Theresienstadt verschleppt wurde. Er starb dort im Februar 1944.

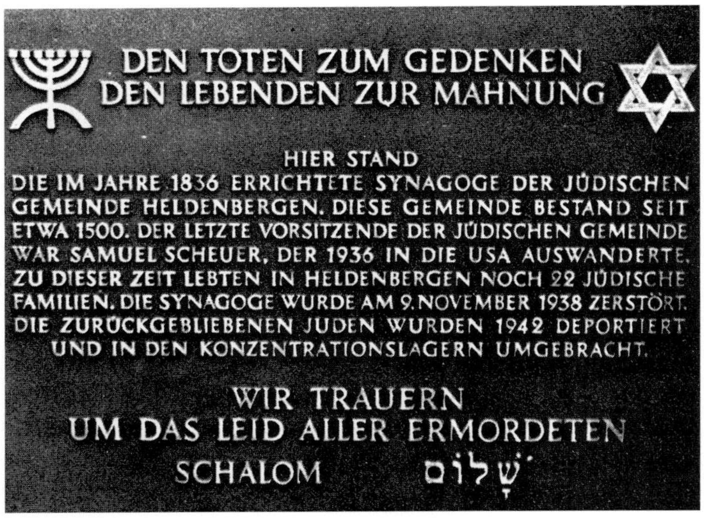

Gedenktafel in Heldenbergen aus dem Jahr 1985[189)]

Auguste Grünewald geb.May (* 24.3.1883) lebte bis 1940 in Heldenbergen, dann in Frankfurt, von wo sie im Alter von 59 Jahren im August 1942 gewaltsam in das Ghetto Theresienstadt verschleppt wurde. Sie starb dort im Januar 1943.

Leopold Hermann (* 8.3.1859) lebte bis 1939 in Heldenbergen, dann im Altersheim in Bad Nauheim, von wo er im Alter von 83 Jahren im September 1942 gewaltsam in das Ghetto Theresienstadt verschleppt wurde. Er starb dort im November 1942.

Mathilde Hermann geb. Salomon (* 28.10.1863) lebte bis 1939 in Heldenbergen, dann im Altersheim in Bad Nauheim, von wo sie im Alter von 79 Jahren im September 1942 gewaltsam in das Ghetto Theresienstadt verschleppt wurde. Sie starb dort im April 1943.

Bertha Rothschild geb. Stein (* 3.6.1872) wurde im Alter von 70 Jahren im Septemeber 1942 gewaltsam aus Heldenbergen verschleppt in das Ghetto Theresienstadt. Dort starb sie im Januar 1943.

Louis Rothschild (* 19.6.1867) verbrachte seine Kindheit und Jugend in Heldenbergen, in den Jahren 1939/1940 lebte er nach der Evakuierung aus dem Saarland in Heldenbergen, dann in Frankfurt. Von dort wurde er im Alter von 76 Jahren im September 1942 in das Ghetto Theresienstadt verschleppt, wo er am 17. Dezember 1942 starb.

Elise Rothschild geb. Weil (* 17.6.1876) lebte 1939/40 einige Zeit im Geburtsort ihres Mannes, dann in Frankfurt. Von dort wurde sie im Alter von 66 Jahren im September 1942 gewaltsam in das Ghetto Theresienstadt verschleppt, wo sie am 21. Juni 1943 starb.

Fanny Rothschild (* 1.1.1866) lebte bis September 1939 in Heldenbergen, dann im Altersheim in Bad Nauheim, von wo sie im Alter von 76 Jahren im September 1942 in das Ghetto Theresienstadt verschleppt wurde. Dort starb sie im Oktober 1942.

Hugo Rothschild (* 28.2.1895) wurde aus Heldenbergen im Alter von 46 Jahren im September 1942 gewaltsam in das Ghetto Theresienstadt verschleppt. Zwei Jahre später wurde er von dort "nach dem Osten" nach Auschwitz verschleppt und ermordet.

Nanny Rothschild geb. Neuberger (* 19.12.1897) wurde aus Heldenbergen im Alter von 43 Jahren im September 1942 gewaltsam in das Ghetto Theresienstadt verschleppt. Zwei Jahre später wurde sie von dort nach Auschwitz verschleppt und ermordet.

Heinz Rothschild (* 19.12.1927) wurde aus Heldenbergen im September 1942 im Alter von 15 Jahren in das Ghetto Theresienstadt verschleppt. Zwei Jahre später wurde er von dort nach Auschwitz verschleppt und ermordet.

Kurt Rothschild (* 26.1.1929) wurde aus Heldenbergen im September 1942 im Alter von 13 Jahren in das Ghetto Theresienstadt verschleppt. Zwei Jahre später wurde er von dort nach Auschwitz verschleppt und ermordet.

Ludwig Rothschild (* 9.3.1891) wurde im Alter von 51 Jahren im September 1942 aus Heldenbergen in das "Generalgouvernement" - vermutlich Auschwitz - verschleppt und ermordet.

Theodor Rothschild (* 14.8.1892) wurde im Alter von 50 Jahren gewaltsam im September 1942 aus Heldenbergen verschleppt in das "Generalgouvernement" - vermutlich Auschwitz -, er wurde ermordet.

Rieda Rothschild geb. Hirschheimer (* 22.9.1907) wurde im Alter von 35 Jahren aus Heldenbergen verschleppt in das "Generalgouvernement" - vermutlich Auschwitz -, sie wurde ermordet.

Alfred Rothschild (* 16.1.1937) wurde im Alter von 5 Jahren im September 1942 gewaltsam aus Heldenbergen in das "Generalgouvernement"- vermutlich Auschwitz - verschleppt und ermordet.

Josef Rothschild (* 16.5.1882) wurde im Alter von 60 Jahren im September 1942 gewaltsam aus Heldenbergen in das "Generalgouvernement" - vermutlich Auschwitz - verschleppt und ermordet.

Jenny Rothschild (* 28.3.1890) wurde im Alter von 52 Jahren im September 1942 aus Heldenbergen in das "Generalgouvernement" - vermutlich Auschwitz - verschleppt und ermordet.

Jettchen Rothschild geb. Hamburger (* 31.10.1855) wurde im Alter von 87 Jahren im September 1942 gewaltsam aus Heldenbergen in das "Generalgouvernement - vermutlich Auschwitz - verschleppt und ermordet.

Moritz Weiss (* 15.4.1880) lebte seit Sommer 1941 nach dem Tode seiner Frau in deren Geburtsort. Im Alter von 62 Jahren wurde er im September 1942 aus Heldenbergen nach Auschwitz verschleppt und ermordet.

Salli Scheuer (* 25.6.1869) lebte bis März 1942 in Heldenbergen, dann im Altersheim in Bad Nauheim, von wo er im September 1942 im Alter von 73 Jahren in das Ghetto Theresienstadt verschleppt wurde. Dort starb er am 3. Oktober 1943.

Ruth Scheuer (* 27.11.1910) konnte nach Frankreich fliehen, doch im September 1942 wurde sie von Paris/Drancy nach Auschwitz verschleppt und ermordet.

Manuel Scheuer (* 5.11.1866) wurde im Alter von 76 Jahren im September 1942 gewaltsam aus Heldenbergen verschleppt in das Ghetto Theresienstadt, er starb dort am 22. Januar 1943.

Sara Scheuer (* 1872) wurde im Alter von 70 Jahren im September 1942 gewaltsam aus Heldenbergen verschleppt. Bei Ankunft des Transportes im Ghetto Theresienstadt starb sie am 28.9.1942.

Erna Scheuer (* 27.9.1898) wurde im Alter von 44 Jahren im September 1942 aus Heldenbergen verschleppt "in das Generalgouvernement" - vermutlich Auschwitz - und dort ermordet.

Hedwig Scheuer (* 3.3.1903) wurde im Alter von 39 Jahren im September 1942 aus Heldenbergen verschleppt "in das Generalgouvernement" - vermutlich Auschwitz - und ermordet.

Robert Seligmann (* 30.11.1873) lebte bis Juli 1942 in Heldenbergen, dann im Altersheim in Mainz, von wo er im September 1942 in das Ghetto Theresienstadt verschleppt wurde. Dort starb er am 27. September 1943.

Julius Seligmann (* 29.10.1904) lebte bis Juli 1942 in Heldenbergen, dann im jüdischen Krankenhaus und Altersheim in Mainz. Wenige Tage vor der bevorstehenden Verschleppung in das Ghetto Theresienstadt verübte er im Alter von 38 Jahren Selbstmord.

Paula Speier geb. Neuhof (* 4.12.1905) lebte bis Juli 1940 in Heldenbergen, dann in Frankfurt, von wo sie im Frühsommer 1942 gewaltsam nach Majdanek verschleppt und später ermordet wurde.

Ellen Speier (* 28.12.1929) lebte bis Juli 1940 in Heldenbergen, dann in Frankfurt, von dort wurde sie im Frühsommer 1942 gewaltsam nach Majdanek verschleppt und später ermordet.

Ungeklärt ist das Schicksal von:

Siegfried Sichel (* 24.7.1910). Sein Bruder Benno erhielt kein Lebenszeichen nach 1938.

Opfer der Euthanasie:

Sußmann Traub (* 5.4.1875 in Oberaula), lebte von 1902 bis 1932 in Heldenbergen, seit 1937 war er in die Psychiatrie in Gießen eingewiesen, von dort wurde er im Oktober 1940 in die "Heil"anstalt Brandenburg verschleppt, wo er vergast wurde.

Elise Speier (* 7.5.1885), lebte in Heldenbergen bis zum Alter von 32 Jahren, 1917 kam sie in die Heil- und Pflegeanstalt, Gießen. Nach 32 Jahren wurde sie von dort aus im Oktober 1940 in die "Heil"anstalt Brandenburg verschleppt und ermordet.

Moritz Sichel (*24.11.1887) war in Heldenbergen geboren worden, er wurde ermordet als jüdischer Geisteskranker.

Schon vor dem Jahr 1933 waren viele in Heldenbergen geborene Juden in andere Städte verzogen. Von ihnen wurden folgende Menschen verschleppt und ermordet:

Abraham Bronkhorst (* 7.6.1890 in Arnheim) und
Dora Bronkhorst (* 14.7.1891 in Hannover) lebten von 1922 - 1925 in Heldenbergen. 1942 wurden sie während der besatzung der Niederland in das Lager Westerbork transportiert und von dort in das Vernichtungslager Sobibor, wo sie am 4.6.1943 ermordert wurden.
Adolph Goldschmidt (* 22. 2. 1884) wurde in das Lager Gurs in den Pyrenäen verschleppt, wo er am 16.2.1942 starb.
Ludwig Goldschmidt (* 6. 2. 1883) wurde von Mannheim aus in das Lager Gurs in Frankreich verschleppt, von dort nach Auschwitz .
Otto Goldschmidt (* 24.5.1877) wurde von Berlin aus nach Lodz/ Ghetto Litzmannstadt verschleppt.
Max Goldschmidt (* 31.10.1885) wurde aus Mannheim in das Lager Gurs verschleppt und von dort nach Auschwitz .
Frieda Grünewald (* 7.5.1879) verheiratete Reinhardt wurde aus Offenbach verschleppt. Sie ist in Polen "verschollen".
Malchen Grünewald (* 18.3.1890 in Büdesheim), lebte seit 1894 in Heldenbergen, verheiratete Grünewald wurde mit ihrem Mann aus Frankfurt in das Ghetto Lodz verschleppt.
Johanna Hermann (* 31.2.1893), verheiratete Löbenstein, wurde aus Hanau mit ihrem Mann und der Tochter nach Theresienstadt verschleppt.
Johanette Hermann (* 15.10.1867) verheiratete Eisemann wurde von Frankfurt aus nach Theresienstadt verschleppt im Alter von 75 Jahren.
Jakob Hermann (* 30.7.1864) wurde von Frankfurt aus nach Theresienstadt verschleppt
Moritz Hermann (* 1.5.1887) wurde von Holland nach Auschwitz verschleppt.
Alfred Hermann (* 29.4.1903) wurde von Holland nach Auschwitz verschleppt.
Max Oppenheimer (* 20.3.1887) konnte mit seiner Frau und zwei Kindern nach Amsterdam flüchten, wurde von dort nach Sobibor verschleppt.
Rosa Oppenheimer (* 22.2.1895) verheiratete Kulb wurde von Holland aus mit ihrem Mann Julius Kulb und der Tochter Margot nach Theresienstadt verschleppt. Dort wurde sie und ihre Tochter und sie 1945 von den Russen befreit.
Klara Oppenheimer (* 31.3.1885) verheiratet mit Hermann Simon floh nach Holland, von wo sie gemeinsam mit ihrem Mann nach Auschwitz verschleppt wurde.
Sara Oppenheimer (* 11.11.1867) verheiratete Fath wurde von Frankfurt aus nach Theresienstadt verschleppt.
Max Rothschild (* 17.3.1896) wurde im September 1943 von der Gestapo zur Zwangsarbeit nach Berlin gebracht.
Theodor Rothschild (* 19.12.1886) lebte mit seiner Frau und drei kleinen Kindern in Nürnberg. Die ganze Familie wurde nach Riga verschleppt.
Emma Scheuer (* 28.3.1873) wurde von Frankfurt aus nach Minsk verschleppt.
Nathan Scheuer (* 16.8.1868) wurde von Frankfurt aus nach Minsk verschleppt.
Salomon Scheuer (* 25.6.1869) wurde nach Theresienstadt verschleppt.
Simon Scheuer (* 15.1.1877) ist unbekannt verschollen.
Sophie Scheuer (* 20.6.1862) verheiratete Landau wurde nach Theresienstadt verschleppt.
Lina Scheuer (* 7.6.1870) verheiratete Levy wurde von Wiesbaden aus nach Theresienstadt verschleppt.
Emanuel Scheuer (* 11.11.1866) wurde an unbekannten Ort verschleppt
Jenny Sichel (* 18.6.1892) wurde von Frankfurt nach Lodz/Ghetto Lodz verschleppt. Die Schwester
Paula Sichel (* 2.8.1898) verheiratete Mendel ebenso mit ihrem Sohn
Rudi Mendel (* 11.3.1927)
Gustav Sichel (* 4.10.1872) und seine Frau
Rosa Sichel geb. Klipstein (* 20.9.1877 in Groß-Umstadt), die bis 1905 in Heldenbergen lebten, wurden im August 1942e von Frankfurt aus nach Theresienstadt verschleppt. Dort starb Gustav Sichel am 16.1.1944. Rosa Sichel wurde nach Auschwitz verschleppt und vergast.
Nathan Sichel (* 24.10.1871) wurde mit seiner Frau
Rosa Sichel geb. Hamburger (* 7.3.1876 in Alzenau), die bis 1906 in Heldenbergen lebten, von Frankfurt nach Theresienstadt verschleppt. Beide wurden dort von den Russen befreit.
Nathan Sichel (* 13. 6.1885) wurde von Frankfurt nach Minsk verschleppt.
Ludwig Speier (* 11.7.1887) lebte mit seiner Frau und Tochter in Hannover. Von dort wurde die Familie am 10.12.1941 nach Riga verschleppt. Seine Schwester
Mina Speier (*6.8.1888) verheiratete Gellhorn wurde mit ihrer Familie aus München nach Riga verschleppt.
Mathilde Speier (* 27.11.1872) lebte mit ihrem Ehemann, dem Likörfabrikanten Berthold Kann, lange Jahre in Gießen. Im April 1942 kamen sie in das jüdische Altersheim in Bad Nauheim, von wo sie September 1942 nach Theresienstadt verschleppt wurden. Sie starb dort am 2.1.1943.
Simon Scheuer (* 15.1.1877) wurde von Frankfurt aus nach Theresienstadt verschleppt.
Moritz Speier (* 21.1.1865) wurde von Frankfurt aus nach Theresienstadt verschleppt.
denbergen
David Speier (* 16.6.1868) wurde an einen nicht bekannten Ort verschleppt.
Emanuel Scheuer(* 11.11.1866) wurde an nicht bekannten Ort verschleppt.
Josef Wertheimer (* 6.6.1874) wurde nach Auschwitz verschleppt.

Es gibt noch Hinweise auf mögliche Selbstmorde - oft vor der Deportation - so bei:

Julius Aber (* 8.10.1920)	- 30.5.1942 in Bendorf-Sayn
Martin Speier (* 11.4.1894)	- 1.5.1942 in Frankfurt
Siegmund Sichel (* 13.11.1883)	- 22.8.1942 in Frankfurt
Rosa Seligmann (* 28.4.1859)	- 21.5.1942 in Frankfurt

Der Mord an den Juden

"Der Transport, den ich sah, bestand aus polnischen Juden. Sie hatten tagelang kein Wasser bekommen. Als die Türen der Güterwagen geöffnet wurden, erhielten wir den Befehl, sie mit lautem Geschrei herauszujagen. Sie waren vollständig erschöpft, und ungefähr hundert waren während der Reise verstorben. Die Überlebenden mußten in fünf Gliedern antreten. Unsere Tätigkeit bestand darin, die Leichen, die Sterbenden und das Gepäck aus den Wagen herauszuholen. Die Leichen (und zu diesen wurde ein jeder gerechnet, der nicht mehr aufrecht stehen konnte) wurden in einem Haufen aufgeschichtet. Gepäckstücke und Pakete wurden gesammelt und gestapelt. Dann mußten die Eisenbahnwaggons gründlich gesäubert werden, so daß keine Spur ihrer schrecklichen Ladung sichtbar war."

Bericht eines Häftlings

An der Rampe in Auschwitz

"Dichtgedrängt und halb erstickt fuhren wir in geschlossenen Waggons. Alle verabschiedeten sich voneinander, denn wir wußten, daß dort die Öfen und Gaskammern auf uns warteten. Obwohl wir oft darüber sprachen, konnte sich niemand recht vorstellen, wie es sein würde. Als wir abends in Auschwitz ankamen, trieb man uns nach Birkenau. Schon von weitem sahen wir den Himmel rot wie bei einem Brand. Daß Menschen so brennen sollten, konnten wir uns alle nicht vorstellen, obwohl wir schon viel erlebt hatten. Aus den Schornsteinen kam kein Rauch, nur Feuerregen. Die Leute fragten die Posten, was dort so brenne, und die antworteten, es müsse Brot gebacken werden. Tag und Nacht. Aber wir wußten, daß das nicht sein konnte." Bericht von Giza Landau

Jüdische Menschen aus Ungarn in Auschwitz, im Hintergrund die Viehwaggons der Deutschen Reichsbahn "DR"

"Die Art und Weise, wie wir unsere Opfer auswählten, war folgendermaßen: Zwei SS-Ärzte waren in Auschwitz tätig, um die einlaufenden Gefangenentransporte zu untersuchen. Die Gefangenen mußten bei einem der Ärzte vorbeigehen, der bei ihrem Vorbeimarsch durch Zeichen die Entscheidung fällte. Diejenigen, die zu Arbeit taugten, wurden ins Lager geschickt. Andere wurden sofort in die Vernichtungsanlagen geschickt. Kinder im zarten Alter wurden unterschiedlos vernichtet, da auf Grund ihrer Jugend sie unfähig waren zu arbeiten."

Rudolf Höss, Kommandant von Auschwitz

Einteilung durch SS-Männer an der Rampe in Auschwitz: ins Gas oder zur Zwangsarbeit

Auf dem Weg zur Gaskammer

"Knappe fünfzehn Minuten begann der Schornstein dicke schwarze, süßlich riechende Rauchwolken auszuspeien, die sich schwer über das Lager legten. Eine helle Stichflamme schoß zwei Meter hoch. Bald wurde der Gestank von verbranntem Fett und Haaren unerträglich. Und immer noch fuhren die Lastwagen vorbei, den selben Weg entlang. Wir zählten sechzig Fuhren in jener Nacht... Bald, nachdem das letzte Auto verschwunden war, kamen die ersten Lastwagen zurück, beladen mit dem Gepäck und den Kleidern der Toten, die sie zum Depot brachten."
Bericht von Ella Lengens-Reiner

Kleider der vergasten Menschen

Die Toten eines Massengrabes in Bergen-Belsen, aufgenommen von englischen Soldaten 1945

Schicksalswege der jüdischen Familien Heldenbergens

Die Familie Ballin-Oppenheimer

In der Friedberger Straße 16, wo heute eine Tierarztpraxis ist, befand sich bis zum Jahre 1938 jahrzehntelang eine bedeutende Eisenwarenhandlung. Der Gründer der Eisen- und Baumaterialienhandlung war Simon Ballin-Oppenheimer I. (* 1815), genannt "de Herzches Schimme".

Anzeige der Firma S. Ballin-Oppenheimer im Oberhessischen Anzeiger im Jahre 1900, "Dampfmaschinen in allen Größen, Dampfdreschmaschinen .." wurden angeboten

1912 erbaute David Ballin-Oppenheimer das Postgebäude in Heldenbergen. Auch heute befindet sich dort noch die Post. Aufnahme von 1918 "Kaiserliches Postamt"

David Ballin-Oppenheimer (* 6. 4. 1859) übernahm 1893 das Geschäft seines Vaters. Er wurde nur "der David" oder "der Ballin" genannt. Ein Heldenberger erinnerte sich: "Der 'Ballin' war ein tüchtiger Geschäftsmann, er hatte ein großes Geschäft mit landwirtschaftlichen Maschinen, beim Eisenbahnbrückenbau hat er die Eisenträger geliefert, er hatte sogar ein eigenes Fuhrwerk, um die in seinem Betrieb anfallenden Transporte auszuführen."[1)] David Ballin-Oppenheimer heiratete am 1. 4. 1889 Johanna Strauß, genannt Hannchen (* 29. 8. 1866), sie war die Tochter des Niddermühlenbesitzers Moses Strauß. Das Ehepaar kaufte im Jahre 1896 von diesem die Hofreite in der Friedberger Straße 16 (damals Hauptstr. 71). Die Scheune bauten sie zu einer großen Lagerhalle um. Aus der Waschküche und den Ställen entstanden eine Schmiedewerkstatt und Lagerräume für Zement.[2)] Im Oberhessischen Anzeiger, Ausgabe Friedberg, war am 5. 1. 1900 die Bekanntmachung des Großherzoglichen Amtsgerichts Friedberg zu lesen: "David Ballin-Oppenheimer und Max Speier zu Heldenbergen haben unter der Firma 'Ballin-Oppenheimer & Speier' mit dem Sitze zu Heldenbergen eine Offene Handelsgesellschaft gegründet, welche den Vertrieb von Loosen der Hessischen Landes-Lotterie zum Gegenstand hat."[2a)]

Von 1890 - 1901 war David Ballin-Oppenheimer Mitglied des Obst- und Gartenbauvereins. Auch dem Gesangverein Euphrosyne, wo schon sein Vater Mitglied des Vorstandes war, gehörte er lange Jahre an.

Aus der Ehe gingen hervor:

Meta Mina	* 11. 5. 1890	+ 30. 10. 1890
Frieda	* 6. 8. 1891	
Ernst Simon	* 21. 11. 1894	
Kurt Hermann	* 30. 9. 1900	

1906 meldete sich die Familie David Ballin-Oppenheimer nach Frankfurt ab: "Den Weibsleuten gefiel es in der Großstadt bes-

Schon in der 3. Generation wurde das Geschäft Ballin-Oppenheimer in der Friedberger Straße 16 geführt

ser."[3] Am Großen Hirschgraben in Frankfurt besaßen sie wohl noch eine Filiale ihres Geschäftes. Der Sohn Ernst besuchte von 1905 bis 1910 das Philantropin, das jüdische Reformgymnasium in der Hebelstraße in Frankfurt. Dann kehrte die Familie wieder nach Heldenbergen zurück.

Im Jahre 1912 baute David Ballin-Oppenheimer das Kaiserliche Postamt in Heldenbergen. Das Gebäude verpachtete er an die Post. 1925 übernahmen sein Sohn Ernst und ein Consorte den Besitz. Die Deutsche Reichspost kaufte dann 1926 das Gebäude.[4] Das von David Ballin-Oppenheimer erbaute Postamt von Heldenbergen dient bis heute in Heldenbergen als Postgebäude.

Im Jahre 1917 kam großer Kummer über die Familie Ballin-Oppenheimer, als innerhalb von acht Wochen zwei ihrer Kinder starben: Frieda im Alter von 25 Jahren (+ 23. 4. 1917) und Kurt im Alter von 16 Jahren (+ 21. 6. 1917).

Kurt Ballin hatte von 1913 - 1915 die Augustinerschule in Friedberg besucht. In seiner Freizeit spielte er gerne Fußball, er gehörte zu den ersten Spielern des Fußballclubs Viktoria Heldenbergen.

Nun war Ernst Ballin-Oppenheimer einziges Kind. Auch er war ein begeisterter Fußballspieler und gehörte zu den ersten Spielern der Viktoria, später spielte er in der Fußballmannschaft des Arbeitersportvereins.

Zu Beginn der zwanziger Jahre übernahm Ernst Ballin-Oppenheimer das Geschäft seines Vaters. Er erweiterte es und annoncierte jetzt auch "Elektrische Licht- und Kraftanlagen, Lager in Motoren und allen elektrotechnischen Artikeln". Die Hochzeit seines Sohnes Ernst 1923 "mit dem hübschesten Mädchen von Heldenbergen, dem Hertchen,"[5] erlebte David Ballin-Oppenheimer noch, er war Trauzeuge. Hertha (* 12. 9. 1903) war die Tochter von Michel Speier aus der Bahnhofstraße 22 in Heldenbergen. Sie war eine begehrte Tanzpartnerin gewesen. Noch heute kommt ein leuchtender Blick in die Augen älterer Männer: "Ja, die Hertha, die konnte tanzen."

Im Alter von 64 Jahren starb David Ballin-Oppenheimer am 26. 1. 1924. Unter großer Anteilnahme der Bevölkerung wurde er auf dem neuen jüdischen Friedhof beigesetzt. Sein Grabstein aus schwarzem Marmor befindet sich wieder auf dem Friedhof an der Straße nach Kaichen. Auf der rechten Seite des Grabsteins wurde sein Name eingeschrieben, die linke Seite sollte den Daten seiner Frau vorbehalten sein. Dieser Platz ist heute noch leer, denn seine Frau Hannchen starb im Konzentrationslager Theresienstadt und nicht in Heldenbergen. Da niemand der Familie Ballin-Oppenheimer den Holocaust überlebte, veranlaßte auch niemand einen Erinnerungseintrag auf der leeren Seite des Grabsteines.

Familie Ernst Ballin-Oppenheimer (* 1894)

Nach dem Tode von David Ballin-Oppenheimer lebten Ernst und Hertha Ballin-Oppenheimer weiter im Haus Friedberger Straße 16 zusammen mit der Mutter Hannchen. Die drei müssen begeisterte Kartenspieler gewesen sein, Hannchen soll an freien Tagen manchmal noch am Nachmittag in der Nachtjacke beim Kartenspielen anzutreffen gewesen sein. Als Sänger war Ernst Ballin-Oppenheimer in der dritten Generation im Gesangverein Euphrosyne aktiv. Auch beim großen Sängerfest 1925 in Heldenbergen war er dabei und ist auf dem Chorbild zu sehen (S. 357). Das Ehepaar Ballin-Oppenheimer bekam 3 Kinder:

Helmut Martin	* 27. 1. 1924
Paula Liesel	* 11. 9. 1925
Inge	* 10. 2. 1931

Wie viele jüdische Kinder des Ortes besuchten sie den katholischen Kindergarten bei den Schwestern in der Gartenstraße und gingen anschließend in die Volksschule in Heldenbergen.

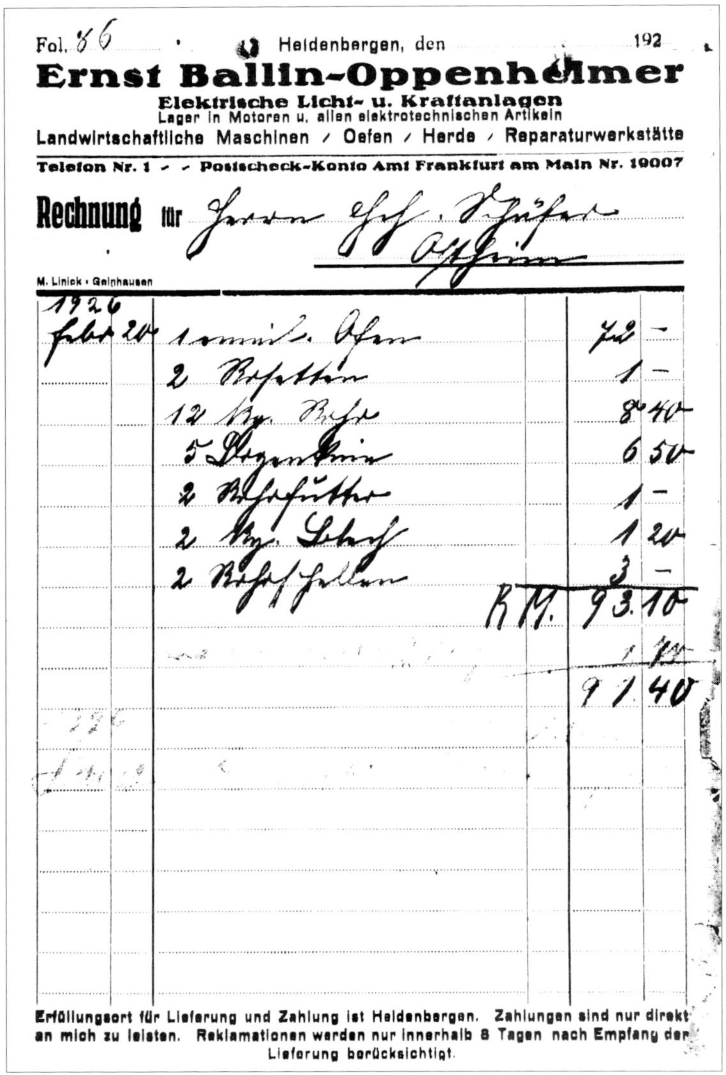

Fol. 86 Heldenbergen, den 192

Ernst Ballin-Oppenheimer

Elektrische Licht- u. Kraftanlagen

Lager in Motoren u. allen elektrotechnischen Artikeln

Landwirtschaftliche Maschinen / Oefen / Herde / Reparaturwerkstätte

Telefon Nr. 1 - - Postscheck-Konto Amt Frankfurt am Main Nr. 19007

Rechnung für

M. Linick · Gelnhausen

1926 Febr 20		72 –
	2 [illegible]	1 –
	12 [illegible]	8 40
	5 [illegible]	6 50
	2 [illegible]	1 –
	2 [illegible]	1 20
	2 [illegible]	3 –
	RM.	93 10
		1 70
		91 40

Erfüllungsort für Lieferung und Zahlung ist Heldenbergen. Zahlungen sind nur direkt an mich zu leisten. Reklamationen werden nur innerhalb 8 Tagen nach Empfang der Lieferung berücksichtigt.

Rechnung von Ernst Ballin-Oppenheimer 1926

Grabstein David Ballin-Oppenheimers aus dem Jahre 1924. Die linke Seite war für den Namen seiner Witwe Hannchen Ballin-Oppenheimer freigehalten. Sie wurde 1942 in das Ghetto Theresienstadt verschleppt und dort ermordet. So ist der Platz noch heute leer.

Ernst Ballin-Oppenheimer 1922. 1923 heiratete er das "hübscheste Mädchen von Heldenbergen". Das Ehepaar wurde mit seinen drei Kindern Helmut, Liesel und Inge ermordet.

Helmut Ballin-Oppenheimer im Alter von 12 Jahren im Hof des Viehhändlers Isaak Haas in der Friedberger Straße 38. Im Hintergrund ist Paula Haas zu sehen. Mit 18 Jahren wurde er mit seiner Familie gewaltsam in das Ghetto Theresienstadt verschleppt und ermordet.

Helmut Ballin-Oppenheimer (5. von links, stehend) mit seinen Schulkameraden und der Lehrerin Frau Morschel 1934

Der Kaufboykott gegen jüdische Geschäfte am 1. April 1933 - SA-Männer waren vor dem Geschäft postiert - ließ auch das Geschäft von Ernst Ballin-Oppenheimer erheblich zurückgehen. Der Sohn Helmut soll für kurze Zeit auch im Jungvolk der HJ gewesen sein, bis ihm nach einigen Tagen bedeutet wurde, daß dies für ihn als Juden nicht möglich sei. Besonders Helmut war als Jude vielen Schikanen ausgesetzt. Er verließ die Schule in Heldenbergen und besuchte die jüdische Bezirksschule in Bad Nauheim. Auch die Schwester Liesel verließ die Schule in Heldenbergen, um nach Bad Nauheim zu gehen.

Hertha Ballin-Oppenheimer versuchte, als Hausmädchen in Frankfurt die Existenz ihrer Familie zu sichern.

1938 verkaufte Ernst Ballin-Oppenheimer sein Haus an den Bäcker Georg Hilß aus Ortenberg.

Zum Mai 1938 verließen die Ballin-Oppenheimers mit der Mutter Hannchen ihren Heimatort Heldenbergen und zogen nach Frankfurt-Bornheim in die Wittelsbacher Allee 11 in den III. Stock.

Mit großer Sicherheit ist anzunehmen, daß Ernst Ballin-Oppenheimer dort im November 1938 verhaftet und in das Konzentrationslager Buchenwald für mehrere Wochen verschleppt wurde.

Der Vater von Hertha Ballin-Oppenheimer, Michel Speier, lebte als Witwer noch bis zum August 1941 in seinem Geburtshaus in der Bahnhofstraße 22 in Heldenbergen. Im April 1941 lebte die Familie Seligmann bei ihm. Später zog er dann im Alter von 70 Jahren zur Familie seiner Tochter nach Frankfurt. Völlig gelähmt war er auf die Pflege durch seine Tochter angewiesen.

Eine frühere Freundin von Liesel aus Heldenberger Zeiten erinnert sich: "Mein Vater und Liesels Vater waren Schulkameraden gewesen. Als für meinen Vater der Besuch bei Ballins zu riskant wurde, schickte er mich öfter, um die Familie mit Lebensmitteln zu versorgen. Die kleine blonde Inge ging noch zur Schule dort in der Nähe (in der Pfingstweidstraße 12 war eine Schule für jüdische Kinder). Liesel und Helmut waren immer ganz glücklich, wenn ich kam, sie wollten so gerne ins Kino gehen oder mal in ein Café. Es war schon zu der Zeit, als sie den Judenstern tragen mußten, sie wollten den Stern einfach abnehmen, sie waren so erlebnishungrig, so vieles war ihnen doch verboten. Meine Angst aber war größer, und ich traute mich nicht, mit den beiden wegzugehen, was wir früher schon öfter getan hatten. Im nachhinein tut mir meine Mutlosigkeit den beiden gegenüber sehr weh."

Ernst Ballin und sein Sohn Helmut arbeiteten bei der Verlegung der Straßenbahnschienen am Opernplatz, wo sie ein früherer Mitschüler Helmuts traf: Zwangsarbeit für Juden.

Die 16jährige Liesel wurde im Jahre 1942 von einer früheren Schulfreundin aus Heldenbergen bei der Frankfurter Herrenkleiderfabrik Dürselen in der Mainzer Landstraße 148 gesehen. Liesel mußte dort mit anderen jungen jüdischen Mädchen in einem besonders abgetrennten Raum Zwangsarbeit leisten. Die frühere Freundin, die auch bei dieser Firma arbeitete, kam eines Tages in diesen Raum. Die beiden Mädchen erkannten sich, konnten aber nicht miteinander sprechen. Sie sahen sich nur an, Liesel liefen die Tränen über die Backen.

Die Freundin aus Heldenbergen, die die Ballins des öfteren in Frankfurt besuchte, berichtet weiter: "Eines Tages, es war an einem Montag, kam ich wieder in die Wittelsbacher Allee. Als ich in die große Küche eintrat, in der sonst immer reger Betrieb herrschte, stand mein Herz still. Die alte Frau Ballin und der alte Michel Speier saßen ganz allein, völlig zusammengesunken an dem großen Tisch, so müssen sie wohl schon die ganze Nacht gesessen haben und erzählten mir mit tonloser Stimme, die Eltern und die Kinder seien abgeholt worden. Frau Ballin-Oppenheimer hatte ihr Strickzeug in den Händen und strickte noch an einer blauen Jacke für die kleine Inge. Sie war so unglücklich, daß die Jacke nicht noch rechtzeitig fertiggeworden war. Sie fragte mich, ob ich nicht Inge die Jacke noch bringen könnte."

Vom Frankfurter Ostbahnhof wurden im Sommer 1942 die Familie Ballin-Oppenheimer - der 47jährige Ernst, seine 39jährige Ehefrau Hertha, der 18jährige Helmut, die 16jährige Liesel und die 11jährige Inge - in das Konzentrationslager Theresienstadt verschleppt.

Die alten Großeltern bleiben noch ein Zeit lang allein in Frankfurt, bevor sie am 15. September 1942 in das Konzentrationslager Theresienstadt transportiert wurden, Hannchen Ballin-Oppenheimer starb dort am 14. 2. 1943 und Michael Speier am 18. 11. 1942.[6)] Von der Familie Ernst Ballin hörte niemand mehr etwas, möglich ist, daß sie von Theresienstadt aus weiter verschleppt worden sind nach Auschwitz. Am 1. Juni 1966 - 24 Jahre nach ihrer gewaltsamen Verschleppung aus Frankfurt - wurden der Vater Ernst Ballin-Oppenheimer und die drei Kinder für tot erklärt. "Als Zeitpunkt des Todes wird der 8. Mai 1945" festgestellt.

Das erste Schuljahr erfreut sich im Sommer 1932 an dem Storch Peter. Liesel Ballin-Oppenheimer steht in der 1. Reihe als sechstes Mädchen von rechts im Schulhof. Auch Fred Bauer (3.v.li., sitzend, weißes Hemd mit Hosenträgern) gehörte zu dieser Schulklasse.

Bäckerei Speier - später Eckstein

Familie Jakob Speier

In der Bahnhofstraße 4, wo heute die Bäckerei Frech ist, befand sich bis zum Jahre 1937 schon fast hundert Jahre lang eine jüdische Bäckerei: die Bäckerei Speier, dann Eckstein.
Der Bäcker Jakob Speier wurde am 14. 6. 1858 in Heldenbergen geboren, er heiratete Lina Seiferheld (* 2. 7. 1858) aus Langendiebach. Aus der Ehe gingen drei Kinder hervor

Bertha	* 6. 10. 1889
Sigmund	* 23. 6. 1892
Paula	* 11. 8. 1894

In Heldenbergen wurde der Jakob Speier "de Gietsche" genannt. Ein Foto zeigt ihn mit seiner Frau Lina. Sie starb am 24. 10. 1910, ihr Grabstein ist erhalten auf dem wiederhergestellten jüdischen Friedhof. Jakob Speier starb am 3. 1. 1922, auch sein Grabstein ist erhalten.

Der Bäcker Jakob Speier (1858) mit Frau Lina um das Jahr 1900*

Sigmund Speier (* 1892)

Der Sohn Sigmund lernte das Bäckerhandwerk im elterlichen Betrieb. Sigmund diente als Soldat im 1. Weltkrieg, wo er auch als Bäcker in der Nähe von Riga eingesetzt war. Er blieb bis zur Heirat seiner Schwester Bertha in der Bäckerei Speier. Dann ging er nach seiner Heirat 1923 mit Ida Rothschild aus Düdelsheim,

Sigmund Speier verließ Heldenbergen 1923 und führte ein Textilwarengeschäft in Büdingen. Er floh 1936 mit seiner Frau und den beiden Söhnen nach Südafrika.

Die Bäckerei Eckstein (Speier) in der Bahnhofstraße 4. "Brot und Feinbäckerei - Café Gustav Eckstein" ist auf dem Schild zu lesen (1925). Die Bäckerei wurde 1937 an einen Bäcker verkauft. Vor einigen Jahren wurde an dieser Stelle ein Neubau errichtet.

eröffnete in Büdingen ein Textilgeschäft, das sich ab 1929 in der dortigen Bahnhofstraße 14 befand. Das Ehepaar hatte zwei Söhne: Heinz (* 14. 7. 1924) und Kurt (* 12. 7. 1925).

"Da die Nazis mehrere Male die Schaufenster unseres Geschäftes eingeschlagen haben und auch des öfteren versucht haben, unser Haus anzustecken, sind wir 1934 nach Stuttgart geflüchtet und von dort im September 1936 nach Südafrika ausgewandert. Wir eröffneten dort eine Konditorei", berichtete Sohn Kurt Speier. 1955 starb Sigmund Speier in Johannesburg, seine Frau 1959. Die Söhne wanderten wegen der politischen Unruhen aus Süafrika in die USA aus, wo sie heute leben.[7)] 1992 besuchten sie Heldenbergen.

Bertha Speier (* 1889) und Familie Eckstein

Bertha heiratete am 11. 8. 1919 den Bäckermeister Gustav Eckstein (* 25. 2. 1888) aus Friedberg. Die Bäckerei wurde nun unter dem Namen Eckstein geführt. Die Schwester Paula Speier, sie war

Gustav Eckstein, Heldenbergen

Bahnhofstraße 4 Telefon 92

Kaffee — Konditorei — Eis

zu jeder Tageszeit

empfiehlt sich den verehrten Sangesbrüdern

Anzeige 1925

stumm, arbeitete auch in der Bäckerei mit. Gustav Eckstein erweiterte die Bäckerei. "Café und Konditorei" hieß es nun auf dem Schild am Haus und auch in einer Geschäftsanzeige. Sonntags wurde auch schon mal Musik gemacht, das Cafe Eckstein wurde zum Treffpunkt in Heldenbergen. Als Feinbäckerei backten Ecksteins als einzige in Heldenbergen Brötchen, die Paula Speier und auch die Kinder Ernst und Lilli austrugen.

"Wir haben immer unsere Quetsche (Pflaumen) runter zum Backofen vom Eckstein getragen. Der Backofen hatte einen Einstieg von oben vom Hausflur her. Über dem Backofen sind die Quetsche gedörrt worden. Der Einstieg war ein bißchen eng. Da hat der Eckstein immer die Blanka (Scheuer) von vis à vis gerufen, die hat dann die Quetsche auf den Backofen getragen und kam dann wieder herausgekrochen."[8)]

Gustav Eckstein lebte sich gut ein in Heldenbergen. Er war ein stets frohgelaunter Mensch. Singen war sein großes Hobby, er war aktiver Sänger im Gesangverein Euphrosyne. Aber auch dem Fußball galt seine Begeisterung. Für den noch jungen Fußballverein Viktoria war er ein willkommener Sponsor.

Im Ersten Weltkrieg war Gustav Eckstein Soldat gewesen, noch im September 1935 wurde ihm "Im Namen des Führers und Reichskanzlers das Ehrenkreuz für Frontkämpfer" verliehen.

Das Ehepaar Eckstein hatte zwei Kinder:

Ernst * 1. 9. 1920
Lilli * 1. 11. 1921

Die beiden Geschwister wuchsen wie Zwillinge auf. Sie besuchten die Volksschule in Heldenbergen. Der beginnende Ernst des Lebens ist ihnen beiden auf ihren Einschulungsfotos direkt vom Gesicht abzulesen.

Ernst ging nach der 4. Klasse auf die Augustinerschule in Friedberg. Mit dem Beginn der Naziherrschaft wurde er in seinen Leistungen als jüdischer Junge immer schlechter bewertet, die Fahrt wurde gefährlich und das Schulgeld wurde für die Eltern immer mehr, da sich das Geschäftseinkommen durch den Boykott ihres Geschäftes verringerte. So kam Ernst im letzten Volksschuljahr im Oktober 1933 in seine alte Klasse, zusammen mit Herbert Rothschild, zurück. Er beendete die Volksschule in Heldenbergen und lernte anschließend Bäcker und Konditor in Frankfurt.

Lilli blieb auf der Schule in Heldenbergen und besuchte nebenbei noch auf Wunsch ihrer Mutter die Nähschule bei den katholischen Schwestern in der Gartenstraße. 1936 verließ sie die Schule in Heldenbergen."Lehrer Rößler und auch Lehrer Michel waren anständig, sie haben uns gute Abgangszeugnisse gegeben, aber das hat nichts genutzt, niemand konnte sie später lesen", urteilte Lilli Eckstein. Ihr Wunsch, noch die Höhere Handelsschule zu besuchen, konnte nicht in Erfüllung gehen. 1937 begann Lilli in Frankfurt in der Schneiderwerkstatt Irma Gans eine Schneiderlehre, diese wurde jäh abgebrochen, als im November 1938 dieses Geschäft in der Schleidenstraße 26 zerstört wurde. Auch wenn die Leute noch heimlich bei Ecksteins ihr Brot holten, so schätzte doch vor allem Bertha Eckstein die politische Lage richtig ein und drängte ihren Mann zum Verkauf des Hauses und der Bäckerei. Nach langen Überlegungen stimmte Gustav

Ernst Eckstein (1920) und Lilli Eckstein (* 1921) an ihrem ersten Schultag in Heldenbergen*

Eckstein zu. Im Jahre 1937 verkauften sie ihr Haus und die Bäckerei in der Bahnhofstraße an den Bäcker Frech, die Bäckerei besteht heute noch dort, allerdings in einem neuerbauten Haus.

Am 1. März 1937 zog die Familie Eckstein zusammen mit Paula Speier nach Frankfurt in die Nähe des Zoos in die Straße "Am Schützenbrunnen 13". Dort wurde Gustav Eckstein am 10. November 1938 verhaftet und in die Festhalle verbracht. Nach zwei Tagen wurde er freigelassen, weil seine Frau die eilig beschafften Papiere zur Auswanderung nach Swaziland im Süden Afrikas vorweisen konnte. Am 28. Dezember 1938 war es endlich soweit: die Familie Eckstein konnte gemeinsam mit Paula Speier Deutschland verlassen.

Der Sohn Ernst hatte Deutschland schon einige Wochen früher am 6. Oktober 1938 verlassen. Über Aufenthalte in Rhodesien und Mozambique wanderte Ernst Eckstein 1944 nach Israel aus, wo er heute in einem Kibbuz in der Nähe von Haifa lebt. Er war Gast in Heldenbergen bei der Woche der Begegnung im Jahre 1988. Gustav und Bertha Eckstein mit Lilli und der stummen Paula Speier bekamen in Südafrika lange keine Einreisegenehmigung und lebten viele schwere Jahre in Swaziland, ab 1948 in Johannesburg. Paula Speier starb dort am Anfang der fünfziger Jahre. Gustav Eckstein starb mit 66 Jahren im Jahre 1954 in Kapstadt, Bertha Eckstein, die bei der Familie ihrer Tochter Lilli lebte, starb mit 82 Jahren im Jahre 1972. Lilli Eckstein-Stern lebt heute in Kapstadt, sie war auch Gast bei der Woche der Begegnung im Juni 1988. (Siehe Bericht Lilli Eckstein auf S. 373ff.)

1932 Schulmädchen als Märchenfiguren verkleidet, neben Goldmarie, Schneewittchen, Königin, Dornröschen Rotkäppchen Lilli Eckstein als Aschenputtel (rechts)

Die Schneiderin Recha Gerson

Recha Gerson lebte in der heutigen Mittelstraße 19. Ihr Vater Herz Gerson kaufte dieses Anwesen im Jahre 1868. 1975 wurde dieses Haus abgerissen und durch einen Neubau ersetzt. Recha Gerson wurde am 19. 4. 1875 in Heldenbergen geboren. Sie war eine beliebte und tüchtige Schneiderin, im ganzen Dorf einfach "die Recha" genannt.

Wenn Recha Gerson in den umliegenden Ortschaften von Heldenbergen etwas nähen sollte, so kamen die Bauern, setzten die Nähmaschine auf den Wagen und holten sie. Sie blieb dann einige Tage dort zum Nähen.
Ein von ihr im Jahre 1923 genähtes Hochzeitskleid für eine Braut in Kaichen können wir noch auf dem Hochzeitsbild bewundern. Die Schneiderin Recha war auch zur Hochzeit eingeladen und ist auf dem Bild zu sehen.

Bei den Kindern war Recha Gerson sehr beliebt: "Frau Gerson war eine feine Dame. Sie hatte immer ein Bonbon für uns Kinder, wenn wir mal was holen mußten."[9] Während des Novemberpogroms 1938: "Der Recha haben sie auch die Scheiben eingeworfen, da hab ich hinterher erfahren, daß das Leute waren, die früher bei der Recha gekauft haben."[10] Bertha Rothschild lebte in den letzten Jahren bei Recha Gerson, nachdem sie ihr Haus in der Untergasse 12 verkauft hatte. Seit August 1941 lebte bei Recha Gerson auch die Familie Seligmann.

Von einer Freundin wurde Recha immer noch mit Lebensmitteln versorgt. "Meine Mutter schickte mich immer als kleines Kind zu Recha, um Butter, Milch und Eier zu bringen. Meine Mutter traute sich nicht mehr selber zu Recha, seitdem sie jemand beim Bürgermeister angeschwärzt hatte. Dorthin wurde sie bestellt. Der Bürgermeister Schneider und meine Mutter waren Schulkameraden gewesen, so konnte sie zu ihm sagen: 'Schorsch, du hast immer bei mir die Hausaufgaben abgeschrieben, was soll ich mir da jetzt von dir sagen lassen.'

In diesem Haus in der Mittelstraße 19 lebte die Schneiderin Recha Gerson von ihrer Geburt 1875 bis zu ihrem Tode 1942 (Aufnahme kurz vor dem Abriß des Hauses 1975)

Die Schneiderin Recha Gerson um 1920

Sara Gerson wurde 1872 in Heldenbergen geboren, sie war verheiratet mit dem Journalisten Julius Wertheimer, der auch aus Heldenbergen stammte. Sie lebte in Paris.

"Eines Tages gab mir Recha ihren Chanukka-Leuchter und sagte zu mir: 'Kind, nimm den Leuchter und bring ihn zu den katholischen Schwestern, da ist er sicher. Wenn die Feiertage kommen, kann ich ihn ja immer noch holen!' "[11] Im August 1942 wurde Recha Gerson krank, beim Einkaufen war sie zusammengebrochen. Sie wurde in das jüdische Krankenhaus in Frankfurt in die Gagernstraße gebracht. Dort starb sie am 27. August 1942, gerade zwei Wochen, bevor ihre jüdischen Leidensgenossen aus Heldenbergen in die Konzentrationslager verschleppt wurden. Nach ihrem Tod soll ihre Wohnung geplündert und der Hausrat auf der Gasse verstreut worden sein.[11a]

Recha Gerson wurde auf dem jüdischen Friedhof in Frankfurt, Rat-Beil-Straße, beerdigt in einer Familiengrabanlage der Familie Bing (Block 123, Grab 1414 A).

1950 kam die Schwester Sara Gerson (* 10. 2. 1872), die mit dem Sohn des Lehrer Wertheimer, dem Journalisten Julius Wertheimer, verheiratet war, aus Frankreich nach Frankfurt zu Besuch und veranlaßte zu dieser Zeit wohl auch die Gravur RECHA GERSON auf dem Grabstein.

Hochzeit in Kaichen, die Schneiderin Recha Gerson hatte das Hochzeitskleid genäht und gehörte zur Hochzeitsgesellschaft (unten stehend ganz rechts - mit Mittelscheitel) - 1923.

Familie Grünewald

Die jüdische Familie Grünewald soll schon vierhundert Jahre in Heldenbergen ansässig gewesen sein, also zur Zeit der ersten Erwähnung von Juden in Heldenbergen. Dies berichtete Kurt Grünewald aus seinen Familienerinnerungen.

In diesem Jahrhundert ist die Familie des Metzgers Michael Grünewald und die seines Sohnes Sigmund, der auch Metzger war, in der Hofreite Untergasse 13 bekannt.

Michael Grünewald (* 19. 10. 1836) heiratete am 28. 2. 1878 Adelheid Mayer aus Groß-Steinheim (* 28. 7. 1849). Aus dieser Ehe gingen vier Kinder hervor:

Frieda	* 7. 5. 1879	
Sigmund	* 27. 12. 1880	
Rosa	* 15. 4. 1882	+1884
Max	* 19. 4. 1891	

Frieda Grünewald (* 1879)
Frieda Grünewald heiratete am 22. 5. 1905 in erster Ehe Leopold Rothschild aus Hörstein, wo sie nach ihrer Eheschließung auch wohnte. Nach einigen Wochen verließ sie ihren Ehemann, sicherlich aus guten Gründen, und zog wieder nach Heldenbergen in die Untergasse zu ihren Eltern. Wegen böswilligen Verlassens wurde sie 1907 schuldig geschieden.

Im Jahr darauf heiratete Frieda Grünewald Johann Heinrich Reinhardt aus Heldenbergen. Ein großes Problem für beide Familien war, daß er katholisch war und sie jüdisch. Trotz der Vorbehalte ihrer Umgebung heirateten sie, allerdings nicht in Heldenbergen, sondern in Offenbach. Einige Wochen nach der Heirat ihrer Tochter mit einem Christen starb die alte Frau Grünewald (+ 19. 3. 1909). "Die Sorgen um ihre Tochter Frieda haben sie ins Grab gebracht", meinte Kurt Grünewald.
Frieda lebte mit ihrem Mann in Offenbach in der Goethestraße 86, wo ihnen vier Kinder geboren wurden:
eine Tochter Frieda, die schon 1921 in Offenbach starb,
ein Sohn Kurt (* 1910), er war wie sein Vater Stukkateur, 1933 verbrachte er 10 Monate aus politischen Gründen im Gefängnis,
der Sohn Hans (* 1911), der auswandern konnte und dann als amerikanischer Soldat 1944 im Krieg gegen Japan fiel,
sowie eine Tochter Irma (* 1916), die nach Holland emigrierte und dort heute lebt.
Die Kinder aus dieser jüdisch-christlichen Familie wurden von ihrer Mutter im jüdischen Glauben erzogen, so waren auch sie im Dritten Reich besonders geächtet. Der Vater Johann Heinrich Reinhardt mußte dies nicht mehr miterleben, da er 1931 in Offenbach an Tuberkulose starb. Seine Witwe mußte den Judenstern tragen und wurde in ein sogenanntes Judenhaus eingewiesen. Am 15. September 1942 wurde sie verschleppt. Auf dem Transport traf sie ihre früheren jüdischen Bekannten und Freunde aus Heldenbergen wieder, die zur selben Zeit verschleppt wurden. Sie ist in Polen verschollen, heißt es in Amtsdeutsch.

Max Grünewald (* 1891)
Max Grünewald ging mit 18 Jahren von Heldenbergen nach Frankfurt. Er war dort in der Direktion der Discontogesellschaft tätig. 1933 wanderte er mit seiner Familie nach Holland aus. Die Besetzung Hollands durch die Deutschen und die folgenden brutalen Verfolgungen der Juden in Holland überlebte Max Grünewald dank der Hilfe mutiger Holländer im Untergrund. Später wanderte er nach Israel aus. 1965 besuchte er den Friedhof in Heldenbergen, um die Gräber seiner Eltern zu sehen. Den Grabstein seines Vaters konnte er finden, allerdings nicht dort, wo das Grab war, sondern an einer anderen Stelle des "wiederhergestellten" Friedhofes.

Sigmund Grünewald (* 1880) **und Familie**
Sigmund (* 28.12.1880) heiratete etwa 1908 Auguste May aus Gernsheim (* 24. 3. 1883). Er übernahm die Metzgerei und den Viehhandel seines Vaters. Die Metzgerei und den Viehhandel hatte schon der Urgroßvater Sigmund Grünewalds vor dem Jahre 1800 gegründet. Das Geschäft hatte sich gut entwickelt. Sigmund Grünewald wurde auch Eigentümer der Hofreite Untergasse 13. Das Ehepaar hatte drei Söhne:

Ernst	* 23. 2. 1910
Max	* 19. 1. 1911
Kurt	* 8. 8. 1914

Während des 1. Weltkrieges lebte die Familie für zwei Jahre in Frankfurt. Später besuchten alle drei Buben den katholischen Kindergarten in Heldenbergen und wurden in die evangelische Schule eingeschult. Ihre Lehre absolvieren alle drei in Frankfurt, später arbeiten sie auch dort, sie besuchen ihre Eltern am Wochenende und zu den hohen jüdischen Feiertagen.

Die Eltern rissen im Jahre 1929 ihr altes Haus in der Untergasse 13 ab und bauten ein neues zweistöckiges Haus mit Metzgerladen. Die Skizzen des Neubaus tragen im Dorfbuch Heldenbergen den gehässigen Kommentar: "Ein Jude baute".

1933 wurden Metzgerei und Viehhandel boykottiert und die Eltern Grünewald mußten zunehmend von ihren Kindern unterstützt werden.

1916 - Sigmund und Auguste Grünewald mit ihren drei Söhnen. Von links Kurt, Ernst und Max Grünewald

Ernst Grünewald (* 1910)
Er wanderte mit Beginn der Nazizeit erst nach Amsterdam aus, dann nach England, wo er ein Geschäft betrieb. Bei Beginn des Krieges mit Deutschland bekam er panische Angst und versuchte mit allen Mitteln, nach Amerika auswandern zu können. Das gelang ihm auch. Er hatte dort wieder ein Geschäft, seine Tochter lebt in New York. Kurz vor seinem Tod vor einigen Jahren hat er sich noch einmal mit seinen beiden Brüdern Max und Kurt in Israel getroffen.

Max Grünewald (* 1911)
Er war ein begeisterter Fußballspieler und Mitglied der ersten Jugendmannschaft des Heldenberger Fußballclubs Viktoria. Er wanderte auch erst nach Amsterdam aus und dann nach Israel, wo er vor einigen Jahren starb.

Kurt Grünewald (* 1914)
Er emigrierte ebenfalls über die Niederlande nach Israel. Er berichtet selbst: "Warum ich ausgewandert bin? Ich wollte ein Geschäft eröffnen in Mannheim. Alles war schon fix und fertig dekoriert. Da kam ein Nazi, er schrie: 'Das Geschäft wird nicht eröffnet!' Ich habe Angst bekommen, dann hat er mich gesucht, da hatte ich genug und bin weg. In Israel war die erste Zeit sehr schwierig, es gab keine Arbeit noch sonst etwas. Ich habe gearbeitet, gegessen habe ich eine Orange am Tag mit einem Stück Brot, das war das ganze Essen. Ich habe früher Arabisch gelernt als Hebräisch. Ich bekam eine sehr schwere Krankheit, schlimmer als Malaria. Seit 1936 lebe ich in Tel-Aviv. Ausgesetzt zu werden auf den anderen Seite der Welt, ist kein Leichtes. Ich war doch noch jung, meine Eltern waren nicht da."[11b)]

Kurt Grünewald war zusammen mit seiner Frau und seiner Tochter zur Woche der Begegnung 1988 in Heldenbergen.

Sigmund und Auguste Grünwald nach 1933
Sigmund und Auguste Grünewald lebten während der Nazizeit allein in Heldenbergen. "Alle von unserer Familie haben sich in Holland getroffen, meine Eltern waren auch da", erzählte Kurt Grünewald. "Ich weiß nicht, warum sie wieder zurück sind nach Deutschland. Meine Eltern haben Pech gehabt. Sie hatten die Einreise nach England, aber dann brach der Krieg aus. Sie hatten die Einreise nach Amerika, da war das Schiff abgefahren. Das war wohl ihr Schicksal."

Das Ehepaar Sigmund Grünewald hatte sein neugebautes Haus unter dem Druck der Verhältnisse an den Gendameriemeister Krug verkauft. Im November 1938 wurden dort "vier große Scheiben eingeschmissen".[12)] Schon vorher in Abwesenheit der Grünewalds wurde dort auch ein großer Einbruch verübt und viele wertvolle Sachen gestohlen.

Im Mai 1940 zog das Ehepaar nach Frankfurt, Oederweg 26. Frau Grünewald war durch vielfachen seelischen Druck schwer depressiv und lag im Georgine-Sara-von-Rothschild-Hospital, Röderbergweg 97 in Frankfurt. Das Geld, das sie für den Verkauf ihres Hauses erhielten, sollte dem Krankenhaus übereignet werden. Sigmund Grünewald mußte von der jüdischen Wohlfahrtshilfe unterstützt werden. Er lebte allein in der Fichtestraße 8. Im August 1942 war auch er im Rothschildschen Hospital, später wie seine Frau im jüdischen Krankenhaus in der Gagernstraße.

Von dort aus wurden Sigmund und Auguste Grünewald am 18. August 1942 unter der Transportnummer 234 und 235 in das Konzentrationslager Theresienstadt verschleppt. Auguste Grünewald starb dort am 9. Januar 1943 mit 60 Jahren, Sigmund Grünewald am 16. Februar 1944 im Alter von 64 Jahren.

Auguste und Sigmund Grünewald waren in den letzten Jahren vor ihrer gewaltsamen Verschleppung nach Theresienstadt schon sehr krank. Aus ihren Augen spricht der Kummer - 1939.

Familie Haas

Moses Haas (* 1833) und Familie

Moses Haas (* 1. 5. 1833) stammte aus Höchst an der Nidder. 1867 heiratete er dort Grete Kaichen (* 13.6.1838 in Heldenbergen), die Tochter des Handelsmannes David Kaichen, der in Heldenbergen "de rud Dauwet" genannt wurde.
Die ersten Ehejahre verbrachten sie in Höchst an der Nidder, ihnen wurden vier Kinder dort geboren:

Isaak	* 7. 9. 1869
Bertha	* 20. 9. 1871
David	* 14. 3. 1874
Emilie (Anna)	* 16. 8. 1877

Mit den kleinen Kindern zog das Ehepaar Moses Haas im Jahre 1878 in das Haus Büdinger Straße 1, das Elternhaus der Frau. Dort betrieb Moses Haas eine Metzgerei mit kleinem Viehhandel. In Heldenbergen wurde er "das Moische" genannt, er hatte einen Vollbart.

Im Jahre 1901 bauten sie ein Schlachthaus mit Laden an ihr Haus in der Büdinger Straße. Über seinen Großvater Moses Haas berichtet Emil Haas: "Mein Großvater hatte vier Kinder und konnte sie nie ernähren. Die Großeltern waren so arme Leute, daß mein Großvater mal zum Wirt Pauly gegangen ist, um sich Geld zu borgen, damit sie an den Feiertagen mal einen Hahn essen konnten. Mein Großvater war so streng religiös, der hat den ganzen Tag gebetet. Morgens, mittags und abends ist er in die Synagoge gelaufen. So konnte er seinem Geschäft gar nicht richtig nachgehen."[12a] Moses Haas starb mit 87 Jahren am 30. 11. 1920 in seinem Haus in der Büdinger Straße 1. Seine Frau war bereits 1908 im Alter von 70 Jahren gestorben.

1911 Emilie Haas

Isaak Haas (* 1869) und Familie

Als der älteste Sohn Isaak Haas etwa 15 Jahre alt war, versuchte er das Geschäft seines Vaters auf seine Weise in die Hand zu nehmen. Sein Sohn Emil erzählte: "Als mein Vater 15 Jahre war, also etwa 1885, wollte er ein Kalb kaufen und ist zum Wirt Pauly gekommen: 'Können Sie mir das Geld leihen für das Kalb?' Der Pauly hat es ihm gegeben. Da mein Vater das Geld haben wollte zum Weiterkaufen, hat er den Pauly gefragt: 'Wann wollen Sie das Geld zurück haben?' 'Wenn du es hast', hat er ihm zur Antwort gegeben."[12a] So begann also Isaak Haas den Aufbau seines später recht großen Viehhandels.

Im Januar 1904 heiratete Isaak Haas Pauline Strauß (* 7. 3. 1880) aus Großkrotzenburg. Die Trauung fand in der Synagoge in Hanau statt. Sie bekamen drei Söhne:

Josef	* 27. 10. 1904
Theo (Daniel)	* 27. 10 1904
Emil	* 5. 3 1908

Im Jahre 1905 kaufte Isaak Haas die Hofreite Nummer 38 in der Friedberger Straße. Isaak handelte mit Vieh in großen Mengen.

1910. Die Eltern Isaak und Paula Haas (mit traditioneller Perücke) mit den Zwillingen Josef (links) und Theo (Daniel) (rechts) und dem kleinen Emil

1910. Haus des Viehhändlers Isaak Haas in der Friedberger Str. 18. Aus dem linken Fenster schauen die Zwillinge Theo und Josef Haas heraus, aus dem rechten Fenster Frau Pauline Haas mit Emil.

Josef Haas (3. von rechts) und Freunde beim Baden in Heldenbergen1925

In Ostpreußen, Berlin oder Westfalen kaufte er waggonweise Vieh auf, holte es dort zusammen mit einem Begleiter ab, am Bahnhof Heldenbergen-Windecken wurde das Vieh dann ausgeladen, durch Heldenbergen geführt und in die Ställe getrieben. "Wir hatten 1926 einen neuen, wunderbar großen Stall gebaut, so hatten wir zwei Ställe. Übrigens hat ein Windecker die Scheune gebaut, von der Ziegelei Schütz in Ostheim haben wir die Backsteine für unseren neuen Viehstall bekommen, die haben sehr gute Ziegel gemacht. Die Bauern aus der gesamten Umgebung sind zu uns gekommen, aus Windecken, aus Kaichen, aus Heldenbergen natürlich, aus Erbstadt, auch aus Bönstadt, um bei uns Vieh zu kaufen. Wir hatten einen Viehwagen, da gingen zwei bis drei Stück Vieh drauf, damit haben wir das Vieh zu den Bauern gebracht", erinnerte sich Emil Haas.

Isaak Haas kaufte auch von den Bauern der Umgebung einzelnes Vieh auf, das dann als Schlachtvieh zum Schlachthof in Frankfurt getrieben wurde. Emil Haas dazu: "Das Schlachtvieh haben wir zu Fuß nach Frankfurt hingeführt. Da haben wir 12 bis 15 Stück Vieh von uns daheim in Heldenbergen bis nach Frankfurt geführt. Abends um acht Uhr sind wir von zu Haus weg, mit dem Vieh hat es dann 10 bis 12 Stunden gedauert. Wenn ein Tier nicht mehr weiter konnte, haben wir es auf den Viehwagen geladen."[13)] Die Metzgerei in der Büdinger Straße 1 betrieb Isaak Haas gemeinsam mit seinem Bruder David Haas, der mit seiner Familie gerade ein Haus unterhalb von Isaak Haas in der Friedberger Straße 36 wohnte. Im Laden arbeiteten die beiden Schwestern von Isaak und David Haas, Bertha und Emilie, genannt Mielchen. "In der Metzgerei haben wir ein bis zwei Stück Vieh in der Woche geschlachtet und noch ein Kalb dazu. Wir haben auch dem Pfarrer Fleisch geliefert und den katholischen Schwestern in der Gartenstraße. Wir haben das immer umsonst hingebracht, jede Woche eine Portion Fleisch. Auch die Leute auf der Naumburg haben wir beliefert, ebenso die Hainmühle, die hatten eine Gastwirtschaft. Wir haben in unserer Metzgerei koscheres und nicht koscheres Fleisch verkauft."

Isaak Haas las täglich die Frankfurter Zeitung, was zu dieser Zeit auf dem Lande recht unüblich war.

Schächtverbot

Im Zusammenhang mit dem Schächtverbot erinnerte sich Emil Haas:
"Gleich 1933 war das Schächtverbot erlassen worden, so daß strenggläubige Juden keine Möglichkeiten mehr zur Fleischbereitung hatten. Als wir keinen Schächter mehr in Heldenbergen hatten, hatte mein Vater vom Provinzialrabbiner Hirschfeld eine Genehmigung als "Schochet" erhalten. Eines Tages erzählte ein Fleischbeschauer, der bei uns in der Straße wohnte, beiläufig einem Mann in Büdesheim, daß sie jemandem auf der Spur seien, der noch heimlich schächtete. Der hat uns Bescheid gesagt: "Nehmt Euch in acht! Die wollen dich erwischen." Als es zum Schlachten gekommen ist, da haben wir unseren Nachbarn - Franz Hild - geholt, weil wir uns nicht mit den Nazis rummachen wollten, und haben ihn gebeten, uns die Kuh zu schießen. Kaum war die Kuh tot, da ist der Wachtmeister gekommen. Mein Vater sagte: 'Ich habe gar nichts gemacht, gehen sie zu meinem Nachbarn, der hat geschossen. So war nichts zu machen für den Wachtmeister. Wir hatten erst geschächtet und dann geschossen.'"[12b)]

Die drei Söhne von Isaak Haas

Von seinen drei Söhnen mit ihrer Verschiedenartigkeit gab Isaak Haas gerne eine humorvolle Beschreibung ab:
Josef, der läuft den Mädchen nach.
Theo, der geht in den Irrgarten, damit meinte Isaak Haas den in Heldenbergen sehr beliebten Fußball. Theo war ein begeisterter Fußballer bei der Viktoria, "mit dem Theo haben wir Fußball gespielt. Der hat immer die Zunge rausgehängt und dann ging es los. Er spielte Linksaußen. Der hieß nicht nur Haas, der konnte auch rennen wie ein Has!" Einige seiner Vorlagen können noch heute von älteren Heldenbergern genauestens beschrieben werden.
Über Emil hieß es dann nur ganz nüchtern, aber wohl sehr realistisch: Emil, der macht das Geschäft.
Die drei Jungen besuchten mit den evangelischen Schülern die Volksschule in Heldenbergen, um nach der 4. Klasse die Augustinerschule in Friedberg zu besuchen. "Die Eltern haben immer gesagt: 'Ihr müßt was lernen fürs Leben.'" So besuchten Theo und Josef von 1914 - 1921 die Augustinerschule, Emil von 1918 - 1923.

Josef Haas war 1925 beim Jubiläumsfest des Gesangvereins Euphrosyne Mitglied des Wirtschafts- und Vergnügungsausschusses. Ab 1927 lebte er für zwei Jahre in Köln, später in Frankfurt. Dort betrieb er zusammen mit seinem Bruder Theo eine Berufskleiderfabrik: 1928 gründete Theo Haas mit einem Bekannten die Firma "Haas & Krieger - Berufskleiderfabrik". 1929 wurde sein Bruder Josef Haas sein Teilhaber. Die Firma befand sich erst in der Kronprinzenstraße 41, dann in allen Räumen des 2. Stockes der Kaiserstraße 50. Die beiden Brüder Haas entwickelten die Firma von kleinen Anfängen zu einem angesehenen Unternehmen. Theo Haas war im Innenbetrieb tätig, während Josef Haas mit dem Geschäftsauto den weitverzweigten Kundenkreis besuchte. Im September 1938 wurde die Firma aufgelöst. Durch die Nazizeit verloren die beiden Brüder ihr Geschäft. 1938 heiratete Josef Haas Lieselotte Marx aus Bensheim.

Auch Theo war seit 1937 verheiratet, und zwar mit Hedwig Hamburger aus Hammelburg.

Im November 1938 wurde Theo in Frankfurt verhaftet, aber da er das amerikanische Visum schon in der Tasche hatte, bald wieder freigelassen. Josef und Theo Haas wanderten beide noch 1938 nach Columbus in Ohio in Amerika aus. Dort hielt sich schon seit gut einem Jahr ihr jüngster Bruder Emil auf. Theo konnte dort nach einigen Jahren eine Fabrikation für Schlipse gründen, während Josef Haas in einem Schuhhandel tätig war.

1972 besuchte Theo Haas mit seiner Frau Heldenbergen. Sie besuchten das alte Haus der Familie und natürlich auch den Fußballplatz und die Wirtschaft beim Stern-Wirt. Auf der Straße wurde Theo von einem Mann erkannt, der ihn nach Hause einlud und dort noch einen Wintermantel zeigte, den ihm der Vater Isaak Haas vor seiner Auswanderung nach Amerika 1940 geschenkt hatte. Diese Begegnung bewegte Theo Haas tief. Er starb 1981 in Amerika. Auch Josef starb vor einigen Jahren dort.

Auswanderung von Emil Haas 1937

Über seine Auswanderung erzählte Emil Haas: "Einige Jahre vor 1933 lernte ich eine Frau aus Amerika kennen. Sie wollte gerne den Ort, aus dem ihre Eltern stammten, kennenlernen, wußte aber nicht genau, wo dieser Ort lag. Ihr Mädchenname war Kaichen. So ist sie nach Kaichen gefahren und fragte dort nach jüdischen Familien. Ihr wurde gesagt, daß es in Kaichen früher Juden gab, die in Heldenbergen auf dem jüdischen Friedhof begraben wurden. Beim Bürgermeister fragte sie nach weiteren Verwandten der Familie Kaichen und wurde so zu unserer Familie geschickt. Meine Mutter war ja eine geborene Kaichen. (Ihr Bruder Baruch Kaichen wanderte 1869 nach Amerika aus.) Längere Zeit habe ich noch mit der Frau aus Amerika geschrieben. Als ich mich zur Auswanderung entschlossen hatte, stellte die Verwandte aus Amerika eine Bürgschaft für mich. Ich bekam 1937 mein Visum für Amerika, blieb dann noch drei Monate in Heldenbergen. Alle haben mich beneidet: 'Du hast es gut, du kannst fort.' Denn sie konnten nicht weg, sie wußten nicht wohin. Meine Versicherung habe ich aufgelöst, davon habe ich mein Reisegeld bezahlt. Ich fuhr mit dem Schiff Bremen in fünf Tagen nach New York. Auf dem Schiff hatte ich eine solche Angst, es waren Nazis auf dem Schiff, das war so gefährlich. Ich hatte Angst, die tun mir noch was. Die Angst, die ich da hatte, ist gar nicht zu beschreiben. Ich war so froh, als ich von dem Schiff runter war. Ich dachte, ich hätte Millionen gewonnen, daß ich mein Leben gerettet habe. Diese Freiheit für mich in Amerika war unwahrscheinlich ... mein Leben war gerettet. Als Gepäck hatte ich zwei Koffer mit. Am Schiff holte mich Siegfried Wolf aus Ostheim ab, der schon einige Monate in New York war. Ich fuhr nach einigen Tagen mit dem Zug nach Columbus in Ohio zu der Frau und ihrer Familie, die die Bürgschaft für mich gestellt hatten. Ich ruhte mich dort eine Woche aus. Dann habe ich mir das Telefonbuch genommen und alle Metzgereien angerufen. Als 'deutscher Metzger' hatte ich gleich drei Stellen zur Auswahl. Ich ging dann zu dem größten Betrieb, blieb 10 Jahre dort, dann machte ich mich selbständig. 1976 hörte ich auf.

Meine Frau Grete habe ich gleich in den ersten Tagen in Amerika kennengelernt, deren Adresse hatte ich aus Fulda bekommen. Da ich mit einer Amerikanerin verheiratet war (Grete war schon eingebürgert), bekam ich bereits nach drei Jahren die amerikanische Staatsbürgerschaft." [14]

1937. Ein Familienbild zum Abschied vor der Flucht aus Deutschland: Paula und Isaak Haas sitzend. V. li. stehend: Theo, Emil, Josef Haas. Diese Familie gehörte zu den wenigen, die einige Jahre später in Amerika wieder vereint sein konnte.

Emil konnte seine beiden Brüder mit einer Bürgschaft 1938 auch nach Amerika kommen lassen.

In Columbus/Ohio war Emil Haas immer als Metzger tätig. Einige Jahre nach seiner Flucht in Deutschland konnte er ein eigenes Geschäft gründen, "Emil Haas - Kosher Meat and Delicatessen" hieß es nun. Viele Jahre später erschien in einem Zeitungsbericht in seiner neuen Heimat über ihn: "Veteran in the kosher meat field" (ein Alt-Erfahrener auf dem Gebiet des koscheren Fleischs).

1988 war Emil Haas mit seiner Frau Grete Gast der Stadt Nidderau bei der Woche der Begegnung. In großer Dankbarkeit berichteten Emil und Grete Haas der Verfasserin von der Bedeutung dieser Einladung für ihr Leben. Besonders bewegte Emil Haas, daß ein alter Herr, der ihn früher häufig geärgert hatte, unter Tränen wieder begrüßte.

Im Alter von 85 Jahren starb Emil Haas am 28. Juni 1993.

Isaak und Pauline Haas nach der Auswanderung ihrer Söhne nach Amerika

Seit der Auswanderung ihrer Söhne lebten Isaak Haas und seine Frau Pauline allein in Heldenbergen in der Friedberger Straße 38. Verdienstmöglichkeiten gab es schon lange keine mehr für die Familie, da, so Emil Haas, "die von den Nazis verhetzten Bauern

EMIL HAAS

Kosher Meat and Delicatessen

1007 East Livingston Avenue

Columbus 5, Ohio

Briefkopf von Emil Haas in Amerika

Isaak und Pauline Haas im Hof ihres Hauses 1936

Das Ehepaar David und Flora Haas (vor der Kuh), ganz links Emil Haas, hinter der Kuh sind Isaak Haas und im Hintergrund Benno Sichel zu sehen - um 1935 im Hof von Isaak Haas.

nichts mehr von uns kaufen wollten, und es ihnen auch unter Androhung von Gewaltmaßnahmen verboten war, Geschäfte mit Juden abzuschließen."[14a] Ab und zu schickte Emil gepökeltes koscheres Fleisch, da seine Eltern aus religiösen Gründen nur koscheres Fleisch aßen. Nach der Auswanderung von Samuel Scheuer 1936 war nun Isaak Haas Gemeindevorsteher geworden, später hat ihn dann Josef Rothschild abgelöst.

Im November 1938 wurde er auch verhaftet, dann aber wohl wegen seiner Herzerkrankung freigelassen. Frau Haas versorgte die in der Schule Gefangenen mit Brot.

Das Ehepaar Isaak Haas verkaufte sein Haus, in dem sie nun so viele Jahre gewohnt und seine Kinder aufgezogen hatte, im Jahre 1939. Dank der Hilfe ihrer Söhne in Amerika konnten Isaak und Pauline Haas noch im Februar 1940 mit einem Schiff namens "Rest" von Genua nach New York auslaufen. So war diese Familie wieder zusammen. Issak Haas erlebte noch die Geburt seines ersten Enkels in Amerika. Am 27. 12. 1942 ist er in Amerika im Alter von 72 Jahren gestorben..

David Haas (* 1874) und Familie

David Haas war der Bruder von Isaak. Er betrieb in der Büdinger Straße 1 die Metzgerei, die er von seinem Vater übernommen hatte. Dabei arbeitete er mit seinem Bruder Isaak zusammen.
Im 1. Weltkrieg war er Soldat. David Haas war verheiratet mit Flora Schaumberg (* 14. 7. 1891) aus Schweinsberg bei Marburg. Seit 1918 lebten sie im Haus Friedberger Straße 36, gerade nebenan von Isaak. Sie hatten zwei Söhne:

Isidor	* 18. 9. 1915
Martin	* 3. 5. 1925

Isidor Haas (* 1915)
Der älteste Sohn wurde immer nur Issi gerufen, er besuchte die Volksschule in Heldenbergen. Nach der Schulzeit begann er eine Metzgerlehre in Klein-Auheim, wo er aber nur einige Monate blieb. Dann war er wohl im Geschäft seines Vaters. 1937 hielt er sich einige Monate in Blankenese bei Hamburg auf. Vielleicht stand dies im Zusammenhang mit einem Vorfall in Kaichen im September 1936. Der Gendamerie-Hauptwachtmeister berichtete am 19. September dieses Jahres an den Kreisdirektor des Kreises Friedberg: "Die Juden Emil und Isidor Haas aus Heldenbergen wurden am 2. und 3. September 1936 von dem SA-Truppführer F. in Kaichen geschlagen und verletzt." [15]

Am 22. November 1938 meldete sich Issi in der Gemeinde Heldenbergen ab nach Columbus, Ohio in den USA zu seinem Cousin Emil Haas. In Amerika lebt er mit seinen Cousins zusammen, er arbeitete in einer Metzgerei. Im Jahre 1945 heiratete er in New York, ohne daß seine Familie davon wußte. Auf der Hochzeitsreise versuchte er dann, seine Frau in einem Anfall von Wahnsinn umzubringen. Er kam ins Gefängnis. Seit diesem Tag verschlug es ihm die Sprache.

Im Jahre 1949 wurde er von den amerikanischen Behörden zurückgeführt nach Deutschland. Seitdem lebte er in verschiedenen psychatrischen Anstalten. Während der letzten Jahre war Issi Haas in Weilmünster. Dort sah ihn sein Cousin Emil, der zur Woche der Begegnung wieder in Heldenbergen war, nach 45 Jahren zum ersten Mal wieder. Von diesem Treffen hatten sich die Betreuer von Issi erhofft, daß sich möglicherweise seine Stummheit lösen könnte. Aber es geschah nicht. So lebt Issi heute weiter schweigend mit seinem Schicksal, ohne ein Wort.

Martin Haas (* 1925)
Der zehn Jahre jüngere Bruder von Issi, Martin Haas, blieb bei seinen Eltern David und Flora Haas in der Friedberger Straße 36. Eingeschult wurde Martin im Jahre 1931 in Heldenbergen. Nach den ersten Schuljahren besuchte er die Augustinerschule in

Issi Haas (ganz rechts) und seine Schulklasse 1929 bei der Entlassung aus der Volksschule Heldenbergen mit Lehrer Michel

Friedberg, von der er erst recht spät - wohl aufgrund der sogenannten "Frontkämpferklausel" - zu Ostern 1936 zurückkehrte. Etwa ein Jahr später mußte er die Schule in Heldenbergen verlassen, weil er Jude war. Vielleicht besuchte er dann die Jüdische Bezirksschule in Bad Nauheim.

Martin Haas lebte seit November 1939 in Frankfurt als Buchbinderlehrling im Lehrlingsheim in der Rückertstraße 49. Er bereitete seine Auswanderung nach Nordamerika vor, eine Schiffspassage war in Frankfurt gebucht für den 7. November 1940 mit dem Dampfer "Präsident Colidgein". Auch alle sonstigen Formalitäten wie Reichsfluchtsteuer und Auswanderungsabgabe bei der Jüdischen Gemeinde Frankfurt hatte er bezahlt. Sein Umzugsgut hatte Martin Haas schon in dreifach ausgefertigten Listen eingereicht. Es ist nicht bekannt, was genau seine Auswanderung, die sein Leben gerettet hätte, verhinderte.[16)]

Im Juni 1941, als das Jugendheim in der Rückertstraße in Frankfurt geschlossen wurde, kehrte Martin Haas aus Frankfurt nach Heldenbergen zu seinen Eltern zurück.

Vom Mai 1939 gibt es in einem Brief von Hilda Reichenberg aus Windecken nach New York einen Hinweis: "Herbert Rothschild (aus H.) fährt nach Cuba. Familie David Haas auch."[17)] In dieser Zeit liefen mehrere Schiffe nicht aus, da Cuba keine Landeerlaubnis mehr erteilte. David Haas verkaufte im Dezember 1941 das Haus in der Friedberger Straße 36 und zog im Rahmen der Zwangsumlegungen von Juden im Juni 1941 in die Büdinger Straße 1, wo sich auch die Metzgerei befunden hatte, die er nun schon mehrere Jahre nicht mehr betreiben durfte. Dies war auch sein Elternhaus gewesen und seine beiden ledigen Schwestern Bertha und Emilie lebten dort. Von diesen letzten

Martin Haas (rechts) glückte die Flucht nach Amerika nicht, er wurde im Alter von 17 Jahren mit seinen Eltern gewaltsam aus Heldenbergen verschleppt. Links Theo Haas mit seiner Frau Hedwig um 1937

Jahren ist nichts bekannt, sicherlich hat die Familie Haas in großer Zurückgezogenheit und Verzweiflung gelebt. David Haas mußte Zwangsarbeit leisten für die Gemeinde Heldenbergen, zusammen mit den anderen männlichen Juden mußte er in den ersten Monaten des Jahres 1942 Holz machen im Wald.

Am 15. September 1942 wurden David Haas, seine Ehefrau Flora, sein 17jähriger Sohn Martin, seine Schwester Bertha und die Schwester Emilie aus ihrem Haus in der Büdinger Straße gezerrt und auf einen vor dem Haus bereitstehenden Lastwagen aufgeladen. Es war um die Mittagszeit. Sie wurden über Friedberg in ein Sammellager nach Darmstadt gebracht. Dort hatte Bertha Haas Geburtstag und wurde 71 Jahre. Nur vier Tage nach ihrem Geburtstag starb sie im Haus Eschollbrücker Straße 4 1/2 an "Alterschwäche und Lungenentzündung" am 25. September 1942. Noch am selben Tag wurde sie auf dem jüdischen Friedhof Steinbergweg in Darmstadt "mit Genehmigung des Oberbürgermeisters" beerdigt (Nummer des Grabes B 568). Die anderen Mitglieder der Familie Haas wurden von Darmstadt in das Konzentrationslager Theresienstadt transportiert, wo sie am 28. September 1942 eintrafen. Emilie Haas starb am 16. August 1944 in Theresienstadt und wurde dort verbrannt.[18] David Haas, seine Frau Flora und der Sohn Martin wurden von Theresienstadt mit dem Transport Ea - 513am "nach dem Osten" - vermutlich nach Auschwitz - verschleppt und ermordet.

Martin Haas (links vom Storch sitzend) als Zwietklässler mit seiner Schulklasse im Sommer 1932

Familie Jacob Hermann

in der Untergasse 17

Seit ihrer Heirat im Jahr 1885 lebte das Ehepaar Jacob Hermann (* 4. 8. 1852) und Klara geborene Sinz (11. 11. 1860 in Rüsselsheim) im Haus der Untergasse 17. Jacob Hermann betrieb dort einen Großhandel mit altem Eisen.

Bei den Buben Heldenbergens war der Alteisenhändler Hermann ein beliebter Anziehungspunkt, da dort kleine gefundene Eisenteile in Bargeld umgesetzt werden konnten. Den Trick der Buben, sich Schrauben an der Bahn zu besorgen, hatte Jacob Hermann allerdings - sehr zum Leidwesen der Kinder - schnell durchschaut. "Als Buben sind wir zur Bahn, haben dort Schrauben aus Eisen gefunden, sind dann zum Hermann in der Untergasse. 'Das kannst du wieder mitnehmen, das ist von der Bahn. Ich will es nicht haben', sagte er mit hoher näselnder Stimme. Da mußten wir wieder abziehen und uns was anderes suchen."[19)]

Jacob Hermann war 1911 Vorsitzender des II. Israelitischen Männerunterstützungsvereins. Auch war er 1925 passives Mitglied des Gesangvereins Euphrosyne.

Jacob und Klara Hermann hatten 5 Kinder :

Ludwig	* 24. 4. 1886
Moritz	* 1. 5. 1887
Fritz Karl	* 6. 1. 1889
Johanna	* 13. 2. 1893
Alfred (Siegfried)	* 29. 4. 1903

Während des 1. Weltkrieges erlebte die Familie Hermann wie viele andere Heldenberger Familien großes Leid. "Das Kommando des Infanterieregimentes No 112" teilte am 9. November 1915 der Familie Hermann mit, daß ihr Sohn, der "Gefreite der Reserve der 11. Kompanie des genannten Regimentes Kaufmann Friedrich Karl" - kurz genannt Fritz - "am 4. Oktober 1915 vormittags um zwei einhalb Uhr vor Brien infolge eines Schusses in die Brust verstorben sei". Fritz Hermann wurde nur 26 Jahre alt. Die Gebeine von Fritz Hermann wurden in den zwanziger Jahren auf den deutschen Soldatenfriedhof St. Etienne à Arnes (Block 3 - Grab 623), 35 km nordostwärts von Reims umgebettet. 1972 erhielt das Grab ein neues Grabzeichen.[20)] Sein Name ist auf den Gedenktafeln für die Gefallenen des 1. Weltkrieges auf dem Friedhof in Heldenbergen zu lesen.

Zum November des Jahres 1927 verließ das Ehepaar Hermann Heldenbergen und zog nach Hanau in die Ostbahnhofstraße 4.

Jacob Hermann starb am 7.3.1929, seine Frau Klara am 5. 10. 1930. Beide sind nebeneinander auf dem Hanauer jüdischen Friedhof beerdigt (Reihe 4 Grab 56 + 57).

Johanna Hermann-Löbenstein (* 1893)
Sie heiratete in Heldenbergen am 10.10.1920 den Kaufmann Karl Löbenstein (* 21. 7. 1887 in Wanfried) aus Hanau. Sie bekamen zwei Mädchen: Ruth (* 1924) und Hertha (* 1926). Karl Löbenstein war der letzte Inhaber der Safran- und Gewürzimportfirma Bayersdorf & Co. in Hanau.

Im November 1938 wurde er verhaftet und für einige Wochen in ein Konzentrationslager verbracht, 1940 für einige Wochen im Arbeitshaus Breitenau bei Cuxhaven gequält.

Alle 14 Tage kam Klara Levi aus Ostheim, eine Freundin aus Jugendtagen, zu Johanna Löbenstein, um ihr im Haushalt zu helfen.

Die jüngere Tochter Hertha Löbenstein konnte mit Hilfe eines sogenannten " Haushaltspermits", das die Einreise nach England ermöglichte, fliehen. Bei einem Bombenangriff der Deutschen auf London wurde sie 1940 im Alter von 16 Jahren getötet - zwei Tage vor ihrer Abreise nach Amerika.

Johanna Löbenstein, ihr Mann Karl sowie die 18jährige Tochter Ruth wurden am 5. September 1942 aus Hanau in das Konzentrationslager Theresienstadt verschleppt. Julius Lilienfeld aus Rückingen, der das Konzentrationslager überlebt hatte, berichtete, daß die Familie Löbenstein von dort aus nach Auschwitz verschleppt worden war. Es gibt kein Lebenszeichen von ihnen. Alle wurden ermordet.[21)]

Ludwig Hermann (* 1886)
Ludwig Hermann verließ Heldenbergen in jungen Jahren. Nach dem Tode seines Onkels Isidor Hermann übernahm er das von diesem gegründete Textilwarengeschäft in Hanau an der Ecke Hammerstraße in der Langstraße 62. Weiteres ist nicht bekannt.

Moritz Hermann (* 1887)
Moritz Hermann war Soldat im 1. Weltkrieg. So wurde er Mitglied im Reichsbund Jüdischer Frontsoldaten. Nach dem Weltkrieg übernahm er in Hanau die Gewürzmühle Bayersdorf, die er später seiner Schwester Johanna Löbenstein und ihrem Mann übertrug. Er war nun Einkäufer bei dem Kaufhaus Leonhard Tietz.

Dort wurde er als Jude gegen eine Abfindungssumme entlassen, von der er seinen Lebensunterhalt bestritt. Er lebte in Hanau in der Wilhelmstraße 10.

Aktiv war er im Widerstand gegen die Nazis in einer illegalen Gruppe des Reichsbanners um Paul Apel.[22)] 1936 wurde er verhaftet und am 17. 7. 1936 wegen Vorbereitung zum Hochverrat vom Strafsenat Kassel zu einem Jahr Gefängnisstrafe verurteilt. Er war einer von 21 Angeklagten. In der Urteilsbegründung heißt es: "Hermann ist nie politisch tätig gewesen. Er ist leberleidend. Es ist ihm nicht nachgewiesen, daß er sich bei seinem die SPD unterstützenden Handeln, dem Erwerb der 'Sozialistischen Aktion', mit den Zielen und Gedanken der SPD verbunden gefühlt hat. Er ist deshalb der Beihilfe und Vorbereitung eines hochverräterischen Unternehmens schuldig und, da er die Schwere der hochverräterischen Handlung, zu der er Beihilfe leistete, kannte, der Beihilfe zu der Straftat."[23)] Weiteres ist in einem Schreiben der Gestapo Kassel zur Begründung seiner Ausbürgerung aus Deutschland zu erfahren: "Hermann ist als Staatsfeind bekannt ... Diese Strafe hat er nur teilweise verbüßt. Er mußte wegen Haftunfähigkeit vorzeitig aus der Strafanstalt entlassen werden. Nach der Krankenhausbehandlung flüchtete er ins Ausland. Er ist deshalb im Deutschen Kriminalpolizeiblatt und im Steckbriefregister zur Festnahme ausgeschrieben ... Der Jude war ferner Mitglied der aufgelösten jüdischen 'Ferdinand Gamburg-Loge' in Hanau ... hat der Jude sowohl eine staatsfeindliche wie auch volksschädliche Einstellung unter Beweis gestellt."[24)]

Moritz Hermann war nach Holland geflüchtet und lebte dort in Rotterdam. Nach der Besetzung Hollands 1940 durch die Deutschen wurde Moritz Hermann wenige Jahre später nach Auschwitz verschleppt und dort vergast.

Alfred Hermann (* 1903)
Alfred besuchte von 1916 - 1920 die Augustinerschule in Friedberg. Vor den Nazis flüchtete er ebenfalls nach Holland. Er heiratete am 6.3.1935 in Rotterdam. Nach der Besetzung Hollands durch die Deutschen wurde er nach Auschwitz verschleppt und dort am 31. 3. 1944 vergast.

Familie Leopold Hermann

in der Pfarrgasse 8

Leopold Hermann (* 8. 3. 1859) lebte mit seiner Frau Mathilde geborene Salomon (* 28. 10. 1863 in Diedorf bei Koblenz) in seinem Elternhaus in der heutigen Pfarrgasse 8, früher Kirchgasse. Das Haus steht heute nicht mehr, es wurde vor einigen Jahren abgerissen.
Leopold Hermann wurde mit Spitznamen der "Fäderkiel" gerufen. So wurde auch schon sein Vater Simon Hermann genannt. Dieser Name rührt wohl daher, daß schon der im Jahre 1756 geborene Jakob Hermann in Heldenbergen mit Federkielen handelte und deshalb so gerufen wurde.
Geschäftlich arbeitete Leopold Hermann mit seinem Bruder Jakob in der Untergasse zusammen. Er handelte mit Fellen, Lumpen und Spezereien. In den Adreßbüchern wurde er als Hausierer, dann als Kaufmann und später als Privatier bezeichnet.
1909 wird er als Vorstand des II. Männerunterstützungsvereins der jüdischen Gemeinde Heldenbergen erwähnt.
Im Gesangverein Euphrosyne war er 1926 passives Mitglied.
Leopold und Mathilde Hermann hatten zwei Söhne:

Julius	* 5. 3. 1893
Moritz	* 28. 6. 1896

Moritz Hermann (* 1896)
Moritz Hermann war Kriegsteilnehmer im 1.Weltkrieg von 1914 an. Er wurde mehrmals verwundet. Später lebte er in Frankfurt. Aus Kummer darüber, daß er - bedingt durch die Verfolgungen der Nazis - seinen Lebensunterhalt nicht mehr verdienen konnte und wohl auch wegen der Liebesbeziehung zu einer Christin, die nach den Nürnberger Gesetzen vom September 1935 strafbar war, erhängte sich Moritz Hermann am 21. Dezember 1935. Sein Grab befindet sich auf dem jüdischen Friedhof in Frankfurt an der Eckenheimer Landstraße (Block 3 E 67).

Julius Hermann (* 1893)
Julius Hermann besuchte von 1904 - 1907 die Augustinerschule in Friedberg. Auch er war Soldat im 1. Weltkrieg, er geriet in Gefangenschaft nach Rußland, von wo er erst nach langer Zeit in die Heimat zurückkehrte.

1920 ging Julius Hermann als Handlungsgehilfe nach Saarbrücken. Am 10. 3. 1925 heiratete er dort Sophie Magdalena Krämer (* 8. 8. 1896). Julius Hermann war zu Beginn seiner Zeit in Saarbrücken katholisch, dann freikirchlich. 1928 trat er mit seiner Frau, die vorher protestantisch war, zum Judentum über. Deshalb waren beide auch gezwungen, die zusätzlichen Vornamen Sara und Israel im Jahre 1939 anzunehmen.[24a)] In der Kristallnacht 1938 wurde Julius Hermann verhaftet und für sechs Wochen in das Konzentrationslager Dachau verschleppt. 1939 verzog das Ehepaar in die Martin-Luther-Straße 6 in Essen. Mit Hilfe seiner Frau konnte Julius Hermann in den Jahren 1944 und 1945 illegal in Essen überleben. Nach dem Kriege war er Gartenarbeiter bei der Stadt Essen.[24b)] Später betrieb er eine Textilgroßhandlung in der dortigen Hindenburgstraße. Ende der fünfziger Jahre zog das Ehepaar Julius Hermann in die Kurstadt Bad Homburg, Hessenring 86.

Am 2. 9. 1960 starb Julius Hermann in Bad Homburg, wie sein Bruder Moritz 25 Jahre zuvor wurde er auf dem jüdischen Friedhof Eckenheimer Landstraße in Frankfurt beerdigt (Grab Block 7 -D 91).

Die Eltern Leopold und Mathilde Hermann erlebten im Alter von über 70 Jahren die Machtergreifung der Nazis in Heldenbergen. Ein einziges Foto war zu finden, das sie im Sommer 1938 vor ihrem Haus mit ihrer Schwiegertochter Sophie und einem verwandten Ehepaar aus Karben zeigt.

Einige Wochen vor seinem 80. Geburtstag zu Beginn des Jahres 1939 verließ Leopold Hermann seinen Geburtsort Heldenbergen, wo schon sein Vater und Großvater geboren waren. Das

Früheres Haus der Familie Leopold Hermann in der Pfarrgasse 8. Aufnahme vor dem Abriß um 1970

Julius Hermann konnte dank seiner christlichen Ehefrau Sophie in seinem Versteck überleben. 1959 im Kurpark von Bad Homburg

Leopold Hermann (links)und Mathilde (rechts) Hermann vor ihrem Haus Pfarrgasse 8 mit ihrer christlichen Schwiegertochter Sophie und dem verwandten Ehepaar Max und Berta Kulb aus Groß-Karben.

Ehepaar Hermann zog in das jüdische Altersheim in Bad Nauheim in der heutigen Frankfurter Straße. Das jüdische Altersheim in Bad Nauheim war Zufluchtsstätte für viele alte jüdische Menschen aus der Wetterau.

Nach Genehmigung durch den Landrat wurde ihr Haus 1940 verkauft. Der Erlös kam sofort auf ein Sperrkonto und stand den Hermanns nicht zur Verfügung. Auf ihr Vermögen mußten sie die sogenannte Judenabgabe bezahlen.

Bevor das Ehepaar Hermann mit dem Auto nach Bad Nauheim gefahren wurde, kam der Frisör noch einmal heimlich zu ihnen, um Leopold Hermann die Haare zu schneiden.

Aber auch im Altersheim in Bad Nauheim war es den Hermanns nicht vergönnt, ihren Lebensabend in Ruhe zu verbringen.

Am 15. September 1942 wurden sie mit vielen anderen Juden zusammen aus Bad Nauheim verschleppt. "Frühmorgens sind die Bewohner der Frankfurter Straße 58 und 65 von mehreren Gestapoleuten überfallen und in Lastautos einwaggoniert worden. Als die Juden nach Friedberg gekommen sind, sind sie in den nächsten Tagen nach Darmstadt transportiert worden."[25] Im Sammellager Darmstadt trafen die Hermanns auch die aus Heldenbergen Verschleppten. Das Ehepaar Hermann wurde am 27. September 1942 in das Konzentrationslager Theresienstadt transportiert. Leopold Hermann starb dort im Alter von 83 Jahren am 3. November 1942, seine Frau Mathilde überlebte ihn um einige Monate und starb am 11. April 1943, kurz vor ihrem 80. Geburtstag.

Die Geschwister Hermann

Leopold und Jacob Hermann hatten noch fünf Geschwister, mit denen sie im Haus Pfarrgasse 8 aufgewachsen waren. Diese verließen Heldenbergen und gründeten Familien in anderen Orten.

Isidor Hermann (* 1866)
Isidor Hermann, eigentlich Isaak Hermann, war verheiratet mit Emma geborene Bluhm aus Hanau. Dort wurden ihnen zwei Töchter geboren: Paula (1899) und Martha (1897).
Um 1896 gründete er in Hanau das Textilwarengeschäft "I. Her-

Das Haus der guten Qualitäten!

J. Hermann G. m. b. H. Hanau

Beste Bezugsquelle

für

Kurz-, Weiß-, Wollwaren, Korsetts
Handarbeiten, Besätze, Spitzen
Modewaren, Herren-Artikel, Gardinen

Das Haus der guten Qualitäten!

Isidor Hermann und Frau Emma mit den Töchtern Martha (links) und Paula (rechts) in Hanau 1908

Anna Hermann (1854) war seit 1884 in Groß-Karben verheiratet.*

mann". 1897 erbaute er das Eckhaus an der Langstraße 62/Ecke Hammerstraße, das im Zweiten Weltkrieg zerstört wurde. Im Jahre 1913 starb Isidor Hermann und wurde auf dem jüdischen Friedhof Hanau begraben (Reihe 17 Grab 262).
Im Jahre 1925 erschien eine Anzeige des Geschäftes von J. Hermann, Hanau, in der Festschrift des Gesangvereins Euphrosyne. Das Geschäft führte nun der Neffe von Ludwig Hermann (* 1886) aus Heldenbergen. Sein Enkel Hans aus Chile besuchte 1993 Heldenbergen.

Anna Hermann (* 1854)
Sie heiratete 1884 in Groß-Karben den Witwer Bernhard Kulb (geb. 19.11.1850) mit drei kleinen Kindern. Die Familie Kulb hatte dort in der Heldenberger Straße 10 einen gutgehenden Großhandel in Getreide und Kartoffeln. Anna Hermann hatte in ihrer Ehe drei Kinder. 1925 verstarb ihr Mann und sie zog zu ihrer Tochter Johanna nach Friedberg, die dort mit dem Pferdehändler Sally Isenburger verheiratet in der Hanauer Straße 41 lebte.
Lange Jahre wurde Anna Kulb von ihrer Tochter gepflegt, bis sie am 21. 12. 1938 im Alter von 84 Jahren starb. Ihr Grab befindet sich auf dem jüdischen Friedhof Oberwöllstädter Höhe in Friedberg.

Henriette Hermann (* 1857)
1890 heiratete sie in Heldenbergen den Handelsmann Louis Waldbaum (* 1858 in Iserlohn) aus Wohnbach, Kreis Friedberg, wo das Ehepaar bis 1898 lebte. Danach verzog es nach Krefeld, wo Henriette am 15. 5. 1918 starb. Ihr Mann wurde im Alter von 84 Jahren nach Theresienstadt verschleppt, wo er nach wenigen Wochen starb.[26)]

Johanette Hermann (* 1867)
Sie heiratete in Heldenbergen Leopold Eisemann. Dieser war Metzger und unterhielt eine Rindsmetzgerei in Frankfurt-Rödelheim, die schon vor 1907 bestand. Das Ehepaar hatte einen Sohn Heinrich (* 1907).

In der Nazizeit wurde Leopold Eisemann als Jude der Zutritt zum Frankfurter Schlachthof verwehrt, so daß er die Metzgerei aufgeben mußte. Während des Novemberpogroms 1938 drangen Uniformierte in das geschlossene Geschäft ein. Sie zerstörten die Geschäftseinrichtung und demolierten auch die Möbel in der Wohnung der Familie. Er starb im November 1939 und wurde auf dem jüdischen Friedhof Eckenheimer Landstraße in Frankfurt beerdigt (Grab Block 8 A 42). Johanette Eisemann wurde am 15. September 1942 von Frankfurt in das Konzentrationslager Theresienstadt verschleppt. Nach 1 1/2 Jahren Haft in Theresienstadt starb sie dort am 1. April 1944.

Nach dem Tode ihres Mannes hatte Johanette Eisemann ein Doppelgrab erworben. Da durch ihren Tod in Theresienstadt dieser Platz leer blieb, fand dort der Sohn Heinrich im Jahre 1964 seine letzte Ruhe. Auf dem Grabstein ist auch der Name Johannette Eisemann + 1. 4. 1944 in Theresienstadt zu lesen.

Rosa Hermann (* 1861)
1891 heiratete sie in Heldenbergen den Handelsmann Isaak Katz aus Bobenhausen II in Oberhessen. Das Ehepaar hatte 5 Töchter.

Moritz Hermann (* 1864)
Er heiratete Mathilde Kahn und lebte in Schierstein. Das Ehepaar hatte keine Kinder.

Lehrer Höxter

Im März 1926 kam Lehrer Jakob Höxter nach Heldenbergen. Er sollte der letzte Lehrer der jüdischen Gemeinde Heldenbergen sein. Mit seinen drei erwachsenen Kindern zog der Witwer (der Franziska Höxter, geborene Loewenstei, * 20.11.1876 + 21.1. 1923) in das Haus der jüdischen Gemeinde Heldenbergen, Bahnhofstraße 14, ein.

Jakob Höxter wurde am 13. 2. 1873 in Zimmersrode, Kreis Fritzlar, geboren. Seit 1899 war er in Jesberg, Kreis Fritzlar, Lehrer der jüdischen Gemeinde, er lehrte zuerst nur die jüdischen Kinder in der israelitischen Elementarschule. Mit dem Ersten Weltkrieg unterrichtete er dann die christlichen und jüdischen Kinder in der Volksschule Jesberg gemeinsam.

Nach seiner Pensionierung als Volksschullehrer in Jesberg übernahm Jakob Höxter die Aufgabe als Vorbeter, Lehrer und Schächter in der jüdischen Gemeinde Heldenbergen. Er unterrichtete auch die jüdischen Kinder von Büdesheim im jüdischen Religionsunterricht.
In Heldenbergen war Lehrer Höxter eine geachtete Person.

Unmittelbar nach der Machtübernahme der Nazis wurde sein Sohn Siegfried Höxter als aktiver Sozialdemokrat fieberhaft gesucht. Da man ihn aber nicht finden konnte, sollte der Vater verhaftet werden.

Täglich mußte Jakob Höxter sich in Heldenbergen bei der Polizei melden, man wollte wohl vermeiden, daß er seinem Sohn Siegfried Unterschlupf gewähren würde. Der Gendarmeriemeister Gerbothe, der täglich sowieso am Hause Höxter vorbeifuhr, bot dem Lehrer Höxter an: "Herr Höxter, was brauchen sie da extra hinzugehen, ich mache das schon für sie."[26a]

Nur wenige Wochen später, im Juli 1933, verließ Jakob Höxter Heldenbergen und zog nach Büdesheim zu seiner Tochter Gertie Strauss und ihrer Familie.

Jakob Höxter mit 1949 mit seinem Enkel Hans in Buenos Aires, Argentinien.

Im März 1934 zog er dann mit ihnen nach Frankfurt in die Finkenhofstraße 32. Gertie Strauß bemühte sich ohne Unterlaß, eine Auswanderungsmöglichkeit für den Vater zu finden. Ihr Mann Hugo Strauß, die Tochter Elli und sie selbst hätten schon 1933 auswandern können nach Argentinien, nur für Jakob Höxter war dies nicht möglich, da er keine Blutsverwandten in Argentinien hatte. Die Familie Strauß wanderte dann im September 1938 dorthin aus.

Jakob Höxter mußte während der "Kristallnacht" sehen, wie die Synagogen brannten. Er verbrachte diese Nacht auf der Straße und konnte so einer Verhaftung entgehen. Jakob Höxter lebte in Frankfurt in der Windeckstraße 41.

Seinem Sohn Manfred, der nach Brasilien fliehen konnte, gelang es, seinen Vater im Jahre 1939 auch dorthin kommen zu lassen. Ein ärztliches Zeugnis für die Einreise nach Brasilien bescheinigte dem 66jährigen, daß er "nicht an ansteckender Krankheit leidet, noch an Geisteskrankheit, Lepra, Elefantiasis, Krebs, Tuberkulose, nicht blind oder stumm ist, noch an einer Lähmung leidet, die ihn arbeitsunfähig macht".

Nach vier Jahren in Brasilien übersiedelte Jakob Höxter im Jahre 1943 nach Argentinien nach Buenos Aires zur Familie seiner Tochter Gertie.

Jakob Höxter dichtete sehr gerne, besonders wohl zu festlichen Anlässen. Zu seinem 75. Geburtstag im Jahre 1948 schrieb er ein Gedicht, das die Situation der Judenvernichtung, den Verlust der geliebten Heimat sowie die Bemühungen um einen eigenen Staat der Juden in Israel widerspiegelt:

Meine Bitte
Trauerkunde dringt schon wieder
Zu mir aus dem heiligen Land,
Des Propheten Klagelieder
Wachen auf am Jordanstrand.

Ach, wie ist mein Herz beklommen,
Trauert mit Dir, heiliges Land,
Wann wird die Erlösung kommen,
Der Erlöser gttgesandt?

Sechs Millionen feig erschlagen
Unserm Volk von Mörderhand,
Die noch leben, ach, wie fragen
Sie nach ihrem Heimatland.

Nach der Heimat, da zur Blüte
Brachte Kraft von jüdischem Geist,
Die man heute uns schon wieder,
Sagt, mit welchem Recht entreißt.

Nach der Heimat, die versprochen
Hat so oft uns Euer Wort.
Warum habt ihr es gebrochen?
Jagt uns ins Verderben fort?

Menschen können uns nicht helfen,
Hilf Du Gtt mit Deiner Hand
und gedenke Deines Bundes
Gib uns wieder unser Land.

Jakob Höxter

Er widmete sich bis an sein Lebensende dem Studium der Thora und des Talmuds, und auch der Massenmord an den Juden konnte seinen Glauben nicht erschüttern.

Seine wichtigsten Ansprachen, die er in Jesberg und Heldenbergen gehalten hatte, hob er auf und faßte sie in einem dicken Lederbuch zusammen.

Bei einem Besuch seines Sohnes Siegfried 1949 war es ihm noch einmal vergönnt, mit allen seinen Kindern vereint zu sein.

Am 5. Mai 1950 starb Jakob Höxter in Buenos Aires. Sein Grab befindet sich auf dem orthodoxen Teil des jüdischen Friedhofes von Tablada in Buenos Aires.

Zum Tode des Vaters schrieb der Sohn Manfred folgendes Gedicht:

Dem Andenken meines unvergeßlichen Vaters

Zum Himmel reichte die Leiter,
die Spitze dem Schöpfer ganz nah,
die Jakob, der Gttesstreiter,
in seinem Traume einst sah.

Auch er hat den Frieden gefunden,
nach dem er so innig gestrebt;
mit seinem Gtt ist verbunden
für immer, der für ihn gelebt.

Das Haupt wir in Ehrfurcht wiegen.
Wir wollen nicht weinen, nicht klagen.
In Demut ergeben, wir schweigen,
Für den Vater laßt Kaddisch uns sagen!

Die drei Geschwister Höxter auf der oberen Treppenstufe ihres Hauses in der Bahnhofstr. 14. Von links Gertie, Siegfried und Manfred, vorne: Julius Scheuer (links) und Alfred Scheuer (rechts). Oben in der Türe das Hausmädchen Fräulein Martin - Foto um 1927

Gertie Höxter (* 1902)

Gertie Karolina Höxter (* 30. 7. 1902 in Jesberg) heiratete 1928 den Dentisten Hugo Strauß (* 27. 10. 1903) aus Büdesheim, Trauzeugen waren der Bruder Siegfried Höxter und der Freund der Familie Theo Haas. 1930 wurde die Tochter Elli geboren.

Bis März 1934 lebte die Familie Strauss in Büdesheim, dann zog sie nach Frankfurt in die Finkenhofstraße 32. Einige Wochen vor der "Kristallnacht" gelang der Familie die Flucht nach Argentinien. 1944 wurde dort der Sohn Hans geboren.

Kurz nach dem Krieg war Gertie Höxter-Strauß in Heldenbergen zu Besuch. Sie starb 1962 in Buenos Aires im Alter von nur 60 Jahren.

Manfred Höxter (* 1904)

Er wurde am 8.3.1904 in Jesberg geboren. Bis zu seiner Flucht nach Brasilien lebte er in Frankfurt. Später war er Rabbiner in Porto Alegre in Nordbrasilien. 1976 wanderte er nach Israel aus und starb 1979 in Haifa.

Jakob Höxter und seine drei Kinder 1949 in Argentinien. Von links: Manfred Höxter, Jakob Höxter, Gertie Höxter-Strauß, Siegfried Höxter

Siegfried Höxter

ein kämpferischer Sozialdemokrat

Geschmückt mit einem steinernen Davidsstern befindet sich der Grabstein von Siegfried Höxter auf dem amerikanischen Heldenfriedhof in Arlington. "Captain US Army World War II" ist zu lesen, "1906 bis 1957".
51 Jahre - von der Geburt in einem kleinen nordhessischen Dorf bis zur Beerdigung in Arlington, dazwischen liegen viele Stationen des Lebens von Siegfried Höxter, in denen sich die Zeitgeschichte in einem besonderen Einzelschicksal widerspiegelt.
Einige Spuren dieser 51 Jahre konnte ich vor allem durch Gespräche mit Menschen, die Siegfried Höxter aus den verschiedenen Lebensabschnitten kannten, finden, vieles blieb allerdings im Dunkeln.

Grabstein Siegfried Höxters auf dem amerikanischen Heldenfriedhof in Arlington.

Kindheit und Jugend im nordhessischen Jesberg

In dem knapp 900 Seelen zählenden Dorf Jesberg (Altkreis Fritzlar) wurde Siegfried Höxter am 17. Januar 1906 geboren. Sein Vater Jakob Höxter war seit 1899 der geachtete Lehrer, Schächter und Kantor der jüdischen Gemeinde Jesberg.

Die ersten Schulkenntnisse dürfte Siegfried bei ihm in der israelitischen Elementarschule erhalten haben. Während des Ersten Weltkrieges war der christliche Lehrer Jesbergs als Soldat eingezogen worden und so unterrichtete der jüdische Lehrer Jakob Höxter die christlichen und jüdischen Kinder gemeinsam.

Zum Schulbesuch der 5. Klasse, Ostern 1917, verließ Siegfried Höxter im Alter von 11 Jahren Jesberg nach Wolfenbüttel.[27a] Dort existierte zu dieser Zeit schon seit mehr als 130 Jahren ein jüdisches "Knaben-Erziehungsinstitut". Diese Anstalt besuchte Siegfried Höxter wohl für drei Jahre, bis er im Sommer 1920 nach Marburg an ein naturwissenschaftlich-mathematisch ausgerichtetes Gymnasium, damals "Oberrealschule Marburg", heute Martin-Luther-Schule, wechselte . Die naturwissenschaftlich-mathematische Ausrichtung dieser Schule entsprach seinen Begabungen.

Dort lebte er im streng orthodox geführten israelitischen Schülerheim in der Schulstraße 7 in Marburg. Der Sohn des damaligen dortigen Leiters hat noch recht lebhafte Erinnerungen an den jungen Siegfried Höxter: "Er war ein kleiner, lustiger Bursche, der wegen seiner Schlauheit und Lebendigkeit Aufmerksamkeit erregte."[27b]

Ihm schenkte Siegfried Höxter zur Bar Mizwah (vergleichbar der Konfirmation) als eines der wenigen deutschen Bücher "Schillers Leben und Werke". Als er gerade 17 Jahre alt geworden war, starb seine Mutter in Jesberg.

Im Herbst 1924 meldete er sich im israelitischen Schülerheim ab und verzog in die Mauerstraße 4 in der Nähe des Marburger Bahnhofes. Als einziger jüdischer Schüler dieses Jahrgangs legte er Ostern 1925 das Abitur ab. Das Thema des Abituraufsatzes lautete: "Geschichtlich gewordene Gegensätze im Deutschen Volke".[27] Seine Schulkameraden haben ihn in Erinnerung als "streitbar und redegewandt",[27c] als "sehr intelligenten Mitschüler, der bei Diskussionen gut in sachlicher Weise seine Meinung vertreten konnte. Daß er Jude war, spielte keine Rolle."[27d] Als Berufswunsch gab er Mathematiker an.

Vorsitzender des Sozialistischen Studentenbundes an der Universität Frankfurt

Im April 1925 immatrikulierte sich Höxter an der Universität in Genf und belegte dort u.a. eine Vorlesung in französischer Sprache über "Elemente höherer Mathematik". Er blieb dort allerdings nur zum Sommersemester 1925.[27e]

Zum Herbstsemester 1925 immatrikulierte er sich für die Fächer Mathematik und Staatswissenschaften an der Universität Gießen.

Am Ende dieses Semesters im Frühjahr 1926 zog er mit seinem Vater und den beiden älteren Geschwistern in das Dorf Heldenbergen, Kreis Friedberg, wo der Vater nach seiner Pensionierung an der Volksschule in Jesberg von der jüdischen Gemeinde Heldenbergen als Lehrer, Kantor und Schächter verpflichtet worden war.

Von dort zog es ihn zum Sommersemester 1926 an die Universität Frankfurt, wo er Mathematik, Philosophie und Naturwissenschaften studierte. In dieser Zeit des aufsteigenden Nationalsozialismus an der Universität Frankfurt bezog Siegfried Höxter schnell eindeutig Partei in den Auseinandersetzungen zwischen demokratischen und nationalsozialistischen Kräften. Er trat in diesem Jahr der Sozialdemokratischen Partei bei, wie die Gestapo später zu berichten wußte.[28] Bei der inoffiziellen Neuwahl des AStA im Februar 1927 ist der Name Siegfried Höxter zum Beispiel auf einem Flugblatt der linken Einheitsliste "Gegen die Hochschulreaktion" auf Platz 1 der Kandidatenliste zu finden als "stud. phil. nat. Vorsitzender des sozialistischen Studentenbundes".[29]

Der Sozialistische Studentenbund (SDStB) war der SPD nahestehend. Dazu ist bei Wolfgang Abendroth nachzulesen: "Das wissenschaftlich und politisch im Vordergrund stehende Mitglied

Bei dieser Veranstaltung 1929 im Volksbildungsheim kam es zu schweren Zusammenstößen mit "nationalistischen" Studenten.

des SDStB war der Mathematiker und Philosoph (neukantianisch im Sinne Max Adlers denkende) Siegfried Höxter."[30]

Im Juli 1929, zum zehnten Jahrestag des Versailler Vertrages, kam es zu der ersten großen gewalttätigen Auseinandersetzung zwischen den "rechten" und den "linken" Hochschulgruppen in Frankfurt. Siegfried Höxter war auf Handzetteln als Redner gemeinsam mit Guido Senzig angekündigt zum Thema "Die Legende von der deutschen Unschuld am Welt-Krieg" im Saal V des Volksbildungsheims. Dabei kam es zu einer Saalschlacht. Die Frankfurter Zeitung berichtete am 4.7.1929 unter der Überschrift "Ausschreitungen nationalistischer Studenten" : "...Die Versammlung war von etwa 200 Personen besucht, zum überwiegenden Teil von nationalistischen Studenten. Jüdische Studenten und Studentinnen wurden bei ihrem Erscheinen beschimpft. Als der Vorsitzende die Versammlung eröffnete, unterbrach ihn Johlen und Pfeifen. Da kam es zu Tätlichkeiten, wobei Stühle als Wurfgeschosse benutzt sowie der Lüster und eine Glasscheibe zertrümmert wurden. Die Polizei säuberte mit Gummiknüppel den Saal. Vier Studenten, darunter der Haupträdelsführer der Ruhestörer, wurden festgenommen."[31]

Später erzählte Höxter auch davon, wie er auf politischen Versammlungen der Nazistudenten in Frankfurt gegen deren damaligen Vorsitzenden Baldur von Schirach, den späteren Reichsjugendführer der Nazis, als Diskussionsredner aufgetreten sei. Er diskutierte so leidenschaftlich und stellte Baldur von Schirach dermaßen bloß, daß mehrere der Nazistudenten diesem ihre zerrissenen Mitgliedsausweise vor die Füße warfen.[32]

Ein damaliger Student erinnert sich an Siegfried Höxter: "Aus dem Jahr 1930 ist mir Siegfried Höxter in besonderer Erinnerung geblieben, als er auf einem Kongreß der Vereinigung Demokratischer Studenten, die aus den Universitäten des ganzen Deutschen Reiches kamen, für die Universität Frankfurt sprach. Ich bewunderte seinen Mut, wie er vor mehrere hundert fremde Menschen trat und redete. Er war eine rhetorische Begabung - so etwas ist heute ausgestorben. Der richtige Gebrauch der Stimme in Verbindung mit einem guten Aufbau der Argumentation, all das beherrschte er. Er hatte so eine richtige Löwenmähne. Auch blieb mir der Gegensatz im Gedächtnis, daß ein solch begabter Mensch aus einem Dorf mit Namen "Helden-bergen" kam."[33]

Der damalige Vorsitzende der sozialistischen Arbeiterjugend in Frankfurt, Emil Schmidt, schätzte Höxter so ein: "Siegfried war ein ausgezeichneter Redner, er war überhaupt ein hochintelligenter Bursche. Er studierte Mathematik, war ein hochbegabter Mathematiker, aber er nahm das politische Leben ernster als sein persönliches Leben. Er hat seine Intelligenz - ich möchte sogar sagen - seine Genialität (es gibt keinen Menschen, den ich sonst so bezeichnen würde) nie für sich ausgenutzt, sondern hat sie damals in den Dienst der Politik gestellt. Ich denke mit größter Hochachtung an Siegfried Höxter. Er war einfach ein Mordskerl, man konnte mit ihm viel Quatsch machen. Wenn der den Mund aufmachte, kam entweder etwas zum Lachen heraus oder etwas sehr Gescheites.
Er hatte noch eine Eigenart, an die ich oft denke: er konnte jüdische Witze erzählen wie sonst keiner, einfach toll, das hat er auch gerne gemacht. Über Mathematik hat er nicht nur viel Ernsthaftes gewußt, er hatte auch eine Menge von mathematischen Scherzen zur Verfügung. Er hatte einen Anflug von Genie!"[34] Auch auf den großen Parteiversammlungen der SPD Groß-Frankfurt ist Siegfried Höxter oft aufgetreten, dort vertrat er den rechten Parteiflügel gegen den starken linken Flügel. Auch von dort wird er erinnert "als brillanter Kopf und hinreißender Redner".[35]

Bis zum Spätsommer 1931 war er noch in Frankfurt immatrikuliert, danach wandte er sich mit seiner ganzen Kraft dem Kampf gegen den immer stärker werdenden Nationalsozialismus zu.

"Agitationsredner" für die Eiserne Front, das Reichsbanner und die SPD

Siegfried Höxter war im Volksstaat Hessen vor allem für das Reichsbanner aktiv, er war ein bekannter Diskussionsredner in allen Landkreisen des Volksstaates Hessen. Seine Hauptaufgabe war, das Reichsbanner für den antifaschistischen Kampf zu aktivieren. Als sogenannter "Agitationsredner" trat er auf zahlreichen öffentlichen Kundgebungen, oft unter freiem Himmel, auf. Der Hauptinhalt all seiner Reden war der Kampf gegen den Nationalsozialismus. Es galt, die Machtübernahme der Nazis zu verhindern.

Aus dieser Zeit sind zwei Zeitungsaufsätze von ihm bekannt: "Verfälschter Sozialismus" vom März 1929 und "Rettung oder Untergang? Betrachtung über den politischen Charakter des Nationalsozialismus". Beide Aufsätze sind als Leitartikel in der CV Zeitung-Blätter für Deutschtum und Judentum, Organ des Central-Vereins deutscher Staatsbürger jüdischen Glaubens, veröffentlicht.[36]

In Bad Vilbel erinnernte sich damals junge Genossen an ihn:

Berlin, 1. August 1930
IX. Jahrgang • Nr. 31
Einzelnummer 20 Pfennig

C.V.-Zeitung (Central Verein)

Blätter für Deutschtum und Judentum.

Organ des Central-Vereins deutscher Staatsbürger jüdischen Glaubens e.V.

Vierteljahrsabonnement 2.50 RM. (zuzügl. Bestellgeld).

Allgemeine Zeitung des Judentums

Verlag und Schriftleitung: Berlin SW 68, Lindenstr. 13. Amt Dönhoff 3594, 3595. Postscheckkonto: Berlin 304 72. Bankkonto: Dresdner Bank, Wechselstube G, Berlin SW 68, Lindenstraße 7, und von Goldschmidt-Rothschild & Co., Berlin W 8.
Alleinige Anzeigenannahme: Annoncen-Expedition Rudolf Mosse, Berlin SW 100, und deren Filialen. Anzeigenpreise: 0,90 RM für die 7gespaltene Zeile nach Rudolf Mosses Normalzeilenmesser Nr. 4, Familienanzeigen und Stellengesuche (nicht Stellenangebote) für Mitglieder des Centralvereins 0,45 RM, die 62 mm breite Reklamezeile 3,50 RM.

Rettung oder Untergang?

Betrachtung über den politischen Charakter des Nationalsozialismus

Von Siegfried Höxter

Artikel von Siegfried Höxter über den Nationalsozialismus in der jüdischen C.V.-Zeitung 1929

"Höxter hatte einen guten Namen als Redner, von jüngeren Leuten wurde er immer angefordert, bei Parteiveranstaltungen zu reden. Wenn der irgendwo hingekommen ist, hat es immer geheißen: 'Das Jüdche kommt - Siggi, das Jiddche!' Bei uns jungen Leuten war er immer 'der Siggi'. Der hatte ein Mundwerk und hat auch entsprechend gegen die Nazis losgelegt. Die Älteren haben da viel sachlicher gesprochen. Aber gerade deswegen wurde er ja von den jungen Leuten geholt. Höxter hatte so ein Effet! Er hat die Jugend mitgerissen, er war ein scharfer Hund gegen die Nazis, die hat er richtig auf den Kieker genommen, der hat die Sachen beim Namen genannt, die Leute vom Stuhl gerissen. Der hat keine Angst gehabt. Er war schon eine Persönlichkeit auf politischem Gebiet. Wenn was anlag, hat es immer geheißen: 'Der Höxter muß herbei!'
Besonders gerne erinnere ich mich an die zweite Versammlung der NSDAP Vilbel, kurz vor der Novemberwahl 1931. Die Eiserne Front, das Reichsbanner Vilbel hat den Siggi beigeholt, damit er bei den Nazis als Diskussionsredner auftreten sollte. Höxter mußte sich unkenntlich machen, da er ja bei den Nazi bekannt war. Er hatte sich von einem von uns eine Batschkapp geben lassen, hat sich die in die Augen gezogen, seine Mordshaare hatte er alle drunter gesteckt und auch noch eine Brille zog er auf. Wenn die Nazis den vorher erkannt hätten, den hätten sie nicht reingelassen. Die hätten gesagt, 'das ist ein Jude, der kommt hier nicht rein!' Also wir sind dann reingegangen in den Saal mit ungefähr hundert Leuten, in der Versammlung saßen sonst etwa 30 Leute. Zum Schluß hat Höxter dann das Wort ergriffen, da haben die dann erst bemerkt, daß es der Höxter war, aber so war es nun zu spät, ihn abzuweisen. Er bekam einen großen Beifall von der Eisernen Front für seine Ansprache, dann haben wir im Herausgehen die Internationale gesungen."[36a)]

"In Oberhessen hat er viel geredet, er war sehr bekannt in dieser Gegend und die SA stellte ihm nach, wo sie konnte. Wenn er redete, hatte er ja ein freches Maul, das muß man mal klar sagen. Wenn er in den Versammlungen gesprochen hat, dann hat er auch kräftig draufgehauen. Er hat den Nazis Bescheid gesagt, was er von ihnen hielt. Die Nazis stellten ihm nach, wo sie konnten. In vielen seiner Versammlungen gab es Krach mit Nazis. Es gab manche Versammlung, nach der er sich verstecken mußte, bis die Luft wieder sauber war, ehe er heraus konnte."[37)]
Später in einem Gestapobericht, der als Begründung für den Vorschlag zur Ausbürgerung angefertigt wurde, las sich das so: "Er trat sehr oft als Propaganda- und Diskussionsredner auf und nahm die Interessen der SPD wahr. Vor der Machtübernahme stand er auf der Kandidatenliste des Hessischen Landtages. Eine beliebte Redewendung von Höxter war die, daß er eine Streichholzschachtel (die er als starker Raucher immer bei sich hatte - d.V.) aus der Tasche zog, mit dem Finger darauf deutete und sagte: 'Das ist unsere Waffe.'[38)] Auch ein jüdischer Freund aus Heldenbergen erinnerte sich an die flammenden Reden gegen den Nationalsozialismus mit dem Appell, "den Nazis die Häuser anzuzünden."[39)] Emil Schmidt berichtete von der Zeit nach der Machtergreifung Hitlers 1933 bis zur Märzwahl 1933 im Volksstaat Hessen, als die Nazis in Hessen erst zur Macht kamen: "Er war ein unheimlich mutiger Mensch, er hat in dieser Zeit, als Hitler schon an der Macht war, in Versammlungen gesprochen, wo andere schon große Angst hatten aufzutreten. So war es auch in einer Versammlung in Friedberg. Der Saal war überfüllt, mehr als hundert SA-Leute waren im Hof vor dem Lokal und der Siegfried hat in dieser Versammlung gesprochen! Leute, sogar Nazis haben ihn davon zurückhalten wollten, durch diesen Hof zu gehen, wo die SA-Leute waren. Wie er im Eingang des Hofes erschien, haben die Menschen drinnen im Saal gebrüllt. Er ist dann auf die Mauer der SA-Leute zugegangen und hat mit schneidender Stimme gesagt: 'Machen Sie Platz!' und er ist durch diese Mauer von SA-Leuten durchgegangen, ohne auch nur einen einzigen Schlag zu bekommen. Das war seine Ausstrahlung! Jedenfalls war der Mut, dort zu sprechen und dann durch das Spalier der SA-Leute, das er sich erzwungen hatte, zu gehen, unwahrscheinlich."[40)] Diese Szenen spielten sich in der Versammlung in Friedberg wenige Tage vor der entscheidenen Wahl im Volksstaat Hessen am 5. März 1933 ab und die Explosionskraft der Situation wird noch deutlicher vor dem folgenden Hintergrund: Am 2.März 1933 veröffentlichte die Neue Tageszeitung unter der Überschrift "WARNUNGSRUF AN DEN HESSISCHEN STAATSPRÄSIDENTEN" den Wortlaut eines Eilbriefes, den der NSDAP-Landtagsabgeordnete Seipel an den Staatspräsidenten Adelung gerichtet hatte: "Es ist bekannt, daß der Redner Friedrich (Anmerkung falscher Vorname - d. V.) Höxter-Heldenbergen in Friedberg in einer öffentlichen Kundgebung sprechen will. Auf Grund der Mentalität der Bevölkerung ist es unmöglich, daß diese Veranstaltung ohne schwerste Zusammenstöße durchgeführt werden kann. Ich darf dem Herren Staatspräsidenten empfehlen, unter allen Umständen veranlassen zu wollen, daß dieser Höxter im Interesse der Aufrechterhaltung der Ordnung nicht spricht. Nach dieser Mitteilung lehnen wir für evtl. schwere Zusammenstöße die Verantwortung ab, da Höxter in der ganzen Stadt als Hetzredner bekannt ist."[41)]

Politische Arbeit mit Carlo Mierendorff

Wegen seiner Radikalität lebte Höxter mit seinen eigenen sozialdemokratischen Parteifreunden nicht in Eintracht. In den letzten Jahren der Weimarer Republik hatte er sich stark an Carlo Mierendorff angeschlossen und arbeitete politisch eng mit ihm zusammen.

"Höxter war vor 1933 nicht der Mann, der in der SPD beliebt war, er war ein sehr linker Mann gewesen. Mit Leuten, die einen eigenen Kopf hatten wie Mierendorff, hat er sich verbunden, aber nicht mit der Parteibürokratie. Das hat ihn auch nicht interessiert, dazu hatte er wenig Verbindung. Wie Mierendorff war er in der Partei wenig geachtet, Mierendorff paßte nicht in die damalige

Warnungsruf
an den hessischen Staatspräsidenten.

Landtagsabgeordneter Seipel hat nachstehenden Eilbrief an den hessischen Staatspräsidenten gerichtet:

„Es ist hier bekannt, daß der Redner Friedrich Höxter-Heldenbergen in Friedberg in einer öffentlichen Kundgebung sprechen will. Auf Grund der Mentalität der Bevölkerung ist es unmöglich, daß diese Veranstaltung ohne schwerste Zusammenstöße durchgeführt werden kann.

Ich darf dem Herrn Staatspräsidenten empfehlen, unter allen Umständen veranlassen zu wollen, daß dieser Höxter im Interesse der Aufrechterhaltung der Ordnung nicht spricht. Nach dieser Mitteilung lehnen wir für evtl. schwere Zusammenstöße die Verantwortung ab, da Höxter in der ganzen Stadt als Hetzredner bekannt ist.

gez.: Seipel, M. d. L."

Einschüchtern sollte dieser "Warnungsruf" von der NSDAP Sozialdemokraten, Reichsbannerleute und Anhänger der Eisernen Front nur wenige Tage vor der entscheidenden Wahl im März 1933. Vor dem "Hetzredner" Höxter wird gewarnt. (Falscher Vorname Friedrich ist genannt.)

SPD der Funktionäre und Höxter auch nicht. Höxter war kein Funktionärstyp gewesen. Er war ein militanter Sozialdemokrat. Er hatte etwas Geniales, auch wenn man ihn noch nicht lange kannte, hat das einen irgendwie angesprochen. Innerhalb der Partei hat sowohl Höxter als auch Mierendorff kein großes Renomee gehabt, aber durch ihr Auftreten in der Öffentlichkeit konnte ihnen die Partei nicht ausweichen. Ihre Versammlungen waren voll besetzt. Sie waren verehrt von der Bevölkerung, sie sprachen in getrennten Versammlungen, aber auch gemeinsam, auch mit Wilhelm Leuschner (hessischer Innenminister bis 1933). Mierendorff und Höxter verstanden sich sehr gut. Es war kein politisches Verhältnis, insofern Mierendorff der jüngste Reichstagsabgeordnete war und Höxter immer noch Studentenführer. Höxter hat Mierendorff sehr geehrt und respektiert. Höxter kam häufig nach Darmstadt. Die Treffen mit Mierendorff waren in seinem Büro im Innenministerium, allerdings war das Büro ein Plätzchen im Sitzungssaal der Minister."[41a] Mierendorffs damalige Freundin erinnert sich an Höxter in dieser Zeit "als ständigen Begleiter Mierendorffs, Mierendorff schätzte ihn sehr hoch".[42]

Carlo Mierendorff war 1930 Reichstagsabgeordneter geworden und seit 1928 war er Pressesprecher des hessischen Innenministers Wilhelm Leuschner, 1930 wurde er für den Wahlkreis 33 Hessen-Darmstadt in den Deutschen Reichstag gewählt. 1931 veröffentlichte er die "Boxheimer Dokumente", die geheimen Putschpläne der hessischen NSDAP und sorgte so dafür, daß sie im ganzen Reich bekannt wurden. Hierdurch machte sich Mierendorff die Nazis schon früh zu Todfeinden. "Obwohl auf dem rechten Parteiflügel stehend, vertrat er einen kämpferischen, vorwärtsdrängenden Stil, den er vor allem in die Propaganda der Eisernen Front gegen den Nationalsozialismus einzubringen verstand. Der strahlende, im Kriege bewährte Mierendorff war die schärfste Waffe der Sozialdemokratie in der Auseinandersetzung mit der Schmutzpropaganda Josef Goebbels."[43] Der Schriftsteller Carl Zuckmayer charakterisierte die Vorstellungen Mierendorffs: " ...er und seine Freunde waren damals der Überzeugung, die jungen, radikalen, lebendigen, produktiven Sozialisten sollten in die alte SPD hinein - nicht um dort wie junger Wein in alten Schläuchen, sondern wie ein neuer Blutstrom in einem noch lebensfähigen, nur geschwächten Körper zu wirken... Nur waren sie zu wenige, ein viel zu kleiner, wenn auch starker, tapferer und glänzend gewappneter Vortrupp und so kämpften sie mehr und mehr auf verlorenem Posten." [44]

5. März 1933 - Nazis herrschen im Volksstaat Hessen

Mit der Machtübernahme der Nazis im Volksstaat Hessen nach der Wahl vom 5. März 1933 wurde das Leben für Siegfried Höxter gefährlich. Er hatte sich in den letzten Jahren zu einem gehaßten Mann bei den Nazis gemacht und war bei denen "bekannt wie ein bunter Hund".[45]

Als jüdischer Sozialist war er einer doppelten Verfolgung ausgesetzt. Die Nazis seines Wohnortes Heldenbergen hatten schon frühzeitig angekündigt, daß sie für den Fall ihrer Machtübernahme speziell für Siegfried Höxter ein großes Faß vorbereitet hätten, in das sie dicke Nägel eingeschlagen hatten und in das sie ihn sofort stecken wollten, um ihn darin die Treppen zur Kirche und den Berg hinunterzustürzen.[46]

Die Tochter seiner Schwester Gertie, deren Familie im Nachbarort von Heldenbergen, Büdesheim, wohnte, erzählte: "Die Machtübernahme Hitlers war an einem Sonntag. Am Montag kam die SA in das Haus meines Vaters, um Siegfried zu suchen. Da er nicht da war, wollten sie seinen Vater, den Lehrer Jakob Höxter, mitnehmen. Meine Mutter konnte sie überzeugen, statt Jakob Höxter meinen Vater mitzunehmen. Auf der Treppe stellten sie ihm ein Bein, wäre er gestolpert, so wäre dies als Fluchtversuch ausgelegt worden, und sie hätten meinen Vater erschossen. Da mein Vater ihnen diesen Gefallen nicht tat, erschossen sie stattdessen meinen Hund vor meinen Augen ...Mein Vater war eine Woche lang verhaftet und kam mit angeschwollenem Gesicht durch die Schläge, die er bekommen hatte, zurück."[47]

Siegfrieds Vater mußte sich seitdem täglich bei der Polizei in Heldenbergen melden, um zu verhindern, daß er seinem Sohn Siegfried Unterschlupf gewähren könnte. Auch die Wohnung seines Heldenberger Freundes in Frankfurt wurde von Nazis durchsucht, um Siegfrieds habhaft zu werden.

Emil Schmidt berichtete: "Siegfried wurde schon sehr früh gesucht. Er wurde von der Politischen Polizei gesucht, bevor es die Gestapo war. Siegfried stand als Antifaschist schon auf einer Liste der Politischen Polizei - allerdings im Volksstaat Hessen. Aus dem Grund hielt er sich nur noch in Frankfurt auf und wechselte ständig sein Quartier. Er hat teilweise ein Zimmer im Hotel Drexel oder übernachtete bei Bekannten. Das war also eine der Möglichkeiten, daß man ihn nicht finden konnte. Jede Nacht woanders - das hat er also ganz locker so gemacht." [48] Seine Karteikarte bei der Staatspolizeistelle Frankfurt vermerkte am 6. April 1933: "Ist im hiesigen 'Hotel zur Stadt Heilbronn' unter dem Namen Seidel angetroffen worden. Er entschuldigt sich damit, von der NSDAP nicht gefunden zu werden, da er befürchtete, auf Grund seiner Tätigkeit bei der SPD als Redner geschlagen zu werden."[49]

Emil Schmidt: "Die Besetzung der Gewerkschaftshäuser fand ja am 2. Mai 1933 statt. Ausgerechnet an diesem Tag waren Siegfried und ich im Gewerkschaftshaus in Frankfurt, als um 10 Uhr heulend die SA-Leute durch alle Eingänge des Gewerkschaftshauses rannten, sie trieben alle zusammen, Besucher und Angestellte. Alle mußten durch eine Schleuse von SA-Leuten, die alle untersuchten. Und nun der von der Politischen Polizei gesuchte Siegfried mitten darin an diesem Tag, und dann noch als Jude. Aber wir hatten Glück, wir kamen durch, beide. Die SA hatte glücklicherweise noch nicht viel Übung."[50]

An der Hauptwache traf ihn ein Heldenberger Bekannter mit veränderter Haarfrisur. Die Wohnung seines Freundes Theo Haas aus Heldenbergen in Frankfurt wurde nach ihm durchsucht, an diesen hatte er sich auch in seiner Not gewendet, Theo Haas hatte ihn allerdings in den Räumen seiner Kleiderfabrik in der Kaiserstraße versteckt, wo glücklicherweise nicht gesucht wurde.[51]

Vorbereitungen für eine illegale Widerstandsorganisation

"Für Siegfried war es überhaupt keine Frage, daß es jetzt galt, Widerstand gegen die Nazis zu leisten. Wir leisteten uns gegenseitig einen Schwur: 'Wir leisten Widerstand!'"[51a] Auch Mierendorff mußte sich in Sicherheit bringen und tauchte vorübergehend in Frankfurt unter.

Gemeinsam mit Siegfried Höxter und anderen Aktiven aus dem Kreise Mierendorffs fanden verschiedene geheime Treffen statt zur Vorbereitung von Widerstandsgruppen unter den Bedingungen der Illegalität. Daran nahmen vorwiegend jüngere Sozialisten teil, die nicht mit der Stillhaltepoltik der SPD einverstanden waren und Möglichkeiten des politischen Widerstandes in Erwartung des bevorstehenden Verbotes der SPD suchten.[52] Siegfried Höxter spielte auf diesen Treffen eine aktive Rolle.

In der Betriebszeitung der Revolutionären Gewerkschaftsopposition der Verkehrsbetriebe Wiesbaden, "Scheinwerfer", vom Mai 1933 ist über diese Ziele zu lesen:

"...Der SPD-Reichstagsabgeordnete Karl Mierendorff und Siegfried Höxter machen den Versuch, eine Opposition gegen den Parteivorstand und den Kommissar Röhle durch ein System von Vertrauensleuten zu organisieren. Diese 'Oppositions'-gruppe will die SPD mit Einschaltung illegaler Arbeitsmethoden wieder

an die II. Internationale 'heranbringen'. Sie arbeitet mit finanzieller Unterstützung der Schweizer SP und hat Verbindungen zu Vandervelde, dem Vertreter der II. Internationale. Die Mierendorff-Höxter-Gruppe in der SPD hat außerdem mit den aus der KPD ausgeschlossenen Renegaten (Trotzki-Brandler Gruppen) sowie zu den Resten der SAP Verbindung. Man will mit diesen Splittern eine neue 'Arbeiter Partei' mit im 'wesentlichen leninistischem Programm' schaffen, um die klassenbewußten, aktivsten und besten sozialdemokratischen Arbeiter vom Übergang zur KPD abzuhalten. Damit ist der konterrevolutionäre Charakter dieser Gruppe genügend aufgezeigt. Diese Gruppe bekämpft die KPD, weil wir die Massen zum Widerstand, zu Aktionen gegen die faschistische Diktatur auffordern. Sie vertritt so auch die Meinung, daß die Arbeiter die Hände in den Schoß legen sollen, daß nur von Fall zu Fall illegale Flugblätter und Zeitungen nach dem Muster der KPD herausgebracht werden müssen und daß der Faschismus sich im übrigen 'abwirtschaften' muß...".[53)]
Der Einfluß der "Mierendorff-Höxter-Gruppe" muß doch recht bedeutsam gewesen sein, die Angst der Kommunisten vor ihrem Einfluß klingt jedenfalls in diesem Aufruf "Achtung SPD Arbeiter" deutlich an.

Versammlung im Haus Vaterland
Einen weiteren Versuch, eine illegale Widerstandsorganisation zu gründen, war das Treffen im Haus Vaterland in der Bockenheimer Landstraße/Ecke Zeppelinallee in Frankfurt. Emil Schmidt berichtete: "Um den 11. Juni 1933 herum fand im Haus Vaterland eine Gründungsversammlung von etwa 100 Sozialdemokraten und Demokraten aus dem Volksstaat Hessen statt. Es war ausschließlich Höxters Verdienst, daß so viele Menschen hier im Geheimen zusammengekommen waren. Ich hatte ihm nur dabei geholfen, war in seinem Auftrag im Volksstaat Hessen herumgefahren und habe Leute für diese Zusammenkunft mobilisiert. Siegfried selber war ja gesucht und konnte sich dort nicht sehen lassen. Soweit ich mich erinnere, sprachen Mierendorff und Prof. Bergsträsser, auch an Albert Mayer aus Darmstadt erinnere ich mich.
Das Haus Vaterland war eine große Villa mit Café. Wir hatten diese Versammlung als Geburtstagsfeier getarnt, aber immer, wenn ein Kellner hereinkam, waren alle mäuschenstill, anstatt einen munteren Trubel zu mimen.
Die haben sich dann benommen wie die Kinder, so was Idiotisches. Ein einigermaßen intelligenter Mensch mußte eigentlich wissen, daß hier etwas nicht stimmt. Daß wir da nicht aufgefallen sind, wundert mich noch heute. Die Versammlung ging nicht hoch, es war der reinste Zufall.
Ziel der Versammlung war, eine bessere politische Organisation zu schaffen, als das die offizielle SPD unserer Meinung war. Der Versuch mißlang insofern, als nach meiner Meinung dabei nichts Besseres herauskam, als auf der Grundlage der alten Sozialdemokratischen Partei weiterzuarbeiten. Vor allem die ganz allgemein empfundene tiefe Enttäuschung über den politischen Inhalt und die maßlos ungeschickte, jeder Konspiration widersprechende Durchführung der Versammlung sind mir im Gedächtnis geblieben. "[54)]

Verhaftung Carlo Mierendorffs am 13. Juni 1933
Ein oder zwei Tage nach der geheimen Versammlung im Haus Vaterland wurde Carlo Mierendorff verhaftet, und die Nazis bekamen nun auch diesen "geistigen Führer der SPD Hessens und schärfsten Gegner und Bekämpfer der NSDAP" - so die amtliche Presseerklärung - in ihre Gewalt.[55)] Siegfried Höxter war noch bis kurz vor der Verhaftung mit Mierendorff zusammen, an der "Veröffentlichung" dieser Verhaftung war er maßgeblich beteiligt und konnte so mit dazu beitragen, daß Mierendorff nicht der Lynchjustiz zum Opfer fiel. Hella Jacobowski, die damalige Freundin Mierendorffs, berichtet: "Mierendorff lebte in der Illegalität, er wurde steckbrieflich gesucht, wenn er in Hessen war, war er bei mir in Frankfurt, nach Darmstadt konnte er nicht, weil er da zu bekannt war. Auch Sig (Höxter) kam dadurch viel zu mir. Am Tag der Verhaftung hatte Mierendorff sich telefonisch mit dem Rechtsanwalt Sturmfels verabredet, dieses Gespräch war am Telefon abgehört worden, was er natürlich nicht wußte, und so konnte er verhaftet werden.
An diesem Abend waren Carlo und Sig bei mir. Sig und ich begleiteten dann Carlo um 8 Uhr in das Hotel Excelsior am Hauptbahnhof. Er wollte dann mit seinem Rechtsanwalt alleine sprechen, wir sollten ihn um 10 Uhr wieder abholen. Wir vertrieben uns die Zeit und gingen dann um 10 Uhr ins Hotel, aber da war kein Carlo und auch kein Sturmfels. Wir fragten also die Kellner, ob in der Zeit zwei Herren dagewesen sein. Es fiel uns schon auf, daß da eine Verlegenheit gewesen war. Aber man sagte uns, man könne sich nicht erinnern. Wir ahnten schon, was passiert wäre. Sig hat dann von der nächsten Telefonzelle aus im Hotel Excelsior angerufen, hat sich als Gestapo oder Polizei ausgegeben und hat gefragt, ob vor einiger Zeit dort zwei Herren verhaftet worden seien. Da hieß es 'Ja'. Es war kein so überraschendes Ereignis, darauf war man ja vorbereitet. Sig und ich sagten uns nun: 'Wir müssen 1. herausfinden, wo Carlo ist und 2. ihm mitteilen, daß wir wissen, wo er ist.' Sig hatte wohl bei dem Anruf im Hotel auch herausgefunden, daß er im Polizeipräsidium in der Nähe der Festhalle war. Wir gingen dorthin, ich blieb unten, für den Fall, daß er auch verhaftet würde.
Sig ist also in das Polizeipäsidium hereingegangen, hat sich nach Mierendorff lauthals erkundigt, so daß Mierendorff im Nebenzimmer mitbekommen sollte, daß wir wußten, wo er ist. (In Mierendorffs Tagebuchaufzeichnungen heißt es zu diesem Abend auch 'Besuch', allerdings mit einem Fragezeichen versehen.[55a)]) Sig trommelte sofort seine politischen Freunde, alles junge Leute, zusammen und organisierte, daß das Polizeipräsidium ständig beobachtet wurde. Einige waren darunter, die Motorräder hatten, die hatte Sig beauftragt zu folgen, wenn Mierendorff fortgebracht würde. So haben die dann auch rausgekriegt, daß er am nächsten Tag nach Darmstadt in das Gefängnis in der Runden-Turm-Straße gebracht wurde. Das nächste war dann, daß Sig mir sagte, du mußt ihn unbedingt besuchen und dich als seine Verlobte ausgeben. Dies tat ich auch, der Besuch war für Mierendorff natürlich sehr sehr wichtig, da er nun sicher wußte, daß wir wußten, wo er ist. Wir hatten dann herausbekommen, daß die Absicht bestand, Mierendorff in Darmstadt herumzuführen - wie das damals so üblich war -, damit er öffentlich beschimpft werden könnte. Die ursprüngliche Absicht war sicherlich in unseren Augen, ihn dann in einen sogenannten Kartoffelkeller zu bringen und dort tot zu treten. Höxter hat mich dann veranlaßt, 'als Räuberbraut', wie er sich gerne ausdrückte, zum Staatskommissar für das Polizeiwesen, dem faktischen Innenminister Werner Best zu gehen, um ihm mitzuteilen, daß bekannt ist, wo Mierendorff ist und ihn aufzufordern, daß ihm nichts passiert. Das Herumführen durch Darmstadt wurde Mierendorff nicht erspart, aber es ging einigermaßen glimpflich zu. Sig und seine Freunde haben dann beobachtet, daß Mierendorff nach Osthofen in das Konzentrationslager gebracht wurde, wo er zumindest vor der Lynchjustiz erst einmal sicher war. Dort konnte sich Höxter natürlich nicht sehen lassen, und so sahen sich Mierendorff und Höxter in ihrem Leben nie wieder."[55b)]

"Es läßt sich natürlich nicht mit Sicherheit sagen, ob die Gestapo Mierendorff wirklich das von uns befürchtete Schicksal zugedacht hatte. Fest steht jedenfalls, daß unser Vorgehen durchaus nicht in das Programm der Gestapo passen konnte, denn damals, 1933, nahm man noch gewisse Rücksicht auf die öffentliche Meinung und besonders auf die Meinung des Auslands. Wir legten deshalb auch Wert darauf, daß Leuschner, der zu einem internationalen Gewerkschaftskongreß in Genf war, von Mierendorffs Verhaftung Kenntnis zu geben (durch Johanna Kirchner - d. V.)."[56] "Hauptinitiator bei allen Aktionen, die Verhaftung Mierendorffs öffentlich zu machen, war Höxter, er hat persönlich sehr an Mierendorff gehangen."[57] "Diese gemeinsame Rettungsaktion von Siegfried Höxter, Hella Priemel (Jacobowsky), und Hanna Kirchner kann gar nicht hoch genug bewertet werden", heißt es in der Biographie Mierendorffs.[58]

Flucht aus Deutschland im Spätsommer 1933 - Luxemburg - Saarbrücken - Paris

Als Jude und gesuchter Nazigegner wurde die Situation für Siegfried Höxter in Deutschland immer heißer. Seit dem 25. August 1933 - so vermerkte seine Karteikarte bei der Gestapo Frankfurt - war Höxter "zur Festnahme aufgegeben".[59] Durch Vermittlung seines Frankfurter Freundes Emil Schmidt konnte er im Spätsommer 1933 in der Nähe von Aachen illegal über die belgische Grenze fliehen. Mierendorffs Freundin Hella brachte Höxter noch am Frankfurter Hauptbahnhof zum Zug nach Aachen, dann wurde er illegal über die Grenze gebracht.

Weiteres ist aus den Akten der Luxemburgischen Fremdenpolizei zu erfahren:

"Die angestellten Nachforschungen ergaben, daß der sich unter dem Namen Schmidt hier aufhaltende Ausländer in Wirklichkeit Siegfried Höxter, Mathematiker, ... heißt. Unter dem falschen Namen Schmidt hat er vom 10. 10. 1933 bis zum 21. 10. 1933 und vom 18. 11. 1933 bis zum 26. 11.1933 zu Mondorf, Hotel de la Source.., vom 25. 11. 1933 bis 6. 12. 1933 im Hotel de la Gare zu Esch a. Alzette und vom 6. 12. 1933 bis zum 5. 1. 1934 im Hotel Central Molitor am Luxemburger Bahnhof gewohnt."[60]

Dazu erklärte Höxter in einem Verhör: "...Ich bin geständig, während der angegebenen Zeitpunkte ... unter falschem Namen übernachtet zu haben. Ich ließ mich ... unter dem falschen Namen eintragen, weil ich hierlands befürchtete, von Deutschland aus verfolgt zu werden. Ich bin nämlich als politischer Flüchtling zu betrachten und mußte diesetwegen mein Heimatland verlassen ... Ich war früher als Sozialdemokrat in Deutschland eingeschrieben und habe mich auch als Wahlredner hervorgetan. Nach dem Zusammenbruch dieser Partei hielt ich mich noch eine Zeitlang in Deutschland verborgen. Als aber sowohl von der SA als auch von der Polizei regelrechte Jagd auf mich gemacht wurde, floh ich nach dem Saargebiet, wo ich Loeb (Fritz Loeb * 26.3.1893 in Trier) kennenlernte. Ich bin zur Zeit völlig mittellos und auf Unterstützung angewiesen.

Da das Saargebiet aber voll deutscher Spitzel ist, legte ich mir den falschen Namen Willy Schmidt bei, um nicht entdeckt zu werden und so meinen 60jährigen Vater, welcher in Deutschland zurückgeblieben ist, vor dem Konzentrationslager zu schützen ...

Verschiedentlich hat mir Loeb, als wir noch zu Saarbrücken weilten, von einem Plane zur Gewinnung von Kapitalien zwecks Unterstützung der deutschen Emigranten und zur Bekämpfung der nationalsozialistischen Ideen im Saargebiet gesprochen ... Ich war auch bestimmt, in diesem Plane eine gewisse Rolle zu spielen, nachdem mir ein falscher Paß zur Einreise nach Deutschland ausgestellt worden wäre. Es blieb aber bei diesem von Loeb ausgearbeiteten Projekt und zwar aus dem Grunde, weil uns die Anfangskapitalien fehlten.

Ich betone ausdrücklich, daß ich aber seit meinem Aufenthalte in Luxemburg nicht das geringste in politischer Hinsicht unternommen habe. Ich treibe Selbststudium in Mathematik, welche Studien ich in Deutschland unterbrechen mußte. Der aus der Devisenschiebung Loebs erzielte Gewinn genügt kaum zu unseren täglichen Ausgaben."[61]

Am 7. Februar 1934 wurden Siegfried Höxter und sein Freund Fritz Loeb vom General-Staats-Anwalt des Großherzogtum Luxemburgs aufgefordert, "sofort das Land zu verlassen".[62] Noch am Nachmittag desselben Tages wurden dann Höxter und Loeb durch zwei Gendarme "an die belgische Grenze begleitet". [63]

Später wurde Siegfried Höxter - so teilt ein Gestapobericht über ihn mit - "vom Zuchtgericht in Luxemburg am 22. 3. 1934 wegen Tragens falscher Namen zu 51 Franken Geldbuße verurteilt".[64] Am 27. Februar 1934 meldete sich Siegfried Höxter als politischer Flüchtling in Saarbrücken an. Er lebte in der Pension Lorentz in der Beethovenstraße 30, seinen Beruf gab er mit Schriftsteller an.[65] Im Saarland hatte die SPD zu dieser Zeit ihre offizielle Vertretung, dort befand sich auch die ihm gut bekannte Johanna Kirchner, die im Zusammenhang mit der Verhaftung Mierendorffs dorthin geflüchtet war. [66] Die Gestapo Saarbrücken berichtete: "Im Jahre 1935 wurde bei Höxter ein in Berlin gefertigter Greuelbericht gefunden, der für eine Veröffentlichung im Emigrantenblatt 'Welt-Front' Verwendung finden sollte." [67] Weitere Vorwürfe gegen Höxter überschreiten nun die Grenze ins Kriminelle: "Außerdem wurde bekannt, daß Höxter das Haupt einer Devisenschieberbande war. Diese Bande setzte sich vorwiegend aus Genossen der KPD zusammen. Der Gewinn der Devisenschiebungen sollte für die illegale Arbeit der KPD Verwendung finden. Höxter hat jedoch seine Genosssen betrogen, indem er den Gewinn für sich verbrauchte."[68]

Weiteres berichtete die Gestapo Saarbrücken: "In der Nacht nach dem Bekanntwerden des Saarabstimmungsergebnisses (1. März 1935) emigrierte er fluchtartig nach Frankreich."[68a] Von Johanna Kirchner hatte Höxter Adressen von Menschen in Paris bekommen, an die er sich wenden konnte.

Höxter lebte dann in Paris, wo er sich durchschlagen mußte. Er hat dort wohl auch sein Mathematikstudium fortgesetzt. Später erzählte er, daß der geflüchtete Ministerpräsident Braun ihm noch nicht einmal einen Job zum Zeitungsaustragen vermittelt hätte, so war er im Überleben auf sich allein gestellt.[68b] 1937 traf ihn Artur Bratu. "Ich erinnere mich, daß er immer sehr große Mühe hatte, seine Miete zu bezahlen, er war ständig gefährdet, wieder herausgeschmissen zu werden."[68c] Als seine Schwester Gertie 1938 Deutschland nach Argentinien verlassen konnte und ihn in Paris besuchte, schrieb er an einem Buch über Mathematik.[69]

"Höxter ist Reichsdeutscher, Dissident und ledig. Er ist seiner Abstammung nach Jude ... Da Höxter nicht den Schutz des Römischen Garantieabkommens genießt, bitte ich, im Hinblick auf sein politisches Vorleben, ein Verfahren auf Aberkennung der deutschen Reichsangehörigkeit einzuleiten."[70] Im Mai 1939, veröffentlicht im Reichsanzeiger, erklärte der Reichsinnenminister u.a. Siegfried Höxter "der deutschen Staatsangehörigkeit verlustig".[71]

An seinen Vater und den Bruder, die sich beide nach Brasilien retten konnten, schrieb Siegfried Höxter im Mai 1939 aus Paris (V), 4 rue Laplace:

"Lieber Vater! Lieber Manfred!

Eure beiden Briefe trafen kurz hintereinander ein. Es war mir eine unbeschreibliche Freude, endlich Dich, lieber Vater, außerhalb der verfl. Grenzen zu wissen. Es ist wunderschön, daß wir nun alle draußen sind. Ich kann mich also jetzt als den vorgeschobenen europäischen Posten der Familie betrachten. Zu Euerm Plan, diesen Posten zurückzuziehen und mich hinüber zu bugsieren, kann ich nur eins sagen: einverstanden. Hier sieht es immer mieser aus, und der große Krach wird schließlich doch mal los gehen, wenn er sich vorläufig auch immer wieder verschiebt. Meinen Geburtsschein habe ich Euch geschickt. Vielleicht sind Euch noch folgende Angaben nützlich: Ich bin behördlich anerkannter Saarflüchtling, besitze als solcher einen französischen Fremdenausweis. Ich bin gespannt, ob Ihr es schaffen könnt. Außerdem erhebt sich für mich noch die bange Frage: Was soll ich bei Euch machen? Von der portugiesischen Sprache verstehe ich so viel wie vom Harfenspiel, kann also dort nicht, wie ich es hier tue, vom Mathematikunterricht mehr oder weniger leben. Freilich dürfte dort alles viel leichter sein als hier. Ich bin wirklich so froh, daß Du lieber Papa jetzt dort bist, die Entfernung von hier nach dort ist bedeutend kleiner als von hier nach Arschkenasien. Laßt es Euch recht gut gehen, geht nicht so oft in den Urwald, seid alle herzlichst gegrüßt von Eurem Siegfried."[72)]

Der Ausbruch des Weltkrieges einige Monate später verhinderte die Auswanderung von Siegfried Höxter nach Brasilien. Erst mehr als zweieinhalb Jahre später, im Oktober 1941, schrieb er seiner Familie einen weiteren Bericht - inzwischen allerdings aus New York:

"Meine Lieben!
Endlich glaube ich eine Adresse von Euch zu haben, die stimmt. Euch habe ich geschrieben 1. von Marseille, 2. von Cuba, 3. von hier aus. Ich lasse mich nicht verdrießen und wiederhole zum drittenmal, daß ich mit dem überall in der Presse als 'Höllenschiff' bezeichneten spanischen Frachter 'Navemar' fünf Wochen hindurch von Sevilla hierher segelte, bei dieser Gelegenheit alle meine Sachen verlor und wie Jakob mit einem Stecken in der Hand hier ankam. Seit Kriegsausbruch ist es mir nicht gelungen, in Verbindung mit Euch zu treten.
Ich war acht Monate lang in der Bretagne interniert, wurde dann als Mathematiker an die Universität Montpellier mobilisiert und dann zum Assistenten und schließlich zum assistierenden Professor an dem Institut für Atomphysik der Universität Lyon ernannt. Anfang Juli 1941 ging ich nach Südspanien und bestieg vier Wochen später die 'Navemar', wo ich mich in einem Rettungsboot installierte, das ich fünf Wochen bewohnte. Ich bin nun schon vier Wochen lang hier in New York ...Ich befinde mich mitten in Verhandlungen über die Fortsetzung meiner universitären Tätigkeit hier und habe schon eine bindende Zusage, ich hoffe in Kürze irgendwie arrangiert zu sein ... Wird schon irgendwie klappen, nachdem auch mein Trip von Europa hierher geklappt hat.
Mit herzlichen Grüßen Euer Siegfried."[73)]

Zum Höllenschiff "Navemar": Eigentlich sollte das Schiff "Navemar" am 10. Juli 1941 von Cadiz in Südspanien nach New York abfahren. Die dortigen Hafenbehörden hatten aber wegen der vollkommen unzureichenden Ausstattung des Schiffes die Ausfahrt verweigert, lediglich 15 Plätze in Schiffskabinen waren vorhanden und 1200 Schiffskarten für Flüchtlinge verkauft. Die Abfahrt erfolgte dann aus Sevilla, wo die Behörden nur zu prüfen hatten, daß das Schiff flußtüchtig sei für die 60 km lange Fahrt auf dem Fluß Guadalquir. Die Abfahrt wurde mehrfach verschoben, bis das Schiff am 6. August 1941 endlich ablegte. In Lissabon mußte noch ein einwöchiger Halt eingelegt werden, da inzwischen viele Visa der Passagiere für die USA abgelaufen waren. Am 16. August 1941 verließ das Schiff Lissabon, "die schwimmende Hölle" begab sich auf eine abenteuerliche Fahrt über den Atlantik. Die Unterbringung, Verpflegung und die sanitären Zustände waren unbeschreiblich katastrophal. "Besonders gesucht waren die Rettungsboote", berichtete die Zeitung, auch Siegfried Höxter hatte dort einen Platz gefunden. Am 12. September 1941 endlich kam die Navemar in New York an.[74)]

Zur US Army 1942

Die nächste Spur aus Siegfried Höxters Leben führt zur amerikanischen Armee, in die er inzwischen eingetreten war. "Ich traf ihn im Oktober - Dezember 1942 in dem US Army Trainingslager Camp Croft bei Spartanburg, South Carolina, wo wir zur gleichen Zeit als Rekruten ausgebildet wurden. An dienstfreien Tagen waren wir zusammen und verbrachten unsere freien Tage in den billigen Soldatenkneipen in Spartanburg, wo er damals schon gerne dem Alkohol zusprach. Nach den drei Monaten Ausbildung kam er in ein Lager in Texas."[75)] Bei dem Intelligenztest schnitt er als hochintelligent ab und wurde von den Amerikanern, wie er später gerne erzählte, als "Comic Bird" eingestuft.[75a)] "Von der Armeezeit Höxters weiß ich nur, daß er eine speziell harte Ausbildung hatte und noch eine spezielle Ausbildung für die Geheimdienste. So erzählte er, daß er bei einer ganz bekannten amerikanischen Firma, die mechanische Dinge herstellte, einbrechen mußte. Man hatte ihm vorher gesagt, 'sehen Sie zu, daß es nicht schiefgeht, sie können sich nicht darauf berufen, daß es ein Befehl war, wir leugnen alles ab und lassen Sie hängen'. Auch von Gefechtsübungen in Feldern mit vergiftetem Efeu erzählte er."[76)]

Mitarbeiter des amerikanischen OSS-Geheimdienstes in London 1943

1943 war Siegfried Höxter als Unteroffizier beim amerikanischen Geheimdienst OSS tätig,[76a)] der sein Büro "Office of Strategic Services" in London hatte. Das OSS war eine Kombination von Geheimdienst und strategischer Militärplanung. So war Höxter beteiligt an der Planung der Invasion der amerikanischen Truppen in der Normandie. "Die Landungen in Frankreich bilden quantitativ und qualitativ den Kulminationspunkt der Tätigkeit des OSS. An keiner anderen Operation alliierter Streitkräfte war der Dienst in diesem Ausmaß und mit so großem Erfolg beteiligt."[77)] "Während der Operationen in Frankreich begleiteten OSS-Angehörige die vordersten Truppen, um feindliche Dokumente und technische Ausrüstungen sicherzustellen und Gefangene zu befragen, und gewannen wichtige Erkenntnisse über die Situation in Deutschland...".[78)] Die genauen Funktionen und Aufgaben Höxters beim OSS London konnten noch nicht herausgefunden werden. Er erzählte später einmal von seiner realisierten Idee, gefälschte Geldscheine und Lebensmittelkarten über Deutschland abzuwerfen.[79)]

Rückkehr nach 12 Jahren - nun auf der Seite der Sieger

Gerade dort, wo Siegfried Höxter 12 Jahre zuvor gezwungen gewesen war, heimlich über die Grenze aus Nazideutschland zu fliehen, betrat er wieder deutschen Boden. Welche Gedanken und Gefühle mögen ihn in dieser Zeit bewegt haben, das Blatt seines Lebens hatte sich radikal geändert, er stand in amerikanischer Uniform auf der Seite der Sieger und betrat das zerstörte Deutschland.
An der Befreiung Aachens war Höxter beteiligt.[80)]

Am 29. 3. 1945 begannen die US-Truppen Frankfurt zu besetzen. Sofort nahm er Kontakt mit alten Freunden und Genossen auf, besonders suchte er auch den Kontakt mit den Freunden Mierendorffs. Dieser war nach 5 Jahren KZ-Haft und Kontakten zum Kreisauer Kreis 1943 bei einem Bombenangriff getötet worden. Lotte und Emil Schmidt erinnerten sich: "Der Krieg war zu Ende, wir waren in Frankfurt ausgebombt und lebten in Brensbach im Odenwald. Eines Abends stand plötzlich mit Stahlhelm und einem Gewehr in der Hand ein amerikanischer Soldat in unserer Tür - das war Siegfried Höxter. Das war ein Wiedersehen nach 12 Jahren, wir hatten ja nie wieder etwas von ihm gehört. Als erstes erkundigte er sich nach unserem Vater Karl Kirchner,

Siegfried Höxter 1945 in amerikanischer Uniform

Siegfried Höxter "residierte" von 1945 - 1949 in Hochheim am Main in der Graegerschen Sektvilla. Von links Arthur Bratu als britischer Offizier, Siegfried Höxter, Chauffeur Jean - Sommer 1946.

dem Fraktionsvorsitzenden der SPD in Frankfurt bis 1933. Wir erzählten, daß er furchtbar krank sei. Er fuhr dann sofort los mit seinem Jeep und brachte Insulin für den Vater und Lebensmittel. Er wollte Karl Kirchner in einer amerikanischen Uniform auch sofort in ein Sanatorium in die Schweiz zur Behandlung bringen, legal hätte er ja nicht ausreisen dürfen. Karl Kirchner lehnte aber diese besondere Behandlung ab. Auf jeden Fall hatte Siegfried uns sofort gesucht und auch gefunden. Dies war eine Kleinigkeit für ihn, da er in einer Spezialeinheit des Nachrichtendienstes war, seine Uniform hatte keine Rangabzeichnen. Die Amerikaner dort hatten genaue Listen, so stand dort Karl Kirchner als wiederverwendbar darauf."[81)]

Siegfried Höxter "residiert" auf Schloß Hochheim

In einem herrlichen Schlößchen in Hochheim am Main, das der Sektkellerei Graeger gehörte und nun von den Amerikanern beschlagnahmt war, "residierte" Siegfried Höxter. Offiziell war er der Stadtkommandant von Hochheim. Den Hochheimern war Siegfried Höxter kein Unbekannter, vor 1933 war er als einer der "gefürchtetsten Debattenredner" in der dortigen Gegend bekannt.[82)]

Für den Aufbau eines neuen, demokratischen Deutschlands hatte er als OSS-Geheimdienst-Angehöriger "Spezialaufgaben im Gewerkschaftsbereich".[83)] Das OSS hatte Ende Mai oder Anfang Juni 1945 eine "OSS-Mission to Germany" in Wiesbaden-Biebrich eingerichtet, die als zentrale Sammel- und Auswertungsstelle diente. Im September 1945 wurde von Präsident Truman zwar der gesamte Nachrichtendienst OSS aufgelöst, aber die "OSS - Mission to Germany" wurde weitergeführt und dem amerikanischen Hauptquartier in Europa USFET (US-Forces, European Theater, Headquarters) als Strategic Services Unit unterstellt.[84)]Höxter gehörte zu dieser "Mission to Germany".[85)]

Ernst Langendorf, der Höxter schon aus der Universität Frankfurt kannte und auch mit ihm in den USA in der Rekrutenausbildung war, berichtete: "Ich traf ihn 1945/46 in einer Villa in Hochheim wieder, wo er eine etwas geheimnisvolle Tätigkeit ausübte, über die er ungern reden wollte."[86)] Hella Jacobowsky, mit deren Familie Höxter eng vertraut wurde, erinnerte sich: "In dieser herrlich über dem Main in den Weinbergen gelegenen Villa wohnte Sig mit seinem Stab, Chauffeur und Hunden und Bediensteten, von denen kein Mensch je genau wußte, was sie für eine Funktion hatten, auch nicht wissen durfte. Offiziell war er der amerikanische Stadtkommandant, inoffiziell aber hatte er eine geheime Mission. Jedenfalls kamen immer geheimnisvolle Leute, die von den übrigen Gästen streng getrennt wurden und sich gegenseitig nicht sehen durften. Wir durften nie sehen, was da für politische Figuren kamen, es war alles immer sehr geheimnisvoll. Er hat das auch alles sehr streng getrennt. Über seine Arbeit sprach er nicht, nur am Rande habe ich mitbekommen, daß er auch mit der Bekämpfung der Werwolf-Organisation zu tun hatte. Jedenfalls hatte er alles zur Verfügung, was er wollte: zu essen, zu trinken, Personal und vor allem Benzin. Es fehlte

Margarete Buber-Neumann berichtet in ihrem Buch: "Freiheit, du bist wieder mein" auch über ein Zusammentreffen bei Höxter im Januar 1946, arrangiert durch Irving Brown, einem einflußreichen Vertreter der American Federation of Labor, der amerikanischen Gewerkschaften:

"... Dann schneidet Irving Brown ein anderes Thema an: 'Haben Sie Lust, Menschen zu treffen, die wie Sie Gegner der Nazis waren?' Auf meine Frage, wo diese Menschen seien, sagte er nur: 'In einem Haus in Hochheim.' Natürlich hatte ich Lust...
Das alte Städtchen Hochheim liegt auf einem Rebenhügel, von dem man aus über das breite Maintal bis zum Rhein blicken kann. Daß es sich um das von der amerikanischen Besatzungsmacht beschlagnahmte 'Schloß' des Sektfabrikanten Graeger handelt, sollte ich erst später erfahren. Empfangen werden wir vom neuen Schloßherrn, vom US-Leutnant Sigi Höxter, einem deutschen Emigranten, von Beruf Mathematikprofessor und 1946 mit der Aufgabe betraut, deutsche Antifaschisten um sich zu sammeln. Das jedenfalls war vorerst meine Erklärung für seine Tätigkeit. Von den Gästen, die mir vorgestellt wurden, kenne ich niemanden. Auch daß die meisten der SPD angehören, weiß ich nicht. Bei meinen Besuchen in Hochheim lerne ich Professor Hermann Brill kennen, dann Kurt Schumacher, Günther Markscheffel, Arno Behrisch, Zinkahn, Kriedemann und eine ganze Menge anderer, deren Namen mir inzwischen entfielen. Zu Sigi Höxters Menage gehörte ein Adjudant, seines Glaubens nach Mormone aus Salt Lake City, ferner ein Chauffeur mit Namen Jean, eine Köchin sowie mehrere besonders gut aussehende Dienstmädchen. Aber auch die wild kläffenden Wolfshunde dürfen nicht vergessen werden.
Die Unterhaltung oder, besser gesagt, das Sichkennenlernen spielt bei den Begegnungen in der Graeger-Sekt-Villa eine wesentliche Rolle, doch ebenso wichtig ist - denn wir Eingeladenen durchleben ja wahrhaft magere Zeiten - die Beköstigung. Die Gastmähler sind großartig, und mit alkoholischen Getränken wird nicht gespart. Am nachhaltigsten spricht ihnen der Hausherr selber zu ...
Der Emigrant Höxter interessierte sich brennend für alles, was ich in Sowjetrußland erlebte (Buber-Neumann war 12 Jahre "Als Gefangene bei Hitler und Stalin" - so der Titel ihres Buches - d. V.). Er wie alle anwesenden SPD-Leute, soweit sie sich dazu äußerten, lehnten den Kommunismus ab und machten Front gegen die Ostberliner Propaganda einer Vereinigung von KPD und SPD.
Sicher war das das Thema, das Kurt Schumacher besonders erregte, denn er wie kein anderer übersah die möglichen Konsequenzen dieses sowjetischen Betrugsmanövers. Auf mich wirkte Schumacher, den ich bis dahin nicht kannte, seltsam gehemmt. Vielleicht entstand dieser Eindruck auch durch die Rücksichtnahme aller Anwesenden auf ihn, einen Kranken ...
Er schien stets in einem Zustand heftiger Spannung zu sein. Nun war ja auch Grund genug dazu vorhanden, ging es doch neben dem Kampf um Verhinderung einer Zwangsvereinigung der beiden Arbeiterparteien in der Sowjetischen Besatzungszone auch um die Neugründung der Sozialdemokratischen Partei in Westdeutschland, und das so schnell wie möglich. Sigi Höxter, ein Mitglied der SPD, hatte offensichtlich den Auftrag, die sogenannten demokratischen Kräfte zu sammeln, um über dieses Problem zu diskutieren. Für wen er diesen Auftrag ausführte, für welche amerikanische Stelle er tätig war, ob für die amerikanischen Gewerkschaften oder für die CIA, blieb mir unbekannt. Tatsache war, daß die Amerikaner ein Interesse hatten und bestimmt auch die nötige Unterstützung gewährten - wofür die Entsendung Irving Browns sprach -, die SPD so schnell wie möglich wieder entstehen zu lassen. Eben zu diesem Zweck war Kurt Schumacher aus der englischen Besatzungszone - er lebte in Hannover - zu den Amerikanern an den Main gereist.
Am Abend fuhr mich der Chauffeur Jean nach Schwanheim zurück. Vor der Haustür überreichte er mir einen Sack, der auf allen Seiten den Aufdruck trug "US Army". Als ich dessen Inhalt vor Maria Fischer auf den Küchentisch ausleere, schlägt sie die Hände über den Kopf zusammen und schreit: 'Solche herrlichen Sachen gibt es noch! Kaffee! Tee! Zucker! ..Mehl, Fett, Eipulver und Kondensmilch...' Ein Kuchen wird gebacken, und wir durchjubeln die ganze Nacht."[92)]

ihm an nichts. In Hochheim gab es immer große Feste, die die ganze Nacht andauerten."[86a)] "Bei ihm konnten sich alle Deutschen durchfuttern", erinnert sich Hans Gottfurcht.[87)]
Alexander Gurland sagte später immer zu ihm: "Ohne Dich hätte die SPD nicht überlebt, Du hast sie alle ernährt."[88)]

Artur Bratu, sein Mitstreiter aus den Jahren vor 1933, erinnerte sich: "Höxter übernahm im amerikanischen Geheimdienst wichtige Verbindungen für die Amerikaner. Wir haben nie genau darüber gesprochen. Er war in Verbindung mit Kurt Schumacher. Er beriet die Amerikaner in wichtigen Fragen.
In Hochheim hat er vor allem viele Deutsche empfangen, deutsche Politiker: Schumacher war oft bei ihm gewesen, Adenauer war da, Carlo Schmidt, Ollenhauer, also die Politiker dieser Zeit. Die Amerikaner mischten ja in dieser Zeit noch kräftig mit in den deutschen Angelegenheiten. Die Deutschen hatten ja noch keine Souveränität, hatten auch auf örtlicher Ebene wenig zu sagen, sie mußten also immer mit den Amerikanern reden.
Höxter war sehr selbstbewußt gewesen, in Deutschland hatte er seine Karriere bei den Amerikanern gemacht. Er hat dann die Verbindungen zu den deutschen Parteien und Parteiführern hergestellt. Schumacher war ja der große Mann und man nahm an, daß er Bundespräsident werden würde. Die Engländer hatten ja ihre ganze Politik auf die SPD gesetzt, nicht dagegen die Amerikaner. Die hatten nie etwas von der SPD wissen wollen. Die Sozialdemokraten hatten im Gegensatz zu England keinen großen Einfluß in Amerika.
Es kamen viele Leute zu Höxter auch aus anderen Ländern, seine Tätigkeit war nicht an Hessen gebunden, sondern zonenübergreifend.
Für die Amerikaner war Höxter ein wichtiger Mann, er hat für die Amerikaner entscheidende Funktionen ausgeübt, hat Brücken gebaut zu deutschen Politikern, und er hat auch manch unbekannte Größe aufgedeckt, von der die Amerikaner nicht wußten, wer das war. Er hat sich dahinter gesteckt, die Leute eingeladen, sie ausgefragt und dann seinen Vorgesetzten berichtet. Es gab ja viele Leute 1946/47, die später berühmt und bekannt in Deutschland waren und deren Namen man damals noch nicht kannte. Da gab es eine Menge CDU-Leute, die im Bundestag eine Rolle spielten, die ich mir noch vom Aussehen her vorstellen kann, aber deren Namen ich nicht mehr weiß."[89)] "Interessante Diskussionsrunden fanden statt, in Hochheim verkehrte alles, was Rang und Namen hatte in der hessischen und rheinland-pfälzischen Politik. Braun, Schumacher, Günther Markscheffel, Willi Knothe, Jakob Altmaier, auch Zuckmayer in Uniform lernte ich kennen."[90)]

Vom November 1945 liegt ein Brief Erich Ollenhauers aus

London an Siegfried Höxter vor mit der Anrede "Lieber Freund!" mit der Bitte um Hilfe für eine Genossin. "Hans Gottfurcht hat mir über Euer Zusammensein erzählt."[91)]

Als Captain Infantry Service 02016007 wurde Höxter im September 1947 in Ehren aus dem aktiven Dienst der Armee der Vereinigten Staaten von Amerika entlassen.[93)] Auch in seinen alten Heimatort Heldenbergen kam Siegfried Höxter und besuchte dort seine alten Genossen, brachte Lebensmittel mit und erkundigte sich, wie die Naziherrschaft in Heldenbergen gewesen war. Er sagte: "Ich hätte mich rächen können, aber ich tat es nicht."[94)]

Seine Nichte berichtete: "Einmal lud er mehrere alte Nazis ein, der Tisch war fürstlich gedeckt und dies zu einer Zeit, als es in Deutschland nichts zu essen gab. Als die Herrschaften sich an die Tafel gesetzt hatten, zog er die Decke vom Tisch mit den Worten: "Ich ziehe es vor, meine Hunde zu füttern, als Euch miesen Nazis auch nur einen Bissen zu geben."[95)]

Ähnliche Szenen, wo er seine Hunde mit Koteletts fütterte, wiederholten sich wohl des öfteren. "Die Probleme, die er früher immer gehabt hatte, sein Geld für die Miete zusammenzubekommen, schlugen in ihr Gegenteil um nach 1945, als er die Koteletts für seine Hunde vom Tisch schmiß. Wir haben uns in diesen Situationen oft bei ihm nicht wohl gefühlt. Wenn ich ihn ansprach, was soll diese Sinnlosigkeit, wehrte er nur ab: 'Der Hund will doch auch leben.'"[96)]

In der ersten hessischen Regierung soll Höxter auch ein Ministeramt angeboten worden sein. Dieses lehnte er aber ab, da er meinte, der Sozialdemokratie, der er sich immer verbunden fühlte, in amerikanischer Uniform mehr dienen zu können.[97)]

Höxter hatte wohl das Gefühl, "zurückgekommen zu sein" in seine Heimat. An einen in der Schweiz lebenden früheren Genossen Ritzel schrieb er 1946: "Ich bin in meiner alten Gegend tätig und oft mit den alten Genossen zusammen. Kommst Du zurück?"[98)]

Fritz Heine, enger Mitarbeiter Kurt Schumachers, erinnerte sich: "Siegfried Höxter hat es verdient, daß man sich an ihn erinnert. Er hat uns, und damit meine ich stets die SPD-Führung in Hannover, wo er nur konnte, in seinem Wirkungskreis geholfen. Zweifellos hatte er einen scharfen Verstand und ein großes politisches Interesse. Verbunden fühlte er sich der SPD, die er wohl auch als die ihm nächste politische Kraft im neuen Deutschland ansah. Er hat uns politisch geholfen, indem er uns Informationen darüber gab, wie aus der Sicht der Militärregierung die Situation beurteilt wurde, wie man dort die politischen Kräfte und Persönlichkeiten einschätzte, die im neuen Deutschland wirkten, welche Probleme von alliierter Seite möglicherweise auf uns zu kämen, wie man sich zu dieser und jener Haltung oder Äußerung von unserer Seite stellte usw. Materiell half er, in dem er uns, wenn wir in die US-Zone fuhren, was 1946/47 noch eine Abenteuerreise war, Quartier gab, uns auch mit Lebensmitteln versah."[98a)] Für den schwerkranken Kurt Schumacher fuhr Höxters Chauffeur jede Woche Antibiotika nach Hannover in die Parteizentrale, auch für die Verteilung von amerikanischen Care-Paketen an seine früheren Genossen sorgte Höxter."[99)]

"In Hochheim wurde Politik für Deutschland gemacht"[100)]

"Ich lernte Höxter nach 1945 kennen, als er gelegentlich zu Besuch zum Parteivorstand der SPD in Hannover gekommen ist. Er gehörte zur OSS," berichtete Heinz Putzrath.[101)]

Diese vertrauliche Verbindungstätigkeit Höxters zwischen SPD und Militärregierung zeigt auch ein Bericht in der Chronik der SPD Hessen: "21. 11. 1945 vormittags: Sitzung des provisorischen Landesvorstandes Hessen und Hessen-Nassau. Es geht um den Aufbau der Verwaltung in Groß-Hessen...Während der Sitzung erscheint Lieutenant Höxter von der Militärregierung in Wiesbaden. Ein deutscher Emigrant mit hessischem Akzent. Er wird als 'Genosse' vorgestellt und ist Eingeweihten als Mitarbeiter der OSS bekannt. Höxter berichtet vertraulich, 'daß die Bildung einer Reichsregierung, die bestimmte Aufgabengebiete zu erledigen hätte, durch die amerikanische Besatzungsbehörde gefördert würde. Es sollen dabei zunächst Aufgabengebiete wie Wirtschaft, Handel, Post und Verkehr in Aussicht genommen sein'."[102)] Auch im Tagebuch von Ludwig Bergsträsser ist Höxter erwähnt.[102a)]

Samuel Wahrhaftig, Mitarbeiter der amerikanischen Militärregierung, veröffentlichte 1970 über Siegfried Höxter folgende Einschätzung: "Einzelne spielten unter solchen Voraussetzungen oft eine beachtliche, ja eine ausschlaggebende Rolle. Beispielsweise stellte es sich heraus, daß zur Befreiung der zur SPD gehörenden Regierungsmitglieder von der Last der Parteifunktionäre ein Außenstehender einen erheblichen Beitrag geleistet hatte: Siggi Höxter ... Anders als die Mehrzahl seiner Mitarbeiter am sogenannten 'Labor Desk' des OSS war er ein entschiedener Gegner der Kommunisten. Er ließ sich auf Schloß Hochheim am Main als Beobachter nieder und leistete von dort aus, im Gegensatz zu anderen Geheimagenten, konstruktive Arbeit. Da zahlreiche SPD-Funktionäre ihn noch von früher her kannten, konnte er starken Einfluß ausüben. Obwohl die Militärregierung seinen Einfluß und seine rastlose Wirksamkeit als störend empfand, gelang es ihm doch immer wieder, ohne ihr Wissen die Wogen zu glätten. Aus allen drei Westzonen kamen die Mitglieder der SPD-Führung zuweilen als Gäste nach Schloß Hochheim, das schon bald als geheimes 'Führungszentrum' der Partei galt."[103)]

So erzählt man sich noch heute in Hochheim, daß im Schloß die inoffizielle Wiedergründung der SPD nach dem Kriege stattgefunden habe.[104)]

Freundschaft mit Carl Zuckmayer

Zuckmayer war vor 1933 gut befreundet mit Carlo Mierendorff. Als er 1944 im amerikanischen Exil von dessen Tod erfuhr, hielt er eine Trauerrede in New York, die dort zum Verständnis der Opposition gegen Hitler beitrug. Auch Zuckmayer war aus Amerika nach Deutschland zurückgekehrt. Höxter suchte in der gemeinsamen Verbundenheit mit Mierendorff sofort 1945 in Hochheim die Bekanntschaft mit Zuckmayer, die sich zu einer Freundschaft vertiefen konnte. In Hofheim traf sich auch das Frankfurter Theater durch Zuckmayer.[105)]

Aus dem Jahre 1954 ist ein Brief Höxters erhalten mit der Anrede "Bester Zuck!", Zuckmayer hatte Höxter um Stellungnahme zu zwei amerikanischen Veröffentlichungen über Ufos gebeten.[105a)] Die Tochter Maria Zuckmayer erinnert sich: "Meine Eltern waren in den Nachkriegsjahren mit Siegfried Höxter befreundet, er war ein sehr verschlossener, aber sehr liebevoller und hilfsbereiter Mann."[106)]

Nach Gründung der Bundesrepublik 1949

Bis 1949 war Höxter in Hochheim, dann ging er nach Pforzheim (Vogesenallee), wo er als einziger Amerikaner lebte. "In Pforzheim wohnte er auch sehr komfortabel, aber es war nicht mehr der Glanz und Pomp, wie es in Hochheim gewesen ist."[107)]

Von Pforzheim führte Höxters Weg im November 1951 nach Berlin, wo er sich in Dahlem in der Fabeckstraße 5 niederließ. "Bei ihm gab es die ersten 'richtigen Parties', dazu kamen auch Physiker aus dem Osten, da gab es gute Kontaktmöglichkeiten in dieser Atmosphäre der Harmlosigkeit".[108)] Dort war er weiter für den amerikanischen Geheimdienst tätig. Guten Freunden, die ihn in Berlin besuchten, verbot er, mit dem Zug dorthin zu fahren, da er Angst vor Erpressung durch die Russen hatte. Im

Zeitalter des Kalten Krieges dürfte sich seine Tätigkeit auch in Auseinandersetzungen mit der DDR und dem Ostblock abgespielt haben. "Unter keiner Folter der Welt hätte Sig je verraten, was er macht."[109)]

Er schlief immer mit einer Pistole am Bett. Er war in Missionen eingesetzt, wo er fünfmal am Tag Hotel und Namen wechseln mußte.[110)] Häufig mußte er Menschen verhören, die aus sowjetischer Gefangenschaft kamen. Er muß mit Atomforschung zu tun gehabt haben.[111)]

Ab 1954 war er Mitglied der Physikalischen Gesellschaft zu Berlin.[112)]

Von Berlin fuhr er auch nach Amerika, wo er die höchste Auszeichnung erhielt, die als Nichtangehöriger der Armee zu erhalten war, Präsident Truman empfing ihn. Er war ein "Top secret man".[113)]

An seine Nichte in Argentinien schrieb er: "Ich tue mein Beamtenwerk, das ziemlich harte Arbeit ist, und was mir an Zeit verbleibt, widme ich wie immer dem Nachdenken über die blaue Blume der Mathematik, die irgendwo blüht, aber noch von niemandem entdeckt wurde. Auch studiere ich das Leben, das ich nach wie vor faszinierend finde, obwohl ich eigentlich genug davon auf dem Buckel habe."[114)]

Das tragische Ende von Siegfried Höxter

Über das tragische Ende des so facettenreichen Lebens von Siegfried Höxter erzählte seine gute Bekannte: "Nach einiger Zeit in Berlin fing es langsam an, daß Sig depressiv wurde. Er bildete sich laufend ein, daß er Krebs habe. Ich glaube, das alles kam daher, daß er durch sein Amt gezwungen war, Dinge zu tun, die er mit seinem Gewissen nicht vereinbaren konnte. Diese Depressionen wurden immer stärker, aber Sig hatte Angst, sich in ärztliche Behandlung zu begeben, da deutsche Ärzte für ihn verboten waren und bei amerikanischen Ärzten hatte er Angst, daß, wenn seine Krankheit entdeckt würde, er seinen Posten verlieren würde. Seine Zustände traten immer häufiger auf, er war eine Geisteskrankheit, von der die Amerikaner auf gar keinen Fall etwas wissen durften. Bei seiner Arbeit nahm er sich wahnsinnig zusammen, so daß er sie noch irgendwie schaffen konnte. Doch eines Tages brach er dann bei uns zu Hause in der Wohnung völlig zusammen. Wir brachten ihn dann in das Landeskrankenhaus in Heppenheim zu einem Arzt, den wir ins Vertrauen gezogen hatten und der Sigs Anwesenheit geheim hielt. Dort wurde er mit Elektroschocks behandelt. Unglücklicherweise brach er sich den Oberschenkelhals, so daß er in ein Krankenhaus zur Operation gebracht werden mußte. Von den Amerikanern war ihm verboten, sich in Narkose zu begeben. Wir erzählten eine einleuchtende Geschichte und bekamen das hin. Er kam dann doch in ein amerikanisches Hospital, nun war der Kontakt zu ihm für uns unmöglich geworden. Verbotenerweise rief uns dann aber noch ein Amerikaner im Auftrag von Sig an. Eines Morgens teilt er uns mit, daß Sig nach Amerika gebracht worden war. Er war ein zu großes Sicherheitsrisiko geworden, all sein Geheimwissen in Verbindung mit einer Geisteskrankheit machte ihn für die Amerikaner unberechenbar. Schreiben durfte er nicht, auch hatten wir keine Adresse. Ein- oder zweimal hat uns noch dieser Amerikaner angerufen und uns Nachricht gegeben, er wohne allein und sei schwer herzleidend. Das erschien uns sehr verdächtig, da von Herz vorher nie die Rede war. Aber Herz hört sich ja gut an und führt leicht zum Tode. Und so war es dann auch. Im April 1957 rief uns der Amerikaner wieder an und teilte uns Sigs Tod mit, er sei an einem Herzschlag gestorben. Vielleicht blieb nichts anderes übrig, denn Sig hätte auf jeden Fall nach Deutschland zurückgewollt, aber das hätten sich die Amerikaner nicht leisten können."[115)]

Eine möglicherweise etwas gewagte Einschätzung der Person Siegfried Höxters gibt Frau Gurland, die ihn aus seiner Berliner Zeit kannte:
"Siegfried Höxter ist auch an dem Schicksal seiner Zeit zugrunde gegangen. Seine Jugend und die wissenschaftliche Zukunft haben die Nazis kaputtgemacht. Wenn das Dritte Reich nicht gewesen wäre, wäre er eine der Spitzenkräfte geworden bei seinen Begabungen. So sind seine Fähigkeiten kaputt gemacht worden. Aus dem Zwang seiner Lebenssituation landete er bei der Armee. Er hat nie überwunden, daß der Nachkrieg keinen Platz für ihn hatte. Er sah keine Chance zu überleben und hat daraus einen Kult gemacht. Er war ein Opfer der Zeit."[116)]

Am 17. Januar 1957 starb Siegfried Höxter im Alter von nur 51 Jahren. Er wurde nach jüdischem Ritus eingehüllt in einen Gebetsmantel beerdigt. In allen Ehren fand seine Beerdigung auf dem nationalen Heldenfriedhof Amerikas in Arlington statt. Von seiner Familie war nur die Nichte Elly Meyer aus Buenos Aires gekommen und einige Armeemitglieder.

Hella Jacobowski schrieb nach der Lektüre dieses Textes: "Schade, daß Sig nicht lesen kann, wie positiv er in der Erinnerung seiner Zeitgenossen lebt. Er würde zwar heftig gegen dieses Bild protestieren, aber insgeheim würde es ihn doch freuen."[117)]

Das letzte Foto von Siegfried Höxter 1956 vor seinem tragischen Ende

Familie Oppenheimer

Der Familienname Oppenheimer ist als Name einer früheren jüdischen Familie nur noch sehr alten Heldenbergern geläufig.

Wer das Denkmal für die Soldaten des Krieges gegen Frankreich 1870/1871 am Eingang zum christlichen Friedhof genauer betrachtet, findet dort unter der Überschrift: "Diese Soldaten standen gegen Frankreich im Felde" den Namen "Oppenheimer, Meier Infanterie" in Stein geschrieben. Er wurde 1849 in Heldenbergen geboren. Seine Familie soll nicht sehr begeistert darüber gewesen sein, daß Meier Oppenheimer zum Militär gegangen war, erinnert sich der Enkel Walter. Drei Jahre nach dem Ende des Krieges ging er nach Frankfurt, wo er in der Schützenstraße 12, neben dem Gemeindehaus der israelitischen Religionsgesellschaft eine Mazzebäckerei betrieb.

Meier Oppenheimer starb 1905 und wurde auf dem jüdischen Friedhof in der Rat-Beil-Straße im Bereich der israelitischen Religionsgesellschaft beerdigt (Grab B3/28).[117)]

Der "Bäcker Löb"

Meier Oppenheimer (* 18. 8. 1849) war der Sohn des Bäckers Löb Oppenheimer, der 1818 in Rohrbach bei Büdingen geboren wurde und 1847 als Schutzjude in Heldenbergen aufgenommen worden war, nachdem er Räinge Rothschild (* 1825) aus Heldenbergen ein Jahr zuvor geheiratet hatte. Im Jahre 1852 kaufte "der Bäckerlöb" - so wurde er in Heldenbergen genannt - die Hofreite Friedberger Straße 33. Er baute 1860 einen Stall, und im Jahre 1865 baute er links an das Haus ein Backhaus mit Backofen. Der "Bäckerlöb" und Frau Räinge hatten 8 Kinder: Kandgen (später Gretchen) *1847, Meier * 1849, Joseph * 1851, David * 1853, Franziska * 1855, Kathinka * 1858, Abraham * 1860, Saara * 1867.

Im Jahre 1884 kaufte der Bäcker Löb noch die darunter liegende Hofreite Friedberger Straße 31, das andere Haus in der Friedberger Straße 33 hatte er ein Jahr vorher seinem Sohn Joseph übergeben, der auch die Bäckerei führte. Nach dem Tode des "Bäckerlöb" (+11. 5. 1891), er starb mit 73 Jahren, ging auch die Hofreite in der Friedberger Straße 31 an seinen Sohn Joseph Oppenheimer über.

Joseph Oppenheimer (* 1851) und Familie

Neben der Bäckerei hatte Joseph Oppenheimer noch eine Mehlhandlung und außerdem eine Holzhandlung, von der viele Heldenberger Familien ihre Holzdielen bezogen. Aus dem Jahre 1900 ist eine Rechnung erhalten von Joseph Oppenheimer "für die christliche Gemeinde Heldenbergen" über 8 Brezel à 70 Pfennig und 50 Dachziegel für das Schulhausdach à 3 Pfennig. Im Gesangverein Euphrosyne wurde er 1879 Mitglied.

"Der Bäcker Joseph Oppenheimer kam zu uns ins Haus und setzte den Teig in einer Mahne (große Schüssel) an, zum Backen fuhren wir den Teig dann zu ihm in die Bäckerei. Unser Getreide wurde von einem Müller aus Ortenberg abgeholt, der es nach 8 Tagen gemahlen wiederbrachte. So hatten wir unseren Mehlvorrat zu Hause", erinnert sich ein alter Heldenberger.

Fol. ____ Heldenbergen, den 27ten Dez. 1900

Bäckerei, Mehl- und Nota Holz-Handlung.

für ...

von Joseph Oppenheimer.

Rechnungskopf der Firma Joseph Oppenheimer, "Bäckerei, Mehl- und Holzhandlung" aus dem Jahr 1900

Joseph Oppenheimer (* 9. 8. 1851) war verheiratet mit Elisa Schuster aus Sterbfritz (* 10. 6. 1859). Sie bekamen im Haus Friedberger Straße 31 drei Kinder:

Klara	* 30. 3. 1885
Max	* 20. 3. 1887
Rosa	* 22. 2. 1895

Die Familie Joseph Oppenheimer verkaufte die Bäckerei an den Bäcker Pauly und verließ im Jahre 1905 Heldenbergen. Oppenheimers zogen nach Frankfurt genau in dem Jahr, als der Bruder von Joseph, Meier Oppenheimer, in Frankfurt gestorben war, vielleicht übernahm nun Joseph Oppenheimer die Mazzebäckerei von Meier Oppenheimer in der Schützenstraße 12. Die Familie Joseph Oppenheimer wohnte im Baumweg 20. Joseph Oppenheimer starb am 9. 9. 1931, seine Frau 1935. Das Grab befindet sich auf dem Friedhof Eckenheimer Landstraße (4 E 83/4).

Rosa Oppenheimer (* 1895)
Die Tochter Rosa Oppenheimer heiratete Julius Kulb aus Groß-Karben (* 26. 2. 1890). Das Ehepaar bekam eine Tochter Margot; die Familie lebte in Frankfurt.

Vor den Nazis floh sie 1936 nach Amsterdam.

Im Reichsanzeiger Nr. 202 vom 31. 8. 1938 wurde ihre Ausbürgerung aus dem Deutschen Reich veröffentlicht. Nach der Besetzung der Niederlande durch die Deutschen wurden sie gewaltsam aus ihrer Wohnung und in das Lager Westerbork gebracht und von dort nach Theresienstadt in das Konzentrationslager verschleppt. Julius Kulb wurde von dort nach Auschwitz transportiert und vergast. Rosa Kulb geborene Oppenheimer und ihre Tochter Margot überlebten die schreckliche Jahre in Theresienstadt. Als Rosa erfuhr, daß ihr Mann vergast worden war, erlitt sie einen Zusammenbruch und mußte in einer Nervenheilanstalt aufgenommen werden. Bis 1948 lebte sie in den Niederlanden, dann in den USA, wo sie einen Herrn Adler, der aus Fulda stammte, heiratete. 1974 starb sie in Amerika. Die Tochter Margot besuchte 1993 den Geburtsort ihrer Mutter.

Max Oppenheimer (* 1885)
Er lebte in Frankfurt. Mit seiner Frau und zwei kleinen Kindern floh er vor den Nazis nach Amsterdam. Nach der Besetzung Hollands durch die Deutschen wurde die ganze Familie gefaßt, in das Lager Westerbork verschleppt und von dort in das Vernichtungslager Sobibor deportiert und ermordet.

Klara Oppenheimer (* 1885)
Sie heiratete Hermann Simon und lebte in Mainz. Das Ehepaar floh in der Nazizeit nach Holland. Nach der Besetzung durch die Deutschen wurden beide über das Lager Westerbork nach Auschwitz verschleppt und dort vergast.

Weitere Kinder des "Bäcker Löb"

Abraham Oppenheimer (* 1862) betrieb im Jahre 1908 ein Geschäft in Kurz-, Weiss- und Wollwaren in Frankfurt in der Schäfergasse 24.

Kandgen Oppenheimer (* 1847), die sich später Gretchen nannte, heiratete den Mehl - und Fruchthändler Jacob Plaut aus Markzell. Nur das jüngste ihrer sechs Kinder wurde in Heldenbergen geboren: Friedrich Plaut (* 7. 12. 1888). Die Familie verzog nach Fulda.

Sara Oppenheimer (* 11. 11. 1867), heiratete einen Mann namens Fath. Sie wurde in Frankfurt aus dem jüdischen Altersheim in der Feuerbachstraße 14 am 18.8.1942 in das Konzentrationslager Theresienstadt verschleppt. Im Alter von 74 Jahren starb sie dort am 10. September 1942.

Familie Abraham Rothschild

in der Neugasse 9, heute Raiffeisenstraße 9

Abraham Rothschild IV. war der Bruder von Liebmann Rothschild und den drei ledigen Rothschild-Geschwistern Fanny, Arnold und Lina in der Burggasse. Er (* 26.1. 1860) heiratete 1888 Recha Hamburger (* 26. 9. 1860) aus Langenselbold. Sein Bruder Liebmann war übrigens mit deren Schwester Jettchen verheiratet. Das Ehepaar bekam 7 Kinder:

Jenny	* 28. 3. 1890	
Ludwig	* 9. 3. 1891	
Joseph	* 9. 3. 1891	+23.3.1891
Theodor	* 14. 8. 1892	
Hugo	* 28. 2. 1895	
Frieda	* 5. 1. 1898	+17.11.1898
Ida	* 14. 5. 1901	

Ein Bild aus dem Jahre 1905 zeigt die Familie Abraham Rothschild in guten Zeiten in Heldenbergen.

Im Jahre 1891 kauften sie das Anwesen in der Neugasse 9 und erbauten 1893 ein Schlachthaus im Hof. Sie betrieben dort eine Metzgerei mit Viehhandel in kleinem Umfang. Das Haus und auch das frühere Schlachthaus im Hof stehen heute noch in ähnlichem Zustand, nur der ehemalige Laden links am Haus wurde umgebaut. Abraham Rothschild führte später die Metzgerei gemeinsam mit seinem Sohn Theodor und mit dem Mann seiner Tochter Jenny, seinem Neffen Joseph Rothschild.

Abraham und Recha Rothschild sind mit ihrer gesamten Familie auf einem großen Familienbild vereint im Jahre 1930 zum 70. Geburtstag von Abraham Rothschild in Heldenbergen aufgenommen. Alle Kinder und Kindeskinder feierten Abraham Rothschild an seinem Festtag. 12 Jahre nach dieser Aufnahme würden neun der fotografierten Menschen ermordet worden sein. Abraham und Recha Rothschild erlebten noch die Machtübernahme der Nazionalsozialisten, allerdings war Abraham überzeugt, daß sich dieses Regime mit Hitler nicht halten könnte. Am 14. Dezember 1933 starb Abraham Rothschild, er wurde in Heldenbergen beerdigt. Recha starb am 4. 8. 1935 in Heldenbergen. Der Doppelgrabstein auf dem Heldenberger Friedhof wurde zerstört und mißbraucht.

1905. Familie Abraham Rothschild. Abraham und Recha Rothschild mit ihren fünf Kindern. Von links: Theo, Hugo (sitzend), Ludwig (stehend), Ida (sitzend), Jenny. Den Eltern war ein natürlicher Tod vergönnt, die vier ältesten Kinder wurden alle aus Heldenbergen in die Konzentrationslager verschleppt und ermordet. Die kleine Ida lebt als 93jährige in New York.

Abraham Rothschild wurde 1930 70 Jahre. Alle Kinder und Enkel gratulierten. Von oben, von links: 1. Jenny R. - Joseph R. - Liebmann R. 2. Ida Steinhardt - Recha R. - Abraham R. 3. Jettchen R. - Nanny R. mit Sohn Kurt - Manfred R. 4. Bertha R. - Theodor R. 5. Hugo R. - Ludwig R. 6. Herbert R. - Heinz R. - Helmut R. - Günther Steinhardt. Neun der hier zu sehenden Mitglieder der Familie Rothschild waren 15 Jahre später ermordet.

Jenny Rothschild (* 1890)
Sie heiratete ihren Cousin Josef Rothschild aus der Burggasse 7. Weiteres ist dort nachzulesen auf S. 450.

Ida Rothschild (* 1901)
Sie heiratete im Oktober 1923 Max Steinhardt (* 15. 5. 1890) aus Friedberg. Das Ehepaar lebte in Bad Schwalbach, wo 1924 der Sohn Günther geboren wurde. Ida und ihr Sohn Günther sind auch auf dem Familienbild zu sehen. Steinhardts führten eine Bäckerei, die sie 1937 verkaufen mußten. Sohn Günther konnte das letzte Schuljahr der Volksschule nicht mehr in Bad Schwalbach beenden, da die Familie nun in das Elternhaus von Ida Steinhardt nach Heldenbergen zog. Erst im Frühjahr 1938 konnte das Ehepaar Steinhardt Arbeit im neu eingerichteten jüdischen Altersheim in Bad Nauheim finden. Günther besuchte die Jüdische Bezirksschule in Bad Nauheim. Er konte im Januar 1939 mit einem Kindertransport in die Schweiz entkommen, seine Eltern konnten im Oktober 1940 in die USA auswandern. Als im Juli 1941 Günther aus der Schweiz nach Amerika kommen konnte, war die Familie wieder vereint.

Max Steinhardt starb 1972 in New York, wo Ida Steinhardt geborene Rothschild heute im Alter von 93 Jahren lebt als die einzig Überlebende der Kinder von Abraham und Recha Rothschild, ihre vier Geschwister Jenny, Hugo, Theo und Ludwig wurden in den Vernichtungslagern vergast.

Ludwig Rothschild (* 1891)
Er ging in Heldenbergen zur Schule. Von Geburt konnte er seinen rechten Arm nicht voll bewegen, so daß er ihn meistens ruhig am Körper hielt. Er arbeitete in der Metzgerei mit, holte aus den Dörfern Eichen und Erbstadt die Kälbchen und führte sie am Seil nach Heldenbergen, wo sie dann auf den Lastwagen von Isaak Haas kamen und zum Schlachthof nach Frankfurt gebracht wurden. Die Kinder Heldenbergens nannten ihn auch "de Uttich" nach dem Spruch: "De Uttich kommt von Danzig, verkauft das Fleisch für zwanzig".

Im November 1938 wurde er verhaftet und mit den anderen männlichen Heldenberger Juden für mehrere Wochen in das Konzentrationslager Buchenwald gebracht. Aufgrund der Nachricht von Verwandten aus Amerika, daß seine Papiere zur Ausreise aus Deutschland eingereicht sind, wurde er entlassen. Leider war dies nur eine fingierte Nachricht, er hatte niemanden, der ihm eine Bürgschaft stellte.

Auf der Gestapoliste vom 5. Februar 1942 über noch in Heldenbergen lebende gebrechliche Juden wurde Ludwig Rothschild aufgeführt.

Im Heldenberger Wald mußte Ludwig Rothschild auch Zwangsarbeit leisten, in den Monaten März - Juni 1942 sind für ihn in den Abrechnungen 157 Stunden angegeben.[118)]

Im September 1942 wurde Ludwig Rothschild im Alter von 51 Jahren mit den Mitgliedern seiner Familie und den anderen Heldenberger Juden auf dem Lastwagen weggefahren nach Friedberg, dann mit dem Zug nach Darmstadt ins Sammellager Darmstadt, von dort wurde er nach Auschwitz verschleppt und dort ermordet. Er wurde 51 Jahre alt.

Hugo Rothschild (* 1895) und Familie

Hugo Rothschild ging in Heldenbergen zur Schule. Von Beruf war er Kaufmann, handelte mit Landmaschinen. Später war er wohl auch mit in der Metzgerei tätig.
Am 2. März 1927 heiratete er in Gießen Nanny Neuberger (geb. 19. 12. 1897 in Gießen). Sie hatten zwei Kinder

Heinz Martin • 19. 12. 1927 in Heldenbergen
Kurt Ludwig • 26. 1. 1929 in Gießen

Das Ehepaar Nanny und Hugo Rotschild mit dem kleinen Kurt - 1930. Sie wurden 1942 gewaltsam aus Heldenbergen verschleppt und ermordet

Die Familie lebte im Elternhaus von Hugo Rothschild in der heutigen Raiffeisenstraße 9.

Heinz Rothschild wurde 1934 eingeschult. Einige Wochen, bevor er in die 4. Klasse versetzt worden wäre, wurden für den kleinen 10jährigen jüdischen Jungen die Verhältnisse auf der Volksschule Heldenbergen so unerträglich, daß er ab Februar 1937 die neugegründete Jüdische Bezirksschule in Bad Nauheim besuchte, gemeinsam mit seinem kleinen Bruder Kurt und dem Cousin Helmut, der im selben Haus lebte. Der Weg morgens zum Bahnhof und die anschließende Zugfahrt waren aber noch immer eine angstvolle Zeit für den kleinen Heinz, da ihm oft aufgelauert wurde.

Sein jüngerer Bruder Kurt wurde ein Jahr später, 1935, in Heldenbergen eingeschult. Später besuchte er dann ebenfalls die Jüdische Bezirksschule in Bad Nauheim. Im November 1938 wurden alle Schüler der jüdischen Schule verhaftet und durch Bad Nauheim zur Polizeistation geführt, ihre Lehrer so wie ihre Väter nach Buchenwald in das Konzentrationslager für lange Wochen verschleppt.

Zum Ende des Jahres 1939, nachdem die Jüdische Bezirksschule in Bad Nauheim geschlossen worden war, zogen Hugo und Nanny Rothschild, ihre beiden Söhne Heinz und Kurt nach Frankfurt. Heinz Rothschild wurde im jüdischen Lehrlingsheim in der Rückertstraße 49 untergebracht, Kurt fand einen Platz in einem Kinderheim der Flersheim-Sichel-Stiftung für jüdische Kinder.

Einer der beiden Jungen wurde einmal im jüdischen Krankenhaus in Bornheim am Blinddarm operiert. Nanny Rothschild schlich sich dann heimlich während des Februarhochwassers zu christlichen Bekannten in Heldenbergen, die ein Telefon besaßen. Sie bat diese Leute inständig, das Telefon einmal benutzen

Heinz Rothschild (links) und sein Cousin Helmut Rothschild lebten im Haus Raiffeisenstr. 9. Heinz wurde ermordet, Helmut konnte (ohne seine Eltern) nach England fliehen. Foto 1930

Das Ehepaar Theo und Bertha Rothschild (oben), davor Ludwig Rothschild. Bertha starb 1935. Die Brüder Theo und Ludwig Rothschild wurden ermordet.

zu dürfen, um sich im Krankenhaus nach dem Befinden ihres Sohnes nach der Operation zu erkundigen. Seit Dezember 1941 war den Juden die Benutzung öffentlicher Telefone verboten.

Als am 30. Juni 1942 alle jüdischen Schulen schließen mußten, kehrten der 14jährige Heinz und der 12jährige Kurt Rothschild nach Heldenbergen zu ihren Eltern zurück.

Der Vater Hugo Rothschild mußte zusammen mit seinen Brüdern Theo und Ludwig und anderen Heldenberger Juden Zwangsarbeit leisten. Sie arbeiteten eine Zeit in einer Hanauer Gummischuhfabrik, dann mußten sie an der Eisenbahnlinie Friedberg - Gießen Schienen legen.

Im November 1938 wurde Hugo Rothschild in Heldenbergen verhaftet und mit den anderen Heldenberger Juden in das Konzentrationslager Buchenwald verschleppt und aufgrund der fiktiven Nachricht der Verwandten aus Amerika, die Auswanderung sei in Kürze möglich, freigelassen.

Drei Monate war es der Familie nach der Rückkehr der Söhne aus Frankfurt noch vergönnt, zusammen in Heldenbergen zu leben.

Im September 1942 wurden die beiden Jungen mit ihren Vater Hugo, der jetzt 46 Jahre alt war, und ihrer Mutter Nanny, die 43 Jahre alt war, in Heldenbergen aus ihrem Haus heraus auf den Lastwagen gezerrt und nach Darmstadt gebracht. Von dort wurden sie alle zusammen in das Konzentrationslager Theresienstadt verschleppt, wo sie am 28. 9. 1942 ankamen. Sie lebten dort noch zwei Jahre unter unvorstellbaren Bedingungen, die Kinder, Männer und Frauen waren getrennt untergebracht. Am 29. September 1944 wurde Hugo Rothschild mit dem Transport EL - Transportnummer 1457am "nach dem Osten" transportiert, das Ziel war Auschwitz.

Fünf Tage später am 4. Oktober 1944 war Nanny Rothschild gemeinsam mit ihren beiden Söhnen auch auf einem solchen Transport "nach dem Osten", der die Nummer En hatte, auch sein Ziel war Auschwitz.

Wurden sie nach ihrer Ankunft in Auschwitz direkt an der Rampe zur Vergasung "selektiert" oder mußten sie noch Zwangsarbeit leisten? Man weiß es nicht.

Die gesamte Familie Hugo Rothschild wurde in Auschwitz ermordet, das einzige Bild von ihnen zeigt im Jahre 1930 die Ehefrau Nanny strahlend mit dem kleinen Kurt auf dem Arm, er wurde genau an ihrem dreißigsten Geburtstag geboren, und war sicherlich ihr schönstes Geburtstagsgeschenk.

Theodor Rothschild (* 1892) und Familie

Theodor Rothschild (* 1892) besuchte die Schule in Heldenbergen. Dann erlernte er in Nieder-Ingelheim wie sein Vater das Metzgerhandwerk. Gemeinsam mit dem Vater führte er die Metzgerei, nach dessen Tode nur noch unter seinem Namen. Oben im Giebel des Hauses war ein ovales Schild "Metzgerei Theodor Rothschild" aufgemalt. Dieses ist heute vom Schiefer überdeckt.

Im Ersten Weltkrieg war Theo Rothschild Soldat. Er hatte sogar das Eiserne Kreuz 1. Klasse als Auszeichnung für seine Verdienste bekommen. Am Bein wurde er schwer verwundet, so daß er stark humpelte mußte und eine Kriegsrente erhielt.

Im Jahre 1923 heiratete er Bertha Steinhardt (* 7. 8. 1896) aus Friedberg, eine Verwandte seines Schwagers. Sie lebten in Heldenbergen in dem Elternhaus von Theodor in der Neugasse 9. Ihr erstes Kind starb nur vier Stunden alt im Jahre 1926.

Ihr Sohn Helmut wurde am * 6. 5. 1927 geboren.

Helmut besuchte den Kindergarten der katholischen Schwestern. Auf der Aufnahme der Kindergartengruppe mit Schwester Davida aus dem Jahre 1931 ist er zu sehen. 1934 wurde er in die erste Klasse der Volksschule Heldenbergen eingeschult.

Als er acht Jahre alt war, starb seine Mutter Bertha 1935 im Alter von 39 Jahren.

Sein Vater heiratete in zweiter Ehe Rieda Hirschheimer (geboren 22. 9. 1907) aus Thüngen. Ihr Sohn Alfred wurde in Heldenbergen am 16. 1. 1937 geboren.

Am 1. Februar 1937 verließ Helmut Rothschild mit seinen Cousins Heinz und Kurt Rothschild die Schule in Heldenbergen, sie waren als jüdische Schüler dort nicht mehr erwünscht. Er besuchte die Jüdische Bezirksschule in Bad Nauheim in der Frankfurter Straße 103, damals Hermann-Göring-Straße. Früh mußte er zum Bahnhof Heldenbergen-Windecken. Auf dem Wege dorthin lauerten ihm häufig am Ende des Dorfes Hitlerjungen auf und schlugen ihn zusammen, warfen ihn auf den Boden.

Dann konnte er nicht zur Schule gehen, da er den Zug versäumt hatte.

Im November 1938 erlebte Helmut Rothschild mit, wie sein Vater Theo Rothschild und die Onkels verhaftet und für mehrere Wochen in das Konzentrationslager Buchenwald verbracht wurden. Aufgrund der fiktiven Nachricht der Verwandten in Amerika, eine Auswanderung dorthin sei in Kürze möglich, wurde der Vater entlassen.

Nach dem Novemberpogrom war der Schulbetrieb der Jüdischen Schule in Bad Nauheim vorläufig eingestellt, da alle Lehrer verhaftet waren. Helmut Rothschild wurde in Frankfurt im Kinderheim der Flersheim-Sichel-Stiftung, das sein Onkel Hugo Steinhardt leitete, untergebracht. Er besuchte das Philantropin. Im März 1939 konnte Helmut Rothschild mit einem Kindertransport dieses Kinderheims durch die Jüdische Wohlfahrtsstelle in Frankfurt organisiert unter der Garantie von James de Rothschild und dem "Movement for the care of the children of Germany" (Bewegung für das Wohl der Kinder aus Deutschland) nach England gelangen. England hatte die Einwanderungsbestimmungen gelockert und die Einreise für Kinder ohne Begleitung ermöglicht. Als sich der 12jährige Helmut Rothschild von seinem Vater, der Stiefmutter und dem kleinen zweieinhalbjährigen Bruder Alfred verabschiedete, sollte dies einen Abschied für immer bedeuten. In England mußte er ersteinmal Englisch lernen. Durch den Kriegsausbruch im September 1939 gab es danach auch keine Briefkontakte mehr, außer kurzen Telegrammen von 25 Wörtern, die das Rote Kreuz vermittelte.

Bis 1941 konnte er noch die Schule besuchen. Eigentlich hatte Helmut vorgehabt, Medizin zu studieren, um Psychiater zu werden. Einer seiner Familienangehörigen war geistig krank, was ihn sehr beeindruckte.

Als junger Soldat der englischen Armee kämpfte er gegen Hitler-Deutschland und kam 1945 nach Deutschland. Er versuchte fieberhaft Hinweise auf den Verbleib seiner Eltern, seines kleinen Bruders, der Onkels, Tanten und Cousins, mit denen er zusammengelebt hatte, zu finden. Er fragt Überlebende der von den Russen befreiten Lager aus. Das Grauen, das ihm da entgegenschlug, konnte er nicht fassen. 1948 wanderte er nach Amerika aus, 1950 heiratete er Theresa Valdes aus San Salvador, wo das Ehepaar dann lebte.

Die Einladung zur Woche der Begegnung mit früheren jüdischen Bürgern im Juni 1988 konnte Helmut Rothschild, der sich nun Harry nannte, nicht annehmen. Am Telefon fragte er mich: "Wie kann ich dorthin gehen, wo man mich rausgeschmissen hat. Ich weiß nicht, wo meine Eltern, mein Bruder beerdigt sind, wie sie ihr Leben verloren haben. Ich fühle mich meinem Vater verpflichtet, ich kann nicht kommen. All das Geld kann nichts wieder gut machen." Das Telefongespräch mit Helmut Rothschild war lang. Am längsten waren die Pausen. Ich sprach auch nur stockend weiter, und er schwieg. Trotz großer Verunsicherung sprach ich weiter. Im Laufe des Telefongespräches wurde er entgegenkommender, faßte ein wenig Vertrauen. Er erzählte leidvolle Begebenheiten aus seiner Kindheit in Heldenbergen. Er sprach kein Deutsch, nur Englisch. Am Ende des Gespräches sagte er auf Deutsch: "Auf Wiedersehen".

Harry Rothschild, ehemals Helmut Rothschild, starb im Herbst 1988 im Alter von 61 Jahren in El Salvador.

Sein Vater Theodor, dessen Frau Rieda und ihr kleiner fünfjähriger blondlockiger und blauäugiger Sohn Alfred - seine Mutter sagte immer Fredchen zu ihm - wurden im September 1942 aus ihrer Wohnung in Heldenbergen auf den Lastwagen gezerrt. Alle drei - Vater, Mutter und Kind wurden nach Auschwitz verschleppt und dort vergast. Ein Bild von Rieda Rothschild und dem kleinen Alfred ist bisher noch nicht gefunden worden.

Die Nachbarn hatten die"Rothschilder" über einen Winkel hinten an der Scheune, der nicht von außen eingesehen werden konnte, mit Lebensmitteln versorgt. Dort erinnerte man sich auch daran, wie sehnsüchtig die Familie Rothschild auf die Papiere aus Amerika wartete, die es ihnen ermöglicht hätten, Deutschland zu verlassen. Im Herbst 1941 waren diese Hoffnungen dann zerstört.

Im September 1942 wurden alle Rothschilds aus dem Haus Neugasse 9 verschleppt und später ermordet.

Die Familie Liebmann Rothschild
in der Burggasse 7

Liebmann Rothschild (• 18. 10. 1851), in Heldenbergen einfach "de Liebmann" genannt, war Viehhändler. Er heiratete Jettchen Hamburger (• 31. 10. 1855) aus Langenselbold, sein Bruder Abraham später deren Schwester Recha.

Im Jahre 1891 kauften Liebmann und Jettchen Rothschild das Anwesen in der Burggasse 7, das vor 1843 auf den einstigen Naßburger Wiesen von Samuel Hirsch Rothschild als einstöckiges Wohnhaus gebaut worden war. 1853 wurde der Stall gebaut. Die "Liebmanns" bauten im Jahre 1911 einen Stock auf das Haus. Neben dem Viehhandel betrieben sie gemeinsam mit der Familie des Bruders Abraham Rothschild in der Neugasse 9 eine Metzgerei mit etwa 6 Schlachtkühen und ebensoviel Nutzkühen. Liebmann Rothschild ging auch in die umliegenden Orte von Heldenbergen: auf dem Rücken hatte er eine Trage aus Holz, Fleisch lag darinnen und ein Tuch darüber. So brachte er zum Beispiel Kunden in Ostheim sein Fleisch.

Liebmann und Jettchen Rothschild hatten vier Kinder:

Abraham	• 4. 4. 1879	+ 8. 4. 1879
Frieda	• 26. 7. 1880	
Josef	• 16. 5. 1882	
Theodor	• 19. 12. 1886	

Das einzige Foto von Liebmann Rothschild zeigt ihn auf dem Familienfoto anläßlich des 70. Geburtstages seines Bruders Abraham. Er erzählte gerne "Molchelchen", Geschichten. Aber er hielt auch wohl sonst nicht mit seiner Meinung hinter dem Berg, so daß die Leute in Heldenbergen in der Nazizeit noch sagten: "Den Liebmann hätten sie doch gleich mitgenommen, der konnte seinen Mund nicht halten".

Liebmann Rothschild starb im Alter von 80 Jahren am 21. 4. 1932 in Heldenbergen, sein Grabstein wurde zerstört.

Theodor Rothschild (• 1886)
Er machte in Hungen vermutlich eine Lehre. Schon vor 1913 lebte er als Kaufmann in Nürnberg. Später heiratete er Karlinchen Rothschild aus Alzenau (• 7. 10. 1901). Sie lebten in Nürnberg in der Rosenaustraße 13 und hatten drei Kinder: Irene Alice (• 1923), Arthur (• 1927), Hellmuth (• 1928). Die gesamte Familie wurde am 27. November 1941 bei der Polizeidirektion Nürnberg - Einwohnermeldeamt - nach Riga abgemeldet. Am 29. November 1941 wurden sie nach Jungfernhof bei Riga "evakuiert". Alle - Vater, Mutter und drei minderjährige Kinder - sind ermordet worden.

Frieda Rothschild (• 1880)
Sie heiratete im Jahre 1906 Moritz Weiss (• 15. 4. 1880) aus Langenlonsheim, Kreis Bad Kreuznach. Sie hatten zwei Kinder: Ilse (• 1907) und Hans (• 1911). Moritz Weiss betrieb dort eine Metzgerei, auch Weinanbau hatten sie. Die Gestapo Koblenz notierte im August 1938 die Absicht der Familie Weiss, auszuwandern. Nur den Kindern gelang diese Auswanderung nach Amerika.

Haus der Familie Liebmann Rothschild in der Burggasse 7

Frieda Rothschild heiratete Moritz Weiss. Nach ihrem Tode zog er 1941 nach Heldenbergen zur Familie seiner Frau. Er wurde 1942 aus Heldenbergen verschleppt und ermordet.

Im November 1938 wurde Moritz und Frieda Weiss das Geschäft und das ganze Haus zerstört, "kaum noch ein Möbelstück oder sonstige Gegenstände waren noch gebrauchsfähig".
Frieda Weiss geborene Rothschild starb am 24.6.1941 in Langenlonsheim. Kurz danach mußte ihr Mann Moritz Weiss sein Haus dort verlassen und zog im Juli 1941 nach Heldenbergen zu seiner Schwiegermutter Jettchen und zur Familie seines Schwagers Joseph Rothschild in die Burggasse 7. Er mußte in Heldenbergen den Judenstern tragen. Bei der Abrechnung über die von Juden geleistete Zwangsarbeit beim Holzmachen wurde Moritz Weiss auch mit einigen Stunden aufgeführt.

Im September 1942 wurde er dann mit der Familie seiner Frau im Alter von 62 Jahren aus Heldenbergen nach Polen - vermutlich Auschwitz - verschleppt und ermordet. Er gilt als "verschollen".

Familie Josef (* 1882) und Jenny Rothschild in der Burggasse 7

Josef Rothschild war das einzige Kind von Liebmann und Jettchen Rothschild, das auch als Erwachsener mit ihnen in Heldenbergen lebte. Josef Rothschild betrieb mit seinem Vater und dem Onkel Abraham die Metzgerei in der Neugasse, mit seinem Vater zusammen den Viehhandel. Als Beruf gab er Viehhändler an.

Am 22. 12. 1912 heiratete er in der Heldenberger Synagoge seine direkte Cousine väterlicher- und mütterlicherseits Jenny Rothschild, die Mütter waren Schwestern und die Väter Brüder. Sie bekamen zwei Söhne:

Manfred * 1. 10. 1913
Herbert * 28. 5. 1920

Josef Rothschild war Soldat im Ersten Weltkrieg, er bekam das Eiserne Kreuz 2. Klasse.
Jenny Rothschild war Mitglied im Obst- und Gartenbauverein Heldenbergen.
Josef Rothschild sang mit im Gesangverein Euphrosyne, er soll eine sehr gute Stimme gehabt haben, die aber in der Nazizeit nicht mehr zählte, weil sie jüdisch war.

Manfred Rothschild (* 1913)

Er lebt heute in New York. An seine Schulzeit in Heldenbergen erinnert er sich gar nicht gerne. Besonders die Jungen seiner Schulklasse müssen ihm schwer zugesetzt haben. "Ich hatte schon damals keine leichte Zeit", schreibt er. Ein Foto zeigt ihn auf einem Schulausflug.

Nach der Schulzeit in Heldenbergen ging Manfred Rothschild nach Birstein im Vogelsberg in die Lehre in das Kolonial- und Schuhwarengeschäft von Julius Rosenberg, dann war er dort als Angestellter bis Mitte des Jahres 1934 tätig. Nach der Machtübernahme durch die Nazis wurden die Juden in Birstein so massiv verfolgt, daß sie alle zusammen nach Palästina ausgewandert sind und dort Klein-Birstein gegründet haben.

So wanderte Manfred Rothschild 1935 nach Palästina aus, nachdem er wohl auch Auswanderungsmöglichkeiten in Paris erkundet hatte. In Birstein lernte Manfred auch seine spätere Frau Irmgard Levi (* 1923) kennen, die er 1946 in Israel heiratete. Etwa im Jahre 1975 verließ das Ehepaar mit seinen beiden Kindern Israel und übersiedelte nach New York.

Herbert Rothschild (* 1920)

Er besuchte von 1926 die Volksschule in Heldenbergen gemeinsam mit allen anderen Kindern seines Alters. Nach dem vierten Schuljahr besuchte er gemeinsam mit seinem jüdischen Klassenkamerad Ernst Eckstein die Augustinerschule in Friedberg. Nach der Machtübernahme im März 1933 durch die Nazis mußten samstags alle Schüler, die nicht in der Hitlerjugend waren und den neueingeführten Staatsjugendtag gemeinsam verlebten, so auch die jüdischen Schüler mit Prof. Rothenhausen, in der Augustinerschule Registraturarbeiten machen. Im Herbst 1933 verließen Herbert Rothschild und auch Ernst Eckstein die Augustinerschule wieder. Das letzte halbe Jahr bis Schulzeitende 1934 mußte er noch in Heldenbergen auf der Schule verbringen. Auf den Bildern eines Schulausfluges spricht viel Betrübnis aus seinen Augen (Foto S. 371).
Nach der Schulzeit begann Herbert eine Lehre als Kaufmann bei der Hanauer Gummischuhfabrik. Die Bürotätigkeit machte ihm viel Freude. Dort spielte er in seiner Freizeit auch gerne Fußball.

Nach der Pogromnacht im November 1938 und seiner Verhaftung im Konzentrationslager Buchenwald verlor er seine Arbeitsstelle in Hanau. "Wir mußten dann Zwangsarbeit machen, die

Manfred Rothschild (sitzend ganz links) mit seinen Klassenkameraden und Lehrer Michel auf einem Schulausflug 1926

bezahlt wurde. Ich habe in Heldenbergen bei dem Gärtner Dott gearbeitet, aber ich habe nicht viel gearbeitet. Ich hatte mir nämlich fest vorgenommen, daß ich nicht noch mehr als irgendwie nötig für 'Die Hier' arbeiten wollte. Vorher habe ich meine Arbeit geliebt, bis zu meiner Entlassung habe ich gerne gearbeitet. In der Gärtnerei habe ich nicht alle Tage gearbeitet. Ich mußte mich sehen lassen, daß man wußte, ich gehe arbeiten. Meistens habe ich nicht gearbeitet. Herr Dott hat das mitgemacht. (Siehe auch weiterer Bericht über seine Flucht auf S. 452.)

Jenny und Joseph Rothschild nach 1937

Jenny Rothschild besuchte ihren Sohn Manfred 1937 in Palästina. Herbert Rothschild erzählt: "Meine Mutter war zwei Wochen zu Besuch, mein Bruder hat sie gebeten, daß wir alle nach Palästina kommen sollten. Als sie zurückkam, erzählte sie uns das. In Palästina war zu der Zeit alles sehr einfach und nicht leicht, es gab eine hohe Arbeitslosigkeit. Mein Vater, der zu der Zeit über fünfzig war, sagte: 'Hier haben wir noch ein Dach über dem Kopf, warum soll ich hier fortgehen, das ist mein Haus und mein Zuhause. Bei uns kann doch so etwas nicht geschehen.' Das hat er noch 1937 gedacht. So sind meine Eltern nicht weggegangen."[118a)]

Bis zu der Pogromnacht im November 1938 war es noch möglich, das Geschäft zwar sehr eingeschränkt, aber irgendwie zu führen. "Als wir das Fleisch bei der Jenny nicht mehr kaufen durften, da hat sie es uns in den Garten gelegt, und wir haben das Geld hingelegt. So ging es noch", erinnert man sich in Heldenbergen.[119)]

Im November 1938 wurden die Scheiben bei Rothschilds in der Burggasse eingeworfen. Josef Rothschild und sein 18jähriger Sohn Herbert wurden im Haus verhaftet und für mehrere Wochen in das Konzentrationslager Buchenwald verschleppt. Aufgrund seiner Auszeichnungen im 1. Weltkrieg wurde Josef Rothschild vorzeitig freigelassen.

Einige Briefe von Jenny Rothschild an ihren Sohn Manfred, der in Palästina lebte, sind aus den Jahren 1938 und 1939 erhalten. Sie sprechen immer wieder von dem sehnsüchtigen Wunsch nach Möglichkeiten, um Heldenbergen ins sichere Ausland zu verlassen. Hier einige Ausschnitte aus den zensierten Briefen:

15. 6. 1938: "Wir möchten doch so gerne von hier fort ... Sieh bitte zu, was sich machen läßt mit uns. Denn ich weiß mir keinen Rat. Manchmal könnte man meschugge werden, weil wir gar nicht zu einem Ziel kommen. Wenn wir nur endlich was hören würden, daß wir fort könnten."

10. 6. 1939: "Wir haben für uns diese Woche beim englischen Konsulat einen Antrag auf Erteilung eines Zertifikates eingereicht (zur Einreise nach Palästina). Ein Dringlichkeitsschreiben haben wir beigelegt ... Von uns aus haben wir alles dringend gemacht und angegeben, daß Du uns ernähren kannst. Setze alles daran, daß wir fortkommen ...".

21. 6. 1939: "Ich mache mir große Sorgen, weil wir alle nicht fort kommen können. Ich wollte, wir hätten Dir, lieber Manfred, schon vor zwei Jahren gefolgt. Heute hätten wir die Auswanderung sorgenlos. Manchmal könnte ich gerade verzweifeln, aber es hat alles keinen Wert ... Man muß den Kopf oben behalten, sonst ist man verloren ... Wenn Du nicht helfen kannst, dann weiß ich keinen Rat ... Wir haben (für die Erteilung des amerikanischen Visums die Warte-) Nummer 22 000, jetzt ist die Nummer 6 400 dran. Da kannst Du Dir ausrechnen, wann wir dran kommen."

Der Ausbruch des Krieges am 1. September 1939 zerstörte die Hoffnungen der Familie, zu ihrem Sohn Manfred kommen zu können. Neue Hoffnungen kamen auf, als die Amerikaner ihre jährliche Einwanderungsquote erhöhten. So konnte Bertha Rothschild in einem Brief 1941 berichten: "Die Familie Rothschild erwarten ihre Papiere, sie sollen diesselben von Verwandten in New York bekommen."[119b)] Auch der frühere Nachbar erinnert

Joseph Rothschild und Jenny Rothschild um 1940. Ihre Gesichter sind von der Verfolgung gezeichnet, der sie seit 1933 ausgesetzt waren.

sich: "Die Rothschilder haben doch jeden Tag auf ihre Papiere gewartet, daß sie endlich fortkönnen. Jeden Tag haben sie gewartet und dann ... war nichts mehr." [120)] Im Herbst 1941 war die Ausreise nach den USA unmöglich geworden.

Die Familie mußte zunehmend von ihren Ersparnissen leben, da sie keinerlei Einkünfte mehr hatte. Die erste Rate der erzwungenen Judenvermögensabgabe konnte die Familie Rothschild noch von ihren Ersparnissen bezahlen, dann mußte eine Hypothek auf das Haus aufgenommen werden. Herbert Rothschild, der Sohn, erzählt: "Die Nachbarn haben uns zu essen gebracht. Wir hatten einen langen Garten hinter dem Haus, fast die Länge von der Kuhweide. Die Hälfte hatten wir verpachtet, die haben uns viel heimlich bei Nacht rübergegeben. Die alte Frau Feuerbach, die war sehr gut zu uns gewesen. Sie hat uns am Samstag die Lichter angesteckt und auch ausgemacht. Sie war eine gute Freundin von meinen Eltern gewesen. Sie sind, solange es noch ging, zu uns herübergekommen und haben mit uns gesprochen. Unten im Keller war ein Loch, durch das sie und meine Mutter gesprochen haben und Sachen herübergereicht haben. Eines Tages ging das nicht mehr, die Tochter hatte Angst bekommen und wollte das nicht mehr aus politischen Gründen." [121)]

Eine andere Erinnerung: "Ich habe Rothschilds geholfen, einige Möbel zu verkaufen, damit sie Geld bekamen, um sich Lebensmittel zu kaufen. Sie hatten doch nach einiger Zeit keine Ersparnisse mehr. Zum Leben hatten sie nichts und wollten doch leben. Ich hatte also eine Frau ausfindig gemacht, die gerade geheiratet hatte und ein Schlafzimmer gebrauchen konnte. Abends bin ich also dorthin, hinten brannte eine Kerze, das bedeutete: alles ist dunkel, so daß ich nicht erkannt werden konnte, wenn jemand außen vorbeiging. Als es dunkel war, wurden die Möbel aus dem Haus gebracht, das Geld bekamen sie dann von der Frau direkt und konnten dann ihre Einkäufe auf die Lebensmittelkarten, die es alle vier Wochen gab, bezahlen. So hab ich hin und wieder was für die Rothschilder ausgemacht." [122)]

Nach der Auswanderung von Isaak Haas im Februar 1940 war Josef Rothschild der sogenannte" Judenbürgermeister", der alle Angelegenheiten, die die Juden betrafen, regelte.

Im Winter gab es auch kaum noch Kohlen für die Juden. Die über achtzigjährige Jettchen Rothschild fror so, daß sie mehrere Mäntel übereinanderanzog und zitternd in der Küche saß.

Josef Rothschild war sehr bemüht gewesen, das Vorkaufsrecht seines Hauses - Villa Liebmann, so wird das Haus in Heldenbergen liebevoll noch heute von späteren Besitzern genannt - an eine Bekannte zu geben. "Er hat nicht eher geruht, bis meine Schwester das Vorkaufsrecht auf das Haus hatte. 'Geh doch mit, daß ich weiß, wo mein Haus hinkommt.' Dann ist er mit uns nach Friedberg gefahren. Er ist vorne rumgegangen, und wir sind hinten über den Steg gegangen. In Friedberg beim Notar Jäckel hat Josef Rothschild meiner Schwester das Vorkaufsrecht zugesprochen."

Jenny Rothschild soll öfter zu ihren katholischen Nachbarsleuten gesagt haben: "Wenn sie die Juden klein haben, dann kommt ihr Katholiken dran. Erst der Knoblauch, dann der Weihrauch!"

Im September 1942 war es dann soweit: Alle Mitglieder der Familie Rothschild wurden auf einen Lastwagen gezerrt und aus Heldenbergen verschleppt. Jettchen Rothschild war 86 Jahre alt und konnte nicht mehr allein auf die hochliegende Ladefläche des Lastwagens steigen, die umstehenden Zuschauer forderten den Fahrer noch auf: "Gebt der Frau doch einen Stuhl." Sie bekam keinen Stuhl. Ihr Gesicht war vom Fallen ganz blutig geschlagen.

Schon im Sammellager in Darmstadt wurde Jettchen Rothschild von ihrem Sohn Joseph und von Jenny getrennt. Sie wurde in das Konzentrationslager Theresienstadt gebracht, dort wurde sie 87 Jahre alt. Sie starb nach einigen Wochen vor Hunger, Krankheit und Demütigung am 9. Dezember 1942 in Theresienstadt.

Jettchen Rothschild lebte seit ihrer Heirat mit dem Viehändler Liebmann Rothschild um 1877 in Heldenbergen. 65 Jahre später im Alter von 86 Jahren wurde sie 1942 aus ihrem Haus gezerrt und in das Konzentrationslager Theresienstadt verschleppt, wo sie am 9. Dezember 1942 starb.

Josef und Jenny kamen zusammen auf den Transport in das "Generalgouvernement", sie gelten als "verschollen in Polen", das bedeutet Vergasung, vermutlich in Auschwitz.

Herbert Rothschild und die Geschichte seiner Flucht

Als Herbert Rothschild 1988 nach 47 Jahren das erstemal wieder in Heldenbergen war, diesmal als Gast der Stadt Nidderau zur Woche der Begegnung, erzählte er:

"Ich bin sehr bewegt von den Gefühlen bei der Frage: 'Warum ist mir das alles geschehen?' Ich war doch nur ein junger Mann von 18 Jahren. Ich habe niemals etwas Unrechtes getan. Warum hat man mich nach Buchenwald geschleppt? Warum hat man mich für alles beschuldigt? Ich habe eine gute Arbeitsstelle gehabt. Ich habe niemals irgendjemandem etwas zu leide getan. Ich habe geglaubt, daß mir ein gutes Leben bevorsteht.

Ich habe nicht gedacht, daß ich jemals wieder hierher nach Heldenbergen kommen würde. Ich war sehr, sehr verletzt durch das, was mir geschehen ist. Nur weil ich Jude war, das hat mich so verletzt. Ich habe meine Mutter, meinen Vater, meine Großmutter, meine drei Onkels, meine Tanten, meine Cousins, ich habe alle verloren. Das ist sehr, sehr schwer zu verwinden. Es ist sehr sehr schwer, wieder zurückzukommen und dies alles im Gedächtnis zu haben.

Im November 1938 bin ich in Heldenbergen verhaftet worden und nach Buchenwald verschleppt worden (siehe Seite 382).

Am 1. Weihnachtstag bin ich in Buchenwald entlassen worden. Zurück bin ich mit dem Zug von Weimar. Am Bahnhof Heldenbergen-Windecken hat mich niemand abgeholt, ich bin dann zu Fuß heim. Von dem Moment an habe ich alles versucht, um die Papiere für die Auswanderung zu bekommen. Ich wußte, es ist nah vor dem Ende.

Nach mehreren Monaten Mühe hatte ich endlich ein Visum für Cuba bekommen, es wurde am 17. April 1939 in Habana ausgestellt. Ich bin dann von Hamburg aus am 27. Mai 1939 mit dem Doppelschraubenmotorschiff Orinoco der Hamburg-Amerika-Linie von Hamburg aus losgefahren voller Hoffnung, in wenigen Tagen in Kuba landen zu können. Wir fuhren zuerst nach Antwerpen, es war ein Frachtschiff mit Passagieren. Dort hatten wir einen regulären Aufenthalt von vier Tagen zum Be- und Entladen des Frachters. Wir kamen zur vorgegebenen Zeit wieder an Bord, in der guten Hoffnung, unsere Reise weiter fortzusetzen. Wir waren etwa zwei oder drei Stunden auf See, als der Kapitän eine Ankündigung machte: 'Wir befinden uns wieder auf dem Wege nach Hamburg, da keine Landemöglichkeit für Kuba mehr besteht.' Da standen wir nun, außer mir noch 208 Juden, die wie ich gehofft hatten, nun bald ihres Lebens wieder sicher sein zu können. Wenn ich das vorher gewußt hätte, ich hätte das Schiff in Antwerpen nicht wieder betreten. Vierzehn Tage vorher hatte die St. Louis - auch ein Schiff mit jüdischen Flüchtlingen - vor Kuba gelegen und keine Landeerlaubnis bekommen. Alle Welt war darüber schockiert, nur wir wußten nichts davon. Auf dem Rückweg nach Hamburg hatte ich fürchterliche Angst, malte mir in diesen qualvollen Stunden aus: 'Dann steht die SS da, holt uns raus und bringt mich wieder nach Buchenwald ins Konzentrationslager und dann geht alles wieder von vorne los.' Als wir im Hamburger Hafen anlegten, standen da auch wirklich einige SS-Leute, aber sie ließen uns in Ruhe. Binnen 24 Stunden mußten wir Hamburg verlassen haben und in unsere früheren Wohnorte zurückgekehrt sein. So endete mein erster Auswanderungsversuch schon nach sechs Tagen ohne Erfolg. (Die Geheime Staatspolizei Hamburg schickte zur Klärung das abgedruckte Schreiben an den Landrat des Kreises Friedberg.)
Mein Gepäck, eine große Kiste mit Sachen und Schreibmaschine, ließ ich in einem Lagerhaus der Holland-Amerika-Linie in Antwerpen lagern. Dafür zahlte ich jeden Monat einen Betrag. Ich hatte ja irgendwie noch Hoffnung auf eine neue Möglichkeit zur Auswanderung. Als die Deutschen in Holland einmarschierten, wurde alles beschlagnahmt.
Ich fuhr also mit dem Zug wieder nach Heldenbergen zurück. Als ich die Burggasse vom Bahnhof aus gegangen kam, stand meine alte Großmutter Jettchen Rothschild in der Haustüre. Sie nahm mich in den Arm und sagte: 'Herbert, bin ich froh, daß du wieder zu Hause bist.'

Nach diesem gescheiterten Auswanderungsversuch gab ich meine Hoffnung nicht auf, ich wollte mit allen Mitteln hier heraus und leben. Mein Cousin Helmut Rothschild war inzwischen nach England mit einem Kindertransport gekommen. Ich fragte bei ihm an, ob es eine Möglichkeit gäbe, nach England auszuwandern. Er gab sich große Mühe, alles für mich herauszufinden. Dann habe ich versucht, ein 'Permit' zur Einreise nach England zu bekommen. Wochenlang wartete ich auf das zugesagte Permit, dann brach der Krieg am 1. September 1939 aus und alle Hoffnungen waren vorbei. Ich war so kurz davor gewesen, meine Einwanderung nach England zu bekommen, dann waren plötzlich alle Hoffnungen begraben.

Nun blieb mir noch Amerika. Ich hatte keine Verwandten dort, die schon lange dort lebten, amerikanische Staatsbürger waren und so eine Bürgschaft stellen konnten. Meine Tante Ida Steinhardt war selbst erst zwei Jahre vorher in USA eingewandert. Sie konnte also nichts für mich machen. Dann hatte ich noch einen Cousin meiner Eltern dort, aber auch er war erst ein Jahr dort. Er hatte mir fest versprochen zu helfen. Seine Frau hatte in Amerika einen reichen Bruder, den veranlaßte sie, mir das Affidavit, die Bürgschaft, zu schicken. Aber es wurde schwierig, er kannte mich nicht und hatte mich als einen Freund angegeben. Dies genügte nicht. Er mußte noch den Nachweis führen, daß er für mich sorgen würde, Amerika hatte ja damals eine sehr hohe Arbeitslosigkeit. Er mußte also eine neue Bürgschaft stellen, dort gab er an, wieviel ich im Monat bei ihm verdienen würde. Auch das wurde nicht anerkannt, da der Betrag auf einmal angeblich zu niedrig war. In dieser Zeit war der Mann aber beruflich verreist und konnte nicht erreicht werden, um die Bürgschaft abzuändern. Daraufhin hat mein Cousin die Frau dieses Mannes gebeten, die Bürgschaft für mich zu stellen. Das tat sie auch, aber die Bürgschaft war nicht gut genug. In dieser Zeit mußte ich mehrere Telegramme nach Amerika schicken. Dieser Mann schickte also endlich die anerkannte Bürgschaft. Nachdem ich die Bürgschaft nun endlich nach dem langen Hin und Her hatte, wurde hier die Bestimmung erlassen, daß man auch noch eine Schiffskarte vorweisen mußte, um ausreisen zu können. Zu der Zeit gab es aber keine Schiffskarten mehr, man konnte nicht mehr nach Italien, auch nicht mehr den Weg über Rußland nach Shanghai und von dort nach Amerika. Alles war verschlossen.

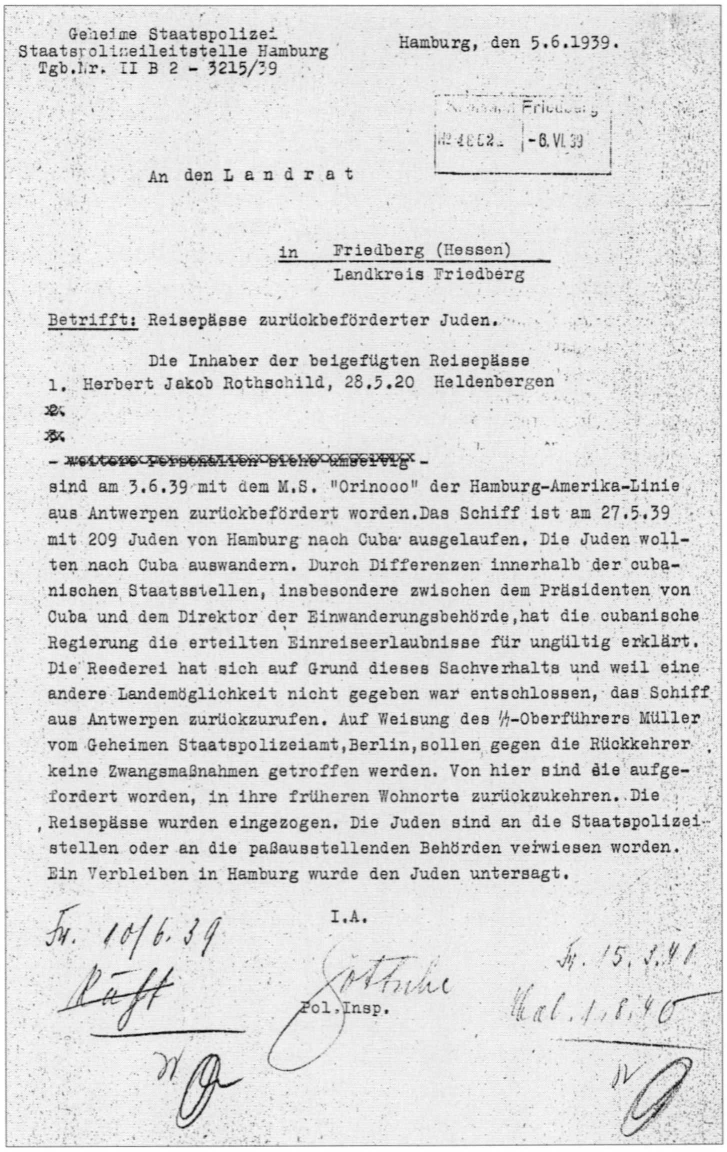
Geheime Staatspolizei
Staatspolizeileitstelle Hamburg
Tgb.Nr. II B 2 - 3215/39

Hamburg, den 5.6.1939.

Friedberg
Nr. 4862 -6.VI.39

An den Landrat

in Friedberg (Hessen)
Landkreis Friedberg

Betrifft: Reisepässe zurückbeförderter Juden.

Die Inhaber der beigefügten Reisepässe
1. Herbert Jakob Rothschild, 28.5.20 Heldenbergen
~~2.~~
~~3.~~
- ~~weitere Personalien siehe umseitig~~ -
sind am 3.6.39 mit dem M.S. "Orinoco" der Hamburg-Amerika-Linie aus Antwerpen zurückbefördert worden. Das Schiff ist am 27.5.39 mit 209 Juden von Hamburg nach Cuba ausgelaufen. Die Juden wollten nach Cuba auswandern. Durch Differenzen innerhalb der cubanischen Staatsstellen, insbesondere zwischen dem Präsidenten von Cuba und dem Direktor der Einwanderungsbehörde, hat die cubanische Regierung die erteilten Einreiseerlaubnisse für ungültig erklärt. Die Reederei hat sich auf Grund dieses Sachverhalts und weil eine andere Landemöglichkeit nicht gegeben war entschlossen, das Schiff aus Antwerpen zurückzurufen. Auf Weisung des SS-Oberführers Müller vom Geheimen Staatspolizeiamt, Berlin, sollen gegen die Rückkehrer keine Zwangsmaßnahmen getroffen werden. Von hier sind die aufgefordert worden, in ihre früheren Wohnorte zurückzukehren. Die Reisepässe wurden eingezogen. Die Juden sind an die Staatspolizeistellen oder an die paßausstellenden Behörden verwiesen worden. Ein Verbleiben in Hamburg wurde den Juden untersagt.

I.A.
Pol.Insp.

Dokument der Gestapo zu der gescheiterten Flucht Herbert Rothschilds im Juni 1939 nach Cuba

Ich habe große Last gehabt, dennoch eine Schiffspassage zu bekommen. Durch meine frühere Arbeit hatte ich mal jemanden kennengelernt, der bei der Hapag-Llyold in Hamburg in der Frachtabteilung arbeitete. Er hatte mir seine Hilfe für den Notfall angeboten. So hat er den Mitarbeitern der Hapag in Frankfurt jedenfalls die Anweisung gegeben: 'Der Herbert Rothschild fährt, und wenn er in einer Zigarrenkiste fährt.' Als ich mit dieser Nachricht heim gekommen bin, hat niemand geglaubt, daß ich eine Schiffspassage bekommen hatte. Aber es war doch immer noch nicht gut, es stellte sich nämlich dann heraus, daß das Schiff am Ende aus irgendeinem Grund nicht auslaufen konnte.

Jetzt hatte ich noch ein ganz großes Problem: Zu der Zeit sind Wartenummern vom amerikanischen Konsulat in Stuttgart ausgegeben worden zur Erteilung der Einreisevisa in die USA. Jeden Monat durfte nur eine bestimmte Quote ausgestellt werden, und so waren die Wartezeiten unendlich lang. Ich bin also nach Stuttgart gefahren und habe durch Zufall von jemandem gehört, der denselben Namen hatte wie ich: Herbert Rothschild. Ich wollte also zu ihm, die Sekretärin wies mich ab mit dem Hinweis, er sei zu beschäftigt. Ich ging fort, sagte aber zu mir selbst: 'Ich bin nicht nach Stuttgart gefahren, um niemanden zu sprechen. Also tu etwas!' Ich wartete also bis zur Mittagszeit, da war eine andere Sekretärin dort und sagte ihr: 'Ich bin ein Verwandter von Herrn Rothschild. Ich möchte ihn sprechen.' Als ich zu dem Herrn Rothschild ins Zimmer kam, sagte ich ihm: 'Ich muß mich bei ihnen entschuldigen, wir sind keine Verwandten, aber sonst wäre ich nicht zu ihnen hineingekommen.' Ich erzählte ihm, was mir schon alles passiert war im Rahmen meiner Auswanderungsbemühungen. Er hat sich meiner angenommen. Er war so nett. Da es so schwer war, eine Unterkunft zu finden, hat er mich sogar eingeladen. Als er das gemacht hat, habe ich gewußt, ich habe gewonnen. Den ganzen Abend haben wir zusammen gesprochen. Als ich am anderen Tag heimfuhr, sagte er zu mir: 'Herr Rothschild, überlassen sie mir die Sache, ich werde mich darum kümmern, sie brauchen keine Angst zu haben.'

Nach einer Woche bekam ich die Vorladung zum amerikanischen Konsulat in Stuttgart zum Empfang meines Visums. Meine Nummer wäre sonst erst in zwei Jahren dran gekommen. In einem Brief von ihm stand: 'Versprechen Sie, daß sie niemandem etwas von mir sagen.' Er war Jude und arbeitete für den jüdischen Hilfsverein. Am 22. Mai 1941 hatte ich die Vorladung nach Stuttgart. Am 5. Juni wurde das Konsulat wegen des Kriegseintrittes der USA geschlossen. Ich habe also von 1939 bis 1941 mit dieser Bürgschaft rumgemacht. Ich hatte wirklich eine Intuition! Ich habe mir gesagt: 'Es kann kosten was es wolle, ich tue alles, was in meiner Gewalt steht, ich will mir keine Vorwürfe machen. Ich habe alles mögliche getan, um hier herauszukommen. Das hat mir geholfen. Meine Verwandten gegenüber, die niedrigere Wartenummern als ich hatten, tat es mir leid.'"[123)]

Am 12. August 1941 meldete sich Herbert Rothschild in Heldenbergen mit dem Ziel New York ab. Sein Schiff, "die Mouzinho", fuhr am 20. August 1941 in Lissabon ab und erreichte nach einigen Tagen sicher den Hafen von New York. "Bei der Ankunft in Amerika dachte ich nur immer wieder: 'Ich lebe! Ich lebe!'"

Kurz darauf schrieb er einen Brief an seine zurückgebliebene Familie:

"Ihr Lieben! New York, 2. September 1941

Jetzt gleiten noch einmal meine Gedanken zurück zu Euch, meine lieben guten Eltern, zurück zu Euch, meine lieben Verwandten, zurück zu einem jeden einzelnen, den ich während meiner Jugendzeit liebgewann, meine Sinne weilen bei Euch, die ich leider zurücklassen mußte ... Ich habe einen dicken Abschlußstrich unter alles bisher Dagewesene gezogen, denn ein neues Leben fängt an. Noch einmal danke ich Euch für all das, was ihr an mir getan habt, um mich zu einem ordentlichen Menschen werden zu lassen. War auch meine bisherige Jugendzeit hart, so weiß ich ebenso gut, daß mir ein neuer Kampf bevorsteht, der zumindestens genauso schwer, wenn nicht noch größer sein wird. Mit der größten Ruhe sehe ich diesem aber entgegen, denn ich bin mir bewußt, daß er nicht härter sein kann, um gemeistert zu werden. Mag kommen, was mag, ich nehme ihn auf.

Als meine höchste Kinderpflicht werde ich aber das sehen, Euch zu helfen, daß Eure Auswanderung in Gang kommt und ... so zu erreichen, daß wir uns bald wiedersehen. Keine Zeit soll zu früh oder zu spät sein, kein Mittel werde ich scheuen, wenn es darum geht, dieses Werk, das ich als größtes Ideal auffasse, zu einem Erfolg zu führen. Seid nochmals alle unbesorgt, ich werde tun, was Menschenhände zu leisten vermögen. Den Allmächtigen aber rufe ich an, Euch in seinen Schutz zu nehmen, um Euch vor allem Leid zu bewahren, und daß er mir beistehen möge, mein großes Vorhaben und uns den sehnlichsten aller Wünsche zu verwirklichen. Im festen Vertrauen auf das Gelingen meiner Gedanken grüße und küsse ich einen jeden einzelnen von Euch, für Dich, meinen lieben Vater und liebe Mutter und Großmutter aber einen besonders festen Kuß

Euer stets um Euch besorgter Herbert."[124)]

Von der nun folgenden Zeit in Amerika berichtet Herbert Rothschild weiter: "In New York bin ich gleich zu meinem früheren Chef aus der Hanauer Gummischuhfabrik gegangen und fragte, ob ich dort arbeiten könnte. Ich konnte gleich anfangen, das war ein großer Vorteil für mich, allerdings nicht im Büro wie in Hanau, sondern an der Schneidemaschine.

Dann brach der Krieg gegen Japan aus. Erst hat man mich bei der Armee nicht genommen, weil ich ja als feindlicher Ausländer angesehen war, aber dann wurde das Gesetz geändert. Im Mai 1943 bin ich also in die amerikanische Armee gegangen, erhielt meine Grundausbildung und wurde dann für 2 Jahre im Pazifik eingesetzt. Auf dem Wege dorthin habe ich übrigens auch Samuel Scheuer und seine Familie in San Francisco besucht.

Anschließend ging ich in die alte Firma zurück. Ich lebte in Brooklyn-New York mit meiner Tante Ida Rothschild-Steinhardt. Seit 1984 lebe ich als Rentner in Florida."

Herbert Rothschild war 1988 Gast der Woche der Begegnung in Nidderau. Besonders gerührt und erfreut war Herbert, daß seine Klassenkameraden ein Klassentreffen veranstalteten. Zwei Kristallgläser, die früher seinen Eltern gehört hatten, gab ihm eine Frau. Dies empfand er als eine sehr einfühlsame Geste.

Die Geschwister Fanny und Arnold Rothschild

in der Burggasse 3

1820 hatte der Großvater der ledigen Geschwister Fanny und Arnold Rothschild dieses Haus gebaut. Sie waren Geschwister von Liebmann Rothschild in der Burggasse 7 und von Abraham Rothschild in der Neugasse 9.

Bis zu ihrem Tode im Jahre 1913 lebte auch noch die Schwester Karolina, genannt Lina (* 1853), zusammen mit Fanny und Arnold.

Arnold (* 26.5.1864) und Fanny (* 1.1.1866) trieben Handel mit Lumpen, altem Eisen und gebrauchten Kleidern. Sie lebten in recht ärmlichen Verhältnissen. Arnold hatte einen Buckel.

Diesen beiden wurden in den dreißiger Jahren von der Heldenberger Dorfjugend oft übel mitgespielt: "Die Juden mußten sich einiges an Schabernack gefallen lassen. Arnold und Fanny wurden doch immer geärgert. So haben die Jungen an die Fensterläden gekloppt, Fanny machte die Läden auf und hat gescholien: 'Ich mach euch nach, ihr Kreuzköpp!' Den jungen Kerlen hat das gefallen."

Eine andere Erinnerung: "Diese ledigen Geschwister waren so richtig altmodisch, die sind noch mit dem Wägelchen von Haus zu Haus gezogen und haben ihre Sachen angeboten, sie sind hier in der Umgebung und auch in Erbstadt herumgezogen. Nachts ist öfter Schabernack mit denen getrieben worden, da sind die Fensterläden ausgehängt worden und ein Stück weiter abgestellt worden. Die Fanny kam dann eines Morgens in die Schule, um sich beim Lehrer zu beschweren. 'Die kriegen alle Arrest!' war seine Antwort. Aber am nächsten Tag war wieder was. Alle haben gelacht über diese schrulligen Leute, die waren halt schon älter und konnten sich nicht mehr so wehren."

Arnold Rothschild starb am 16. 1. 1937 im Alter von 72 Jahren.

Im November 1938 wurden bei Fanny die Federbetten aufgeschlitzt und zum Fenster herausgeschüttelt - "Frau Holle spielen" nannte man dieses entwürdigende "Spiel". Sie selbst wurde durch Steinwürfe so am Auge verletzt, daß sie von der Gemeindeschwester behandelt werden mußte.

Das Haus der ledigen Geschwister Fanny und Arnold Rothschild in der Burggasse 3. (Aufnahme um 1970)

Als Fanny im September 1939 gar nicht mehr alleine für sich sorgen konnte, ging die 73jährige nach Bad Nauheim in das jüdische Altersheim. Dort lebte sie zwei Jahre lang, im September 1942 wurde sie von dort wie Sally Scheuer und das Ehepaar Leopold Hermann in das Konzentrationslager Theresienstadt verschleppt, wo sie vier Wochen später am 27. Oktober 1942 starb.

Die Familie Rothschild
in der Untergasse 12

In der Untergasse 12 wohnte die Familie Rothschild, die in Heldenbergen "de Abbab" genannt wurde.
Ferdinand Rothschild (* 1866) hatte innerhalb der jüdischen Gemeinde Heldenbergen eine besondere Rolle, da er zu den Kohanim gehört, den Nachfahren des Bruders von Moses Aron, die einzig den Priestersegen für die Gemeinde sprechen dürfen. Davon zeugt auch noch heute sein Grabstein, auf dem sich die segnenden Hände der Kohanim befinden.
1901 heiratete er Bertha Stein (* 3. 6. 1872) aus Steinheim. Sie führten ein Textilgeschäft in der Untergasse 12 und verkauften ihre Waren in den umliegenden Dörfern.
Zum Laubhüttenfest im Herbst wurde bei Rothschilds im Garten eine Laubhütte aufgebaut, die schön mit Obst geschmückt war. "Von unserem Haus konnten wir immer auf die Kirche schauen", erinnerte sich Theo Rothschild gerne an das Haus in der Untergasse.
Das Ehepaar Rothschild hatten zwei Söhne:

Julius	* 10. 6. 1904
Theo (David)	* 10. 5. 1906

1918 starb Ferdinand Rothschild im Alter von 52 Jahren, die Beerdigung hielt Rabbiner Dr. Hirschfeld aus Gießen. Bertha Rothschild führte das Manufakturwarengeschäft nun alleine, später gemeinsam mit dem Sohn Julius.

In der Nazizeit konnte sie nichts mehr verkaufen. Im November 1938 wurden in ihrem Haus die Scheiben eingeschlagen. Theo Rothschild erzählte: "Als diese Verbrecher die Fenster eingeworfen hatten, rief unsere Nachbarin von oben runter: 'Laßt doch die Frau, die hat Euch nichts getan!' Die haben alles kaputt geschlagen. In der Nacht sind sie hin und haben die Fenster eingeschlagen."

Ihr Söhne wurden verhaftet und in Konzentrationslager geschleppt. Ein Bild zeigt Bertha Rothschild zum letzten Mal in ihrem Leben gemeinsam mit ihren beiden Söhnen Julius und Theo. Es wurde im März 1939 in Aachen aufgenommen, wohin Bertha Rothschild von Heldenbergen aus gefahren war, um sich von ihren beiden Söhnen zu verabschieden, bevor diese illegal über die Grenze nach Belgien flüchteten (Foto S. 459)

1939 verkaufte Bertha Rothschild das Haus in der Untergasse. Die Söhne Julius und Theo mußten zum Hausverkauf noch eine Vollmacht aus Belgien für ihre Mutter in Heldenbergen schicken. Das Geld wurde auf ein Konto der Friedberger Sparkasse eingezahlt. Dies war ein sogenanntes Sicherungskonto und stand nicht zur freien Verfügung, später wurde das Geld beschlagnahmt.

Nach dem Verkauf des Hauses lebte Bertha Rothschild im Hause Friedberger Straße 8, sie zog später zu der Schneiderin Recha Gerson in der Schulstraße 11.

Ihre beiden Söhne konnten sich ins Ausland retten, bis zum Ausbruch des Krieges mit Amerika konnte sie noch mit ihrem Sohn Theo korrespondieren.

Auch ihr sehnlichster Wunsch war die Auswanderung nach Amerika. So schrieb sie am 15. 4. 1941 an den Sohn Theo in San Francisco: "Aus deinem Schreiben habe ich ersehen, daß du die Papiere zur Auswanderung erledigen willst (in Amerika war eine neue Regelung in Kraft getreten, daß Eltern aus Deutschland auch außerhalb der zugelassenen Quote 'angefordert' werden durften - d. Vf.) und so wird die Zeit kommen, wo wir uns wiedersehen."

28. 4. 1941: "...wie ich ersehe, hast du mit Herrn F. gesprochen, und er wird die Bürgschaftspapiere erneuern lassen. Es wird eben viel verlangt für die Reise, hoffentlich wird alles noch

Grabstein des 1918 verstorbenen Ferdinand Rothschild mit den segnenden Händen.

Ferdinand Rothschild (1866 - 1918) führte in der Untergasse12 ein Textilgeschäft. Die Witwe Bertha Rothschild und Sohn Julius Rothschild führten es bis 1933.

klappen. Indem ich dir noch alles Gute wünsche, bin ich mit vielen herzlichen Grüßen und Küssen Deine Mutter."

Im November 1941 stellte Bertha "Sara" Rothschild, so mußte sie sich jetzt schon im dritten Jahr nennen, einen Antrag beim Landrat in Friedberg auf Ausstellung eines Reisepasses zwecks Auswanderung nach Amerika. Das untenstehende Foto fügte sie diesem Antrag bei. Aber es war längst zu spät. Nur noch einige Monate bis zum September 1942 konnte sie in Heldenbergen leben, unter welch erniedrigenden Umständen, können wir nur ahnen.

Ihr Sohn erzählte: "Früher hat meine Mutter immer gesagt: 'Ich werde später einmal oben ins Haus ziehen, damit ihr unten wohnen könnt.'" Aber diese Hoffnungen auf einen Lebensabend in ihrer Heimat stammten noch aus der Zeit, als Juden als Menschen geachtet wurden."

Einige Wochen, nachdem Bertha Rothschild 70 Jahre geworden war, wurde sie in Heldenbergen auf den Lastwagen gezerrt, mit ihrem Bündel in der Hand und einer vorgeschriebenen Namenskarte um den Hals gehängt, und mit den anderen Heldenberger Juden nach Darmstadt gebracht. Von dort wurde sie in das Konzentrationslager Theresienstadt verschleppt. Sie lebte dort noch einige Monate, am 13. Januar 1943 starb sie in Theresienstadt.

Nach ihrer Verschleppung aus Heldenbergen beschlagnahmte das Finanzamt Friedberg 209.- Mark als "Anteil am beweglichen Vermögen", was dann "zugunsten des Deutschen Reiches eingezogen" wurde.[125)]

Bertha Rothschild lebte seit 1901 in Heldenbergen. 1942 wurde sie im Alter von 70 Jahren gewaltsam in das Konzentrationslager Theresienstadt verschleppt.

Julius Rothschild (* 1904)

Er besuchte nach der Volksschule in Heldenbergen in den Jahren 1918 und 1919 die Handelsschule in Hanau. Mit 20 Jahren ging er für einige Zeit nach Frankfurt, um dort im Schuhgeschäft Speier zu arbeiten. Der Gründer der Speier-Schuhgeschäfte war ein Verwandter von Julius Rothschild.

Er kehrte dann zu seiner Mutter nach Heldenbergen zurück und trat in das Manufakturwarengeschäft ein. Das Ladenlokal im Haus der Untergasse selbst war recht klein, die Geschäfte wurden in erster Linie außerhalb durchgeführt. Julius fuhr mit dem Rad oder der Bahn zu den Kunden, die Waren wurden auch versandt.

In seiner Freizeit spielte er gerne Karten mit Ernst und der hübschen Hertha Ballin-Oppenheimer. Auch die Auswärtsspiele der Frankfurter Eintracht begleitete er gerne zusammen mit anderen Heldenberger Jugendlichen.

Während der Nazizeit war Julius Rothschild häufig Spott und Schikanen in Heldenbergen ausgesetzt. Im Spätsommer 1938 bemühte er sich um eine Auswanderung nach den USA, ihm wurde eine Wartenummer um 19 000 zugeteilt.

Am 10. November 1938 war Julius Rothschild morgens früh auf dem Weg von der Untergasse 12 zum Bahnhof Heldenbergen-Windecken. Sein Bruder Theo erzählte: "...unterwegs haben sie ihn eingeholt am Lindenbaum, sie sind ihm nachgegangen und haben gesagt: 'Du bist verhaftet!' Er ist dann ins Elternhaus zurück und dann haben sie ihn mitgenommen. Das waren die Verbrecher, die in Heldenbergen wohnten. Er ist dann nach Buchenwald gekommen, wo er bis zum 13. Dezember 1938 bleiben mußte. Aus Buchenwald hat mein Bruder so Grauenhaftes erzählt. Julius erzählte mir, daß er sehr stark mißhandelt und auf den Kopf geschlagen worden sei. Er habe tagelang nicht gewußt, was um ihn herum vorgegangen sei." (Siehe Seite 383.)

Nach dem Aufenthalt im Konzentrationslager Buchenwald ging Julius Rothschild gemeinsam mit seinem Bruder Theo im März 1939 in der Nähe von Aachen illegal über die Grenze mit Hilfe einer bezahlten Person.

Wegen seiner Flucht aus Deutschland wurde Julius Rothschild seine deutsche Staatsbürgerschaft entzogen. In den zugrundeliegenden Aktenstücken der Geheimen Staatspolizei zu lesen: "Der Jude Julius Israel Rothschild ... begab sich Ende März 1939 ohne polizeiliche Abmeldung und ohne Paß nach Belgien. R. besuchte stets die Versammlungen der früheren SPD in Heldenbergen und unterstützte diese Partei durch Geldmittel. Er betätigte sich außerdem vor der Machtübernahme als scharfer marxistischer Hetzer. So kam es anläßlich einer Kundgebung der SA kurz vor der Machtergreifung durch seine Hetzereien zu Gewalttätigkeiten von Reichsbannerleuten gegenüber SA-Männern. Nach dem 5. 3. 1933 ist er nicht mehr in Erscheinung getreten."[126)]

Mit Erscheinen des Deutschen Reichsanzeigers Nr. 202 am 29.8.1940 wurde Julius Rothschild "der deutschen Staatsangehörigkeit für verlustig" erklärt.[127)]

In Belgien lebte er in einem Lager für jüdische Flüchtlinge in Brüssel. Dort wartete er sehnsüchtig auf die Erteilung des amerikanischen Visums. Da seine Wartenummer zur Erteilung des Visums sehr hoch lag, suchte er nach anderen Möglichkeiten zur Flucht.

Nach dem deutschen Überfall auf Belgien floh Julius Rothschild nach England, wo er am 3. Juni 1940 in Dover als sogenannter "feindlicher Ausländer" gefangengenommen wurde.

In England gehörte er zu den Gefangenen, die am 10. 7. 1940 von Liverpool mit dem Schiff "Dunera" abfuhren. Ihnen war gesagt worden, daß die Fahrt nach Amerika oder Canada gehen würde. 2 000 internierte deutsch-jüdische Flüchtlinge waren an Bord. Dieses Schiff aber nahm Kurs auf Australien. Nach wenigen

Stunden auf der offenen See war das Schiff von einem deutschen U-Boot angegriffen worden. Die englischen Begleitsoldaten hatten die Anweisung bekommen, daß es sich bei den Passagieren um gefährliche Deutsche handelte. Die jüdischen Gefangenen wurden so schwer mißhandelt, daß das Schiff später auch als "schwimmendes Konzentrationslager" bezeichnet wurde. Nach langen Tagen und Nächten landete das Schiff am 26. August 1940 im Hafen von Sydney. Die Flüchtlinge, darunter auch Julius Rothschild, befanden sich in haarsträubendem Zustand: in zerrissenen und schmutzigen Kleidern, manche barfuß, ihrer Habseligkeiten beraubt, Dokumente zerissen und vernichtet, vielfach mißhandelt und krank. Hier wurde ein Teil der Flüchtlinge an Land gebracht, auf einer Liste dieser Gefangenen ist unter der Identitätsnummer E 76121 der Name Julius Rothschild zu finden. Nach der Ankunft in Sydney wurden die Gefangenen seit dem 6. September 1940 noch 10 Monate in einem völlig isolierten Internierungslager in Hay, 750 Kilometer westlich von Sydney, gefangengehalten. Im Juni 1941 wurde Julius Rothschild von dort in das "Civil Aliens Corps Labour Battalion", ein Arbeitsbatallion entlassen. Erst nach dem Krieg stellte sich heraus, daß die Gefangenen "versehentlich" verschleppt worden waren.[128] Unter diesen schweren Voraussetzungen und nach mehrjähriger Gefangenschaft und Verfolgung mußte sich Julius Rothschild, ganz auf sich gestellt, in Australien einleben. Seinen Lebensunterhalt verdiente er sich als Anstreicher.

Nach all seinen schweren Erlebnissen erkrankte er seelisch so stark, daß er in einem Heim leben mußte. Sein Bruder Theo besuchte ihn noch einmal in Australien. Im Mai 1976 starb Julius Rothschild im Alter von 71 Jahren.

Theo Rothschild (* 1906)

Eigentlich hieß er nicht von Geburt an Theo, sondern wurde von seinen Eltern als David beim Standesamt Heldenbergen in das Geburtsregister eingetragen. Er erzählte:[129]

"Meine Eltern haben mich nie David gerufen, ich habe nie gewußt, daß ich unter dem Namen David im Register eingetragen war. Bei der Beantragung meines Reisepasses machte mich glücklicherweise jemand darauf aufmerksam. Vielleicht haben meine Eltern befürchtet, man spräche über mich als das 'Davidche mit der Kapp'. Ich habe meine Mutter nie gefragt, das habe ich mir so zurecht gelegt. Nach meinem Großvater hieß ich David."

Theo besuchte mit den evangelischen und jüdischen Kindern die Volksschule in Heldenbergen. "Wenn wir als Kinder mal Streit gehabt haben, wurden wir doch gleich beschimpft mit 'Ihr Juden!' und die Juden haben auch Schimpfnamen zurückgegeben: 'Ihr Kreuzköpfe!' Gegen Windecken ging es dann zusammen mit Steinewerfen, weil es preußisch war. Weshalb nur immer diese Unterschiede?"

Nach einigen Jahren besuchte er die Augustinerschule in Friedberg, die er aber nach dem Tode seines Vaters 1919 mit 12 Jahren aus wirtschaftlichen Gründen wieder verlassen mußte. Seine Lehre machte Theo in Gelnhausen beim Kaufhaus Max Stern in der Schmidgasse, wo er anschließend noch zwei Jahre als Angestellter tätig war.

Durch seine Verwandtschaft mit den Schuh-Speiers wurde Theo Rothschild Geschäftsführer des Schuhgeschäftes Speier in Offenbach. Dort geschah der folgende Vorfall: "Es war im Jahr 1933, also zwischen der Januar- und der Märzwahl, um Fasching herum. Jemand von der Nazipartei betrat den Schuhladen: 'Wo ist der Geschäftsführer?' Ich nickte. 'Sie sind verhaftet!' schrie er weiter. 'Machen Sie nicht lange, kommen sie mit!' An die Mainbrücke von Fechenheim wurde ich zusammen mit anderen Juden gebracht. Dort war etwas angeschmiert von den Sozialdemokraten. Wir bekamen eine Bürste in die Hand gedrückt: 'Machen Sie das ab!' Wir haben dann da rumgemacht, ob es abgegangen ist oder nicht, weiß ich nicht mehr, sehr wahrscheinlich nicht. Gegen fünf oder sechs Uhr haben sie uns nach Hause geschickt. Meine Verwandten von den Schuh-Speiers haben mir noch denselben Abend angeboten, mich noch in der Nacht über die Grenze zu bringen. Am nächsten Morgen sollte ich mich noch melden. Aber ich habe mich entschlossen, dazubleiben. Ob das richtig war?

Dann war ich noch in verschiedenen Filialen der Firma Speier in Duisburg-Ruhrort und in Aachen. Das Geschäft ging bis zum November 1938, wir haben einen guten Umsatz gemacht mit SA-Stiefeln. Den Hitlergruß habe ich im Geschäft nicht ausgesprochen. Ich war von 1927 bis zum November 1938 bei der Firma Schuh-Speier angestellt.

Als im November 1938 in Aachen die Synagoge zerstört und Jagd auf Juden gemacht wurde, war ich im Geschäft in Aachen. Ich hielt mich gerade im hinteren Teil der Räume auf, als jemand von der Gestapo hereinkam und die Angestellte fragte: 'Wo ist der Geschäftsführer?' Sie sagte: 'Was ist? Ich bin hier die eingesetzte Obmännin.' So half sie mir, daß ich (erstmal) nicht festgenommen wurde. Sie hätte ja auch antworten können: 'Hier ist er.' Ich bin dann weggegangen und habe mich mit einem Bekannten im Wald versteckt. Dann bin ich zum Haus meiner späteren Schwiegereltern. Es hieß, die Aktion sei beendet. Und dann eines Morgens kamen sie herein und sagten: 'Alle männlichen Anwesenden sind verhaftet.'

Wir sind erst zwei Tage in einer Turnhalle festgehalten worden, dort mußten wir auf dem Boden der Turnhalle liegen."

Theo Rothschild kurz nach der Entlassung aus dem KZ Sachsenhausen im Dezember 1938

Die Verhaftung Theo Rothschilds dokumentiert auch eine Liste der Polizei Aachen "Nachweisung der im Zuge der Aktion (10. 11. 38) festgenommenen und in die Konzentrationslager überführten Juden". Unter der laufenden Nummer 171 von insgesamt 268 Namen ist "Rothschild, Theodor kaufmännischer Angestellter 10.5. 06 Heldenbergen Krs. Friedberg Aachen Aureliusstraße 2 überführt in das KL Sachsenhausen" zu finden.[130)]

"In dieser Zeit hat meine spätere Frau Lotte versucht, mich mit verschiedenen Mitteln freizubekommen: Ich hatte einen Bruch und eine Operation sollte gemacht werden. Also rief sie spät in der Nacht noch den Arzt, der kam auch freundlicherweise gleich, um den Bruch zu bestätigen, aber die Antwort der Gestapoleute war nur: 'Wenn das nötig ist, machen wir das.' Dann zeigte Lotte die amerikanische Bürgschaft für mich vor, dies half aber auch nichts, da die Registriernummer zur Ausstellung des Visums zu hoch war. Dann kaufte Lotte beim Norddeutschen Lloyd eine Fahrkarte nach Shanghai, dorthin brauchte man zu der Zeit kein Visum, da China mit Japan im Krieg war. Diese Karte wurde aber nicht anerkannt, da kein genauer Abreisetag aus Deutschland angegeben war. Alles hat nichts genutzt.

Die meisten der Verhafteten kamen in das Konzentrationslager Buchenwald, wir wurden nach Berlin gebracht, in das Konzentrationslager Oranienburg/Sachsenhausen. Wir wurden in diese gestreifte Sträflingskleidung gesteckt mit einer Häftlingsnummer darauf, anschließend ganz kahl geschoren, so wie man es noch auf dem Paßfoto sieht. Geld und alles, was wir sonst bei uns trugen, wurde uns weggenommen. Wir hatten eine Wolldecke und ein Bett zum Schlafen, auch etwas zu essen haben wir bekommen. Arbeiten mußten wir in einem Steinbruch. Wie die Verrückten haben wir Steine schleppen müssen von hier nach da und wieder woanders hin. Einmal hat mir ein Aufseher eine über den Kopf gezogen, weil ich nicht genügend Steine in der Hand hatte. Das war eine Arbeit, nur um die Leute zu schikanieren. Meine Ohren waren verfroren, weil wir keine Mützen hatten, meine Hände auch, aber das war nicht das Schlimmste. Die ganze Arbeit, die wir gemacht haben, war so stumpfsinnig, morgens und dann noch dreimal an einem Tag mußten wir zum Appell antreten, dann mußten wir abzählen, damit wurde kontrolliert, ob alle Leute da sind. In der Baracke waren Betten, die mußten wir morgens machen. Dann ging es in den Steinbruch. Bei Dunkelheit kamen wir aus dem Steinbruch zurück, dann wurde wieder zum Appell aufgerufen, nachzählen, ob alle Leute da sind. Morgens haben wir Kaffee bekommen, ob wir mittags was bekommen haben, weiß ich nicht. Das Essen war keine wichtige Sache gewesen. Wir haben nur gedacht: 'Wie kommen wir je wieder aus diesem Elend heraus?' Diesen Verbrechern war doch nichts daran gelegen, ob wir ein paar mehr oder weniger Menschen waren. Es sind viele auf der Flucht erschossen worden, durch einen Fluß haben viele versucht zu fliehen. Ich habe selbst gesehen, wie sie nach denen geschossen haben. Im Konzentrationslager Oranienburg war ich nicht ganz einen Monat. Am letzten Tag hatte ich die braune Decke umgehängt, es war so kalt. Ein Kamerad sagte zu mir: 'Tu das nicht, wenn sie dich so sehen, kann es sein, daß sie dich dann wieder verhaften.' Als wir entlassen wurden, haben sie uns folgendes gesagt: 'Wenn ihr irgendetwas von dem hier zu irgendjemand sagt, werden wir euch wieder holen und dann gibt es kein Heraus mehr wie jetzt!' Am 13. Dezember 1938 wurde ich aus dem Konzentrationslager Oranienburg entlassen. Für die Rückreise hatte Lotte Geld geschickt an das Lager, sonst wäre ich nicht raus gekommen. Auch mußte Lotte unterschreiben, daß ich an einem bestimmten Tag Deutschland verlassen mußte, 'sonst holen wir euch beide', hatten sie ihr gesagt. Ich bin dann für zwei Tage nach Hause zu meiner Mutter nach Heldenbergen gefahren. Dort war auch mein Bruder Julius wieder aus Buchenwald zurückgekehrt. Er hat fürchterliche Sachen erzählt. Ich sagte zu ihm: 'Es wird keinen anderen Weg geben, als daß wir illegal über die Grenze nach Belgien gehen.' Meine Mutter hat Angst gehabt und hoffte noch auf das amerikanische Visum für mich. Mein Bruder und ich sind also illegal über die Grenze von Aachen aus. Durch Bekannte waren Leute da, denen mußte man jeweils 400 Mark bezahlen. Ein Mann brachte uns zu Fuß über die Grenze nach Belgien. Bei Nacht und Nebel bin ich bin weggegangen. Ich habe überhaupt nichts mitgebracht, alles, was ich tragen konnte, habe ich mitgenommen, sonst gar nichts. Etwas Silber hatte ich noch und ein Bild von meiner Mutter, das wir zum Abschied und zur Erinnerung bei einem Photographen in Aachen mit meinem Bruder zusammen haben aufnehmen lassen.

Als wir in Belgien waren, haben wir uns bei der Polizei gemeldet und eine Aufenthaltserlaubnis bekommen. 'Wie lange wollen sie hierbleiben?' wurde ich gefragt. 'Bis ich mein Visum für Amerika bekomme', war meine Antwort. Wir waren dort in einem Flüchtlingslager, das von einer jüdischen Hilfsorganisation unterhalten wurde. Einmal im Monat sind wir nach Brüssel gekommen. Im Februar 1940 habe ich meine Papiere zur Auswanderung nach Amerika bekommen, meine Wartenummer lag bei 13 000. Zu dieser Zeit lief nun auch mein deutscher Paß ab. Mit großem Zittern, ich hatte ja Deutschland auf illegalem Wege verlassen, bin ich zur deutschen Vertretung nach Antwerpen gegangen, um meinen Paß zu verlängern. Der Paß wurde bis zum 15. Juli 1940 verlängert. Das Geld für die Reise gab die jüdische Gemeinde. Das Schiff hieß Chambly und fuhr von Le Havre aus

März 1939 in Aachen. Bertha Rothschild war von Heldenbergen dorthin gefahren, um sich von ihren Söhnen Theo (links) und Julius (rechts) zu verabschieden, die illegal nach Belgien fliehen wollten, nachdem Theo im KZ Sachsenhausen und Julius im KZ Buchenwald für schwere Wochen gewesen waren. Es sollte ein Abschied für immer sein, die drei sahen sich nie wieder.

Theo und Lotti Rothschild im Januar 1986 in ihrer Wohnung in San Francisco

nach Amerika. Später wurde es zerbombt. Am 20. März 1940 bin ich in New York mit dem Schiff angekommen, nur kurze Zeit später marschierten die Deutschen in Belgien ein, da wäre ich verloren gewesen.

Ich habe niemanden gehabt in Amerika mit Ausnahme einer Cousine, die in einem Haushalt arbeitete und auch nichts hatte. Auf der Weltausstellung in New York hatte ich mich um Arbeit bemüht und dort etwa sechs Wochen als Putzmann gearbeitet. Da war ich dann zu langsam und wurde entlassen. Bei der Arbeitsvermittlung konnte man mir nichts vermitteln, man schickte mich nach San Francisco, zum Glück, sage ich heute. Da kannte ich ja Samuel Scheuer und seine Familie aus Heldenbergen. Ich habe immer bei ihnen gegessen und bin für ein kleines Entgelt verpflegt worden. Ein Bekannter vermittelte mir dann eine Stelle bei einer Firma, die Guatemala-Kaffee von Haus zu Haus verkaufte. Ich war dort eine Zeitlang, verkaufte dann auch anderes, zum Beispiel Weihnachtskarten. So habe ich versucht, meinen Lebensunterhalt zu verdienen.

Inzwischen war Lotte auch nach San Francisco gekommen. Sie war von Deutschland aus 1939 nach England geflüchtet und von dort nach Amerika. Wir waren jetzt verlobt, heirateten, nachdem wir beide mehr Fuß gefaßt hatten, in San Francisco. Ich habe dann eine Stelle bekommen, wo ich den Obern im Restaurant helfen mußte, das Wasser zu bringen. Im Dezember 1941 trat Amerika in den Krieg ein. Dann konnte man schon eher Stellen bekommen, da viele Soldaten wurden. Ich arbeitete erst in einer Textilfirma für zwei oder drei Jahre, dann im Lagerhaus eines großen Buchhandels, der Universitäten und Bibliotheken belieferte. Dort arbeitete ich 25 Jahre. Die Firma wurde aufgelöst, und ich habe mich zur Ruhe gesetzt. Wir haben schwer gearbeitet, wir haben nicht die besten Stellen gehabt. Als ich in Deutschland war, habe ich mein Geld leichter verdient als hier.

Wir wären nach dem Krieg nie nach Deutschland gefahren, wenn wir nicht Lottes Tante, die im Untergrund in Deutschland überlebt hatte, besucht hätten. Wir wollten auch zu den Gräbern meines Vaters und der Verwandten, so kamen wir 1960 nach Heldenbergen. Es war furchtbar, als ich das erstemal da war. Ich habe vor unserer Haustür gestanden. Eine Frau, ihr Bruder war ein guter Freund meines Bruders gewesen, sie waren durch dick und dünn gegangen, diese Frau war recht kühl. (Theo kämpfte mit den Tränen beim Erzählen.) Manche haben sich gedacht, wo ist der hergekommen, was willst du oder warum lebst du noch? Eine Frau, die ich als Kind kannte, hat nur aus dem Fenster gerufen: 'Na, wie geht es dir?' Normal wäre sie doch runter gekommen, so wie die andere Frau, die im Haus gewohnt hat. Die hat sofort gesagt: 'Komm doch rein, wir trinken eine Tasse Kaffee.' Aber das ist jetzt auch schon wieder 25 Jahre her."[131)]

Theo Rothschild und seine Frau Lotte waren auch Gäste bei der Woche der Begegnung im Juni 1988. Theo Rothschild starb 1992 in San Fransisco.

Die Bäckerei Moritz Rothschild, später Moritz Bauer
in der Bahnhofstraße 18

In der Bahnhofstraße 18 befand sich die Bäckerei Moritz Rothschild.

Anzeige 1925

Sämtliche Back- und Konditoreiwaren konnten die Heldenberger dort kaufen. Moritz Rothschild sah man oft durchs Dorf gehen mit einem Henkelkörbchen unterm Arm: "Er geht einmähren", sagten die Leute. Moritz Rothschild war mit seinem Sauerteig im Korb auf dem Weg zu den verschiedenen Heldenberger Familien, um dort den Brotteig anzusetzen, später wurden dann die Brote zu ihm in das Backhaus gebracht zum Backen.

Moritz Rothschild hatte die Bäckerei schon von seinen Eltern geerbt. Abraham Rothschild III (* 1828 in Heldenbergen) kaufte die Hofreite 1860, nachdem er 1858 Jette Goldschmidt (* 1836 in Unterreichenbach) geheiratet hatte. 1888 erbauten sie ein Backhaus und eine Mehlstube auf ihrem Anwesen. Der Sohn Mäyer wurde 1861 geboren, auch er wurde Bäcker und erbte die Bäckerei. Er nannte sich dann Moritz Rothschild.

Am 1.8.1888 heiratete er Emma Goldschmidt (* 25.9.1860 in Berbach). Aus dieser Ehe gingen fünf Kinder hervor:

Friedrich David		
= Fritz	* 5. 5. 1889	
Sigmund	* 13. 11. 1890	+ 1893
Jenny	* 14. 11. 1893	
Max	* 17. 3. 1896	
Rosa	* 25. 11. 1901	

Moritz Rothschild starb mit 61 Jahren am 21.1.1922, sein Grabstein aus schwarzem Marmor steht auf dem wiederhergestellten jüdischen Friedhof in Heldenbergen.

Fritz Rothschild (* 1889)
Er ging im Jahre 1915 als Kaufmann nach Friedberg, nachdem er 1908/1909 in Basel als Kaufmann angestellt war. Vorher lebte er in Gedern. In der Nazizeit konnte Fritz Rothschild nach Amerika fliehen, wo er in New York lebte.

Jenny Rothschild (* 1893)
Sie heiratete 1920 Fritz Sichel aus der Mittelstraße (siehe S. 486).

Max Rothschild (* 1896)
Max Rothschild wurde in Heldenbergen das "Mäxchen" genannt in jungen Jahren. Im Ersten Weltkrieg war er Soldat und erhielt das Eiserne Kreuz. Noch 1935 erhielt er von Führer und Reichskanzler eine Tapferkeitsauszeichnung (siehe S. 344). Nach einer kaufmännischen Lehre war er seit 1928 bei der Hanauer Gummischuhfabrik angestellt.
Er heiratete am 5. Mai 1930 Elisabeth Keller (* 21.11.1898 in Frankfurt). Die Treue seiner christlichen Ehefrau sollte ihm das Leben retten, er lebte "in privilegierter Mischehe", wie die Nazis dann eine jüdisch-christliche Ehe nannten. Das Ehepaar Rothschild lebte in Hanau bis zum Juni 1938.

Elisabeth Rothschild schildert den Leidensweg ihres Mannes Max Rothschild: " Im Juni 1938 wurde mein Mann als Abteilungsleiter bei der Hanauer Gummischuhfabrik entlassen. Einen Monat später mußten wir fluchtartig unter den ausfallendsten Beschimpfungen unserer Hausmitbewohner unsere schöne Wohnung in Hanau verlassen und nach Frankfurt in die Feststraße 16, ein sogenanntes Ghettohaus - ein Hinterhaus - mit Wanzen und Flöhen ziehen.
Mit Beginn der Synagogenbrände wurde mein Mann von der Gestapo verhaftet und für mich mit unbekanntem Ziel abtransportiert. Auf Umwegen erfuhr ich dann, daß mein Mann im KZ Buchenwald war. Er blieb dort zwei Monate. Im KZ Buchenwald blieb ihm - wie jedem anderen Häftling - nichts erspart. Er mußte Qualen erdulden: Die ersten drei Tage nichts zu essen, durfte keine Notdurft verrichten, ständige Mißhandlungen, Schikanen, Schläge und Aufträge zur Ausführung, die ihm das Herz fast stillstehen ließen. Ein naher Verwandter machte in seiner Gegenwart im KZ einen Selbstmordversuch. Was das alles für einen anständigen, feinfühlenden Menschen bedeutet hat. Ich setzte nun alles daran, meinen Mann wieder aus dem KZ frei zu bekommen und stellte einen Antrag mit der Begründung, daß mein Mann Weltkriegsteilnehmer war und mehrmals verwundet wurde. Er wurde nach acht Wochen KZ-Aufenthalt nach Hause entlassen. Allerdings kehrte er nach all diesen Erlebnissen als körperlich und seelisch gebrochener Mensch zurück. Das, was im KZ Buchenwald vorging, war für ihn einfach unfaßbar.
Unsere Freude des Wiedersehens aber war nur kurz, denn acht Tage nach seiner Entlassung erfolgte meine Verhaftung durch die Gestapo. Drei Haussuchungen wurden durch die Gestapo vorgenommen, und ich kann in Worten kaum schildern, in welcher Angst wir ständig lebten.Im September 1939 sprach die Gestapo auch wieder vor, und wir mußten unseren schönen, wertvollen Radioapparat abliefern. Mein Mann mußte das Radiogerät selbst auf den Schultern hintragen. So wurden wir durch die Gestapo pausenlos verfolgt, gequält und ständig in große Angst versetzt.
Nach Buchenwald war mein Mann etwa neun Monate ohne jegliche Arbeit und Unterstützung, unentgeltlich arbeitete er zwischendurch auf dem jüdischen Friedhof. Auch ich konnte keinerlei Arbeit finden. Die bekannten Lebensmittelkürzungen kamen noch dazu, so daß wir oft der Verzweiflung nahe waren.
Endlich wurde mein Mann in Arbeit vermittelt und zwar als Mülltonnenreiniger, Straßenkehrer, Straßenarbeiter und Friedhofsarbeiter mit einem monatlichen Verdienst von weniger als 100 Mark. Bei der Verrichtung seiner gewöhnlichen Arbeiten mußte er sich die gemeinsten Redensarten anhören und sogar Tätlichkeiten über sich ergehen lassen, was ihm sehr zusetzte, da er ja niemandem etwas zuleide getan hatte.
Ab September 1941 mußte mein Mann den Judenstern tragen. Auch an unserer Wohnung befand sich ein Stern, was für uns beide eine große seelische Belastung war. Unseren Neffen, die beide Soldaten waren, war ein Besuch im Urlaub bei uns verboten. Wir wurden einfach wie Aussätzige behandelt.
Als die Verschickung der Juden begann, wurde mein Mann sogar dazu verpflichtet, die armen Menschen mit den wenigen ihnen verbleibenden Habseligkeiten in die Transportzüge zu verbringen. Er wurde somit Zeuge der schrecklichen Szenen, die sich täglich am Bahnhof abspielten. An solchen Tagen kehrte er körperlich und seelisch völlig gebrochen nach Hause zurück,

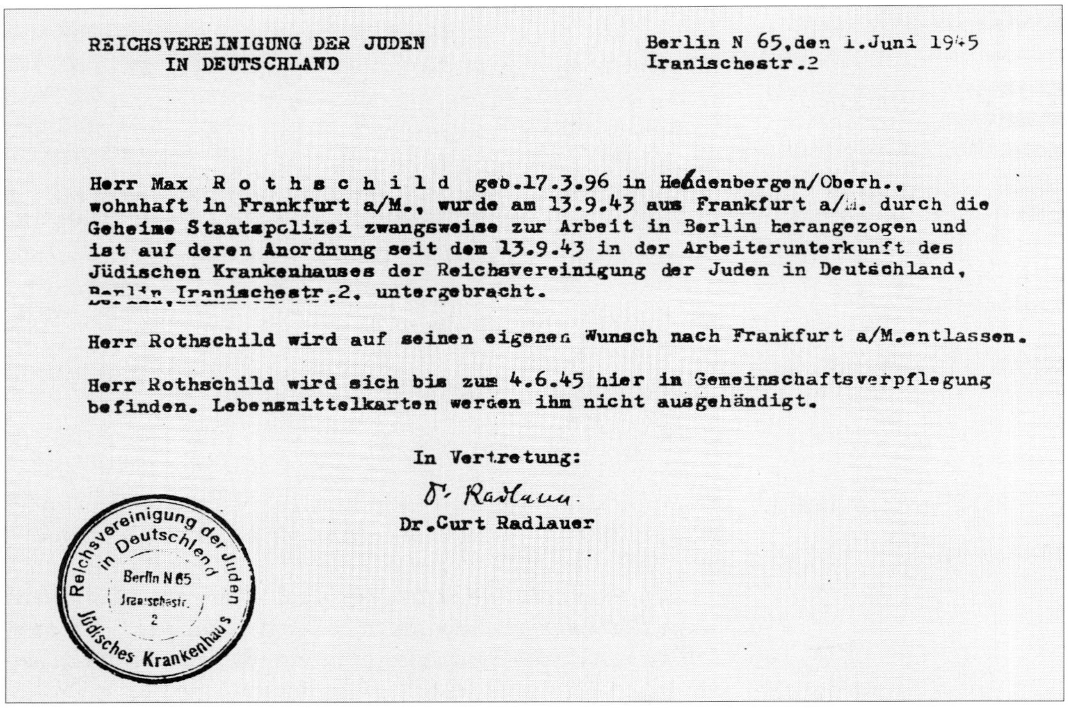
REICHSVEREINIGUNG DER JUDEN
IN DEUTSCHLAND

Berlin N 65, den 1. Juni 1945
Iranischestr. 2

Herr Max R o t h s c h i l d geb. 17.3.96 in Heldenbergen/Oberh., wohnhaft in Frankfurt a/M., wurde am 13.9.43 aus Frankfurt a/M. durch die Geheime Staatspolizei zwangsweise zur Arbeit in Berlin herangezogen und ist auf deren Anordnung seit dem 13.9.43 in der Arbeiterunterkunft des Jüdischen Krankenhauses der Reichsvereinigung der Juden in Deutschland, Berlin, Iranischestr. 2, untergebracht.

Herr Rothschild wird auf seinen eigenen Wunsch nach Frankfurt a/M. entlassen.

Herr Rothschild wird sich bis zum 4.6.45 hier in Gemeinschaftsverpflegung befinden. Lebensmittelkarten werden ihm nicht ausgehändigt.

In Vertretung:
Dr. Radlauer
Dr. Curt Radlauer

Max Rothschild wurde von der Gestapo zur Zwangsarbeit nach Berlin verschleppt, dort wurde er von den Russen befreit. Diese Bescheinigung wurde ihm für die Rückkehr nach Frankfurt zu seiner christlichen Ehefrau ausgestellt.

denn wo die Transporte hingingen, konnte er sich ja, nachdem er selbst im KZ alles miterlebt hatte, denken. Er selbst rechnete auch täglich mit seiner erneuten Verschickung.
Im September 1943 wurde mein Mann erneut verhaftet und in ein Zwangsarbeitslager unter Leitung der Gestapo nach Berlin verschickt. Hier verblieb er bis zur Befreiung durch die Russen im Juni 1945. In diesem Lager mußte mein Mann die schwersten Arbeiten verrichten, denen er körperlich keinesfalls gewachsen war. Er wurde wie Schmutz behandelt und bekam nur ungenügend zu essen. Täglich mußte er im Lager mitansehen, wie die Kinder von ihren Eltern, die nach Polen zur Vergasung verschickt wurden, gewaltsam getrennt wurden."[131a)]

In Berlin mußte Max Rothschild Zwangsarbeit im Straßenbau für das Reichssicherheitshauptamt leisten. Er war dort in der Arbeiterunterkunft des ehemaligen jüdischen Krankenhauses untergebracht. Im Juli 1944 hatte er die Erlaubnis, für 10 Tage nach Frankfurt zu fahren.[132)] Durch die Soldaten der Roten Armee wurde er 1945 befreit. Einige Tage später fuhr er nach Frankfurt. Ein Ausweis des Magistrates Berlin bittet "alle russischen Militärstellen ...jeden Schutz anzugedeihen... und auf ...der Heimreise Hilfe zuteil werden zu lassen".[133)]

Elisabeth Rothschild berichtete weiter:

"Mein Mann konnte mir die unglaublichen Grausamkeiten, die er während der Verfolgung erlebt hatte, kaum schildern, er ist fast daran zerbrochen.
Mit größter Angst dachte er stets an mich, da ich mich keinesfalls von ihm scheiden ließ und meinen Namen kaum aussprechen durfte. Auch ich war nur ständigen Gehässigkeiten meiner Mitmenschen ausgesetzt.

Nach Kriegsende kehrte mein Mann als körperlich und seelisch vollkommen gebrochener Mensch endlich zu mir zurück. Er versuchte mit letzter Kraft, mit mir nochmals Ruhe zu finden, was ihm aber nicht mehr lange vergönnt war."

Im Jahre 1946 setzte sich Max Rothschild beim Bürgermeister in Heldenbergen aktiv, aber leider erfolglos dafür ein, daß der zerstörte jüdische Friedhof von Heldenbergen wieder so hergestellt werden sollte, wie er war.
Als städtischer Angestellter war Max Rothschild bei der Stadt Frankfurt tätig.
Am 28.11.1950 starb Max Rothschild - gezeichnet von den Spuren des Leides, das ihm angetan wurde, nur weil er Jude war. Er wurde auf dem jüdischen Friedhof Eckenheimer Landstraße in Frankfurt beerdigt (Grab 7 C 108). In der Zeitung der jüdischen Gemeinde Frankfurt war nach seinem Tode zu lesen: "Unter starker Beteiligung wurde der im Alter von 54 Jahren verstorbene Max Rothschild zu Grabe getragen. Der Verstorbene, der zur Zeit der Naziherrschaft Konzentrationslager und Zwangsarbeit zu erdulden hatte, war nach der Befreiung kurze Zeit Mitglied des Gemeindevorstandes und erfreute sich auch nach seinem Ausscheiden aus diesem Gremium wegen seines lauteren Charakters und seiner Redlichkeit der Achtung aller Gemeindemitglieder. An seinem Grabe sprach Landesrabbiner Dr. Weinberg insbesondere die Gattin des Verstorbenen an, die ihm 20 Jahre lang, vor allem aber in schweren Tagen, eine treue Gefährtin war."[133a)]
Frau Elisabeth Rothschild starb am 28.10.1982.

Rosa Rothschild (* 1901) und Familie Bauer

Rosa Rothschild, genannt Rosel, heiratete 1925 in Heldenbergen den Bäcker Moritz Bauer aus Ortenberg. Moritz Bauer führte die Bäckerei unter dem Namen Moritz Rothschild in der Bahnhofstraße 18 weiter. Das Ehepaar Bauer hatte vier Kinder:

Manfred	* 20. 9. 1925
Ruth	* 16. 1. 1930
Hans	* 1. 5. 1931
Edith	* 19. 12. 1932

Manfred Bauer, genannt Fred, besuchte den katholischen Kindergarten in Heldenbergen und dann einige Jahre die Volksschule. Dort war sein Spitzname "Burus".

Das Ehepaar Bauer schätzte die politische Lage 1933 sehr klar ein und entschloß sich zur Auswanderung nach Palästina. Im September 1934 verließen Bauers Heldenbergen, nachdem sie das Haus und die Bäckerei an den Bäcker Frech, ebenfalls aus Ortenberg, verkauften.

In den Jahren 1963/64 lebte das Ehepaar Bauer mit Sohn Hans wieder in Frankfurt, in dieser Zeit besuchten sie auch Heldenbergen.

Rosel Bauer starb in Israel im Jahre 1986, Fred Bauer lebt mit seiner Familie in Tel Aviv und Edith als verheiratete Sperling in Haifa. Ruth ist schon verstorben.

Markus Rothschild
in der Friedberger Straße 17

Im Hause Friedberger Straße 17 lebte die Familie Markus Rothschild. Markus Rothschild war in Heldenbergen bekannt als ein wohlhabender Mehl- und Getreidehändler. Er gehörte zu den fünf wohlhabenden jüdischen Familien. Äußerlich war ihm das nicht anzumerken, er ging in einen einfachen Wollmantel gekleidet zu Fuß zu seinen Kunden, meist Bauern in den Nachbardörfern. Bei den Bauern trank er nach der Abwicklung der Geschäfte höchstens ein Glas Wasser vom Brunnen. In Ostheim war Markus Rothschild in guten Geschäften mit den großen Bauern dort, er verlieh auch Geld. Noch heute wird in diesen Familien mit großer Achtung von ihm gesprochen.

"Der in Heldenbergen sehr beliebte Markus Rothschild stieg drei Treppen hoch auf unseren Getreidespeicher und roch am Weizen, ob er trocken geerntet war. Er kaufte bei uns Bauern Getreide und lieferte Mehl. Jede Woche fuhr er auf die Frucht-Börse nach Frankfurt", erinnere sich ein alter Heldenberger. "An der Landesproduktenbörse in Mannheim arbeitete er mit großen Mengen."

"Markus Rothschild arbeitet viel mit Wertpapieren und machte auch selbst Geschäfte. Samstagmittags kam ich von Frankfurt von der Bank, wo ich arbeitete, heim. Da saß dann Markus Rothschild meist auf den dicken Baumstämmen an der Friedberger Straße und fragte mich immer nach den neuesten Kursen, eigentlich hätte er die ja auch noch am Montag erfahren können. Markus Rothschild machte Ferien in Karlsbad und außerdem las er jeden Tag die Frankfurter Zeitung. Beides war sehr ungewöhnlich hier auf dem flachen Lande." Soweit die Erinnerungen eines 95jährigen.

Seit 1883 war er lange Jahre Mitglied im Gesangverein Euphrosyne.

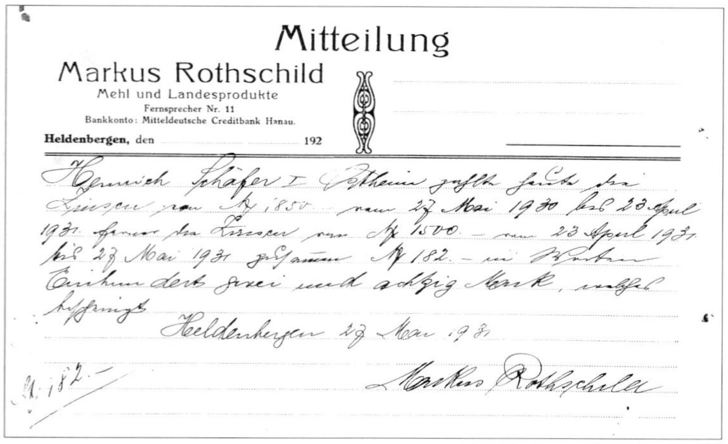
Mitteilung
Markus Rothschild
Mehl und Landesprodukte
Fernsprecher Nr. 11
Bankkonto: Mitteldeutsche Creditbank Hanau.
Heldenbergen, den 192

Heinrich Schäfer I Ostheim zahlte heute die Zinsen von M 1850.- vom 27 Mai 1930 bis 23. April 1931 ferner die Zinsen von M 1500.- vom 23 April 1931 bis 27 Mai 1931 zusammen M 182.- in Worten Einhundert zwei und achtzig Mark, welches bescheinigt.
Heldenbergen 27 Mai 1931
Markus Rothschild
M 182.-

Quittung von Markus Rothschild für Zinszahlung des Landwirtes Heinrich Schäfer in Ostheim - 1931

Markus Rothschild und Frau Mathilde (2. von rechts) um 1900 im Kurpark von Bad Homburg, gemeinsam mit Max Speier (links) und Frau Betty (2. von links)

Früheres Haus von Markus Rothschild um 1950 (heute Elektro- Reichard), Friedberger Straße 17

Das Haus in der Friedberger Straße hatte Markus Rothschild 1897 von Seligmann Scheuer II. geerbt. Im selben Jahr erbaute er einen großen Fruchtspeicher an der Hauptstraße. Das Haus hatte zwei Ausfahrten: zur Schulstraße und zur Friedberger Straße.

Markus Rothschild (* 1861) heiratete Mathilde Abt aus Melsungen (* 23.9.1868). Das Ehepaar hatte zwei Kinder:

Abraham genannt
Albert * 28. 10. 1893
Jenny * 18. 8. 1900

Albert Rothschild (* 1913)
Er besuchte die Schule in Heldenbergen gemeinsam mit den evangelischen Kindern. Mit zehn Jahren wechselte er zum Reformgymnasium Philantropin in Frankfurt. Dort blieb er sechs Jahre bis 1910.[134)]
Er war ein begeisterter Fußballspieler und gehörte mit zu den ersten Fußballern Heldenbergens, zu den Gründern des Fußballclubs Viktoria.

1914 wurde er Soldat, er gehörte zum Reserve-Infanterie-Regiment No 253. Der Kommandant dieses Regimentes teilte mit, daß "der überzählige Gefreite des 1. Regimentes des oben genannten Regimentes, Kaufmann Albert Rothschild, 21 Jahre alt ...bei ...Liola-Loto am 9. Juli des Jahres tausend neunhundertfünfzehn vormittags um sieben Uhr infolge eines Schusses in den Kopf verstorben sei". Zur Zeit seines Todes war sein Regiment an der Ostfront im Raum Augustinow und Mariampol/Ploen eingesetzt. Das Gedenkbuch der jüdischen Gefallenen des Weltkrieges 1914 - 1918 nennt auch seinen Namen.

Auch auf Gedenktafeln des Heldenberger christlichen Friedhofes ist er heute zu lesen, nachdem er während der Nazizeit auf dem Kriegerdenkmal ausgekratzt worden war.

Jenny Rothschild (* 1900)
Sie sollte heiraten, aber der zukünftige Ehemann brannte mit dem Geld, das sie mit in die Ehe bringen sollte, durch. Jenny starb im Alter von 27 Jahren in ihrem Elternhaus.

Wo und wann Markus Rothschild starb, ist nicht bekannt, nach Ende 1932 und vor Anfang 1936. Beerdigt wurde er in Heldenbergen in der Familiengrabstätte aus schwarzem Marmor. Der Hauptstein dieses Grabes mit der Inschrift "Ruhestätte der Familie Markus Rothschild" steht auf dem wiederhergestellten Friedhof in Heldenbergen.

Mathilde Rothschild starb am 4.3.1936 im Alter von 68 Jahren. Der Grabstein befindet sich ebenfalls auf dem Friedhof. Einige Wochen zuvor erlosch auch im Handelsregister die Firma Markus Rothschild. Der Neffe Martin Speier war als Erbe eingesetzt.

Louis Rothschild

Louis (Löb) Rothschild (*1867) war der Bruder von Markus Rothschild und Bettchen Rothschild, der Frau von Max Speier. Der Vater war Abraham Rothschild II. (* 1826 in Heldenbergen), verheiratet mit Hanchen Heß aus Nieder-Mockstadt.

Louis Rothschild wurde am 19.6.1867 in Heldenbergen geboren. Im Alter von 26 Jahren verließ er im Jahre 1893 Heldenbergen, um zum "Commis" nach Saarlouis zu gehen. Verheiratet war er mit Elise Weil (* 12.1.1876) aus Sprendlingen.

In Saargemünd im Elsaß wurde 1898 eine Tochter Hertha geboren, später noch die beiden Söhne Julius und Alfred. In Saarbrücken in der Mainzer Straße hatte die Familie eine 5-Zimmer-Wohnung. Louis Rothschild teilte am 3.7.1941 einer Behörde mit: "Ich und meine Frau sind seit dem 1.9.1939 aus Saarbrücken evakuiert. Die bei einer Spedition untergestellten Sachen sind dabei verloren gegangen."[134a)]

Louis Rothschild hatte wohl Pläne für eine Auswanderung nach Buenos Aires, wo wohl die Tochter Hertha lebte. Eine Rückfahrkarte dorthin hatte er schon erworben für RM 296,25, aber nicht benutzen können, aus welchen Gründen, ist nicht bekannt.

Nach dem Beginn des Krieges - so ist zu vermuten - lebte das Ehepaar Louis Rothschild in Heldenbergen, dem Geburtsort von Louis Rothschild, vielleicht bei der Familie Martin Speier, der ja ein Neffe von Louis Rothschild war. Im März 1940 verließ das Ehepaar Louis und Elise Rothschild Heldenbergen, etwa zu der Zeit hatte Martin Speier die Pläne zum Umzug nach Frankfurt gefaßt. Die Rothschilds wohnten dann bei Frau Johanna Schönfeld in der Jahnstraße 3 in Frankfurt. Mit monatlich 67,20 RM wurden sie von der jüdischen Wohlfahrtspflege unterstützt. Ihre letzte Adresse in Frankfurt war die Gausstraße 25, 1. Stock.

Am 1. September 1942 wurde das alte Ehepaar unter den Transportnummern 437 und 438 von Frankfurt aus nach Theresienstadt in das Konzentrationslager verschleppt. Am 17.12.1942 starb Louis Rothschild dort im Alter von 75 Jahren. Auf seiner Karteikarte der Devisenstelle wurde lapidar mit Datum vom 9.10.42 "evakuiert" vermerkt.[134b)]

Frau Elise Rothschild starb am 21.6.1943 ebenfalls in Theresienstadt. Der Sohn Alfred wurde auch in ein Konzentrationslager verschleppt und ermordet.

Tochter Hertha lebte als verheiratete Heymann in Argentinien, der Sohn Julius konnte in die USA fliehen, er lebte in Dallas, wo er 1956 starb.

Die Familie Schatzmann

Im Eckhaus Friedberger Straße/Mittelstraße lebte die Familie Schatzmann. Eliezer Schatzmann war lange Jahre im letzten Jahrhundert der Lehrer der jüdischen Gemeinde gewesen.

Simon Schatzmann (* 1835)
Sein Sohn Simon Schatzmann heiratete 1863 Henrietta Mäyer (geboren 7.6.1838), die Schwester der Lea Scheuer. Nach einer schweren Operation stiftete er der jüdischen Gemeinde Heldenbergen einen Mantel für die Thorarolle und einen Vorhang für den Aron Hakodesch für die Synagoge. Der Vorhang war aus rotem Samt mit Goldstickereien versehen. Eingeschrieben waren auch die Namen der Stifter: Shimon Ben Elieser - dies bedeutet Simon, Sohn des Elieser (Schatzmann) und Frau Henriette, Bas Schmuel - dies bedeutete Tochter des Schmuel, sie war die Tochter von Samuel Mäyer.

"Henriette Schatzmann war in Heldenbergen als sehr mildtätig bekannt", erinnerte sich Theobald Goy aus der Neugasse. Henriette war auch sonst in Heldenbergen als eine sehr intelligente Frau geschätzt. Sie hatten keine Kinder. Eine kleine Anekdote über dieses Ehepaar wurde gerne in Heldenbergen erzählt: Auf dem Totenlager hatte Henriette ihrem Mann Simon einen Schnaps gebracht. Da schlug er nochmal die Augen auf und sprach: "Den Schnaps hättest du mir geben sollen, als ich noch gelebt habe", trank ihn und starb 1905 im Alter von 69 Jahren. Henriette Schatzmann feierte noch ihren 80.Geburtstag, sie starb 1918.

Salomon Schatzmann (* 1846)

Salomon Schatzmann (* 4.6.1846) lebte gerade um die Ecke in der Schulstraße 2, heute Mittelstraße. Er heiratete 1876 Jettchen Speier (* 1855) aus Heldenbergen. Aus dieser Ehe stammte eine Tochter Frieda (* 1877), diese heiratete 1902 in Heldenbergen einen Kaufmann Paul Wildau aus Nordhausen, wohnhaft in Darmstadt. Nach zweijähriger Ehe wurde Salomon Schatzmann Witwer.
In zweiter Ehe heiratete er 1881 Rosina Wolf aus Bergen (* 1848). Aus dieser Ehe entstammten fünf Kinder:

Isidor (Julius)	* 17. 3. 1882	
Hermann (Simon)	* 7. 3. 1883	
David (Theo)	* 7. 3. 1883	
Moses	* 8. 6. 1886	+12.1.1888
Johanna	* 28. 10. 1892	+22.5.1893

Salomon Schatzmann betrieb ein Kolonialwarengeschäft und einen Textilhandel in Heldenbergen. "Bei Salomon Schatzmann kauften wir heimlich die ersten Zigaretten - 3 Stück für einen Groschen." Er war Mitglied im Kriegerverein Heldenbergens. Mit 75 Jahren starb er 1921. Sein Grabstein ist noch auf dem Friedhof erhalten. Seine Frau Rosina starb ebenfalls 75jährig 1925.

Julius Schatzmann (* 1882)
Er ging im Jahre 1902 als Kaufmann nach Darmstadt. Im ersten Weltkrieg wurde er verwundet und erhielt später als Kriegsbeschädigter Versorgungsbezüge.

Simon Schatzmann und Frau Henriette um 1890

Salomon Schatzmann 1903

1939 wurde ihm die deutsche Staatsbürgerschaft aberkannt. Grundlage dazu ein Bericht der Geheimen Staatspolizei - Staatspolizeistelle Köln: "Der Jude Julius Schatzmann besitzt die deutsche Staatsangehörigkeit. Seit dem 20.2.1938 hält sich Schatzmann als Emigrant in Belgien (Brüssel) auf. Schatzmann, der Witwer ist, beschäftigte in seinem Haushalt die deutschblütige Maria M. ...Es war bekannt geworden, daß Schatzmann mit der M. ein rasseschänderisches Verhältnis unterhielt. Deshalb wurde Anzeige erstattet. Daraufhin ist Schatzmann mit der M. nach Belgien geflüchtet, um sich der Bestrafung zu entziehen... Im Ausland leben die beiden weiter zusammen. Das Strafverfahren wegen Vergehens gegen das Gesetz zum Schutz des Deutschen Blutes schwebt bei der Staatsanwaltschaft Köln...".[135)]

David Theo Schatzmann (* 1883)
Er war Mitglied im Gesangverein Euphrosyne. 1907 beschloß er, nach Amerika auszuwandern. Im Protokollbuch des Gesangvereins Euphrosyne wurde dazu vermerkt: "Das aktive Mitglied Theo Schatzmann nimmt vor seiner Abreise nach Amerika Abschied vom Verein. Vom Präsidenten wird die während seiner Mitgliedschaft bewiesene Eifrigkeit und Mühe an allen Veranstaltungen lobend hervorgehoben. Dem Scheidenden wurden die besten Wünsche des Vereins für ferneres Wohlergehen mit auf den Weg gegeben."[135a)]
Er lebte in New York, wo er 1955 kinderlos starb.

Die Familie Simon Hermann Schatzmann (* 1883)

Der Sohn Hermann Schatzmann, der sich Simon nannte, war ebenfalls Mitglied im Gesangverein Euphrosyne. Einige Jahre

Geschäftsanzeige aus dem Jahre 1925

Die Friedberger Straße - ganz rechts das Haus Simon Schatzmann, später Familie Hermann Schatzmann (nach 1926 Frisör Merz)

war er der Schriftführer des Vereins. Seit 1912 war er verheiratet mit Mina Schuster (* 30.1.1888) aus Lindheim. Das Ehepaar Schatzmann bekam vier Kinder:

Ilse	* 13. 8. 1913
Fritz	* 28. 10. 1919
Alice	* 12. 8. 1922
Walter	* 12. 8. 1928 in Hanau

Die Familie Hermann Schatzmann lebte im Haus des Onkels Simon Schatzmann in der Friedberger Straße 19. Im Ersten Weltkrieg war Simon Schatzmann Soldat und erlitt eine Hüftverletzung. Er handelte in den umliegenden Ortschaften Ostheim, Erbstadt und Eichen mit Stoffen, auch in Windecken hatte er seine Kunden. Er hatte als einer der ersten ein Auto: einen grünen Opel Frosch.
Die Kinder Ilse und Fritz Schatzmann absolvierten ihre ersten Schuljahre in Heldenbergen und besuchten die Oberrealschule in Hanau, bevor die Familie im Oktober 1926 Heldenbergen verließ und nach Hanau in die Nürnberger Straße 38 zog. Dort führte Hermann Schatzmann ein Manufakturwarengeschäft mit Betten. Das Haus in Heldenbergen wurde an den Frisör Merz vermietet.
In Hanau heiratete 1935 die Tochter Ilse Schatzmann Manfred Rosenberg.

Im Januar 1936 wanderte die Familie Schatzmann nach Palästina aus und konnten so ihr Leben retten. Zwei Jahre später gingen sie nach Nordamerika. Dort starb Hermann Schatzmann 1962 im Alter von 80 Jahren, Mina Schatzmann 1966.

Ilse Rosenberg-Schatzmann lebt heute in Kanada. Alice Stern Schatzmann lebt in New York, 1992 besuchte sie mit ihrem Mann den Ort ihrer Kindheit. Fred Schatzmann starb 1989 in Florida. Walter starb schon vor vielen Jahren.

Die Familie Sally Scheuer
in der Bahnhofstraße 7

Sally Scheuer war der Bruder von Manuel Scheuer aus der Straubelgasse. Die beiden Brüder wohnten Haus an Haus. Sally Scheuer wurde am 25.6.1869 in Heldenbergen geboren. Nach seiner Eheschließung mit Julchen Wassermann (* 1879) aus Hüttenbach in Bayern kaufte Sally das zweistöckige Wohnhaus mit Stall in der Bahnhofstraße 7, damals hieß sie noch Judengasse. Von Beruf war Sally Viehkommissionär, am Frankfurter Schlacht- und Viehhof hatte er eine Agentur, wo er etwa 30 bis 40 Tiere pro Woche verkaufte. Dazu gehörte noch eine Kälberagentur. Julchen und Sally Scheuer bekamen vier Töchter und einen Sohn:

Cilli	* 4. 7. 1900
Paula	* 10. 9. 1902
Julius	* 13. 5. 1904
Blanka	* 7. 12. 1905
Ruth	* 27. 11. 1910

Cilli Scheuer (* 1900)
Sie heiratete den Reisenden Sally Goldschmidt und wanderte nach Amerika aus. Nach dem Krieg besuchte sie gemeinsam mit ihrem Sohn Heldenbergen und suchte auch ihr Elternhaus auf. Als sie dort das Zimmer sah, wo ihr Vater zuletzt lebte, war sie sehr betroffen.

Paula Scheuer (* 1902)
Sie war Buchhalterin und heiratete am 10.7.1924 den Viehhändler Berthold Wetterhahn (* 16. 5.1900) aus Utphe bei Hungen. Ihre Tochter Beatrice besuchten gerne die Großeltern in Heldenbergen. Paula und ihre Familie konnten ihr Leben durch Auswanderung nach Amerika retten. 1985 starb sie dort.

Julius Scheuer (* 1904)
Er war ein begeisterter Fußballanhänger. Bei der Viktoria fungierte er als Schiedsrichter bei Spielen der ersten Jugendmannschaft der Viktoria (Foto S. 355). "Sally" wurde er dort nach dem Vornamen seines Vaters gerufen. Wie dieser lernte er auch das Metzgerhandwerk. 1929 arbeitete er in Wölfersheim, zwei Jahre später ist er nach Dortmund gezogen, im Juli 1933 nach Hainchen. Zu dieser Zeit war er verheiratet.
Im Mai 1940 gelang ihm die Flucht nach Amerika. Bei seiner Ankunft in New York holte ihn sein Heldenberger Freund Theo Rothschild am Schiff ab. Julius Scheuer lebte in Chicago. Aber schon nach einigen Jahren starb er dort am 17.10.1942 im Alter von 38 Jahren, vom tragischen Schicksal seines Vaters und seiner Verwandten mußte er so nichts mehr erfahren.

Blanka Scheuer (* 1905)
Sie war von Beruf Kontoristin. Am 23.2.1933 heiratete sie den Kaufmann Arthur Hahn (* 26.12.1908) aus Betzdorf. Dies sollte die letzte jüdische Hochzeit in Heldenbergen sein.
Arthur Hahn war im Textilgeschäft von Samuel Scheuer Verkäufer, so lernten sich die beiden in Heldenbergen kennen. Arthur Hahn hatte die Bewunderung der männlichen Dorfjugend auf seiner Seite: "Er sah aus wie ein Filmschauspieler, die Haare so gewellt nach hinten. Er gefiel uns, auch sonst war er ein äußerst freundlicher Mann."

Nach der Heirat zogen Blanka und ihr Mann nach Friedberg und führten ihr eigenes Konfektionsgeschäft "Mayer J. Hirsch Nachf." in der Kaiserstraße 20. Im Februar 1936 verließen sie Friedberg, sie konnten nach Amerika auswandern. Dort lebten sie in demselben Ort wie die Schwestern Paula und Cilli in West Hartford, Connecticut. In diesem amerikanischen Bundesstaat

Julius Scheuer lebte in der Bahnhofstraße 7

Ruth Scheuer floh aus Deutschland, von Frankreich aus wurde sie in das Vernichtungslager Auschwitz verschleppt.

war übrigens ihr Cousin Alfred Scheuer inzwischen beheimatet.

Ruth Scheuer (* 1910)

Sie lernte nach dem Besuch der Schule in Heldenbergen auch den Beruf der Kontoristin. 1931 arbeitete sie in Gießen und ab 1934 in Friedberg.

Sie konnte nach Frankreich fliehen. Beim Einmarsch der Deutschen muß sie dann verhaftet worden sein. Auf jeden Fall wurde sie zusammen mit etwa 1 000 Juden am 11. September 1942 von Drancy aus nach Auschwitz verschleppt. 920 Menschen aus diesem Transport wurden unmittelbar nach der Ankunft in Auschwitz vergast, so vermutlich auch Ruth Scheuer - sie war 32 Jahre alt.[136)]

Sally Scheuer nach 1935

Sally Scheuer in Heldenbergen wurde 1935 Witwer, Julchen Scheuer starb am 4.12.1935 in Utphe im Kreis Friedberg. Ihre Beerdigung fand in Heldenbergen statt, wohl schon in kleinem jüdischem Kreis, da zu dieser Zeit die Kontakte mit Juden nicht erwünscht waren. Ihr Grabstein steht auf dem wiederhergestellten Friedhof, ein kleiner Davidsstern ziert den Grabstein.

Nach dem Tode seiner Frau und der Auswanderung der Kinder stand Sally Scheuer allein. Im November 1938 wurde er wie alle anderen jüdischen Männer Heldenbergens verhaftet und für einige Wochen in das Konzentrationslager Buchenwald verschleppt.

Tochter Paula berichtete über die Lage ihres Vaters: "Durch die politische Lage und die Verfolgung der Juden hatte er seine Zulassung zum Schlachthof verloren. Er mußte von seinen Ersparnissen leben und von Geld, das wir Kinder ihm aus Amerika schickten. Sein Stolz hat es dann nicht mehr zugelassen, von uns Kindern Geld zu nehmen, da er wußte, wie schwer wir es hier in Amerika hatten. So hat er denn das Haus verkauft." Nach dem Verkauf des Hauses etwa 1939 lebte Sally Scheuer noch in einem Zimmerchen oben rechts im Haus, mittags aß er auch mit der Familie der neuen Hausbesitzer.

Im März 1942 entschloß er sich, 73jährig, nach Bad Nauheim zu gehen, in das jüdische Altersheim in der damaligen Hermann-Göring-Straße, heute Frankfurter Straße 63 - 65. Dort traf er dann auch das Ehepaar Leopold Hermann und auch Fanny Rothschild aus Heldenbergen. Von dort wurde er mit den anderen Bewohnern im September 1942 in das Konzentrationslager Theresienstadt deportiert, mit demselben Transport, zu dem auch sein Bruder mit Frau und den beiden Töchtern gehörte. Wenige Tage nach der Ankunft in Theresienstadt starb Sally Scheuer dort am 3. Oktober 1942.[137)]

Familie Manuel Scheuer
in der Straubelgasse 6

Am unteren Ende der Straubelgasse, Ecke Bahnhofstraße, war früher jahrzehntelang eine jüdische Rindsmetzgerei. Emanuel Scheuer (* 5.11.1866), der eigentlich Moritz hieß, in Heldenbergen nur "de Manuel" genannt wurde, übernahm die Metzgerei von seinem Vater Moses Scheuer I. Er besuchte acht Jahre lang die Schule in Heldenbergen, lernte bei seinem Vater Moses das Metzgerhandwerk. Später führten sie die Metzgerei gemeinsam. Moses Scheuer I. starb 1911 im Alter von 79 Jahren. Die Metzgerei wurde koscher geführt. Jede Woche wurde eine Kuh geschächtet und verarbeitet. Die Metzgerei bestand aus dem Laden, dem Schlachthaus, einer Kühlanlage und einer Wurstküche.
Manuel Scheuer heiratete 1897 Sofie, genannt Sara, Rothschild (geb. 17.11.1872) aus Heldenbergen, sie war die Schwester des Bäckers Moritz Rothschild, der auch Trauzeuge war. Das Ehepaar hatte drei Kinder:

Erna	* 27. 9. 1898
Hedwig	* 3. 3. 1903
Alfred	* 25. 10. 1906

Alle drei Kinder gingen gemeinsam mit den evangelischen Kindern in Heldenbergen zur Schule.

Erna Scheuer (* 1898)
lebte unverheiratet bei ihren Eltern und half in der Metzgerei mit.

Anwesen Manuel Scheuer, Ecke Bahnhofstraße/Straubelgasse. Durch die linke Türe betrat man die Metzgerei, die rechte Türe führte ins Schlachthaus. (um 1950)

Hedwig Scheuer (* 1903)
Sie war Stenotypistin in Frankfurt. Sie heiratete im Jahre 1930 den Metzger Max Wolf aus Zell an der Mosel. Dort starb ihr Mann nach kurzer Ehe, und sie kehrte als Witwe nach Heldenbergen zurück. 1936 zog sie nach Koblenz, 1937 nach Frankfurt. Nach einiger Zeit kehrte sie dann wieder nach Heldenbergen in ihr Elternhaus zurück.

Erna und Hedwig bemühten sich um die Auswanderung nach Palästina, durch den Ausbruch des Krieges waren ihre Pläne hinfällig geworden.

Hochzeit der Familie Schäfer in der Straubelgasse. Die Nachbarinnen, Frau Sara Scheuer und die beiden Töchter Hedwig und Erna, gehörten zur Hochzeitsgesellschaft. Sara Scheuer, ganz hinten links, rechts schräg daneben Hedwig Scheuer, Erna Scheuer ist die 7. Person stehend von rechts - 1923.

Alfred Scheuer (* 1906)
Er besuchte von 1913 bis 1921 die Volksschule in Heldenbergen. Dann erlernte er den Beruf des Metzgers. Von 1927 bis 1937 arbeitete er bei dem Metzger Max Grünebaum in Rendel, Gronauer Weg 4. 1931 legte er die Gesellenprüfung ab. Er hatte vor, auch die Meisterprüfung abzulegen, um das väterliche Geschäft in Heldenbergen übernehmen zu können. Als er im Jahre 1935 die Meisterprüfung beantragte, wurde ihm die Zulassung unter Hinweis auf die damals ergangenen Gesetze zur "Reinerhaltung des deutschen Handwerkes" verweigert. (Foto S. 431)

Ende des Jahres 1937 konnte Alfred Scheuer nach Amerika auswandern. Er fuhr mit dem Dampfer Hansa der Hamburg-Amerika-Linie. Seine Kosten für die Überfahrt beliefen sich auf 55 RM für die Bahnreise Frankfurt-Hamburg, 250 RM für die Schiffspassage Hamburg-New York, 60 RM Bordgeld, 250 RM für die Beförderung des Reisegepäcks.

Er heiratete Käthe Sommer aus Crainfeld (* 31.1.1909) und lebte im Staat Connectitut. Dort arbeitete er als Metzger, ab 1949 in der eigenen Metzgerei. In der deutschsprachigen jüdischen Zeitung "Der Aufbau" war mit Hinweis auf seinen früheren Heimatort Heldenbergen/Oberhessen sein 60. Geburtstag inseriert.

Das Ehepaar Manuel Scheuer lebte in der Nazizeit zeitweise mit beiden Töchtern in seinem Haus in der Straubelgasse 6. Im November 1938 bei der Zerstörung der Heldenberger Synagoge wurde Manuel Scheuer mit allen anderen jüdischen Männern Heldenbergens verhaftet und für einige Wochen in das Konzentrationslager Buchenwald verschleppt.

"Als Manuel nicht mehr selbständig in seiner Metzgerei arbeiten durfte, hat er viel bei seinem Nachbarn geholfen mit Vieh und sonstigen Arbeiten."[138)]
"Beim Manuel Scheuer wollte einmal jemand mit einem LKW das Haus einreißen, richtig als Aktion, weil es ein Judenhaus war."[139)]

Zu Beginn des Jahres 1942 mußte Manuel im Alter von 75 Jahren gemeinsam mit den anderen jüdischen Männern Heldenbergens viele Stunden Zwangsarbeit im Gemeindewald leisten.

Sara Scheuer wurde im Februar auf einer Liste der Gestapo der in Heldenbergen lebenden "gebrechlichen Juden" namentlich aufgeführt.

"Im September 1942 - am Abend, bevor sie verschleppt wurden", erzählte ihre frühere Nachbarin, "kam die Sara im Dunkeln noch zu uns rüber. 'Gib mir doch ein Stück Butter', bat sie. 'Ich habe so einen Hunger darauf. Wir müssen fort.' Ich gab ihr die Butter, dann ist sie wieder rüber. Im Dunkeln wurden noch zwei Säcke mit Kleidern von den Mädchen Hedwig und Erna übers Tor geworfen vom Manuel. Die Eisengewichte von seiner Waage legte der Manuel noch bei uns ans Tor. Am nächsten Tag sind sie dann abgeholt worden, einfach auf den Lastwagen drauf, der Manuel und die Sara und Hedwig und Erna. Die Sachen von denen im Haus haben sich dann erst einmal Parteileute ausgeräumt, später sind sie dann versteigert worden."

Im Sammellager in Darmstadt blieben die alten Eltern Manuel und Sara Scheuer mit den beiden erwachsenen Töchtern noch mehrere Tage zusammen. Am 27. September 1942 wurden der 75jährige Manuel Scheuer und die kurz vor ihrem 70. Geburtstag stehende Sara zusammen mit noch weiteren 1 000 jüdischen Menschen nach Theresienstadt in das Konzentrationslager verschleppt. Sara starb dort am Tage der Ankunft des Transportes am 28.9.1942, vielleicht war sie schon während der Zugfahrt gestorben.[139a)]
Manuel Scheuer starb am 22.1.1943 in Theresienstadt.

Einige Tage nach ihren Eltern wurden Hedwig und Erna Scheuer am 30. September 1942 von Darmstadt aus vermutlich nach Auschwitz verschleppt. Beide sind für tot erklärt worden. Was geblieben ist von ihnen, ist ein Foto, das sie auf einer Hochzeit in der Nachbarschaft der Straubelgasse zeigt im Jahre 1923. Von Manuel Scheuer war kein Foto zu finden.

Lea Scheuer und Familie

in der Hanauer Straße, heute Windecker Straße 8

Moses und Lea Scheuer

"Das Haus der guten Qualitäten", hieß es in Heldenbergen in der Hanauer Straße 8, heute Windecker Straße 8. "Manufaktur- und Modewaren, Schuhwaren, Nähmaschinen, Herren und Knabenkonfektion, Anzüge nach Maß, sowie Anfertigung kompletter Ausstattungen", hieß es 1925 in einer Anzeige von M. Scheuer II. Heldenbergen, Telefon 24.

Anzeige des Geschäftes Moses Scheuer II. von 1925

Haus der Familie Lea Scheuer in der Hanauer Straße 8 (heute Windecker Straße) mit Manufakturwaren. Auf der Treppe steht Klara Scheuer, ganz rechts unten im Fenster Lea Scheuer, im 2. Fenster von rechts unten ist Johanna Scheuer zu sehen um 1910.

Moses Scheuer (* 2.11.1845 in Heldenbergen) heiratete 1875 Lea Mäyer (* 6.7.1859 in Heldenbergen), die Schwester der Henriette Schatzmann.
Moses und Lea Scheuer hatten 8 Kinder:

Fanny	* 3. 1. 1878	
Paulina	* 16. 11. 1879	+ 1880
Michael	* 5. 2. 1881	
Johanna	* 1. 2. 1883	
Jenny	* 18. 1. 1885	+1885
Samuel	* 11. 9. 1886	
Julius	* 7. 4. 1888	
Klara	* 7. 2. 1890	

Moses Scheuer war wohl sehr anerkannt in Heldenbergen, er sollte sogar Bürgermeister werden, erzählte seine Frau Lea den Kindern später immer. Er hatte dann aber einen Schlaganfall erlitten, der ihn für zwei Jahre an den Rollstuhl fesselte. 1881 war er Mitglied im Gesangverein Euphrosyne. Im Alter von 50 Jahren starb er 1896.

Lea Scheuer war nun Witwe mit zwei erwachsenen und vier minderjährigen Kindern. Sie führte das Geschäft weiter unter dem Namen Moses Scheuer II. Wwe. Wir gehen zu der "Lea" hieß es in Heldenbergen. Sie zählte zu den fünf wohlhabenden jüdischen Familien Heldenbergens in diesem Jahrhundert. Lea Scheuer muß eine sehr tatkräftige Frau gewesen sein. Tochter Klara erzählte: "Meine Mutter Lea kochte zweimal in der Woche große Töpfe mit Suppen und Fleisch für die armen Leute von Heldenbergen. Die Leute sind gekommen und haben sich bei ihr das Essen abgeholt. Im Sommer brachte Pfarrer Toebes jeden Tag frisches Obst und Gemüse aus dem Pfarrgarten. Wir waren gewohnt zu geben. So wurde meine Mutter schon mal als die 'katholische Lea' im Dorf genannt."[139b)]

Ähnliche Erinnerungen hat auch die Enkelin Hilde Scheuer: "Meine Oma Lea hatte besonders gute Beziehungen zu jedermann im Dorf. Eine bewunderswerte Person in meinen Augen. Sie war sehr religiös. Besonders gute Beziehungen hatte sie zum Haushalt des katholischen Pfarrers und zu den Nonnen."

Innerhalb der jüdischen Gemeinde Heldenbergen spielte Lea auch eine Rolle. Sie war als einzige Frau im Vorstand der Leopold-Wertheimer-Stiftung, die im Jahre 1921 gegründet wurde.

Da sich die Sitzordnung in der Synagoge nach der Höhe der Synagogensteuer richtete, saß Lea mit ihrer Schwester Henriette in der ersten Reihe auf der Frauenempore. "Meine Mutter hat sich an Jom Kippur, dem Fastentag, immer so aufgeregt, als die Gebete für die Verstorbenen gesprochen wurden. Das Dienstmädchen hat dann immer eine Tasse Kaffee in die Synagoge gebracht."

Ein damaliges Nachbarsmädchen erinnerte sich an Lea: "Die war immer so lieb, wenn ich mal geweint habe, sagte sie immer: 'Wenn es nicht mehr weh tut, gibt es ein Stückchen Schokolade.' Wer hatte das damals schon. Natürlich ging es uns da gleich besser."[139c)]

1932 wurde Lea sehr krank, ihre Enkeltochter Ruth aus Gedern pflegte sie für einige Monate. Da die Familie sehr verbunden war, kamen zwei von Leas Söhnen aus Amerika zurück nach Deutschland an das Sterbebett der Mutter. Lea starb am 30.6.1932 in Heldenbergen. Ihr Sarg wurde auf einem von Pferden gezogenen Wagen zum Friedhof gefahren. Viele Heldenberger begleiteten "die Lea" auf ihrem letzten Weg. Die hohe Anerkennung für Lea

Moses Scheuer (1845 - 1898)

Lea Scheuer (1852 - 1932). "Die Lea" war schon fast eine Institution in Heldenbergen. Sie war in der politischen wie in der jüdischen Gemeinde hoch geachtet.

Die Kinder von Moses und Lea Scheuer: Von links: Klara, Julius, Johanna, Michael, Fanny und Samuel anläßlich des 60. Geburtstages von Lea Scheuer 1919. Das Bild der bereits 1918 verstorbenen Johanna Scheuer wurde in das Foto montiert.

"Traueransprache an der Bahre von Frau Lea Scheuer Heldenbergen"

"Hochandächtige Trauerversammlung, meine sehr verehrten, vom Schmerz niedergebeugten Leidtragende!

Der königliche Sänger Salomon hat den Satz ausgesprochen: טוב שם משמן טוב ויום המות מיום הולדו Gutes Öl entfacht des Lichtes leuchtende Kraft, daß es leuchtet und die Finsternis erhellt, daß es zum Wegweiser wird durch die dunklen Pfade und Wege, doch es leuchtet doch nur an Zeit und Raum gebunden für eine bestimmte Zeit, für einen bestimmten Raum, aber der gute Name ist besser als gutes Öl, er leuchtet auch weiter über Tod und Grab hinaus, wenn das Licht des Lebens verglommen ist. Und wo trifft dieses besser zu als an der Bahre unserer teuren hingeschiedenen Mitschwester. Der Name Lea Scheuer hat nicht nur während der Zeit, wo seine Trägerin unter uns weilte, einen guten Klang gehabt, wer kannte sie nicht, die liebe, gute Frau mit dem freundlichen, herzgewinnenden, herzbezwingenden, von Herzensgüte zeugenden Lächeln auf den Lippen, sich unterhaltend mit allen, teilnehmend an dem Geschick des Einzelnen, ihn mit ihrer klugen Lebenserfahrung beratend und helfend zur Seite stehend, wer wußte nicht, wer Lea Scheuer war, von Groß bis Klein, von Vornehm bis Gering, ein Name, der sich der größten Popularität erfreute, der in sich schloß die Liebe und die Hochachtung, die Wertschätzung und die Bewunderung, die man seiner Trägerin, unserer lieben, teuren, hingeschiedenen Mitschwester entgegenbrachte, und heute, da Lea Scheuer nicht mehr unter den Lebenden weilt, da ihre Lebenssonne untergegangen ist, heute noch einmal, die untergegange Sonne am Firmament die ganze Landschaft in Goldglut taucht, heute an diesem Grab leuchtet in seiner ganzen Schönheit, in seinem verklärten Glanze der Name Lea Scheuer auf. Das bekundet diese große Beteiligung aus Nah und Fern, zusammengekommen, ihr bei ihrem letzten Erdengang das Geleit zu geben, in stiller Teilnahme für die Hinterbliebenen, Zeugnis abzulegen für die Liebe und Hochachtung, die sich die Verstorbene bei der Mit- und Umwelt erworben hat.

Warum fährt der königliche Sänger in seinem Ausruf fort: ויום המות מיום הולדו 'Der Tag des Todes ist besser als der Tag der Geburt'. Nun, wenn der Mensch ins Leben tritt, weiß man noch nicht, wie sich dieses für ihn gestaltet. Wird er sein Lebensschiff vor den Stürmen, die es umbrausen, schützen können, wird er den Wellen, die es umbranden, trotzen können, wird es von Klippen und Riffen verschont bleiben, oder wird es der Lebensstrudel in den Abgrund ziehen? Am Tage des Todes aber, wenn sein Lebensschifflein in den rettenden Hafen der Ewigkeit eingelaufen ist, da wird man wissen, ob er ein rechter Fährmann gewesen ist, da legen seine Taten Zeugnis davon ab, wie er sein Lebensschifflein gelenkt hat.

Unsere teure Heimgegangene hat im Verein mit ihrem teuren Gatten ihr Lebensschifflein durch die Fluten des Lebensozeans gelenkt in vorbildlicher, musterhafter Ehegemeinschaft. Ruhig und in schöner Harmonie verflossen ihre Tage; da im Jahre 1896, kam ein Sturm, der das Haus erfaßte, der Steuermann ihres gemeinsamen Lebensschiffleins wurde ihr entrissen, es fiel eine Säule ihres Hauses, dessen schwere Last nun auf ihren Schultern ruhte. Eine junge Witwe, sechs unmündige Kinder beklagten den schweren Verlust des teuren Gatten, des lieben Vaters. Aber sie griff nun ihr Lebenswerk mutig, mit Gottvertrauen und Glaubenshoffnung, באמונה וביראה die ja Tradition ihres väterlichen Hauses waren, und wie der hohe Priester Aron die heilige Menorah entzündete, so hat auch sie die heilige Menorah ihres Hauses entzündet, וששה קנים יצאים מצדיה Und sechs Röhren waren an dieser Menorah. Sechs Kinder waren zu erziehen שלשה קני מנרה מצדה האחד Drei Röhren von der einen Seite - drei Knaben - ושלשה קני מנרה מצדה השני - und drei Mädchen. Und sie hat gleich dem Hohepriester die Lichtlein entzündet, אל מול פני המנרה יאירו הנרות alle Lichtlein dem inneren Lichtlein zugewandt, auf sie blickten die Kinder, den äußerlichen Einflüssen und Einwirkungen ferngehalten, nur auf das leuchtende Vorbild der Mutter. Und sie hat mir erzählt, wie sie nun gezwungen war, außerhalb des Hauses ihrem Erwerb nachzugehen, um das begonnene Werk des Gatten fortzusetzen, sich die Kundschaft zu erhalten, was ihr durch ihr freundliches, entgegenkommendes Wesen auch in vollem Maße gelang. Es war keine Kleinigkeit für sie, die Kinder für ihren künftigen Beruf, für das Leben heranzubilden. Nun, welche Früchte diese Erziehung gezeitigt hat, sehen wir an den Kindern: Drei Söhne haben sich im Leben eine Stellung errungen und sind überall als tüchtige Geschäftsleute bekannt und geachtet, auch die übrigen Kinder konnte sie versorgen, wenn ihr auch nicht der Verlust zweier verheirateter Töchter erspart geblieben ist. Gewiß waren es auch für sie bange, von Sorge erfüllte Tage, als der Weltkrieg ausbrach und ihre drei Söhne zur Fahne eilten, die doch mit Gottes Hilfe wieder zurückkehren durften, die nun mit allen Kindern ihre Tage erhellen und verschönern konnten. Die Feier ihres 70jährigen Geburtstages in Heldenbergen und ihres 75jährigen Geburtstages in Gedern legen beredtes Zeugnis davon ab. Die Mutter war da der Mittelpunkt kindlicher Ovationen und Huldigungen. Sie hat es mir oft erzählt: „Meine Kinder wissen nicht was sie mir tun sollen", aber mit ebensolcher Innigkeit und Herzlichkeit sprach sie von ihren Enkeln, sie durfte sogar einen Urenkel auf ihren Knien halten. Mit welchem Stolz und schwesterlicher Freude erzählte sie mir von ihrem Bruder, ganz besondere Freude gewährte es ihr, mir ein Zeitungsblatt von Aschaffenburg zu unterbreiten, in welchem vom 80jährigen Geburtstag ihres Bruders berichtet wurde, dem herrliche Beweise der Anerkennung, der Liebe und Hochachtung von allen Teilen der städtischen Bevölkerung zuteil wurden. So freute sie sich mit den Ihrigen, und diese freuten sich mit der lieben Mutter, und sie gedachten sie noch lange in ihrer Mitte zu behalten und ihr noch viele Beweise kindlicher Liebe und kindlichen Dank zukommen zu lassen.

Da trat etwa vor fünf Monaten eine Wendung ein. Ich sah, wie sie ihrer Tochter von Gedern entgegen ging, welche kam die Mutter zu besuchen. Am folgenden Tag hat sie noch eine unserer schönsten Menschenpflichten Gemilus Chesed, was sie oft im Leben betätigte, erfüllt, dann sank sie aufs Krankenlager, von dem sie sich nicht mehr erheben sollte. In schwerer Abwechslung traten nun die Schwiegertochter und die Tochter an das Krankenlager, um die Pflege der Kranken zu übernehmen, in herzlicher, liebevoller Betreuung. Und welch eine Pflege ist ihr zuteil geworden! Und sie in ihrer Bescheidenheit und Anspruchslosigkeit, wenn es in ihrem Willen gelegen hätte, sie hätte gewiß ihren Lieben Vieles erspart, war sie doch für die geringste Darbietung und Handreichung so dankbar. Und so erzählte sie mir: 'Meine Schwiegertochter ist so gut zu mir, als wenn es mein eigenes Kind wäre, aber ich glaube, der liebe Gott hat mir eine so gute Schwiegertochter gegeben, weil meine Tochter auch ihre Schwiegermutter so gut behandelt hatte', und so sah sie in allem die göttliche ausgleichende Gerechtigkeit. Nun kamen alle ihre Kinder und Enkel, von Friedberg, Frankfurt, Düsseldorf, Ulm, Gedern, es kam gar oft der greise Bruder aus Aschaffenburg, der sich am vergangenen Samstag von der Schwester verabschiedet hatte, indem er ihr segnend die Hand aufs Haupt gelegt hat. Alle wußten ja, daß sie die Teure bald verlieren sollten und ewige Trennung bevorstand. Und es war am שבת vor acht Tagen, als der hiesige Sohn zur Thora aufgerufen wurde, als er den Segen Gottes und baldige Genesung mit anderen Gemeindemitgliedern für die Kranke erflehte, als wir von der Erkrankung Mirjams in unserem Wochenabschnitt vorlasen, und Moses für die erkrankte Schwester zu Gott betete: אלכא לפאנאיה da war es uns allen, als ob diese Worte unseres Lehrers Mose uns allen aus dem Herzen gesprochen worden waren. Hatte Gott unsere Bitte erhört? Am vergangenen Donnerstag morgens gegen 8 Uhr wurden die Frauen an das Sterbelager gerufen und mit dem letzten Glaubensbekenntnis des ... ist denn unsere liebe Mitschwester sanft und schmerzlos entschlafen.

Wenn sie auch ein schönes Alter erreicht hat - sie wäre Mittwoch 77 Jahre alt geworden, ist sie doch den Ihren viel zu früh entrissen worden. Der Schwiegertochter war sie eine treue Stütze, und wie oft ist sie nach Gedern gefahren, um hier im mutterlosen Hause zu helfen, sie alle empfinden den Verlust der teuren Mutter, Großmutter, Schwester und Anverwandten, auch die Gemeinde sieht nun den Platz in der Synagoge leer, sie war eine eifrige Besucherin des Gotteshauses, erbaute und stärkte sich an den Gebeten, wie oft dankte sie mir oder ließ mir Dank sagen, wenn die Melodien in ihrer Schlichtheit und Größe sie ergriffen hatten, die Armen verlieren in ihr eine Helferin, und so trauern denn heute an ihrer Bahre nicht nur ihre Familienangehörigen, sondern ein großer Kreis von Freunden und Bekannten der engeren und weitere Umgebung.

Meine sehr verehrten Leidtragende! Gott tröste sie in ihrem Schmerze mit allen Trauernden, und das Bewußtsein, eine so gute brave Mutter, Großmutter, Schwester und Anverwandte gehabt zu haben, die sich der größten Hochachtung und Wertschätzung bei jedermann zu erfreuen hatte, die beruhigt von hinnen gehen konnte, da sie alle ihre Kinder versorgt wußte. Sie werden gewiß alle das Andenken dieser guten Frau allezeit hoch und heilig halten, und wenn sie dereinst das väterliche Haus aufsuchen, wird über Ihre Unterhaltung der Geist Ihrer sel. Eltern schweben und fester knüpfen und inniger das heilige Band der Geschwister- und Verwandtenliebe.

Und nun, teure verklärte Mitschwester רכי נשלם Werde eine מוזת ישלת ein Fürsprecher für uns alle am Throne des Allmächtigen, Du aber, himmlischer Vater, nimm in Gnade auf die Seele unserer Mitschwester Lea Scheuer, befreie sie von allem Erdenmakel, und führe sie ein in die Hallen ewiger Wonne, ewiger Freude...".[139d)]

Scheuer in Heldenbergen klingt auch aus den Worten der "Traueransprache an der Bahre von Frau Lea Scheuer", die der Lehrer Jakob Höxter gehalten hatte und deren Text gefunden werden konnte, hervor.

Die Kinder von Lea und Moses Scheuer

Fanny Scheuer (* 1878)
Sie heiratete 1901 den Kaufmann Max Vöhl aus Gedern. Sie besaßen dort ein Möbelgeschäft. Sie hatte drei Kinder: Fred, Ilse und Hannah. 1927 starb Fanny in Gedern.

Michael Scheuer (* 1881)
Er hatte die Augustinerschule besucht und führte später ein großes Textilgeschäft in Friedberg auf der Kaiserstraße/Ecke Schnurgasse. Seine Heirat mit Gerda Rosenbaum (* 3. 11. 1888, Rodheim an der Bieber bei Gießen) wurde 1909 mit einer großen Hochzeitsgesellschaft im jüdischen Hotel Adler in Bad Nauheim gefeiert (siehe Foto S. 327). Im Ersten Weltkrieg war er Soldat. Er hatte zwei Söhne Albert und Martin. Die Familie wanderte während der Nazizeit nach Amerika aus. Michael Scheuer starb 1949 im Alter von 69 Jahren in New York.

Johanna Scheuer (* 1883)
Sie heiratete 1906 in Heldenbergen Otto Vöhl aus Gedern. Das Ehepaar lebte in Düsseldorf und hatte zwei Kinder: Manfred und Ilse. Am 15. 10. 1918 starb Johanna an der Influenza im Alter von nur 35 Jahren.

Julius Scheuer (* 1888)
Er besuchte von 1901 - 1904 die Augustinerschule in Friedberg. Er lebte seit seiner Lehrzeit 1902 in Frankfurt. Auch er war Soldat im Ersten Weltkrieg. Seine Frau Alice Reichenberg stammte aus Friedberg. 1937 wanderte er nach San Francisco aus. Nach dem Krieg besuchte er mit seiner Frau Heldenbergen und war bei den früheren Nachbarn Familie Grix zu Gast. Seine Enkelin Diane besuchte Heldenbergen während der Woche der Begegnung 1988 und auch 1992.

Klara Scheuer (* 1890)
Die jüngste Tochter Klara feierte im Februar 1990 in guter Gesundheit ihren 100.Geburtstag in San Francisco. Dorthin war sie 1937 von Gedern aus mit ihrem Mann Julius Rothenberger, den sie 1913 in Heldenbergen geheiratet hatte, und den beiden Töchtern Ruth und Inge ausgewandert. Klara besuchte Heldenbergen zweimal nach dem Krieg 1960 und 1964, auch sie waren zu Gast bei den alten Nachbarn Grix von gegenüber, in Heldenbergen "Schmidbalzer" genannt.
Klara erzählte: "Wir waren so gut mit Grix, morgens haben wir die frische Milch von ihnen gekriegt. Meine Mutter war für die Grix-Kinder wie eine Mutter, ihre war früh gestorben. Der Schorsch hat immer zu mir gesagt: 'Ich hätte dich geheiratet', aber es ging ja nicht."[139e)]

Bei meinem Besuch 1986 in San Francisco bot sie mir selbstgebackenes Spritzgebäck an. Sie backte immer noch leidenschaftlich gerne - immer nach den alten Rezepten der Mutter aus Heldenbergen. Sie entschuldigte sich noch, daß sie leider dieses Jahr zum erstenmal keinen Lebkuchen mehr gebacken hatte - mit fast 96 Jahren zu dieser Zeit.

Im August 1993 starb Klara Scheuer im Alter von 103 Jahren.

Die Familien der beiden Kinder Leas, die in Gedern lebten (Vöhl und Rothenberger), wurden nur wenige Wochen nach der Machtergreifung 1933 auf brutalste Weise mehrfach in Gedern mißhandelt und erniedrigt.[140)]

Samuel Scheuer (* 1886)
Er lebte mit seiner Familie in Heldenbergen (siehe S. 475).

Die Familie Samuel Scheuer

Samuel Scheuer (* 1886) war das einzige Kind von Lea und Moses Scheuer, das in Heldenbergen blieb. Er ging wie seine Geschwister in Heldenbergen zur Schule. Er leistete seinen zweijährigen Militärdienst ab und war im Ersten Weltkrieg Soldat. "In seinem Regiment hatte er eine harte Zeit, weil er jüdisch war. Dann eines Tages zeigte er, wie gut er schießen konnte. Alles fragte ganz überrascht: 'Woher kannst du so gut schießen?' 'Ich war bei den Scharfschützen', antwortete er. So verstummte alles. Er wurde mit dem Eiseren Kreuz ausgezeichnet. Ein Glied seines Fingers verlor er im Krieg", berichtet seine Tochter.[140a)]

Im Jahre 1910 verlobte er sich mit Rosel Strauß (* 16. 3. 1890) aus Büdesheim. Sie heirateten dann in Büdesheim. Aus der Ehe gingen drei Kinder hervor:

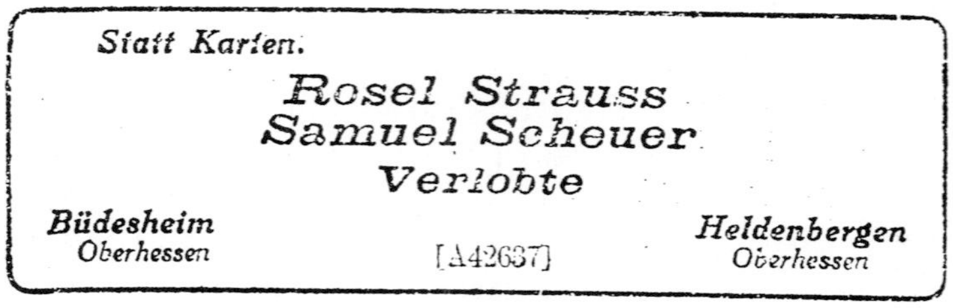
Statt Karten.
Rosel Strauss
Samuel Scheuer
Verlobte
Büdesheim Oberhessen
Heldenbergen Oberhessen
[A42637]

Verlobungsanzeige in der Frankfurter Zeitung vom 17. Dezember 1911

Manfred	* 27. 9. 1913
Bella	* 9. 12 1917
Hilde	* 23. 3. 1923

Manfred Scheuer (* 1913)
Er besuchte die Schule in Heldenbergen, von 1923 - 1929 die Augustinerschule in Friedberg. In seiner Freizeit spielte er begeistert Fußball, er war Mitglied in der ersten Jugendmannschaft der Heldenberger Viktoria 1910. Später arbeitete er in Offenbach, dort wurde er dann in der Nazizeit verhaftet. Daraufhin entschloß er sich sehr schnell zur Auswanderung und verließ Deutschland bereits im Mai 1934. Im Zweiten Weltkrieg kämpfte er als amerikanischer Soldat in Übersee. Er lebte in San Francisco, heiratete dort und hatte zwei Söhne. Mit seinen Eltern führte er das dort aufgebaute Leinengeschäft. 1983 starb er im Alter von 70 Jahren.

Bella Scheuer (* 1917)
Sie war ein behindertes Kind, das in der Heil- und Erziehungsanstalt Scheuren bei Nassau an der Lahn lebte. Im Alter von nur drei Monaten hatte sie eine Gehirnhautentzündung bekommen, die zu schweren Schädigungen führte. Im Alter von vier Jahren kam sie 1922 in das Heim. In Scheuren starb sie im Alter von 16 Jahren am 28.8.1934, noch vor der Ermordung der jüdischen Geisteskranken, und wurde auf dem jüdischen Friedhof in Nassau an der Lahn beerdigt. Ein schwarzer Marmorstein "Bella Scheuer aus Heldenbergen" schmückt noch heute ihr Grab.[141)]

Hilde Scheuer (* 1923)
Hilde besuchte den katholischen Kindergarten. "Ich ging gerne zu den Nonnen, sie waren wunderbare Frauen. Sie kamen oft in unser Geschäft. Mein Vater ließ sie und den Pfarrer nie bezahlen. Wir haben gebastelt im Kindergarten, ich fühlte mich sehr geborgen dort. Ich bin sicher, meine Eltern hätten das nicht erlaubt, wenn es dort irgendeine Art religiöser Beeinflussung gegeben hätte.
In Heldenbergen ging ich zu einer sehr netten kleinen Volksschule. Ich erinnere mich nicht, daß etwas schwierig war, weil ich jüdisch war."[142)] Von 1929 bis 1933 war Hilde in der Schule in Heldenbergen.
Ab dem 2. Mai 1933 besuchte Hilde Scheuer dann die Schillerschule in der Burg in Friedberg. Als sogenannte "Nichtarierin"

1929. Einschulung von Hilde Scheuer (2. Reihe ganz rechts) und Klassenkameraden mit Lehrer Rößler

durfte sie die Schule nur deshalb besuchen, weil ihr Vater Kriegsveteran im 1. Weltkrieg war. Sie erzählt von dieser Zeit: "Ich glaube, daß meine Eltern einen Fehler gemacht haben, mich dort auf dieser Schule zu lassen. Ich beobachtete in Friedberg, wie jüdische Kinder angehalten, beleidigt und gepeinigt wurden. Ich mußte immer mit dem Zug von Heldenbergen nach Friedberg fahren. Meine Eltern wurden ängstlich, weil die Fahrt mit dem Zug nicht mehr sicher war für ein jüdisches Mädchen. Für kurze Zeit lebte ich in Friedberg bei der Familie meines Onkels Michael Scheuer, dann mit der Familie des Kantors, aber es gefiel mir nicht dort. Ich habe gerne zu Hause gelebt, vor allem in diesen schweren Zeiten.

Ich erinnere mich an einen Vorfall in Friedberg. Der älteste Bruder meines Vaters lebte dort auf der Kaiserstraße. Von der Schule in der Burg in Friedberg ging ich oft zum Geschäft meines Onkels. Meine Cousins besuchte ich gerne. Eines Tages gab ich meinem Cousin auf der Straße einen Abschiedskuß. Ich war ein blondes Mädchen. Ein Mann hielt an und sagte mir, daß ich die Nürnberger Rassegesetze verletze. Da antwortete ich ihm mit aller Kraft: 'Ich bin vollblutig jüdisch!'

Als die Juden immer mehr ihre Rechte verloren, wurde der Umgang mit meinen nichtjüdischen Freundinnen immer schwieriger. Mit meiner geliebten Freundin Mariechen konnte ich nicht mehr spielen. Ihr Vater war Hufschmied, als armer Mann schloß er sich schnell den Nazis an. Wir konnten nicht mehr zusammen spielen. Das war ein großer Verlust für mich.

Manchmal war ich neidisch, wenn zum Beispiel die Fackelparaden waren. Ich war etwa 11 oder 12 Jahre. Es gab viele Konflikte für mich. Ich wußte, ich war jüdisch, und ich konnte auf gar keine Weise irgendetwas mit diesen Nazis zu tun haben, aber es gab auch diese Faszination für mich. Die antisemitischen Geschichten im Stürmer waren beängstigend für mich, aber sie übten bei aller Ablehnung auch eine Faszination auf mich beim Lesen aus. Das hört sich unglaublich an, aber es war so für mich. Alles war sehr konfliktreich für mich, ich war nicht dumm, aber es war schwer, mich da hindurch zu denken. Ich war zu jung. Von meinen Eltern hatte ich da auch wenig Unterstützung, sie waren damit beschäftigt, alles zusammenzuhalten. Im Zusammenhang mit unserer Familie war alles sehr freundlich in Deutschland, es gab gutes Essen. Je schwieriger es draußen wurde, umso wärmer wurde es in unserer Familie. In dem Maße, wie ich immer mehr isoliert wurde und nicht mehr alles so machen konnte, wie ich es wollte, fing ich an zu lesen. Ich las alles, was es gab. Auch später, ich wollte wissen, was da vor sich gegangen war.

Es ist sehr schwer, mich an all meine Gefühle, die ich in dieser Zeit hatte, zu erinnern, jetzt nach so vielen Jahren bin ich nicht mehr so verletzt. Ich habe immer versucht, meinen Intellekt zu benutzen."[143)]

Drei "Schlüsselblumen" im Wald von Heldenbergen. Von links Hilde Scheuer, Elfriede Krämer und Lilli Eckstein 1933

Gemeinsam mit ihren Eltern wanderte Hilde Scheuer im Jahre 1936 nach San Francisco in Amerika aus. Für die 13jährige Hilde war Amerika nun die große weite Welt. Sie erzählt weiter: "Am Schiff in New York wurden wir abgeholt von einer Frau. Sie nahm mich mit an meinem ersten Tag in Amerika nach Radio City. Ich sah dort einen Shirley-Temple-Film und Rock cats. Es war wunderbar. Amerika war spektakulär. Mit dem Zug hielten wir in Chicago, ich aß am Zug das erste Banana Split in meinem Leben. In San Francisco war es sehr interessant für mich, die Straßen entlang zu gehen und Ice-cream zu essen. Meine Familie und die älteren Leute saßen zusammen, ich aber wollte los und sehen, was es zu sehen gab.

Ich ging in die achte Klasse, aber eine Stunde am Tag ging ich in die erste Klasse, um zu lernen, wie man Englisch liest. In Friedberg hatte ich Französisch gelernt, mit meinen Eltern habe ich einige Stunden Privatunterricht gehabt. Ich habe recht schnell Englisch gelernt, so daß ich mich nach sechs Wochen unterhalten konnte. Es war ein schwieriges Alter, in dem ich war, als ich nach Amerika kam. Ich habe mich sehr außerhalb gefühlt die erste Zeit. Meine Eltern hatten in Deutschland einige Amerikaner kennengelernt. Einer von ihnen hatte sieben Kinos, er gab mir eine Freikarte. So ging ich ein über den anderen Tag ins Kino. So lernte ich Englisch. Es war wundervoll, es erlaubte mir, in die amerikanische Kultur einzudringen. Ich war begeistert, Bilder von Filmschauspielern zu sammeln: Robert Taylor, Eddison Redwood. Es gab eine Menge von Dingen für eine Dreizehn- und Vierzehnjährige in Amerika, von denen ich begeistert war. Ich habe es genutzt, daß ich jung war. Ich konnte mit den Traditionen meiner Familie brechen ohne große Schuldgefühle, weil ich mir sagen konnte, ich muß mich amerikanisieren. Wir waren altmodisch. So hatte ich auch bald keinen deutschen Akzent mehr im Englischen, den die meisten Emigranten ihr Leben lang hatten. Ich denke, es war wunderbar, daß wir nach Amerika kamen, so konnte ich meine eigene Art sehr gut entwickeln. Ich durfte zur Schule gehen, es wurde nicht von mir erwartet zu arbeiten. Das alles half mir, frei zu werden von spießbürgerlichen Verhaltensweisen. Ich ging dann zur High School, arbeitete dann einige Jahre. Danach ging ich zur Universität, machte meinen Doktor, arbeitete in der Universität und in der Praxis. Ich liebe meine Arbeit und bin begeistert. Ich weiß nicht, was aus mir geworden wäre, wenn ich in Deutschland geblieben wäre. Ich glaube, es wäre nicht so leicht gewesen, meinen Doktor zu machen. Meine Eltern hätten vielleicht darauf bestanden, mich zu verheiraten. Mein Leben hat eine ganz andere Richtung genommen durch die Auswanderung nach Amerika."

„Wir haben uns auf einmal gefühlt, als seien wir keine Menschen mehr“

„Die Herzlichkeit, die liebevolle Aufnahme durch die Bevölkerung, erstickt fast jeden kritischen, politischen Ansatz.“ Hilde Burton, die Tochter des Heldenberger Juden Samuel Scheuer, nimmt all die warmherzigen Gesten mit ungläubigem Staunen entgegen. Gerade ist die Psychologieprofessorin aus San Francisco vom Empfang der Heldenberger Kirchengemeinde zurückgekehrt. 250 Personen füllten das Gemeindehaus. „Die warme Atmosphäre hat gut getan. Alles ist so lieb“, und sie schließt in diese Aussage alle vorherigen Erlebnisse und Begegnungen mit ein.

mangelnde Zivilcourage und das Suchen nach dem eigenen Vorteil sind Ansätze, die sie gefunden hat, um solches Verhalten zu erklären.

Oft hat sie sich gefragt, wie sie sich verhalten hätte, wenn sie auf der „anderen Seite“ gestanden hätte. Auch darauf hat sie keine endgültige Antwort. Sie weiß nur, daß sie niemandem hätte körperliches Leid zufügen können.

„Ich gehe und sehe.“ Hilde Burton hat lange gebraucht, bis sie sich zu einem „Ja“ zur Einladung durchgerungen hatte. „Ich wußte nicht, ob und was mir die Reise bringt.“ Heute findet sie die Einladung der Stadt Nidderau „phantastisch“. In der Erziehung zu mehr Menschlichkeit, zu Toleranz und Zivilcourage sieht sie die einzige Antwort, um zu verhindern, daß so etwas, gleichgültig wo auf der Welt noch einmal vorkommt. „Der Mensch ist grausam“, und deshalb ist sie überzeugt, daß dieses „nie wieder“ leider nur eine Illusion ist. Ob sie noch einmal wiederkommt? Die 65jährige Tochter des Heldenberger Kaufmanns Samuel Scheuer überlegt einen Moment. „Vielleicht“.

Sie bedauert aber doch, daß tiefergehende Gespräche nur vereinzelt möglich sind. Wenige bekennen sich zur Gleichgültigkeit gegenüber dem Schicksal der Juden, geben zu, daß sie tatenlos zugesehen haben.

Der New Yorker und die Kalifornierin gehören zu denjenigen der 18 Besucher, die lange mit sich gerungen haben, ob sie den Schritt zurück wagen sollten. Beide haben seit ihrer Flucht alle Brücken nach Deutschland abgebrochen und nach mehr als 50 Jahren zum erstenmal im Juni 1988 wieder deutschen Boden betreten. „Ich denke, ich bin heute froh, daß ich gekommen bin. Es hat etwas in mir geheilt.“

Hilde Burton ist zwar gelegentlich entsetzt, wenn wieder nach einfachen Erklärungen für das schreckliche Geschehen gesucht wird, das Verdrängen überhand nimmt, aber das Positive dieser Woche der Begegnung überwiegt.

Dinge, die sie selbst längst vergessen hatte, rufen ihre Schulfreunde, frühere Bekannte in Erinnerung. Auf der Straße erfährt sie, welche Kleider sie trug, mit welchen Puppen sie spielte.

Mit 13 Jahren, im Jahre 1936, ist die Kaufmannsfamilie Scheuer auf legalem Wege ausgewandert. „Von einem auf den anderen Moment haben wir uns gefühlt, als seien wir keine Menschen mehr.“ In Heldenbergen habe der katholische Pfarrer in jener Zeit seine Schäfchen unter Kontrolle gehabt. Bis 1936, so glaubt sie sich zu erinnern, gab es dort zumindest keine schlimmen Ausschreitungen gegen die Juden. In den Staaten streifte sie möglichst schnell alles ab, was irgendwie mit Deutschsein zu tun hatte, „um zu vergessen“. 52 Jahre hat sie kein Wort deutsch gesprochen, seit Sonntag nähert sie sich mit Riesenschritten ihrer „Muttersprache“.

Ebenso schnell wie sie Englisch lernte, löste sich Hilde Burton von der jüdischen Kultur ihrer Eltern. Heute ist sie zuallererst Amerikanerin. Nicht zufällig widmete sie ihr Berufsleben der Psychologie. „Ich habe das studiert, um mehr vom Menschen zu erfahren.“ Eine schlüssige Erklärung für grausames Verhalten, für Gleichgültigkeit und Intoleranz hat sie nicht gefunden. Unbequemlichkeiten aus dem Wege gehen,

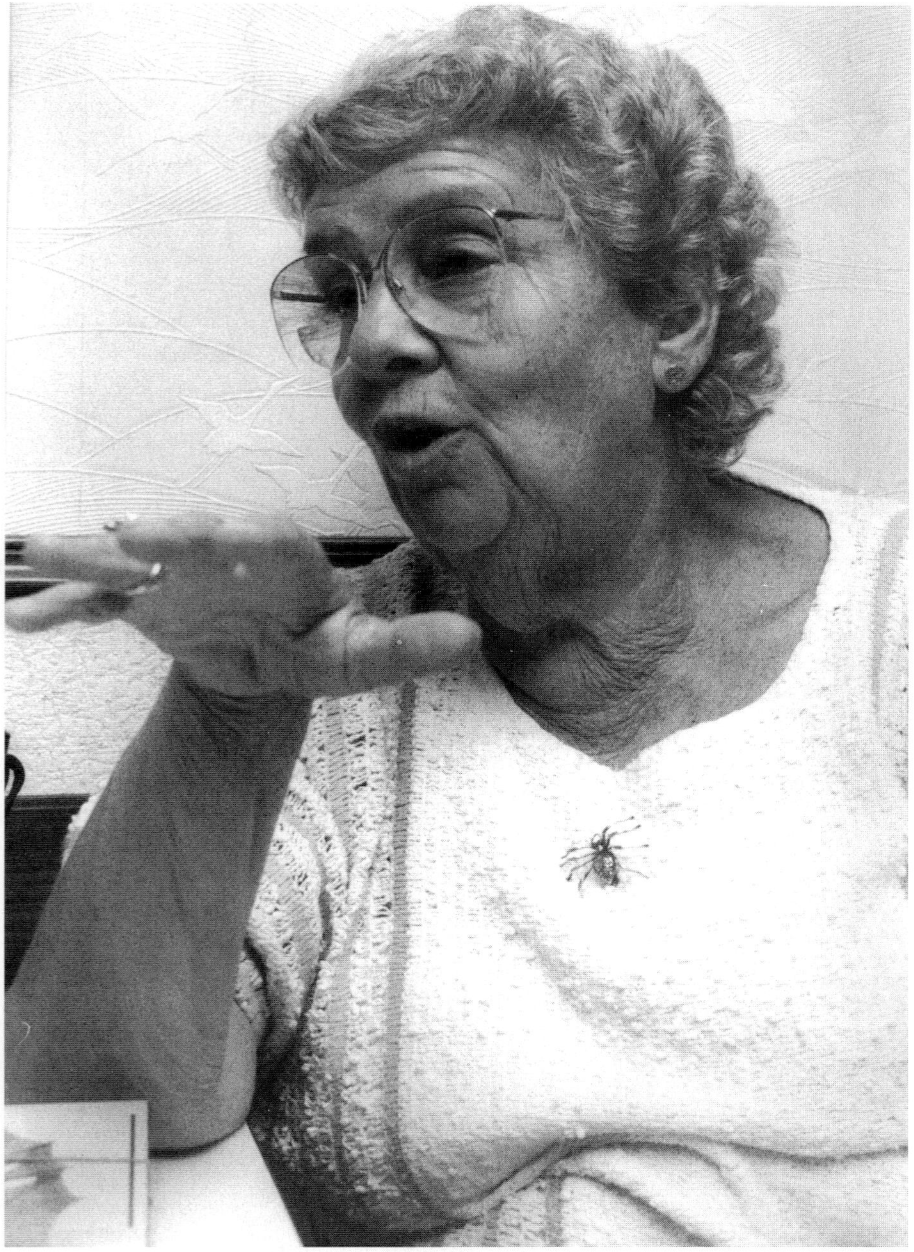

Ausschnitte aus einem Artikel der Frankfurter Rundschau, Main-Kinzig-Ausgabe, vom 15.6.1988 von Jürgen Ahäuser.
Der hier nicht abgedruckte Teil des Artikels befindet sich auf S. 205.

Hilde Scheuer studierte Psychologie und wurde Professorin an der Universität von Kalifornien in Berkley. Mit ihrem Mann David Burton zusammen besuchte sie Heldenbergen zur Woche der Begegnung im Juni 1988.[144] Ihre Eindrücke und Gefühle beim Wiedersehen nach 52 Jahren mit der früheren Heimat beschreibt ein Zeitungsartikel in der Frankfurter Rundschau (S. 477).

Auswanderung von Samuel und Rosel Scheuer nach Amerika

Samuel Scheuer, in Heldenbergen genannt "de Schmuhl", hatte lange Jahre das Geschäft seiner Mutter als Textilgeschäft mit Salamander-Schuhen und Damen- und Herren-Konfektion inne. Auch außerhalb von Heldenbergen hatten Scheuers einen großen Kundenkreis.

"Ich war Direktor bei der Spar- und Leihkasse in Heldenbergen, habe aber mein Amt, als Hitler zur Macht kam, sofort niedergelegt", schrieb Samuel Scheuer.[146]
Er war auch der Gemeindevorsteher der jüdischen Gemeinde bis zur Auswanderung im Jahre 1936.

Hilde Scheuer berichtete dazu: "Für meinen Vater war klar, daß er nicht in Deutschland bleiben konnte, so wie die Dinge waren. Er glaubte auch nicht, daß er noch lange sicher war. Ich erinnere mich, daß mein Vater vor der Auswanderung von mehreren jüdischen Familien gefragt wurde, warum wir gehen wollten. Er konnte sie nicht überzeugen. Man brauchte schon Geld, um herauszukommen und einige Verbindungen. Man konnte nicht einfach gehen, niemand wollte die Juden haben. Man mußte so viel organisieren. Es war eine wirkliche Anstrengung, die Auswanderung zu bewerkstelligen. Meine Mutter ist überall herumgelaufen, in Baden-Baden, in Wiesbaden wegen dieser Bürgschaften. Man konnte nicht so einfach nach Amerika fahren. Ein Onkel von meiner Mutter konnte schließlich die Bürgschaft für Amerika geben. Als wir auswanderten, konnte man kein Geld mitnehmen. In dem Moment, als mein Vater erklärte, auswandern zu wollen, wurde alles gesperrt. Das einzige Geld, das er kriegen konnte, war, wenn er eine Rechnung vorweisen konnte. Für die Auswanderung konnte man persönliche Sachen mitnehmen. So brachten meine Eltern für mich, obwohl ich erst dreizehn Jahre alt war, eine komplette Aussteuer mit nach Amerika. Außerdem Unmengen von Schuhsohlen. Ich glaube, die ersten 15 Jahre brauchten wir in Amerika keine Schuhsohlen zu kaufen. Auch tubenweise Zahnpasta nahmen wir mit. Meine Eltern hatten solche Angst, daß sie nie wieder Geld haben würden, um etwas zu kaufen. In unserem Gepäck, das hieß ein Lift, waren unzählige Gläser mit Marmelade verschiedenster Sorten und zwar aus diesem Grunde: Meine Familie hatte noch eine Menge Goldmünzen, die sollten schon während des Ersten Weltkrieges abgegeben werden. Damals hatten sie diese Münzen versteckt. Jetzt nach Amerika konnten meine Eltern sich nicht vorstellen, diese Münzen nicht mitzunehmen. Also wickelten sie diese in Wachspapier ein und legten sie auf den Boden der Stachelbeermarmelade. Als wir die Gläser in Amerika öffneten, war die Marmelade fest geworden, aber die Goldmünzen waren alle nach oben gekommen. Ich glaube, es war verrückt, wegen so etwas ein Risiko einzugehen, wo sie doch so viel Geld zurücklassen mußten. Aber es bedeutete etwas für meine Eltern.
Ich erinnere mich an den Tag, als der Lift gepackt wurde. Ein Inspektor war natürlich dabei. Er gab meinen Eltern zu verstehen, daß er jetzt eine Stunde weggehen würde, und sie einpacken könnten, was sie wollten. Es gab noch Leute mit Einfühlungsvermögen. Mein Vater packte also Bargeld ein, was strengstens verboten war. Ich glaube, mein Vater war verrückt, das zu tun. Der Mann hätte ihn ja auch reinreißen können.
Wir fuhren dann mit dem Schiff "SS Prenton" nach New York. Am Schiff holte uns eine Bekannte meines Bruders ab. Wir fuhren mit dem Zug quer durch das Land. Je näher wir nach San Francisco kamen, um so mehr wurden meine Eltern nervös und ärgerlich, besonders mein Vater. Im Liegewagen schlief er oben, er fiel herunter und brach sich eine Rippe. Er versuchte alles verantwortungsvoll zu regeln, aber da konnte er nicht mehr. Er machte sich Sorgen, wie wir dort unseren Lebensunterhalt verdienen könnten. Wir kamen nach San Francisco. Der Bruder meines Vaters, Julius Scheuer, war schon hier, er und seine Familie holten uns am Boot ab und brachten uns zu ihrem Haus. Wir lebten in einem möblierten Appartement, bis unsere Möbel aus Heldenbergen ankamen, dann zogen wir um. Nach einigen Wochen hatte mein Vater Magengeschwüre, er hatte immer alles in sich hinein gefressen. Er konnte das kaum aushalten, er war eine so verantwortliche Person.
Mein Vater fand Arbeit in einem großen Warenhaus, ein Billigkaufhaus. Er konnte das nicht aushalten, er wurde krank. Dann entschieden sich meine Eltern, das zu machen, was sie konnten. Sie wollten etwas Eigenes aufbauen. Aber sie hatten kein Geld. Mein Vater und meine Mutter schrieben also an einige Leinen-Firmen, auch an einige europäische, mit denen sie früher in Heldenbergen gehandelt hatten. Alle schickten Proben, dann kamen die Aufträge. Zuerst machten meine Eltern das von Haus zu Haus. Jeden Morgen gingen sie zur Schule von 9 bis 1 Uhr, um Englisch zu lernen. Das war meinen Eltern sehr wichtig. Meine Mutter, sie war sehr gescheit, studierte die Zeitungen, vor allem den Gesellschaftsteil. Da achtete sie besonders auf jüdische Namen, die sie von Baden-Baden her kannte. Wenn sich nun jemand verlobte, schickte sie eine Mitteilung, daß sie Leinen verkaufe. Sie ging dann nach Absprache in die Häuser dieser Leute. Meine Eltern hatten kein Auto, sie mußten die Koffer mit den Proben schleppen. Manchmal ging meine Mutter in eine vornehme Gegend, nach Pacific Heights, der Polizist dort kannte sie schon und bot ihr öfter an, sie im Auto mitzunehmen, weil sie ihm mit den schweren Koffern leid tat.
Dann hatten meine Eltern in einem Raum unserer Wohnung Stoffe, sie suchten eine Näherin für Monogramme. Dann später konnten sie ein Geschäft eröffnen. Sie wurden dann recht erfolgreich. Sie waren keine verbitterten Leute. Die jüdischen Menschen im Alter meiner Eltern bildeten in San Francisco eine Gemeinschaft, sie lebten sehr bescheiden, aber wenn es ein Fest gab wie Geburtstage oder ähnliche Anlässe, dann feierten sie,

Scheuer
LINENS
318 Stockton St., San Francisco, CA 94108 415-392-2813

Viele Jahre nach ihrer Vertreibung aus Deutschland konnten Samuel und Rosel Scheuer ein Geschäft für Leinen und Wäschebedarf in San Francisco gründen. "Scheuer Linens" ist heute in der City von San Francisco zum Begriff für gute Wäschequalität geworden so wie früher in Heldenbergen "Haus der guten Qualitäten".

Im Juni 1961 kamen Samuel und Rosel Strauß aus San Francisco zu Besuch nach Heldenbergen zu ihren alten treuen Nachbarn. Sitzend von links: Georg Grix, Rosel Scheuer, Bertha Grix, Samuel Scheuer, dahinter die vier Kinder Grix. "Das ganze Dorf kam, wir mußten das Hoftor abschließen", erinnerte sich Elisabeth Grix.

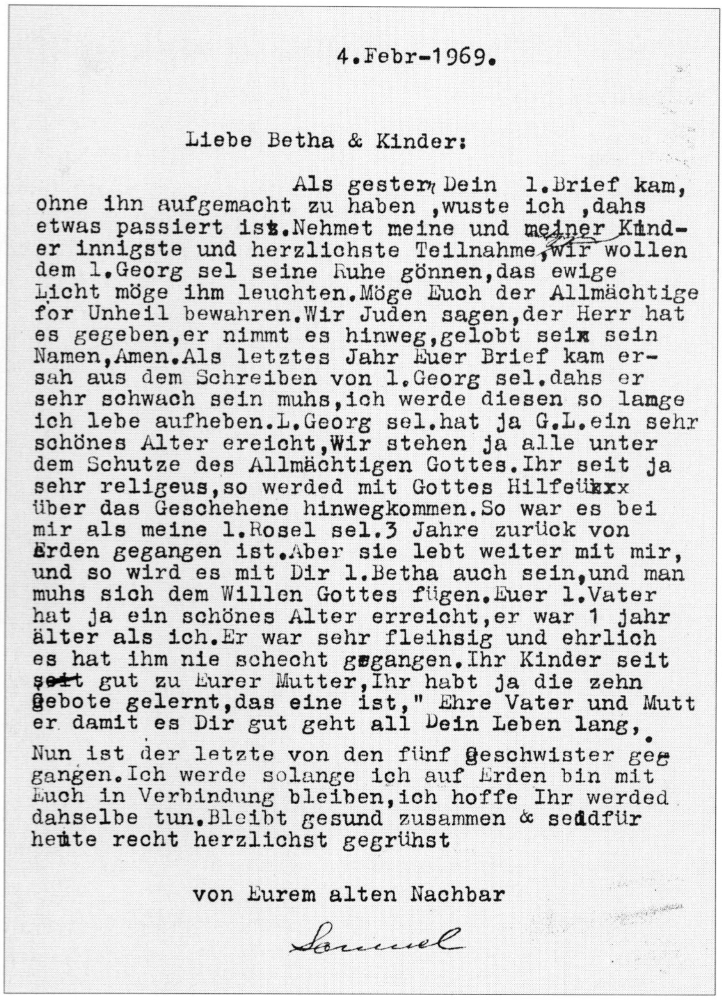

4.Febr-1969.

Liebe Betha & Kinder:

Als gestern Dein l.Brief kam,
ohne ihn aufgemacht zu haben ,wuste ich ,dahs
etwas passiert ist.Nehmet meine und meiner Kind-
er innigste und herzlichste Teilnahme,wir wollen
dem l.Georg sel seine Ruhe gönnen,das ewige
Licht möge ihm leuchten.Möge Euch der Allmächtige
for Unheil bewahren.Wir Juden sagen,der Herr hat
es gegeben,er nimmt es hinweg,gelobt sein sein
Namen,Amen.Als letztes Jahr Euer Brief kam er-
sah aus dem Schreiben von l.Georg sel.dahs er
sehr schwach sein muhs,ich werde diesen so lange
ich lebe aufheben.L.Georg sel.hat ja G.L.ein sehr
schönes Alter ereicht,Wir stehen ja alle unter
dem Schutze des Allmächtigen Gottes.Ihr seit ja
sehr religeus,so werded mit Gottes Hilfe
über das Geschehene hinwegkommen.So war es bei
mir als meine l.Rosel sel.3 Jahre zurück von
Erden gegangen ist.Aber sie lebt weiter mit mir,
und so wird es mit Dir l.Betha auch sein,und man
muhs sich dem Willen Gottes fügen.Euer l.Vater
hat ja ein schönes Alter erreicht,er war 1 jahr
älter als ich.Er war sehr fleihsig und ehrlich
es hat ihm nie schecht gegangen.Ihr Kinder seit
gut zu Eurer Mutter,Ihr habt ja die zehn
Gebote gelernt,das eine ist," Ehre Vater und Mutt
er damit es Dir gut geht all Dein Leben lang,

Nun ist der letzte von den fünf Geschwister ge-
gangen.Ich werde solange ich auf Erden bin mit
Euch in Verbindung bleiben,ich hoffe Ihr werded
dahselbe tun.Bleibt gesund zusammen & seid für
heute recht herzlichst gegrühst

von Eurem alten Nachbar

Samuel

Brief von Samuel Scheuer 1969 aus San Francisco an die ehemaligen Nachbarn in Heldenbergen, die Familie Grix, zum Tode von Georg Grix.

und sie feierten alles zusammen. Sie hielten ihre Familien zusammen. Sie tanzten wie die Verrückten, feierten mit Tischreden und Gedichten und kleinen Vorträgen. Sie wirkten ziemlich zufrieden. Die Mitglieder der jüdisch-deutschen Gemeinschaft in San Francisco waren wirkliche 'Überlebens-Typen'. Sie hätten alles gemacht, um sich in Bewegung zu halten. Sie wußten, wie sie es schaffen würden. Dieser Geist steckte in ihnen und gab ihnen die Kraft. Sie haben sich nicht selbst bemitleidet."[144a)]

Heute befindet sich das Geschäft "Scheuer Linens" auf einer der Haupteinkaufsstraßen von San Francisco in der Stockton Street. Es werden sehr feine und ausgefallene Waren dort verkauft. Welcher Weg lag dazwischen, von der Hauptstraße in Heldenbergen, wo Moses Scheuer II. das Geschäft gründete und dem eleganten Geschäft von heute, das die Witwe des Enkels des Gründers führt, in San Francisco auf der anderen Seite der Welt?

Im Jahre 1961 besuchten Samuel und Rosel Scheuer ihren früheren Heimatort Heldenbergen wieder. "Ich wollte noch einmal den Heldenberger Kirchturm sehen", sagte er einem früheren Bekannten. Samuel Scheuer ging sofort zu seinen früheren Nachbarn, Familie Grix, genannt Schmidbalzer, gegenüber von seinem früheren Haus. "Als mein Vater 1961 zu Besuch in Heldenbergen war, war er glücklich, die alten Nachbarn zu sehen, sie waren glücklich, ihn zu sehen. Er war froh, nach Amerika gegangen zu sein. Als er sich die Bilder betrachtete, fand er, daß er und seine Frau doch erheblich jünger als seine gleichaltrigen Nachbarn aussahen." Diese Freude strahlt auch das Bild, was bei diesem Besuch gemacht wurde, aus. Auch Frau End war bei Scheuers, an sie hatte Samuel Scheuer bei der Auswanderung das Geschäft verpachtet. Diese Verpachtung geschah mit Hilfe eines Heldenberger Beamten des Finanzamtes, er fand Wege, dieses Geld auch Samuel Scheuer zukommen zu lassen. Im Zuge der im März 1941 erfolgten Ausbürgerung von Samuel Scheuer und seiner Familie wurden das Haus sowie das Geschäft zugunsten des Deutschen Reiches beschlagnahmt.[145)]

"Mein Vater war sehr traurig, daß so viele von den jungen Burschen, die wir gekannt hatten, im Krieg getötet worden waren. Es war sehr wichtig für ihn, zum Grab seiner Mutter und seines Vaters zu gehen. Aber der jüdische Friedhof befand sich in einem fürchterlichen Zustand."

Mit der Nachbarsfamilie Grix fühlte sich Samuel Scheuer von Kindesbeinen an verbunden, er ist dieser Freundschaft auch sein Leben lang treu geblieben, wie der Brief zeigt, den er im Jahre 1969, als Georg Grix starb, an Bertha Grix und die Kinder schrieb (siehe oben).

Als die Tochter Hilde Scheuer bei der Woche der Begegnung 1988 in Heldenbergen zu Gast war, waren, wie selbstverständlich, auch alle Kinder Grix unter den ersten Begrüßungsgästen.

Rosel Scheuer starb 1966 im Alter von 66 Jahren, Samuel Scheuer starb im hohen Alter von 87 Jahren in San Francisco 1973.

Familie Robert Seligmann und Jakob Scheuer

in der Friedberger Straße 5

Das Haus der ehemaligen Bürgermeisterei Heldenbergen in der Friedberger Straße 5 gehörte dem Metzger Jakob Scheuer (* 1866). Über dem Eingang war auf einem Schild "Jakob Scheuer" zu lesen. Neben der Metzgerei betrieb er noch einen kleinen Viehhandel. In der Windecker Zeitung bot er 1913 eine Grube Mist an. Das Anwesen in der Friedberger Straße, zu dem noch zwei Ställe gehörten, kaufte er im Jahre 1907.

Eine Grube Mist
zu verkaufen.
Jakob Scheuer,
Heldenbergen.

Anzeige in der Windecker Zeitung Dezember 1913

Jakob Scheuer war auch aktives Mitglied im Gesangverein Euphrosyne. Sein Spitzname in Heldenbergen war "Heister".
Mit im Haus der Friedberger Straße 5 wohnte noch der Vater von Jakob und Rosa Scheuer, der Metzger Seligmann Scheuer III., bis er 1920 mit 86 Jahren starb.
Jakob Scheuer starb ledig im Alter von 63 Jahren 1929 in Heldenbergen. Sein Grabstein ist auf dem wiederhergestellten jüdischen Friedhof vorhanden.

Familie Seligmann

Jakob Scheuers Schwester Rosa (* 28.4.1859) heiratete 1902 den Metzger Robert Seligmann (* 30.11.1873) aus Ronneburg. Robert und Rosa Seligmann gehörte das Haus Bahnhofstraße 12, seit 1915 etwa lebte die Familie dann in der Friedbergerstraße 5. Robert Seligmann betrieb dort gemeinsam mit seinem Schwager Jakob Scheuer die Metzgerei. So galt auch ihm der Spitzname "Heister".
Im 1. Weltkrieg wurde Robert Seligmann Soldat; für seine Vaterlandsdienste bekam er die seltene Auszeichnung des Eisernen Kreuzes Erster Klasse.
Im Gesangverein Euphrosyne war Robert Seligmann ein äußerst aktiver Sänger, auf dem Sängerfest 1925 in Heldenbergen sang er auch mit, daher stammt auch das einzige Bild von ihm.

Sangesbrüder beim Gesangverein Euphrosyne 1925. Robert Seligmann ganz außen rechts mit weißer Schärpe, hinter ihm Gustav Eckstein.

Friedberger Straße 5. Dieses Haus gehörte Jakob Scheuer und Robert Seligmann. Sie betrieben eine Metzgerei mit kleinem Viehhandel. Über dem Hauseingang ist der Schriftzug "Jakob Scheuer" zu lesen. Im untersten Fenster (rechts im Bild) ist Frau Seligmann zu sehen. Bis 1991 befand sich hier die "Bürgermeisterei". Aufnahme 1933

Robert und Rosa Seligmann bekamen zwei Söhne:

Arthur	* 5. 10. 1903
Julius	* 29. 10. 1904

Arthur war ein behindertes Kind. Er starb schon mit 18 Jahren am 13.6.1922 in Heldenbergen.

Julius Seligmann war auch nicht ganz gesund, er hatte seit frühester Kindheit ein schweres Herz- und Lungenleiden. Bei den Mädchen Heldenbergens war er sehr beliebt, da er besonders gut stricken konnte und für sie oft und gerne schwierige Strickmuster ausprobierte.

Im November 1938 wurden Robert und Julius Seligmann mit den anderen jüdischen Männern aus Heldenbergen in das Konzentrationslager Buchenwald verschleppt.

In einem Brief von Bertha Rothschild an ihren Sohn Theo nach Amerika vom April 1941 heißt es: "Liebe Grüße von Familie Seligmann. Familie Seligmann wohnt eben bei Michel Speier (in der Bahnhofstraße)." Im nächsten Brief ist zu lesen: "Familie Seligmann lassen grüßen. Frau Seligmann hat heute ihren 82. Geburtstag."[145a)]

Nachdem Michel Speier im August 1941 zu seiner Tochter nach Frankfurt ging, zog die Familie Seligmann in die Schulstraße 11 zu der Schneiderin Recha Gerson.

Auf einer Liste vom Februar 1942, die für die Gestapo erstellt wurde, waren Rosa und Julius Seligmann beide als "gebrechliche Juden" aufgeführt.[146)]

Am 21. Mai 1942 starb Rosa Seligmann, ihr Grab befindet sich in Frankfurt auf dem jüdischen Friedhof Eckenheimer Landstraße (Block 1 HA 22), direkt an der Hauptachse des Friedhofes. Dort sind viele Gräber von Menschen, die zu dieser Zeit den Freitod gewählt haben, ob dies auch für sie zutrifft, läßt sich nicht sagen. Sie war 83 Jahre alt.

Von März bis Juni des Jahres 1942 leistete Robert Seligmann etwa 280 Stunden zusammen mit den anderen jüdischen Männer von Heldenbergen Zwangsarbeit beim Holzmachen für die Gemeinde Heldenbergen.

Am 22. Juli 1942 verließen Robert Seligmann und der Sohn Julius Seligmann Heldenbergen, um nach Mainz zu ziehen, wo ein Bruder von Robert Seligmann mit seiner Frau lebte.

Julius Seligmann lebte dort in dem jüdischen Krankenhaus und Altersheim in der Gonsenheimer Straße 13. Er hatte von der bevorstehenden Deportation nach Theresienstadt Kenntnis, denn er schloß einen sogenannten Heimeinkaufsvertrag für 1000 RM ab "zur Erfüllung eines Vertrages über Einkauf in ein Alterheim".[147] Unter Vorspiegelung falscher Tatsachen wie "Heimunterkunft auf Lebenszeit und Verpflegung... Wäsche waschen... ärztlich und mit Arzneimitteln zu betreuen und einen notwendigen Krankenhausaufenthalt"[148] beinhalteten diese Heimeinkaufverträge die Übertragung des gesamten Vermögens.

Julius Seligmann verübte am 6. September 1942 im Alter von 38 Jahren Selbstmord. Auf einer handschriftlich überlieferten Liste mit 25 Namen jüdischer Mainzer Bürger, die im Jahre 1942 freiwillig aus dem Leben schieden, ist auch der Name Julius Seligmann zu finden.[149] Am 9. September 1942 wurde Julius Seligmann auf dem neuen jüdischen Friedhof in Mainz, Zahlbacherstraße (Grab 5, Reihe 6, Quadrat 8) beerdigt.

Nachdem die Geheime Staatspolizei von seinem Tod erfahren hatte, schrieb sie dazu:
"Betrifft: Den Juden Seligmann, Julius Israel
Ich beabsichtige, das Vermögen des am 6.9.1942 verstorbenen oben genannten Juden als volks- und staatsfeindlich einzuziehen."[150]

Robert Seligmann lebte in Mainz in der Breidenbachstraße 25, einem jüdischen Altersheim. Zwei Wochen nach dem Tode seines Sohnes Julius wurde Robert Seligmann am 25. September 1942 unter der Transportnummer 727 mit über weiteren tausend jüdischen Menschen nach Theresienstadt in das Konzentrationslager verschleppt.[151] Zu diesem Transport gehörten auch die aus Heldenbergen Verschleppten. Robert Seligmann starb in Theresienstadt am 27. September 1943.

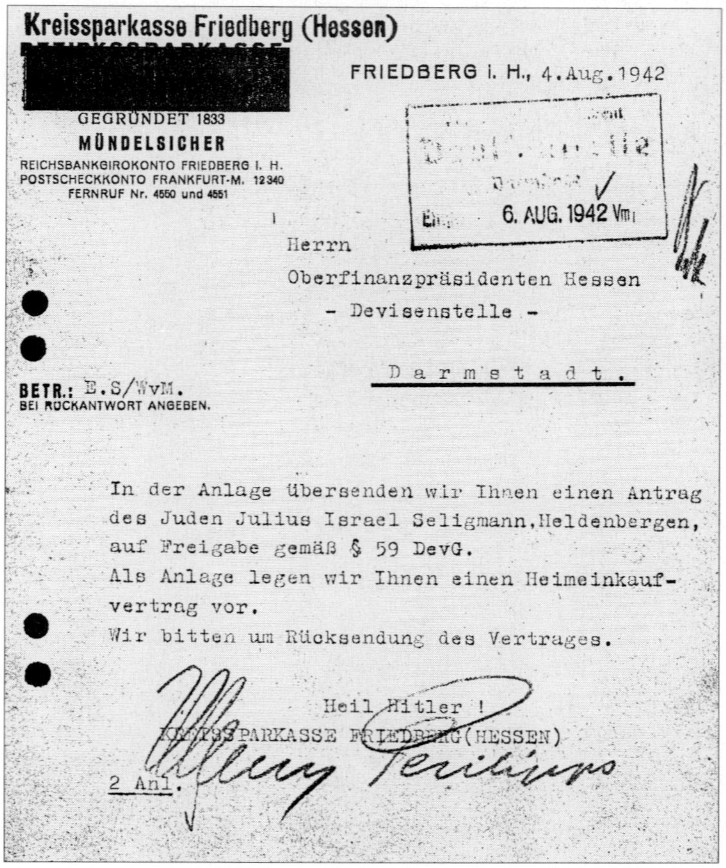

Kreissparkasse Friedberg (Hessen)
[redacted]
GEGRÜNDET 1833
MÜNDELSICHER
REICHSBANKGIROKONTO FRIEDBERG I. H.
POSTSCHECKKONTO FRANKFURT-M. 12340
FERNRUF Nr. 4550 und 4551

FRIEDBERG I. H., 4.Aug.1942

Eing.: 6. AUG. 1942 Vm.

Herrn
Oberfinanzpräsidenten Hessen
– Devisenstelle –

D a r m s t a d t .

BETR.: E.S/WvM.
BEI RÜCKANTWORT ANGEBEN.

In der Anlage übersenden wir Ihnen einen Antrag des Juden Julius Israel Seligmann, Heldenbergen, auf Freigabe gemäß § 59 DevG.
Als Anlage legen wir Ihnen einen Heimeinkaufvertrag vor.
Wir bitten um Rücksendung des Vertrages.

Heil Hitler !
KREISSPARKASSE FRIEDBERG (HESSEN)

2 Anl.

Julius Seligmann brauchte die Genehmigung des Oberfinanzpräsidenten in Darmstadt, um von seinem eigenen Geld auf der Kreissparkasse Friedberg einen sogenannten "Heimeinkaufungsvertrag" für das KZ zu bezahlen.

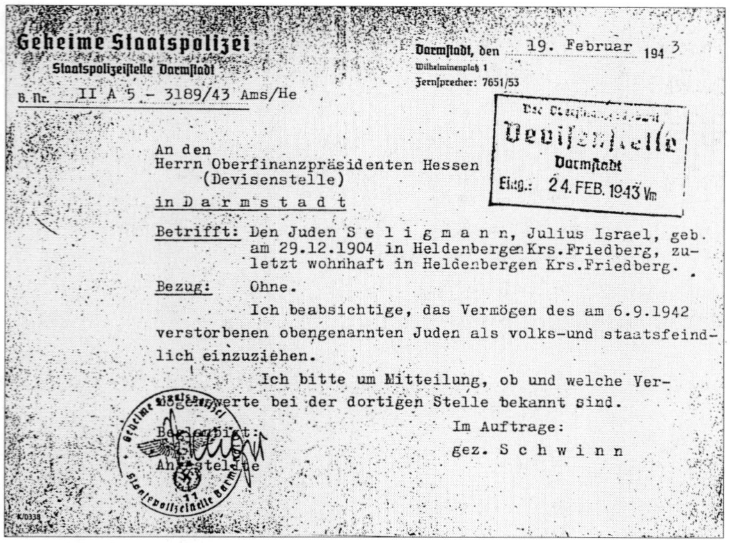

Geheime Staatspolizei
Staatspolizeistelle Darmstadt

Darmstadt, den 19. Februar 1943
Wilhelminenplatz 1
Fernsprecher: 7651/53

B. Nr. II A 5 – 3189/43 Ams/He

Devisenstelle
Darmstadt
Eing.: 24. FEB. 1943 Vm

An den
Herrn Oberfinanzpräsidenten Hessen
(Devisenstelle)
in D a r m s t a d t

Betrifft: Den Juden S e l i g m a n n, Julius Israel, geb. am 29.12.1904 in Heldenbergen Krs. Friedberg, zuletzt wohnhaft in Heldenbergen Krs. Friedberg.

Bezug: Ohne.

Ich beabsichtige, das Vermögen des am 6.9.1942 verstorbenen obengenannten Juden als volks-und staatsfeindlich einzuziehen.

Ich bitte um Mitteilung, ob und welche Vermögenswerte bei der dortigen Stelle bekannt sind.

Im Auftrage:
gez. S c h w i n n

Beglaubigt:
Angestellte

Julius Seligmann hatte wenige Tage vor der drohenden Verschleppung im September 1942 Selbstmord verübt. Die Gestapo Darmstadt forschte nach Vermögenswerten, um sie zu beschlagnahmen.

Familie Siegmund Sichel

in der Friedberger Straße 8

In der Friedberger Straße 8 gab es die Kohlenhandlung "Siegmund Sichel", später erweiterte Siegmund Sichel sein Geschäft umfassend.

Siegmund Sichel
Möbel-Agenturen

Briefkopf 1925

In der Windecker Zeitung annonciert Siegmund Sichel im Mai 1914 "Kinderwagen, Sitz- und Liegewagen, Sportwagen, Leiterwagen in allen Größen. Empfehle billigst Möbel- und Polsterwaren. Auch mache darauf aufmerksam, daß ich Möbelabzahlung zu den kulantesten Bedingungen liefere."[152)]
Siegmund Sichel wurde am 2.1.1873 in Heldenbergen geboren. Von 1893 bis 1895 leistete er seinen Militärdienst in Darmstadt ab.
Im Gesangverein Euphrosyne war Siegmund Sichel Schriftführer. 1926 war er Gemeindevertreter und Mitglied des Finanzausschusses der politischen Gemeinde Heldenbergen, wie das

Siegmund und Karoline Sichel um 1908

Das Haus der Familie Sichel (rechts), heute Quelle-Agentur

Adreßbuch des Kreises Friedberg dieses Jahres für Heldenbergen aufführte.[152a)]
In der jüdischen Gemeinde fungierte er lange Jahre als Synagogendiener, Schammes auf Hebräisch. In den Jahren 1924/1925 war er Rechner und Kassierer in der Verwaltung der jüdischen Gemeinde. Dem Synagogenverschönerungsverein von Heldenbergen stand er in diesen Jahren ebenfalls vor. 1932/33 war er im Vorstand der jüdischen Gemeinde Heldenbergen.

Das Haus in der Friedberger Straße 8, das heute wohl noch annähernd wie zu Zeiten der Familie Sichel aussieht, kaufte sein Onkel Julius (Juda) Sichel im Jahre 1882. Der zum Haus gehörige Backofen, der in der Kirchgasse stand, wurde abgebrochen. An der Seite des Hauses zur Pfarrgasse hin wächst heute noch ein großer alter Weinstock, unter seinen Zweigen baute die Familie Sichel jedes Jahr im Herbst zum Laubhüttenfest ihre Laubhütte.

Siegmund Sichel war verheiratet mit Karoline Frankenthal (geb. 7.10.1884 Altenlotheim, Kreis Frankenberg). Das Ehepaar Sichel hatte zwei Söhne:

Siegfried	* 24. 7. 1910
Benno	* 2. 2. 1915

"Der alte Sichel war ein sehr bedächtiger Mann. Wenn wir mal Fußball gespielt haben an der Kirchhofmauer und vor Sichels Haus, kam er zu uns mit seiner freundlichen Stimme: 'Ihr Buben, seid nicht so laut.' Einen kleinen Zylinder hatte er auf, wenn er in die Synagoge ging."[152b)]
Siegmund Sichel starb mit 61 Jahren am 4.4.1934 in Heldenbergen, Karoline Sichel starb am 4.1.1936 im Rothschildhospital in Frankfurt, Röderbergweg 97.[153)]
Die Grabsteine des Ehepaares auf dem Heldenberger Friedhof wurden zerstört.

Siegfried Sichel (links) und Benno Sichel (rechts) im Jahre 1915

Siegfried Sichel (* 1910)
Siegfried Sichel besuchte die ersten vier Jahre die Volksschule von Heldenbergen, anschließend von 1920 -1924 die Augustinerschule in Friedberg. Seine Lehre machte er in Frankfurt, wohin er immer mit dem Zug fuhr. 1926 zog er dann nach Frankfurt, wo er die "Rakowsche Handelsschule" besuchte. Als Beruf gab er später Kaufmann an. Vor allem nach dem Tode seines Vaters 1934 sang Siegfried Sichel mit seiner schönen Tenorstimme in den Gottesdiensten an den hohen jüdischen Feiertagen in der Heldenberger Synagoge.

Während des Novemberpogroms 1938 wurde er verhaftet und soll für einige Monate in das Konzentrationslager Dachau verschleppt worden sein. Er hatte vor, nach Palästina auszuwandern, aber der Kriegsausbruch zerstörte seine Pläne. Von Amerika aus versuchte auch der Bruder Benno, ihm die Auswanderung in die USA zu ermöglichen, aber alle Bemühungen waren umsonst. Benno Sichel hörte nie wieder etwas von seinem Bruder Siegfried und ging davon aus, daß er ermordet wurde. Über sein Schicksal konnte nichts herausgefunden werden.

Siegfried Sichel 1930

Benno Sichel (* 1915)
Benno Sichel besuchte auch, nach den ersten vier Jahren in der Volksschule Heldenbergen, von 1926 - 1932 die Augustinerschule in Friedberg. Er liebte es, Fahrad zu fahren und Fußball zu spielen. Ein früherer Spielkamerad erzählte: "Benno hat immer die Fußbälle gekauft, und wir haben sie kaputt getreten."[153a) (Foto S. 423)

Im Juni 1933 begann Benno Sichel eine Lehre bei der Möbelfabrik Lindheim & Co in Kahl. Nach dem Ende seiner Lehrzeit im Dezember 1935 war er dort als Angestellter tätig. Er verlor seine Stellung, da der jüdische Besitzer der Firma durch die Verfolgung gezwungen war, sein Geschäft zu schließen. Nach seiner Entlassung konnte er als Jude keine Stellung mehr finden.

Im Gemeindearchiv der Stadt Nidderau befinden sich noch die Unterlagen zur Ausfertigung von Militärpapieren für Benno Sichel aus dem Jahre 1935.[154a)]

Im August 1938 wanderte Benno Sichel über Paris und Le Havre nach New York aus. Der Bruder seiner Mutter hatte eine Bürgschaft für ihn gestellt. In den ersten Jahren war er in einem Delikatessengeschäft tätig, ab 1941 einige Zeit in der amerikanischen Armee, dann war er wieder in der gleichen Branche tätig. Er heiratete in New York und bekam zwei Söhne. Nach einer langen schweren Krankheit starb er am 21.8.1989 in New York.

Die ledigen Schwestern Sichel
in der Pfarrgasse 1

In der Pfarrgasse 1 wohnten die drei ledigen Schwestern Julchen (Julie) (* 21. 6. 1871), Malchen (eigentlich Emilie * 20. 12. 1874) und Mathilde (* 1877) Sichel. Sie waren Schwestern von Siegmund Sichel.

Mathilde Sichel war Schneiderin. Die Schwestern hatten ein kleines Geschäft in Kurzwaren mit Garn und Zwirn. Im Jahre 1902 kauften sie erst das Haus in der Pfarrgasse 2, das sie 1913 wieder verkauften, danach lebten sie in der Pfarrgasse 1.
Mathilde Sichel starb mit 54 Jahren 1931. Am 15. April 1939 wurden von der Gemeinde Heldenbergen 2,50 RM an Armenunterstützung für "Geschwister Sichel" gezahlt, deren Empfang Emanuel Scheuer quittierte.
Jemand aus Heldenbergen erinnerte sich, daß er einmal etwas zu den Schwestern gebracht hat in Frankfurt.
Auf dem Erhebungsbogen für die Volkszählung vom 17. 5. 1939 liegt für Malchen Sichel der Hinweis "z. Zt. im Krankenhaus" vor, Julchen Sichel ist in dieser Haushaltungszählliste im Haus Pfarrgasse 1 erwähnt. Danach verliert sich ihre Spur.
Julchen Sichel starb am 6.2.1941. Malchen Sichel starb am 13.2.1942.[154b)]

Familie Nathan Sichel

Einige Monate nach dem Kriegsende 1945 stellte sich Nathan Sichel in einem Brief an die Bürgermeisterei Heldenbergen so vor:

"Ich heiße Nathan Sichel und bin am 24.10.1871 in Heldenbergen geboren und meiner noch lebenden Generation dort bestimmt noch gut bekannt. Ich kann, ohne unbescheiden zu sein, sagen, daß ich im dortigen Leben eine gewisse Rolle spielte. Im Jahre 1907 bin ich von Heldenbergen nach Hanau verzogen, wohnte dort 30 Jahre, zog dann von dort nach Frankfurt. Im Jahre 1942 wurde ich, weil ich Jude bin, durch die Gestapo in das K.Z. Theresienstadt verschleppt... Zurückgekehrt aus diesem K.Z. hatte ich den selbstverständlichen Wunsch, die Gräber meiner Eltern in Heldenbergen aufzusuchen und dort zu beten...".[156)]

Nathan Sichel leistete 1892/93 bei der ersten Kompanie der Großherzoglichen Leibgarde in Darmstadt seine militärische Dienstpflicht ab.

Er war Mitglied des Vorstandes der jüdischen Gemeinde Heldenbergen. 1909 berichtete die Windecker Zeitung: "... für den nach Hanau verzogenen Nathan Sichel (wurde) Herr Markus Rothschild in den israelitischen Vorstand gewählt."

1899 heiratete er in Heldenbergen Rosa Hamburger (* 7.3.1876) aus Alzenau. Aus der Ehe gingen zwei Söhne hervor, die beide in Heldenbergen geboren wurden:

Manfred * 25. 9. 1900
Richard * 16. 3. 1902

1906 kaufte Nathan Sichel die Hofreite Nr. 23 in der Pfarrgasse, verkaufte sie aber ein Jahr später wieder, um mit seiner Familie nach Hanau zu ziehen. Dort war er Inhaber des Geschäftes "Betten-Sichel am Markt". Auch in Hanau gehörte Nathan Sichel zum Vorstand der jüdischen Gemeinde.

Nach 1933 mußten Sichels ihr Geschäft aufgeben und zogen nach Frankfurt, wo Nathan Sichel Leiter eines jüdischen Altersheimes wurde.

Am 15. September 1942 wurde das Ehepaar Sichel aus ihrer Wohnung in der Rückertstraße in das Konzentrationslager Theresienstadt verschleppt. Nach fast dreijähriger Gefangenschaft dort wurden sie von den Soldaten der Roten Armee befreit.

Im Juni 1945 schrieb Nathan Sichel an seinen in Amerika lebenden Sohn folgende Zeilen:

"Lieber Manfred! Wir hoffen, daß der liebe Gott Dich am Leben gelassen hat und du gesund bist... Nach einer fast dreijährigen Gefangenschaft sind wir mit wenigen anderen am Leben geblieben. Hunger und sonstige Bedrückungen haben wir mit Gottes Hilfe überstanden. Es ist ein Wunder, daß wir noch leben. Ich will die Greuel und Mordtaten der Nazis heute nicht schildern, die werdet ihr in Amerika gelesen und im Radio gehört haben. Es wäre nun alles überstanden, wenn die liebe Mama nicht einen schlimmen Fuß hätte. Durch die schlechte vitaminarme Ernährung hat sie sich eine Fußgelenkentzündung zugezogen... Unter den Toten nenne ich dir nur einige Freunde und Verwandte, da noch Millionen tot sind... Ich will diese traurigen Mitteilungen beenden, um mich und andere vor Aufregungen zu schützen. Wir werden nunmehr nur noch Tage hierbleiben. Der Ort ist von den Russen besetzt, die uns gut behandeln. Das Rote Kreuz hat uns gerettet, sonst wären wir bestimmt ebenfalls, das heißt ganz Theresienstadt, vergast worden. Wohin wir vorerst kommen, ist noch unbestimmt...".[157)]

Nach ihrer Befreiung kamen die Eheleute Sichel nach Frankfurt. Frau Sichel starb nur kurze Zeit später am 13.12.1945 in Köppern. Nathan Sichel wanderte zu seinem Sohn Manfred in Amerika aus, wo er 1950 starb.

Manfred Sichel, der in Heldenbergen geborene Sohn, lebte in den sechziger Jahren in den USA, während sein Bruder Richard in Buenos Aires in Argentinien noch in den sechziger Jahren lebte.[158)]

Salomon und Regine Sichel
in der Pfarrgasse 4

In der Pfarrgasse 4 wohnte das Ehepaar Salomon Sichel II. und Ehefrau Regina geborene Rosenthal aus Rückingen (• 9.1.1845). Sie kauften das Anwesen in der Pfarrgasse 4 im Jahre 1870. Als Beruf ist im Adreßverzeichnis von 1906 Hausierer angegeben. Das Ehepaar Sichel hatte sieben Kinder:

Albert	• 15. 8. 1870
Gustav	• 4. 10. 1872
Mina	• 26. 8. 1874
Selma	• 13. 7. 1879
Siegmund	• 13. 11. 1883
Ludwig	• 13. 11. 1883
Moritz	• 24. 11. 1887

Albert Sichel (• 1870)
Von der Staatsanwaltschaft wurde dem Standesamt in Heldenbergen im Juli 1885 mitgeteilt, daß Albert Sichel im Alter von vierzehn Jahren in Heldenbergen verstorben ist.

Gustav Sichel (• 1872)
Er war Kaufmann und in Heldenbergen verheiratet mit Rosa geborene Klipstein (• 20. 9. 1877 Groß-Umstadt). Der Sohn Max wurde am 31. 3. 1904 in Heldenbergen geboren. Ein Jahr später verzog die Familie nach Friedberg und gründete dort die Firma "Gustav Sichel" - ein Schuhmacherbedarfsartikelgeschäft. Dort wurde der Sohn Alfred im Jahre 1906 geboren. 1912 verzog die Familie nach Darmstadt, wo eine Lederwarenhandlung in der Karlstraße unter dem Namen "S. Kahn Söhne Nachf." eröffnet wurde. Später befand sich die Lederwarenhandlung "Gustav Sichel" in der Ochsengasse 4 in Darmstadt. Bis zum Jahre 1937 ist der Name Gustav Sichel im Adreßbuch der Stadt Darmstadt zu finden.
Der Sohn Max Sichel meldete sich nach Stationen in Köln, Dessau und Berlin im Jahre 1930 von Darmstadt aus nach New York ab.[159)]
Gustav und Rosa Sichel lebten nach ihrem Wegzug aus Darmstadt erst im jüdischen Altersheim Reuterweg 92, später im Altersheim in der Feuerbachstraße 14 in Frankfurt, bevor sie von dort am 18.8.1942 nach Theresienstadt verschleppt wurden. Gustav Sichel starb in Theresienstadt am 16.1.1944. Rosa Sichel wurde von Theresienstadt nach Auschwitz verschleppt und vergast.

Mina Sichel (• 1874)
Sie soll schon vor 1933 nach Amerika ausgewandert sein.

Siegmund Sichel (• 1883)
Er heiratete im Jahre 1908 in Schöllkrippen Jenny Maier (• 30. 9. 1882). In Frankfurt wohnte das Ehepaar zuletzt im Rechneigraben 18 - 20, dem jüdischen Altersheim. Siegmund Sichel starb am 22. 8. 1942 in Frankfurt und wurde dort auf dem jüdischen Friedhof Eckenheimer Landstraße begraben (Block 8 F 27). Da dieses Todesdatum mehrere Gräber aufweisen, wäre auch ein Selbstmord möglich, neun Tage später sollte wieder ein großer Transport von Frankfurt aus nach Theresienstadt gehen.
Die Witwe von Siegmund Sichel wurde nach Auschwitz verschleppt und vergast.

Ludwig Sichel (• 1883)
Er meldete sich als Kaufmann im Jahre 1908 von Heldenbergen als Lediger nach Konstanz ab. Seit 1910 lebte er in Friedberg, war verheiratet mit Lina Sichel, geborene Klipstein, 1911 wurde dort die Tochter Martha geboren.[160)]
Für seinen Einsatz im 1. Weltkrieg wurde Ludwig Sichel mit dem Eisernen Kreuz und der Tapferkeitsmedaille ausgezeichnet.[161)]
Ludwig Sichel war Inhaber eines Geschäfts für Schuhmacherbedarfsartikel in der Hanauer Str. 41 in Friedberg. Diese Firma war unter dem Namen seines Bruders als "Gustav Sichel Inh. Ludwig Sichel" im Handelsregister Friedberg bis zum Juli 1937 eingetragen.[162)] Die Firma war allerdings schon im November 1935 "arisiert" worden.[163)]
1936 konnten Ludwig und Lina Sichel nach Palästina auswandern, wo ihre Tochter Martha seit 1933 lebte. Ludwig Sichel starb dort im Alter von 59 Jahren, Lina Sichel nach 1962.

Moritz Sichel (• 1887)
Er starb am 27.5.1941. Das Datum beim Sterbeeintrag und die Angabe des Standesamtes "Cholm II" läßt darauf schließen, daß Moritz Sichel der Euthanasie jüdischer Geisteskranker zum Opfer gefallen ist (siehe auch S. 391).

Frau **Regina Sichel** starb mit 79 Jahren am 1.4.1924 in Heldenbergen, ihr Grabstein befindet sich auf dem Friedhof.
Auch **Salomon Sichel** war schon vor 1933 verstorben.

Familie Isaak Sichel
in der Mittelstraße 5

"Das Fest der Silbernen Hochzeit feiert morgen der langjährige Reisende der Firma Ballin-Oppenheimer Isaak Sichel", verkündete am 15. Mai 1909 die Windecker Zeitung.

> — **Heldenbergen,** 15. Mai. Das Fest der silbernen Hochzeit feiert morgen Sonntag der langjährige Reisende der Firma Ballin-Oppenheimer, Herr Isaak Sichel.

Windecker Zeitung 1909

Isaak Sichel wurde in Heldenbergen "de Berkemer" genannt, da er aus Langenbergheim stammte. Eine frühere Nachbarin der Sichels erzählte ihren Kindern gerne, daß die Gänse beim Treiben zum Bach so laut gackerten, daß deutlich zu hören war: "Berkemer Jiid! Berkemer Jiid!"[164a)]
Er heiratete im Jahre 1884 Bertha Rothschild (* 27.1.1859) aus Heldenbergen, eine Schwester von Markus Rothschild, dem Bäcker Moritz Rothschild und der Frau von Manuel Scheuer, Sofie Sara. Die Familie Isaak Sichel lebte in Langenbergheim. Drei Kinder wurden dort geboren:

Nathan	* 13. 6. 1885
Fritz	* 14. 4. 1889
Frieda	* 20. 12. 1890

Im März 1891 zog die Familie nach Heldenbergen, wo sie erst das Haus Bahnhofstraße 34 kauften, dann im Jahre 1894 die Hofreite in der heutigen Mittelstraße 13. Dort wurden noch drei Kinder geboren:

Jenny	* 18. 6. 1892
Paula	* 2. 8. 1898
Sitta	* 10. 4. 1905

Wann Isaak Sichel starb, ist nicht bekannt. Seine Witwe Bertha verließ im September 1937 Heldenbergen und zog nach Frankfurt, wo sie am 16. Mai 1939 starb. Ihr Grab befindet sich auf dem jüdischen Friedhof Eckenheimer Landstraße in Frankfurt (5 C 69).

Nathan Sichel (* 1885)
Er heiratete nach Nidda in eine jüdische Familie ein, die einen großen Pferdehandel betrieb. Diese Familie wurde auf dem Ortenberger Markt "die Schaaje" genannt. Später lebte er in Frankfurt, von wo er nach Minsk verschleppt wurde.

Fritz Sichel (*1889)
Er heiratete am 23. 6. 1920 in Heldenbergen Jenny Rothschild (geb. 14.11.1893), die Tochter des Bäckers Moritz Rothschild aus der Bahnhofstraße, die auch seine Cousine war. Im Jahre 1914 wurde der Sohn Manfred in Heldenbergen geboren, der 10jährig am 2.5.1924 starb. Ein Sohn Heinz Moritz wurde am 14.12.1922 in Heldenbergen geboren. Zwei Jahre später zog die Familie nach Frankfurt, wo Fritz Sichel bei der Firma Blumenthal-Landwirtschaftsmaschinen en gros in der Mainzer Landstraße arbeitete. Später soll er Geschäftsführer bei der Hanauer Gummischuhfabrik gewesen sein. Die Familie Fritz Sichel soll nach Buenos Aires ausgewandert sein.

Frieda Sichel (* 1890). Von ihr ist nichts bekannt.

Jenny Sichel (* 1892)
Sie lebte in Frankfurt in der Staufenstraße 31. Von dort wurde sie nach Polen in das Ghetto Lodz verschleppt und ermordet.

Paula Sichel (* 1898)
Sie heiratete Isidor Mendel und lebte in Frankfurt. Ihr Sohn Magnus Rudi wurde am 11.3.1927 im Elternhaus in der Mittelstraße geboren. Paula und ihr Sohn Rudi wurden von Frankfurt aus am 19. Oktober 1941 in das Ghetto Lodz verschleppt und ermordet.

Sitta Sichel (* 1905)
Sie arbeitete ebenfalls in der Hanauer Gummischuhfabrik. Sitta hatte in Heldenbergen eine Freundschaft mit einem nichtjüdischen Mann, der dann SA-Mitglied wurde. Ihm wurde der Umgang mit Sitta verboten. Darüber Sitta war sehr traurig.

Im September 1937 wanderte sie nach Südamerika aus. Auf der Fahrt dorthin soll sie einen Louis Bellhain kennengelernt haben, den sie dann später heiratete. In Südamerika konnten keine Spuren von ihr gefunden werden.

Familie Max Speier und Martin Speier
in der Windecker Straße 19

Als Max Speier zum sogenannten "Judenbürgermeister" von Heldenbergen gewählt wurde, war dies der Windecker Zeitung die folgende Meldung wert: "Heldenbergen, 10. September 1909. Heute fand hier unter Anwesenheit des Herren Kreisamtsgehilfen Maar aus Friedberg auf dem hiesigen Rathause innerhalb der israelitischen Gemeinde die Wahl des 1. Vorstehers statt. Der seitherige 1. Vorsteher, Herrr Max Speier wurde fast einstimmig wiedergewählt."[164)]

Das Haus von Max Speier (Windecker Str. 19) ist links zu sehen. Im rechten Teil des Hauses befand sich das Geschäft.

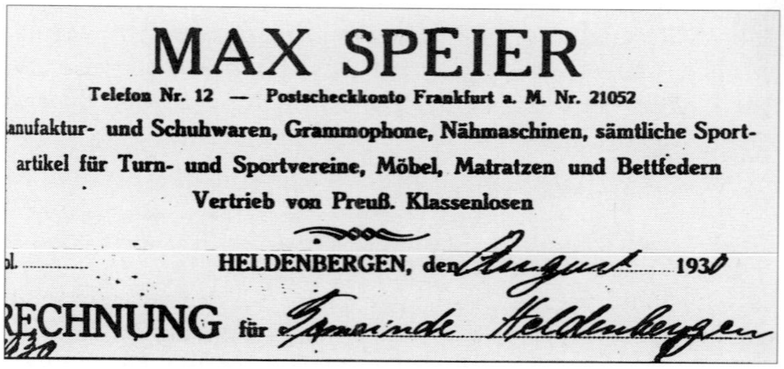

MAX SPEIER

Telefon Nr. 12 — Postscheckkonto Frankfurt a. M. Nr. 21052

anufaktur- und Schuhwaren, Grammophone, Nähmaschinen, sämtliche Sportartikel für Turn- und Sportvereine, Möbel, Matratzen und Bettfedern

Vertrieb von Preuß. Klassenlosen

HELDENBERGEN, den August 1930

ECHNUNG für Gemeinde Heldenbergen

Rechnungskopf der Firma Max Speier - 1930

Die Hofreite in der Windecker Straße gehörte seit 1865 den Eltern von Max Speier. Im Jahre 1870 bauten sie einen Laden mit Erker an die Straße und 1889 im Hof ein Stück ans Haus. Im Jahre 1897 ging alles an Max Speier über.[165)]

In seinem gutgehenden Laden führte Max Speier Manufaktur und Schuhwaren. Die Firma "I. Speier, Inhaber Max Speier" wurde 1899 in die Firma "Max Speier" umgeändert, dies war am 5. Januar 1900 im Oberhessischen Anzeiger zu lesen. Die Familie Max Speier galt in Heldenbergen als wohlhabend. Er wurde 1908 als Hauptkollektor der Hessisch-Thüringischen Staatslotterie im Adreßverzeichnis von Heldenbergen angegeben. 1899 hatte er gemeinsam mit Ballin-Oppenheimer eine Offene Handelsgesellschaft zum Vertrieb von Losen der Hessischen Landeslotterie gegründet.[166)] 1930 hatte er einen Vertrieb von Preußischen Klassenlosen. Zu dieser Zeit war sein Warenangebot erweitert um Grammophone, Nähmaschinen, sämtliche Sportartikel für Turn- und Sportvereine, Möbel, Matratzen und Bettfedern, wie der Kopf seiner Rechnungen anzeigte.

"Bei Max Speier haben wir unsere Fußballschuhe gekauft und mit 50 Pfennigen pro Woche abgestottert. Er führte da diverse Konten. Wenn es bei manchem dann gar nicht mehr ging, hat Max Speier die ausstehenden Schulden auch erlassen - gegen gutes Fußballspielen", erinnerte sich ein alter Heldenberger.

Im Kriegerverein Heldenbergen war Max Speier Mitglied. Bei der Einweihung des Kriegerdenkmals zum Krieg 1870/71 im Jahre 1903 ist er einer der Anwesenden (Foto S. 341).

Ganz besonders aktiv war Max Speier auch innerhalb der jüdischen Gemeinde. Von 1905 bis 1929 war er in allen Vorständen der Vereine der jüdischen Gemeinde Heldenbergen vertreten. Auch stiftete er eine Thorarolle für die Heldenberger Synagoge.

1889 heiratete Max (Markus) Speier (* 18.4.1863) die Schwester des wohlhabenden Kaufmannes Markus Rothschild, Bettchen Rothschild (* 23.12.1865) (Foto S. 463). Aus dieser Ehe gingen drei Kinder hervor:

Adolph	* 23. 4. 1890
Blanka	* 30. 3. 1891
Martin	* 11. 4. 1894

Max Speier erkrankte im Jahre 1930 schwer und mußte sich in das jüdische Krankenhaus in der Gagernstaße in Frankfurt begeben, wo er dann starb. Unter großer Anteilnahme der Heldenberger Bevölkerung wurde er auf dem jüdischen Friedhof beigesetzt. Sein Grabstein wurde nach der Entweihung des Friedhofes 1938 zu anderen Zwecken mißbraucht und befindet sich so heute nicht auf dem wiederhergestellten Friedhof. Seine Frau Bettchen Speier starb ein Jahr darauf in Heldenbergen. Auch ihr Grabstein ist nicht mehr vorhanden.

Max Speier und Frau Betty 1910

Adolf Speier (1890) im Jahre 1909*
Er fiel als Soldat im 1. Weltkrieg im Alter von 25 Jahren 1915.

Blanka Speier (1891) war eine begehrte Tanzpartnerin unter den jungen Herren Heldenbergens bis zu ihrer Heirat 1920 -Foto 1920.*

Adolph Speier (* 1890)
Er wurde Soldat für sein Vaterland im 1. Weltkrieg. Dabei verlor er am 16.7.1915 sein Leben. Sein Name stand auf dem Denkmal für die Gefallenen des 1. Weltkrieges auf dem Heldenberger Friedhof, wurde während der Nazizeit entfernt, danach wieder eingemeißelt. Heute steht sein Name auf der Tafel an der Trauerhalle. In der Chronik Heldenbergen wurde sein Name versehentlich nicht unter den Gefallenen des Jahres 1916 aufgeführt.

Blanka Speier (* 1891)
Sie besuchte den katholischen Kindergarten bei den Schwestern zur göttlichen Vorsehung im Brentanostift in der Gartenstraße. Zu Weihnachten wurde sie als Christkind in die Krippe gelegt, worüber ihre Mutter hell entsetzt war.
Als junges Mädchen war Blanka Speier bei den jungen Heldenberger Herren eine begehrte Tanzpartnerin. 1920 heiratete sie in Heldenbergen den Kaufmann Markus Levi (* 25. 6. 1887 in Werdorf) aus Frankfurt. Sie lebte noch einige Zeit in ihrem Elternhaus in der Windecker Straße 19, dort wurde auch ihre Tochter Lieselotte 1921 geboren. Blanka zog dann mit ihrer Familie nach Frankfurt in die Freiherr-vom-Stein-Straße, wo der Sohn Walter geboren wurde.

Blankas Kinder flüchteten in der Nazizeit nach England, das auch Blanka mit ihrem Mann einige Stunden vor Ausbruch des Krieges noch erreichen konnte, nachdem ihr Mann im November 1938 nach Buchenwald verschleppt worden war. Von England emigrierte die Familie Blanka Levi später nach Chicago in Amerika, wo Blanka 1968 starb. Tochter Lieselotte besuchte 1989 mit ihrem Mann zusammen Heldenbergen.

Familie Martin Speier (* 1894)
Er besuchte die Volksschule in Heldenbergen, später die Augustinerschule in Friedberg.
Seine besondere Liebe galt dem Fußball, sein Verein war die Viktoria Heldenbergen.
Er lernte bei der Eisenwarenhandlung Altheimer & Speier in der Kaiserstraße in Frankfurt. Später übernahm er dann das Geschäft

Max Speier
Inhaber: Martin Speier
Manufaktur- u. Schuhwaren
Heldenbergen
Kreis Friedberg i. H.
Telefon Nr. 11 Friedbergerstraße 17

seines Vaters. Allerdings sagte man weiter: "Wir gehen zum Max", wenn man bei Martin Speier einkaufte.
Martin Speier heiratete Paula Neuhof (* 4. 12.1905 in Baumbach, Kreis Rothenburg an der Fulda). Ihre Tochter Eleonore, genannt Ellen, wurde am 28. 12. 1929 geboren. Ein Bild zeigt sie mit ihrer Puppe vor der Wand ihres Hauses stehen. Ein anderes Bild zeigt sie gemeinsam mit der Mutter, der Tante Blanka und der Cousine Lieselotte im Garten der Speiers. Ellen besuchte ab Ostern 1936 die Schule in Heldenbergen. Später mußte Ellen die Heldenberger Schule verlassen und die Jüdische Bezirksschule in Bad Nauheim besuchen, die im Januar 1937 gegründet worden war. Ellen bekam Klavierunterricht bei Willi May in der Bahnhofstraße, ihr Vater brachte sie immer hin und holte sie auch wieder ab. Der Wunsch der Eltern war, daß Ellen einmal Lehrerin werden sollte. Aber das sollte für Ellen nicht möglich werden, da sie ein jüdisches Mädchen war.

Im November 1938 wurden bei der Familie Martin Speier in der Windecker Straße 19 die Scheiben eingeworfen. Martin Speier wurde verhaftet und ins Schulhaus in der Mittelburg zusammen mit den anderen jüdischen Männern von Heldenbergen gebracht. Dort verabschiedeten sich seine Tochter Ellen und die Ehefrau Paula herzzerreißend von ihm, wie eine damals Anwesende erinnerte.[167] Martin Speier wurde in das Konzentrationslager Buchenwald transportiert. Dort mußte er mehrere entsetzliche Wochen verbringen.

Da Pfingsten 1939 die Jüdische Bezirksschule in Bad Nauheim geschlossen werden mußte, besuchte Ellen dann eine jüdische Schule in Frankfurt.

Die Familie Martin Speier beschloß, Heldenbergen zu verlassen. Sie verkaufte das Haus, in dem die Familie Speier mehr als 75 Jahre in Frieden gelebt hatte. Im Juli 1940 zogen Martin, Paula und Ellen Speier nach Frankfurt in die Grüne Straße 38.

Martin Speier starb vor der drohenden Deportation am 1.Mai 1942. Seine Frau und die 12jährige Tochter beerdigten ihn auf dem jüdischen Friedhof Eckenheimer Landstraße in Frankfurt (Block 5 B 83).

Im Mai oder Juni 1942 wurden Ellen und auch ihre Mutter Paula aus Frankfurt gewaltsam in das Vernichtungslager Majdanek bei Lublin verschleppt und dort ermordet.

Im Garten der Familie Martin Speier in Heldenbergen. Links Paula Speier (Ehefrau von Martin Speier), die kleine Ellen und rechts Blanka und Tochter Lieselotte, die aus Frankfurt zu Besuch waren. 1935

Ellen Speier (1929) mit ihrem Püppchen vor dem Haus der Familie in der Windecker Straße 19 (Aufnahme 1933). 1942 wurde sie gewaltsam in das Vernichtungslager Majdanek verschleppt und ermordet.*

Familie Michael Speier
in der Bahnhofstraße 22

Michael Speier (* 9. 6. 1871) lebte in der Bahnhofstraße 22. Er handelte mit Textilien in kleinem Umfang, vielleicht wurde er auch deshalb gerne "die Kleinigkeit" genannt. Er lebte in wirtschaftlich kleinen Verhältnissen.

Michel Speier war der Sohn von Salomon Speier, zur näheren Bezeichnung hieß er so auch oft "Salmes Michel", also Salomons Michel. Der Vater Salomon Speier (* 1824 in Heldenbergen) kaufte 1854 das Haus in der Bahnhofstraße 22 und baute einen zweiten Stock auf das Haus. Dort führte er eine "Manufaktur- und Landesproductenhandlung". Er verlieh auch Geld. Seine Kunden waren Leute aus Heldenbergen, Erbstadt, Eichen und Ostheim. Über die Außenstände und die monatlichen Rückzahlungen führte er ein Buch, das im Archiv der Stadt Nidderau erhalten geblieben ist. 1899 starb er im Alter von 75 Jahren.

Michel Speier war verheiratet mit Paula Hirschmann (* 1881) aus Hüttenberg. Sie hatten zwei Kinder: das erste Kind, Moses, starb 1902 nur wenige Stunden nach der Geburt. 1903 wurde die Tochter Hertha geboren. Sie entwickelte sich zum "schönsten Mädchen von Heldenbergen", wie sie ihre Verehrer nannten. In Heldenbergen wurde sie das "Hertchen" gerufen. Sie heiratete Ernst Ballin-Oppenheimer. (Zu ihrem weiteren Schicksal siehe Seite 410ff.)

Paula Speier starb mit 44 Jahren am 20.1.1925. Ihr Grabstein ist auf dem Friedhof erhalten.

Michel Speier lebte während der Nazizeit einige Zeit mit der Familie Seligmann zusammen in seinem Haus. Im August 1941 zog er zu der Familie seiner Tochter Hertha Ballin-Oppenheimer nach Frankfurt in die Wittelsbacher Allee 11. Er war beidseitig gelähmt und völlig von der Pflege seiner Tochter abhängig.

Salomon Speier,
Manufaktur- &
Landesproducten-Handlung

Briefkopf 1890

Nachdem 1942 seine Tochter, der Schwiegersohn Ernst Ballin-Oppenheimer mit den Kindern Helmut, Liesel und Inge aus der Wohnung abgeholt und nach Theresienstadt verschleppt worden waren, lebte er noch einige Zeit mit Hannchen Ballin-Oppenheimer, der Schwiegermutter seiner Tochter, in Frankfurt. Von dort wurde er in das Konzentrationslager Theresienstadt verschleppt, wo er am 18.11.1942 im Alter von 71 Jahren starb.

Familien Isaak Speier und Salomon Aber

in der Mittelstraße 8

Der Altwarenhändler Isaak Speier lebte seit dem Jahre 1894 in der Mittelstraße 8. Er handelte mit Textil in kleinem Umfang, machte Hausbesuche mit Stoffen. Er kaufte auch alte Möbel und Spinnräder auf. In den Jahren 1905 und 1908 verkaufte er einige besonders schöne Trachtenstücke aus der Wetterau an das Historische Museum in Frankfurt: so eine besonders schöne Brautkrone aus Hochweisel und eine aus Hirschleder gefertigte Trachtenhose aus Langenselbold.[168)]

Verheiratet war er mit Minna Schott. Sie lebten erst in Büdesheim, wo auch die beiden Töchter geboren wurden:

Malchen • 18. 3. 1890
Klara • 4. 4. 1892

Nach dem Tode von Isaak Speier 1918 mit 54 Jahren, war seine Witwe 1930 die einzige jüdische Sozialhilfeempfängerin von 15 Personen in Heldenbergen und erhielt eine Kleinrente. Ihr weiteres Schicksal ist nicht bekannt.

Malchen Speier heiratete 1913 den Kaufmann Hermann Grünewald (• 14. 7. 1878) aus Ober Roßbach. Das Ehepaar wurde im Oktober 1941 aus Frankfurt in das Ghetto Litzmannstadt verschleppt. Dort starb Hermann Grünewald am 26. 3. 1942, Malchen Grünewald geborene Speier wurde ermordet.

Klara Speier (• 1890) und Familie Aber

Klara Speier heiratete 1918 Salomon Aber (• 4.5.1889 in Rawiecz bei Posen), der aus Polen stammte und nach dem 1. Weltkrieg in Heldenbergen geblieben war. In Heldenbergen wurde er "Salo" genannt. Salomon Aber war innerhalb der jüdischen Gemeinde tätig.

Eine kleine Anekdote von der Zeit, als Klara Aber die Geburt ihres ersten Kindes erwartete, erzählte man sich in Heldenbergen noch lange Zeit: "Frau Aber hatte immer ihre Mutter mit im Haus. Als die Zeit der Geburt immer näher rückte, so war sie recht unsicher und sagte zu ihrer Mutter: 'Gell, Mama Du weckst mich, wenn es so weit ist.'"[169)]

Sohn Julius wurde am 8.10.1920 in Heldenbergen geboren. Julius besuchte in den ersten drei Schuljahren die Volksschule in Heldenbergen. Dann konnte er eine Klasse überspringen und ging wegen guter Leistungen auf die Augustinerschule in Friedberg. Auch dort gehörte er zu den besten Schülern. Aufgrund der politischen Verhältnisse mußte er als jüdischer Schüler im August 1933 die Schule verlassen und beendete seine Schulzeit in Heldenbergen.

Im Jahre 1935 ging Julius Aber als kaufmännischer Lehrling in eine Likörfabrik nach Frankfurt. Sein Kindertraum, beim Nachbarn in der Werkstatt das Schreinerhandwerk zu lernen, konnte sich nicht erfüllen. Seine Mutter soll damals auf die Frage: "Gell Mama, ich lern' Schreiner beim Schreiner Reis?" gesagt haben: "Nein, nichts Bub, ein Jud muß handeln."[169a)]

Im Jahr 1937 arbeitete Klara Aber als Hausangestellte in der Scharmühle bei Rendel, später in Frankfurt bei Dr. Rosenberg Im Trutz 21. Im Juni 1937 erfolgte der Umzug nach Frankfurt in die Ostendstraße 20.

Schon wenige Wochen später starb Salomon Aber am 16.10.1937 im Alter von 48 Jahren, er wurde auf dem jüdischen Friedhof in Frankfurt, Eckenheimer Landstraße beerdigt (Grab 6 B 86).

Das Haus in Heldenbergen wurde 1938 verkauft.

Die jüdische Gemeinde Frankfurt unterstützte Klara Aber und ihren Sohn Julius.

Sohn Julius Aber erkrankte lebensgefährlich. Lilli Eckstein, seine Großcousine, hat Leukämie in Erinnerung. Er lag im jüdischen Krankenhaus in Frankfurt, wo ihn sein Schulfreund Herbert Rothschild noch einmal besuchte. Sie wußten beide um sein bevorstehendes Schicksal.

Julius Aber kam in eine Anstalt für jüdische Geisteskranke in Bendorf-Sayn am Rhein. Ab wann Julius Aber dort war, ist unklar. Am 12. 12. 1940 erging ein Erlaß, daß jüdische Geisteskranke nur

Haus Speier-Aber, heute Mittelstr. 8, am Eingang zum alten Schulhof in der Mittelburg

Klara Aber, geb. Speier, an ihrem Haus gingen bis 1937 täglich die Schulkinder Heldenbergens vorbei.

noch in die Heil- und Pflegeanstalt in Bendorf-Sayn bei Koblenz untergebracht werden sollen.[169b)]

Ab Frühjahr 1942 wurden Patienten dieser Anstalt in zwei Transporten in die Vernichtungslager des Ostens verschleppt. Julius Aber hatte das "Glück", nicht mehr auf den Listen für diese Transporte zu stehen: 16 Tage vor der Verschleppung weiterer 351 Personen aus der Anstalt starb Julius Aber am 30. Mai 1942 im Alter von 21 Jahren. Als Todesursache gab der jüdische Anstaltsarzt Dr. Rosenau an: "Manie und Herz- und Kreislaufschwäche". Möglicherweise aber hat Julius Aber seinem Leben auch selbst ein Ende gesetzt. Beerdigt wurde Julius Aber auf dem hoch über der Stadt Sayn liegenden jüdischen Friedhof.[169c)] Es wurde ihm aber kein Grabstein gesetzt, da es niemanden mehr gab, der sich an ihn erinnerte. Seine Mutter war im November 1941 von Frankfurt aus nach Riga verschleppt und ermordet worden. So blieb sein Grabplatz namenlos. Erst zum Tage seines siebzigsten Geburtstages wurde von der Verfasserin ein Grabstein auf seinem Grab niedergelegt.

Julius Aber (mittlere Reihe ganz links) mit den Jungen seiner Schulklasse und Lehrerin Morschel in Heldenbergen 1933

Familie Strauß

Moses Strauß (* 1824)

"Heute starb im Alter von 85 Jahren Herr Moses Strauß, der älteste Einwohner unseres Ortes. Er gehörte achtzehn Jahre lang dem Gemeinderat an und war über zwanzig Jahre lang erster Vorsteher der israelitischen Gemeinde. Heldenbergen verliert in dem Dahingeschiedenen einen seinen hervorragendsten Bürger, der allen, ohne Unterschied der Konfession, mit Rat und Tat zur Seite stand. Daher kam es auch, daß er allgemein geachtet und geehrt war und uneingeschränktes Vertrauen besaß." So schrieb die Windecker Zeitung im November 1908 zum Tode von Moses Strauß.[170)]

Moses Strauß war Besitzer der Niddermühle, später gehörte die Mühle seinem Schwiegersohn David Ballin-Oppenheimer, der dann im Rahmen der Feldbereinigung das mit der Mühle verbundene Wasserrecht an die Gemeinde verkaufte. 1914 verkaufte dieser dann auch die gesamte Niddermühle an die politische Gemeinde Heldenbergen.

Durch Mehlschulden kam auch die Hofreite Untergasse 3 in den Besitz von Moses Strauß, die er 1904 wieder verkaufte.

In den Jahren 1888 bis 1897 war Moses Strauß der Vorsteher der jüdischen Gemeinde Heldenbergen.

Am 30. Oktober 1886 wurde Moses Strauß als erster Jude in den Heldenberger Gemeinderat gewählt (siehe auch Seite 352). Er war dort bis zum Jahre 1904 Mitglied.

Seit 1887 war Moses Strauß Witwer. Als "Privatier" wohnte er bis zu seinem Tode in der Niddermühle.

Moses Strauß wurde 1824 in Büdesheim geboren. Er heiratete Mina Ballin-Oppenheimer (*1827) aus Heldenbergen. Im Jahre 1855 kaufte das Ehepaar die Hofreite in der Friedberger Straße 16, das Haus ließen sie 1892 abbrechen und neu aufbauen. Später ging das Haus dann an den Schwiegersohn David Ballin-Oppenheimer über.

Der jüngste Sohn Simon (* 1855) verbrachte sein Leben in Heldenbergen, wo er, wie sein Vater, in hohem Ansehen stand.

Simon Strauß (1855 - 1925) war lange Jahre Mitglied des Gemeinderates Heldenbergen und Vorstandsmitglied des Gesangvereins Euphrosyne

Simon Strauß (* 1855) und Familie

Simon Strauß kaufte im Jahre 1905 das ehemalige "Großherzogliche Hessische Zollhaus" am Ortsausgang von Heldenbergen Richtung Windecken, heute Windeckerstraße 43. Das Anwesen bestand aus einem 1 1/2 stöckigen Wohnhaus, Büro, Hintergebäude, Waschküche und Revisionsschuppen. Heute ist alles völlig umgebaut.

"Für den Getreide- und Mehlhandel hatten 'die Strauße' zwei Pferde und einen Kutscher Josef. Viehhandel war auch noch dabei. Sie hatten einen Kuhstall, da waren immer 5 bis 6 Kühe drin, größer war der Stall nicht. Über dem Stall hat der Kutscher gewohnt. Hinten war ein Garten", berichtete der frühere Nachbar.[170a)]

Simon Strauß setzte die Tradition seines Vaters fort. Auch er war lange Jahre im Gemeinderat von Heldenbergen. Vor dem ersten Krieg wurde Simon Strauß einmal von den Sozialdemokraten aufgestellt. Die Windecker Zeitung berichtete im September 1910: "Heute fand hier Gemeinderathswahl statt. Von der Arbeiterpartei wurden noch in letzter Stunde als Kandidaten proklamiert die Herren Simon Strauß, Kaufmann... Es erhielten... Strauß 156... Stimmen... Strauß (ist) somit gewählt."[170b)]

Nach dem 1. Weltkrieg war Simon Strauß im Gemeinderat Vertreter für die Deutsche Volkspartei (liberale Partei um Stresemann). "In den Jahren nach dem ersten Krieg haben der Doktor Dalquen und der Strauß den ganzen Kram gemanagt", erinnert sich ein Heldenberger.

Dem Gesangverein Euphrosyne gehörte Simon Strauß mehr als 30 Jahre an, viele Jahre davon als Vorstandsmitglied.

Auch im Leben der jüdischen Gemeinde war Simon Strauß aktiv. In den Jahren 1905 und 1907 war er im Vorstand der jüdischen Gemeinde Heldenbergen, aber auch in anderen Vereinen der jüdischen Gemeinde war er mit Vorstandsaufgaben vertreten. Seine Frau Emma Strauß war 1899 und 1913 Vorsitzende des Israelitischen Frauenvereins in Heldenbergen, 1924/25 Vorsitzende des Frauenunterstützungsvereins der jüdischen Gemeinde.

1883 heiratete der Handelsmann Simon Strauß Emma Heilmann (* 20.5.1861 in Lieblos). Sie hatten fünf Kinder:

Mathilde	* 14. 5. 1885	
Berthold	* 20. 4. 1887	
Mina	* 18. 6. 1888	+ 1893
Paul	* 27. 10. 1896	
Hans	* 29. 5. 1900	

Simon Strauß starb nur wenige Tage nach seinem 70. Geburtstag im Jahre 1925 als eine allseits geachtete Person in Heldenbergen. Unter großer Anteilnahme wurde Simon Strauß auf dem Heldenberger jüdischen Friedhof beigesetzt. Emma Strauß starb 1928. Der Doppelgrabstein des Ehepaares Strauß aus schwarzem Marmor hat die Entweihung und Zerstörung des jüdischen Friedhofes überdauert, er steht heute im Mittelpunkt des Friedhofes und läßt noch in seiner reichen Ausschmückung die einstmalige Würde und Anerkennung dieser Familie erahnen.

Emma Strauß (1861-1928) rechts mit ihrer Tochter Mathilde

Berthold Strauß (1923) als Bräutigam

Mathilde Strauß (* 1885)
Sie wurde in ihrer Familie Tilly genannt. 1908 heiratete sie den Kaufmann Isidor Lilienstein (* 23.4.1876) aus Usingen. Tilly zog nach Frankfurt in die Bornheimer Landwehr. Lange Jahre brachte der Heldenberger Nachbar Hild die Kartoffeln nach Frankfurt. Tochter Ruth (* 1909) war oft zu Besuch bei den Großeltern in Heldenbergen. Tilly starb am 14.2.1941 im Alter von 55 Jahren in Frankfurt, ihr Grab befindet sich auf dem jüdischen Friedhof Eckenheimer Landstraße (8 F 55). Die Tochter Ruth konnte nach Palästina auswandern, sie starb 1983. Isidor Lilienstein wurde von Frankfurt aus nach Theresienstadt verschleppt und starb dort am 17.2.1943.

Berthold Strauß (* 1887)
Er war Soldat im 1. Weltkrieg und wurde mit der Hessischen Tapferkeitsmedaille sowie dem Eisernen Kreuz II. Klasse ausgezeichnet. 1923 heiratete er eine Frau Dinkelsbühler aus Fürth in Bayern und hatte zwei Kinder: Lore (* 1924) und Franz (* 1925). Er war Reisender für das renommierte Seidenwarengeschäft Schwarzschilling-Ochs in Frankfurt. Später wurde er dann Geschäftsführer einer ihrer Niederlassungen in Berlin. Die Chefs von Schwarzschilling-Ochs emigrierten nach England, wohin sie Berthold Strauß im September 1938 holten und wo er schon 1945 starb.

Hans Strauß (* 1900)
Er besuchte von 1911 - 1913 die Augustinerschule in Friedberg. 1928 heiratete er eine Tochter des Hanauer Likörfabrikanten Stück. Er konnte nach Sao Paulo, Brasilien auswandern, wo er vor einigen Jahren starb.

Paul Strauß (* 1896)
Er ging erst in Heldenbergen in die Schule, später besuchte er die Oberrealschule in Hanau. Er war mit Erna Heilmann (* 23. 2. 1900) aus Gelnhausen verheiratet. Sie hatten zwei Söhne: Walter (* 1924) und Kurt (* 1926), die beide in Frankfurt geboren wurden. Die Familie lebte bis 1929 in Heldenbergen. Nach dem Tode seiner Eltern verkaufte Paul Strauß das Elternhaus und zog nach Frankfurt, Eichendorffstr. 27 am Dornbusch. Er hatte dort eine gutgehende Firma. Im November 1938 wurde er verhaftet und nach Buchenwald verschleppt. Die sogenannten Arisierungsverhandlungen mußte in dieser Zeit seine Frau Erna führen, sie wandte sich dabei auch an einen Freund aus Heldenberger Tagen, Georg Franz.

Entkräftet kehrte Paul Strauß aus Buchenwald zurück und reiste am 11. 2. 1939 zu seinem Bruder Berthold nach London. Durch Vermittlung des Bruders Hans in Brasilien erhielt Erna Strauß Visa für Brasilien, sie löste die Frankfurter Wohnung auf und fuhr von Hamburg mit den Söhnen auf der Cabacona nach Brasilien, bei einem Zwischenaufenthalt stieg Paul Strauß zu. Der

Anfang in Brasilien war schwer. Es gelang die Gründung eines Bijouteriehandels insbesondere mit Halbedelsteinen in Sao Paulo.[170c)]

Nach dem Krieg besuchten Paul und Erna Strauß einige Male Heldenbergen, besonders ihre alten Nachbarn Heinrich Hild, mit denen sie stets in Verbindung blieben. Paul Strauß starb 1968 in Brasilien. Erna Strauß hatte sich besonders über die Einladung der Stadt Nidderau zur Woche der Begegnung gefreut und alle Ereignisse interessiert mitverfolgt. Aus gesundheitlichen Gründen war es ihr nicht möglich zu kommen. Sie starb am 5. Februar 1989 in Sao Paulo.

1928 im Garten der Familie Strauß in Heldenbergen.
Stehend von rechts: Erna und Paul Strauß, Ruth (Tochter von Mathilde Strauß), ?, Hans Strauß, Cousine Jenny Heilmann.
Sitzend von links: Emma Strauß mit Kurt Strauß auf dem Schoß, Frau Heilmann (Mutter von Erna Strauß) mit Walter Strauß auf dem Schoß

Sußmann Traub
in der Bahnhofstraße 13

Sußmann Traub handelte mit Hasen- und Ziegenfellen. Er wurde in Heldenbergen "de Joauckel" genannt. Eigentlich stammte er aus Oberaula (* 5. 4. 1875), 1902 heiratete er Fanny Scheuer (geb. 21. 6. 1862), die Tochter des Metzgers und Viehhändlers Abraham Scheuer I.

Von Sußmann Traub erzählte man sich in Heldenbergen gerne die Geschichte, wie er abends auf dem Weg zur Hintermühle sagte: "Jetzt war ich schon dreimal bei der Hintermühle und kann doch keinen Schlaf kriegen. Da hab ich zwei Frauen im Haus und doch keine." Ein über 90jähriger Mann erinnert sich: "De Jouckel war Viehhändler. Er war ein harmloser Schwätzer und wiederholte oft einen Satz: 'Herr ..., schönes Wetter heute' oder 'Zwei Weiber und doch keins'. Was und wie redete der brave, einfältige Jouackel uns Nachbarn alles vor. Wir duldeten ihn."[171)]

Fanny Scheuer reichte 1932 die Scheidung ein. Sußmann Traub lebte dann eine Zeit in einem Zimmer der jüdischen Gemeinde.

Sußmann Traub wurde als Eigenbrötler beschrieben. 1932 beschwerte er sich über den Bürgermeister Goy, der ihn dann kurzerhand aus seinen Diensträumen rausschmiß.

Nach der Scheidung meldete er sich von Heldenbergen in seinen Geburtsort Oberaula zurück. Etwa im Frühjahr 1936 muß Sußmann Traub nach Gießen in die Heil- und Pflegeanstalt eingewiesen worden sein. Sein Name findet sich auf den Transportlisten aus der Anstalt in Gießen. Dort ist seine Krankendiagnose angegeben mit "Reizbarer Psychopath mit Intelligenzdefekten". Welcher nähere Umstand zu seiner Einweisung nach Gießen geführt hat, ist nicht bekannt. Am 1. Oktober 1940 wurde er zusammen mit anderen kranken Juden vermutlich in die Heilanstalt Brandenburg transportiert und dort vergast. Zur Tarnung dieser Tötung wurde auf dem Sterbevermerk "Cholm II" angegeben. Sein Todesdatum ist erst mit dem 16. 3. 1941 datiert, obwohl die Tötungen der jüdischen Geisteskranken schon bis Dezember 1940 erfolgt waren (siehe auch Seite 390).

Haus von Sußmann Traub in der Bahnhofstr. 13, "de Jouckel" wurde er genannt.

Mit im Haus in Heldenbergen in der Bahnhofstraße 13 lebte noch die Schwester von Frau Traub, Malchen Scheuer (* 29. 10. 1863). Bis 1924 lebte sie einige Zeit in Pfungstadt. Sie starb am 1. 1. 1939 in Heldenbergen. Wo sie beerdigt wurde, ist nicht klar, da zu dieser Zeit der jüdische Friedhof an der Straße nach Kaichen schon zerstört war, vielleicht auf dem alten Friedhof am Kellerberg.

Fanny Traub lebte weiter in ihrem Haus in Heldenbergen. Im April 1939 erhielt sie noch Armenunterstützung von der Gemeinde Heldenbergen in Höhe von 5 RM für eine Woche, deren Erhalt Manuel Scheuer für sie quittierte.
Sie starb am 22.3.1941.

Familie Wertheimer
in der Windecker Straße 10

Lehrer Wertheimer war über 50 Jahre Lehrer der jüdischen Gemeinde Heldenbergen (siehe Seite 318ff.) und in Heldenbergen eine allgemein hochgeachtete Persönlichkeit.
Er wurde am 12. 6. 1835 in Neustadt im Odenwald geboren, seit 1863 lebte er in Heldenbergen. Er war verheiratet mit Babette Wetzel. Das Ehepaar hatten sieben Kinder:

Max	* 11. 9. 1868	
Julius	* 2. 11. 1869	
Sohn	* 26. 10. 1871	+ 26.10.1871
Jakob Karl	* 9. 10. 1872	+ 23. 10.1872
Joseph	* 6. 6. 1874	
Rudolph	* 12. 2. 1877	
Adolf	* 22. 8. 1879	

In zweiter Ehe war Leopold Wertheimer mit Minna Wassermann (* 16.12.1855) aus Hüttenbach in Bayern verheiratet. Sie starb 1895 mit 49 Jahren. Ihr Grabstein ist auf dem Friedhof zu finden. Im Alter von 85 Jahren starb Lehrer Wertheimer 1921 in Heldenbergen.

Julius Wertheimer (* 1869)
Julius Wertheimer war Schriftsteller und Journalist.[171a] Als er im Jahre 1896 von Plauen nach Frankfurt kam, gab er noch als Beruf Kaufmann an.[172]
Er heiratete 1904 Sara Gerson (* 10.2.1871), die wie er aus Heldenbergen stammte. In Frankfurt lebte das Ehepaar in der Schleidenstraße 18.

1888 erschien von ihm "Eine Frühlingsfahrt durch Dalamatien, Monte Negro, Griechenland und die Türkei".[173] 1891 erschien "Im Süden. Von Algier nach Tunis".[174] 1911 veröffentlichte er auch unter seinem Pseudonym Pasquino: Der große Thepsis. Ein Schwank in 1 Aufz."[175]

Julius Wertheimer war Redakteuer der "Frankfurter Neusten Nachrichten", er schrieb Essays und Theaterkritiken. 1901 veröffentlichte er unter dem Pseudonym Pasquino die Schrift "Ein Jahr unter der neuen Aera - Ein Beitrag zur Geschichte der Frankfurter Oper".[176] Seine Beweggründe stellte er in der Einleitung dar: "Wenn ich mich entschlossen habe, in Form einer Broschüre die Zustände an der Frankfurter Oper zu beleuchten, so hat dies seinen Grund darin, daß nach der Ansicht aller Fachleute das künstlerische Niveau unserer Oper einen solchen Tiefstand erlangt hat, daß es dringend notwendig erscheint, die breiten Massen des Volkes aufzuklären, um weiteres Unheil zu vermeiden, oder besser gesagt, die unausbleibliche finanzielle Katastrophe zu verhindern... Es scheint daher ein dringendes Gebot der Notwendigkeit, allen diesen maßgebenden Faktoren von außen her das Gewissen zu schärfen. Und diesem Umstand verdankt das vorliegende Werkchen seine Entstehung."[177] Zum Schluß faßte er zusammen: "Ich habe in gedrängter Form den Versuch

Um 1900. Die fünf Söhne des Lehrers Wertheimer: Von links stehend: Rudolf (1877), Joseph (* 1874), Julius (* 1869), sitzend von links: Adolf (* 1879), Max (* 1868)*

gemacht, den Beweis für die Behauptung des künstlerischen Tiefstandes unseres Hauses zu erbringen... Jedenfalls habe ich den Beweis erbracht, daß alles auf eine Änderung der bestehenden Verhältnissse hindrängt. Ich habe ferner eine Anzahl Reform -Vorschläge gemacht, die... unserem Opernhause in aller Kürze wieder einen Platz unter den erstklassigen deutschen Opernbühnen sichern... Und nun hoffe ich, daß recht bald im Inneren des Gebäudes gehalten wird, was es draußen auf der Stirne trägt:

'DEM WAHREN, GUTEN SCHÖNEN!'

Dixi et salvavi animam meam".[178)]

Julius Wertheimer beantragte im Jahre 1908 beim Bürgermeister von Heldenbergen die "Ausstellung eines Heimatscheines", er beabsichtigte "auf fünf Jahre seinen Aufenthalt in Belgien in der Stadt Brüssel (zu nehmen, da er) dort in Stellung gebeten ist."[179)]

Für das Jahr 1917 gibt Kürschners Deutscher Literatur-Kalender zu Julius Wertheimer an: "Korrespondent" für "Wolffs Telegraphisches Bureau" in Berlin und der "Vossischen Zeitung", die ebenfalls in Berlin ihren Sitz hatte. Weiter heißt es: "Zur Zeit beim Generalgovernement, Politische Abteilung Brüssel 106, rue Franklin". Außerdem wurde noch angegeben, daß Julius Wertheimer Mitglied im "Verband deutscher Journalisten- und Schriftsteller vereine" war und auch dem "Reichsverband der deutschen Presse" angehörte.[180)]

Auch die "Bibliographia Judaica - Verzeichnis jüdischer Autoren deutscher Sprache " führt Julius Wertheimer auf, "zuletzt 1914 in Brüssel" lauten dort die letzten Hinweise. "Todesdatum konnte nicht ermittelt werden."[181)]

Wolffs Telegraphisches Büro, das W.T.B., war eine der vier Nachrichtenagenturen, die sich die Welt aufgeteilt hatten, und belieferte 4 000 Zeitungen mit Meldungen. Die Vossische Zeitung war als Blatt der Intellektuellen, ein wenn nicht die renommierteste deutsche Zeitung.

Von Frankfurt verzog Julius Wertheimer 1918 nach Berlin.[182)] Julius Wertheimer blieb weiter für das W.T.B. tätig.

Im Juli 1932 wurde Wertheimer erwähnt als Leiter des W.T.B. Büros Paris "Wertheimer - Paris mit 2 Angestellten".[183)]

In einem Schreiben der Deutschen Botschaft in Paris vom 10. November 1933 heißt es: "Da Herr Wertheimer demnächst aus seiner Stellung als Pressebeirat der Botschaft endgültig ausscheiden wird, glaube ich, von der Einreichung eines Berichtes über seine Tätigkeit absehen zu können."[184)]

Wie Julius und Sara Wertheimer die deutsche Besetzung überleben konnten, ist nicht bekannt. Das Ehepaar lebte in Grenoble, wo Julius Wertheimer im Alter von 75 Jahren im Dezember 1944 starb.[184a)]

Sara Wertheimer geborene Gerson besuchte 1950 auch Heldenbergen. Sie verzog 1952 nach Aix les Bains, wo sie wenige Tage nach ihrem 90. Geburtstag am 15.2.1961 starb.

Joseph Wertheimer (* 1874)

Er lebte seit 1890 als Kaufmann in Frankfurt. Er war verheiratet mit der Christin Josefine Bopp. Sie hatten zwei Kinder, Edgar und Erna. Edgar war Soldat im 1. Weltkrieg und fiel für "sein deutsches Vaterland". Erna starb in jungen Jahren. Joseph Wertheimer war 1943 im Strafgefängnis in Frankfurt-Preungesheim. Als ein in sogenannter "privilegierter Mischehe" lebender Jude wurde er erst spät nach Auschwitz deportiert und dort ermordet. Seine Frau lebte bis 1957 in Heidelberg.

Rudolf Wertheimer (* 1877)

Er war verheiratet mit Minna Traugott (* 8.8.1892 in Nieder-Marsberg, Kreis Brilon). Das Ehepaar lebte in Offenbach, wo auch 1924 der Sohn Franz geboren wurde. Wertheimers besaßen eine

Ein Jahr unter der neuen Aera.

Ein Beitrag zur Geschichte der Frankfurter Oper

von Pasquino.

Druck von Heinrich Maus & Co., Frankfurt a. M. 1901

[1902]

Der Journalist Julius Wertheimer veröffentlichte diese Bemerkungen zur Frankfurter Oper 1901 unter dem Pseudonym Pasquino.

Lederwarenfabrik in der Geleitstraße 65, ihr Geschäft befand sich in der Roonstraße 16 in Offenbach. Die Nichte Irene Wertheimer aus Heldenbergen lebte mit der Familie in Offenbach und wurde 1937 auch Mitinhaberin der Firma. Am 9. März 1941 starb Rudolf Wertheimer in Offenbach. Sein Grab befindet sich auf dem dortigen Alten jüdischen Friedhof.

Der Sohn Franz Wertheimer konnte als Jugendlicher sein Leben dadurch retten, daß er mit einem Kindertransport im Januar 1939 in die Schweiz kommen konnte. Er wanderte nach dem Krieg nach Israel aus, wo er heute lebt.

Max Wertheimer (* 1868)

Er war verheiratet mit Regina Diamant. Das Ehepaar lebte kinderlos in Frankfurt. Max Wertheimer starb am 11. 6. 1931. Sein Grab befindet sich auf dem jüdischen Friedhof in Frankfurt, Eckenheimer Landstraße (4 E 76).

Adolf Wertheimer (* 1879) und Familie

Adolf Wertheimer war der einzige Sohn des Lehrers Wertheimer, der in Heldenbergen lebte. Adolf Wertheimer führte einen Tabakwarengroßhandel.

Im Ersten Weltkrieg war er Soldat und diente im zweiten Eisenbahnregiment. Im Kriegerverein Heldenbergen gehörte er mehrere Jahre vor 1914 zum Vorstand. Im Gesangverein Euphrosyne war er ebenfalls Mitglied, außerdem in der Freiwilligen Feuerwehr von Heldenbergen.

Er heiratete 1906 Betty Seelig aus Schlüchtern (* 22.8.187, an anderer Stelle 22.12.1880). Das Ehepaar hatte drei Kinder:

Irene	* 26. 6. 1907
Else	* 10. 8. 1908
Julius	* 8. 2. 1911

Die Familie wohnte im Haus Windecker Straße 8 zusammen mit dem Lehrer Wertheimer, der dort häufig im Hof Hühner und

Betty Wertheimer lebte seit ihrer Heirat 1906 in Heldenbergen, 1939 floh sie nach Afrika, um ihr Leben zu retten.

Else Wertheimer (rechts) mit ihrer Freundin Maria Heß (Mack). 1929

Julius Wertheimer (4. von rechts oben) im Kreise seiner Freunde Pfingsten 1931 in Heldenbergen

Tabakwarengroßhandlung
Adolf Wertheimer • Heldenbergen
Telefon Nr. 60
Billigste und beste Bezugsquelle
erstkl. Marken für Wiederverkäufer
in **Cigarren, Cigaretten, Tabake** zu Fabrikpreisen.

Geschäftsanzeige 1925

Tauben schächtete. Am 16.1.1921 starb Leopold Wertheimer im Alter von 85 Jahren.

Nur einige Monate später, am 31.12.1921 starb auch Adolf Wertheimer mit 40 Jahren an den Spätfolgen einer Gasvergiftung, die er sich während des Ersten Weltkrieges zugezogen hatte. Das Gedenkbuch der jüdischen Gefallenen 1914 - 1918 nennt auch seinen Namen.[185)] Seine Witwe Betty Wertheimer erhielt eine Kriegerwitwenrente, die ihr aber während der Nazizeit genommen wurde.

Sie führte das Geschäft alleine weiter. Als Großhändlerin setzte sie ihre Tabakwaren besonders an Gaststätten ab. Mit Beginn der Naziherrschaft wurde sie bei ihren Geschäftsgängen häufig bedroht. Am 1. April 1933 wurden auch vor ihrem Geschäft SA-Leute postiert, die die Kunden abhalten sollten. Unter diesen Umständen entschloß sich Betty Wertheimer recht bald zur Aufgabe ihres Geschäftes.

Im Juni 1939 konnte sie zusammen mit ihrer Tochter Irene eine Schiffspassage auf dem Dampfer Ubena der Ost-Afrika-Linie nach Beira (heute Mozambique) bekommen. Sie hatte ein Visum für Rhodesien bekommen können, wo in der Stadt Bulawajo schon ihr Sohn Julius lebte. Dort verdiente sie durch Heimarbeit ihren Lebensunterhalt. Am 17.9.1958 starb Betty Wertheimer in Bulawajo.

Julius Wertheimer (* 1911)

Julius Wertheimer besuchte nach der Volksschule in den Jahren 1921 - 1925 die Augustinerschule in Friedberg. Er war ein begeisterter Fußballspieler bei der Viktoria Heldenbergen.

Bei der Dresdner Bank in Frankfurt machte er eine Banklehre. Oft kam er nach Heldenbergen zur Mutter, auch im Kreise seiner Heldenberger Freunde hielt er sich gerne auf, wie das Foto von Pfingsten 1930 zeigt.

Am 27. Dezember 1933 bekam Julius Wertheimer ein Schreiben der Direktion der Dresdner Bank Frankfurt. Darin wurde ihm mitgeteilt, daß man ihn bei Inkrafttreten des Gesetzes zur Wiederherstellung des Berufsbeamtentums im April 1933 (das bedeutete den Ausschluß von Juden aus allen entsprechenden Positionen) als Bankangestellten als geschützt angesehen habe. Von der Zentrale in Berlin seien nun anderweitige Verfügungen getroffen worden, so daß ihm als Jude nun gekündigt würde zum 31. Januar 1934. Der stellvertretende Direktor der Dresdner Bank, Adolf-Hitler-Anlage 7 in Frankfurt, stellte ihm am 5.12.1935 ein Zeugnis aus, das recht deutlich besagte, daß er aus rassistischen Gründen als Jude entlassen wurde.

Im März 1936 wanderte Julius Wertheimer nach Kapstadt in Südafrika aus. Dort war er aber nur kurze Zeit, da er keine richtige Arbeit bekommen konnte. Die Sprache war ein großes Hindernis. Er bekam dann einen Vertrag als Manager in einer Mine in Rhodesien, heute Zimbabwe. Er lebte dort in der Stadt Bulawayo. Seine Verlobte Gretel Sichel (* 1.1.1913) folgte ihm 1937 dorthin. Sie heirateten in der Synagoge von Bulawayo. Es war wohl recht

Dresdner Bank
in Frankfurt a.M.
Direktion

Frankfurt a.M., den 27.12.1933

Herrn
Julius Wertheimer
im Hguse
========

Beider Durchführung des Gesetzes zur Wiederherstellung des Berufsbeamtentums wurde s.Zt. von Ihrer Kündigung Abstand genommen, weil wir der Ansicht waren, dass Sie als "geschützt" gelten.

Nunmehr wurde aber durch unsere Zentrale in Berlin festgestellt, dass dies nach dem Kommentar des Herrn Ministerialrat Seel zum vorerwähnten Gesetz nicht der Fall ist, und wir wurden deshalb angehalten, Ihnen per

31. Januar 1934

zu kündigen, wovon wir Sie hiermit in Kenntnis setzen.

Hochachtungsvoll

Dresdner Bank in Frankfurt a.M.

gez. Unterschriften.

Die Übereinstimmung der vorstehenden Abschrift mit der mir vorliegenden Urschrift beglaubige ich.

Hannover, den 30.4.54

Notar.

Julius Wertheimer wurde im Dezember 1933 von der Dresdner Bank in Frankfurt gekündigt, nur weil er Jude war.

Stellv. Direktor der
Dresdner Bank in Frankfurt a.M.
HANS JEIDELS
Rechtsanwalt am Oberlandesgericht

FRANKFURT A.M., den 5.Dezember 1935.
Adolf Hitler-Anlage 7

Sehr geehrter Herr Wertheimer !

Wie Sie mir sagen, beabsichtigen Sie, demnächst nach Südafrika auszuwandern und sich dort um eine Stelle zu bewerben. Um Ihnen Unterlagen für diese Bewerbung zu geben, bestätige ich Ihnen gerne, dass Sie von 1926 bis 1933 bei der Dresdner Bank in Frankfurt a.M. als Bankbeamter beschäftigt waren und die Ihnen gestellten Aufgaben zu voller allseitiger Befriedigung erfüllt haben. Ihre Entlassung von der Dresdner Bank ist lediglich auf Grund gesetzlicher Vorschriften geschehen; in Ihrem persönlichen oder dienstlichen Verhalten hätte hierzu kein Anlass vorgelegen und soweit ich unterrichtet bin, ist Ihr Ausscheiden allgemein bedauert worden. Ich selbst kann Ihnen das Zeugnis eines gewissenhaften, fleissigen und persönlich in jeder Beziehung einwandfreien Mannes ausstellen.

Ich hoffe gern, dass Ihre Bewerbung Erfolg hat und wünsche Ihnen alles Gute für Ihren weiteren Lebensweg.

Mit verbindlichen Grüssen

Ihr sehr ergebener
Hans Jeidels

Herrn Julius Wertheimer,
Frankfurt a.M.
Bleichstr.27

Empfehlungsschreiben der Dresdner Bank für Julius Wertheimer nach seiner Zwangskündigung als Jude - 1933.

traurig für das junge Brautpaar, daß sie niemanden dort kannten. Sie hatten zwei Töchter. Julius Wertheimer machte sich dann in Bulawayo mit einem Geschäft für Holzvertäfelungen selbständig. 40 Jahre lebte er dort mit seiner Familie, bis er sich im Jahr 1977 entschloß, das Land aus politischen Gründen zu verlassen. Deshalb siedelte er mit seiner Familie nach Johannesburg in die Republik Südafrika über. Dort arbeitete Julius Wertheimer noch bei Verwandten, hörte dann aber auf zu arbeiten. Nur eineinhalb Jahre nach dem Umzug nach Johannesburg starb Julius Wertheimer 1979 im Alter von 68 Jahren.

Die "Wertheimer Mädche" Else (* 1908) **und Irene** (* 1907)
Else und Irene, die beiden Wertheimer Mädchen, waren in Heldenbergen beliebt als sehr gut aussehende und attraktive Mädchen. "Beim Abschlußball der Tanzstunde hatten die Mädchen wunderbare Kleider an mit Schleifen und Bändern. Sie nähten sich alles selber, alles saß wie angegossen", erinnert man sich noch heute. "Auf einem Faschingsball hatten die beiden Kostüme mit solchen Ausschnitten an, so was hatte man in Heldenbergen noch nicht erlebt. Wunderbar! Die beiden hatten auch die ersten 'Bubiköpfe' in ganz Heldenbergen - von einem Windecker Frisör geschnitten."[186]
Else ging in Friedberg zur Schule. Ein Bild zeigt sie mit ihrer Freundin Minna aus dem Nachbarhaus in Heldenbergen. 1932 ging sie nach Nieder Moßburg. Einige Jahre lebte sie dann bei Verwandten in München. 1938 wanderte Else ebenfalls nach Bulawayo aus und heiratete 1941 Ernst Singer, mit dem sie 20 Jahre bis zu dessen Tode verheiratet war. 1977 ging sie mit ihrem Bruder Julius nach Johannesburg.

Irene Wertheimer ging in Hanau zur höheren Schule. Später lebte sie bei ihrem Onkel Rudolf Wertheimer in Offenbach, Roonstraße 16, der dort ein Lederwarengeschäft besaß, und arbeitete dort im Büro als Kontoristin. Ab 1937 war sie Mitinhaberin der Lederwarenfabrik ihres Onkel.

Im Juni 1939 konnte Irene zusammen mit ihrer Mutter ihr Leben retten durch die Flucht nach Bulawajo in Rhodesien zu ihrem Bruder. Sie heiratete Ernst Hammerschlag und bekam eine Tochter. Aufgrund der veränderten Machtverhältnisse in Rhodesien zogen Irene und ihre Familie zusammen mit ihren Geschwistern nach Johannesburg 1977. Einige Monate später starb Irene in Johannesburg.

Else - als letzte der drei Geschwister Wertheimer - lebt seit einigen Jahren zusammen mit der Witwe von Julius Wertheimer in Johannesburg. Gretel Wertheimer war 1986 auf Einladung der Stadt Frankfurt gemeinsam mit Else zum erstenmal nach ihrer Flucht in Deutschland. Zur Einladung der Stadt Nidderau war ihre Adresse leider nicht bekannt.

Stammbäume der jüdischen Familien Windeckens im 18./19. Jahrhundert

Im Hessischen Hauptstaatsarchiv in Wiesbaden (Bestand 365/ 825-828) liegen auf Mikrofilm Kopien der Personenstandsregister, die von der Jüdischen Gemeinde Windecken geführt werden mußten, vor. Dabei handelt es sich um von den Nazis in der Kristallnacht 1938 beschlagnahmtes Material. Im einzelnen sind dies:

- Geburtsregister vom 22.11.1825- 26.9.1889
- Trauregister vom 3.1.1827- 23.2.1890
- Sterberegister vom 30.8.1825-23.10.1880

Nicht alle Einträge sind vollständig erhalten, einige sind auch unleserlich.
Eine "Verzeichnis sämtlicher in Windecker lebender Israeliten", das im Jahre 1822 vom Gemeindeältesten Jacob Schloß aufgestellt im Staatsarchiv in Marburg gefunden werden konnte (180 Hanau, ohne weitere Angabe), bot Ergänzungen, ebenso die Personenstandsregister, die die Stadt Windecken ab 1875 führen mußte.
Nur die wenigsten Familiennamen sind noch nach 1900 in Windecken zu finden, viele Familien waren aus Windecken in die größeren Städte gezogen. Alle Mitteilungen an die Verfasserin wurden eingearbeitet. Soweit nicht anderes angegeben, beziehen sich die angegeben Geburts- Heirats- oder Sterbejahre auf Windecken.
Peter Wyant, Regina Sascatchewan Kanada, hat sich dankenswerter Weise die so große Mühe gemacht und alle vorliegenden Informationen in einzelne Familienstammbäume zusammengestellt.

Es liegen so Stammbäume folgender Windecker Familien vor:

Familien Guggenheimer und Orschel

- Löb Guggenheimer, 1795 - 1842, Gänsehändler, aus Friedberg ⚭ 1834 Rachim / Regine Sandheimer, 1804 - 1871, aus Eckartshausen
  - Hannche Guggenheimer, * 1835
  - Klärchen Guggenheimer, * 1838
  - Sophie Gugenheimer, * 1842
- Benda / Jendle / Gretche Guggenheimer, 1799- 1841 ⚭ 1827 (1) Michael Orschel, 1796 - 1865, aus Friedberg, Frucht- u. Pferdehändler
  - Abraham Orschel, * 1827, Frucht u. Pferdehändler ⚭ 1851 Jette Rotschild, * 1826, aus Heldenbergen
    - Isaak Orschel, * 1851
    - Lina Orschel, *1852
    - Herrmann Orschel, * 1853
    - Arnold Orschel, * 1855
    - Jenny Orschel, * 1857
    - Ferdinand Orschel, * 1859
    - Karl Orschel, * 1863
  - Michael Orschel, 1829 - 1847
  - Süsskind Orschel, * 1831
  - Hertz Orschel, * 1832, Handelsmann ⚭ 1858 in Bockenheim Betty / Bettche Marxsohn, aus Kilianstädten
    - Jenny Orschel, * 1859
    - Louis Orschel, * 1860
    - Lina Orschel, * 1862
    - Leopold Orschel, * 1863
    - Moritz Orschel, 1866 - 1868, † in Frankfurt
  - Hannche Orschel, * 1834
  - Libmann Orschel, 1838 - 1853
  - Lina Orschel, * 1840
- Michael Orschel ⚭ 1852 (2) Bettche Speier, aus Gettenbach
  - Karoline Orschel, 1854 - 1856
  - Malchen Orschel, * 1857
  - Gerson Orschel, * 1858

Familien Herzberger

Simon Herz Berger / Grinebaum ∞ Beile / Bela Joseph
1766 - 1827 — 1776 - 1843
aus Kesselstadt
Metzger

- Henele Herz * 1796
- Kallmann Herz 1797 - 1864 — siehe ↓ Familie Levi
- Samuel Herz * 1799
- Michele Herz * 1804
- David Herz Berger 1807 - 1831 Handelsmann
- Baine Herz * 1809

- Frommet * 1739 aus Windecken
- Löb Herz 1746 - 1825 geschäftslos aus Windecken ∞ Bunle * 1761 aus Hirschsprung

---

Simon Hochbürger ∞ Wilhelmine
aus Windecken

Samuel / Sannel Hochbürger / Her[t]z / Hessburger ∞ Meile / Malchen Gönshaber
1800 - 1874 — 1799 - 1886
Metzger und Viehhändler — aus Igenhausen / Bayern

- Meitzche Hessburger * 1835
- Betchen Hertzbürger 1837 - 1868 — ↓ siehe Familie Strauß
- Madelche Minchen Herzberger * 1838

Familie Kallmann

Maier Kallmann ∞ Betche / Breunle Faibel
1785-1857 — * 1781
aus Prag — aus Wertheim
Vorsänger

- Mindel Kallmann * 1812
- Jette Kallmann * 1813
- Philipp M. Meyer / Kallmann * 1811 Warenhändler u. Lottereicollecteur
  - 1837 ∞ 1 Elisa / Ella Schloss 1814 - 1845 aus Windecken
    - Hanche Meyer 1838 - 1840
    - Mina Kallmann * 1840 — 1862 ∞ Wolf Andreas Willing Handelsmann aus Amsterdam
    - Sophie Kallmann * 1841
    - Jettche Kallmann * 1842
  - 1851 ∞ 2 Jette Stern aus Hintersteinau
    - Karl Kallmann 1852 - 1858
    - Ida Kallmann * 1853
    - Rosalie Kallmann * 1854
    - Franziska Kallmann * 1858 +1944 Theresienstadt ∞ Rosenthal
    - Kattinka Kallmann * 1858

Familie Hess

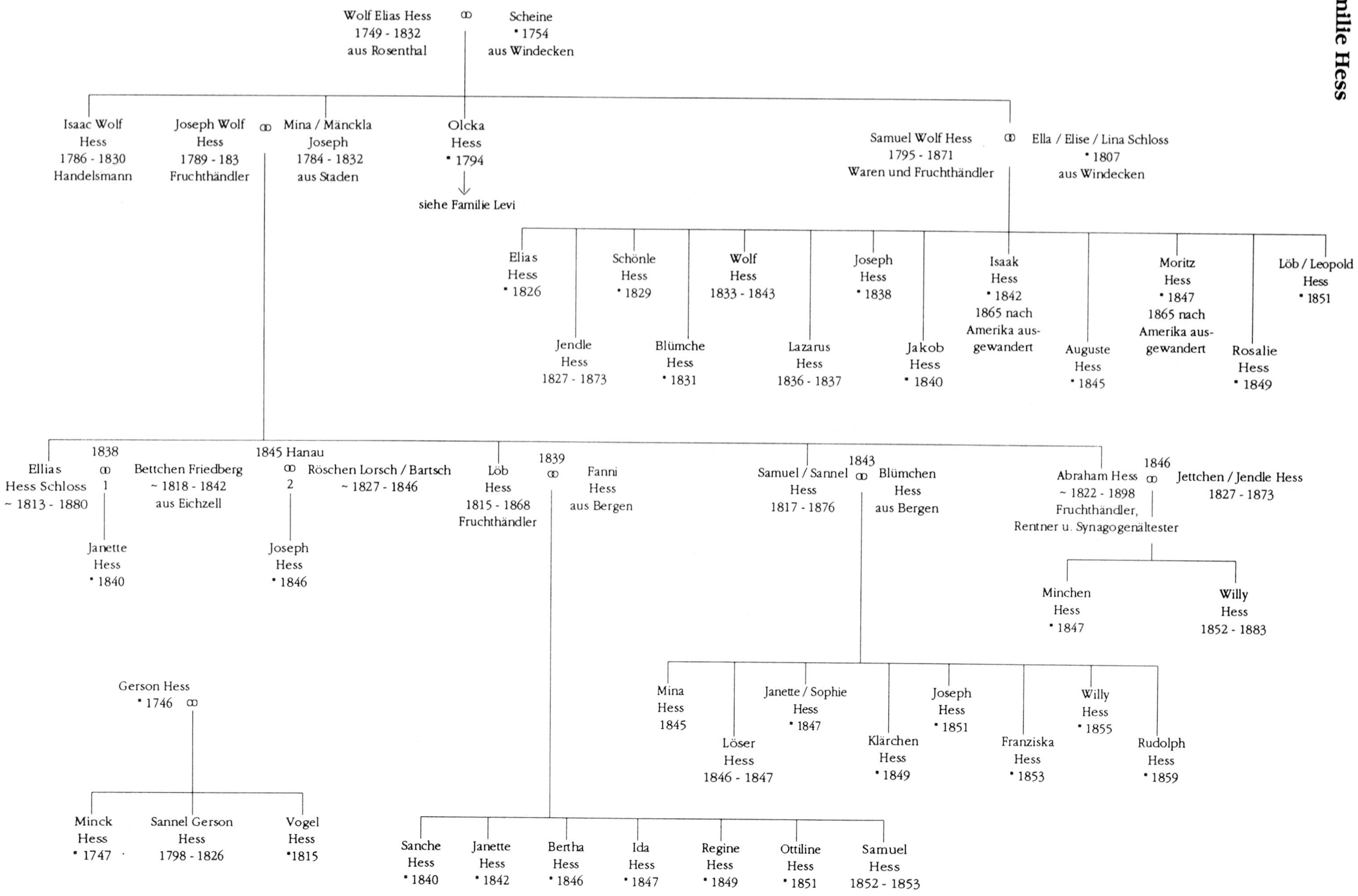

Familie Kaufmann
Windecken - Ostheim
Familie Wolf - Ostheim

Jakob Kaufmann / Moses ∞ Gütchen / Gretchen Hess
Pferdehändler — ca. 1793 - 1854

Hanna Moses
• 1826
vor 1871 nach USA augewandert

Herz Kaufmann
1831 - 1840

Minge Kaufmann
• 1833
vor 1871 nach USA ausgewandert

Samuel Kaufmann ∞ (1867) Helene Lemberger
• 1837 - Windecken — • 1841
Pferdehändler — aus Marktbechhofen / Bayern
seit 1867 in Ostheim — † 1920 in Ostheim
† 1890 Ostheim

Gerson Kaufmann ∞ (1857) Emma Bendheim
• 1828 — aus Griedel
Pferdehändler

Kinder von Gerson Kaufmann und Emma Bendheim:

Kattinka Kaufmann
• 1858

Meyer Kaufmann
• 1860

Kinder von Samuel Kaufmann und Helene Lemberger:

Kathinka Kaufmann
1867 - 1869

Bettina Kaufmann
• 1869
in Ostheim

Adolf Wolf ∞ (1897) Mathilde Kaufmann
• 1865 — • 1871
Sommerau — in Ostheim
ermordet — ermordet

Louis Kaufmann
• 1869
in Ostheim

Bertha Kaufmann
• 1874
in Ostheim

Julius Kaufmann
1876 - 1887
in Ostheim

Pauline Kaufmann
1877 - 1880

Johanna Kaufmann
• 1878

Frieda Kaufmann
• 1880
in Ostheim

Max Kaufmann
•1881
in Ostheim

Gerson / Carl Kaufmann
• 1883
Ostheim
nach Palästina ausgewandert

Kinder von Adolf Wolf und Mathilde Kaufmann:

Julius Wolf
1899 - 1912
Ostheim

Siegfried Wolf ∞ (1925) Selma Blättner
• 1901 — • 1901
Ostheim — Schwanfeld
† 1966 — † 1981
in New York — in New York

Kinder von Siegfried Wolf und Selma Blättner:

Trude Wolf
• 1926
in Ostheim
lebt in New York

Inge Wolf
•1930
in Ostheim
lebt in New York

Familie Levi

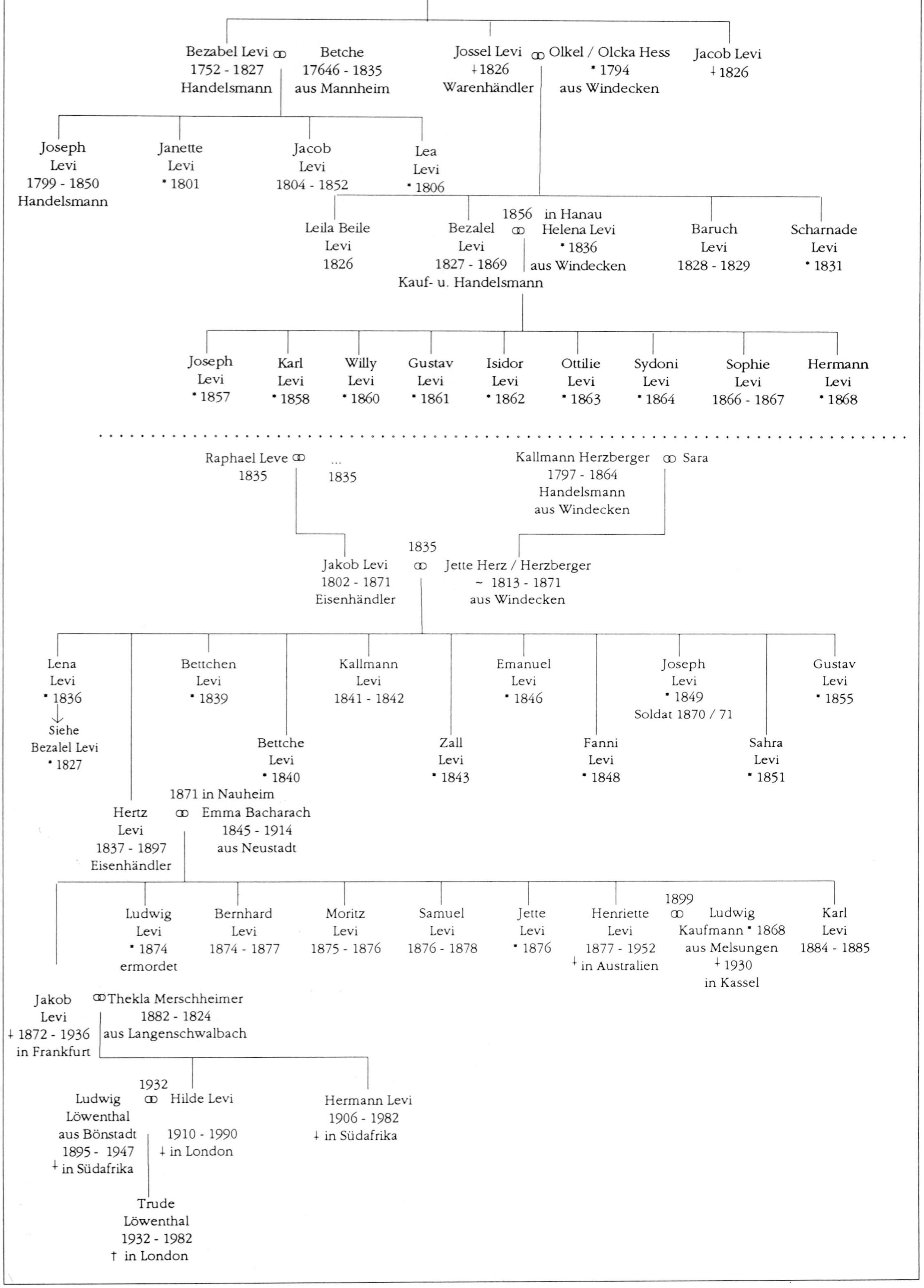

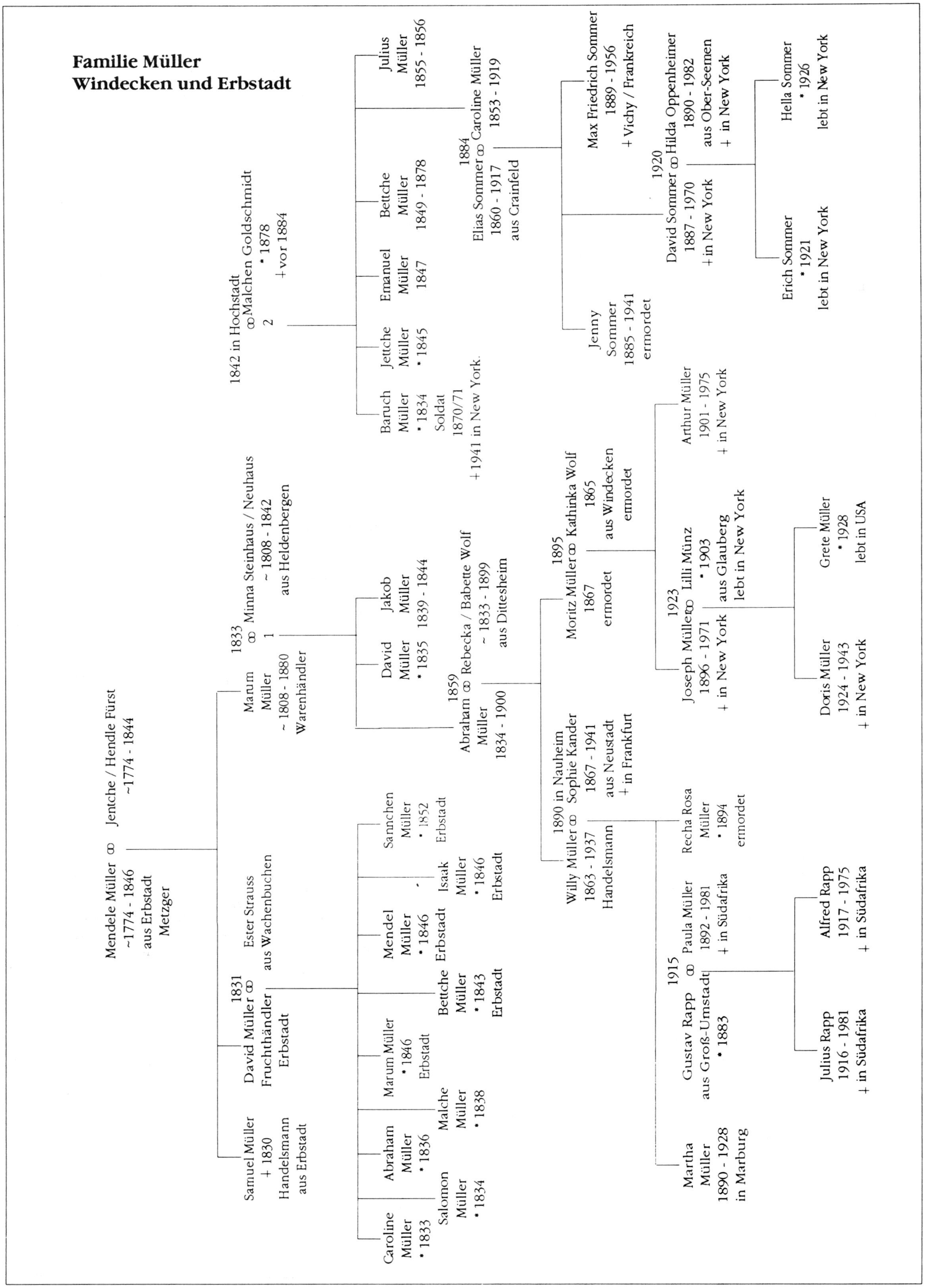

Familie Müller
Windecken und Erbstadt
Mendele Müller ∞ Jentche / Hendle Fürst
~1774 - 1846 ~1774 - 1844
aus Erbstadt
Metzger
Samuel Müller
+ 1830
Handelsmann
aus Erbstadt
1831
David Müller ∞ Ester Strauss
Fruchthändler aus Wachenbuchen
Erbstadt
1833
Marum Müller ∞ Minna Steinhaus / Neuhaus
~ 1808 - 1880 1 ~ 1808 - 1842
Warenhändler aus Heldenbergen
1842 in Hochstadt
∞ Malchen Goldschmidt
2 * 1878
+ vor 1884
Caroline Müller * 1833
Salomon Müller * 1834
Abraham Müller * 1836
Malche Müller * 1838
Marum Müller * 1846 Erbstadt
Bettche Müller * 1843 Erbstadt
Mendel Müller * 1846 Erbstadt
Isaak Müller * 1846 Erbstadt
Sannchen Müller * 1852 Erbstadt
David Müller * 1835
Jakob Müller 1839 - 1844
1859
Abraham Müller ∞ Rebecka / Babette Wolf
1834 - 1900 ~ 1833 - 1899
aus Dittesheim
Baruch Müller * 1834 Soldat 1870/71 + 1941 in New York
Jettche Müller * 1845
Emanuel Müller 1847
Bettche Müller 1849 - 1878
Julius Müller 1855 - 1856
1884
Elias Sommer ∞ Caroline Müller
1860 - 1917 1853 - 1919
aus Crainfeld
Jenny Sommer 1885 - 1941 ermordet
1920
David Sommer ∞ Hilda Oppenheimer
1887 - 1970 1890 - 1982
+ in New York aus Ober-Seemen
+ in New York
Max Friedrich Sommer 1889 - 1956 + Vichy / Frankreich
Erich Sommer * 1921 lebt in New York
Hella Sommer * 1926 lebt in New York
1890 in Nauheim
Willy Müller ∞ Sophie Kander
1863 - 1937 1867 - 1941
Handelsmann aus Neustadt
+ in Frankfurt
1895
Moritz Müller ∞ Kathinka Wolf
1867 1865
ermordet aus Windecken
ermordet
Martha Müller 1890 - 1928 in Marburg
1915
Gustav Rapp ∞ Paula Müller
aus Groß-Umstadt 1892 - 1981
* 1883 + in Südafrika
Recha Rosa Müller * 1894 ermordet
Julius Rapp 1916 - 1981 + in Südafrika
Alfred Rapp 1917 - 1975 + in Südafrika
1923
Joseph Müller ∞ Lilli Münz
1896 - 1971 * 1903
+ in New York aus Glauberg
lebt in New York
Arthur Müller 1901 - 1975 + in New York
Doris Müller 1924 - 1943 + in New York
Grete Müller * 1928 lebt in USA

Familie Neumark

Samuel Neumark ~ 1808 - 1880, Religionslehrer, aus Vollmerz
1838 ⚭ 1 Karoline / Kläkel Stern 1818 - 1845, aus Windecken

- Heinemann Neumark * 1839
- Lina Neumark 1841 - 1856
- Bertha Neumark * 1843 — 1868 ⚭ Adolf Bergmann, Handelsmann, aus Landsberg
- Karoline Neumark 1845

1846 ⚭ 2 Jette Lichtenstein / Löwenstein ~ 1817 - 187, aus Waldorf

- Moritz Neumark * 1847
- Dina Neumark * 1848 ermordet ⚭ ... David
- Jakob Neumark 1849
- Sarah Neumark * 1850
- Johanna Neumark 1852 - 1870
- Emma Neumark 1856

Familie Adler

Sannel Joseph / Adler 1808 - 1852, Warenhändler, aus Frankfurt
1833 ⚭ 1 Hannchen Strauss ~ 1808 - 1840, aus Eberhausen

- Caroline Adler * 1834
- Moses Adler * 1837

1841 Gelnhausen ⚭ 2 Regina Reis ~ 1811 - 1871, aus Eckernroth

- Joseph Adler * 1842

Familie Isaak

Herz Isaak ~ 1785 - 1857, Frucht- und Gänsehändler
⚭ Karoline / Keile Levi ~ 1801 - 1857, aus Breidenborn

- Wolf Isaac / Israel — 1850 ⚭ Rosa Becker aus Bönstadt
  - Moritz Isaak * 1850
  - Syttah Isaac * 1858
  - Hugo Israel * 1861
- Hannche Isaak * 1835, 1860 nach Amerika ausgewandert
- Sara Isaak * 1837, 1860 nach Amerika ausgewandert
- Falk Löb Issak * 1840

Familie Oppenheim(er) und Familie Höxter

Löser Jacob Oppenheim[er] / Lazarus Jacob 1772 - 1854, Pferdehändler ⚭ **Lea Schloss** 1778 - 1850

- Simon Oppenheimer, 1803 - 1867, in London
- Arnold / Aron Oppenheim[e][r], * 1807, Pferdehändler
  - 1831 ⚭ (1) Muthe / Martha / Malchen Simon /Cahn aus Gedern
    - Bettche Oppenheim, *1833
    - Regine Oppenheim, * 1838
    - Jakob Oppenheim, * 1842
  - 1845 in Hanau ⚭ (2) Adelheid Nussbaum aus Schlüchtern
    - Elise Oppenheim, * 1846
    - Julius Oppenheim, 1847 - 1850
    - Simon Oppenheim, * 1849, England
    - Bertha Oppenheim, * 1851
    - Lina Oppenheim, * 1852
    - Bernhardine Oppenheim, * 1856
    - Lahsa Oppenheim, 1858 - 1919, Professor in Cambridge
- Kaufmann Höxter, Pferdehändler aus Schweinsberg, 1830 ⚭ [Else / Lolka / Bella Oppenheimer]
  - Isaak Höxter, 1831 - 1849
  - Bettchen Höxter, * 1832
  - Bettche Höxter, * 1833
  - Jakob Höxter, 1835 - 1855
  - David Höxter, * 1837
  - Simon Höxter, * 1840
  - Salomon Höxter, * 1843
  - Olga Höxter, * 1848
  - Auguste Höxter, * 1850
- Else / Lolka / Bella Oppenheimer, * 1809
- Amschel / Anselm Oppenheim, * 1811, Pferdehändler u. Ökonom, 1836 ⚭ Blümle Rotschild aus Heldenbergen
  - Elise Oppenheimer, 1837 - 1838
  - Fanni Oppenheim, * 1839
  - Janette Oppenheimer, * 1840
  - David Oppenheimer, * 1841
  - Sophie Oppenheim, * 1843
  - Abraham Oppenheimer, 1844 - 1848
  - Jakob Oppenheim, * 1846, später Landau
  - Sigmund Oppenheim, * 1847
  - August Oppenheim, * 1849
  - Hanchen Oppenheim, 1851 - 1856
  - Pauline Oppenheim, 1853 - 1856
  - Theodor Oppenheimer, 1855 - 1856
  - Louis Oppenheim, * 1856
  - Joseph Oppenheim, * 1858
- Herz Oppenheimer, * 1820, ägyptische Oppenheims

Familie Schloss

Sannel ∞

- Jacob Sannel Schloss, 1762 - 1838, Handelsmann u. Baumeister ∞ Freudle aus Windecken †1794
  - Arnold Schloss * 1794
- David Sannel Schloss, 1769 - 1835 ∞ Lenchen †1837
  - Michael Schloss * 1804
  - Amschel Schloss, 1809 - 1852, Waren- u. Spezereihändler, 1840 ∞ Sannchen / Sarah Oppenheimer aus Niederodenbach
    - David Schloss * 1841
    - Joseph / Julius Schloss * 1843
    - Eduard Schloss * 1846, 1866 nach Amerika ausgewandert
  - Ella Schloss 1814 - 1845 → siehe Familie Kallmann
  - Mayer Schloss * 1817
- Moses Sannel Schloss, 1771 - 1831, Handelsmann ∞ Schönche / Schönga 1779 - 1839 Spezereihändlerin aus Windecken
  - Blümchen Schloss * 1809
  - Sannel Schloss * 1811
  - Anschel Schloss * 1818
  - Röchel Schloss * 1818
  - Beile Schloss * 1822
- Löser Samuel / Sannel Schloss, 1773 - 1830, Handelsmann ∞ Jendle 1776 - 1827 aus Windecken
  - Ella Schloss * 1807 → siehe Familie Hess

Familie Rotschild

Löb Rotschild, ca. 1777 - 1856, aus Höchst an der Nidder, Metzger ∞ 1 ... + 1835 ∞ 2 Ester ~ 1783 - 1866

- Isaac Rothschild * 1811
- Sara Rotschild * 1813
- Jakob Rotschild 1815 - 1834
- Rosina Rotschild * 1817
- Isaak Rotschild + 1852, 1835 ∞ Gretche / Güthle Hess ~ 1803 - 1870
  - Salomon Rotschild * 1835
  - Fanni Rotschild 1836 - 1864
    - Anny Rotschild * 1864
  - Hertz Rotschild * 1838
  - Regina Rotschild * 1842
- Zibbler Rotschild
  - Fani Rotschild * 1839

Familie Stern

Löser Stern ⚭ Bettche / Eva / Lea Grünebaum
* 1782 / * 1792 aus Nauheim

- Hendle Stern, * 1809
- Jacob Löser / Stern, 1810- 1867, Pferde- u. Spezereihändler und Kaufmann ⚭ 1839 Bettchen Strauss, ~ 1808 - 1875, aus Echzell
  - Zibora Stern, 1840 - 1844
  - Moses / Jakob Stern, 1842 - 1911, Kauf- u. Handelsmann ⚭ 1872 Therese Neuhof, 1848 - 1928, aus Schlüchtern
    - Jakob Stern, 1873 - 1895, ohne Gewerbe
    - Moritz Stern, 1874 - 1909
    - Louis Stern, 1876 - 1878
    - Betti Stern, * 1879, ermordet ⚭ 1903 Hermann Traub, * 1876, aus Schwebheim, ermordet
      - Herta Sophie Traub, * 1907 in Frankfurt, lebt in New York
    - Mathilde Stern, 1882 - 1962 in New York ⚭ 1911 Salomon Reichenberg, * 1886 aus Marköbel, † 1978 in New York
      - Manfred Reichenberg, 1912 - 1989, † in Charlotte, USA
      - Ruth Reichenberg, 1922 - 1964, † in New York
  - Löser Stern, 1844 - 1845
  - Friederike Stern, * 1847
- Nächel Stern, * 1811
- Kläkel Stern, 1818 - 1845 → siehe Familie Neumark
- Jeannete Stern, * 1820

Süskind Stern ⚭ ...
+1822 / * 1747 aus Umstadt

- Löser Süsskind Stern, ~ 1780 - 1839, Pferde- u. Spezereihändler ⚭ Sprintz Ehrenreich
  - Sara Stern, 1825 - 1832
  - Marianne Stern, * 1827
  - Bär Stern, * 1832
- Jacob Süsskind Stern, 1788 - 1851, Kammerjäger u. Metzger ⚭ Chein / Rebecka Regensburg, 1789 - 1858, aus Frankfurt
  - Sara Stern, * 1826

Familie Strauß

Salomon Strauss, * 1873, aus Wachenbuchen, Handelsmann ⚭ Ester / Hannchen / Helene Herzberger, * 1873

- Ester Strauss
- Simon / Samuel Strauss, 1821 - 1873, Metzger u. Viehhändler
  - ⚭ 1861 (1) Bettchen Hertzbürger / Herzberger / Hessberger, 1837 - 1868, aus Windecken
  - ⚭ 1869 (2) Gütgche / Gretchen Löb, ~ 1837 - 1904, aus Hainstadt
    - Salli Strauss, * 1870
    - Siegmund Strauss, * 1871
    - Helene Strauss, * 1872
    - Joseph Strauss, * 1873

Familie Wolf

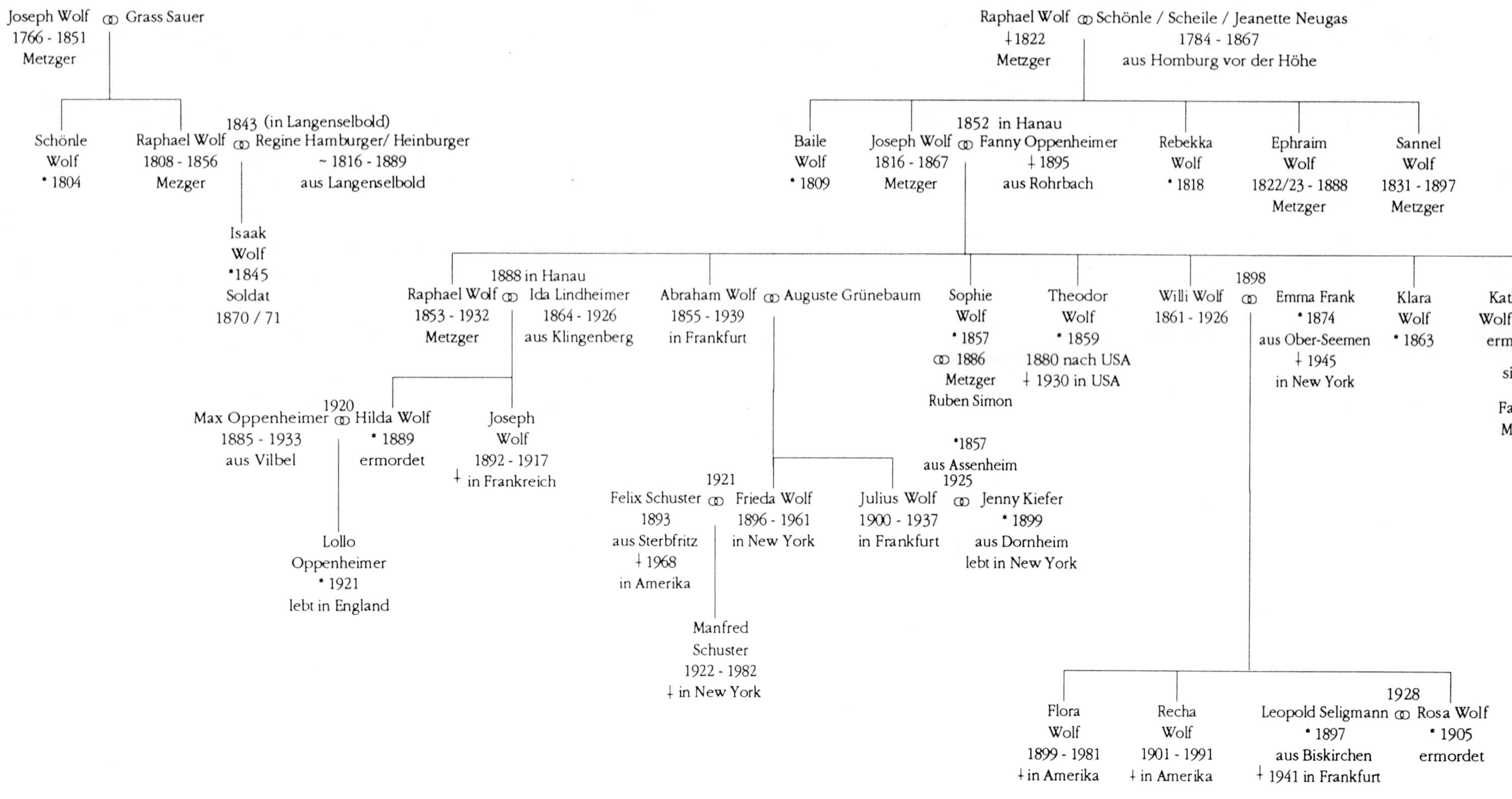

Anmerkungen

Die Anmerkungen führen nur die Namen der Autoren auf, weitere Angaben sind im Literaturverzeichnis zu finden.
Alle Anmerkungen mit der Bezeichnung „Regest" beziehen sich auf Löwenstein, Uta.
HHSTA Wiesbaden - Hessisches Hauptstaatsarchiv Wiesbaden
HSTA Marburg - Hessisches Staatsarchiv Marburg
HSTA Darmstadt - Hessisches Staatsarchiv Darmstadt
Anmerkungen zu Beständen des Stadtarchivs Nidderau-Windecken lauten des öfteren „ungeordneter Bestand". Seit Herbst 1993 ist der Bestand Windecken geordnet und mit einem Findbuch erschlossen.

In den Darstellungen der Schicksale der jüdischen Familien Windeckens, Ostheims und Heldenbergens sind nicht immer alle Hinweise im einzelnen exakt durch Anmerkungen belegt. Vieles wurde durch mündliche und schriftliche Auskünfte von Einzelpersonen zusammengetragen. Diese wurden von mir sorgfältig gegeneinander abgewogen, auf Glaubwürdigkeit hin geprüft, nachgefragt und mit den vorliegenden schriftlichen Quellen verglichen. Alle schriftlichen Hinweise sind als Kopie im Besitz der Verfasserin. Die Interviews wurden aufgezeichnet auf Kassette, von Gesprächen wurden Notizen angefertigt.

Jüdisches Landleben in Windecken

Windecker Juden im 13. und 14. Jahrhundert

1) vgl. Zimmermann S. 480
2) Lilienthal S.43; Bodenheimer S. 9
3) vgl. Zimmermann S.480
4) Regest 3111
5) Schazmann S. 39 f
6) Keyser S. 466
7) vgl. Zimmermann S. 477/Zimmermann S. 9
8) Gidal S. 46
9) Zimmermann S. 477
10) Zimmermann S. 477
11) vgl. Kracauer 1914 S. 312; Andernacht/Stamm S. 1
12) Andernacht/Stamm S. XIV
13) Kracauer 1914 S. 323, 333, 382 und Hinweise von Dietrich Andernacht
14) Kracauer 1914 S. 344
15) Kracauer 1914 S. 357 und S. 365
16) Diesen Hinweis verdanke ich Dietrich Andernacht
17) Hinweis von Dietrich Andernacht
18) Kracauer 1914 S. 424
19) Kracauer 1914 S. 529 und S. 569
20) Kracauer 1914 S. 247, 249, 250
21) Kracauer 1914 S. 529
22) Kracauer 1914 S. 323, 344, 357, 343, 365 , Hinweise von Dietrich Andernacht
23) Kracauer 1914 S. 810
24) Kracauer 1914 S. 395
25) Kracauer 1914 S. 374
26) Zimmermann S. 480 f
27) vgl. Zimmermann S. 482 f
28) Zimmermann S. 482
29) Zimmermann S. 482
30) Zimmermann S. 481
31) vgl. Gidal S.51 /Sievers S. 49
32) Reimer Band 2 Regest 487; Zimmermann S. 481
33) Reimer Band 2 Regest 487
34) Gidal S. 53 - 56
35) Keyser S. 466/Gemania Judaica Bd 2 S. 907 f
36) Bernhard zitiert nach Zimmermann S. 482
37) Zimmermann S. 476
38) Zimmermann S. 481
39) Reimer Bd 3 S. 42 Regest Nr. 40
40) Regest 62
41) Reimer Bd 3 Regest Nr.40
42) Germania Judaica Manuskript. Battenberg Grafschaft Hanau. S. 3 Dieses Manuskript stellte der Verfasser freundlicherweise zur Verfügung
43) Zimmermann S. 481
44) Zimmermann S. 482
45) Henß 1938 S. 18/ Germania Judaica Bd.2 S. 907 f
46) Germania Judaica Manuskript Windecken. Anmerkung 14. Dieses Manuskript stellte mir freundlicherweise Johannes Wachten vom Jüdischen Museum in Frankfurt zur Verfügung
47) Germania Judaica Manuskript Windecken. Anmerkung 17
48) Germania Judaica Manuskript Windecken. Anmerkung 17

Das Leben der Windecker Juden als Schutzjuden

1) Regest 191
2) Regest 228
3) Germania Judaica. Manuskript Windecken. Anmerkung 28
4) Zimmermann S. 482
5) Regest 465
6) Regest 1741
7) Regest 1748 a
8) vgl. Regest 1767
9) Regest 1943
10) Regest 765 c
11) Regest 3111
12) Regest 2024
13) Regest 2073
14) Regest 2144
15) Regest 2164
16) Regest 2209
17) Regest 725
18) Regest 3071
19) vgl. Regest 2034
20) Regest 2153
21) vgl. Gidal S. 47
22) Löwenstein, Uta S. XII
23) Regest 3121
24) Regest 2291
25) vgl. Regest 800
26) Lehmann S. 194 f und 230 ff
27) Regest 1071
28) Germania Judaica. Manuskript Windecken. Anmerkung 33
29) Zimmermann S. 486 / Regest 346
30) Zimmermann S. 487
31) vgl. Zimmermann S. 487
32) Zimmermann S.487
33) Regest 1358
34) Regest 1975
35) Regest 1977
36) Regest 3633
37) vgl. Regest 229 / Zimmermann S. 488
38) Regest 716; vgl. Zimmermann S. 487
39) Regest N 139
40) HSTA Marburg Bestand 81 Reg, E 181 Judenschaftliche Sachen XIV.Amt Windecken a. Rezeptionen No 12
41) Regest 2077
42) Regest N 195
43) Regest N 195
44) Regest 3121
45) Regest 1542
46) Regest N 195
47) Regest 1977
48) Regest 3073
49) Regest 3149
50) Regest 3405
51) Regest 3633
52) Zimmermann S. 488; Regest 1914
53) Sievers S. 44
54) Regest 2422
55) vgl. Regest 3063
56) Regest 3121
57) HSTA Marburg 180 Hanau 1222
58) Regest 2774
59) Zimmermann S. 254
60) Regest 3617
61) Zimmermann S. 488
62) Regest 2303
63) vgl. Zimmermann S. 487
64) Stadtarchiv Nidderau, Windecken, ungeordneter Bestand
65) Stadtarchiv Nidderau, Windecken, Bezeichnung einer Akte im ungeordneten Bestand
66) Stadtarchiv Nidderau Windecken, Akte im ungeordneten Bestand
67) HSTA Marburg Rezeption E 181 judenschaftliche Sachen XIV. Amt Windecken Acta Nr.12
68) vgl. Gidal S. 43
69) Zimmermann S. 494
70) Regest N 19 a
71) Regest N 25
72) Regest N 25
73) vgl. Zimmermann S. 494
74) Regest 2749
75) Regest 2749
76) Zimmermann S. 494
77) Diehl S. 56
78) Germania Judaica. Manuskript Windecken
79) Regest 612 a
80) Regest 854 a
81) Regest 1695
82) Regest 1724 a
83) Regest 1724 b
84) Regest 1975
85) Regest 2775
86) Regest 2749
87) Regest 2931
88) Zimmermann S. 502
89) Ausführlich dargestellt und begründet bei Agethen 1994
90) Regest 2931
91) Regest 3013
91a) Regest 2165
92) Agethen 1994
Manfred Agethen gewährte mir großzügigerweise Einblick in sein unveröffentlichtes Manuskript. Dafür danke ich ihm sehr herzlich.
93) vgl. Löwenstein, Uta S. XII
94) Der genaue Wortlaut ist abgedruckt bei Rosenthal S. 292-295
95) Regest 620/ auch Löwnstein, Uta S. XII
96) Regest 854
97) Regest 855
99) Regest 2164
100) Regest 2836
101) Regest 3969
101a)Regest 3969
102) Regest 2164
103) Regest 3673
104) Regest 612b
105) Schnee 1954 S. 359
106) Stadtarchiv Nidderau, Windecken XV-6-324-1
107) Stadtarchiv Nidderau, Windecken XV-6-324-10
108) Regest 385
109) Regest 2131
110) HSTA Marburg Bestand 180 Hanau 1923
111) Regest 1290
112) vgl. auch Löwenstein, Uta S. XII
113) Regest 1098
114) Regest 2351
115) Regest N 193
116) Regest 2472
117) Battenberg Quellen. Regest 1644
118) Rosenthal S.288
118a) Zimmermann S. 511
119) Zimmermann S. 511, 512
120) Stadtarchiv Nidderau, Windecken XXVII-1-1-7
121) Regest 401 und Regest 578
122) Regest 2472
123) Regest 2558
124) Stadtarchiv Nidderau, Windecken, Akte im ungeordneten Bestand
125) Regest 2889
126) Regest 3617
127) Stadtarchiv Nidderau, Windecken Akte im ungeordneten Bestand
128) Stadtarchiv Nidderau, Windecken XIII-5-2-17
129) Regest 2558
130) Stadtarchiv Nidderau, Windecken, Akte im ungeordneten Bestand
131) Regest 3617
132) Stadtarchiv Nidderau, Windecken, ungeordneter Bestand
133) Zimmermann S. 511 zitiert eine Akte aus dem Archiv der Jüdischen Gemeinde Hanau
134) Herrmann 1956 S. 74
135) Regest 3380
136) Regest 3414
137) Regest 2351
138) Stadtarchiv Nidderau, Windecken XIII-5-2-19
139) Hier sei auch hingewiesen auf den Aufsatz von Karl Heinz Burmeister: Der Würfelzoll, eine Variante des Leibzolls. In: Aschenkas Jg. 3 (1993), S. 49 - 64
140) Zimmermann S. 494, S.495
141) Regest 2022
142) Regest 1977
143) Battenberg 1993 S. 459, dazu ausführlich Burmeister
143a) Regest 716
144) Regest 2041
145) Hohmann. R: Vom allhiesigen Tabac. Hanauer Anzeiger 19.6.1982
146) Hohmann R.: ...und bey straff verbotten werden. Hanauer Anzeiger

3.4.1982
147) Regest 714 a, Regest N 19, Regest 752
148) Regest 751 a
149) Regest 1369
150) Regest 1369
151) Zimmermann S. 485
152) Germania Judaica. Manuskript Windecken
153) Regest 385
154) Stadtarchiv Frankfurt, Judenschaft UGB E 56 G 14
155) Zimmermann S. 484
156) Zimmermann S. 485
157) Regest 2046
158) Regest 272
159) Zimmermann S. 485
160) Gidal S. 48, Zimmermann S. 486
160a) Zimmermann S. 485
161) Regest 272
162) Zimmermann S. 486
163) Da der Bestand Windecken des Stadtarchivs Nidderau zur Zeit der Abfassung des Manuskripts noch nicht geordnet war, lag mir das Original nicht vor. Ich beziehe mich auf eine maschinenschriftliche Abschrift aus dem Stadtarchiv (danach alle Rechtschreibung) und einen Zeitungsartikel von Rolf Hohmann: Wenn einem Juden ein Eydt ufferlegt. In: Nidderauer Anzeiger 26.2.1981

Judengasse in Windecken - das Ghetto der Juden

1) Zimmermann S. 479
2) Germania Judaica Band II S. 907
3) Henß 1938 S. 18
4) Regest 1390
5) Regest 1390
6) Regest N 43
7) HSTA Marburg Bestand 81 Rezeption E 181 judenschaftliche Sachen XIV. Amt Windecken b.Varia Acta No 2
8) Handschriftliche Notizen aus dem Jahre 1967, wohl von Rolf Hohmann angefertigt zu Akten aus dem Stadtarchiv Nidderau-Windecken, diese Aufzeichnungen sind Bestandteil der Akten XV-5a-12-6, hier S. 21 - 23 dieser Aufzeichnungen.
9) Stadtarchiv Windecken zitiert nach Hohmann, R.: "..und bey straff verbotten werden" Hanauer Anzeiger 3.4.1982
10) Regest 656
11) Regest 725
12) Regest 725
13) Regest 726
14) Regest 854 a
15) Gidal S. 54
16) HSTA Marburg Bestand 180 Hanau 2107
17) Regest N 43
18) Regest N 43
19) Stadtarchiv Nidderau, Windecken, ungeordneter Bestand, Akte aus dem Jahre 1498
20) Regest 1369
21) HSTA Marburg Bestand 81, Verzeichnis E 181 Judenschaftliche Sachen XIV Amt Windecken b Varia acta 11
22) Stadtarchiv Nidderau - Windecken, ungeordneter Bestand, Schuldbrief des Paul Ludwig Keller zu Windecken aus dem Jahre 1596
23) Stadtarchiv Nidderau, Windecken, ungeordneter Bestand
24) Marburg Bestand 81, Rezeption E 181 Judenschaftliche Sachen XIV Amt Windecken b. Varia Acta No 11
25) Stockhausen S. 404
26) Stadtarchiv Nidderau, Windecken Akte aus dem Jahre 1498
27) Regest N 43
28) HSTA Marburg Bestand 180 Hanau 2107
29) Handschriftliche Notizen, wohl von Rolf Hohmann aus dem Jahre 1967, aus Akten des Stadtarchivs Windecken S. 9 enthalten in Stadtarchiv Nidderau, Windecken XV-5a-12-6
30) Regest 1098
31) Regest 2351
32) Regest 2472
33) HSTA Marburg Bestand 81 Verzeichnis E 181 Judenschaftliche Sachen XIV Amt Windecken b.Varia acta No 11
34) Marburg Bestand 86/26493
35) Brief vom 26. 4. 1984 an die Verfasserin
36) vgl. Zimmermann S. 497 und Walter S. 98
37) Regest 401
38) Stadtarchiv Frankfurt Ugb E 56 G 14
39) Regest 578
40) Germania Judaica. Manuskript Windecken.
41) Stadtarchiv Nidderau, Windecken Akte aus dem Jahre 1498
42) Regest N.43
43) Regest N 43
43a) Regest N 43
44) Regest N 43
45) Regest 1547
46) Regest 1542
47) Regest 1764
48) Regest 1726
49) Regest 1786 a
50) Regest 1959
51) Regest 1962
52) Regest 2040
54) Regest 2339
54) Regest 2860
55) Regest 3020
56) Regest 3060
57) Regest 3121
58) Schmidt, Frank 1988 S.1 79
59) HSTA Marburg Bestand 180 Hanau 4759
60) Stadtarchiv Nidderau, Windecken, ungeordneter Bestand, Urkunde vom 12. 11. 1498
61) Stadtarchiv Nidderau, Windecken, ungeordneter Bestand, Urkunde vom 12. 11. 1498
62) Regest 2351
63) Regest N43
64) Regest N 43
65) Regest N 43
66) Regest 2351
67) Regest 2303
68) Regest 2706
69) Regest 2774
70) Regest 3121
71) Regest 3129
72) Regest 1557
73) Regest 2080
74) Regest N 43
75) Regest N 43
76) Regest 2164
77) Regest 3111
78) Regest 3629
79) Regest 3629
80) Judenkapitulation von 1738 § 23
81) Stadtarchiv Nidderau, Windecken Schreiben des Jecof Marum vom 28. 1. 1768, ungeordneter Bestand
82) Stadtarchiv Nidderau, Windecken XIII-1-1-2
83) Es folgt der Wortlaut von Regest 1073
84) Stadtarchiv Nidderau, Windecken XIII 2-2-5
85) HSTA Marburg Bestand 180 Hanau 668
86) Regest 2351
87) Zitiert in HSTA Marburg Bestand 180 Hanau 2107
88) HSTA Marburg Bestand 81 Rezeption E 181 Judenschaftliche Sachen XIV Amt Windecken b. Varia Acta No 10
89) HSTA Marburg Bestand 81 Rezeption E. 181 Judenschaftliche Sachen XIV Amt Windecken b.Varia Acta No 11
90) HSTA Marburg Bestand 180 Hanau Verzeichnis sämtlicher Israeliten zu Windecken 5.9.1822, leider ohne weitere Angabe
91) Ratsprotokollbuch Windecken ab 1714 im Stadtarchiv Nidderau-Windecken, zitiert nach einem Zeitungsartikel von R. Hohmann August 1981 Nidderauer Anzeiger
92) Herrmann 1956 S. 74
93) Interview 1986 mit Manfred Bergen
94) HSTA Marburg Bestand 180 Hanau 2103
95) HSTA Marburg Bestand 180 Hanau 2103
96) Stadt Windecken S. 141
97) Mitteilung an die Verfasserin
98) Stadtarchiv Nidderau, Windecken, ungeordneter Bestand, Urkunde von 1498
99) Regest N 43
100) Stadt Windecken S. 139
101) Stadt Windecken S. 140, Keyser S.465
102) Stadtarchiv Nidderau-Windecken, ungeordneter Bestand, Schreiben des Windecker Stadtrates vom 13. 4. 1824
103) HSTA Marburg Bestand 180 Hanau 749
104) HSTA Marburg Bestand 180 Hanau 1924
105) HSTA Marburg BESTAND 180 Hanau 2107
106) Zimmermann S. 804
107) Lilienthal gibt 1920 als Zeitpunkt an. 1925 ergibt sich aus den Einträgen in den Kirchbüchern Windeckens; 1925 erfolgten mehrere Straßenumbenennungen.

Die versuchte „Abschaffung der Juden" 1585-1592 und der Streit um die Wiedereröffnung der Synagoge

0) Löwenstein, Uta X f
1) Zimmermann S. 498
2) Die folgende Darstellung zitiert das Regest 3111, eine zusammenfassende Darstellung befindet sich bei Zimmermann S. 498-503.
3) Regest 3111
4) Regest 34o5
5) Regest 3463
6) Regest 3553
7) Regest 3463
8) Regest 3294
9) Regest 3463
10) Haus-, Hof - und Staatsarchiv Wien-RHR, Res.-Prot. XVII/ Bd 4 fol.r/v vom 16.März 1603
11) Wolf 1889 S. 180
12) Agethen 1994.
13) Regest 3463
14) Österreichisches Staatsarchiv Wien, Dossier über das Ansuchen der Juden der Grafschaft Hanau um kaiserliche Bestätigung der Synagoge in Hanau und Windecken, Bestand Reichshofrat, Confirmationes privilegiorum deutscher Expedition Kart. 98/3
15) Österreichisches Staatsarchiv Wien, Bestand Reichshofrat, Confirmationes privilegiorum deutscher Expedition Kart.98/3, auch abgedruckt in Gerson 1889 S. 180
16) Österreichisches Staatsarchiv Wien, Bestand Reichshofrat, Confirmationes privilegiorum deutscher Expedition Kart.98/3
17) Österreichisches Staatsarchiv Wien, Res.-Prot. XVII/ Bd.15, fol. 9 r
18) Österreichisches Staatsarchiv Wien, Reichskanzlei, Taxbuch Bd. 113, fol. 13 r
19) Beiblatt der Hanauer Zeitung 27. Mai 1874
20) Zimmermann S. 504

Der religiöse Kampf gegen die Juden

1) Regest 3380
2) Regest 3414
3) Regest 3111
4) Regest 3121
5) Regest 3111
6) Regest 2472
7) Regest 2472
8) Regest 2351
9) Regest 1615 bei Battenberg, Friedrich: Quellen zur Geschichte der Juden im Hessischen Staatsarchiv Darmstadt, unveröffentlichtes Manuskript. Herzlichen Dank an Friedrich Battenberg für die Einsicht in die Regestensammlung
10) Agethen 1994
11) Stadtarchiv Nidderau, Windecken, ungeordneter Bestand
12) Regest 2472
13) Regest 3121
14) Zimmermann S. 510
15) Zimmermann S. 510
16) Zimmermann S. 510, alle Zitate auch dort
17) Regest 3463
18) Agethen 1994
19) Agethen 1991 S. 76
20) Bericht von Bernhardt geschrieben um 1750, zitiert nach Zimmermann S. 508, S. 509 mit kleinen Ergänzungen aus dem Manuskript von Bernhardt beim Hanauer Geschichtsverein S.124
21) Wolf 1859 S. 10
22) Wolf 1859 S. 46, Schreiben vom 13.7.1627 ist abgedruckt
23) Wolf 1859 S. 11
24) Zimmermann S. 509
25) HSTA Marburg Bestand 86 Nr. 28522
26) Zimmermann S. 509, Zimmermann bezieht sich auf die lutherischen Kirchenbücher Windeckens
27) vgl. Graf S. 206
28) Regest 1369
28a) Regest 1369
29) Agethen 1991 S. 82

30) zitiert nach Sievers S. 73
31) Kracauer 1900 S. 121
32) Kracauer 1900 S. 122 ff
33) Maimon S. 73
34) vgl. Maimon S. 74
35) Kracauer 1900 S. 230 ff
36) Kracauer 1900 S. 119

Die Grafen von Hanau und die Juden im 17. und 18. Jahrhundert

1)Bernhardt S. 138-147, siehe auch Bott S. 608 - 611
2)Bernhardt S. 139
3) Ehlers/Krohn S. 15
4) Rosenthal S. 49 ff
5) Press S. 247
6) Press S. 251
7) Press S. 250
8) Press S. 270
9) Press S. 269
10) Press S. 271
11) Zimmermann S. 507
12) Regest 3594
13) Bernhardt S. 127, S. 128
14) Press S. 271
15) Press S. 280
16) Infothek Museum Judengasse, Stichwort Fettmilchauftstand
17) hier folge ich Bernhard S. 27 f, auch Zimmermann S. 507 f
18) Bernhard S. 13o, S.131
19) Agethen 1994
20) Infothek Museum Judengasse, Stichwort Fettmilchauftstand
21) Sievers S. 97
22) ausführlich dargestellt bei Agethen 1994
23) Dietz S. 265
24) Dietz S. 264 - 267
25) Dietz S. 208
26) Ettlinger ohne Seitenangabe bei Stichwort Windecken
27) Dietz S. 264-267
28) Dietz S. 264 - 267
29) Schnee 1961 S. 34
30) Stadtarchiv Niidderau, Windecken, ungeordneter Bestand
31) Rosenthal S. 88/89
32) Abdruck des Wortlautes bei Rosenthal S. 282-29o
33) vgl.Rosenthal S. 74, S. 75
34) dabei folge ich Rosenthal S. 73 - 94
35) Stadtarchiv Hanau H 1 - 894
36) Rosenthal S. 87
37) Wortlaut in Rosenthal S. 292 - 295

Der lange Weg zur Gleichberechtigung im 19. Jahrhundert

1) Ehlers/Krohn S. 17
2) Gidal S. 133
3) Denhard: Hanau unter französischer Herrschaft 1806-1813 zitiert nach Zimmermann S. 767
4) Zimmermann S. 511
5) Hentsch S.21
6) Hentsch S.21 / Lapp S. 38
7) Hentsch S. 27 11, 12
8) Hentsch S. 27
9) Zimmermann S. 768
10)Hentsch S. 41 ff
11)Gutachten der kurfürstlichen Regierung in Kassel vom 28.12.1814 über die den Juden zu erteilenden bürgerlichen Rechte, abgedruckt in Hentsch S.123-147/ hier zitiert nach Horvitz S. 5, S. 6
12) Hentsch S. 51 ff
13) Horvitz S.10
14) Horvitz S. 12, vgl.Horvitz S. 13
15) Klagruf
16) Loebenstern S. 2 - 8. Die Rechtschreibung wurde heutigem Standard angepaßt.
17) abgedruckt in: Wochenblatt für die Provinz Hanau 19.Dezember 1833
18) Stadtarchiv Nidderau, Windecken XIII-1-1-7
19) Stadtarchiv Nidderau, Windecken XIII 1-1-7
20) HSTA Marburg Bestand 180 Hanau 692
21) HSTA Marburg Bestand 180 Hanau 692
22) HSTA Marburg Bestand 180 Hanau 691
23) HSTA Marburg 180 Hanau 691
24) Stadtarchiv Nidderau, Windecken XIII -1-1-4
25) Stadtarchiv Nidderau, Windecken, ungeordneter Bestand
26) Hanauer Zeitung 21.11.1844
27) Stadtarchiv Nidderau, Windecken XIII 1-1-1-11
28) Stadtarchiv Windecken, ungeordneter Bestand
29) Stadtarchiv Nidderau, Windecken XIII-1-1-5
30) HSTA Marburg Bestand 180 Hanau 702
31) Stadtarchiv Nidderau, Windecken, ungeordneter Bestand
32) Stadtarchiv Nidderau, Windecken XIII- 1-1-9
33) Stadtarchiv Nidderau, Windecken XIII - 1-1-9
34) Stadtarchiv Nidderau, Windecken XIII- 1- 1- 10, diese Akte enthält auch die Abschriften der Handelsbücher von Jakob Kaufmann
35) Hentsch S. 88
36) Ehlers/Krohn S. 23
37) Bundesgesetzblatt 1869 S. 292, zitiert nach Kropat1983 S. 341
38) Ehlers/Krohn S. 23 f
39) Gesetz vom 29.10.1833 abgedruckt im Wochenblatt für die Provinz Hanau 19. 12.1833
40) HSTA Marburg 180 Hanau 1222
41) HSTA Marburg 180 Hanau 1222
42) HSTA Marburg 180 Hanau 2107

Der Kampf der Israeliten um das Bürgerholz - 1835

0) In der folgenden Darstellung folge ich, soweit nicht anders angegeben, einem Bericht von Rolf Hohmann, der 1968 in den Mitteilungen des Verkehrs- und Verschönerungsvereins Windecken 1968 in mehreren Folgen unter dem Titel „Aus Windeckens Vergangenheit“ veröffentlicht wurde. Er umfaßt 10 Seiten und liegt mir als zusammenhängende Kopie vor. Die Seitenangaben beziehen sich darauf. Der Bericht folgt dabei einer Akte des Windecker Stadtarchivs: „Acta - betreffend das Bürgerloosholz, welches die Israeliten aus dem Bürgerwalde in Anspruch nehmen, 1834 - 1835". Die Akte selbst war mir aus dem Nidderauer Archiv nicht zugänglich.
1) Hohmann 1975
2) HSTA Marburg 180 Hanau 1924
3) Vgl. HSTA Marburg 180 Hanau 738
4) zitiert nach Hohmann 1968 S. 3
5) Regest 2303
6) Stadtarchiv Nidderau, Windecken Übersetzung eines Auszuges aus dem Ratsprotokoll von 1714, gesichtet von Rolf Hohmann im April 1981 im ungeordneten Bestand
7) Stadtarchiv Nidderau, Bestand Windecken H3/1 - Übersetzung Hohmann November 1980
8) Schreiben vom 1.12.1834, zitiert nach Hohmann 1968 S. 4
9) Schreiben vom 24.1.1835, zitiert nach Hohmann 1968 S. 4
10) Schreiben zitiert nach Hohmann 1968 S. 5
11) Hohmann 1968 S. 5
12) Hohmann 1968 S. 5
13) Hohmann 1968 S. 5 f
14) Hohmann 1968 S. 6
15) HSTA 180 Hanau 1924
16) HSTA Marburg 18o Hanau 1924
17) HSTA Marburg 180-1924
18) HSTA 180 Hanau 1924
19) HSTA 180 Hanau 1924
20) zitiert in Hohmann 1968 S. 7
21) Hohmann1968 S. 6
22) Zitiert in Hohmann 1968 S. 6
23) Hohmann 1968 S.7, Schreiben des Rechtsanwaltes der Stadt Windecken vom 4.5.1835
24) Hohmann 1968 S. 8
25) HSTA Marburg 180 Hanau 1924
26) Stadtarchiv Nidderau, Windecken XV- 5a- 1 und XV- 5a-12-6
27) Stadtarchiv Nidderau, Windecken XV- 5a- 1
28) Stadtarchiv Nidderau, Windecken XV- 5a-12- 7
29) Stadtarchiv Nidderau, Windecken XV-5a-12-8
30) Stadtarchiv Nidderau, Windecken Abt. XV- 5a-12- 9
31) Stadtarchiv Nidderau, Windecken XV- 5a- 12- 6
32) Vergleich von 1852, zitiert in Hohmann 1968 S. 8
33) Abgedruckt Hohmann 1968 S. 8 f
34) Abgedruckt Hohmann 1968 S. 8 f
35) Stadtarchiv Nidderau, Windecken XV- 5a-12- 6 und XV- 5a-12- 8
36) Zitiert bei Hohmann 1968 S. 9

Die jüdische Gemeinde Windecken

1) Lilienthal S. 43, Schreiben von David Sommer an Paul Arnsberg vom 30.7.1966 in Arnsberg Akte 96
2) Stockhausen S. 404
3) Zimmermann S. 480
3a) Interview mit Erich Sommer 1985
3b) Regest 3111
3c) Regest 3111
3d) Zimmermann S. 493
3e) Regest 3463
3f) Regest 3463
4) Regest 229
5) Regest N 43
6) Regest N 43
7) Stadtarchiv Nidderau, Windecken Urkunde vom 12.11.1498 im ungeordneten Bestand
8) Regest N 43
9) Regest N 43
10) Stadtarchiv Nidderau, Windecken Urkunde 12.11.1498 im ungeordneten Bestand
11) Regest N 43
12) Regest 1369
13) Regest 1378
14) Zimmermann S. 479
15) Zimmermann S. 479
15a) Regest 1542
15b) Regest 1726
16) Regest 2860
17) Zimmermann S. 479
18) Zimmermann S. 471
18a) Regest 3405
18b) Regest 2351
19) Regest 3553
20) Zimmermann S. 462, S. 468
21) Agethen 1994
22) Agethen 1994
23) Agethen 1994
24) Agethen 1994
25) Zimmermann S. 479
26) Zimmermann S. 462, S. 468
27) Regest 3405
28) Zimmermann S. 466
29) Zimmermann S. 687
30) Stadtarchiv Nidderau, Windecken, im ungeordneten Bestand, Bürgermeisterrechnung Windecken 1766
31) Stockhausen S. 404
32) Keyser S. 466
33) HSTA Marburg Bestand 180 Hanau 2107
34) Lilienthal S. 43
35) Wibbeling S. 143
36) Arnsberg Akte 96
37) KeyserS. 466
38) HSTA Marburg Bestand 180 Hanau 4759, unterschiedliche Angaben von Amt und Lehrer
39) Stadtarchiv Nidderau, Windecken, ungeordneter Bestand
40) Arnsberg 1971 Bd 1 S.321
41) HSTA Marburg Bestand 180 Hanau 4801
42) Statistisches Jahrbuch 1890
43) Statistisches Jahrbuch 1897
44) Statistisches Jahrbuch 1903
45) Lilienthal S. 43
46) Statistisches Jahrbuch 1905
47) Handbuch 1907
48) Handbuch 1909
49) Handbuch 1911
50) Handbuch 1913
51) Handbuch 1924/5. Für 1927 gibt Stadt Windecken S. 175 68 Juden an. Diese Angabe ist ohne Beleg und paßt auch nicht in die Zahlen der Jahre vorher und nachher, da kein Zuzug für diese Zeit bekannt ist.
52) Statistische Angabe der Stadt Windecken, Akte in Privatbesitz, Kopie im Besitz der Verfasserin
53) Führer 1932
54) Angabe der Stadt Wi vom 5.1.1961 an Yad Vashem, Mitteilung von Yad Vashem an die Verfasserin
55) Lilienthal S.43
56) Schreiben der Stadt Windecken 1961 an Yad Vashem
57) Mitteilung der Stadt Windecken an Yad Vashem 5.1.1961
58) HSTA Marburg Bestand 180 Hanau 4801
59) HSTA Marburg Bestand 180 Hanau 6019
60) Lilienthal S.43
61) Regest 1390
62) Regest 1390
62a) Regest 3463 und Regest 3121
63) Alle Angaben von Willi Katz und

aus den Unterlagen des Entschädigungsverfahrens. Kopien im Besitz der Verfasserin
64) HSTA Marburg Bestand 180 Hanau 4759
65) HSTA Marburg Bestand 180 Hanau 4759
65a) Marburg 180 Hanau 180
66) "Ephraim Ginsberg, geboren 1902, besuchte die Präparandie in Burgpreppach und das jüdische Lehrerseminar in Köln, an dem er die erste Staatsprüfung für das Lehreramt ablegte. Nach kurzer Tätigkeit in Hersfeld und Schlüchtern (Hessen) sowie in Bonn leitete er zuletzt fünf Jahre die jüdische Volksschule in Borken (Westfalen). Zugleich versah er dort das Kultus- und Predigeramt.
1930 trat (er)...sein Amt als Prediger und Leiter des Schul- und Wohlfahrtswesens der israelitischen Religionsgemeinde Zwickau an... Im Jahre 1938 wanderte er nach Palästina aus. Im Jahre 1961 starb er im Alter von 59 Jahren in Ramat-Gan (Israel). Diamant 1971 S. 37 f
67) Hier ist Ludwig Lewin Horwitz gemeint (* 8.2.1862 in Vandsburg, Westpreußen). Er kam 1898 von Dessau nach Kassel und wirkte dort als Oberkantor und Lehrer an der jüdischen Religionsschule. Er ist der Verfasser zahlreicher historischer und kulturgeschichtlicher Abhandlungen. Nach dem Tode seiner Frau 1939 starb er am 7.11.1940 in Frankfurt. Auskünfte des Stadtarchivs Kassel
68) Ephraim Ginsberg, Ramat Gan, Israel 1960, Erklärung in Entschädigungsverfahren - Kopie im Besitz der Verfasserin
69) Lilienthal S. 44
70) Asaria S. 95
71) Regest N 43
72) Regest 3121
73) Agethen 1994
74) Agethen 1994
75) Agethen 1994
76) HSTA Marburg Bestand 180 Hanau 4767
77) HSTA Marburg Bestand 180 Hanau 4767
77a) Hohmann 1985
77b) Auskunft des Institutes für Mikroverfilmte Hebräische Manuskripte der Jüdischen National- und Universitätsbücherei in Jerusalem vom 8.1.1991. Der Originalpergamentstreifen wurde 1985 aus dem Stadtarchiv Nidderau entnommen und von der Stadt Nidderau nach Jerusalem gegeben an eine Einrichtung unter Leitung von Rabbi Jacques Hanau.
78) HSTA Marburg Bestand 180 Hanau 475
79) Entschädigungsunterlagen zur Windecker Synagoge. Schreiben des Windecker Bürgermeisters vom 6.1.1961, Kopie im Besitz der Verfasserin
80) HSTA Marburg Bestand 180 Hanau 4801
81) HSTA Marburg Bestand 180 Hanau 6237
82) Stadtarchiv Nidderau, Windecken XXVI-3-14-27
83) Zitiert nach der Entschädigungsakte, eingesehen bei Regierungspräsidenten Darmstadt in Wiesbaden, Kopie im Besitz der Verfasserin
84) Lilienthal S. 43
85) Regest 2144
86) Regest 2558
87) Regest 3121
88) Regest 3706
89) HSTA Marburg Bestand 86 / 27978
90) HSTA Marburg Bestand 86/ 25942
91) Stadtarchiv Nidderau, Windecken - ungeordneter Bestand
92) Personenstandsregister der Juden von Heldenbergen, eingesehen beim Standesamt Nidderau
93) HSTA Marburg Bestand 180 Hanau ohne Angabe, Liste sämtlicher Israeliten zu Windecken von 1822
94) HSTA Marburg Bestand 166 b /3820. Schulbericht des Provinzialrabbiners Felsenstein vom 12.3.1857
95) HSTA Marburg Bestand 180 Hanau 4759
96) HSTA Marburg Bestand 180 Hanau 6237
97) HSTA Marburg Bestand 166 b /3820
99) Lilienthal S. 43
100) HSTA Marburg 81 Regierung Hanau Verzeichnis E XIV Amt Windecken b.Varia acta 40
101) HSTA Marburg Bestand 180 Hanau 4767.
Auf eine jüdische Schule auf dem Grundstück der Synagogenstraße 13, wie in Stadt Windecken auf S. 179 angegeben, gibt es keinen aktenkundigen Hinweis, auch wird kein Beleg genannt
102) Verordnung vom 30. Dezember 1823 die gemeinheitlichen Verhältnisse der Israeliten betreffend abgedruckt im Wochenblatt für die Provinz Hanau 5.2.1824
103) wie Anmerkung 102
104) wie Anmerkung 102, Großbuchstaben sind fettgedruckt im Orginal
105) Gesetz vom 9.10.1833, abgedruckt im Wochenblatt für die Provinz Hanau vom 19.12.1833, S. 781
106) HSTA Marburg Bestand 180 Hanau 4759
107) HSTA Marburg Bestand 180 Hanau 4759
109) Berberich S. 23
110) HSTA Marburg Bestand 180 Hanau 4759
111) HSTA Marburg Bestand 18o Hanau 4759
112) HSTA Marburg Bestand 180 Hanau 4759
113) HSTA Marburg Bestand 180 Hanau 4759
114) HSTA Marburg Bestand 180 Hanau 4759
115) HSTA Marburg Bestand 180 Hanau 4759
116) HSTA Marburg Bestand 180 Hanau 4759
118) HSTA Marburg Bestand 166 b 3619
117) HSTA Marburg Bestand 180 Hanau 4801
118a) HSTA Marburg Bestand 180 Hanau 4801
119) HSTA Marburg Bestand 180 Hanau 4759
120) HSTA Marburg Bestand 180 Hanau 4759
121) Archiv der Kurt-Schumacher-Schule (KSS) Nidderau-Windecken
122) Grundliste im Archiv der KSS Nidderau-Windecken
123) Die Angaben für die Jahre 1852-1872 sind aus HSTA Marburg Bestand 180 Hanau 4759;
die Angaben für die Jahre 1873-1875 sind aus HSTA Marburg Bestand 180 Hanau 5188;
für das Jahr 1880 aus HSTA Marburg Bestand 166 b 3820
124) HSTA Marburg Bestand 166 b 3820 Hanau
125) Eintrag auf der 1. Seite der Grundliste im Archiv der KSS in Nidderau-Windecken
126) Archiv der Kurt -Schumacher-Schule
127) Stadtarchiv Nidderau, Windecken XXVI-3-25-13
128) Statistisches Jahrbuch des Deutsch-Israelitischen Gemeindebundes 1892
129) Handbuch der jüdischen Gemeindeverwaltung 1909
130) HSTA Marburg Bestand 180 Hanau 6019
131) Adreßbuch für den Landkreis Hanau 1906
132) HSTA Marburg Bestand 166 b 3619
133) Mathilde Katz Interview 1985
134) Stadtachiv Nidderau, Windecken, ungeordneter Bestand
135) HSTA Marburg Bestand 180 Hanau 6019
136) HSTA Marburg Bestand 180 Hanau 6019
137) HSTA Marburg Bestand 180 Hanau, leider ohne Angabe
138) Lötsch/Wittenberger S. 66 - 68
139) Interview 1985 mit Arno Katz
140) HSTA Marburg Bestand 180 Hanau 5453
141) Handbuch 1911
142) HSTA Marburg Bestand 180 Hanau 6237
143) Windecker Zeitung 12/1909
144) HSTA Marburg Bestand 180 Hanau 5453
145) Handbuch 1913
146) Handbuch 1924/25
147) Führer 1932-33
148) Regest 3121
149) Regest 3121
150) HSTA Marburg Bestand 81 Rep.E 181 Judenschaftliche Sachen XIV Amt Windecken b.Varia Acta No 1
151) HSTA Marburg Bestand 81 Rep.E 181 Judenschaftliche Sachen XIV Amt Windecken b.Varia Acta No 8
152) Verordnung 1823
152a)Die Zeitangaben sind, soweit sie aus den vorliegenden Akten hervorgehen, genannt
153) Berberich S. 37 - 40
154) vgl. Berberich S. 36
155) Stadtarchiv Nidderau, Windecken IX-3-12-15
156) Dallmeyer S. 181-184
157) Zimmermann S. 481
158) HSTA Marburg Bestand 81 Rep.E 181 Judenschaftliche Sachen III. Handel Acta No 19
158a) Regest N 19
158b) Regest 714a
158c) Schazmann S. 43 f
158d) Agethen 1994
158e) Regest 1369
158f) Judenordnung 1603 Punkt 14 der Rechte der Juden
158g) Löwenstein, Leopold S.3
158h) Löwenstein, Leopold
158i) Löwenstein S.25
158j) Siehe auch Sammlung Schenck im Stadtarchiv Hanau
158k) Interview Willi Katz
158l) Sammlung Schenck im Stadtarchiv Hanau
158m) Gespräch Frau Dr. Kayserling
159) Personenregister der Juden von Heldenbergen von 1832, eingesehen beim Standesamt Nidderau
160) HSTA Marburg Bestand 180 Hanau 6237
161) HSTA Marburg Bestand 166 b 3619
162) Arnsberg 1971 Band 1 S. 321
163) HSTA Marburg Rechnungen II Windecken 4 Nr. 4
164) Johannes Wachten vom Jüdischen Museum Frankfurt verdanke ich die Übersetzung des Büchleins.
165) Das Originalheft befindet sich im Besitz der Witwe von Fred Bergen, Charlotte North Carolina, USA
166) Alle Angaben aus den Statistischen Jahrbüchern und Handbüchern
167) Israelit Jg. 1902 zitiert nach Arnsberg Akte 96
168) Johann S. 271
169) HSTA Marburg Bestand 180 Hanau 718
170) Zitiert nach Hohmann „...und bey straff verbotten werden" im Hanauer Anzeiger 3.4.1982
171) Germania Judaica Manuskript Windecken S. 2
172) Andernacht 1988 S. 81
173) Gedruckt in Zimmermann S. 519
174) Zitiert nach Andernacht 1988 S. 82
175) Stadtarchiv Frankfurt UGB E 56 G 14
176) Andernacht 1988 S. 82f
177) Ettlinger
178) Ettlinger
179) Die Angabe von Zimmermann S. 496 und darauf basierend von Arnsberg 1971 Bd. 2 S. 408 muß korrigiert werden, ebenso der davon ausgehende Text auf der Informationstafel am jüdischen Friedhof in Windecken
180) Regest 565
181) Regest 656
182) Regest 855
183) Regest 1369
184) Regest 1542
185) Regest 1962
186) Regest 1977
187) Regest 1993
188 Regest 2860
189 Regest 3020
190) Regest 3121
191) Regest 3553
191) Regest 3552
193) Regest 564
194) Der Bach ist die Nidder
195) Regest 565 mit zwei Originalbezeichnungen aus der Urkunde HSTA Marburg Bestand 86 Hanauer Nachträge 28021
196) HHSTA Marburg 86 Hanauer Nachträge 28021
196a) Regest 565
197) Andernacht 1988 S. 83
198) Arnsberg 1971 Bd.1. S. 334
199) Rosenthal S. 100 ff. Im Jahre 1659 erfolgte eine Bitte um Erweiterung des dortigen Friedhofes. Deshalb nimmt Rosenthal an, daß dieser Friedhof so alt wie der in Hanau sei.

200) Krohn/Ulshöfer S. 26
201) Arnsberg 1983 Bd II S. 519
202) Regest 2217
203) Regest 3121
204) Regest N 43
205) Regest 3121
206) siehe Regest 3129
207) Regest 3121
208) 180 Hanau 1854
209) 180 Hanau 715
210) HSTA Marburg Bestand 180 Hanau 4801, Schreiben vom 20.4.1872
211) HSTA Marburg Bestand 180 Hanau 6237
212) HSTA Marburg Bestand 180 Hanau 1854
213) HSTA Marburg Bestand 180 Hanau 1854
214) HSTA Marburg Bestand 180 Hanau 1854
215) HSTA Marburg Bestand 180 Hanau 715
216) HSTA Marburg Bestand Rechnungen II Windecken 4 Nr.4
217) HSTA Marburg Bestand Rechnungen II Windecken Nr.4
218) Stadtarchiv Nidderau, Windecken, maschinenschriftlicher Auszug aus dem Zinß Buch der Praesenz Windecken von 1715 im ungeordneten Bestand
219) wie Anmerkung 218
220) HSTA Marburg Bestand 180 Hanau 1854
221) HSTA Marburg Bestand 180 Hanau 715
222) HSTA Marburg Bestand 180 Hanau 2107
223) Grundbuch von Windecken Band XIV Artikel 577 Fol. 1 Eigenthümer: Judenschaft zu Windecken, befindet sich im Grundbuchamt in Hanau und wurde dort von der Verfasserin eingesehen.
224) HSTA Marburg Bestand 180 Hanau 6019
225) HSTA Marburg Bestand 180 Hanau 6019
226) siehe Grundbuch wie Anmerkung 223
227) Stadtarchiv Nidderau, Windecken XXVI-3-14-26
228) Aufstellung erfolgte nach HHSTA Wiesbaden Abteilung 365/828 Sterberegister der jüdischen Gemeinde Windecken, sowie Sterberegister der Stadt Windecken und der Gemeinde Ostheim nach 1875 eingehen von der Verfasserin beim Standesamt Nidderau
229) Brief von Salli Reichenberg an Ludwig Reichenberg vom 9.7.1939, Kopie im Besitz der Verfasserin
230) Brief von Salli Reichenberg vom 5.3.1939, Kopie im Besitz der Verfasserin
231) Verordnung von 1823
231a) Stadtarchiv Nidderau, Windecken, ungeordneter Bestand
232) HHSTA Wiesbaden Abteilung 365/825-828
232a) Stadtarchiv Nidderau, Windecken, Schreiben vom 20.1.1941 im ungeordneten Bestand
233) Stadtarchiv Nidderau, Windecken, ungeordneter Bestand Kaufvertrag vom 15.4.1940
234) Stadtarchiv Nidderau, Windecken, ungeordneter Bestand. Schreiben des Landrates an den Bürgermeister vom 3.5.1941
235) Stadtarchiv Nidderau, Windecken, ungeordneter Bestand. Schreiben des Bürgermeisters vom 10.4.1942 an die Reichsvereinigung der Juden
236) Stadtarchiv Nidderau, Windecken, Bericht im ungeordneten Bestand
237) Stadtarchiv Nidderau, Windecken, Tätigkeitsbericht im ungeordneten Bestand
238) Interview Erich Sommer 1985
239) wie Anmerkung 236
240) wie Anmerkung 236
241) Hanauer Anzeiger 2.7.1943
242) Vergleich Stadt Windecken -IRSO 1950, von der Verfasserin eingesehen beim Landesverband der Jüdischen Gemeinden in Hessen
243) Stadtarchiv Nidderau, Windecken, ungeordneter Bestand. Schreiben vom13.9.1951
244) Stadtarchiv Nidderau, Windecken, ungeordneter Bestand. Schreiben vom 18.10.1951
245) wie Anmerkung 244
246) Akten der IRSO zum Friedhof Windecken wurden von der Verfasserin eingesehen beim Landesverband der Jüdischen Gemeinden in Hessen
247) Stadtarchiv Nidderau, Windecken, ungeordneter Bestand. Schreiben des Bürgermeisters von 1953
248) wie Anmerkung 247

Die Böckelschlacht in Windecken 1891 - Kampf gegen den Antisemitismus

1) Ausführlich wird diese Entwicklung dargestellt von Keller
2) Heuberger/Krohn S. 118 f
3) Mack 1983 S. 396
4) Mack S. 395
5) Hanauer Anzeiger 31. 1. 1891. Zu dem ganzen Abschnitt siehe Artikel von Keller und auch Mack 1988
6) Schmahl S. 68, S. 69
7) Überschrift der Fankfurter Volksstimme am 10.3. 1891
8) Reichsherold 6. 3. 1891
8a) Kleine Presse 10.3.1891, Frankfurter Volksstimme 10.3.1891
9) Reichsherold 10.3.1891
10) Hanauer Anzeiger 10.3.1891
11) HSTA Marburg Bestand 165 Preußische Regierung Cassel Abteilung I Nr.3981 Bd. I
12) HSTA Marburg Bestand 165 Preußische Regierung Cassel Abteilung I Nr.3981 Bd. I.
13) Hanauer Zeitung 9.3.1891
13a) wie Anmerkung 11
14) wie Anmerkung 11
15) wie Anmerkung 11
15a) Reichherold 17.3.1891
16) Schmahl S. 69
17) HSTA Marburg 180 Hanau 6019
18) Hanauer Anzeiger 10.3.1891
19) alle Zitate aus der Anklageschrift vom 7.1.1892 und dem Urteil vom 14.5.1892 sind enthalten in HSTA Marburg Bestand 180 Hanau 5827
20) Der antisemitische Reichsherold berichtete in seiner Ausgabe vom 3. Mai 1892 mit der Titelgeschichte „Die Windecker Affaire vor Gericht" ausführlich vom Verlauf dieser Verhandlung. Reichsherold 3. 5. 1892 S. 1, ebenso die Kleine Presse" am 29. April 1892
21) Hanauer Zeitung 5.5.1892
22) HSTA Marburg Bestand 180 Hanau 5827
23) HSTA Marburg Bestand 180 Hanau 6019. Schreiben vom 27.12.1893
24) HSTA Marburg Bestand 180 Hanau 6019
25) Als der Saal der Hochmühle 80 Jahre nach diesen Ereignissen zum Abriß anstand, berichtete 1971 der Hanauer Anzeiger über die Ereignisse von 1891, Hanauer Anzeiger 6.11.1971
26) Allgemeine Zeitung des Judentums 8.11.1895
27) Schmahl S. 69

Bedeutende Juden aus Windecken

1) Stadtarchiv Frankfurt Senats Supplicationen 190
2) HSTA Marburg Bestand 180 Hanau leider ohne weitere Angabe. Verzeichnis sämtlicher Israeliten in Windecken 1822. Kopie im Besitz der Verfasserin
3) Stadtarchiv Frankfurt, Senats-Supplikation 190
4) Auskünfte von Dietrich Andernacht, Angabe von Arnsberg Bd. 2 S. 407 zu Henry Oppenheim muß korrigiert werden
5) Landes S. 111. Übersetzung aus dem Englischen
6) Sabry S. 119
7) Ducruet S. 22
8) Ducruet S. 22 - 25
9) Hamza S. 214 f, S. 263, S. 270. Bei Hamza ist auch eine detailiierte Beschreibung der einzelnen Anleihen zu finden.
10) Der große Brockhaus 1955 S. 572
11) HHSTA Wiesbaden Abteilung 365/826. Die Angabe des Geburtsortes Frankfurt in Salomon Wininger: Große Jüdische National-Biographie Band 4 S. 571 Leipzig 1931/32 und auch Who is Who ist falsch und zu berichtigen
12) Stadtarchiv Nidderau, Heldenbergen X 2-3-8
13) Schülergrundliste der israelitischen Volksschule Windecken Nr. 120 Lahsa Oppenheim im Archiv der Kurt Schumacher Schule in Nidderau-Windecken, Kopie im Besitz der Verfasserin
14) Universitätsarchiv Göttingen, Abgangszeugnis Oppenheims vom 13. August 1878
15) Lebenslauf aus den Promotionsunterlagen Oppenheims im Universitätsarchiv der Georg-August-Universität Göttingen
16) Archiv der Humboldt Universität Berlin, Bestand Rektorat und Senat Matrikelbuch 1877/ 68.
16a)Wie Anmerkung 16
17) Mitteilungen des Universitätsarchivs Göttingen
18) Die Gräber befinden sich in Block EPT 165/a+B
19) Whittuck S. 3
20) Archiv der Karl-Marx-Universität Leipzig UAL, Rektor Matrikel 1882/83 lfd 594 sowie UAL Rektor Register zu Matrikel 1879-1889
21) Auskunft des Archivs der Ruprecht-Karl-Universität Heidelberg 27.11.1990.
21a) Whittuck S. 1-10
22) Staatsarchiv Basel Erziehungsakten Z 21
23) Staatsarchiv Basel Erziehungsakten Z 21
24) Staatsarchiv Basel Erziehungsakten Z 21
24a) Staatsarchiv Basel, Universitätsarchiv F 6,2
25) The Cambridge Review 7. November 1919 S. 68 f, Übersetzung aus dem Englischen
26) Cambridge Chronicle 15. Oktober 1919
27) DNB Dictionary of National Biography D. N. B. 1912 - 1921
28) The Cambridge Review 7. 11. 1919
29) Cambridge Chronicle 15. Oktober 1919
30) The Times 9. Oktober 1919. Siehe auch Whittuck und Nachruf in Jewish Chronicle vom 17.10.1919

Juden als geachtete Bürger Windeckens

1) Stadt Windecken S. 91 f
2) Stadtarchiv Nidderau, Windecken VIII-8-24-12
3) Stadtarchiv Nidderau, Windecken VIII -6-20-3
4) Foto-Dokument in Privatbesitz
5) HSTA Marburg 180 Hanau 5905, Dokument Fest-Programm
6) Interview 1985 mit Recha Wolf in New York
7) HSTA Marburg Bestand 180 Hanau 5905
8) HSTA Marburg Bestand 180 Hanau 5905
9) Privatbesitz, Kopie im Besitz der Verfasserin
10) Stadtarchiv Nidderau, Windecken, ungeordneter Bestand
11) Henß 1938 S. 58
12) Reichsbund der Jüdischen Frontsoldaten S. 360
13) Stadtarchiv Nidderau, Windecken VIII-6-20-4
14) Das Gedenkbuch der jüdischen Gefallenen des 1.Weltkrieges, herausgegeben vom Reichsbund der Jüdischen Frontsoldaten, nennt noch für Windecken den folgenden jüdischen Gefallenen: Sigmund Jacob * 20.8.1891 in Breitenbach a.Herzberg + 5. 3. 1915, es handelt sich mit dieser Angabe zu Windecken um eine falsche Angabe. Der Name hätte unter Breitenbach im Herzberg erscheinen müssen. Entsprechend ist auch Arnsberg zu berichtigen, auch die Angabe auf der Gedenktafel in Windecken nennt entsprechend fälschlicherweise den Namen Sigmund Jacob als Gefallenen des 1.Weltkrieges für Windecken und Ostheim
15) 100 Jahre Männer-Gesang-Verein Concordia Windecken S. 21
16) wie Anmerkung 15 S. 23
17) wie Anmerkung 15 S. 23
18) Windecker Zeitung 12/1909
19) Alle Angaben aus Festbuch Liederlust 1907
20) Alle Angaben nach Festbuch zum 50jährigen Jubiläum Liederkranz
21) Interview Elli Muth und Interview Grete Müller
22) Berberich S. 37 f

23) Henß S. 47
24) HSTA Marburg Bestand 180 Hanau 6019
25) Adreßbuch für den Landkreis Hanau 1915

Nationalsozialismus in Windecken

1) alle Angaben Stadt Windecken S. 217
1a) Auskunft Stadtarchiv Hanau
1b) Auskunft Stadtarchiv Hanau
2) Flämig Band 1 S. 176
3) Verzeichnis in Privatbesitz, Kopie im Besitz der Verfasserin
4) Stadtarchiv Nidderau, Windecken, ungeordneter Bestand. Schreiben vom 14.7.1933
5) wie Anmerkung 4
6) Hanauer Anzeiger 13. 4. 1933
7) Hanauer Anzeiger 25.4.1933 nach VVN, Hanauer Hefte 2 S. 16 f
8) wie Anmerkung 7
9) Schreiben vom 14.7.1933 in Privatbesitz, Kopie im Besitz der Verfasserin
10) Hanauer Anzeiger 27.7.1933
11) Hanauer Anzeiger 2.10.1933
12) Hanauer Anzeiger 30. 5. 1933
13) HHSTA Wiesbaden Abteilung 483-4730
14) HSTA Marburg Bestand 180 Hanau 7461
15) HHSTA Wiesbaden Abt.518 Nr.3035 Bd 1 Bl. 23 f
16) HHSTA Wiesbaden Abt. 518 Nr. 3035 Bd 1 Bl. 23 f
17) Beier 1984 S. 546
18) Diverse Mitteilungen an die Verfasserin
19) Gespräch mit Frau Bolender
20) HHSTA Wiesbaden Abt. 483-47709 a
21) Hanauer Anzeiger 31.3.1933
22) Interview 1985 mit Recha Wolfn New York
23) Stadtarchiv Nidderau, Windecken, ungeordneter Bestand. Schreiben vom 12. 11. 1937
24) Stadtarchiv Nidderau, Windecken, XIII 1-1-1. Schreiben des Landrates vom 17. 10. 1935
25) diverse Briefe von Erich Sommer
26) Dokument vom 5.12.1945. Privatbesitz in Amerika, Kopie im Besitz der Verfasserin
27) Dokument vom 5.12.1945 - wie Anmerkung 26
28) Auskunft von Bürgermeister Salzmann
29) HHSTA Wiesbaden Bestand 483-4660 a
30) Stadtarchiv Nidderau, Windecken, ungeordneter Bestand. Schreiben vom 12.11.37
31) HSTA Marburg 180 Hanau 7461
32) Walk S. 284
33) Genaueres ist bei Familie Salli Reichenberg nachlesen
34) Stadtarchiv Nidderau, Windecken, ungeordneter Bestand. Schreiben vom 21. 9. 1939
35) Stadtarchiv Nidderau, Windecken, ungeordneter Bestand
36) Stadtarchiv Nidderau, Windecken, Schreiben vom 17. 9. 1939
37) wie Anmerkung 35
38) wie Anmerkung 36
39) Stadtarchiv Nidderau, Windecken, ungeordneter Bestand. Schreiben vom 25.9.39
40) Stadtarchiv Nidderau, Windecken ungeordneter Bestand
41) Div. Mitteilungen an Frank Schmidt, zusammengefaßt der Verfasserin im Dezember 1983 mitgeteilt
42) HHSTA Wiesbaden Abt. 483 - 4707c
43) HHSTA Wiesbaden Abt. 483 -4721a
44) HHSTA Wiesbaden 483 - 4707 c
45) div. Mitteilungen an Frank Schmidt wie Anmerkung 41
46) HHSTA Wiesbaden Abt. 483 - 4707c
47) Div. Mitteilungen an Frank Schmidt wie Anmerkung 41
48) Div. Mitteilungen an Frank Schmidt wie Anmerkung 41
48a) Mitteilungen an die Verfasserin
49) HHSTA Wiesbaden Abt. 483 - 4707c
50) Dokument im Privatbesitz in Amerika, Kopie im Besitz der Verfasserin
51) Stadtarchiv Nidderau, Windecken, Schreiben vom 21.6.1949
52) HHSTA Wiesbaden 483- 4665 b
53) Interview mit Georg Lenz
54) Interview 1985 mit Recha Wolf/ Diverse Mitteilungen an die Verfasserin
55) Schreiben von Friedel Kurz 22. 3. 1961 an den Jüdischen Landesverband Hessen, Kopie im Besitz der Verfasserin
56) Akten beim Landesverband der Jüdischen Gemeinden in Hessen zu Windecken, eingesehen von der Verfasserin
57) Mitteilungen des Raschi-Hauses in Worms an die Verfasserin
58) Diverse Mitteilungen an die Verfasserin
59)HHSTA Wiesbaden 483 - 4721 a
60) HHSTA Wiesbaden Bestand 519 Salomon Reichenberg
61) Dokument im Privatbesitz, Kopie im Besitz der Verfasserin
62) Hanauer Anzeiger vom 11. 11.1938
63) HHSTA Wiesbaden Abt. 483-4707c
64) HHSTA Wiesbaden Abt.483-4707 c
65) HHSTA Wiesbaden Abt.483-4707 c
66) HHSTA Wiesbaden Abt. 483-46976
67) HHSTA Wiesbaden Abt.483-46976
68) HHSTA Wiesbaden Abt.483-46976
69) HHSTA Wiesbaden Abt.483-46976
70) HHSTA Wiesbaden Abt.483-4693d
71) HHSTA Wiesbaden Abt.483-4693 d
72) HHSTA Wiesbaden Abt.483-46976
73) HHSTA Wiesbaden Abt.483-46976
74) HHSTA Wiesbaden Abt.483-46976
75) Brief an Ludwig Reichenberg vom 9.7.1939, Kopie im Besitz der Verfasserin
76) HHSTA Wiesbaden Abt.483-46976
77) Stadtarchiv Nidderau, Windecken, Abschrift des Kaufvertrages vom 15.4.1940
78) Hanauer Anzeiger 21.8.43
79) Stadtarchiv Nidderau, Windecken. Schreiben 18. 2. 49
80) Pfarrer Rolf Huber im Programm zum Einweihungsfest der Christus Kirche am 1. Advent, 27.11.1988
81) Nidda Echo 28.7.1988 mit Foto
82) Wippermann S. 131
83) Brief von Hilda Oppenheimer in Privatbesitz, Kopie im Besitz der Verfasserin
84) Das Philantropin zu Frankfurt am Main Frankfurt 1964 S. 120
85) Wippermann S. 132
86) Lina Katz in Dokumente S. 507
87) Lina Katz wie Anmerkung 86
88) Lina Katz wie Anmerkung 86
90) Baab S. 43 ff
91) Entnommen aus Diamant 1984
92) Diamant 1984 Vorwort
93) Dokumente S. 524 - 527
93a) Diamant 1984
94) Überwiegend nach Angaben des Bundesarchivs in Koblenz zusammengestellt, der Name Elise Kaufmann geborene Speier ist im Gedenkbuch nicht aufgeführt.

Die Schicksalswege der jüdischen Familien Windeckens

1) Stadtarchiv Nidderau, Windecken, ungeordneter Bestand
2) Stadtarchiv Nidderau, Windecken XXVI-3-32-4
2a) Interview mit Hilde Löwenthal
3) Beilage in Privatbesitz, Kopie im Besitz der Verfasserin
4) Stadtarchiv Nidderau - Windecken, XIII- 1- 1- 19
5) Stadtarchiv Nidderau - Windecken, XIII- 1- 1- 19
6) Interview 1985 Hilde Löwenthal
7) Interview 1985 Hilde Löwenthal in Windecken
8) Stadtarchiv Nidderau, Windecken XXVI- 3-23-13
8a) Kopie im Besitz der Verfasserin
9) Interview mit Grete Glick geführt von Bernd Salzmann im Juni 1988
10) abgedruckt in Neumeyer S. 110 - 112
11) Interview Elli Muth 1985
12) Auskunft aus Prag. Das Bundesarchiv nennt für Kathinka Müller Minsk als Deportationsziel.
13) Interview 1988 mit Grete Glick geb. Müller
14) HHSTA Wiesbaden Abt.519-JS 5824
15) Auskunft des Standesamtes Marburg
16) Alle Informationen zur Familie Winterberger aus Schäfer S. 175. Herrn Schäfer danke ich für die freundliche Überlassung des Manuskriptes.
17) Arnsberg 1971 Bd. 1 S. 49
18) Beilage der Windecker Zeitung im Privatbesitz, Kopie im Besitz der Verfasserin
19) Ausführliche Mitteilungen an die Verfasserin
20) Dokument in Amerika im Privatbesitz, Kopie im Besitz der Verfasserin
21) diverse Mitteilungen an die Verfasserin
22) Interview mit Elli Muth 1985
23) Gespräch Frau Clauss
24) Briefe im Privatbesitz, Kopien aller Briefe im Besitz der Verfasserin
25) HHSTA Wiesbaden Abt. 519/618 N
26) HHSTA Wiesbaden Abt.519/ 618 N
27) Wippermann S. 131
28) Leserbrief Philipp Falk im "Aufbau", ohne Datum, Kopie im Besitz der Verfasserin
29) vgl. Dokumente S. 281 ff
30) Dokumente S. 507
31) Wippermann S. 233 Bd 1
32) Dokument in Privatbesitz, Kopie im Besitz der Verfasserin
33) Begleitmaterial zur Ausstellung "Auschwitz. Das Verbrechen gegen die Menschheit", Dokument 1, 1993. Hrsg. v. Verein zur Gründung der Stiftung Auschwitz e.V. Frankurt
35) Schreiben in Privatbesitz, Kopie im Besitz der Verfasserin
36) Telegramm in Privatbesitz, Kopie im Besitz der Verfasserin Privatbesitz
36a) Dokumente S. 487
37) Dokument in Privatbesitz, Kopie im Besitz der Verfasserin
38) Dokument in Privatbesitz, Kopie im Besitz der Verfasserin
39) Schreiben vom 17. 11. 1938/ Privatbesitz , Kopie im Besitz der Verfasserin
40) Dokument im Privatbesitz, Kopie im Besitz der Verfasserin
41) Nationale Mahn- und Gedenkstätte Buchenwald. Historische Abteilung
42) wie Anmerkung 41
43) Interview mit Edith Reichenberg Dezember 1985 in New York
43a) Schreiben vom 9. 10. 1945, Privatbesitz, Kopie im Besitz der Verfasserin
44) Schreiben vom 19. 9. 1945, Privatbesitz, Kopie im Besitz der Verfasserin
45) Schreiben vom 3. 11. 1946, Privatbesitz, Kopie im Besitz der Verfasserin
46) Schreiben vom 17. März 1947, Privatbesitz, Kopie im Besitz der Verfasserin
47) Interview Edith Reichenberg
48) Interview 1988 mit Rita Reichenberg
49) Mitteilungen an die Verfasserin
50) Interview 1988 mit Rita Reichenberg
51) Minna Kawalek: „Iwwer Handwerk un Hannel", vorgetragen auf dem Mundartabend in Windecken am 10.9.1994
52) Dies war in der Ausstellung über das Ghetto in Lodz 1990 im Jüdischen Museum Frankfurt zu lesen.
53) Abgedruckt bei Dittrich S. 35
54) Dittrich S. 33
55) Interview 1988 mit Rita Reichenberg
56) Nancy Spiers in Amerika, die Enkelin von Jakob Sichel aus Windecken, stellte diese Aufzeichnungen von Rosa Sichel freundlicherweise der Verfasserin zur Verfügung, Kopien dieser Aufzeichnungen im Besitz der Verfasserin.
57) Auskünfte des Staatsarchivs Hamburg
57a) Stadtarchiv Nidderau, Windecken ungeordneter Bestand
58) Gespräch mit Erich Sommer 1986
59) Eidesstattliche Erkärung 1960, Kopie freundlicherweise von Rahel Sommer erhalten
60) Brief von Max Sommer, Kopie im Besitz der Verfasserin
61) Gespräch mit Erich Sommer
62) Bericht von David Sommer, Kopie des Berichtes im Besitz der Verfasserin
63) Gespräch mit Erich Sommer 1985 in New York
64) Gespräch mit Erich Sommer
65) Kopie des Berichtes im Besitz der Verfasserin
66) Kopie des Berichtes im Besitz der Verfasserin
67) Gespräch mit Erich Sommer
68) Wie Anmerkung 62
69) Bericht von Hilda Sommer, Kopie im Besitz der Verfasserin
70) Gespräch Erich Sommer
71) Gespräch mit Georg Lenz

72) Gespräch bei König
73) Kopie im Besitz der Verfasserin
74) Gespräch mit Erich Sommer
75) Tagebuch von Erich Sommer in Privatbesitz, Kopie im Besitz der Verfasserin
75a) Gespräch mit Erich Sommer
76) Brief an die Verfasserin
77) vgl. Zelzer Namenslisten
78) Stadtarchiv Nidderau, Windecken XXVI-3-25-19
79) Gespräch mit Manfred Reichenberg im Januar 1986 in USA
80) Briefe im Privatbesitz, Kopien im Besitz der Verfasserin
81) Stadtarchiv Nidderau, Windecken, ungeordneter Bestand, Schreiben vom 11.5.1955
82) Gespräch mit Manfred Reichenberg 1986
83) HHSTA Wiesbaden Abt. 519/011526
84) Bericht von Salomon Reichenberg, Kopie im Besitz der Verfasserin
84a) Briefe in Privatbesitz, Kopien im Besitz der Verfasserin
84b) Sie stammte vermutlich aus Lindheim oder aus Rohrbach, ein genaues Geburtsdatum ist nicht bekannt.
85) Israelit Jg.1902 zitiert nach Arnsberg Akte 96
86) Bericht von Felix Schuster, Kopie im Besitz der Verfasserin
87) HHSTA Wiesbaden Abt. 519/RE 18011 WI
88) Gespräch mit der Autorin
89) HHSTAWiesbaden Abt. 519
90) Brief im Privatbesitz, Kopie im Besitz der Verfasserin
91) Gespräch mit Charlotte Schuster 1985 in New York
92) Gespräch mit Frau Muth
93) Kopie des Berichtes von Fred Schuster im Besitz der Verfasserin
94) wie Anmerkung 93
94) Bericht Fred Schuster wie oben
96) Gespräch mit Charlotte Schuster
97) Windecker Zeitung 11/1913
98) Windecker Zeitung Oktober 1908, siehe auch S. 122
99) Windecker Zeitung November 1913, siehe auch S. 119
100) Statistische Jahrbücher, Handbücher und Führer der jüdischen Gemeinden dieser Jahre
101) Blatt im Privatbesitz, Kopie im Besitz der Verfasserin
102) Reichsbund Jüdischer Frontsoldaten, S. 113, S.360
103) Stadtarchiv Windecken, ungeordneter Bestand, Gewerbeanmeldungsunterlagen
104) Gespräch mit Manfred Reichenberg 1986
105) Stadtarchiv Nidderau, Windecken XXVI-3-27-3
106) Abschrift im Besitz der Verfasserin
107) Brief im Privatbesitz, Kopie im Besitz der Verfasserin
108) Windecker Zeitung September 1911, siehe auch S. 122
109) von der Verfasserin im Dezember 1985 bei Recha Wolf in Fort Lee,USA eingesehen
110) Auskünfte zu Biskirchen vom Heimatverein Biskirchen
111) Kopie des Briefes im Besitz der Verfasserin
112) Gespräch im Dezember 1985 mit Rita Wolf in Fort Lee, USA, diverse Briefe an die Verfasserin
112a) Brief Recha Wolf
113) Brief von Recha Wolf an die Verfasserin
114) Erklärung von Herrn Just, Kopie im Besitz der Verfasserin
115) Eidesstattliche Erklärung des Justizoberinspektors Karl Wilhelm Emminghaus von 1947, Kopie im Besitz der Verfasserin
116) Erklärung, Kopie im Besitz der Verfasserin
117) Schreiben im Besitz der Verfasserin
118) Anmerkung 114
119) Adreßbuch für den Landkreis Hanau am Main 1940, S.14
120) Mitteilung an die Verfasserin
121) Mitteilung an die Verfasserin
122) Erklärung Just im Besitz der Verfasserin

Jüdisches Landleben in Ostheim

0) Dorfchronik Ostheim von Nik. Oestreich II. in: Festschrift zum 50jährigen Jübiläum. Arbeitergesangverein Liederlust Ostheim 1960, geschrieben auf der Grundlage des Textes von Pfarrer Friedrich Fink: Alt-Ostheim
1) Regest 756
2) Regest 1036a
3) Regest 1429
4) Regest 1472
5) Regest 1857 a
6) Regest 1429, Regest 1857 a
7) Regest 1760
8) Regest 1875
9) Regest 2162
10) Regest 2322
11) Regest 2436
12) Regest 2467
13) Regest 2548
14) Regest 1491
15) Regest 2322
16) Regest 1454
17) Regest 2022
18) Regest N 236 a
19) Regest 2040
20) Regest N 193
21) Regest N 195
22) Regest N 210
23) Regest 1682
24) Regest 1724 b
25) Regest 2040
26) Regest 2164
27) Regest 2513
28) Regest 2467
29) Figge/Pieh S. 39
30) Regest 3020
31) Zimmermann S. 466
32) Zimmermann S. 687
33) HSTA Marburg Rep.E XIV Amt Windecken 181 Judenschaftliche Sachen XIV Amt Windecken a.Rezeptionen, Schutzgelder 1721-1819 No.3 Raphael Moses
34) HSTA Marburg Band 45 81. Regierung Hanau Verzeichnis E 181 Judenschaftliche Sachen XIV Amt Windecken a. Rezeptionen, Schutzgelder 1721-1819 Nr.17 Meyer Löw
35) Alle Angaben in Statistisches Jahrbuch, später Handbuch und Führer zu den entsprechenden Jahren. Hier danke ich Adolf Diamant sehr herzlich für die Einsicht in diese Bücher.
36) Figge/ Pieh S. 63 f
41) Diverse Interviews mit Mathilde Katz 1984 in Windecken, 1985/6 in New York
42) Alle Wahlergebnisse bis auf 1933 Stadtarchiv Nidderau, Ostheim III 1- 1-1, Wahlergebnisse der Kreistagswahl 1933 aus Flämig Band I S. 176, Ergebnisse von 1993 Reichstags- und Landtagswahl aus dem Stadtarchiv Hanau
43) HHSTA Wiesbaden Abt.483 - 10389
44) Stadtarchiv Nidderau, Ostheim XIX-5-1-9
45) Gespräch mit Karl Mehrling 1989
46) Alle Zitate: Nidderauer Stadtarchiv, Ostheim XIX -5 -1-9-
47) Hanauer Anzeiger 31.3.33
48) Beide Schreiben waren von Hans Östreich nach dem Krieg auf dem Dachboden des Ostheimer Rathauses unter Altpapier gefunden worden. Er stellte freundlicherweise eine Kopie dieses SAchreibens zur Verfügung, sie sind auch veröffentlicht in: Östreich
49) wie Anmerkung 48, auch abgedruckt im Hanauer Anzeiger 11.7.1933
50) Hanauer Anzeiger 22.4.1933
51) Östreich S. 9 - 12
51a) Hanauer Anzeiger 15.6.1933
52) Hanauer Anzeiger 28.3.1933
53) Stadtarchiv Nidderau, Ostheim XIII 1-1-1
54) Stadtarchiv Nidderau, Ostheim XIII 1-1-1
55) Figge/Pieh S. 179, das Original befindet sich im Stadtarchiv Nidderau, Ostheim XV-2b-7d
56) Im Protokollbuch der Spar- und Leihkasse Ostheim, in Abschrift freundlicherweise von Hans Östreich zur Verfügung gestellt.
57)Mitteilungen der Grundschule Ostheim aus den Schulakten der Volksschule Ostheim
58) Stadtarchiv Nidderau, Ostheim XIII 1-1-2
59) Interview mit Hans Östreich 1985
60) HHSTA Wiesbaden Abt. 483 / 4655 b
61) HHSTA Wiesbaden Abt. 417 - 212
63) Dazu ließen sich im HHSTA Wiesbaden, wo die erhaltenen Akten der NSDAP Kreisleitung Hanau liegen, keine Unterlagen finden.
64) Interview mit Hans Östreich 1985
65) Frankfurter Rundschau 25.7.1947
66) Hanauer Anzeiger 13. 12. 1956
67) Interview Karl Stein
68) Hanauer Anzeiger 27. 1. 1953
69) wie Anmerkung 68
70) wie Anmerkung 68
71) Gespräch mit Hertha Katz 1986
71a) Mitteilungen an die Verfasserin
72) Hanauer Anzeiger 11. 11. 1938
73) Dokumente S. 44
74) Wippermann Band 1 S. 205
75) Wippermann Band 1 S. 106
76) Baab S. 30
77) Baab S. 30 f
78) Kropat S. 226
79) Stadtarchiv Nidderau, Ostheim XIII 1-1-4-
80) Kropat Kristallnacht S. 225 - 228
81) Stadtarchiv Nidderau, Ostheim XIII 1-1-2-
82) Brief an Ludwig Reichenberg in New York, Kopie im Besitz der Verfasserin
83) Adreßbuch 1940
84) Stadtarchiv Nidderau, Ostheim XIII 1-1-2
85)Östreich S. 5 8, 59
86) Östreich S. 89
87) Alle Angaben nach Mitteilungen des Bundesarchivs zusammengestellt. Das Bundesarchiv gibt noch an Paula Löwenstein geb. Scheuer, 19.5.1895 in Ostheim geboren, an, ebenso Sofie Rothschild geborene Scheuer *5.1.1902. Beide Geburten konnten in den Personenstandsregistern Ostheim nicht bestätigt werden. Es handelt sich also nicht um Ostheim, Kreis Hanau, sondern um ein anderes Ostheim.
88) Mitteilung von Meta Windmiller
89) Windecker Zeitung Oktober 1909
90) Verein S. 32 f
91) Interview mit Mathilde Katz
92) Schreiben des Landrates an den Bürgermeister 1939 beim Standesamt Nidderau, Kopie im Besitz der Verfasserin
93) Interview mit Inge Katzmann 1988 von Bernd Salzmann
93a) Bericht von Siegfried Wolf, Kopie im Besitz der Verfasserin
94) Eintrag im Grundbuch, Abschrift im HHSTA Wiesbaden Abt. 519 /Wi-Of-A 1424
95) Interview mit Inge Katzmann geb. Wolf von Bernd Salzmann 1988
96) HHSTA Wiesbaden Abt. 519/Wi-Of-A 1424
97) Brief an Lieselotte Levi in New York 1939, Kopie im Besitz der Verfasserin
98) Liste - in Kopie ausgelegt in der Ausstellung über das Getto Litzmannstadt: „Unser einziger Weg ist die Arbeit" im Juni 1990 im Jüdischen Museum in Frankfurt
99) Interview mit Siegmund Lichtenstein 1988
100) wie Anmerkung 99
101) Assor Adler hatte das väterliche Anwesen in Langenbergheim mit 5 Morgen Wiesen und Ackerland als ältester Sohn von seinem Vater Herz Adler übernommen. Herz Adler hatte 5 Kinder, davon einen Sohn in Bensheim, der jüngste Sohn Samuel war nach Amerika ausgewandert. Herz Adler war Ortsbürger in Altwiedermus gewesen, bevor er die Nachfolge seines vaters Assor Adler in Langenbergheim angetreten hatte. 1831 ist dieser Assor Adler im Steuerregister von Langenbergheim aufgeführt. Aus: Müller S.149 ff
101a) Interview mit Philipp Clauss.
101b) Mitteilungen des Stadtarchivs Speyer
101c) Interview mit Max Adler
102) Walk S. 254
102a) Bericht von Arthur Adler, Kopie im Besitz der Verfasserin
103) Gespräch Karl Stein
103a) Interviews mit Willi Katz
104) Der Nidderauer 16.3.1987
105) Nidderauer Anzeiger 3.8.1989
105a) Gespräch mit Karl Stein
106)Gespräch mit Karl Stein, im HHSTA Wiesbaden, wo sich Teile des Parteiarchivs der NSDAP Hanau befinden, konnten zu diesen Vorgängen keine schriftlichen Hinweise gefunden werden.
106a) Brief in Privatbesitz, Kopie im Besitz der Verfasserin
107) Brief in Privatbesitz, Kopie im Be-

sitz der Verfasserin
108) Auskunft aus Prag, Komitee Theresienstadt
109) HHSTA Wiesbaden Abt. 519 JS 4341
110) Stadtarchiv Nidderau, Windecken, Gewerberegister im ungeordneten Bestand
111) Festschrift 1964 S. 28
112)Brief in Privatbesitz, Kopie im Besitz der Verfasserin
113) Hanauer Anzeiger 4.10.1915
114) Hanauer Anzeiger 4.10.1915
115) Auskunft Volksbund Deutsche Kriegsgräberfürsorge e.V.
116) Stadtarchiv Nidderau, Ostheim VIII 6-3-5
117) Figge/Pieh S. 86
118) Reichsbund S. 360
119) Interview Mathilde Katz-Wirth
120) Dokumente S. 299 ff
121) Mitteilung der Grundschule Ostheim aus Schulakten der Volksschule Ostheim
121a) Interview mit Lieselotte Levi-Rappaport
122) Östreich S. 10
122a) Interview mit Lieselotte Levi-Rappaport
123) Interview Hans Östreich
124) Dokumente S. 318
124a) Alle auch im folgenden zitierten Briefe sind in Privatbesitz, Kopien im Besitz der Verfasserin
125) Interview Hans Östreich
126) Östreich S. 9
127) Dokumente S. 463
128) Stadtarchiv Nidderau, Ostheim XIII 1-1-2
129) Stadtarchiv Nidderau, Ostheim XVIII 1-1-1
130) Zum gesamten folgenden Abschnitt:
Rehme/ Haase S. 54 ff , S. 163-170; Flämig Band 2 S. 339-345
131) abgedruckt bei Flämig Band 2 S. 342
132) Ulshöfer S. 79
133) Sonn/Berge S. 207
134) Kammler/Krause-Villmar S. 266
!135) HHSTA Wiesbaden Abt. 519 Devisenakte Moritz Levi
136) Brief in Privatbesitz, Kopie im Besitz der Verfasserin

Jüdisches Landleben in Heldenbergen

Leben der Juden bis zur Emanzipation

1) Ruppin S. 79
2) Regest 621
3) Regest 734
4) Regest 770 b
5) Ruppin S. 98
6) Herrmann 1967 S. 78
Schon im Jahre 1554 hatten Burggraf und Regiment beschlossen, „daß die Bussen im freyen gericht alle Quartal hereingebracht, auch die Christen und juden solche zu theiligen herein gefordert und in gebührliche register verzeichnet werden sollen ...“ Zitat in Rack S. 348 nach Mader II, S. 245
7) Viehmarktsprotokoll (1769-1800) im Pfarrarchiv Okarben, diese Hinweise verdanke ich Theodor Niederquell, Eschborn
8) Messerschmidt 1939 S. 20
9) Messerschmidt 1939 S. 20
10) Einsicht dieser Pläne durch die Verfasserin beim Katasteramt in Hanau
11) vgl. Adreßbücher des Kreises Friedberg von 1906, 1908 und 1915
12) Messerschmidt 1938 S. 9
13) Messerschmidt 1953 S. 358
14) Auskunft von Bernd Vielsmeier, Büdesheim
15) Messerschmidt 1950
16) Gesetz vom 15. 12. 1808 im Archiv der Großherzoglichen Gesetze und Verordnungen, Band 1 Darmstadt 1834 S. 348 ff
17) Bodenheimer S. 27
18) Keim 1983 S. 149
19) Bodenheimer S. 29
20) Messerschmidt 1953 S. 359
21) HSTA Darmstadt, Nachlaß Grünewald 0-59
22) Diese Liste befindet sich bei den Personenstandsregistern der Juden, den sogenannten Judenmatrikeln ab 1809 beim Standesamt der Stadt Nidderau
23) Messerschmidt 1953 S. 388
24) Musterliste der Juden zu Heldenbergen aus dem Jahre 1820, diese Aufstellung befindet sich bei der Zentralstelle für Genealogie in Leipzig, Mikrofilm AS 1288 und gehörte zum Bestand des ehemaligen Reichssippenamtes
25) HSTA Marburg Bestand 81/ Regierung Hanau Rep.E 181 Judenschaftliche Sachen II Handel Acta 19
26) Figge/Pieh S. 63 f
27) Messerschmidt 1953 S. 388
28) HSTA Darmstadt E 3 A Nr.25/58, Verordnung betreffend die Reception der Juden als Staatsbürger und Ortsbürger
29) Messerschmidt 1953 S. 360
30) Bodenheimer S. 23
31) Literatur und Quellen zu dem ganzen Absatz:
Franz: Vom landgräflichen Schutzjuden.., 1984; Keim 1983; Bodenheimer; Messerschmidt 1953 S. 357 - 365
32) Messerschmidt 1939 S. 17
33) Messerschmidt 1953 S. 358
34) Wetterauer Geschichtsblätter 1970 S. 108
35) Messerschmidt 1953 S. 359
36) Messerschmidt 1953 S. 359
37) Für das Jahr 1791 lag nur die Angabe 16 jüdische Familien vor, diese wurde unter Annahme von 4 Kindern hochgerechnet auf 96 Personen. Für die Jahre 1815 und 1821 lagen nur Zahlen zu Frauen, davon Witwen und Männern vor, pro Frau (ohne Witwen) wurden 4 Kinder angenommen.
38) zitiert nach Messerschmidt 1953 S. 360 f, auch abgedruckt in Chronik S.203 f
39) Messerschmidt 1953 S. 362
40) Chronik S. 315
41) Alle Angaben entnommen aus den Statitischen Jahrbüchern 1891-1903
42) Statistisches Jahrbuch 1905
43) Führer 1928
44) Chronik S. 315
45) Chronik S. 315
46) Hanauer Anzeiger 25.3.1930
47) HSTA Darmstadt G 15 Friedberg J 126
48) Brief des Enkels Walter Speyer, New York an die Autorin Oktober 1990
49) HSTA Darmstadt G 15 Friedberg J 126
49a) Hanauer Anzeiger 25.3.1930
50) HSTA Darmstadt G 15 FB J 126, Einbürgerungsurkunde
51) Brief Walter Speyer 1990
52) Brief Walter Speyer 10/1990
53) Brief von Walter Speyer 1990
54) Hanauer Anzeiger 25.3.1930
55) Brief Walter Speyer Oktober 1990
56) Lustiger S. 184, Arnsberg 1983 S. 108
57) Hanauer Anzeiger 25.3. 1930
58) Unterlagen im Besitz der Verfasserin
59) Schreiben im Besitz der Verfasserin
60) Brief von Walter Speyer an die Autorin
61) HSTA Darmstadt G 15 Friedberg J 126
62) HSTA Darmstadt G 15 Friedberg J 126
63) HSTA Darmstadt G 15 FB J 126
64) HSTA Darmstadt G 15 Friedberg J 475
65) Mitteilung Walter Speyer
66) Mitteilung von Walter Speyer
67) Die Geburtsdaten sind aus den Stammbäumen der jüdischen Familien Heldenbergens entnommen, die Peter Wyant, Regina Sakatchewan, erarbeitete.
67a) Assion S. 300
68) Messerschmidt 1950
69) HSTA Darmstadt G 15 FB J 33
70) Assion S. 300
70a) Auskunft der Urenkelin Sharon Newmann
71) HSTA Darmstadt G 15 Friedberg J 33
72) Protokollbuch des Gesangvereins Euphrosyne in Privatbesitz, Kopie im Besitz der Verfasserin
73) HSTA Darmstadt G 15 Friedberg J 33
74) HSTA Darmstadt G 15 Friedberg J 33
74a) Stammbäume der jüdischen Familien Heldenbergens von Peter Wyant
75) HSTA Darmstadt G 15 Friedberg J 33
76) Messerschmidt 1950
77) HSTA Darmstadt G 15 Friedberg J 33
78) Aufzeichnungen von Rosa Sichel Privatbesitz, Kopie im Besitz der Verfasserin
79) Assion S. 306. Dort ist die Schreibweise Speil angegeben, was m. E. als Speier gelesen werden muß.
80) HSTA Darmstadt G 15 Friedberg J 33
81) Assion S. 321
82) Assion S. 321
83) HSTA Darmstadt G 15 Friedberg J 33
84) HSTA Darmstadt G 15 Friedberg J 33
85) Stadtarchiv Nidderau, Heldenbergen X-2-18-9
86) HSTA Darmstadt G 15 Friedberg J 33
87) Messerschmidt 1950
88) Mitteilung des Urenkels Eugen Salomon an Peter Wyant
89) Mitteilung des Enkels Henry Strauß an die Verfasserin

Die jüdische Gemeinde Heldenbergen

1) Messerschmidt 1953 S. 358
2) Verbot S. 60
3) Herrmann 1967 S. 78
4) HSTA Marburg Bestand 81 Rep.E 181 Judenschaftliche Sachen Acta 19
5) Messerschmidt 1953 S. 359
6) Messerschmidt 1953 S. 359
7) Messerschmidt 1953 S. 360
8) Messerschmidt 1950
9) Messerschmidt 1953 S. 361
10) Die Angaben von Messerschmidt mit 1856 sind zu berichtigen, da die jüdischen Quellen Ruppin und Lilienthal 1836 angeben, Ruppin nach Unterlagen der israelitischen Gemeinde aus dem Jahre 1906, Lilienthal nach persönlichen Auskünften. Im Feuerversicherungsbuch der Gemeinde Heldenbergen liegt seit 1848 Versicherung bzw.Versicherungsänderung vor.
11) Grundstückspläne von Heldenbergen vor 1933 beim Grundbuchamt in Hanau von der Verfasserin eingesehen
12) Angabe von Samuel Scheuer 1965, Arnsberg Akte 309
12a) Interview mit Klara Rothenberger geb. Scheuer
12b) Samuel Scheuer 1965 in Arnsberg Akte 306
13) Lilienthal S. 44
14) Altaras S. 17
15) Synagogenordnung für den Kreis Friedberg abgedruckt in: Amtsblatt des Großherzoglich Hessischen Kreisrathes des Kreises Friedberg No 9 von 1843
16) Original im Besitz von Elli Meyer, Buenos Aires, Kopie im Besitz der Verfasserin
17) Interview mit Klara Rothenberger geb. Scheuer in San Francisco 1986
18) Lilienthal S. 44
19) zitiert nach Johann S. 44
20) HSTA Darmstadt Bestand: AD 334/9-5- S. 545 ff. Verordnung, die Bildung der Vorstände der israelitischen Religionsgemeinschaften betr. Publ. den 14. December 1830
21) Alle Angaben und Zitate wie Anmerkung 120
22) Messerschmidt 1953 S. 362
23) Messerschmidt 1953 S. 360
24) Messerschmidt 1953 S. 363
25) Informationen aus den Jahrbüchern und diverse Gespräche
26) Ruppin S. 98 f
27) Ruppin S. 98 f
28) Alle Angaben aus den Statistischen Jahrbüchern, Handbüchern und Führern
29) Adreßbuch des Kreises Friedberg 1906
30) Keim 1983 S. 48
31) HSTA Darmstadt Bestand: Ghzgl.Reg.bl. 1823 S. 307 f,
Edikt wegen des Jugendunterrichts der Israeliten, Großherzoglich Hessisches Regierungsblatt No 24 1. August 1823
32) Messerschmidt 1953 S. 360
33) Messerschmidt 1953 S. 361
34) Messerschmidt 1953 S. 362
35) Messerschmidt 1953 S. 362
36) Messerschmidt 1953 S. 363
37) Messerschmidt 1953 S. 363
38) Messerschmidt 1953 S. 363
39) Messerschmidt 1953 S. 363
40) Messerschmidt 1953 S. 364

41) Windecker Zeitung 23.8.1913
42) Messerschmidt 1953 S. 364
43) HSTA Darmstadt G 15 Friedberg B 75
44) Messerschmidt 1953 S. 364
45) Angaben aus den Statistischen Jahrbüchern, Handbüchern und Führern; HSTA Darmstadt G 15 Friedberg M 315; Ruppin
46) Interview mit Georg Franz
47) HSTA Marburg 1666/3619
48) HSTA Darmstadt G 15 Freidberg M 315
49) HSTA Darmstadt aus: Ghzgl.Hess.Reg.bl.1903 S.22
50) Chronik S. 207
51) Büdinger Allgemeine Zeitung, 28.3.1913. Den Hinweis auf diese Notiz verdanke ich Herrn Heuson, Büdingen.
52) Büdinger Allgemeiner Anzeiger 28. 3. 1913
53) Statistisches Jahrbuch 1903
54) Allgemeine Zeitung des Judentums vom 29.8.1913
54a) Für die Übersetzung der hebräischen Inschrift danke ich Christa Wiesner
54b) HSTA Darmstadt G 11 Nr. 80 4a
54c) Hanauer Anzeiger 7.8.1993
55) Lebermann
56) Lebermann S. 65
57) Lebermann S. 65 f
58) Lebermann S. 101
59) Lebermann S. 105
60) Lebermann S. 107
61) Lebermann S. 110 f
62) Lebermann S. 117
63) Lebermann S. 117
64) Lebermann S. 119
65) Lebermann S. 127
65a)HSTA Darmstadt G 11 Nr. 8o 4a Darmstadt
67) Stammbäume von Peter Wyant
68) Stammbäume von Peter Wyant
69) Messerschmidt 1953 S. 359
70) Messerschmidt 1953 S. 360
71) Messerschmidt 1953 S. 361
72) Messerschmidt 1953 S. 361
73) Eintrag in der Sterbeurkunde
74) Messerschmidt 1953 S. 362
75) Messerschmidt 1953 S. 364, Stammbäume Peter Wyant
76) Stammbäume Peter Wyant, Messerschmidt Aufzeichnungen S. 364. Der Name kommt in verschiedenen Schreibweisen vor: Kuttmann, Kuttenauer, Guttnauer, Gutsnauer.
77) Stammbäume Peter Wyant
78) Auskünfte von Herman Bronkhorst und diverse Mitteilungen an die Verfasserin
79) Jakob Höxter Vorwort zu seinen gesammelten Ansprachen, Privatbesitz Elli Meyer, Buenos Aires, Kopie im Besitz der Verfasserin
80) Privatbesitz Hilde Burton, Kopie im Besitz der Verfasserin. Vermutlich gehörte dieses Heft der Großmutter von Hilde Burton, geb. Scheuer, Lea Scheuer geb. Mayer (* 1855 in Heldenbergen). Der Sohn von Lea Scheuer, Samuel Scheuer nahm es bei seiner Auswanderung 1936 aus Heldenbergen nach San Francisco mit. Als einzige Jahreszahl taucht 1858 im Text auf, so daß eine eindeutige Zuordnung zu Lea Mayer-Scheuer nicht möglich ist.
80a) Ruppin S. 131
81) Stadtarchiv Nidderau, Heldenbergen X-2 - 4 - 15
82) Statistisches Jahrbuch 1899
83) Statistisches Jahrbuch 1905
84) vgl. Ruppin S.131
85) Statistisches Jahrbuch 1907
86) Statistisches Jahrbuch 1908
87) Statistisches Jahrbuch 1911, Führer 1924/25, Führer 1932/33
88) Stadtarchiv Nidderau, Heldenbergen X-2-4-8
89) Ruppin S. 131
90) Ruppin S. 131
91) Alle Angaben aus den Statistischen Jahrbüchern, Handbüchern und Führern
92) Ruppin S. 131
93) Alle Angaben aus den Statistischen Jahrbüchern, Handbüchern und Führern
94) Handbuch 1907
95) Handbuch 1911
96) Lilienthal S. 44
97) Statistisches Jahrbuch 1899
98) Statistisches Jahrbuch 1905
99) Handbuch 1907
100) Handbuch 1909
101) Handbuch 1911
102) Handbuch 1913
103) Lilienthal S. 44
104) Ruppin S. 131
105) Ruppin S. 131
106) Alle Angaben aus den Statistischen Jahrbüchern, Handbüchern und Führern
107) Interview mit Emil Haas 1986 in Columbus/Ohio
108) HSTA Darmstadt G 15 Friedberg Q 146
109) Mitteilungen an die Verfasserin
110) Mitteilungen an die Verfasserin
110a) Herrmann 1953 S. 107 und S. 110
110b) Ehrmann S. 87
110c) Arnsberg 1983 Bd 1 S.200 f
110d) Ruppin S. 69
110e) Gießener Anzeiger 7.4.1899
110f) HSTA Darmstadt G 15 Alsfeld L 21
110g) Katz S. 82
110h) Mitteilungen des Stadtarchivs Gießen
110i) Windecker Zeitung 23. August 1913
110j) Der Israelit 28.9.1933
110k) Knauß S. 231
110l) Knauß S. 34
111) Windecker Zeitung 22. 10. 1910
112) Interview mit Klemens Reuter, Interview mit Georg Franz
113) HSTA Darmstadt AD 334/2, 29. 9. 1914, S. 77
114) Zimmermann S. 496
115) HSTA Marburg, Urkunde vom 4.11.1497 - 86 Hanauer Nachträge Nr.28021
116) wie Anmerkung 115
117) HSTA Marburg Bestand 81 Regierung Hanau Rep.E 181 Judenschaftliche Sachen Acta No 19.
Die Vermutung von Elisabeth Johann in ihrem Buch, S. 318, daß die Heldenberger Juden möglicherweise in Hainchen begraben wurden, trifft nicht zu.
118) Flurkarte von Heldenbergen in Chronik S. 232
119) Grundbuch der israelitischen Gemeinde von Heldenbergen Blatt 301 S.6, von der Verfasserin eingesehen beim Landgericht Hanau
120) Messerschmidt 1953 S. 200
121) Messerschmidt 1953 S. 196
122) Auskunft Karl Franz 1989
123) Stadtarchiv Nidderau XIII-5-2-9
124) siehe Anmerkung 119 S. 3
125) siehe Anmerkung 119
126) Messerschmidt 1953 S. 364
126a) Samuel Scheuer 1965 an Arnsberg Akte 309
127) Bis zum Jahre 1875 erfolgte die Aufstellung nach Mitteilungen von Peter Wyant, der sie nach Kopien der Sterberegister der Judenmatrikel Heldenbergen im Archiv der Mormonen erstellte. Die Originalmatrikel sind für diesen Zeitraum im Stadtarchiv Nidderau leider nicht mehr auffindbar. Nach 1875 ist die Aufstellung nach den Sterberegistern ber Gemeinde Heldenbergen im Standesamt Nidderau angefertigt. Einzelne Personen mögen auch in einem anderen Ort beerdigt sein, so Koppel Kahn aus Worfelden. Einige Personen sind in anderen Orten verstorben, aber in Heldenbergen beerdigt worden.
128) Messerschmidt 1953 S. 365
129) siehe Anmerkung 119 S. 3
130) Brief in Stadtarchiv Nidderau, Heldenbergen XIII 5-2-9
131) wie Anmerkung 119
133) Stadtarchiv Nidderau, Heldenbergen XIII -5-2-9, Brief von Nathan Sichel vom 15.3.1946
134) Stadtarchiv Nidderau, Heldenbergen XIII-5-2-9
135) Brief von Samuel Scheuer 1965 an Paul Arnsberg in Arnsberg Akte 309
136) Alle Zitate aus den Akten des Stadtarchivs Nidderau, Heldenbergen XIII 5 - 2 - 9
137) Schreiben März 1946 an Nathan Sichel in Anmerkung 136
138) Schreiben vom 29. 8. 1946 in Anmerkung 136
139) Schreiben 18. 9. 46 in Anmerkung 136
140) Schreiben vom 25. 9. 1947 in Anmerkung 136
141) Schreiben 16. 8. 1948 in Anmerkung 136
142) Schreiben 4. 8. 1948 in Anmerkung 136
143) Schreiben 3. 1. 1949 in Anmerkung 136
144) Bescheid vom 6. 3. 1949 in Anmerkung 136
145) Schreiben vom 8. Mai 1949 in Anmerkung 136
146) Schreiben vom 9. 6. 1949 in Anmerkung 136
147) Schreiben 24. 10. 1950 in Anmerkung 136
148) Schreiben vom 30. 11. 1950 in Anmerkung 136
149) Schreiben vom 30. 11. 1950 in Anmerkung 136
150) Schreiben vom 9. 1. 1951 in Anmerkung 136
151) Schreiben 26. 2. 1951 in Anmerkung 136
152) Schreiben des Landrates an den RP Darmstadt 21. 5. 1952, in Anmerkung 136
153) 19. 6. 1952 in Anmerkung 136
154) Brief von Erna Strauß an die Verfasserin 1985
155) Schreiben der IRSO an den Landrat 21. 7. 1952 in Anmerkung 136

Juden als gleichberechtigte Bürger Heldenbergens

1) Franz: Vom landgräflichen... S. 81, S. 84
2) vgl. Chronik S. 274
3) Johann S. 94
4) Der Hinweis auf den unbekannten Juden stammt von Georg Franz sen., dessen Vater auch auf dem Bild zu sehen ist und aus dessen Besitz dieses Foto stammt.
5) vgl. Chronik S. 274
6) Reichsbund Jüdischer Frontsoldaten S. 111, S. 408
7) Stadtarchiv Nidderau, Heldenbergen II-1-1-1
8) Stadtarchiv Nidderau, Heldenbergen II-1-1-1. Die handschriftliche Einladung ist auch abgedruckt in Chronik S. 218
9) Erneuerte und verbesserte Policey-Ordnung der Kayserl. und des Heil. Reichs Burg Friedberg
10) vgl. Schazmann S. 68/69
11) vgl. Messerschmidt 1950
12) Die Angabe 1930 bei Messerschmidt 1950 ist falsch, weil Salomon Schatzmann bereits 1921 verstorben war
13) Althaus
14) Messerschmidt 1950
15) Chronik S. 337
16) Aus Chronik S. 337/338
17) Chronik S. 206
18) HSTA Darmstadt G 15 Friedberg J 126
19) HSTA Darmstadt G 15 Friedberg N 147
20) Windecker Zeitung 25.11.1908
21) Adreßbuch des Kreises Friedberg 1926
22) Archiv Nidderau, Heldenbergen ohne Bezeichnung
23) Chronik S. 366 f
24) Windecker Zeitung vom 23. 8. 1913
25) Adreßbuch des Kreises Friedberg 1902
26) Georg Franz Interview 1985
27) Messerschmidt 1938 S. 9. Diesen Text stellte mir freundlicherweise Heinz Schön zur Verfügung.
28) Windecker Zeitung Mai 1909
29) Chronik S. 441 ff
31) Volksbank Heldenbergen
32) Brief von Samuel Scheuer 1965 an Arnsberg Akte 309
33) Auskunft des Vorsitzenden des Vereins Karl-Heinz Franz
34) Die Protokollbücher befinden sich im Besitz der Chorgemeinschaft Heldenbergen und wurden mir freundlicherweise von Heinz Schön zur Durchsicht überlassen. Kopie im Besitz der Verfasserin
35) Interview mit Ernst Eckstein 1988
36) Interview mit Herbert Rothschild 1988
37) Eintrag 31.12.1933 in Euphrosyne Protokollbuch wie Anmerkung 34
38) Walter S. 160-168
39) Interview mit Klemens Reuter
40) Ettlinger
41) Jakob Theobald Goy 1965 in einem Brief an Arnsberg Akte 309
42) Messerschmidt 1953 S. 364
43) Interview 1986 mit Emil Haas
44) Interview mit Karl Hild
45) Aus Interview mit Klemens Reuter und Interview mit Karl Hild zusam-

mengestellt.
45a) Interview mit Klemens Reuter
46) Interview Hilde Burton 1986
47) Gespräch Lilian Conrich
48) Interview mit Lilli Eckstein-Stern

Heldenberger Juden in der Zeit des Nationalsozialismus

1) Wahlergebnisse aus Sammlung im Stadtarchiv Friedberg
2) HSTA Darmstadt G 15 Friedberg Q 187 Bericht 11.3.1933
3) Interview 1986 Hilde Burton
4) Ergebnisse vom 12.11.1933 für Heldenbergen - Stadtarchiv Friedberg
5) Interview im April 1990 mit Fritz Martin siehe auch Bericht von Fritz Martin: „Als Volksverräter durch die Straßen geführt" in VVN o.J. S. 19
7) Interview mit Klemens Reuter
8) HSTA Darmstadt G 15 Friedberg R 228, Bericht über öffentliche Versammlung der NSDAP in Heldenbergen vom 10.10.32
9) HSTA Darmstadt G 15 Friedberg R 228
10) Interview mit Fritz Martin
11) Stadtarchiv Nidderau, Heldenbergen XIII- 5- 2- 9
12) HSTA Darmstadt G 15 Friedberg Q 201
13) HSTA Darmstadt G 15 Friedberg Q 112
14) VVN 1990 S.18
14b)HSTA Darmstadt Abt. G 27 Nr. 1
15) HSTA Darmstadt G 15 Friedberg Q 187
16) HSTA Darmstadt G 15 Friedberg Q 193, Bericht 19.3.36
17) HSTA Darmstadt G 15 Friedberg Q 211
18) HSTA Darmstadt G 15 Friedberg Q 211
19) HSTA Darmstadt G 15 Friedberg Q 212
20) HSTA Darmstadt G 15 Friedberg Q 192
21) HSTA Darmstadt G 15 Friedberg Q 212
21a) Interview Hilde Burton
22) Interview mit Lilli Eckstein 1988
23) Diverse mündliche Auskünfte
24) Oberhessischer Anzeiger 31.3.1933
24a) Wörtlich entnommen aus Wippermann S. 265 - 269
25) Oberhessischer Anzeiger 31.3.1933
26) Neue Tages Zeitung 3.4.1933
27) Mitteilung an die Verfasserin
28) Mündliche Mitteilung an die Verfasserin
29) Mündliche Mitteilung an die Verfasserin
30) Interview 1988 mit Lilli Eckstein
31) Walk S. 22
32) Interview Georg Franz
33) Interview Emil Haas 1986
34) Interview 1988 mit Lilli Eckstein
35) Interview 1988
36) Alles aus HSTA Darmstadt G 15 Friedberg M 30
37) HSTA Darmstadt G 15 Friedberg Q 192
38) HSTA Darmstadt G 15 Friedberg Q 192
39) HSTA Darmstadt G 15 Friedberg Q 192
40) HSTA Darmstadt G 15 Friedberg Q 193
41) HSTA Darmstadt G 15 Friedberg Q 194
42) HSTA Darmstadt G 15 Friedberg Q 195
43) HSTA Darmstadt G 15 Friedberg Q 199
44) HSTA Darmstadt G 15 Friedberg Q 200
45) HSTA Darmstadt G 15 Friedberg Q 201
46) HSTA Darmstadt G 15 Friedberg Q 203
47) HSTA Darmstadt G 15 Friedberg Q 207
48) HSTA Darmstadt G 15 Friedberg Q 208
49) HSTA Darmstadt G 15 Friedberg Q 208
50) HSTA Darmstadt G 15 Friedberg Q 209
51) HSTA Darmstadt G 15 Friedberg Q 211
52) HSTA Darmstadt G 15 Friedberg Q 212
53) HSTA Darmstadt G 15 Friedberg Q 212
54) HSTA Darmstadt G 15 Friedberg Q 214
55) HSTA Darmstadt G 15 Friedberg Q 215
56) HSTA Darmstadt G 15 Friedberg Q 216
57) HSTA Darmstadt G 15 Friedberg Q 218
58) HSTA Darmstadt G 15 Friedberg Q 224
59) HSTA Darmstadt G 15 Friedberg Q 225
60) HSTA Darmstadt G 15 Friedberg Q 227
61) HSTA Darmstadt G 15 Friedberg Q 227
62) HSTA Darmstadt G 15 Friedberg Q 238
63) HSTA Darmstadt G 15 Friedberg Q 241
64) HSTA Darmstadt G 15 Friedberg Q 243
65) HSTA Darmstadt G 15 Friedberg Q 245
67) Mitteilungen an die Verfasserin
67a) Nach den Akten der Volksschule Heldenbergen
68) Kolb S. 156
69) Walk S. 225, S. 229
69a) Brief von Jenny Rothschild an Manfred Rothschild vom 15.6.1938, Kopie im Besitz der Verfasserin
70) Brief von Jenny Rothschild an Manfred Rothschild vom 21.6.1939, Kopie im Besitz der Verfasserin
71) HSTA Darmstadt G 15 Friedberg Q 216
72) HSTA Darmstadt G 15 Friedberg Q 241
73) Walk S. 353
74) Walk S. 361
75) Brief von Gustav Eckstein von 1947 an Gretel Schönhaar, Kopie im Besitz der Verfasserin
75a) Alle Zitate, soweit nicht anders angegeben, aus den Prozeßunterlagen einschließlich Ermittlungsakten HSTA Darmstadt H 13 Staatsanwaltschaft Gießen Nr.592. Das Urteil dieses Prozesses ist in Auszügen auch in Kropat 1988 S. 100-102 abgedruckt.
76) Mitteilungen von Helmut Rothschild an die Verfasserin im Juni 1988
77) Kropat 1988 S. 74 f
78) Interview 1988 mit Herbert Rothschild
79) Mitteilung an die Verfasserin
79a) Interview mit Theo Rothschild
80) Prozeßunterlagen wie Anmerkung 75a
81) Ermittlungsbericht zum Entschädigungsverfahren Synagoge Heldenbergen 1961, Kopie im Besitz der Verfasserin
82) Mitteilung an die Verfasserin
83) Mitteilung an die Verfasserin
84) Interview Klemens Reuter
85) Interview Emil Haas 1986
86) HSTA Darmstadt H 24 Friedberg, auch in Kropat S. 163 f
87) Stadtarchiv Nidderau-Heldenbergen XV-7b-79 -3
88) Mitteilung an die Verfasserin
89) Mitteilungen an die Verfasserin
90) Entschädigungsakte Synagoge Heldenbergen, Kopie im Besitz der Verfasserin
91) Diverse Mitteilungen an die Verfasserin
92) Stadtarchiv Nidderau, Heldenbergen XIII 5-2-9
Schreiben des Bürgermeisters Böhm 1946 an Nathan Sichel
93) Zeugenaussage im Prozeß wie Anmerkung 74a
94) Mitteilung an die Verfasserin
95) Oberhessischer Anzeiger 11.11. 1938
96) Verordnung über die Sühneleistung der Juden deutscher Staatsangehörigkeit vom 12. November 1938 im Reichsgesetzblatt Teil I, Berlin 14.11.1938 S. 1579
97) Kropat 1988 S. 74 f
98) Kropat 1988 S. 75 f
99) Aussagen von 1948, Prozeßakten, wie Anmerkung 75a
100) Prozeßakten wie Anmerkung 75 a
101) Interview 1988 mit Herbert Rothschild
102) Interview 1986 mit Theo Rothschild
103) Gespräch 1985 mit Emilie Schön
104) Interview mit Herbert Rothschild
105) Konzentrationslager Buchenwald S. 18-21
106) Freund S. 119-121
106a) Interview Herbert Rothschild
106b) Interview Theo Rothschild
107) Ermittlungsbericht vom 6. 3. 1948 in den Prozeßunterlagen wie Anmerkung 75a
108) Alle folgenden Zitate aus den Prozeßunterlagen wie Anmerkung 75a
108a) Kropat 1988 S. 100 - 102
109) Prozeßunterlagen wie Anmerkung 75 a
110) Brief in Prozeßunterlagen wie Anmerkung 75 a
111) Gespräch mit Emilie Schön 1985
112) Brief von Samuel Scheuer an Paul Arnsberg 1965
113) Interview mit Herbert Rothschild 1988
114) Walk S. 257
115) Mündliche Mitteilung an die Verfasserin
116) Kaufvertrag in Privatbesitz, Kopie im Besitz der Verfasserin
117) Walk S. 233
118) HSTA Darmstadt G 15 Friedberg, Schreiben vom 12.9.1939 leider ohne genaue Angabe. Kopie von Brundhilde Hoffmann erhalten
119) Walk S. 305
120) Mündliche Mitteilungen an die Verfasserin
121) Walk S. 304
122) Diese Unterlagen stellte mir dankenswerter Weise Burkhard Steinhauer, Friedberg, zur Verfügung
124) HHSTA Wiesbaden Abt. 519/ JS 167/42
125) Walk S. 270
126) HSTA Darmstadt G 15 Friedberg Q 228
127) HSTA Darmstadt G 15 Friedberg Q 224
128) Stadtarchiv Nidderau, Heldenbergen, Gemeinderechnungen 1942
129) Walk S. 293
130) HSTA Darmstadt G 15 Friedberg Q 227
131) Walk S. 347
132) Blau S. 105
133) Interview 1988 mit Herbert Rothschild
134) Walk S. 263
135) Walk S. 382
136) HSTA Darmstadt G 15 Alsfeld L 7, Schreiben vom 20. 2. 1939
137) HSTA Darmstadt G15 Alsfeld L 7, Schreiben vom 22. 11. 1940
138) Grundbuch der israelitischen Gemeinde Heldenbergen Blatt 301 S. 29, eingesehen von der Verfasserin beim Amtsgericht Hanau
139) Grundbuch Blatt 27 und 28 wie Anmerkung 138
140) Grundbuch Blatt 30 und 31 wie Anmerkung 138
141) Klee S. 258 f
142) Abgedruckt in Klee S. 259 f
143) Angaben aus der Ausstellung: Die Hessische Landes- Heil- und Pflegeanstalt in der NS Zeit in Gießen 1989
144) Knauß S. 153
145) Angaben in Ausstellung wie Anmerkung 143
146) Knauß S. 159
147) Angaben aus Ausstellung wie Anmerkung 143
148) vgl. Klee S. 260
149) Klee S. 111
150) Klee S. 260 f
151 Mitteilung des Standesamtes Oberaula
152) Mitteilung von Yad Vashem, Jerusalem
153) Interview Frau Hofmann 1985
154) Hoos 1984 S. 73
155) Brief im Privatbesitz, Kopie im Besitz der Verfasserin
156) abgedruckt in Heyne S. 288
157) Mitteilungen an die Verfasserin
158) mündliche Mitteilung an die Verfasserin
159) Mitteilungen an die Verfasserin
160) Mitteilung von Yad Vashem an die Verfasserin
161) Mitteilungen an die Verfasserin
162) HSTA Darmstadt G 15 Friedberg Q 299
163) Zitiert nach Hoos 1984 S.72
164) Hoos 1984 S. 73
165) Mitteilungern des Standesamtes Darmstadt
165) Mitteilung des Standesamtes Darmstadt
166) Heß u.a. S. 16
167) Heß S. 17
168) Heß u.a. S. 18 f

169) Bericht von Gisela Eckstein zitiert nach Hoos S. 72, auch Mitteilungen von Gisela Eckstein-Zamorra an die Verfasserin
170) Deportationslisten im Stadtarchiv Mainz, Nachlaß Oppenheim
171) Keim 1988 S. 109 f
172) Bericht in Adler 1960 S. 274
173) Zitiert in Keim 1988 S. 109 f
174) Ich folge der gedruckten Version, leicht bearbeitet und gekürzt von Dr. Adam Scheuer, abgedruckt bei Knauß S. 81-88, das Originalmanuskript von Ludwig Stern befindet sich im Stadtarchiv Gießen
175) Adler 1960 S. 284
175a) Abgedruckt in Diamant 1988 S. 196-198
176) Kirchheimer
177) Auskunft nach den Karteikarten des Lagers aus Prag vom 26.9.1990 an die Verfasserin
178) Franz/Pingel-Rollmann S. 185 f
179) Deportationslisten im Stadtarchiv Mainz, Nachlaß Oppenheim
180) Interview 1989 mit Karl Franz
181) Interview 1986 Klemens Reuter
181a) Heß u.a. S. 6
182) Kopie dieser Erklärung im Besitz der Verfasserin
183) Interview mit Anna Hofmann
183a) Mitteilungen an die Verfasserin
184) Ein Hinweis auf diese Liste befand sich in einem Dokument, dessen Kopie im Besitz der Verfasserin ist. Die Originalliste konnte beim Finanzamt in Friedberg leider nicht aufgefunden werden.
185) Walk S. 411
186) HHSTA Wiesbaden Bestand 519 /JS 10 - 3435
187) Walk S. 406
188) Angaben größtenteils nach den Angaben des Bundesarchivs, ergänzt durch eigene Nachforschungen der Verfasserin
189) Der Text entspricht dem Kenntnisstand von 1985 entsprechend Arnsberg 1971 und weist Fehler auf: Samuel Scheuer war nicht der letzte Vorsitzende, ihm folgten erst Isaak Haas bis 1900, diesem dann Josef Rothschild.

Schicksalswege der jüdischen Familien Heldenbergens

1) Interview mit Georg Franz
2) Messerschmidt 1950
2a) Oberhessischer Anzeiger 5. 1. 1900
3) Interview mit Georg Franz
4) Messerschmidt 1950
5) Interview mit Georg Franz
6) Mitteilung aus der Kartei des Ghettos Theresienstadt in Prag
7) Mitteilungen von Kurt und Heinz Speier
8) Interview Karl Hild
9) Mitteilungen an die Verfasserin
10) Mitteilungen an die Verfasserin
11) Mitteilungen an die Verfasserin
11a) Mitteilung an die Verfasserin
11b) Interview mit Kurt Grünewald 1988
12) Aussage im Prozeß wegen der Zerstörung der Synagoge Heldenbergen
12a) Interview mit Emil Haas
12b) Interview mit Emil Haas
13) Interview mit Emil Haas
14) Interview mit Emil Haas 1986
14a) Interview mit Emil Haas
15) HSTA Darmstadt G 15 Friedberg Q 199
16) HHSTA Wiesbaden Abt. 519 J 874
17) Brief von Hilda Reichenberg Mai 1939, Kopie im Besitz der Verfasserin
18) Wie Anmerkung 6, das Gedenkbuch des Bundesarchivs gibt als Todestag den 7.9.1944 an
19) Interview mit Georg Franz
20) Mitteilung des Volksbund Deutsche Kriegsgräberfürsorge
21) Informationen vom Stadtarchiv Hanau
22) Ulrich S. 89, S. 132, Anm. 127
23) Urteilsschrift S. 32. Eine Kopie des Urteils stellte mir freundlicherweise Axel Ulrich, Wiesbaden, zur Verfügung
24) Archiv des Auswärtigen Amtes - Ausbürgerungsunterlagen von Moritz Hermann
24a) Mitteilungen des Stadtarchivs Saarbrücken
24b) Schroeter S. 576
25) Kolb S. 177
26) Auskunft des Stadtarchivs Krefeld
26a) Interview mit Klemens Reuter
27) Bericht über das Schuljahr 1924/25 der städtischen Schulen: Oberrealschule und Realgymnasium zu Marburg (Lahn), S. 19 und S. 25, Archiv der Martin-Luther-Schule, in Kopie freundlicherweise von Dr. Krause zur Verfügung gestellt
27a) Melderegister 1913-1917 der Gemeinde Jesberg, Kopie freundlicher Weise von Otto Meyer zur Verfügung gestellt
27b) Brief von Gotthard Israel Bergel, Rehovot Israel vom 12. 4. 91
27c) Frühere Mitschülerin Lucie Ferger, Wiesbaden
27d) Früherer Mitschüler Heinz Retzlaff, Altena, gegenüber der Verfasserin
27e) Mitteilung des Archivs der Universität Genf
28) Archiv des Auswärtigen Amtes, Ausbürgerungsakten Siegfried Höxter
29) Archiv der Johan-Wolfgang-Goethe-Universität Frankfurt 1/180/ Neu 1927-1931
30) Abendroth S. 185 ff
31) Frankfurter Zeitung 4.7.1929
32) Gespräch mit Konrad Treber Februar 1991
33) Gespräch mit Peter von Haselberg August 1990
34) Gespräch mit Emil Schmidt 1990
35) Brief Ernst Langendorf, zitiert von Fritz Heine an Richard Albrecht 27.1.1987 im Archiv der Sozialen Demokratie
36) CV-Zeitung 1. 3. 29, 1. 8.1930, den Hinweis auf die beiden Artikel verdanke ich der Leiterin der Bibliographica Judaica in Frankfurt
36a) Interview mit Fritz Schmidt (* 1909) im November 1990
37) Gespräch mit Artur Bratu 9/90
38) Gestapobericht 1939 in den Ausbürgerungsakten im Archiv des Auswärtigen Amtes
39) Interview mit Kurt Grünewald 1988
40) Interview mit Emil Schmidt 8/90
41) Neue Tageszeitung 2. 3. 1933, den Hinweis auf diesen Warnungsruf verdanke ich Herrn Keck.
41a) Gespräch mit Artur Bratu
42) Interview mit Hella Jacobowski 8/90
43) Beier 1984 S. 500
44) Zuckmayer S. 28
45) Gespräch mit Hans Dombrowski
46) Interview mit Artur Bratu, Gespräch Albert May
47) Brief von Elli Meyer, Buenos Aires
48) Interview mit Emil Schmidt
49) HHSTA Wiesbaden Abt. 486 Karteikarte Siegfried Höxter der Staatspolizeileitstelle Frankfurt a.M.
50) Interview mit Emil Schmidt 8/90
51) Auskunft von Hedwig Haas, Witwe von Theo Haas 1991
51a) Interview mit Emil Schmidt
52) Ulrich S. 66, Pingel 1933 S. 142; Albrecht S. 134 f und S. 282 Anmerkung 161
53) HHSTA Wiesbaden 483/1948-auch veröffentlicht bei Bembenek/Ulrich S. 110f. Herzlichen Dank an Axel Ulrich für diesen Hinweis.
54) Interview mit Emil Schmidt 8/1990, Briefe von Emil Schmidt an die Verfasserin vom 20. 9.90 und 12.10.90, 9.11.1990. Schmidt, Emil S. 197
55) Albrecht S. 139
55a) Albrecht S.154
55b) Jacobowski 8/90
56) Jacobowski zitiert bei Albrecht S. 157
57) Jacobowski 8/90
58) Albrecht S. 288
59) Karteikarte wie Anmerkung 49
60) Großherzogliches Staatsarchiv Luxemburg, Fremdenpolizeiakte Nr.234 922
61) Akte der Fremdenpolizei wie Anmerkung 60
62) Wie Anmerkung 60
63) Wie Anmerkung 60
64) Gestapobericht Saarbrücken vom 23.2.39 in den Ausbürgerungsakten beim Archiv des Auswärtigen Amtes
65) Stadtarchiv Saarbrücken, Meldekarte Siegfried Höxter
66) Interview Emil und Lotte Schmidt 8/90
67) wie Anmerkung 64
68) wie Anmerkung 64
68a) Ausbügerungsakten Siegfried Höxter im Archiv des Auwärtigen Amtes
68b) Gespräch mit Konrad Treber 2/91
68c) Interview mit Artur Bratu
69) Schriftliche Mitteilungen von Elli Meyer an die Verfasserin
70) Ausbürgersakten im Archiv des Auswärtigen Amtes
71) Liste 116 des Deutschen Reichsanzeigers
72) Brief von Siegfried Höxter vom 17.5.1939 aus Paris, Brief im Privatbesitz, Kopie im Besitz der Verfasserin
73) Brief von Siegfried Höxter vom 14. 10. 1941 aus New York, Kopie im Besitz der Verfasserin
74) nach Artikeln der Zeitung „Aufbau" 15. 8. 41/22. 8. 41/5 .9. 41./ 12. 9. 41 / 19. 9. 41
75) Mitteilungen von Ernst Langendorf an Fritz Heine, Brief Heines an Albrecht 27.1.87 Archiv der Sozialen Demokratie
75a) Interview mit Emil Schmidt
76) Interview mit Hella Jacobowski
76a) Interview mit Artur Bratu
77) Koch S. 95
78) Koch S. 97
79) Interview mit Konrad Treber
80) Gespräch mit Jutta Vosgerau
81) Interview mit Emil und Lotte Schmidt 8/90
82) Interview mit Konrad Treber
83) Wahrhaftig S. 866
84) Borsdorf/Niethammer S. 16 f
85) Brief von Siegfried Höxter 2/1946, Kopie im Besitz der Verfasserin
86) Brief Fritz Heine an Richard Albrecht 24.2.1987 im Archiv der Sozialen Demokratie
86a) Interview mit Hella Jacobowski
87) Beier 1989 S. 36
88) Mitteilung von Frau Gurland
89) Interview mit Artur Bratu
90) Interview mit Konrad Treber
91) Brief von Erich Ollenhauer an Fritz Heine vom 23.11. 45, Kopie freundlicherweise von Fritz Heine zur Verfügung gestellt
92) Buber-Neumann S. 86-91
93) Mitteilung des National Personnel Records Center in St. Louis, Missouri, USA 6/91
94) Interview Klemens Reuter 1985
95) Mitteilung von Elli Meyer
96) Interview mit Artur Bratu
97) Interview mit Konrad Treber
98) Brief von Höxter an Ritzel 1946, Archiv der Sozialen Demokratie
98a) Briefe von Fritz Heine an die Verfasserin 10.9.90, 1.9.90
99) Interview mit Konrad Treber
100) Interview mit Konrad Treber
101) Brief von Heinz Putzrath an die Verfasserin 7. 1. 1991
102) Beier 1989S.36)
102a) Bergsträsser S.98.
In der Biografie über Leo Bauer von Brandt/Schumacher ist auf S. 157 zu lesen: „In den folgenden Wochen (nach April 1846 - d. V.) bemühten sich die hessischen Sozialdemokraten, Licht in das Dunkel um Leo Bauer zu bringen. Sie wandten sich unter anderem an den einflußreichen Mitarbeiter des OSS, S. Höxter, einem früheren deutschen Sozialdemokraten, ohne daß sie allerdings für sie befriedigende Ergebnisse erhielten."
103) Wahrhaftig S. 866. Den Hinweis auf diese Veröffentlichung verdanke ich Gerhard Beier
104) Gespräch mit Franz Luschberger
105) Interview mit Hella Jacobowski
105a) Kopie im Besitz der Verfasserin
106) Brief 5.1.1991 von Maria Zuckmayer an die Verfasserin
107) Interview mit Hella Jacobowski
108) Gespräch mit Frau Gurland
109) Interview mit Hella Jacobowski
110) Gespräch mit Jutta Vosgerau
111) Interview mit Hella Jacobowski
112) Mitteilung von Horst Nelkowski 9/91
113) Interview mit Artur Bratu
114) Brief von Siegfried Höxter an Elli Meyer, mitgeteilt an mich 27. 3. 90
115) Interview mit Hella Jacobowski
116) Gespräch mit Frau Gurland 7/91
117) Brief von Hella Jacobowsi an die Verfasserin 9/91
118) Stadtarchiv Nidderau, Heldenbergen, Gemeinderechnungen 1942
118a) Interview Herbert Rothschild 1988
119) Mitteilungen an die Verfasserin
119a)Kopie des Briefs im Besitz der Verfasserin

119b)Brief Bertha Rothschild 1941, Kopie im Besitz der Verfasserin
120) Mitteilungen an die Verfasserin
121) Interview mit Herbert Rothschild
122) Interview mit Anna Hofmann
123) Interview 1988 mit Herbert Rothschild
124) Brief von Herbert Rothschild vom 2. 9. 1941 aus New York nach Heldenbergen, Kopie im Besitz der Verfasserin
125) Kopie des Schreibens im Besitz der Verfasserin
126) Archiv des Auswärtigen Amtes Bonn, Ausbürgerungsakten zu Julius Rothschild
127) Reichsanzeiger Nr. 2 02 vom 29.8.1940
128) Alle Informationen aus: Pearl; Unterlagen zu Julius Rothschild der „Australian Archives, Victoria:MP 1103/2 und MP 1103/1 erhalten vom Jewish Museum of Australia
129) Interview mit Theo Rothschild 1986 in San Francisco
130) Liste abgedruckt in: Bierganz/Kreutz S. 73-79
131) Interview mit Theo Rothschild
131a) Bericht von Elisabeth Rothschild, Abschrift im Besitz der Verfasserin
132) Kopie im Besitz der Verfasserin
133) Kopie im Besitz der Verfasserin
133a) Zeitungsausschnitt aus der Zeitung der Jüdischen Gemeinde Frankfurt, Kopie im Besitz der Verfasserin
134) Jüdisches Museum Frankfurt Pd 35/1910
134a) In den Abschriften der Deportationslisten im Jüdischen Museum Frankfurt ist Saarwellingen als Geburtsort angegeben.
134b) HHSTA Wiesbaden Abt.519-JS 1243/41
135) Akten des Archivs des Auswärtigen Amtes zur Ausbürgerung von Julius Schatzmann
135a) Protokollbuch des Gesangvereins Euphrosyne Heldenbergen Eintrag 3.8.1907
136) Klarsfeld. In den dort abgedruckten Listen der Verschleppten ist der Vorname fälschlicherweisemit Rudi angegeben - auf dieser Liste basiert wohl auch die entsprechend falsche Angabe im Gedenkbuch des Bundesarchivs
137) Dieses Datum gibt das Gedenkbuch des Bundesarchivs an, eine Angabe aus Prag aus der Kartei des Ghettos Theresienstadt gibt den 7. 10.1942 an.
138) Mitteilungen an die Verfasserin
139) Mitteilungen an die Verfasserin
139a) Bei diesem Todesdatum handelt es sich um eine Mitteilung aus Prag aus den Karteikarten des Ghettos Theresienstadt.
139b) Interview 1986 mit Klara Scheuer Rothenberger
139c) Mitteilungen an die Verfasserin
139d) Originaltext im Besitz von Elli Meyer in Buenos Aires
139e) Interview mit Klara Rothenberger 1986 in San Francisco
140) Moritz/Noam S. 65-71
140a) Interview mit Hilde Scheuer-Burton 1986
141) Auskünfte der Heil- und Pflegeanstalt Scheuren
142) Interview 1986 mit Hilde Burton
143) Interview 1986 in San Francisco mit Hilde Burton
144) Interview Hilde Burton
144a) Interview 1986 mit Hilde Burtonin San Francisco
144b) Samuel Scheuer an 1965 an Paul Arnsberg Akte 309
145) Mit Erscheinen des Deutschen Reichsanzeigers Nr. 59 vom 11.3.1941 wurden Scheuers ihrer deutschen Staatsangehörigkeit für verlustig erklärt und ihr Haus und Geschäft beschlagnahmt. Liste Nummer 59 des Deutschen Reichsanzeigers vom 11.3.1941, Ausbürgerungsakten von Samuel Scheuer im Archiv des Auswärtigen Amtes in Bonn
145a) Briefe von Bertha Rothschild vom April 1941, Kopie im Besitz der Verfasserin
146) Auskunft Yad Vashem, Jerusalem
147) HHSTA Wiesbaden Abt.519 JS 3044
148) Diamat 1988 S. 233
149) Leiwig S. 132
150) HHSTA Wiesbaden Bestand 519/ CJS 167/ 42
151) Gestapo Listen im Stadtarchiv Mainz - Nachlaß Oppenheim
152) Windecker Zeitung Mai 1914
152a) Adreßbuch im Stadtarchiv Friedberg
152b) Interview mit Klemens Reuter
153) Auskunft Standesamt Frankfurt
153a) Mitteilungen an die Verfasserin
154 Stadtarchiv Nidderau-Heldenbergen VIII-1-3-28
154a) Mitteilungen an die Verfasserin
154b) Mitteilung des Bundesarchivs, Abteilung Potsdam
156) Brief von Nathan Sichel, Akte Friedhof Stadtarchiv Nidderau, Heldenbergen XII-5-2-9
157) Brief von Nathan Sichel an Manfred Sichel, Kopie im Stadtarchiv Hanau Sammlung Schenck
158) Sammlung Oskar Schenk Stadtarchiv Hanau
159) Mitteilungen des Stadtarchivs Darmstadt
160) Mitteilungen des Stadtarchivs Friedberg
161) Hoos 1984 S. 99
162) Oberhessischer Anzeiger vom 4.8.1937
163) Hoos 1989 S. 358
164) Windecker Zeitung 1909
164a) Mitteilungen an die Verfasserin
165) Messerschmidt 1950
166) Oberhessischer Anzeiger, 5. 1. 1900
167) Mitteilungen an die Verfasserin
168) Elisabeth Johann danke ich für diese Mitteilungen.
169) Mitteilungen an die Verfasserin
169a) Mitteilung an die Verfasserin
169b) Walk S. 332
169c) Diese Information stellte mir dankenswerter Weise Herr Schabow, Bendorf-Sayn, zur Verfügung.
170) Windecker Zeitung 25.11.1908
170a) Interview mit Karl Hild
170b) Windecker Zeitung September 1910
170a) Gerhard Blumenröder danke ich für seine freundliche Auskunft.
171) Mitteilungen an die Verfasserin
171a) Paul Arnsberg macht in seinem Artikel über Heldenbergen in Arnsberg 1971 unzutreffende Angaben zu Julius Wertheimer. Da die Chronik Heldenbergen in ihren Aussagen über Wertheimer darauf fußt, sind auch diese Angaben entsprechend falsch.
172) Freundlicher Hinweis von Dietrich Andernacht
173) Wertheimer Julius: Eine Frühlingsfahrt durch Dalamatien, Monte Negro, Griechenland und die Türkei. Wien 1888. Frick, 40 S. 8, Kay 1887 - 1890
174) Wertheimer, Julius: Im Süden. Von Algier nach Tunis. Wien 1891, Frick, 95 S. 8
175) Pasquino: Der große Thebsis. Leipzig 1911, Xenien Verlag, 562. S., 8 Oktav. Alle Hinweise zu de Anmerkung 174, 175, 173, erhielt ich freundlicherweise von Bibliographica Judaica in Frankfurt/M.
176) Den Hinweis auf diese Veröffentlichung verdanke ich Dietrich Andernacht; Pasquino: Ein Jahrt unter der neuen Ära, Frankfurt 1901; Kürschner, Joseph: Kürschner's Deutscher Literatur Kalender auf das Jahr 1908, Leipzig o.J. S.1810
177) Pasquino (Julius Wertheimer): Ein Jahr unter der neuen Aera. Frankfurt 1901 S. 1 f
178) Wie Anmerkung 177 S. 28
179) HSTA Darmstadt G 15 Freidberg J 475
180) Klenz S. 1871
181) Bibliographia Judaica Bd. 3. S. 203, Frankfurt New York 1988
182) Freundlicher Hinweis von Dietrich Andernacht
183) Politisches Archiv des Auswärtigen Amtes - Deutschland 6 a- Geheim Bd.2 Aufzeichnung über die Konstruktion des WTB vom 26.7. 1932. Diesen Hinweis verdanke ich Dieter Basse, ebenso Anmerkung 184.
184) Politisches Archiv des Auswärtigen Amtes Presse Abt. Deutschland 6 a Beiakten VI Band 2
184a) Mitteilung der Nichte Else Singer, Südafrika
185) Reichsbund Jüdischer Frontsoldaten S. 111, S. 408
186) Interview Klemens Reuter

Literaturverzeichnis

Abendroth, Wolfgang: Gegen Korporierte und Privilegierte. Die sozialistischen Studenten, in: Neuland, F./Werner-Cordt, Albrecht: Die junge Garde. Gießen 1980

Adler, Hans-Günther: Die verheimlichte Wahrheit. Theresienstädter Dokumente. Tübingen 1958

Adler, Hans-Günther: Theresienstadt: 1941-1945 Das Antlitz einer Zwangsgemeinschaft, Tübingen 1960

Adreßbuch der Wetterau und des Kreises Friedberg 1915

Adreßbuch des Kreises Friedberg 1902

Adreßbuch für den Landkreis Hanau 1906

Adreßbuch für den Landkreis Hanau 1915

Adreßbuch für den Landkreis Hanau 1923

Adreßbuch 1906 Stadt Friedberg, Bad Nauheim nebst Kreis Friedberg

Adreßbuch des Kreises Friedberg 1928

Adreßbuch für den Landkreis Hanau 1940

Ahäuser, Jürgen: Versöhnt hat er sich, vergessen kann er jedoch niemals. Der Sport rettete Willi Katz im Dritten Reich letzten Endes das Leben. in: Frankfurter Rundschau 23.7.1988 Lokalteil Main-Kinzig-Kreis

Agethen, Manfred: Bekehrungsversuche an Juden und Judentaufen in der frühen Neuzeit, in: Aschkenas. Zeitschrift für Geschichte und Kultur der Juden Jg.1,1991 S. 65-94

Agethen, Manfred:Judenpolitik in der Grafschaft Hanau in der Frühen Neuzeit. Unveröffentlichtes Manuskript 1994

Albrecht, Richard: Der militante Sozialdemokrat Carlo Mierendorff 1897-1943. Eine Biografie. Bonn 1985

Althaus, H.P.: Jüdisch-hessische Sprachbeziehungen, in: Zeitschrift für Mundartforschung 30(1963) S. 121-156

Altaras, Thea : Synagogen in Hessen - Was geschah seit 1945? Königsstein 1988

Andernacht, Dietrich /Stamm,Otto: Die Bürgerbücher der Reichsstadt Frankfurt 1311-1400 und das Einwohnerverzeichnis von 1387. Frankfurt 1955

Andernacht, Dietrich: Der Frankfurter Judenfriedhof. Seine überörtliche Funktion im Mittelalter, in: Freimark, P./Richtering, H. (Hrsg): Gedenkschrift für Bernhard Brilling, Hamburg 1988, S. 77-89

Arnsberg, Paul: Die jüdischen Gemeinden in Hessen. Anfang. Untergang. Neubeginn, 2 Bände, Frankfurt 1971

Arnsberg, Paul: Die Geschichte der Frankfurter Juden seit der Französischen Revolution, 3 Bände, Darmstadt 1983

Arnsberg, Paul: Akte 309 Heldenbergen der Sammlung Arnsberg Hessen. Jüdisches Museum Frankfurt

Arnsberg, Paul: Akte 96 Windecken der Sammlung Arnsberg Hessen Jüdisches Museum Frankfurt

Asaria, Zwi: Die Juden in Köln von den Ältesten Zeiten bis zur Gegenwart, Köln 1959

Assion, Peter (Hrsg.): Über Hamburg nach Amerika. Hessische Auswandernde in den Hamburger Schiffslisten. 1855 bis 1866. Marburg 1991

Aus der Vergangenheit der Nidderauer Stadtteile. Stadt Nidderau (Hrsg.) Nidderauer Hefte. Heft 1 o.O. o.J.

Baab, Heinrich: Erinnerungen. Unveröffentlichtes Manuskript. Jüdisches Museum Frankfurt

Battenberg, Friedrich: Quellen zur Geschichte der Juden im Hessischen Staatsarchiv Darmstadt 1080-1650. Unveröffentlichtes Manuskript 1994

Battenberg, Friedrich: Das Europäische Zeitalter der Juden. Zur Entwicklung einer Minderheit in der nichtjüdischen Umwelt Europas. 2 Bde. Darmstadt 1990

Battenberg, Friedrich: Rezension des Buches von Walter Tauber: Das Würfelspiel im Mittelalter und in der frühen Neuzeit. In: Archiv für hessische Geschichte und Altertumskunde. NF 51 1993 S. 449

Beier, Gerhard: Arbeiterbewegung in Hessen, Frankfurt 1984

Beier, Gerhard: SPD Hessen. Chronik 1945-1988. Bonn 1989

Bembenek, Lothar/ Ulrich, Axel: Widerstand und Verfolgung in Wiesbaden 1933-1945. Gießen 1990

Berberich, Joseph: Die israelitische Gemeinde Groß-Krotzenburg. Hanau 1926

Bernhard, Johann Adam: Chronik - Geschichte der Hanauischen Judenschaft von ihrem Anfang biß hieher. Hanau 1758. Unveröffentlichtes maschinenschriftliches Transkript im Besitz des Hanauer Geschichtsvereins

Bergsträsser, Ludwig: Befreiung, Besatzung, Neubeginn. Tagebuch des Darmstädter Regierungspräsidenten 1945-1948. Herausgegeben von Walter Mühlhausen. Darmstadt 1986

Bibliograhia Judaica, Band 3, Frankfurt-New York 1988

Bierganz, Manfred/Kreutz, Annelie: Juden in Aachen, Aachen 1988

Blau, Bruno: Das Ausnahmerecht für die Juden in Deutschland 1933-1945. Düsseldorf 1965

Bodenheimer, Rosy: Beitrag zur Geschichte der Juden in Oberhessen von ihrer frühesten Erwähnung bis zur Emanzipation. Gießen 1931

Borsdorf, Ulrich/ Niethammer, Lutz (Hrsg): Zwischen Befreiung und Besatzung. Analyse des US-Geheimdienstes über Positionen und Strukturen deutscher Politik 1945. Wuppertal 1976

Boss, Friedrich(Bearb.): Judaica im Staatsarchiv Darmstadt. Bd 2: Jüdische Personenstandsregister (Judenmatrikel) für die Provinzen Oberhessen und Starkenburg 1788-1875. Hessisches Staatsarchiv Darmstadt. Darmstadt 1988

Bott, Heinrich: Gründung und Anfänge der Neustadt Hanau 1596-1630. Marburg 1970

Brandt, P./Schumacher, J./Schwarzrock, G./Sühl, K.: Karrieren eines Außenseiters. Leo Bauer zwischen Kommunismus und Sozialdemokratie. 1912-1972. Bonn 1983

Buber-Neumann, Margarete: Freiheit. Du bist wieder mein. München 1978

Bundesarchiv Koblenz, Yad Vashem, Jerusalem: Opfer der Verfolgung der Juden unter nationalsozialistischer Gewaltherrschaft in Deutschland 1933-1945, 2 Bände, Koblenz 1986

Burmeister, Karl-Heinz: Der Würfelzoll, eine Variante des Leibzolls. In: Aschkenas. Zeitschrift für Geschichte und Kultur der Juden Jg.3 1993 S. 49-64

Chronik Heldenbergen, Nidderauer Hefte Nr.5. Nidderau 1989

Dallmeyer, Ingrid: Chronik der Stadt Bruchköbel und seiner Stadtteile Roßdorf, Niederissigheim, Oberissigheim und Butterstadt. Herausgegeben von der Stadt Bruchköbel. Bruchköbel 1989

Das Philantropin zu Frankfurt. Frankfurt 1964

Der grosse Brockhaus. Achter Band. Wiesbaden 1955

Deutsche jüdische Soldaten 1914-1945. Katalog zur Wanderausstellung. Bonn 1987

Diamant, Adolf: Zur Chronik der Juden in Zwickau, Frankfurt 1971

Diamant, Adolf: Jüdische Friedhöfe in Deutschland. Eine Bestandsaufnahme. Frankfurt 1982

Diamant, Adolf: Durch Freitod aus dem Leben geschiedene Frankfurter Juden 1938-1943. Frankfurt 1983

Diamant, Adolf: Deportationsbuch der aus Frankfurt am Main gewaltsam verschickten Juden in den Jahren 1941-1944, Frankfurt 1984

Diamant, Adolf: Das zweite Buch Ruth. Frankfurt 1986

Diamant, Adolf: Getto Litzmannstadt. Bilanz eines nationalsozialistischen Verbrechens. Frankfurt 1986

Diamant, Adolf: Gestapo Frankfurt am Main. Zur Geschichte einer verbrecherischen Organisation in den Jahren 1933-1945. Frankfurt 1988

Dictionary of National Biography. 1912-1921. 1927

Die Geschichte der Stadt Windecken in Kurzform. In: 140 Jahre Chorgesang in Windecken. Festschrift zum Jubiläumsfest der Sängervereinigung Nidderau-Windecken e.V. 1983

Die jüdische Emigration aus Deutschland 133-1941. Die Geschichte einer Austreibung. Katalog einer Ausstellung der Deutschen Bibliothek. Frankfurt am Main 1985

Diehl, Wilhelm: Judenzeichen. In: Hessische Chronik 17 (1930) S. 56

Dietz, Alexander: Stammbuch der Frankfurter Juden. Geschichtliche Mitteilungen über die Frankfurter jüdischen Familien von 1349-1849. Frankfurt 1907

Dittrich, Alfred: Aus der Geschichte der Jüdischen Kultusgemeinde Heusenstamm. Heusenstamm 1989

Dokumente zur Geschichte der Frankfurter Juden. 1933-1945. Hrsg. von der Kommission zur Erforschung der Geschichte der Frankfurter Juden. Frankfurt a.M. 1963

Dröse, Ruth: Frauen in Hanau und Main-Kinzig. Frankfurt 1989, darin Kapitel über Lilli Stern (geborene Eckstein) und Monica Kingreen S. 54-63

Ducruet, Jean: Les Capitaux Européens au proche-orient. Paris 1964

Eckhardt, Albrecht: Ferdinand Rudof Schazmanns „Skizzierte Übersicht der kaiserlichen Burg Friedberg" aus dem Jahre 1806. In: Wetterauer Geschichtsblätter Bd. 19, 1970

Ehlers, Lisbeth/Krohn,Helga: Juden in Bockenheim. Frankfurt 1990

Ehrmann, Heinrich: Aus dem Statutenbuch der jüdischen Gemeinde. In:Friedberger Geschichtsblätter Heft 1 1909 S. 82-93a

Ettlinger, Dr.: Ele toldot, unveröffentlichtes Manuskript im Jüdischen Museum Frankfurt

100 Jahre Männer-Gesang-Verein Concordia Windecken 1861-1961 o.O. o.J.

Erneuerte und verbesserte Policey-Ordnung der Kayserl. und des Heil. Reichs Burg Friedberg. Gedruckt zu Frankfurt bei Johann Niclas Hummen 1680. Neudruck 1729

F.C. „Sportfreunde" Ostheim gegründet 1924, Sportwerbewoche aus Anlaß des 30jährigen Bestehens vom 13. bis 20.Juni 1954 o.O. o.J.

Festbuch zum Nationalen Gesangswettstreit Deutscher Männer-Gesang-Vereine am 13. 14. und 15.Juli 1907 in Windecken veranstaltet vom Männergesangverein Liederkranz zur Feier seines 30jährigen Stiftungsfestes. o.O.o.J.

Festbuch zum 50jährigen Jubiläum Männergesangverein „Liederkranz" Windecken 1926

Festschrift - 150 Jahre Chorgesang- 100 Jahre Obst- und Gartenbauverein - Heldenbergen 1150 Jahre l(i)ebenswert 839-1989. Heldenbergen 1989

Festschrift zum 50jährigen Jubiläum. Arbeitergesangverein Liederlust. Ostheim 1960

Festschrift zum 40jährigen Jubiläum 1964 des F.C. „Sportfreunde" 1924 e.V. Ostheim. Ostheim 1964

Festschrift zum Gesangswettstreit mit Fahnenweihe aus Anlaß des 85jährigen Bestehens des Männergesangvereins Euphrosyne zu Heldenbergen. Heldenbergen 1925

Figge, W./ Pieh, W.: Chronik der Gemeinde Ostheim. Ostheim 1974

Flämig, Gerhard: Hanau im Dritten Reich 1930-1934. Wie es dazu kam - die Machtergreifung. Band I. Hanau 1983

Flämig, Gerhard: Hanau im Dritten Reich. Band II (1933-1945) Verfolgung und Widerstand. Hanau 1987

Franz, Eckhardt (Hrsg): Juden als Darmstädter Bürger. Darmstadt 1984

Franz, Eckhardt: Vom landgräflichen Schutzjuden zum freien Bürger des Großherzogtums Hessen. In: Franz, Eckhardt (Hrsg): Juden als Darmstädter Bürger. Darmstadt 1984

Franz, Eckhardt/Pingel-Rollmann, Heinrich.: Hakenkreuz und Judenstern. In: Franz, Eckhardt (Hrsg.): Juden als Darmstädter Bürger. Darmstadt 1984

Freund, Julius: O Buchenwald. Klagenfurt 1945

Friedrich, Martin: Zwischen Abwehr und Bekehrung - Die Stellung der deutschen evangelischen Theologie zum Judentum im 17. Jahrhundert. Tübingen 1988

Führer durch die jüdische Gemeindeverwaltung 1928. Berlin 1928

Führer durch die jüdische Gemeindeverwaltung und Wohlfahrtspflege in Deutschland 1932-33. Hrsg von der Zentralwohlfahrtsstelle der Deutschen Juden. Berlin 1932

Gerfelder, Adam: Historischer Bericht eines Widerstandskämpfers aus dem Jahre 1942 auf Transport. Unveröffentlichtes Manuskript im Archiv des Studienkreises Deutscher Widerstand Frankfurt

Gerfelder, Adam: Aktionen der Stunde 0. Manuskript im Archiv Studienkreis Deutscher Widerstand Frankfurt

Gerfelder, Adam: Hilfe für ausländische Kriegsgefangene und Zwangsarbeiter. in: Ulrich, Axel: Hessische Gewerkschafter im Widerstand 1933-1945. Gießen 1983

Germania Judaica. Band 1: Von den ältesten Zeiten bis 1238. Tübingen 1963

Germania Judaica. Band 2.: Von 1234 bis zur Mitte des 14.Jahrhunderts. Tübingen 1968

Germania Judaica 3. Band 1350-1519 2. Halbband, unveröffentlichtes Manuskript. Jüdisches Museum Frankfurt 1990, darin Abschnitt über Windecken von Uta Löwenstein und Abschnitt über die Grafschaft Hanau von Friedrich Battenberg

Gesetz zur gleichförmigen Ordnung der besonderen Verhältnisse der Israeliten vom 29.10.1833. In: Wochenblatt für die Provinz Hanau 19.12.1833

Gidal, Nachum T.: Die Juden in Deutschland von der Römerzeit bis zur Weimarer Republik. Gütersloh 1988

Gierig, Monika: Besuch in der alten Heimat. Besuchsprogramme deutscher Städte für ihre ehemaligen jüdischen Bewohner. Dokumentation der Einladungsprogramme von 118 Städten und Gemeinden. Sondernummer der Zeitung Aufbau. New York 1994. Bericht über Nidderau, auch abgedruckt in der Jubiäumsausgabe zum 60jährigen Bestehens des Aufbaus vom 14.10.1994

Ginzel, Günther Bernd: Jüdischer Alltag in Deutschland 1933-1945

Graf, Ralf: Erinnerung an ein vergangenes Volk. Die Geschichte der Juden im Freigericht. In: Mitteilungsblatt - Beiträge zur Heimatgeschichte. Hrsg. Heimatstelle des Main-Kinzig Kreises Heft 1 1988

Grunwald, Kurt: Railways and jewish enterprise. In: Yearbook of the Leo Baeck Institute - XII- 1963

Hamza, Abdel-Maksud: The public debt of Egypt. 1854-1876. Cairo 1944

Handbuch der jüdischen Gemeindeverwaltung 18. Jg 1907

Handbuch der jüdischen Gemeindeverwaltung 19. Jg.1909

Handbuch der jüdischen Gemeindeverwaltung 20. Jg.1911

Handbuch der jüdischen Gemeindeverwaltung 21. Jg.1913

Handbuch der jüdischen Gemeindeverwaltung und Wohlfahrtspflege Jg. 22 1924/5. Hrsg. von dem Deutsch-Israelitischen Gemeindebund und der Zentralwohlfahrtsstelle der Juden. Berlin 1925

Hardt-Friedrichs, Friederun: Das königliche Freigericht Kaichen in der Wetterau in seiner Landes- und Rechtshistorischen Bedeutung. Wetterauer Geschichtsblätter Bd. 25 -1976

Heldenbergen. 1150 Jahre l(i)ebenswert 839-1989. Festschrift 150 Jahre Chorgesang, 100 Jahre Obst-Gartenbauverein. Nidderau 1989

Henß, Carl: Das Reformationsfest des Jahres 1817. Sonderdruck aus der Festschrift der Hanauer Union, Hanau 1918

Henß, Carl: Festschrift zur 650-Jahr Feier der Stadt Windecken. Darmstadt 1938

Hentsch, Gerhard: Gewerbeordnung und Emanzipation der Juden im Kurfürstentum Hessen. Wiesbaden 1979

Herrmann, Fritz Heinrich: Genehmigung von Synagogen im Freigericht Kaichen. In: Wetterauer Geschichtsblätter Band 16 1967 S. 78

Herrmann, Fritz Heinrich: Zur Geschichte der Friedberger Juden. In: Wetterauer Geschichtsblätter Band 2 1953 S. 106 -110

Herrmann, Fritz Heinrich: Von schlechtem Bier, Judenmetzgern und Judenbrunnen in Windecken. In: Wetterauer Geschichtsblätter Band 5 1956 S. 74

Herrmann, Fritz Heinrich: Aus der Geschichte der Friedberger Judengemeinde. In: Wetterauer Geschichtsblätter Band 16 1967 S. 51-78

Herrmann, Fritz Heinrich: Ein Gutachten des Wiener Reichshofrats von 1659 und seine Bedeutung für die Friedberger Judenschaft. In: Wetterauer Geschichtsblätter, Band 34 1985 S. 77-79

Heß, Renate/Nichtweis, Lisette/Zahedi, Ingrid: Juden-Deportationen aus Darmstadt 1942/43. Magistrat der Stadt Darmstadt. Darmstadt 1992

Heuberger, Rachel/Krohn, Helga: Hinaus aus dem Ghetto... Juden in Frankfurt am Main 1800-1950. Frankfurt 1988

Heyne, Kurt u.a.: Judenverfolgung in Gießen und Umgebung 1933-1945. In: Mitteilungen des Oberhessischen Geschichtsvereins. Hrsg. von Erwin Knauß, Band 69 Gießen 1984 S. 1 - 316

Hoffmann, Brundhilde: Es geschah mitten unter uns... Das Schicksal der jüdischen Familie Jordan in Ober-Erlenbach. Bad Homburg. 1988

Hohmann, Rolf: Aus Windeckens Vergangenheit. In: Mitteilungen des Verkehrs- und Verschönerungsvereins Windecken, mehrere Fortsetzungen 1968

Hohmann, Rolf: Der „lange Wald" war damals lebensnotwendig. Hanauer Anzeiger 10.2.1975

Hohmann, Rolf: Wenn einem Juden ein Eydt ufferlegt. Nidderauer Anzeiger 26.2.1981

Hohmann, Rolf: ...mit jüdische Mägdelein getanzet. Nidderauer Anzeiger im August 1981

Hohmann, Rolf: Fehltritte kamen schon früher teuer zu stehen. Hanauer Anzeiger 3.4.1982

Hohmann, Rolf: Vom allhiesigen Hanauischen tabac. Hanauer Anzeiger 19.6.1982

Hohmann, Rolf: Mit freundlichem „Shalom“ grüßt Ferdinand Hanau aus Paris. Nidderauer Anzeiger 23.5.1985

Hohmann, Rolf: Ein Teil „Wiedergutmachung begangenen Unrechts“. Von den Bemühungen, nach dem Krieg den Heldenberger Judenfriedhof wieder herzurichten. In: Hanauer Anzeiger 3.1.1986

Hoos, Hans-Helmut: Zur Geschichte der Friedberger Juden 1933-1945. In: Von Schwarz-Weiß-Rot zum Hakenkreuz. Wetterauer Geschichtsblätter. Beiheft 1. 1984 S. 37-104

Hoos, Hans-Helmut: „Wir empfehlen in großer Auswahl und zu billigen Preisen“. Zur Bedeutung jüdischer Unternehmungen in Stadt und Kreis Friedberg und ihrer „Arisierung“ nach 1933. In: Keller, Michael/Münkler, Wilfried: Die Wetterau. Landschaft zwischen Tradition und Fortschritt. Friedberg 1990. S. 333-369

Horvitz, Ludwig: Die Gesetze um die bürgerliche Gleichstellung der Israeliten im damaligen Kurhessen 1816 und 1833. Kassel 1927

Infothek Museum Judengasse - Stichwort Fettmilchaufstand

Johann, Elisabeth: Unsere jüdischen Nachbarn. Ein fast vergessener Teil der Ortsgeschichte von Altenstadt, Höchst an der Nidder und Lindheim. 14. bis 2o. Jahrhundert. Altenstadt 1991

Jüdisches Lexikon. Ein enzyklopädisches Handbuch des jüdischen Wissens. Band 3 und 4 Berlin 1927. 2.Auflage des Nachdrucks Frankfurt/Königsstein/Ts. 1987

Kammler, Jörg/Krause-Villmar, Dietfrid(Hrsg): Volksgemeinschaft und Volksfeinde. Kassel 1933-1945. Kassel 1986

Katz, Leopold: Die rechtliche Stellung der Israeliten nach dem Staatskirchenrecht des Grossherzogtums Hessen. Giessen 1906

Keim, Anton Maria: Die Judenfrage im Landtag des Großherzogtums Hessen 1820-1849. Darmstadt 1983

Keim, Anton Maria: Als die letzten Hoffnungen brannten. Mainz 1988

Keller, Michael: Vom Gotteslästerer und Majestätsbeleidiger zur stärksten der Parteien. In: Wetterauer Kreiskalender 1989, S. 67-79

Keyser, Erich (Hrsg.): Hessisches Städtebuch. Band 4 Stuttgart 1957

Kirchheimer, Manny: Wir waren so beliebt. Manuskript einer Fernsehsendung des ZDF 1986

Kingreen, Monica/Salzmann, Bernd: Das Leben der Windecker Juden im 20. Jahrhundert. Erst geachtet, dann verfolgt, vertrieben und ermordet. In: Stadt Windecken 1288-1988, Historische Festschrift zur 700-Jahr-Feier der Stadterhebung. Hrsg. Magistrat der Stadt Nidderau 1988, S. 181-195

Kingreen, Monica: „Ein unheimlich mutiger Mensch“ - Siegfried Höxter. In: Informationen. Herausgegeben vom Studienkreis Deutscher Widerstand Nr.32 1991, S. 29-32.

Kirchner, Paul Christian: Jüdisches Ceremoniel. Vermehrt und mit Anmerkungen erläutert von Sebastian Jacob Jungendres. Hildesheim New York 1974

Klagruf der Israeliten in Kurhessen und Appellation an den Zeitgeist abgedrungen durch Entziehung der allgemeinen Menschenrechte. Hanau 1830

Klarsfeld, Serge: Le memorial de la deportation des juifs de France. Paris 1978

Klee, Ernst: „Euthanasie“ im NS-Staat. Die "Vernichtung lebensunwerten Lebens". Frankfurt 1989

Klenz, H.: Kürschner's Deutscher Literatur Kalender auf das Jahr 1917, Berlin und Leipzig o.J.

Knauß, Erwin: Die jüdische Bevölkerung Gießens 1933-1945. Wiesbaden 1987

Koch, Thomas: Der amerikanische Geheimdienst OSS (Office of Strategic Services) und die Widerstandsbewegungen. In: Schulz, Gerhard (Hrsg.): Geheimdienste und Widerstandsbewegungen im Zweiten Weltkrieg. Göttingen 1982 S. 79-104

Kolb, Stephan: Die Geschichte der Bad Nauheimer Juden. Eine gescheiterte Assimilation. Bad Nauheim 1987

Konzentrationslager Buchenwald. Bericht des internationalen Lagerkomitees Buchenwald. Weimar 1949

König, Karin: Kennst Du mich nicht mehr? Manuskript der Radiosendung im Hessischen Rundfunk 2. Programm vom 22.11.1989

Kracauer, Isidor: Actenstücke zur Confiscation der hebräischen Schriften in Frankfurt a.M. in den Jahren 1509 und 1510. In: Monatszeitschrift zur Geschichte und Wissenschaft des Judentums Jg. 44/1900 S. 114-126, 167-177, 220-234

Kracauer, S..Isidor: Urkundenbuch zur Geschichte der Juden in Frankfurt am Main von 1150-1400. Frankfurt 1914

Krohn, Helga/Rauschenberger, Katharina: Juden in Rödelheim. Frankfurt 1990

Krohn, Helga/Ulshöfer, Helmut: Juden in Bergen-Enkheim. Frankfurt 1990

Kropat, Wolf-Arno: Die hessischen Juden im Alltag der NS-Diktatur 1933-1939. In: Neunhundert Jahre Geschichte der Juden in Hessen. Hrsg. von der Kommission für die Geschichte der Juden in Hessen. Wiesbaden 1983, S. 411-445

Kropat, Wolf-Arno: Die Emanzipation der Juden in Kurhessen und Nassau im 19. Jahrhundert. In: Neunhundert Jahre Geschichte der Juden in Hessen. Hrsg. von der Kommission für die Geschichte der Juden in Hessen. Wiesbaden 1983, S. 325-350

Kropat, Wolf-Arno: Kristallnacht in Hessen. Wiesbaden 1988

Kürschner, Joseph: Kürschner's Deutscher Literatur Kalender auf das Jahr 1908, Leipzig o.J.

Landes, David S.: Bankers and Pashas. International Finance and economic. Imperialism in Egypt. London Melbourne Toronto 1959

Lapp, Heinrich: Das Fürstentum Hanau vor und unter der französischen Herrschaft in den Jahren 1806-1810. Hanauer Geschichtsblätter Nr.12. Hanau 1936

Lebermann, Jakob: Jüdische Schul -und Lehrerverhältnisse in Hessen. In: Jahrbuch der jüdisch literarischen Gesellschaft. Jahrbuch 18 , 1927 S. 65 - 142

Lehmann, Marcus: Rabbi Joselmann von Rosheim. 2 Bände. Zürich 1988 Reprint. Erstausgabe Frankfurt 1925

Leiwig, Heinz: Leidensstätten in Mainz 1933-1945. Mainz 1988

Lersner, Achilles Augustus: Der weit-berühmten Freyen Reichs-Wahl und Handelsstadt Frankfurt a.M. Chronica 1706 2 Bände

Liebe, Georg: Das Judentum in der deutschen Vergangenheit. Jena 1924

Lilienthal, Saul: Jüdische Wanderungen in Frankfurt am Main, Hessen und Hessen-Nassau, Frankfurt 1938

Loebenstern, Jacob David: Einige Worte über die seit der Verfassung unglücklichen Verhältnisse der Israeliten in der Provinz Hanau. Hanau 1831

Lötzsch, Klaus/Wittenberger, Georg: Die Juden von Babenhausen. Babenhausen 1988

Löwenstein, Leopold: Das Rabbinat in Hanau nebst Beiträgen zur Geschichte der dortigen Juden. In: Jahrbuch der jüdisch-literarischen Gesellschaft Sitz Frankfurt am Main. XIV. Frankfurt 1921 S.1-84

Löwenstein, Leopold: Zur Geschichte der Juden in Friedberg. In: Blätter für Jüdische Geschichte und Literatur 4 (1903), S. 17 - 20, 54 - 59, 81 - 86

Löwenstein, Uta: Quellen zur Geschichte der Juden im Hessischen Staatsarchiv Marburg 1267-1600, 3 Bände, Wiesbaden 1989

Lustiger, Arno (Hrsg.): Jüdische Stiftungen in Frankfurt a.M., Frankfurt 1988

Mack, Rüdiger: Otto Böckel und die antisemitische Bauernbewegung in Hessen 1887-1939. In: Neunhundert Jahre Geschichte der Juden in Hessen, Hrsg. von der Kommission für die Geschichte der Juden in Hessen, Wiesbaden 1983, S. 377-410

Mack, Rüdiger: Antisemitische Strömungen in Oberhessen. In: Friedenskooperative Laubach (Hrsg.): Die Laubacher Juden o.O.1988 S. 15-20

Maimon, Arye: Tagungen von Judenschaften in Westdeutschland im frühen 16.Jahrhundert. In: Jahrbuch für Westdeutsche Landesgeschichte 5 1979 S. 71-82

Messerschmidt, Heinrich: Heldenbergen - Eine Abhandlung über die Entwicklung des Dorfes anläßlich der 1100sten Wiederkehr seiner ersten Erwähnung Anno 839. Herausgegeben von der Gemeinde Heldenbergen. Heldenbergen 1939

Messerschmidt, Heinrich: Sturm aufs Zollhaus. Unveröffentlichtes Manuskript 1938

Messerschmidt, Heinrich: Die geschichtliche Vergangenheit Heldenbergens, 2 unveröffentlichte Manuskriptbände 1953 im Archiv der Oberburg Heldenbergen, darin insbesondere: Die Judengemeinde und die Judenschule, S.357 - 365

Messerschmidt, Heinrich: Das Dorf- und Hausbuch Heldenbergen, 5 unveröffentlichte Manuskriptbände im Archiv der Oberburg Heldenbergen 1950

Moritz Oppenheim. The First Jewish painter. The Israel Museum, Jerusalem 1983

Müller, Paul: 925 Jahre Langenbergheim 1057-1982. Hammersbach 1982, darin S. 149-156 über die dortige jüdische Gemeinde

Neumeyer, Heidi: Nidderauer Heft 3. Herausgeber Stadt Nidderau. Nidderau 1987. Darin: Straße der Kinderzeit S. 110 - 112. Salli Reichenberg S.120 - 125

Östreich, Hans: Erinnerungen. Selbstverlag o.O.o.J. (Ostheim 1989)

Pearl, Cyril: The Dunera Scandal-Deported by mistake. Canada-USA 1983

Pingel-Rollmann, H.: Widerstand und Verfolgung in Darmstadt. Darmstadt 1985

Pingel, Henner: Das Jahr 1933. NSDAP-Machtergreifung in Darmstadt und im Volksstaat Hessen. Darmstadt 1988

Press, Volker: Kaiser Rudolf II. und der Zusammenschluß der deutschen Judenheit. Die sogenannte Frankfurter Rabbinerverschwörung von 1603. In: Haverkamp, Alfred: Zur Geschichte der Juden im Deutschland des späteren Mittelalters und der Frühen Neuzeit. Stuttgart 1981 S.243-293

Rack, Klaus-Dieter: Die Burg Friedberg im Alten Reich. Studien zu ihrer Verfassungs- und Sozialgeschichte zwischen dem 15. und 19. Jahrhundert. Darmstadt und Marburg 1988

Reichsbund der jüdischen Frontsoldaten (Hrsg.): Die jüdischen Gefallenen des deutschen Heeres, der deutschen Marine und der deutschen Schutztruppe 1914-1918. Ein Gedenkbuch. Berlin 1932

Rehme, Günther/Haase, Konstantin: „..mit Rumpf und Stumpf ausrotten“. Zur Geschichte der Juden in Marburg und Umgebung. Marburg 1982

Reimer, Heinrich: Urkundenbuch zur Geschichte der Herren von Hanau und der ehemaligen Provinz Hanau. 4 Bände. Leipzig 1891-1897, Neudruck 1965

Rosenthal, Ludwig: Zur Geschichte der Juden im Gebiet der ehemaligen Grafschaft Hanau unter besonderer Berücksichtigung der Juden in Bergen bei Frankfurt am Main und der dortigen Vorfahren des Verfassers vom 17. bis 19. Jahrhundert. Ein Beitrag zur Geschichte der deutschen Juden. Hanau 1963

Ruppin, Arthur: Die Juden im Großherzogtum Hessen. Berlin 1909

Sabry, Mustapha: L émpire egyptien sous Ismail. Paris 1933

Salzmann, Bernd: Weder solides Geschäftsgebaren noch Eisernes Kreuz halfen. Frankfurter Rundschau - Lokalbeilage Main-Kinzig-Kreis 11.6.1985

Schazmann, Ferdinand Rudolf: Patriotische Gedanken über den Zustand der Juden überhaupt und vorzüglich der Judenschaft der Reichsstadt Friedberg. Burg Friedberg 1788

Schäfer, Nikolaus: Die Geschichte der Judenfamilien aus Winterberg. Unveröffentlichtes Manuskript 1990

Schimpf, Dorothee: Emanzipation und Bildungswesen der Juden im Kurfürstentum Hessen 1807-1866. Wiesbaden 1994

Schmahl, Eugen: Die antisemitische Bauernbewegung in Hessen von der Böckelzeit bis zum Nationalsozialismus. In: Schmahl/Seipel

Schmahl, Eugen/Seipel, Willi: Entwicklung der völkischen Bewegung. Gießen 1933

Schmidt, Emil: Internationale Arbeiterhilfe in Frankfurt. In: DGB Bildungswerk (Hrsg): Hessische Gewerkschafter im Widerstand 1933-1945. Gießen 1983 S. 196 - 200

Schmidt, Frank: Die Judengemeinde zu Windecken. In: Nidderauer Kirchenbote - Windecken. Teil 1. Februar 1981, Teil 2 Juli/August 1981

Schmidt, Frank: Die jüdische Gemeinde Windecken und ihre Bauten von den Anfängen bis ins 20.Jahrhundert. In: Stadt Windecken 1288-1988 Historische Festschrift zur 700-Jahr-Feier. Nidderau 1988 S. 167 - 180

Schnee, Heinrich: Die Hoffinanz und der moderne Staat. Zweiter Band. Die Institution des Hoffaktorentums in Hannover und Braunschweig, Sachsen und Anhalt, Mecklenburg, Hessen-Kassel und Hanau. Berlin 1954

Schnee, Heinrich: Rothschild - Geschichte einer Finanzdynastie. Göttingen Berlin Frankfurt 1961

Schneider, Josef: Aus der Geschichte von Heldenbergen. In: Friedberger Geschichtsblätter Heft 5 1922 S. 52 ff

Schoenberner, Gerhard: Der gelbe Stern. Die Judenverfolgungen in Europa 1933-1945. Hamburg 1960

Schroeter, Hermann: Geschichte und Schicksal der Essener Juden. Essen 1980

Schudt, Johann Jacob: Jüdische Merckwürdigkeiten. Franckfurt & Leipzig 1714

Sievers, Leo: Die Juden in Deutschland. Die Geschichte einer 2000jährigen Tragödie. Hamburg 1977

Sonn, Naftali Herbert/Berge, Otto: Schicksalswege der Juden in Fulda und Umgebung. Fulda 1984

Stadt Windecken. 1288-1988. Historische Festschrift zur 700-Jahr-Feier der Stadterhebung. Hrsg.: Magistrat der Stadt Nidderau. Nidderau 1988

Statistisches Jahrbuch des Deutsch-Israelitischen Gemeindebundes. 1885, 1887, 1890, 1892, 1901, 1903

Statistisches Jahrbuch deutscher Juden Jg.17. 1905. Hrsg. im Auftrag des Deutsch-Israelitischen Gemeindebundes vom Bureau für Statistik der Juden. Berlin 1905

Stockhausen, Johann Christoph: Eine kleine Landreise. In: Hanauisches Magazin 1783

Transport in das KZ Buchenwald. Bericht eines unbekannten Verfassers über den Transport von Frankfurt in das Konzentrationslager Buchenwald in der Nacht vom 11. zum 12. November 1938. In: Kropat, Wolf-Arno: Kristallnacht in Hessen. Wiesbaden 1988 S. 225-228

Ulrich, Axel: Freiheit! Das Reichsbanner Schwarz Rot Gold und der Kampf von Sozialdemokraten in Hessen gegen den Nationalsozialismus 1924-1938. Frankfurt 1988

Ulshöfer, Helmut: Jüdische Gemeinde Bergen-Enkheim. Selbstverlag 1987

Una, Leopold: Privilegia und Freyheiten der Juden zu Hanau de dato 28 Decembris 1603, in: Rahmers jüdisches Litteratur-Blatt 1891 Nr. 3 ff

Verein zur Bewahrung der Groß-Umstädter Synagoge (Hrsg.): Groß-Umstadt. Zur Geschichte der Juden und ihrer Synagoge. Groß-Umstadt 1988

Verbot der Synagogen im Burgterritorium. Miszelle. In: Wetterauer Geschichtsblätter Band 10 1961 S. 60

Verordnung vom 30.Dezember 1823 die gemeinheitlichen Verhältnisse der Israeliten betreffend. In: Wochenblatt für die Provinz Hanau 5.2.1824

Volksbank Heldenbergen (Hrsg.): 1868-1968. Einer für alle - Alle für einen. 100 Jahre im Dienst der Gemeinde. Heldenbergen 1968

Vormeier, Barbara: Die Deportierung deutscher und österreichischer Juden aus Frankreich 1942-1944. Paris 1980

VVN - Bund der Antifaschisten Main-Kinzig Kreis (Hrsg.): So begann es 1933 - Naziterror und erster Widerstand in Hanau Stadt und Land. Hanauer Hefte 2. Hanau o.J.

VVN - Bund der Antifaschisten (Hrsg.) Rudolf Schneider: Gedenkbuch. Vom Naziterror verfolgte Kinder, Frauen und Männer im Main-Kinzig-Kreis 1933-1945. Hanauer Hefte, Heft 3. Hanau 1990

Wagner, Hans: Die Juden von Heldenbergen. In: Chronik Heldenbergen. Nidderau 1989, S. 203-212

Wahrhaftig, Samuel: In jenen Tagen. Marginalien zur Frühgeschichte eines deutschen Bundeslandes (Hessen). In: Frankfurter Hefte 25. Jg. Heft 12 Dezember 1970, S 863-870

Walk, Joseph: Das Sonderrecht für Juden im NS-Staat. Heidelberg 1981

Walter, Gotthilf: Zur Geschichte des Landrabbinats im ehemaligen Kurfürstentum Hessen. In: Monatszeitschrift für Geschichte und Wissenschaft des Judentums Jg. 78 NF 1934 S. 518 - 528

Wetterauer Blätter Bd. 19 1970

Walter, Wolfgang: Meinen Bund habe ich mit Dir geschlossen. Leipzig 1988

Wibbeling, Wilhelm: Erinnerung an die ehemaligen jüdischen Gemeinden. In: Der Landkreis Hanau. Hessen - Mensch und Raum. Bd.1 Mühlheim am Main 1963, S. 140-143

Wille, Richard: Hanau im dreissigjährigen Kriege. Hanau 1886

Wininger, Salomon (Hrsg.): Große Jüdische Nationalbiographie. Band 4. Leipzig 1931/32

Wippermann, Wolfgang: Das Leben in Frankfurt zur NS-Zeit. Band 1. Die nationalsozialistische Judenverfolgung. Frankfurt 1986

Whitttuck, E.A.: Professor Oppenheim. In: British Yearbook of International Law I, 1920-1921, S. 1 - 10

Wolf, Gerson: Zur Geschichte der Juden in Deutschland. In: Zeitschrift für die Geschichte der Juden in Deutschland Jg. 3 1889, S. 159 - 184

Wolf, Gerson: Ferdinand II. und die Juden. Nach Aktenstücken in den Archiven der k. u. k. Ministerien des Inneren und Aeussern. Wien 1859

Zelzer, Maria: Weg und Schicksal der Stuttgarter Juden. Stuttgart 1966

Zimmermann, Ernst: Hanau - Stadt und Land. Kulturgeschichte und Chronik einer fränkisch-wetterauischen Stadt und ehemaligen Grafschaft. Mit besonderer Berücksichtigung der älteren Zeit. Hanau 1919, besonders Kapitel : Juden - Geschichte der Hanauischen Juden bis zu ihrer Austreibung im Jahre 1592, S. 476-521

Zuckmayer, Carl: Carlo Mierendorff. Portrait eines Deutschen Sozialisten. Berlin 1947

Verzeichnis der Interviews, Gespräche und Briefe

Interviews mit jüdischen Menschen, die früher in Heldenbergen, Windecken oder Ostheim und später im Ausland lebten:

Max Adler, Südafrika, im August 1985 in Frankfurt von Monica Kingreen und Bernd Salzmann
Transkript und Bearbeitung: Monica Kingreen

Rita Adler geb. Reichenberg, Israel, im Juni 1988 in Nidderau von Monica Kingreen
Transkript und Bearbeitung: Monica Kingreen

Manfred Bergen (früher Reichenberg), USA, im Januar 1986 in Charlotte, North Carolina von Monica Kingreen und Bernd Salzmann
Transkript und Bearbeitung: Monica Kingreen

Hilde Burton geb. Scheuer im Januar 1986 in San Francisco von Monica Kingreen und Bernd Salzmann
Transkript und Bearbeitung: Monica Kingreen

Ernst Eckstein, Israel, im Juni 1988 in Nidderau von Monica Kingreen und Bernd Salzmann
Transkript und Bearbeitung: Monica Kingreen

Grete Glick geb. Müller, USA, im Juni 1988 in Nidderau von Bernd Salzmann
Transkript und Bearbeitung: Monica Kingreen

Kurt Grünewald, Israel, im Juni 1988 in Nidderau von Monica Kingreen
Transkript und Bearbeitung: Monica Kingreen

Emil Haas, USA, im Januar 1986 in Columbus, Ohio von Monica Kingreen und Bernd Salzmann
Transkript und Bearbeitung: Monica Kingreen

Willi Katz, Israel, diverse Interviews in Nidderau und Frankfurt in den Jahren 1984, 1985 und 1986 von Monica Kingreen und Bernd Salzmann
Transkript und Bearbeitung: Monica Kingreen

Arno Katz, USA, im Dezember 1985 in New York von Monica Kingreen und Bernd Salzmann
Transkripte und Bearbeitung: Monica Kingreen

Inge Katzmann geb. Wolf, USA, im Juni 1988 in Nidderau von Bernd Salzmann
Transkript und Bearbeitung: Monica Kingreen

Jenny Katzenstein, verw. Wolf geborene Kiefer (Witwe von Julius Wolf), USA, im Dezember 1985 in New York von Monica Kingreen und Bernd Salzmann
Transkript und Bearbeitung: Monica Kingreen

Siegmund Lichtenstein, Israel, im Juni 1988 in Nidderau von Monica Kingreen
Transkript und Bearbeitung: Monica Kingreen

Hilde Löwenthal geb. Levi im Januar 1985 in Windecken von Monica Kingreen und Bernd Salzmann
Transkript und Bearbeitung: Monica Kingreen

Lieselotte Rappaport geb. Levi, USA, im Dezember 1985 in New York von Monica Kingreen und Bernd Salzmann
Transkript und Bearbeitung: Monica Kingreen

Edith Reichenberg (Witwe von Ludwig Reichenberg), USA, im Dezember 1985 in New York von Monica Kingreen und Bernd Salzmann
Transkript und Bearbeitung: Monica Kingreen

Klara Rothenberger geb. Scheuer, USA, im Januar 1986 in San Francisco von Monica Kingreen und Bernd Salzmann
Transkript und Bearbeitung: Monica Kingreen

Theo Rothschild, USA, im Januar 1986 in San Francisco von Monica Kingreen und Bernd Salzmann
Transkript und Bearbeitung: Monica Kingreen

Herbert Rothschild, USA, im Juni 1988 in Nidderau von Monica Kingreen und Bernd Salzmann
Transkript und Bearbeitung: Monica Kingreen

Alice Scheuer (Witwe von Julius Scheuer), USA, im Januar 1986 in San Francisco von Monica Kingreen und Bernd Salzmann
Transkript und Bearbeitung: Monica Kingreen

Charlotte Schuster (Witwe von Manfred Schuster), USA, im Dezember 1985 in New York von Monica Kingreen und Bernd Salzmann
Transkript und Bearbeitung: Monica Kingreen

Erich Sommer im Dezember 1985 in New York von Monica Kingreen und Bernd Salzmann
Transkript und Bearbeitung: Monica Kingreen

Lilli Stern geb. Eckstein, Südafrika, im Juni 1988 in Nidderau von Monica Kingreen und Bernd Salzmann
Transkript und Bearbeitung: Monica Kingreen

Recha Wolf im Dezember 1985 in Fort Lee von Monica Kingreen und Bernd Salzmann
Transkript und Bearbeitung: Monica Kingreen

Mathilde Wirth, geb. Katz, USA, im April 1984 in Windecken von Monica Kingreen, im Dezember 1985 in New York von Monica Kingreen und Bernd Salzmann
Transkripte und Bearbeitung: Monica Kingreen

Intensive Briefwechsel mit Monika Kingreen ergänzten dieses Interviews.

Schriftliche und persönliche Auskünfte von Angehörigen der jüdischen Familien, die früher in Windecken, Ostheim oder Heldenbergen lebten, an Monica Kingreen

Herman Bronkhorst, Niederlande
Ben Adler, Australien
Frieda Adler, Australien
Lore Allard geb. Strauß, England
Margot Colen geb. Kulb, USA
Lieselotte Conrich, USA
Erica Doctorow, USA
Hans Frankenberg, Chile
Hatti Haas,USA
Ilse Kahn, England
Ellen Karabanow geb. Adler, Kanada
Hertha Katz, USA
Erich Kunder, Deutschland
Sophie Marum geb. Gradenwitz, Berlin
Elli Meyer, Argentinien
Sharon Newmann, USA
Walter Oppenheimer, Israel
Edith Oblak, USA
Neivlle Rapp, Südafrika
Frau Siegfried Reichenberg, USA
Ilse Rosenberg geb. Schatzmann, Kanada
Emanuel Rosenblum, Israel
Manfred Rothschild, USA
Helmut Rothschild, San Salvador
Martin Scheuer, USA
Max Seligmann, USA
Frau Benno Sichel, USA
Else Singer geb Wertheimer, Südafrika
Lollo Sonnenberg geb. Oppenheimer, England
Heinz Speier, USA
Kurt Speier, USA
Leon Speier, Deutschland
Walter Speyer, USA

Nancy Spiers, USA
Alice Stern geb.Schatzmann, USA
Erna Strauß, Brasilien
Hans Strauß, Deutschland
Henry Strauss, USA
Manfred Voehl, USA
Kerry Weinberg, USA
Grete Wertheimer, Südafrika
Meta Windmiller, USA
Peter Wyant, Kanada

Interviews und Gespräche in und um Nidderau in den Jahren 1985 und 1986 mit:

Philipp Clauss von Monica Kingreen
Transkript und Bearbeitung: Monica Kingreen
Georg Franz sen. von Monica Kingreen und Bernd Salzmann
Transkripte und Bearbeitung: Monica Kingreen
Karl Hild von Monica Kingreen und Bernd Salzmann
Transkript und Bearbeitung: Monica Kingreen
Anna Hofmann von Monica Kingreen und Bernd Salzmann
Transkript und Bearbeitung: Monica Kingreen
Anna Kuhl von Monica Kingreen und Bernd Salzmann
Transkript und Bearbeitung: Monica Kingreen
Elli Muth von Monica Kingreen und Bernd Salzmann
Transkript und Bearbeitung : Monica Kingreen
Fritz Martin von Monica Kingreen
Transkript und Bearbeitung: Monica Kingreen
Georg Lenz von Monica Kingreen und Bernd Salzmann
Transkript und Bearbeitung: Monica Kingreen
Hans Östreich von Monica Kingreen und Bernd Salzmann
Transkript und Bearbeitung: Monica Kingreen
Klemens Reuter von Monica Kingreen und Bernd Salzmann
Transkript und Bearbeitung: Monica Kingreen
Emilie Schön von Monica Kingreen
Transkript und Bearbeitung: Monica Kingreen
Karl Stein von Monica Kingreen
Transkript und Bearbeitung: Monica Kingreen
Jean Weider von Monica Kingreen und Bernd Salzmann
Transkript und Bearbeitung: Monica Kingreen
Käthe Bauscher von Bernd Salzmann und Monica Kingreen
Erich und Elfriede Bolender
Helmut Brodt
Karl Franz
Margarete Hensel
Wilfried Herget
Margarete Hess
Kathinka Katzenberger
Frieda Krämer
Heinrich Kurz von Bernd Salzmann und Monica Kingreen
Minna Mack
Albert May
Willi May und Frau May
Margarete Meininger
Marie Metzlaff
Irmgard Müller von Bernd Salzmann und Monica Kingreen
Karl Mehrling
Käthe Neumeyer von Bernd Salzmann und Monica Kingreen
Lisa Ohl
Senni Östreich
Anton Quillmann von Bernd Salzmann und Monica Kingreen
Karl Reinhardt
Frau Reis
Heinrich Reul von Monica Kingreen und Bernd Salzmann
Ernst Pie
Frauke Rhede von Bernd Salzmann und Monica Kingreen
Karl Riffel
Gisela Rößler
Maria Sandrock
Hedwig Smaczny
Gretel Schönhaar
Frau Seib
Herr Ströbel von Bernd Salzmann
Karl Vogel von Bernd Salzmann und Monica Kingreen

Diese Gespräche wurden, soweit nicht anders angegeben, von Monica Kingreen geführt. Die Namen aller Partner der zahlreichen zu Einzelaspekten geführten Gespräche konnten leider nicht aufgeführt werden.

Zur Person Siegfried Höxters:

Interviews
(Transkript und Bearbeitung: Monica Kingreen)

Artur Bratu, Darmstadt 1990
Hella Jacobowski, Darmstadt 1990
Fritz Martin, Neu-Isenburg 1990
Emil Schmidt und Lotte Schmidt geb.Kirchner, Frankfurt 1990
Fritz und Georg Schmidt, Bad Vilbel 1990

Auskünfte von:
Gerhard Beier, Kronberg
Gotthard Israel Bergel, Israel
Anna Beyer, Frankfurt
Hans Dombrowski, Frankfurt
Wilhelm Duplois, Rosbach
Lucie Ferger, Wiesbaden
Maria Guttenbrunner-Zuckmayer, Schweiz
Frau Gurland, Darmstadt
Peter von Haselberg, Frankfurt
Fritz Heine, Bad Münstereifel
Luise Herklotz, Speyer
Wolfgang Hochheimer, Berlin
Hans Kampffmeyer, Frankfurt
Adolf Kuba, Braunschweig
Franz Luschberger, Hochheim
Otto Meyer, Jesberg
Ludwig Metzger, Darmstadt
Herr Nelkowski, Berlin
Heinz Putzrath, Bonn
Annemarie Renger, Bonn
Heinz Retzlaff, Altena
Bernd Reuter, Nidderau
Wilhelm Stork, Rosbach
Konrad Treber, Okriftel
Heinrich Viernau, Jesberg
Jutta Vosgerau, Heidelberg

Bildnachweis

Der Großteil der Bilder befindet sich in Privatbesitz und werden nicht im einzelnen nachgewiesen. Alle Bilder liegen als Reprokuktionen in der Sammlung Monica Kingreen vor.

S. 14 Zur Entstehung Israel Nachrichten 27.2.1984
S. 16/17 Stadt Windecken S. 207
S. 18 Stadtarchiv Frankfurt
S. 23 Gidal S. 58, Sievers S. 36
S. 24 Gidal S. 53
S. 25 Liebe
S. 26 Sievers S. 90
S. 27 Rosenthal ,Original im Stadtarchiv Hanau
S. 31 Kirchner
S. 32 Jüdisches Lexikon Bd 3 S. 420
S. 34 Stadt Windecken S. 132
S. 37 oben und unten: Sammlung Kulturinitiative Nidderau KIN Werner Brodt
S. 39 Enceclopedia Judaica 7. Bd S. 207
S. 40 Windecker Zeitung
S. 45 Festschrift 50 Jahre Liederkranz
S. 53 Liebe S. 52
S. 58 Historisches Museum Frankfurt
S. 59 Rosenthal S. 281, das Original befindet sich im Stadtarchiv Hanau
S. 62 Titelblatt Klagruf. Das Original befindet sich in der landeskundlichen Abteilung der Stadtbücherei Hanau.
S. 63 oben: Titelblatt der Broschüre, das Original befindet sich in der landeskundlichen Abteilung der Stadtbücherei Hanau.
S. 63 unten: aus dem Gesetz von 1833
S. 71 Stadtarchiv Nidderau, Windecken XIII -1-1-16
S. 72 oben und unten: Sammlung Robert Bastian
S. 74 oben: HSTA Marburg Protokolle II Windecken Nr. 3 Bd 1, Geburtsregister 1849-1869
S. 74 unten: Lilienthal S. 43/44
S. 75 oben: Zeichnung von Wolf Pannitschka nach Katasterkarten
S. 76 Stadtarchiv Nidderau, Windecken XXVI 3-25-3
S. 77 oben links: Ausschnitt aus Postkarte S.72 unten aus Sammlung Robert Bastian
S. 77 unten links: Rekonstruktionszeichnung von Frank Schmidt, Titelblatt des Windecker Kirchenboten im November 1985
S. 77 unten rechts: Rekonstruktionszeichnung von Frank Schmidt, Titelblatt des Windecker Kirchenboten im November 1984. Im November 1985 Titelblatt der Einladung der Stadt Nidderau anläßlich des Gedenkens an die Zerstörung der Synagogen in Windecken und Heldenbergen
S. 80 Stadtarchiv Nidderau, Windecken XXVI-3-14- 27
S. 82 HSTA Marburg 180 Hanau 4759
S. 84 oben rechts: Archiv der Kurt-Schumacher-Schule in Windecken
S. 87 Grundbuch der Judenschaft zu Windecken, Grundbuchamt in Hanau
S. 88 Berberich S. 37-40
S. 89 oben: HSTA Marburg 180 Hanau 4801
S. 90 Arnsberg, Paul: Die jüdischen Gemeinden in Hessen. Bilder - Dokumente. Darmstadt 1973, S. 83
S. 93 Schembs, Hans-Otto: Der Börneplatz in Frankfurt am Main. Frankfurt 1987 S. 19
S. 97 Stadtarchiv Nidderau
S. 102 oben: Hanauer Anzeiger 2.7.1943
S. 103 Frankfurter Rundschau 12. 11. 1986
S. 104 Hanauer Anzeiger 22.6.1988
S. 105 Schmahl S. 9
S. 106 Kleine Presse 12.3.1891
S. 109 rechts: Kleine Presse 29.4.1892
S. 111 Stadtarchiv Frankfurt Senats Supplicationen 190
S. 112 Hamza S. 78
S. 113 Jewish Chronicle 17.10.1919
S. 114 Times 9. 10. 1919
S. 119 Windecker Zeitung
S. 120 Mitte und unten: Sammlung KIN Werner Brodt
S. 121 Stadtarchiv Nidderau
S. 122 Windecker Zeitung, bis auf die oberste Abbildung
S. 124 oben: HHSTA Wiesbaden Bestand 483-4681 a
S. 124 unten: Hanauer Anzeiger 26.6.1933
S. 127 Hanauer Anzeiger 1.4.1933
S. 130 Stadtarchiv Nidderau
S. 131 Stadtarchiv Nidderau
S. 133 Raschi Haus Worms
S. 134 oben: Mahn- und Gedenkstätte Buchenwald - Historische Abteilung
S. 135 Stadtarchiv Nidderau
S. 136 unten: HHSTA Wiesbaden
S. 138 Heuberger/Krohn
S. 139 oben links: Festschrift Liederkranz 1907
S. 140 oben links: Windecker Zeitung 1909-1914
S. 145 oben Windecker Zeitung 1912
S. 146 oben Sammlung KIN Werner Brodt
S. 148 alle kleinen Fotos aus Neumeyer S. 111
S. 150 Schäfer
S. 152 Windecker Zeitung
S. 153 Sammlung KIN Werner Brodt
S. 154 Windecker Zeitung
S. 156 oben: Privatbesitz Reichenberg, USA
S. 156 unten rechts HHSTA Wiesbaden
S. 168 Diamant 1988
S. 181 Archiv der Mahn - und Gedenkstätte Buchenwald
S. 183 oben: Festschrift Kreisfeuerwehrfest 1927
S. 183 unten: Sammlung KIN Werner Brodt
S. 185 HHSTA Wiesbaden 519
S. 186 HHSTA Wiesbaden
S. 187 Sammlung KIN Werner Brodt
S. 189 Sammlung KIN Werner Brodt
S. 190 Stadtverwaltung Nidderau
S. 205 Frankfurter Rundschau, Lokalteil Main-Kinzig-Kreis 25.6.1988
S. 206 oben: Windecker Zeitung
S. 206 unten rechts: Sammlung KIN Werner Brodt
S. 207 links: Stadtarchiv Hanau
S. 209 oben rechts: Windecker Zeitung 1911
S. 209 unten links: Windecker Zeitung 1911
S.210 Windekcer Zeitung 1914
S. 211 Aufbau Februar 1989
S. 214 links: Festschrift zum Kreisfeuerwehrfest 1927
S. 215 unten rechts: HHSTA Wiesbaden
S. 216 unten Stadtarchiv Nidderau
S. 217 links: HHSTA Wiesbaden Abt. 519
S. 224 Festschrift Liederkranz 1926
S. 229 Amtsgericht Frankfurt Personalakte von Ewald Just

S. 231 Karte
S.232,233 Figge/Pieh S. 200
S.235 HSTA Marburg Rep.E XIV Amt Windecken 181 Judenschaftliche Sachen XIV Amt Windecken a.Rezeptionen, Schutzgelder 1721-1819 No. 3 Raphael Moses
S.236 Sammlung Robert Bastian
S.242 Stadtarchiv Nidderau, Ostheim
S.243 unten: Sammlung KIN Werner Brodt
S.243 oben: auch abgedruckt in Östreich S.100
S. 246 oben: Diamant 1986 S. 7
S.246 unten: Stadtarchiv Nidderau, Ostheim
S.247 Stadtarchiv Nidderau, Ostheim
S.248 Hanauer Anzeiger 27.1.1953
S.251 Frankfurter Rundschau 25.7.1947
S.252 Hanauer Anzeiger 11.11.1938
S.253 Archiv der Mahn- und Gedenkstätte Konzentrationslager Buchenwald
S.254 Stadtarchiv Nidderau, Ostheim
S.262 aus Diamant 1986
S.264 links: Archiv der Mahn- und Gedenkstätte Konzentrationslager Buchenwald
S.266 Stadtarchiv Hanau
S.269 Windecker Zeitung Juni 1903
S.274 Frankfurter Rundschau 23.7.1988
S.277 Stadtverwaltung Nidderau
S.280 Windecker Zeitung
S.281 unten: Festschrift zum 40jährigen Jubiläum S. 28
S.282 unten: Stadtarchiv Hanau
S.294 oben und unten: Stadtarchiv Nidderau, Ostheim
S.295 Stadtarchiv Nidderau, Ostheim
S.296 Kreisbildstelle Hanau
S.297 Kreisbildstelle Hanau
S.298 Stadtarchiv Nidderau, Ostheim
S. 301 Stadt Windecken, Umschlagseite vorn
S.300,301 Chronik Heldenbergen
S. 302 Messerschmidt 1950
S.303 links: Lilienthal S.41 f
S.303 rechts HSTA Darmstadt O 59 - Nachlaß Grünewald
S.306 oben: Montage aus Adreßbuch für den Kreis Friedberg 1906
S.306 unten: Schaubild von Wolf Pannitschka
S.307 oben und Mitte: HSTA Darmstadt G 15 Friedberg J 475
S.308 Werbemarkenarchiv Dathe, Offenbach
S.309 Frankfurter Zeitung 29.10.1931, auch in Heuberger/Krohn S. 86
S.310 Klaus Meier-Ude
S.311 HSTA Darmstadt G 15 Friedberg J 126
S.312 Lageplan von Wolf Pannitschka
S.313 Rekonstruktionszeichnung von Wolf Pannitschka
S.314 Jüdisches Museum Sammlung Paul Arnsberg, Privatbesitz Samuel Scheuer, San Francisco
S.315 Amtsblatt des Großherzoglich Hessischen Kreisrathes des Kreises Friedberg No 9 von 1843.
S.319 oben links: Windecker Zeitung 1910
S. 319 oben rechts: Büdinger Anzeiger 28.3.1913
S.320 links: HSTA Darmstadt
S.326 HSTA Darmstadt G 15 Q 146, Montage
S.331 oben: Stadtarchiv Nidderau, Heldenbergen
S.332 unten links: Messerschmidt 1950
S.335 Stadtarchiv Nidderau, Heldenbergen
S.336 Stadtarchiv Nidderau, Heldenbergen
S.340 Sammlung Robert Bastian
S.341 oben: Israelitisches Gemeindeblatt Köln 7.8.1914, abgedruckt in: Deutsche Jüdische Soldaten S.13
S.343 unten: Stadtarchiv Nidderau, Heldenbergen
S. 344 Stadtarchiv Nidderau, Heldenbergen
S.345 links und rechts: Messerschmidt 1950
S.347 Messerschmidt 1950
S.352 unten Windecker Zeitung 25.11.1908
S.352 rechts: Chronik Heldenbergen
S.337 f
S.353 oben links: Stadtarchiv Nidderau, Heldenbergen
S.353 rechts: Windecker Zeitung 23.8.1913
S.353 unten links: Ausschnitt einer Geschäftsanzeige in Festbuch zum 50jährigen Bestehen..
S.353 unten rechts: Adreßbuch für den Kreis Friedberg 1902
S.354 Windecker Zeitung 1909
S.355 oben: Chronik S.207
S.356 unten: Archiv der Chorgemeinschaft Heldenbergen
S.359 Werbemarkenarchiv Dathe, Offenbach
S.360 Sammlung Geo Reis
S.362 HSTA Darmstadt
S.363 oben: Sammlung Robert Bastian
S.363 unten: Sammlung Geo Reis
S.364 HSTA Darmstadt G 15 Friedberg Q 112
S.365 Oberhessischer Anzeiger 31.3.1933
S.368 oben links: Aus: Frankfurt 1933-1945. Von der NS-Machtergreifung bis zur Zerstörung der Stadt. Hrsg. Presse- und Informationsamt der Stadt Frankfurt 1986 S. 10
S.368 oben rechts: Jüdisches Museum Frankfurt, abgedruckt in : Die jüdische Emigration S. 28
S.368 unten links: abgedruckt in Hoffmann S.31
S.368 unten rechts Schoenberner S. 17
S.370 Archiv der Chorgemeinschaft Heldenbergen
S.371 unten: Schulchronik Heldenbergen
S.380 Oberhessischer Anzeiger 11.11.1938
S.382 Freund S. 28 f

S.383 Frankfurter Rundschau 8.11.1948
S.387 unten: HHSTA Wiesbaden Bestand 519
S.387 oben: HSTA Darmstadt G 15 Friedberg N 147
S.388 rechts: Stadtachiv Nidderau, Heldenbergen
S.388 links: HHSTA Wiesbaden Bestand 519
S.389 oben: Jüdisches Museum Frankfurt , aus: Heuberger/Krohn S.289
S.389 unten: Amtsgericht Hanau, Grundbuchamt
S.392 aus: Ginzel,G.: Jüdischer Alltag in Deutschland 1933-1945. Düseldorf 1984 S.184
S.393 Stadtarchiv Mainz - Nachlaß Oppenheim 51/21
S.394 Adler 1958
S.395 Stadtarchiv Mainz - Nachlaß Oppenheim 51/21
S.398 rechts: Stadtarchiv Gießen Nr.1385 a
S. 398 links: HHSTA Wiesbaden Bestand 519
S.399 oben: Kreisbildstelle Hanau
S. 403 - 408: Schgoenberner S.142,143, 144, 145, 153, 207
S.409 links: Oberhessischer Anzeiger 9.5.1900
S.409 rechts: Sammlung Robert Bastian
S.409 unten rechts: Festschrift Gesangverein Euphrosyne 1925
S.411 unten Schulchronik Heldenbergen
S.412 Schulchronik Heldenbergen
S.413 unten rechts: Festschrift Gesangverein Euphrosyne 1925
S.416 oben: Chronik Heldenbergen
S.420 unten links: Messerschmidt 1950
S.425 Schulchronik Heldenbergen
S.426 Schulchronik Heldenbergen
S.427 Sammlung Robert bastian
S.428 oben rechts: Festschrift Euphrosyne 1925
S. 433 oben links: Archiv der Johann-Wolfgang-Goethe-Universität Frankfurt
S.433 unten rechts: Central Verein Zeitung 1.8.1930
S.434 Neue Tageszeitung 2.2.1933
S.443 Sammlung Robert Bastian
S.450 Schulchronik Heldenbergen
S.453 HSTA Darmstadt G 15 Friedberg Q 808
S.457 HSTA Darmstadt
S.461 Festschrift Gesangverein Euphrosyne 1925
S.464 Sammlung Robert Bastian
S.466 links: Festschrift Gesangverein Euphrosyne 1925
S.466 oben: Sammlung Robert Bastian
S.471 links: Festschrift Gesangverein Euphrosyne
S.475 Frankfurter Zeitung 17.12.1911
S.477 Frankfurter Rundschau 23.6.1988
S.480 Windecker Zeitung 1913
S.480 Chronik S. 381
S.481 links: HHSTA Wiesbaden Bestand 519
S.481 rechts: HHSTA Wiesbaden Bestand 519
S.482 Festschrift Heldenbergen 1989 S.114
S.482 oben links: Stadtarchiv Nidderau, Heldenbergen
S.486 Windecker Zeitung 1909
S.487 links: Stadtarchiv Nidderau, Heldenbergen
S.487 rechts obe:n Sammlung Robert Bastian
S.490 Stadtarchiv Nidderau, Heldenbergen
S.491 oben: Festschrift Heldenbergen 1989 S.36
S.492 Schulchronik Heldenbergen
S.496 Sammlung Robert Bastian
S.498 Stadt- und Universitätsbibliothek Frankfurt
S.500 oben links: Festschrift Euphrosyne 1925

Ruth Dröse:
Lebenserinnerungen eines jüdischen Unternehmers. Bürgertum zwischen zwei Revolutionen 1848 - 1918
3-928100-11-4, 208 S., 28,- DM

Ein Stück deutscher Geschichte - das wilhelminische Kaiserreich - wird lebendig. Aus der Sicht eines jüdischen Spitituosenfabrikanten, der es in seiner Heimatstadt zu materiellem Wohlstand und politischem Ansehen gebracht hat, wird die Epoche beschrieben, in der weite Kreise des deutschen Bürgertums sich von den freiheitlichen Idealen der 48er Revolution verabschiedeten und in der preußisch bestimmten Monarchie den angemessenen Rahmen sahen, sich wirtschaftlich und kulturell zu verwirklichen.
Durch eine Vielzahl dokumentarischer Beiträge zu zeitgeschichtlich bedeutsamen Ereignissen gelingt es der Herausgeberin Ruth Dröse, die Lebenserinnerungen ihres Urgroßvaters in einen facettenreichen Kontext zu stellen.
Das Ergebnis: Ein Geschichtsbuch zum Anfassen.

Friedrich Schnellbacher:
Hanau in der Revolution vom 7. Nov. 1918 bis 7. Nov. 1919
14,80 DM

Am 9. November 1918 übernimmt der Arbeiter- und Soldatenrat die Macht in Hanau. Sein Vorsitzender, Friedrich Schnellbacher, veröffentlichte 1920 seine Erinnerungen an die revolutionären Monate.
Die lang verschollene Schrift wurde vom Hanauer Kulturverein überarbeitet und als Buch herausgegeben. Neben dem Schnellbacher Text finden sich in diesem Buch Biografien von Zeitgenossen und bisher teilweise nicht veröffentlichte Fotos und Dokumente aus dieser Zeit, z.B. von der Ausrufung der Revolution auf dem Hanauer Marktplatz und der Erstausgabe des Hanauer Anzeigers als Organ des Arbeiter- und Soldatenrates.

Ilse Werder:
Kunst und Handwerk am Bau im alten Hanau
3-928100-10-6, 176 Seiten, 81 Abbildungen, 22,- DM

Weil der Lehrer Franz Weber seit dem Jahr 1928 das Leben im alten Hanau im Bild festgehalten hat und weil er in den Sommerferien 1944 Tag für Tag mit seiner Leica unterwegs war, um Straße für Straße noch einmal im Detail abzulichten, ist uns das alte Hanau wenigstens im Bildarchiv komplett erhalten geblieben. Ausgwählt und kenntnisreich interpretiert von der Journalistin Ilse Werder liegt ein attraktiver Bildband über das Hanau vor der Zerstörung im März 1945 vor. Vielleicht können diese erstaunlichen und schönen Bilder - außer Bedauern über unwiderbringliche Verluste - auch zu Gedanken darüber anregen, wie Wohnhäuser und öffentliche Gebäude unserer Zeit durch künstlerische und handwerkliche Gestaltungsformen Ausdruck eines kulturellen Lebensgefühls auch dieser Generation werden könnten.

Anna Wagner:
Ich bin eine Naive. Frauenleben 1914 - 1989
3-928100-04-1, 14,80 DM

„Grabe, wo du stehst", nennt sich die Bewegung der Menschen, die Alltagsgeschichte von unten schreiben. Dabei gilt nicht die Perspektive der Führenden und Gebildeten, sondern der Geführten und Armen. Anna Maria Wagner hat als über Siebzigjährige begonnen, in ihrem Umfeld zu graben. Ihr Frauenleben hat sie geschrieben, um aufzuzeigen, wie schwer es beonders Mädchen hatten zu überleben.
„Als Achtjährige mußte ich zum Lebensunterhalt der Familie beitragen. Ich mußte zwei Putzplätze und einen Kindermädchenplatz übernehmen, denn wir brauchten jeden Pfennig zum Leben; mit Lernen für die Schule war nichts drin."

Margret Schulz:
Frauen machen sich auf den Weg
3-928100-23-X, 175 S., 24,80 DM

Das Buch dokumentiert in anschaulicher Weise die Lebens- und Arbeitsbedingungen von Frauen in Maintal: Als Hebammen ("Haben darüber zu wachen, daß bei der Geburt kein unrecht Ding geschieht"), als Totenfrauen ("Keine Furcht vor dem Tod"), als Dienstmägde ("Sollen gegen ihre Herrschaft und Brodherrn sich jederzeit treu und fleißig, gehorsam, ehrerbietig und unverdrossen zeigen"), als Handarbeitslehrerin ("Um weibliche Tugend wie Sinn für Ordnung, Reinlichkeit, Sanftmut und Geduld zu verinnerlichen"), in Vereinen ("Die Weiber solle dehaam bleiwe un ihr Strümp stobbe"), als Arbeiterinnen ("Und reget ohn' Fleiß die fleißigen Hände") und in der Politik.

Gustav Hildebrand:
BEGEGNUNGEN
3-928100-24-6, 199 Seiten, 210 Abb. 39,80 DM

Karl Lagerfeld, Elisabeth Flickenschild, Peter Zadek oder die Kessler-Zwillinge - sie stehen für die vielen Personen aus Kultur, Sport, Wissenschaft und Politik, mit denen der Bildjournalist Gustav Hildebrand in seinem Berufsleben zusammengetroffen ist und die er porträtiert hat. In oft tagelanger Arbeit hat er sich mit seinen Gesprächspartnern auseinandergesetzt, schrittweise hat er sich an sie herangetastet. Aus dem beruflichen Termin wurde eine Begeg-

nung zwischen Menschen.
Die Schwarzweiß-Fotografien bestechen in Technik, Ausdruck und Arrangement. Mit der Kamera entdeckt er Facetten, die beim bloßen Hinsehen untergingen. Die für ihn selbst eindruckvollsten Begegnungen hat Hildebrand in einem großformatigen Bildband zusammengefaßt.

Ursula Krause-Schmitt, Werner Dreibus:
Vom aufrechten Gang, von Widerständen und Stolpersteinen
252 S., 3-928100-15-7, 29,80 DM

Wer erinnert sich noch an die Zeit, als Betriebsräte Zahnräder gegen Heringe getauscht haben, damit die Beschäftigten was zu essen hatten? Als Zehntausende zu den Maikundgebungen des Gewerkschaftsbunds strömten, um für eine Neuordnung von Wirtschaft und Gesellschaft zu demonstrieren?
Krause-Schmitt und Dreibus haben die Nachkriegsgeschichte aus der Sicht der abhängig Beschäftigten aufgearbeitet.

Adam Druschel:
Steinreich - Brotarm
3-928100-08-4, 24,80 DM

Wie haben die Menschen vor über 50 Jahren in einem Mittelgebirgsdorf gelebt, wo es den Leuten schon gut gehen mußte, wenn sie sich einmal in der Woche Fleisch zum Essen leisten konnten? Der kleine Bub Adam Druschel, der an der Hand seiner Großmutter von seinem Heimatort Wallroth über den Landrücken nach Schlüchtern ging, um Eier und Hühner zu verkaufen, hat fast 60 Jahre später seine Erinnerungen an diese Zeit unter dem Titel „Steinreich - Brotarm" aufgeschrieben.
Ein besonderer Reiz bei diesem Buch liegt in der Veröffentlichung von Farbdias über das bäuerliche Leben aus dem Jahr 1938. Sie dürften zu den ersten Farbaufnahmen gehören, die in Deutschland von Privatleuten gemacht worden sind.

Adam Druschel:
Dunkle Wolken - Fernes Licht, ISBN 3-928100-16-5, 272 S., 27,80

November 1944. Der gerade siebzehn Jahre alt gewordene Adam Druschel muß in den Krieg. Mit seiner Kameraden irrt er, gejagt von Tieffliegern, von den aus West und Ost anrückenden amerikanischen und russischen Truppen durch Deutschland. Als Jugendlicher erlebt er in den letzen Kriegstagen die ganze Sinnlosigkeit des Kriegs; knapp 50 Jahre später macht er sich daran, die Zeit vor dem Vergessenwerden zu bewahren - als Mahnung, daß es niemals mehr einen Krieg geben darf.